미국의 한반도 지배사 6

「복지사회」실현으로 계층 모순 해결 '핵' 상호 억제로 「평화공존」실현
미국의 한반도 지배사 ❻

초판 1쇄 인쇄일 2025년 8월 25일
초판 1쇄 발행일 2025년 9월 05일

지은이 박지동
펴낸이 양옥매

펴낸곳 도서출판 책과나무
출판등록 제2012-000376
주소 서울특별시 마포구 방울내로 79 이노빌딩 302호
대표전화 02.372.1537 팩스 02.372.1538
이메일 booknamu2007@naver.com
홈페이지 www.booknamu.com
ISBN 979-11-6752-661-8 (04910)
ISBN 979-11-5776-644-4 (세트)

이 도서의 국립중앙도서관 출판시도서목록(CIP)은 서지정보유통지원 시스템
홈페이지(http://seoji.nl.go.kr)와 국가자료공동목록시스템
(http://www.nl.go.kr/kolisnet)에서 이용하실 수 있습니다.

*저작권법에 의해 보호를 받는 저작물이므로 저자와 출판사의 동의 없이 내용의 일부를 인용하거나
 발췌하는 것을 금합니다.

*파손된 책은 구입처에서 교환해 드립니다.

미국의 한반도 지배사 ⑥

| 박지동 편저 |

<머리말>

※ 외세와 아부세력 지배역사를 경험한 국민의 현명한 자세

　한반도 민중에게는 일본과 미국이라는 두 제국주의 세력에게 식민지 및 점령군 지배 상황을 강요당해온 불행한 경험이 있다. 두 경우 모두 점령할 당시에는 점잖은 구실을 붙여(총칼을 든) 「보호자」로 자처했다.
　일본의 조선 강제점령은 아예 호칭부터 「을사'보호'조약」(1905년)이란 말로 왜곡시켜 인식하게 했고 미국의 한반도 점령은 마침 2차대전 승리의 끝이라서 「해방자」의 느름하고 당당한 모습으로, 지극히 높은 감사의 정을 받는 자세로 들어와 은밀하게 「친일파 역적들을 앞세운 분단점령」으로, 탐탁치는 않았으나 거절할 수 없는 「강제된 반쪽의 보호자」가 되어 동족을 거의 의도적으로 분열시킴으로써 동포형제자매들끼리 끝없이 피를 흘리도록 조작해 놓았다. 물론 분단의 책임이 전적으로 그들에게만 있는 것은 아니었지만. 아무튼 그 '해방자'가 이제 와서는 끝내 본색을 드러내고 있다. "이곳도 방어 보호하고 다른 지역의 연합작전에도 군사비가 많이 들어가니 돈을 기하급수적으로 더 늘려 부담하라"는 것이다. 남쪽이 힘겹게 제공한 무장력으로 북쪽과 영구히 대결케하자는 속셈이다.
　일본도 총칼로 협박하여 식민지로 만든 강제합병을 놓고 "보호조약은 '합법적'이었다. 조선정부가 '원하고 상호 필요에 의해' 조약이 이루어졌으니까" 그리고 "1965년의 한일 청구권 이행조약도 '배상 책임은 없는 것'으로 약속되었다"며 일체의 배상 책임을 단호히 거부하고 있다. 친일 충견과 협의하여 만든 흥정·약속답게 동포 배신의 진한 흔적을 남겨놓았다. '경제건설' 자금 확보를 위해서는 부득이한 것이었다고 하지만 침략자와 아부세력간의 부당한 암거래로 말미암아 남과 북의 동포 후손들만 이래저래 바보가 된 채 고통과 억울함의 늪에 빠져 허우적거리고 있다.
　동서양을 막론하고 노예시대와 봉건시대의 극심했던 인간 차별과 불평등 신분제 사회에서 노예와 농노들은 육체적 정신적으로 참기 어려운 노동고통에 시달렸다. 그러다가 고정된 신분제가 풀어진 자본주의 시대가 되어서까지도 계속해서 가진자(권력과 자산 소유자)들의 지시·명령에 굴종해야하는 사태에 이르자 과학시대의 계몽사상으로 합리적인 사고를 할 수 있게 된 서민대중은 당연히 수탈목적의 강요된 노동고통에 반항하게 되었다. 그들의 구호는 「평등과 민주주의」였고 자주·평등·민주·박애주의를 상징하는 「붉은 기」를 앞세워 단결하여 가기도 했다. (현재의 위치에서 보면 사회주의 진영의 독재성향 사회들은 「보다 더 민주적인 체제」에로의 발전을 스스로 모색해가야 된다고 생각된다.)
　노동 강요와 수탈에 의한 불로소득의 기득권을 빼앗길 위기에 처한 침략외세와 자산·권력 계층은 지체없이 이에 대응, 가장 강력한 저주의 상징으로「붉은 악마」를 소리 높여 외치면서 근로민중과 그 지지세력을 증오·음해·저주하기 시작했다.

그러니까 수탈가능세력은 자기네가 생존·생활해나갈 기본 수단인 의식주와 자산 증대를 위한 생산 및 봉사 노동을 철저히 다른 사람에게 의존하겠다는 염치없는 탐욕을 꺾지 않겠다는, 다시 말하면 타인(약자)의 권익을 자기 마음대로 침해하겠다는 범죄의식의 발동에서 이처럼 저주와 악담을 퍼부어온 것이다(수탈가능한 '자유 방임 주의' 강조).

인류도덕을 강조하는 특정 종교 지배세력에 의한 신앙 강요와 순종 유도 작업에서도 신앙 지배계급과 근로민중 사이에는 앞의 경우와 거의 비슷한 이유와 사고방식에 의해 반항과 탄압의 대결이 무섭게 전개되었다. 여기서는 특히 미신타파와 합리주의에 의한 인본주의 사상을 주창한 민중이 역시「붉은 악마」·「빨갱이」「좌파·좌익」이라는 음해와 저주스런 호칭과 더불어 극도의 적개심으로 무장한 수탈계층의 응대를 받게 되었다.

더군다나 종교세계는 중세로부터 이미「봉건적 절대신」옹호를 위한 저주와 복수학살인「마녀 사냥」에 익숙해져온 터여서 불로소득 수탈계층의 증오 폭발의 방법은, 성경의 임의적 해석 등 다양한 음해전술의 분야에서 탁월한 능력을 발휘하여 왔다. 사람의 눈에 보이지 않는 神(허상)의 권위까지 활용했기 때문에, 어릴 때부터 학습되어 굳어진 신앙적 고집들은 누구도 감히 이겨낼 수 없는 본능처럼 강대해졌다. (하나님 : "인간 생명체를 둘러싸고 있는 실체적 환경인「대자연」을 상징하는 말"로 보면 가능한 표현) 중세로 접어드는 시기에 인간들에 의해 구상構想되어 시나리오처럼 성경으로 다듬어진 절대신을 철석같이 믿는 종교인(혹은 정치꾼)들은 神의 이름으로 특정 인간들이 순종하지 않는 다른 인간을 거침없이 '악마'(마귀)라며 처벌하였던 것이다.

근로민중의「착취로부터의 해방과 평등·민주화 주장」이 자산계층의 "수탈적 주인의 자리를 감히 넘보며 착취행위를 방해하려 한다"며 역습하여 나온「폭력적 보복」이 바로「붉은 악마」라는 앙심(怏心)의 언어폭탄이었다. 불합리와 생트집의 원조元祖인「마녀 사냥」의 속편 드라마가 되었다. 이와 같이, 생산된 노동가치를 알게 모르게 빼앗는 측과 빼앗기는 측의 증오와 대결은, 식민지를 탈취하여 노예로 부리고 굴종하지 않으면 고문·학살하던 제국주의 시대에 이르면 보다 더 적나라하게 전개되었고 억압의 방법 역시 교묘·복잡해지면서 문제(착취 없는 사회 건설)의 해결은 더욱 더 어려워졌다.

수탈 가능한 사회 경제적 지위를 지키거나 지지하고자 하는 사람들은 좌파·우파의 의미를 단순한 호칭상의 대칭·동등관계로만 보고(좌파 = 우파) 보수·우익의 사회적 위치를 언제나 당당하게 내세우고(그들의 수탈적 행위내용은 숨겨둔 채) 심지어 위협적인 자세까지 취하고 있다. 사실 오늘날과 같이 평등 민주주의를 표방하는 사회의 기준에서 볼 때「보수 우파」의 자세는, 봉건시대와 식민지 혹은 자본주의 독점체제하에서는(다른 사람의 노동력과 생산물을 암암리에 부당하게 점유하거나 재물을 '합법적으로' 사취하는) 수탈자이거나 수탈가능한 위치에 있는 사람들에게 "수탈범죄의 '자유'를 방임해주자"고 강요(옹호)하는 '공범자'가 되어있는 꼴이라고 할 수 있다.

이같은 불평등 옹호의 악담과 저주는 러시아 혁명과 중국 혁명이 성공하면서, 민중혁명세력들이 일정기간('혁명 성공을 위해서'라는 현실적 단결의 명분도 곁들여서) 독재체제를 유지하게 되면서부터는, 제국주의 침략세력에게는 그럴듯한 트집거리가 되었고 민중의 기대와 혁명의식을 틀어막기 위한 무기가 되었다.

한반도에서의 침탈세력과 반침탈 저항세력 간의 모순·대결 투쟁은, 일제 때에 생겨난 양대 신문사(조선일보사와 동아일보사)로 대표되는 친일파세력의 한 세기에 걸친 반역적·반민주적 활동행태에서 「마녀 사냥」의 전형적인 사례를 관찰해 볼 수 있었다. 진정으로 애국애족한 착한 일[善性]이었든, 친외세 충견노릇한 악한 일[惡性]이었든 모두 紙面에 기록·보존되어 있으니까 후대들이 기사가 나온 시기의 사회적 관계를 누구나 관찰·판단해 볼 수 있다.

역사를 뒤돌아보면 한반도에 살고 있는 서민대중 개인의 삶의 환경은, 역사적 환경에서나 공간적 환경에서나 거의가 비슷하였다. 가까운 지난 천년의 신분제 봉건사회에서 동포 조상님들의 대부분은, 같은 인간으로서는 도저히 참을 수 없었을 수탈과 노역과 인격모독을 당하며 살았고, 군국주의 일본의 식민지 폭정속에서는 이민족에 의한 짐승같은 노예노동과 친일파들의 동족 수탈·파괴 공작에 시달리는 가운데 조국 동포의 분열과 분단의 운명을 불가항력적으로 당하여 왔다.

일제 침략세력과 동족의 친일파 앞잡이들은 총칼에 의한 무자비한 대량 살육과 고문에 의한 타살의 공포, 반역적 신문·방송에 의해 조국과 민족 파괴를 위한 거짓과 악선전을 매일 매일 반복하여 읊어댔다. 총칼을 들고 야수의 성욕을 채우려고 어린 소녀들을 짓밟은 개같은 일본침략군의 행위도, 수백미터 갱도속에 처박던 징용의 살인마들을 옹호하던 자들은 모두 언론 친일파들이었다. 그리하여 우리의 핏속에는 자기 자신도 모르게 수백년, 아니 100여년 동안 집중적으로 당해온 일제와 친일파의 억압·살육·악선전에 의한 고통에 한이 맺힌 채 저항하는 본능을 지니게 된 것 같다는 생각이 들 정도였다.

친일파 경력의 언론집단이 한세기를 넘기면서까지 민족공동체에게 무섭고 비열한 반조국·반민주세력으로서 해독을 끼쳐온 언론행위의 계기와 결과는, 다음과 같은 동기와 순서로 공동체 구성원들의 사회의식 내면을 왜곡세뇌·착취·증오·분열·살육의 광장으로 내몰아왔다는데 있다. 여기서는 이들 언론사들과 동조세력들의 일제 때의 극악스런 반역·반동포 범죄행위는 일단 생략하였다.

① 그들은 1945년 해방 초기에는, 세계 침략과 동포 수탈의 앞잡이로, 보호해주던 일본제국 세력이 물러가자 동포들로부터 증오의 대상이 되어버린 자신들의 처지를 미점령군에게 무조건 의탁하려는 구명도생(苟命徒生·救命圖生)의 속셈에서, 피수탈 근로민중을 또다시 점령자(처음엔 '해방자'로 보임)에게 바쳐 식민지적 생산을 보장하는 한편

진정한 민족 자주적 저항기세를 꺾어 자본주의 수탈체제를 방해없이 구축하여 가는 길을 적극적으로 도왔다. 이들 친일파 세력은 민중을 정치·경제 지배권圈으로부터 제거하는(반미·자주세력을 사전에 억압·제거해 버리는) 방식으로 점령자에게 아부의 생색을 내는데 이골이 나 있었다.

그 반민중 억압수단 중의 하나가 바로 친일파 척결을 부르짖던 자주독립·민주지향의 근로민중세력을 「빨갱이 악마·좌익·좌파」(미국과 일본의 침략세력이 제일 좋아하는 구호)로 몰아 「반미 친공의 역적」으로 조작하는 일이었다. 그래야 친일파였던 자신들의 조국배반 범죄를 숨기고, 「빨갱이 좌익 악마」의 반대편 위치에서 대결하고 있는 자기들은 우익·우파·자유민주주의 애호자이자 자본 자유 민주 사회의 애국자로 당당하게 행세할 수 있게 될 테니까. 어느덧 그들은 전혀 "죄 많은 친일파 매국노도, 비열한 친미 아첨자도, 탐욕스런 반민중 수탈자도 아니고 어디까지나 '자유민주사회'를 위해 외세를 대신해서 「빨갱이들을 몰아내는 정의의 사도들」이 되었다.

그들은 구린내나는 실체 겉에 씌워진 당의정(糖衣錠)이나 빛좋은 개살구같이 아름다운 정치 수식어구들로 친일파 후예들과 동조세력의 부정부패한 실체를 가리워왔다. 그들은 이같은 지배 수탈위치를 지키기위해 전국민에게 하루도 빠짐없이 친재벌·반민중 기사 및 광고와 편파 왜곡 선전(사설)을 읊어댐으로써 눈과 귀를 이들의 매체에만 의존하던 동포 형제자매들을 한결같이 그들의 반서민 편중 정보만 먹고 사는 편협한 인간 동물의 수준으로 떨어뜨려 왔다.

다시 말하면 친일파세력은 대를 이어 '자유'라는 달콤한 접두어로 분칠하여 '수탈'의 죄악을 가리우는 당의정을 만들어 근로서민대중을 미혹시켜 왔다.

해방 후 반세기가 넘기까지도 대중일간지 수준의 언론매체 하나 없던 근로민중은 힘든 노동으로 생산해낸 비싼 식량과 물건들을 싸구려로 바치면서도 "쓸데없이 시비·반항이나 해대는 폭도"로만 취급되면서 살아왔다. "붉은 악마와 내통하는 혐의를 받고 있는" 사실상의 정치적 머슴이고 노예였다. 선거때에도 근로민중은 자금이 없어 아예 후보자로서의 엄두는 내지도 못한 채, 자신들의 대변인이 될 수 없는 가진자들 중에서 하나를 뽑아 출세시켜주는 수준의 정치 하수인이자 투표도구로서 허울뿐인 「하루살이 유권자」로 전락되어 왔다.

생존의 필수품을 힘들게 생산하고도 싸구려 소득밖에 얻지못한 농어촌 민중들은 경제적 삶의 경쟁에서도 패배하여 집을 비우고 도시로 도시로 몰려들었고 반세기를 넘기면서 농어촌의 빈집과 텃밭에는 잡초만 무성해 갔다.

② 그 다음 시기에 접어들어, 확고한 반공친미·반민중 수탈세력으로 자리를 굳히게 되자 이들(친일·친미 언론세력)은 왕년의 제국주의 침략세력과 멋대로 공조하여, 평등·민주를 바라는 국내외 동포형제자매들을 「국가보안법」(반공의 덫이자 함정 그물)의 울타리안에 영구적인 생산 근로자로 붙잡아 두고 자기들은 대를 이어 불로소득자이자 빌딩과 대자산 소유자로 남기 위한 요지부동의 수탈체제 지키기에 열을 올려 언론을 동

원했다.

그들은 평등·민주·복지화와 평화공존을 부르짖는 자주·민주세력의 힘이 증대되어, 그네들의 말마따나 "위기의(수탈적 자산 이동체제가 흔들리는) 사회불안이 조성될 때마다" 외세를 끌어들이거나 군사쿠데타를 추동하였고 심지어는 엉뚱한 「북의 도발」을 핑계삼아 악착같이 「민주화를 위한 사회발전과 평등한 복지경제체제의 수립」을 음해·비방·분열·파탄시키곤 하였다.

자기네 신문사·방송국의 선량한(사회정의 지향의 직능인이 되고자하는) 종사자들과 싸워서 불의·부당하게 내쫓은 범죄행위도 이같은 일련의 반민주 파렴치 행위중의 하나였다. (친일·친미 군사정권 시절 동아일보사의 일선기자·프로듀서·아나운서들이 1975년에 134명이나 민주언론을 주창하다가 쫓겨났고 조선일보사에서도 똑같은 억울함을 가슴에 안고 31명의 기자들이 쫓겨났다. 그후에도 10여년에 걸쳐 정의·직필의 언론인들이 추방되는 고통을 당했다.)

동포 수탈·압제·고문 악행의 실체(특히 군사 쿠데타 정권)들과, 이같은 악행의 굴레를 끊고 「표현과 전달의 기능」을 통해 선량한 동포형제들과 더불어 평등 민주사회를 지켜내려 했던 또 다른 실체들(「빨갱이 기자」 소리를 종종 듣던 양심적 민주언론인들) 간의 적나라한 대결은 충돌할 수밖에 없었다. 당시는 자주세력(민주언론 옹호세력)이 굴종할 경우 우리 사회는 식민지·半식민지의 연속 반복과 민족 동포 음해·분열·파괴 가능성 증대는 물론 자기 자신 마저도 정신적 육체적 하수인의 신세로 타락시켜 갈 가능성이 분명해 보였다.

더구나 「표현과 전달의 기능」만을 생존수단으로 가지고 있던 직능인들이 침략·수탈·악선전 세력에게 충성하고 굴종한다는 것은, 동포사회와 인류사회를 향해 용서할 수 없는 「왜곡과 악선전의 반민주 범죄」를 뻔뻔스럽게 저지르는 꼴이 되기 때문이었다. '기레기'(기자 쓰레기)가 될 운명에 놓여 있었던 것이다.

다른 제조회사의 종사자들이라면 국내외 소비자들에게 유익하고 편리하다고 생각되는 물건을 만들거나 유통시켜서 의도대로 성공하면 더 좋고, 반대로 인기를 잃어서 생산·거래행위를 중단하게 되더라도 소비자 모두에게 해를 끼치는 범죄행위까지는 되지 않게 할 수가 있는 것이다.

그러나 침략·수탈세력의 나팔수가 되어야 하는 사람(매스미디어 종사자들)은 굴종하는 순간부터 바로 그 수탈의 대상자인 공동체사회의 동포형제자매들을 적으로 돌려 손해를 입게하거나 패망시키려는 의도와 목적의식을 갖고 왜곡 보도와 음해 편성에 임하게 되기 때문이다.

당시 언론 보도집단의 역사적 위치와 동포사회 직능인으로서의 위치와 책임은 분명해졌다. 친일파 경력자들이 주도하는 집권세력과 친일파 전통을 가진 언론사 경영주들의 반민주적 횡포는 우려했던 대로 정치·경제·언론 영역을 통해 노골적으로 반민주·반자주적 행태로 집행되었고 계속 큰소리치며 진행시키겠다고 협박했다. 시키는 대로 보도하지 않으면 정보기관에 데려다 두들겨 패거나 내쫓거나 감옥에 보내겠다는 공포분위기가 살기殺氣를 품고 엄습해왔다.

사실 긴급조치하의 정보·수사기관에서는 몰래 잡아다 두들겨 패고는 밖에 나가 떠벌리면 쥐도 새도 몰래 죽여버린다고 으름짱을 놓았지만, 사실은 일벌백계(一罰百戒)의 효과를 노리고 밖에 나가 은근히 떠벌려 가까운 동료를 통해 공포의 소문이 나돌기를 바랐다고 한다. 그래야 천하의 저항기세를 암암리暗暗裡에 잠재울 수 있었을 테니까.

「친미반공 교육」과 「친일파 언론」에 의한 「수탈의 자유방임주의」로 세뇌된 사람들은 「평등 민주주의」에 의한 「공동체 평화」를 갈망하는 근로민중의 호소에 접할 때마다 「빨갱이 악마」 「좌파 독재」 「전체주의」를 부르짖으며 「국가보안법의 족쇄」로 묶으려 했다. 강대국의 약소국 협박·제재도 같은 논리였다. 국보법은 결국 새로운 식민지 통치법(울타리)으로 사용되었다. 게다가 「전시작전통제권」까지 외국에 양도해주고 있으니….

이제 이만큼 설명했으면 「빨갱이 악마」나 「좌파·좌익」의 호칭이 얼마나(정치·경제·사회적 관계에서) 사악한 의도를 가지고 "정도正道를 걷고자 하는 민주적 양심인들을 억울하게 괴롭혀 왔는가"를 짐작할 수 있을 것이다. 평등 민주사회 발전의 강물을 도도滔滔히 흐르게 하려면 문명 창조의 노력도 중요하지만 인류동포 형제자매들이 창출해 낸 문명과 행복을 침탈·독점하려는 적반하장賊反荷杖의 물질적·정신적 도둑들을 제때에 제거하는(반성시키는) 데에도 힘을 쏟아야 할 것으로 보인다.

인간은 빈부를 막론하고 누구에게나 마음속에 선善과 악惡의 두가지 성질을 동시에 품고 있다. 그러므로 수탈 가능한 계층의 사람들은 물론 피수탈 가능한 계층의 사람들도 공동체 함께 「평등 복지사회」 실현을 위해서는 깊은 반성과 고찰·사색·구상·실천에 양보와 이해로 협력하는 자세를 가져야 할 것이다.

이제 사회구성원 각자(모두)는 통신기술의 발달로 온세계의 진실된 공동체 상황을 있는 그대로 보고 느낄 수 있는 지각(知覺) 능력을 가지게 되었다. 빈부계층은 복지사회 건설로 상호보은의 감사를 교환하고, 세계는 적대적 증오심에서 만들어온 핵폭발의 위력을, 상호파괴의 폭력을 위해서가 아니라(상호 이해와 양보의 평화적 원자력 이용이 가능하도록) 깊이 깊이 묻어두고 약속과 다짐의 돌로 이용하면서 정의로운 세계를 만들어가야할 것입니다.

2025년 7월
박지동 소망

목 차

<머리말>

제1장 복지사회 실현과정에서 빈부격차 줄이고 자비심 늘려

1. 복지 사회 실현의 목적과 방법
   1) 인간(인류)의 생존경쟁과 착취모순의 해결 ··· 1
   2) 복지(福祉) 사회의 이상(理想) 실현을 위한 마음의 샘터 ······················· 3

2. 사회 발전의 원리와 복지정책 개발·개혁의 지혜
   1) 사물·현상의 양(量)과 질(質)의 변화·발전 ··· 4
   2) 공동체의 경제 모순, 「사회복지화」로 접근·해결 ··································· 23

3. 평등·민주 지향 사회사상과 복지 정책
   1) 페이비언 사회주의 ·· 41
   2) 케인즈주의와 국가개입주의 ·· 45
   3) 신자유주의, 대체로 '국가 복지'에 부정적 시각 ····································· 49
   4) 제3의 길, 노동당 집권과 변신 ·· 55
   5) 마르크스주의 사회복지 시각 ·· 62
   6) 미국의 자유주의와 보수주의의 사회복지 시각 ······································· 71

4. 온 세계가 「보편적 복지국가」 지향
   1) 복지국가의 전통적 유형(類型) ·· 75
   2) 복지국가의 선두주자 스웨덴 ·· 80

5. 한국의 사회보장제도와 정치 역풍
   1) 국민연금 ·· 92
   2) 한국의 기초연금 ·· 99
   3) 질병과 상해에 대한 사회보장 ·· 103
   4) 한국의 국민건강보험 ·· 109
   5) 노인 장기요양보험 ·· 112
   6) 친외세 독재정권, 서민들의 '평등권' 주장에 거부 반응 ····················· 118

7) 개발 독재 시대(1961~1987년)의 사회복지 통제 ·················· 120
　　8) 거족적 유혈 민주화 투쟁 승리, 복지제도에도 새바람 ············ 129
　　9) 전문사회복지기관의 확산과 전문직 확대 ·························· 134

6. 사회 복지 정책 시행에 필요한 재원(財源)
　　1) 공공(公共)재원, 조세수입 중에서 분배 ···························· 137
　　2) 사회보험의 재원 ·· 139
　　3) 민간재원 ·· 145

제2장 원자력 시대, 파괴적 이용과 평화적 이용

1. 원자력 관련 기본입자들의 명칭·관계·단위·역할
　　1) 파괴력 선보이며 발견된 기본입자들의 위력 ······················ 155
　　2) 원자와 핵의 특성(결합과 분리) ···································· 164
　　3) 핵의 안정도(安定度) ··· 169
　　4) 방사선 발생·붕괴·이용 ·· 170

2. 미국의 '최강국 자격증'이 된 '핵폭탄 탄생' 역사
　　1) '맨해튼 프로젝트'의 진행과정 ······································ 174
　　2) 히로시마와 나가사키에서의 핵폭발 ································ 176
　　3) 핵무기의 종류와 특성 ··· 180
　　4) 핵무기의 위력과 효과 ··· 194
　　5) 핵무기 투발(投擲發射) 수단 ·· 203

3. 세계의 핵무기 현황
　　1) 선두주자 미국의 핵개발과 전개 현황 ····························· 216
　　2) 러시아의 핵무기 현황 ··· 220

4. 중국의 유도탄·핵무기 개발, 사회주의 국가간 경로 확산
　　1) 중국의 우주 굴기, 러시아를 넘어 미국에 도전 ·················· 225
　　2) 소련의 기술지원에 의한 기반구축 ································· 232
　　3) 중국 핵개발의 동기, 외세 침략에 대비 ··························· 239
　　4) 최초 핵폭발 실험 성공 ·· 245
　　5) 유도탄과 핵탄두의 결합 ··· 250

  6) 고체 추진제 개발과 유도탄 현대화 ··· 255
  7) 우주 발사체, 창정 시리즈 개발 ·· 267
  8) 세계의 첨단기술, 유인우주선 개발 ·· 277

제3장 핵강국의 협박받는 북한의 핵개발

1. 북한[북조선], '비핵화 압박' 뚫고 핵무장 강화
  1) 시종일관 선제공격에 대한 '억제력 강화' 주장 ···································· 294
  2) 북한의 핵무기 보유량(2020년 현재) 추정 ·· 315
  3) 북한의 핵무기 투발수단과 핵전술 고도화 ·· 319

2. 약소국엔 '비핵' 협박, 강대국은 세계도처에 전략기지 배치
  1) 북한의 핵개발 성취에 한·미·일은 반핵 압박 계속 ···························· 354
  2) 문재인 정부, 남북 화해·평화 가능성 보았다 ······································ 364
  3) 우크라이나 사태가 남북 외교무대에 주는 교훈 ································ 381
  4) '유사시 자동군사개입' 부활 여부는 불명확 ·· 404
  5) 북·러 "전쟁땐 군사 원조", 한국정부 '우크라 무기 지원' 재검토 ········ 407
  6) 한국정부, 우크라 지원 카드로 러시아 압박 ······································ 413
  7) 푸틴 "한, 우크라 무기 지원땐 큰 실수" ·· 416
  8) 북·러 동맹 '3대 리스크' 부상, 미국, 나토·한미일 공조 전열 정비 ········ 421

제4장 미·중은 세계 패권 경쟁에 기승, 남과 북은 상호 증오에 열중

1. 미·일의 포위전략에 동북아 대결·긴장 고조
  1) 북미·남북, 적대적 대결상태로 회귀 (2021 ~ 2024년의 상황) ············ 432
  2) 북 핵무력정책법 통과, 김정은 "핵 포기 못해" ·································· 447
  3) '가난한 핵보유국' 북한이 달라지고 있다(과거의 북한과 새로운 북한, 「2022. 11. 26. 4한겨레」) ··· 450

2. 미국과 중국 패권다툼 사이의 한반도 미래
  1) G2 대국으로 부상한 중국의 위세 ·· 453
  2) 시진핑이 꿈꾸는 중귀명 中國夢과 일대일로 一帶一路 ······················ 457
  3) "일대일로" 주변국에 상생·변화의 물결 일으켜(신문에 게재된 광고성 주장 기사) ·· 462

4) 강대국들의 탐욕에 시달려온 한반도의 전쟁과 평화 ·············· 466

3. 미·일 무장력 세계 최강, 선제공격 자제하면 동북아 평화공존 가능
　　1) 학살·강간·혹사의 전범국 일본, 반성없이 재침위협 증대 ·············· 485
　　2) 동북아를 제압하고 있는 미국군 사령부와 육·해·공 전초기지 ·············· 502
　　3) 미국이 일본과 한국에 전초기지를 설치한 의도 ·············· 508
　　4) 「유엔사」의 법적 지위와 해체 논란 ·············· 522

제5장　동북아 국제정세와 한반도 평화를 위한 노력

1. 미국 중심의 국제질서 70여년
　　1) 온 세계를 미국의 위세로 좌지우지 ·············· 544
　　2) 아시아·태평양 지역, 미·중 세력 경쟁 ·············· 547
　　3) 미국에겐 전쟁 포기, 평화 애호 자세 필요 ·············· 552

2. 미국 일방주의 시대, 친미 한국의 외교 상황
　　1) 김영삼 정부, 군통수권 없지만 독자성 유지 ·············· 557
　　2) 김대중 정부, 미국 설득하며 남북협력 실행 ·············· 559
　　3) 노무현 정부, 동포에 대한 도리로 남북협력 계승 ·············· 561
　　4) 이명박 정부, 미국에게만 '이보다 더 좋을 수 없는' 동맹 ·············· 569

3. 미·중 패권경쟁 시대, 한국 외교의 방향
　　1) 분단·분열시킨 외세에 대한 최소한의 자주의식 필요 ·············· 575
　　2) 한강의 노벨상 소설, 「외세 지배 역사」의 침묵속에 생동하는 '평화염원의 활력'
　　　 불어넣어 ·············· 586

◎ **원자력 용어정리**

제1장

복지사회 실현과정에서 빈부격차 줄이고 자비심 늘려

1. 복지 사회 실현의 목적과 방법

1) 인간(인류)의 생존경쟁과 착취모순의 해결

　인간은 생명체이기 때문에 하루 세끼 정도의 음식물 섭취가 없으면 고통을 느끼기 시작하며, 일정 기간이 지나도록 전혀 먹지 않으면 죽음에 이르는, 전적으로 자연법칙에 순응하는 존재로 살아간다. 이로써 인간들의 생명 유지 욕망과 잘 먹고 잘 살려는 의지는 모든 인간들끼리의 무한 경쟁과 싸움으로 확대된다. 경쟁과 싸움은 생활을 가능케 하는 물질 수단 획득을 놓고 무한히 온갖 모략과 증오까지 낳게 한다.
　지구상의 인구가 수십억으로 늘어나는 과정에서 노예제·봉건제·자본·제국주의·사회주의 체제로 명칭을 바꾸어가면서 집단적으로 살길을 찾아온 것도 보다 더 풍요로운 삶과 번영·발전의 열망에서였다. 이와같이 모든 사람들이 함께 잘 살아가려는 욕망에서 지혜를 총동원하여 찾아낸 것 중의 가장 기본적인 원칙은 "자주·평등한 입장에서 누구나 근로하여 자급자족하도록 하는 것"이었다. 그러나 인류 역사는 불행하게도 약육강식(弱肉强食)이 원칙 아닌 자연법칙처럼 자리잡게 되면서 인간관계는 도처에서 착취의 모순으로 얽힌 채 갈등과 분노를 품고 살아가게 되었다.
　시대가 지나고 세대가 바뀌면서 인간관계와 체제·제도가 바뀌는 과정에서 당시에는 매우 바람직한 사회체제가 되었구나 하면서도 은밀하게 발생하는 수탈체제는 더욱 심화된 모습으로 등장하기 마련이었다. 어질고 착한 도덕성에도 불구하고 지배계층과 피지배계층이 엄격히 분리되어 있던 봉건체제에 이어 등장한 자본제국주의 침략세력의 횡포는 원주민 억압과 수탈의 정도가, 다시 노예제 시대로 돌아갔다는 느낌을 줄 정도였다(日帝의 앞잡이 친일파 세력이 대를 이어 빌딩을 소유한 부자·권세가가 되어 노동 없이 잘 살아가는 모습). 침략세력이 만들어 전파한 종교 역시 신천지(식민지) 개척의 허락을 한 최초의 주인공은 교황이었다. 선교자와 신도들의 욕망을 가진 이기적 실천활동에 따라 선善과 악惡, 정의로움과 불의가 뒤섞여 버렸기 때문에 제국주의 종주국의 사상적 성향에 휘둘려온 형편이어서 세계평화에 뚜렷한 공적을 쌓지는 못한 것 같았다.

역사는 오히려, 오늘날의 우크라이나 사태에서 보듯이 제국주의 세력간의 전쟁으로 끊임없이 평화를 파괴하고 있다.

이처럼 인류의 계급 갈등이 심해지던 시대에 등장한 공산주의(사회주의)혁명이 성공을 거두어 갈 무렵의 세계는 핍박받던 근로대중의 해방과 온 인류의 평등 평화의 세상이 열리는 듯했지만, 혁명으로 손해(피해)를 보게 되었다고 생각하는 계층(이제까지의 정치·경제 지배계층)의 극렬한 반대와 증오에 부닥치게 되면서 평등 주창 세력은 사나운 학대로 약화되었고, 일부 국가들의 자주독립·평등 사회 실현의 정신적 기둥이 되었을 뿐이다. 지금도 일부국가에선 평등 주창자에게 인류사회의 반역자라도 된 듯이 몰아부쳐 마치 '살인 혐의자'라도 된 듯이 증오의 눈길을 주고받는 상황이다.

이런 결과로 착취를 줄이고 온 인류가 자주·평등·평화롭게 살기를 소망했던 「공산주의」는 '붉은 악마' 호칭으로 주고 받는, 인류세계 최악의 금기 대상이 되어 버렸다. 이같은 현상은 아직도 인류 개개인의 생존을 위한 '이기적 욕망'이, 공동체 모두가 평등하게 잘 살기를 바라는 '평화공존의 소망'을 이기고 있다는 증거이다. 공동체로 평화롭게 살아가야 하는 인류의 생존능력과 지혜의 한계를 보여주고 있는 것이다. 심지어 왕년(往年)의 제국주의 세력은 여전히 자리적(自利) 목적을 달성하기 위해 다른 집단의 종교나 이념을 부정하고 자신들만의 종교이념을 확산시키려고 온갖 술수와 전쟁까지도 불사(不辭)해왔다.

이처럼 꽉 막힌 인류 공동체의 앞길을 밝혀주는 '기회의 창'이 "복지사회 건설 경험"을 통해 열어갈 수 있는 희망을 주고 있다. "강자(부유층)들의 양보심(사랑과 배려·헌신)으로 약자들의 고통(가난·노동·질병)을 치유하려는 아량과 도덕적 실천"이 수백년의 경험 역사를 가지고 동·서양 모두에서 공인된 제도로까지 번창해 왔다. 이제 세계 인류는 무한 경쟁심과 증오·탐욕을 줄이고 서로 돕는 방법으로 자주·평등·복지 사회 실현에 모두 함께 이바지한다면 승리(목적 달성)는 확실해 보인다.

이제 제국주의 국가들이 강화시켜온 약소민족들과의 모순·갈등과 봉건적 자본 지배세력이 2천년동안 누려온 계층(계급)에 의한 수탈방임의 모순들은 가해자와 피해자들이 함께 바라보고 있는 공개된 민주주의의 광장에서 조금씩 조금씩(짙게 끼었던 먹구름처럼) 사라져 가고 있다. 아니 사라져가도록 노력하여야 한다.

한반도의 경우 불행하게도 식민지 및 점령시대에 충성했던 '친외세력'(같은 동포)이 앞에서 언급된 두 가지 모순관계(이른바 민족모순과 계급모순)에서의 지배권을 모두 다 놓치지 않으려는 망령된 욕심에서 선량한 민주시민 동포들에게 「붉은 악마」라는 증오심 조장의 악담을 터무니 없이 반복하며 반성없는 반민주 저항을 계속하고 있다. 그들이 만약 반성과 아량, 배려의 마음을 가진다면 부유층 세력과 근로 서민세력은 서로 돕는 '복지사회'를 건설할 수 있을 것이고 그럴 경우 쌍방은 상호 보은(報恩)의 은인이 되어 싸우기는커녕 사랑과 만족이 넘쳐나는 평화로운 사회를 건설할 수 있을 것이다.

2) 복지(福祉) 사회의 이상(理想) 실현을 위한 마음의 샘터

「복지사회」는 세계 인류를 "상호 양보와 배려에 의해 자주·평등·민주사회 구성원으로 결합시켜주는 평화공존의 공동체"가 될 수 있을 것이다. 그리하여 「자유민주주의 사회」를 이상(理想)사회로 표방하는 자본주의 지지세력과 「무착취 평등사회」를 이루려고 혁명적으로 노력해온 사회주의 지지세력 모두가 협력하는 「평화로운 세계」를 만들 수 있을 것이다.

「인류평화」는 인간 저마다 가지고 있는, 집단 저마다 고집부려온 끝없는 욕망과 이상(理想)을 조금씩 줄이고 양보하며, 인간이면 누구나 가지고 있다고 생각되는 착한 본성(本性)을 드러내어 적극적으로 협력하면 충분히 자주·평등·민주 공동체를 이룰 수 있기 때문이다.

그리하여 필자의 욕심 같아서는, 「국내 평화」는 '사회복지 확대로'(계층·계급 모순·갈등을) 해결하고 세계평화는 역설(逆說)적이지만(쌍방) '핵폭탄의 억지력(방어능력)으로' 민족국가간 모순을 해결할 수 있었으면 얼마나 좋을까 하는 소망이 크다. 이 '억지력 소망' 속에는 침략을 막으려는 '자기 동포 사랑의 깊은 속정'이 들어 있기 때문이다. 무력증강은 반평화 '역설'이면서도 자기동포 '상호보은의 깊은 정으로' 다져진 「복지사회 정신」의 연장선에 있는 것이니까. '비핵화'와 '쌍방 동시 핵대결'은 함께 '전쟁을 막는 평화공존 수단'이 될 수 있다고 본다.

◎ 착한 인간 마음의 근원적 실마리·샘(本性·理性·四端 → 인·의·예·지 仁義禮智)

(1) 측은지심 惻隱之心(불쌍히 여겨서 언짢아하는 마음)에서 우러나오는 어진 마음(仁)
(2) 수오지심 羞惡之心(불의를 부끄러워하고 남의 착하지 못함을 미워하는 마음)에서 우러나오는 정의로운 마음(義)
(3) 사양지심 辭讓之心(양보·사양할 줄 아는 마음)에서 우러나오는 도덕적 예의(禮)
(4) 시비지심 是非之心(옳고 그름을 가릴 줄 아는 판단력)에서 우러나오는 사려 깊은 지혜(智)

※ (1)(2)(3)(4)항목은 각각 시작과 끝을 거꾸로 설명해도 진리이다. 역도 眞((1) 「어진 마음」이 있어서 「측은해 하는 마음」이 우러나온다. 등…)
○ 국내 평화는 사회복지 확대로, 계층·계급 모순 해결

○ 세계 평화는 쌍방 핵폭탄의 억지력으로 민족·국가간 모순 해결(무한 연기·소멸)
○ 무력 감축·도덕성 높이는 합리적 조치에 의한 평화가 더 이상적이지만, 만들어 놓은 핵폭탄의 상호견제력 증진(逆說의 역이용 가능성)도 세계평화 공존에 도움이 될 수 있다고 본다. (한반도 남북의 경우도)

2. 사회 발전의 원리와 복지정책 개발·개혁의 지혜

1) 사물·현상의 양(量)과 질(質)의 변화·발전

(1) 양과 질의 변화와 이행법칙, 복지 사회 발전 모습과 유사

서로 불가분하게 연관된 세계의 사물과 현상들은 끊임없이 변화하며 발전한다. 산천초목도 변하고 인간사회도 부단히 변한다. 조선 봉건사회는 일제의 식민지인 반봉건 사회로 변하였고 오늘날 남한은 자본주의 사회로, 북한은 사회주의 사회로 변하였다. 세상 만물이 변화하며 발전한다는 것은 조금도 의심의 여지가 없다.

형이상학자들도 그 모두가 변화와 발전을 부정하는 것은 아니다. 그러나 그들 중에서 변화와 발전을 인정하는 경우에도 본질적인 변화가 있다는 것만은 거부한다. 예컨대 그들에 의하면 벼의 종자에는 이미 뿌리·줄기·잎사귀 등이 매우 작은 형태로 있는데 벼가 발아하고 성장하고 결실하는 것은 다만 이것들이 점점 양적으로 커지는 과정일 뿐이라고 한다. 또 그들은 자본주의 사회가 봉건사회와 다른 것은 생산력이 더 발전되었다는데 있을 뿐이며, 그것들 사이에 본질적 차이가 있는 것은 아니라고 한다. 이로부터 자본주의하에서도 생산력은 더 발전할 수 있지만 자본주의 제도 자체는 영원하다는 것이다.

그러므로 우리가 세상 만물이 변화하며 발전한다는 것을 인정하는 것만으로는 불충분하며 한 걸음 더 나아가 세계를 이루고 있는 사물과 현상들이 어떻게 변화하며 어떻게 발전하는가를 알아야 한다. '양적 변화의 질적 변화에로의 이행법칙'은 바로 이 문제에 대하여 해답을 줄 것이다. (『언론사상사1』 朴智東 도서출판 아침 2002년)

세상 만물이 어떻게 변화·발전하는가를 이해하기 위해서는 우선 질이란 무엇이며 양이란 무엇인가, 그리고 질과 양은 어떤 관계에 있는가를 알 필요가 있다. 모든 사물은 예외없이 다 자기의 질(성질)을 가지고 있다. 돌에는 돌의 질이, 나무에는 나무의 질이 있다. 또 동물도, 사람도 각각 자기의 질이 있다. 우리가 보는 자연과 사회의 사물과 현상들이 다양한 것은 바로 이러한 질적 차이의 표현인 것이다. 세상 만물은 다 자기의 질을 가지고 있을 뿐 아니라 동시에 양도 가지고 있다. 사물의 양이란 수·크기·속도·정도·용적 등으로 표시되는 사물의 특징을 말한다. 사물의 양은 다양한 형태로 표현된다. 어떤 경우에는 수로, 어떤 경우에는 다른 것과 비교하는 정도로, 또 어떤 경우에는 도(온도 또는 % 등)로 표시된다. 또 다른 경우에는 높이·넓이·길이 등으로 표시된다.

사물의 양적 관계는 질적 관계에 비하여 일련의 특성을 가진다. 모든 사물은 자기의 질을 상실했을 때 자기의 존재를 끝마친다. 즉 그 사물에서 질이 없어진다면 그 사물은 그 사물임을 그만둔다. 이와 달리 사물의 양적 관계는 일정한 정도로 변해도 그 사물의 존재 자체를 좌우하지 않는다. 즉 양은 일정한 정도로 증가 또는 감소되어도 그 사물의 질적 상태는 상실되지 않는다. 예컨대 물은 그 온도가 섭씨 100도까지 오르기 전에는 액체상태를 그대로 보존한다. 그러나 양적 변화가 그 사물의 질적 상태를 유지하게 되는 것은 일정한 한계내에서이다. 사물의 양적 관계가 일정한 한도를 넘으면 그 사물은 벌써 다른 사물로 전화한다. 이것은 결국 '사물의 양이 그 사물의 질과 내적으로 깊이 연관되어 있다'는 사실을 보여준다.

이러한 질과 양의 긴밀한 내부적 통일은 한정량 안에서 표현된다. 한정량(限定量)이란 그 사물의 질적 상태를 보존하는 양적 한계를 말한다. 한정량이 변화하면 사물의 상태가 질적으로 변화하며 속성(屬性: 질을 나타내는 사물의 주요한 성질 내용)이 다른 사물이 된다. 그리하여 새로운 질을 가진 사물이 발생하며 또다시 새로운 한정량이 생기게 된다. 예컨대 물의 한정량은 상압(常壓)하에서 섭씨 1도로부터 섭씨 100도이다. 섭씨 100도를 벗어나면 물은 수증기로 변한다. 또 얼음의 한정량은 섭씨 0도를 벗어나면 물이 된다. 사회현상에서의 경제적 체제의 변화과정도 마찬가지이다. 가마에 물을 붓고 아궁이에 불을 지피고 얼마만큼 계속되면 가마 속의 물이 끓게 될 것이며 수증기로 변할 것이다. 이 경우에 물의 온도가 높아지는 것은 양적 변화이다. 그러나 수증기가 되었다는 것은 벌써 질적 변화이다. 왜냐하면 액체가 기체로 되었기 때문이다. 이 예에서 보는 바와 같이 사물의 변화는 처음에 양적 변화로부터 시작된다. 양적 변화가 일어날 때 그것은 처음에는 전혀 아무렇지도 않은 것같이 보인다. 그러나 이것이 쌓이고 쌓여 일정한 한도에 달하면 질을 변화시키는 것이다.

우리는 사회생활에서도 마찬가지의 사실을 볼 수 있다. 일본 제국주의 통치하에서 이중삼중의 착취와 천대를 받고 살던 우리나라의 노동자·농민들은 처음에는 매우 작은 역량으로 일본 제국주의자들과 그 앞잡이 예속 자본가와 지주를 반대하고 나섰다. 그들은 압제자들에 반대하여 태업도 해보고 소작쟁의도 해보았다. 이러한 투쟁은 처음에는 그리 큰 것이 못되어 일본 제국주의 식민지 통치제도에 아무런 본질적 영향도 주지 못하였다. 그러나 이러한 투쟁은 이 공장에서 저 공장으로, 이 농촌에서 저 농촌으로 점차 확대되어 갔다. 이 투쟁은 1930년대에 이르러 반제국주의 이념의 지도하에 일제를 반대한 하나의 역량으로 단합되었으며 그것은 해방 후 남쪽에서 어느 정도 개혁을 가져왔을 뿐 아니라 북쪽에서 식민지 반(半)봉건사회를 청산하고 새로운 질을 가진 사회주의 제도를 탄생시킨 힘이 되었다.

　우리들은 생활에서 양적 변화가 질적 변화를 일으킨다는 사실들을 자주 볼 수 있다. 사람들의 의식이 발전하는 것도 역시 그러하다. 예컨대 노예제 사회에서 봉건제 사회로, 봉건제로부터 자본주의 체제로, 그 뒤 평등한 민주복지사회 체제로 변화 발전되어 온 과정은, 바로 그 안에 살고 있던 근로민중의 의식의 축적변화, 즉 수탈로부터 벗어나려는 의식의 각성과 실천 투쟁이 무수히 병행 또는 선행된 과정의 역사이기도 하다.

　이상에서 본 바와 같이 자연과 사회, 그리고 인간의 사유에서 일어나는 모든 발전은 다 사소한 양적 변화가 쌓이고 쌓여 질적 변화를 가져오는 과정이다. 양적 변화가 쌓여 질적 변화를 일으킨 다음에는 모든 것이 끝나는 것이 아니다. 양적 변화가 일정한 한계에서 변화를 가져오면 이번에는 이 질적 변화의 결과로 나타난 새로운 질은 잇따라 양적 변화를 일으킨다. 그리고 이 양적 변화는 또다시 새로운 질적 변화를 가져온다. 이와같이 세상 만물의 발전과정은 무한히 계속된다. 물질의 '운동' 또는 '변화'라고 할 때 운동이란 물리적 장소의 이동뿐만 아니라 모든 형태의(화학) 변화까지 가리키는 개념이기 때문에 운동이나 변화의 의미는 같지만, '발전'이란 지금까지 없었던 새로운, 한층 높은 수준의 것을 향해서 변화하는 것을 가리키는 말로서 방향성을 가진 운동이나 변화라고 할 수 있다.

　모든 사물의 발전은 '양적 변화가 질적 변화를 일으키며 또 질적 변화가 새로운 양적 변화를 일으키는 부단한 과정'이라는 데로부터 사물의 발전과정에는 '양적 변화를 일으키는 단계'와 '질적 변화를 일으키는 단계'가 있다는 것을 알 수 있다. 양적 변화를 일으키는 단계에서 사물은 진화적 형태로 발전한다. 그와 달리 질적 변화를 일으키는 단계에서는 발전이(급격한) 혁명적 형태로 이루어진다. 이와 같이 '발전에는 진화적 형태와 혁명적 형태의 두 단계'가 있다.

　발전의 진화적 형태에서는 사물의 양적 변화가 서서히 일어나며 양적 변화가 점차적으로 축적된다. 여기에서는 아직 사물의 질은 변화하지 않으며 사물이 가지고 있던 본래의 질이 그대로 유지된다. 양적 변화의 진행은 일정한 단계까지 사물의 질에 변화를 미치지 못한다. 그러한 한에서 사물[사회]은 상대적으로 안정된 상태에 놓여 있다. 그러나 그것은 어디까지나 상대적·표면적인 '안정'일 뿐 절대적인 안정은 아니다. 양적 변화의 과정은 때때로 서서히 장기간에 걸쳐 진행된다. 그러나 그러한 과정을 통해 사물의 질적 변화를 불러일으키는 조건이 착실하게 축적된다. 어떤 종(種)의 생물이 같은 종의 생물을 계속 낳는 것처럼 보이고 질적인 변화의 조짐 따위는 전혀 느껴지지 않는 것처럼 보여도, 역시 그것은 질적으로 한없이 다양한 종의 진화과정의 한 장면임에 틀림없고 진화의 법칙이 엄연하게 그 속을 관통하는 것이다.

　이러한 양적 변화의 축적이 일정한 한도에 도달함으로써 야기되는 발전과정의 질적 변화는 이제까지의 완만한 양적 변화의 과정에 비해서 급격한, 상대적인 의미에서 '비약'(飛躍)이라고 부를 수 있는 특징을 가진다. 사물의 발전은 굴곡이 없는 넓적한 나무판 같은 과정이 아니고 그 속에 '격변'과 '비약'을 포함한 과정이다.

사회 현상에서의 한 예로 1960년 4월 봉기를 들어보자. 마산봉기로부터 시작된 학생들과 민중들의 투쟁은 방방곡곡으로 퍼져나갔고 투쟁 규모도 계속 커졌으며 투쟁의 성격도 더욱 적극화되었다. 그리하여 그들은 점령 외세의 대리통치자라고도 할 수 있는 독재자 이승만을 대통령 자리에서 쫓아냈다. 이것은 민중들이 외세와 지배계층을 반대하는 투쟁에서 쟁취한 첫 승리였다. 그것은 비록 사회제도가 아직 질적 변화를 일으키지는 못했지만 거기에서는 양적 변화의 축적과정이 힘차게 진행되고 있었다는 것을 보여준다. 이처럼 발전의 진화적(점진적) 형태에서는 아직 근본적인 질적 변화가 일어나지 않는다. 다만 '새로운 질적 변화를 준비할' 따름이다. (군사독재 정권의 경우 이승만에 대한 비판을 '대한민국의 정통성 거부'라는 말로 윽박질렀으나, 한 나라 정부의 정통성은 언제나 당시의 사회성원들의 의사를 얼마나 잘 반영했느냐가 판단의 기준이기 때문에, 대통령의 민주·반민주 성향이나 남·북 정권의 민주성 여부를 비판하는 것은 사회성원들의 당연한 권리이자 의무라고 생각하면 될 것이다.)

그러나 이것을 기계적으로 이해하지 말아야 한다. 물론 질적 변화의 단계에서는 아직 근본적인 질적 변화를 가져오지는 않지만 이러저러한 속성들과 특성들은 변화한다. 다만 근본적인 질적 변화가 없을 뿐이다. 우리들이 억압세력에 반대하는 투쟁을 더욱 강화한다면 처음에는 어느 정도 민주주의적 권리를 얻을 수 있을 것이다. 그리하여 파쇼적(fascio: 도끼 묶음·힘, fascist: 무솔리니식 독재주의자) 악법에 의하여 불가능했던 여론수렴체로서의 정당이 세워져서 활동할 수 있게 될 것이며 또 남북간의 서신교환도 할 수 있고 사람들의 왕래도 가능하게 될 것이다. 이러한 것은 양적 변화의 단계, 즉 진화적 단계에서 근본적인 질적 변화는 일어나지 않는다고 하더라도 일련의 부분적인 속성과 특성의 변화는 일어났다는 것을 말해준다.

다음으로 발전의 혁명적 형태에서는 양적 변화의 축적결과로 근본적으로 다른 새로운 질적 변화가 일어난다. 지금까지 서서히 점차적으로 진행되어 오던 발전은 끝나고 한 질로부터 새로운 질로의 이행(移行: 옮아감, 변해감)이 이루어진다. 예컨대 근로 서민대중은 수탈적 자본주를 반대하는 오랜 투쟁과정을 통해 실패도 하며 일시적이고 부분적인 승리도 하며 경험을 축적하고 조직성과 의식성도 점차 높아진다. 이러한 투쟁과정에서 자기 조직, 자기 당을 가지게 되며 개혁적인 사상·이론으로 더욱 튼튼히 무장하게 된다. 이러한 진화적 단계를 거쳐 일정한 단계에 이르러 변혁을 수행하여 근로서민대중 중심의, 그러면서 여러 계층이 공존 화합하는 민주사회를 건설하게 된다. 이것은 사회 발전에서의 질이 변경되었다는 것을 의미한다. 이와 같은 새로운 질로의 이행이 바로 발전의 혁명적 형태인 것이다. (여기에서 혁명이라는 말은 피를 흘리는 투쟁이 아니고 주로 理性에 의한 의식의 변화와 合意의 확산을 뜻한다.)

사물의 발전과정에서 나타나는 이러한 법칙성을 인식하는 것은, 사물의 양적 변화의 단계에서 두드러진 변화가 표면에 나타나지 않는다고 안달하거나 "어차피 현실은 그런 것이다"라고 한탄하는 허무주의에 빠지는 일 없이 한발 한발 착실하고 끈질긴 노력을 계속함으로써 틀림없이 다가올 비약을 의식의 주체가 주도적으로 준비한다는 태도를 기르고, 동시에 질적 변화의 단계에서는 급격한 움직임에 당황하는 일 없이 결연하게 사태에 대처하고 국면을 주도해 가는 태도를 기르도록 도와줄 것이다.

양적 변화와 질적 변화를 따로따로 분리해서 한쪽만 절대화하는 형이상학의 관점이 사회운동 속에 유입되면 좌우 기회주의로 나타난다. 질적인 변화, 혁명적인 비약의 의의를 이해하지 못하고 두려워서 부분적인 개량에 노력하는 것이 전부라고 생각하는 것은 우익 기회주의이다. 한편 자잘한 일상활동의 다량 축적과 꾸준한 개량의 노력을 무시하고 경시하면서 '혁명적'인 말을 자주 읊조리면서 쓸데없이 '궐기'를 부르짖는 것은 좌익 기회주의(모험주의)로 묘사된다. 모험주의라고 하는 것은 혁명적 단계에 이르지 못한 민중의 힘을 과대 선동함으로써 대량체포·말살에 의해 오히려 위험에 빠뜨리게 하기 때문이라는 것이다.

사물과 현상의 발전과정에서 진화적 형태와 혁명적(비약적)형태는 서로 뗄 수 없는 밀접한 관계에 있다. 발전의 진화적 형태, 즉 양적 변화의 단계에서는 아직 근본적인 질적 변화는 일어나지 않지만 비약[혁명]을 준비하며 새로운 질적 변화를 준비한다.

발전의 혁명적 형태에서는 근본적인 질적 변화, 즉 혁명을 일으킨다. 그러나 '혁명은 진화적 발전, 즉 양적 변화의 축적이 없이는 일어나지 않는다.' 혁명은 반드시 진화적 발전의 결과로서만 일어난다. 이처럼 발전의 진화적 형태가 없이는 혁명적 형태가 있을 수 없으며 또 오직 혁명적 발전만이 진화적 발전을 완성시킨다.

이상의 모든 것은 양적 변화와 질적 변화, 발전의 진화적 형태와 혁명적 형태가 불가분하게 통일되어 있다는 것을 보여준다. 우리는 비약적 발전 혹은 혁명과업을 수행할 때 발전의 이러한 두 가지 형태간의 관계를 옳게 인식하고 행동해야 한다.

※ 양적 증대·질적 변화

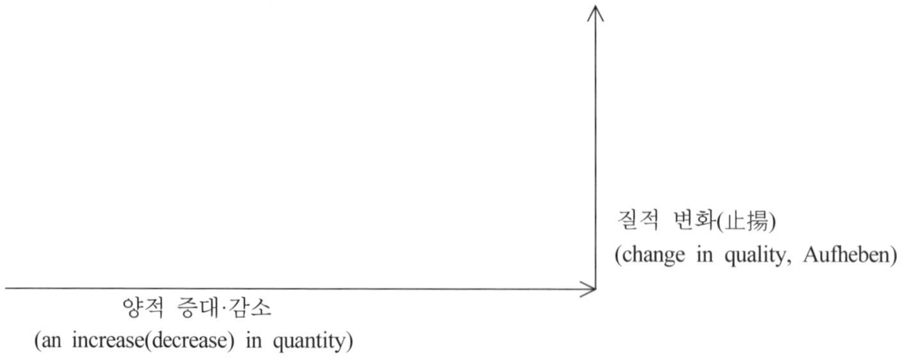

질적 변화(止揚)
(change in quality, Aufheben)

양적 증대·감소
(an increase(decrease) in quantity)

설명: 實物의 양과 질, 그에 따라 반영된 意識(경험)도 화살표 모양으로 무한히 확대 발전하여 나선형이 되는 것으로 추상할 수 있다(다음 그림).

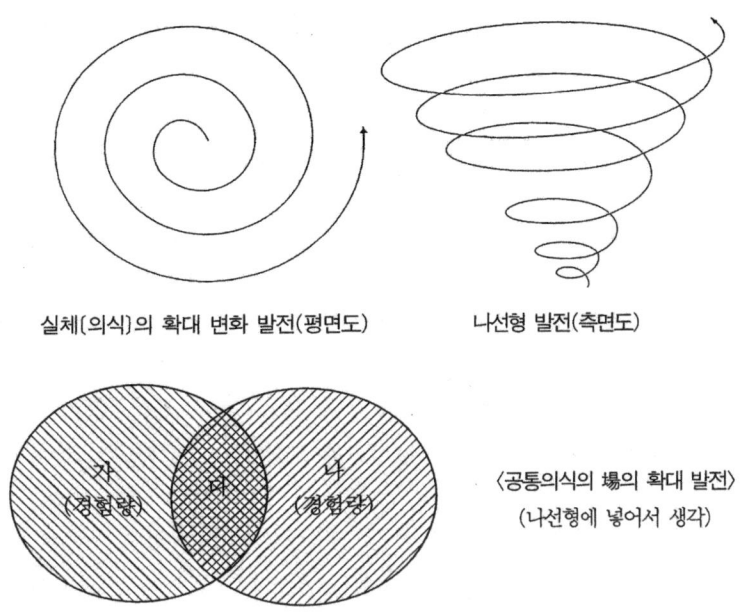

실체(의식)의 확대 변화 발전(평면도)   나선형 발전(측면도)

〈공통의식의 場의 확대 발전〉
(나선형에 넣어서 생각)

　두 사람의 어떤 문제에 관한 경험의 양은 대화(변증법적 전개)에 의해 끝없이 커지며, 해결에의 접근도 민주적 의견제시에 의해 빨리 가까워진다(다 부분 증대). 이것이 변증법적 인식(공통된 의식)과 문제해결의 방법인 동시에 未知의 불안을 줄이는 상승(相乘)작용 효과(synergy effect)이다.

(2) 부정(否定)의 부정(止揚)의 법칙, 사물[상황] 발전의 과정

　한층 높은 수준의 질로의 발전은 낮은 질의 상태가 부정되면서 실현된다. 그러나 부정이라 하더라도 파리를 손바닥으로 찰싹 때려서 잡는 것과 같은 '부정'이면 파리는 죽어버릴 뿐이고 아무런 발전도 이루어지지 않는다. 이러한 부정은 오로지 외부의 힘에 의한 부정이며 '전면부정'이라는 특징을 가지고 있다. 이런 경우를 '형이상학적 부정'이라고 부른다. (실체가 없는 가상(假想)의 존재나 의식형태에 관한 추상적 논의)
　이에 반해 곤충이 알에서 유충으로, 유충에서 번데기로, 번데기에서 성충으로 되어가는 경우는 분명히 발전과정으로서, 이때의 부정은 알이 스스로를 부정해서 유충으로 되고, 유충이 스스로를 부정해서 번데기로 되고, 번데기가 스스로를 부정해서 성충으로 되는 것처럼 그 자신의 내부에 근거를 가진 부정(발생·성장·소멸)이다. 이제까지의 질적인 상태를 밟아 누르고 그것을 발판으로 하면서 스스로 그것을 극복해 가는(부정적인 요소는 버리고 긍정적인 것은 함께 가지고) 부정이다. 그러할 때 비로소 차례차례 한 단계씩 높은 질로 올라갈 수 있다. 그러므로 그것은 전면부정이 아니고 낮은 질의 상태는 폐기되지만 낮은 속에 이미 존재하고 있던 우수하고 긍정적인 내용은 높은 질 속으로 계승되는 것이다. 이러한 부정을 '변증법적 부정'이라고 부른다. '한층 높은 수준의 질'이란, 이렇게 해서 낮은 질 속에 있던 어떤 적극적인 내용을 요소로서 그 속에 포함하면서, 새로운 내용을 첨가하여 그들을 전체로서 높은 질적인 상태의 것으로 통일하여 (止揚: 어떤 것을 그 자체로서 부정[止]하면서 도리어 고차의 단계로 긍정하여 [揚] 확대 발전되어) 가는 것을 말한다.

일반적으로 창조적인 일이란 모두 이러한 변증법적인 부정을 포함하고 있다. '과거에 달성된 것의 테두리를 부수는 일 없이 새로운 창조란 있을 수 없지만, 동시에 달성된 것에 굳게 입각하지 않는 한 진정한 전진은 실현될 수 없다' (立脚: 토대 위에 발을 딛고 섬.)

전체적으로 보면 발전의 과정은 낡은 것의 부정을 통해 생긴 새로운 것이 그 속에서 성장한 한층 새로운 것에 의해서 다시 부정되는 식으로 진행된다. 부정이 다시 부정되는 것이다. 형식적으로 본다면 부정의 부정은 다시 말해서 긍정이지만, 그것은 단순히 출발점으로 되돌아간(순환·반복된) 것이 아니라 이 과정 속에서 획득된 내용에 의해 '더욱 풍부해진 긍정'이다. 즉 그것은 한 단계 높은 차원에서의 긍정이다. 최초로 부정된 것 속에서 그 최초의 부정으로는 충분히 살아나지 못했던 요소도 이러한 부정의 부정의 과정을 거쳐 남김없이 받아들여지고, 그것을 새로운 출발점으로 하여 새로운 차원에서의 발전과정이 시작된다. 시각적으로 표현하면 직선적인 단순한 발전이 아니고 나선형 모양으로 확대 발전해 간다. (螺線[旋] : 위에서 내려다본 평면도는 거미줄처럼 확대 발전되어 가는 모양이나, 사실은 거꾸로 된 원추(圓錐)처럼 사물의 발전도, 그에 따른 인식·경험의 내용도 부피를 늘리며 높고 넓게 확대 발전되어 가는 과정으로 상상할 수 있다).

이러한 인식론의 입장은 "경험[실천] + 사유(思惟) + 주관요소(생리·심리·감정·의지)의 도식으로 나타낼 수 있다. 우선 경험을 중시하는데, 그것도 관념적(생각만으로의) 경험이 아닌 실행 실천(특히 생산노동 활동)에 의한 경험을 참다운 인식을 위한 토대로 본다. 그리고 여기에는 많은 사색이 따라야 한다는 것, 또 경험과 사유작용을 촉진(促進)하거나 지체 (遲滯)시킬 수 있는 요소로서 인간의 심리작용을 들었고, 자연 및 사회현상의 객관적 변화과정을 믿으면서도 인간의지에 의한 더 나은 사회를 위한 사람들의 주체적인 창조노력과 실천활동 노력을 강조하고 있다.

결국 "진리 탐구=인간의 지능+과학(실천 경험)→인식능력의 확대→현실(진실)인식에의 무한한 접근과정"으로서 칸트의 주관주의적 불가지론(무력한 탐구포기 자세)을 극복하고 있다. 무한한 접근과정이란 인간 상호간의 경험의 교환(대화법·변증법 : 문답에 의한 진리에의 도달방법 dialectic)과 주체적인 실천 및 사색에 의해 부분진리를 점차 확대시켜 (누구나 다 인정하는 진실된) 객관적 진리를 파악해 나간다는 것이다.

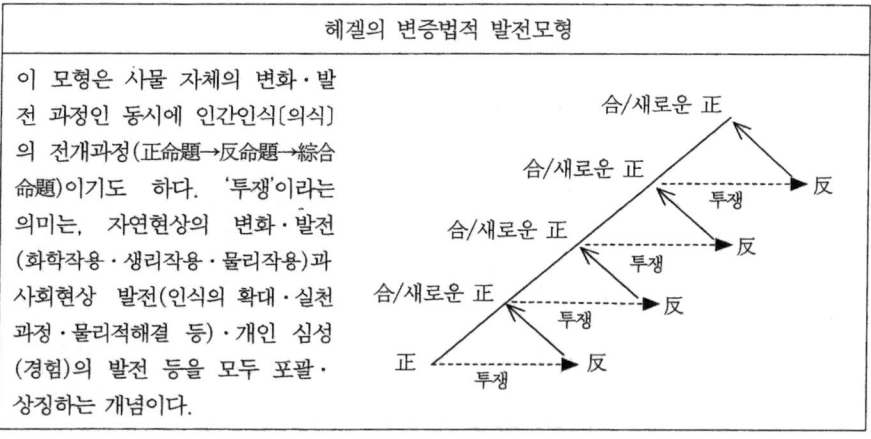

사물변화와 그 변화추적의 의식의 변화과정

(실물의 변화 발전)　　實物(1) ⟶ 實物(2) ⟶ 實物(3) ⟶
　　　　　　　　　　　∥　가　∥　나　∥
(의식의 변화 발전)　　意識(1) ⟶ 意識(2) ⟶ 意識(3) ⟶
　　　　　　　　　　　∥　　　∥　　　∥
(표현문장의 변화)　　 表現(1) ⟶ 表現(2) ⟶ 表現(3) ⟶
　　　　　　　　　　　∥　　　∥　　　∥
(1차시기 관찰·표현)　 正(命題) ⟶ 反(命題) ⟶ 綜合(命題) ⟶ ('명제'←'주장'·'문장')
　　　　　　(2차시기)　　　正　 ⟶　 反　 ⟶　 合
　　　　　　(3차시기)　　　正　 ⟶　 反　 ⟶　 合　⟶

설명 : 사물 1과 의식 1이 일치 [대응] 해야 하고, 변화된 실물 2가 변화반영된 의식 2와 일치해야 하는데, 실물 2를 의식 1의 상태(가 또는 나)로 알고 있으면 오류(왜곡) 또는 관념론적이라고 한다. (고향을 떠난 지 오랜만에 찾아왔을 때의 인물과 환경의 변화된 모습에서 실물과 의식의 변화의 차이를 읽을 수 있게 된다).

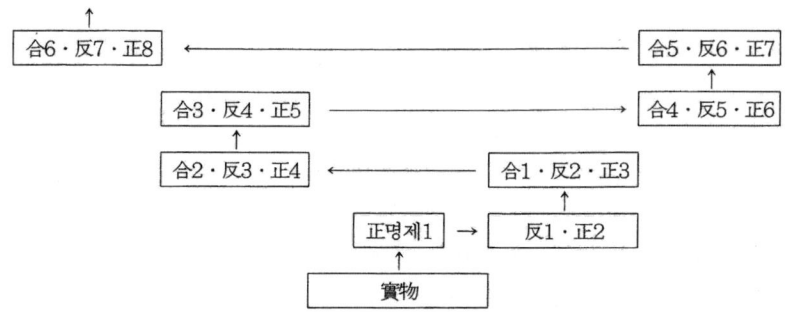

① 實物 [實體] 및 그 관계의 변화. (앞의 나선형 그림과 대조 상상)
② 실물변화에 그대로 일치하게 반영이 이루어진 의식내용의 변화.
③ 의식내용 그대로 정확하게 판단·주장·표현된 문장(sentence), 즉 명제(正命題→ 反命題→ 綜合命題)의 변화과정을 순서대로 열거(列擧)하여 놓은 확대순환 그림표,
④ 양적(점진적) 변화를 거쳐 질적(급격한) 변화(止揚Aufheben) 에로의 확대반복 형태로 이동한다. (끝없는 正,反,合 -의식의 발전, 정반합·정반합 반복 암기)
⑤ 인식의 과정을 거꾸로 표현하면 "식물의 줄기와 잎은 햇볕을 찾아 위로 향하고, 뿌리는 수분과 양분을 찾아 땅밑으로 뻗어간다."라는 진리명제가 있다고 하자. 이 명제는 어떻게 알아냈는가. 오랜 세월 동안 인간의 관찰과 경험에 의해 실물[식물]의 성질과 상태를 있는 그대로 감각으로 느껴 무수한 인간의 뇌수에 반영시켜 왔고 전달하여 온 결과라고 말할 수 있는 것이다.
⑥ 「인간 욕망의 상호 견제·조정」과 「근로정신의 상호권장(고통극복)에 의한 복지사회 실현」도 변증법적 발전의식(의지·지혜)에 의한 계층간 '착취모순의 해결방법'이라고 할 수 있(겠)다.

(3) 물질의 내재적 성질 : 모순

자연이나 사회에 있는 개별적인 사물과 현상들을 자세히 살펴보면 거기에는 서로 대립되는 측면들, 대립되는 힘들, 대립되는 경향들이 있다. 예컨대 전기에는 음전기와 양전기가 있으며, 자석에는 북극과 남극이 있고, 계급사회에는 지배계급과 피지배 계급이 존재한다. 이것은 모든 사물이 대립물로 이루어져 있다는 것을 의미한다. 특히 인간 사회의 경우 인간의 욕망은 무한한 데 반해 자원은 부족한 것이 대립·충돌의 주요원인이다. 상세한 해설에 앞서서 우선 모순의 용어정의를 간단히 내려보면, ① 물질 요소간에 존재하는 상반(相反)되는 성질의 결합관계와 상태, ② 사회성원 [집단] 간에 존재하는 이해(利害) 상반되는 쌍방의 대립·충돌하는 결합관계와 상태라고 할 수 있다. (한쪽에 이익 (+) 인만큼 다른 쪽이 그로 인해 피해(-)를 당할 때 모순·충돌)

그러면 사물과 현상들에 존재하는 이러한 대립물 사이에는 어떤 관계가 있는가. 우선 대립물들은 서로 연관되어 있으며 의존하고 있다. 이것은 이 측면이 따로따로 떨어져서 고립적으로는 존재할 수 없다는 것을 의미한다. 예컨대 북극이 없이는 남극이 없고 남극이 없이는 북극이 없다. 미운 것을 떠나서는 고운 것을 생각할 수 없으며 선과 악도 서로 분리시켜 볼 수 없고 또 노동계급은 거대·자산계층에게 자기의 노동력을 상품으로 팔지 않고서는 생존을 유지할 수 없다. 다시 말하면 대자산계층만 있는 자본주의 사회나 노동 계급만 있는 자본주의 사회란 있을 수 없다. 그런데 대립물들은 이와 같이 서로 연관되고 의존하고 있으면서도 또한 서로 투쟁하며 배척한다.

긍정과 부정이 서로 배척하며 선과 악도 서로 배척한다. 자본주의 사회에서 노동계

급과 부르주아(자산계층)는 그들이 발생한 시초부터 끊임없이 치열한 투쟁을 전개하여 왔다. 그것은 이해관계의 근본적인 대립으로부터 그들 간에는 타협할 수 없는 관계가 있기 때문이다. 이상에서 본 바와 같이 '서로 연관되어 있으면서도 서로 배척하고 투쟁하는 두 대립 물들 간의 관계를 우리는 모순(矛盾 contradiction)'이라고 한다. 즉 모순이란 사물을 이루고 있는 대립되는 측면들, 대립물들간에 있는 상호관계이다.

그런데 자연과 사회의 사물의 현상들은 예외 없이 이러한 대립물로 이루어져 있으며 모순을 가지고 있다. 모순을 가지고 있지 않은 사물이란 이 세상에 하나도 없다. 가장 단순한 역학적 운동에서도 척력(斥力)과 인력(引力)간의 모순이 있으며, 전기 현상에서도 음전기와 양전기의 모순이 있고, 자석의 북극과 남극에도 모순이 있다. 화학적 현상들에서도 원자들의 화합과 분해 사이의 모순이 있고, 생명 현상에서도 동화작용과 이화작용간의 모순이 존재한다. 그리고 사회 현상에서도 우리는 계급들간의 모순, 진보적 세력과 보수적 세력 간의 모순, 침략·식민주의 세력과 피침탈 약소민족 간의 모순 등을 볼 수 있다. 이와 같이 모순은 자연과 사회의 모든 사물과 현상들에 존재하면서 그것들이 운동·변화·발전하도록 추동한다.

모든 사물(통일물)은 상호 연관되어 있으면서도 서로 배타적(排他的)인 대립물로 이루어져 있다. 논리적 모순에 대해 이야기할 때 사람들은 늘 『한비자(韓非子)』에 나오는 창과 방패를 파는 이야기를 상기하곤 한다. 초나라의 어떤 사람이 창과 방패를 가지고 거리에 나가 팔았다. 그 사람은 "나의 창은 세상에서 가장 예리하여 아무리 단단한 물건도 다 꿰뚫을 수 있다"고 말하였다. 뒤이어 그 사람은 또 "나의 방패는 세상에서 가장 단단하여 그 어떤 예리한 창으로도 꿰뚫을 수 없다"고 말하였다. 이때 옆에 있던 사람이 당신의 그 창으로 당신의 그 방패를 찌르면 어떻게 되겠는가고 물었더니 그 초나라 사람은 말문이 막혀 대답을 하지 못하였다고 한다.

이 초나라 사람의 오류는 바로 '형식논리의 모순법칙을 위반한 데' 있다. 보다시피 그의 두 마디 말은 '동시에' 성립될 수 없는 것이다. (相衝되는 論理·矛盾 contradiction) 첫 마디 말에서 그는 자기의 창이 세상에서 제일 예리하여 뚫지 못하는 것이 없다고 긍정하였는데, 그 다음 말에서는 실제상 그것을 부정하였다. 그것은 그의 방패를 어떤 예리한 창으로도 꿰뚫을 수 없는 것이라고 하다 보니 그의 창으로도 꿰뚫을 수 없는 것이 분명하기 때문이다. 바꾸어 말해도 역시 마찬가지이다. 그의 창이 모든 것을 꿰뚫을 수 있는 이상 그의 방패가 모든 것을 다 막아낼 수 없다는 것은 뻔한 일이다. 이것을 가리켜 앞뒤가 맞지 않는다고 하거나 자체 모순에 빠진다고 한다. 「형식논리」의 모순법칙은 문제를 서술할 때 논리적 규칙을 엄격히 지킬 것을 요구한다. 즉 "동일한 사물, 동일한 시간, 동일한 관계에 대하여 동시에 긍정도 하고 부정도 해서는 안된다." 이 규칙을 위반하면 사고의 혼란을 가져온다. 그것은 이 규칙이 객관적 사물의 진실한 정황을 반영하고 있으며 객관적 실재를 토대로 하고 있기 때문이다. 형식논리를 위반하는 이런 모순은 반드시 배제해야 한다.

고대 그리스에는 유한과 무한의 모순을 본 사람도 있고 사랑과 원한의 모순을 본 사람도 있다. 이런 사람들 가운데 객관적 모순을 가장 심각하게 관찰한 사람은 아마 헤라클레이토스일 것이다. 그는 다음과 같이 말하였다.

> 통일물은 대립물로 구성되었으므로 그것을 두 쪽으로 가르면 대립물로 드러나게 된다. 우주 속에 개개의 부분은 모두 서로 대립되는 두 쪽으로 가를 수 있다. 땅은 고산과 평원으로 가를 수 있고 물은 담수와 함수(鹹 : 짠 물)로 가를 수 있고, 기후는 겨울과 여름, 봄과 가을로 가를 수 있다. …

그는 통일 가운데에서 대립을 보았을 뿐만 아니라 대립 가운데에서 통일도 보았다. 이는 다음과 같은 말을 통해 알 수 있다.

> 비정의로운 일들(不義)이 없다면 정의라는 말도 알 수 없을 것이다. 서로 배척하는 것들이 한데 결합되며 서로 다른 음조들이 가장 아름다운 화음을 이룬다. 질병은 건강한 것을 유쾌한 것으로 만들며, 나쁜 것은 좋은 것을 유쾌한 것으로 만들며, 굶주림은 배부름을 유쾌한 것으로 만들며, 피로는 휴식을 유쾌한 것으로 만든다.

다시 말하면 이런 대립물들은 모두 서로 의존하고 있다는 것이다. 정의가 없으면 불의(不義)가 있을 수 없고, 나쁜 것이 없으면 좋은 것이 있을 수 없으며, 굶주림이 없으면 배부름이 있을 수 없고, 피로가 없으면 휴식이 있을 수 없으며, 질병이 없으면 건강이 있을 수 없다. 과학이 아직 발달하지 못하였던 고대에 사람들은 대립물의 상호의존과 상호전화는 모두 조건적이라는 이치를 알지 못하였음에도 불구하고, 그 당시의 조건하에서 이와 같이 깊이있는 견해를 내놓을 수 있었던 것은 대단한 일이다. (경험에 의한 理性의 세련화라 부를 수 있다.)

물론 고대 철학자들의 이런 변증법적 사상은 소박하여 객관적이며 과학적 논증이 없는 것이다. 때문에 그저 객관적 세계의 모순의 정경을 추측하였다고 말할 수밖에 없다. 그러나 현대의 유물론적 변증법의 모순설은 추측이나 직관에 의거하지 않고 자연과학과 사회과학이 제공한 다량의 자료에 의거하여 얻어낸 과학적 개괄이다.

변증법적 모순론은 "모순이 질적으로 다양한 물질의 운동형식 및 발전형식을 낳는 원인이며, 각 개별 현상들을 발전시키고 질적으로 다른 존재형태로 이행시키는 추진력"이라고 본다. (더 발전된 현대 철학에서는 '모순 관계 그 자체'가 운동의 원인이라고 말하지 않고 모순되게 관계가 이루어진 물질 요소 자체가 운동·변화의 원인이라고 한다. 사회의 경우 '모순을 자각한 요소집단의 변혁의지와 능력에 의해 모순타파의 변화가 이루어진다'는 것이다.)

인간 인식의 역사상 처음으로 이 모순론은 운동에 대해 세계 외부의 어떤 비물질적인 힘의 존재를 가정하지 않고 철저하게 과학적으로 설명할 수 있는 가능성을 열었다. 이로써 처음으로 사회발전의 내적인 필연적 과정, 추진력, 그리고 합법칙성을 과학적으로 파악할 수 있는 가능성과 이것을 토대로 과학적으로 확립된 정치를 수행할 수 있는 가능성이 주어졌다.

변증법적 모순은 상호 배척하면서 상호 제약하는 실재적 대립물의 통일, 즉 객관적인 상호작용 연관이다. (대립물의 통일과 투쟁의 법칙) 사물·과정·체계 등에 내재하고 있는 변증법적 모순은 이것들의 질적 특수성·구조·상대적 안정성뿐만 아니라 운동과 발전을 규정한다. (원자의 구조와 양자·전자의 대립적 운동을 상상해 보면 좋을 것이다.) 한 사물이나 체계의 특수한 성질, 구조, 그리고 "상대적인 안정성의 근거는 대립물의 상호 제약성과 의존성, 대립물의 공존, 대립물의 통일이다. 다시 말해 대립물 사이의 상호작용이 상대적으로 균형을 이루는 것이다. 이에 반해 운동과 발전은 대립물의 상호 배척, 대립물의 갈등과 투쟁을 통해 일어나며, 대립물들은 이 투쟁을 통해 대립적인 경향을 지양(止揚)하는 것을 지향(指向)한다." ('평화공존'의 희망과 가능성)

변증법적 모순은 고정적이고 불변적으로 존재하는 것이 아니라 오히려 그 자체 끊임없는 운동과 발전을 거듭하고 있다. 모순에 돌입한 대립물의 발생과 더불어, 그 대립물들은 상호작용을 전개하고 투쟁을 벌인다. 모순을 이루고 있는 두 요소가 각각 불균등하게 발전하면 결국 두 요소 중 하나가 다른 하나에 대해 결정적으로(양적으로) 우위를 점하게 되어 대립물의 통일이 깨지고 새로운 질로 도약하게 된다. 이렇게 해서 등장한 새로운 질은 그 자체 다시금 모순에 가득 찬 새로운 통일이며 더욱 고차적인 다른 수준에서 모순을 새롭게 정립한다. 변증법적 모순은 물질의 모든 구조형식·운동형식·발전형식 속에 존재하고, 따라서 변증법적 모순은 보편적이고 절대적인 성격을 띤다. 그렇지만 각각의 물질형식은 모두 특수한 변증법적 모순을 갖고 있고 이런 한에서는 변증법적 모순은 상대적 성격을 지닌다.

물질은 양적으로나 질적으로 무궁무진하다는 사실로부터, 객관적으로 존재하는 변증법적 모순의 종류도 마찬가지로 무한히 다양할 것이라는 추론을 해볼 수 있다. 그러나 수없이 많은 종류의 모순은 몇몇 범주로 나눌 수 있는데, 이 중에서 특히 '구조 모순'과 '과정모순', '내적 모순'과 '외적 모순', '주요 모순'과 '부차적 모순', '적대적 모순'과 '비적대적 모순'의 구분이 중요하다. 이것들은 현실을 과학적으로, 즉 변증법적·유물론적으로 이해하는데, 그리고 인간의 실천적 활동에 커다란 의미를 갖는다.

변증법적 모순은 '구조들' 사이에서 뿐 아니라 '과정들' 사이에도 존재할 수 있다. 하나의 물질적 체계가 모순적일 수 있는 까닭은 이 체계에 속해 있는 두 부분체계의 구조들이, 혹은 이러한 부분체계들의 구조에 토대를 두고 실현되는 기능들이 서로 모순되기 때문이다. 마찬가지로 두 체계는 자신들의 대립적인 구조를 토대로 상호 모순적인 관계에 놓일 수 있다. 예를 들어 자본주의와 사회주의의 모순은 생산관계의 대립적인 구조에 기인한다. 양 세계 사이의 이러한 구조모순을 토대로 자본주의 체계와 사회주의 체계의 사회생활의 모든 영역에서 대립적 기능 및 대립적 관계방식이 생겨난다. 이에 반해 과정모순은 하나의 동일한 체계내에서 서로 대립되는 방향으로 나아가는 두 개의 운동과정 혹은 발전과정이 발생할 경우에 존재한다. 부르주아지의 발전은 자신에 대해 정반대의 계급적 이해관계를 갖는 프롤레타리아트를 산출할 수밖에 없다. 구조모순과 과정모순을 절대적으로 구분하는 것은 옳지 않다. 과정과 구조, 생성과 생성된 것이 객관적 실재 속에서 서로 분리될 수 없듯이, 과정모순과 구조모순도 물질적 체계의 존재와 발전 속에서 통일을 이루고 있다.

모순의 두 대립적인 측면이 하나의 동일한 사물체계 등의 내부에, 즉 하나의 동일한 질 내부에 존재할 경우에, 그리고 모순이 작용하는 범위가 이 특정한 질의 범위를 넘어서지 않을 경우에, 이 모순을 '내적 모순'이라고 이야기한다. 예를 들어 살아 있는 유기체 내의 유전과 적응 사이의 모순, 증식과정과 해체과정 사이의 모순은 내적 모순이다. 자본주의 사회체제내의 부르주아지와 프롤레타리아트 사이의 모순 같은 것은 내적 모순이다. 이에 반해 '외적 모순'이란 모순의 두 대립적인 측면이 상이한 사물·상이한 질에 속하는 모순, 예를 들어 유기체와 환경 사이의 모순, 침략 외세와 식민지 민족 간의 모순, 자연과 사회의 모순 등이다.

내적 모순과 외적 모순은 서로 분리되어 존재하지 않는다. 오히려 양자는 서로 긴밀한 상호작용 속에 놓여 있다. 내적 모순은 사물의 질과 본질을 결정한다. 내적 모순은 사물의 운동과 발전을 결정하는 추진력이다. 이에 반해 외적 모순은 내적 모순의 전개방식을 변형시킨다. 외적 모순은 내적 모순의 전개를 방해하거나 촉진할 수 있다. 그러나 어떤 경우든 발전과정은 항상 내적 모순과 외적 모순의 상호작용에 의해 제약된다. 내적 모순과 외적 모순 사이의 구분은 상대적이다. 어떤 모순이 내적 모순인가 혹은 외적 모순인가 하는 것은 그때그때의 연관, 전체적 좌표계(座標系)에 달려 있다.

더 나아가 하나의 전체 모순체계는 '본질적 모순'과 '비본질적 모순'으로 구별된다. 이때 주어진 현상의 성격과 발전을 규정하고 그러한 전체 모순체계의 다른 모든 모순들을 지배하는 본질적 모순을 '주요 모순'이라고 부른다. 이에 반해 주어진 연관 속에서 비본질적이며 현상의 발전에 결정적인 영향력을 별로 미치지 못하고 주요 모순에 종속되며, 따라서 주요 모순의 해소에 따라 해소되는 모순을 '부차적 모순'이라고 부른다. 발전과정에 능동적이고 의식적인 영향을 미치기 위해서는 그때그때의 주요 모순을 밝혀내는 것이 대단히 중요하다. 왜냐하면 주어진 체계의 다른 모든 모순의 발전과 해체는 본질적으로 주요 모순의 해체(해결)에 의해 영향을 받기 때문이다. 이러한 방법론적인 결론은 단지 과학적인 연구에만 근본적인 의미를 갖는 것이 아니다. 그것은 변혁투쟁의 매단계마다 변혁을 주도하는 조직체의 전략과 전술을 확립하는 데에도 큰 역할을 수행한다. (인간사회에서는 주요 모순이나 외부 모순부터 해결해야 한다는 해결의 순서론이 있으나 가능하다면 파악된 모든 모순을 병행하여 해결하려는 노력에 의해 화해·평화를 앞당길 수도 있다고 본다. 점령외세 배제와 민주화를 동시에 실천.)

그러나 '아무리 경제발전 단계(모순·고통)의 심화가 사회혁명(모순타파·해결)의 시기(조건)에 도달하였다 하더라도 인간(근로민중) 자신들의 자주적 주체의식(각성)과 목적의식적인 실현의지와 실천노력, 다수의 협동적 단결(화합)이 이루어지지 않는다면 가진자 세력의 착취와 억압이 없는 평등 민주사회 건설은 늦추어질 수밖에 없게 된다.' '선진자본주의사회에서보다 오히려 봉건절대주의의 폭압과 외세의 침탈이 거세었던 아시아대륙 나라들에서 근로대중의 각성에 의한 외세격퇴와 함께 평등사회 건설에 성공하게 되었던 사실이 그것을 잘 설명해주는 역사적 경험사례들'이다.

1980년대 학생들의 민주화 투쟁에서 「민족해방투쟁」(National Liberation)과 「근로민중 민주화투쟁」(People's Democracy)을 놓고 분열하는 모습을 보였으나 이런 현상은 운동을 분열·중단시키려는 외부의 작용이 있었기 때문으로 보이지만, 이런 두 가지 형태의 모순관계는 여러 사람들이 함께, 또는 나누어서 동시에 평화적인 의식혁명에 의해 성취하도록 노력하여야 했던 사례였다.

내적 모순과 외적 모순, 주요 모순과 부차적 모순이 사회에서 뿐 아니라 자연에서도 구별될 수 있는 반면에, '적대적 모순'과 '비적대적 모순'의 구별은 단지 인간사회의 영역에서만 의미를 갖는다. '적대적 모순', 간단히 말해 적대관계는 상이한 사회계급 혹은 사회집단 [민족간, 국가간, 계층]간의 이해관계를 둘러싼 화해할 수 없는 대립에서 비롯되는 모순이다. 그러므로 적대적 모순은 계급사회의 존재 (같은 사회내에서 침해·수탈집단과 피해·노역계층, 침략민족과 피침으로 고통받는 약소민족 사이의 관계)와 운명을 같이한다. 적대적 모순은 무엇보다도 그때그때의 사회구성체의 기본계급들 사이에 존재한다. 그래서 적대적 모순은 노예 소유주와 노예 사이에, 봉건 영주와 농노 사이에, 자본가와 프롤레타리아 사이에 존재하며, 더 나아가 부르주아 도덕과 사회주의 도덕 사이에도 존재한다. 뿐만 아니라 적대적 모순은 때때로 상이한 착취계급들 사이에서도 존재할 수 있다.

예를 들어 17세기부터 19세기에 이르는 부르주아 혁명의 시기에 부르주아지와 봉건귀족 사이에 적대적 모순이 존재했다. 적대적 모순은 국제적 차원에서 보면 하나의 동일한 착취계급 내에서도 형성될 수 있다. (예를 들어 세계 재분할을 둘러싼 제국주의 국가들 간의 전쟁.) 적대적 모순은 일반적으로 끊임없이 첨예화되는 경향을 띠고 있다. 따라서 적대적 모순은 대개 갈등을 구현하고 있거나 갈등 뒤에 숨어 있는 사회세력들 사이의 격렬한 갈등이나, 대립적인 사회계급 사이의 충돌, 정치적이고 사회적인 혁명의 형태로 갈등을 비교적 돌발적이고 폭력적인 방식으로 표출하는 데로 나아간다. (인지가 발달하면 폭력이 아니고 과학적인 인식능력과 화해 노력에 의해 평화적으로 공통된 의식의 확대 발전에 의한 모순관계의 축소 해결도 가능할 것으로 보고 있다.)

중요한 모순 충돌의 몇가지 세계적 사례(史例)를 들어보면, 1688년의 영국 혁명은, 궁정 내부 내지는 신흥자산계층과 귀족간의 모순갈등 충돌이었고, 1789년의 프랑스 혁명은 근로계층의 불만과 고통을 배경세력으로 한 신흥자산계층이 왕과 귀족에 대해 일으킨 혁명이었다. (부르주아 혁명) 이때 자산계층은 기존의 지배계층 세력을 약화시킴과 동시에 스스로의 지배권을 강화, 근로계급 수탈을 봉건시대 이상으로 강행 함으로써 머지않아 근로대중과의 새로운 모순대립관계를 심화시켰다.

그리고 1917년의 러시아 혁명은, 자산계급의 조직적인 성장이 미약한 반면 농노적 근로대중세력과 각성된 병사들이 혁명적 지식계층의 선도에 따라 절대군주와 승려·귀족세력을 물리치는 모순 타파 해결 방법이었다. (프롤레타리아 혁명) 1949년의 중국 혁명의 경우는 이미 침략외세들이 전 영토를 점거·유린하고 있는 가운데 진행된 전쟁형태를 띠게 됨으로써, 침략과 노동착취의 고통스런 모순관계를 절감한 농민·노동자·지식인 주도의 전인민적 반제·반봉건투쟁, 즉 국가적 독립혁명과 계급혁명 (두 가지 모순 해결)을 동시에 성공시켰던 것이다. (인민민주주의 혁명) 베트남의 항불(抗佛)·반미(反美) 전쟁 승리와 조선민주주의인민공화국의 사회주의사회 건설의 경우도 중국의 경우와 유사한 것으로 볼 수 있다.

결국 모순론과 변증법적 유물론은, 착취와 억압을 받던 근로민중세력에게는 고통스런 노동 대가의 피수탈에 관한 과학적 분석과 올바른 역사이해에 의해 자기 처지에 대한 각성의 인식수단이자 판단의 척도로 이용되었지만, 해양 침략세력과 그 앞잡이들에게는 경제 수탈과 정치·군사 지배의 이유와 구실을 잃어버리게 함으로써 악마와 같은 철학 사상으로 취급, 모든 악법의 근거로 삼아 많은 사람들을 극형으로 몰아가게 하였다.

'비적대적 모순'은 대립적인 이해관계 외에 기본적으로 공통된 이해관계도 갖는 상이한 계층들 혹은 사회집단들 사이의 대립을 나타낸다. 비적대적 모순의 해결은 대립물의 '투쟁'의 결과로 이루어지기도 하지만, 대개 대립적인 사회세력들의 공통된 이해관계를 고려하여 적대적 모순의 경우처럼 폭력적인 방식으로 표출될 수밖에 없는 갈등으로까지 모순을 격화시키지 않는 방법을 이용하여 이루어진다.

적대적 모순은 그 성격상 가변적일 수 있다. 적대적 모순은 특정한 조건하에서 비적대적 모순으로 전화될 수 있다. 따라서 인위적인 조건 창출 노력에 의해 화해와 평화도 가능하다고 할 수 있다. (정전 회담→평화 공존)

조선 [한]민족에게 가해진 장기간에 걸친 모순·억압의 가혹성은, 침략외세가 강요해온 모순·강탈에다가 이전부터 또는 외세의 앞잡이가 된 친 외세 자산계층으로부터의 수탈이라는 이중의 고통과 협박을 받아 온 데에 있다. 따라서 근로대중 중심의 민족 동포들이 그만큼 민족적 자주독립과 결사항쟁을 강조하여 온 이유도 바로 여기에 있다고 하겠다.

그러나 가해자인 침략외세와 친외세 자산계층 및 무장세력이 그 반자주·반민주적 범죄행위(봉쇄와 주둔·무력 침공 협박)를 중지할 경우 모순대립의 평화적인 해결도 가능하며 민족 내부모순도 요소별로, 장점은 살리고 결점은 소멸시키는, 해체 집산 방법에 의해 민족 전체적인 통일도 가능할 것으로 전망되며 또 그렇게 되도록 금도(襟度 포용력을 가진 마음씨)를 가지고 협력·실천하여 가야될 것이다. 모순·갈등을 가져온 것이(민족의 內·外) 구성요소(인간)였듯이 모순해결의 요인도 구성요소인(어느 쪽), 인간들의 지혜로운 의지와 능력에 달려있는 것이기 때문이다.

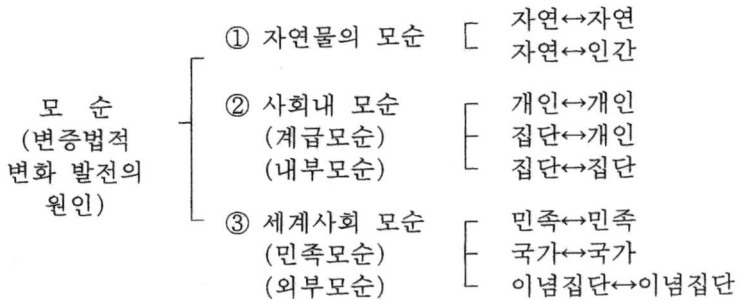

1. '모순'이라는 말과 '변증법'의 의미는 앞에서 살펴본 바와 같거니와, 자연물의 모순은 자연법칙에 따라 변화 발전된다
2. ①의 자연과 인간의 모순관계는 인간이 대자연속에서 수십 만년 동안 살아오면서 싸우고 융화되며 의식주를 얻어온 모든 과정이 모순·대립·적응·취득의 모순 해결·극복 과정이었다.
3. 그 다음으로 크게 문제되어온 것은 계급모순이었다. 부족한 자원과, 또 별로 부족함이 없다하더라도 인간들의 무한한 욕망 때문에 부닥치게 되는 충돌은 대개는 "노동 고통의 기피와 자산의 축적"이 주된 요인이었다.
4. 그 다음으로 보다 심각한 모순은, 강대국의 제국주의적 침략으로 인하여 발생되는 약소민족 식민지 노예화 때문에 나타나게 되는데, 19세기와 20세기에 걸쳐 전개된 제국주의 침략전쟁으로 말미암아 빚어진 학살·고문·착취·강간 등의 비인간적 참상들의 주범(犯)이자 원흉들은 모두 유럽·미국·일본 등의 지배세력이었다.
5. 이제 이같은 사람간의 모순을 해결하고 복지사회를 건설하는 방법은, 착취와 침해를 당해온 약자들의 각성과 권리찾음·단결·투쟁에도 있겠으나 강자(이제까지의 침탈세력)들의 평등의식과 책임감의 증대, 도덕과 준법정신 높임 등에 있음을 공동체성원 모두가 깨닫고 실행하도록 의도적인 의식화 운동이 있어야 할 것이다. 이것이 바로 "평화적인 의식혁명에 의한 모순의 인지·해결 방법"이라고 할 수 있다.
6. 한반도의 남북모순은 특히 ② ③의 모순과 이념·제도적 모순이 2중 3중 복합적으로 얽혀 있으므로 해결의 방법도 갈피를 잘 잡아서 합리적으로 순서를 따라 공동체 구성원 모두의 헌신적 노력에 의해 이루어 나가야 될 것이다. 전체적으로 ① ② ③의 모순들은 자연법칙에의 순응과 더불어 인간의 주체적 의지 (지혜와 용기와 능력)와 실천에 의해 해결 (해방)이 가능한 것으로 보고 있다.

◎ 노·사 모순 충돌의 합리적 해결 없던 탄압 일변도의 사회역사

(1) 신군부의 군홧발에 짓밟힌 민주주의

1980년의 정세는 심상치 않았다. 탄광촌 강원도 정선 사북에서 4월 16일부터 전개된 광산노동자들의 투쟁은 경찰과 물리적 충돌로 이어졌다. 4월 21일부터는 노동자들이 사북을 장악하고 지역민들이 합세하며 투쟁이 확장되었다. 뒤이어 동원탄좌 덕대 탄광의 파업을 불러 일으켰고 5월 초에는 정선·황지·문경 등지의 탄광으로 파업이 옮겨붙었다. 이 투쟁은 전두환의 지휘에 따른 협상으로 마무리되지만 이후 약속은 깨지고 주요 지도부는 탄압 대상이 된다.

4월 28일 부산 용호동에 있는 동국제강 노동자 300여 명은 임금 40% 인상, 상여금 400% 지급 등을 요구하며 농성 투쟁에 돌입했다. 이튿날 농성 노동자들은 회사에 불을 지르고 거리로 나섰다가 최루탄을 쏘는 경찰들과 충돌했다. 노동자들은 돌멩이, 쇠파이프, 각목으로 맞서기도 했다.

동일방직 해고노동자들도 23일이라는 길고 처절한 농성을 끝내야 할 때가 다가오고 있었다. 5월 17일 새벽, 동일방직 해고노동자들은 농성을 해산하고 노총회관을 나섰고 여의도를 벗어났다. 그리고 이후 다시 투쟁에 나서기까지 오랜 시간을 기다려야 했다. 그때는 그 시간이 그토록 오래될 거라는 것을 미처 알지 못했다. 이렇게 캄캄하고도 기나긴 1980년대가 시작되고 있었다.

한편 5월 15일 서울역에 모였던 학생 시민 10만여 명이 해산을 결정하자 전두환의 행보는 바빠졌다. 10.26 이후 5.17까지 동광강업·해태제과·롯데제과·삼성제약·청계피복·호남전기·사북탄광·동국제강·인천제철 등에서 생존권 투쟁이 전개되는 등 노동쟁의가 897건 발생, 20여만 명이 투쟁에 나서며 봄을 열었으나 그 봄은 오래가지 못했다.

전두환과 신군부는 5월 17일 계엄 확대 조치를 하는 한편 민주 인사들과 학생운동 지도부 등에 대한 예비검속을 단행했다. 김대중은 체포되었고 김영삼은 가택연금되었으며 김종필은 보안사에 감금되었다. 18일 계엄 포고령 10호에 따라 모든 정치활동과 옥내외 집회 시위가 금지되었다. 그 속에서 광주는 군홧발에 짓밟혔다.

5월 18일 아침, 광주 전남대학교 앞에서 벌어진 계엄군의 유혈 폭력 만행은 급기야 광주시민들의 봉기로 이어지고 광주는 시민들의 해방공동체가 되면서 계엄군은 퇴각했다. 그러나 5월 27일 새벽, 헬기와 장갑차를 앞세운 계엄군은 전남도청에서 마지막 항쟁을 벌이는 시민군을 진압하고 민주주의를 압살해 버리고 만다.

광주항쟁을 진압한 신군부는 곧바로 국회의 기능을 대신하는 초법적 국가보위비상대책위원회를 만들고 국정을 장악했다. 이후 법적 근거를 마련해 국가보위입법회의로 개편한 후 정치활동 규제법을 비롯해 노동법과 언론기본법 개악안, 집회 및 시위에 관한 법률 개악안 등을 통과시켰다. 유신체제 노동법의 악법 조항을 그대로 유지한 채 설립신고를 어렵게 하거나 유니언숍을 폐지하고 제3자개입금지 조항을 신설했다.

이런 탄압이 이어지면서 전국의 수많은 민주노조가 어용화되거나 파괴됐다. 신군부가 민주노동운동의 뿌리를 뽑겠다며 대상으로 삼은 노조는 청계피복·반도상사·콘트롤데이타·서통·원풍모방·남화전자·무궁화메리야스·태창메리야스 등이었다. 청계피복노조는 서울시장 명의로 1981년 1월 해산 명령을 받았고, 반도상사 부평공장 노조는 1981년 3월 13일 해체되고 말았다. 콘트롤데이터노조도 1982년 7월 20일 공장 철수가 결정되면서 역사를 마감했다. 1970년대 가장 강력한 조직력을 자랑했던 원풍모방노조도 1982년 9월, 폭력배들의 침탈로 파괴되고 말았다. 민주노조 세력은 삼청교육대로 끌려가 순화교육을 받았고 노조활동을 금지당했다.

민주노조 사업장 노동자들이 무력하게 항복하거나 주저앉았던 것은 아니다. 피나는 투쟁으로 몸부림치며 저항했고 점거 농성, 시위 등 할 수 있는 모든 투쟁을 했다. 하지만 경찰·정보기관·노동청 그리고 폭력배를 앞세운 조직적 물리적 탄압과 기업의 횡포에 짓눌려 두들겨 맞고 해고되고 끌려 나오고 삼청교육대에 보내지고 정화대상자로 지목되고 급기야 구속되기까지 했다. 그런 탄압의 결과 1970년대 민주노조운동의 전열은 급속도로 무너져 갔다.

(2) 부당해고 재판까지 패소

1980년 5월 17일, 여의도 한국노총 농성장을 빠져나온 동일방직 해고노동자들은 어떻게 해서든 활동을 이어가기 위해 분투했지만, 신군부 치하의 한국 사회 현실은 암담하기만 했다. 얼토당토않은 일은 이어졌다. 9월 6일에는 동일방직복직투쟁위원회 정기모임을 알리는 공문을 띄웠다는 이유로 김인숙 총무가 부평경찰서에 연행되어 조사를 받는 일도 일어났다.

한국노총 농성 이후 수배됐던 이총각은 서울 합정동 메리놀수녀원, 전북 익산 창인동 성당, 전주 효자동성당 수녀원, 전북 임실 등지로 옮겨 다니며 잠행을 이어갔다. 그러는 사이 해가 바뀌고 어느새 수배 생활이 10개월에 접어들었다. 이총각은 1981년 3월 13일 수배 생활을 끝내겠다고 결심하고 동부경찰서에 자진 출두했고 서울 종로경찰서에서 수사를 받다가 3월 19일 석방되었다.

1981년 4월 5일, 석방된 이총각을 비롯해서 이제는 강원도, 충청도 등지로까지 흩어진 해고노동자 40여 명이 해고 3주년 기념행사를 위해 인천산선에 모였다. 삶의 모습이 달라지긴 했지만 오랜만에 함께 얼굴을 마주하니 뿌듯하고 반갑고 기쁘기도 했다. 해고노동자들은 매월 첫주 일요일 오후 2시 정기모임을 열기로 결의하기도 했다. 또 5월에는 김포 장릉으로 야외 모임을 가기도 했다. 하지만 앞으로의 복직투쟁위원회 활동을 어떻게 이어갈 것인지 여전히 고민될 수밖에 없었다.

한편 동일방직 해고노동자들이 제기했던 소송 중 하나인 '해고예고 예외 인정 신청에 관한 소송'이 1980년 9월 30일 서울고등법원에서 개정되었다. 오랫동안 기다려온 재판이었다. 10월 1일로 공판 기일이 잡혔다가 다시 연기되었는데 결국 10월 26일 이 소송은 기각당했다. 해고노동자들의 실망이 이만저만이 아니었지만, 아직 '부당해고 및 부당노동행위에 관한 행정소송'이 남아 있었다. 그런데 이 두 번째 행정소송도 12월 16일 무기한 연기되었다. 이듬해인 1981년 3월 17일 재판이 다시 열렸는데 이날 고등법원은 똥물 테러 당시 조합원들에게 똥을 뿌린 박복례 외 여러 명의 직원이 회사 측의 사주를 받고 노조를 어용화하려고 계획적으로 똥을 뿌렸는지를 조사해 보기로 했다. 그러나 1981년 6월 11일 오전 10시, 서울고등법원 208호 법정에서 열린 '부당해고 및 부당노동행위에 관한 행정소송' 선고 공판에서 재판부는 동일방직 해고노동자들의 청구를 기각했다. 재판부는 회사 측의 해고조치는 취업규칙과 노동위원회의 판결에 의한 해고였으므로 노동조합법 제37조의 부당노동행위에 해당한다고 할 수 없고 원고들의 재심 신청을 기각한 중앙노동위원회의 판결이 정당하니 원고들의 행정소송을 기각한다고 밝혔다.

복직투쟁위원회는 『동지회보』 1981년 7월호에서 고등법원 기각 결정에 대해 다음과 같이 입장을 밝히고 대법원 상고 결정의 배경을 밝히고 있다.

…서울고법 208호 법정에서 개정된 선고 공판에서 재판부는 원고인 우리의 청구를 기각시킴으로써 동일방직에 복직하려는 우리의 염원은 또 다시 꺾어져 버린 셈이다.
처음부터 재판부가 우리 일의 부당함을 밝혀주리라 기대하지는 않았지만 재판 과정에서 나타나고 밝혀진 진실과 허위가 있었기 때문에 우리는 재판에 관심이 있었다. 어차피 모든 면에서 철저히 매장 당해온 우리 사건의 진상은 누구에 의해 바르게 알려지리란 기대는 않고 우리 스스로 살아갈 끈기 있는 모습에 의해서 우리가 밝혀야 한다는 각오를 이번 재판을 통해 다시금 각오하고 이 더러운 시궁창 같은 세상에서 썩어져 가는 찌꺼기가 아니고 더러운 썩어진 것들을 밑거름 삼아 싹 틀 수 있는 풀 한 포기가 되기 위해 우리는 또 다시 대법원에 상고하기로 했다. (동일방직복직투쟁위원회, 『동지회보』 1981년 7월호)

곧장 대법원에 상고했지만 1982년 말께 결론이 난 상고심 역시 기각되었다. 이 기각 결정은 해고 이후 4년여 동안 치열하게 싸워왔던 동일방직 해고노동자들의 기운을 쭉 빼놓는 일이었다. 도대체 왜 부당노동행위로 인정이 안 되는 건지 이해할 수 없었다. 그로 인해 좌절감으로 해고노동자들은 마음이 무척 힘들 수밖에 없었다. (양돌규·정경원 저 : 『동일방직 여성노동자 50년 투쟁기록, 긴 투쟁 귀한 삶』 중에서, 「동일방직 해고자 복직추진위원회」 기획 2025. 6. 17.)

2) 공동체의 경제 모순, 「사회복지화」로 접근·해결

(1) 수탈체제하에서의 근로자 고통, 평등 소망과 박해

착취란 '비틀어 짜낸다'는 뜻으로서, 보통은 자본가나 지주가 노동자나 농민들이 힘든 노동에 의해 생산하거나 창조한 것들을 노동력 또는 노동가치에 상당하는 대가의 지불을 하지 않고 생산물(판매대금인 화폐)을 독차지(혹은 적은 비용으로 많이 차지)하는 것을 말한다. 착취라는 말은 이처럼 비인간적이고 강도짓에 가까운 사악한 인간 행위를 가리키는 말이기 때문에 실제로 현실에서 착취행위를 하고있는 지배자계층 사람들은 이 용어의 사용 자체를 싫어하며 이런 착취행위에 반항하는 피착취자들이나 비판적 연구자나 사상이념의 소유자들에게 엉뚱한 구실을 붙여 응징을 하기도 한다.

사람들이 생명을 유지하고 적절한 생활을 누리는 과정에서 물질적·정신적 욕구를 충족시키려면 역시 물질적·정신적인 생산이 이루어져야 하는데, 생산이나 창조에는 일정한 노동력이 필수적으로 요구된다. 그리고 이 노동력은 사회공동체의 누군가에 의해 싫든 좋든 반드시 제공되어야 한다. 그런데 사회공동체와 그 구성원들의 생존·유지·발전에 절대적으로 필요하고 귀중한 노동은 대부분의 인간들에게는 힘이 들거나 괴롭고 고통을 주는 것이기 때문에 사람들은 물질적 여건이 허락되는 순간 가능한 한 기피하려는 것이 본성처럼 되었다. 그리하여 인류사회는 수렵 및 농경사회 이래의 오랜 경험을 통해 개인들 자신은 물론 자기 자손과 부족과 대사회를 위해 이와 같은 노동기피 현상을 막으려고 의식적으로 '신성한 의무'로서 노동의 가치를 높이고 장려하여 왔으며 저마다 학습과 훈육을 통해 어려서부터 신앙에 가깝도록 마땅히 해야되는 것으로 내면화(사회의식화)시켜 왔다.

적대적 모순(矛盾)은 "자신의 생명을 지키기 위해선 상대방의 생명을 끊거나(矛·창모), 방패(盾순)로 몸을 가려야(막아내야) 하듯이 위중해진 쌍방의 대결관계"를 말한다. 빼앗고 빼앗기는 두 주체의 싸움(경쟁)에서, 이겨서 즐기는 쪽 (+)과 져서 고통을 당하는 쪽 (-)이 이루는 합계가 0이 되는 (Zero sum game) (너가 죽지 않으면 내가 죽는)극한적 경쟁 관계를 말한다.

인간의 착취의 역사도 바로 이러한 노동기피 경향에서부터 출발한 것으로 보이며 착취에 대한 반항과 반성이 논란되어온 역사 역시 노동을 해야 할 사람들이 하지 않고 특정의 약자들에게만 계속해서 하게 하고 다른 사람들의 노동의 결과물을 빼앗아 차지하는 지위를 누리면서 노동고통을 언제나 피지배자들에게만 전담시키는 모순된 인간관계에서 발단되었던 것이다. 바꾸어 말하면 인간은 누구나 무언가의 지배욕을 가지고 있으면서 동시에 그 지배욕 이상으로 '남의 지배를 받고 싶어하지 않는 자주적 성향을 가지고 있기 때문에' 물질적 소유 측면에서나 사회적 명예나 지위의 향유 측면에서 남의 지배를 받거나 남보다 뒤떨어지기를 싫어하게 되며 더군다나 자기에게 전혀 도움을 주지 않는 사람에게 일방적으로 봉사해야 하는 노동은 부득이한 경우가 아니면 하지 않으려고 하는 것이 인간의 보편적 속성이다.

그러나 인류사회의 현실은 이러한 이성적이고 당위론적인 규범에 따라 움직이는 것만은 아니며 인간 저마다 또는 사회집단 저마다의 책무는 저버리고 이익과 욕망에 따라 동물적 경쟁을 하면서 모순·대립·갈등·충돌·강제하게 되며 어떤 의미에서 약육강식의 자연사적 발전과정을 거쳐온 것으로 알려졌다.

19세기 중반에 접어들면서 사람들, 특히 근로대중은 자신들의 부당한 경제적 피탈을 의식하게 되면서부터 생산자로서의 주체성을 찾아 단결하였고 근로자 중심의 정부권력까지 차지하는 세력으로 등장하게 되었다. 그러나 1990년대에 접어든 지난 수년간의 세계사의 전개는 이상사회로서 인정되어 왔던 사회주의·공산주의 사회가 생각했던 것만큼 완벽하고 쉽게 다가오지 않는다는 사실을 폭로시켜 주고 말았다.

곧이어 유럽의 사회주의권 국가들 모두가(의식주 생산은 늘지 않고 소비지출은 엄청나게 늘어) 생산력 저하, 대중과 유리된 관료주의, 군비 확장으로 인한 소비재 생산의 위축, 유통질서의 파탄 등으로 인해 국가의 관리체계가 대혼란에 빠졌다는 소식이 잇따랐다. 자본주의권에서는 적대세력의 붕괴에 신바람이 난 듯 흥분하여 자본주의적 시장경제 지향의 이기주의적 성향의 사람들을 '진보개혁파'라 하고 종래의 진보적 혁명세력을 오히려 '보수파'라고 하는 등 사상이념의 호칭까지 바꾸어 가면서 역선전에 열을 올리기도 했다.

그러니까 "자본주의야말로 지구상의 어떠한 사상이념이나 체제보다도 훌륭한 것이며 따라서 불평등한 자본주의적 지배체제에 불만을 표시하거나 항거하는 자는 반사회적이며 시대착오적인 어리석은 자"라고 강변하기 시작했다. 결국 세계는 수탈자 주도의 '자본주의'의 '사회주의'에 대한 승리를 맹목적으로 소리치면서 「자본주의」「사회주의」체제를 가릴 것 없이 '인간들의 공평의지'와 '이타심利他心이(같은) 인간들의 끝없는(보편적) 이기적利己的 욕구'를 이겨내지 못하고 있는 현상에 불과하다는 사실을 깨닫지 못하는 어리석고 성급한 이기적 판단을 내리고 있었던 것이다. 그리하여 착취노동을 줄이고 자기 노동대가의 몫을 제대로 찾아 먹으려던 근로자들의 소망은 체제지배자들의 소동으로 산산조각이 날 판이었다.

그런 가운데 중국을 비롯한 아시아권 사회주의 국가들의 자세는 일단 겉으로는 의연해 보였다. 이들 나라들은 생산력 저하와 소비재 생산 둔화, 지금도 자본주의 대국들의 협공위협에 처해 방위력 증대에 바쁘며, 농본국들로서 공업기술 수준의 약세 등이 원인이 되어 가난한 편이긴 하지만 제국주의 세력의 침략에 시달리기도 하였고, 가난할수록 착취의 악랄성에 대한 쓰디쓴 경험이 생생하게 살아남아서인지는 몰라도 현실적으로나 이념적 성향이 아직은 호락호락 본격적인 자본주의 체제로 기우는 일을 삼가고 있다.

자본주의가 자랑하는 '대자본 축적력과 대단위 투자력'이라는 것도 따지고 보면 "일하는 자 따로 있고, 놀면서 소유하는 자 항상 따로 있는 관계 조건이 변치 않는 상황에서는 타의에 의해 강요된 생산관계와 생존을 위해 피치 못할 노동에 의해 이루어지는 것이다. 즉 '자본'이란 결국 '대착취'의 증거물에 불과한 것이며 타의에 의한 강제노동의 산물로서 제국주의자나 착취자 쪽에서 보면 보람이고 자랑이며 우월성의 과시가 되겠지만 피착취자 측에서 보면 수많은 사람들이 대를 이어 당해온 피눈물나는 겁탈행위의 결과라고 하겠다.

설령 어떻게 이루어졌든 대자본의 형성으로 해외투자도 할 수 있고 국내 대단위 사업을 일으킬 수 있다 하더라도 그것은 그나마 경영주와 권력자들이 제대로 머리를 쓸 때의(이른바 '사회적 환원'이라는 의미) 일이고 대부분은 소유자의 사리사욕에 따라 얼마든지 반사회적으로 낭비·탕진(해외의 은행이나 부동산 구입으로 빼돌리고 자자손손 거부(巨富)로 행세하도록 대비)하게 됨으로써 애당초 그 자본형성의 창출자였던 근로대중에게는 후손 대대로 이중 삼중의 피해와 고통이 중첩되고 만다.

그러니까 생산 근로대중이 허리띠를 졸라매면서 힘든 노동을 하여 창출해낸 자본(노동가치)을 힘있는 자들이 합법적·비합법적으로 탈취하여, 공익을 위한 재생산의 투자라도 하면 다행이겠지만, 상당 부분을 사유화 및 사치와 낭비 등 반민중적·반공동체적인 소비에 탕진해 버리고 말거나, 적어도 근로자들과의 협의하에 계획성을 가지고 재투자·재생산·공정분배하는 등의 이성적 행위는 기대하기 어렵다는 것이다.

이제 세계는 자본주의도 사회주의도 다 경험해본 상황에서 자본주의 체제의 단점을 극복한 사회복지주의하에서의 무착취·평등·협력정신을 잘 살리고 노동기피현상을 잘 극복하여, 관리자도 생산 근로자도 자발적으로 근면하게 행동할 수 있는 방법과 준칙과 책임과 권리를 모두 합의와 교육에 의해 만들고 실천할 때가 된 것 같다.

그리고 노동가치의 정밀한 계산, 이를테면 직종에 따른 노동의 난이도와 가치생산성, 투입 노동력의 에너지량 측정 등은 경제과학자나 노동가치 전문가들에 의해 보다 더 정확하게 이루어져서 인격의 평등과 물질·정신적 자유의 동등한 향유가 가능한 사회를 만들어 가야될 것이다. 그러니까 결국 자본주의 체제에서 주로 강자들이 강조하는 자유로운 경쟁의 원리·원칙(이른바 "이기적 욕구의 충족"에 의한 인센티브제)과 사회주의체제 건설 지향자(경쟁체제에서의 약자)들이 주로 강조하는 평등주의적 환원과 분배의 원리·원칙을 항시적으로 상호 순환 조정하는 방법에 의해 공동체 사회내의 모순과 갈등을 해결해 갈 수 있을 것으로 본다. 물론 「자유경쟁의 원리나 원칙」은 「자연법칙」에 가깝고, 「평등을 위한 환원 및 분배의 원리·원칙」은 인간적 「당위원칙」이기 때문에, 전자는 자연스럽긴 하지만 방치하면 불원간 사회적 혼란이 반드시 올 것이고, 후자는 사람들의 집단적 이성에 의해 사명감을 가지고 실천해야 하는 어려움이 따를 것이다.

그럼에도 불구하고 전자의 적절한 집단적 통제와 후자의 적절한 협동적 권장 실천에 의한 상호 순환적 조정 실천만이 평등·민주·평화사회의 건설을 가능케 할 것이라고 믿는다. 이 믿음 역시 당위의 원칙론이므로 '사명감' '협력' '이성' '실천'이란 단어들로 강조하지 않을 수 없게 된다.

"인간에 의한 다른 인간의 수탈·모순·대립·충돌 현상"을 다시 요약해보자.
1. 사람은 먹고 입고 집이 있어야 산다(생존의 필연성).
2. 이 衣食住 공급을 위해서는 누군가 반드시 노동을 해야 한다(질량불변의 법칙).
3. 불행하게도 노동에는 고통이 따르며 따라서 누구나 가능한 한 노동을 기피하려 한다(감각을 가진 생명체의 본능).
4. 자연히 고통스러운 생산·공급 노동은 대체로 사회적 약자인 근로민중(농민·어민 노동자·모든 서민대중)이 편중되게 떠맡게 된다('선의의 경쟁', '일시적 불평등'으로 假裝·美化). 종교인들의 헌금도 근본적으로는 근로계층의 피땀어린 봉사의 결과물이다.
5. 결국 근로서민대중은 생산·공급노동의 고통을 감수할 뿐 경영에서 거의 제외 소외되어 있고 자산과 권력을 많이 가진(침략외세와 수탈적 수완이 있었던 조상의 배경을 가진) 계층일수록 다른 사람의 피와 땀과 고통의 결실인 생산물이나 판매수입을 잉여가치 형태로 암암리에 재량껏 수탈하여 간다(필연적 모순대립 심화).
6. 이 같은 모순·대립을 해결하는 길은, 근로민중 편에서 주체의식을 가지고 각성·단결하고 경제활동, 즉 생산·유통·소비과정에서의 가치이동의 과학화를 통해 당당하게 자신들의 권익과 빼앗긴 자유를 쟁취하여야 하며, 노동을 하지 않거나 보답적 봉사없이 수탈을 일삼아온 계층의 사람들도 타의반·자의반 과거의 과오를 청산하고 개과천선하는 길로 나아가 복지사회 건설의 공동 참여자가 되어야 할 것이다.

※ 잉여가치는 자본계층의 수탈 가능부분 = 共有公用 부분

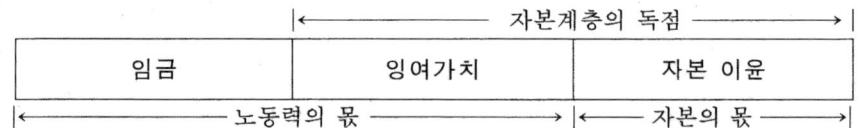

◎ 봉건·자본주의와 사회·공산주의, 친일파와 평등민주세력의 모순·충돌

인류사회의 이상理想 이념理念과 그 대립관계를 용어개념을 통해 간단하게 풀어보기로 한다.
① 동서양을 막론하고 중세 봉건사회는 집권계층이 사회적 권력과 자산을 대부분 점유

한 채 의식주 생산자인 농민대중을 수탈(착취)하였다. (자산소유 권력계층 ↔ 가난한 농민대중, 모순·충돌)

② 자본주의 시대에 이르면 수탈·피수탈 관계는 정치권력층과 지주 및 자본가 계층이 노동자·농민 근로계층을 수탈 지배하는 과정에서 이해 충돌이 격화되었고 이것이 식민지(남의 땅과 다른 민족 침탈) 쟁탈전으로 심화되어 가는 과정에서 고통을 겪은 피수탈계층 속에서 공상적이나마 공산주의 이념이 탄생·강화되기 시작 한다. 경제평등의 요구에서부터 민족 자주화·정치 민주화의 기치를 앞세운 근로 대중의 반제국주의·반봉건주의 투쟁이 세계 연합적으로 전개된다. 전세계 근로대중의 자주·평등·민주화를 위한 단결투쟁이 거대한 혁명세력으로 자리잡아 간다.

이제까지 수탈 행복을 누리던 봉건·자본계층으로서는 미칠 지경에 이르른 것이다. 더구나 세계 도처에서 식민지를 이미 탈취했거나 새로운 식민지 쟁탈전에 참여하고 있던 유럽과 미국의 자본주의·제국주의 세력에게는 이같은 근로 대중의 단결투쟁은 진정 '붉은 악마'로 보였을 것이다. 물론 '악마' 개념은 기독교를 정의롭고 착한 선의 세계이념으로 보는 입장에서 지어진 주관적이고 편파적인 개념이며 호칭이지만.

③ 그리하여 「공산주의」는 특히 제국주의·식민주의 실천에 열을 올리고 있던 기독교 세계의 증오의 눈총과 저주를 받기 시작한다.

여기에 제국주의 시대에 거대한 경쟁상대였던 러시아가 사회주의 혁명에 성공하면서 세계 근로민중의 간절한 소망인 「착취로부터의 해방」을 성취시켜줄 해결사로 기대를 모으게 된다. 바야흐로 전세계 근로대중의 사회·공산주의 이념투쟁 대상은 바로 봉건·자본주의와 제국주의 세력이 되었고 이제 양대세력은 결사적인 단결투쟁으로 대결이 강화되어 간다.

④ 일본제국주의 세력에 의해 강압적으로 합병된 식민지 조선에서도 앞에서 서술된 이념대결의 역사는 거의 비슷하게 전달되고 인식되었다. 자연스럽게 일제에 진심으로 충성했던 총독부 산하 공무원, 경찰 및 사법계통 종사자들, 지주·자본가 계층 등 수탈적 지위에 있으면서 반성이 없던 사람들은 '친일파 역적'으로 몰렸고 이것을 강력하게 부르짖은 세력은 노동자·농민들이었으니 싸움의 이유와 방향은 밤 중의 불을 보듯 뻔했던 것이다.

⑤ 반공제국주의의 최강자였던 미국을 배경으로 다시 세상에 나온 친일파 수탈세력은 근로민중을 푸대접 내지 배제시켜 가던 미군정의 정치에 감사를 표하면서 자기들의 재집권과 자산점유 계속(생명·재산·권세 점유)의 길을 방해하는 근로민중을 적대·증오하는 것은 당연했는지 모른다.

그러니까 「빨갱이 새끼들」「붉은 악마」라는 저주의 호칭은 이처럼 착취의 죄인들에 의해 적반하장(賊反荷杖)의 반공동체적 몽둥이가 되어 그후 자주·평등·민주·복지사회 건설을 부르짖는 선량한 서민 대중을 자주 후려쳐 침묵시키면서 민주 복지 사회로의 발전을 가로막아 지연시켜온 것이다. 그리하여 분단 조국은 적반하장의 칼춤을 추어온 철없는 동족동포들과의 싸움으로 평화공존의 희망은 검은 구름에 자주 가리워지곤 했다.

친일파세력이 민족공동체와 동포들에게 저지른 죄는 한가지 더 있다. 이 조국 반역 죄인들은 미군이 점령하여 단독정권을 세워주자 아부세력이 되어 출세를 하고 근로민중을 마음껏 수탈하면서 민족 양심세력으로부터 민족배반자라는 비난을 받을 때마다 이 굴욕을 돌파하는 방법으로 좌파·우파의 이념대결 용어에서 도피처를 찾아냈다.

그들은 자기들이 비난받는 이유가 수탈을 하여온데 있다는 사실을 잊고 이 수탈을 반대하는 가난한 근로민중을 '좌파'라 하여 '공산주의 폭력혁명을 숭배하는 놈들'이라며 '붉은 악마'와 연결시키면서 자신들은 점잖은 이념상의 차이만을 가지고 반대편에 있을 뿐 민중과는 대등한 위치에 있는(수탈의 범죄와는 상관 없는 존재인) 것처럼 가장(위장)하여 왔다. 그들은 이처럼 친일·친미 반역자의 혐의를 가리우고 싶을 때면 「좌파 빨갱이」「붉은 악마」라는 말을 유난히도 강조하여 외쳐대곤 하여 최소한 이념 호칭에서만은 비기기 작전에서 성공하였다. 거기에다 권력과 재산을 실제로 거대하게 차지하고 있으니 승리는 언제나 그들의(빌딩 소유주들의) 것이었다.

◎ 일제의 잔혹한 무력통치에 저항한 3·1운동
민족모순과 계층모순 탈피를 위한 비폭력 해방운동

일본은 조선을 식민지로 만들고 총독부라는 군사정부를 세워서 총독이 조선의 군사문제는 물론이고 정치·경제 문제에 절대 권력을 행사하게 했다. 총독은 조선의 실제적 독재자로, 행정수반·입법권자·군사령관을 겸했고, 판사를 위시해 정부 고위관리 임명·해고 권한을 가졌다. 오직 일본 육군 장군과 해군 제독만이 총독이 될 수 있었고, 총독은 일본 황제에 대해서만 책임을 졌다. (송광성 「미군 점령 4년사」)

일제 36년간 실제로 육군 장군 6명과 해군 제독 한 명이 총독자리를 차지했다. 첫 총독인 육군 장관 테라우치寺內는 경찰과 헌병을 합쳐서 헌병 경찰을 만들었다. 헌병경찰은 그 권한이 막대해 형사범은 물론 민사범까지도 즉결재판에 부칠 수 있었다. 조선이 일본 식민지가 된 첫 해에 헌병은 이전 해에 비해 세 배나 늘어난 7,749명이었고, 일반 경찰은 6,222명이었다. 일본 군사정부 밑에서 조선 민중은 상호부조 모임, 정치적 모임은 물론 어떤 옥외 모임도 할 수 없었다. 조선어 신문 발행도 금지되어, 조선인이 자신의 정치적 의사를 표현할 어떤 수단도 없었다. 교육자와 민간인 관리도 일본 군복을 입고 칼을 착용해야 했다. 1912년에 고문법이 제정되니, 고문을 받은 사람이 1912년에는 약 1만7천 명, 1916년에는 약 5만 3천 명에 달했다. 한마디로 공포정치였다. 일본은 조선 민중의 저항을 예상하고 군사정부를 세워 저항을 억압하는 가장 효과적인 방법으로 삼았다. (Choy, B., 1971, p.140-141; 한국민중사연구회, 1986, p.127-128).

일본 군사정부는 조선을 좀더 효율적으로 착취하고자 여러 계획을 세우고 실행했다. 이런 수단은 조선 사회의 전통을 뒤집어엎었으며, 사회 구조의 분해를 촉진했다. 일본 입장에서 조선은 식량을 비롯한 풍부한 공업원료 공급지였고 동시에 일본 상품을 판매하는 시장이기도 했다. 토지는 조선에서 가장 중요한 생산수단이었기에 일본의 수탈은 1910년부터 1918년에 걸쳐 약 3천 엔円의 비용을 들인 토지조사사업에서 시작되었다. (Choy, B., 1971, p.155).

토지조사사업은 단순히 토지 조사라기보다는 오히려 농민 검열이었고, 또 자본주의적 수탈을 더 쉽게 하려는 토지 소유 제도의 대변혁이었다.

토지조사사업을 통해 토지의 사적 소유가 성립되었고, 토지는 상품이 되었다. 일본인은 조선의 전통적인 왕토王土사상 즉, 개인은 땅을 소유할 수 없고 왕에게서 빌린다는 생각을 무너뜨렸다. 이제껏 토지는 한 가문이나 마을에서 공동으로 경작했고, 지주는 토지경작권을 소유한 농민에게서 단지 세금이나 소작료를 거두어들일 뿐이었다. 그런데 일본은 이런 전통적 소유 관계를 폐지하고 지주가 토지를 독점적으로 소유토록 했다. 그래서 봉건적 지주와 소작인 관계는 더욱 확고해지고, 지주가 농민을 착취하는 행위는 식민지법으로 보호받았다. 토지조사사업이 낳은 또 하나의 중요한 결과는 총독은 스스로 조선에서 가장 거대한 지주였다. 식민지 정부의 가장 중요한 수입인 토지세는 1911년의 620만 원에서 1920년에는 1,120만 원으로 두 배가량 늘었고, 일본인 지주의 숫자는 1909년에서 1915년 사이에 692명에서 6,900명으로 10배 증가하였으며, 일본인이 소유한 토지는 2만1천 정보(1정보는 3천평)에서 8만4천 정보로 4배 증가했다. 이렇게 조선 경제의 수탈을 위한 물적 기초가 확립되었다. (강만길, 1984B, pp.91~92).

인구의 85% 내지 90%를 구성하는 농민 대중은 갈수록 가난해졌고, 대부분 비참한 삶을 살아야 했다. 토지조사사업이 거의 완성된 1918년, 조선인이 소유한 토지는 전체 농가의 3.3%고, 일본인이 소유한 토지는 전체 농지의 50.4%에 달했고, 전체 농민의 37.6%가 소작인이었고 39.3%가 반소작인이었다. 소작농은 평균 1.6정보도 안 되는 농지를 경작하면서 생산물의 50~70%를 소작료로 지불했다. 이런 상황에서 농민은 고향을 버리고 산으로 들어가 화전민이 되었고, 일부는 도시로 나아가 노동자가 되거나 도시 빈민으로 전락했다. 또 일부는 만주·시베리아·일본 등지로 일거리를 찾아 고향을 떠났다. (강제인, 1982B, pp.48~53). ~

결국 일제 강점기의 조선 농민은 자작농에서 반자작농으로, 반자작농에서 다시 소작농으로 전락했고, 또 화전민이나 공장 노동자가 되었다.

1919년에는 조선의 경제발전 정도가 비교적 낮아서 노동자 수는 그리 많지 않았다. 공장 노동자는 약 5만 명 정도였고, 광산·건설·운수업 분야에서 일하는 노동자를 모두

합하면 약 15만 명 정도였다. 조선 노동자는 일본 노동자보다 훨씬 적은 임금을 받았고, 하루에 12시간에서 18시간을 일했다. 1918년에는 노동자가 임금인상과 노동조건 개선을 요구하며 50여 차례 파업을 일으켰는데, 참여자는 모두 약 6천 명 정도였다. (김윤환, 1982, p.36,43; 한국민중사연구회, 1986, p.138).

비참한 생활 여건 탓에 1918년 조선인 평균사망률은 1913년의 두 배가 되었고, 굶어 죽은 사람이 절반 이상이었다. 3·1운동은 이와 같은 일제 초기의 정치적 탄압과 경제적 곤란이라는 조건 속에서 일어났다. (Choy, B., 1971, p.174).

조선총독부의 무자비한 탄압에도 조선인은 열렬히 투쟁했다. 뜨거운 민족투쟁 정신이 3·1운동에서 폭발했는데, 1917년 러시아 혁명과 미 대통령 윌슨이 말한 민족자결주의에서 영향을 받았다. 사실 '윌슨의 민족자결주의 원칙'이란 강대국이 제국주의 위치를 확고히(光明正大하게 보이도록) 하는 데 이용한 구호에 불과했다. 1919년 1월에 고종이 붕어하자, 일본인 의사가 고종을 독살했다는 소문이 나돌았다. 3월 3일이 고종 황제 장례식이었는데, 이틀 전인 3월 1일을 전국적으로 저항운동을 일으키는 날로 정했다. 대한독립선언문에 서명한 소위 민족 지도자 33인은 기독교와 천도교의 대표자·소지주·지식인·민족자본가 등 개화파 계승자들이었다. (천도교는 동학의 새로운 이름이고, 동학농민혁명이 실패할 때 혁명적 지도자들은 대부분 죽었고 살아남은 사람은 개화파 지도자들이다).

이들은 군중 2만이 기다리는 탑골공원이 아니라 한양의 한 식당에서 독립선언문을 낭독했다. 지도자들은 독립선언문 1부를 총독부에 보내고, 이 행동을 경찰에 전화로 알린 후 곧 체포되었다. 이 선언문은 강대국 지원을 받아 조선이 독립하기를 희망하며 독립을 위한 두 가지 방법을 제시했는데, 하나는 외국, 특히 미국에 독립을 청원하는 것이었고, 다른 하나는 대중적 만세운동을 통한 것이었다. 이것은 한 제국주의 세력의 침략을 다른 제국주의 세력으로 극복하려는 개화파의 대외의존적 모습을 보여주었다. 1919년 4월 14일 미국 정부는 일본 주재 미국 대사를 통해 한양 주재 영사에 "미국이 조선의 독립을 지원할거라는 생각을(기대를) 조선인이 갖지 않도록 하라"고 주의를 주었다. (U.S. State Dept. 1962, p.8).

안타깝게도 선언문을 작성한 지도자들이 기회주의 태도를 취했고 금방 체포되었다는 사실과, 선언문에 나타난 운동의 목적과 방법이 소극적이어서 대중운동에 큰 제약을 주었다. 그러나 일반 백성 사이에 널리 알려진 주요 인물이 독립을 선언했다는 것은 3·1운동의 시작에서 중요한 상징성을 가졌다. (강만길, 1984B, p.45; 한국민중사연구회, 1986, p.141; Hatada, 1969, pp.114-115).

3·1운동은 한성과 주요 도시에서 평화 시위로 시작했고, 학생과 젊은 지식인이 상인과 노동자가 주축이 된 대중을 이끌었다. 3·1운동은 삽시간에 지방으로 퍼져나가 대다수 농민이 참여하면서, 소수 친일 관료와 대지주를 제외한 조선인 전체가 참여하는 큰 사회운동으로 번졌다. 예외는 있었지만, 만세운동은 일본인을 해치지 않는 평화적 운동이었다. 어느 외국인 목격자는 3·1운동을 일컬어 "하나의 이상을 달성하려고 일어난 조

직적 대규모 비폭력 항쟁으로 세계 역사상 가장 위대한 본보기"라고 칭송했다. (Oliver, 1954, p.140).

일본 측 통계에 따르면, 3월에서 12월 사이에 체포된 1만9천명 시위자 중 6%가 18세 이하고, 3.3%가 60세 이상이고, 4.3%가 초등학생, 8%가 고등학교와 대학교의 선생과 학생, 8.6%가 상인, 16.5%가 노동자나 실업자, 57%가 농민으로 나타났다. (Korean Government General, 1924, p.98-106; Lee, C., 1963, pp.114-118에서 내인용).

만세운동은 전국 218개 중 211개 군에서 일어났고, 처음 두 달 동안 시위 1,542건이 일어났는데, 여기에 참여한 사람의 숫자는 2백만을 넘겼다. (강재언, 1982B, p.61; Choy, E 1971, p.177).

시위가 시작된 후 일주일간 학교와 상점은 모두 문을 닫았고, 공장·광산·교통·통신시설·수도·전기 등 공공시설은 전국적 파업으로 기능이 마비되었다. 운동 지도부가 개화파 지식인에서 민중 출신으로 교체되면서 시위는 점점 폭력성을 띠었다. 농민은 일본인 토지회사와 친일 지주를 공격하고 소작 문서를 소각하고 소작료와 토지세 납부를 거부했다. 노동자는 광산 근처의 헌병경찰 초소를 공격했고, 1919년에 파업을 84차례 일으켜, 파업 참여 수는 연인원 9천여 명이었다. 일본 자료에 따르면, 3월이 지나면서 운동의 강도는 점차 약해졌지만, 그해 말까지 만세운동은 지속되었다. 만세운동은 조선반도뿐만이 아니고 만주, 시베리아, 하와이 등 조선인이 사는 모든 곳에서 일어났다. (Choy, B., 1971, pp.177-178; 한국민중사연구회, 1986, p.141-142; 김윤환, 1982, p.43).

(2) 부당한 거대 재산권과 근로자 생존권의 모순관계

① 상품의 생산·공급거래·임금·노동시간 등 곳곳에서 수탈

이윤추구, 즉 얼마간의 착취행위는 으레 있기 마련인 개인기업체, 그 중에서도 간접 착취에 의해 부와 권세와 명예를 누리고 많은 사람들의 선망의 대상이 되고 있는 언론사들(신문사·방송국)이 벌어들이는 광고수입의 사회경제적 성격을 상식 수준에서나마 살펴봄으로써 자본주의 사회의 착취의 고리와 사슬을 일정 부분만이라도 짚어보기로 한다. (광고료 수입 = 정당한 부분 + 부당한 부분)

신문사나 방송국에서는 수입의 중요 부분을 이루고 있는 광고료에 대해서 자사 일반 사원들의 노고나 시청자들과는 아무런 상관도 없는, 순전히 회사의 명망과 정보전달 능력 때문에 벌어들이는 것으로 하여 사내·외에 대해 죄의식은커녕 사회적 책임감마저도 별로 없이 행동하고 있는 것이 현실이다. (한창 광고지면이 잘 팔릴 때는 하루 10억 이상의 광고료수입을 올렸다.) 이러한 현상은 광고료에 의해 진행시키는 다른 모든 프로그램들의 내용이나 취지방향이 한결같이 권력과 재벌 위주의 것들이며 시청자들에게는 광고모델의 아름다움이나 코미디적 요소에 의해 상품정보를 제공해준 것으로 할 일을 다했다고 시치미를 떼버리는 관행에서 충분히 드러난다.

여기서 신문사나 방송국에 광고료가 들어오기까지 그 광고료에 들어 있는 화폐가치(노동가치)의 이동현상을 역추적하여 보자. 광고료는 제조업체를 비롯한 여러 기업체에서의 각종 광고선전비로 지출되며 이 광고비는 그 기업체가 벌어들인 수입(생산비와 이윤의 합계)의 상당 부분에 해당된다. 광고비를 지출하는 회사(주로 재벌급 제조업체)의 수입은 제조된 상품의 판매대금일 것이고 이 대금의 총액 속에는 모든 생산원가(노임과 원자재 대금, 기계사용비, 운송비 등)와 이윤이 들어 있는데, 우선 자사의 노동자들에 의해 창출된 잉여가치와 원자재 구입 및 제품판매, 운송과정에서 이루어지는 각종 부당이익 등이 착취에 의해 형성된 가치부분이 될 것이다.

잉여가치의 사회집단적 移轉과 集積圖

```
         가                    나
          ╲ ┊ ╱
           ╲┊╱
            (+)
             ↑
    바 ─────마───── 사
             │
            (-)
           ╱┊╲
          ╱ ┊ ╲
         다                    라
```

1. 삼각형 「가-나-마」 부분은 한 공동체사회의 생산력에 의해 창출된 가치 중에서 고통을 겪은 생산자 몫으로 직접 돌아가지 않은 부분인 잉여가치의 총량.
2. 삼각형 「다-라-마」 부분은 그 반대로 자기의 노동력에 의해 생산해 놓고도 차지하지 못하고 다른 사람 또는 공동소유 부분으로 들어가게 된, 빼앗긴 잉여가치의 총량.
○ 협동적 회사(공장·농장) 운영→노동력(多數) + 자본(1인 또는 少數) ⇒ 상품생산(가치 총량) : 총수입(상품판매대금 − 총비용) = 노동력의 몫(임금 + 잉여가치) + 자본의 몫 + 공동의 몫. 그런데 실제로는 資本主가 '총수입'의 독점적 주인 행세를 하면서 노동자의 고통스런 노동의 몫 가운데 상당 부분(잉여가치)을 재량껏 차지하며 이것이 '수탈' '착취'의 당연한 관행으로 되었다. 이것이 부익부 빈익빈의 경쟁적 자본주의의 모순·충돌의 자동원리이다.
3. 그러니까 (+)측 삼각형에 속하는 사람들은 말하자면 다른 사람의 노동가치를 많든

적든 차지해가는 계층이고, (-)측 삼각형의 경우는 자신들의 노동가치 가운데 많이 또는 적게 남에게나 공동체에 제공하는 계층이다.
4. (+)의 상층부로 갈수록 차지해 가는 잉여가치의 양은 많고 아래로 올수록 적어지다가 (마) 지점에서는 자기가 생산한 가치를 자기가 거의 다시 차지해 가는 경우이고, (-)쪽의 경우는 그 반대로 생각하면 된다.
5. 이로써 「수탈혐의」를 가지고 있으면서 재부 및 권력과 만족감을 충족시켜 가는 사람들과 빼앗기는 위치에 있으면서 대체로 불만과 고통이 축적되는 사람들이 구별될 수 있는 바, 이것은 사회공동의 엄정한 수량경제 및 물리학적 노동에너지 계산에 의해서만 정확한 구별이 가능할 것이다. 자금의 해외 도피나 여행·유흥 낭비도 다른 사람의 피땀을 보답없이 착취하는 범죄행위이다.
6. 결국 가-나 線과 다-라線간의 간격을 좁히는 방법에 의해 (합의된 上下限線의 적정한 조절에 의해) 경제적 평등과 사회복지, 나아가 경제적 측면을 비롯한 인간 자주성과 민족 자주성의 회복이 가능해질 것이다. 점선 「가-다」·「나-라」·「바-마-사」는 공동체의 공평성 지혜에 따라 신축(伸縮늘리고 줄임)이 가능함을 나타내고 있다.
7. 우리는 이 그림을 통하여 모든 인간은 자기가 속해 있는 공동체 내에서 절대로 정치·경제적으로 무책임해질 수 없다는 사실을 절감하여야 한다. 누구나 자신의 공동체 안에서의 사회경제적 위치를 가늠하여 보고 타인에 대한 침해성 여부와 공동체에 대한 책임과 봉사 의식을 사명감으로 다지고 평생토록 반성하여 가는 성실한 인간이어야 할 것이다.

다시 더 나아가 상품의 판매대금에 들어 있는 무수히 누적된 노동 가치는 그 이전 단계의 회사에서 회사로, 근로자에서 근로자로 이동에 이동을 거듭하여(한 예로 건설업체의 경우 재벌급에서 하청업체로 일거리가 주어지면서 공사비 중에서 떼는 돈이 공식·비공식적으로 45~50% 정도나 된다는 사실이 신문통계로 보도되었다) 마침내 언론사라는 장소에서 화려하고도 당당하게 탕진되기에 이른다. 이 돈의 일부는 신문사나 방송국의 경영주나 동료 재벌이나 권력자의 수중으로 확대 분산되거나 그들의 후대의 자산으로 물려져 대중을 언제까지나 착취·지배할 수 있는 권세와 영광과 재부의 재생산체제 속에 보태어진다. 먹이의 사슬이자 착취의 사슬이 온 사회, 온 근로자들에게로 이어져서 누군가는 크고 영광된 부자가 되고, 다수의 누군가는 아무리 발버둥쳐도 가난과 고통의 구석으로 밀려나야 한다. 착취하며 살 수 있는 자들에게는 이 사회가 '자유민주주의의 낙원'이고 착취를 많이 당하며 사는 사람들에게는 '화려한 지옥'이 될 수가 있다.
여기서 다시 재산권의 의미를 되새겨보자. 앞에서 보았듯이 애당초 근로자들에 의해 창조·건설·제조된 온갖 물질 문명의 형체들은 생산자 자신들에 의해 소유되거나 사용되기보다 수탈에 의해 소유한 자본을 재투자하여 생산·판매과정을 독점적으로 통제함으로써 재수탈한 자본가들의 소유물로서(임금까지도 資本主의 소유와 재량에 맡겨져 있다)

거의가 독점되어 물건으로든, 돈으로든, 땅이나 건물로든 축적되고 관리되고 상속된다.
　이것이 과거 식민지 체제에서나 자본주의 국가의 각종 법으로 확고하게 보장되어 있다. 인간은 일정한 자산이 있어야 생존·생활할 수 있으니까 재산권의 합법적 보장은 당연한 일일 것이다(John Locke를 비롯한 '고전적 진보주의자들'의 理性으로는 재산은 '자연법적 권리'로 인식되었다). 문제는 재산권의 보장 측면이 아니라 재산을 형성해가는 과정이 불법부당한 수탈에 의한 것이 많다는 것과(이를테면, 일제시 근로민중의 피와 땀으로 만들어진 일본인 소유자산들을 친일·친미 아부자들에게 헐값으로 불하한 일처럼) 이런 일을 국가가 수탈당한 사람들의 권리나 소망은 유린한 채 제도나 특혜에 의해 기존의 부유층을 편파적으로 보장해주거나 看過(간과)하고 있다는 데 있다.

　우리가 흔히 접할 수 있는 자산형태에는 토지와 건물과 금은보화와 화폐, 기타 유가증권 등이 있으며 이같은 자산들은 소유주의 당대에 이루어질 수도 있으나 대개는 1대 혹은 2대 이상의 조부들에게서 물려받은 것들이다.
　그런데 수탈을 문제시하는 사회의식이 보편화되어 있고 법이나 제도로서 엄격히 통제 할 수 있는 사회에서라면 재산형성·소유·상속과정에서 자행되는 착취·수탈·사기수법 등을 경제학자나 담당 관리 등에게 맡겨서 얼마든지 그 당·부당성이나 규모의 많고 적음을 규명해낼 수 있을 것임에도 불구하고 자본주의의 불평등 경제사회에서는 철옹성 같은 재산권의 보호막속에 은폐시킨 채 보이지 않는 권력의 손에 의해서만 조종되도록 (사실은 상식적으로도 누가 어느 대목에서 수탈해 가는가 훤히 보이는데도) 방치되어 왔다.
　결국「자산 소유권」「재산권」은 소유해가는 과정의 당·부당성은 정확히 캐묻지 않은 채(사실상의 사기·강탈 범죄행위임에도 불구하고) 소유의 결과인 소유권만을 철저히 보장해줌으로써 자산을 점유해가는 과정에서 무수한 근로자들의 피땀어린 노동력을 부당하게, 상당부분은 범죄적으로 탈취해가게 되며 이 과정과 결과는 바로 근로자들의 사회적 기본권, 그중에서도 가장 존귀한(재산권보다 더 중요한) 생존권 자체를 빼앗아가는 잔인성을 보이게 된다. 가진 자의 선택적 기본권(재산권)과 가난한 자의 필수적 기본권(생존권)이 적대적으로 충돌하는데도 폭력수단이 아니고는 해결 가능성이 별로 없는 딱한 현상은 우리 사회의 어느 경제학 교과서에서도 눈에 띄게 다루어지지 않고 있다. 그러니까 세계 인류 공동의 선언에 의해 보장되고 있는, 무수한 근로자들의 기본인권은 소수 자본가들의 부당한「재산권 보장」때문에 극심한 침해를 받고 고통을 당하게 되는 것이다. 그래도 가진자들(재부와 권력)은 빼앗기며 사는 사람들이 자기네 지분과 평등성을 요구하면 "남의 것을 빼앗으려 한다"며 '자유민주주의 원칙'을 어긴다고 열을 올려 윽박지르곤 했다. 오늘날에도 그대로 인정되고 있는 Locke의 자연법적 기본권인 생명·자유·재산은 "남의 그것들을 침해하지 않고 평등성을 전제로 하는 한계 안에서의 天賦人權(하늘이 준 권리)임을 명심해야 한다. 그러니까 少數 부유층만의 '무한자유'는 용납되지 않는다. (로크의 후손들인 영·미인들 역시 이 같은 신사적인 자기 절제를 거의 지키지 않은 것은 물론이었다.)

　결국 부익부 빈익빈(富益富 貧益貧)의 극단화는 인간집단의 한쪽은 부패·타락시키고 다른 한쪽은 참담한 벼랑 끝으로 몰아가게 하여 극심한 사회 혼란을 야기하고 만다. 경제학 교과서의 생산관계 항목을 보면 자본·기술·노동 3가지가 중요한 생산 요소로 되어 있는데, 이 가운데 자본이나 자본주는 실질적으로 경제주체이고 기술과 노동은 순전히 자본에 의한 이윤추구를 하는 데에 도움을 주는 물질적 수단이나 조건에 불과한 것으로 설명되어 있다. 그러니까 노동과 노동자는 자본가와 동일한 인격권자가 전혀 아니고 생산비나 소득분을 많이 혹은 적게 축내는 성가신 존재인 「생산도구」로서만 인정되고 만다.

　그렇다고 교과서의 다른 항목을 정해서 생산주체로서의 노동자들의 인권이나 노동조건 등 경제적 권리보장에 관해 특별히 설명하고 있지도 않다. 그야말로 자본주의 체제답게 철저히 자본이 인간 위에 서 있는, 또 그렇게 인식시켜 의식화·세뇌화시키기 위한 교육방침이 대학과정에 까지 이르는 모든 교과서를 통해 관철되어 있으며 취직 역시 생산에의 공동 참여자나 동등 분배자가 아니라 생산도구로서 예속되어 가는 비굴한 약속에 불과하다고 볼 수도 있다. 어떤 사회가 진정으로 민주사회·복지사회가 되려면 이와 같은 소수자의 재산권과 다수자의 생존권적 기본권 간에 나타나는 충돌 현상을 조정하지 않으면 안된다.

　민주주의란 인격적 평등은 물론 경제적 평등이 먼저 이루어져야 가능하다(평등은 민주주의의 전제 조건)는 사실은 자본주의 사회 내의 정치학자들도 인정하는 바이다.

　그리고 자유라는 것도 어떤 사람들은 「평등」과 모순관계에 있다고 말하고 있으나 그런 주장은 가난한 사람들의 고통을 무시하는, 많이 가진자들의 독점적 이기주의에서 나온 발상일 뿐이며 실제에 있어서는 다른 조건이 동일할 경우 자유는 경제적·정치적·사회적 평등에 비례한다는 것을 현실생활에서 언제나 경험하게 된다.

　「자유」와 「평등성」이 대립되는 것이 아니고 생산과 소유과정에 관련된 사람들 사이에 불공정함이 있을 경우 초래되는 소유자의 자유(권익)와 무소유자의 자유(권익)가 대립된다고 하는 표현이 옳을 것이다. 다시 말하면 부유층 사람들의 생각은, 많은 사람들이 평등하게 살려면 자기네들의 자유와 행복은 그만큼 줄어든다며 못마땅해 하는데, 가난한 생산근로계층 사람들의 입장에서는 수탈당한 채 경제적으로 대등한 조건을 갖추지 못한 상태에서는 의식주생활이며 정치·경제활동에의 주도적인 참여 등은 아예 엄두도 내지 못하고 말기 때문에, 따라서 자유민주주의는 그야말로 잠꼬대 같은 헛소리이거나 가진자·지배자들의 사기구호가 되고 만다는 것이다. 이 경우 역시 앞의 재산권과 생존권간의 관계에서와 같이 세심한 조정과 장치가 요구된다.

② 복지사회의 최소 조건과 원칙, 수탈의 산과 피수탈 계곡의 조절

일반적으로 사회경제적 재부의 소유가 많아질수록 자유와 행복의 폭이 커진다고 보아 민주주의를 위해서나 사회정의를 위해서나 최소한 인간의 고통을 덜어준다는 의미에서 재부의 소유를 어느 수준까지는(상한·하한선을 두어) 평준화시킬 필요가 있으며 그 다음 공동협력과 자발성에 의해 사회성원 전체의 소유의 수준을 점차 얼마든지 높여갈 수 있다고 본다.

생산·소유·소비에서의 형평성 유지도

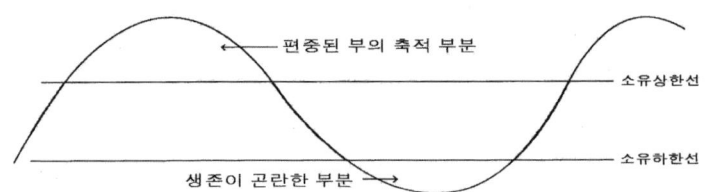

1. 소유가 편중된 부분(山)의 자산과 소득으로 가난과 실업에 허덕이는 부분(谷)을 메우는 방식으로 공동체 구성원 모두의 공통된 필수적 생존보장 소득을 우선 먼저 공급해 주고, 여분으로 능력에 따라 배분하거나 공동체 관리·공동투자분·문화활동비 등으로 쓸 수가 있을 것이다.
2. 계곡 부분에는 학습 시기의 청소년들과 노동이 힘들어진 노년층, 장애인들과 실업자들 그리고 전국민의 의료혜택과 사회보장 등 일체의 소비활동이 여기에 속하므로, 자산의 개인적 이기적 대물림이 무한히 방임되어서는 복지사회는 불가능하게 된다.

| 노동력의 몫 | 공동의 몫 | 자본의 몫 |

1. 공장이든 농장이든 여타의 일터에서든 집단에 의한 협동노동일 경우 일정 수입에 대한 자본의 몫과 노동자들의 몫은 사전에 배정된 비율에 따라 배당받도록 제도화되어야 할 것이다.
2. 이렇게 되면 "잉여가치 수탈의 혐의도, 다툼도 사라질 수가 있을 것이다. (「앞의 잉여가치」 그림 참조)

그런데 이때 이제까지 돈 때문에 힘든 노동을 도맡아 하던 가난한 이웃들이 경제적 평등 상태에 이르게 됨으로써 "네가 안 하는 힘든 일을 내가 왜 하냐"라는 노동기피 의식이나 어찌 보면 당연한 권리의식이 보편화됨으로써 전 사회적으로 근로의욕 저하 현상이 나타날 경우 최근의 사회주의권에서 보인 바와 같은 불행과 좌절을 겪을 수도 있으며 따라서 "착취건 무엇이건 자본주의가 그래도 낫다"라는 역설까지도 다시 등장할 것이다.

그러나 다시 말하지만 진정한 민주적 경제체제를 이루려면 "자본주의가 최고이고 사회주의는 안된다"는 식의 가진자들의 선전성 주장만으로는 안 되고 일단 평등한 상태에서의 다음 단계의(자발적 노동에 의해 생산력도 높여갈 수 있는) 지혜를 창출하여 인간 모두를 함께 위하는 더욱 근본적인 해결책을 마련하지 않으면 안 될 것이다.

그리하여 침략 외세와 그 앞잡이 집단의 수탈과 억압이 이 사회성원들의 자산과 권리와 자유를 빼앗아 감으로써 초래된 비민주·반자주 불평등 상황과 그에 따라 비뚤어진 의식을 되돌려 정상상태로 회복시키는 일은, 이제까지의 피해자들인 서민 대중과 지식인들이 자주·평등의식을 실천의지로 바꾸어 동포 이웃의 의식을 바르게 인도하고 협력을 증대해 가는 방법에 의해서만 가능할 것이다. 북유럽 나라들의 「복지수준」 유지를 위해서만이라도 수탈 가능한 사회층(부유한 자산계층)의 '양보심'이 절대적으로 필요한 선결 요건이라고 본다.

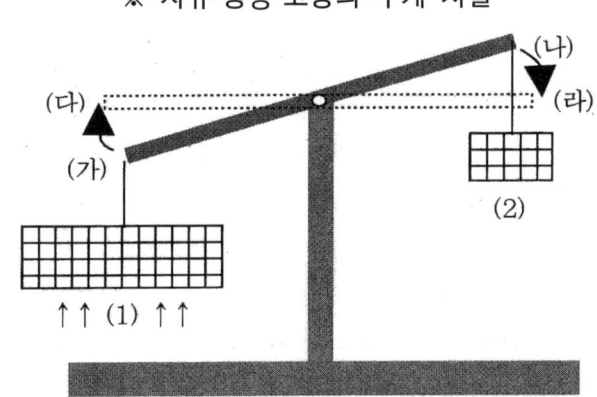

※ 자유·평등·고통의 무게 저울

1. 각종 권리와 이익과 요구를 빼앗기거나 성취할 수 없는 계층의 사람들(1번쪽)은 힘든 노동과 가난과 질병 등으로 「고통의 무게」가 항상 크게 내리누른다. 이와 반대로 권력과 자산을 넉넉히 가지고 있고 수시로 수탈이 가능한 자들의 고통의 무게는(2번쪽) 가볍다.
2. (1)번 쪽의 무게를 덜어주기 위해 노력하는 것이 (사회 공동체에 의하든 개인 또는 집단이든) 바로 「사회정의」를 위한 행동이 된다(상향 화살표). 그렇게 함으로써 저울대는 수평을 (「다-라」의 점선) 이루면서 빈곤층의 고통은 「가-다」 만큼 줄고, 따라서 (반드시 그렇게는 되지 않겠지만) 그만큼 소득도 늘어나고 권리도 신장되며, 자유의 폭도 커질 것이다.
3. 물론 (2)번 쪽의 경우는 「나-라」 만큼 줄어들면서 무한정한 권리와 자유, 그것도 남을

희생시키면서 누리던 과분[잉여]의 자산과 권리와 자유의 폭은 당연히 줄어들 수밖에 없게 된다. 결국 사회성원 누구나가 아주 똑같을 수는 없겠으나 다른 사람을 지나치게 침해하는 자산의 착취와 자의적(恣意的) 자유만은 줄여야 마땅하다고 생각된다.

◎ 은혜에 보답하는 길이 올바른 길(正道)

신을 숭배하는 기독교나 이슬람교에서는 사람들에게 무한한 사랑과 은혜를 베풀고 있는 존재로 하나님(God.Allah)을 상정하여 왔다. 대자연의 위대함을 설파한 노자나 장자의 도교에서는 물론 석가모니를 성자로 모시는 불교나 공자를 교조(敎祖)로 모시는 유교와 박중빈을 대종사로 모시는 원불교에서도 인간에게 생명을 주고 기르고 가르쳐 주는 존재는 대자연이며 이 위대한 자연과 인간 개체의 중간에 부모형제와 동포사회가 존재하여 친근·무한한 사랑과 앞선 경험들을 듬뿍 안겨주어 행복한 삶을 가능케 해주는 것이므로 이와 같은 자연과 부모·동포의 은혜에 대해 갚음이 없는 사람은 금수와 다를게 없다고 훈계하였던 것이다.

이런 경우의 대자연은 고상한 철학적 개념이나 막연하고 추상적이며 주관적인 신앙상의 용어가 아니고 우리의 오감(五感)으로 매일 소리를 듣고 눈으로 바라보며 촉감으로 느낄 수 있는 구체적 현실이며 대개는 변화 발전해가는 과정을 과학적으로 살필 수 있는 객관적 작용이며 활동들이다. 이제 그 대자연의 은혜의 영역과 종류를 따져 보고 인간으로서 보은(報恩)의 도리와 책무도 정리하여 보자.

지구상의 모든 인간들은 뜨거운 광명체인 태양을 비롯하여 대지·대양과 같은 대자연으로 둘러싸여 있다. 태양의 빛은 모든 생명체의 활동을 가능케 해주며 따뜻한 볕은 여러가지 화학작용과 함께 생명체의 성장 발육에 절대적 필수요인이 된다.

우리가 태어나 매일같이 딛고 사는 땅은 먹을 물을 주고 산천초목을 길러내어 사람을 비롯한 온갖 생명체의 생성 발전을 적극적으로 돕고 있다. 넓고 넓은 바다 역시 무한량의 만물을 간직하고 있으면서 영장류인 사람에게는 물론 일체 생명의 근원이며 활동의 무대를 제공해주고 있다.

그런데 이 온갖 생명의 어버이인 대자연은 철두철미 법칙에 의해 운행된다. 그러니까 대자연의 활동은 곧 자연법칙이기 때문에 인간의 지능만으로는 깊숙이 알 수 없으며 여기에서 인간들은 인간 상상력의 한계를 뛰어넘는 초월적이고 전지전능한 신의 존재를 상상하게 되었던 것 같다. (허상을 인간의 이기적 욕망에 이용해선 안되겠지만)

자연이 자연법칙에 따라 움직여 간다는 것이 어찌 보면 인간들에게는 천만다행한 일인지도 모른다. 특정의 원인에는 반드시 특정의 결과가 뒤따르니 무지몽매한 지능을 가진 인간들에게는 "알아내는 힘과 노력만 있으면 재앙을 행복으로 바꾸는 어떤 어려운 문제도 해결이 가능하다"는 자신감을 갖게 해주었다.

그리고 자연이 사람들에게 주는 영향력에는 사랑과 행복을 주는 일만이 있는 것이 아니고 무서운 재앙과 징벌도 있다. 우리가 사시사철 번갈아 가며 겪고 있는 자연재해(災害)들이 바로 인간의 무지와 잘못에 대한 징벌인 셈이다. 여기서 우리 인간들은 은혜로운 자연에 대한 보은의 자세와 실천의 필요성을 갖게 되는 것이다. 수십만 년 동안 살아오면서 자연재해를 겪어온 인간의 이성과 지혜는 자연이 주는 행복공급의 은혜와 함께 재앙공급의 형태와 원인까지도 대개는 알아낼 수 있게 되었다. 부모·동포·국제사회와 같은 생명체 집단 환경 역시 대자연의 범주안에 포함하여 생각한다면, 이제 받은 만큼 또는 받은 것 이상의 보답을 하며 살아가야 한다는 보은(報恩)의 도리와 한계는 분명해질 것이다.

그러나 대자연이 인간들에게 무한량의 혜택과 수많은 재앙을 동시에 제공하듯이 인간들끼리의 시혜(施惠)와 보은(報恩)의 길에도 도처에 장애(障碍)가 도사리고 있다. 행동의 마디마디에서 선택해야 할 의지가 필요하게 된다.

① 우선 개인들 사이에서는 물론 개인의 권리 및 이익과 크고 작은 공동체의 公益(아래 그림의 小圓과 大圓 → 同心圓의 志向 및 내용들) 사이에 일치 또는 불일치하는 부분들을 조정하여 일치시키도록 노력하는 일이다. 개체의 사리사욕으로 공동체 이익을 해치거나 빼앗으려고 해서는 안된다.

② 그리고 전체 공동체의 지향하는 바가 다수의 공익에 맞지 않는다고 생각될 경우 무조건 순종·맹종하는 것은 어리석은 자세일 뿐만 아니라 자신과 이웃 동포형제자매들에게 해를 끼칠 경우가 많기 때문에 불일치의 부분을 찾아내어 제거하고 공동의 이익을 늘려가는 방향으로 포용력 있게 노력하여야 할 것이다.

역사적 사례를 들면, 일본 제국주의 침략자들에게 충성한 친일파 세력은 조선의 민족공동체 전구성원들을 괴롭히고 특히 자주독립 애국 투사들을 「악마」로까지 증오함으로써 고문과 학살을 정당화하고 매국노는 애국자로, 독립투사와 민주화 투사들은 매국노나 난동분자로 파멸시켜온 기막히는 일들이 벌어져 왔다.

③ 이상의 태도에는 선택의 의지와 의지의 선택이 동시에 필요할 것이다. 그럴 경우 대체로 판단의 기준은 개개인(小圓) 또는 공동체 전체(大圓)에 미치는 피해被害와 고통의 크기, 손해를 끼치고 고통을 주고 있는 「빼앗는 측」의 부당성(惡)과 억울해하는 「빼앗기는 측」의 주장(정당하거나 善)을 동시에 대조·참작하는 공평·공정성에 주의를 기울이는 자세가 필요할 것이다.

아무쪼록 어린 시절부터 지금까지 자기 주변으로부터 무한량으로 받은 기른 정과 가르침 받은 은혜·의식주 공급 은혜를 잊지 말고 명심하여 나와 내주위 사람들과 강과 바다와 산천초목에게도 감사 보은하는 자세로 열심히 근로하고 자연보호를 상시적으로 실천하는 성실한 사람들이 되어준다면 공동체 사회는 한결 평화롭고 질서 있는 세상이 될 것이 틀림없다.

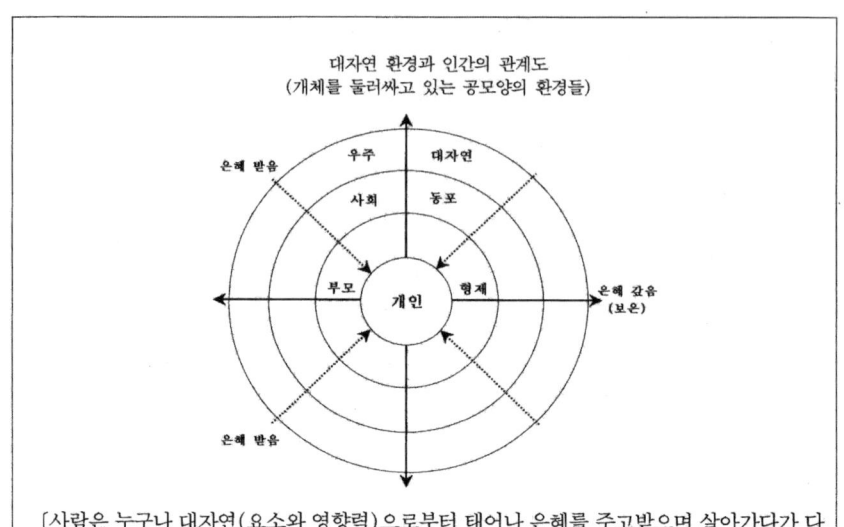

〔사람은 누구나 대자연(요소와 영향력)으로부터 태어나 은혜를 주고받으며 살아가다가 다시 대자연으로 돌아가며 개체와 집단의 생명은 끝없이 이어지고 반복된다.〕

3. 평등·민주 지향 사회사상과 복지 정책

사회복지정책의 이념, 즉 사회복지사상은 매우 다양하지만 페이비언 사회주의·국가개입주의(케인즈주의)·신자유주의(자유방임주의)·마르크스주의 등 네 가지로 대별 할 수 있다. 페이비언 사회주의와 마르크스주의는 사회주의로서 궁극적으로 자본주의의 지양(극복 또는 폐절)을 지향한다는 점에서 입장이 같다. 그러나 페이비언 사회주의가 정부의 사회개혁 가능성을 수용하여 자본주의 안에서의 사회복지 확충에 적극적인 반면에 자본주의 자체를 인정하지 않는 마르크스주의는 부르주아적 사회복지정책에 대해서 매우 부정적이었다. (Fabian : 고대 로마장군 파비우스 Fabius의 전법처럼, 지구전持久戰으로 적의 자멸을 기다리는 자세, 점진적인)

한편 국가개입주의와 신자유주의는 자본주의를 가장 바람직한 경제사회체제로 인정하고 자본주의의 발전과 번영을 지향한다는 점에서 같은 입장에 서있다. 그렇지만 국가개입주의가 자본주의의 유지·발전과 위기극복을 위해 사회복지정책이 반드시 필요하다는 입장을 취하는 반면에 신자유주의는 사회복지정책을 경제 발전의 걸림돌로 간주한다. 이러한 「네 가지 사회복지사상」의 특징을 요약하면 다음 표와 같다.

	(자본주의에 긍정적)	(사회주의를 지향)
사회복지정책에 대해 긍정적	국가개입주의	페이비언 사회주의
사회복지정책에 대해 부정적	신자유주의	마르크스주의

1) 페이비언 사회주의

페이비언 사회주의(Fabian socialism)는 영국의 독특한 실용주의적·점진적 사회주의로서 1884년에 설립된 영국 「페이비언 협회」에 기원을 두고 있다. 페이비언이라는 이름은 포에니전쟁(기원전 2~3세기에 걸친 로마와 카르타고의 세 차례 전쟁)때 카르타고의 한니발을 격파한 로마의 파비우스 장군의 이름을 딴 것인데, 막강한 한니발과의 전쟁에서 로마를 구한 것은 '전면전보다는 신중한 태도와 접전의 회피였다'는 사실에서 보듯이 사회주의로의 진전을 위해서는 기회가 오기를 기다리는 지연전략이 필요하다는 것을 상징했다. (박광준 1990) (Carthage [ka:rθidz] 카르타고 : 아프리카 북부의 고대 도시국가 146 BC에 로마군에게 멸망)

페이비언 사회주의는 버나드 쇼(Bernard Show), 시드니와 비어트리스 웹(Sydney and Beatrice Webb) 부부, 토니(Tawney) 등 개명한 인텔리들이 주도하였다. 이들은 초기에는 노동운동과 거리를 두었다. 그러나 1918년 노동당 노팅엄 전당대회에서 당 강령작성에 시드니 웹이 핵심적 역할을 하면서 페이비언 사회주의는 노동당의 기본 노선이 되었으며(콜 1993) 2차 세계대전 후에는 노동당이 복지국가를 건설하는 데 있어서 가장 유력한 이념이 되었다.

페이비언 사회주의는 사회적 선(善)을 추구하고 달성하는 데 있어 국가가 매우 긍정적인 역할을 수행한다고 믿는다는 점에서는 후술할 국가개입주의와 같다. 그러나 궁극적으로 자본주의를 수정의 대상이 아니라 극복의 대상으로 간주한다는 점에서 국가개입주의와 다르다. 이 점에서 페이비언 사회주의는 마르크스주의와 입장이 유사하다. 하지만 프롤레타리아트 독재와 계급혁명을 부정하고, 평화적(입헌적)이고 점진적인 방법으로 사회주의를 지향한다는 점에서 입장이 갈린다. 그리고 이들은 계급전쟁보다는 윤리와 공리주의를 더 중시했다.

이들에 대해 엥겔스나 레닌은 경멸적으로 평가했다. 엥겔스는 페이비언협회란 자유주의의 한 지파일 따름이며, 기만적으로 노동자계급을 부르주아 자유주의와 경제주의에 묶어두려고 하고 있기 때문에 위험하고, 노동자계급과 거리를 두고 있다는 점에서 병사 없는 장교에 불과하다고 혹평했다. 그리고 레닌은 인텔리 집단인 페이비언을 빈곤의 제거에만 관심을 둘 뿐 자본주의의 폐절에 관한 아무런 전략도 갖고 있지 않은 극단적인 기회주의자라고 비판했다. (Fox 1933)

이들은 평등·자유·우애(fellowship) 그리고 민주주의와 인도주의와 같은 프랑스 혁명 후 등장한 시민사회의 기본적인 가치를 신봉한다. 민주주의는 평등과 자유의 소산이고, 인도주의는 평등과 우애의 소산이다. 특히 이들은 평등을 강조한다. 평등이란 사실상 모든 사회주의 원칙 중에서 가장 강한 윤리적 영감(inspiration)이 되어 왔으며(Crosland), 평등주의 없는 곳에 사회주의란 없다(Jenkins)고 단언한다. (George and Wilding 1987)

그리고 이들은 사회통합을 중시한다. 사회·경제적 불평등에 뿌리를 둔 계급갈등은 사회통합의 가장 큰 적이며, 따라서 불평등은 사회통합을 위해 완화되어야 한다. 동시에 불평등은 비효율을 초래한다. 왜냐하면 첫째, 자유시장체제는 요구가 없는 수요에 응함으로써 불필요한 생산을 초래하고(모든 사람을 위한 빵보다는 특정인을 위한 고급 과자와 서민을 위한 주택보다는 부유층을 위한 요트와 롤스로이스를 생산한다), 둘째, 지배계급이 세습적이고 자기 영속적이 되고 재능 있는 자의 지위 상승을 막아 능력의 낭비를 가져오기 때문이다.

불평등은 또 사회정의 이념에 손상을 준다. 그 이유는 첫째, 교육기회의 불평등이 아동의 자연적 재능에 따라 자신의 사회적 지위를 결정하는 자연권을 파괴하고, 둘째, 불평등 자체가 비도덕적 보상과 특권체제의 산물이며(우연적인 출생과 가문의 산물), 셋째, 한 집단이 다른 집단에게 거대한 권력을 행사하기 때문이다. 한편 사회주의자에 있어 평등은 기회의 평등 이상을 의미한다. 토니는 기회의 평등이란 무능력의 해소와 능력의 창출에 좌우되나 어떤 자는 환경의 혜택을 크게 받는 반면, 어떤 자는 오히려 환경에 의해 자신의 능력을 삭감당하기 때문에 기회의 평등이란 고상하지만 실현이 희박한 하나의 허구에 불과하다고 주장하였다. 크로슬랜드(Crosland) 역시 기회의 평등이 사회주의자의 입장에서 보면 충분한 것은 아니라는 데 동의했다. 하지만 이들이 원하는 평등은 소득의 평등은 아니다. 모든 사람을 위한 합당한 대책이 마련될 때 특별한 책임은 특별하게 보상받아야 하는 것은 당연하고, 과다한 책임과 특별한 재능은 차등적 보상을 요구할 만한 가치가 있으며, 소득의 평등을 기하기 위한 조치가 자유주의 사회에 있을 수 없는 어떤 규제(공산주의)를 필요로 할지 모른다고 보았던 것이다. (George and Wilding 1987)

이들은 소득의 평등보다는 부의 평등을 주장한다. 부의 불평등은 세 가지 이유에서 불공평하다. 첫째, 불평등이 노력이 아닌 상속된 재산으로부터 발생하거나 둘째, 능력의 차이보다는 기회의 차이를 반영하거나, 셋째, 조세제도에 의해서 불평등하게 취급되는 경우이다. 특히 세습된 부로부터 생기는 불평등은 가장 비난받아야 한다.

다음으로, 이들은 자유를 신봉한다. 그런데 이들의 자유는 자유주의자들의 자유와 달리 정부의 적극적인 활동의 결과이다. 법·경제 정책·사회복지정책·재정 정책을 통해 개인의 자유는 신장 된다. 그리고 자유는 평등에 달려있다. 권력의 불평등이 존재하는 한 자유를 기대할 수는 없다.

이들은 우애도 강조한다. 경쟁보다는 협동, 권리보다는 의무, 개인의 요구보다는 공동체의 선, 자조(self-help)보다는 이타심을 더 중시한다. 토니에 있어 사회주의의 정수(요체)는 '출세의 관념'으로부터 '봉사의 관념'으로 대치하는 데 있었다. 그리고 복지국가 성립 후 이론적·정책적으로 페이비언 사회주의를 주도한 Titmuss의 주저 『증여관계(The Gift Relationship)』의 주제가 이타주의와 자신도 모르는 타인에 대한 무조건적인 증여였다. (George and Wilding 1987)

복지국가에 대하여 페이비언 사회주의자들은 열렬한 찬성과 지지를 표명했다. 이들은 점진주의와 침투를 통해 자본주의 국가를 개혁시킬 수 있다고 보았다. 복지국가는 이러한 접근의 결실이다. 복지국가의 전통은 영국의 노동당 정책 중 가장 깊숙이 깔려 있는 정강이다. 이를 「복지국가주의(welfare statism)」라 한다.

이들의 복지국가관은 기본적으로 실용주의적이다. 복지국가는 실제 문제에 대한 논리적 반응으로서 산업화·도시화 기술변동·민주주의의 산물이다. 복지국가의 과도한 재정지출을 비난하는 자들에 대해 이들은 '복지국가란 산업사회의 문제와 욕구에 대한 실용적인 대응책'이라고 응수하였다. 그리고 사회적 지출의 경제성장에 대한 기여를 중시한다. '복지비란 소비가 아니라 투자'이다. 예컨대 '실업급여와 부가급여는 기술과 산업의 변화에 대한 대응책임을 역설'하였던 것이다.

Titmuss는 사회복지정책의 기능으로 사회통합, 공동체 의식의 강화, 이타주의 의식의 유지를 들었다. 특히 그에게 있어 사회통합은 중심사상이었다. 사회복지정책의 기능으로 재분배도 매우 강조되었다. "사회복지정책을 통한 재분배의 효과는 그 크기보다는 아주 사소하고도 예상치 못한 결과가 중요한데, 이러한 재분배는 사회를 분열시키는 가장 파괴적인 무능력과 추악한 특권을 분쇄하고, 노동의 대가인 화폐임금과 함께 모든 시민들이 평등하게 사회적 임금을 향유할 수 있게끔 보장한다." "경제성장은 무상교육을 통한 교육기회의 재분배를 필요로 하고, 사회의 복지는 청년에서 노인으로, 직업인에서 실업자로, 건강한 자에서 환자로, 자녀가 없는 부부에서 자녀가 있는 가족으로 '다양한 형태의 소득재분배가 필요하다.'"

그럼에도 불구하고 현실의 복지국가는 이들의 눈에는 매우 미흡한 것으로 비쳤다. 이들은 복지국가의 목표는 열렬히 지지하였으나 그 한계와 위험에 대해서는 엄격하게 비판하였던 것이다. 예컨대 현실의 복지국가가 시민의 권리 확립보다는 경제성장의 특별한 예속물로 전락했고, 경제적 특권의 뿌리를 손대지 못했으며, 부·소득·기회의 재분배를 이루지 못했다는 비판 등이 그것이다. 그러나 이들의 비판은 모두 기술적인 것이다. 사회복지정책의 효과를 측정하기 위한 연장이 결여되어 있고, 목적이 불분명하고 조정이 불충분하며, 문제는 낮은 경제성장률에 있다는 주장은 복지윤리와 자본주의적 가치 간에는 근본적인 갈등이 없다는 것을 뜻한다. 페이비언 사회주의자들에게 복지국가는 사회주의를 향한 불안정한 타협이며 디딤돌이었다. (George and Wilding 1987)

※ '페이비언' 사회주의의 시각

- 국가는 사회적 선(善)을 추구하고 달성하는 데 있어 매우 긍정적인 역할을 수행한다.
- 계급투쟁보다는 윤리와 공리주의를 더 중시한다.
- 사회통합을 중시한다. 사회·경제적 불평등에 뿌리를 둔 계급갈등은 사회통합의 가장 큰 적이며, 따라서 불평등은 사회통합을 위해 완화되어야 한다.
- 소득의 평등보다는 부의 평등이 중요하다.
- 사회통합, 공동체 의식의 강화, 이타주의 의식의 유지를 위해 사회복지정책이 필요하다.

◎ 사회민주주의(社會民主主義 social democracy)

　19세기 말부터 제1차 대전까지 제2인터내셔날에 집결한 사회민주당의 이론과 정책의 총칭이다. 19세기 말 자본주의하의 노동자에게도 참정권이 주어져 정치적·형식적 민주주의는 달성되었지만 경제적 민주주의는 아직 달성되지 않았는데, 이것을 획득하는 것이 노동자계급의 과제라는 발상으로부터 「사회민주주의」란 용어가 생겼다.
　이 용어는 사회주의운동의 도달목표를 표현하기 위한 것이며 아직 개량주의적 방법을 표현하는 것은 아니었다. 그러나 제1차대전 발발과 함께 서구의 노동자정당은 국가에 충성을 맹세했기 때문에 제2인터내셔널은 붕괴되고 러시아에서만 혁명이 성공해서 제3인터내셔널이 성립됐다. (사회주의·공산주의 혁명세력의 국제적 연대조직 the Communist International 제3, 적색 인터내셔널, 줄여서 코민테른 Comintern) 각국 사회민주당내에서의 좌우대립의 심각화와 함께 제2인터내셔널계의 사회민주당과 코민테른과의 대립은 코민테른이 반파시즘 통일전선을 결성하게 되기까지 격심하였다. 따라서 제1차대전 후에는 사회민주주의란 용어는 러시아혁명을 비난하고 개량주의를 표방하는 서구의 우익사회민주당의 노선을 가리키는 용어로 되었다.
　농민 및 기타 중간층도 노동자계급과 함께 독점자본주의국가의 전쟁정책에 동원되었다는 사태는 노동자정당으로 하여금 각국 자본주의의 특수한 구조에 대해서 분석적 파악을 하게 만들었지만 제2인터내셔널계의 정당은 이 과제에 답할 수가 없었고, 경제학적으로는 전반적 공황을 부정하는 균형론적 입장에 서서 유통과정통제와 조직된 자본주의에 의해 사회주의에로의 이행이 가능하다고 주장함에 그쳤다. 정치적으로는 제1차대전 후의 혁명을 반혁명으로 역전시켜 독일에서 보이는 것처럼 나치스 정권의 수립을 도왔다. 이 점에서는 코민테른측도 러시아혁명의 경험을 일반화하고 세계자본주의의 변혁이라는 발상 위에 서서 각국 노동자정당에게 전략·전술의 획일성을 요구한 것으로 영향을 주었다. 제2차대전 후 서구 사회민주당은 자본주의 체제내의 정당으로 되어 '민주사회주의'라는 용어를 쓰고 있다.

2) 케인즈주의와 국가개입주의

애덤 스미스(영국의 경제학자 1723~90)가 중상주의를, 마르크스가 자본주의를 비판했다면, 케인즈(Keynes 1883~1946)는 자유방임주의를 비판했다. (영국 케임브리지에서 태어나 케임브리지 대학에서 경제학을 공부했다. 대학졸업 후 인도성 공무원으로 일했고, 그 후에는 모교 교수로 재직했다. 영국정부 대표로 각종 국제회의에서 왕성하게 활동했다.)

케인즈 경제이론은 1929년에 시작된 세계적인 대공황 이후 20세기 내내 경제 학자에게는 물론 정치인과 공공정책수립자의 사고에 엄청난 영향을 미쳤다. 자본주의 경제는 국가가 적절히 개입해야만 그 건강성을 유지할 수 있다는 그의 경제관념은 2차 세계대전 후의 복지국가에 대한 이론적 기반이 되었음은 물론, 정치적 지지를 이끌어내는 데에도 결정적인 역할을 했던 것이다.

케인즈는 실업·저축·이자·불평등에 대해 고전파 경제학과는 다르게 생각했다. 고전파에 의하면, 실업은 기업주와 노동자 사이의 임금계약에 좌우된다. 다시 말해서, 개별 노동자가 요구하는 임금수준이 높으면, 사용자는 고용을 거부하게 되는데, 이러한 경우가 많으면 실업률이 높아진다는 것이다. 케인즈는 이를 부정하고, 실업은 '유효수요(투자+소비)'에 좌우된다고 주장했다. (유효수요의 개념은 케인즈 이론의 키워드(主題)에 해당한다) '총고용은 총수요에 좌우된다'는 것이다. 고용이 증가하면, 소득이 증가한다. 소득이 증가하면, 소비행위, 즉 유효수요가 증가한다. (고용 증가→소득 증가→유효수요 증가) 반대로 유효수요가 감소하면, 소득이 감소하고(유효수요의 감소는 경기불황을 가져온다), 소득이 감소하면, 실업이 증가하는 것이다. (유효수요 감소→경기불황→소득 감소→실업 증가)

> ※ 케인즈의 유효수요론은 '풍요 속의 빈곤'을 설명해 준다. 가난한 사회의 경우 사회의 총소득 대부분을 소비에 사용한다. 반면에 풍요한 사회는 소득과 소비의 간격이(격차가) 크다. 즉, 총소득의 상당 부분이 소비되지 않고 퇴장되어 유효수요를 감소시킨다는 것이다. 유효수요의 감소는 투자를 위축시킨다. 게다가 이미 충분히 이루어진 구 투자와 신규 투자 간의 경쟁이 심할 수밖에 없는데, 이 역시 투자 위축의 요인이 된다. 따라서 총소득과 소비의 간격(격차)을 메워줄 수 있는, 즉 고용량을 늘릴 수 있는 의식적인(의도적인) 경제사회정책이 반드시 필요하다.

그런데 실질소득의 향상은 소비를 촉진시키지만 소비의 증가율은 항상 소득의 증가율보다 낮다는 데 문제가 있다. 소득의 일부가 저축의 형태로 '퇴장' 되기 때문이다. (소비하고 남은 부분이 산업자본의 형태로 발전하면 바람직하겠지만, 대부분 금융자본의 형태로 금리의존적인 자본으로 변하기 때문이다.)

고전파 경제학자는, 저축의 증가는 이자율을 인하시키고, 이자율의 인하는 투자를 촉진시킨다고 보았다. 그러나 케인즈는 고전파가 말한 저축이란 '퇴장'이며, 퇴장은 투

자를 증가시키는 게 아니라 실업을 증가시킨다고 보았다. (저축 증가→투자 감소→고용 감소)

    고용 증가 → 소득 증가 → 유효수요 증가
    유효수요 감소 → 경기 불황 → 소득 감소 → 실업 증가
    저축 증가 → 투자 감소 → 고용 감소
    [케인즈의 경제이론 : 고용·유효수요·소득·경기·투자의 관계]

그리고 그는 개인들이 채권이나 주식보다는 화폐나 은행예금 등 현금을 선호하는 이른바 '유동성 선호'가 투자 감소와 대량실업의 증대와 같은 반사회적 결과를 가져올 것이라고 확신했고, 그것은 1929년 대공황으로 증명되었다.

    케인즈는 자본을 금융자본과 산업자본으로 구분하면서 이자에 의존하는 금융자본에 대해 매우 부정적이었다. 자본주의의 금융자본적·금리생활자적·투기적 성질에 대한 비판이었던 것이다. 그리고 그는 대공황에서 나타난 대량실업이 인적·물적 가치의 엄청난 손실을 초래한다 하여 그 피해가 전쟁에 필적한다고 보았다.

    따라서 일정한 고용수준을 유지하기 위해서는 이 간격을 줄이기 위한 국가정책, 즉 실질적인 투자 증가를 위한 정책이 반드시 필요하다. 이는 자유방임주의에 대한 완전한 부정이다. (자유방임주의 : 개인들에게 모든 경제행위를 국가적 통제·규제 없이 자유롭게 방임(放任)하는것)
    또한 케인즈는 부와 소득의 불평등도 부정적으로 보았다. 불평등은 도덕적으로서가 아니라 경제적으로 국가에 큰 해악이 되는 문제였다. 즉, 이런 불평등은 부유층이 소비하고 남은 부분인 저축을 증가시키고, 저축의 증가는 소비의 감소를, 소비의 감소는 투자의 감소를, 투자의 감소는 실업의 증가를 가져오기 때문이었다. 그에게 자본주의는 현명하게 관리된다면 가장 능률적인 체제임에 틀림 없었지만, 부와 소득의 거대한 불평등을 야기한다는 점에서 관리되어야만 할 존재였다. 이렇게 소득의 불평등이 새로운 부의 창출의 장애물이라고 본 케인즈의 생각은, 부의 축적이 소득의 잉여에서 나오는 저축에 의존한다는 고전파의 관념과 달랐다.
    그런데 케인즈가 실업과 불평등을 반대한 이유가 경제적인 데 있었던 것만은 아니었다. 그의 주저『일반이론』의 결론에서 밝혔듯이 책을 쓰게 된 동기가 실업과 소득분배의 불평등을 해소하여 자본주의를 유지해야 할 급박한 시기에 "자본주의를 보호하기 위한 훌륭한 조치들을 볼셰비즘(러시아 공산주의)으로 간주하고 있는" 완고한 지도자들을 계몽시키기 위함에 있었다는 것이다. (김수행 1986)

(The End of Laissez-faire 1925. 김윤환 역 「자유방임의 종언」. The General Theory of Employment, Interest and Money 1936. 김두희 역 「고용·이자 및 화폐의 일반이론」 1955)

자연스러운 (방임적) 경제활동은 소비자들이 필요로 하는 만큼의 (需要) 상품을 생산·공급하면 되겠지만 이런 정상적 수요~공급 상황이 허물어졌을 경우 (극심한 인플레, 특히 디플레[불황]의 시기에는) 자유방임정책으로는 해결되지 않으며, 정부가 의도적 주도적으로 투자와 인력을 총동원하는 완전고용쪽으로 유도하여 '유효한 (실질적) 수요'를 창출함으로써 「자본의 대량 투자」와 「완전고용」에 의한 생산증대·공급증대에 의해 경제불황을 타개할 수 있다는 것이다.

여하튼 케인즈 이전의 사회민주주의적 평등주의자들은 소득분배의 평등화가 정치적·사회적으로 옳은 일이긴 하지만 그것이 저축의 감소와 경제 발전의 둔화를 가져온다는 자유주의적 논리에 대한 대응 논리를 결여하고 있었는데, 케인즈에 의해 저축의 증대가 오히려 경제발전의 정체와 실업을 야기한다는 점이 밝혀짐으로써 자신들의 주장에 상당한 힘을 얻게 되었던 것이다. 바로 이 점 때문에 케인즈 이론을 사회민주주의자들이 복지국가의 이론적 무기로 적절히 활용할 수 있었다. 나아가 일국 보수주의(one nation conservatism)를 신봉한 보수당의 주류들까지 케인즈 주의를 수용하여 사회적 약자를 위한 국가의 사회복지 활동의 확대를 정당화했던 것이다. (그의 이론은 보수당 주류와 노동당과 사회민주주의자들에게까지 영향을 주었지만, 정작 자신은 철저한 자유당 지지자였다. 그는 보수당을 완고한 사람들의 당으로, 노동당을 아무 일도 하지 않는 사람들의 당이라고 생각했다.)

케인즈는 인플레와 디플레 모두를 반대했지만, 적당한 인플레는 비교적 해악이 덜하다고 생각했다. 인플레, 즉 화폐가치의 하락은 과거에 축적된 부(은행예금 등)의 가치를 하락시키고 항상 새로운 투자를 자극하기 때문이었다. 반면에 디플레, 즉 화폐가치의 상승은 금리생활자에게만 유리할 뿐 사회 전체의 복지를 위협하는 것이었다.

그리하여 케인즈가 제시한 고용증진을 위한 국가정책은, 사회의 소비성향을 증대시키기 위한 누진과세(소득재분배정책), 민간투자의 부족을 채우기 위한 공공투자(인플레를 다소 유발해도 좋다), 화폐공급을 통제하고 이자율을 인하시키기 위한 화폐정책 등이었다. 이 중 사회복지정책과 직접 관련된 것이 소득재분배정책이다. 자본주의에서 누진과세와 함께 소득재분배를 기하기 위한 가장 대표적인 제도가 사회보장이다. 사회보장은 유효수요를 증대시키고, 또 그 수준을 유지하는 데 매우 효과적인 국가정책이다. 바로 여기에 복지국가를 '경제학적으로' 정당화하는 근거가 있다. 이로써 보수적인 사람들도 사회복지정책을 사회주의가 아닌 자본주의를 강화시키는 제도로 수용하게 되었던 것이다. (딜라드, 1988)

한편 케인즈 사상을 국가개입주의(state interventionism)라고도 한다. 국가개입주의란 자유주의와 같이 자본주의의 기본 가치인 자유·개인주의·경쟁적 사기업에 대한 신념을 신봉하되, 자본주의의 자기규제적이지 못한 결함을 직시하고 이의 해결을 위해 일정한 수준에서의 국가개입이 불가피하다고 보는 실용주의적 입장을 말한다. 이를 '소극적 집합주의(reluctant collectivism)'라고도 하는데, 베버리지와 갤브레이스 등이 거기에 속한다. 이들에 있어 자본주의는 최선의 경제체제임에 틀림없지만 공정하고도 효율적으로 기능하기 위해서는 적절한 규제와 통제가 필요하며, 자본주의의 결함이 심각하지만 근본적인 것은 아니고 수정될 수 있다. 체제 선택의 이데올로기에 얽매이지 않으면서 경우에 따라 공공독점이 필요하기도 하고, 자유로운 민간기업이 필요하기도 하다는 실용주의는 강력한 인도주의에서 나왔다. 실업·질병·슬픔·무지 등 인간의 고통에 대한 인간적인 사랑이 그것이다. (George and Wilding 1987)

소극적 집합주의자들의 국가관의 핵심은 국가의 이성적인 활동을 신뢰한다는데 있다. 이들은 경제사회체계가 간섭을 전혀 받지 않을 때 가장 잘 돌아가는 신비롭고 자율적인 원리에 지배된다는 관념(자유방임주의)을 배격하였으며, 이성적인 사고와 계획에 의해서 문제가 해결된다고 믿었다. 국가는 공공의 이익에 관심을 두어 당면한 문제에 대해 독자적인 견해를 가질 수 있는 조직체이다. (George and Wilding 1987)

한편 이들은 복지를 위한 국가의 역할에 대해 실용주의적인 입장을 취하고 있다. 즉, 국가의 복지역할이란 제거할 수 있는 병폐를 제거하는 것이고, 문제에 대해 조장적(supportive)이기보다는 반응적(reactive)이며 문제중심적이다. 국가는 사기업에 의해 적절히 공급되지 않는 것을 공급하고, 저소득층이나 소득상실로 인한 결핍을 제거하며, 풍요로 인해 생겨난 욕구(환경문제)에 대해 공적 서비스를 제공한다.

국가의 사회복지정책에 있어서 특히 중요한 것은 최저수준의 보장이다. 베버리지는 국가가 최저수준 이상을 제공하는 것은 절대 정부의 책무가 아니며, 개인이 돈을 자신에게 최선이라고 생각하는 데 사용하는 자유를 침해한다고 보았다. 최저수준의 보장을 위한 베버리지의 무기는 사회보험이었다. 그에게 사회보험은 자산조사 없이 급여를 제공할 수 있고 수혜자(피보험자)에게 일정한 부담을 지움으로써 검약정신을 장려하며, 일정한 책임의식을 조장할 수 있는 적절한 방법이었다. 그리고 베버리지는 사회보험과 민간보험의 관계를 보완적이라고 보았다. 즉, 사회보험은 최저수준을 보장하고, 민간보험은 개인의 능력과 자유에 따라 생존선 이상을 보장한다는 것이었다. (George and Wilding 1987)

갤브레이스의 복지에 대한 입장은 철저히 실용적이다. 그에게 있어 국가개입은 원칙적인 문제가 아니라 다른 형태의 대책이 실패하여 국가의 정책이 불가피한 경우에 한한다. 예컨대 재취업한 어머니를 위한 아동복지정책, 풍요가 가져다준 건강상의 위험(비만·간경화·알코올 피해·폐암·심장병 등)에 대한 대책 등이 그것이다. 그는 자본주의 국가가 사회경제 생활에 간여할 때 대체로 독점대기업 등 강자를 위한 정책(군산복합체에 대한 지원)에는 우호적이지만 약자를 위한 사회복지정책에는 매우 인색하다는 점을 지적하고 이에 대해 매우 비판적이었다.

1929년 미국에서 시작된 세계적인 대공황 이후 한 시대를 풍미했던 케인즈 주의와 국가개입주의는 1973년과 1979년의 오일쇼크로 인한 스태그플레이션 앞에서 무너지고 말았다. 원래 자본주의 경제에서는 호황기에는 물가가 상승하고, 불황기에는 물가가 하락하는 것이 보통이다. 그러나 1970년대의 '오일쇼크는 불황과 인플레를 동시에 발생'시켰다. 이는 인플레가 경제를 활성화시키고, 경제활성화는 실업률을 낮춘다는 케인즈 이론으로는 설명이 되지 않는 것이었다. 그리하여 '신자유주의적인 통화주의 경제학'이 힘을 얻게 되었다. 통화주의 이론에 의하면, 실업률이 높은 상황에서 인플레가 발생하면, 장래의 예상 인플레도 뒤따라 상승하게 되는데, 재정·금융정책에 의한 긴축으로 이것을 억제하여 현재의 인플레를 떨어뜨려도 예상 인플레가 그 뒤를 따르기 때문에 안정되기까지는 높은 실업률과 높은 인플레가 공존하는 스태그플레이션이 된다. 신자유주의자들은 스태그플레이션의 극복을 위해서는 케인즈주의 경제사회정책을 포기하고, '화폐공급을 억제하여 경제의 자율성을 회복시키는 방법밖에 없다'고 보았다. 결국 대처의 등장과 함께 케인즈주의는 통화주의로 대체되고 말았다.

- 유효수요가 감소하면 실업이 늘어난다. 유효수요의 증대를 위해 사회복지정책이 필요하다.
- 사회적 불평등은 사회적 해악이다. 불평등의 완화를 위해 사회복지정책이 필요하다.
- 사회복지정책은 자본주의를 보호하기 위한 훌륭한 장치이다.

3) 신자유주의, 대체로 '국가 복지'에 부정적 시각

신자유주의(new liberalism) 또는 반집합주의(anti-collectivism)란 애덤 스미스와 데이비드 리카도 등 고전파 경제학자들의 자유주의 사상을 이어받은 오스트리아 학파의 거두 하이에크(F. A. Hayek)와 그의 미국인 제자 밀턴 프리드먼(Milton Friedman 미국의 경제학자, 노벨경제학상 수상 1976) 그리고 영국의 보수정치인 포웰(E. Powell)의 자유방임주의적·반복지적 사상을 말한다. 이들의 주장은 국가의 사회복지정책은 국민들을 국가에 예속시키고 시민적 자유를 박탈한다는 것으로 요약된다. (하이에크의 대표저서 중 하나의 이름이 The Road to Serfdom '노예에로의 길' 1944)

이들은 자본주의 시장을 신봉한다. 이들에 의하면, 시장은 억압의 원천인 정치적 권위와 강제력에 대한 제동장치이며, 자유로운 경쟁, 수요와 공급, 이윤, 자유로운 임금교섭 등과 같은 시장의 힘은 사회적 평등의 신장에도 크게 기여한다고 보았다. (George and Wilding 1987)

반면에 이들은 국가의 간섭을 혐오한다. 그 이유는 시민의 사회생활에 개입하는 국가의 사회복지정책이 사회적 분열을 가져오고, 자원낭비적이며, 경제적 비효율을 조장하고, 개인의 자유를 억압하기 때문이라는 데 있다. 이를 부연설명하면 다음과 같다. (George and Wilding, 1987)

① **사회적 분열** : 사회적 욕구를 하나의 권리로 인정함으로써 잠재적인 수혜자 층과 재정을 부담하는 사람들 사이에 적대감이 조성된다.
② **자원낭비** : 사회복지정책에 필요한 자원은 한정된 반면, 그에 대한 수요는 무한한데, 무상의 사회복지정책은 가수요를 조장하고, 수혜자의 자존심을 손상시키며, 서비스의 질을 하락시킨다.
③ **비효율** : 국가의 사회복지정책비용이 시장의 이윤과 가격 메커니즘의 효율성을 도저히 따라잡을 수 없다.
④ **전제와 독재의 초래** : 민주주의 사회에서 완전한 합의란 있을 수 없기 때문에 집합주의적 계획은 개인의 자유를 억압하는 전체주의를 가져오고, 그 형태는 파시즘·사회주의·공산주의 등으로 나타난다.

그러나 이들은 모든 국가개입을 반대하는 무조건적인 무정부주의자는 아니다. 이에 대해서는 프리드먼이 분명한 입장을 취하고 있는데, 그는 시장을 통해 조정될 수 있거나 매우 큰 비용이 소요되어 정치적인 경로를 통하면 더욱 바람직한 세 가지 영역을 적시했다.

① **규칙 제정자 또는 심판** : 규칙의 제정은 자유사회에서 정부의 기본적인 역할이며, 규칙에 따라 집단 간의 견해차를 조정하고 게임에 불응하려는 자들을 규칙에 순종시킨다.
② **자발적인 교환의 비용이 너무 들거나 불가능한 경우**
  - **시장의 불완전성으로 인한 독점** : 원칙적으로는 독점에 반대(특히 정부독점) 하지만, 기술적 효율성 때문에 독점이 필요한 경우가 있다. 이를 기술적 독점(technical monopoly)이라고 하는데, 전화나 우편이 여기에 해당된다.
  - **이웃효과(neighbourhood effect)** : 개인의 행동이 타인에게 해를 끼쳤음에도 그에 대해 책임을 지우거나 보상을 할 수 없는 경우나 개인이 사회로부터 어떤 혜택을 보았음에도 그 효과를 정확히 측정할 수 없는 경우가 있는데, 이때는 국가가 불가피하게 개입한다. 예컨대 공장폐수로 인해 피해가 발생했을 때, 그 원인 제공자를 명확히 구분해 낼 수 없을 때 국가가 대신 보상한다. 이를 외부불 경제(externality)라고 한다. 도시의 공원이나 도로도 그렇다. 공원과 도로는 그로부터 직간접으로 혜택을 받는 사람을 정확히 가리기가 매우 어렵다. (공원의 숲이 공기를 정화하고 쳐다보기만 해도 마음의 안정을 얻는다 하여 그 주변에 거주하는 사람들에게 공원관리비를 징수할 수는 없다).
  - **자신의 행동을 책임질 수 없는 사람에 대한 온정주의** : 심한 정신질환자와 정신장애인이 대표적인데, 이들을 방치하면 대다수 사람들이 불안해하므로 국가가 대신 책임진다.
  (George and Wilding, 1987)

교육의 경우 취학아동의 수가 적어 민간이 활동하기 곤란한 벽촌지역에만 정부가 지원하고 나머지는 모두 민간에 위임해야 하며, 빈민구제의 불가피성은 인정하되 최저 수준 이하로 하고(정액의 사회보험급여 이하) 자산조사가 반드시 수반되어야 한다. 사회보험은 위험하다. 사회보험은 사회입법을 위한 트로이의 목마(정복을 위한 속임 장치) 역할을 하였다. 사회보험의 강제성(강제가입의 원칙)은 관료제를 가져왔고, 더욱 많은 사람들을 국가에 종속시켰으며, 더욱 많은 국가의 보호를 요망하게 만들어 사회주의로 가는 길을 포장하였다. 무상의 국민보건서비스는 전 국민의 부담을 증가시키고 서비스의 질을 하락시키며, 청장년층보다는 노인의 생명 연장과 고통완화에 주력함으로써 경제적으로 비능률적이고, 의사들을 국가에 예속시킨다. 국가의료체계의 비능률에 대해 하이예크는 다음과 같이 냉소적으로 비판한 바 있다.

잔인한 말처럼 들릴지 모르지만, 자유체제하에서는 노령자와 정신질환자를 제쳐놓거나 희생시키는 한이 있더라도 완전한 노동능력을 가진 자의 질병부터 빨리 치유해야만 하고, 무능력의 위험에서 구출시켜야만 모든 사람들에게 이로울 것이다. 국가의료체계하에서는 일반적으로 노동능력을 완전히 회복할 수 있는 사람들이 장기간 치료를 기다려야 하는 경우를 목격할 수 있다. 왜냐하면 모든 병원시설을 회복가능성이 희박한 사람들이 차지하고 있기 때문이다.

이런 신자유주의가 정치적으로 가장 분명하게 표현된 것이 대처리즘(Thatcherism) 이다. 대처리즘은 1979년, 영국 경제의 쇠퇴와 사회민주주의의 퇴조 속에서 대처가 이끈 보수당이 집권하면서 출현한 이래 거의 같은 시기에 등장한 레이거노믹스(1980년 미 대선에서 공화당의 레이건이 승리함으로써 출현)와 함께 전 세계를 신자유주의 이념으로 휘몰았다. (Margaret Hilda Thatcher 1925~영국의 여성 정치가. 수상 1979~90. 대처리즘 : 그의 정치·경제 정책)

대처리즘의 본질을 파악하기 위해서는 무엇보다도 보수당의 이념을 이해해야 한다. 전통적으로 보수당 이념에는 두 개의 흐름(strands)이 있는데, 하나는 일국 보수주의(one nation conservatism)이고, 다른 하나는 자유주의이다. 일국 보수주의 또는 토리 집합주의(Tory collectivism)는 빅토리아시대의 토리 수상 디즈레일리에 기원한다. (Benjamin Disraeli, Earl of Beaconsfield(1804~1881). 1837년 토리당 하원의원에 당선되어 정계에 입문했다. 귀족의 입장에서 부르주아지에 대응하여 노동자계급을 보호하는 노선에 섰다.) 그는 자신의 저서(『Sybil or the Two Nations』 1845)에서 국가권력은 "국민의 사회복지의 확보라는 단 하나의 책무를 지닌다"고 단언할 정도로 사회복지에 대한 국가의 책임을 강조했다. 그는 유산자들이 사적 자선을 통해 빈민에 대한 책임을 져야 한다는 버크(Edmund Burke)의 관념을 뛰어넘어 사회복지를 국가의 책임 속에 포함시켰다. 또 그는 국민의 상태를 정치의 중심 과제로 삼아야 한다고 주장했으며, 보수당은 국민복지의 정당이 되어야 하고, 사회계급들이 상호 책무라는 강력한 망으로 결속될 때 불평등은 참을 만한 것이 되며, 온정주의적 책무(noblesse oblige)를 지닌 엘리트의 지배는 정당하고 공정한 것이 된다고 확신했다. (고세훈 1999) (노블레스 오블리쥐 : 높은 신분에 따르는 도덕상의 의무·책임)

그러나 토리 집합주의는 선거(강령)보다는 정부의 권위를 중시하고, 인민(the people)

또는 계급의 이익보다는 국익을 더 중시했다는 점에서 사회주의와는 거리가 멀었다. (Kavanagh, 1990)

대처는 보수당의 주류였던 이런 온정주의적 집합주의에 도전했다. 그녀는 영국 문제의 근원으로 사회주의·노동운동·집합주의 등 보수당 외부 세력뿐만 아니라 보수당 내의 일국 보수주의를 지목하였다. 볼드윈·맥밀런·히스 등 선대의 보수당 지도자들의 잘못된 노선이 영국을 집합주의로 이끌었다고 비판했으며, 일국 보수주의자를 겁쟁이 또는 근성이 부족한 사람(wets)이라고 경멸했다. 또 대처는 사회주의자와 노동당도 도전하지 않았던, 국교회·법·대학·BBC·왕실 등으로 대표되는 기득권층과 그들의 귀족적 기풍까지 공격했다. 기득권층이 근대화에 대항하는 보수세력들의 합의체였다면, 대처는 근대화를 지향하는 급진 부르주아 개혁 세력(radical conservative 급진 보수파)이라 할 수 있었다. (Gamble 1993)

대처의 집권은 보수당 주류가 사회적 약자에 대한 온정주의적 배려를 중시했던 전통적 보수주의에서 자유시장과 경쟁을 중시하는 시장자유주의로 교체되었음을 뜻했다. 대처를 중심으로 한 보수당의 신우파(New Right)는 전후 사회민주적 집합주의의 수명이 다했다고 확신했고, 중도정치(middle ground of politics)에 대한 대중의 합의, 즉 전후의 합의정치(politics of consensus)를 청산해야 한다고 보았으며, 자유시장경제의 복권과 강한 국가의 구축을 도모하였다. (Gamble, 1994) (1981년 호주방문 시 연설에서 대처는 "나에게 합의란 모든 신념, 원칙, 가치 및 정책을 포기하는 과정이나 다를 바 없어 보인다"고 하며 전후의 합의정치를 분명히 부정했다.) 다시 말해서, 케인즈주의와 국가개입을 포기하는 대신 자유방임적 정치경제학(특히 하이예크와 프리드먼)을 되살리고, 자유시장경제의 재확립과 시장기준의 확대적용을 통하여 사회제도의 권위, 국내질서 및 국가안보의 중요성을 강조했던 것이다. (Levitas 1986)

민간기업가를 부의 유일한 창출자로 본 대처는 조세구조를 기업과 자본가에게 유리하도록 개편했다. 즉, 그녀의 임기 중에 소득세의 최고 한계세율을 83%에서 40%로 대폭 낮추었을 뿐만 아니라 자본이득세와 자본이전세의 기준선을 높였고, 투자소득에 대한 세금부담을 줄였으며, 기업세 또한 52%에서 35%로 대폭 하향조정했다. (고세훈 1999)

개인과 국가, 그리고 경제와 복지에 관한 신념체계로서의 대처리즘은 대략 다음과 같은 여덟 가지로 정리된다.

① 정부는 사회적 선(good)을 지속시키는 데는 그 능력에 한계가 있지만, 사회적으로 해로운 것을 행하는 데는 큰 힘을 발휘한다.
② 개인의 책임이 중요하고, 선과 악은 존재한다(대처는 사형제도의 부활을 주장한 극소수 보수당 각료 중 하나였다).
③ 국가의 가장 중요한 임무는 법과 질서의 유지와 국방에 있다.

④ 국민들은 자신의 문제를 스스로 해결해야 하며, 정부에 미루어서는 안된다.
⑤ 경제성장 없는 공공지출의 증대는 세금부담을 증대시키고 선택의 자유를 축소할 뿐이다.
⑥ 시장은 경제성장과 자유 선택을 촉진하고 개인의 자유를 수호하는 가장 좋은 수단이다.
⑦ 한 부분의 지출 증가는 다른 부분의 지출 감소를 가져온다. 그렇지 않으려면 부채 증가와 인플레가 불가피하다. 그리고 그 비용은 납세자가 부담해야 한다. 납세자의 상당수는 그 수혜자보다 가난할 수 있다.
⑧ 정부개입은 사회변화에 대한 사회의 적응능력을 저하시킴으로써 비생산적이다. "제대로 된 대책(correct programmes)은 사회적 약자·실업자·병자 등에 대한 동정심의 표출보다 유용하다. (Kavanagh 1990)

이를 더 압축하면, "시장은 좋고 정부는 나쁘다"라는 말이 된다. 시장은 민간 부문과 함께 존중과 고양의 대상이 되었고, 정부는 사회주의(사회민주주의)·강한 노조·복지국가와 짝을 이루어 배척과 청산의 대상이 되었다. 강한 노조는 사회주의의 온상으로 지목되었고, 복지국가는 사회주의 이념 확산의 산물로 규정되었다. 반사회주의·반노조주의·반복지국가주의가 천명된 것이었다.

대처의 반사회주의는 1987년 9월 14일자 인디펜던트지와의 인터뷰에서 한 다음과 같은 말에 잘 나타났다. "사회주의는 자유로운 인간을 위한 게 아닐뿐더러 영국의 특성에 맞지도 않는다. 사회주의는 번영도 인간존엄성도 만들지 못한다". (Brown and Spark 1989) 그녀의 반사회주의는 법과 질서의 강화를 위한 강한 국가(strong state) 정책과 동전의 양면을 이루었다. 강한 국가와 자유시장경제는 일견 상호 모순적이지만, 사회민주주의로 인해 크게 후퇴했던 자유시장경제의 회복을 위해서는 물론 사회주의의 온상인 노동조합과 강력한 노동운동을 무력화시키고, 국가보다는 가족중심의 사회복지정책을 관철시키기 위해 '제한되지만 강한(limited and strong)' 국가가 불가피하게 필요했던 것이다. (Gamble은 바로 이런 점을 대처리즘의 핵심으로 보았다. 그가 쓴 책의 제목이 『자유경제와 강한 국가』였다. 1994년)

반사회주의는 반복지주의이기도 했다. 대처와 보수당에게 복지는 불평등의 완화나 교정을 위한 장치가 아니라 최저생활을 위한 선별주의적 안전망일 뿐이었으며, 국가에 대한 복지수급권을 의미하는 복지권(welfare right)은 국가에 대한 의존성을 키우는 온상이었다. 따라서 책임과 의무를 강조함으로써 복지권은 견제받아야 했고, 복지는 복지권이 아니라 민간부문의 부의 창출역량, 즉 낙수효과(trickle-down effect)에 의존해야 했다. (Deakin 1994)

대처의 복지국가에 대한 관념은 다음과 같은 세 가지로 정리될 수 있다. 첫째, 요람에서 무덤까지의 복지국가는 비용이 너무 많이 든다. 복지비 증가는 그 재원이 되는 국민소득의 증가를 상회하였다. 이제는 복지비를 줄여 조세감면을 기하고 복지자원을 꼭 필요한 사람에게만 집중시켜 효율성(이는 보편주의에서 선별주의로의 선회를 의미한다)을 기해야 한다. 둘째, 국가책임의 과잉은 개인의 책임의식, 가족과 공동체의 연대의식, 사적 자원의 가치를 약화시킨다. 국민 개개인은 자신의 문제는 스스로 책임져야 하며, 국가지원은 극빈층에 대한 사회안전망에 한정되어야 한다. 셋째, 복지윤리는 시장의 위험을 제거하고, 실패에 대한 쿠션을 제공하며, 열망의 인센티브를 약화시킴으로써 기업에 해롭다. (Kavanagh 1990)

이렇게 국가복지를 부정적으로 본 대처는 민간복지에 대해서는 매우 우호적이었다. 1981년 대처는 왕립여성자원봉사자협회 연설에서 자원봉사부문의 중요성을 다음과 같이 강조했다. "본인은 자원봉사운동이 우리의 모든 사회복지대책의 심장이라고 믿습니다. 법적 서비스는 필요한 것을 보강하고, 격차를 채워주고, 돕는 사람을 도와주는 지원체제일 뿐입니다." 같은 곳에서 복지장관 젠킨(Jenkin)은 관료제의 경직성에 대비시켜 민간부문의 유연성·적응성·쇄신역량을 높이 평가하였다. (Deakin 1994)

대처의 반복지주의는 사회복지의 각 부분에서 후퇴와 변화를 가져왔다. 영국 복지국가의 간판인 NHS(the National Health Service 국민보건 서비스)를 부분적으로 민영화시켰고(민간 경영기구인 NHS Trust를 신설하여 NHS 병원의 경영을 위탁), 시영주택을 대대적으로 매각(민영화)했으며, 국가의 소득 비례연금(SERPS)과 사적 연금인 직업연금 중 하나를 선택할 수 있도록 만들었고, 공공부조에서 사회기금(social fund)을 신설하여 무상급여를 대여금으로 전환했으며, 실업급여 수급요건을 강화하였고(workfare의 강화), 시설보호 대신 지역사회보호(community care)를 강화시켜 개인과 가족의 책임을 강조했다. (welfare pluralism)

그럼에도 대처는 복지를 양적으로 줄이는 데는 실패했다. 다양한 복지축소정책에도 불구하고 임기 중 복지비 지출이 줄어든 해는 없었다. 1973~1987년까지 복지비는 절대가치로 1/3가량 증가했다. 그러나 복지비의 정부지출 대비 비율(50%를 약간 상회) 및 GDP 대비 비율(약 1/4)에는 큰 변화가 없었다. 다만, 2차 세계대전 후 복지비의 꾸준한 증가추세는 1970년대 중반부터 중단되었다. 복지부문별 구성비를 보면, 퍼스널 사회서비스(PSS)는 거의 변화가 없었으며(3~4%), NHS는 18%에서 21%로 증가했고, 사회보장예산도 1974년 35%에서 1987년 45%로 증가했다. 교육비는 1973년 26%에서 1985년 20%로 감소했다. 주택비의 하락이 가장 두드러져 1974년 17%에서 1987년 8%로 감소했다. (Le Grand 1990)

대처가 사회복지의 양적 규모를 축소시키는 데 실패한 가장 큰 이유는 1986년 까지 예상 밖의 높은 실업률로 인한 복지수혜층의 급증과 NHS에 대한 시민들의 높은 지지로 복지비 규모를 줄이는 것은 사실상 불가능했기 때문이었다. 결국 대처는 복지국가를 축소해야 한다는 상징적 의지(symbolic nature)만큼은 강력히 표출했으나, 실제로는 복지국가를 부분적으로만 변화시켰을 뿐이었다. (Kavanagh 1990)

- 시장은 좋고, 국가는 나쁘다.
- 강력한 노동조합과 과도한 사회복지가 자본주의의 활력을 소진시켰다.
- 신자유주의 이념은 반사회주의, 반노조주의, 반복지국가주의로 요약된다.
- 신자유주의는 복지국가를 체계적으로 부식(腐蝕 약화)시켰다.
- 사회복지정책에서 신자유주의의 대표적 전략은 민영화였다.

4) 제3의 길, 노동당 집권과 변신

1994년 영국 노동당 당수로 선출된 토니 블레어(Tony Blair)는 노동당의 실패를, 구식의 유권자와 유리된, 경제에 무능한 노조가 지배하는, 극단적 좌파에 취약한 정당이라는 데서 찾았다.

현대화와 실용주의를 통한 노동당의 체질개선을 표방하며 41세에 당수에 취임한 블레어는 노동당 최연소 당수였다. 그는 부유한 중산층 출신으로 에딘버러의 최고 사립인 페티스와 옥스퍼드를 거친, 노동당 당수로서는 극히 예외적인 인물이었다.

그 대안으로 블레어는 당의 현대화론(modernization thesis)을 제시했다. 그에 따르면, 노동당은 자본주의 축적체제의 변화로 인한 유권자의 의식변화에 대해 전략적으로 대응해야 하며, 노동당의 정책은 당의 지지대상을 넓히고 그간 보수당에 빼앗겼던 노동자계급의 지지를 회복하는 데 초점을 두어야 했다. 또 블레어는 친기업적 성향을 분명히 했다. 그는 대처의 노동정책(노동시장의 유연화 정책)과 기업정책을 그대로 유지할 것을 천명했다. 그리고 블레어는 1995년 임시전당대회에서 당헌 4조, 즉 생산·분배·교환수단의 공공소유를 당의 목표로 명시한 사회주의 조항을 공식적으로 폐기함으로써 당을 더욱 우경화시켰다. 블레어의 노동당은 1997년 5월 총선에서 승리함으로써 1979년 대처 보수당에 패배하여 정권을 내준 지 18년 만에 여당이 되었다.

노동당의 압승이 예상되는 가운데 노동당은 418석을 얻어 165석의 보수당을 크게 앞질렀다. 득표율에서도 노동당은 43%를 얻어 31%에 그친 보수당을 크게 앞섰다. 그리고 노동당은 1980년대부터 진행된 당 권력 구조의 개편을 통해 노조 운동과의 거리 두기, 지구당과 좌파의 무력화, 당 지도부의 권한 강화를 도모했고, 결국 사회주의 당 이념마저 폐기했다. 블레어의 제3의 길은 이를 배경으로 등장했다. (고세훈 1999)

블레어가 집권할 무렵 영국 정치는 완전히 우편향되어 있었다. 대처에 의해 이미 케인즈주의는 경멸의 대상이 되어버렸고, 65만 명의 종업원을 둔 17개 거대기업이 민영화되었으며, 무려 8개의 반노조입법으로 노조운동은 궤멸되었고, 복지국가가 체계적으로 침식되었으며, 코포러티즘은 사라졌다. (고세훈 1999) (corporatism : 거대 노조가 등장, 사

용자·정부 3자 협력하는 다원주의 = pluralism)

이러한 상황에서 블레어가 내건 슬로건이 '제3의 길'이었다. 영국의 대표적 사회학자 기든스(Anthony Giddens)가 이론적으로 체계화했고, 이를 정치인 블레어가 자신의 기본적인 정치노선으로 채택함으로써 우리에게도 잘 알려진 '제3의 길'이란, '고복지-고부담-저효율로 요약되는 사회민주적 복지국가 노선(제1의 길)과 고효율-저부담-불평등으로 정리되는 신자유주의적 시장경제 노선(제2의 길)을 지양한 새로운 정책노선으로서' 시민들의 사회경제생활을 보장하는 동시에 시장의 활력을 높이자는 신노동당 프로젝트, 즉 구식의 사민주의 신자유주의로부터의 차별화 전략이었다.

블레어에게 구식의 사민주의란 이미 수세에 몰린 복지국가의 옹호에 총력을 기울이는 보수화된 좌파를 말한다. 이들은 또 케인즈주의적인 총수요 관리, 즉 복지와 고용증대를 통한 평등화와 노자(노동자와 자본가)의 권력 배분에 입각한 계급타협적 협상체제를 선호하는 전통주의자이다.

블레어가 생각하는 제3의 길 정책은 1999년 7월 발표된 영국 우체국 개혁안이 좋은 예가 될 것 같다. 이는 기존의 국영우체국을 공개유한회사 체제로 바꾸자는 것으로, 우체국의 존립근거인 보편적 서비스, 동일요금 부과, 전국 우편망 포괄의 대원칙은 지키되 우편 업무의 국가독점을 폐지하여 사설 우편 서비스와 경쟁을 할 수 있도록 한 것이 골자다. 우체국 개혁안은 우체국 경영진과 노조가 환영한 것으로 보아 일단 성공적인 출범으로 보인다. 반면에 NHS의 사금융 차입제도는 혹평을 받고 있다. 국영 NHS가 사부문의 자금을 끌어들여 공공병원의 증·개축에 사용하려는 이 정책은 실제로는 NHS(국민보건서비스) 자산과 의료서비스의 축소만 가져왔을 뿐이라고 한다. (한겨레신문 1999. 7. 12)

제3의 길은 사민주의 복지국가에 대한 비판에서 출발한다. 복지국가에 문제가 많기 때문에 우파가 제기한 비판을 받아들여야만 한다는 것인데, 우파의 비판이란, 민간에 대한 정부의 과도한 간섭을 의미한다. 그리고 복지국가의 관료성과 비효율성을 문제로 꼽았다. (단, 신자유주의처럼 복지국가를 청산하자는 것이 아니라 이러한 문제를 복지국가 재건의 이유로 인식한다는 것이다.) 그리고 과도한 복지비 지출과 복지가 가져온 도덕적 해이도 문제로 지적한다.

제3의 길에서 내세우는 대안, 즉 적극적 복지(active welfare)는 대략 세 가지로 압축된다. 첫째, 국민들에게 경제적 혜택을 직접 제공하기보다는 인적 자원에 투자하는 복지국가, 즉 사회투자국가(social investment state)로 개편하자는 것이다.

그러면서 전면적인 규제철폐가 유일한 해결책이 될 수 없다고 한다. 그리고 신자유주의처럼 복지지출을 무조건 삭감하는 것이 아니다. 다시 말해서, 복지비를 미국 수준보다는 유럽 수준으로 유지시켜야 한다는 것이다. 그러나 가능한 한 인적 자원에 대한 투자로 전환해야 하고, 가능하면 유인책을 통하여, 필요하다면 법적인 강제를 통하여, 좀 더 능동적으로 위험을 수용하는 태도를 촉진시켜야 한다고 주장한다. (기든스 1998)

사회투자전략의 대표적 예가 노령인구대책과 실업대책이다. 지금까지의 복지국가는 노인들을 부양대상으로만 간주해왔다. 이에 대해 기든스는 노령화를 부정적으로 만 볼 것이 아니라 새로운 기회의 부여로도 볼 수 있다고 주장한다. 노령인구를 문제라기보다는 자원으로 간주하자는 말이다. 다시 말해서, 노인이 되었다고 해서 무조건 노동을 중단해서는 안되고, 노인들에게 적합한 일자리를 창출하여 일을 하도록 만들자는 것이다. 또 노인들 자신도 노령이 책임은 없고 권리만 있는 시기로 여겨서는 안 된다고 한다. 동시에 법률의 정년퇴직조항을 폐지해야 한다. 그럼으로써 노동과 공동체에 대한 노인의 참여가 증가할 것이고, 이는 노인들을 젊은 세대와 직접적으로 연결시키는 역할을 할 것으로 희망한다. 실업문제도 마찬가지이다.

기든스(1998)는 영국의 높은 실업률이 무제한적으로 지속되는 후한 실업급여, 그리고 배제 현상으로서 노동시장 하층부에서의 빈약한 학력과 관련이 있다고 보고 있는데, 저학력은 그렇다 치더라도 관대한 실업급여가 고실업의 원인이라고 한 것은 납득하기 어렵다. 실업급여의 고지출은 고실업의 결과이지 원인이 될 수 없기 때문이다. 고복지가 기업의 경쟁력과 효율성을 저하시켜 기업의 활력을 떨어뜨리고 그 결과 실업률이 높아진다는 신자유주의의 주장을 받아들인다 하더라도(여기에도 문제가 있지만) 고복지 유발요인으로 연금이나 의료보장비를 지목한다면 모르지만 실업급여는 아니다. 고실업급여는 고실업의 결과일 뿐 원인이 될 수 없다.

정부는 인적 자원에 투자하여 실업률을 줄여야 한다. 정부는 기업의 일자리 창출 노력, 예컨대 중소기업의 창업이나 기술혁신기업을 적극 지원해야 한다. 기업가 정신은 직업 창출의 직접적인 원천이다. 정부는 이런 기업가 정신을 지원해야 한다. 벤처기업에 대한 지원이나 기업가의 모험에 대한 안전장치의 마련 등이 그것이다. 그리고 정부는 평생교육을 강조하고, 국민들이 일생 동안 일을 지속할 수 있도록 교육시켜야 한다. 직업변경에 필요한 교육도 지원해야 한다. 복지에 의존하는 대신 교육과 투자기회를 이용하도록 장려해야 한다. 그리고 정부는 가족 친화적 직장이 늘어날 수 있도록 지원해야 한다. 아동양육에 대한 지원은 물론 재택근무·안식년제 등의 제도를 통하여 고용과 가사가 조화될 수 있도록 여건을 만들어 주어야 한다. (기든스 1998)

둘째는 복지다원주의(welfare pluralism)이다. 복지다원주의란 복지의 주체를 다원화하자는 것인데, 기존의 중앙정부중심의 복지공급을 지양하고 비영리부문(제3부문)·기업·지방정부 등도 그 주체로 삼자는 게 요지다.

복지다원주의라는 용어는 1978년에 출간된 울펀든 보고서(Wolfenden Report, The Future of Voluntary Organization)에서 처음으로 사용되었다. 당시 캘러헌 노동당 정부는 막대한 정부 재정지출을 줄이기 위해 다각도로 노력하고 있었는데, 그 일환으로 중앙정부의 재정적 부담을 완화하기 위해 이러한 전략을 제시했던 것이다. 복지다원주의가 국가의 핵심 복지이념의 하나로 자리 잡은 것은 대처 보수당 정부 시절이었다.

대처정부는 사회 복지서비스 부문의 '개혁' 방향을 비용이 많이 소요되는 시설보호를 지양하고 지역사회보호(community care)를 확대하는 데 두었으며, 그 이념으로 복지다원주의를 표방하였다. 복지다원주의가 사회복지서비스 개혁의 기본이념으로 확실히 자리 잡은 것은

1989년에 발표된 그리피스 보고서(Griffith Report)였다. 동 보고서는 지역사회 보호에 나타난 '사회보장의 부작용', 즉 시설보호 대상자로서 공공부조 급여를 받는 경우 급여규정상 최고액의 수당을 받게 되는 경향을 바로잡기 위해 작성되었는데, 시설보호 대신 거택보호를 권장하고, 기존의 공적 사회 복지시설을 민영화하며, 민간시설을 지원하는 것 등의 정책안을 담고 있었다. (Johnson 1990) 대처정부가 복지다원주의에 주목한 이유는 노인 인구가 급증(1971~1981년 75세 이상 노인인구가 20%나 증가)하여 노인복지대책의 중요성이 더욱 커진 데다가, 가족·시장·민간 등 세 부문의 공동책임을 지향하는 지역사회보호가 신자유주의 이념과 잘 맞아떨어졌기 때문이다. (Lewis 1994)

기든스는 먼저 사회보험을 세계 최초로 시행한 독일에서 이미 제3부문의 집단과 단체로 이루어진 복잡한 조직을 이용해왔다는 사실을 상기시킨다. 제3부문이란 시민사회 내부의 자발적 단체, 예컨대 시민단체·종교단체·직업집단·지역공동체 등을 말한다. 그러면서 이들 제3부문은 물론 기업과 지방정부의 복지 역할을 다음과 같이 촉구하였다.

"적극적인 복지사회에서의 사회투자국가는 어떤 것인가? 적극적인 복지로서 이해되는 복지에 대한 경비는 전적으로 국가를 통해서가 아니라 기업을 포함한 다른 기관들과의 결합을 통해 작동하는 국가에 의해 생성되고 분배될 것이다. 여기서 복지사회는 단지 국가뿐만 아니라 제2·제3분야로까지 확장된다. 예를 들면, 환경오염의 규제는 정부 혼자만의 문제가 될 수 없다" "제3부문 기관들이 좀 더 적극적인 역할을 수행해야 한다. 혜택의 하향식 배분은 좀 더 여러 지방 차원에 분배되도록 바뀌어야 한다. 더욱 근본적으로는 복지제공의 개선이 시민사회의 적극적인 발전을 위한 프로그램과 통합되어야 함을 인식하여야 한다." (기든스 1998)

셋째는 의식전환이다. 기든스에 의하면, 복지국가는 자원보다는 위험성을 공동 부담하는 것이다. 복지를 개혁하려면 위험성에 관하여 분명히 인식해야 한다. 효과적인 위험성 관리는 위험성을 최소화하거나 그것에 대하여 보호하는 것만을 의미하지는 않는다. 그것은 또한 위험성의 긍정적·활력적 측면을 이용하고, 위험의 감수에 대해 자원을 제공하는 것을 의미한다. 적극적인 위험의 수용은 기업가들이 중시해 왔다. 벤처기업가 정신이 좋은 예이다. 그런데 기든스는 이런 위험을 두려워하지 않는 정신이 노동자에게도 필요하다는 것을 지적한다. 즉, "혜택을 포기하고 직업을 찾는 것, 혹은 특정한 산업에서 일자리를 얻는 것은 위험성으로 고취된 활동이다. 그러나 이러한 위험수용은 개인에게, 좀 더 넓게는 사회에게 종종 이익을 준다"(기든스 1998)는 것이다.

이상과 같은 복지에 대한 블레어식 접근의 이면에는 복지지출이 경제적 경쟁력, 즉 성장에 직접적인 부담일 뿐이라는 신자유주의적 가정이 깔려 있으며, 블레어가 강조하는 복지국가의 재편이란 비용 삭감 이외에도 수혜자의 의존성향을 줄이고 개인의 책임을 더 강조하는 의지가 함축되어 있다. 그리고 그에게 사회정의는 재분배와 불균등 교정을 강조한 평등주의적 성향이 아니라 최소기준과 기회균등을 확보하는 데 초점을 둔다. 자유시장에 대한 무조건적 신뢰는 아닐지라도, 공공부문과 공공지출 또는 혼합경제에 대한 뿌리 깊은 불신이 엿보인다. 만약 개인이 자유로운 선택을 할 수 있다면, 그 결과가 아무리 불평등하더라도 사회정의가 훼손된 것은 아니며, 정부의 역할은 그런 선택의 기회를 모두에게 보장하는 일에 한해야 한다. (고세훈 1999)

결국 제3의 길에서 말하는 적극적 복지는 베버리지의 '지양(극복)'이다. 기든스는 베버리지의 5대 악(궁핍·질병·무지·불결·나태)에 대한 전쟁이 소극적인 복지를 중시한 것이라고 본다. 적극적인 복지는 베버리지가 제기한 이러한 소극적 요소들을 적극적인 것으로 대체시키는 것이다. 궁핍 대신에 자율성을, 질병 대신에 건강을, 무지 대신에 교육을, 불결 대신에 안녕을, 나태 대신에 진취성을 강조하자는 것이다. (기든스 1998)

그러나 제3의 길에 대한 반론도 적지 않다. 제3의 길에 대해 비판적인 영국의 좌파들은 1998년 홉스봄(Hobsbawm)과 홀(Hall)이 중심이 되어 한 권의 책(『The Third Way is Wrong』. 우리나라에서 '제3의 길은 없다'라는 제목으로 번역되었다)을 발간하였는데, 여기에 이들의 입장이 집약되어 있다. 이를 정리하면, 다음과 같은 세 가지로 요약될 수 있다.

첫째, 블레어 정부가 평등에 대해 무관심하다는 것이다. 다시 말해서, 사회적 불평등은 가장 격렬하게 시장화가 이루어진 시기 이후에 나타난 상황이고, 전통적으로 노동당은 평등의 확대를 핵심강령으로 삼아 왔음에도 블레어의 신노동당은 불평등의 감소를 위해 노력하지 않고 있으며, 블레어는 자신의 복지개혁이 베버리지의 정신을 계승하고 있다고 주장하지만, 실제로는 전혀 그렇지 않다는 것이다. (홉스봄 외 1999)

좌파에 의하면, 신노동당이 이따금 공정성 함양과 기회의 평등 운운하지만, 평등 그 자체에 대해서는 함구하고 있고, 소득·부·생활양식·기회·교육의 불평등이 더욱 심각해지고 사회적으로 위험수위에 이르고 있음에도 이런 핵심적인 가치에 대해서 공공연히 소극적인 태도를 보인다고 비판한다. 그리고 블레어는 기업들이 창출한 부를 직원들과 나누어 가질 것으로 기대하지만(계급협조론) 과연 그럴까 하고 반문한다. 제3의 길은 날로 심각해지는 사회적 불평등을 똑똑히 보면서도 보다 평등한 부의 분배와 평등한 삶의 기회분배를 가로막는 구조적인 이해관계들이 존재할 수 있다는 사실을 인정하기를 거부한다고 비판한다.

둘째, 블레어 정부가 복지(welfare)보다는 근로(work)를 너무 중시한다는 비판이다. 블레어의 워크페어(workfare)는 조세와 복지지출의 동결을 통한 노동력의 재상품화, 즉 시장에의 재편입이다. 토니 블레어 정책의 저변에는 모든 개인적·사회적 문제의 해결책은 일에 있다는 믿음이 깔려 있으며, 강력한 청교도적 직업윤리를 강조하고 있다는 것인데, 다음과 같은 지적이 그것이다.

"당신에게 돌보아야 할 아기가 있다 해도, 당신이 장애인이라 해도, 당신이 겨우 입에 풀칠이나 할 정도의 최소임금을 받아야 할지라도, 당신은 일을 해야 한다."

"일하는 복지는 거동할 수 있고 사회보장제도의 혜택을 받고자 하는 사람은 누구나 자식들을 떼어놓고 일하러 나가야 하고(자녀들의 비행은 전적으로 그 부모의 책임이라고 하면서), 병상에서 일어나야 하고, 무능력을 극복해야 하고, 퇴직과 실직 상태에서 원상태로 돌아와야 한다고 요구한다. 빈민수용소(workhouse)가 생긴 이래로 노동의 가치가 이렇게 격렬하게 단 하나의 목적에 의해 결정된 적은 결코 없었다." (홉스봄 외 1999)

사실 워크페어는 블레어 복지정책의 근간이라 하지 않을 수 없다. (workfare : 노동장려를 위한 근로복지제도, 근로자 재교육) 블레어의 신노동당은 보수당에 대한 민심이반 때문에 어느 때보다 집권 가능성이 높았던 상황에서 중간계급이 노동당의 과세정책과 복지정책에 대해 일종의 두려움을 갖고 있다고 판단했고, 이에 입각하여 복지정책의 자유주의적 개혁을 제3의 정치의 핵심강령으로 제시하였다. 물론 워크페어란 세계화시대에 걸맞은 적극적이고 자발적인 주체를 육성한다는 명분을 제시하고 있다. 하지만 실제로는 구조적 전반적 모순에 대한 해결 의지를 상실하고 있으며, 국가의 보호에서 벗어나 세계적 차원의 경쟁 앞에 홀로 선 '고독한 개인'을 양산하고 있다. 따라서 '복지의 시장중심적 재편'은 가진 자에게는 기득권의 보호를, 가능한 소수에게는 무한한 기회를 의미하지만, '불가능한 다수에게는 절대빈곤의 악순환을 의미하는 것'이다. (대명 1999)

셋째, 블레어 프로젝트가 실천력이 없다는 것이다. 제3의 길은 '새로운 종류의 정치'라고 과대 선전되어 왔을 뿐이라는 지적이다. 제3의 길은 모든 문제를, 현존하는 일체의 양 극단들 사이에서 그것의 신비로운 중간경로를 발견함으로써, 해결할 수 있다고 강조한다. 그렇지만 미디어를 매개로 제3의 길을 더욱 세밀하게 관찰하면 할수록 점점 더 그것은 문제를 해결하는 길이 아니라 문제들을 부드럽게 우회하는 방식처럼 보인다는 것이다. 그리고 블레어는 끊임없이 가치들에 주목하라고 한다. 약자를 강력하게 지원하는 공동체, 즉 포용성 있는 사회를, 그 와 더불어 도전에 과감하게 맞설 수 있는 가치를 감동적으로 표현한다. 그러나 이를 실천의 장으로 옮기지는 않고 있다. 제3의 길의 공식들은 모호하고, 우유부단하며 유동적이다. (홉스봄 외 1999)

결국 블레어 프로젝트는 대처의 신자유주의와 별 차이가 없다는 것이다. 1997년 총선에서 노동당이 승리했을 때 프랑스 피가로 지는 "메이저는 패했지만 대처는 승리했다"고 했고, "토니 블레어가 선택받은 것은 대처의 보수혁명에 손을 대지 않는다는 것을 맹세했기 때문"이라고 설명한 바 있다. (major league : 2대 프로야구 그룹의 하나. National League 또는 American League 중 하나를 말함. 프로스포츠의'대(大)리그)

그리고 영국의 좌파는 블레어를 "바지 입은 대처"라 했으며, 블레어 정부가 자본주의에 대한 극복이라는 좌파 고유의 전망을 포기했고, 정치권력의 문제를 상징 조작의 여론정치로 환원시켰으며, 국제적 연대의 틀을 파기했고, 보편적 복지개념을 저버렸으며, 우파 특유의 시장중심 주의적 사고를 수용했다는 점에서 블레어는 영국 좌파가 스스로 우경화함으로써 만들어낸 타협안에 불과하다고 비판한다. (노대명 1999) 다음과 같은 홀의 지적이 이런 비판을 집약하고 있다.

"블레어 프로젝트는 여전히 본질적으로 대처리즘을 바탕으로 해서 기본 구조를 세웠으며,

대처리즘에 의해서 규정되는 지형 위에서 작동하고 있다. 대처 여사는 프로젝트를 가지고 있었다. 그것을 우리에게 적응시키려고 하는 것이 바로 블레어의 역사적 프로젝트이다."

"우리 시대의 위기에 대해 진정으로 현대적인 대응을 다시 만들어내야 할 좌파의 임무는 대부분 폐기되어버렸다. 세계적인 차원에서도, 국내 차원에서도 대처리즘이 만들었던 '전환(turn)'의 광범위한 바로미터(지표·척도·표준)들은 근본적으로 수정되거나 역전되지 않고 있다.… 블레어는 가사 몇 마디는 외운 것 같다. 그러나 애석하게도 그만 악보를 잊어버리고 말았다" (홉스봄 외1999)

같은 맥락에서 블레어가 자신을 영국의 최고 경영자(CEO), 각료를 기업의 경영자, 국민을 자기 회사 고객들로 인식하고 있는 것도 신자유주의적인 사고이다. 클레어가 머릿속으로 그리는 국민과의 관계는, 자신은 경쟁력 있는 서비스를 제공하고 국민은 그 서비스를 사고, 그리고 자신은 권력을 향유하는 것이다. 신노동당은 영국을 '세계적인 기업 영국주식회사'로 간주하고, 정부를 하나의 기업처럼 운영하려 한다. 이렇게 되면 시민들은 기업·정부의 소비자로 전락한다. 시민권을 가진 국민이 아니다. '시민권은 국가에 대해 소유권과 자격을 주장하는 권리'이다. (홉스봄 외 1999) 또한 시민은 국가로부터 '해방되어' 홀로 세계적 기후의 위험요소들에 대항하는 고독한 개인이 된다. 헤아릴 수 없이 많은 위험에 대해 개별적으로 대비하고, 모든 예측불허의 사태 (출생·실업·무능력·질병·퇴직·죽음)에 대비해서 각자 보험에 가입해야 하는 그런 개인이 되는 것이다.

반면에 블레어 지지자들은 이런 비판에 대해 매우 비판적이다. 영국 좌파 중 누구도 제3의 길에 맞설 대안을 제시하지 못하는 상황에서, 우파세력을 완전히 무력화시킨 블레어가 우파에 굴복했다고 비난하는 것은 어처구니없다는 것이다. 현실적으로 중도좌파 세력은 신자유주의하에서 심화된 불평등에 대한 시민들의 불만과 분노를 토대로 집권하였고, 여전히 평등·복지·국가의 역할에 대한 신념을 갖고 있다고 주장한다. (노대명 1999)

블레어 옹호론의 대표자는 멀건(Geoff Mulgan)이다. 그는 홉스봄이나 홀과 같은 대학 교수들은 상아탑 속의 학자 입장에서 넋두리를 늘어놓기보다는 실천적인 해결방안을 제시해야 한다고 주장한다. 냉소적·고립적 대항적인 자세를 지양하고 건설적인 대안을 내놓으라고 다음과 같이 지적하고 있다.

오늘날 많은 마르크스주의 그리고 포스트 마르크스주의 좌파들은 대안전략을 제공하는 데 그다지 관심이 없는 듯하다. 기껏해야 우리는 그들의 대안적 프로그램들이 무엇인가에 관해 희미하게 감지할 수 있을 따름이다. 결국 그 대안이란 조금 더 나은 케인즈주의, 조금 더 나은 재분배, 조금 덜한 자본주의를 의미한다. 그러나 어떠한 엄밀성·명확성도 없이 혹은 그것들이 왜 중요한가에 대한 어떠한 이해도 없이 그러한 주장들이 제기되고 있다. (홉스봄 외 1999)

- 제3의 길이란 고복지-고부담-저효율로 요약되는 사회민주적 복지국가 노선(제1의 길)과 고효율 -저부담-불평등으로 정리되는 신자유주의적 시장경제 노선(제2의 길)을 지양한 새

로운 정책노선으로서 시민들의 사회경제생활을 보장하는 동시에 시장의 활력을 높이자는 영국 노동당의 새로운 프로젝트를 말한다.
- 소극적 복지 대신 적극적 복지를 지향한다.
- 적극적 복지는 사회투자국가, 복지다원주의, 의식의 전환으로 요약된다.

5) 마르크스주의 사회복지 시각

(1) 마르크스·엥겔스 당시의 복지 개념 유추

마르크스(Marx 1818~1883)가 활동할 무렵인 19세기 중후반에는 근대적인 사회복지정책(1880년대 독일의 비스마르크 사회입법)이 등장하기 전이었다. 따라서 오늘날과 같은 사회복지정책에 대한 마르크스의 정확한 입장은 확인할 길이 없다.

독일 라인란트팔츠 주 트리어에서 태어나 본 대학에 입학, 베를린 대학으로 전학한 후 법률·역사·철학을 공부하고 박사학위를 취득했다. 잘 알려져 있듯이 과학적 사회주의를 창시했다. 1848년 '공산당선언'을 작성했으며, 주저 『자본론』 제1권을 영국 망명시절(1867년) 발간하였다.

그러나 자본주의 체제와 자본주의 국가에 관한 마르크스의 견해로부터 유추해 낼 수는 있다. 주지하듯이 그에게 자본주의는 프롤레타리아트에 의해 지양되어야 할 착취체제였으며, 자본주의 국가는 부르주아지의 계급적 이해를 수호하기 위한 위원회에 불과했다. 따라서 자본주의 국가가 행하는 일체의 활동은 사회주의 혁명에 이로울 리가 없다. 사회복지정책도 예외가 아니다. 이 말은 사회복지정책이 비록 노동자계급이나 빈민을 위한 것이라고 하더라도 부르주아 국가가 시행하는 한 구조적으로 부르주아지의 계급이해에 반하는 것이 될 수 없고, 따라서 노동자 계급은 이를 수용해서는 안 된다는 것을 의미한다. 이런 추론은 마르크스와 사상적 동일체라 할 수 있는 엥겔스(Engels 1820~1895)가 살아 있을 때 그로부터 직접 지도를 받은 독일 사회민주당 지도부가 비스마르크 사회입법에 대해 취한 입장을 통해 확인된다.

1880년대에 도입된 일련의 사회입법에 대해 당시 독일의 사회민주당 지도부는 '실질적으로' 노동자의 생활을 개선할 수 있는 사회보험은 '원칙적으로' 찬성한다고 하면서도 비스마르크의 사회보험은 그 내용이 노동자에 대한 동냥에 불과할 정도로 워낙 조악하기 때문에 반대하지 않을 수 없다고 주장했다. (Rimlinger 1971) 나아가 그들은 비스마르크 사회보험을 노동자들을 올바른 길에서 이탈시키려는 지배계급의 술수 (비스마르크 사회보험을 '미끼'로 간주) 또는 프롤레타리아트의 혁명성을 무력화시키려는 전술적 책략으로 간주했으며, 자신들의 임무는 바로 이런 음모를 폭로하는 데 있다고 확신했던 것이다.

그러나 그렇다고 해서 이들이 무조건적으로 사회복지정책을 거부한 것은 결코 아니었다. 당시 무조건적으로 사회보험을 반대했다면 상당수의 노동대중으로부터 사민당은 외면당했을 것이다. 그들은 위로부터 주어지는 개량주의적 사회복지정책은 단호히 반대했지만, 노동자계급이 자주적으로 얻어내고 또 내용적으로 진보적인 사회복지정책은 분명히 요구하였다. 예컨대 1891년의 '에어푸르트강령'에서 그들은 완전무료의 의료 및 노동자가 참여하여 결정권을 갖는 사회보험과 그에 대한 연방의 관할권과 같은 사회복지정책의 개혁을 요구한 바' 있었다. (궁핍화론과 자본주의의 붕괴론과 같은 마르크스주의적 명제를 수용한 사민당의 새로운 강령이다.)

그리고 사회주의자들은 사회보험에 대한 노동자들의 재정부담을 특히 반대하면서 국가와 자본가계급만의 부담을 요구했는데, 그 이유는 다음과 같은 데 있었다. (Rimlinger 1971)

첫째, 노동자의 임금은 겨우 생계를 유지할 정도에 불과하기 때문에 보험료를 부담할 능력이 없다. 둘째, 노동자 생계의 불안정은 자신의 잘못이 아니라 자본가의 이익에 봉사하는 자본주의 체제의 잘못에 기인하기 때문에 노동자는 보험료를 낼 필요가 없다. 셋째, 재정이 노동자의 임금에서 충당되어야 한다면 급여의 수준은 결코 충분할 수가 없다. 넷째, 사용자의 부담이 커지면 커질수록 자본주의는 빨리 붕괴할 것이다.

자본주의 국가의 사회복지정책을 이렇게 냉소적으로 보는 입장은 19세기 말에서 20세기 초까지 유럽과 미국의 공산주의자들에게 공통적이었다. 예컨대 1910년대 미국의 사회보험 도입을 놓고 벌어진 논쟁에서 노동운동 좌파는 사회보험이 노동자계급의 전투성을 약화시킨다고 해서 그 도입을 반대했고, 1911년 영국 자유당 정부의 국민보험에 대하여 사회주의 좌파는 위로부터의 개혁인 권위주의적 복지주의(the authoritarian version of welfarism)일 따름이라고 부정했으며, 1935년 미국의 루즈벨트 사회보장법에 대해 사회주의 좌파는 사회주의 혁명을 성취할 수 있었던 황금 같은 기회를 무산시키는 자본가들의 책략이라고 보았던 것이다. 당시까지도 마르크스를 신봉한 사회주의자들은 여전히 사회주의 혁명의 가능성을 믿고 있었기 때문에, 사회복지정책을 노동자계급의 혁명적 의식을 약화시키는 해독제로 여길 수밖에 없었다.

하지만 1차 세계대전 이후 유럽의 사회주의 계열 정당들은 혁명적 마르크스주의 이론이나 자본주의 체제변혁의 의지를 포기하였으며, 자본주의 체제 내에서도 노동자의 처지는 개선될 수 있다는 수정주의가 당내 주류로 자리를 잡았다. 그에 따라 이들 정당들은 사회보험을 노동자계급의 복지를 실질적으로 증대시킬 수 있는 매우 중요한 전략으로 채택하였다.

그리고 오늘날로 보면, 사회복지정책의 대상자들에 속할 계급이나 집단에 대한 마르크스의 태도를 통해서도 마르크스의 사회복지정책에 대한 관념을 엿볼 수 있다. 사회보험의 핵심 대상자인 노동자계급에 대한 마르크스의 입장은 너무나 잘 알려져 있듯이 매우 긍정적이다. 마르크스에 있어 프롤레타리아트는 사회적 생산의 체계에서 핵심적 위치를 점하며, 기초적인 사회적 부의 생산자이다. 또한 역사상 가장 진보적인 계급으로서 사적 소유의 폐절과 사회주의 혁명을 이끌어 낼 역사적 사명을 가진 존재였다. 반면에 마르크스는 자본주의 생산과정에 진입하지 못한 과잉인구 또는 산업예비군으로서 부랑자·범죄자 매춘부로 구성된 룸펜 프롤레타리아트(lumpen proletariat)를 프롤레타리아트와 구별해 매우 부정적으로 평가했다.

룸펜 프롤레타리아트란 구체제(봉건체제)의 최하층으로부터 떨어져 나온, 수동적으로 부패하는 대중으로서 자본주의의 비인간적 본질의 증거이다. 자본주의는 인간의 사회적인 노동으로부터 밀려나온 부랑자들을 끊임없이 창출한다. 이들은 자신의 아주 낮은 사회적 지위 때문에 착취체제 및 억압계급에 대해 적개심을 느끼지만, 사회 전체에 대한 적개심이 더 전형적이다. 이들은 세계문화의 업적들을 존중하지 않으며, 이들의 이상은 원시적인 재분배와 저급한 평균주의적 사이비 공산주의를 넘지 못한다. 그리고 프롤레타리아트는 생산체제 안에서의 위치 때문에 훈련되고 조직되는 계급이지만, 룸펜 프롤레타리아트는 비조직적일 수밖에 없으며, 사회의 반동적 선동(demagogy)에 쉽게 반응하고 영합한다. 따라서 반란 과정에서 무모한 행동을 일삼는다. 이들의 폭동은 혁명적 방식으로 전개되지도 않을뿐더러 역사적인 전망도 없다. 이들은 프롤레타리아 혁명에 쉽게 휩쓸리지만 혁명운동을 분쇄하기 위한 지배계급의 반동적인 음모에 매수되어 이용당하기가 훨씬 쉽다. (국제노동계급운동연구소 1989)

실제로 이들 룸펜 프롤레타리아트는 19세기 유럽에서 발발했던 여러 혁명에서 힘있는 자를 위해 너무나도 쉽게 자신들을 팔아버렸다. 지배계급에 매수된 이들은 혁명대열에서 이탈하여 지배층의 저택을 지키거나, 혁명군의 바리케이드를 파괴하거나, 혁명이 실패로 끝난 후 혁명군을 밀고하거나 하는 비열한 행위를 마다하지 않았던 것이다. 한 마디로 반혁명의 앞잡이 노릇을 했던 것이다. 엥겔스는 이들을 사회의 찌꺼기(social scum)라 불렀다. 자본주의 사회의 계속되는 실업과 그로 인한 생존압박은 언제든지 노동자계급으로부터 이탈하여 지배계급의 타락한 앞잡이가 되는 룸펜 프롤레타리아트를 만들었다.

마르크스는 또 룸펜 프롤레타리아트와 빈민구제 대상인 극빈층을 구별했다. 이들은 "현역 노동자군의 병원이며 산업예비군의 주검 무더기이다." 마르크스는 이들을 노동자계급의 최하 침전층(the lazarus layers)이라고 부르기도 했으며, 노동자계급 중 생존조건(노동력의 판매)을 상실해 국가의 구호품으로 연명하는 층이라고 규정했다. 전술한 룸펜 프롤레타리아트가 자본주의의 존립을 위해 필요한 하나의 조건이라면, 이들 극빈층은 자본주의의 조건이 아니라 그 결과, 즉 하나의 불량품으로 전락한 층이라는 점에서 서로 다르다. (드레이퍼 1986)

마르크스는 그의 생전에 유럽에서 크게 유행했던 이른바 사회개량주의에 대해서도 매우 부정적이었다. 그는 박애주의자·인도주의자·노동자계급 처지의 개선론자·자선사업가 등 잡다하기 그지없는 좀스러운 개혁가'를 부르주아 사회주의자라 불렀고, 이들은 부르주아 사회의 존립을 보장하기 위해 사회적 폐해를 제거하고자 할 뿐이라고 했다. 즉, "물질적 생활상태의 변화를 오직 혁명적 방식으로만 가능한 부르주아적 생산 관계들의 철폐로 이해하지 않고, 생산관계들의 토양 위에서 행해지는, 따라서 자본과 임금 노동의 관계는 조금도 변화시키지 않으면서 기껏해야 부르주아지의 지배비용을 감소시키고 그들의 국가운영을 간소화시킬 뿐 행정적 개선으로만 이해"하는 보수적 사회주의자라는 것이다. (공산당선언 참조. 마르크스·엥겔스 1991.)

그러나 마르크스가 자본주의 국가의 사회복지정책에 대해 무조건 부정적으로만 본 것은 아니라는 견해도 있다. (Mishra 1981) 19세기 중반에 있었던 영국 노동자계급의 노동시간 단축투쟁, 즉 공장법 투쟁에 대한 마르크스의 생각을 그 근거로 들고 있다. 마르크스는 그의 대표작 『자본론』에서 공장법에 대해서 상당 부분 할애하여 기술했는데 (절대적 잉여가치의 생산부분에서), 공장법을 생산과정의 자연발생적 모습에 대한 최초의 의식적이며 계획적인 사회적 반작용으로서 "자본의 착취권에 대한 간섭"이자 "자본에게서 쟁취한 최소의 빈약한 양보"라고 했다. 그에 있어 공장법은 노동자계급이 치열한 계급투쟁을 통해 자본의 논리를 굴복시키고 얻어낸 양보였던 것이다.

이런 점에서, 계급운동의 최종목표를 개량에 둔 라살레주의적 사회복지정책은 혁명적 마르크스주의에서 보면 노동자들의 반자본주의적 전투력을 약화시키는 이데올로기적·정치적 역할을 수행하지만, 사회의 근본적 변혁을 지향하는 계급 투쟁에 의해 양보된 사회복지정책은 개량주의적인 것이 아니다. 노동자계급은 마르크스가 말한 대로 "경제투쟁(개량투쟁)을 통하여 이미 만들어낸 개개의 힘을 통일시킴으로써 그것을 착취자의 정치적 권력에 대한 그들의 투쟁에서 지렛대로" 활용할 수 있다. 요는 "개량을 어느 계급이 자신에게 유리하게 활용하는가?" 하는 것이다.

구 소련과학아카데미 국제노동자계급운동연구소의 의장인 포노마레프(Ponomarev)가 했던 말과 같이, 개량은 최종적 승리에 이르지 못한 혁명투쟁의 부산물일 수 있으며, 노동자계급의 처지 개선과 민주주의적 권리 및 자유를 확대시키며, 일정한 조건들 아래 개량은 혁명을 준비하고 결정적인 전진을 위하여 노동자계급의 세력을 동원하는 데 중요한 요인일 수 있다. (국제노동자계급운동연구소 1989)

그리고 공장법 투쟁에 대한 마르크스의 입장은, 부르주아 사회복지정책에 한계가 있다 하더라도 노동자계급은 혁명이 도래할 때까지 팔짱 끼고 있을 게 아니라, 부르주아 사회 내에서 사회주의적 가치와 제도를 점진적이지만 꾸준히 확립해 나가야 한다는 것을 말해주고 있다. (Mishra 1981)

다른 한편 마르크스가 사회주의를 분배의 문제에 국한 시킨 라살레주의자들을 비판한 글에서 근대적인 사회복지정책과 전근대적인 구빈정책을 구분했고, 또 그 기능에 대해서도 언급한 바 있는데, 이를 통해 그의 사회복지정책에 대한 이론적 입장을 다소나마 확인할 수 있다. 마르크스에 의하면, 노동소득을 노동의 생산물이라는 의미로 해석할 때, 집단적 노동소득은 사회의 총생산물이 된다. 총생산물 중 개인에게 분배되기 전에 자본의 필요에 의해 1차적으로 다음과 같은 것들이 공제된다.

첫째, 소비된 생산수단을 보충하는 데 필요한 부분, 둘째, 생산을 확장하기 위하여 추가될 부분, 셋째, 불의의 사고나 자연재해 등에 대비한 예비금 또는 보험금이다.

총생산물의 나머지는 소비재로 사용되는데, 그것은 각 개인에게 분배되기 전에 다음과 같은 것들이 다시 공제된다. (마르크스·엥겔스 1988)

① 생산과는 직접 관계없는 일반 관리비 : 이 부분은 요즘 사회와 비교하면 곧 바로 아주 뚜렷하게 한정될 것이며, 새로운 사회가 발전함에 따라 더욱더 줄어들 것이다.
② 학교나 보건시설 등과 같은 수요를 공동으로 충족시키는 데 쓰이는 부분 : 이 부분은 요즘 사회와 비교하면 곧바로 뚜렷이 증가될 것이며, 새로운 사회가 발전함에 따라 더욱더 늘어날 것이다.
③ 노동능력이 없는 사람 등을 위한 기금 : 요컨대 공공빈민구호에 해당되는 기금.

개인에게 분배되기 전에 공동으로 사용되는 소비재란 사회적 소비재를 의미한다. 이러한 사회적 소비재 중 두 번째의 학교나 보건시설과 같이 수요를 공동으로 충족시키는 비용은 사회적 소비(social consumption), 즉 노동력 재생산비용의 감소를 위한 지출에, 세 번째의 노동능력이 없는 사람을 위한 기금은 사회적 지출(social expenditure), 즉 사회적 조화의 유지 및 정당화 기능을 수행하는 데 필요한 지출에 각각 대응된다. 오늘날 사회적 소비의 예로는 국가의 보건의료정책과 교육정책을 들 수 있고, 사회적 지출의 예로는 공공부조를 들 수 있다. 마르크스는 이 모든 것을 공제한 후에야 비로소 개인들을 위한 '분배'에 이르게 됨에도 라살레주의자들은 편협하게도 분배를 생산양식으로부터 독립된 것으로 간주함으로써 이 분배에만, 다시 말해서 집단 내의 생산자 개개인에게 분배되는 '소비재 부분'에만 관심을 두었으며, 따라서 사회주의는 주로 분배문제에 중점을 두는 것처럼 왜곡했다고 격렬히 비난하였다. (마르크스·엥겔스 1988)

○ 사회복지정책이 비록 노동자계급이나 빈민을 위한 것이라고 하더라도 부르주아 국가가 시행하는 한 구조적으로 부르주아지의 계급이해에 반하는 것이 될 수 없고, 따라서 노동자계급은 이를 수용해서는 안 된다.
○ 사회개량주의와 같은 보수적 사회주의는 자본주의의 폐절을 포기하고 부르주아 사회의 존립을 보장하기 위해 사회적 폐해를 제거하고자 할 뿐이다.
○ 자본주의 국가의 사회복지정책은 노동자계급의 혁명적 의식을 약화시키는 해독제에 불과하지만, 계급투쟁을 통해 얻은 사회복지정책은 의미가 있다.

◎ 프롤레타리아트(Proletariat)

자본주의 사회의 유산계급(有産階級)인 부르주아지(bourgeoisie 자본가 계급)와 달리 무산계급(無産階級)인 산업노동자 계급을 가리킨다. 이 용어는 원래는 고대 로마에서 재산에 따라 시민층을 구분한 5등급에 속하지 못한 최하층민 프롤레타리우스에서 유래하였다. 이것이 근대에 와서 마르크스가 자본주의 사회에서 생산의 담당자이자 역사 변혁의 주체란 의미로 노동자 계급에 대해 이 용어를 사용하였다.

마르크스에 따르면 프롤레타리아트는 생산수단을 소유하지 못했기 때문에 자신의 노동력을 자본가에게 상품으로 팔아 그 대가로 임금을 받아 살아갈 수밖에 없다. 이 과정에서 노동자는 자신이 제공한 노동력보다 낮은 임금을 받기 때문에 자본가에게 착취당하며 살아가게 된다. 또한 이러한 구조가 지속되어 사회는 점차 소수의 자본가와 다수의 노동자로 나뉘어진다. 이렇게 되면 생산은 증대하는 반면 구매력은 떨어지기 때문에 자본주의적 생산관계는 붕괴되며 노동자 계급의 정치적 각성을 통해 새로운 사회로 넘어간다는 것이 마르크스의 주장이었다.

라틴어로 proles는 자손·아들·후예·청년의 뜻이다. 가난한 노동자는 "자식을 낳아서 사회에 봉사하는 능력밖에 없는 사람"이란 뜻에서 생겨난 말이라고 한다.

(2) 계급투쟁 시각의 복지주의 부활

1970년대 들어 베트남전·제국주의·국가 간의 빈부격차·성차별 등에 대한 진보적 시각이 힘을 얻기 시작하면서 서구에 마르크스주의가 되살아났다.

사회과학자들은 마르크스적 통찰력으로 '복지'자본주의의 발전을 설명하고자 하였으며, 자본주의 국가의 사회복지정책을 노동자계급의 정치적 투쟁의 성과물로 간주하면서 선진 자본주의 국가의 경우 계급갈등은 바리케이드(거리 투쟁)가 아니라 의회와 같은 정치적 장을 통해 표출되고, 노동자계급은 노동조합과 노동자의 정당을 통해 점진적으로 선진 자본주의에 통합되었다고 간주한다. 따라서 이들에게 사회복지는 노동자계급의 이익을 대변해 주는 노동당 정부와 사회민주적 정부가 주도하여 만든 노동자를 위한 사회복지정책인 것이다. (Gough 1979) 계급투쟁론의 대표자인 Gough의 다음과 같은 말에 계급투쟁론의 핵심이 잘 드러나 있다.

> "과세의 최종부담은 계급갈등이라는 역관계(力關係)에 의해 결정되며, 동시에 사회서비스를 포함한 국가지출의 규모와 방향 역시 계급 간의 세력에 좌우된다."

Esping-Andersen도 계급투쟁론을 강력히 지지하였는데, 그는 사회주의적 노동 운동은 '제도적' 복지국가를 만들려 노력하는 반면에, 부르주아지는 사회복지정책의 '주변적'

형태를 갈구한다고 단정했다. 그의 입장을 '사회적 해석론' 또는 '노동주의적 해석론'(the social or laborist interpretation)이라고도 하는데, 이런 논리는 역사적으로 상당한 근거가 있다. 독일이 좋은 예가 된다. 원래 독일의 사회주의자들은 비스마르크 사회입법을 노동자계급의 혁명적 의지를 약화시키는 해독제(antidote)로 간주하여 배척하였다. 그러나 20세기 초부터 그런 의심을 풀고 사회보험을 지지하였으며, 두 세계대전 사이에 강력하고도 잘 조직된 노동자계급과 관대한 사회복지정책 간의 협력관계가 구축되었다. 영국의 노동자계급도 20세기 초 국민보험에 대해 의구심이 없지 않았지만, 세계대전을 거치면서 부르주아 국가와 사회복지정책의 진보 가능성을 깨달아 적극적으로 수용하였다.

여하튼 계급투쟁론에서는 사회복지정책을 민주적 정부에 의해 만들어진 위로 부터 아래로의 진정한 양보로 간주한다. 이때 노동자계급의 역할이 매우 중요하다. 노동자들은 욕구가 가장 큰 집단에 속하고 재분배의 수혜층이며 따라서 관대한 사회복지정책을 원한다. 노동운동 진영과 진보 세력이 사회복지의 재정부담을 꺼리는 자산계층에 대항하여 모든 박탈계층의 이익을 대변하면서 압력을 행사할 수 있는 힘이 있을 때, 복지국가는 가장 번창한다. 즉, 복지국가는 노동자계급과 취약계층의 편에 서서 보편적·평등주의적 사회복지정책을 도입시킨 진보세력의 능력의 증거로 간주된다는 것이다. 한마디로 복지국가는 사회주의자들의 압력에 의해 만들어졌다는 것이다. (Baldwin 1990)

> 빈민과 프롤레타리아트는 복지국가의 초기에는 중복되는 집단이었기 때문에 사회복지정책은 노동자계급의 요구에 직결되어 있었다. 궁핍화의 가능성에 직면하여 노동자들은 연대성의 감정을 발전시켰고 요구를 가진 모든 자들의 챔피언이 되었다.

그리고 계급투쟁론에 의하면, 20세기의 복지국가는 부르주아 혁명만큼이나 중요하다. 자본주의 체제를 유지하거나 노동자들을 달래는(appeasing) 수준을 넘어설 정도로 성공적인 사회복지정책은 프롤레타리아트 혁명에 대응된다. 다만, 그것은 혁명이 아닌 개혁이었고, 프롤레타리아트 독재가 아닌 연금을 받는 프롤레타리아트였으며, 노동자들의 국가가 아닌 복지국가였다. (Baldwin, 1990)

Shalev(1983)도 계급투쟁론(working-class strength, social democratic theory)을 지지하였다. 그는 "복지국가는 민주적 계급투쟁(democratic class struggle)의 결과이고, 복지비 지출규모는 계급 역관계(balance of class forces)의 반영물이다"라고 주장했다.

Block도 같은 입장이다. 그에 의하면, 자본주의 사회에서 국가의 역할을 논하는 데에는 계급투쟁이 가장 중요하다. 계급투쟁은 시장경제의 파괴로부터 자신을 지키기 위한 노동자의 열망으로부터 발생한다. 노동자는 개혁에 대한 압력을 통해 자신의 이해를 관철시킨다. 그러면 국가 관료는 세 가지 요인, 즉 ① 기업신뢰의 손상에 대한 두려움, ②지배를 위태롭게 할 수도 있는 계급 적대감의 상승, ③ 국가역할이 증대되면 자신들의 권력과 자원이 증대된다는 사실 등에 따라 양보 여부를 결정한다. (Quadagno 1984)

한편 계급투쟁론은 계급정당의 세력으로 그 타당성 여부가 검증될 수 있다. 선진국일수록 정당은 상위계층과 하위계층이 지지하는 당으로 나뉘고, 하위계층은 좌파정당에, 상위계층은 우파정당에 투표한다. 좌파정당의 가장 큰 지지기반은 노동자계급이다. 선진국의 계급갈등은 민주적인 방법으로 이루어진다. 사회민주 정당은 노동자계급의 지지를 기반으로 집권하면 사회복지 확대의 견인차가 되어 복지비 지출을 증대시킨다. 반대로 우파정당이 집권하면 복지비는 축소된다.

개혁주의 성향의 노동조합의 크기와 단합에 의해 정해지는 노동자계급의 세력은 진보 정당의 득표율과 사회복지 지출확대를 결정한다. 노동자계급은 경제영역에서는 자본가계급에 예속되어 있지만, 정치영역에서는 그 수를 바탕으로 상당한 세력을 구축한다. 노동자계급은 이 힘을 시장에 행사하여 보다 평등한 방향으로 나아가도록 만든다. 반대로 노동자계급이 분열되고 자본가계급이 득세하면 정부는 이들이 장악하게 되고 따라서 복지는 후퇴한다.

노동자계급의 힘이 강하고, 진보정당이 장기간 집권하고 있는 스웨덴·오스트리아·노르웨이와 노동자계급의 힘이 강하되 진보정당이 때때로 집권했던 덴마크·뉴질랜드·영국· 벨기에의 경우 복지비 지출규모가 컸다. 반면에 노동자계급의 힘이 약하고 진보세력의 영향력이 미미한 캐나다. 미국 아일랜드는 그 반대였다. (Camel and Williamson 1992)

그러나 계급투쟁론에도 문제가 있다. 계급투쟁론자들이 복지국가를 노동자계급의 중대한 승리, 부르주아지 영토에 대한 프롤레타리아트의 전략적 상륙거점으로 간주하지만, 항상 그런 것만은 아니다. 2차 세계대전 후 유럽의 사민당과 노동운동이 적극적으로 사회복지정책의 확대를 요구하고 또 이의 관철을 주도하기 전까지만 해도 사회복지정책의 도입에 있어 노동자계급의 역할은 매우 제한적이었던 게 사실이다. 미국의 경우는 말할 것도 없다. 미국에서는 항상 계급보다는 시민의 요구가 변수였으며, 미국의 노동조직은 언제나 사회복지정책에 대해 모호한 태도를 취했던 것이다. (Quadagno 1984)

(3) 복지국가 모순론

사회를 파악하는 데 있어서 생산영역의 중요성만을 강조하고 생산-교환-분배의 상호의존성을 무시하는 경향을 가진 마르크스주의자들을 근본주의자 또는 교조적 정통파나 자본논리파라고 한다. 반면에 교환과 분배의 영역을 생산영역보다 중시하는 입장을 네오 리카도주의라고 부른다. 마르크스는 생산-교환-분배가 상호 의존하여 경제의 총체를 구성하며, 그중에서 특히 생산을 중시하였다. (파인 해리스 1985)

한편 Offe의 국가론은 베버(Max Weber)의 관료주의 이론에 주로 근거하고 있다. Offe는 자본주의 국가가 직접이건 구조적이건 어떠한 체계적인 자본가계급의 통제로부터도 독립하여 있으나, 국가의 관료주의는 국가로서 계속적인 유지를 위하여 자본축적에 의존해야 하기 때문에 어떠한 형태로든 자본가계급의 이익을 옹호해야 한다. 그러나 동시에 국가는 합법적(legitimate)이어야 한다. 국가는 자본축적을 재생산한다는 맥락에서 노동자의 요구를 중재한다. 정치와 자본주의 발전의 모순은 근본적으로 국가 내부의 문제이다. 국가가 자본축적을 행하고 주요한 선진 자본주의의 위기가 발생하는 무대라는 점에서 국가는 정치적 주체(subject)가 된다. 정치는 근본적으로 국가 내부에 있다. (카노이 1985)

O'Conner는 교환과 분배의 영역을 중시하는 네오 리카도주의적 국가개념에서 출발하여 국가의 재정정책의 계급적 성격을 Offe가 말한 자본축적(accumulation)과 정당화(legitimation) 기능 사이의 모순에서 기인하는 위기 개념에 연결시켜 분석하였는데, 이를 복지국가 모순론이라 한다. (박상섭 1985) 그는 자본주의 사회가 생존에 필요한 재정을 조세를 통해 증액시킬 수가 없게 되었다고 전제한다. 그 이유는 자본주의 사회 본질 그 자체에 있다. 자본주의 사회란 호황과 불황이 반복되는 근본적으로 불안정한 사회이며, 그로 인해 노동자 계급으로부터 자본주의 사회의 폐지에 대한 압력이 상존하기 때문이다. 이의 극복을 위해 국가는 자본축적과 정당화라는 두 가지 기능을 수행한다. (George and Wilding 1984)

자본축적 기능이란 성공적인 자본축적을 위한 조건을 안정화시키는 기능을 의미하고, 정당화 기능이란 잔인한 자본주의의 최악의 결과를 부드럽게 하여 체제의 정당성을 보존하려는 기능을 말한다. '정당화 기능의 가장 좋은 예가 복지제도'이며, 그것은 '실업자들과 같은 위험한 계급을 통제함으로써 사회적 평화를 기하기 위해 계획'되었다. (O'Conner 1973) 자본주의 국가는 노동자계급의 희생 위에서 자본가계급의 자본축적을 돕는다. 이를 위해 국가는 강력력을 사용함으로써 정당성과 지지기반을 상실하게 된다. 그러나 국가가 정당성 확보를 위해 자본축적에 조력해야 할 필요성을 무시하면, 그 자신의 권력의 근원인 경제적 잉여생산능력과 잉여로부터의 조세수입이 고갈되어 재정위기에 처하게 된다. (잉여가치 속에는 수탈한 노동가치 부분이 들어 있다.)

이는 이윤의 극대화를 지향하는 자본축적과 사회적 조화를 추구하는 정당화의 기능은 상호 모순관계에 있음을 의미한다. 쉽게 말해서, 사적 자본을 지원하면 대중의 국가에 대한 충성, 즉 정당화가 약화되고, 반대로 정당성의 확대를 위해 복지비를 증대시키면, 자본축적의 원활화에 필요한 재원이 줄어들어 자본축적이 약화된다는 것이다. (자본가 계층편이냐 노동자 계층 편이냐가 상호 모순)

그런데 문제는 자본주의의 재생산에 필요한 여러 정책을 수행하기 위해서는 많은 비용을 지출해야 하지만, 사적 자본의 이익을 보장하자면 사적 자본의 증대 된 이익을 조세로 징수할 수 없다는 데 있다. 이는 결국 사회복지정책비용을 국가가 감당할 수가 없음을 의미하며, "국가지출과 세입의 구조적 갭 또는 지출의 세입초과"로 표현된다. 이것이 자본주의 국가의 재정위기의 본질이다. 더욱이 국가 지출의 사적 충당, 즉 자본가 이익으로의 흡수는 재정위기를 심화시킨다. 결국 자본주의 국가는 경제체제의 생존을 유지할 수가 없게 된다. (George and Wilding 1984)

1970년대 이후 영국의 재정위기 역시 이러한 모순에 기인한다. 낮은 생산성 향상과 분배를 둘러싼 계급갈등, 이 양자는 영국의 경제적 취약성을 더욱 악화시켰고 결과적으로 국가개입을 증대시켰다. 1960년대는 국가의 경제지출과 사회지출이 동시에 급격히 팽창한 시기였다. 국가는 산업을 개편하고 경쟁력을 높이기 위해 투자보조금제도를 도입하였고, 산업합리화협회를 설립하였으며, 사회 간접자본을 확대하였다. 동시에 노동자들은 노동운동을 통해 사회보장급여 수준의 인상과 사회서비스 제도의 개선을 얻어냈다. 그러나 그 결과는 재정위기였다. (Gough 1979)

6) 미국의 자유주의와 보수주의의 사회복지 시각

앞에서 페이비언 사회주의, 국가개입주의, 신자유주의, 마르크스주의 사회복지 사상에 대해 살펴보았다. 그런데 이런 구분은 매우 유럽적이다. 미국의 사회복지 이념은 이와 다르다. 미국은 전통적으로 자유주의(liberalism)와 보수주의(conservatism)가 대립했다. 자유주의는 민주당, 보수주의는 공화당의 이념이다. 민주당은 프랭클린 루즈벨트 대통령이 케인즈주의를 수용하고 뉴딜 사회보장을 도입한 이래 사회복지에 긍정적인 입장이었다. 하지만 클린턴 대통령이 제3의 길을 선택한 이후 신자유주의에 가까운 노선을 걷고 있다. 공화당은 시장경제를 신봉하고 공급사이드경제학에 따라 감세정책을 선호한다. 따라서 사회복지에 대해서는 부정적이다. 공화당은 더욱 보수화되어 극우성향마저 보이고 있다.

(1) 자유주의 케인즈주의의 수요사이드(강조하는) 경제학

미국 민주당은 자유주의 정당이다. 자유주의는 개인의 자유를 가장 중시하고, 시민의 사회경제생활에 대한 국가의 개입을 싫어하며, 큰(많이 개입하는) 정부를 원하지 않는다. 그런 민주당이 국가개입을 받아들인 것은 1929년 대공황 때문이었다. 대공황으로 무너진 시장경제와 피폐해진 시민의 삶을 회복시키기 위해서는 국가의 경제사회정책, 즉 뉴딜(새로운 수단·접근법) 외엔 다른 대안이 없었던 것이다. (New Deal Policy '트럼프 카드를 새로 나누어 준다'는 뜻)

루즈벨트 민주당 정부의 경제정책과 사회복지정책의 이론적 근거는 케인즈의 경제이론이었다. 케인즈는 고전경제학이 말하는 「시장의 자기교정 기능」 즉 '완전경쟁이 자동적으로 완전고용을 이룬다'는 이론을 받아들이지 않았다. 그에 의하면, 경기후퇴는 기업의 투자에 대한 신뢰의 상실(수익보다는 위험에 초점) 때문에 발생한다. 투자에 대한 신뢰의 상실은 화폐 부족을 야기한다. 이의 해결을 위해서는 '정부가 화폐를 더 많이 찍어 시장에 내놓아야' 한다. 화폐정책(monetary policy)이 필요한 것이다. (Krugman 1994) 하지만 경기회복을 위해서는 화폐 정책만으로는 부족하다. 민간부문이 소비를 늘리지 않기 때문인데, 수요부족 문제를 해결하기 위해서는 정부가 직접 보조하는 사회보장(공공재와 공공서비스의 이전지출)을 시행해야 한다. 다시 말해, '수요 진작을 위해 정부지출(투자)을 늘려야 한다'는 것이다. 케인즈는 경제 문제에 적극적이고, 완전고용을 유지하는 정부가 좋은 정부라고 했다. (Keynes 1936) (단, 경기회복 이후에는 화폐 수요와 공급의 균형을 기해야 한다. 경제가 성장하고 완전고용이 실현된 시기에 화폐 공급량이 많으면 인플레를 야기하기 때문이다.)

민주당은 케인즈의 이른바 수요사이드경제학(demand-side economics)을 미국 복지국가의 구조와 기초를 만드는 데 활용했다. (국가(정부)와 민간이 의도적으로 경제적 수요需要를 늘려서 고용과 생산을 창출함) 케인즈주의를 수용한 민주당은 복지국가를 위해 증세에도 찬성했다. 특히 부자 증세를 강화하여 여기서 조성된 자금을 근로자와 빈민을 위해 사용해야 한다고 생각했다. 1935년 「사회보장법」은 민주당 자유주의 노선의 특징(the hallmark)이 되었다. 이런 친 사회보장 노선은 50년간 지속되었다.

◎ 대공황(大恐慌 the great depression)

1929년 10월에 일어난 뉴욕 증권시장의 주가 대폭락을 계기로 하여 1930년대에 엄습한 세계적 불황을 말한다. 1931년 5월에 오스트리아의 크레디트 안슈탈트은행이 파산에 빠진 것을 계기로 구미의 은행에 환불소동, 폐쇄소동이 일어났고 뒤를 이어 세계적인 금융공황이 초래됐다. 프랑스·영국·독일·미국 등 당시 주요 공업국의 생산수준은 1908~09년 수준까지 하락하여 불황의 심각도는 그 이전의 어떠한 경기 후퇴기보다도 컸다. 또 공업국뿐만 아니라 농업국도 생산부문전체, 상업·무역·금융 등 경제활동의 전 분야에 경기 후퇴현상이 발생한 것이 그 특색이다.

불황의 진원지로 되었던 미국은 당시 제1차세계대전당시 농산물 수출국이었는데 종전(終戰) 후에 농산물수출의 감퇴로 인한 수입감소로 농가의 공업제품 구매력이 감퇴되었다. 또 공업생산력의 확대에도 불구하고 합리화·기계화의 진전으로 임금노동자의 소비는 축소되었다. 그리고 주가의 대폭락은 제1차세계대전중에 비대해진 생산력과 국민의 구매력 사이에 큰 갭이 생겼기 때문이었다.

전전(戰前)의 주가가 투기로 인해 계속 상승하였기 때문에 폭락의 파문은 더욱 컸다. 미국내의 기업도산, 실업증가는 물론, 미국에서 자금을 대량으로 도입하고 있던 독일에서는 미국의 고금리정책으로 미국자본이 본국으로 되돌아가는 현상이 초래됐다. 그 결과 금융이 핍박하고 경기후퇴현상이 나타나게 되었으며, 또 세계금융시장의 중심이었던 영국에서는 독일에 대한 채권의 회수불능과 더불어 외국으로부터 예금인출이 쇄도하는 등 대혼란이 초래되어 금융시장이 대폭 축소되고 결국 영국은 1931년 9월 금본위제에서 이탈하지 않을 수 없었다.

　각국은 불황을 극복하기 위하여 관세인상 등 각종의 수입제한책으로 외국제품의 수입에 대하여 국내산업·시장을 보호하여 수출증대를 도모하려는 환율인하 경쟁에 나섰다. 그러나 이같은 정책은 오히려 해외시장의 축소를 초래하여 불황은 더욱 심각하게 되었다. 제2차(1939년~1945년) 세계대전은 1930년대 불황시 각국의 대립, 이기주의 및 경기회복책으로서 취한 '적자재정에 의한 군수 지출증가를 원인(遠因)으로 한다'는 설도 있다.

(2) 제3의 길, 정부의 복지지출에 소극적 자세

　그러나 오일쇼크 이후 경제위기로 케인즈주의의 몰락과 함께 자유주의적 복지국가 노선은 동력을 잃었다. 1980년 대선에서 민주당 지미 카터가 공화당의 레이건에 패한 후 민주당은 워크페어를 강조하고, 복지국가를 후퇴시킨 이른바 제3의 길 노선을 채택했다. 「신자유주의」에 가까운 제3의 길은 1990년대 클린턴 정부부터 민주당의 주류 노선이 되었다. (workfare : 복지 급여를 받으려면 노동을 하여야 한다는 소극적 복지주의)

　민주당이 제3의 길을 수용한 것은 1989년 뉴올리언스선언(the New Orleans Declaration)부터이다. 뉴올리언스선언은 1980년대 후반에 조직된 민주당리더십회의(DLC : the Democratic Leadership Council)가 주도했는데, 지도자는 알 고어와 빌 클린턴이었다. 뉴올리언스선언에 담긴 민주당의 새로운 주장은 경제적 보호주의 반대, 친 대기업 노선, 대규모 사회복지지출(뉴딜) 반대였다. 이들은 '뉴딜이 너무 관대하고, 글로벌시대에 비용이 너무 많이 든다'고 생각했다. 이런 점에서 뉴올리언스 선언은 사실상 '전통적 자유주의와의 결별선언'이었다.

　민주당 신주류는 경쟁 상대인 공화당과 마찬가지로 정부의 사회복지프로그램 대신 개인의 책임·근면·자조를 강조하는 한편 근로자의 노동시장 참여(워크페어), 개인의 책임(실업급여 수급기간 제한), 가족의 책임(가족의 자녀부양의무 강조), 정부지출의 감소를 지지했다. 그리고 정부지출을 좋은 것과 나쁜 것으로 구분했다. 좋은 것은 교육·연구·교육훈련과 같은 인적자본에의 투자이고, 나쁜 것은 비생산적인 사회복지 지출이다. 비생산적인 사회복지지출은 생산적인 인적자본에의 투자로 대체 되어야 한다(Reich 1983)고 강조했다.

　이들은 대기업에 대한 반대 입장도 수정하고, 자유무역과 규제 완화에 찬성했으며, 사회문제에 대해서도 소극적이거나 방임적인 태도를 취했다. 루즈벨트 정부 이래 견지된 노동계와의 연대도 경계했다. 노동계의 반대에도 불구하고 클린턴 민주당 정부는 공화당과 함께 1996년 NAFTA(the North American Free Trade Agreement 「북미자유무역협정」)와 GATT(General Agreement on Tariffs and Trade) 「관세 및 무역에 관한 일반 협정」(1994년 우루과이 라운드의 타결로 발전적 해소)에 찬성했다.

(3) 보수주의의 「공급사이드 경제학」

미국 공화당은 전통적으로 자유시장경제학(free market economics)을 신봉했다. 자유시장 경제학은 소비자와 판매자가 완전한 정보를 갖고 거래하고, 시장의 진퇴는 완전 자유롭다고 가정한다. (Lewis and Widerquist 2001)

공화당과 보수주의자들은 1973년 오일쇼크로 촉발된 경기후퇴를 재정 적자, 고율의 세금, 과도한 정부규제 등 정부의 실패(failure of government) 탓으로 돌렸다. 보수적 경제학자 프리드먼(Milton Friedman(1962))은 경제성장 촉진을 위한 케인즈주의 재정정책이 경제에 해롭고 경제적 불안정을 야기한다고 주장했다. 그는 공황이 사람들이 돈을 퇴장(저축 등)해서 발생하는 것이 아니라 돈의 폭포 때문에 생긴다고 했다. 그는 케인즈 경제정책을 '단순한 화폐적 규칙(simple monetary rules), 즉 통화주의로 대체해야 한다'고 주장했다.

정부 역할은 물가안정과 보조를 맞추면서 화폐 공급을 유지하는 데 있다. 정부가 경제 안정을 위해 적극적으로 활동(화폐를 시장에 뿌리기)하기보다는 경기순환에 필요한 만큼의 화폐만 적절히 공급하면 된다(정부 활동의 축소). 복지지출은 경제적 목적을 위해 사용되어서는 안 되고 이타주의 목적(빈민구제)을 위해서 사용되어야 한다.

프리드먼의 보수주의 경제학을 공급사이드경제학(supply-side economics)이라 한다. 공급사이드경제학은 감세정책을 지지했다. 감세가 노동 공급과 투자를 증가시키고 나아가 경제성장률을 높인다는 것이다. 감세는 경제를 활성화시킨다. 감세로 인한 정부 재정적자도 문제가 되지 않는다. 저축 증가와 경제적 성과가 그것을 상쇄할 것이기 때문이다. 공급사이드경제학은 1980년대 이후 보수적 경제학의 주류가 되고, 레이건 정부 사회복지 프로그램 삭감의 이론적 근거가 되었다.

그러나 대규모 감세에도 불구하고 부자들과 기업들만 이익을 보았을 뿐 기대한 경제적 성과는 나타나지 않았다. 대신 부자들은 사치품 구입에 열을 올렸고, 기업들은 기업사냥에 몰두했다. 기업들은 감세로 생긴 자금을 해외 진출에 사용했다. 이는 미국 내 일자리를 줄였다. 정부 재정적자도 크게 증가했다. 그럼에도 공화당은 대규모 감세정책과 복지삭감정책을 포기하지 않았다. 연방정부와 지방 정부는 예산 부족으로 곤란에 빠졌다. 경제적 불평등이 심화되고, 임금도 오르지 않았다.

한편 보수주의 경제학자들은 실업급여와 공공서비스 인력 인건비를 포함한 사회복지 프로그램이 두 가지 점에서 해롭다고 주장한다. 첫째, 사회복지 프로그램은 근로의욕을 약화시킨다. 노동력이 없는 사람에게 경제적 지원을 하기 때문이다. 둘째, 투자를 줄인다. 사회복지프로그램은 조세로 재정이 충당되는데, 그만큼 민간시장에 투자될 자금이 감소한다는 것이다.

그리고 이들은 경제성장을 지지한다. 경제성장은 일자리·소득·상품과 서비스를 창출하기 때문이다. 모든 사람에게 이롭다. 투자는 번영의 열쇠이자 경제적 기계를 드라이브하는 엔진이다. 증세는 투자를 줄이고, 조세감면은 투자를 촉진 한다. 또한 이들은 자기 이익의 극대화를 지향한다. 자기 이익은 시장에 참여하여 기여한 바에 따라 정당한 보상을 얻음으로써 실현된다. 가장 좋은 사회는 각자 자신의 선(이익)을 추구하는 사회이다. 자기이익의 추구가 상호이익과 사회적 선도 구현한다. (부유층의 심성을 도덕군자로 보았다.)

4. 온 세계가 「보편적 복지국가」 지향

1) 복지국가의 전통적 유형(類型)

복지국가를 최초로 유형화한 학자는 미국의 Furniss와 Tilton(1977)이다. 이들은 사회복지국가를 적극적 국가(the positive state)·사회보장국가(the social security State)·복지국가(the social welfare state)로 분류했다.

적극적 국가는 복지보다는 경제적 효율성과 시장을 중시하면서 복지는 단지 시장에서 배제된 사람들을 위한 시혜 또는 통제 장치일 따름이다. 복지국가가 아니라는 말이다. 미국이 대표적이다.

사회보장국가는 지방분권의 전통 아래 단지 국민최저(national minimum)만을 보장하는 국가로 영국이 여기에 속한다. 사회복지국가는 유럽의 강력한 중앙집권의 전통을 유지하면서 소득·재산 및 권력의 불평등을 제거하기 위해 정부가 적극적으로 나서는 국가이다. 대표적인 사회복지국가는 스웨덴이다.

Furniss와 Tilton의 복지국가 유형

유형	내용
적극적 국가	복지보다는 경제적 효율성과 시장을 중시하며 복지는 단지 시장에서 배제된 사람들을 위한 시혜적 또는 통제적 장치일 뿐, 복지 국가라 볼 수 없음(미국)
사회보장국가	지방분권의 전통 아래 국민최저만을 보장하는 국가(영국)
사회복지국가	유럽의 강력한 중앙집권의 전통을 유지하면서 소득·재산 및 권력의 불평등을 제거하기 위해 정부가 적극적으로 나서는 국가(스웨덴)

가장 유명한 복지국가 유형은 Esping-Andersen(1990)의 복지자본주의의 세 가지 형태

(three worlds of welfare capitalism)이다. 그는 탈상품화점수(decommodification score)와 복지지출을 기준으로 복지국가를 분류했다. 탈상품화점수는 연금·건강보험·실업 보험과 같은 3대 사회보험에 있어서 ① 최저급여액의 평균 임금에 대한 비율, ② 평균 급여액의 평균 임금에 대한 비율(소득대체율을 의미), ③ 급여 수급 자격요건(가입기간), ④ 전체 재정 중 수급자 부담의 비율, ⑤ 전체 인구 중 실제 수급자의 비율을 점수로 매긴 것이다. 이를 근거로 그는 복지국가를 자유주의 복지체제(the liberal welfare regime), 코포러티스트 복지국가(the corporatist welfare state), 사회민주주의 복지국가(the social democratic welfare state)로 유형화했다.

자유주의 복지체제는 시장과 민간부문에 기초해 있다. 국가는 자산조사를 통한 빈곤제거와 기본적인 욕구충족에만 개입한다. 사회보장 수준은 낮고 사회적 불평등도는 높다. 미국·호주·캐나다·스위스·일본이 여기에 속한다.

코포러티스트 복지국가는 직업범주에 따른 소득보장에 기초해 있다. 사회보험의 역할이 가장 크다. 중간 수준의 복지를 보장하며, 사회적 불평등을 어느 정도 용인한다. 독일·오스트리아·벨기에·프랑스·스페인·이탈리아가 코포러티스트 복지국가이다.

사회민주주의 복지국가는 보편주의 원칙에 기초해 있다. 시민권에 의거해 사회복지 급여와 서비스를 제공한다. 사회복지에 있어서 가족과 시장의 역할은 제한적이다. 사회복지정책은 시장에 대항하는 정책으로 인식된다. 스웨덴·덴마크·핀란드·노르웨이 등 노르딕(북유럽) 국가와 네덜란드가 이에 속한다.

그러면 Esping-Andersen이 분류한 자유주의 복지체제, 코포러티스트 복지국가, 사회민주주의 복지국가를 좀 더 자세히 살펴보기로 한다.

(1) 자유주의 복지체제

자유주의 복지체제의 가장 큰 특징은 시장과 가족을 통한 욕구충족과 국가 개입의 최소화이다. 개인은 기본적으로 시장과 가족을 통해서 자신의 욕구를 충족시키고, 국가의 역할은 노동시장에서 적절한 소득을 얻지 못하는 사람(저임금 근로자, 요보호대상자)과 가족의 실패(failure of family)로 가족의 도움을 받을 수 없는 사람에게 최저수준의 복지급여를 제공하는 데 국한된다는 것이다. (오랜 기간 가족은 중요한 복지공급자였다. 복지국가 성립 후 국가의 역할이 커지면서 가족의 역할은 후퇴했다. 그러나 1980년대 신자유주의로 국가의 역할이 축소되면서 다시 가족의 역할이 커졌다.)

자유주의 복지체제는 개인주의적 자기책임을 중시한다. 자신의 문제는 자신이 책임지는 자조(self-help)의 신념을 강조한다. 여유 있는 계층의 시장에 대한 태도는 매우 자유주의적이다. 사회복지 욕구도 시장을 통해 해결한다. 많은 사람들이 감세 혜택이 있는 민간보험(개인연금·장기요양보험 등)을 구입해 노후에 대비한다.

사회복지제도 중에서는 공공부조의 비중이 크다. 공공부조는 빈민과 요보호 대상자의 마지막 피난처이다. 공공부조 수급자 선정에서 가장 중요한 기준은 구제가치가 있는 빈민과 구제가치가 없는 빈민이다. 빈민을 구제가치 유무로 구분하는 것은 복지수급자의 근로인센티브 강화에 목적이 있다. 노동시장 참여를 유도하는 근로인센티브시스템은 공공부조에서 매우 중요하다. 따라서 공공부조의 수급자격요건은 매우 엄격하다. 예컨대 일을 해야만 복지 수급자격을 준다(workfare). 이런 이유로 많은 여성들, 심지어 부양 아동이 있는 어머니까지 노동시장에 뛰어들고 있다.

사회복지제도에서 공공부조의 비중이 큰 대신 보편주의 급여 및 사회보험의 비중은 중간(보통)수준이다. 사회보험은 퇴직자보다 현직 근로자를 중시한다. 사회 보험 급여수준은 근로자의 근로기간에 비례한다. 근로경력이 없는 사람은 사회보험 급여대상에서 배제된다. 일을 포기하고 가정에서 요보호가족을 돌보는 사람도 배제된다.

한편 자유주의 복지체제인 미국에 영국과 아일랜드와 같은 유럽 국가를 추가해 앵글로색슨 모델(anglo-saxon model) 또는 앵글로색슨 복지국가라고 한다. 앵글로색슨 모델의 특징은 약한 보편주의(weak universalism), 중간계급을 위한 직업복지·재정복지(occupational/ fiscal welfare), 빈민(근로빈민 포함)을 대상으로 하는 자산조사 급여이다. 약한 보편주의란 전 국민을 사회복지 수급자로 하는 베버리지 원칙을 따르되 예외없는 완벽한 보편주의는 아니란 것이다. 중간계급을 위한 직업복지·재정복지는 직장을 통한 기업복지급여(기업연금·개인연금 등)와 조세감면 혜택을 말한다.

앵글로색슨 모델은 잔여적인 복지국가이다. 사회복지의 소득재분배 효과는 미약하고, 최저임금 수준은 낮으며, 연금 수급 개시 연령은 높다. 소득격차가 크고, 노조의 힘은 강하지 않다. 반면에 사회복지의 경제적 지속가능성은 크다. 앵글로 색슨 모델에서 예외적인 것이 영국과 아일랜드의 국민보건서비스(NHS : the national health service)이다. NHS는 모든 국민을 포괄하는 공적인 보건의료시스템으로 운영한다. 영국의 NHS는 세계 최대의 공공 보건의료시스템으로 효율적이고, 평등주의적이며, 포괄적인 시스템으로 평가받고 있다.

(2) 코포러티스트 복지국가

코포러티스트 복지국가는 기독교민주주의 복지국가(christian-democratic welfare state), 보수적 복지국가(conservative welfare states), 대륙모델(continental model), 비스마르크 형(Bismarck type)으로도 불린다. 코포러티스트 복지국가는 가톨릭교회·군주주의·전통적 코포러티즘(corporatism)·비스마르크 사회보험의 영향을 크게 받았다.

코포러티스트 복지국가에서 가장 중요한 사회복지제도는 사회보험이다. 사회 보험은 '노사가 의무적으로 납부하는 기여금으로 운영'된다. 급여수준은 높다. 소득보장 수준은 국민최저 이상이다. 하지만 자격요건은 엄격하다. 민간보험은 제한된 역할만 한다. 공무원이 사회보험에서 특권을 누린다.

코포러티스트 복지국가 사회보험은 직업범주별 분리가 특징이다. 사회보험 대상자가 공직자·사무직 노동자와 같은 직업범주에 따라 구분되어 있다. 이를 직업주의 접근(occupationalist approach)이라 한다. 이들 직업집단의 소득보장은 주로 사회보험을 통해 담보된다. 국가는 소득보장 이외에도 이들이 직무 경력을 쌓아가도록 교육과 직업훈련을 적극 지원한다.

사회복지제도에서 가족은 남성 가장의 역할을 가장 중시하는 남성가구주모델(male breadwinner model)에 기초해 있다. 남편은 가족의 생계를 책임지는 가장으로, 아내는 전업주부로 간주된다. 아내는 남편의 피부양자로서 사회보험 수급자격을 가진다. 남편의 지위가 높고 자녀와 아내의 지위는 의존적이고 낮다. 정부는 남편의 생계능력이 소진되었을 때, 즉 가족의 기능이 실패했을 때만 개입(주로 공공부조를 통해)한다. 정부는 여성의 노동시장 참가에 대해서도 미온적이다. 근로여성을 위한 보육서비스와 가족복지서비스도 수준이 높지 않다.

노조의 사회적 영향력은 다른 유럽국가에 비해 큰 편이다. 근로자를 보호하기 위한 고용보호법률 규제가 많다. 노조의 단체교섭 권한도 비교적 큰 편이다. 이로 인해 노동시장의 유연성은 다소 약하고, 세계화 진행이 더디다. 강한 노조에 힘입어 임금수준도 높다. 하지만 노동 생산성이 낮은 근로자의 취업기회는 제한되어 있고 취업률도 낮다.

코포러티스트 복지국가의 사회복지 수준은 서유럽 내에서 중간급, 즉 노르딕 모델과 앵글로색슨 모델 중간에 있다. 국가는 보장의 원칙(the principle of security)을 중시한다. 단, 사회보장 수준은 경제성장 수준과 밀접히 연관되어 있다. 다시 말해, 경제성장의 범위 안에서 사회보장을 개선한다는 것이다. 그리고 사회문제에 대응하기 위해 완전고용을 강조하기보다 소득보장 전략을 추구한다. 국가의 복지 재정이 탄탄하여 빈곤 완화, 관대한 실업급여, 양질의 보건의료, 장애연금이 보장되고 있다. 보건의료 재정은 사회보험 또는 법정 민간보험으로 충당된다. 정부가 재정의 일부를 보조한다. 정부 보조 수준은 벨기에가 높고, 독일은 낮은 편이다. 코포러티스트복지국가는 벨기에·룩셈부르크·독일·오스트리아·프랑스·이탈리아를 포함한다. 가장 대표적인 나라는 독일이다.

(3) 사회민주주의 복지국가 : 노르딕 모델

사회민주주의 복지국가는 모든 국민을 사회복지 대상으로 하는 보편주의 원칙을 따른다는 점에서 보편적 모델(the universal model)로 불리기도 하고, 노르웨이·스웨덴·핀란드·덴마크·네덜란드 등 북유럽 복지국가를 포함하고 있어서 노르딕 모델(nordic model)로 불리기도 한다.

사회민주주의 복지국가의 핵심 이념은 강력한 보편주의(strong universalism)와 평등주의(eqalitarianism)이다. 강력한 보편주의란 영국의 약한 보편주의(weak universalism)와 비교되는 것으로 모든 국민을 빠짐없이 국가복지의 우산 아래 두는 적용범위의 포괄성(high inclusion)을 말한다. 예컨대 중간계급과 상층계급까지 법정 사회보험에 가입되어 있다. 보편주의는 시민권에 입각해 있다. 사회보험에 가입해 기여금을 내어야만 권리를 부여하는 독일식 비스마르크 모델과 다르다.

평등주의는 경제적·사회적 배경과 관계없이 모든 시민에게 사회 참여와 자원 사용에 있어서 평등한 기회·권리 의무를 부여한다는 정신이다. 노르딕 시민들은 모든 사람은 평등한 가치를 가지고 있다고 생각한다. 성차별과 계급차별이 없는 평등이 핵심이다. 노르딕 국가는 평등정신을 국가복지에 구현했다. 학교와 교육시스템·공공보건서비스·노인복지서비스·실업보험·건강보험에서 이를 확인할 수 있다. (Norden 2013)

보편주의와 평등주의 이념을 구현하기 위해서는 국가의 역할이 중요하다. 국가는 시민의 사회복지와 사회적 보호에서 핵심 역할을 한다. 사회적 약자에 대한 각별한 배려와 권리 부여, 즉 사회적 연대를 위해서도 개입한다. 국가는 임금격차 축소정책(임금연대성), 적극적인 노동시장정책(직업훈련, 실업자를 내지 않는 기업에 대한 임금 보조 등) 등 각종 국가정책을 통해 소득의 평등과 평균적인 생활수준의 향유를 위해 노력한다. 국가의 역할을 강조한다하여 노르딕 국가가 공산주의 국가라는 것은 전혀 아니다. 노르딕 모델은 '자유시장 경제와 복지국가의 조합'이다.

보편주의와 평등주의의 결과가 세계 최고 수준의 사회복지이다. 사회민주의 복지국가는 관대한 보편적 소득보장 제도를 갖고 있다. 모든 시민은 동일한 보건의료와 교육서비스 혜택을 무상으로 향유한다. 시민은 실업·질병·출산시에도 국가로부터 양질의 서비스 혜택을 받는다. 따라서 시장의존성은 약하고, 탈상품화 수준이 매우 높다. 사회보험 급여의 소득대체율도 높다. 여기에 '소요되는 비용의 조달을 위해 시민의 조세부담률이 높다.' 사회복지는 공공부문이 공급한다. 공공부문이 거의 모든 사회복지를 커버하기 때문에 민간복지의 수요가 별로 없고 이로 인해 민간부문의 역할은 매우 제한적이다(민간복지의 주변화), '사회복지의 소득재분배 효과도 매우 크다.'

노르딕 국가의 사회복지정책은 그 진보성과 관대함 때문에 전 세계 사회복지의 절정(pinnacle) 또는 복지국가의 최고 단계(the highest stage of the welfare state's evolution)로 평가 받았다. (Baldwin. 1990)

적극적 노동시장정책(active labour market policies)도 노르딕 국가의 주요 부분이다. 적극적 노동시장정책은 근로자 복지보다는 사회적 투자의 의미를 갖고 있다. 정부는 사회적 투자를 위해 국비로 취업지원 교육훈련 프로그램을 운영한다. 그 결과 취업률이 높다. 노르딕 국가의 높은 취업률은 적극적 노동시장정책 뿐만 아니라 여성의 높은 노동시장 참가율 때문에 가능했다. 노르딕 국가의 여성들은 노동시장에 적극적으로 참여한다. 여성의 노동시장 참가율은 세계 최고 수준이다. 여성이 노동시장에 활발하게 참가할 수 있는 것은 정부의 보육정책과 무상교육정책 덕분이다. 정부는 근로여성을 지원하기 위해 가족복지 정책에 적극 투자한다. 정부는 양성 가구주 모델(DEM : dual earner model)에 따라 취업과 사회복지에 있어서 남성과 여성을 평등하게 처우한다.

2) 복지국가의 선두주자 스웨덴

스웨덴은 1930년에 개최된 스톡홀름 만국박람회를 통해 스웨덴의 사회민주주의가 평화적이고 안전하며 번영을 구가한다는 것을 전 세계에 알렸다. 2차 세계 대전에서는 중립국으로 남아 전쟁으로 인한 경제적 피해를 거의 입지 않았다. 복지국가의 선두주자 영국이 주춤하는 사이 스웨덴이 복지국가의 새로운 모델로 등장했다.

(1) 조세방식 연금, 국가 재정으로 포괄적 운영

일반적으로 사회복지학자들은 사회보험방식 보다는 조세방식을 더 진보적이라고 생각한다. 조세방식의 사회복지가 수혜자 부담이 없을 뿐만 아니라 조세가 보험 갹출료보다 더 '누진적이기' 때문이다. (담세 능력에 따르되 차츰 부담을 줄여서 징세) 스웨덴을 포함한 노르딕 복지국가는 복지재정의 상당 부분을 조세에 의존한다. 노르딕 복지국가가 서유럽 복지국가를 제치고 세계 최고의 복지국가로 평가받는 주요 이유가 여기에 있다.

스웨덴의 조세방식 사회복지는 1913년 무갹출연금, 즉 가입자들의 보험료 없이 '정부 예산으로 재정을 조달하는 연금'으로 소급된다. 당시 스웨덴의 정치지형은 노동자계급의 이익을 대변한 사회민주당과 농민의 이익을 대변한 농민당이 대립하는 양상이었다. 산업화가 충분히 이루어지지 않아 농민층의 분해가 덜했고, 농장주로서 사용자의 지위(중간계급)에 있었던 농민들의 수가 많아 농민당의 힘이 강했다. 스웨덴 조세방식 연금은 인류 복지라는 진보적 관념의 산물이 아니라 이런 정치지형, 구체적으로 말해 농민의 이기적 요구가 관철된 결과였다.

스웨덴 최초의 정당은 1889년에 결성된 사회민주당(사민당)이다. 19세기 말에는 사민당과 농민당이 양강 구도를 이루었다. 이후 사민당·중앙당(구 농민당)·자유인민당·온건당(구 보수당)·좌익당(구 공산당)의 5개 정당이 경쟁하는 다당제가 되었고, 사민당이 단독 집권하거나 우파 정당들이 연정을 구성해 정권교체에 성공하곤 했다. 2006년 이후 지지율 하락으로 사민당 단독집권이 불가능해지면서 사민당·좌익당·환경당이 연대한 진보파와 보수당·자유당·기독민주당이 연대한 우파 정당연합(중간계급 정당들)이 번갈아가면서 집권하고 있다. 사민당은 실용주의와 의회주의를 지향하고 자본주의 경제 원리와 사회주의 분배 원리를 조화시킨 중도노선을 걷고 있다.

사회보험방식, 즉 노동자와 사용자가 재정을 분담하는 갹출제 사회보험은 당시 농민들의 이익에 부합되지 않았다. 왜냐하면 노동집약적인 중소규모 농장주로서 농업노동자를 고용하고 있었던 농민들에게 사회보험 보험료는 경제적으로 상당한 부담이 되었기 때문이다. 이에 비해 조세방식은 부담이 없었다. 게다가 조세는 주로 도시 상공업자와 공업 노동자가 부담하고 있었기 때문에 조세방식은 사회복지 재정부담을 이들에게 전가하는 것이었다.

농민당은 이들의 이익을 대변하여 조세방식의 무갹출연금을 주장했다. 사민당은 조세방식 연금을 찬성하는 입장과 반대하는 입장으로 나뉘었다. 조세방식을 반대한 사람들은 독일식 사회보험방식이 노동자계급을 위한 것이라고 믿었고, 조세방식을 찬성한 사람들은 사민당이 노동자계급뿐만 아니라 모든 피억압자의 당이 되어야 한다고 믿었다. 결국 다수 농민들의 정치적 힘이 관철되어 무갹출연금이 승리하였다. 이렇게 시작된 스웨덴 조세방식 연금은 1946년에 자산조사를 폐지하고 부유층으로까지 그 대상을 확대함으로써 명실상부한 보편주의 제도로 자리 잡았다. (덴마크는 1964년)

노르딕 국가 중 조세방식연금을 가장 먼저 실시한 나라는 덴마크였다. 덴마크는 상당히 이른 1891년에 무갹출 연금을 도입하였다. 당시 덴마크의 정치적 상황은 스웨덴과 매우 유사했다. 농민의 계급적 이익을 대변한 자유당은 조세방식의 연금을 주장했고, 왕당과 관료, 도시 전문직, 제조업 계급, 귀족적 토지 소유자의 정당인 보수당은 갹출제 사회보험방식을 원했다. 보수당은 사용자인 농민들이 피용자인 농업노동자들의 노령과 장애에 대한 보장의 책임이 있다고 간주하여 갹출제가 유일한 해결책이라고 생각했다. 좌파인 사민당은 조세방식을 지지했다. 노동자 임금은 불충분하고, 노동의 권리도 보장되어 있지 않은 상황에서 노동자가 궁핍에 직면했을 때 국가가 무조건적으로 하나의 권리로 원조해야 한다고 생각한 것이다. 또 농민이 원하는 조세방식을 지지함으로써 농민의 지지를 얻을 수 있다고도 생각했다(당세 확장). 이처럼 자유당과 사민당이 무갹출연금을 지지함으로써 1891년의 연금은 사회보험방식이 아닌 조세방식으로 결정되었다. (연금수급자는 도덕적으로 건전하고 욕구가 있는 60세 이상 노인, 재정은 중앙정부와 지방정부가 반분)(Baldwin 1990).

그러나 1950년대 이후 산업화가 더욱 진전되면서 농민보다는 도시 노동자의 수가 증대하고 또 이들의 힘이 강해지자, 사회복지정책에서도 농민보다는 도시 노동자의 입장이 더 큰 비중을 차지하게 되었다. 이로써 스웨덴 사회복지정책도 보편주의 모델에서 탈피하여 비스마르크 사회보험을 닮아갈 수밖에 없었다. 근로자만을 대상으로 하면서(자영업자는 임의가입) 급여를 소득에 연계시킨 1958년 스웨덴 소득비례연금이 대표적인 예이다. 이 소득비례연금은 적용대상에서 농민을 배제시켜 농민의 반발을 샀고, 결국 농민당과 사민당 연정(1932년 총선 이후 수립)에서 농민당이 이탈하는 사태를 야기했다. (Baldwin 1990)

(2) 살쯔요바덴 협약, 노조·사용자·정부 3자 합의

1931년 스웨덴 탄광 도시 아달렌에서 노동자와 정부가 유혈 충돌했다. 시위대에 군이 발포하여 5명의 노동자가 사망했다. 노조(LO)는 사용자단체(SAF)와 협상 중지를 선언했고, 노사갈등이 고조되었다. 경제위기도 왔다. 1931~1933년 사이 실업률이 10.9%에서 20.8%로 증가했다. 사용자단체는 실업률 증가를 고임금 때문이라고 주장했다. 노조는 기업 경영의 실패를 주장하며 국가의 규제를 요구했다. 파업도 1930년 약 백만 근로일수 상실에서 1933년 3백만 일로 증가했다. 1933년 의회는 노조가 요구하는 실업보험을 과감하게 받아들였다. 재정은 정부가 부담하고 운영은 노조가 하는 방식이었다. 사민당은 국회 입법을 위해 농민당과 연대했다. 농민들은 농산물 가격 하락과 경쟁 심화로 고통을 받고 있었다. 사민당은 농민을 위해 농산물 가격 유지에 동의했고, 농민당은 사민당이 원하는 실업보험 도입에 찬성했다.

노조·사용자·정부 삼자 간 합의도 이루어졌다. 노사정 합의정신은 1938년 파업의 중지와 노동시장의 평화를 위한 '살쯔요바덴 협약'(Saltsjöbaden-Agreement)으로 이어졌다. 동 협약은 생산 관련 결정은 기업 경영자에게 일임하되 국가와 노조가 정책결정 환경을 통제하는 시스템을 만들자는 것이 핵심이었다. 이에 따라 단체 협상을 통한 실질임금의 보장, 완전고용 및 소득재분배를 지향하는 사회복지정책에 합의했다. 이런 합의는 2차 세계대전 후 높은 수준의 복지국가를 건설하는 데 결정적으로 기여했으며, 스웨덴 모델의 기초가 되었다.

> 자본이 노동과의 이런 합의에 응한 가장 큰 이유는 강력한 노동세력의 존재 때문이었다. 노동세력의 힘이 강화된 가장 큰 요인은 사민당과 농민당의 연대에 있었다. 1932년 총선에서 다수당이 된 사민당은 농업관세와 농업 보조금과 같은 농민당의 요구를 수용함으로써 사민당-농민당 연정을 탄생시켰다. 이런 상황에서 스웨덴 노조는 자본과의 소모적인 직접 대립보다는 협상을 통해 자신들의 요구를 관철시킬 수 있다고 판단했고, 자본 역시 강화된 노동세력을 힘으로 누를 수 없다고 생각하였다. (김영순 1998)

(3) 2차 세계대전 후의 호황과 케인즈주의

1945년 2차 세계대전이 종전되었다. '전시 중립국' 스웨덴은 인프라(infra 경제적 토대)의 파괴와 노동력 손상 없이 전후 경제발전에 임했던 유일한 나라였다. 전시 피해가 거의 없는 상황에서 전후 유럽 각국의 복구사업 수요에 힘입어 스웨덴의 수출이 크게 증가했다. 전후 유럽의 장기간의 호황국면도 수출 증대에 기여했다. 특히 유럽의 건설부문이 호황을 이루면서 공산품·목재·철광석 수출이 증가하였다. 수출은 스웨덴 경제발전의 밑거름이 되었다. 1960~1965년 GDP 성장률이 연평균 5.3%를 기록했다. 노동 생산성도 매년 5.6% 증가했고, 실업률은 2% 이하로 감소했다. 인플레도 발생하지 않았다.

전시 거국정부가 해체되고 들어선 사민당 정부는 '모든 가정이 자신의 집을 소유하는 주택정책'을 시작했다. 전시에 도입되었던 고율의 누진세제가 전후 스웨덴 정부의 재정에 큰 도움이 되었다. 1946년에는 연금이 노후생활에 충분할 정도로 인상되었다. 출산율 제고(1930년대부터 출산율 감소 추세)를 위해 무상급식과 자녀수당(모든 가족 대상, 소득과 무관)도 도입되었다. 1950년에는 9년제 보통교육이 실시되었고, 1951년에는 법정 휴일이 연간 2주에서 3주로 늘어났다. 1950년대에는 자녀수당이 인상되었고, '주당 근로시간이 48시간에서 45시간으로 줄었다.'

경제 상황이 양호한 가운데 1951년 스웨덴 복지국가의 초석이 된 '렌-메이드네르 모델 (Rehn-Meidner model)'이 등장했다. 경제학자 Rehn과 Meidner가 창안한 렌-메이드네르 모델은 수요관리에 중점을 둔 케인즈주의(유효수요의 창출) 경제관리방식을 넘어 수요와 공급을 보다 포괄적으로 관리하는 것이 핵심이었다. 그리고 이 모델은 네 가지 주요 정책, 즉 ① 제한적 재정정책(수익성이 현저히 낮은 한계기업의 도태 인정), ② 동일 노동·동일 임금 정책(고임금 기업의 임금 상승을 억제), ③ 적극적 노동시장정책(통상적인 실업억제 정책 이외에 직업훈련과 재훈련에 대한 정부 보조나 노동자의 이동성 증대를 통한 일자리 보장 등을 포함), ④ 높은 수준의 사회복지정책(임금 억제 대신 보장)을 권고했다. 스웨덴 정부는 렌-메이드네르 모델을 수용했다. 이에 따라 임금 억제와 이윤율 압박을 추구함으로써 케인즈주의 경제정책의 고질적 문제점인 인플레를 방지하는 동시에 기업 혁신과 생산성 증대를 강제하는 효과를 거둘 수 있었다. 즉, 성장·고용·복지를 동시에 달성할 수 있었던 것이다. 이로써 '스웨덴 복지국가'는 영국식 '요람에서 무덤까지'를 뛰어넘어 '태내에서 천국까지'의 수준높고 관대한 복지 국가를 자랑할 수 있게 되었다. (김영순 1998)

1950년대와 1960년대는 케인즈주의가 주류였다. 케인즈주의에 따라 경제정책의 목표가 상향조정되었다. 노동시장의 확장으로 공공부문이 증가하고 투자가 증가하였다. 완전고용에 도달했고, 전 국민 건강보험도 달성되었다. 높은 성장이 공공부문과 민간의 소비 모두 확장시켰고, '시장경제와 계획경제의 혼합경제가 가능해졌다.'

1960년대가 되자 스웨덴은 세계 최고 부자국가가 되었다. 1인당 GDP가 세계 1위로 부상한 것이다. 1960년대 초에는 사민당과 공산당 연정이 수립되었다. 두 당은 좋은 교육, 보건의료, 노인 소득보장, 높은 삶의 기준을 위해 강한 정부가 필요하고, 공공부문의 확장 없이는 이런 것들이 불가능하다고 확신했다. 사민당의 최우선 정책은 주택정책이었다. 매년 10만 채의 신규주택이 10년 동안 건설되었다.

(4) 신자유주의

1970년대 들어 1960년대의 모순이 드러났다. GDP 성장률이 반 토막이 났다. 생산성이 정체되고, 산업도 성장을 멈추었다. 1982년 생산은 10년 전보다 줄어들었다. 대부분의 유럽 국가들이 경제위기에 직면했다. 유럽 각국은 미국으로부터 수입은 늘린 대신 스웨덴으로부터의 수입은 줄였다. 또한 유럽 각국은 새로운 기술로 성장하고 경쟁력을 강화시켰다. 이는 스웨덴 경제에 불리하게 작용하였다. 1970년대 경제위기는 오일쇼크와 이로 인한 스태그플레이션이 원인이었다. 스웨덴은 이를 일시적 위기로 생각했다. 그러면서도 경제정책의 초점을 민간 수요 진작과 이를 통한 성장 촉진과 실업률 감소에 두었다. (stagflation : stagnation + inflation 경기침체와 물가상승의 공존)

1976년 44년 만에 처음으로 사민당을 제치고 우파 정당연합(중간계급 정당연합)이 집권했다. 하지만 큰 변화는 없었다. 1970년대 경제위기는 1980년대에도 지속되었다. 1981, 1982년 스웨덴 크로나 가치가 10%나 절하되었다. (이후 16%까지 절하) 1982년 다시 사민당으로 정권교체가 되었다. 사민당 정부는 가격을 동결하고, 노조에 임금 인상을 하지 않겠다고 통보했다. 스웨덴 제품의 가격 경쟁력이 국제시장에서 약화된 것에 따른 조치였다. 정부는 많은 반대에도 불구하고 근로자 펀드를 신설했다. 각 기업들은 영업이익의 일부를 근로자펀드에 의무적으로 출연했다. 펀드운영은 노조가 맡았다. (fund 적금·기금)

1980년대 중반 상황이 다소 개선되었다. 실업률과 인플레가 완화되었다. 스웨덴 기업들의 국제 경쟁력도 나아졌다. 1990~1991년 스웨덴의 금리 수준은 세계 최고였다. 이로써 조세개혁이 가능해졌다. 소득세가 인하되고 부가가치세가 인상되었다. 1980년대 말이 되자 스웨덴 은행과 경제가 다소 호전되었다. 하지만 이는 일시적 착시에 불과했다. 해외에서의 스웨덴 제품 수요가 감소하고, 인플레도 재발했다. 정부는 6주 유급휴가 약속을 취소했다.

1991년 우파 정당연합이 재집권했다. 우파 연정은 민영화와 감세를 약속했다. 민영화 방침에도 불구하고 위기에 빠진 은행을 정부는 재정적으로 지원했다. 1992~1993년 경제위기가 더욱 심화되었다. 실업률이 10%에 달했다. 이는 1930년대 이후 최고의 실업률이었다. 1992년 스웨덴 크로나 가치가 더 떨어졌고, 국가 채무도 증가했다. (1990년대 초 GNP의 80%) 국민 생활수준이 20년 전으로 후퇴했다. 1990년대 중반 상황이 약간 호전되었다. 1994년 사민당이 재집권했다. 사민당 정부는 국가 채무 감소와 인플레 억제를 위해 노력했다. 2006년부터 경제가 회복되었다. 실업이 감소하고 국가재정이 안정되었다. 수출도 개선되었다.

(5) 복지국가 비판

1980년 신자유주의 득세 이후 우파 정치로비스트는 물론 싱크탱크(think tank 전문가 조직)와 OECD 같은 공식기관에 포진한 '신자유주의자들은 지속적으로 복지국가를 비판했다.' 주 타깃은 스웨덴이었다. 이들은 스웨덴 복지국가의 지속가능성에 끊임없이 의문을 제기하면서 과도한 복지가 경제성장을 제약하고, 시민의 복지의존성(welfare dependency)을 키운다고 공격했다.

스웨덴 복지국가에 대한 신자유주의자의 비판은 스웨덴 경제학자 J. Munkhammar (2005)가 자신의 저서 『유럽의 여명 : 사회적 모델 이후』(European Dawn: After the Social Model)에서 한 다음과 같은 말에 요약되어 있다.

"유럽의 사회적 모델(social model)은 문제가 있다. 고율의 세금은 성장을 저해한다. 노동시장 규제는 실업률을 높인다. 고복지는 수급자의 국가의존성을 키운다. 정부독점 복지전달체계는 비용은 높이고 질은 낮춘다. 정부가 커지면 시민의 자유는 제약을 받는다. 사회적 모델은 첫 단추부터 잘못 꿰었다. 서유럽의 세금은 1950년 20%에서 1980년 40~50%로 증가했다. 이런 문제를 해결하기 위해서는 세금을 낮추고 자유노동시장을 만들어야 한다. 사회서비스와 사회보장은 민영화되어야 한다. 정부 사이즈를 줄이는 것이 새 유럽의 여명이다. 세금을 낮추면 성장이 촉진된다. 그러면 좋은 일자리가 늘어난다. 국가의존성이 줄어들고 자유가 신장된다."

스웨덴은 1975년 세계 4위의 부자국가에서 2005년 14위로 추락한 반면 아일랜드는 같은 기간에 22위에서 4위로 급상승했다. 1981년 이후 스웨덴은 민간부문에서 신규 일자리가 창출되지 않았지만, 아일랜드는 민간 일자리가 56%나 증가했다. 스웨덴과 달리 아일랜드는 담세율이 매우 낮고, 세금이 이윤·노동이 아니라 주로 소비에 부과되었다.

하지만 스웨덴과 아일랜드를 비교한 것은 설득력이 없었다. 2008년에 발생한 아일랜드 경제위기 때문이다. 아일랜드는 2008년 마이너스 경제성장률을 기록했고, 2009년에는 GDP가 7.6%나 감소했다. 원인은 국제금융위기, 은행의 무분별한 대출형태, 부동산건설시장 붕괴 등 복합적이었다. 결국 아일랜드는 2011년 IMF 구제금융을 받았다.

과도한 사회복지가 경제성장을 제한한다는 스웨덴 복지국가에 대한 회의와 비판은 신자유주의자들에 의해 국제적으로 유포되었을 뿐만 아니라 스웨덴 일반 대중의 토론이나 심지어 노동운동계에서도 나타났다. 골수 좌파만이 맹목적으로 스웨덴 복지국가를 옹호했다. 하지만 비현실적이고 유토피아적인 관점으로 치부되었을 뿐이었다.

그렇다면 스웨덴 복지국가가 과연 경제성장을 저해하고, 복지의존성을 키웠을까? 이에 대해 스웨덴 말뫼대학 사회사업학 교수인 Ankarloo(2009)는 복지비 지출이 과도하다는 우파의 주장은 객관적이고 과학적인 탐구의 결과가 아니라 신화와 도그마에 불과하다고 비판하였다. 이하 그의 주장을 객관적 자료를 중심으로 살펴보기로 한다.

스웨덴이 부자국가 순위에서 밀려난 것은 사실이다. 스웨덴은 1970~1975년 세계 4위의 부자국가였다. 그런데 2009년 OECD 국가 중 10~14위권으로 하락했다. 세계적인 부자국가에서 OECD 국가 중 중간수준 국가로 내려간 것이다. 그리고 2007년 스웨덴은 1인당 GDP에서 OECD 국가 중 6위였다. (1위 노르웨이, 2위 스위스, 3위 덴마크, 4위 아이슬란드, 5위 아일랜드, 7위 미국). 반면에 경제적 자유(economic freedom) 수준에서 스웨덴은 2009년 15위였다. 그런데 경제적 자유 상위권 국가 들(순위 : 호주, 아일랜드, 뉴질랜드, 미국, 캐나다, 덴마크, 스위스, 영국, 네덜란드, 아이슬란드, 핀란드, 일본, 벨기에, 오스트리아, 독일) 중 상당수는 스웨덴보다 1인당 GDP가 적었다. (특히 호주 17위, 뉴질랜드 21위) (경제적 자유는 정부 규모가 가장 큰 변수이다. 정부 규모는 큰 정부, 정부지출과 정부소유 공공부문의 비중, 높은 세금, 정부독점으로 측정된다)

　이론적으로 경제적 자유 수준과 복지 수준은 역관계에 있다. 경제적 자유는 작은 정부를, 복지국가는 큰 정부라는 점에서 그렇다. 신자유주의에 의하면 경제적 자유도가 높은 국가의 1인당 GDP는 경제적 자유도가 낮은 국가의 그것보다 높아야 한다. 그러나 스웨덴 복지국가는 큰 정부에 경제적 자유도가 낮지만 그 반대의 국가보다 더 부유하다. 게다가 스웨덴의 경제성장과 복지지출 간의 관계를 경험적으로 분석한 2005년 IMF 보고서는 복지국가가 경제성장을 저해한다는, 거시 경제적 증거는 없다고 결론 내린 바 있다. 스웨덴 복지국가가 경제성장을 저해했다는 증거가 없다는 것이다. (Cerra and Chaman 2005)

　다음은 복지국가와 복지의존성의 관계이다. 고복지가 근로유인을 약화시킨다는 주장의 사실 여부를 판단하기 위해서는 사회보험과 주변적 복지(marginal welfare), 즉 공공부조와 사회복지서비스를 구별해서 고찰해야 한다. 사회보험은 가입자가 낸 보험료로 재정을 충당하고 이것으로 가입자에게 급여를 제공한다. 따라서 근로인센티브 약화와는 무관하다. '화재보험에 가입한 사람이 보험회사에 의존성이 생기지 않는 것과 같다.' 근로인센티브가 줄어드는 것도 아니다. '사회보험 수급권은 국가가 준 권리가 아니라 근로를 통해 획득한 권리(acquired right)'이다. (incentive : 격려·장려·유인·동기, 장려하는)

　스웨덴 사회복지의 대부분은 사회보험이 차지하고 있다. 2004년의 사회보험 지출은 GDP의 14.5%에 달했다. 반면에 주변적 복지는 GDP의 1.8%에 불과했다. 스웨덴 복지국가에 대한 주된 비판은 '국가복지에 손 벌리기(hand-outs)'이다. 그러나 손 벌리기가 발생할 가능성이 있는 '주변적 복지'의 비중은 매우 미미하다. 큰 정부와 관계가 별로 없다는 것이다.

　그리고 복지수급자가 복지의존성에 빠진다는 게 사실인가? 스웨덴에서 장기간 복지수급자로 있는 사람은 별로 없다. 대부분 단기 수급자들이다. 일시적으로 경제적 곤란에 처한 사람이 주된 수급자이다. 생계비지출이 수입을 일시적으로 초과한 가구라는 것이다. 스웨덴에 거주하는 외국인 수급자들도 모두 단기 수급자이다.

　2004년 스웨덴 사회보장과(social security department)는 복지가 근로유인을 약화시키는지 여부를 조사했다. 그러나 증거를 찾지 못했다. 사회복지를 통한 경제적 지원의 수준이 높아 저임금 일자리의 임금이 복지급여보다 적을 경우 근로인센티브 약화가 발생한다. 인간은 보다 나은 삶을 위해 노력하는 추동력을 갖고 있다. 인간이 근로와 복지 중 하나를 선택할 때는 임금뿐만 아니라 공동체, 사회참여, 인적자본에의 투자, 연금수급권의 획득 등 여러 가지를 고려한다. 관련 연구들에 의하면 경제적 조건에서 복지수급자격이 있음에도 복지수급을 신청하지 않은 사람(손을 벌리지 않는 사람)도 많다. 복지가 근로인센티브를 약화시킨다는 것은 경제적 근거가 희박하다. 도덕적 비난만 있다. (Ankarloo 2009)

이상에서 보듯이 스웨덴의 고복지·큰 정부가 경제성장을 저해하고, 근로인센티브(노동의욕·동기)를 약화시킨다는 신자유주의자의 비판은 근거가 없다. 그럼에도 1980년대 이후 신자유주의는 스웨덴의 공적 담론을 장악했고, 이에 따라 스웨덴 복지모델이 신자유주의화하고, 복지국가 비판이 이데올로기(편파적 이념)화되었다. 그 결과 스웨덴 복지국가는 체계적으로 후퇴하기 시작했다. 무엇보다 정부 재정지출 감소가 이를 분명하게 보여주었다. 다음 도표에서 보듯이 스웨덴의 정부지출은 1980년 GDP 29.8%를 정점으로 한 이후 꾸준히 감소했다.

1950~2006년 정부지출

연도	GDP 중 %
1950	13.0
1960	16.4
1970	22.2
1980	29.8
1990	27.4
2000	26.6
2006	26.8

출처: Ankarloo, 2009.

스웨덴 복지국가의 후퇴는 사회복지 부문별로 확인된다. 먼저 사회보장이다. 우파 언론은 사회보장에 의존해 사는 사람들의 사기행위·부정수단(fraud)을 줄기차게 비난함으로써 사회보장이 복지국가의 가장 큰 짐이라는 여론을 조성했으며, 과도한 사회보장 지출이 경제를 위협한다고 비난함으로써 사회보장제도의 정당성을 위협하고 훼손했다. 이런 여론에 힘입어 사회보장비는 꾸준히 감소했다.

다음 표에서 보듯이 사회보장비는 1990년 GDP 18.0%에서 1995년 17.2%, 2000년 15.1%, 2006년 15.4%로 감소했다. 노인 사회보장비와 질병·장애 관련 사회보장비도 감소했다. 아울러 사회보장비는 1980년 904억 크로네에서 2006년 4,364억 크로네로 4.8배 증가한 반면에 GDP는 1980년 5,486억 크로네에서 2006년 28,370억 크로네로 5.2배 증가했다. 고령화를 감안하면 사회보장비가 더 증가했어야 했다. 이상에서 보듯이 스웨덴 사회보장비는 1990년 이후 감소 추세에 있다. (국세도 감소했다. 국세는 1989년 GDP의

7.92%에서 2004년 2.14%로 크게 감소했다.)

노인 사회보장비 및 질병·장애 관련 사회보장비 (단위 : GDP %)

연도	사회보장비	노인 사회보장비	질병·장애 관련 사회보장비
1980	16.5	7.7	6.3
1985	16.9	8.1	6.5
1990	18.0	8.1	7.0
1995	17.2	8.7	4.9
2000	15.1	7.7	4.7
2006	15.4	7.8	4.8

출처: Ankarloo, 2009.

다음은 보건·노인복지·교육 부문이다. 보건·노인복지·교육 부문의 공무원 수는 1987년 113만 명, 1990년 119만 명, 2000년 113만 명, 2002년 118만 명, 2004년 119만 명으로 큰 변화가 없었다. 이는 국가부문(중앙·지방정부 포함) 공무원 수가 1980년 150만 명, 1990년 165만 명, 2000년 129만 명, 2004년 132만 명으로 감소한 것과 비교된다. 보건·노인복지·교육 부문 공무원 수가 유지된 것은 보건과 교육 부문의 민영화로 이 부문의 직원 수가 증가했고, 보건·노인 등 사회서비스 부문에서 교육·연구 부문으로의 인력 이동이 있었기 때문이다. 고령화로 노인인구가 증가했으나(따라서 인력은 증가해야 했지만) 노인 부문의 인력은 감소했다. 보건과 노인 부문의 인력감축 때문이었다. 여하튼 인력 면에서 보건·노인·복지·교육 부문은 후퇴했다.

(6) 스웨덴의 사회복지시스템

스웨덴은 '자유방임적 자본주의와 계획경제의 중간'에서 '경제성장과 평등을 동시에 성취한 것'으로 유명하다. Esping-Andersen은 복지국가 중 사회민주주의 복지국가를 가장 발전된 복지국가로 분류했고, 그중에서도 스웨덴을 대표로 꼽았다. 스웨덴에서는 복지국가를 '국민의 집'(Peoples' Home)이라 부른다. '스웨덴 국민들 사이에 공동체 의식이 흐르고 있음을' 의미한다. 이런 「공동체 의식」 때문에 모든 국민을 대상으로 하는 보편적 사회복지와 높은 수준의 사회복지가 가능했다. 스웨덴 사회복지 프로그램은 매우 다양하다. 스웨덴은 이렇게 다양한 사회복지 프로그램을 '조세로 공급되는 사회서비스'(보건의료·노인복지·교육 등)와 보험료로 재정을 조달하는 사회보장(공적연금·육아휴직·실업보험·건강보험 등) 두 가지로 대별한다.

스웨덴의 사회서비스 수준은 다른 복지국가와 유사하다. 단, 스웨덴 '사회서비스의 재정은 전적으로 정부 조세로 충당하는 것'이 특징이다. 사회서비스는 시민권(사회권)에 의거해 보장되고, '중산층을 포함한 모든 국민에게 제공된다'. '사회보장은 의무적으로 납부하는 보험료(대부분 사용자 부담)로 재정이 조달된다'. 조세와는 무관하고, 임금노동에 기반(wage-labour based)을 두고 있다. 사회보장급여는 보험료에 비례한다. 고임금자일수록 더 많은 급여를 수급한다. (受給 받다) 사회보장 수급자격은 노동시장에서의 지위에 달려있다. 관리운영은 전국조직인 사회보장사무소가 담당한다. 사회보장사무소는 국영기관이다.

① 공적연금

스웨덴의 공적연금은 3층 구조이다. 1층은 기초보장연금(the minimum guarantee pension)이다. 기초보장연금은 국민최저연금이자 무갹출연금으로 재정은 정부예산에서 조달된다. 연금 수급대상은 스웨덴 거주 40년 이상(20년 거주자는 50% 수급), 65세 이상 노인이다. 연금액은 물가상승률에 따라 매년 인상된다.

2층은 법정 근로자연금(employee's pension)이다. 소득비례연금으로 스웨덴의 모든 근로자가 가입대상이다. 연금 지급 개시 연령은 67세이다. 보험료는 사용자와 근로자가 공동 부담한다. 사용자는 임금총액의 10.21%, 근로자는 총소득(근로소득+기타 사회보장급여)의 7%를 보험료로 납부한다. 총소득의 17.21%는 연금산정의 기준이 되는 연금기준소득(pensionable income)의 18.5%와 같다. 이 18.5% 중 16.0%가 법정 근로자연금의 재원이다.

3층은 프리미엄연금(the premium pension)이다. 완전 적립방식의 법정 기업연금이다. 모든 근로자가 가입대상이다. 연금기준소득 18.5%의 보험료 중 2.5%가 개인계정에 적립된다. 근로자는 정부가 공인한 수백 개의 뮤추얼펀드 중에서 선택(최대 5개)해서 투자한다. 펀드 수익률에 대한 보증은 없다. 펀드를 선택하지 않을 경우 정부가 정한 기본펀드(default fund)에 가입한다. 신규 근로자의 대부분이 기본펀드를 선택한다. 퇴직시 개인계정 적립금으로 정부가 제공하는 월정연금(annuity)을 구매한다. 배우자에게 수급권을 이전할 수 있다. 펀드의 연간 수수료는 비교적 높은 편이다. (Barr and Diamond 2010).

원래 스웨덴 공적연금은 사용자가 보험료(임금의 18.5%)를 전액 부담한 부과방식 연금이었다. 2003년 연금 재정적자에 선제적으로 대응하기 위해 부과방식을 2층 법정 근로자연금과 3층 프리미엄연금으로 분리하는 연금개혁을 단행하였다. 이 중 2층 연금이 세계적인 주목을 받았다. 외형적으로는 적립방식이지만 실질적으로는 부과방식인 이른바 명목확정기여방식(notional defined contribution, NDC)이었기 때문이다. 세계 최초의 스웨덴 NDC는 비교적 성공적이라는 평가를 받고 있다. 유럽의 다른 나라에 비해 스웨덴 연금 재정 압박은 덜한 편이다. 이유는 두 가지이다. 하나는 비교적 높은 출산율이다. 스웨덴 출산율은 1.8명으로 비교적 높다. 다른 하나는 젊은 이민자의 증가이다. 1950년대까지 스웨덴은 인종적으로 단일 국가였다. 하지만 스웨덴의 경제호황과 고임금이 유인이 되어 많은 근로자들이 스웨덴으로 이주했다. 이민자 수는 1960~1965년 사이에만 17만 명이나 되었는데, 주로 노르딕 이웃 국가, 특히 핀란드로부터의 이민이었다. 이후에는 유고·그리스·기타 여러 나라 출신 청장년 이민자도 스웨덴 노동시장에 많이 유입되었다.

② 보건의료와 건강보험

노르딕 복지국가의 보건의료시스템은 매우 유사하다. 모든 보건의료는 공적으로 운영된다. 거의 모든 병원은 공공 소유이고, 재정은 조세로 조달된다. 보건의료시스템에서 일차 진료(the primary care)가 주요 역할을 한다. 환자는 반드시 일반개업의(GP : general practitioner)를 거쳐야 전문의를 만날 수 있다. 진료비는 대부분 무상이다. 노르딕(북유럽) 복지국가의 의료서비스 수준은 매우 높다.

스웨덴의 보건의료시스템도 공공성이 매우 크다. 대부분의 보건의료 자원(병의원과 의사)이 사회화(병원은 주 정부 소유, 의사는 국가공무원)되어 있다. 보건의료시스템은 일차 진료, 지방병원(provincial hospitals), 지역병원(regional hospitals)과 같은 3차 시스템이다. 일차 진료는 일반개업의의 외래 진료서비스이다. 일반개업의가 병원 진료가 필요하다고 판단한 환자는 2차 진료기관인 지방병원으로 의뢰된다. 지방병원은 군 의회 소속으로 일차 진료기관이 의뢰한 환자를 진료한다. (스웨덴의 지방 행정제도는 21개 주와 290개 군(communities)으로 구성되어 있다.)

진료는 전문의(전공과목)가 한다. 3차 진료는 지역병원이 관할한다. 각 주 정부는 의무적으로 지역병원을 설치·운영해야 한다. 지역병원은 모두 대학병원이다. 보건의료비용의 75%는 세금에서 충당한다. 진료비 환자 부담은 3%에 불과하다.

스웨덴 보건의료시스템은 매우 체계적이고 진료 수준도 세계적이다. 하지만 문제도 있다. 가장 큰 문제는 긴 대기자 리스트이다. 특히 수술 대기자 수가 많다. 단, 외래는 7일, 전문의(입원)는 90일 이내에 만날 수 있는 권리가 있다. 불충분한 진료도 문제이다. 특히 외래, 진단과 검사가 부족하다. 의사 부족도 문제이다. 스웨덴 의사들의 보수는 노르웨이·덴마크·스위스 의사보다 낮다. 이런 이유로 스웨덴 의사들이 이들 나라로 유출되고 있다.

스웨덴의 건강보험은 모든 스웨덴 사람을 대상으로 하고, 현물의 진료서비스와 현금의 질병급여(sick pay)를 제공한다. 건강보험의 관리운영은 지역(지방에 지부)에 설치된 건강보험펀드가 한다. 지역의 건강보험펀드는 지방 의회가 통제한다. 직장 가입자는 질병 기간 중 최초 14일간의 질병급여(현금급여)를 수급한다. 자영업자와 실업자도 질병급여를 수급한다. '질병급여 수준은 임금의 80%'이다. 건강보험 보험료는 사용자와 정부가 부담한다. 근로자 부담은 없다. '정부는 자영업자의 사용자로서 보험료를 부담한다.' 스웨덴 건강보험의 가장 큰 문제는 질병급여의 비용이 과다하다는 데 있다.

③ 교육

스웨덴의 교육은 기본적으로 무상이지만 유상도 있다. 취학 전 교육으로는 유치원과 방과 후 케어센터가 있다. 교육비 부담은 부모 소득에 비례한다. 7세 이상 아동은 9년제 법정 의무교육을 무상으로 받는다. 법정 의무교육과 함께 무상의 학교급식이 제공된다. 3년제 중등학교는 선택적 교육이다. 교육비는 무상이고, 학교급식은 유료이다. 20세 이상의 모든 스웨덴인은 무상으로 성인교육을 받을 수 있는 권리가 있다. 교육 자료는 유료이다. 성인교육은 군(郡)이 운영한다. 대학교육도 무상이다. 소액의 학생자치비만 유료이다.

④ 노동시장정책

전후 스웨덴 노동시장정책의 목표는 완전고용이었다. 1973년 오일쇼크 전까지는 아무런 문제가 없었다. 오일쇼크로 실업자가 다소 증가했지만, 1980년대까지도 2%대를 유지했다. 유럽의 다른 나라에 비해서는 매우 낮은 수준이었다. 하지만 1990년대 초부터 경제위기의 심화와 함께 실업률이 10%(1992~1993년)로 크게 증가했다. 청년층과 이민자의 실업률과 산업부문(1970년대부터 지속적으로 쇠퇴)의 실업률이 특히 높았다. (경제위기로 볼보·사브 등 주요 기업들이 많은 근로자를 해고했다.) 2000년에는 실업률이 4%로 약간 개선되었으나, 1940~1990년 연평균 실업률은 2배나 증가했다.

스웨덴 노조의 힘은 강하다. (노사정 삼자주의(tripartism)가 1900년대 초부터 우세했다.) 노조 가입률도 매우 높다. 높은 노조 조직률은 전통적이다. 모든 근로자(중산층 근로자 포함)는 노조 조합원으로서 노조에 강한 충성심을 갖고 있다. 그럼에도 스웨덴 노동시장은 역사적으로 상당히 유연했다. 사민당도 노동시장의 유연성을 원했다.

여성의 지위가 높은 것도 스웨덴 노동시장의 특징이다. 스웨덴 여성의 노동참가율은 매우 높다. 대부분의 부부가 맞벌이다. 여성의 실업률은 매우 낮다. 1950~1990년 여성의 공식 실업률은 3%를 넘어선 적이 없었다. 1991~1994년 경제위기 때도 여성 실업률은 1.7%에 불과했다. 스웨덴 노동시장의 약자는 청년·이민자·장애인이다. 정부의 취업률 제고(提高) 정책의 주 타깃(target目標)은 이들이다. 실업급여는 12개월간 지급한다. 적극적으로 취업을 위해 노력한다는 것을 조건으로 지급하며(workfare), 실업급여 수준은 실업 전 임금의 80%로 매우 높다. (workfare: 근로복지 제도, 근로자 재교육)

⑤ 사회수당

사회수당으로는 부모수당과 자녀수당이 있다. 부모수당은 자녀 출산 60일전 모에게 지급한다. 직업이 있는 모에게는 두 달간 출산수당을 추가로 지급한다. 출산 수당은 임금의 80% 수준이다. 부모 합해서 480일간 부모수당을 받는다. 자녀수당은 16세 이하 자녀를 둔 모든 스웨덴 가정에 지급된다.

⑥ 주거수당

주거복지를 위해 주거수당(accommodation allowance)을 지급하고 있다. 수급대상은 자녀를 둔 부모, 18~29세 청년층, 연금수급자이다. 주거수당 수급 여부와 금액 결정 기준은 가구 소득과 주거비(임대료)이다.

⑦ 사회복지서비스

스웨덴 사회복지서비스는 장애인과 노인에 초점이 맞춰져 있다. 장애인에게는 무상으로 각종 장애인 복지서비스를 제공한다. 운영 책임은 군(郡)에 있다. 군은 노인케어 서비스 공급의 책임도 진다. 노인시설 이용은 유료이다. 서비스 이용료는 군마다 다르다.

⑧ 공공부조

소수의 생계능력 없는 사람 또는 정상적인 생활기준 이하의 빈민은 공공부조의 대상이다. 자산조사가 있다. 지방정부가 책임지고 운영하며, 경제적 지원 중심이다. 스웨덴의 공공부조는 GDP의 0.4%, 사회보장지출의 2%에 불과할 정도로 매우 주변적이다. 수급자 중에는 이민자가 많아 무임승차 의심을 받고 있다.

5. 한국의 사회보장제도와 정치 역풍

1) 국민연금

(1) 도입 채택과정

한국의 국민연금은 처음부터 적립방식으로 추진되었다. 정부가 적립방식을 채택하려 했던 근본적인 이유는 국민연금을 노인의 소득보장과 국민복지 향상을 위한 사회복지정책이 아니라 내자(內資) 동원수단으로 이용하려고 했기 때문이다. 한국정부가 국민연금에 대해 논의하기 시작한 것은 박정희 정권 시절인 1970년대 초였다. 박정희 정권은 사회보장제도를 '국가재정에 부담을 주는 소비성 제도로 인식'했다.

당시 국민연금의 도입을 주도했던 KDI는 이런 우려를 불식시키기 위해 연금의 투자효과를 부각시켰다. (Korea Development Institute(한국개발연구원)) KDI 원장 김만제는 박정희 대통령에게 "우리나라의 경제사회 여건으로 보아 단기적으로는 국민의 조세저항이 점차 강해지며 또한 민간저축의 제고뿐만 아니라 국가재정을 위한 투자재원의 조달에도 크게 기여할 수 있다"고 설득했다. (1972년 11월 30일 청와대) 이를 수용한 박 대통령은 1973년 1월 12일 연두기자회견에서 연금제도의 도입을 공식적으로 천명하였다.

보건사회부·경제기획원·KDI가 공동으로 작성한 국민복지연금제도(안)를 보면, "제도 실시의 기대효과로 소득재분배에 의한 국민들의 복지균점을 실현하고, 적립된 기금은 경제개발에 필요한 내자로 활용하여 국가경제부흥에 이바지하며, 본격적인 사회보장체제를 구축하여 복지국가 건설에 기여한다"는 것이 적시(摘示)되어 있는데, 연금기금을 내자로 동원하려는 정부의 의지가 노골적으로 드러나 있었다.

- 당시 KDI는 산업화로 인한 근로자 계층의 급증과 이들에 대한 노후대비책의 미비 그리고 제2차 경제개발 5개년계획의 성공에 따른 경제적 여력의 확보를 바탕으로 연금제도를 도입해야 할 시기가 되었다고 판단했다.
- 당시 언론의 반응은 상당히 부정적이었다. 대부분의 언론들이 연금이 시기상조이고, 내자 동원책(중화학공업에의 투자)이며, 연금 급여액이 적은 데 비해 부담은 많고, 영세근로자들과 여성근로자들에 대한 배려가 없다는 점 등을 지적하였다. (국민연금공단, 1998)

1973년 11월 국민복지연금법은 국회를 통과하였다. 그러나 중동전쟁과 석유파동으로 인한 심각한 경기불황으로 국민복지연금의 실시는 보류되었다. 전두환 정권이 들어선 후인 1980년대 중반 GNP의 증대와 물가안정으로 경제여건이 크게 호전되자 국민연금의 도입논의가 재개되었다. (gross national product) 1986년 정부 의뢰하에 KDI는 다시 국민연금의 도입방안에 대해 연구하여 1988년부터 실시토록 정부에 건의하였다. 1986년 8월 11일 전두환 대통령은 하계기자회견을 통해 「제5차 사회경제발전5개년계획」의 일환으로 국민연금의 도입, 전 국민 건강보험, 최저임금제의 도입 등을 골자로 한 「국민복지 3대 정책」을 발표하였다. 그런 다음 내부 검토를 거쳐 1986년 12월 「국민연금법」이 국회를 통과하였다.

- 전두환 대통령은 서구 복지국가의 재정적자를 보고 사회보장제의 도입에 부정적인 인식을 갖고 있었으나 경제와 사회의 균형발전이 필요하다는 김만제 부총리와 사공일 청와대 경제수석의 말을 듣고 설득당했다고 한다. (국민연금공단 1998)
- 전두환 정권이 내자동원의 필요성이 별로 없었음에도 국민연금법의 시행을 추진한 진정한 이유는 취약한 정권의 정당성을 다소라도 제고하기 위해서였을 것이다.
- GNP·NNP: 1년 동안 국민경제가 생산한 최종생산물을 시장가격으로 평가한 가치금액을 「국민총생산」이라 하고, 국민총생산에서 생산과정에 사용되어 소모된 자본 가액을 공제한 것을 「국민순생산」이라고 한다. (net national product)

「국민복지연금법」에서 '복지'자가 빠지고 「국민연금법」이 된 이유는 가난한 노인을 적용대상에서 제외하고, 정부가 재정지원을 거의 하지 않는다는 사실 때문이었다. (국민연금공단 1998) (『사회복지정책론』 원석조 저, 공동체 발행 2022년)

국민연금은 2년의 준비기간을 거쳐 1988년에 시행되었다. 그런데 중요한 것은 1973년의 국민복지연금법의 제정배경과 1986년의 국민연금법의 제정배경이 좀 다르다는 것이다. 국민복지연금법의 가장 중요한 목적은 내자동원이었다. 그러나 국민연금법은 적어도 외면적으로는 연금 본래의 목적인 근로계층의 노후생활 보장에 초점을 두었다. 1986년 입법예고 시 정부는 "성장의 과실을 국민 각 계층에 균형 있게 배분하기 위한 사회복지 확충정책의 일환으로, 그리고 평균수명 및 핵가족화에 따른 국민의 노후생계를 보장하고 산업화에 따른 각종 사회적 위험으로 인한 소득능력 상실자와 그 가족의 생활을 보장하기 위해" 국민연금을 실시한다고 했다.

그 무렵 경제여건이 무척 좋았기 때문이었겠지만(저유가, 저 환율, 저 국제금리 등 이른바 3저 호황) 실무적인 논의 과정에서도 '내자동원 논리'는 나오지 않았다. 그리고 당시 이해원 보건사회부장관이 국회 보건사회위원회에서 제안 설명을 하면서, "국민복지연금법이… 실시가 유보되어 왔으나, 그간 물가가 안정되고 국민소득 수준이 향상되는 등 여건이 성숙됨에 따라" 국민연금을 시행하겠다고 그 배경을 밝혔다. (국민연금공단 1998)

그리하여 시행 초기에는 저율의 보험료율로 출발하되 향후 단계적으로 인상하는 '수정적립방식'을 채택하였는데, 이는 내자동원의 필요성이 별로 크지 않았다는데 대한 증거가 될 수 있다. 그리고 정부 입장에서 부과방식 대신 적립방식(수정적립방식이긴 하지만)을 선택한 이유는 "정부의 개입을 가능한 한 최소화하는 것"에 있었다. (국민연금공단, 1998) 그럼에도 이후 진행된 상황을 보면 정부의 내자 동원의지가 없었다고 보기 어렵다. 국민연금 시행 후 매년 수조 원에 달하는 막대한 자금이 조성되고, 조성된 자금의 반 이상을 정부가 차입해 사용했기 때문이다.

(2) 부분적립방식

한국의 국민연금은 기금을 조성한다는 점에서 적립방식이 분명하지만 완전한 적립방식이라고 하기는 어렵다. 시행 초기에 보험료율을 낮게 책정했다가 점진적으로 상향 조정(3% → 6% → 9%)했고, 일정한 재분배 기능도 갖고 있는데, 이는 부과방식의 특징이다.

국민연금이 재분배적 요소를 갖고 있는 사실은 급여산식에서 확인된다. 즉, 전 가입자에게 동일한 액수의 연금을 지급하는 균등부분(A 부분)이 전체 연금액의 상당 부분(평균적으로 50% 정도)을 차지하는데, 전체 가입자의 표준소득월액의 평균치보다 낮은 사람은 이 부분 때문에 상대적으로 유리하고, 그 반대인 경우는 불리하다. 여기서 소득계층간 소득재분배가 발생한다. 이 때문에 우리나라 국민연금을 수정적립방식, 혼합방식 또는 부분적립방식이라고 한다. 부분적립방식의 문제점에 대해서는 이정우(1999)가 다음과 같이 잘 지적하였다.

첫째, 기금의 완전한 적립이 요구되는 적립방식과 기금을 전혀 필요로 하지 않는 부과방식 사이에서 기금 규모 설정의 임의성 여지가 너무 넓어 적립기금의 절대 규모가 아무런 객관적인 기준이 없이 정치적·자의적으로 결정될 가능성이 높다.

둘째, 보험료의 수준이 정치적 고려에 의해 책정될 위험성이 있다. 보험료는 적립방식의 경우 개인별로 부담과 수혜의 기대값이 상호 균형을 유지할 수 있는 수준에서, 부과방식은 매년도 연금재정이 수지균형을 유지할 수 있는 수준에서 결정된다. 반면에 부분적립방식의 보험료는 일정한 기준이 없이 정치·경제· 사회적 여건에 따라 자의적으로 결정될 수 있다.

(3) 적용대상

국민연금은 1988년 상시 근로자 10인 이상의 사업장 근로자를 대상으로 시작했다. 1992년에는 5인 이상 사업장으로 확대되었고, 1995년 7월부터는 농어촌 지역주민으로, 1999년 4월부터는 도시 지역주민으로 확대됨으로써 전 국민연금이 달성되었다. (2003년 7월부터 모든 사업장으로 확대) 다른 나라에 비해 이례적으로 빠른 적용 확대였다.

국민연금의 가입자는 사업장가입자와 지역가입자로 구분된다.

> 임의가입자(적용제외자 중 본인이 희망하여 가입한 자)와 임의계속가입자(60세 이후부터 65세까지 본인이 희망하여 가입한 자)도 있지만 소수이다.

사업장가입자란 근로자를 상시 고용하는 사업장의 18세 이상 60세 미만의 근로자와 사용자를 말한다. 지역가입자는 사업장가입자가 아닌 자로서 18세 이상 60세 미만인 자인데, 도시 자영업자·농민·임시직·일용직·파트타임 근로자 등 유급종사자와 실업자·학생·군인 등 비경제활동인구까지 포함한다.

당연한 말이지만 다른 공적연금의 적용대상이 되는 직업계층과 공공부조대상 자인 국민기초생활보장수급자는 국민연금에서 제외된다. 이를 '적용제외자'라 하는데, 공적연금(국민연금·공무원연금·군인연금·사립학교교직원연금·별정우체국연금) 가입자 및 수급자의 무소득배우자, 18세 이상 27세 미만의 학생과 군인, 기초생활수급자, 1년 이상 행방불명자 등을 말한다.

(4) 급여

한국의 국민연금 급여는 노령연금·장애연금·유족연금·반환일시금으로 구성되어 있다. 노령연금은 기본연금에 부양가족연금을 가산한 금액으로 정해진다. 기본연금액은 다음 산식에서 보듯이 전체가입자의 평균소득(A값)과 개별 가입자의 평균소득(B값)을 기준으로 산정된다. 노령연금 기본연금액 산정에 전체 가입자의 평균소득(A값)을 반영하기 때문에 소득계층 간 소득재분배(수직적 재분배)가 발생한다. (적은 부담 지출로 평균연금 혜택을 받게 되니까)

$$P = 1.38 \times (A+B) \times (1+0.05n)/12$$

P: 기본연금액
A: 균등부분(연금수급 직전 3년간의 전체가입자 평균소득월액의 평균액)
B: 소득비례부분(가입자의 가입기간 중 기준소득월액의 평균액)
n: 20년 초과 가입 월수

한편 국민연금 재정적자에 대비하기 위해 2013년부터 연금수급연령을 60세에서 65세로 단계별 연장하였다. 즉, 1953~1956년생 61세, 1957~1960년생 62세, 1961~1964년생 63세, 1965~1968년생 64세, 1969년생 이후 65세로 연장한 것이다.

(5) 보험료

국민연금 보험료는 가입자의 소득에 부과된다. 사업장가입자의 경우 소득이란 근로소득에서 비과세근로소득을 차감한 소득을 말하고, 지역가입자의 경우 농업소득·임업소득·어업소득·사업소득(도매업·소매업·제조업·기타의 사업에서 얻는 소득)을 말한다.

국민연금의 보험료율은 사업장가입자와 지역가입자가 다르다. 사업장가입자의 현재 보험료율은 표준소득월액의 9%인데, 시행 초기(1988~1992년)에는 3%로 시작하여 1993년 6%로 인상되었고, 1998년부터 9%로 인상되었다. 그리고 1999년 3월까지는 가입자 본인과 사용자가 각각 3%씩을 부담했고, 여기에 퇴직금전환금에서 3%가 더해졌다. 그러다가 1999년 4월부터 퇴직금전환금제도가 폐지되고 근로자와 사용자가 4.5%씩을 부담하는 것으로 바뀌었다.

퇴직금전환금제도가 폐지된 이유는 재직기간 1년 미만 등 근로기준법 미적용 근로자의 퇴직금전환금 납부문제, 퇴직금에서 퇴직금전환금을 공제하는 방식에 따른 이견, 국민연금법상 퇴직금전환금의 소급납부 등에 따른 노사 간의 갈등, 연봉제도 도입 급증 및 퇴직금의 기업연금제도화 등의 추세 감안 등 여러 가지였다. 이로써 근로자는 종전

6% 부담에서 4.5%로 부담이 경감되었고, 사용자는 종전 3%에서 4.5%로 부담이 늘었으나, 매월 납부 시 자금운용 측면에서 자금부담이 완화되는 효과가 발생하여 큰 불만은 없었다.

지역가입자는 본인이 보험료를 전액 부담하는데, 보험료율은 소득의 3%에서 시작하여 2000년 7월부터 매 1년마다 1%씩 상향조정되어 2005년 7월 9%로 인상되었다.

국민연금 보험료율

사업장가입자	1988~1992년	1993~1997년	1998~1999년 3월	1999년 4월 이후
근로자	1.5	2.0	3.0	4.5
사용자	1.5	2.0	3.0	4.5
퇴직금 전환금		2.0	3.0	
합계	3.0	6.0	9.0	9.0
지역가입자 합계	1995~1999년		2000~2004년	2005년 이후
합계	3.0		6.0	9.0

(6) 기금운용

우리나라 국민연금은 부분적립방식을 채택하고 있기 때문에 시행 초기에 상당한 액수의 적립금이 축적되며, 적립금의 운용이 재정안정에 관건이 된다. 따라서 적립금을 적재적소에 투자하여 최대의 수익을 올리는 것이 감독기관인 보건복지부와 관리운영기관인 「국민연금공단」의 중요한 책무가 된다.

국민연금은 제도의 연륜이 오래지 않아 노령연금 수급자가 많지 않고 따라서 적립금이 빠르게 누적되고 있다. 국민연금 적립금은 2015년 500조를 돌파하였고, 정부 추계에 의하면 2020년 847조원, 2043년에는 2,561조 원까지 증가할 것으로 예상된다.

국민연금 적립금은 대부분 금융부문에 투자된다. 국민연금 시행 초기에는 채권·금전신탁·수익증권 등 주로 채권 관련 상품 위주로 운용하였으나, 1990년부터 주식형 수익증권 투자사업을 시작했고, 1993년부터 본격적으로 주식투자를 시작하였다. 현재는 국공채·금융채권·회사채 등의 채권 투자, 주식에의 직접 투자, 수익증권과 금전신탁, 단기 금융상품 등 다양한 금융상품에 투자하고 있으며, 해외 주식에도 투자하고 있다.

국민연금 적립금은 가입자 모두의 공동 자금이기 때문에 신중하게 다루어야 한다. 국민연금공단은 기금운용 규정을 두고 기금을 엄격하게 관리하고 있다. 국민연금 기금운용원칙은 수익성·안정성·공공성·유동성·운용 독립성 등 다섯 가지이다.

국민연금 기금운용원칙(기금운용규정 II-2)

원 칙	내 용
수익성의 원칙	가입자의 부담, 특히 미래세대의 부담 완화를 위하여 가능한 한 많은 수익을 추구하여야 한다.
안정성의 원칙	기금은 투자하는 자산의 전체 수익률 변동성과 손실위험이 허용되는 범위 안에 있도록 안정적으로 운용하여야 한다.
공공성의 원칙	전 국민을 대상으로 하는 제도이고, 적립규모가 국가경제에서 차지하는 비중이 크므로 국가경제 및 국내금융시장에 미치는 파급효과를 감안하여 운용하여야 한다.
유동성의 원칙	기금은 연금급여의 지급이 원활하도록 유동성을 고려하여 운용하여야 하며, 특히 투자한 자산의 처분 시 국내금융시장 충격이 최소화되는 방안을 사전에 강구하여야 한다.
운용독립성의 원칙	기금은 상기 원칙에 따라 운용하여야 하며, 다른 목적을 위하여 이러한 원칙이 훼손되어서는 안된다.

　국민연금기금의 운용에서 가장 중요한 것은 안정성과 수익성이다. 국민의 노후를 대비하기 위한 자금이라는 점에서 무엇보다도 투자의 안정성이 요구되고, 또 일정한 수익이 보장되어야 한다는 점에서 그렇다. 그런데 투자수익이 높은 금융상품은 안정성이 떨어지고, 반대로 투자 안정성이 높은 금융상품은 투자수익이 떨어지는 게 현실이다. 그리고 정부 채권과 같은 공공부문에의 투자는 안정성이 높은 반면에 수익성은 낮고, 주식과 같은 민간부문에의 투자는 수익성은 높지만 안정성이 낮다. 이렇게 볼 때 안정성과 수익성을 동시에 담보할 수 있는 방법을 찾는 것이 국민연금기금 운용자의 최대 과제라 할 수 있다.

　국민연금기금의 수익성과 공익성을 놓고 수익성을 중시하는 사람이 있는가 하면 공익성을 강조하는 사람도 있다. World Bank는 공적연금기금에서 중요한 것은 수익성이며 공익을 추구할 필요는 없다고 한다. 반면에 국제사회보장협회(ISSA)는 교육·보건의료·교통 등과 같은 공익성이 있는 사업에 투자해도 좋다고 한다. (정창률 2010)

국민연금

구 분	내 용
부분적립방식	• 기금을 조성한다는 점에서 적립방식 • 시행 초기에 보험료율을 낮게 책정했다가 점진적으로 상향 조정했고, 일정한 재분배 기능을 갖고 있는 것은 부과방식

적용대상	• 사업장가입자: 근로자를 상시 고용하는 사업장의 18세 이상 60세 미만의 근로자와 사용자 • 지역가입자 : 사업장가입자가 아닌 자로서 18세 이상 60세 미만인 자. 도시 자영업자, 농민, 임시직, 일용직, 파트타임 근로자 등 유급종사자와 실업자, 학생, 군인 등 비경제활동인구까지 포함
급여	• 노령연금, 장애연금, 유족연금, 반환일시금
보험료	• 가입자의 소득에 부과 • 사업장가입자의 소득 : 근로소득에서 비과세근로소득을 차감한 소득 • 지역가입자의 소득:농업소득, 임업소득, 어업소득, 사업소득(도매업, 소매업, 제조업, 기타의 사업에서 얻는 소득)을 포함

2) 한국의 기초연금

(1) 기초연금의 성격

우리나라 기초연금은 노인에게 연금을 지급하여 안정적인 소득기반을 제공 함으로써 노인의 생활안정을 지원하고 복지를 증진하는 데 목적이 있다. 기초연금 수급자는 65세 이상 노인으로 일정 소득 이하인 사람이고, 공무원·사립학교·교직원·군인·별정우체국직원 등 직역연금 수급권자 및 그 배우자는 제외한다. 기초연금 재정은 가입자가 내는 보험료가 아니라 조세로 충당한다. (기초연금법은 2015년 9월에 제정되었다. 이 법은 2008년 실시된 기초노령연금법을 명칭과 내용의 일부를 개정한 것이다.)

공적연금은 재정조달방식(조세방식 또는 사회보험방식)과 대상자 범위(보편주의 또는 선별주의)에 따라 분류되는 것이 일반적이다. 우리나라 기초연금은 조세로 재정을 조달하고 일정 소득 이하 노인을 수급대상으로 한다. '조세방식'의 선별주의제도라는 것이다.

하지만 선별주의로 규정하는 데는 다소 문제가 있다. 기초연금은 전체 65세 이상 노인의 70%를 선정대상으로 한다. 노인의 70%는 노인의 다수를 의미한다. 다수를 대상으로 하는 제도를 선별주의로 보는 것은 무리가 있다. 대표적인 선별주의제도인 공공부조와 비교해 보면 된다. 그렇다고 보편주의 제도로 보기도 어려운 것이 모든 노인을 대상으로 하고 있지 않기 때문이다. 이러한 모호성이 우리나라 기초연금의 가장 큰 문제점이다.

(2) 도입배경

2007년 기초연금법(제정 당시에는 기초노령연금법)이 국회를 통과함으로써 2008년부터 저소득 65세 이상 노인에게 기초연금이 지급되었다. 기초연금의 도입은 노인의 노후소득보장 정책으로서 획기적인 조치였다.

기초연금은 중하위 소득계층 노인(전체 노인의 70%)을 대상으로 하기 때문에 상당한 재정이 필요하다. 막대한 재정 부담에도 불구하고 정부가 기초연금을 신설한 데는 이유가 있다. 무엇보다도 급격한 고령화에 대한 대책이 절실했기 때문이다.

고령화는 경제와 사회 전반에 영향을 주고 있는데, 가장 심각한 것 중의 하나가 노인의 노후생계보장 문제이다. 서구 복지국가의 경우 공적연금의 연륜이 오래되고 또 보장의 수준이 높아 노인의 노후생계는 공적연금으로 충족되고 있다. 반면에 우리나라는 기초연금이 도입되기 전에는 소수의 가난한 노인을 대상으로 하는 경로연금만 시행되었고, 대표적인 노후소득보장제도인 국민연금은 사각지대가 넓어 많은 수의 노인, 특히 중하위 소득계층 노인이 제대로 된 생계보장을 못 받고 있었다.

이런 상황에서 경로연금이 제대로 된 공적노후소득보장제도로서 역할을 다하기 위해서는 금액인상은 물론 대상자도 대폭 확대되어야 한다는 요구가 노인단체와 시민사회단체로부터 줄기차게 제기되었다. 경로연금은 1998년 국민연금이 전 국민으로 확대될 즈음에 당시 65세 이상 노인이 연령 요건으로 인해 국민연금에 가입하지 못하게 됨에 따라 이들의 소득을 보충적으로 지원해주기 위해 도입된 제도였다. 주된 대상은 65세 이상 생활보호대상자(현 국민기초생활수급자)와 65세 이상 저소득노인이었다. 그러나 경로연금은 제도가 도입된 지 10년이 지났음에도 금액 면에서나 지급대상자 수에 있어서 개선된 게 별로 없었으며, 경로연금의 액수가 용돈도 안 될 정도로 너무 적어 소득보장의 기능을 제대로 하지 못했다.

경로연금대상자 확대 문제는 국민연금사각지대와 연결되어 있었다. 국민연금에 법적으로는 가입해야 함에도 불구하고 소득부족과 실업 등의 다양한 이유로 인해 많은 사람이 납부 예외를 인정받았다. (납부예외는 소득이 일시적으로 없을 경우 보험료 납부를 면제해주는 제도로 연금액 산정 시 가입기간에서 제외된다.) 당시 500만 명에 가까운 가입자가 납부예외자로 분류되었으며, 특히 지역가입자의 경우 절반에 가까운 수가 납부예외로 보험료를 내지 않았다. 납부예외자가 장기간 이런 상태에 머물 경우 이들은 노후에 국민연금을 받지 못하게 될 것이고, 다른 대책이 없다면 많은 가입자들이 '소득 없는 장수'라는 위험에 직면하게될 게 확실했다.

결국 국민연금사각지대에 있는 노인들에 대한 공적노후소득보장을 기존 제도인 경로연금제도의 확대를 통해서 해결할 것인지, 아니면 새로운 제도를 만들어서 해결할 것인지를 놓고 논의가 진행되었으며, 노후소득보장체계의 재구축이라는 측면에서 결정된 것이 기초연금이었다.

(3) 수급대상(受給對象)

기초연금의 수급대상자는 한국 국적을 가지고 주민등록이 되어있는 65세 이상 노인으로서 가구의 소득인정액이 선정기준액 이하여야 한다. 말하자면 국가가 정한 기준액보다 적은 소득(재산 환산 소득 포함)을 가진 노인이 기초연금의 수급대상자라는 것이다. 소득인정액은 다음에서 보듯이 월 소득평가액과 재산의 월 소득환산액을 합산한 금액이다.

소득인정액 = 소득평가액 + 재산의 소득환산액

① 소득평가액

월 소득평가액은 근로소득에 기타소득을 합산한 것이다. 산정방식은 다음과 같다.

월 소득평가액 = {0.7 × (근로소득 - 60만 원)} + 기타소득

산정대상 월 소득은 근로소득에서 기본공제액인 60만 원을 공제한 금액에서 30%를 추가로 공제한 것이다. 일용근로소득·공공일자리소득·자활근로소득은 근로소득에서 제외된다. 기타소득은 사업소득·재산소득·공적이전소득·무료임차소득을 합산한 것이다. 구체적인 것은 다음표와 같다.

기초연금 소득평가액 산정 기타소득

구 분	내 용
기타소득	사업소득 + 재산소득 + 공적이전소득 + 무료임차소득
사업소득	기타사업소득 + 임대소득 기타사업소득 : 도매업·소매업, 제조업, 농업·어업·임업, 기타 사업 임대소득 : 부동산, 동산, 권리, 그 밖의 재산의 대여로 발생하는 소득
재산소득	이자소득 + 연금소득 이자소득 : 예금·적금·주식·채권의 이자와 배당 또는 할인에 의하여 발생하는 소득 연금소득 : 민간 연금보험, 연금저축 등에 의해 정기적으로 발생하는 소득
공적이전소득	각종 법령의 규정에 의해 정기적으로 지급되는 각종 수당·연금·급여·기타 금품, 즉 국민연금, 공무원연금, 군인연금, 사립학교교직원연금, 산재급여를 말함 (일시금으로 받는 금품은 재산으로 산정)
무료임차소득	자녀 소유의 고가 주택에 거주하는 본인 또는 배우자에 대하여 임차료에 상응하여 소득으로 인정하는 금액, 본인 또는 배우자의 주민등록상 주소지 주택이 자녀명의이고, 시가표준액 6억 원 이상인 경우, 연 0.78%의 소득이 적용됨

② 재산의 월 소득환산액

재산을 소득으로 환산하는 산식은 다음과 같다.

재산의 월 소득환산액 = [{(일반재산 - 기본재산액)+(금융재산 - 2,000만 원) - 부채} × 0.04(재산의 소득환산율, 연 4%) ÷ 12개월] + 고급 자동차 및 회원권의 가액

이 산식에서 보듯이 재산의 월 소득환산액은,

- 일반재산에서 기본재산액을 공제(控除)하고,
- 여기에 금융재산에서 2천만 원을 뺀 금액을 합한 다음,
- 부채를 공제하고,
- 그렇게 산출된 금액에 재산의 소득환산율인 연 4%를 곱한 후,
- 이를 12개월로 나누어 월 소득환산액을 산출하고,
- 고급 자동차 및 회원권의 가액을 합한 것이다.

기본재산액은 지역별로 다르다. 고급자동차 및 회원권은 그 가액(시가표준액)을 그대로 적용한다. 회원권은 지방세법에 의한 골프회원권·승마회원권·콘도미니엄회원권·종합체육시설이용회원권·요트회원권을 포함한다.

(4) 급여와 재정

① 급여

기초연금은 기준연금 대상자와 소득재분배 급여 대상자에 따라 다르다.

- **기준연금 대상자** : 국민연금 비 수급자(무연금자), 국민연금 월 급여액이 기준 연금액의 150% 이하인 사람, 국민연금의 유족연금이나 장애연금 수급자, 장애인연금 수급자이다. 이들에게는 매월 정액의 기준연금이 지급된다.
- **소득재분배 급여 대상자** : 기준연금에 해당되지 않는 사람은 소득재분배 급여(A급여)에 따른 산식에 의해서 산정된 기초연금을 받는다.

소득재분배 급여(A급여) 대상자의 연금산식은 다음과 같이 복잡하다.

소득재분배 급여(A급여) 기초연금 = (기준연금액 - 2/3× A급여) + 부가연금액

* A급여는 국민연금의 노령연금 산식 요소 중 하나로 연금 가입자 전체의 평균소득(균등부분)이다.

여기서 보듯이 기준연금액에서 A급여의 2/3를 공제하고, 여기에 부가연금액을 합해서 정한다. 부가연금액은 기준연금액의 50%이다. 이 산식으로 계산한 금액이 기준연금액을 초과하더라도 최고액인 기준연금액으로 기초연금액이 산정된다.

② 재정

기초연금의 재정은 국가와 지방자치단체가 부담한다. 국가는 지방자치단체의 노인인구 비율 및 재정여건 등을 고려하여 100분의 40 이상 100분의 90 이하의 범위 안에서 대통령령으로 정하는 비율을 부담한다. 국가가 부담한 금액을 차감한 액수는 특별시·광역시·도 또는 특별자치도(시도) 및 시군구(자치구)가 상호 분담하되, 그 부담비율은 노인인구 비율 및 재정여건 등을 고려하여 시·도의 조례로 정한다.

기초연금

구 분	내 용
수급대상	• 한국 국적으로 주민등록이 되어있는 65세 이상 노인으로서 가구의 소득인정액이 선정기준액 이하인 사람
급여	• 기준연금 대상자와 소득재분배 급여 대상자에 따라 다름 • 기준연금 대상자 : 국민연금 비 수급자(무연금자), 국민연금 월 급여액이 기준연금액의 150% 이하인 사람, 국민연금의 유족연금이나 장애연금 수급자, 장애인연금 수급자에게 매월 정액의 기준연금 지급 • 소득재분배 급여 대상자: 기준연금 대상자에 해당되지 않는 사람에게 소득재분배 급여(A급여)에 따른 산식에 의해서 산정된 기초연금 지급
재정	• 국가와 지방자치단체가 부담

3) 질병과 상해에 대한 사회보장

(1) 건강보험의 개념

예상하지 못한 심각한 질병이나 상해를 당해 병원에서 치료를 받으려면 고액의 진료비를 지불해야 한다. 게다가 날로 발전하는 의학적 진단기술과 치료기술의 발전 때문에 병원 진료비는 거의 매년 인상된다.

병원 진료비는 가족에게 상당한 경제적 부담을 준다. 특히 가족 중 중증질환이나 만성질환 환자가 발생하면 그러한데, 병원에 지불해야 할 진료비가 만만치 않기 때문이다. 만약 저축한 돈이나 가입해 놓은 보험이 없을 경우 가족은 재정적 위험(financial risks)에 빠질 수 있다.

건강보험(health insurance)은 가족의 치료비 지출로 인해 재정적 위험에 직면한 사람에게 치료비의 전액 또는 일부를 지급하는 사회보험이다. 이는 건강보험이 국민의 질병치료를 공적으로 보장하는 의료보장제도가 아니라 질병 치료에 드는 진료비를 보장하는 소득보장제도라는 것을 의미한다.

건강보험 가입자 입장에서 건강보험은 질병 치료비를 조달하는 방법 중 하나이다. 질병치료비 조달방법은 건강보험만 있는 것은 아니다. 건강보험 외에도 민간보험회사나 비영리법인이 운영하는 민간건강보험도 있고, 우리나라 손해보험처럼 진료비 본인부담금을 상품으로 만든 민간보험도 있다.

건강보험 급여는 현물급여와 현금급여 두 가지가 있다. 현물급여는 외래진료 입원진료·약제·전문의진료·출산·치과진료·환자후송·가정보호 등과 같은 의료서비스의 비용을 제3자인 보험자가 지불하는 것이다. 현금급여는 질병이나 출산으로 인해 일을 못해 봉급을 받지 못하는 경우 이를 보전(대체로 사유발생 당시 소득의 50~75%, 부양가족의 수에 따라 증감)해 주는 것이다.

현물급여와 현금급여 중 현금급여는 우리에게 익숙하지 않다. 하지만 건강보험은 원래 현금급여를 위해 생긴 것이다. 다시 말해 질병치료기간 동안 중단되는 소득(보수)을 건강보험관리기관이 직장을 대신해서 지급하는 데 일차적인 목적이 있었다는 것이다. 진료서비스(현물급여) 보장은 부차적이었다. 1911년 영국 국민보험의 하나로 시작된 건강보험이 좋은 예이다. 영국의 이런 전통은 지금도 이어지고 있는데, 국민들에게 무상의 포괄적인 의료서비스를 보장해주는 국민보건서비스(the National Health Service, NHS)와는 별도로 현금급여 프로그램(건강보험)을 운용하고 있다.

건강보험 적용대상은 근로자·자영업자·공직자(공무원·교직원·군인 등) 등 일정한 소득원을 가진 경제활동인구와 그 부양가족이다. 보험료를 부담하는 사람을 피보험자라 하고, 피보험자의 부양가족을 피부양자라 하며, 피보험자와 피부양자를 합해서 피보험대상자라고 한다. 건강보험의 초창기에는 피부양자를 급여대상에서 제외하였으나 건강보험의 급여범위가 확대되면서 피부양자도 혜택을 받게 되었다.

건강보험 보험료 징수와 급여 지급 등 관리운영은 건강보험관리운영기관이 한다. 정부가 건강보험을 직접 관장하는 나라가 있으나 소수이고(영국·스웨덴·일본 등) 대부분의 나라에서는 공법상의 기구 또는 준 자치적인 비정부기관이 관리운영을 담당하고 있다.

한편, 연금이나 실업보험은 피보험자로부터 보험료를 징수하고 급여를 제공하는 관리운영기관이 동일하다. 예컨대 우리나라 국민연금 가입자는 국민연금공단에 보험료를 내고 수급자는 국민연금공단으로부터 연금을 받는다. 하지만 건강보험은 보험료를 징수하는 기관(건강보험관리운영기관)과 급여(의료서비스)를 제공하는 기관(의료기관)이 다르다. 우리나라 건강보험에서 보듯이 건강보험 가입자는 보험료를 국민건강보험공단에 내고, 의료서비스는 병원과 의원 등 의료기관에서 받는다.

건강보험 가입자가 받은 의료서비스의 대가인 진료비는 건강보험 가입자(환자) 대신 건강보험관리운영기관이 의료기관에게 지급한다. 이와 같이 의료서비스를 받는 환자가 진료비를 의료기관에 직접 지불하지 않고, 제3자인 관리운영기구가 대신 지불하기 때문에 의료기관이 청구하는 진료비의 적정성을 통제하기 위해 진료비심사기구를 둔다.

건강보험은 사회보험 중 가장 오랜 역사를 갖고 있다. 1883년 독일의 비스마르크 건강보험이 그것이다. 원래는 산재보험이 먼저 입안되었으나 정부와 사회 제 세력들 간의 이견으로 입법화가 지연되어 비교적 쉽게 합의에 도달한 건강보험이 먼저 의회를 통과하여 세계 최초의 사회보험이라는 영예를 안게 되었다.

(2) 진료비 본인부담제

건강보험은 다른 사회보험과 달리 서비스 비용의 일부를 가입자가 부담하도록 하고 있다. 진료비의 일부를 환자가 부담하는 것이다. 이를 '진료비 본인부담제(cost-sharing)'라 한다. 건강보험이 수익자 부담을 두는 이유는 서비스의 남용을 억제하고(도덕적 해이의 방지), 수익자와 비수익자 간의 형평성을 도모하며, 수익의 정도와 수익자의 부담 능력에 따라 부담을 달리함으로써 수익자의 책임을 촉구하고, 수익자 부담 부분을 사회보장 재원으로 재충당할 수 있다는 데 있다.

사실 진료비 본인부담제는 피보험 대상자가 질병이라는 사회적 위험에 빠진 그 시점에 진료비(일부라도)를 부담시킨다는 점에서 사회보장의 기본 정신에는 부합되지 않는다. 사회보장이 질병·재해·노령 실업 등 사회적 위험에 대비하기 위해 고안된 제도라는 점에서 그렇다. 그러나 전 세계적으로 국민의료비가 급증하자 각국은 재정안정을 위해 본인부담제를 도입 또는 확대했고, ILO도 저소득층에게는 적용하지 않고 특별히 많은 비용이 드는 질병을 제외한다는 조건을 달아 이를 인정하였다.

진료비 본인부담제는 세 가지 형태가 있다.
- **정률제(coinsurance)** : 의료 이용자가 의료서비스 비용의 일정 비율을 부담하는 방식이다. 진료비의 일부를 피보험자에게 부담시킴으로써 불필요한 의료이용을 억제하는 데 목적이 있다. 하지만 진료비 부담 때문에 꼭 필요한 의료서비스까지 억제시키는 부작용이 나타날 수 있다. 본인부담률이 매우 높을 경우 본인부담금

에 대한 추가적인 보험 수요(영리를 목적으로 하는 민간건강보험)가 생길 수도 있다.
- **정액제(copayment)** : 의료서비스를 이용할 때마다 일정액(flat fee)을 부담시키는 방법이다. 건강보험은 일정액 이상만 부담한다. 가벼운 질환으로 의료기관을 빈번하게 이용하는 것을 억제한다.
- **공제제(deductible)** : 진료비의 일정액까지는 본인에게 전액 부담시키고, 일정액을 초과하는 부분만 건강보험이 부담한다. 건강보험 이용의 대부분을 차지하는 소액 진료비를 전부 자부담시킴으로써 심사 및 지불을 위한 막대한 행정비용을 절감하고, 건강보험의 남용을 막는다.

우리나라 건강보험도 본인부담제가 있다. 입원과 외래별, 또 외래의 경우 의료기관 유형별·금액별로 본인부담의 형태가 다르다. 우리나라 건강보험의 본인부담률은 입원과 외래를 합해 진료비의 40~50%에 달하는데, 세계 최고 수준이다. 입원의 경우 제도적으로는 진료비의 20%만 본인이 부담하도록 되어 있으나 특진비·특실료·고가 의료검사장비 이용료 등 보험 외 급여의 비중이 높아 실질적으로 진료비의 거의 절반에 달하고 있다. (비보험급여의 비중이 커진 이유는 병원이 낮은 건강 보험수가를 보전하기 위한 데 있음은 주지의 사실이다.) 그리하여 사회보험으로서의 실효성에 의문이 제기되어 "우리나라 건강보험은 사회보험이 아니라 진료비 할인제도"라는 자조적인 말이 나오는 것이다. 고액의 본인부담은 중산층보다는 서민에게 큰 부담이 된다는 점에서 결코 바람직한 게 아니다.

(3) 진료비 지불방법

건강보험의 관리운영기구가 의료기관이 건강보험의 가입자인 환자에게 제공한 의료서비스의 대가로 지불하는 진료비 지불방법에는 행위별수가제(fee-for-services)·총액계약제(global budgeting)·DRG(diagnosis related groups) 지불제가 있다.

① 행위별수가제

행위별수가제는 의료기관이 환자에게 제공한 모든 의료서비스를 항목별로 계산한 다음 그 총액으로 진료비를 책정하는 방법이다. 그래서 점수제 또는 성과불 제로 부르기도 한다. 우리나라와 일본, 미국이 행위별수가제를 채택하고 있다. 행위별수가제는 의료 인력이 환자에게 제공한 서비스를 일일이 화폐로 환산·집계하여 수가를 계산하기 때문에 의료기관의 입장에서는 가장 합리적이다.

그러나 행위별 수가제는 의료 인력의 진료행위 하나하나가 의료기관의 수익에 직결되기 때문에 과잉진료를 유도하고, 의료기관의 청구에 따라 진료비가 지불되는 데다가 환자에게는 의료기관을 상대로 의료서비스 가격의 적정성을 따져야 할 인센티브가 별로 없기 때문에 진료비 부당청구의 가능성이 있다.

행위별수가제 하에서 과잉진료와 부당청구가 구조적으로 발생한다는 사실은 우리나라 건강보험에서 잘 확인되고 있다. 이런 현상은 우리나라뿐만이 아니다. 행위별수가제를 채택하고 있는 미국의 경우도 Medicare 프로그램(사회보장연금 수급자를 대상으로 하는 건강보험)에서 매년 대략 10% 정도의 부당청구로 인한 손실이 발생하는 것으로 추정되고 있다. (전창배 2001) 게다가 행위별수가제는 의료기관의 과잉투자를 야기한다. 우리나라 일부 의원들은 거액을 들여 호텔 같은 시설과 전문 대학병원을 능가하는 전문 인력과 장비를 갖추고, 마케팅 전담 직원까지 두어 고객 확보에 나서고 있는 실정이다. 이는 의료서비스의 질을 높이고 환자의 편의성을 높였다는 점에서 긍정적인 면이 있지만, 막대한 투자비용의 회수를 위해 과잉진료를 하게 만드는 요인이 되고 있다.

② **총액계약제**

총액계약제는 보험자와 의료기관이 일정 기준에 따라 진료비 총액을 협상하여 의료기관에 일괄 지급하는 방식이다. 대부분의 병원이 공공병원(중앙정부 또는 지방정부 소유)이거나 민간병원이라도 거의가 비영리인 유럽의 경우, 병원 진료비는 총액 계약제로 정산되고 있다. (독일·미국·영국 등은 의원급에 총액계약제 적용) 진료비 총액은 인건비·약품비·재료비·음식·청소 등의 유지비 등을 포함하여 계산되는데(실제 지출되는 각 예산 항목을 합산하기 때문에 원가계산방식이라고도 한다), 통상 전년도 진료 실적과 인건비 상승분 등을 감안하여 결정한다.

독일의 경우 입원요양비는 1일당 정액으로 정해지고, 병원의 진료보수에는 의료장비 등 설비투자비용은 제외되고 인건비 등 경상비용만 고려된다. 병원의 설비투자비는 정부가 부담한다. 그리고 보험의사가 처방하는 약제비는 정부가 정하는 게 아니라 매년 연방약품공업협회에서 발표하는 약품가격 리스트에 준한다. 이 약제처방 역시 보험의사협회에서 심사한다.

의사들의 보수는 의료기관별로 다르다. 병원은 경영자가 자체 기준에 따라 고용 의사들에게 보수를 지급하며, 의원의 경우 등록 환자와 진료건수를 고려해 보수를 받는다. 사용자가 없는 의원 의사는 의사협회(유럽)나 자신이 속한 의사집단 (미국)으로부터 보수를 받는다.

총액계약제의 가장 큰 장점은 과잉진료가 없다는 것이다. 의사는 사전에 지급받은 진료비 한도 내에서 자기 환자들의 진료 문제를 해결해야 하므로 불필요한 입원이나 고액의 진료를 피하고자 하는 경제적 유인이 생긴다. 말하자면 의사가 아무것도 하지 않을수록 의사의 수입이 늘어나는 구조라는 것이다. 이렇게 되면, 과잉진료를 원천적으로 방지할 수 있다. 미국에서는 이를 '관리의료(managed care)'라고 한다.

1990년대 초반 민간보험 시장에서 시작된 관리의료의 진료비 지출 억제 효과를 인정한 미국 정부는 Medicare와 Medicaid(미국의 65세 미만의 저소득자·신체장애자·의료보조제도)에도 적극 권장하였다. 즉, 연방정부가 Medicare 1인당 평균 지출액수의 95%에 해당하는 금액으로 관리의료를 채택한 보험회사와 계약을 맺어 Medicare 대상 피보험자들을 보험회사로 보냄으로써 5%의 비용을 절약하고자 했던 것이다.

하지만 총액계약제는 보건의료의 효과성은 높일지 모르나 환자에 대한 보건의료 서비스의 질을 낮출 가능성이 있다. (비용 절감을 위한 과소 진료의 가능성 상존) 그리고 '크림 떠내기'(cream skim) 현상이 발생할 가능성도 있다. 크림 떠내기란 보험회사들이 위험이 적은 환자들만 선택하고, 위험이 높거나 위험을 예측하기 힘든 환자들은 다른 데로 떠넘기는 현상을 말하는데, 진료예산을 선불로 받는 의사들에게는 이런 인센티브(incentive 동기유발)가 분명 존재한다. (West 1997)

총액계약제의 정착은 의료전달체계의 확립이 반드시 선행되어야 가능하다. 선진국의 예에서 보듯이 의원에 총액계약제를 적용하기 위해서는 주치의 제도가 필수적이고, 입원(응급환자를 제외한)은 이들 주치의의 판단에 의해 결정되어야만 하는데, 이는 1, 2차 의료전달체계의 확립이 전제되어야 가능한 일이다. 그리고 건강보험의 급여범위가 매우 포괄적이어야만 한다. 우리나라와 같이 비보험급여의 비중이 높을 경우 총액계약제가 도입되면 의료기관이 비용절감의 압박을 피하기 위해 보험급여 대상에서 제외되는 의료서비스의 비중을 확대하고자 할 것이기 때문이다.

③ DRG 지불제

DRG 지불제(diagnosis related groups. 포괄수가제)는 행위별수가제 안에서 지불단위를 포괄화한 진료비지불방식이다. 예컨대, 제왕절개술·충수절개술·항문과 항문 주위 수술 등 수술행위별로 진료비를 정액화한 것이다. DRG 지불제는 미국 정부가 진료비 억제를 위해 1983년부터 Medicare에 도입한 것이 최초이다.

민간의료의 비중이 압도적으로 큰 우리나라의 경우 행위별수가제의 가장 현실적인 대안이 바로 이 DRG 지불제이다. 고려대학교 의과대학 안형식(2000:13) 교수가 잘 지적한 바와 같이, 현재와 같은 행위별수가제에서는 과잉진료에 대한 시비는 끊임없이 제기될 것이며, 진료비 지불제도는 의료기관의 진료행태를 바꿀 수 있는 중요한 계기이며, 포괄수가제 등 진료비 지불에 대한 대안이 마련되어야 한다.

1965년 이후 급격히 증가한 의료비 문제에 대처하기 위해 1983년 레이건 정부가 병원을 대상으로 DRG 지불제를 도입했다. 1989년 의원으로 확대했다. (Whiteman, 2001)

우리나라 보건복지부도 DRG 지불제의 필요성을 인정해 1997~1999년까지 시범사업을 거쳐 2002년 7개 질병군(비교적 간단하고 문제가 발생하지 않을 만한 질병, 안과 수정체 수술, 이비인후과 편도·아데노이드 수술, 일반외과 충수절제술, 항문과 항문 주위 수술, 산부인과 제왕절개술 등)에 한해 DRG 지불제를 시행하였다. 의료기관의 참여는 자발적이었다.

하지만 시범사업은 사실상 실패했다. 대형병원들은 여전히 행위별수가제로 비용을 청구했고, 시범사업에 참여한 소규모 의원들은 DRG 지불제로 행위별수가제보다 오히려 더 많은 수익을 얻었다. 이런 문제를 해결하기 위해 정부는 2012년 7개 질병군 DRG 지불제를 모든 의료기관으로 확대하였다. 그러나 아직 성공적이라는 평가는 없다. 한국에서 DRG 지불제의 성공 여부는 원가계산방식에 달려있다. 당연한 말이지만 의료 소비자인 시민과 공급자인 의사가 모두 납득할 수 있는 수준이어야 한다.

DRG 지불제의 가장 큰 약점은 진료의 질 저하이다. 진료 양에 관계없이 동일한 진료비를 받는 의료기관의 입장에서는 가급적 최소한의 진료서비스로 진료효과를 거두려는 유인이 존재하기 때문이다. 그러나 DRG 지불제를 도입한 미국에서도 결정적인 의료의 질 저하는 없었던 것으로 나타났는데, 그 이유는 다른 의료기관과 경쟁해야 하는 처지에서 의료의 질을 무한정 낮출 수는 없었고, 또 의사로 구성된 진료비심사기구(peer review organization)가 엄격하게 모니터링(심사·감시)했기 때문이다. 우리나라도 의료기관 간의 경쟁이 심하고, 심사평가원이라는 강력한 진료비 심사 기구가 존재한다는 점을 고려할 때, DRG 지불제를 도입해도 의료의 질 저하는 크게 우려하지 않아도 될 것 같다.

4) 한국의 국민건강보험

(1) 적용대상

우리나라 국민건강보험 적용대상은 직장가입자와 지역가입자로 구분된다. 직장가입자는 사업장의 근로자 및 사용자와 공무원 및 교직원, 그리고 그 피부양자로 구성된다. 지역가입자는 직장가입자를 제외한 지역주민이다. 건강보험 대상자 중 피부양자는 직장가입자에 의하여 주로 생계를 유지하는 자로서 보수 또는 소득이 없는 자를 의미하며, 직장가입자의 배우자, 직계존속(배우자의 직계존속 포함), 직계비속(배우자의 직계비속 포함) 및 그 배우자, 형제자매를 포함한다.

2017년 3월 건강보험법이 개정되어 가입자의 직계존속 중 재산과 소득이 일정액 이상인 사람은 단계적으로 피부양자에서 제외된다. 2018년 7월에서 2022년 6월까지 1단계에서는 2인 가구 기준중위소득 이하, 재산과표 5.4억 원 이하이면서 연소득 1천만 원 이하의 경우만 피부양자로 인정하고, 2022년 7월 2단계 개편부터 2인 가구 기준 중위소득의 60% 이하, 재산과표 3.6억 원 이하이면서 연소득 1천만 원 이하인 경우만 피부양자로 인정한다.

국민건강보험은 1977년 7월 1일 500인 이상의 근로자를 상시 고용하고 있는 대기업의 근로자를 적용대상으로 시작되었다. 1977년도는 제4차 경제개발5개년계획의 시발 연도였으며, 이미 1963년에 제정되었으나 사문화되어 있던 의료보험법을 전면 개정하여 강제적용의 사회보험방식으로 하되 적용이 용이한 일정 규모 이상의 사업장 근로자를 우선 적용하고, 이를 단계적으로 확대하도록 했던 것이다. 그 후 1979년 7월부터 300인 이상, 1981년 1월부터 100인 이상 사업장 당연 적용 확대, 동년 2월 1일 5인 이상 사업장 임의적용, 1982년 12월부터 16인 이상, 1988년 7월부터 5인 이상 사업장 당연 적용 확대 등 단계적으로 적용대상자를 확대하였다.

공무원 및 사립학교교직원과 같은 공직자를 대상으로 하는 특수직 건강보험은 직장건강보험과는 별도로 1979년 1월에 시작되었다. 공직자 건강보험의 적용대상도 조금씩 확대되었는데, 1980년 1월에 군인가족, 1981년 7월에는 공무원 및 사립학교교직원 퇴직연금수급자, 동년 10월에는 군인 퇴직연금수급자, 1986년 1월에는 유족·장애·상이연금수급자도 포함되었다.

근로자나 공직자같이 비교적 안정된 봉급생활자에게 건강보험을 먼저 적용한 데는 그들의 사회적 힘이 강하고 자격관리와 징수관리 등이 용이하다는 나름대로의 이유가 있었다. 그러나 보건의료 욕구가 크면서 재정적 부담능력은 떨어지는 농어민과 도시 영세 자영업자 층이 배제되어 있다는 사실은 복지국가를 지향하는 정부의 의지나 사회적 형평에 비추어 볼 때 문제가 있었다. 이에 대한 비판이 확산되자 정부는 자영업자로의 확대에 대해 진지하게 검토하지 않을 수 없었다. 그 준비 작업으로 1981년 7월부터 홍천·옥구·군위 등 3개 시군에 대한 시범사업을 실시하였고, 1982년 7월에는 강화·보은·목포로 확대하였다.

1987년 6월 항쟁과 6·29선언, 12월 대통령선거 등 1980년대 후반은 민주화의 열풍이 불던 시기였다. 이 무렵 전두환 정권은 제6차 경제사회발전 5개년계획에 전 국민 건강보험 방침(1988년 1월 농어민, 1989년 1월 도시민)을 포함시켰고, 노태우 대선 후보 역시 이를 공약으로 내걸었다. 선거기간 중 이미 농어촌 지역주민에게 건강보험증이 발급되었다. 건강보험의 확대 적용이 선거용이었던 것이다. 아무튼 1988년 1월에는 농어촌 지역주민을 위한 건강보험이, 이듬해인 1989년 7월에는 도시민을 위한 건강보험이 실시됨으로써 전 국민 건강보험이 달성되었다. (1987년 2월 한방건강보험, 1989년 10월 약국건강보험 실시)

(2) 급여

우리나라 건강보험급여의 종류로는 현물급여인 요양급여와 분만급여·건강진단, 현금급여인 요양비·분만비·본인부담 보상금이 있다. 요양급여는 피보험자 및 피부양자의 질병 또는 부상에 대하여 요양기관에서 실시하는 현물급여로서 진단, 약재 또는 치료재료의 지급, 처치·수술 기타의 치료, 의료시설에의 수용·간호·이송을 대상으로 하며, 보험자가 비용을 부담하는 요양급여의 기간은 제한이 없다. 분만급여는 말 그대로 요양기관에서의 분만(피보험자와 피부양자)을 대상으로 하는 현물급여이고, 건강진단은 피보험자에 대하여 질병의 조기발견과 그에 따른 요양급여를 제공하기 위해 실시하는 현물급여이다.

요양비는 현금급여로서 피보험자 또는 피부양자가 긴급 또는 기타 부득이한 사유로 인하여 요양기관 외의 의료기관이나 약국 등에서 요양을 받았을 경우 요양급여에 상당하는 금액을 현금으로 지급하는 것이다. 분만비도 현금급여로서 피보험자 또는 피부양자가 요양기관 외의 장소에서 분만한 경우 지급한다. 본인부담보상금은 본인부담금이 일정 액수를 초과한 경우 초과한 금액의 일정 비율을 보상금으로 지급하는 것이다.

(3) 보험료

우리나라 건강보험 보험료는 직장가입자와 지역가입자가 다르다. 직장가입자는 소득비례 보험료를 부담하는데, 보험료율은 보수월액의 6.12%(2017년)이다. 보수월액은 동일사업장에서 당해 연도에 지급받은 보수총액을 근무월수로 나눈 금액이다. 보험료는 가입자와 사용자가 분담한다. 분담비율은 근로자는 가입자와 사용자가 5:5, 공무원은 가입자와 정부(사용자)가 5:5, 사립학교 교원은 가입자 사용자(학교법인)와 정부가 5:3:2이다.

봉급생활자인 직장가입자는 보수월액에 일정한 비율을 곱하여 보험료를 산정하므로 보험료 부과가 매우 간단하지만, 대부분이 자영업자인 지역가입자는 상당히 복잡하다. 지역가입자 건강보험료는 가입자의 소득·재산·자동차·생활수준 및 경제활동 참가율을 참작하여 정한 부과요소별 점수를 합산한 보험료 부과점수에 점수당 금액을 곱하여 보험료를 산정한 후 경감률 등을 적용하여 세대 단위로 부과한다. 지역가입자 보험료 부과기준 소득에는 이자소득·배당소득·사업소득·근로소득·연금소득·기타소득이 포함되고, 재산에는 주택·건물·토지·선박·항공기·전월세가 포함된다.

2000년 정부는 건강보험을 통합하면서 봉급생활자와의 형평을 고려하여 지역가입자도 소득만을 기준으로 하는 보험료 부과체계를 적용하려 했다. 말하자면 봉급생활자는 소득에 대해서만 보험료가 부과되는 데 반해, 지역가입자는 소득은 물론 재산에까지 보험료가 부과되는 불합리한 현실을 개선하고자 했던 것이다. 그러나 자영업자의 소득파악이 저조하고, 당분간 개선될 가능성도 없는 것으로 판단되자 이를 철회하고 종전과 같이 소득과 재산 양자에 보험료를 부과하기로 입장을 바꾼 바 있다. (불공정한 복지정책 지속)

(4) 관리운영 통합 논쟁

건강보험 보험자는 하나인 경우도 있고, 여러 개의 건강보험조합으로 분립되어 있는 경우도 있다. 전자를 통합방식(unified system), 후자를 조합방식(separated system)이라 한다. 또한 대부분의 국가들은 공무원·철도노동자·선원·광부 등 특수직 종사자를 위한 별도의 특별제도를 두고 있다. 우리나라 건강보험은 조합방식으로 시작했다가 통합방식으로 전환했다. 1977년 건강보험을 시작할 때는 조합방식을 채택하여 직장과 지역의 많은 의료보험조합(지역조합 227개, 직장조합 145개)으로 분리되어 있었으나, 1999년 1월 6일 건강보험의 완전 통합을 골자로 한 「국민건강보험법」이 국회를 통과함에 따라 직장조합·지역조합·공무원·사립학교교직원조직이 하나로 통합되고, 공법상의 기구인 국민 건강보험공단이 관리운영을 맡게 되었다. 2003년에는 재정도 완전 통합되었다.

조합방식과 통합방식을 놓고 학계와 시민사회단체가 벌인 논쟁을 이른바 건강보험통합논쟁이라고 한다. 건강보험통합논쟁은 전두환 정권기인 1980년에 시작되어 김대중 국민의 정부까지 대략 네 단계를 거치면서 진행되었다.

- 복지부(당시 보사부) 내부에서 통합문제를 제기한 논쟁의 시발 단계
- 논쟁이 국회·언론·경제기획원·국무총리실·관변연구기관·학계 등으로 번진 확산 단계
- 농민단체·진보적인 보건의료단체·건강보험노동조합 등 시민사회단체가 중심이 되어 시정운동(민중의 복지요구투쟁)으로 발전시킨 사회운동 단계
- 김대중 「국민의 정부」에 의해 통합이 실현된 제도통합 단계

건강보험통합논쟁은 여러 가지 중요한 의의를 갖고 있다. 광복 이후 가장 많은 학자들이 참여해 가장 오래 전개한 논쟁이고, 대통령선거에서 주요 공약의 하나가 되었을 정도로 집단이해관계가 상충되는 뜨거운 쟁점이었으며, 복지부 관료들의 논쟁에서 시작하여 정치계·언론계·학계 등으로 확대되다가 이익단체와 시민 사회단체가 대규모로 참여한 사회운동 차원으로 또 최초로 표출된 민중들의 복지 요구투쟁으로 발전했다는 점에서 그렇다.

5) 노인 장기요양보험

(1) 장기요양의 개념

고령노인 중에는 치매·뇌졸중·중증정신질환 등 만성질환자가 많다. 이들 중에는 식사·배설·청결·이동 등 이른바 기본적인 일상생활능력이 현저히 떨어져 타인의 도움 없이는 생활할 수 없는 노인이 있다. 이런 노인을 수발하는 일은 가족의 책임이다. 하지만 여성의 사회진출이 활발해지고 맞벌이 부부가 늘어나면서 케어(돌봄)가 필요한 노인

을 가정에서 돌볼 수 없는 가족이 늘어났다. 이들은 어쩔 수 없이 비용이 많이 드는 「노인요양시설」에 노인을 맡긴다.

가정에서 노인을 케어하는 것을 가정케어(home care)라고 하고 시설에서 노인을 케어하는 것을 시설케어(facility care)라고 한다. 또 가정케어가 사적 공간인 가정에서 이루어진다 하여 비공식적 케어(informal care)라고 하고, 시설케어가 공개적인 시설에서 제도적으로 이루어진다 하여 공식적 케어(formal care)라고 한다. 이러한 가정케어와 시설케어를 합한 것이 '장기요양(long-term care)'이다. 장기라는 말이 들어간 것은 노인 케어가 장기간을 요하기 때문이다.

WHO(2000)는 장기요양을 보건과 사회시스템의 주요 부분으로서 가족·친구·이웃 등 비공식적 케어 제공자와 건강·사회·기타 전문가와 보조원 등 공식적 케어 제공자의 케어를 받아야 하는 사람을 위한 활동으로 정의하였다. (World Health Organization 세계보건기구) 매우 간략하지만, 이 정의는 장기요양의 두 가지 중요한 사항, 즉 보건시스템과 사회시스템이 혼합되어 있고, 공식적 케어와 비공식적 케어를 포함한다는 것을 말하고 있다. 미국에서는 2010년대 들어 장기서비스와 지원(long-term services and supports, LTSS)이라는 용어가 장기요양을 대신하고 있다. 2010년에 제정된 환자보호부담적정보험법(the Patient Protection and Affordable Care Act) 때문이다. 이 법은 장기서비스와 지원을 '시설과 비시설의 장기요양서비스와 지원'이라고 간단하게 정의했다.

이 법을 오바마케어법이라고 한다. 오바마케어는 공공의료보장제도와 민간건강보험의 사각지대에 놓인 사람(주로 공공부조에서 배제된 흑인 차상위계층)을 위한 건강보험 부담금 지원제도이다.

장기서비스와 지원은 가정에 있는 사람과 지역사회생활시설 또는 장기요양시설에 있는 사람을 대상으로 한 개인적 케어 서비스와 건강 관련 서비스이다. 장기서비스와 지원의 건강 관련 서비스는 치료서비스와는 다르다. 중증질환이나 장애로 인해 진료서비스를 받고 있는 사람을 위한 지원과 서비스가 핵심이다. 장기서비스와 지원은 유료 서비스와 무료의 비공식적 서비스를 포함한다. (US Senate Commission on Long-Term Care 2013)

미국이 장기요양(LTC)을 장기서비스와 지원(LTSS)으로 바꿨다 하더라도 장기요양이 장기간의 케어가 필요한 만성병(치매·뇌·손상·만성정신질환)이나 장애를 가진 사람을 위한 건강 케어 및 퍼스널 케어(개인·건강·보살핌)라는 사실은 변함이 없다.

(2) 도입과정

2001년 5월 보건복지부는 건강보험재정 안정대책을 발표했다. 보건복지부는 건강보험 제도개선의 하나로 "치매·뇌졸중·중증 정신질환 등 만성질환 노인을 위한 장기노인요양보험 도입 및 장기요양시설 확충"을 제안하였다. 우리나라에서 노인장기요양보험이 최초로 공식적으로 거론된 것이다.

당시 한국의 고령화 정도는 선진국에 비해 낮았기 때문에 노인장기요양보험의 신설은 시기상조라는 지적도 있었다. 그러나 2020년경에는 고령화사회에 도달할 것으로 예상되고, 무엇보다도 고령화 속도가 선진국에 비해 대단히 빨랐으며, 게다가 핵가족화, 여성의 사회참여 확대, 부양의식의 변화 등 노인부양과 관련된 환경이 크게 변화될 것으로 전망되었고, 서구에 비해 가족수발의존도가 현저히 높은 실정을 감안할 때 노인장기요양보험의 도입은 불가피하다는 의견이 우세했다.

보건복지부도 고령화가 의료수요의 급증을 가져올 것으로 예상했다. 고령화로 뇌혈관질환·암·고혈압·당뇨병·치매 등 만성퇴행성질환이 크게 증가하고, 이에 따라 재가의료(간호), 장기이식 및 인공장기 투입, 노인장기요양 등 보건의료서비스 수요가 늘어날 것으로 보았다.

사실 정부가 노인장기요양보험의 도입에 관심을 보인 가장 큰 이유는 건강보험의 재정적자 때문이었다. 건강보험의 지출에서 노인진료비가 차지하는 비중은 상당히 크고, 고령화와 함께 그 비중은 더욱 커질 전망인데, 이런 점에서 장기요양을 요하는 노인의 요양비용을 건강보험에서 분리하여 별도의 사회보험으로 해결하는 것은 유력한 대안이 될 수 있었다. 아울러 지역의 요보호노인을 대상으로 노인복지서비스의 행·재정적 책임을 지고 있는 지방자치단체에게도 노인장기요양보험은 매력적이었다. 왜냐하면 지방자치단체로서는 지역의 요보호노인을 위한 요양시설을 건립하는 데 필요한 토지와 건축비 조달은 그리 어렵지 않은데 비해(토지는 지방자치단체 소유의 토지를 활용하면 되고, 시설건축비는 한 해 예산에서만 조달하면 되므로) 요양시설의 유지·관리에 필요한 운영비용, 즉 인건비·의약품비·기타 경상경비를 매년 조달하는 것은 제한된 지방자치단체의 예산에 비추어 볼 때 상당한 부담으로 작용하기 때문이다. 노인장기요양보험이 신설되어 장기요양시설 입소가 필요한 피보험자의 시설이용비용을 책임진다면 지방자치단체는 시설운영비용의 부담에서 항구적으로 벗어날 수 있었다.

그리하여 정부는 2001년 8·15 대통령 경축사에서 노인요양보장제도의 도입을 천명하였고, 2002년 7월 보건복지부의 국무회의 보고(노인보건복지종합대책)에서 공적노인요양보장체계의 구축과 시행을 제시하였다.

노인요양보험제도가 보다 구체화된 것은 '참여정부' 들어서였다. 노무현 대통령은 대선 공약의 하나로 노인요양보험제도의 시범실시 후 공적노인요양보장제도의 도입을 제시했고, 2003년 2월 보건복지부는 대통령직인수위 보고시 요양 보호노인을 위한 공적 제도의 도입 추진을 밝혔다. 같은 해 4월 보건복지부는 대통령 업무보고에서 2007년 시행을 목표로 공적노인요양보장제도의 도입 추진을 보고했다. 그 전인 3월 이미 보건복지부는 공적노인요양보장추진기획단을 구성해 운영에 들어갔다. 그리고 2004년 1월 국정과제회의 주요 안건으로 공적노인요양보험제도의 2007년 도입 추진이 보고되었으며(동시에 '참여복지 5개년 계획'에도 포함) 2004년 3월 공적노인요양보장제도 실행위원회 및 실무기획단이 구성되었다.

2008년 5월에는 당정협의를 통해 노인요양보장제도 기본안이 확정되었다. 사회보험 방식(관리운영은 건강보험공단이 담당)으로 운영하고, 제도 시행여건을 감안해 시행시기를 2007년에서 2008년으로 1년 연기하는 방침을 정했다. 이어서 동년 9월에 공청회를 거쳐 10월 법안이 입법예고 되었으며, 2006년 2월 국무회의를 통과했다. 아울러 사업의 시행 착오를 줄이기 위해 3단계에 걸친 시범사업이 실시되었다. 2005년 7월 1차 시범사업이 실시되었는데, 대상지역은 광주 남구·수원·강릉·안동·부여·북제주군 등 6개 시군구였다. 2006년 4월부터는 2차 시범사업이 실시되었다. 대상지역은 1차 6개 시범지역에 부산 북구 전남 완도가 추가된 모두 8개 시군구였다. 2007년 5월에는 3차 시범사업이 시작되었는데, 대상지역은 2차 8개 시범지역에 인천 부평구·대구 남구·청주·익산·하동 등이 추가된 13개 시군구였다.

이런 과정을 거쳐 2007년 4월 노인장기요양보험법이 국회 본회의를 만장일치로 통과하고, 법률이 공포됨으로써 2008년 7월부터 노인장기요양보험제도가 시행되었다.

(3) 적용대상

노인장기요양보험의 대상자는 65세 이상 노인 또는 65세 미만 노인성 질환자(치매·중풍 등)로서 거동이 현저히 불편하여 장기요양이 필요한 자이다. 대상자 여부는 등급판정위원회에서 판정한다. 등급판정위원회는 장기요양인정 및 등급판정을 위한 심의기구로서 지역단위(시군구)별로 설치하고, 위원은 15인 이내로 구성한다. 장기요양등급은 장기요양등급 신청인의 신청을 받아 소정의 교육을 이수한 간호사·사회복지사·물리치료사 등으로 구성된 건강보험공단 소속 장기요양 직원이 신청인 거주지를 방문하여 신청인을 장기요양인정조사표로 조사한 결과를 토대로 산정한다.

장기요양인정조사는 ADL(일상생활 신체동작능력)과 IADL(관계·이용생활능력)을 포함한 신체기능·인지기능·행동변화·간호처치·재활영역 등 5개 영역을 대상으로 한다. 원래 장기요양 등급은 3등급체계였으나 2014년 7월 노인장기요양 등급체계 개편으로 5등급체계로 확대되었다. 각 등급은 장기요양인정점수로 산정되는데 95점 이상이 1등급, 94~75점이 2등급, 74~60점이 3등급, 59~51점이 4등급, 50~45점이 5등급이다. 44점 이하는 등급 외로 장기요양 수급대상에서 제외된다.

장기요양등급

등급	심신의 기능상태	장기요양인정 점수
1등급	심신의 기능상태 장애로 일상생활에서 전적으로 다른 사람의 도움이 필요한 자	95점 이상
2등급	심신의 기능상태 장애로 일상생활에서 상당 부분 다른 사람의 도움이 필요한 자	75~94점
3등급	심신의 기능상태 장애로 일상생활에서 부분적으로 다른 사람의 도움이 필요한 자	60~74점
4등급	심신의 기능상태 장애로 일상생활에서 일정 부분 다른 사람의 도움이 필요한 자	51~59점
5등급	치매환자(노인장기요양보험법 시행령에 따른 노인성 질병으로 한정)	45~50점

(4) 장기요양급여

장기요양급여는 6개월 이상 동안 혼자서 일상생활을 수행하기 어렵다고 인정되는 자에게 신체활동·가사활동의 지원 또는 간병 등의 서비스나 이에 갈음(대신)하여 지급하는 현금 등을 말한다. 장기요양인정으로 판정을 받은 대상자는 재가급여(방문요양·방문목욕·방문간호·주야간보호·단기보호 등), 시설급여, 특별현금급여 등 세 가지 형태의 서비스를 받을 수 있다.

재가급여는 가정에서 요양보호사와 간호사 등이 제공하는 식사 도움, 화장실 도움, 세면, 목욕, 말벗, 외출동행, 간호서비스, 집안 청소 등 일상 가사지원서비스를 말한다. 그리고 하루 중 일정 시간 동안 주야간보호시설을 이용한 기본적 요양서비스, 신체 또는 정신 기능 유지 및 기능 향상 프로그램 등에의 참여, 가족 등이 불가피하게 일정 기간 동안 집을 비워야 할 경우 노인을 단기보호시설에 입소시켜 요양서비스를 제공하는 것도 재가급여에 포함된다.

시설급여는 요양에 필요한 시설과 설비 및 전문인력을 갖추고 있는 노인요양 시설에 장기간 입소하여 전문요양서비스를 받게 하는 것이다. 특별현금급여는 도서벽지 지역 등 요양시설이 없어 불가피하게 가족 등으로부터 요양을 받는 경우에 지원되는 현금급여이다.

요양급여의 종류

급여		내용
재가급여	가사지원	요양보호사와 간호사 등이 제공하는 식사 도움, 화장실 도움, 세면, 목욕, 말벗, 외출동행, 간호서비스, 집안 청소 등
	방문목욕	목욕장비를 갖추어 노인을 방문하여 목욕서비스 제공
	방문간호	의사의 지시를 받은 간호사가 노인을 방문하여 간호서비스 제공
	주야간보호	하루 중 일정 시간 동안 주야간보호시설을 이용하여 기본적 요양서비스 제공
	단기보호	단기보호시설에 입소시켜 요양서비스 제공
시설급여	노인요양시설	요양에 필요한 시설과 설비 및 전문인력을 갖추고 있는 노인요양시설에 장기간 입소시켜 전문요양서비스 제공
	노인그룹홈	
특별 현금급여	가족요양비	도서벽지 지역 등 요양시설이 없어 불가피하게 가족 등으로부터 요양을 받는 경우에 지원되는 현금급여
	특례요양비	요양인정자가 요양서비스 제공기관으로 지정되지 않은 시설 이용 시 요양서비스비용의 일부 지급(양로원, 장애인복지시설 등)
	요양병원 요양비	요양인정자가 노인복지법상 노인전문병원 또는 의료법상 요양병원 입원 시 간병비(간병인 이용비)의 일부 지급

보건복지부(2006)는 요양급여의 기본원칙을 다음과 같이 정한 바 있다.

- 요양서비스는 노인 등의 심신상태 및 생활환경과 노인 등 및 그 가족의 욕구와 선택을 종합적으로 고려하여 실시하되 필요한 범위 안에서 적정하게 실시하여야 한다.
- 노인 등이 가족과 함께 생활하면서 가정에서 수발을 받는 재가수발급여가 우선적으로 실시되어야 한다.
- 노인 등의 심신상태나 건강 등이 악화되지 않도록 의료서비스와 연계하여 실시한다.

(5) 재정(財政)

노인장기요양보험의 재정은 노인장기요양보험료·국가지원·본인일부부담으로 충당된다. 노인장기요양보험료는 건강보험 가입자(직장가입자·지역가입자)가 부담하며, 건강보험료액에 노인장기요양보험료율을 곱하여 산정된다. 노인장기요양보험료는 건강보험료와 통합 고지되고, 징수 후 노인장기요양보험료와 건강보험료는 각각의 독립회계로 관리된다. 노인장기요양보험료율은 장기요양위원회의 심의를 거쳐 대통령령으로 정하게 되어 있다. 장기요양위원회는 보건복지부장관 소속 심의기구(위원장 보건복지부 차관)로서 근로자단체·사용자단체·시민단체·노인단체·농어민단체·자영업자단체 등 적용대상자 대표들과 의료계 등 장기요양기관 대표·학계·고위공무원단 소속 공무원·공단 추천자 등 공익 대표로 구성된다.

국가는 보험료예상수입액의 20%(국고) 및 의료급여수급권자의 장기요양급여비용(국가와 지자체가 각각 분담)을 부담한다. 본인일부부담은 시설급여서비스 비용의 20%, 재가급여서비스 비용의 15%이다. (원래 정부안에는 시설급여와 재가급여 모두 비용의 20/100으로 하는 것으로 되어 있었으나 국회 입법과정에서 수정되었다.) 소득·재산이 일정 금액 이하인 저소득층은 본인일부부담금을 1/2로 경감(시설급여 10%, 재가급여 7.5%) 받으며, 국민기초생활수급노인은 무료이다.

6) 친외세 독재정권, 서민들의 '평등권' 주장에 거부 반응

(1) 지나친 반공의식(평등이념 증오), 복지 주장에도 색안경

해방 후 한반도의 정치적 과제는 자주적 근대 국민국가의 형성이었으나, 미국과 소련 양국의 분할점령으로 벽에 부딪히고 말았다. 특히 1945년 9월 남한에 진주한 미군은 군정을 공포하고 '대한민국임시정부'와 여운형 중심의 '조선인민공화국' 등 자주적 건국 기구들을 부인하면서 자국의 이익 실현을 위한 기반을 구축해 갔다. 친일 경력이 있는 인사들을 고위관료 등으로 중임하는가 하면, 일제강점기의 통치 기구를 부활시키기도 하였다.

이와는 달리, 다양한 정치단체와 대중조직의 활동이 전개된 것도 해방 직후의 특징적인 모습이었다. 사회주의자들에 의한 '조선공산당'(1945년 9월 결성)과 '인민당'(11월 결성), 민족주의자들에 의한 '국민당'(9월 결성), 지주 및 자본가 계층에 의한 '한국민주당'(9월 결성)과 '독립촉성회'(11월 결성) 등이 정당의 형태를 띤 활동의 대표적인 예들이다. 11월 말에는 김구를 비롯한 임시정부 요인들도 귀국하여 활동을 시작하였다. 대중조직으로는 '조선노동조합전국평의회'(11월 결성)와 '전국농민조합총연맹'(12월 결성) 등의 노동자와 농민 조직에 이어, '조선부녀총동맹' '협동조합 전국연합회' '실업자동맹' 등의 단체가 결성되기도 했다. (최원규·진재문·황보람·이영수 공저 『사회복지역사』 학지사 2022년 8월)

1945년 12월의 모스크바 삼상회의에서 제기된 신탁통치에 대한 찬반 양론으로 국론이 분열된 가운데, 미국은 급기야 UN의 이름을 빌려 1948년 2월에 남한의 단독선거 실시안을 관철하였다. **분단정부 수립**에 대한 폭넓은 민중의 반대를 딛고 수립된 남한의 단독정부는 태생적 문제를 안은 근대국가로 탄생하게 되었고, 일제의 잔재 청산과 통일

국가 형성을 꾀했던 민족주의 세력들의 노력은 좌절을 맛보았다. 이러한 상황 속에서 한국은 미국이 지배하는 세계 자본주의 체제에 편입되었고, 이는 이후 한국의 정치·경제·사회의 여러 현상을 규정하는 역사적 조건이 되었다.

이렇게 시작한 이승만 정부는 친일파를 단죄하려던 반민족행위특별조사위원회(반민특위)를 탄압하는 등 일제의 잔재 청산에 실패한 정부였다. 이승만 대통령은 철저한 반공 노선으로 민족의 분단을 고착화하는 데에 주역을 맡았었고, 정치적 경합자였던 진보당의 조봉암을 공산주의자로 몰아 처형하는 등 진보정당의 뿌리를 자른 정치인이었다. 이승만 정부는 또한 정권의 연장을 위해 1952년 '발췌개헌'과 1954년 이른바 '사사오입개헌'을 감행하기도 하였다. 이처럼 이승만 정부의 제1공화국은 정치적 음모와 독재, 부패와 부정을 반복한 끝에 4·19 혁명으로 무너지고 말았다.

이승만 대통령의 퇴진 이후 과도정부에 이어 장면을 국무총리로 한 제2공화국이 탄생하였다. 그러나 장면 정권도 당시의 국민적 여망을 실현하지 못하는 무력함을 보임으로써 국민의 신뢰를 잃어 갔고, 1961년에 발발한 5·16군사정변으로 무너지고 말았다.

(2) 한국전쟁의 참상

1950년의 「한국전쟁」은 전 인구의 6분의 1에 달하는 500여만 명의 사상자를 냈고, 1,000만 명의 이산가족과 수많은 이재민 및 전쟁고아 등을 발생시킴으로써 세계사에 유례가 없는 인적 피해를 가져왔다. 또한 엄청난 물적 피해는 전후 복구에 따른 경제적 부담 요인이 되었다. 전쟁을 계기로 한반도는 진영 대립의 최전선이 되었고, 「반공」은 남한 사회의 전반을 지배하는 이데올로기로 자리잡게 된다.

한편, 전쟁으로 인하여 각종 요구호자들이 급증하였고, 이는 당시 공공 및 민간 사회복지 활동을 시설보호 중심으로 이끈 배경이 되었다. 또한 전쟁은 수많은 외국의 민간 원조기관이 한국에 진출하게 하는 계기가 되기도 하였는데, 이러한 상황에 대해서는 뒤에서 좀 더 상세히 기술할 것이다.

(3) 대미 의존적 원조경제, 경제·군사·이념 종속 심화

해방이 되자 징병·징용·이민 등으로 해외에 거주하다 귀국한 귀환동포의 수가 약 200만 명에 달하였는데, 당시에는 이들을 흡수할 수 있는 산업기반 등 사회적 여건이 마련되어 있지 않았다. 이뿐만 아니라 미군정 기간 동안 남한의 공업과 농업은 일제강점기 때보다 오히려 위축된 모습을 보여 주었다. 1943년 6월에 8,998개 이던 공장은 점차 줄어 1948년 말에는 3,808개만이 남았고, 1947년의 곡물 수확고는 일제강점기 말의 81.8%에 불과했다. (이혜원·이영환·정원오 1998)

정부수립 이후에도 정치적 난맥상이 거듭되는 상황에서 경제정책이나 사회정책은 실종될 수밖에 없었다. 농지개혁을 실시하였으나 철저하지 못했고 한국전쟁을 겪어야 했던 이승만 정부는 경제발전을 위한 체계적 계획의 수립과 이행을 추진할 여력이 없었던 것으로 보인다. 이처럼 경제 및 사회 정책의 부재 속에 빈곤은 만성화되었고, 이러한 문제의 많은 부분을 미국의 유·무상 원조에 의존함으로써 수습하는 가운데 경제의 대미(對美) 의존도가 높아지는 것은 불가피한 현상이었다.

7) 개발 독재 시대(1961~1987년)의 사회복지 통제

(1) 국내외 지배세력 중심의 권위주의 이념통치 강행

1961년의 군사정변으로 정권을 장악한 박정희 정부 시기 한국 국가의 성격에 대해서는 그동안 다양한 논의가 있어 왔지만, 비교적 합의의 수준이 높다고 보는 개념인 **'권위주의 국가(authoritarian state)'** 정도로 규정함이 무난할 것이다. 집권 과정이 정당하지 못하였던 박정희 정권에게 정치적 저항의 통제와 국민의 지지를 통한 정당성 확보는 당면 과제였다. 이러한 필요가 대통령 중심의 강력한 중앙집권적 정치력을 바탕으로 무리한 정책을 강행하거나 물리적 억압을 동원하는 권위주의적 성격의 이유가 되었다고 보는 것이다. 제3공화국부터 비롯된 이러한 국가의 성격은 1972년의 이른바 '10월 유신'에 의한 제4공화국에 이르러 더욱 강화되었다. 그런가 하면, 박정희 대통령이 암살당한 후 마련된 '민주화의 봄'을 짓밟고 광주의 시민항쟁을 무력으로 진압하면서 집권한 전두환 정권하의 제5공화국도 권위주의적 성격으로 일관하였다는 점에 대해서는 크게 이견이 없다.

이러한 권위주의적 국가는 평등 민주화 요구를 적대적으로 억압하려는 **반공 이데올로기(理念)**를 앞세워 학문활동·언론출판·집회나 시위 등에 관한 시민의 기본권을 제한하였다. 불완전하나마 제2공화국까지 이어져 오던 지방자치제가 중단된 것도 이 시기이다. 1961년 5월의 '군정포고령'에 의해 지방의회가 해산되었고, 9월의 「지방자치에 관한 임시조치법」과 제3공화국의 「헌법」에 의해 지방의회 구성이 유보되었으며, 지방자치단체의 장은 임명직으로 바뀌었다. 그러던 것이 「유신헌법」에서는 통일이 될 때까지 지방의회를 구성하지 않는다고 선언하기에 이르렀다.

이러한 억압적인 상황에서 노동자는 노동 3권을 제한당하면서 저임금과 열악한 노동환경에서 시달려야 했다. 1953년에 제정되었던 「근로기준법」이 1961년에 개정된 것을 포함하여, 박정희 정권하의 노동관계법들은 개정을 거듭할수록 노동조합운동에 대한 억압의 정도가 강화되었다. 이러한 상황은 전두환 정권이 들어선 후 제5공화국 초기까지 지속되었다. 한편, 전국 단위의 노동조합인 한국노동조합총연맹은 5·16 군사혁명위원회의 '포고령 제6호'에 의해 해체되었다가, 1961년 8월에 중앙정보부의 개입 아래 재건되었다. 그러나 지도부가 정치권력에 포섭당하고 조직력이 약화된 상태에서 강력한 제도적 억압에 맞서기에는 역부족인 상황이 이어졌다.

이러한 상황에서도 산업화의 과정에서 점점 열악해지는 노동환경에 대한 노동자들의 저항은 서서히 자라나기 시작했다. 특히 1970년 평화시장 노동자 전태일의 분신을 계기로 노동운동이 활기를 띠게 되었고, 대학생 등의 지식인들이 노동운동에 동참하기 시작했다. (焚身:종교나 정의를 위하여 몸을 불에 태움) '도시산업선교회', '가톨릭농민회' 등의 종교단체들이 노동운동과 농민운동에 관여하면서 저항적 민중운동이 고개를 들기 시작한 것도 1970년 대의 상황이었다. 1970년대 중반에 들어 정치경제적 상황이 긴박해지면서 민중운동의 강도도 높아져 갔다. 급기야 1979년 YH 무역에서 농성 중이었던 여성 노동자들의 강제 해산 과정에서 한 명이 사망하는 사건이 있었고, 야당 총재 김영삼을 국회의원직에서 제명하는 일이 일어났다. 이러한 일련의 상황들이 직·간접적으로 10월의 부산·마산 항쟁을 촉발한 계기를 제공하였고, 이것이 박정희 대통령의 암살과 정권의 종말을 가져온 하나의 계기가 되었다.

전두환 정부 시기에 들어 개정된 **노동관계법**들은 노동운동에 대해 더욱 억압적 성격을 띠었다. 노동쟁의에 있어서의 3자 개입 금지, 단체협약의 내용에 대한 행정관청의 개입 허용, 기업별 노동조합 체제, 노동조합 설립요건 강화 등이 그 대표적 내용이다. 그러다가 1985년의 총선을 앞두고 1984년부터 정치적 유화국면에 접어들면서 노동운동이 활기를 띠게 된다. 이러한 과정에서 1986년에 상급 노동단체를 제3자 개념에서 제외하는 등의 「노동법」 개정이 있었고, 1987년의 6·29 선언과 동년 7~8월의 **'민주화 대투쟁'**에 이어 제5공화국은 막을 내리게 된다.

이상과 같은 노동운동의 성장에도 불구하고, 이 시기까지 노동운동이 보여준 정치적 성과는 여전히 제한적이다. 특히 1963년 군사정권 아래 이루어진 노동관계법의 개정 시부터 일관되게 고수된 「노동조합 및 노동관계조정법」의 노동조합 정치활동 금지 조항은 "노동자의 정치세력화를 막고 행동반경을 크게 제한하는 역할"을 해왔다. 그렇기 때문에 이 시기의 "우리나라 노동자들은 국가가 사회복지제도를 발전시키도록 정치적 영향력을 행사하는 역할이 사실상 불가능했다."

그리하여 군사 독재정권은 국민의 상호협력·상호 보은을 도운 것이 아니라 서로 싸우고 분열·증오하여 분단상태에서 수탈의 가해자들에게 유리한 환경을 유지시켜주는데만 힘쓰는 아둔한 통치 집단이 되고 말았다.

(2) 경제성장과 성장의 그늘, 분배보다 편중, 복지 낙후

군사정변으로 정권을 장악한 박정희 정부가 가장 역점을 두었던 정책은 경제성장정책이었다. 1962년에 시작된 제1차 경제개발 5개년 계획은 수입대체 산업화에서 시작하여 '차관에 의존한 **수출주도 산업화**로 전환'되었고, 이로써 대외 의존적 경제발전의 첫 행보가 시작되었다. 이러한 정책은 '근대화론을 앞세워 저개발국가에 자본과 기술을 진출시키는 가운데, 이들을 자본주의 체제에 편입시키려 했던 미국의 이해관계와 잘 맞아떨어졌다.' 박정희 정부는 1972년에 유신체제를 수립한 이후 중화학 중심 공업화를 선언하고, 철강·비철금속·기계·조선·전자·화학 공업을 6대 전략 업종으로 집중 육성할 계획을 마련하였다. 이후 중화학 공업화는 급속도로 진행되었고 제조업 및 수출에서 중공업이 차지하는 비중이 빠르게 증가하였다. 경제개발 5개년 계획이 차수를 거듭하는 동안 **경제의 양적 팽창과 국민소득의 성장**이라는 긍정적인 성과를 가져왔던 것은 사실이다. 예컨대, 1963년의 1인당 GNP를 100으로 하였을 때, 박정희 정권 말기인 1979년에는 무려 1,644로서 그 규모가 16배 이상으로 커졌다. (빈·부간 소득격차가 심할 경우 평균치의 의미는 적다. 이 경우 '국민소득 통계'는 허황된 선전에 불과하게 된다.)

1980년에 전두환 청권이 들어설 당시 경제 상황은 매우 심각했다. 1970년대 말 외채 누적과 과잉투자로 인한 문제가 드러나기 시작했고, 특히 제2차 오일쇼크의 여파로 인한 국제수지의 악화와 높은 인플레이션은 경제성장률을 마이너스로 돌아서게 했다. 전두환 정부는 경제개발 5개년 계획 등을 포함하여 많은 부분 박정희 정부의 경제정책을 계승하였으나, 당면한 경제위기에 대응하기 위해 물가안정에 집중하는 등 기존의 경제정책과 차별성을 두기도 했다. 어느 정도 경제가 회복된 이후 1980년대 중반에서 후반까지 유례없는 경제성장을 이루게 되는데, 저금리·저유가·플라자 합의 이후 엔화 대비 원화가치의 하락이라는 이른바 **'3저 호황'**의 외적 요건이 갖추어진 것이 주요 배경이라 할 수 있었다.

개발독재시기 동안의 이러한 성과의 이면에는 '**독점 재벌의 비대화와 노동자·농민의 배제**라는 구조적 문제'가 놓여 있었다. 정책의 추진 과정에서 국가로부터 금융이나 세제 등의 특혜를 받고 성장한 것이 이른바 재벌이다. 반면에, "농업 부문은 저곡가 정책 등의 영향으로 지속적으로 쇠퇴하였고, 농촌을 이탈한 농민들이 도시로 유입되면서 도시빈민을 양산하게 되었다. 이들이 저임금 노동력의 제공자들이었음은 물론이다." 예컨대, 전두환 정부 시기인 1980년부터 1987년까지 8년간 연평균 실질임금 상승률은 4.5%로, 이 시기 연평균 경제성장률이나 노동생산성 증가율에 비해 매우 낮았다. (윤홍식 2018) "분배보다는 성장을 위주로 하는 정책을 견지함으로써 부의 편중과 불이익 집단의 상대적 박탈감을 야기하였고, 우리나라 국가복지를 만성적 낙후성으로부터 벗어나지 못하게 한 원인"이 되기도 하였다.

(3) 정권 안보 중심의 사회보장제도 우선 도입

권위주의 정부 시기의 주요 사회복지제도의 도입 현황은 <다음 표>에 제시되었다. 박정희 정권 초기에 사회보장 관련 제도들이 도입되기 시작했는데, 1961년 「생활보호법」「아동복리법」「원호법」과 1963년의 「군인연금법」「산업재해보상보험법」「의료보험법」「사회보장에 관한 법률」 등이 그것이다. 이러한 법률들의 제정은 '**정권의 정당성**을 확보하고 **정치적 안정**을 확보하기 위한 선택'이었던 것으로 볼 수 있다. 특히 공무원·군인·경찰·국가유공자 등과 같이 국가를 위해 봉사하는 사람들을 포섭하기 위한 제도가 우선적으로 채택되었던 점도 주목할 만하다. 그리고 공공부조 법인 「생활보호법」은 일제강점기의 「조선구호령」의 구호원칙을 사실상 답습한 것이었으며, 「의료보험법」은 임의가입의 원칙을 채택함으로써 사실상 시행되지 못하다가 1970년대가 되어서야 시행된다. 일련의 입법에도 불구하고 발전주의 체제하에서 경제성장이 최우선이었고, 사회복지는 정책적 관심사의 외곽에 머물러 있었던 점을 부인하기 힘들다.

권위주의 정부 시기의 주요 사회복지제도 도입

	박정희 정부 (1961~1979년)	전두환 정부 (1981~1987년)	노태우 정부 (1988~1992년)
사회보험	산재보험(1964)		
	의료보험(1977)	의료보험 확대	전국민 의료보험(1989)
	공무원연금(1960) 군인연금(1963) 사학연금(1975)		국민연금(1988)
공공부조 및 보훈	생활보호제도(1962) 국가보훈(1962) 의료보호제도(1977)	영세민종합대책 (1982) 사회복지전문요원(1987)	저소득층 영구임대주택 (1989)
사회서비스	가족계획사업(1962) 심신장애자종합대책 (1978)	노인복지기반마련(1981) 재가노인복지사업(1987)	장애인등록제(1988) 장애인복지대책위원회(1989)

주: 공무원연금(1960)은 이승만 정권 말 도입.
(표에 제시된 제도 도입 연도는 법률 공포일이 아닌 시행일 기준임)
출처: 최병호(2014), p. 91, 표 1의 내용을 바탕으로 수정.

유신정권이 시작된 시기였던 1970년대 초반에 산업구조를 중화학공업 중심으로 전환하게 되면서, 외국의 차관이나 직접투자에 대한 지나친 의존에 부담을 느낀 정부는 이를 대신할 '**국내 자본 동원**'의 필요성을 인식하게 된다. 이러한 필요에 부응하여 추진한 것이 '연금제도의 도입'이었다. 연금제도의 도입으로 '적립될 연금기금을 산업 투자의 재원으로 활용하려던 것'이었으며, 이로 인해 입법화된 것이 1973년의 「국민복지연금법」이었다. 그러나 당시 오일쇼크로 인한 경제위기로 시행이 연기되었고, 이후 1988년 노태우 정부에 들어서야 시행된다.

한편, 유신정권의 후반기에 의료보장제도가 시행된 배경도 흥미롭다. 권위주의적 유신체제에 대한 국민들의 불만이나 증가하는 사회복지에 대한 욕구를 해소할 정치적 수단이 필요했고, 때마침 시작된 남북대화와 관련하여 북한과의 체제 우월성 경쟁이라는 요인도 작용하였던 것으로 보인다. 이러한 배경 속에 선택된 것이 1976년의 「의료보험법」 개정과 1977년의 「의료보호법」 제정이었다. 북한은 1972년의 「조선민주주의인민공화국 사회주의 헌법」 제정을 통하여 이미 무상치료·무료 의무 교육·사회보험과 사회보장 등의 제도를 구비하고 있었고, 이는 남한 정부에 자극을 주고 있었다. (조흥식, 1996) 「공무원 및 사립학교 교직원 의료보험법」도 1977년에 제정되었다.

전두환 정권 역시 군사정변으로 정권을 잡아 정치적 정당성의 확보가 무엇보다 중요했고, 국정 목표의 하나로 '복지국가 건설'을 명시적으로 내세웠다. 그러나 일종의 정치적 수사에 그쳤으며 실질적인 제도의 도입이나 확대는 거의 이루어지지 않았다. 이전에 도입되었던 제도들의 적용 범위 확대와 같은 부분적 보완이 이루어지는 점진적(incremental) 발전을 보이는 정도였다. 이 시기에 두드러지는 점은 1981년의 「노인복지법」「아동복지법」 및 「심신장애자 복지법」과 같은 사회서비스 영역의 법률이 제정 혹은 전면 개정된 일이었다. 아울러 1983년에 **사회복지사업법**」이 개정되어 사회서비스 영역의 전달체계 개선의 바탕을 마련한 것도 주목할 만하다. 민간 사회복지 활동의 구심이라 할 수 있는 사회복지협의회가 법적 근거를 마련하게 된 것도 이 시기의 「사회복지사업법」 개정을 통해서였다.

1987년 노태우의 6·29 선언 이후 대통령 직선제 개헌이 이루어지면서 사회복지 이슈가 선거의 쟁점 중 하나로 등장하였다. 이러한 와중에 1987년의 의료보장개혁을 통해 국가가 공급자 역할을 다소나마 강화했고, 1988년에 **국민연금제도**」가 도입되었다. 그러나 의료보험제도는 수백 개의 조합으로 나누어졌으며 조합 간 재분배 기능이 전혀 없는 분절적 제도였다. 이 때문에 '보험의 핵심 원리인 위험분산 기능을 극대화하기 어려웠고, 재분배를 통한 사회적 연대 역시 제한적'이었다. 의회에서 다수를 차지하던 야당이 연합하여 조합을 통합하는 「의료보험법」 개정안을 통과시켰으나 노태우 정부의 거부권 행사로 제도 도입에는 실패하게 된다. (Kwon 1998)

아래 통계표는 1970~1992년 시기의 사회복지 지출 추이를 나타낸 것이다. 1970년대 초반 사회복지 지출 수준은 GDP 대비 1%가 되지 않았고, 전체 정부 지출에서 사회복지 지출이 차지하는 비중도 4.7~5.0% 정도로 낮은 수준이었다. 유신체제의 수립 이후 정치적 격변기 속에서 사회복지 지출은 오히려 위축되는 추세를 보이기도 했다. 박정희 정부 말기부터 전두환 정부가 들어서는 시기인 1970년대 후반 1980년대 초반 사이에 사회복지 지출이 증가하였으나, 이후 전두환 정부 마지막 해인 1987년까지 사회복지 지출은 다소 정체되었다. 전두환 정부의 마지막 해인 1987년 기준 GDP 대비 사회복지 지출은 2.5% 수준이었고, '총 정부지출 대비 사회 복지 지출'은 13.7%였다. 절대적인 수준에서 보면 여전히 매우 낮은 수준의 사회복지 지출을 보이고 있음을 알 수 있다.

연도별 사회복지 지출 추이

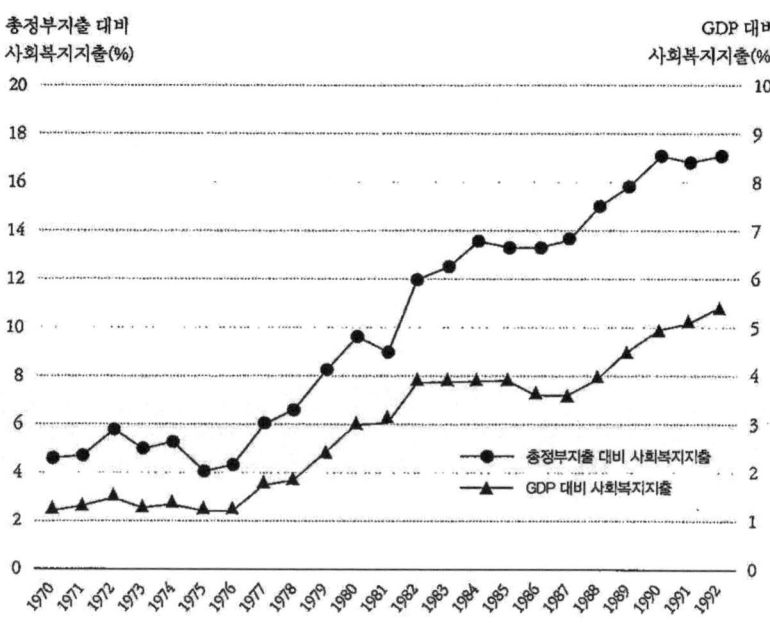

주: 복지지출은 보건 및 사회보호 영역 지출의 합임. 1970년 이후 통계만 이용 가능함.
출처: 한국은행 경제통계시스템(http://ecos.bok.or.kr)의 자료를 바탕으로 계산.

(4) 외국 원조기관의 쇠퇴와 사회복지법인 사업의 발전

1960년대 말까지 활동의 규모나 영향력의 면에서 우리나라 민간 사회복지사업 영역에서 적지 않은 비중을 차지하였던 외원기관은 1970년대를 전후하여 쇠퇴하기 시작하였다. 지속적인 경제성장으로 국민소득이 증가하고 사회의 각 부문이 아울러 개선됨에 따라 이들의 활동 여지가 줄어들었다고 판단했기 때문이다. 1974년에 「외국 민간원조단체에 관한 법률」의 시행령과 시행규칙이 개정되면서 이들 기관의 활동에 대한 통제를 강화하게 된 제도적 상황도 한 가지 이유로 작용하였다. (최원규 1996) 이 결과 외원기관들은 완전히 철수하거나, 국내 법인에게 사업권을 이양하면서 간접적 지원을 하는 형태로 활동 방식을 전환하게 되었다.

이에 따라 사회복지시설 운영 재원에서 차지하던 외원기관 지원의 비중은 줄어들었고, 정부의 지원이 이를 대신하게 되었다. 한때 당시 보건사회부의 예산을 능가하기도 했던 외원기관의 지원액은 차츰 감소하여 1974년이 지나면서 급격하게 감소하게 된다. 아동복지 시설 운영재원에서 차지하던 정부보조금과 외원기관 지원금 규모의 상대적 비율 역시 1974년부터 역전되었다. 이러한 상황은 다음 표를 통해 알 수 있다.

요보호 아동 수의 감소가 뚜렷해진 1980년대에 들어서는 아동복지시설을 장애인복지 혹은 노인복지시설로 전환하도록 행정적으로 유도하면서 시설유형의 분포 역시 변화하게 된다. 또한 1970년에 「사회복지사업법」이 제정되면서 민간 사회복지시설에 대한 규제자로서 정부의 관리·감독 활동을 강화하는 근거가 마련되었다. (김영종 2012) 그러나 국가의 재정 책임은 여전히 미약했는데, 민간사회복지법인에 대한 보조금 지급 규정은 강제조항이 아니었다. 즉, 국가의 재정 책임 없이 관리·감독에 중점을 둔 체계가 공식화되었고, **국가와 민간 사회복지시설 간 종속적 관계**가 시작되었다고 할 수 있다. (윤홍식 2018)

외원지원액의 상대적 규모 추이

연도	외원지원액 ÷ 보건사회부 예산	아동복지시설 운영재원 구성		
		정부보조	외원지원	자부담·기타
1958	36.2	28.3	36.5	35.2
1959	27.9	22.9	41.5	35.6
1961	216.3	21.1	53.3	25.6
1962	106.2	20.2	56.0	24.0
1965	165.9	15.5	64.0	20.5
1966	119.6	17.4	53.3	29.3
1967	76.5	19.8	50.3	29.9
1968	43.9	22.2	52.5	25.3
1969	65.8	26.2	51.0	22.8
1974	145.6	48.0	29.0	23.0
1975	34.7	49.1	25.9	25.0
1981	15.8	62.6	5.7	31.7

주: 자료가 불확실한 연도는 제외함.
출처: 백종만(1996), p. 60을 바탕으로 재구성

한편, 이 시기의 사회서비스가 시설 중심의 사업에만 집중되지는 않은 것으로 보인다. 1960년대부터 시설보호 아동의 가정복귀·입양·위탁·거택보호 등에 지속적으로 일정한 정책적 비중을 두어 온 것에서 알 수 있다. 탁아시설의 설립도 적극 권장하여 1959년에 11개소에 불과하던 것이 1969년에는 399개소로 크게 증가하게 된다. (백종만 1996) 그럼에도 불구하고 생활(주거)시설 중심에서 벗어나 이용시설의 증가가 가시화된 것은

1980년대 이후의 일이다.

1980년대에 민주화가 진전되면서 복지에 대한 욕구가 분출되기 시작했고, 사회서비스 영역에서도 큰 변화가 일어나기 시작했다. 김영종(2012)은 1980년부터 2000년대 중반까지를 이전 시기와 구별되는 '**사회서비스의 2세대**'로 칭하기도 한다. 1983년의 「사회복지사업법」 개정으로 사회복지법인에 대한 보건복지부 장관의 권한 중 대부분을 시도지사에게 위임하고 사회복지시설의 비용을 받을 수 있도록 함으로써 유료시설의 근거를 마련하게 되었다. (이상용 2015) 이러한 변화와 함께 1980년대에 들어 사회서비스 확대가 시작되었는데, 정부의 주도로 지역사회복지관, 종합사회복지관 등 이용시설이 건립되기 시작하면서 기존의 '수용시설 중심에서 **이용시설 중심**으로의 변화'가 나타났다. 대상 인구 측면에서도 절대 빈곤층이나 사회적 격리를 요하는 부랑인 중심에서, 거주지가 확보된 일반 저소득층인구로 확대되기 시작한다.

(5) 개발독재시기 사회복지의 성격과 유산

개발독재시기의 한국의 복지체제는 '**발전주의 복지체제**의 성격을 띤다'는 점에 많은 학자가 동의하고 있다. (양재진 2008, Kwon 1998) 발전주의 복지체제하에서 국가의 최우선의 목적은 경제성장이며, 성장의 목적을 달성하기 위해 권위주의적 정부가 강력하게 개입하고 통제하였다. 그러나 경제성장을 통한 정권의 정당화 전략은 장기적일 수밖에 없고, 단기적인 정당화 전략으로 일련의 사회복지제도를 도입하였다. 그러나 사회복지를 포함한 사회정책은 경제정책에 종속적이며, 경제성장에 도움이 되거나 적어도 방해가 되지 않는 수준으로 이루어졌다. 국가의 재정 부담이 낮고 자본 축적이 용이한 **사회보험 중심**으로 사회복지제도가 도입되었으며, 국가는 복지의 직접 공급자이기보다는 규제자로서의 역할을 담당하였다. 사회보험은 대기업의 핵심 노동자 중심으로 적용 범위가 상당히 제한적이었고, 기업의 보험료 부담을 고려하여 **저부담-저급여** 체계로 설계되었다. 공공부조제도로서 1961년에 도입된 생활보호제도는 근로능력이 없는 저소득층 취약계층만을 대상으로 하여 선별적 성격이 강했고, 사회적 권리로서의 급여와는 거리가 있었다.

이 시기에 형성되기 시작한 사회 복지제도의 유산들은 '경로 의존적 제약'으로 작용하여 한국 사회복지제도의 발전에 깊은 흔적을 남기게 된다. (path-dependency : 한 번 일정한 경로에 의존하기 시작하면 나중에 그 경로가 비효율적이라는 사실을 알고도 그 경로를 벗어나지 못하는 경향성을 뜻한다.)

경제성장을 최우선시하는 **선성장-후분배**의 논리는 여전히 정책결정자와 많은 국민의 인식에 뿌리박혀 사회복지제도와 정책의 발전을 제약하고 있다. 발전주의 체제하에서 대기업 정규직 핵심 노동자 중심으로 출발한 사회보험은 여전히 **광범위한 사각지대**

의 문제를 안고 있으며, 저부담-저급여 체계로의 출발은 이후 사회보험료를 인상하거나 보장률을 높이는 개혁에 있어 걸림돌로 작용하고 있다. 즉, 현재 한국의 사회보장제도가 가지고 있는 문제점의 많은 부분은 권위주의적 개발독재시기에 도입·발전된 사회보장제도의 유산에서 일정 부분 기인한다고 할 수 있는 것이다.

◎ 사회복지 대학교육의 도입과 발전

이 항목에서는 해방 이후 미국식 사회사업학을 도입하면서 본격적으로 시작된 한국의 사회복지교육의 도입과 발전 과정을, 권위주의 개발독재시대가 막을 내린 1980년대 후반 시기까지를 중심으로 살펴본다.

한국의 사회복지(사회사업) 교육은 해방 이후 **미국식 사회사업학**을 4년제 대학의 학부교육으로 도입하면서 시작되었다. (이혜경·남찬섭 2005) 1947년에 이화여자대학교에서 사회사업학과가 설치된 이후 중앙신학대학교(1953년), 서울대학교(1957년), 한국그리스도신학교(1958년)에 사회사업 관련 학과가 설치되면서 한국의 사회사업 교육이 시작되었다. 해방 이후 급증했던 외원기관들은 미국식 전문사회사업실천의 방법과 이론을 국내에 전파하는 데 중요한 역할을 담당했고, 대학에 사회사업 관련 학과를 설치하는 데에도 영향력을 행사했다. 즉, 한국의 사회복지가 제도적·실천적 실체를 형성하지 못하고 있을 때 미국 대학원 수준의 사회사업 전문교육을 학부 수준으로 하향 이식하여 사회복지의 제도적 환경과는 유리된 채 사회사업 교육이 시작된 것이다. (이혜경·남찬섭 2005)

1961년 한국사회사업대학교가 설립된 후 1960년대 동안 7개의 대학이 사회사업학과를 설치하였고, 1970년 기준 761명이 사회사업을 전공하고 있었다. (문교부, 1979 이혜경·남찬섭 2005에서 재인용) 사회사업 교육 도입 이후 1970년대까지는 미국식 사회사업학의 전문적 치료를 중심으로 교육이 이루어졌다. 그러나 고등교육을 받은 전문사회사업가가 필요한, 그리고 전문성에 맞게 처우해 줄 수 있는 현장이 아동복지기관 중심의 일부 외원기관을 제외하면 극히 제한적이었다. 또한 1960년대는 박정희 정권이 들어선 이후 일련의 입법을 통해 한국 사회보장제도의 기초적인 틀이 마련되던 시기이기도 하다. 이러한 기초의 구성에 사회사업학계의 기여는 미미했고, 미국식 사회사업교육은 사회복지정책 및 제도와 관련한 전문적 교육에는 관심이 적었다. (이혜경 1996) 즉, 이 시기 한국 대학의 사회사업 교육은 전문 사회사업의 기능적인 측면에 초점을 두었으나 현장과 유리되었고, 급격한 사회변동 및 사회문제, 사회복지정책 및 제도 등에 관심을 갖지 못함으로써 그 역할이 매우 제한적이었다.

전문 사회사업교육을 확대하면서 다양한 협회가 구성되기도 했다. 1965년 한국 개별사회사업가협회, 1967년 한국사회사업가협회가 조직되어 1969년 하나의 사회사업가협회로 통합되었다. 1965년에는 한국사회사업학교협의회가 조직되었고, 같은 해에 한국사회사업교육연합회의가 개최되어 사회사업 관련 학과의 교육자를 중심으로 한국 사회사업의 교육 목표 및 이념의 타당성에 대한 관심이 제고되었다.

1970년대 중반 이후 한국의 사회복지 교육은 큰 변화와 압력에 직면하게 된다. (이혜경·남찬섭 2005) 우선, 사회복지 전문인력 양성을 담당하는 대학의 사회복지 또는 사회사업 관련 학과의 수가 양적으로 크게 증가하였다. 1970년 기준 4년제 대학 중 9개 대학에 사회사업학과가 설치되어 761명의 학생이 재학하고 있었는데, 1985년에는 22개 4년제 대학에 14개의 사회사업학과, 8개의 사회복지학과가 설치되어 재학생 수가 5,100명에 이르렀다. (이혜경 남찬섭 2005) 이러한 양적 팽창은 다양한 요인으로 설명될 수 있는데, 정부의 교육정책에 따라 고등교육기관의 수가 급격하게 증가했고, 산업화의 진전으로 사회복지제도의 도입 및 확대가 어느 정도 이루어지면서 사회복지 관련 인력의 수요가 증가한 것도 중요한 원인 중 하나라 할 수 있다. 1970년에 「생활보호법」「아동복리법」「윤락행위 등 방지법」 등 세 개의 사회복지서비스 관련 법의 상위법으로 「사회복지사업법」이 제정되었는데, 사회복지사업 종사자에 대한 자격증 제도의 도입이 포함되었고, 민간 사회복지법인제도를 확정하였다. 1983년에는 사회복지사업 종사자를 「사회복지사」로 개칭하였고, 1987년에는 사회복지전문요원 제도가 도입되었다.

교육의 내용 면에서도 큰 변화가 나타났는데, 종전의 미국식 사회사업 중심에서 벗어나 한국의 현실적 필요를 반영하는 **정책·행정·실천을 포괄하는 광역학문**으로 성장하였다. (이혜경·남찬섭 2005) 한국 자본주의 체제의 객관적인 조건을 탐구 대상으로 하는 정치경제학적 패러다임이 사회과학계에 파급되었고, 이러한 영향으로 미국식 사회사업학의 보수성에 대한 비판이 등장했다. 또한 앞서 살펴본 것처럼 사회보험을 중심으로 한 사회복지제도의 발전이 진행되었고, 사회서비스 분야에서도 각종 법률의 도입 및 개정이 이루어졌다. 이러한 외적 요인들이 포괄적인 광역학문으로서 사회복지 교육 내용의 변화에 큰 영향을 미쳤으며, 이러한 경향은 1980년 이후 대학 학과의 명칭이 '사회사업학과'에서 '사회복지학과'로 전환된 사실에서도 일정 부분 반영된다.

이 시기에는 사회복지의 전문직화를 위한 다양한 노력이 이루어지기도 했는데, 1982년에 사회복지사 윤리강령이 제정되었고, 정신보건사회복지사·임상사회복지사·전문사회복지사 자격증 제도의 시행으로 전문적 권위와 전문직 고유의 문화를 확립하려는 다양한 노력이 이루어졌다. (이익섭 외 2004)

8) 거족적 유혈 민주화 투쟁 승리, 복지제도에도 새바람

한국 사회복지역사에서 1980년대 이후 시기는 거대한 변화의 시기라 할 수 있다. 사회보험의 확대와 공공부조의 재구조화, 사회서비스의 확대, 사회복지 전문직의 인적·제도적 도약의 시기라 하겠다. 이 항목에서는 한국 사회복지의 재구조화의 시대적 배경을 다룬다. 그리고 사회보험의 확대, 전문사회복지기관의 확산, 공공 부문 사회복지 전문직 확대 및 조직개편, 지역 중심 사회복지의 확산과 주민참여, 사회서비스의 공공성 강화, 인권 보장 방법의 도입, 전문사회복지사의 확대 과정을 다룬다. 이를 통하여 한국 사회복지 역사의 거대한 변환 시기를 이해하고 역사적 전환의 계기와 의미를 파악할 수 있을 것이다.

"주민의 접근이 편리하도록 읍·면·동에도 복지상담 창구를 개설하여…… 복지도우미, 자원봉사자, 민간기관 사회복지사 등을 활용한 방문서비스 제공, 이동 민원실 및 순회차량 운영 등으로 주민 접근성이 제고되도록 다양한 시책을 실시 중에 있다." (보건복지부, 2005: 220: 이현주, 유진영, 2015: 108에서 재인용)

(1) 민주선거제로 복귀, 근로 세력 권리 부분 회복

1987년 12월의 대통령 선거와 1988년 4월의 국회의원 선거를 거쳐 노태우 대통령이 이끄는 제6공화국이 출범하였다. 이 시기에는 1987년 민주화 운동의 여파로 물리적 억압에 의한 통치가 벽에 부딪히면서 정치적 민주화의 행보가 느리지만 지속되었다고 보는 것이 지배적인 시각이다. 1988년 3월의 「지방자치법」 부활과 「지방의회의원선거법」 제정에 이어, 1961년에 지방의회 구성 유보와 단체장 임명제 등을 규정하였던 「지방자치에관한임시조치법」이 1988년 4월에 폐지되면서 지방자치제가 되살아난 것도 이 시기이다.

지방자치제는 우여곡절 끝에 1991년 3월과 6월의 기초 및 광역 의회의원 선거와 김영삼 집권기인 1995년 6월의 단체장 선거를 통해 부활했다. 비록 아직도 허다한 맹점을 안고 있는 실정이었지만, 이러한 지방자치제를 통하여 국민의 정치에 대한 참여의 폭이 점차 확대되어 온 것은 사실이다. 1990년대에 들어 NGO(nongovernmental organization 비정부 조직)라 불리는 시민단체의 활동이 활성화된 것도 이러한 배경과 무관하지 않다. 경제정의실천시민연합(1989)·환경운동연합(1993)·참여연대(1994) 등을 비롯한 전국 및 지방 단위의 시민운동단체들이 개별적 연대 혹은 상호연대의 방법으로 지역과 국내 문제는 물론 국제적 문제에까지 관여하는 정치적인 힘을 발휘하면서, 이들이 유력한 정치세력으로 부각되고 있는 것이다.

노동운동 부문의 변화도 사회복지의 발전과 관련하여 중요한 의미를 지닌다. 1980년대 후반까지 전반적으로 노동조합의 정치적 활동이 저조했을 뿐 아니라 사회복지 부문에 대한 관심의 표명은 더욱 미미했음을 앞서 지적한 바 있다. 그런데 이러한 상황이 제6공화국 이후에 크게 바뀐 것이다. 전국 단위의 복수 노동조합이 제도적으로 수용됨으로써 노동정치의 양상이 변화되었고, 이렇게 하여 합법적 입지를 마련한 민주노총이 1995년부터 사회보장과 교육 등에 대한 요구를 '사회개혁 투쟁'으로 체계화하여 노동운동의 핵심 사업으로 삼게 된 점이 그 예이다. (김연명 1998) 이러한 상황 변화는 노동운동 세력의 정치적 참여가 향후 사회복지제도의 발전에 중요한 변수로 작용하게 될 것임을 말해 준다.

김영삼 대통령 집권기인 1993년에 들어 아시아태평양경제협력체(Asia-Pacific Economic Cooperation: APEC) 정상회담이 열린 후, 나라 간의 개방과 무한경쟁을 목전에 둔 일종의 위기감에서 대통령이 '국제화(internationalization)'라는 용어와 함께 '세계화(globalization)'를 하나의 정책 목표처럼 사용하기 시작하였다. 이와 함께 '우루과이 라운드(Uruguay Round: UR)' 협상 타결에 이은 세계무역기구(World Trade Organization: WTO) 체제가 세계의 경제를 규정하는 요소로 등장하면서 국가 경쟁력의 문제가 중요한 사회적 화두로 등장하게 된 것도 이 기간의 우리나라 정치적·경제적 상황을 이해하는 데에 빠트릴 수 없는 부분이다.

국제적 환경의 변화로서 우리나라에 복합적 영향을 미친 또 다른 요소로는 독일의 통일, 동구 공산권의 몰락, 복지국가 위기론 이후의 신자유주의 이데올로기의 확산 등을 들 수 있다. 독일의 통일이 몰고 온 다양한 결과는 유일한 분단국가인 우리나라의 향후 통일 방향과 과제에 관한 다양한 구상과 논의를 가져오게 하였다. 동구 공산권의 몰락은 미국 중심의 세계 자본주의 체제를 더욱 강화하는 요인이 되면서, 평등 민주화 이론가 및 운동세력을 위축시키는 결과를 초래하였다. 그리고 신자유주의 이데올로기(수탈의 자유를 방임하려는 약육강식 경쟁 허용 이념)는 경제정책 전반에 관한 논의는 물론, 사회복지 영역에서 공공 부문의 역할 재고를 요청하는 등의 파장을 불러일으켰다.

김대중 정부에 들어서 국내에서 일어난 변화 가운데 가장 주목할 만한 것은 '남북 교류의 확대를 통하여 통일 논의가 확대'된 점이다. 민간 부문의 교류가 간헐적으로 추진되던 상황에서 이루어진 남북 정상의 만남과 2000년 6월 15일의 '공동선언'이 이러한 움직임을 가시화한 것이다. 한반도 기류의 변화가 국제적 역학관계에 미칠 영향에 대한 관심도 중요하지만, 사회복지와 연관시켰을 때에는 차후의 변화가 남북 사회 구성원의 구체적 삶과 관련 제도에 미칠 영향을 예측하고 대비하는 일이 관심의 초점이 된다.

남북정상회담(2000. 6. 14.)

(2) 경제의 부침(浮沈)

제6공화국 경제의 특징은 '대외개방의 확대'와 '산업구조 조정'으로 요약할 수 있다.

1991년 상품 수입 개방률 97.2%, 금융과 서비스 부문의 개방 등이 전자와 관련된 현상이라면, 미국을 중심으로 한 새로운 국제분업 구조 개편에 적응하기 위한 것이 후자에 해당한다. 이 결과 다국적 기업의 국내 진출이 확대되고, 국내 잉여자원의 해외 유출이 확대되었으며, 경제의 대외 의존성은 더욱 심화되었다. 국제수지 적자가 누증되는 등의 경제위기 징후가 나타나게 되는 것도 이러한 현상들의 직접적 결과라고 볼 수 있다. 이 시기의 거시경제지표를 보면, 경제성장은 둔화되는 반면, 실업률은 대체로 2%대의 낮은 수준을 유지하였다.

한국 경제의 높은 대외 의존성과 부적절한 외환 관리는 급기야 1997년 말에 국제통화기금(IMF)으로부터 긴급 구제금융을 받아야 하는 상황을 초래하였다. 일시에 대외 신임도가 급락하면서 자금의 압박을 받아야 했고, 산업 구조조정을 강요받는 상황에서 부실한 기업과 금융기관을 정리하고, 국영기업을 민영화하며, 기업의 해외 매각을 추진하는 등의 상황이 계속되면서 수많은 실업자를 배출하게 되었다. 이러한 상황은 한국의 경제와 산업이 체질 개선을 할 수 있는 계기가 되기도 하나, 이로 인해 치러야 할 사회적 비용과 고통이 결코 적지않다는 점을 주목하지 않을 수 없었다. 이러한 상황은 신자유주의 이데올로기의 공략에서 자유롭지 못하게 하고, 경제의 대외 의존성으로부터의 탈피를 더욱 어렵게 한다는 데에 문제점이 있었다. 이것이 한국의 사회복지 현실에 영향을 미치고 있고, 앞으로도 그럴 것임은 물론이다.

(3) 사회보험의 확대

1987년 이후 시기는 보편주의의 원칙, 강제성의 원칙, 노동계급 포섭의 원칙 등을 내포하는 복지정책의 지향성이 좀 더 뚜렷해진 시기이다. (백종만 1996) 이러한 판단을 뒷받침하는 예로서 '**의료보험**의 포괄화와 행정통합', '**국민연금제도**의 도입과 포괄화', 최저임금제의 실시, **산재보험**과 **고용보험**의 적용 확대, 「국민기초생활 보장법의 제정」 등 사회보장제도상의 두드러진 성격 변화를 들 수 있다.

의료보험제도는 1977년 7월부터 상시고용 500인 이상의 사업체에 강제적용하기 시작하여 1988년 1월부터 농어촌에, 1989년 7월부터 도시 지역에 확대 적용됨으로써 개(皆)보험화를 이루었다. 1989년 10월 1일부터 약국 의료보험이 적용되었다. 1997년 12월 31일 「국민의료보험법」의 제정으로 1998년 10월 1일부터 조합주의 방식에서 통합주의 방식으로 변경, 공무원 및 사립학교 교직원 의료보험관리 공단과 227개 지역의료보험조합이 1차 통합되었다. 이어서 1998년 2월 노·사·정위원회에서 의료보험통합 합의를 거쳐 동년 12월 「국민건강보험법」이 제정되고 2000년 7월 1일부터 시행되면서, 142개 직장조합까지를 포함하는 행정통합을 이루게 되고 '국민건강보험공단'이 출범하였다. 이와 함께 의약분업도 오랜 진통 끝에 실시되었다.

국민연금은 1986년에 법이 제정되어 1988년 1월부터 상시 10인 이상의 노동자를 고용하는 사업장부터 시작하여, 1995년에 농어촌 지역으로 확대 적용하고, 1999년에는 도시 자영업자에게까지 적용 범위를 넓힘으로써 전 국민 연금의 시대에 돌입하였다.

최저임금제도는 1986년에 「최저임금법」이 제정되어 1988년 1월부터 10인 이상의 제조업에 한정적으로 적용하여 시행하기 시작하여, 2000년 11월부터 모든 사업장에 확대 적용하기에 이르렀다. 산재보험도 2000년 7월부터 모든 사업장에까지 적용이 확대되었다. 그리고 고용보험제도는 1995년 7월 1일부터 상시노동자 30인 이상 사업장부터 적용하기 시작하여, 1997년 말부터 불거진 외환위기 이후 실업이 급증함에 따라 단계적으로 적용 범위를 넓혀서 1998년 10월 1일부터는 4인 이하 사업장 및 임시직·시간제 노동자에게까지 적용 범위를 확대하여 실시하고 있다.

이 기간에 있었던 사회보장제도의 발전 가운데 가장 두드러지는 것이 있다면, 1999년 8월에 공공부조의 근간이 되는 「국민기초생활 보장법」이 제정된 사실이다. 종전의 생활보호제도는 일제강점기의 「조선구호령」을 답습한 구빈법적 성격의 것으로, 수급자격을 인구학적 요건을 중심으로 범주화(분류)함으로써 모든 국민의 인간다운 생활보장이라는 기본 정신에서 벗어나 있다고 보았던 것이다. 특히 1998년 이후의 외환위기 상황에서 발생한 다수의 장기 실업자 등의 문제에 대처하는 데에 종전의 생활보호제도는 한계가 있음을 적시하면서, 시민단체들이 1년여에 걸쳐 입법 운동을 추진하여 획득한 성과라는 점에 큰 의미를 부여할 수 있을 것이다. 또 이것은 수급자격을 노동능력 여부와 무관하게 보건복지부 장관이 정하는 최저생계비를 기준으로 판단하며, 급여항목에 주거급여가 추가되었다는 점 등에서 종전의 생활보장제도와 차이가 있다.

이 밖에도 이 기간에는 사회복지서비스 관련 법의 전반적 발전이 있었다. 재가복지에 대한 관심의 확대와 함께 이를 뒷받침할 제도적 보완의 작업이 많이 이루어졌기 때문이다. 1989년에는 「모자보건법」의 제정과 함께, 아동 주간보호제도규정을 신설한 「아동복지법」 개정과 장애인 의무고용제를 채택한 「장애인고용촉진등에관한법률」이 제정되었다. 1991년에는 아동 주간보호사업을 관리하고 지원하기 위한 「영유아보육법」이 제정되었는가 하면, 55세 이상의 고령자들에게 취업의 기회를 부여하기 위한 「고령자고용촉진법」이 제정되었다. 이동에 불편을 겪는 장애인과 노인 등의 이동권과 접근권을 뒷받침하기 위한 제도들도 등장하기 시작하였다. 1995년에 「장애인복지법」에 근거하여 제정된 「장애인 편의시설 및 설비의 설치기준에 관한 규칙」과, 이를 대체하는 법률로서 1997년에 「장애인·노인·임산부 등의 편의증진 보장에 관한 법률」이 제정된 것이 그 예이다.

한편, 사회복지사의 자격요건에 대한 오랜 논의의 결과로 1997년에 「사회복지사업법」이 개정되어, 2003년 1월 1일부터 사회복지사 1급을 취득하기 위해서는 자격시험을 거치도록 하는 규정을 두었고, 대학 혹은 대학원을 졸업하고 2급 자격을 취득하기 위한 요건이 특정 학과의 졸업이 아닌 지정과목의 이수로 바뀌었다. 이어서 1999년 개정에서는 사회복지 시설의 평가를 제도화하고, '사회복지 전담 공무원'에 관한 규정을 두었으며, 2000년 개정에서 매년 9월 7일을 '사회복지의 날'로 정한 일 등이 주목할 만하다.

이 밖에 종전의 관주도적 '불우이웃 돕기 성금'을 대체하고, 지역사회 단위의 민간 재원 확보를 위한 민간 주도의 공동모금 활동에 관한 근거를 마련한 「사회복지공동모금법」이 1997년에 제정되어 이듬해 7월부터 시행된 점도 이 시기의 주요한 변화이다. 이로써 「사회복지사업기금법」은 폐지되고, 공동모금회가 전국 및 시도 단위에서 사회복지법인으로 설치되어 활동하게 되었다. 그러나 법 시행 전인 1998년 5월에 36개 종교단체에서 「사회복지공동모금법 폐지 및 유보 의견서」를 청와대와 복지부에 보내는가 하면, 법 시행 보름만에 사회복지공동모금법 폐지법률안이 국회에 상정되는 우여곡절을 겪어야 했다. 종교단체 등의 기존 모금활동을 불필요하게 제약하게 된다는 것이 주된 이유였다.

이리하여 종전 법이 갖는 몇 가지 불합리한 점까지 감안하여 1년도 되지 않은 1999년 3월에 「사회복지공동모금회법」이라는 이름으로 개정되는 일이 발생했다. 이에 따라, 시·도 단위 모금회는 독립법인이 아닌 중앙 모금회의 지회로 격하되었으며, 배분신청의 자격요건이 완화되었는가 하면, 모금 활동비는 모금액의 2%에서 10%까지 상향 조정되었다.

이상으로 이 시기의 공공 부문 사회복지의 변화를 요약하자면, 사회보험제도들이 적용 범위를 확장함으로써 보편주의의 원리에 좀 더 가까이 다가간 점, 공공부조제도가 시행상의 파행에도 불구하고 내용상 보충급여의 성격을 지님으로써 보완된 점, 사회복지서비스 관련 제도들이 요보호자의 사회참여 기회를 넓히면서 보완되고 사회복지 시설의 평가제도가 시행됨으로써 시설사업의 개선에 실마리를 마련한 점, 민간 주도의 공동모금이 제도화된 점 등을 들 수 있다. 전반적으로 보아, 불완전하나마 보편주의가 강화됨으로써 복지국가의 기반을 형성한 것으로 평가할 수 있을 것이다.

9) 전문 사회복지기관의 확산과 전문직 확대

(1) 민주선거에 의한 민주정부, 복지도 보편화

사회복지서비스 관련 제도의 변화와 함께 민간 부문 사회복지 활동의 형태에도 가시적인 변화가 있었다. 백종만(1996)이 이 시기의 대인 사회복지서비스 영역의 변화로 지적한 것 가운데 몇 가지가 여기에 해당될 듯하다.

첫째는 이용시설 서비스가 확대된 점이다. 사회복지관의 증설이 가장 두드러지며, 장애인 종합 혹은 단종 복지관, 재가복지봉사센터, 보육시설 등이 급격하게 늘어난 점이 이를 뒷받침한다. 특히 1988년에 「사회복지관의 건립 및 운영에 관한 국고보조사업

지침」이 마련되어, 이후 국고지원금 산출 방식의 기초가 되기도 했다. 1995년부터 재개된 지방자치제의 영향으로 지역사회복지 개념이 중시되면서 사회복지관의 역할 역시 확대된 것으로 볼 수 있다.

둘째는 국가나 사회복지법인이 아닌 기업이나 개인의 사회복지서비스 참여가 제도적으로 장려되고 보장됨으로써 기업과 개인의 참여 폭이 확대되었다는 점이다. 이들의 보완적 역할을 통한 사회복지 주체의 다원화가 진행되고 있는 한 양상으로 이해할 수 있겠다.

셋째는 자원봉사활동의 활성화이다. 비록 논란 끝에 법의 제정까지는 가지 못했지만, 1988년 서울 올림픽을 계기로 하여 자원봉사활동에 대한 사회적 관심이 확대된 것이다. 여기에 중·고등학생의 봉사 의무제, 행형 수단으로서의 봉사 명령제, 대학 교육과정에 대한 반영, NGO 활동의 확산 등의 상황 변화가 가세하여 자원봉사활동을 크게 확장한 것으로 볼 수 있다.

이러한 변화의 이면에 신자유주의 이데올로기의 영향이 작용하고 있음을 부인하기가 힘들다. 공공 부문의 상황을 아울러 고려해 볼 때, 어떤 의미에서 이 시기의 우리나라 사회복지 전개 양상은 다분히 모순된 형태를 띠고 있기도 하다. 일면으로는 국가복지의 보편주의화가 불가피한 과제로서 이행되고 있는 반면, 다른 한편으로는 국가의 역할을 보완할 다양한 민간 부문의 자발적 참여를 유도함으로써 사회복지 책임을 다원화하려는 움직임이 병행되고 있기 때문이다.

공공 부문 사회복지서비스 제공기관의 인력 확대 추세는 사회복지 관련 공무원 부문에서 잘 나타난다. 1987년에 대도시 저소득층 밀집지역 동사무소에서 업무를 수행할 49명의 별정직 **'사회복지전문요원'**을 선발한 정부가 1992년에 **'사회복지직렬'**을 신설하면서, 1994년에는 3,000명에 이르게 되었다. 1999년에는 이전의 사회복지 전문요원 2,893명을 일반직 7, 8급 공무원으로 전환해 재임용하였고, 1,200명이 9급 사회복지직으로 신규채용되었다. 2000년 전국 읍·면·동 사무소에 총 3,000명(7급 2,481명, 8급 519명)이 배치되었고, 신규 사회복지직으로 채용된 1,200명은 이전에 사회복지전문요원이 배치되지 않았던 1,126개 읍·면·동사무소에 배치되었다. 그리고 2002년까지 770여 명의 아동 및 여성 분야 지도원과 상담원이 사회복지직으로 전환되었다. (강혜규 외 2019) 2005년에는 긴급지원제도의 도입과 함께 1,890명의 증원이 추진되었고, 2008년에는 사회복지 관련 공무원의 수가 1만여 명을 넘게 되었다.

2011년에는 읍·면·동 사회복지직 7,000명을 충원하여 읍·면·동 사무소별 사회복지직 공무원이 이전의 1.6명에서 3명으로 확대되었으며, 2014년에는 1,177명을 확충하였다. 그리고 2017년까지 600명을 단계적으로 확충할 것을 결정하였다. 한편, 이전의 사회복지직과 더불어 행정직을 시·군·구별 9명의 사회복지 전담 공무원으로 배치하여 사례관리 활성화, 사회복지통합관리망 관리 업무를 수행하도록 하였다. (강혜규 외 2019: 112) 2019년 12월 말 기준으로 사회복지 전담 공무원 정원은 총 41,269명이고, 이 중 사회복지직(단수, 기타직 포함)은 26,076명(63.2%), 행정직 등은 15,193명(36.8%)으로 나타났다. (한국사회복지행정연구회 페이지, 2021. 4. 27. 검색)

(2) 사회서비스 정부기관, 이용자 지향 조직개편

사회서비스 관련 정부기관의 이용자 지향적 조직개편은 1995년 7월부터 1999년 12월까지 전국 5개 지역(서울특별시 관악구, 대구광역시 달서구, 경기도 안산시, 강원도 홍천군, 전라북도 완주군)에서 시행된 보건복지사무소 시범사업에서 본격적으로 시도되었다. 저소득층·노인·장애인 등에 대한 보건의료 및 복지서비스의 통합 제공을 포함하여 지역 주민들의 다양한 복지 욕구에 대한 전문서비스 제공을 목표로 추진되었다. (이현주·유진영 2015) 그러나 시·군·구청의 종전 사회복지과와 시범사업 주체인 보건복지사무소 간의 업무 구분의 모호함, 보건복지서비스의 연계를 추진할 전문인력의 부족 및 구조적 한계, 그리고 무엇보다 주민접근성의 불편함 등이 문제점으로 지적되었다. 당시 보건복지부는 1999년까지도 보건복지사무소 시범사업을 전국 본사업으로 단계별로 확대할 것을 추진하였으나, 1997년 외환위기 이후 중앙정부는 물론 지방정부의 대대적 구조조정 방침에 의해 더 이상 추진되지 못하였다.

사회서비스 관련 정부기관의 이용자 지향적 조직개편 시도는 2004년 7월부터 2006년 6월까지의 사회복지사무소 시범사업으로 계속되었다. 2002년 대통령 인수 위원회에서 대통령 정책과제로 보고된 것을 시작으로 2003년 기본계획안의 발표에 이어 2004년 7월부터 전국 9개 지역에서 시범사업으로 운영되었다. 서울특별시 서초구, 부산광역시 부산진구, 부산광역시 사하구, 광주광역시 남구, 강원도 춘천시, 충청남도 공주시, 경상북도 안동시, 울산광역시 울주군, 충청북도 옥천군의 9개 지역에서 대도시형, 중소도시형, 농어촌형으로 구분되어 시범사업이 진행되었는데, 기본 공통사항으로는 상담경로 마련(복지상담실, 상담전용전화 설치), 복지 행정팀·통합조사팀·서비스연계팀·자활지원팀(도시 지역)·지역사회복지협의 체 구성이 추진되었다. (이현주·유진영 2015) 무엇보다도 주민접근성 개선을 위하여 읍·면·동 복지상담 창구를 개설하는데, 농어촌 지역과 저소득층 밀집 지역은 방문서비스를 제공하고 필요시 사회복지 관련 기관 등을 순회하는 차량운행 방안이 시도되었다. 그러나 시범 사회복지사무소는 읍·면·동사무소에 비해 주민접근성이 현저히 낮았고, 특히 노인과 장애인 관련 업무는 주민접근성 측면에서 볼 때 읍·면·동사무소가 중요한 접촉 지점이어야 함이 드러났다. (성은미·강혜규·안태숙·홍선미·이연. 2012)

한편, 시·군·구 주민생활지원 기능 강화를 위한 개혁도 추진되었다. 2005년 2월 대통령 주재 국무회의에서 보고된 「사회복지 전달체계 개선방안」과 같은 해 9월 국무조정실 주관으로 발표된 「희망한국21」, 그리고 2006년 6월 행정자치부의 「주민서비스 혁신

추진단」은 2006년 7월부터 시작된 단계별 시·군·구 주민생활지원 기능 개편의 중요한 근거가 되었다. 그리고 지금까지 저소득층 위주 사회서비스를 관련 정부기관들이 각각 개별적으로 제공하던 것에서 벗어나 다양한 주민을 위한 사회서비스를 이용자 접근성을 향상시키면서도 통합적으로 제공할 수 있도록 주민생활지원서비스 행정체계를 개편하는 방향추로 작동하였다

주민생활지원 기능 강화 개편은 시·군·구 본청 단위와 읍·면·동 단위로 나누어 추진되었다. 시·군·구 본청 단위에서는 주민생활지원국 또는 주민생활지원과 중심으로 복지·보건·자활·고용·여성·보육·주거복지·청소년·평생교육·문화·생활체육 지원을 통합하여 제공하되, 총괄기획 및 서비스 조정 연계, 통합조사 기능을 지닌 별도의 부서를 신실하도록 하였다. 읍·면·동 단위에서는 주민생활지원 팀을 신설하여 현장방문, 심층상담 및 사후관리 등의 찾아가는 서비스, 정보 제공, 의뢰, 연계 등을 담당하게 함으로써 주민접근성을 향상하도록 하였다.

6. 사회 복지 정책 시행에 필요한 재원(財源)

1) 공공(公共)재원, 조세수입 중에서 분배

북유럽 복지국가에서 보듯이 사회복지정책은 많은 비용을 필요로 한다. 바로 그 때문에 사회복지정책의 도입과 확대, 그리고 그 축소에 있어서 항상 관건이 되는 것이 재정문제이다. 따라서 사회복지정책 학도들은 사회복지정책의 재정에 대한 정확한 이해가 필요하다. 사회복지정책의 체계에서 보았듯이 사회복지정책은 매우 다양하고, 제도가 다양한 만큼 그 재정구조도 다르다. 사회복지정책의 재원은 크게 볼 때 공공재원과 민간재원으로 나뉜다. 사회복지정책의 공공재원으로는 조세가 가장 큰 비중을 차지한다. 사회복지정책의 공공재원이 되는 조세에는 일반세·목적세·조세(租稅)비용이 있다.(『사회복지정책론』원석조 저, 공동체 발행 2022년)

(1) 일반세

일반세는 조세의 지출용도를 정하지 않고 징수하는 세금이다. 일반세에는 소득에 부과하는 소득세, 소비에 부과하는 소비세, 재산에 부과하는 재산세가 있다.

① 소득세 : 소득세에는 개인소득에 부과되는 개인소득세와 법인의 수익에 부과되는 법인소득세가 있다. 개인소득세는 누진세율을 적용하고, 일정 소득 이하인 사람에게는 조세를 면제해 주거나 저소득층일수록 보다 많은 조세 감면 혜택을 부여하여, 소득계층 간 '소득재분배 효과'가 가장 크다.
② 소비세 : 소비세는 상품을 소비할 때 부과된다. 소비세는 모든 상품에 단일 세율을 부과하는 일반소비세와 특정한 상품에만 부과하는 특별소비세로 분류된다. 일반소비세는 소득에 관계없이 상품을 소비할 때 동일한 세금을 부담해야 하므로 '소득역진성'이 강하다. 특별소비세는 주로 사치품에 부과되는데, 사치품의 주된 소비자가 중상위계층이기 때문에 소득역진성이 일반소비세보다 작다. 우리나라의 '부가가치세'도 소비세의 하나인데, 부가가치세는 생산단계에서 최종 소비단계까지 부과되는 것이 특징이다.
③ 재산세 : 재산세는 소유재산에 부과되는 세금으로서 지방정부의 주요 재원이다. 재산세는 대개 단일세율이 적용되며, 세금의 부과기준이 되는 재산의 가치를 시가로 계산하기 어려운 문제가 있다.

우리나라의 일반세는 내국세·관세·목적세 등의 조세수입과 그 밖에 재산수입·수수료·정부소유재산 매각대금·벌금 등의 기타 수입, 그리고 국공채·차관 등의 채무수입 등으로 구성된다. 그러나 역시 내국세가 조세수입의 대부분을 차지한다. (세입의 80% 이상) 내국세는 부가가치세·소득세·법인세·특별소비세 등으로 구성된다.

일반세는 직접세와 간접세로 분류되기도 한다. 직접세는 재산이나 소득이 많을 수록 많은 세율이 적용되는 누진세를 말하고(소득세와 상속세), 간접세는 재산이나 소득에 관계없이 과세대상에 대해 동일한 세율이 적용되는 세금(상품에 부과되는 세금)을 말한다. 따라서 '직접세의 비중이 높을수록 조세형평성이 높다'고 할 수 있다. 우리나라는 선진국에 비해 간접세의 비중이 매우 높다. 전체 조세 중 간접세의 비중이 영국과 뉴질랜드가 비교적 높아 35% 정도이고, 대부분의 서유럽 선진국들은 30% 미만이다. 반면에 우리나라는 44%에 달하고 있다. 그리고 대표적인 누진세인 개인소득세의 비중이 덴마크는 50%를 넘고, 서유럽 선진국들은 40%를 넘거나 그에 육박하고 있다. (영국과 독일은 상대적으로 낮아 25% 정도이다) 반면에 우리나라는 2할(20%)이 채 안 된다. 이렇게 간접세의 비중이 아주 높은 일반세에서 공공부조 급여에 소요되는 재정을 충당할 경우 소득재분배 효과는 제한적일 수밖에 없다. 왜냐하면 공공부조 대상자인 빈민들도 시장에서 생필품을 구입할 때 상당한 세금을 물기 때문이다.

(2) 목적세와 조세비용

목적세(special purpose tax, earmarked tax)는 일반세와 달리 지출용도를 정해놓은 세금이다. 일반세가 다른 정책목적과 경합되어 재원의 안정성은 떨어지지만 일반적으로 증액

할 수 있고, 또 신축성도 있다는 장점이 있다면, 목적세는 사용목적이 정해져 있어 다른 정책부문과 경합되지 않기 때문에 재원으로서의 안정성이 있다는 장점이 있다. 이처럼 목적세는 가장 안정된 세원이기 때문에 중앙정부나 지방정부가 선호한다. 그러나 과세대상의 방법 여하에 따라 재원의 확대가 어렵다는 단점이 있으며, 목적세로 조성된 자금으로 운영되는 프로그램으로부터 아무런 혜택을 받지 못하는 사람들이 조세저항을 할 가능성도 있다.

그리고 베버리지가 지적한 대로 목적세는 납세자를 설득하기가 쉬운 반면(예컨대 석유세를 부과하여 자동차 사용자로 하여금 도로 개선비용을 부담하게 하는 것은 합리적이다), 어디에다 부과하는 것이 합당한가 하는 의문이 항상 제기되는 데다가, 조세의 안정성이라는 면에서는 일반세보다는 안정적이지만 보험료에 비해서는 안정성이 약하다. 원래 목적대로 사용되지 않을 수도 있다는 것이다. (Beveridge 1942) 우리나라의 교육세와 미국의 사회보장세(social security tax)가 대표적인 목적세이다. 조세비용(tax expenditure)이란 특정 집단에게 조세를 감면·공제·면제해 주는 제도를 말한다. 조세감면·공제·면제는 그만큼 납세자의 구매력을 실질적으로 증가시키는 효과가 있다. 조세비용은 정부입장에서는 세입이 감소하는 것이고, 수혜자의 입장에서는 정부로부터 지원을 받는 것이 된다. 조세비용은 그 혜택이 주로 중상위 소득계층에게 가고(각종 기부금에 대한 세금감면), 저소득층은 조세비용의 수혜를 받기 어렵다는 점에서 '소득역진적인 성격'이 있다.

○ 조세비용이란 특정 집단에게 조세를 감면·공제·면제해 주는 것을 말한다.
○ 조세감면·공제·면제는 그만큼 납세자의 구매력을 실질적으로 증가시키는 효과가 있다.
○ 조세비용은 정부입장에서는 세입이 감소하는 것이고, 수혜자의 입장에서는 정부로부터 지원을 받는 것이 된다.
○ 조세비용은 그 혜택이 주로 중상위 소득계층에게 가고, 저소득층은 조세비용의 수혜를 받기 어렵다는 점에서 소득역진적인 성격이 있다.

2) 사회보험의 재원

사회복지정책의 핵심인 사회보험의 재정은 주로 보험료로 충당되며, 경우에 따라 목적세와 본인부담금(user charge)으로 보충된다. (Murphy 1979) (財政:국가 또는 지방자치 단체가 필요한 재력을 취득하고 관리하는 경제적인 여러 활동) 보험료는 소득비례 보험료와 정액보험료 두 가지가 있는데, 소득비례 보험료는 말 그대로 소득(표준보수월액)의 일정률을 갹출하는 것이고, 정액보험료는 소득이나 재산에 관계없이 모든 사람이 동일한 액수의 보험료를 부담하는 것이다. 목적세는 프랑스의 사회보험에서 보듯이 담배나 술에 사회보험세를 물려 그 수입을 사회보험재정에 보태는 것을 말한다. 본인부담금은 주로 건강보험에 적용되는데, 진료비의 일정 부분을 환자, 즉 수익자에게 부담 지우는 것이다.

베버리지는 사회보험의 재정이 보험료로 충당된다는 사실에 큰 의미를 부여했다. 보험급여에 소요되는 재정이 얼마나 많이 들든지, 또 얼마나 오랜 기간 동안 필요한지를 막론하고, 사회보험의 재정이 모두 보험료로 충당된다는 것(수혜자가 보험료 부담으로 재정을 충당하고, 부족하면 보험료를 더 부담해서 보충하는)은 사회보험에서는 개인과 정부의 '자선'이 필요 없다는 것을 의미하기 때문에 그렇다는 것이다. (Beveridge 1942)

한편 영어로 사회보험의 보험료를 contribution이라고 하고, 민간보험의 보험료는 premium이라고 하는데, 이 두 단어의 차이를 통해서도 보험료의 성격을 파악할 수 있다. premium이란 보험가입자가 민간보험회사(보험자)와 자유계약을 맺어 개인적 필요성(personal desires)과 자신의 지불능력(ability to pay)에 따라 보험자에게 지불하는 돈을 말한다. (Reida 1999) 그리고 민간보험의 보험료는 사망이나 질병 등 위험에 관한 확률에 의거한 보험통계에 의해 정해진다. 반면에 contribution은 개인의 의사와는 무관하게 제도의 규정에 따라 의무적으로 부담해야 하는 돈이며(강제성), 보험통계에 의해 결정되지 않는다. (Midgley 1986) 또한 사회적 위험을 공동체로 분산(pooling)하기 위해 피보험자가 보험자에게 지불함으로써 결과적으로 공동체의 복지에 기여한다.

사회보험 재원의 기본 원칙으로 '삼자부담제도(tripartite scheme)'라는 게 있다. 삼자부담제도란 사회보험의 수익자인 가입자(근로자)와 사용자 그리고 고용안정과 사회안정의 책임자인 정부, 이 삼자가 사회보험의 재정을 공동으로 부담한다는 원칙을 말한다. 삼자부담제도는 1881년 독일제국의 산재보험법의 초안에 처음 등장했다. 당시 사회보험의 도입을 주도한 비스마르크는 사회보험의 두 당사자인 노동자와 사용자 이외에 국가가 재정의 일부를 부담(보조금)해야만 노동자가 국가(자본가가 아닌)에 대해 고마움을 느끼고, 또 그래야만 국가에 통합된다고 확신하였다.

그리하여 법 초안에는 저임금 노동자인 연소득 750마르크 미만의 노동자는 보험료가 면제되고, 연소득 750~1,500마르크의 노동자는 보험료의 1/3, 고임금 노동자인 연소득 1,500 마르크 이상의 노동자는 보험료의 1/2을 부담하도록 되어 있었다. 그러나 비스마르크의 의도를 파악한 부르주아지(자본가 계층)의 반대에 부딪혀 삼자부담제도는 무산되고 대신 제국보험공단(사회보험 운영조직)의 운영비(국가부담)를 제외한 모든 비용을 사용자가 부담하는 것으로 결정되었다. 그리고 연이어 도입된 건강보험과 연금에서도 삼자부담 대신 노동자와 사용자 양측부담의 원칙이 확정되었다. (원석조 2001)

삼자부담의 원칙이 최초로 관철된 것은 1911년 영국의 「국민보험법」이었다. 구체적으로 말해서, 건강보험의 보험료를 노동자·사용자·정부 삼자가 각각 4:3:2의 비율(주당 피용자가 4펜스, 사용자가 3펜스, 대장성이 2펜스를 부담)로 부담하기로 했고, 실업보험의 보험료는 사용자와 노동자가 동일하게 부담(사용자와 노동자가 각각 25 펜스씩 부담)하고, 대장성이 사용자와 피용자 보험료 합계액의 1/3을 보조하는 것으로 결정했던 것이다.

이후 삼자부담의 원칙은 베버리지 보고서에서도 재확인되었고(Beveridge 1942) 1944년

ILO의 소득보장 권고와 의료보장 권고에서도 천명되었다. 그러나 현재 정부부담은 점차 감소하여 노동자와 사용자 양자가 재정을 분담하는 2자부담제로 변해가는 추세에 있다.

- ○ 사회보험의 보험료는 소득비례 보험료와 정액보험료 두 가지가 있다. 소득비례 보험료는 소득(표준 보수월액)의 일정률을 갹출하는 것이고, 정액보험료는 소득이나 재산에 관계없이 모든 사람이 동일한 액수의 보험료를 부담하는 것이다.
- ○ 민간보험의 보험료는 보험가입자가 보험회사와 자유계약을 맺어 개인적 필요성과 지불능력에 따라 보험자에게 지불하는 돈인 데 비해, 사회보험의 보험료는 의무적으로 부담해야 하는 공동체를 위한 돈이며, 보험통계에 의해 결정되지 않는다.

(1) 사용자(고용주) 부담 보험료

전술한 대로 보험료는 사용자와 피고용자가 공동부담한다. 그런데 사용자 부담 보험료와 피고용자 부담 보험료는 성격이 다르다. 무엇보다도 피용자 부담 보험료는 개별 근로자 자신이 부담해야만 하며, 다른 사람에게 전가될 수 없는 데 반해, 사용자 부담 보험료는 생산물 가격에 전가될 수 있다. (轉嫁 : 책임·죄과를 남에게 넘겨 씌움) 노동자는 소비자라는 점에서 보면, 결국 모든 보험료는 근로자에게 최종 귀착된다. 이런 논리라면, 노사 간의 부담의 차이도 별 의미가 없어진다. (의료보험공단 1994)

그러나 사용자 부담 보험료가 노동비용으로서 생산원가에 자동적으로 전가되어 최종적으로 소비자인 근로자의 부담으로 귀착된다는 논리에는 문제가 좀 있다. 이게 사실이라면, 사용자들이 사회보험의 보험료에 부담을 가질 필요가 없고, 따라서 사회보험의 신설이나 확대에 그토록 반대할 이유도 없다. 그러나 사회보험의 역사에서 확인할 수 있듯이 자본가계급은 사회통합이나 사회적 안정 또는 계급투쟁의 약화 등 고차원적인 정치적 목적을 위해 사회보험이 불가피하다고 판단한 경우 이외에는 사회보험에 반대했다.

그 주된 이유는 사회보험의 사용자 부담 → 생산원가 증가 → 상품가격 인상으로 이어지고, 높은 가격은 시장에서 자사제품의 경쟁력을 약화시키며, 이는 상품의 판매량을 줄여 결국 기업의 이윤을 하락시키기 때문이다. 다만, 동종의 모든 상품에 동일한 액수의 사회보험 보험료가 포함된다면, 기업으로서는 조건이 같아 별 문제가 안 되겠지만, 사회보험을 실시하고 있는 국가도 있고 실시하지 않고 있는 국가도 있으며, 같은 종류의 제품이라도 노동력 의존도가 높은 기업이 있는가 하면 기계 의존도가 높은 기업도 있는 게 현실이어서 기업의 보험료 부담은 차등적으로 부과될 수밖에 없다. 물론 기업은 가격경쟁력을 위해 보험료 부담액만큼 임금을 억제하여 이를 상쇄하려 할 수도 있다. 이렇게 되면 보험료 부담으로 인한 가격인상은 일어나지 않는다.

요는 사용자의 보험료 부담이 노동비용의 증가와 이윤의 감소를 가져오는가 하는 것인데, 이에 대해 Pavard(1979)는 확실한 대답은 있을 수 없다고 했다. 사용자가 자신이 지불한 보험료를 상품가격에 전가하든지, 아니면 임금을 억제하든지 또는 임금노동자의 수를 줄이는 방법으로 이를 상쇄시키고자 하는 것은 자연적인 경향이고, 사회보장비용을 상품가격에 전가하는 것은 사회공동체가 부담한다는 것을 의미하는데, 실제로 이를 증명하기는 대단히 어렵다는 것이다. 기업주가 부담하는 사회보험 보험료의 단지 1/3만이 노동자에게로 전가되었다는 David Hamermesh의 주장도 있다. (Reida 1999) 기업은 사회보험 보험료를 노동자의 생산성을 향상시키는 것으로 간주하기보다는 사용자의 비용을 증가(=이윤의 감소)시키는 것으로 간주하는 경향이 있음은 부인할 수 없는 사실이다.

그리고 보험료의 사용자 부담은 사용자가 자신의 피용자 집단을 위해 지불하는 노동비용이기 때문에 자본으로부터 노동으로의 재분배, 즉 수직적 재분배를 가져온다고 본다. 피고용자 부담 보험료는 보험료 부과가 정액제인지 아니면 소득비례제 인지에 따라 재분배의 효과가 다르게 나타난다. 일반적으로 '소득비례 보험료'는 수직적 재분배 효과를, '정액제 보험료'는 우발적 재분배(무사고 집단에서 사고를 당한 집단으로의 재분배) 효과를 갖는다.

또한 사용자 부담 보험료가 개별 노동자가 아니라 노동자집단에 귀속되는 것이기 때문에 저임금계층의 사회적 충족성을 향상시키기 위해, 즉 자신이 낸 보험료보다 더 많은 급여혜택이 필요한 사람을 위해 사용되어야 한다는 주장도 있다. 다시 말해서, 사용자 부담 보험료는 노동자 개개인의 사유물이 아니라 노동자집단의 공동 소유물이므로 노동자 중에서 상대적으로 취약한 저임금 노동자나 질병·사망·노령 등의 이유로 타인의 도움이 필요한 노동자를 배려하는 자금의 재원으로 사용해도 좋다는 것이다. (사용자가 비용의 전액을 부담하는 기업연금이 퇴직하는 동료 노동자만을 대상으로 하는 데 대해 현직 노동자가 반대하지 않는 것이 좋은 예가 된다. Rejda 1999)

보험료의 사용자 부담분의 성격에 관해서는 두 가지 상반된 견해가 있다. 하나는 보험료나 임금 모두 사용자가 노동자들에게 지불하는 돈이라는 점에서 차이가 없다고 보는 입장이다. 사용자 부담 보험료를 임금과 마찬가지로 노동비용으로 간주하는 것인데, 이 경우 사용자 부담 보험료는 넓게 보아 임금의 일부이다. 반면에 정치·경제학적 입장에서는 사용자 부담 보험료와 일반 임금을 구별한다. 전자를 사회적 임금(social income)이라 하고, 후자는 화폐임금이라고 한다. 화폐임금은 노동에 대한 정상적인 대가, 즉 동등한 가치를 갖는 상품과 교환(노동력의 구매)하기 위해 자본가가 노동자에게 지불하는 것인데 비해, 사회적 임금은 노동에 대한 대가라기보다는 '산업평화와 사회안정을 위해 지배계급이 피지배계급에게 지급하는 비용(cost)'으로서 전체 자본, 즉 총자본(또는 국가)과 전체 노동, 즉 총노동 간의 정치적 투쟁(계급투쟁)에 의해 결정된다. (원석조 1990, 아래 참조) 그리고 화폐임금이 개별 자본이 개별 노동자에게 지급하는 것이라면, 사회적 임금은 전체 자본이 전체 노동자에게 지불하는 것이다.

※ 사용자 부담 보험료의 성격

화폐임금과 사회적 임금 간의 관계를 놓고 Gough와 Fine and Harris 간에 논쟁이 붙은 적이 있다. Gough가 양자의 유사성(양자 모두 노동자계급이 계급투쟁의 대상으로 삼는다)을 주장한 반면, Fine and Harris는 양자 간의 본질적 차이(화폐임금이 경제적 계급투쟁의 대상인 반면, 사회적 임금은 정치적 계급투쟁의 대상이 된다)를 강조했다.

- 사용자는 보험료 부담을 꺼린다. 그 주된 이유는 사회보험의 사용자 부담 → 생산원가 증가 → 상품가격 인상으로 이어지고, 높은 가격은 시장에서 자사제품의 경쟁력을 약화시키며, 이는 상품의 판매량을 줄여 결국 기업의 이윤을 하락시키기 때문이다.
- 기업은 사회보험 보험료를 노동자의 생산성을 향상시키는 것으로 간주하기보다는 사용자의 비용을 증가(=이윤의 감소)시키는 것으로 간주하는 경향이 있다.
- '사용자 부담 보험료'는 전체 자본이 전체 근로자에게 지급하는 '사회적 임금'이다.

(2) 보험료와 조세의 관계

보험료와 조세의 관계에 대해서는 두 가지 견해가 있다. 하나는 임금에 부과되는 조세(payroll-tax)라는 점에서 보험료와 조세는 본질적으로 같다고 보거나 보험료를 조세의 일부라고 보는 입장이다. 다른 하나는 보험료를 조세의 일부가 아니라 임금의 일부로 보는 입장이다. 이 입장에서는 보험료를 노동자에게 직접 지불되는 것이 아니라 재분배를 위해 사회보장기구에 지불되는 '사회화된 임금(socialized wage)'이라고 본다. 두 견해 모두 일리가 있지만, 그 어느 것도 실정법에 의해 확실히 규정된 적은 없다. (Pavard 1979)

사실 조세 중 직접세(소득세)와 보험료는 매우 유사하다. 양자는 다음과 같은 공통점을 갖고 있다. ① 소득의 이전(income transfer)을 통해 빈민들에게 최저한의 소득을 제공함으로써 빈곤을 완화한다. ② 생애주기를 통해 가족소득의 규칙성과 안정성을 강화시켜 준다. 사회보험의 경우 연금·장해급여·실업급여 등으로 근로기간은 물론 퇴직 후까지 소득을 보장해 주고, 조세는 누진적인 세금부과(저소득층의 부담 경감)를 통해 조세부담을 전 생애에 걸쳐 퍼지게 하는 효과(the effect of spreading the burden of taxation over the life cycle)를 거둔다. ③ 이전소득(transfer payments)과 조세를 가족의 크기에 연계시킴으로써 수평적 불평등(대가족과 소가족 간의 불평등)을 감소시킨다. ④ 이전소득과 조세의 누진적 분배(progressive distribution)를 통해 소득의 불평등을 완화시킨다.

그리고 이런 목적을 달성하기 위한 수단에도 공통점이 있는데, 두 제도 모두 국가의 공권력(정부의 사회보장부처·세무당국·공법상의 기구인 사회보장기관 등)을 사용한다는 점에서 그렇다.

또한 사회보험에서 개인별로 부담한 보험료 총액과 급여가 절대적으로 일치하는 것은 아니란 사실(수지불상동의 원칙), 다시 말해서 자신이 낸 돈보다 많은 급여를 받는 사람도 있고, 반대로 적은 급여를 받는 사람도 있다는 사실도 사회보험 보험료와 조세의 유사성을 말해준다. 소득이 많은 사람이 더 많이 부담한다는 점에서 두 제도 모두 누진적 요소를 갖고 있다는 공통점도 있다.

그러나 양자는 분명히 다른 점도 있다. 무엇보다도 베버리지가 말한 대로 조세와 보험료가 부과되는 대상에 차이가 있다. 베버리지에 의하면, "조세는 납세자가 장차 받을 수 있을 것으로 기대되는 어떤 것의 가치가 아니라 '추정된 조세부담능력(assumed capacity)'에 관련되어 있다. 반면에 보험료는 '지불능력(capacity to pay)이 아니라 급여가치 (the value of the benefits)'에 관련되어 있다. …조세는 생계능력(means)에 의거해 있고, 사회보험의 보험료는 보험료를 납부하는 사람들의 위험의 정도와는 관계가 없고, 또 생계능력에 의거할 필요가 없다." (Beveridge 1942) 요약하면, 조세는 부담능력에 따라, 보험료는 급여가치에 따라 부과된다는 것이다.

그리고 사회보험 보험료는 조세에 비해 역진적이다. 왜냐하면 사회보험 보험료율은 소득의 대소에 관계없이 일정(정률제)한 반면에 소득세는 누진세이고, 대부분의 보험료에 상한선(ceiling)이 정해져 있는 데 비해 소득세는 상한선이 없기 때문이다. (Tamir and Achdout, 1979:3-4; Brittain, 1972; Musgrave and Musgrave, 1973) 또한 보험료는 조세와 달리 근로소득에만 부과되고(조세는 재산이나 상거래에도 부과), 소득세와 보험료의 과세대상이 되는 임금의 범위도 차이가 난다. 대체로 보험료의 표준보수월액이 근로소득세의 과세임금보다 적다. 또한 세금이나 보험료 모두 소득의 일정 부분에 부과되는 공적 비용이라는 점에서는 같지만 세금은 보험료와 달리 국가의 반대급부가 특정화되어 있지 않다. (Beattie and McGillivray 1995)

조세와 보험료의 차이점

조세	보험료
누진적 소득상한선(ceiling) 무 인적 공제 유 부담능력 고려	역진적 소득상한선 유(고소득층에 유리) 인적공제 무(저소득층에 불리) 부담능력 불고려

출처: 의보공단, 1994.

한편 보험료와 소득세의 유사점 때문에 두 제도의 통합을 주장하는 사람들이 있다. (Camir and Achdout 1979) 특히 소득세와 아동수당의 성격은 대단히 유사하다. 자녀에 대한 소득공제를 통해 세금부담을 경감시켜 주는 것과 미성년 자녀에게 가족수당을 지급하는 것은 본질적으로 같다는 것이다. 그리하여 주로 일반세입에서 개별 가족에게 곧바로 지급되는 아동수당(조세당국이 운영하는)과 소득세의 통합이 거론된 바 있다. (Hochard 1979·Messere 1979·Biüttner 1979) 그리고 공공부조를 조세인 역소득세(NIT : Negative Income Tax) (아래 설명)로 대체하자는 주장도 이런 입장과 맥을 같이한다.

※ 보험료와 조세 성격

1960년대 후반 미국과 영국의 자유주의 성향의 경제학자들이 공공부조의 대안으로 제시한 것으로 기존의 모든 사회보장제도를 폐지하는 대신 기준소득액을 설정한 다음 기준 이하의 가계에 대해서는 부족액의 50%에 상당하는 현금급여를 제공하고, 그것을 초과하는 가계에는 세금을 부과하자는 것이 핵심이었다. 이에 따라 1968~1972년 사이 미국의 일부 주정부가 대규모 시범사업을 실시했다. 그러나 시범사업 결과 역소득세의 항구적인 효과와 영향을 판정할 수 없었으며, 주정부가 공공부조를 실업자에게 확장함으로써 복지가 근로의욕을 저하시킨다는 데 대한 증거도 발견하지 못했다. 사실상 역소득세 실험은 실패로 끝나고 말았다.

○ 보험료를 조세의 일부로 보기도 하고, 임금의 일부로 보기도 한다.
○ 보험료와 조세는 빈곤완화, 소득의 안정, 불평등의 완화 등 동일한 기능을 수행한다.
○ 조세는 부담능력에 따라, 보험료는 급여가치에 따라 부과된다.
○ 보험료는 조세에 비해 소득역진적이다.

3) 민간재원

민간 사회복지조직의 재원은 다양하다. 첫째, 정부로부터 직접 받거나 계약의 형태로 지원받는 정부보조금, 둘째, 재단지원금·후원금·기증 등과 같은 기부금, 셋째, 서비스요금·임대료·상품판매 수익 등과 같은 수익사업에 의한 수입, 넷째, 기타 특별행사 수익이나 투자수익 등이 있다.

(1) 정부보조금

전통적으로 정부는 비영리조직을 재정적으로 지원해 왔으며, 지방정부가 관할 지역 내의 사회복지기관의 운영비를 지원하는 것이 오랜 관례였다. 정부의 사회 복지조직에 대한 예산지원을 보조금(grants)이라 한다.

정부보조금은 정부가 해야 할 사회복지사업을 민간사회복지기관에 위임하면서 지불하는 자금이다. 정부가 민간사회복지기관에 사업을 대행시키는 이유는 정부 조직의 관료주의를 피하고 민간조직의 장점인 전문성과 융통성을 살리기 위해서이다. 그리고 민간사회복지기관의 입장에서 정부보조금은 매우 안정적인 재원이 되므로 선호한다. 흔히

하는 말처럼 win-win인 것이다. 그러나 정부보조금을 받게 되면 정부의 감사 등 상당한 제약과 통제를 받게 된다. 정부예산을 사용하기 때문에 불가피한 것이다. 그렇기 때문에 독립성과 자율성을 중시하는 사회복지기관은 정부보조금 신청을 기피한다.

우리나라의 경우 정부보조금은 「보조금 관리에 관한 법률」(제2조)에 규정되어 있다. 그것에 의하면, "보조금이라 함은 국가 외의 자가 행하는 사무 또는 사업에 대하여 국가가 이를 조성하거나 재정상의 원조를 하기 위하여 교부하는 보조금(지방자치단체에 교부하는 것과 그 밖의 법인·단체 또는 개인의 시설자금이나 운영자금으로 교부하는 것만 해당한다), 부담금(국제조약에 의한 부담금은 제외한다), 그 밖의 상당한 반대급부를 받지 아니하고 교부하는 급부금으로서 대통령령으로 정하는 것을 말한다."

그리고 사회복지사업법(제42조)에도 사회복지사업에 대한 정부보조금에 관한 규정이 있는데, 그에 따르면 "국가 또는 지방자치단체는 사회복지사업을 수행하는 자 중 대통령령이 정하는 자에 대하여 필요한 비용의 전부 또는 일부를 보조할 수 있다."(보조금) 그리고 "보건복지부장관은 시·도지사 및 시장·군수·구청장에게 사회복지사업의 수행에 필요한 비용을 지원할 수 있다."(지방자치단체에 대한 지원금)

(2) 기부금과 후원금

기부금(contributions)이란 개인이나 단체가 사회복지기관이나 기관의 프로그램에 조건 없이 주는 증여를 말한다. 서비스 이용료와 마찬가지로 대부분의 기부금은 사회복지조직에게 유동적인 재원이다. 따라서 사회복지조직들은 기부금을 만들기 위해 다양한 전략을 추구하며, 이러한 전략은 특히 이사진의 적극적인 참여를 요구하는데, 이의 지속을 위해서는 조직 차원에서의 상당한 노력이 필요하다.

기부금은 오랫동안 사회복지기관의 주요 재원이었다. 그러나 현재는 다소 감소하는 추세에 있다. 미국의 경우 기부금을 많이 내는 재단은 네 가지 유형이 있다.

① **독립재단 또는 가족재단**(independent or family foundations): 한 가족이나 집단이 운영하는 재단으로서 종교, 교육, 사회복지 부문의 단체나 조직에 일정한 기부를 한다. 기부 여부를 결정하는 이사회는 대개 가족구성원이나 친구로 구성된다.
② **기업재단**(corporate foundations) : 기업이 자신의 이윤을 재원으로 해서 만든 재단이다. 기업의 간부와 지역사회주민으로 이사회를 구성한다. 지역 기부금 위원회를 둔 기업도 있다.
③ **운영재단**(operating foundations) : 기관의 프로그램 또는 프로젝트 운영자금을 지원하는 재단으로서 대학의 프로젝트에 예산을 지원하는 지역대학지원재단이 좋은 예이다.

④ **지역사회재단**(community foundations) : 기부자의 신탁으로 자금이 마련되는 재단이다. 기부자의 지침과 관심에 따라 지원 여부가 결정된다.

우리나라의 경우 사회복지기관(사회복지법인의 대표이사와 시설의 장)이 후원자로부터 아무런 대가 없이 무상으로 받은 금품 기타의 자산을 후원금이라고 한다. (사회복지 사업법 제45조) 우리나라 사회복지기관의 후원금 관리는 「사회복지법인 및 사회복지시설 재무·회계 규칙」(제41조)에 규정되어 있다. 그것에 의하면, 기관장은 후원금의 명확성을 확보해야 하고, 후원자에게 영수증을 즉시 발급해야 하며, 후원금의 사용내역을 후원금을 낸 법인·단체 또는 개인에게 통보해야 하고, 후원금 수입 및 사용결과 보고서를 관할 시장·군수·구청장에게 제출하여야 하며, 후원금을 후원자가 지정한 사용용도 외의 용도로 사용하지 못한다.

(3) 이용료

이용료(fees)는 클라이언트(서비스 이용자)와 제3자(공공사회복지기관, 사회보장기관, 직업재활, 보험회사 등)가 사회복지기관의 서비스를 사용한 대가로 지불하는 돈을 말한다. 다시 말해, 서비스에 대한 클라이언트 차지(client charge)인 것이다. (로만 1989)

서비스 이용에 대한 대가인 이용료로 기관의 재정을 충당하는 것은 수익자 부담이라는 자본주의 시장경제의 일반적 원칙에 부합된다. 그리고 서비스 이용자인 클라이언트가 지불하는 이용료 수입은 사회복지기관이 해당 프로그램을 주체적·자율적으로 운영할 수 있도록 만들기 때문에 기관으로서는 선호할 만한 재원이다.

이런 장점에도 불구하고 이용료는 유동적이고 불안정하다는 단점을 지니고 있다. 사회복지기관이 서비스 이용자의 이용료만으로 재정을 충당하는 프로그램을 운영한다고 할 때 참여이용자의 수가 기대 이하이면 재정적자라는 심각한 문제에 봉착하는 것이다.

이용료를 재정의 주요 수단으로 활용하는 기관의 경우 가장 중시해야 하는 것이 이용료 수입총액에 대한 예측 가능성이다. 이를 위해 기관은 가능하면 장기간 이용료를 지불하는 클라이언트를 확보하기 위해 노력해야 하며, 가급적 개인 클라이언트보다 집단 클라이언트를 이용자로 만드는 것이 좋다. 사회복지기관의 이용료의 종류는 다음과 같다. (로만 1989)

① **참가비**(participation fees): 사회복지기관의 프로그램에 참가할 때 지불하는 일정액을 말한다.
② **고정이용료**(fixed fees):특정 프로그램을 이용할 수 있는 권리를 구입하는 비용

이다.
③ **슬라이딩-스케일 이용료**(sliding-scale fees) : 클라이언트의 지불능력을 고려한 이용료이다. 일정 소득 이하의 클라이언트는 이용료를 면제해 주고, 그 이상의 소득을 가진 클라이언트에게는 누진적 이용료를 부과한다.
④ **공평부담이용료**(fair fees): 전체 비용을 참가자 수로 나눈 이용료이다. 예를 들어, 주말여행경비 총액을 참가자 수로 공평하게 나누어 개인이용료를 책정하는 방식이다.
⑤ **삼자 지불 이용료**(third party fees): 미국의 노인의료보장제도(Medicare)나 빈민을 위한 의료급여제도(Medicaid), 우리나라의 장기요양보험(건강보험공단) 등과 같은 제3자가 사회복지기관의 서비스 이용료를 대신 지불하는 방식이다.

이용료는 서비스 이용자가 요금을 부담하는 것이기 때문에 서비스 제공자가 서비스의 질에 대해 강한 책임감을 갖게 되어 서비스의 질이 향상되는 효과가 있으며, 서비스 이용자는 자신이 그 비용을 부담하기 때문에 낙인감 없이 서비스를 이용하는 장점이 있다. 그리고 건강보험의 이용자부담은 불필요한 의료수요, 즉 남수진(濫受診)을 억제하는 효과가 있다. 그러나 서비스가 필요한 시점에 서비스를 요하는 사람에게 경제적 부담을 주어 서비스 이용을 제한하는 문제점이 있다.

(4) 모금

모금은 사회복지기관의 재정 충당방법의 하나로서 조직목표를 달성하는 데 필요한 자금을 획득하는 것과 지역사회주민을 모금활동에 참여시킴으로써 조직목표에 대한 관심을 증진시키는 것이 목적이다. 말하자면, 모금은 기관의 재원일 뿐만 아니라 기관을 홍보하는 수단도 된다는 것이다. 일반적으로 모금은 기획·조사·프레젠테이션·사후평가 등 4단계를 거친다. (Rubin and Rubin 1986)

제1단계 기획(planning)이다. 기관은 어떻게, 언제, 누가 모금을 할 것인지를 기획해야 한다. 모금방법을 결정하는 일은 쉬운 일이 아니다. 모금방법의 결정은 필요한 자금의 총액, 모금에 소요되는 기간(모금의 속도), 기금의 목적 등에 달려있다.
제2단계 조사(research)이다. 모금을 앞두고 기관의 회원들은 서비스 시장 또는 가능한 후원자에 대해 조사를 해야 한다. 후원자들, 후원자들의 재정상태, 후원 실적 등에 관한 정보를 수집하는 것이다. 재단이나 정부가 어떤 프로포절을 지원하는지에 대해 알아보는 것도 중요하다.
제3단계 프레젠테이션(presentation)이다. 가능성 있는 후원자를 대상으로 한 프레젠테이션(영상소개·발표)이다. 기관의 명칭과 목적, 과거의 실적, 현재 필요한 것, 후원의 필요성 등을 담아야 한다. 기금의 사용처 및 그 결과에 대해 기술하는 것도 필요하다.

제4단계 사후평가(follow through)이다. 후원내역을 기록하여 주변에 알리고 모금 캠페인을 평가하는 일이다. 후원자와 기부자에게 기금이 어떻게 사용되었으며 프로젝트가 얼마나 성공적이었는지를 알려야 한다. 그리고 모금캠페인을 평가하는 일도 중요하다. 평가결과는 기관의 다음 모금에 큰 도움이 된다.

◎ '5억 상속' 세금이 0원, '5억 노동소득' 세금은 1억

(1) 부익부 빈익빈 조장하는 불공평 과세

한국 정부는 (2024년 8월 현재) 상속세 감세를 추진한다. 명분은 여러 가지인데, 부유층 감세에만 치중하는 것이 문제다.

첫째, 이중과세라는 주장이다. 소득세를 낸 재산에 상속세를 또 내면 안 된다고 한다. 그러나 소득세와 상속세는 납세자가 다르다. 소득세를 내고 남은 돈으로 짜장면집 사장에게 짜장면 값을 지불해도 짜장면집 사장은 사업소득세를 낸다. 마찬가지로, 소득세를 내고 남은 돈을 상속인에게 주어도 상속인이 상속세를 내는 것은 당연하다. 우리나라 조세의 대원칙은 개인 과세다. 노동을 통해 얻은 소득에는 꼬박 꼬박 소득세를 부과하면서, 상속을 통해 얻은 소득에만 특별히 세금을 면제해 줘야 할 논리는 빈약하다.

둘째, 우리나라 상속세가 다른 나라에 견줘 과도하다는 주장이다. 상속세 때문에 이민까지 간다고 한다. 그러나 이민과 상속세는 아무런 관계가 없다. 이민 가도 상속세는 내야 한다. 아들, 손자, 며느리 모두 함께 이민 간 사례는 극히 일부분이다. 우리나라의 국내총생산(GDP) 대비 상속세수가 높은 것은 사실이다. 하지만 이는 다른 나라의 슈퍼리치(상위층 부자)가 상속보다 기부를 택했기 때문이기도 하다. 2024년 '포브스'를 보면, 세계 최고 부자 100명 중 한국인은 하나도 없다. 그런데 전세계에서 20대 젊은 나이의 최고 부자만 놓고 보면 상위 5명 가운데 2명이 한국인이다. 고 김정주 넥슨 창업자의 장녀(22)와 차녀(20)가 그 행운의 주인공이다. 빌 게이츠, 워런 버핏 등 내노라하는 초고액 자산가 자녀와 손자를 모두 제치고 한국의 20대가 상위에 있다.

2016년 미국 피터슨국제경제연구소가 발표한 세계 억만장자를 보면, 우리나라에선 상속으로 부를 일군 사람이 74%로, 세계 67개국 중 5번째로 높다고 한다. 일본은 19%, 미국은 29%에 불과하다. 우리나라보다 세습 부자 비율이 높은 나라는 쿠웨이트, 핀란드, 덴마크, 아랍에미리트뿐이었다.

셋째, 상속인의 부담이 지나치게 크다는 주장이다. 우리나라의 상속세 최고 세율은 근로소득세와 같거나 작다. 소득세 최고 세율은 국세의 10%인 지방소득세 추가분까지 합쳐 49.5%로, 상속세 최고 세율 50%와 사실상 같다. 그런데 건강보험료 약 3.5%를 추가로 내니 실제로는 '소득세+건강보험료'의 부담이 상속세보다 더 크다. 특히, 상속세는 공제 금액이 크다. 5억원의 상속 소득이 생기면 기본 공제로 내는 세금은 0원이다. 그러나 노동 소득으로 5억원이 생기면 내야 할 세금은 1억원이 넘는다.

실제로 나라살림연구소의 '분위별 상속세 과세액 대비 실효세율 분석'을 보면, 상속이 발생한 사람(피상속인) 중 상위 1%의 상속세 실효세율은 약 10%에 불과하다. 실효세율이란 상속세 과세액 대비 결정세액의 비율을 의미한다. 상위 1%에 속하지 않는다면 실효세율은 한자릿수에 그친다. 상속세를 1원이라도 내는 계층은 상위 5~6%까지다. 나머지 약 95%의 피상속인 재산에는 상속세가 부과되지 않는다.

넷째, 물가가 올랐기에 상속세를 낮춰야 한다는 것이다. 그러나 가격이 오른 것은 아파트뿐만이 아니다. 짜장면 가격도 올랐고 내 월급의 명목상 금액도 올랐다. 과거에 짜장면이 600원이었을 때 짜장면 한 그릇 먹고 부가가치세 약 60원(정확히는 54.5원)을 냈다. 지금은 짜장면 가격이 6천원이다. 짜장면 한 그릇당 무려 600원의 부가가치세를 낸다. 내 월급도 올랐다. 실질 임금이 오른 것이 아니라 물가만큼만 올랐는데 세금은 훨씬 더 많이 낸다. 실제로 10년 전 우리나라 소득세수는 약 50조원에 불과했다. 그런데 올해 소득세수는 130조원 가까이 된다. 내 실질 월급보다 세금은 훨씬 많이 올랐다.

특히 월급에 따라 일정 비율을 내는 건강보험료는 금액뿐 아니라 납부 비율도 높아졌다. 2010년 월급의 5.3%였던 건강보험료율은 거의 매년 올라 올해는 7.1%를 낸다. 그런데 왜 부가가치세와 소득세, 건강보험료는 그대로 두고 상속세만 깎아주어야 할까?

지난 6월 25일 서울 용산 대통령 집무실 맞은편에서 경제정의실천시민연합 (경실련) 등 시민 단체들이 윤석열 정부의 상속세 완화 등 감세 정책에 반대 하는 기자회견을 열고 있다.

윤운식 선임기자 yws@hani.co.kr

(2) 복지사회 실현의 기본재원 확보위한 공평납세 교육 절실

그럼, 상속세, 소득세, 부가가치세, 건강보험료율을 모두 깎는 것이 어떨까? 세금은 안 내면 안 낼수록 좋은 것이 아닐까? 우리가 정부에 내는 돈은 결과적으로 우리에게 행정서비스로 되돌아온다. 건강보험료율이 지속해서 올라 건강보험 보장률도 지속해서 증가했다. 10년 전 국민건강보험 지출액은 44조원에 불과했지만, 올해 건강보험 지출액은 약 100조원이다. 이런 상황에서 건강보험료율을 깎으면 결국 우리의 사보험 지출액이 증가한다.

10년 전에는 기초연금도 없었다. 현재도 우리나라의 자살률, 특히 노인 자살률은 경제협력개발기구(OECD) 회원국 중에서 최고 수준이다. 그래도 노인 자살률이 유의미하게 감소한 때가 바로 기초연금을 도입하면서다. 그 이후 우리나라 노인 자살률은 '압도적 1위'에서 지금은 '그냥 1위'가 됐다. 정부가 돈을 투자해서 출생률을 높이기는 어렵지만, 자살률은 유의미하게 개선할 수 있다.

2008년 금융위기, 2020년 코로나19를 거치면서 국가의 역할은 더욱 중요해지고 있다. 세금도 더 소중해진다. 물가 상승에 따라 아파트 가격, 짜장면 값, 월급, 건강보험료가 모두 오르는데 상속세만 감해줄 수는 없다. 그렇다고 모든 세금을 내리면 기초연금, 아동수당은 물론 국방비와 연구개발(R&D) 예산까지 모두 깎아야 한다. 국가 재정은 일종의 공동구매다. 시장에서 구매하는 것보다 세금을 통한 공동구매로 더 싸게 살 수 있는 상품이 있다. 공동구매가 아니면 시장에서 더 비싸게 살 수밖에 없다.

2023년 단 100명의 피상속인에서 발생한 상속세 결정세액이 우리나라 전체 상속세 결정세액 12조3천억원의 약 60%(7조3천억원)를 차지한다. 즉, 우리나라 상속세수는 단 100명이 전체의 60%를 차지하고, 상위 1% 피상속인 3600여명이 전체 세수의 약 90%를 차지하는 구조다. 정부의 상속세와 증여세 감세안에 따라 5년간 18조6천억원의 세수가 준다. 이 말은 18조6천억원의 감세로 생기는 혜택의 60%가 최상위 0.03%에게 돌아가고, 혜택의 90%까지도 상위 1%가 차지할 수밖에 없다는 의미다. (중앙정부와 지방정부의 예산서, 결산서 집행 내역을 매일 업데이트하고 분석하는 타이핑 노동자, '경제뉴스가 그렇게 어렵습니까?' 등의 책을 썼다.)

(『한겨레』 2024. 8. 17. 「이상민의 나라살림」 나라살림연구소 수석연구위원)

◎ 대동사상의 어제와 오늘 (역사·전통과 현실)

조선 대동론은 실용적이고 현실적인 문제의식이었다. 당시 조선 지배층은 신분 차별적인 통치체제를 고수하면서 고질적인 폐단들을 미봉책으로 넘기곤 했다. 이 같은 지배층에 맞서 사회 변화에 따른 제도 개혁을 위해 내세운 평등 지향의 이념이 곧 대동이었다. 민중은 과중한 수취와 부역, 심화한 빈부격차, 신분 차별의 불합리한 제도 운영 등의 문제를 해결하기 위해 대동 이념을 강조했다.

이재명 대통령은 6월4일 당선이 확실해진 뒤 환호하는 시민들에게 행한 첫 연설에서 "어우러져 함께 살아가는 공평하게 기회를 함께 누리는 억강부약의 대동세상을 우리 함께 만들어" 가자고 했다. 선거 유세 중에도 자주 대동세상을 언급했다. 민주노동당 권영국 후보도 선거 유세에서 "전봉준의 땅에서부터 함께 사는 대동세상을 만들어 나가고 싶다"고 했다.

대동 용어는 예나 지금이나 사람들의 개혁 이념과 이상적인 염원을 담는 표현이다. 이 말은 대부분 '예기'의 '예운편'(禮運編)과 '서경'의 '홍범'(洪範), 그리고 '주역'의 '동인괘'(同人卦) 풀이에 연원을 두고 있다. 우선 조선 시대 위정자들은 정책을 논의하고 토론할 때 자기주장을 높이는 수단으로 '홍범'의 '당신도 같은 의견이고 점괘도 부합하고 고관들과 서민들의 의견도 모두 같게 되면 이것을 대동이라 한다'라는 구절을 자주 인용했다. 혹은 '동인괘'의 전(傳)에서 '남과 함께 하는 자가 천하 대동의 도리로서 하고…사사로운 바에 매이지 않으면 지극히 공정하고 대동한 도여서 먼 곳도 함께하지 않음이 없으니, 그 형통함을 알 수 있다'고 풀이한 것을 내세웠다.

이상사회 지향의 대동사상은 '예기' 예운편에 설명돼 있다. 예운편에 대도(大道)가 행해지면 천하에 공의(公義)가 구현된다고 했다. '현명한 자를 지도자로 뽑고 능력 있는 사람에게 관직을 수여하며 신의와 화목을 가르치게 되면 사람들은 자기 어버이만을 어버이로 여기는 것이 아니고, 단지 자기 자식만을 자식으로 여기는 것도 아니라'고 했다. '사람들은 재화를 꼭 개인적으로 저장해야 할 필요도 없고 또 일하는 것도 오직 자기만을 위해 하는 것은 아니며, 남을 해치려는 음모가 생기지도 도적이나 난적(亂賊)도 발생하지 않는 그런 사회를 대동이라 한다'고 풀이했다.

조선 사회에서 대동사상으로 나타내고 자 한 바는 역대 중국의 이상사회 논의와는 차이가 있었다. 곧 조선 대동론은 실용적이고 현실적인 문제의식이었다. 당시 조선 지배층은 신분 차별적인 통치체제를 고수하면서 고질적인 폐단들을 미봉책으로 넘기곤 했다. 이 같은 지배층에 맞서 사회 변화에 따른 제도 개혁을 위해 내세운 평등 지향의 이념이 곧 대동이었다. 민중은 과중한 수취와 부역, 심화한 빈부격차, 신분 차별의 불합리한 제도 운영 등의 문제를 해결하기 위해 대동 이념을 강조했다.

이런 개혁의식은 공납제 폐단을 혁신한 대동법 창안에서 뚜렷하게 드러났다. 대동법은 그동안 가호(家戶)에 부과해오던 공납제를 폐지하고 토지세를 신설하여 쌀로 납부하게 하는 새로운 세법이다. 이 제도로 많은 토지를 소유한 양반 지배층과 세도가들이 결과적으로 그동안 평민들이 납부하던 세금을 대신 부담하게 됐다. 따라서 토지 소유층인 양반 지배층으로부터 큰 반발을 샀다. 이에 사회적 인식을 획기적으로 전환해야 할 필요성이 제기됐고 그에 따라 새로운 제도 명칭을 민중이 앞서 대동법으로 호칭하고 나섰다. 정책 당국자들도 처음에는 선혜법으로 부르다가 민중의 의지를 쫓아 뒤늦게 명칭을 대동법으로 변경했다.

뒷날 정조도 '대동법이라는 이름은 기자 홍범(洪範)에서 취한 것이며 그런 이름은 옛날 삼대 이전에도 없었고, 삼대 이후에도 없었으며, 중국에도 없던 이름이다. 오직 우리 나라만이 가지고 있는 이름'이라고 하면서 의미를 높게 부여했다. 이 같은 사회의식은 비단 공납의 문제로 국한되지 않았다. 영조대에는 군역 변통책 마련이 시급한 과제였다. 군역은 평민들만이 부담해온 신분 차별적인 모순을 안고 있었다. 영조는 군역을 신분 차별을 없애는 호포제로 개혁해서, 위로는 왕자 대군 등 왕족으로부터 일반 서민에 이르기까지 모두가 균등하게 부담해야 한다고 주장했다. 이런 혁신을 영조는 대동론을 앞세워 누구보다도 적극적으로 추진하고자 했다.

19세기 초 연기군에서는 양반·평민이 함께 개최한 향회에서 그동안 빈민들이 부당하게 떠맡아 왔던 것을 부민들에게 부담시키기로 했다. 수령은 '부민은 원망하고 빈민은 혜택받게 된' 저간의 논란을 순영(巡營)에 보고하면서 이런 해결 방안을 '대동' 또는 '대동지역'(大同之役)이라 표현했다. 부민은 '토지가 많고 넉넉하게 사는 자'들이고 빈민은 '토지가 적고 가난한 자'들이라고 했다. 당시 평민·양반이 함께 향회를 열어 고을의 행정을 논의하는 이념적 기조는 바로 이 대동사상이었다.

대동이란 용어를 누가 어떻게 사용했는가에 따라 그 지향하는 의미가 달랐다. 체제와 정책 비판을 위해서, 때로는 현실의 불가피한 사정을 설명하기 위한 논거로 거론했다. 19세기 농민들은 개별적 논의에서 집단적 저항운동으로 이행하는 시기의 첨예한 사회의식을 대동으로 표방했다. 그렇게 대동론은 사회 변동을 추동하는 이념 구실을 했다. 대동론은 조선 후기 사회 변화를 투영하는 역사의식이었다.

수유리 4·19 묘지에서 진달래 능선을 따라 북산한에 오르다 보면 성벽을 좌우로 거느린 큰 성문을 만난다. 이 성문에 대동문(大同門)이라는 현판이 1980년대 초까지 걸려 있었다. 동쪽으로 난 문을 뜻하는 한자 표기 東(동) 자를 새기지 않고 왜 함께 같이한

153

다는 뜻의 同(동) 자를 사용하였을까. 지금은 물론 그때의 현판은 떼어지고 東(동) 자의 대동문이 걸려있다.

    1980년 5월 광주 시민들은 살인 학살의 계엄군대를 몰아내고 헌혈로 피를 나누어 부상자를 살리고 주먹밥으로 끼니를 함께 하면서 해방의 대동세상을 펼쳤다. 1984년 고려대 학생들은 대학 축제 명칭을 그동안의 '석탑축전'에서 '석탑 대동제'로 바꾸었다. 이를 기점으로 다른 대학들도 행사명에 '대동제'를 덧붙인 명칭으로 축제를 진행했다. 당시 대학축제 대동제는 반정부 시위로 이어졌고, 그때부터 대동제는 대학 반정부 시위의 또 다른 표현이 됐다. 이를 빌미로 천박한 위정자들은, 수백년 전 투철한 역사의식으로 깊은 산속 문루까지 역사의 방향을 가리키며 대동(大同)이라 하던 것까지 왜곡시켜 단순히 동쪽의 문으로 변질시키고 말았다. 나는 그 문루 밑을 지날 때마다 늘 죄지은 듯 송구스럽다. 그래도 역사의 방향을 지시하는 그 대동문 현판이 언젠가 다시 걸릴 대동세상을 상상하며 북한산을 오른다.

(『한겨레』 2025. 6. 13. 안병욱 칼럼
<前 진실·화해를 위한 과거사정리위원장·사진>

제2장

원자력 시대, 파괴적 이용과 평화적 이용

1. 원자력 관련 기본입자들의 명칭·관계·단위·역할

1) 파괴력 선보이며 발견된 기본입자들의 위력

20세기가 시작되며 물질의 구성입자인 핵의 존재가 밝혀졌다. 이는 분자나 원자 간의 배열 변화에만 집중하던 당시 과학자들에게 전혀 다른 새로운 것으로, 그때까지의 화학과 물리학의 기본 개념을 근본적으로 변화시키는 계기가 되었다. '화학반응'과 '핵반응'의 대표적인 차이점으로 몇 가지를 꼽을 수 있다. 첫째, 반응에 관여하는 입자에 차이가 있다. '화학반응'은 원자 외곽에 위치한 전자들 사이에 일어나는 반응이므로 원소 자체는 변하지 않고 단순히 원자의 재배열만이 일어난다. 그러나 '핵반응'은 원자 내부에 있는 핵자(중성자·양성자)들이 반응하며 핵자의 수가 변하므로 이 과정을 통해 한 원소에서 다른 원소로 전환된다. (원자 → 핵[양성자+중성자] + 전자)

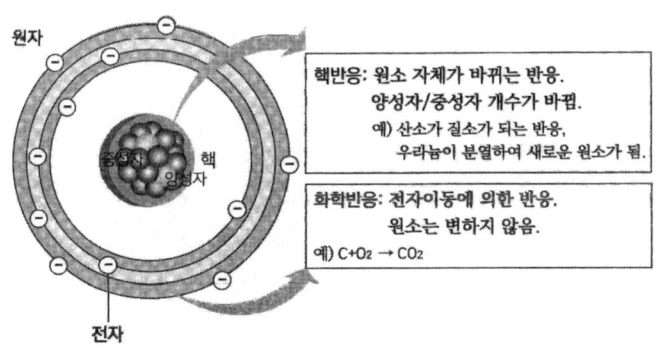

핵반응과 화학반응의 비교

둘째, 반응속도에 차이가 있다. 화학반응은 온도나 압력, 반응물질의 농도 또는 촉매의 유무에 따라 반응속도가 빨라지거나 느려질 수 있으나 핵반응은 외부적 요소들에 영향을 받지 않는다. 마지막으로 발생하는 에너지량에 차이가 있다. 화학반응을 통해서는 비교적 적은 양의 에너지가 흡수되거나 방출되는 반면 "핵반응을 통해서는 막대한 양의 에너지가 방출된다. 핵반응을 통해 막대한 양의 에너지가 발생된다는 점이 알려지면서 핵에 대한 연구가 급속도로 진행되었다." (『핵공학의 이해』 한종운·김대현·정종석·이준영·허남국 공저, 양서각)

핵반응과 화학반응의 비교

구 분	핵반응	화학반응
	원소의 전환	원자 재배열
관여 입자	양성자·중성자·전자 및 다른 기본입자	전자
반응속도	온도·압력·농도·촉매에 영향을 받지 않음	온도·압력·농도·촉매에 영향을 받음
에 너 지	막대한 양의 에너지 방출	비교적 적은 양의 에너지 흡수 및 방출

그 결과 다방면에 걸쳐 핵에 관한 연구가 실시되어 오늘날 전력생산 뿐만 아니라 환자 치료 등 사회전반에서 '핵 및 방사선을 평화적으로 이용하고' 있다. 그러나 대중에게는 제2차 세계대전을 통해 핵무기는 공포의 대상으로 그 모습을 드러내었고, 냉전 기간 동안 세계를 몇 번이나 멸망시키고도 남을 만큼의 막대한 양의 핵무기가 생산되어 우리에게 핵에 관한 부정적인 이미지가 생겨나게 되었다. 이 장에서는 현대사회에서 우리의 일상생활은 물론 생존 및 전쟁과도 밀접하게 연관된 핵이란 무엇인지 자세히 알아본다.

(1) 원자와 원자론

원자(Atom)는 물질을 더 이상 쪼갤 수 없다는 의미인 그리스어 'Atomos(Atomus)'에서 유래된 용어로서 그 어원은 고대 그리스 시대까지 거슬러 올라간다. 당시 철학자들은 모든 물질이 "물·불·공기·흙의 4가지 원소 조합으로 이루어져 있다"고 믿었다. 이는 땅에 심어진 씨앗에 물과 바람이 더해져 곡식을 맺고, 불을 이용하여 곡식을 익히는 과정을 통해 세상의 이치를 이해하였기 때문이다. 그러던 중 기원전 4세기경 그리스의 철학자 데모크리토스(Democritus)는 "물질을 계속해서 쪼개었을 때 마지막에 남는 더 이상 쪼갤 수 없는 물질을 원자로 제시하며 세상의 모든 것이 여러 종류의 원자들로 이루어져 있고, 이들이 합쳐지거나 분리되면서 자연의 모든 변화가 일어난다"고 주장하였다. 그러나 데모크리토스가 주장한 원자설은 철학자들이 주류를 이루던 당시 사회에서 너무나도 파격적이었고, 구체적으로 증명할 방법이 없어 오랜 기간 동안 받아들여지지 않았다.

(2) 원자와 핵의 발견

기원전 4세기 경 데모크리토스가 제시하였던 원자의 개념은 약 2천년이 지난 1808년 영국의 과학자이자 교사였던 존 돌턴(John Dalton)의 실험에 의해 증명되면서 다시 세상으로 나오게 되었다. (1766~1844. 영국의 화학자·물리학자, 원자론 주창자. 그는 紅綠色盲 홍록색맹이었으나 그 발견자가 되었다. daltonism 선천성 홍록색맹 congenital red-green blindness)

돌턴은 두 종류의 물질이 하나 이상의 화합물을 만드는 경우, 각 물질 사이에 정수비가 존재한다는 '배수비례의 법칙'을 발견하였다. 이를 기존에 제시된 이론인 '일정성분비의 법칙'(화합물을 구성하는 각 성분원소의 질량비는 항상 일정하다는 법칙. 1799년 프랑스의 화학자 프루스트(Joseph-Louis Proust)가 제안함.)과 '질량보존의 법칙'(화학반응의 전후에서 반응물질과 생성물질의 총질량은 같다는 법칙. 1774년 프랑스의 화학자 라부아지에(Antoine Laurent de Lavoisier)가 제안함.)을 설명하는 과정에서 다음과 같은 원자론을 제시하였다. 돌턴의 원자론은 원자보다 더 작은 '아원자 입자(Subatomic particle)'들의 존재가 알려지며 오류가 있음이 밝혀졌으나 화학이라는 학문 분야를 촉발시킨 현대 원자론의 근간이 되었다.

존 돌턴(John Dalton)

※ 돌턴의 원자론

① 모든 물질은 원자라는 더 이상 쪼갤 수 없는 작은 입자들로 구성되어 있다.
② 같은 원소의 원자들은 크기·질량 및 성질이 같으며, 다른 원소들의 크기, 질량 및 성질은 서로 다르다.
③ 원자는 다른 원자로 바뀔 수 없으며 없어지거나 새로운 것이 생겨날 수 없다.
④ 화합물은 성분 원소의 원자들이 일정한 비율로 결합되어 생성된다.
* ①, ②, ③ 항은 현재 맞지 않음.
① 원자는 양성자·중성자 그리고 전자로 구성
② 동위원소는 성질이 같으나 질량은 다름
③ 핵반응에 의해 새로운 원소가 생성될 수 있음.

(3) 전자(Electrons)

19세기 과학자들은 전기장과 자기장에 대한 연구를 진행하던 중, 진공에 가깝게 압력을 낮춘 유리관 양쪽에 높은 전압을 걸게 되면 녹색선이 발생한다는 사실을 발견하였다. (전자는 음전하를 띠므로 음극의 척력과 양극의 인력으로 인해 빈 진공관 사이를 이동한다. 이때 전극 사이의 전위차로 인해 고속으로 가속되어 유리관에 부딪히는데 이때 전자 자체에는 색이 없으나 유리에 있는 원자들을 들뜬 상태로 만들면서 녹색 빛이 방출된다.)

이를 흥미롭게 여긴 영국의 톰슨(Joseph Thomson)은 이 녹색선의 정체를 밝히기 위해 다음의 몇가지 실험을 진행하였다.

조셉 톰슨과 톰슨의 진공관 실험

① 음극선이 지나는 방향에 물체를 놓았더니 그림자가 생겨났다. 이를 통해 진공관을 지나는 음극선이 직진성을 띤다는 사실을 알게 되었다.
② 음극선의 진행방향에 바람개비를 놓았더니 바람개비가 움직였다. 이를 통해 진공관을 지나는 음극선이 바람개비를 돌릴 만큼 질량을 갖는다는 사실을 알게 되었다.
③ 빛의 진행방향에 수직으로 자기장을 걸었더니 빛이 양극(+) 방향으로 휘었다. 이것을 통해 이 입자가 음전하를 띠고 있다는 것을 증명하였다.

1897년 톰슨은 실험을 통해 직진성이 있고 질량이 있는 원자보다 작은 입자가 존재한다는 사실을 증명하였고, 음전하를 띠고 있는 이 입자를 전자(Electron)라고 명명하였다. 또한 원자는 전기적으로 중성을 띠고 있다는 점에 착안하여 전자들이 마치 푸딩에 박혀있는 건포도(plum pudding)처럼 양전하를 띠는 원자구름 안에 고루 분포하고 있는 형태의 원자모형을 제안하였다. (아래 그림)

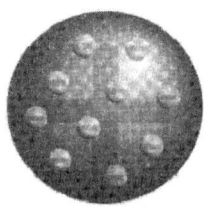

톰슨의 원자모형

(4) 양성자 + 중성자 : 핵자(Protons and Neutrons : Nucleons)

톰슨이 제시한 원자 모형만으로는 원자가 가지고 있는 성질에 대해서 명쾌하게 설

어니스트 러더퍼드
(Ernest Rutherford)

명할 수 없었다. 예를 들어, 원자모형이 2차원의 납작한 형태(평면)이므로 각 원자들의 크기 차이를 정확하게 설명할 수 없었고, 이로 인해 원자들 간의 질량차이를 설명하는 것이 제한되었다. 이에 톰슨의 제자였던 러더퍼드(Ernest Rutherford)는 원자 내부의 모양에 대해서 의문을 가지고 이를 알아보기 위한 실험을 실시하였다. 현미경으로도 볼 수 없는 원자의 내부 구조를 알아보기 위해 원자에 알파입자를 투사시키는 금박실험을 진행하였다.

러더퍼드는 이 실험에서 가공성이 좋은 금을 5.0×10^{-5}cm 두께(약 원자 3개의 두께)의 얇은 금박(金箔 Gold fail)으로 만들고 여기에 양전하를 띠고 있는 알파입자를 투사하였다. 이때 알파입자가 산란되는 모습을 그 주변에 위치한 형광막을 이용하여 관측하였다. (알파입자와 충돌 시 빛을 발생시키는 황화아연으로 된 형광막을 설치함) (아래 그림)

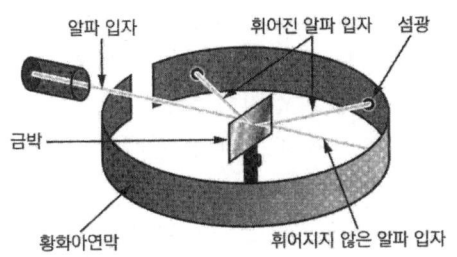

러더퍼드의 금박 실험

원자 내부의 구조가 톰슨이 제안한 모형과 같다면 전자보다 약 7,200배나 무거운 알파 입자들은 금박을 그대로 통과하여 반대편 형광막에 충돌하여야 한다. 알파입자는 상대적으로 큰 운동량으로 이동하고 있기 때문에 가벼운 전자는 알파입자의 이동에 장애요소가 될 수 없기 때문이다. 이는 마치 공기 중에 총을 쏘았을 때 총탄이 이보다 훨씬 가벼운 공기에 의해 굴절되지 않는 것과 같은 원리이다.

그러나 놀랍게도 그대로 통과할 것이라 예상했던 알파입자들 중 일부가 금박을 통과하지 못하고 크게 굴절되었으며(아래 좌측 그림) 심지어 입자 8천 개당 1개꼴로 투사한 반대 방향으로 튕겨져 나오기도 하였다. 이를 관찰한 러더퍼드는 "마치 화장지에 쏜 15인치 포탄이 뒤로 튕겨 나와 나를 맞춘 것처럼 놀라운 일"이라고 말하며 놀라워했다. 이 발견은 톰슨의 원자모형과 달리 원자 내부에 가벼운 전자 외에 알파입자를 굴절시킬 수 있을 정도의 질량이 큰 물질이 있음을 의미했다. 또한 일부 알파입자가 큰 각도로 굴절되는 것은 원자의 중심에 양전하를 띤 무거운 물질이 있기 때문이라고 결론을 내리고 이를 '핵'이라고 하였다.

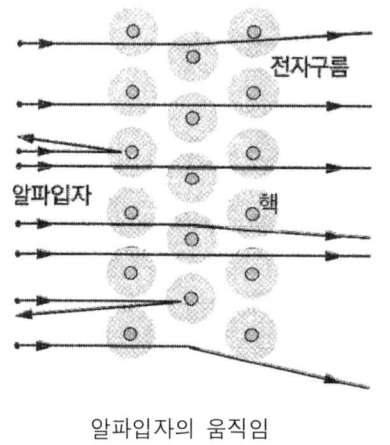
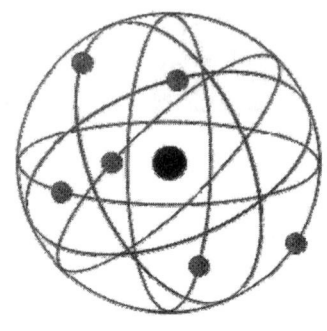

알파입자의 움직임　　　　　　　러더퍼드의 원자 모형

러더퍼드가 제안한 원자모형은 처음으로 핵의 존재와 양성자의 존재를 확인하는데 기여하였으나 여전히 원자의 특성을 설명하는데는 몇 가지 문제점들이 있었다. 첫째, 러더퍼드는 자신의 원자 모형을 설명하며 태양주위를 돌고 있는 행성들의 모습에 비유하였는데, 만유인력에 의해 행성이 태양주위를 공전하듯이 전자도 중심에 있는 핵과 전기력이 작용하여 핵의 주위를 돌고 있다는 것이다. 그러나 이럴 경우 각각의 전자들 사이에는 서로 밀어내는 척력이 존재하므로 조금이라도 외부의 자극을 받는다면 안정성을 유지하지 못하게 된다. 또한 행성의 공전에 관여하는 만유인력과 달리 전기력으로 맺어진 경우 전하를 가진 전자가 핵의 주위를 돌면서 전자기파를 방출하고, 에너지를 잃게 되면 핵으로 끌려 들어가야 했다. 그 결과 전자 궤도의 크기가 수시로 변하는 등 원자의 크기에 대한 설명이 제한되었을 뿐만 아니라 원자들이 발생시키는 선형 스펙트럼에 대해서도 설명할 수가 없었다. 이러한 문제는 1913년 보어(Niels Hendrik Davide Bohr)의 양자화 가설을 바탕으로 한 새로운 원자 모형으로 해결되었고, (핵 주위를 돌고 있는 전자는 일정한 에너지를 가지는 안정한 상태의 에너지 준위에서 존재하며, 전자가 에너지를 얻거나 잃기 위해서는 에너지 준위가 바뀌어야 함.) 러더퍼드는 1920년 영국왕립학회 강연에서 원자 내부에 전기적으로 중성을 띠며 질량을 갖는 중성자의 존재를 예견하였다. (러더퍼드가 핵의 질량을 연구하던 중 핵의 질량이 양성자의 질량보다 약 2배 정도 많다는 사실을 밝혀냄.) 중성자의 존재는 1932년 러더퍼드의 제자였던 제임스 채드윅에 의하여 밝혀졌다. (James Chadwick 1891~?, 영국의 물리학자, 노벨 물리상 1935) 1930년 독일의 과학자 보테(Bothe)는 베릴륨이나 리튬 등에 알파 입자를 충돌시킬 경우 새로운 형태의 입자가 방출되는 것을 발견하였다. 퀴리(Joliot-Curie) 부부도 베릴륨과 알파입자의 충돌결과로 전하를 띠지 않는 입자가 발생한다는 사실을 발견하였다. 이를 연구한 채드윅은 위의 실험에서 발생하는 입자가 전하를 띠지 않고 질량은 양성자보다 조금 더 무거운 중성자임을 입증하였다. 그 결과 핵의 구조가 양성자와 중성자로 구성된다는 사실이 밝혀졌고, 양자 역학의 발달로 현재의 원자 모형이 정립되었다.

(5) 기본 입자(Elementary Particles)

많은 과학자들의 노력으로 인해 모든 물질을 구성하는 원자의 존재를 발견하였고, 원자보다 작은 아원자의 세계 속에서 원자를 구성하는 핵과 그 주위에 존재하는 전자의 개념을 정립하였다. 뿐만 아니라 핵을 구성하고 있는 양성자와 중성자의 존재도 증명하였다. 이처럼 사물의 근본을 이루는 것이 무엇인지 알고자 하는 인류의 탐구는 기원전 4세기부터 시작하여 지금까지도 끊이지 않고 계속되고 있다. 특히, 20세기에 들어서면서 물질을 구성하는 최소단위라고 생각하였던 양성자와 중성자가 더 작은 기본입자(소립자)로 구성되어 있다는 것을 발견하게 되었다. (아래 그림) 다음 표에서 과학적 발견과 함께 인류가 발견한 물질의 구성 입자들을 정리하였다.

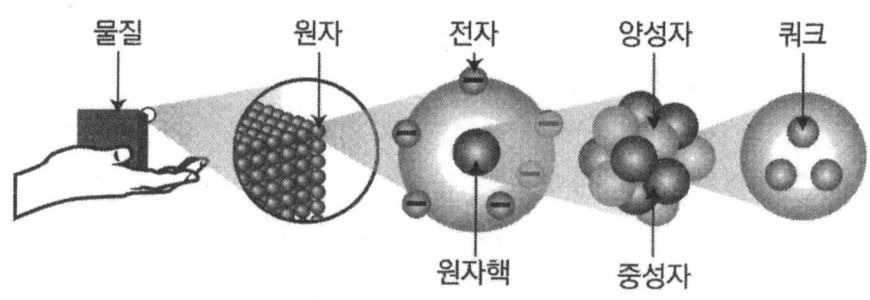

물질의 구성

물질을 구성하는 입자의 발견

시대	기원전	1805년	1897년	1932년	1969년 이후
과학적 발견	-	원자론 등장	전자의 발견	핵의 발견	기본입자 발견
구성 입자	4원소	원자	전자	양성자·중성자	쿼크·렙톤

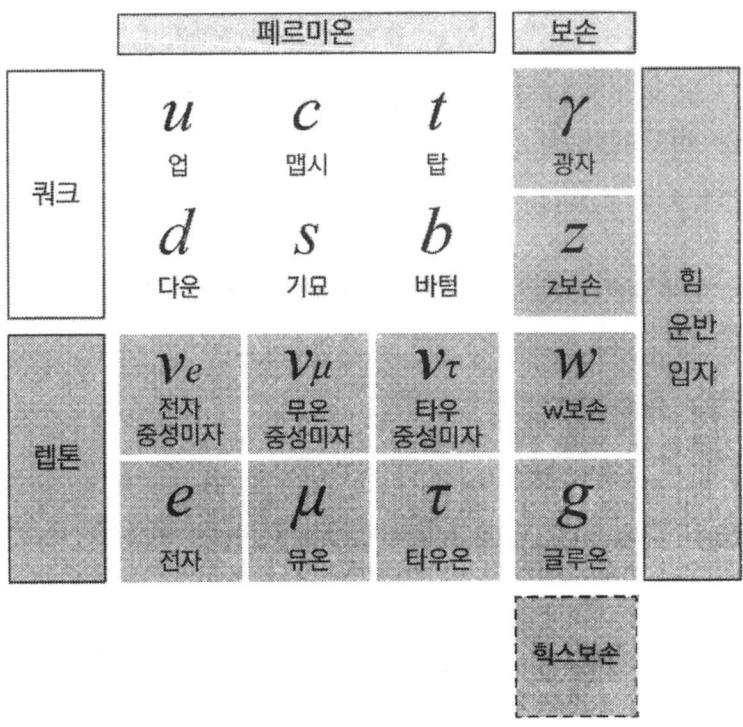

기본 입자의 표준 모형

    소립자는 그 내부에 구조가 없다고 보고 있다. 질량, 스핀(spin) 전하량, 기묘도(Strangeness), 수명(안정성) 등의 특성으로 구별하며 렙톤(Lepton)과 쿼크(Quark)가 대표적이다.
    쿼크에는 업(u), 다운(d), 맵시(c), 기묘(s), 탑(t), 바텀(b)의 6종류가 있다. 렙톤에는 전자(Electron), 뉴트리노(Neutrino), 뮤온(Muon), 타우온(Tauon) 입자가 강력 이외에 전자기력, 약력, 중력이 작용한다. 강력이 작용하는 입자는 중간자(meson)와 중입자(baryon)로 구분한다.

(6) 기본입자(소립자) 연구의 진행과정

    물질의 내부를 보려면 어떻게 해야 할까? 먼저 도구를 이용하여 그 물질을 쪼개야 한다. 현미경으로도 보기 힘든 원자와 아원자 입자의 경우 입자가속기를 이용한다.
    입자가속기는 입자나 이온을 빛에 가까운 속도로 움직이게 만드는 장치로 입자의 종류에 따라 전자 가속기·양성자 가속기·중이온 가속기로 구분한다.

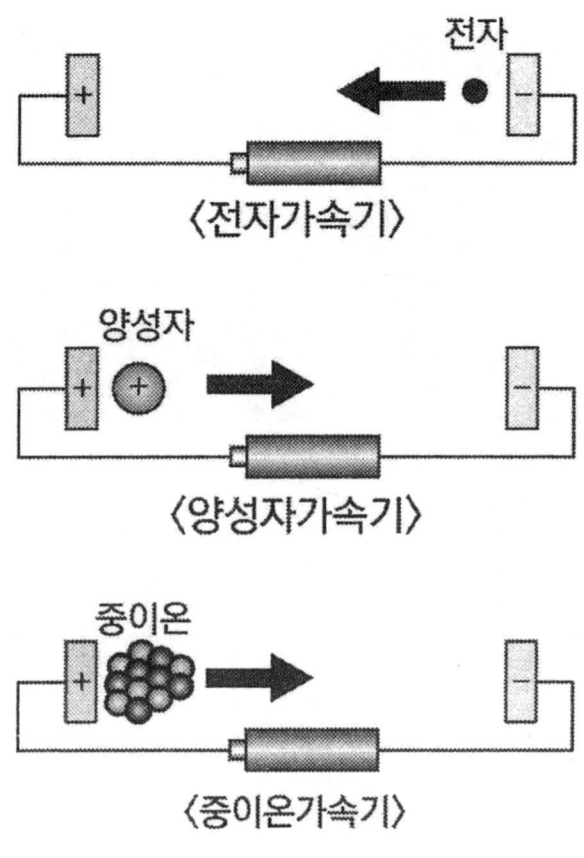

가속기의 종류

　전자 가속기는 전자를 가속한 후 회전할 때 발생하는 방사광(자외선·χ선 등)을 이용하여 미세구조를 분석하는데 사용하며, 양성자 가속기는 수소원자에서 전자를 제거한 후 남아있는 양성자에 자기장을 걸어 가속된 양성자를 이용하여 입자물리연구 등에 사용한다. 중이온 가속기는 수소보다 무거운 원소(헬륨 등)를 가속시켜 활용하는 것으로 신물질 및 신품종 개발, 반도체 공정, 핵물리 연구 등에 사용한다.

　현재 세계에서 가장 크고 유명한 입자가속기는 스위스 제네바에 위치한 유럽 입자물리 연구소(CERN : Conseil Européen pour la Recherche Nucléaire)에 있는 '대형 강입자 충돌기(Large Hardron Collider)'이다. 줄여서 LHC라고도 불리는 강입자 충돌기는 지하 150m 깊이에 27km 길이의 원형 터널로 이루어져 있다.

터널 내부의 모습

실제 터널은 지하에 있으며 전체 지름은 약 8.4km로 스위스와 프랑스 국경에 걸쳐있다. 규모가 큰 만큼 투입되는 에너지 또한 매우 크므로 충돌시 발생하는 강한 에너지에 의해 블랙홀이나 이상한 물질(Strage matter)이 생성될 수 있다는 우려가 존재한다. 그러나 CERN 의 조사결과에 따르면 강입자 충돌기에서 생성될 수 있는 것보다 훨씬 강한 에너지를 가진 우주선(cosmic ray)이 지난 수십억 년에 걸쳐 지구로 유입되었음에도 어떠한 문제들도 일어나지 않았다.

2) 원자와 핵의 특성(결합과 분리)

(1) 원자의 구성

화학적 방법으로 더 간단한 순물질로 분리할 수 없는 물질을 원소라 하고(수소원자(H)와 산소원자(O) 등이 원소에 포함된다. 2개의 수소원자와 1개의 산소원자로 이루어진 물(H_2O)은 분자이므로 원소라고 할 수 없다.), 이러한 순물질의 구성 입자를 원자로 한다. 지구상에는 자연적으로 수소부터 우라늄(U)까지 92종류의 원소가 존재하며, 인공적으로 만들어진 플루토늄(Pu) 등 26종의 원소를 포함하여 모두 118종의 원소가 있다. (인공원소는 원자핵을 서로 충돌시키는 과정에서 생성된다. 2016년 6월 8일 니호니움이 등록되며 118번째 원소가 되었다.) 각각의 원소들을 구성하는 원자들은 양의 전하$^{(+1)}$를 띠는 양성자$^{(p)}$와 중성을 띠는 중성자$^{(n)}$ 그리고 음의 전하$^{(-1)}$를 띠는 전자$^{(e)}$로 구성되어 있다. 이들은 각기 다른 개수의 양성자를 가지고 있으므로 양성자의 개수를 원자의 고유번호로 부여하여 구분한다. 예를 들어 양성자가 1개인 수소는 1번, 양성자가 8개인 산소는 8번, 그리고 92개의 양성자를 가지고 있는 우라늄은 92번으로 원자번호가 부여된다.

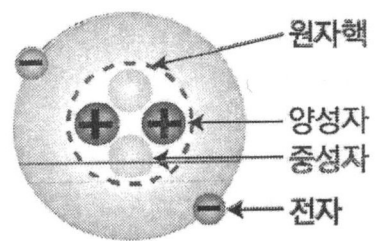

원자의 구성

원자를 구성하는 입자들의 질량 및 전하

입자	실제 질량(g)	원자 질량(u)	상대적 질량	전하
양성자(p)	1.6726×10^{-24}	1.007276	1	+1
중성자(n)	1.6749×10^{-24}	1.008665	1	0
전자(e)	9.1094×10^{-28}	5.486×10^{-4}	1/1836	-1

원자번호가 같은 원소라 하더라도 질량이 다른 경우가 있다. 이는 중성자수가 다르기 때문이다. 이처럼 양성자수가 같아 화학적으로는 동일하지만 중성자수가 달라 그 질량이 다른 원소를 동위원소(Isotope)라 한다. 동위원소는 동일한 원자번호를 가지고 있기 때문에 양성자수와 중성자수를 더한 값인 질량수(Mass number)를 통해 구분한다. 예를 들어 양성자의 수가 6개인 탄소 중에서 중성자의 수가 6개인 탄소는 질량수 $12^{(탄소-12)}$, 중성자의 수가 7개인 탄소는 질량수 $13^{(탄소-13)}$으로 구분한다.

1934년 독일의 하이젠베르그(Heisenberg)는 원자번호와 질량수를 원소기호에 표현하는 방법을 다음과 같이 제시하였다.

※ 원자의 표시 방법

$$_Z^A X$$

A : 질량수 (핵자의 수) = Z + N
Z : 양성자 수 (원자번호)
N : 중성자 수

질량수$^{(A)}$는 특정한 핵 내에 있는 핵자들의 수로 양성자$^{(Z)}$와 중성자$^{(N)}$의 합을 말한다. 따라서 원소의 화학적 기호를 X라 하면 이 원소를 기호 $_Z^A X$로 표시한다.

(2) 질량-에너지 등가

핵반응시 발생하는 에너지는 화학반응시 발생하는 에너지와 비교하여 매우 크다. 이러한 큰 에너지가 과연 원자의 어디에 존재하는가 하는 것이 의문이었다. 1905년 아인슈타인(Albert Einstein)은 특수 상대성이론을 통해 질량과 에너지는 서로 변환될 수 있는 양이므로 별개가 아니라 동등하다고 주장하였다. 즉, 질량이 변화$^{(\triangle m)}$한 만큼 에너지$^{(E)}$가 발생한다는 것으로 아래와 같이 질량-에너지 등가식으로 나타내었다.

$$E = \triangle m \cdot c^2$$

(C^2 : 진공상태에서 빛의 속도 $2.99792 \times 10^8 m/s$)

핵이 분열하거나 융합하게 되면 질량이 변하며 이에 따라 에너지가 발생한다. 우라늄-235 원자 한 개를 예로 핵분열시 발생하는 에너지를 살펴보자.

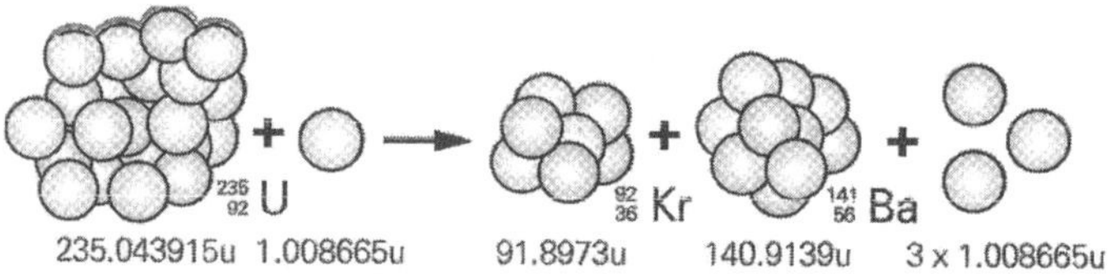

$$^{236}_{92}U + n \rightarrow {}^{92}_{36}Kr + {}^{141}_{56}Ba + 3n$$

235.043915u 1.008665u   91.8973u   140.9139u   3 x 1.008665u

우라늄 원자의 핵분열

위 그림은 우라늄=235가 중성자와 충돌하여 질량수가 92인 크립톤과 질량수 141인 바륨으로 분열하고, 3개의 중성자를 방출하는 것을 보여주고 있다. (우라늄-235가 중성자와 충돌시 약 85%의 확률로 질량수가 95와 140 전후인 2개의 원자핵으로 분열되며 2~3개(평균 2.4개)의 중성자를 방출한다.)

이때 핵분열 전 질량의 합은 236.052580u이지만 핵분열 후 질량의 합은 235.837195u로 0.215385u만큼의 질량이 사라졌음을 알 수 있다. 그러므로 이때 발생하는 에너지는 질량-에너지 등가식($E=\triangle mc^2$)에 의해 다음과 같이 구할 수 있다.

$$E = (0.215385\,u) \times (1.6605 \times 10^{-27}\,kg) \times (2.9979 \times 10^8\,m/s)^2$$
$$= 3.21453 \times 10^{-11}\,J$$

이처럼 핵반응에 의한 핵의 질량결손으로 발생하는 에너지를 '질량결손에너지'라 한다. 우라늄 원자 한 개가 핵분열 할 때 발생하는 질량결손에너지는 3.21453×10^{-11}J로 매우 작게 느껴질 수 있다. 그러나 우라늄 원자 한 개의 질량은 3.9×10^{-25}kg으로 매우 작기 때문에 단 1kg의 우라늄으로도 석탄 3천 톤을 연소시켰을 때와 동일한 수준의 많은 에너지(3,000만 배의 효과)를 얻을 수 있다.

(3) 원자의 질량

원자는 우리 눈이나 일반적인 현미경으로 관측할 수 없을 만큼 무게 또한 매우 가볍다. 예를 들어 탄소원자 한 개의 질량은 1.9926×10^{-26}kg이다. 이렇게 작은 질량을 보통의 방법을 이용하여 측정하고 표현하는 것은 쉽지 않다. 따라서 사람이 쉽게 가늠할 수 있는 형태로 나타낼 수 있는 방법을 연구하였다. 지구상에서 비교적 흔한 원소인 탄소-12의 원자량을 기준으로 삼고 원자들의 상대적 무게에 따라 질량을 결정하였다. 이를 위해 원자질량단위(atomic mass unit, u)를 만들었는데 1u(유니트)는 결합이 없이 안정한 탄소 원자 질량의 1/12로 실제 질량은 1.6605×10^{-24}g이다.

$$1u = \frac{탄소(12)원자 1mol 질량}{12} = \frac{1g}{1mol} = \frac{1}{6.022 \times 10^{23}}$$

(4) 몰(mole)과 아보가드로수(Avogadro's number, N_A)

일상생활에서 우리는 어떤 물질을 셀 때 편리하게 하기 위해 단위를 사용한다. 예를 들어 연필 12자루를 1다스, 조기 20마리를 1두름, 달걀 30개를 1판이라 하는 것과 같은 원리이다.

과학에서는 눈에 보이지 않을 만큼 작은 '원자의 수'를 세는 단위로 몰(mole)을 사용한다. 몰은 물질의 양을 재는 국제표준 단위로, 12g의 ^{12}C안에 들어있는 원자의 개수와 같은 수만큼의 개체로 이루어진 물질의 양으로 정의하며 mol로 표시한다.

이때 1mol 안에 들어있는 입자의 수는 6.02214×10^{23}개이며, 이를 아보가드로수(N_A)라 한다. 따라서 어떠한 원자가 아보가드로수만큼 모이면 1mol이라 하고 그 원자의 원자량이 질량이 된다. 예를 들어 원자량이 1인 수소가 1mol만큼 모이면 1g, 원자량이 12인 탄소가 1mol만큼 모이면 12g이다.

구 분	연 필	원 자
단 위	다스(dozen)	몰(mol)
개 수	12	6.02214×10^{23}

원자의 질량과 에너지는 질량-에너지 등가식($E=mc^2$)에 의해 전자볼트(Electron volt, eV)로 나타내기도 한다. 1u는 아래와 같이 나타낼 수 있다. (1개의 전하를 1V의 전위차로 가속할 때 얻어지는 에너지)

$$E = mc^2$$
$$E = (1.6605 \times 10^{-27} kg) \times (2.9979 \times 10^8 m/s)^2$$
$$= 1.492 \times 10^{-10} kg \cdot m^2/s^2$$

1MeV는 1.602×10^{-13} J이므로 1u의 값은 아래와 같다.

$$1u = (1.492 \times 10^{-10} kg \cdot m^2/s^2)/(1.602 \times 10^{-13} J/MeV)$$
$$= 931.3 MeV$$

(5) 에너지의 단위 : 줄(Joule, J)

에너지란 일을 할 수 있는 능력을 나타낸다. 즉, 에너지의 크기는 얼마만큼 일을 할 수 있느냐로 나타낼 수 있으며 일의 국제표준 단위는 줄(Joule)로, 대문자 J로 나타낸다. 1J은 '1뉴턴[N]의 힘으로 물체를 1m 이동하였을 때 한 일이나 이에 필요한 에너지'를 뜻한다.

$$1J = 1N \times m$$

1N은 힘의 국제표준 단위로서, 질량이 1kg인 물체를 매 초당 초속 1m씩 가속할 수 있는 힘을 나타낸다.

$$1N = 1kg \times m/s2$$

따라서 1J은 아래와 같다.

$$1J = 1kg \times m/s2 \times m$$
$$= 1kg \times m2/s2$$

3) 핵의 안정도(安定度)

(1) 핵력

수소를 제외한 모든 원소들은 두 개 이상의 양성자를 가지고 있기 때문에 '양성자와 양성자 사이에 전기적 반발력이 존재'한다. 따라서 이들을 핵이라는 작은 공간 안에 묶어 두기 위해서는 양성자 사이의 반발력을 이겨낼 수 있는 강한 힘이 필요한 한편 원거리에 있는 전자나 다른 핵에 영향을 주지 않을 만큼 매우 가까운 거리에서만 영향력을 발휘해야 한다. 이 힘이 바로 '자연계를 유지하는 4가지 힘' 중 하나인 '강력'에 해당된다. (중력(Gravitational force)·전자기력(Electromagnetic force)·강력(Strong force)·약력(Weak force))

양성자 사이에 작용하는
강한 핵력(강력)

핵력은 중성자 상호간$^{(n,n)}$, 양성자 상호간$^{(p,p)}$, 중성자와 양성자 간$^{(n,p)}$에 작용한다. 핵 내에서 두 양성자간의 반발력은 6톤이 되지만 같은 거리에서 그들 간의 인력은 240톤이나 된다. 따라서 두 개의 양성자가 원자핵 반경(약 1fm)(1fm=10^{-15}m)과 비슷한 거리(1~2fm)(1fm 이하의 거리에서는 오히려 강한 반발력이 작용한다.)까지 접근하면 더 이상 서로 반발하지 않고 오히려 강하게 끌어당긴다. 그러나 강력은 쿼크(quark 소립자) 사이에서만 작용하므로 핵 주위를 돌고 있는 전자에는 영향을 주지 않는다. 따라서 2fm 이상의 거리에서는 전자기력만이 존재하게 된다.

(2) 핵의 결합에너지

핵 내부의 힘은 결합에너지로 표시된다. 핵의 결합에너지는 원자핵을 구성하고 있는 핵자를 전부 떼어내는데 필요한 에너지로 원자핵이 얼마나 안정한지 알 수 있는 유용한 지표로 사용된다.

핵자당 결합에너지($E\ ben$)(E_{ben} : Average binding energy per nucleon 핵자당 평균 결합에너

지)는 각 핵자가 서로 분리되어 있는 상태에서의 질량과 서로 결합된 상태에서의 질량의 차, 즉 질량결손(mass defect)이 에너지로 변환된 것이다. 예를 들어 헬륨 원자는 두 개의 양성자와 두 개의 중성자 및 두 개의 전자로 구성되어 있는데 그 각각의 질량과 그들의 합은 다음과 같다.

$$\begin{aligned}
\text{전자} &: 2 \times 0.00055 = 0.00110 \\
\text{양성자} &: 2 \times 1.00728 = 2.01456 \\
\text{중성자} &: 2 \times 1.00867 = 2.01734 \\
\text{계} &: \qquad\qquad\quad 4.03290
\end{aligned}$$

4) 방사선 발생·붕괴·이용

핵의 분열이나 융합시 발생하는 것이 방사선이다. 이 항목에서는 핵으로부터 발생되는 방사선에 대해 자세히 알아본다.

방사선(放射線)이란 방사성 붕괴 과정에서 높은 에너지를 가지고 방출되는 고속의 입자 또는 전자파를 말하고, '방사선 붕괴'란 '불안정한 원자핵이 자발적으로 안정한 상태의 다른 원자핵으로 변환되는 과정'을 말한다. 이 과정 중 원자핵의 구성요소나 결합상태가 변하게 되므로 붕괴라고 표현한다. 이때 붕괴 이전의 원자를 '부모 핵종', 붕괴 후의 원자를 '딸 핵종'이라고 부른다.

방사선의 종류는 방출되는 입자의 종류에 따라 알파(α)선, 베타(β)선, 감마(γ)선, 중성자(n)선으로 구분한다.

(1) 알파(α)선

알파선은 우라늄이나 라듐 같은 방사성 물질이 알파 붕괴를 하는 과정에서 방출된다. 양성자 2개, 중성자 2개로 구성된 헬륨 원자핵과 동일한 구조이기 때문에 He^{2+}로도 쓰인다.(양의 전하를 띤다) 알파 입자는 질량이 무겁고 물질에 쉽게 흡수되므로 공기 중에서 수 센티미터(cm)밖에 나아가지 못하고 종이나 피부로 막을 수 있다. 그러나 이온화능이 가장 크므로 체내에 유입되면 매우 위험하다.

(2) 베타(β)선

베타선은 칼륨(K)이나 스트론튬(Sr) 등의 방사성 물질의 베타 붕괴 과정에서 발생하는 고에너지, 고속의 전자(e-) 또는 양전자(e+)를 말한다. (양전자 Positron : 전자와 질량은 같지만 양의 전하를 가진 입자) 베타입자는 물속에서의 빛의 속도(약 0.75C)와 같은 속도를 지니므로 세 종류의 방사선(알파·베타·감마)중 중간 정도의 투과력(알파선의 약 500배)과 이온화능을 지닌다. 얇은 금속판으로 막을 수 있지만, 피부를 투과할 수 있으므로 DNA 분자 구조 등을 변형시켜 암을 유발할 수 있다.

(3) 감마(γ)선

감마선은 전자기복사의 강력한 형태로, 알파 또는 베타 붕괴 후 들뜬 상태에 있는 원자핵이 낮은 상태로 떨어지면서 광자(Photon)를 방출하는 것이다. (광양자 : 빛의 에너지 Photo neutron 광중성자) 감마선은 전기적으로 중성이며 빛의 속도로 직진하고 높은 에너지를 가지고 있기 때문에 알파선이나 베타선보다 투과력이 강하다. 따라서 피부나 옷, 얇은 금속판 등은 모두 투과할 수 있으나 밀도가 높은 두꺼운 납이나 콘크리트는 투과할 수 없다. 이온화능은 세가지 방사선 중 가장 낮으며 광전효과(Photoelectric effect), 콤프턴 산란(Compton scattering), 쌍생성(Pair production)의 세 가지 과정을 통해 물질과 반응한다.

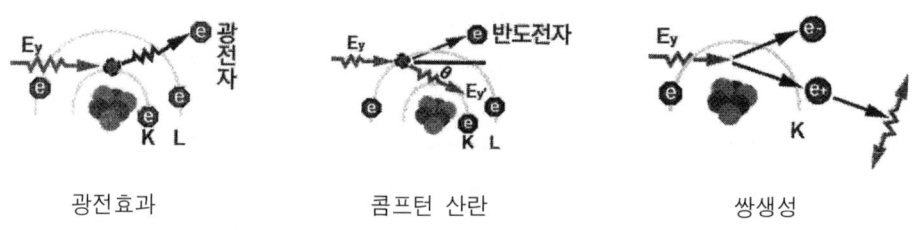

광전효과   콤프턴 산란   쌍생성

광전효과란 입사되는 광자가 흡수하는 원자의 궤도전자에 모든 에너지를 전달하는 과정을 말한다. 보통 전자의 결합에너지보다 큰 에너지가 전달되므로 전자는 궤도로부터 이탈하게 된다. 이 과정에서 이탈된 전자를 광전자(Photoelctron)라 부른다.

콤프턴 산란이란 입사되는 광자가 원자로부터 가장 먼 전자(최외각전자)에 부분적으로 에너지를 전달하는 과정이다. 이때 광자는 더 낮은 에너지로 산란되고 2차 전리를 일으킬 수 있는 반도전자(recoil electron)를 생성한다.

쌍생성이란 입사되는 광자가 강한 전기장을 형성하는 핵 주위에서 소멸되고 음전자와 양전자를 생성하는 과정이다. 쌍생성이 일어날 확률은 입사되는 광자의 에너지가 클수록 또는 물질의 원자번호가 높을수록 증가하며 여기서 생성된 음전자와 양전자가 각각 2차 전리를 일으킨다. (電離 : 기체나 액체의 분자 및 원자가 전기를 띤 원자나 원자단으로 되는 것)

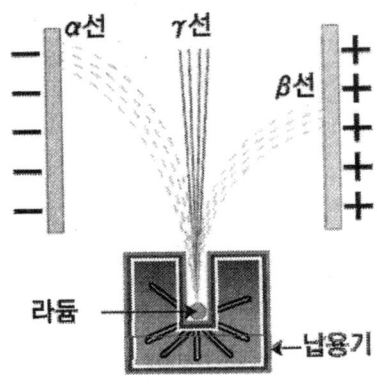

방사선의 종류와 전하

(4) 중성자(n)선

중성자선은 핵이 분열하거나 융합할 때 발생되는 중성자의 흐름을 말한다. 중성자선은 알파선이나 베타선같은 입자선이지만 '전하를 띠지 않으므로 밀도가 높은 물질을 쉽게 통과할 수 있다. 따라서 방사선 중에서 투과력이 가장 강하다.' 중성자선은 원자번호가 큰 원소로 구성된 물질을 통과할 경우 비탄성충돌이 일어나므로 에너지가 감소하지 않는다. 그러나 물이나 파라핀 등 중성자와 질량이 비슷한 수소를 포함한 물질을 통과할 경우에는 탄성충돌에 의해 에너지가 크게 감소하므로 투과할 수 없다. 중성자는 체내에 흡수될 경우 인체를 구성하는 원자들에 흡수되어 방사성 동위원소를 형성하므로 간접 전리입자라고도 불린다. 아래 도표 (방사선의 종류)에서 방사선의 속성과 질량·전하를 정리하였다.

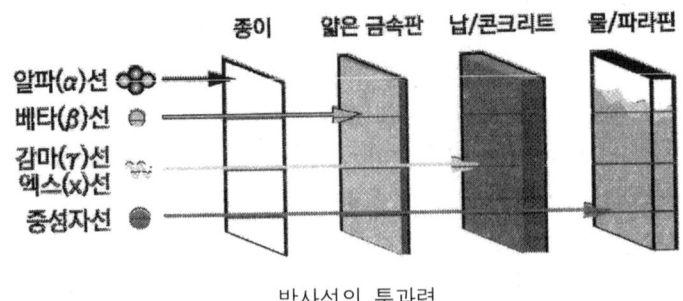

방사선의 투과력

방사선의 종류

방사선 표기	속 성	질량(u)	전 하
알파(α)선	H2원자핵	4.002603	+2
배타(β)선	전자	0.000548	-1
감마(γ)선	광자	0	0
중성(n)자	입자	1.008664	0

(5) 방사선의 각종 영향력

○ 만성 영향

소량의 선량을 장기간 받았을 때 수개월 이상의 잠복기간을 가진 후 나타나는 영향을 만성 영향이라고 한다. (동일한 양의 방사선이라도 방사선을 받는 기간에 따라 인체의 회복능력으로 인해 급성 영향과 상이한 결과가 발생한다.) 대표적으로 암과 백내장 등을 예로 들 수 있다. 방사선에 의한 암의 발병 확률은 방사선의 종류·신체조직·나이 등에 따라 다르지만, 국제 방사선 방호위원회에 따르면 약 0.1Sv의 방사선에 노출될 경우 1만 명 중 5명의 확률로 발병한다고 한다.

○ 유전적 영향

방사선에 의한 유전적 영향이 역학적(力學的)으로 확인된 바는 없다. 그러나 동물 실험 결과나 체르노빌 사고, 히로시마·나가사키 원폭 피해자들에게서 기형아 출산율이 증가한 것으로 보아 연관이 있는 것으로 본다. 국제 방사선 방호위원회에 따르면 0.1Sv의 방사선에 노출되었을 때 후손에게 나타나는 유전적 영향 발생비율이 증가한다고 한다. 이와 같이 방사선의 영향으로 발생확률이 증가하는 것을 확률적 영향이라고 한다.

○ 방사선의 이용

방사선이 우리에게 해로운 영향만을 끼치는 것은 아니다. 방사선을 잘 이용하면 방사선의 투과작용을 이용하여 물체를 파괴하지 않고 내부를 검사하거나(비파괴검사) 신체 내부를 정밀하게 진단할 수 있다. 뿐만 아니라 새로운 원소를 만들어 내어 신소재를 개발하거나 방사선을 이용하여 새로운 품종을 개량해 낼 수도 있다. 방사선은 우리 생활 속 다양한 분야에서 이용되어 인류에게 도움을 주고 있다.

※ CT : computerized tomography(단층 촬영), MRI ; magnetic resonance imaging(자기 공명영상법 磁氣共鳴映像法)

2. 미국의 '최강국 자격증'이 된 '핵폭탄 탄생' 역사

1) '맨해튼 프로젝트'의 진행과정

1939년 8월, 미국 백악관으로 편지 한 통이 배달되었다. 이 편지는 세계적인 물리학자 아인슈타인이 당시 미국의 대통령이었던 프랭클린 D. 루즈벨트 앞으로 보낸 것으로, 핵분열 연쇄반응을 통해 엄청난 파괴력을 지닌 새로운 개념의 폭탄이 만들어질 수 있다는 내용과 미국이 독일 나치정권보다 먼저 핵무기를 개발해야 한다는 내용이 담겨 있었다. ('아인슈타인-질라드 편지'로 알려져 있으며, 아인슈타인의 제자였던 질라드 레오(Szilard Leo)가 초안을 작성했고 아인슈타인이 서명하여 루즈벨트 대통령에게 전달되었다.)

미국 정부는 이 제안을 받아들여 「S-1 우라늄위원회」를 설치하여 핵무기의 개발 가능성을 연구하였고, 미국이 1941년 12월 제2차 세계대전에 참전하면서 본격적으로 핵폭탄 개발 프로그램인 '맨해튼 프로젝트 (Manhattan Project)'를 추진하기로 결정하였다. '맨해튼'은 프로젝트의 암호명으로, 공식적으로 사용되었던 프로젝트의 이름은 「대체자원 개발 (Development of Substitute Materials)」이었다. (『핵공학의 이해』 한종운·김대현·정종석·이준영·허남국 공저, 양서각)

미국 주도 하에 영국과 캐나다가 공동으로 참여하였고, 실무책임자로 육군성의 레슬리 그로브즈 (Leslie Groves) 소장이 임명되었으며, 연구책임자로는 로버트 오펜하이머 (Julius Robert Oppenheimer)가 선정되었다. 역사상 최대 규모의 프로젝트로서 당시 화폐가치로 약 20억 달러의 예산이 투입되었고, 당대 최고의 과학자들을 포함하여 13만 명의 인원이 참여하였다. 또한 매우 엄정한 기밀을 유지하기 위하여 미국·영국·캐나다에 위치한 약 30곳의 다른 시설에서 각 분야별로 연구를 분산하여 진행하였다. 테네시주의 오크리지는 맨해튼 프로젝트의 본부가 있는 곳으로 핵폭탄 원료로 사용되는 우라늄-235를 천연우라늄으로부터 분리하여 농축하는 실험이 진행되었고, 뉴멕시코주의 로스앨러모스에서는 핵폭탄 설계와 관련된 연구들이 이루어졌다. 그리고 워싱턴주 동남부에 위치한 리치랜드의 핸포드 지구에서는 핵연료 재처리를 통해 또 다른 핵폭탄 원료인 플루토늄-239를 제조하는 연구가 진행되었다.

그로브즈 소장과 오펜하이머

전시 상황이라는 특수성으로 인해 많은 예산과 노력이 투입되었고, 1945년 우라늄-235와 플루토늄-239를 원료로 하는 두 종류의 핵분열폭탄이 만들어졌다. 두 폭탄은 핵원료만 다른 것이 아니라 각각의 핵원료가 갖고 있는 구조적 특성으로 인해 서로 다른 기폭원리를 갖고 있었다. 이 중에서 플루토늄-239를 원료로 하는 핵분열폭탄은 복잡한 구조로 인해 실전에서 사용하기 전에 폭발실험을 필요로 하였다.

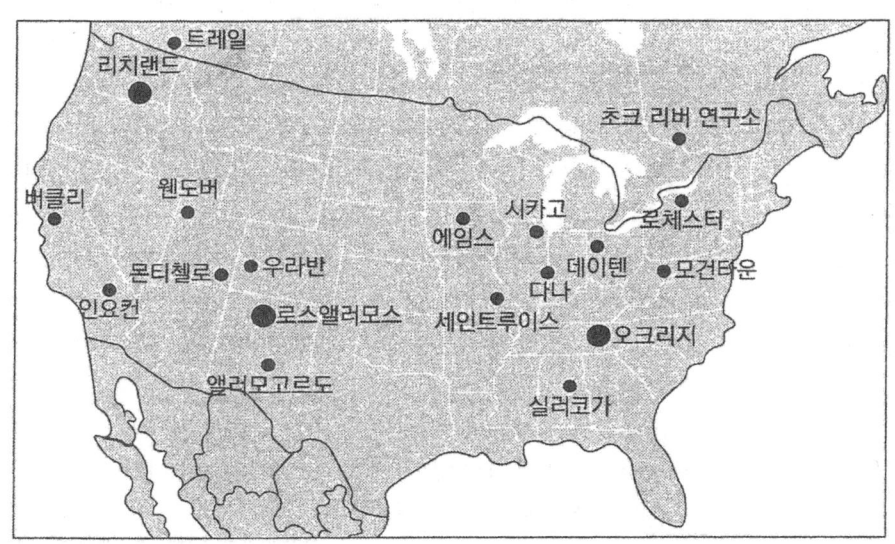

미국 내 맨해튼 프로젝트 주요 연구 장소

1945년 7월 16일, 뉴멕시코주 앨러모고르도 White Sands 미사일 실험장에서 작전명 '트리니티'인 핵실험이 진행되었다. 30m 높이의 철탑 꼭대기에 5톤 무게의 핵분열폭탄이 설치되었고, 맨해튼 프로젝트에 참여했던 주요 관계자들이 지켜보는 가운데 새벽 5시 30분경 '세계 최초의 핵폭발 실험'이 실시되었다. 이 실험을 지켜보던 한 관계자는 "천 개의 태양보다 더 밝다"는 말을 했으며, 뉴멕시코주 경찰서에는 새벽 5시경 지평선 위로 해가 솟은 이후에 또 다른 해가 솟았다는 제보가 들어오기도 하였다. 핵폭발의 위력은 2만 톤의 TNT폭약을 동시에 터뜨린 것과 같은 수준이었고, 폭발로 인해 직경 76m의 큰 구덩이가 형성되었다. 혹자(或者)는 이 순간을 '인간이 신의 영역에 발을 들여 놓은 순간'이라고 표현하기도 했다. 핵폭발이 일어난 폭심지는 'GZ(Ground Zero)'라고 불리며 이곳에는 「세계 최초의 핵폭발이 일어난 곳(Where the World's First Nuclear Device Was Exploded on July 16, 1945)」이라고 적혀 있는 비석이 세워졌다.

2) 히로시마와 나가사키에서의 핵폭발

(1) 히로시마 원폭투하

1945년 8월 6일, 일본 본토로부터 남동쪽 2,400km 거리에 위치한 서태평양 티니안섬의 미 공군 기지에서 핵분열폭탄 1발을 실은 B-29 폭격기가 이륙했다. '에놀라게이(Enola Gay)'라고 불리는 이 폭격기는 길이 31m, 폭 43m에 이르는 거대한 기체로 미국의 일본 본토 공격에 앞서 인구 30여만 명이 살고 있는 히로시마에 핵폭탄을 투하하기 위하여 이륙한 것이었다. 오전 8시 15분, 히로시마 지상 9,600m 상공에서 '리틀보이(Little Boy)'라는 코드명이 부여된 길이 3m, 무게 4t의 핵분열폭탄이 투하되었다. 폭탄은 TNT 1만 5천 톤에 상응하는 폭발을 일으켰고, 폭심지로부터 반경 1.6km 내에 있는 모든 것을 파괴시켰다. 도시의 60%가 파괴되었고 대화재가 발생하였으며 히로시마 총 인구의 약 30%가 그 자리에서 즉사하였다. 1946년 미국 트루먼 대통령에게 보고된 문건인 『히로시마와 나가사키에서의 핵폭발 효과(The Effects of the Atomic Bombings of Hiroshima and Nagasaki)』에서는 히로시마에서의 핵폭발이 최단시간 내에 가장 많은 인구가 사망한 사건이며, 사망원인은 피폭(15~20%), 섬광화상(20~30%), 질병 및 부상(50~60%)으로 평가하고 있다. 피해는 여기에서 끝나지 않고 계속되어 그해 말까지 발생한 사망자의 수는 14만 명에 달하였으며, 이후 5년 동안 피폭으로 인해 발생한 암·백혈병 환자의 사망까지 포함하면 히로시마 인구의 2/3(20만명)가 넘는 사람들이 핵폭발로 인하여 사망하였다.

 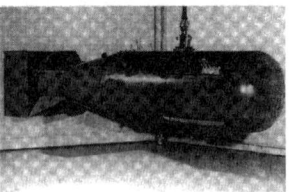

에놀라 게이와 리틀보이

① 히로시마에 투하된 핵분열폭탄의 위력, 전체인구의 70%를 살상

　핵분열폭탄 자체의 위력이 크기도 하였지만, 폭탄에 대한 정보 부족이 피해를 증대시키는데 크게 작용하였다. 핵분열폭탄을 투하하기 위해 에놀라 게이 편대가 티니안섬에서 이륙하기 1시간 전, 히로시마 지역의 기상을 관측하기 위한 항공기가 해당 지역을 비행하였다. 일본의 조기경보 레이더가 이를 발견하고 경보를 발령하여 많은 시민들이 대피하였으나 아무런 일도 벌어지지 않고 비행기는 기상정보만을 획득한 뒤 돌아갔다. 그 뒤 에놀라 게이와 기상관측 및 핵폭발 결과 확인을 위한 B-29폭격기 편대를 발견하자 공습경보를 발령하였으나 히로시마의 시민들은 이번에도 별일이 없을 것으로 판단하고 대피하지 않았다.

　다른 지역의 대도시들이 무차별 폭격으로 파괴되었음에도 불구하고 한 번도 폭격을 받지 않았던 것도 한 몫 하였다. 더욱이 비행편대의 기체 수가 단지 3대뿐이라는 것을 확인한 후에는 공습경보를 해제하기까지 하였다. 결과적으로 다수의 시민들이 핵무기에 무방비로 노출되는 결과를 초래하였다.

　핵폭탄은 또한 일반적인 포탄, 미사일과 달리 폭발 후에도 방사성물질에 의한 지속적인 피해가 발생한다. 핵무기의 효과에서 자세히 다루겠지만 핵폭발에 의해 발생한 낙진은 바람을 타고 퍼지면서 광범위한 방사능오염지역을 형성하며, 낙진으로부터 방출되는 방사선은 인체에 유해한 영향을 주고, 심할 경우 사망에 이르게 한다. 당시, 이러한 사실을 몰랐던 많은 사람들이 현장확인 및 구조를 하는 동안 방사선에 피폭되면서 추가적인 피해가 발생하였다.

② 히로시마가 최초의 핵무기 투하장소가 된 이유

　태평양 전쟁이 막바지였던 1945년 6월, 미국은 일본 큐슈 남단으로부터 약 700km 떨어진 곳에 위치한 오키나와섬을 점령하였다. 이 과정에서 4만 명 이상의 미군이 희생됨에 따라 그해 11월에 계획했던 본토공격에 앞서 일본에게 강력한 심리적 충격을 줄 필요성이 제기되었다.

　1945년 5월 10일부터 2일 동안 로스알라모스 연구소에서 맨해튼 프로젝트의 연구책임자였던 오펜하이머는 핵분열폭탄 투하지역을 선정하기 위한 회의를 하였다.

　"직경 5km 이상의 큰 도시이어야 하고, 폭탄투하 시 심리적·물질적으로 효과적인 피해를 유발함으로써 일본 내부와 국제적으로도 큰 파장을 일으킬 수 있어야 한다"가 목표를 선정하는 주요 기준으로 고려되었다. 그 결과, 히로시마·교토·고쿠라(現 기타큐수)·나가사키 등 5~6개의 도시들이 목표도시로 거론되었고, 히로시마가 교토와 함께 가장 유력한 순위(AA target)로 선정되었다. 도쿄에 위치한 일본 천황의 궁전은 다른 어떤 표적보다 높은 명성을 지니고 있지만 전략적 가치가 낮아 표적에서 제외되었다. (Minutes of the second meeting of the Target Committee, Los Alamos, May 10-11, 1945)

　히로시마는 산업도시이면서 육군 보급창과 항구가 있었고, 제2육군사령부 및 육군

5사단이 위치하고 있는 군사적 요충지로 폭탄 투하 시 일본에게 심리적·물리적으로 상당한 피해를 유발할 수 있는 도시였다. 또한 도시 주위에는 언덕이 있어 표적을 조준하기가 용이하고 폭발효과를 크게 증대시킬 수 있는 지형적 특징도 가지고 있었다. 단, 강이 도시 가운데로 흐르고 있어 열로 인한 피해발생은 다소 감소할 것으로 평가되었으나, 당시 미군의 폭격에 의한 피해가 없어 순수한 핵분열폭탄 효과를 측정하기에 용이하다는 장점이 부각되었다.

핵폭탄은 오타강 분류지점에 위치한 'T'형태의 다리(아이오이 다리)를 조준하여 투하하였는데, 이는 공중에서도 식별이 용이한 지형지물이었다. 그러나 실제 폭발은 강한 바람으로 인해 다리로부터 약 200m 거리에 떨어져 있던 외과병원 600m 상공에서 이루어졌다.

한편, 교토는 일본의 전(前) 수도로서 전략적 요충지이자 인구 100여만 명이 살고 있는 대도시였고, 많은 일본 국민들의 정신적 중심지였다. 교토에 핵폭탄을 투하할 경우 그 효과는 히로시마처럼 매우 클 것으로 판단되었고, 특히 심리적으로 더 큰 충격을 줄 수 있었을 것이다. 그러나 교토를 목표도시에서 제외한 이유에 대해서는 다양한 의견이 존재한다. 교토에 위치한 많은 문화재를 보호하기 위함이라는 설, 당시 국방장관으로 재임하고 있던 헨리 스팀슨(Henry Levis Stimson)이 자신의 신혼여행지였던 교토에 대한 애착으로 인해 제외되었다는 설 등이 있다. 그러나 가장 유력한 이유로는 일본 국민들의 정신적 고향인 교토를 파괴할 경우, 미국에 대한 반감이 증가하면서 당시 미국과 대립하고 있던 소련 측에 가담할 가능성을 염려하여 제외한 것으로 보고 있다.

(2) 나가사키 원폭투하

히로시마의 원폭투하에도 불구하고 일본의 항복을 얻어내지 못한 미국은 두 번째 핵폭탄을 투하하기로 결정하였다. 목표도시로는 당시 가장 큰 병기창이 있었던 고쿠라(現 기타큐슈)가 선정되었고, 투하가 제한될 경우에는 인근지역에 위치하고 있던 나가사키에 폭탄을 투하한다는 계획이 수립되었다. 나가사키는 일본 남서부에 위치한 큰 항구도시로서 대규모 산업단지가 있었고, 각종 군수품·선박 및 무기 등을 생산하는 도시였다.

1945년 8월 9일 아침, B-29 폭격기가 핵분열폭탄인 '팻맨(Fat Man)'을 싣고 목표도시인 고쿠라를 향해 이륙하였다. 팻맨은 둥근형태의 뚱뚱한 폭탄에서 붙여진 코드명이다. 이번 폭격 또한 히로시마 때와 마찬가지로 다른 두 대의 비행기와 함께 편대를 이루어 이동하였고 임무는 동일하였다. 티니안섬에서 이륙한 폭격기가 고쿠라에 도착하였으나 구름이 도시 전체의 70%를 가리고 있어 육안으로 폭탄을 투하하는 것이 제한되었다. 설상가상으로 구름이 걷히기를 기다리며 도시 상공을 선회하던 중 연료가 부족하게 되어 급히 예비목표였던 나가사키로 투하지점을 변경할 수밖에 없었다.

10시 53분, 폭탄을 실은 폭격기가 고쿠라에서 남서쪽으로 160km 거리에 위치한 나가사키에 도착하였다. 그러나 나가사키에서도 구름이 상공을 뒤덮고 있어 시야가 확보되지 못하는 상황에 직면하였다. 육안관측에 의한 폭탄투하가 제한될 경우 폭탄을 바다에 버리거나 레이더를 이용해서 투하를 해야 했다. 11시 1분, 레이더를 이용하여 폭탄을 투하하려고 하는 순간 갑자기 구름이 걷히면서 표적이 눈에 들어왔다. 당시 폭격수였던 커미트 비핸 대위는 서둘러 폭탄을 투하하였고, 43초 후인 11시 2분 경 도시 상공으로 거대한 버섯구름이 피어올랐다. TNT 폭약 2만 톤 규모에 상응하는 폭발력이었다.

폭발로 인해 약 4만 명이 즉사하고 비슷한 수의 부상자가 발생하였다. 연말까지 사망자의 수는 총 5만 명으로 늘어났으며, 이후 5년 동안 피폭에 의해 발생한 암·백혈병 등으로 인해 총 14만 명 이상의 인구가 핵폭발로 인하여 사망하였다.

팻맨과 버섯구름

폭탄은 본래 목표지점보다 3km나 떨어진 곳에 위치한 우라카미 운동장에 투하되었다. 그 일대는 남쪽방향의 항구를 제외하고 모두 산과 구릉으로 둘러싸인 계곡의 지형적 특성을 가지고 있었다. 핵폭발 후 엄청난 세기의 폭풍, 열복사에너지 및 방사선이 발생하였지만, 주변의 산과 구릉에 의해 가로막히면서 폭발지점 부근에만 심각한 피해가 발생하고 다른 지역까지 그 효과가 뻗어나가지 못하였다.

히로시마와 나가사키에서의 폭발 효과 비교

구 분	히로시마	나가사키
폭탄 위력	15kT	20kT
인구밀도(명/km²)	17,760	25,096
파괴면적(km²)	12.2	4.7
사망, 실종(명)	70,000~80,000	35,000~40,000
부상(명)	70,000	40,000

(The United States Strategic Bombing Survey, 1946)

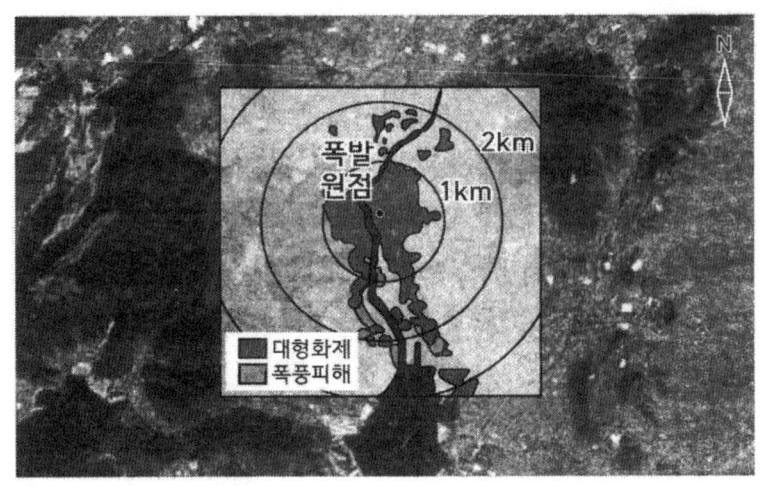

나가사키 원폭 투하지점

3) 핵무기의 종류와 특성

(1) 핵분열폭탄

핵분열폭탄은 '핵분열 연쇄반응에 의해 발생하는 대량의 에너지를 이용한 폭탄'으로 원자폭탄이라고도 하며, 핵물질을 임계질량에 도달시키는 기폭방법에 따라 '포신형(gun-type)'과 '내폭형(implosion-type)'으로 구분한다. (임계질량 : 핵분열 연쇄반응을 유지할 수 있는 최소한의 질량) 우라늄과 같이 질량이 큰 원자는 핵자당 결합에너지가 작아 불안정하므로 핵분열을 통해 보다 안정한 핵종으로 존재하려 하며, 그 과정에서 감소된 질량과 빛의 속도를 제곱한 값을 곱한 만큼의 에너지($E=mc^2$)가 발생한다.

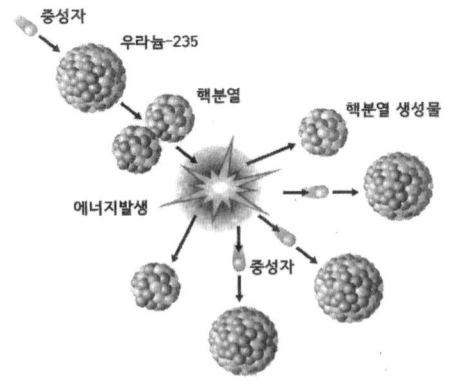

핵분열 연쇄반응

핵분열 연쇄반응은 우라늄과 같은 핵분열물질에 중성자를 인위적으로 충돌시켜서 일으킬 수 있다. 중성자는 전하를 띠고 있지 않으므로 원자핵 주위를 돌고 있는 전자와 핵에 존재하는 양성자의 방해를 받지 않고 핵까지 접근할 수 있다. 핵력의 영향범위까지 접근한 중성자는 핵에 순간적으로 포획되면서 핵을 불안정한 상태로 만들고 이로 인하여 핵분열이 일어나게 된다. 중성자를 포획한 원자핵이 전혀 다른 2개의 원자핵으로 분열하면서 방대한 양의 에너지와 함께 2~3개의 중성자가 방출되고, 이 과정이 연쇄적으로 일어나면서 핵분열 수는 기하급수적으로 증가하게 된다.

(2) 임계질량(臨界質量)

임계는 핵분열 연쇄반응이 일정한 비율로 유지되어 일정한 양의 에너지가 지속적으로 발생되는 상태이며, 이때 필요한 핵분열물질의 최소질량을 임계질량이라고 한다. (핵분열 물질이 연쇄반을을 일으킬 수 있는 최소의 질량) 임계상태는 다음과 같이 핵분열 연쇄반응을 유도하는 유효증배계수$^{(k)}$로 나타낼 수 있다. 유효증배계수가 1보다 작을 경우에는 생성되는 것보다 사라지는 중성자의 수가 많아서 핵분열반응이 줄어들게 되고, 1보다 클 경우에는 연쇄반응이 증가하면서 에너지 발생량이 증가하게 된다.

$$k = f\text{-}l$$

k : 유효증배계수
f : 핵분열시 생성되는 중성자 평균 개수
l : 사라지는 중성자 평균 계수

미임계·임계·초임계의 비교

구 분	주요 내용
미임계	• 핵분열반응 시 생성되는 중성자수가 흡수·방출 등으로 인해 사라지는 중성자 수보다 적어서 핵분열 연쇄반응이 일어나지 못하는 상태 • 유효증배계수 < 1
임계	• 핵분열반응 시 생성되는 중성자수가 흡수·방출 등으로 인해 사라지는 중성자 수와 같아서 핵분열 연쇄반응이 일정한 비율로 유지되는 상태 • 유효증배계수 = 1
초임계	• 핵분열반응 시 생성되는 중성자수가 흡수·방출 등으로 인해 사라지는 중성자 수보다 많아서 핵분열 연쇄반응이 격화되고 출력이 증가한 상태 • 유효증배계수 > 1

핵분열폭탄은 미임계상태의 핵분열물질을 초임계 질량으로 급격하게 바꿈으로써 연쇄반응을 일으키고 방대한 양의 에너지를 방출한다. 이를 위해 최초에는 미임계 질량의 상태로 나뉘어져 있다가 기폭장치에 의해 하나로 합쳐지면서 초임계 질량에 도달하여 강력한 폭발을 일으키는 것이다.

(3) 핵분열폭탄에 사용되는 핵물질

핵분열폭탄에는 우라늄-235(^{235}U)와 플루토늄-239(^{239}Pu)가 핵물질로 사용된다. 우라늄-235는 '자연계에 존재하는 우라늄의 방사성 동위원소로서 중성자를 흡수하여 핵분열을 일으킬 수 있다.' 그러나 천연우라늄에 존재하는 비율이 약 0.7% 밖에 되지 않아 핵분열폭탄으로 사용되기 위해서는 '우라늄-235를 농축하는 과정이 필요하다.'

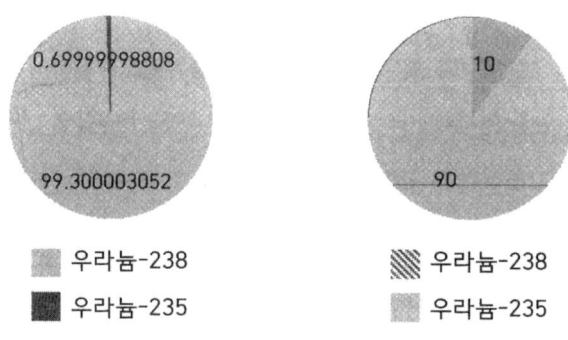

천연우라늄과 고농축(핵무기용)우라늄의 동위원소비

플루토늄-239는 천연우라늄의 약 99.3%를 차지하는 우라늄-238(238U)이 '중성자를 흡수하면서 만들어지는 인공핵종'으로 자연계에는 존재하지 않는다.

$$^{239}_{92}U + ^{1}_{0}n \rightarrow ^{239}_{92}U^* \rightarrow ^{239}_{94}Np \rightarrow ^{239}_{94}Pu + ^{0}_{-1}\beta$$

플루토늄-239 또한 우라늄-235와 마찬가지로 핵분열이 잘되는 특성을 가지고 있으며, 핵폭탄에 사용되기 위해서는 순도가 93% 이상이어야 한다. 플루토늄-240(240Pu)은 약 6.5% 포함되어 있는데, 너무 높은 '자발핵분열'로 인해 임계질량을 크게 낮춰 핵무기의 폭발효율이 떨어지게 된다. 플루토늄-240은 플루토늄-239의 생산과정에서 자연스럽게 생성되는 일종의 불순물로서 일정 임계질량과 효율을 달성하기 위해서는 플루토늄-240의 비율을 낮추는 것이 중요하다. (중성자의 충격 없이 원자핵에서 '자발적으로 일어나는 핵분열.' nuclear fission. 우라늄-235: 0.2~0.3fissions/s-kg, 플루토늄-239: 10fissions/s-kg, 플루토늄-240: 415,000fissions/s-kg)

핵무기용 플루토늄의 동위원소 구성비

① 천연우라늄에서 우라늄-235를 농축하는 방법

우라늄-235는 천연우라늄의 대부분을 차지하는 우라늄-238과 화학적 성질이 같고 질량수가 다른 동위원소이다. 그런데, 두 물질의 질량 차이가 1.3%에 불과하며 이를 분리하여 농축하는 데 많은 노력과 비용이 소요된다. 대표적인 농축방법에는 기체확산법·원심분리법·레이저분리법 등이 있다.

기체확산법은 맨해튼 프로젝트에서도 사용된 방법으로 가벼운 기체일수록 확산이 더 잘되는 특성을 이용한 것이다. 이를 위해 우라늄을 6개의 불소원자와 결합시켜 기체화합물(6불화우라늄)로 변환한 후 강제로 다공성(多孔性) 격막을 통과하게 한다. 이때 상대적으로 가벼운 우라늄-235의 기체화합물이 더 많이 격막을 통과하여 이동하게 되고, 이 과정을 되풀이함으로써 우라늄-238을 배제하고 우라늄-235를 농축할 수 있다. 기체화합물로 변환하기 위해 불소를 사용하는 이유는 화학적으로 결합이 잘 되고, 자연계에 존재하는 동위원소가 없어 기체화합물들의 질량 차이가 오직 우라늄 동위원소에 의해 결정되기 때문이다. 냉전기간까지 많이 사용되었으나 대규모의 공장시설과 분리되는 양에 비해 요구되는 비용이 막대하여 더 이상 사용되지 않는다.

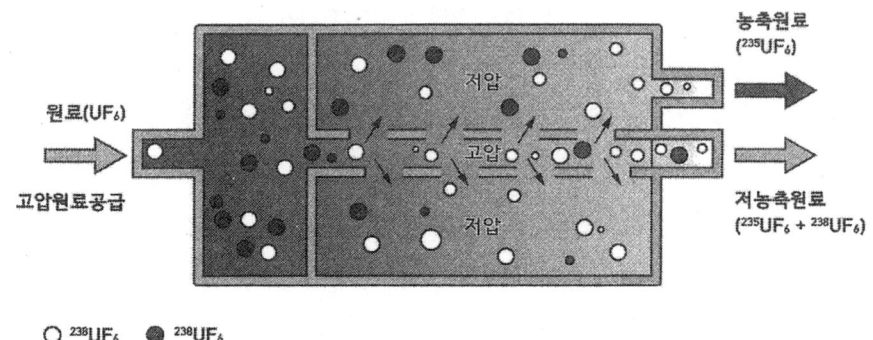

기체확산법의 원리

183

② 천연우라늄에서 우라늄-235를 농축하는 방법

원심분리법은 원심력을 이용해서 우라늄-235를 분리하는 방법이다. 기체화합물 ($^{235}UF_6$, $^{238}UF_6$)을 원심분리기 중앙부분에 주입시킨 후 고속으로 회전시키면 강한 원심력에 의하여 무거운 기체는 바깥쪽으로 모이고 가벼운 기체는 중심부에 남아 있게 된다. 중심부에 모여 있는 우라늄-235의 기체화합물을 회수하는 과정을 반복함으로써 농축우라늄(우라늄-235)을 얻을 수 있다. 고속으로 회전하는 원심분리기의 제작이 쉽지 않고 운용을 위해 많은 전력을 필요로 하지만, 작은 공간에서 비교적 효율적인 농축이 가능하다는 장점이 있다. 북한이 2010년 2,000대의 원심분리기를 공개한 것은 자체적으로 고농축우라늄의 생산이 가능하다는 것을 보여줌으로써 핵무기 개발 의지와 가능성을 피력한 것이라고 할 수 있다. (披瀝 : 평소에 먹은 마음을 조금도 숨기지 않고 털어 놓음)

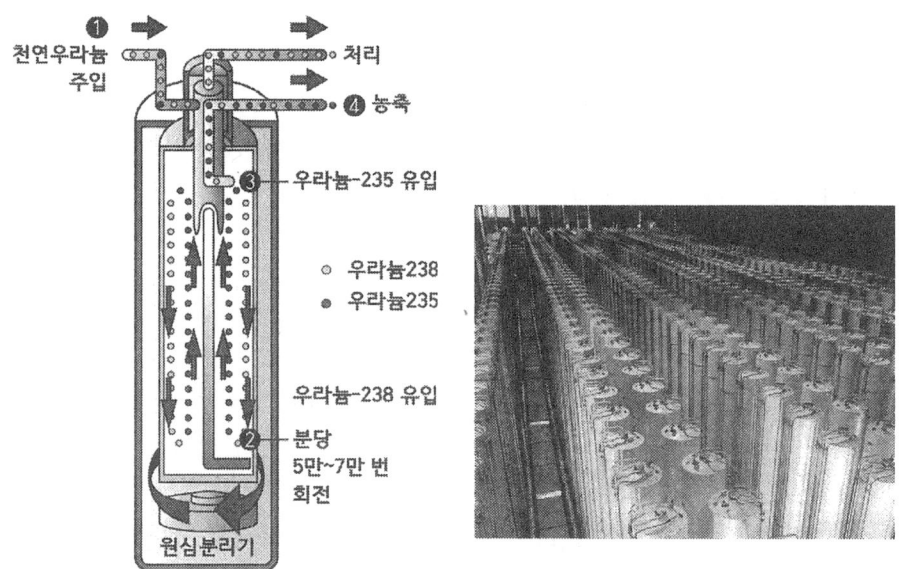

원심분리법의 원리 및 원심분리기

레이저분리법은 레이저로 우라늄-235를 선택적으로 이온화하여 분리하는 방법이다. 원자의 질량이 다를 경우 그 원자에 속한 전자의 활성에너지 차이가 발생하게 되는데, 레이저를 이용하여 우라늄-235의 전자만을 분리할 수 있다. 여기에 전자기장을 걸어주면 이온화된 우라늄-235만 정제하여 농축할 수 있다. 레이저농축법은 대규모의 시설이나 전력을 필요로 하지 않고, 4일 이내에 약 20kg의 우라늄-235를 농축시킬 수 있을 정도로 그 효율성이 뛰어나다. 그러나 이를 위해서는 매우 높은 수준의 정밀 레이저 기술이 필요하여 현재는 세계 각국에서 레이저분리법을 실용화하기 위한 연구가 진행되고 있다.

③ 핵분열폭탄에 사용되는 플루토늄 생산 방법

플루토늄-239는 우라늄-238이 중성자와 반응하면서 만들어지는 인공핵종으로서, 원자력발전소에서 우라늄이 연료로 사용된 후 배출되는 '사용후 핵연료'를 재처리함으로써 얻을 수 있다. ('사용후 핵연료'에 있는 유효성분(^{239}Pu, ^{235}U 등)을 다시 활용하기 위해 분리하는 작업)

재처리 기술은 여러 가지 방법이 개발되어 있으나 주로 사용되는 방법은 PUREX$^{(Plutonium\ and\ Uranium\ Recovery\ by\ Extraction)}$공법이다. (용매추출법. '사용후 핵연료'에서 플루토늄과 우라늄을 녹여서 추출해내는 공법) 플루토늄과 우라늄은 화학적 성질이 다른 원소이므로 우라늄 농축과정과 달리 재처리 과정에서는 화학반응을 통해 플루토늄을 추출한다. 공정순서는 다음과 같다.

> ① '사용후 핵연료' 집합체(연료봉)를 1.5~5cm의 조각으로 절단
> ② 절단된 조각을 용해조에 넣고 고온·고농도의 질산용액으로 용해
> ③ 용해액을 여과하여 불용성 물질 제거
> ④ 여과액에서 우라늄과 플루토늄 혼합용액 추출
> ⑤ 혼합용액에서 우라늄과 플루토늄 분리 및 정제
> ⑥ 산화-환원 과정을 통해 금속형태의 플루토늄 생산

재처리를 통한 플루토늄-239의 생산효율은 원자로의 유형과 가동시간에 따라 달라진다. 플루토늄-239는 우라늄-238로부터 만들어지므로 천연우라늄을 사용하는 흑연감속로나 중수로의 경우 우라늄-238의 비율이 높아 고순도의 플루토늄-239를 생산할 수 있지만, 우라늄-235가 2~5% 농축된 우라늄을 사용하는 경수로는 60% 순도의 플루토늄-239만이 생산되므로 핵무기 제조용으로는 적합하지 않다.

또한 가동시간이 길어지면 플루토늄-240의 비율이 증가하므로 고순도의 플루토늄-239를 얻기 위해서는 핵연료를 자주 교체하면서 재처리를 하여야 한다. 북한이 보유하고 있는 영변의 5MWe 원자로는 '흑연감속로'로서 전력 생산효율은 낮지만 고순도의 플루토늄을 생산하기 유리한 이점을 지니고 있다.

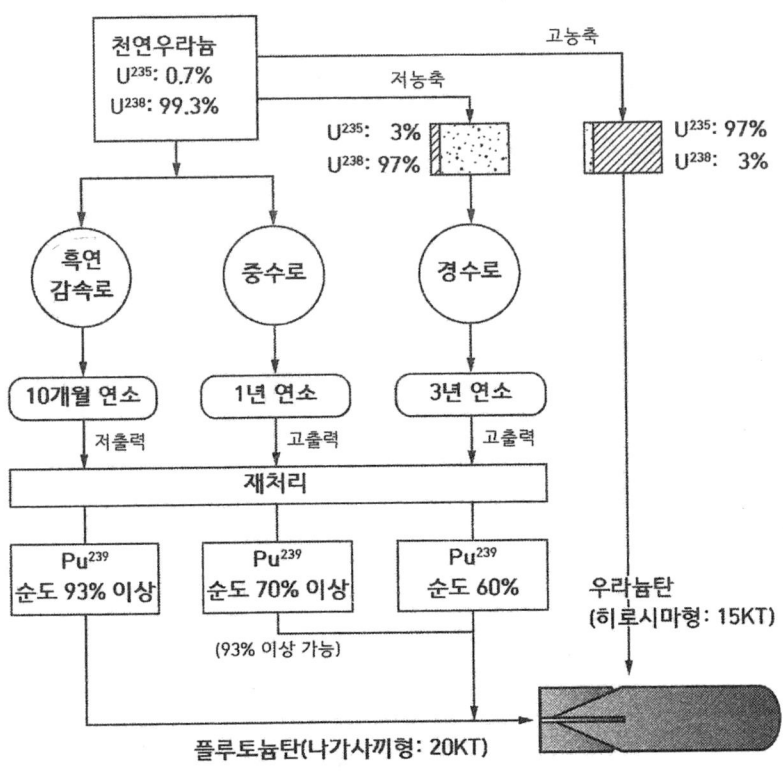

원자로 유형에 따른 플루토늄-239 재처리 효율

④ 핵분열 연쇄반응의 최초 중성자 발생 장치

핵분열 연쇄반응을 시작하기 위해서는 핵분열 물질에 중성자를 인위적으로 충돌시켜야 한다. 핵분열폭탄은 '중성자 발생장치(neutron genetracot)'를 통해 최초 중성자를 제공한다.

핵무기 개발 초기에는 'urchin'이라고 불리는 중성자 발생장치를 사용하였다. 이 장치는 폴로늄-210(^{210}Po)과 베릴륨(Be) 두 물질이 얇은 금속막에 의해 분리되어 있다가 폭발순간 박막이 찢어지면서 반응이 일어나 중성자가 발생된다. 폴로늄(Po)이나 라듐(Ra)과 같은 원자는 핵의 크기가 너무 커서 불안정하므로 붕괴과정(a붕괴)을 통해 안정된 상태로 변환하려는 성질이 있는데 이 과정에서 a입자가 방출되고, 방출된 a입자가 베릴륨(Be)과 충돌하면서 핵분열 연쇄반응을 위한 중성자를 발생시키는 것이다.

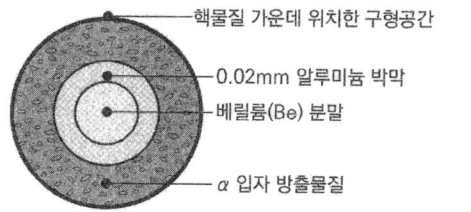

$$^{210}_{84}Po \rightarrow {}^{206}_{82}Pb + {}^{4}_{2}\alpha$$
$$^{9}_{4}Be + {}^{4}_{2}\alpha \rightarrow {}^{12}_{6}C + {}^{1}_{0}n$$

중성자 발생장치의 구조

(4) 포신형 폭탄과 내폭형 폭탄

핵무기는 자연에 떠돌아 다니는 중성자와 반응하여 원하지 않게 폭발할 수 있기 때문에 평소에는 임계질량 이하의 여러 개의 조각으로 분리시켜 놓았다가 필요시에 순간적으로 조각을 합치면서 임계질량에 도달시켜 핵폭발을 일으키도록 제조되어 있다. 핵물질 조각을 합쳐 임계질량에 도달시키는 방법에는 '포신형(gun-type)'과 '내폭형(implosion-type)'이 있다.

① 포신형(gun-type) 핵폭탄

포신형은 임계질량 이하의 핵물질을 두 개로 분리시킨 상태에서 재래식 폭약을 이용하여 두 조각을 결합시킴으로써 임계질량에 도달하게 하는 방법이다. 이 모습이 마치 포탄이 발사되는 것과 같다고 하여 포신형이라고 이름 붙여졌다. 포신형에는 고농축시킨 우라늄(High-Enriched Uranium, HEU)이 핵물질로 사용된다.

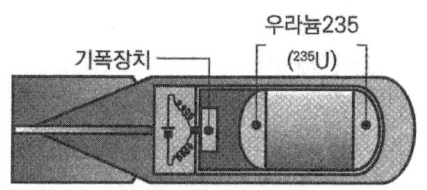

포신형(gun-type) 핵폭탄의 원리

포신형 핵폭탄은 구조가 단순하여 핵폭발 실험을 별도로 실시할 필요가 없는 대신 몇 가지 단점이 있다. 첫째로, 핵물질이 결합되는 속도가 느려 핵폭발 위력이 감소될 수 있다. 일반적으로 핵분열 연쇄반응은 100만분의 1초 이내에 일어나는데, 이 시간동안 결합을 위해 추진된 핵물질의 이동거리는 기껏해야 0.3mm에 불과하다. 이는 결국 핵물질의 완전한 결합이 일어나기 전에 핵분열에 의한 조기폭발을 일으켜 폭발위력의 감소로 이어질 수 있다는 것이다. 대표적인 포신형 폭탄인 '리틀보이(히로시마 투하)'의 경우 핵분열 연쇄반응 시의 중성자 효율이 1.4%에 불과하여 내폭형 폭탄인 '팻맨$^{(나가사키\ 투하)}$'의 20kT보다 적은 15kT의 폭발력을 보였다.

둘째로는, 임계질량이 큰 우라늄-235를 사용하기 때문에 핵의 소형화가 어렵다. 리틀보이의 경우 우라늄-235가 80% 농축된 우라늄 65kg이 사용되었다. 충분히 두꺼운 '반사재'로 둘러싼다고 하더라도$^{(핵분열\ 연쇄반응\ 간\ 중성자를\ 폭탄\ 밖으로\ 이탈하지\ 않도록\ 하여\ 핵분열\ 효율을\ 높이는\ 장치)}$ 고농축우라늄 15~25kg이 필요하다. 특히, 핵분열 효율을 높이기 위하여 사용되는 반사재 등의 부수장치 증가는 핵폭탄의 대형화를 수반하게 된다.

마지막으로, 낮은 안정성을 들 수 있다. 두 개의 핵물질 조각이 합쳐지면 임계질량에 도달하면서 폭발이 일어나기 때문에 단순한 사고에 의해서도 큰 불상사가 발생할 수 있다. 이러한 이유로 인해 미국은 내폭형 폭탄을 제조하려는 시도조차 하지 않았다. 현재 전 세계적으로 포신형 폭탄을 운용하고 있는 나라는 더 이상 없는 것으로 알려져 있다.

우라늄-235와 플루토늄-239의 임계질량 비교(순도 100%)

구 분	우라늄-235	플루토늄-239
임계질량(kg)	52	10

플루토늄-239 또한 맨해튼 프로젝트에서 'Thin Man'이라는 코드명으로 포신형 폭탄에 사용될 수 있는지 연구되었으나 결국 실패로 끝났다. 플루토늄-239를 생성하는 과정에서 동위원소인 플루토늄-240이 발생할 수밖에 없는데, 플루토늄-240의 높은 자발핵분열로 인해 다량의 중성자가 발생되면서 핵분열반응이 조기에 일어났던 것이다. 조기폭발을 피하기 위해서는 910m/s 이상의 결합속도가 필요하고$^{(우라늄-235의\ 경우\ 300m/s)}$, 이를 위해서는 길이 5.5m 이상의 핵물질 이동거리가 필요하였다. 그러나 이 정도 길이의 폭탄을 탑재할 폭격기가 제한되었고, 공중에서 투하하였을 때 공기역학적 불안정성으로 인해 탄착지점 예측이 어려워져서 'Thin Man' 계획은 중단되고 내폭형 폭탄인 '팻맨$^{(Fat\ Man)}$'을 개발하는 것으로 목표를 전환하였다. 'Thin Man'이라는 코드명은 사진에서 보는 바와 같이 얇고 긴 탄체의 모습으로 인해 붙여졌다. (Nuclear Weapons Design & Materials)

핵물질별 자발핵분열 비교

구 분	우라늄-235	플루토늄-239	플루토늄-240
자발핵분열 수 (fissions/s-kg)	0.2~0.3	10표 2-3. 핵물질별 자발핵분열 비교	415,000

Thin Man (플루토늄-239 포신형 핵폭탄)

② 내폭형(implosion-type) 핵폭탄, 폭발효율 훨씬 높아

내폭형 방식은 처음에는 많이 주목받지 못하였다. 그러나 플루토늄을 핵물질로 하는 포신형 폭탄 제조 계획인 'Thin Man'의 실패 이후 내폭형 방식을 이용한 핵분열폭탄을 만드는데 관심이 집중되기 시작했다.

내폭형 폭탄의 구조는 중성자 발생장치를 중심으로 임계질량 미만의 핵물질 조각들을 마치 귤 조각처럼 감싸고 그 주변을 다시 폭약으로 둘러싼 모습이다.

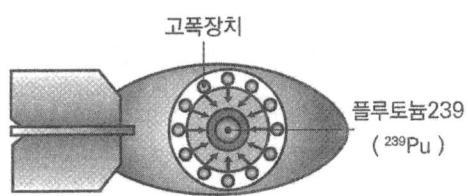

내폭형(implosion-type) 핵폭탄 원리

핵물질 조각들을 둘러싸고 있는 외곽의 폭약을 폭발시키면 핵물질이 안쪽으로 매우 빠르게 압축되면서 임계질량에 도달하게 된다. 폭탄 중심부(pit)를 압축시키면서 핵물질을 결합시킨 것은 단순히 질량을 증가시킨 것이 아니라 밀도를 증가시키는 것이다. 밀도의 증가는 결국 핵분열을 유발하는 유효 중성자의 수를 증가시킨 것과 동일하므로 포신형 방식의 폭탄에 비하여 내폭형 폭탄은 높은 폭발효율을 보인다. 실제로 나가사키에 투하되었던 '팻맨'의 경우 핵분열 시의 중성자 효율이 '리틀보이'보다 10배 가량 높은 14%에 달했다. 내폭형 방식은 경제성과 핵무기의 소형화 측면에서도 장점을 지니고 있다. 내폭형 방식은 포신형 방식과 달리 고농축 우라늄 뿐만 아니라 플루토늄을 핵물질로 사용할 수 있다.

플루토늄은 인공 핵종으로서 '사용후 핵연료를 재처리하여 얻을 수 있는데, 이 과정은 광산에서 우라늄을 채광해서 고농축 시키는 것보다 경제적으로 훨씬 유리하다.' 또한 '임계질량이 작은 플루토늄의 사용은 적은 양의 핵물질을 사용함으로써 핵무기의 소형화에도 유리한' 조건을 제공한다. 더욱이, 밀도 증가를 통해 폭발을 일으키기 때문에 고농축 우라늄을 사용할 경우에도 포신형 방식보다 훨씬 적은 양의 핵물질로도 폭발이 가능하다. 실제로 '리틀보이'에 사용되었던 고농축 우라늄을 내폭형으로 제작할 경우 단지 15kg만이 필요하다.

그러나 내폭형 방식은 기술적으로 보다 정교함을 필요로 한다. 폭약이 폭발하게 되면 마치 렌즈가 빛을 한 점으로 모으듯이 폭발력이 중심으로 향하면서 핵물질을 압축시키게 되는데, 폭탄 중심부가 대칭을 이루면서 동시에 충분히 압축되어야 원하는 폭발 효율을 얻을 수 있다. 이를 위해서는 높은 순도의 폭약을 이용해야 하고, 폭약의 폭발력에 따라 충분한 양의 폭약사용을 정밀하게 설계할 수 있는 기술이 요구된다.

(5) 핵융합폭탄

핵분열폭탄 제조에 대한 이론적 기반이 완성될 무렵, 핵융합을 통해 핵분열보다 큰 에너지가 발생할 수 있다는 사실이 발견되었다. 핵융합 물질의 질량은 핵분열하는 우라늄 총질량의 약 1/50에 불과하지만 질량 감소는 4배 이상으로, 단위 질량당 에너지 발생량은 우라늄-235에 의한 핵분열 에너지의 약 200배에 달한다. '수소폭탄의 아버지'라고 불리는 에드워드 텔러(Edvard Teller)는 이러한 핵융합폭탄의 개발 가능성을 제시하였지만 실현 가능성이 없다는 점을 이유로 맨해튼 프로젝트의 책임연구관이었던 오펜하이머를 비롯한 많은 과학자들의 반대에 부딪혔다.

그러나 에드워드 텔러는 동료 과학자였던 스타니슬라프 울람(Stanislaw Ulam)과 함께 지속적인 연구를 실시하여 핵융합폭탄을 설계하였고, 1952년 11월 1일 '아이비 마이크(Ivy Mike)'라는 코드명으로 핵융합폭탄 폭발실험에 성공하였다. 히로시마에 투하되었던 '리틀보이' 보다 약 700배나 되는 10.4MT의 폭발력을 보인 것이다. 이때 사용되었던 폭발 개념인 '텔러-울람 디자인(Teller-Ulam configuration)'은 핵분열로 얻어진 높은 에너지가 핵융합반응을 일으키고 증폭시키는 방식으로, 핵확산금지조약에서 인정한 핵보유국(미국, 영국, 프랑스, 러시아, 중국)의 모든 핵융합폭탄이 이 원리를 적용하여 제작된 것으로 알려져 있다.

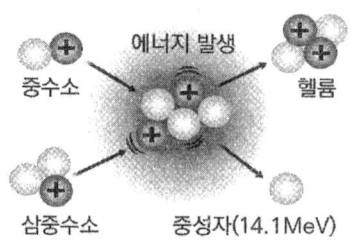

핵융합 반응

① 핵연료성 물질인 우라늄-238이 2단계 장치의 핵융합반응 시 발생하는 중성자에 의해 핵분열반응이 일어나는 이유

핵분열성 물질인 우라늄-235나 플루토늄-239는 중성자에 의해 핵분열 연쇄반응이 발생한다. 반면, 우라늄-238은 핵원료성 물질로 중성자를 흡수하여 베타붕괴를 통해 플루토늄-239로 변환된다. 그러나 우라늄-238도 높은 에너지를 가진 고속중성자와 충돌하면 핵분열 반응이 일어날 수 있다. 중수소와 삼중수소가 핵융합하는 과정에서 평균 14.1MeV의 높은 에너지를 갖는 고속중성자가 발생하는데, 이러한 고속중성자는 비탄성 산란이 되는 특성으로 인해 에너지를 잃게 되면서 우라늄-238을 1~2회 정도만 핵분열 시킬 수 있다. 그러나 핵융합폭탄의 2단계 장치의 핵융합반응에서 방대한 양의 고속중성자가 발생하게 되면 중성자 1개당 1~2회의 핵분열이 발생하더라도 마치 핵분열 연쇄반응을 일으키는 것과 유사한 반응이 일어나게 되는 것이다. (우라늄-235는 핵분열 시 1개의 중성자를 발생시키지만, 단위질량당 발생시키는 중성자 수는 우라늄-235 핵분열 시의 약 20배임. 질량수 2인 중수소와 질량수 3인 삼중수소를 우라늄-235의 질량만큼 핵융합 시킬 경우 47개의 중성자가 발생한다.)

우라늄-235와 플루토늄-239의 핵분열 과정에서는 평균 2MeV의 에너지를 지닌 중성자가 발생했는데, 이 중성자는 우라늄-238의 핵분열을 충분히 일으키지 못한다. 우라늄-238은 6.5MeV의 에너지를 갖는 중성자에 의해 35%, 10MeV의 중성자에 의해서는 45%의 핵분열 효율을 갖는 반면, 1MeV의 에너지를 갖는 중성자는 단지 0.5% 이하의 핵분열을 일으킨다. 그러므로 핵분열폭탄의 연료로 우라늄-235를 90% 이상 농축시킨 고농축우라늄(HEU)를 사용하는 것이다. (고농축 우라늄 high enriched uranium)

② 핵융합폭탄도 방사성낙진을 발생

그렇다. 중수소와 삼중수소가 결합하여 핵융합반응이 일어나려면 1억℃ 이상의 고온과 고압이 필요하다. 이 정도의 고온과 고압의 조건을 형성하기 위해서 기폭장치로 핵분열폭탄이 사용된다. 또한 폭발력을 높이는 다단계의 에너지 전달과정인 '핵분열→핵융합→핵분열' 과정이 반복되는데, 핵융합반응에서는 순수하게 열과 압력만 발생하지만 핵분열반응으로 인해 방사성낙진이 발생하게 되는 것이다. 특히, 마지막 핵분열 효과는 폭탄의 핵출력 뿐만 아니라 방사성낙진의 양을 대폭 증가시킨다. 실제로 1951년 3월, 태평양 마셜제도의 비키니 섬에서 실시되었던 핵융합폭탄 실험 후에 폭발원점으로부터 약 200km 떨어져 있는 롱겔라프 환상 산호섬에 살던 주민들이 방사성낙진으로 인해 긴급 이주를 하여야 했다.

(6) 증폭(Boosted) 핵분열폭탄

증폭 핵분열폭탄은 핵분열 효율을 높이기 위해 핵융합 연료를 첨가한 폭탄으로, 핵융합 물질인 중수소와 삼중수소의 혼합물이 내폭형 핵분열장치의 중심에 위치하는 구조를 가지고 있다. 핵분열에 의해 충분한 열과 압력이 발생하면서 첨가한 핵융합 물질이 반응을 일으키면, 막대한 양의 중성자들이 방출되면서 핵분열을 촉진하고 증대시킨다. 그 결과, 증폭 핵분열폭탄의 핵분열 효율은 일반 핵분열폭탄보다 2배 증가하게 된다. 핵융합을 통해 방출되는 에너지의 양은 총 에너지량의 1% 정도 밖에 되지 않지만, 융합반응 시 발생되는 다량의 중성자로 인해 핵분열 효율을 획기적으로 증대시키는 것이다.

증폭 핵분열폭탄은 핵분열 효율이 높기 때문에 핵무기를 소형화하는데 유리하다. 그러나 삼중수소의 생산비용이 높고, 반감기가 약 12년으로 매우 짧아서 주기적으로 이를 보충해야 하는 결정적인 단점이 있다.

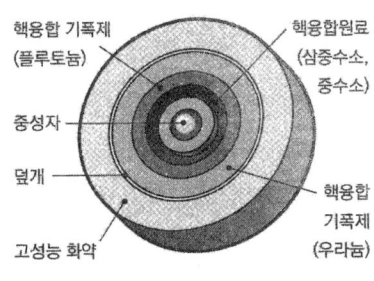

증폭 핵분열폭탄의 구조

(7) 중성자폭탄

중성자폭탄은 다량의 중성자를 발생시켜 방사능 피해를 많이 유발하기 때문에 강화방사능무기(Enhanced Radiation Weapon, ER)라고도 한다. 폭발원리는 핵융합폭탄과 동일하지만 반사재로 중성자를 흡수하는 우라늄-238 대신에 크롬이나 니켈을 사용하고, 그 두께 또한 최대한 얇게 함으로써 폭발과정에서 중성자가 외부로 쉽게 유출되도록 제조되었다. 즉, 핵융합반응에 의해서 생성된 중성자가 핵무기 내부에 흡수되는 것이 아니라 외부로 방출되면서 피해를 유발하는 폭탄이다. 이로 인해 핵융합 반응이 일어남에도 불구하고 폭발력은 많이 낮아진다.

동일한 폭발력을 지닌 핵분열폭탄과 비교하였을 때 중성자폭탄의 방사선량은 약 10배에 달한다. 핵분열폭탄의 경우 폭발 후 최초 1분 동안 방출되는 중성자와 감마선(r-선)이 차지하는 에너지량이 전체 에너지의 약 5%에 불과한 반면, 중성자폭탄은 최대 45%

까지 차지한다. 방출되는 중성자들의 평균 에너지도 14MeV 수준으로 핵분열폭탄의 1~2MeV보다 훨씬 높다.

중성자폭탄과 핵분열폭탄의 에너지 비율

구 분	중성자폭탄	핵분열폭탄
폭 풍	30%	50%
열복사에너지	20%	35%
초기방사선	45%	5%
잔류방사선	5%	10%

1kT(1,000톤)의 중성자폭탄이 폭발했을 경우 다량의 중성자가 방출되면서, 폭발원점으로부터 1.4km 이내에서 외부활동 중인 사람의 약 50%가 수 주 이내에 사망하게 된다. 상대적으로 효과가 작기는 하지만 폭풍이나 열복사에너지에 의한 피해도 발생하여 원점에서 600m 떨어진 사람에게 3도 화상을 일으키고, 5psi(Pound per Square Inch. 압력의 단위로서 1평방 인치에 가해지는 파운드 중량) 이상의 폭풍 및 충격파를 발생시켜 목조건물 등을 붕괴시킬 수 있다. 중성자는 폭탄의 폭발력이 클 경우에는 폭풍이나 열복사에너지에 의한 것보다 그 영향범위가 작다. 그 이유는 중성자가 대기(특히, 수증기)에 의해 흡수되면서 거리가 증가함에 따라 그 효과가 급격히 떨어지기 때문이다. 따라서 중성자폭탄의 위력은 일반적으로 최대 10kT 이내로 제한된다.

(8) Salted bomb

중성자폭탄이 초기방사선 효과를 강화한 핵융합폭탄이라면, 'Salted bomb'은 잔류방사선(낙진) 효과를 강화한 핵융합폭탄이다. 여기서 사용된 'Salted'는 '지구의 종말을 가져온다'는 의미인 'salt the earth'에서 유래되었다. 1950년 헝가리 출신의 미국 물리학자인 질라드(Leo Szilard)에 의해 처음 그 개념이 제시되었는데, 폭탄을 제조하려는 목적이 아니라 핵폭탄에 의해 정말로 지구의 종말이 올 수 있다는 것을 보여주기 위한 것이었다. 아직까지 'Salted bomb'은 이론적인 폭탄으로, 공식적으로 실험이 진행되거나 제조되지는 않은 것으로 알려져 있다.

폭발원리는 핵융합폭탄과 동일하지만 반사재로 우라늄-238 대신 코발트-59(^{59}Co, 중성자와 충돌 시 쉽게 방사선 동위원소로 변하는 물질)를 사용한다. 폭발과정에서 중성자가 코발트-59를 방사성 동위원소인 코발트-60(^{60}Co)으로 변화시키고, 이때 발생된 코발트-60이 광범위한 지역에서 감마선을 방출하면서 오랜 기간 동안(반감기 약 5년) 심각한 방사능 피해를 발생시킨다. 코발트 이외에도 방사성 동위원소가 자연계에 풍부하고 감마선을 강하게 생성하는 금$^{(Au)}$·탄탈럼$^{(Ta)}$·아연$^{(Zn)}$·나트륨$^{(Na)}$ 등의 금속물질이 사용될 수 있다.

4) 핵무기의 위력과 효과

핵무기가 폭발하면 방대한 에너지를 방출하면서 핵무기의 3대 효과인 폭풍·열복사에너지·그리고 방사선을 발생시킨다. 이로 인해 인체와 물체에 직접적인 피해를 유발하고, 전자기 펄스와 지진 등을 유발하여 피해를 증대시키기도 한다.

(1) 폭풍(Blast)

폭풍효과는 크게 충격파$^{(shock\ wave)}$와 강력한 바람$^{(blast\ winds)}$으로 발생하며, 핵무기의 위력 및 주변 환경에 따라 차이가 발생하지만 일반적으로 전체 폭발에너지의 약 50%를 차지한다. 핵폭발에 의한 파괴의 대부분은 폭풍효과로 인해 발생한다.

핵폭발 시 발생하는 고온의 열은 주변의 기체를 팽창시키면서 폭발원점으로부터 바깥쪽으로 강력한 충격파를 발생시킨다. 충격파의 막대한 압력으로 인해 사람의 고막·폐·복강$^{(abdominal\ cavity)}$ 등이 파열되고, 건물과 장비들이 파괴되기도 한다.

충격파에 의한 피해 효과

충격파 크기	피해 효과
3psi (0.2기압)	고막 파열
8psi (0.5기압)	목조 건물 파괴
10psi (0.7기압)	폐, 복강 파열

충격파에 뒤이어 풍속 300m/s 이상의 강력한 바람이 불면서 약화된 건물들을 무너뜨리고 파편들을 비산시킨다. 이 풍속은 대형 태풍의 최대풍속보다 10배나 크며, 충격파의 영향과 합쳐지면서 방대한 범위에 추가 피해를 유발한다. 20kT 규모의 핵폭발이 일어날 경우 대형 태풍의 100배 위력인 초속 3km 수준의 폭풍이 발생한다. (우리나라를 지나는 대형 태풍의 중심 최대풍속은 30m/s 정도임. 2002년 8월 30일부터 9월 1일까지 우리나라를 통과하면서 역대 최고의 재산피해(약 5조원)를 낳았던 루사(RUSA)의 경우 중심 최대풍속이 41m/s이었음. 25m/s의 강풍은 수목을 뿌리째 뽑고, 35m/s의 강풍은 사람을 공중으로 띄움. 50m/s 이상의 강풍이 불 경우에는 달리는 열차가 전복될 수 있음.)

20kT의 핵무기가 폭발할 때 폭발원점으로부터 800m 이내에 있는 사람은 폭풍효과로 폐·복강 등이 파열되고, 2km 이내에 있는 대부분의 건물이 파괴된다. 1MT일 경우에는 6km 반경 내에 있는 대부분의 건물이 파괴되며, 17km 밖의 건물들에도 상당한 피해를 발생시킨다. (MT : megaton 백만톤, 핵무기 폭발력 단위. TNT 백만톤의 폭발력에 상당함.)

핵무기 위력별 폭풍에 의한 피해 효과 범위

구 분	폭풍 피해 효과 범위(km)			
	1 kT	20 kT	1 MT	20 MT
완전 파괴 (완파)	0.6	2.0	6.2	17
상당한 피해 (반파)	1.7	4.7	17	47

  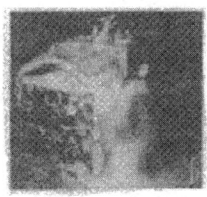 

폭발 0.3초 후 (섬광발생) / 폭발 0.6초 후 (가옥전면 연소) / 폭발 1.2초 후 (지붕연소, 현관붕괴) / 폭발 1.8초 후 (건물붕괴)

20kT 핵무기 폭발시 건물파괴 과정

폭풍효과는 고온의 열에 의해 공기가 팽창하면서 발생하기 때문에 공기의 밀도가 작을수록 그 효과가 감소한다. 즉, 지표보다 공기밀도가 100배 낮은 고도 30km에서 핵폭발이 발생하였을 경우 폭풍효과는 지표에서 폭발할 때보다 훨씬 감소한다. 그러나 일정고도까지는 폭풍이 지면에 반사되는 폭풍과 '보강간섭(constructive interference)'이 발생하면서 그 효과가 증대된다. 보강간섭이 최대가 되는 고도에서 폭발할 경우 가장 큰 피해가 초래되며 이를 '최적 폭발고도(optimum burst altitude)'라고 한다. (동일한 진폭과 진동수를 가진 두 파동이 겹치면서 진폭이 커지는 현상) (Nuclear Explosions: Weapons, Improvised Nuclear Devices)

핵무기 위력별 최적 폭발고도(optimum burst altitude)

구 분	핵무기 위력		
	1 kT	100 kT	10 MT
최적 폭발고도(km)	0.2	1.0	4.7

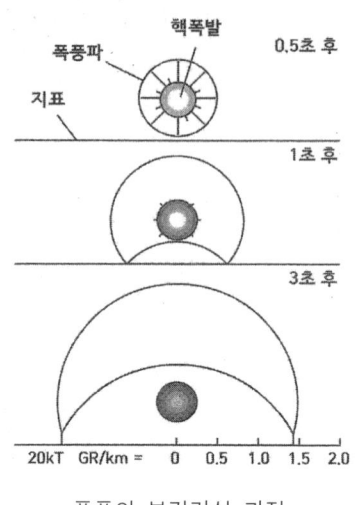

폭풍의 보강간섭 과정

(2) 열복사(Thermal Radiation)

핵폭발이 일어나면 가시광선·적외선 및 자외선 등과 함께 수천만 ℃에 달하는 고온의 에너지가 방출된다. 엷족사에너지라 불리는 이 폭발효과에 노출된 사람들은 사망하거나 심한 화상을 입게 되며, 산림이나 도시지역에는 화재가 발생한다. 또한 강력한 섬광을 보호장비 없이 육안으로 본 경우에는 망막이 영구적으로 손상되어 장기간 실명하게 된다.

열복사에너지에 의한 피해범위는 핵폭발 위력 및 주변 환경조건에 따라 다르지만 습도가 낮은 맑은 날씨일 경우 폭풍에 의한 것보다 더 넓게 형성된다. 이는 '폭풍의 위력이 거리의 세제곱에 반비례하여($I \propto 1/r3$) 줄어들지만, 열복사에너지는 거리의 제곱에 반비례($I \propto 1/r2$)하여 그 위력이 감소하기 때문이다.' 또한 핵폭발이 일어나면 열복사에너지에 이어서 폭풍의 영향을 받으므로 시설물이나 산림지대에 화재가 급속히 확산되며, 가스관 및 주유소 등의 폭발로 인해 그 효과는 더욱 커지게 된다.

핵무기 위력별 열복사에너지에 의한 피해 범위

구 분		피해 효과 범위(km)			
		1 kT	20 kT	1 MT	20 MT
대형 화재		0.5	2.0	10	30
인원 화상	3도 화상	0.6	2.5	12	38
	2도 화상	0.8	4.0	15	44
	1도 화상	1.1	5.0	19	53

20kT의 핵무기가 폭발할 경우 폭발 지점으로부터 2km 이내에 대형화재가 발생하여 많은 사람들이 사망하고, 5km 떨어진 곳의 사람에게도 화상을 입힌다. 또한 30km 거리에 있는 사람도 화구(fireball)를 바라볼 경우 수십 분 동안 실명 증상이 나타난다.

화상 정도에 따른 증상

구 분		주요 증상	
3도 화상		· 표피, 진피의 전층과 피하지방층까지 손상	· 화상부위 조직괴사, 심한 부종 · 신경말단 손상으로 인해 통증 없음
2도 화상	심재성	· 표재성보다 손상 깊이가 더 큰 상태	· 통증을 느끼지 못하고 압력만 느낌
	표재성	· 표피 전부와 진피의 일부가 손상	· 물집 생성, 피하조직의 부종 동반
1도 화상		· 표피층만 손상	· 화상 부위 홍반 생성, 약간의 통증과 부종 발생

(3) 초기 핵방사선(Initial Radiation)

초기 핵방사선은 핵폭발 후 1분 이내에 방출되는 방사선으로 중성자·감마선·알파 및 베타입자 등이 이에 해당한다. 이중에서 알파 및 베타입자는 비산거리가(飛散 날아 흩어짐) 수 cm~수 m에 불과하고 투과력이 낮아 직접적으로 피부에 닿거나 호흡기로 흡입되는 경우에만 피해를 준다. 반면, 중성자와 감마선은 투과력이 높고 폭발 위력에 따라 그 영향범위가 수 km까지 달하여 초기 핵방사선 효과의 대부분을 차지한다. 사람은 방사선에 과다하게 노출되면 생체조직이 파괴되거나 변형되면서 멀미·구토 등의 이상증세가 나타나고 심할 경우 사망에 이르게 된다. 초기 핵방사선은 폭풍이나 열복사에너지와 달리 핵무기의 위력이 증가하여도 그 영향범위가 크게 증가하지 않는다. 그 결과, 50kT 이상 규모의 핵폭발 시에는 초기방사선에 의한 효과는 종종 무시된다.

핵무기 위력별 초기방사선(중성자, 감마선)에 의한 피해 거리

구 분	피해 효과 거리(km)			
	1 kT	20 kT	1 MT	20 MT
사망	0.8	1.4	2.3	4.7
치명적 손상 (급성방사선증후군)	1.2	1.8	2.9	5.4

피폭선량에 따른 주요 급성 방사선 증후군

구 분	주요 증상
뇌혈관 증후군	· 30Gy 이상의 방사선에 피폭될 때 발생 · 피폭 수분~1시간 이내 전구증상 발생, 잠복기 없음 · 몸 떨림, 발작, 운동장애 발생 · 수시간~2일 이내 대뇌부종 또는 사망
위장관 증후군	· 6-30Gy의 방사선에 피폭될 때 가장 많이 발생 · 1시간 이내 전구증상 발생, 4~5일의 잠복기 · 심한 메스꺼움, 구토, 설사, 세포 사망 · 소화관의 괴사로 인한 균혈증과 패혈증 발생 · 10Gy 이상 피폭 시 뇌혈관 증상 발생
조혈기 증후군	· 1~6Gy의 방사선에 피폭될 때 가장 많이 발생 · 피폭 1~6시간 후 약한 전구증상 발생, 4~5주의 잠복기 · 적혈구, 백혈구, 혈소판 감소 · 점상출혈, 점막출혈, 암 발생 증가

(4) 잔류 핵방사선(Residual Radiation)

 잔류 핵방사선은 핵폭발 1분 후부터 영향을 주는 방사선으로, 감응 방사선과 낙진으로 구분된다. 핵폭발 시 방출되는 중성자가 주변의 망간·나트륨·알루미늄 등의 원소에 포획되면 이 원소들은 불안정한 상태가 되어 방사선을 방출하게 되는데, 이를 감응방사선(induced radiation)이라고 한다. 10kT 위력의 핵무기가 폭발할 경우 폭발원점을 중심으로 반경 약 1km 까지 감응 방사선 오염지역이 형성된다.
 낙진(落塵 죽음의 재 fallout)은 일종의 방사선 먼지 알갱이로서, 핵폭발 후 하늘로부터 떨어져 내리기 때문에 이와 같이 이름 붙여졌다. 핵폭발이 일어나면 수천만℃ 이상의 고온이 발생하면서 지표의 흙·물·핵분열 생성물과 기타 물질들을 증발시킨다. 증발된 물질들은 공기와 함께 공중으로 상승하다가 냉각되면서 응축되어 직경이 수nm~수mm 크기의 낙진 입자를 형성한다. (nm : nanometer 10^{-9}미터) 이 입자들은 방사성물질을 포함하고 있으면서 바람을 타고 광범위한 지역으로 확산된 후 낙하되어 지속적으로 방사선을 방출하기 때문에 '죽음의 재'라고도 불린다.
 낙진은 폭풍이나 열복사에너지에 의해 영향을 받는 범위보다 훨씬 광범위한 지역에 걸쳐 방사성 오염지역을 형성한다. 특히, 핵폭발이 지표와 접촉하여 일어났을 경우 직경 100nm~수mm 크기의 낙진에 의해 상당한 피해가 초래된다. 크고 무거운 낙진 입자는 폭발 원점으로부터 가까운 곳에 떨어져 오염지역을 형성하고, 작은 입자는 높은 고도로 상승하였다가 확산되면서 원거리 지역까지 영향을 미친다. 20kT의 핵무기가 지표면에서 폭발할 경우 폭팔원점으로부터 아랫바람 쪽으로 약 15km 이내의 지역에는 심각한 오염지역이 형성된다. 이 지역에 위치한 사람들은 4시간 이내에 125cGy 이상의 방사선에 노출되는데, 이 노출량은 약 5%의 인원이 즉각적으로 구토·멀미 등의 증상을 느끼고 심할 경우 혼수상태 및 기억착란 등의 증상을 유발할 수 있다. 폭발원점으로부터 15km~30km 지역에는 4시간 내에 75cGy 이상, 125cGy 미만의 방사선에 노출되어 약 2.5%의 인원이 위와 같은 증상을 일으킨다. 더욱 무서운 점은 낙진은 장시간 잔류하면서 지속적으로 방사선을 방출하기 때문에 인체에 대한 노출량이 누적될 경우 사망에 이를 수 있다. (gray 그레이 : 전리 방사선량 단위 Gy. C : carbon 탄소?)

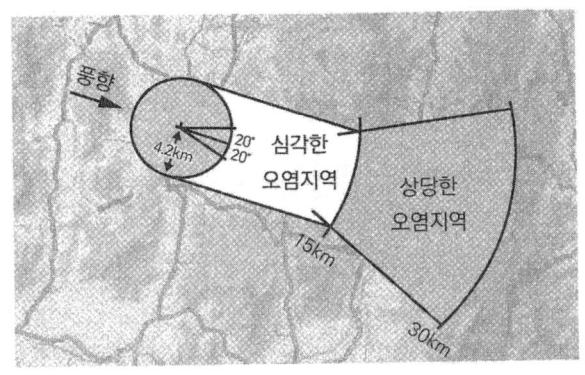

20kT 핵폭발시 낙진에 의해 형성되는 오염지역 범위

핵폭발이 공중에서 일어났을 경우에는 흙과 같은 큰 입자들이 없어 고온에 의해 증발된 물질들이 응축되면서 생성된 10nm~20mm 크기의 작은 입자가 형성된다. 이 입자들은 성층권 영역에서 길게는 수년 동안 확산되면서 지구 전역에 걸쳐 영향을 미치게 된다. 핵폭발 시 발생되는 대표적인 방사성 원소인 스트론튬-90(^{90}Sr)과 세슘-137(^{137}Cs)의 반감기가 약 30년인 것을 감안하면, 낮은 농도의 낙진이라도 호흡이나 음식물을 통해 인체 내에 들어올 경우 심각한 문제가 발생할 수 있다. (세슘-137의 '물리적 반감기'는 약 30년이지만, '생물학적 반감기'는 109일로 급격히 줄어듬. '생물학적 반감기'는 방사성물질이 체내로 유입된 후 신진대사 과정을 통해 방사능 수준이 절반으로 감소되는데 걸리는 시간을 의미함.)

(5) 전자기 펄스(electromagnetic pulse, EMP)

전자기 펄스는 강력한 전기장과 자기장을 지닌 순간적인 전자기적 충격파로서, 안테나와 같은 금속물질을 통해 전자회로에 과다한 전류를 흐르게 하여 전자 장비를 파괴시킨다.

핵폭발 시 발생하는 감마선과 X선은 '콤프턴 산란(Compton scattering)'을 통해 주위 원소들로부터 고에너지의 전자를 방출시키는데, 이 자유전자들이 지구의 자기장과 반응하여 순간적으로 광범위한 영역에 전자기 펄스를 발생시킨다. (감마선과 같은 입사광자가 전자와 상호작용하여 에너지를 잃는 비탄성 산란 과정. 콤프턴 산란 결과 입사광자의 에너지는 감소하고 전자가 원자 밖으로 방출됨.) 1962년, 미국이 태평양 상공 400km의 고도에서 실시한 1.4MT 위력의 핵폭발 실험에서 전자기 펄스로 인해 1,400km 이상 떨어진 하와이 지역의 가로등이 꺼지고 통신시설과 각종 전자장비가 오작동되거나 정지하는 사태가 발생하였다.

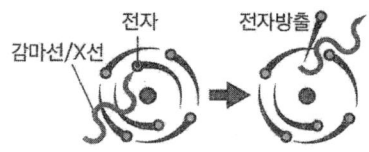

콤프턴 산란

※ 전자기 펄스의 구분 : 핵폭발 시 발생하는 전자기 펄스는 E1, E2, E3의 다중 펄스(multipulse)로 이루어져 있음.

① E1 pulse : 콤프턴 산란에 의해 발생하는 자유전자가 지구 자기장과 반응하여 광범위한 영역에 작용하는 강력한 전자기 펄스. 백만분의 1초 동안 지속됨. 전자회로에 과다한 전류를 흐르게 하여 전자 장비를 파괴시킴.
② E2 pulse : 콤프턴 산란을 일으킨 감마선과 핵폭발 시 방출되는 중성자로부터 생성된 감마선에 의해 발생하는 전자기 펄스. 번개와 유사하지만 강도는 낮음. E1 pulse에 바로 이어서 발생하며 $1/10^6$초~1초 동안 지속됨.
③ E3 pulse : E1, E2 pulse와는 달리 매우 느리고 오랫동안(수십 초~수백 초) 지속됨. 핵폭발에 의해 지구 자기장이 찌그러져서 발생함. 태양폭발(solar flare)에 의한 충격파가 지구 자기장을 강타할 때 발생하는 지자기 폭풍(geomagnetic-storm)과 유사함.

(6) 핵겨울(nuclear winter), '전쟁광들에 대한 사전경고 현상'

핵전쟁 시 나타날 것으로 예상되는 저온현상으로, 1983년 우주 물리학자인 칼세이건(Carl Segan) 교수 등 미국의 과학자들이 화성에서 발생한 기상변화를 토대로 제기한 이론이다. (1971년 화성을 탐사하는 우주선 마리너 9호로부터 전송된 데이터를 분석한 결과 화성에서 발생한 맹렬한 폭풍으로 인해 다량의 모래 먼지가 상공으로 올라간 후 화성의 온도가 급격히 떨어진 사실이 확인됨.)

핵전쟁으로 인하여 대량의 핵폭발이 발생하면 폭발지점 부근의 모든 것들이 증발되면서 거대한 핵구름이 형성된다. 또한 광범위한 지역에 걸쳐 대화재가 발생하면서 검은 연기와 먼지가 성층권까지 상승하게 된다. 이 검은 구름은 지구에 도달하는 태양 에너지를 차단시켜 지구에는 낮이 사라지고 표면의 온도는 영하로 급격히 떨어지는 것이다.

2014년 미국 국립대기연구센터(National Center for Atmospheric Research, NCAR)에서 핵전쟁 모의실험을 진행한 결과 히로시마 원폭 100개가 폭발할 경우 550톤에 달하는 검은 재가 대기를 뒤덮으면서 핵겨울이 발생하였다. 수일 이내에 지구 평균 기온이 1.5℃로 떨어졌고, 오존층이 파괴되면서 지구에 도달하는 자외선량이 최대 80% 증가했다. 뿐만 아니라 이와 같은 핵겨울 현상은 25년 이상 지속되는 것으로 분석되었다.

(7) 핵폭발 형태(고도)에 따라 핵무기의 효과는 달라

폭풍·열복사에너지·방사선 등 핵무기에 의한 효과는 핵폭발이 일어나는 고도에 따라 다르게 나타난다. 핵폭발 형태는 고도에 따라 크게 고공 폭발·공중 폭발·표면 폭발·표면하 폭발로 구분된다.

핵무기 폭발형태별 주요 특징

폭발 형태	주요 특징
고공 폭발	· 고도 30km 이상에서 폭발, 구형(球形의) 화구 형성 · 강력한 전자기 펄스(EMP)를 방출시켜 전자기기 파괴 · 공중 폭발에 비해 폭풍, 열복사에너지 및 초기방사선 효과 감소
공중 폭발	· 고도 30km 이하에서 폭발, 화구의 하단이 지표면과 접촉하지 않음 · 폭풍, 열복사에너지, 초기 핵방사선 효과 극대화 · 폭발원점 부근에 감응방사선 오염지역 형성(낙진 발생 미약)
표면 폭발	· 지표 또는 지표 근처에서 폭발, 화구가 지표면과 접촉 · 잔류 핵방사선 효과 극대화 · 공중 폭발에 비해 폭풍, 열복사에너지 및 초기 핵방사선 효과 감소
표면하 폭발	· 지표면 아래에서 폭발, 화구의 중심이 지표면 아래에서 형성 · 큰 구덩이 형성, 지하구조물 파괴에 용이 · 폭발원점 내부 및 주변지역에 심각한 방사능 오염지역 형성 화구의 일부가 지표면 밖에 형성 시 낙진 발생

(8) 세계 최대의 폭발력을 지닌 핵무기

인류역사상 가장 큰 폭발력을 지닌 핵무기는 1961년 구 소련에서 개발한 '차르봄바 (Tsar Bomba)'이다.[1] 차르봄바는 '폭탄의 황제'라는 의미이며 히로시마에 투하된 원자폭탄보다 3,000~3,800배 이상 강한 50~58MT의 폭발력을 지니고 있다.[2] 길이 8m, 직경 2m이며 27톤 중량의 거대한 폭탄이다. 특이한 점으로 지나친 폭발위력을 제한하고 낙진으로 인한 피해를 방지하기 위해 반사재로 사용하는 우라늄-238 대신 핵분열이 불가능한 납을 사용하였다. 우라늄-238을 사용하였을 경우 100MT 가량의 폭발력을 보였을 것으로 전문가들은 판단한다.

1) 차르봄바는 별칭으로 실제 명칭은 AN602 수소폭탄임. Project 7000, RDS-220, Big Ivan 등 다양한 이름으로 불리워졌음. 미국 CIA에서는 차르봄바 폭발실험을 'JOE 111'이라고 이름 붙임.
2) 미국 원자력위원회는 1961년 당시 폭발위력을 55~60MT으로 평가하였고, 러시아는 1992년에 폭발위력을 50MT으로 발표하였다.

차르봄바와 노바야제믈랴 제도[1]

폭발실험은 1961년 10월 30일 북극해에 있는 구소련의 노바야제믈랴 제도에서 진행되었다. Tu-95V 전략폭격기로 운반한 후 10.5km의 고도에서 투하하고, 지상 4.2km의 높이에서 폭발하도록 설계되었다. 폭탄 투하 후 전폭기의 탈출시간을 보장하기 위하여 폭탄에는 800kg의 낙하산이 부착되었다. 폭발 시 직경 8km의 화구(fireball)가 발생하였고, 이는 폭발지점으로부터 1,000km 떨어진 곳에서도 관측될 정도로 거대하였다. 버섯모양의 핵구름은 에베레스트 산보다 7배 이상 높은 64km 높이까지 형성되었다.[2] 폭발로 인해 생긴 폭풍은 55km 떨어진 마을의 모든 건물을 파괴시켰고, 방대한 양의 열복사에너지는 100km 떨어진 곳의 사람에게 3도 화상을 입혔다. 심지어 900km 떨어진 건물의 유리

창이 깨지는 경우도 발생하였다. 그러나 거대한 크기와 중량으로 인해 탄도미사일에 탑재하는 것이 불가능하고 전략폭격기를 이용할 경우에도 속도와 운반거리에 제한을 주며, 폭발력의 많은 부분이 우주공간으로 빠져나가는 등 그 효율성이 다소 떨어지는 것으로 판단되었다.

1) A review of Nuclear Testing by the Soviet Union at Novaya Zemlya, 1955-1990.
2) 핵구름은 중간권 영역까지 닿았으며, 햇름의 운폭은 95km, 핵구름 기둥의 직경은 40km 임.

5) 핵무기 투발(投擲發射) 수단

핵무기를 보유하고 있어도 이를 목표지점까지 운반할 수단이 없다면 전략무기로서의 기능을 하기 어렵다. 현재까지 폭격기·미사일·포탄 등 다양한 투발수단이 개발되어 사용되고 있는데, 이중 전략폭격기(strategic bomber)·대륙간 탄도미사일(intercontinential ballistic missile, ICBM)·잠수함 발사 탄도미사일(submarine-launched bellistic missiles, SLBM)을 '핵전력 3요소(nuclear triad)'라고 한다.

(1) 전략폭격기(strategic bomber)

1945년 세계 최초로 인류에게 사용되었던 히로시마와 나가사키의 핵폭탄은 B-29 전략폭격기에서 투하된 것이었다. 전략폭격기는 대륙 사이를 왕복할 수 있을 정도로 장거리 항속이 가능하고, 대량의 핵폭탄을 탑재할 수 있는 장점이 있다. 전략폭격기에는 자유낙하 핵폭탄(gravity bomb), 핵탄두가 탑재된 공중발사 순항유도탄(air launched cruise missile, ALCM) 등이 사용(운반)된다.

○ 공중발사 순항유도탄(ALCM)
공중에서 발사되는 순항유도탄으로, 무인 비행기처럼 날개와 제트엔진을 사용해서 비행하는 유도탄임. 아음속(亞音速)이지만 저고도로 비행하기 때문에 레이더로 포착하기 어려움. 장거리 표적에 대한 정밀도를 높이기 위해 관성 항법장치, 지형 대조방식(TERCOM), GPS 항법, 영상 대조방식(DSMAC) 등의 유도장치가 사용됨.

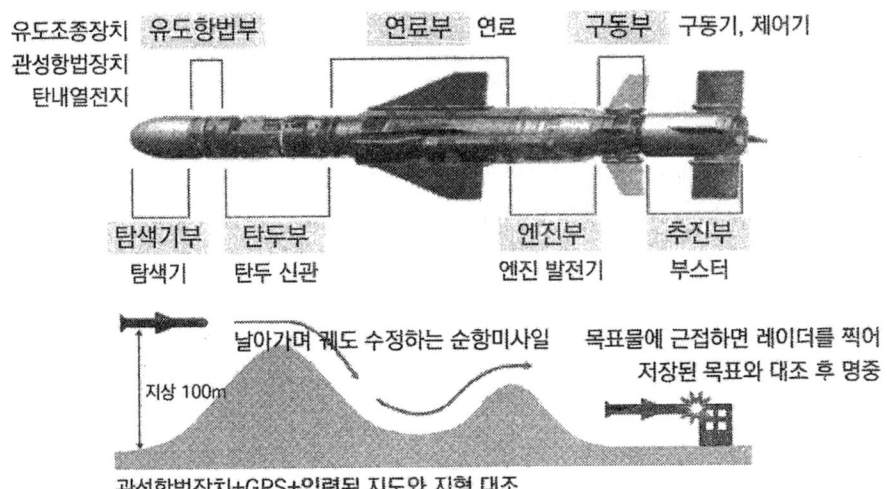

순항미사일 구조

① 관성 항법장치

비행 중 자신의 위치와 방향을 계산하여 기(旣)저장된 경로 및 위치와 비교하면서 오차를 수정하는 방식, 이를 보완하기 위해 지형 대조방식, GPS 항법, 영상 대조방식 등이 사용됨.

② 지형 대조방식(terrain contour matching, TERCOM)

표적까지의 지형에 대한 고도 차이를 데이터베이스화하여 수km 간격의 격자로 구획해서 유도탄에 저장. 비행 중 유도탄에 장착된 레이더 고도계가 측정한 지형의 고도와 저장되어 있는 지형(고도) 데이터를 대조하면서 궤도를 수정하는 방식.

③ GPS 항법

유도탄에 탑재된 GPS 수신기가 위성으로부터 위치정보를 받아 자신의 수평위치(위도, 경도) 및 고도를 계산하여 기(旣)입력된 위치정보와 비교하여 수정하는 방식.

④ 영상 대조방식(digital scene matching area correlation, DSMAC)

유도탄에 저장되어 있는 표적의 영상과 유도탄이 촬영한 영상을 비교하여 표적에 대한 명중률을 높이는 방식. 빛의 밝기 정도에 따라 데이터를 1과 0으로 구분하여 표적을 분석함.

(2) 탄도미사일(ballistic missile, BM)

탄도미사일은 로켓을 동력으로 하여 포물선 형태의 탄도궤적(미사일과 같은 물체가 외적인 힘(중력·공기저항)에 의해 영향을 받으면서 이동하는 곡선 궤도)을 이루면서 표적까지 날아가는 미사일로서, 사거리에 따라 단거리 탄도미사일(short-range GM, SRBM)로부터 준중거리·중거리 및 대륙간 탄도미사일(intercontinental ballistic missile, ICBM)로 구분된다. 이밖에 잠수함에서 발사가 가능하도록 개량한 탄도미사일을 잠수함 발사 탄도미사일(submarine-launched ballistic missile, SLBM), 하나의 탄도미사일에 여러 개의 핵탄두를 탑재하여 다수의 표적을 파괴하는 다탄두미사일(multiple independently targetable re-entry vehicle) 등이 개발되어 있다.

사거리에 따른 탄도미사일 분류 (대량살상무기 문답백과, 국방부)

미사일 종류	사거리	분류 근거
단거리 탄도미사일 (short-range BM, SRBM)	800km 이하	· 英 국제안보연구소(CDISS) · 전략무기감축협정(START)
	1,000km 이하	· 美 과학자 협회(FAS) · 카네기 연구소(CEIP)
준중거리 탄도미사일 (medium-range BM, MRBM)	800~2,400km	· 英 국제안보연구소(CDISS)
	800~2,400km	· 전략무기감축협정(START)
	1,000~2,500km	· 美 과학자 협회(FAS)
	1,000~3,000km	· 카네기 연구소(CEIP)
중거리 탄도미사일 (intermediate-range BM, IRBM)	2,400~5,500km	· 英 국제안보연구소(CDISS)
	2,500~5,500km	· 전략무기감축협정(START)
	2,500~3,500km	· 美 과학자 협회(FAS)
	3,000~5,500km	· 카네기 연구소(CEIP)
대륙간 탄도미사일 (intercontinental ballistic missile, ICBM)	5,500km 이상	· 英 국제안보연구소(CDISS) · 전략무기감축협정(START) · 카네기 연구소(CEIP)
※ 전술 단거리 탄도미사일 (battlefield short-range BM, BSRBM)	150km 이하	· 英 국제안보연구소(CDISS)
※ 전구 탄도미사일 (theater ballistic missile, TBM)	3,500km 이하	· '97년, 미-러 ABM 조약 상설협의회에서 결정

탄도미사일은 크게 3단계의 비행단계를 거쳐 표적까지 날아간다.

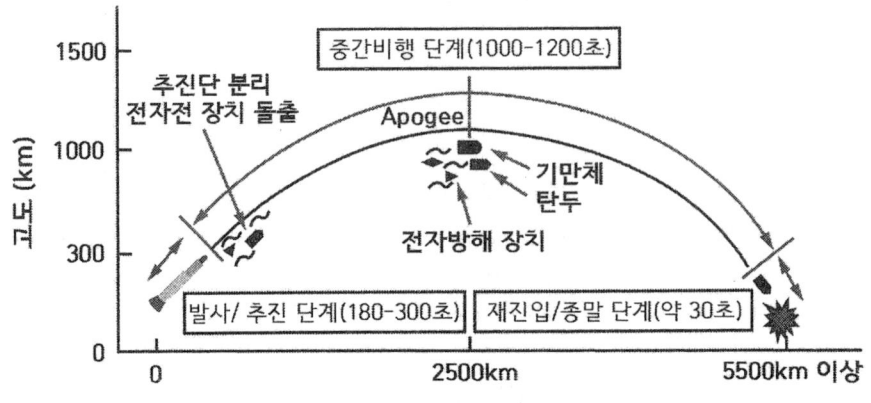

대륙간 탄도미사일의 비행 과정

① 발사 및 추진단계(Boost phase)

탄도미사일이 발사된 후부터 추진제에 의한 가속이 이루어지는 단계임. 일반적으로 150~400km 고도에서 추진제의 연소가 종료되며, 3~5분이 소요됨. 추진제 연소에 의한 자외선 방출 등 흔적이 커서 단계의 마지막 부분에서 적을 기만하기 위한 전자방해장치 등이 분출됨.

② 중간 비행단계(Midcourse phase)

추진제의 연소가 끝나고 대기권에 재진입할 때까지의 단계. 미사일이 포물선의 탄도궤적을 이루며 자유비행하며, 사거리가 300km 이상인 탄도미사일의 경우 공기밀도가 매우 작은 외기권을 비행함. 분리된 추진체와 전자방해장치 등이 함께 비행하고, 대륙간 탄도미사일의 경우 약 20분이 소요됨.

③ 종말단계(Terminal phase)

미사일이 대기권으로 재진입하는 단계. 대륙간 탄도미사일의 경우 2분 정도 소요되며, 최대 7km/s의 속도를 가짐. 대기와의 마찰에 의해 300~4,400℃의 높은 열이 발생하여 탄두를 제외한 다른 물질들은 모두 연소됨.

(3) 탄도미사일(ballistic missile)과 순항미사일(cruise missile)의 차이

탄도미사일은 추진제에 의해 가속된 후 높은 포물선 궤도를 따라 목표까지 자유비행하며, 순항미사일은 양력을 발생시키는 날개를 가지고 있고 공기항력에 의한 감속효과를 극복하기 위하여 자체 추진력으로 대부분의 경로를 비행한다.

탄도미사일과 순항유도탄 비교

구 분	탄도미사일	순항유도탄
침투 방식	· 포물선형 탄도, 고속침투 · 외기권 비행(고도 300km 이상)	· 저고도 비행 · 고아음속 또는 저초음속 침투
사거리	· 단·중·장거리 ※ 대륙간 탄도미사일 : 5,500km 이상	· 단·중거리(3,000km 이내)
비행 시간	· 수 분~수십 분	· 수십 분 이상
추진 기관	· 로켓엔진 - 고체 및 액체 추진기관 - 연료 및 산화제 내장	· 공기 흡입식 엔진 - 연료만 탑재 - 대기를 산화제로 사용
정확도	· 순항미사일보다 정확도 낮음	· 유도장치에 의한 정밀타격 가능
용 도	· 전략적, 정치적 위협	· 핵심표적 선별 타격

(4) 대륙간 탄도미사일(ICBM)과 우주발사체(로켓)의 차이

우주발사체는 탑재물을 지구로부터 우주 공간으로 옮기는 로켓으로 대륙간 탄도미사일과 형태·구성요소 및 적용기술 등이 상당히 유사하다. 세계 최초의 우주발사체인 스푸트니크호의 경우 대륙간 탄도미사일에 핵탄두 대신 인공위성을 탑재한 모습을 지니고 있었다. 이에 따라 미사일 확산 방지를 위한 각종 국제회의에서는 두 발사체를 구분하여 규제 조항을 선정하는데 어려움을 겪고 있다.

두 발사체를 엄밀히 구분하는 것은 어렵지만, 서로 다른 목표를 추구함에 따라 나타나는 차이점이 몇 가지 존재한다. 대륙간 탄도미사일은 적의 공격을 받기 전에 빨리 쏘아 올려 목표지점에 도달시키는 능력이 매우 중요하다.

따라서 밀도가 높고 연소속도가 빨라 단시간 내에 많은 양의 추력[1]을 얻을 수 있는 고체추진제(solid propellent)를 주로 사용한다. 또한 고체추진제 및 추진기관은 구조가 단순하고 안정된 상태로 장기간 저장이 용이한 장점을 지니고 있다. 액체추진제(liquid propellent)는 보관이 어려워 발사 직전에 연료를 주입해야 하고, 그 주입과정이 길고 복잡하여 유사시 신속히 발사해야 하는 탄도미사일에 적용하기에는 제한사항이 많다.[2] 우주발사체는 일반적으로 위성 궤도에 올릴 수 있는 유효중량(payload)을 최대로 늘리기 위해 추력과 비추력[3]을 극대화 시키는데 중점을 둔다. 지구의 중력장을 이탈하고, 궤도를 수정하여 진입하기 위해서는 높은 추력과 비추력이 필요하다. 이를 위해 연소시간이 길고 추력조절 및 재연소가 가능한 액체추진제를 주로 사용한다. 고체추진제는 높은 추력을 얻는 데에는 유리하지만 액체추진제에 비해 상대적으로 비추력이 낮고 한번 점화되면 연소중지 및 재점화가 불가능한 단점을 지니고 있다. 발사 이후의 궤적 또한 다르다. 두 발사체 모두 수직으로 발사되는 것은 동일하지만, 대륙간 탄도미사일의 경우 목표지점까지 긴 사거리를 내기 위하여 곧바로 30도의 각도로 누워서 날아간다.

대륙간 탄도미사일과 우주발사체 비교[4]

구 분	탄도미사일	우주발사체
최종목표	· 탄두의 목표지점 도달	· 위성체 궤도진입
구성요소	· 기체, 추진기관, 유도조종장치 · 핵탄두 탑재	· 기체, 추진기관 유도조종장치 · 위성체 탑재
추진기관	· 고체추진제를 주로 사용	· 액체추진제를 주로 사용
최저속도	· 8,000km/hr	· 29,000km/hr
발사각도	· 수직발사 후 30도 각도로 비행	· 수직발사

※ 우주발사체를 탄도미사일로 전환할 경우 추가되는 기술
   · 탄두 설계 및 장착 기술
   · 탄두의 목표지점 투하를 위한 항법/유도장치 기술
   · 탄두 재진입 시 마찰열 감소를 위한 삭마제[5] 설계 기술

1) 발사체를 진행방향으로 밀고 나아가는 힘. 발사체가 얼마나 많은 탑재체(유효중량)를 목표까지 운반할 수 있는지 나타냄.
2) 구소련은 액체추진제를 주로 사용하였음. 평상시 액체 추진제를 미사일에 넣은 채로 보관.
3) 1kg의 추진제가 1초 동안 소비될 때 발생하는 추력. 비추력이 클수록 발사체의 효율이 높음.
4) 대량살상무기(WMDd) 문답백과, 국방부.
5) 표층을 제거하는 물질. 우주선이 대기권 안으로 들어올 때 발생하는 열에너지를 소산시킴.

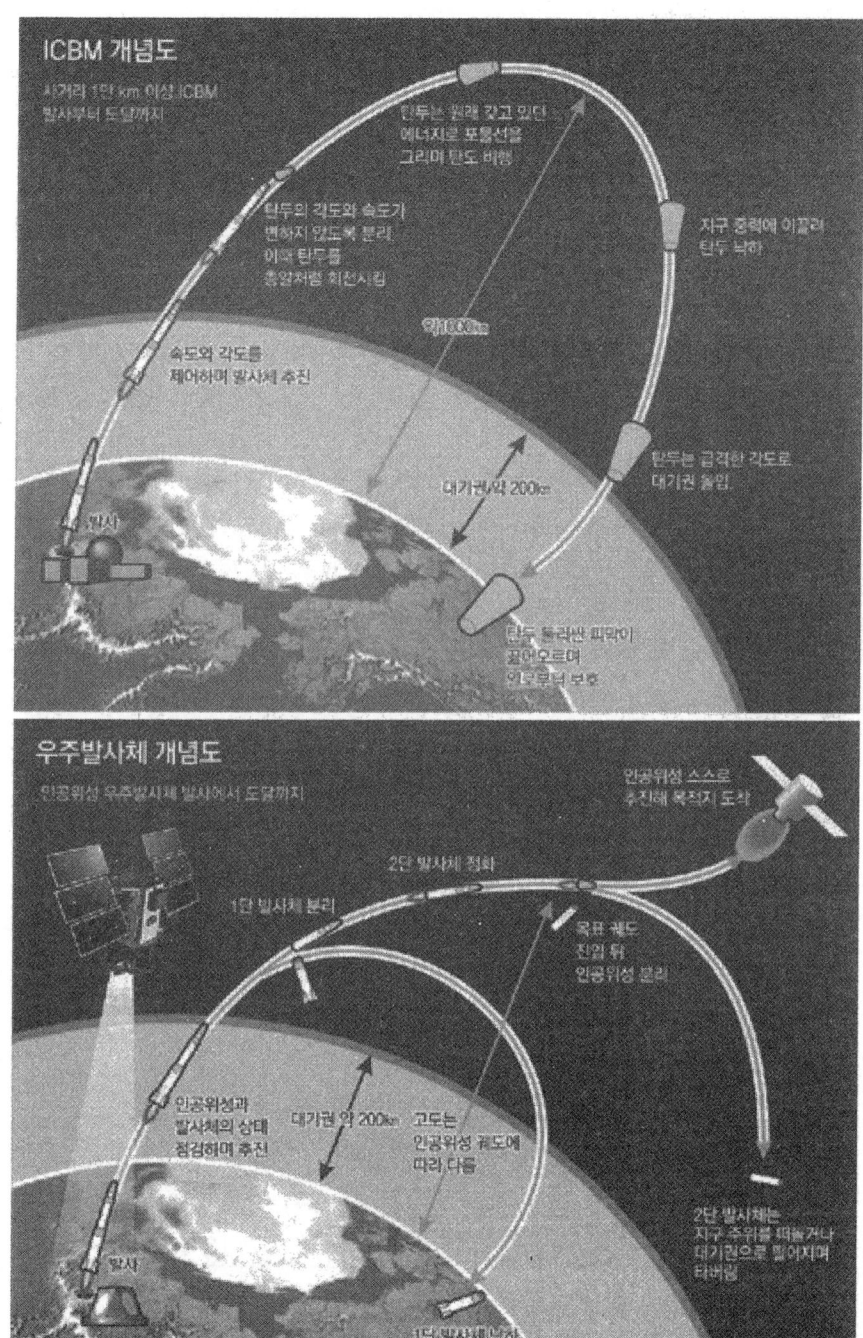

대륙간 탄도미사일과 우주발사체 비교

(5) 다탄두 미사일(multiple independently targetable re-entry vehicle, MIRV)

다탄두 미사일(이하 MIRV로 표기)은 1기의 미사일에 복수(複數)의 탄두를 탑재하여 각각의 탄두가 서로 다른 목표를 공격할 수 있도록 고안된 장치로서, 미국이 구소련의 다탄두 미사일 시스템을 무능화시킬 목적으로 개발하였다. 이후, 핵 선진국들은 핵무기의 질적 향상을 추구하면서 많은 수의 핵미사일을 MIRV화 하였다.

MIRV는 소형의 핵탄두가 여러 지역에서 폭발을 일으킴에 따라 하나의 핵탄두를 탑재하고 있는 대륙간 탄도미사일과 비교할 경우 유효중량(payload) 대비 더 큰 피해를 발생시킬 수 있다. 이는 결국 목표 달성을 위해 필요한 미사일 및 제반시설의 수를 줄일 수 있는 효과도 얻을 수 있다. 또한 MIRV는 상대의 탄도미사일 요격시스템의 효율성을 확연히 떨어뜨리는 이점이 있다. 대기권 밖에서 빠른 속도로 진입하는 탄도미사일을 요격하기 위해서는 아주 정밀한 요격시스템이 필요하다. 결국 고가의 비용을 수반하여 동시다발적으로 떨어지는 여러 개의 핵탄두에 대응하는 것은 비용 대비 그 효과가 매우 낮으며, 특히 핵탄두를 탐지하기 어렵도록 기만장치를 함께 사용할 경우에는 완벽한 요격이 거의 불가능하게 된다.

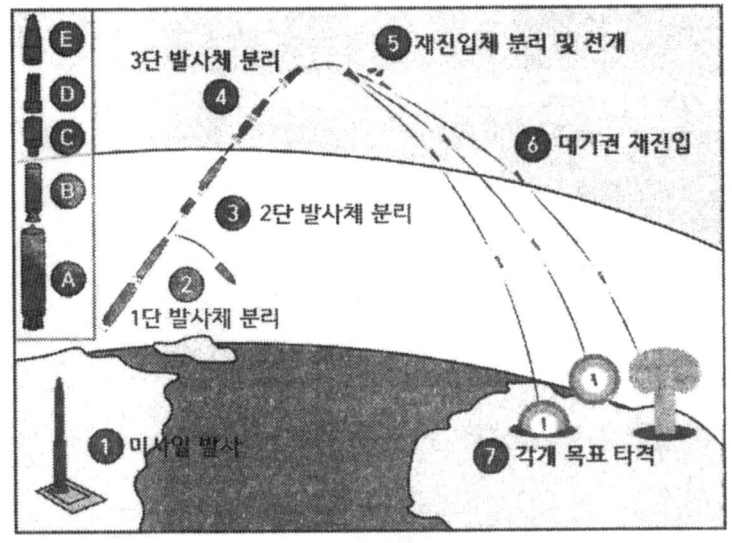

MIRV 비행과정

○ 재진입체(RE-ENTRY VEHICLE)의 내열성과 경량화

중간 비행단계$^{(midcourse\ phase)}$를 마친 미사일이 대기권으로 재진입할 수 있도록 제작된 장치로서, 대기권에 돌입 시 공기와의 표면 마찰에 의해 발생하는 수백~수천℃의 고열에 견딜 수 있도록 특수물질로 만들어져 있다. 기체$^{(機體)}$는 일반적으로 내열성$^{(耐熱性)}$과 경량화를 증가시키기 위하여 벌집구조의 알루미늄 합금으로 제조되고, 열분해성 탄소에폭시 합성수지 등으로 표면이 코팅되어 있다.

(6) 잠수함발사 탄도미사일(Submarine-Lauunched Ballistic Missile, SLBM)

잠수함발사 탄도미사일은 잠수함에서 발사될 수 있는 탄도미사일을 말한다. 지상에서 발사되는 다른 탄도미사일과는 다르게 수중 20~50m에서 발사되므로 케이스에 담긴 채로 잠수함의 수직발사대에서 수면위로 사출된다. 부력에 의해 떠오른 미사일은 수면 부근에서 미사일을 보호하던 케이스가 분해된다. 이후 수면으로부터 약 10m 까지 상승하게 되면 엔진이 점화되어 목표를 향해 날아간다. 지상에 노출되어 있는 지상발사형 탄도미사일들과 달리 잠수함에 탑재되어 있으므로 은밀성과 적의 공격으로부터 생존성이 높다.

SLBM이 지니는 가장 큰 전략적 의미는 2차 타격$^{(Second\ Strike)}$ 능력이라 할 수 있다. 지상의 사일로에 있는 핵전력은 적의 미사일이나 공습으로 파괴될 가능성이 높지만, 심해에서 잠항하는 SLBM은 적의 위협으로부터 생존할 확률이 매우 높다. (핵공격에 대한 보복 개념은 적의 핵 투발 징후 포착시 보복하는 1차 타격, 적의 핵무기 공격으로부터 살아남은 뒤 보복하는 2차 타격으로 구분한다.)

이러한 이유로 북한은 SLBM의 개발에 박차를 가하고 있다. 2014년 8월에 공개된 북한 신포항의 위성사진에서 고래급$^{(신포급)}$ 잠수함의 탄도미사일 발사 시험 장면이 포착되었다.

2015년 5월에는 김정은이 참관한 가운데, 따라서 적의 핵공격으로 지상의 핵전력이 모두 무력화 되었을 때에도 생존하여 적에게 핵보복공격을 가할 수 있는 것이다. 따라서 잠수함발사 탄도미사일은 적국의 핵공격을 억지하기 위한 최후의 수단으로서 상호확증파괴를 가능하게 하는 매우 큰 전략적 가치를 갖는다.

북극성 1호로 명명된 SLBM의 수중사출과 로켓 점화장면이 공개되었고, 2016년 4월에는 발사 시험을 통해 로켓이 점화되어 30km 정도까지 비행하는데 성공하였다. 일단 잠수함에서 발사가 성공하면 사거리를 늘리는 것은 비교적 쉬운 단계이므로 북한의 SLBM 실전 배치도 얼마 남지 않은 것으로 보인다.

SLBM(북극성 1호) 발사 과정

현재 북한이 운용중인 잠수함은 수중 배수량이 2,200톤인 디젤엔진 잠수함으로 수중 발사관 1문과 SLBM 1발을 적재할 수 있는 것으로 추정하고 있다.

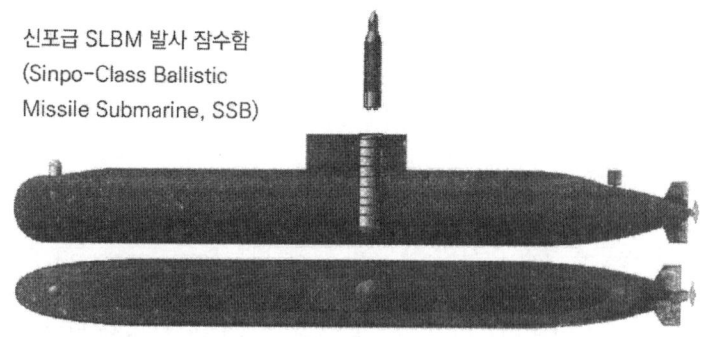

북한 신포급 잠수함 단면도

    신포급 등의 디젤기관 잠수함은 내연기관의 연소에 필요한 산소 공급을 주기적으로 해야하므로 부상(浮上)해야 하고 이에 따라 생존성이 취약하며, 추진력이 약해 배수량에 제한이 발생한다. 미국의 북한 전문매체인「38 노스」는 "북한이 기존 잠수함보다 더 큰 3천톤 급 핵추진 잠수함을 만들고 있을 것"이라고 예측하였다. 북한이 3천 톤급 핵추진 잠수함을 보유할 경우 잠수함발사 탄도미사일과 함께 적대세력에게는 만만치 않은 위협이 될 수 있다.

    핵추진잠수함(Ship Submersible Nuclear, SSN)은 1955년 미국에서 노틸러스호(Nautillus)가 첫 잠항을 시작한 이후로 미국·영국·러시아 등에서 국가급 전략무기로 사용되고 있다. 핵추진 잠수함의 특징은 다음과 같다.

○ **핵추진잠수함**
  ▶ 핵분열 원자로에서 발생되는 막대한 에너지를 이용한다.
  ▶ 함선의 대형화가 가능하여 함선의 주거성과 무장이 뛰어나다.
  ▶ 내연기관 연소를 위한 산소공급이 불필요하여 스노클이 필요 없다.
  ▶ 핵연료 및 식량 재보급시를 제외하면 무제한 잠항이 가능하다.

○ **스노클 snorkel : 두 개의 튜브에 의한 잠수함의 환기장치**
    (디젤잠수함의 경우 디젤기관을 돌려 전기모터를 충전하기 위해 주기적으로 부상하여 산소를 공급한다. 스노클을 위해 물위로 떠오른 이때가 잠수함의 생존성에 가장 취약한 시기이다.)

○ **핵추진잠수함의 연료는 20% 이상 농축된 고농축우라늄(HEU)을 사용한다.**
    핵추진잠수함이나 핵추진항공모함에 사용되는 원자로는 우리가 흔히 알고 있는 원자력발전소의 원자로와 다르게 물리적인 크기의 제약을 받는다. 함선내 승조원들의 생활공간·보급품·무장 적재를 위해 원자로의 크기를 작게 유지해야 한다. 따라서 원자력발전소의 원자로가 보통 1,600MWt의 전기를 생산할 때 함선에 사용되는 원자로는 수백 MWt(megawatt t)의 전기밖에 생산하지 못한다.
    따라서 2~5%의 저농축우라늄을 사용하는 원자력발전소의 원자로와 달리 고농축우리늄을

(약 20% 이상)을 핵추진잠수함에 사용하면 원자로의 출력밀도를 높여 원자로의 크기가 작더라도 잠수함의 운행에 필요한 충분한 출력을 얻을 수 있다. 또한 핵연료의 사용기간을 늘려 연료 재주입을 위한 정비기간이 단축되어 잠수함의 가동률을 높일 수 있다.

(7) 기타 투발수단

앞에서 설명된 전략폭격기·미사일·잠수함 등에 비해 그 효율성이 떨어져 오늘날 많이 사라지긴 했지만 다양한 투발수단들이 존재한다.

포탄을 쏘듯이 포를 이용해 핵포탄을 발사할 수 있고, 핵지뢰의 형태로 운용할 수도 있다. 냉전시대 (1965~86년) 미국은 1~15kT 규모의 핵지뢰를 생산하였고, 영국은 1950년대 후반 구소련의 침입을 억제하려는 목적으로 독일 북부지역에 10kT 규모의 핵지뢰를 매설하는 계획(Blue Peacock)을 추진하기도 했었다. (낙진으로 인한 오염피해확산, 정치적인 이유로 인해 취소되었음.) 이 외에도 대규모의 전차부대에 대응하기 위하여 무반동총 형태의 핵무기가 운용되기도 하였고, 사람이 직접 핵무기를 들고 목표지역으로 이동할 수 있도록 경량화한 핵배낭도 있다.

M65 원자포와 Davy Crockett

○ 다탄두 재진입체(multiple reentry vehicle, MRV)와 기동탄두 재진입체 (maneuverable reentry vehicle, MARV)의 정체

MRV & MIRV & MARV 비교

구 분	MRV	MIRV	MARV
공통점	· 하나의 미사일에 다수의 탄두 탑재 · 대기권으로 재진입 시 탄두 분산		
차이점	· 목표지역에서 다수의 탄두가 일정한 형식으로 분산 되어 공격	· 각각의 탄두가 서로 다른 목표를 공격	· 탄두 조종 및 목표에 대한 추적능력 보유 · 명중률 향상

○ **북한 노동당 창건 70주년(2015. 10. 10) 열병식에 등장한 핵배낭**

　핵배낭은 핵탄두를 배낭이나 가방에 담아 사람이 들고 다닐 수 있게 만든「전술 핵무기」로서 댐·발전소 등의 주요시설 폭파를 목적으로 개발되었다. 대표적인 핵배낭으로는 1960년대 미국에서 개발한 Mk-54 SADM[1]으로 W54[2] 핵탄두를 배낭 내에 넣고 제작한 것이다.

1) SADM : Special Atomic Demolition Munition.
2) 미국에서 개발된 가장 작은 핵탄두 중의 하나로서 내폭형 핵분열폭탄임. Davy Crockett에도 사용됨.

　이 핵배낭은 직경 27cm, 높이 40m, 무게 23kg의 실린더 형태로 0.01~1kT의 위력을 지니고 있다. 북한 노동당 창건 70주년 열병식에 등장한 핵배낭은 직육면체 형태로 Mk-54 SADM과 모양은 다르지만 크기(폭 20cm, 높이 40cm)는 비슷하다. 북한이 실제로 핵배낭을 개발했을 가능성은 매우 낮지만, 북한이 핵무기의 소형화 기술력을 보유하고 있다는 점을 보여주기 위한 행동이라고 볼 수 있다.

Mk-54 SADM 22 북한 핵배낭 비교

3. 세계의 핵무기 현황

　1945년 핵무기가 처음으로 사용된 후 냉전체제에 접어들면서 미국과 소련을 주축으로 한 핵무기 개발 경쟁이 가속화되었다. 냉전이 종식된 이후, 많은 수의 핵무기를 보유하고 유지하는 것에 대한 위험성과 경제적 부담 등으로 인해 그 수를 점차 줄여나가고는 있지만 아직도 '세계를 몇 번이나 멸망시킬 수 있는 많은 수의 핵무기가 운용되고' 있으며, 북한과 같은 일부 국가 및 단체에서는 국제적인 감시와 제재에도 불구하고 핵무기를 보유하기 위해 심혈을 쏟고 있다. 스톡홀름 국제평화연구소(Stockkhom international peace research institute)에서「2015년 1월에 발표한 자료」에 따르면, 핵무기 확산금지조약에서 공식적으로 핵무기 보유를 인정한 미국·러시아·영국·프랑스·중국뿐만 아니라 인도·파키스탄·이스라엘·북한 등 총 9개국에서 핵무기를 보유하고 있다. 그 수는 15,850발에 달하며 4,300발이 실전배치되어 있는 것으로 분석하고 있다. 본 장에서는 가장 많은 핵무기를 보유하고 있는 미국과 러시아의 핵전력 위주로 살펴보았다. (『핵공학의 이해』 한종운·김대현·정종석·이준영·허남국 공저, 양서각)

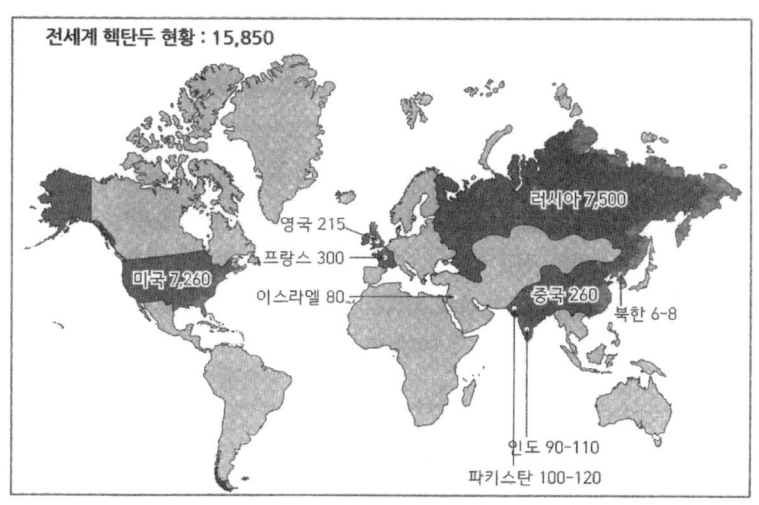

세계 핵무기 보유 현황(2015년 현재)

1) 선두주자 미국의 핵개발과 전개 현황

미국은 세계 최초로 핵무기를 개발하여 유일하게 실전에 사용한 나라다. 1945년 히로시마와 나가사키에 핵무기를 사용한 이후 1992년까지 미국은 구소련을 비롯한 전 세계 핵보유국들의 핵탄두 생산량을 모두 합친 것보다 많은 '70,000발 이상의 핵탄두를 생산'하였고, '1,000회가 넘는 핵실험을 실시'하였다. 이 기간 동안 핵무기 개발에 들어간 비용은 현재 물가수준으로 9,000조원(8.75조 달러) 이상이며, 절반 이상이 핵무기 투발수단을 개발하는데 사용되었다. 미국은 현재 약 7,300발의 핵탄두를 보유하고 있고, 이중 2,500발 가량을 폐기할 것으로 알려져 있다.

미국의 핵탄두 보유 현황

구 분	계	실전배치	비축	폐기 예정
탄두 수량	7,260발	2,080발	2,680발	2,500발

(Stockholm international peace research institute, 2015)

(1) 전략폭격기

'b-52H Stratofortresses'와 'B-2 Spirit' 두 종류의(원거리) 전략폭격기가 핵무기를 탑재할 수 있으며, 미국과 소련 양국간에 체결한 전략무기감축조약(strategic arms reduction treaty, START)에 따라 그 수를 2018년까지 60대로 줄일 예정이었다. 'B-52 Stratofortesses'를 대체할 목적으로 개발되었던 전략폭격기 'B-1 Lancer'는 핵무기를 탑재하지 않고 일반 재래식폭탄만을 탑재하는 것으로 그 목적이 전환되었다. 이밖에 소형 전술핵무기의 경우는 F-15, F-16기와 같은 전폭기에 탑재되어 사용될 수도 있다.

○ B-52H Stratofortress

장거리 아음속 전략폭격기로서 핵탄두를 탑재할 수 있도록 설계되어 있음. 1955년 미공군에 도입되어 폭격기로서의 역할을 하고 있으며, 개량을 거듭하여 현재는 B-52H 모델이 운용되고 있음. 높은 성능과 상대적으로 운영비가 저렴한 장점을 지니고 있음.

B-52H Stratofortresses

승무원	길이	기폭	높이
5명	48.5m	56.4m	12.4m
최대 이륙중량	최고속도	항속거리	상승 한계고도
220,000kg	1,047km/hr	16,232km	15,240m

○ B-2 Spirit

1997년부터 미공군에서 운용 중인 다목적 스텔스 폭격기로서 긴 항속거리와 많은 이륙중량을 지니고 있으며, 적의 방공망을 침투할 수 있도록 설계되어 있음. 곡면 위주의 설계, 수직 꼬리날개 제거 등을 통해 레이더 반사면적(radar cross section, RCS)을 최소화하였고, 전파, 적외선, 음향 등을 이용한 탐지에 대응할 수 있는 시스템을 갖추고 있음. 18톤까지 무장이 가능하여 227kg의 Mk-82 폭탄을 80발이나 무장할 수 있고, 1.2MT의 위력을 지닌 B-83 핵폭탄도 16발까지 장착 가능함.

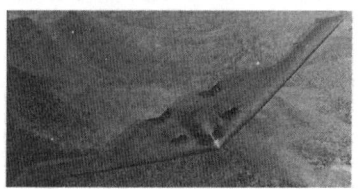

B-2 spirit

승무원	길이	기폭	높이
2명	21.0m	52.4m	5.18m
최대 이륙중량	최고속도	항속거리	상승 한계고도
170,600kg	1,010km/hr	11,100km	15,240m

(2) 대륙간 탄도미사일

약 450기 정도의 대륙간 탄도미사일을 보유하고 있으며 전략폭격기와 마찬가지로 미-소 전략무기감축조약(START)에 따라 그 수를 계속 줄이고 있다. 현재 미국이 보유하고 있는 대륙간 탄도미사일은 'LGM-30 Minuteman'이 유일하며, 2018년까지 그 수를 400기로 줄일 예정이었다.

○ LGM-30 Minuteman

최초의 다탄두 미사일(MIRV)로서, 최대 3발의 MIRV 탑재가 가능하고 각각의 탄두는 300-475kT 규모의 폭발력을 지니고 있음. 고체 연료를 사용하며, 발사 준비 후 수분이내에 발사가 가능함. 사일로(silo)에서 발사되며, 무게 약 3.5톤, 길이 18.2m, 항속거리는 13,000km임.

길이	직경	무게
18.2m	1.7m	35.3톤
사거리	탄두	정확도
13,000km	W78 (350kT × 3발) 또는 W87 (300~475kT × 3발)	CEP 200m

LGM-30 Minuteman

※ CEP : 원형공산오차(Circular Error Probability). 미사일 탄두의 50% 이상이 낙하되는 지점의 크기를 통해 정밀도를 표시. CEP 1km는 발사된 미사일의 50%가 표적으로부터 반경 1km 이내에 떨어지는 것을 의미함.

○ 미사일 사일로(missile silo)의 역할

지하에 건축된 수직 원통모양의 미사일 발사시설로서 대륙간 탄도미사일을 격납하고 발사한다. 일반적으로 적의 핵무기 공격으로부터 보호될 수 있도록 지하 깊숙한 곳에 수 미터 두께의 콘크리트 방벽과 방폭문으로 이루어져 있다. 방폭문은 폭풍·열·파편에 의한 피해를 차단시키는 목적으로 설치되는 건물 외부의 출입구. 콘크리트 방폭문과 강판 방폭문이 있다.

미사일 사일로(missile silo)

(3) 잠수함발사 탄도미사일

미국은 전략 핵잠수함으로 18척의 오하이오급 잠수함(Ohio-class submarines)을 보유하고 있으며, 이중 14척에서 탄도미사일을 발사할 수 있다. 현재 300여 기의 잠수함발사 탄도미사일을 보유 중에 있다.

○ 오하이오급 잠수함(Ohio-class submarine)

1981년 취역하여 현재까지 미해군에서 운용 중인 전략 핵잠수함으로 사정거리가 11,300km인 트라이던트 II(Trident II) 탄도미사일을 최대 24기 탑재할 수 있고, 이전의 전략 핵잠수함에 비해 소음이 줄어 생존성이 향상되었음. 총 18척 중에서 14척은 탄도미사일을 발사하고, 4척은 순항미사일을 발사할 수 있도록 개조됨. 1995년에 개봉된 영화 '크림슨 타이드(Crimson Tide)'에서 주요소재로 등장하였음.

오하이오급 잠수함

승무원	길이	선폭	배수량
155명	170m	13m	16,764톤(수상) 18,750톤(수중)
잠수깊이	최고속도	항속거리	동력원
240m	22km/hr(수상) 46km/hr(수중)	무제한	원자로

○ 트라이던트 미사일(Trident missile)

다탄두 미사일(MIRV)을 탑재한 탄도미사일로서, 트라이던트 I(Trident I)과 트라이던트 II(Trident II)로 구분됨.

① 트라이던트 I (Trident I)

고체추진제로 분사되는 3단 로켓 형태를 지니고 있으며, 1979년 실전 배치되어 2005년 퇴역될 때까지 미해군의 주요 잠수함발사 탄도미사일로 운용되었음. 최대 8발의 MIRV 탑재 가능.

길이	직경	무게
10.2m	1.8m	33.2톤
사거리	탄두	정확도
7,400km	W76 (100kT × 8발)	CEP 380m

② 트라이던트 II (Trident II)

1990년부터 실전 배치된 미해군의 주요 잠수함발사 탄도미사일임. '트라이언트 I'보다 사다리와 명중률이 향상되었고, 최대 14발의 MIRV 탄두를 탑재할 수 있음. 관성유도방식에 천측유도방식을 추가하여 항법 정보 오차를 최소화함.

길이	직경	무게
13.6m	2.1m	59.0톤
사거리	탄두	정확도
11,300km 추정 (비밀로 분류됨)	W88 (475kT × 14발) 또는 W76 (100kT × 8발)	CEP 90~120m

2) 러시아의 핵무기 현황

러시아는 미국과 마찬가지로 핵전력 3요소인 전략폭격기·대륙간 탄도미사일·잠수함발사 탄도미사일을 모두 보유하고 있으며, 옥상에 배치된 탄도미사일을 통제하고 운용하는 전략 로켓군을 독립된 군사조직으로 두는 등 핵무기 전력을 아주 중요하게 여기고 있다. 1949년 최초로 핵폭탄을 개발한 이후 1991년까지 약 55,000발의 핵탄두를 생산하였으며, 1988년도에는 그 비축량이 최고조에 달하여 약 45,000발을 보유하고 있었으나 미국과의 「전략무기 감축협정」에 의해 그 수를 계속 줄이고 있다. 현재 약 7,500발의 핵탄두를 보유하고 있고, 이중 3,120발 가량을 폐기할 것으로 알려져 있다.

러시아의 핵탄두 보유 현황

구 분	계	실전배치	비축	폐기 예정
탄두 수량	7,500발	1,780발	5,720발	3,120발

(Stockholm international peace research institute, 2015)

(1) 전략폭격기

러시아는 현재 'Tu-22M', 'Tu-160', 'Tu-95', 'Su-24' 등의 전략폭격기를 운용 중이다. 특히, 최근에는 공식적으로 전략폭격기의 생산 및 재배치에 대해 언급함으로써 세계의 이목을 집중시키고 있다. 크림반도 지역에 'Tu-22M'을 배치하고, 미국의 전략폭격기에 대항하기 위해 개발했다가 구소련이 붕괴하면서 생산이 중단되었던 'Tu-160' 기종의 생산을 재개하는 등 전략폭격기에 대한 관심을 높이고 있다.

○ Tu-22M (Backfire)

Tu-22M

1970~80년대 세계를 떠들썩하게 만들었던 구소련의 초음속 전략폭격기로 나토군에서 부여한 암호명은 '백파이어(Backfire)'임. 소련 붕괴 후 실체가 판명되었는데, 논란이 되었던 대륙간 대양횡단비행능력을 갖고 있지는 않음. 장거리 대함공격 능력을 갖고 있고, 기존 모델인 'Tu-22'와 달리 가변익(可變翼)을 채택함으로써 마하 2 수준의 가속성능을 달성하고 항속거리도 연장하였음. (가변익 : 고속 비행이 가능하도록 면적을 변형시킬 수 있는 날개) 1987년 아프가니스탄 내전에서 처음 사용되었고, 1995년 체첸공화국의 수도인 그로즈니 공격 시에도 그 모습을 드러냈음. 현재까지 최종 개량형 모델은 'Tu-22M3'(Tu-22M1 → Tu-22M2 → Tu-22M3)임.

승무원	길이	기폭	높이
4명	42.4m	34.3m/23.3m(가변익)	11.0m
최대 이륙중량	최고속도	항속거리	상승 한계고도
124,000kg	2,303km/hr	6,800km	13,300m

○ Tu-160 (Blackjack)

미국의 'B-1 Lancer'에 대항하기 위해 개발한 초음속 전략폭격기로 나토군에서 부여한 암호명은 '블랙잭(Blackjack)'임. 러시아 본토에서 출격하여 공중급유 없이 미국 본토를 공격할 수 있도록 고안되었고 세계에서 가장 큰 폭격기임. 최대 40톤의 무기를 탑재할 수 있고, 사거리 2,500km의 'Kh-55 공중발사용 순항미사일' 6기 또는 사거리 300km의 'K-15 공대지 단거리 미사일' 12기를 장착할 수 있음. 생존율을 높이기 위해 전자방해장치(Electronic Counter Measures, ECM) 및 레이더 경보장치 등을 사용함.

Tu-160

승무원	길이	기폭	높이
4명	54.1m	55.7m/35.6m(가변익)	13.1m
최대 이륙중량	최고속도	항속거리	상승 한계고도
275,000kg	2,220km/hr	12,300km	15,000m

(2) 대륙간 탄도미사일

'전략로켓군'이라는 독자적인 부대를 편성하여 대륙간 탄도미사일을 통제하고 운용한다. 현재 보유하고 있는 대륙간 탄도미사일에는 'R-36M2', 'UR-100N', 'RT-2PM Topol', 'RT-2UTTH Topol-M', 'RS-24 Yars' 등이 있다.

○ R-36M2 (SS-18 Satan Mod 6)

R-36M2

R-36M2는 미국과의 상대적 열세를 극복하기 위해 개발한 'R-36M(나토명: SS-18 satan)' 계열의 최신 모델임. R-36M 계열은 사탄(Satan)이라는 이름에서도 알 수 있듯이 그 위력이 대단하여, 미국의 ICBM인 'LGM-30 Minuteman'이 최대 3발의 MIRV를 탑재할 수 있는 것에 비해 R-36M2는 위력 550kT 또는 750kT 위력의 MIRV 10발을 탑재할 수 있음. 현재 운용 중인 R-36M2는 MIRV 대신 20MT 위력의 핵탄두 탑재 가능함. 무게 약 21톤으로 세계에서 가장 무거운 미사일이며, 길이 34.3m, 사거리 16,000km임. 2018년까지 R-36M2를 대체할 신형 ICBM을 개발할 예정임. 사일로에서 발사함.

길이	직경	무게
32.2m	3.05m	20.9톤
사거리	탄두	정확도
16,000km	20MT × 1발 또는 550kT / 750kT × 10발	CEP 220~700m

○ Topol-M (SS-27 Sickle B)

사일로뿐만 아니라 차량에서도 발사될 수 있도록 설계되어 있음. 차량은 길이 없는 지형에서도 이동이 가능함. 러시아가 보유하고 있는 대륙간 탄도미사일 중 가장 높은 정확도$^{(CEP\ 200m)}$를 갖고 있으며, 미국의 미사일 방어시스템을 무력화하기 위한 회피 기동능력을 갖추고 있음.

길이	직경	무게
22.7m	1.9m	4.7톤
사거리	탄두	정확도
11,000km	800kT × 1발 (4~6발의 MIRV 장착 가능)	CEP 200m

○ RS-24 Yars (SS-27 Mod 2)

'RS-36'과 'UR-100N'을 대체할 목적으로 2007년에 개발되어 2010년부터 전력화되었음. 미국이 유럽에 미사일 방어망(missile shield)을 구축하려는 것에 대응하여 2007년에 첫 시험발사를 함. 최대 10발의 MIRV 탄두를 탑재할 수 있고, 사일로 또는 차량에서 발사 가능함. 'Topol-M' 보다 성능이 향상된 다탄두 미사일임.

RS-24 Yars

길이	직경	무게
20.9m	2.0m	4.9톤
사거리	탄두	정확도
11,000km	150~250kT × 4~10발	CEP 150~200m

(3) 잠수함발사 탄도미사일

각종 문헌에 의하면 러시아는 현재 전략 핵잠수함으로 타이푼급$^{(Typhoon-class)}$ 1척, 델타급 10척$^{(Delta-III\ 4척,\ Delta-IV\ 6척)}$, 보레이급$^{(Borei-class)}$ 3척을 전력으로 보유하고 있는 것으로 추정된다. 향후, 러시아는 유지비용 등의 문제로 인해 퇴역 후 보관 중이던 타이푼급 2척을 2018년까지 폐기할 예정이었으며, 타이푼급과 델타급 잠수함을 대체하기 위하여 보레이급으로 지속적으로 개발하고 있다.

○ 타이푼급 잠수함 (Typhoon-class submarine)

역사상 가장 큰 규모의 잠수함으로 구소련에서는 상어$^{(Shark)}$라는 뜻의 '아쿨라$^{(Akula)}$' 또는 '프로젝트-941'로 불렸으며, 나토에서는 태풍과 같은 규모와 위력을 지녔다고 하여 타이푼급 잠수함으로 명명함. 미국이 보유하고 있는 오하이오급 잠수함에 대항할 목적으로 개발함. 10발의 MIRV를 탑재할 수 있는 R-39 SLBM 20기를 장착할 수 있으며, 북극해의 빙하를 뚫고 나와서 SLBM을 발사할 수 있도록 설계되어 있음. 총 6척이 건조되었으나 5척이 퇴역하고 1척만 운용되고 있음.

타이푼급 잠수함

승무원	길이	선폭	배수량
175명	175m	23m	23,000톤(수상) 48,000톤(수중)
잠수깊이	최고속도	항속거리	동력원
400m	41km/hr(수상) 50km/hr(수중)	120일 이상	원자로

○ 보레이급 잠수함 (Borei-class submairne)

타이푼급$^{(Typhoon-class)}$, 델타급$^{(Delta-class)}$ 잠수함을 대체하기 위한 목적으로 개발한 러시아의 최신형 잠수함. 그리스 신화에 나오는 북풍의 신인 '보레아스$^{(Boreas)}$'에서 이름을 따옴. 불라바$^{(Bulava)}$ 미사일 16~20기를 장착할 수 있음.

승무원	길이	선폭	배수량
1075명	158m	13.5m	14,720톤(수상) 24,000톤(수중)
잠수깊이	최고속도	항속거리	동력원
450m	28km/hr(수상) 56km/hr(수중)	무제한	원자로

○ 불라바 미사일 (RSM-56 Bulava)

3단 추진로켓의 탄도미사일로서 1단계와 2단계는 고체연료에 의해 추진되고, 마지막 3단계는 분리간 높은 추력을 얻기 위하여 액체연료를 사용함. 잠수함 이동 간에도 발사할 수 있으며, 대공 방어망을 극복하기 위하여 회피기동, 유인체$^{(decoy)}$ 살포 등을 할 수 있음. 최대 10발의 MIRV 탄두 탑재가 가능함.

길이	직경	무게
12.1m	2.1m	36.8톤
사거리	탄두	정확도
8,000~8,300km	150kT × 6~10발	CEP 350m

4. 중국의 유도탄·핵무기 개발, 사회주의 국가간 경로 확산

1) 중국의 우주 굴기, 러시아를 넘어 미국에 도전

(1) 양탄일성과 유학파 과학자들의 귀국

1949년 건국 당시 중국은 대규모 농업국가로, 일본의 침략과 내전으로 인한 상흔에 피폐해진 상태였다. 이런 상황에서 첨단기술과 대규모의 관련산업이 필요한 핵무기·유도탄·인공위성을 개발하는 것은 매우 어려운 일이었다. 이에 중국 정부는 자연스럽게 외국으로 유학을 떠난 고급 과학자들을 적극적으로 유치, 활용하게 되었다. (崛起 : 봉우리가 우뚝 솟다. 궐기하다.)

1999년에 선발된 양탄일성 공훈상 수상자 23명 중 19명이 외국에서 학위(박사 13명, 석사 4명, 학사 2명)을 취득했고, 2명은 외국에서 연구를 진행한 경험이 있었다. 수상자들 대부분은 당시 세계 최고의 과학기술자 밑에서 배우고 연구했기 때문에 첨단기술의 발전 추세를 잘 알고 있었고 창의적인 연구를 하는 데 익숙했다. (『중국의 우주굴기』 이춘근 지음, 지성사)

물론 이들 모두가 투철한 공산주의자는 아니었다. 전체의 70퍼센트 이상이 지식인 부모 밑에서 태어났고, 나머지 대부분도 도시 상공인 가정에서 태어났다. 문화대혁명(1966~1976년까지 마오쩌둥을 중심으로 한 사회주의 운동) 기간에 상당수가 '반동학술권위'로 핍박받고 자오주장과 평환우가 요절한 것도 그들의 출신 성분과 외국 유학 경험 때문이었다.

중국인들은 양탄일성(兩彈一星 : 원자탄·수소탄·인공위성 또는 원자탄·유도탄·인공위성)을 중국 최고의 과학기술 성과로 생각하고 자랑스럽게 여긴다. 첨단무기의 필요성을 절감한 중국 지도자들이 오랜 시간 국력을 총동원하여 개발했기 때문이다. 물론 중국 과학자들의 뛰어난 역량과 애국심·희생이 더해졌기 때문에 가능한 일이었다. 여기에는 열강의 침략과 국가적 혼란이 극심했던 때에 외국에서 공부했던 수많은 과학자들이 포함된다. 첸쉐썬(錢學森)

이 그 대표적인 예이다.

"양탄일성(兩彈一星)을 보유하지 못했다면, 중국은 결코 지금처럼 중요한 영향력과 지위를 가진 대국이 되지 못했을 것이다."
양탄일성 공훈과학자 훈장 수여식 (1999.9.18.)에서, 장쩌민(江澤民)

첸쉐썬(1911. 12. 11. ~ 2009. 10. 31.)

이름	최종 학위와 대학	이름	최종 학위와 대학
첸쉐썬(錢學森)	캘리포니아 공과대학(칼텍) 박사(미국)	양쟈츠(楊嘉墀)	하버드대학 박사(미국)
첸싼창(錢三强)	파리대학 박사(프랑스)	투서우어(屠守鍔)	매사추세츠 공과대학(MIT) 석사(미국)
자오주장(趙九章)	베를린대학 박사(독일)	황웨이루(黃緯祿)	런던대학 석사(영국)
야오퉁빈(姚桐斌)	버밍엄대학 박사(영국)	왕시지(王希季)	버지니아대학 석사(미국)
주광야(朱光亞)	미시간대학 박사(미국)	왕다헝(王大珩)	런던대학 석사(영국)
덩쟈셴(鄧稼先)	퍼듀대학 박사(미국)	쑨쟈둥(孫家棟)	주콥스키 공군대학 학사(소련)
런신민(任新民)	미시간대학 박사(미국)	천넝콴(陳能寬)	예일대학 학사(미국)
우즈량(吳自良)	피츠버그대학 박사(미국)	저우광사오(周光召)	베이징대학 석사(중국)
궈융화이(郭永懷)	캘리포니아 공과대학 박사(미국)	위민(于敏)	베이징대학 석사(중국)
왕간창(王淦昌)	베를린대학 박사(독일)	첸이(錢驥)	중앙대학 석사(중국)
펑환우(彭桓武)	에든버러대학 박사(영국)	천팡윈(陳芳允)	칭화대학 학사(중국)
청카이쟈(程開甲)	에든버러대학 박사(영국)		

그럼에도 위의 2명을 제외한 모든 수상자들이 중국과학원의 원사(院士, 최고 학술 칭호의 종신 영예)로 선발되었고, 정권 역시 이들을 최대한 활용했다. 따라서 이들의 유학 과정과 귀국 동기, 과학자로서의 역할 등을 자세히 살펴보는 것도 중국의 첨단무기 개발 과정을 이해하는 데 상당히 유효하다. 첸쉐썬이 대표적인 사례가 될 것이다.

(2) 첸쉐썬의 어린 시절과 미국 유학

첸쉐썬을 빼고는 중국의 우주산업을 논할 수 없을 정도로 그가 중국의 우주개발에 미친 영향이 실로 막대하다. 그러나 그의 역할이 처음부터 계획된 것은 아니었다. 다른 양탄일성 수상자들처럼 첸쉐썬의 일생도 당시 중국이 처한 국내외 정세에 큰 영향을 받았다.

첸쉐썬은 1911년, 항저우(杭州) 출신의 교육자인 첸쥔푸(錢均夫)의 아들로 태어났다. 어려서부터 총명했던 그는 주위의 기대를 한 몸에 받으며 상하이교통대학 기계공학과에 입학했고 철도(鐵道)를 전공했다. 그가 철도를 선택한 이유는 쑨원(孫文)의 『건국방략(建國方略)』을 읽고 중국의 미래에 철도가 아주 중요하다는 것을 깨달았기 때문이라고 한다. 청년 첸쉐썬이 조국의 현실과 미래에 깊은 사명감을 지녔던 것을 알 수 있는 대목이다.

그러나 대학 재학 중이던 1932년에 일어난 「상하이 사변」 당시, 일본군 전투기의 습격에 속수무책으로 당하는 중국군을 보고 생각이 바뀌었다. 열강의 침입을 막고 부국강병을 이루려면 강한 국방력과 이를 뒷받침할 과학기술이 필요한데, 당시 중국은 이러한 기반이 거의 없었던 것이다. 이에 분개한 첸쉐썬은 선택 과목으로 항공공학을 이수하며 꾸준히 항공 관련 분야를 공부했고, 미국 공비유학 시험에서도 항공공학과를 선택하게 되었다.

중국인의 미국 공비(公費) 유학은 미국 정부가 의화단 사건 배상금을 재원으로 1909년에 시작한 프로그램이다. 이를 추진하기 위해 중국은 1910년 칭화학당(1928년 국립 칭화대학으로 개명)을 설립했다. 선발된 유학생들은 미국에서 학비와 기숙사비를 면제받았고 월 100달러의 용돈을 최대 3년간 받을 수 있었다.
선발 초기에는 학과 구분 없이 100여 명의 고등학교 졸업생을 모집했으나, 일본의 만주 침략으로 고급 인력의 수요가 급증하자 대학 최우수 졸업생 약 20명을 선발해 단기유학을 보내게 되었다. 1933년부터 1936년까지 4회에 걸쳐 공개 모집했는데, 항공공학과는 1기에 2명이, 첸쉐썬이 선발된 2기부터는 1명이 선발되었다.

첸쉐썬은 항공공학과에 지원한 4명 중 수석이었지만 평균 점수가 낮았고 심지어 수학은 과락(科落)이었다. 다만, 항공공학 점수가 매우 높았고 재학 중 썼던 몇 편의 글을 인정받아 선발될 수 있었다. 이것이 20년 후의 중국 우주산업 발전의 토대가 되었다.

당시 칭화(淸華)대학은 선발된 공비 유학생에게 1년 동안 예비 학습과 현장실습 과정을 거치도록 하고, 이를 토대로 진학할 미국 대학을 결정했다. 첸쉐썬은 항저우(杭州) 비행기 제조공장과 난창(南昌) 제2항공수리공장, 난징(南京) 제1항공수리공장 등에서 실습한 후, 칭화대학 기계공학과의 항공공정모임에서 공부했다. 항공 관련 분야에서 중국이 처한 현실과 수요를 파악하고, 공비 유학자로서의 사명감을 고취하는 시간이었다.

1935년 9월, 첸쉐썬은 미국 매사추세츠 공과대학(이하 MIT)의 항공공학과 항공기설계 전공에 입학했다. 당시 이 학과에는 제롬 헌세커(Jerome Hunsaker) 학과장을 비롯해 세계 최고의 교수진이 있었다. 다행인 점은 첸쉐썬의 모교인 상하이교통대학이 MIT의 교과과정을 철저히 모방했다는 것이었다. 그는 빠르게 학습에 적응할 수 있었고 성적도 아주 우수해 1년만에 석사학위를 취득했다. 이에 교수들은 그에게 박사과정에 진학할 것을 제안했다.

자유로운 사고와 완벽한 이론체계 정립을 좋아하는 첸쉐썬의 진가가 발휘되는 순간이었다. 당시 MIT는 공학이 주를 이루고 있어서 과학적 원리를 깊이 탐구하려는 그의 열망을 채워주지 못했다. 특히 그의 석사학위 논문 주제인 「변계층 연구」에서 MIT의 풍동(인공으로 바람을 일으켜 기류가 물체에 미치는 작용이나 영향을 실험하는 장치) 설비가 만족스럽지 못하자, 다른 대학을 찾기 시작했다. (유체가 고체 표면을 흐를 때 표면에 발생하는 고밀도, 저속의 박층으로, 유동량 손실과 마찰을 일으킴.)

(3) 제트추진 분야의 대가로 성장

1936년 8월, 첸쉐썬은 캘리포니아 공과대학(칼텍) 항공공학과 학과장이자 구겐하임 항공연구소(Guggenheim Aero Laboratory California institute of Technology, GALCIT)의 소장인 폰 카르만(Theodore von Karman)의 박사과정 학생이 되었다. 이후 2년가량 남은 유학 기간을 1년 더 연장하여 3년 만인 1939년, 28세의 나이에 박사학위를 받았다. 그의 학위논문「압축 가능 유체 운동과 반작용 추진 문제」연구는 당시 항공학계의 난제를 해결하는 뛰어난 업적으로 각계의 커다란 주목을 받았다.

폰 카르만은 헝가리 태생의 유대인이다. 독일 괴팅겐 대학에서 박사학위를 받고 아헨 공과대학에서 교수로 재직하다가, 1930년 독일의 유대인 박해를 피해 미국으로 건너갔다. 그는 탄성론과 진동론·공기역학 등을 연구했는데, 특히 수리과학을 기초로 하는 공학 연구에서 큰 업적을 남겨 근대 항공공학의 아버지로 불린다.

카르만은 칭화대학의 공비유학 프로그램 고문을 맡았던 적이 있어 중국인을 잘 이해하고 있었고, 독일식의 엄격한 학사 관리와 학생들의 직접 실험을 강조했기 때문에 첸쉐썬이 매우 신뢰하고 따른 교수였다. 첸쉐썬 스스로도 "카르만 교수를 만난 것은 내 일생에서 결정적인 의미가 있다"라고 했다. 카르만 역시 "첸쉐썬은 상상력이 풍부하고 수학에 천재적인 재능이 있으며, 자연현상에서 핵심 원리를 찾아내는 능력이 탁월하다"고 칭찬했다.

졸업 후 첸쉐썬은 귀국을 미루고 폰 카르만 교수가 세운 제트추진실험실(Jet Propulsion Laboratory, JPL)과 초음속풍동 건설의 핵심 연구원이 되었다. 1939년 제2차 세계대전이 발발하여 로켓 개발이 본격화되면서, 연구 분야도 추진제와 엔진 설계 등으로 확대되었다. 처음에는 외국인 신분이라 군사기밀을 다루는 데 제한이 있었지만 카르만 교수의 추천으로 모두 해제되어 연구에 집중할 수 있었다. 1943년에 조교수가 되었고, 1944년부터는 JPL과 미군이 체결한 대형 로켓연구계획(ORDCIT)에 참여하여 실전

로켓개발 경험을 쌓았고 곧 명성을 얻었다.

1945년, 첸쉐썬에게 천재일우의 기회가 찾아왔다. 독일이 항복하면서 미 공군의 주도로 로켓기술조사단이 구성된 것이다. 폰 카르만 교수가 책임자가 되었고 첸쉐썬도 대령 신분으로 조사단의 핵심 구성원이 되었다. 이들은 4월부터 6월까지 노르트하우젠(Nordhausen)의 V-2 생산 공장과 각지에 흩어진 공기역학연구소·공군기지·풍동 설비·대학 연구실 등을 둘러보면서 수많은 로켓과 부품들·설계도를 입수했다. 투항한 독일의 폰 브라운(Wernher von Braun) 박사에게는 「독일 액체연료 로켓 발전과 미래 전망」이라는 보고서를 쓰도록 했다.

미국으로 돌아와 부교수로 승진한 첸쉐썬은 동료들과 함께 공군의 기술교범인 『제트추진』을 집필했다. 또한 총 13권으로 구성된 독일 로켓 시설조사 보고서도 완성했다. 이 보고서에 첸쉐썬은 공기역학과 엔진·추진제·발사 기술 등을 정리해 각계의 격찬을 받았고, 위상도 폰 카르만 교수 다음으로 높아졌다. 첸쉐썬 스스로도 "안목이 크게 떠지는 엄청난 경험"이라고 할 만큼, 당시 세계 최고였던 독일 로켓기술의 습득은 그를 새로운 세계로 이끌었다.

1946년 8월, 첸쉐썬은 캘리포니아 공과대학을 떠나 MIT의 종신 부교수가 되었다. 은사인 폴 카르만 교수가 대학과의 불화로 인해 다른 학교로 떠났고, 첸쉐썬 자신도 MIT에서 관련 분야를 폭넓게 연구하고 싶었기 때문이다. 그는 곧 능력을 인정받아 6개월 만에 최연소 정교수가 되었고 미국 영주권도 취득했다.

같은 해 7월 귀국한 첸쉐썬은 유년 시절을 함께 했던 8년 연하의 성악가 장잉(蔣英)과 결혼했다. 장잉의 부친은 장제스(蔣介石)의 핵심 참모였던 장바이리(蔣百里) 장군이고, 모친은 장바이리가 입원했을 때 그를 간호했던 일본인 간호사였다. 양가의 부친은 일본 유학을 함께한 사이였고, 어린 시절 장잉이 첸쉐썬의 집에서 수양딸로 지내기로 했기 때문에 귀국한 첸쉐썬은 자연스럽게 장잉을 찾아 청혼했다. 당시 국민당 정부로부터 모교인 상하이교통대학 총장으로 초빙되었으나 전쟁과 정국 혼란에 회의를 느껴 바로 미국으로 돌아왔다.

곧 그에게 새로운 기회가 찾아왔다. 캘리포니아 공과대학이 구겐하임 재단의 지원을 받아 제트추진센터를 설립하면서, 그를 파격적인 조건으로 초빙한 것이다. 1949년 가을, 첸쉐썬은 신임 총장과 화해한 폰 카르만 교수의 적극적인 권유로 항공공학과 정교수 겸 제트추진센터 책임자로 부임했다. 또한 미국의 로켓 선구자인 로버트 고더드(Robert Goddard)의 이름을 딴 '고더드 강좌' 특임교수의 명예를 얻었고, 유럽으로 떠난 폰 카르만 교수의 연구실을 물려받았다.

(4) 갈등과 귀국

하지만 당시 중국의 상황은 첸쉐썬을 가만두지 않았다. 1949년 10월, 공산 정권이 수립되면서 국민당 정부는 대만으로 피난을 갔다. 두 정당이 인재 쟁탈전에 돌입하면서 첸쉐썬도 선택의 기로에 서게 되었다. 그의 이름이 널리 알려진 만큼, 고난도 크게 다가온 것이다.

그런 그에게 먼저 손을 내민 것은 대만이었다. 부친이 국민당 정부의 교육부에서 일했고, 장인은 장제스 총통의 심복 장군이었기 때문이다. 무엇보다 첸쉐썬이 대만 여권을 가지고 있었기에 주미대사관에서 대만행을 독촉했다. 이에 맞서 중국공산당도 재미 과학자들에게 깊은 관심을 보였고, 다양한 방법을 동원하여 이들의 귀국을 종용했다.

첸쉐썬은 이를 모두 마다하고 미국에 남기를 바란 것으로 보인다. 1949년에 미국 국적을 신청한 것이 이를 입증한다. 그러나 몇 개월 후인 1950년 6월, 그에게 인생 최대의 고난이 닥친다. 미국 전역에 매카시즘(매카시선풍, 반공산주의 선풍)이 몰아치면서 첸쉐썬을 공산당원으로 의심한 미군당국이 그의 비밀 취급 권한을 전격 취소한 것이다.

첸쉐썬의 연구 대부분이 국가 기밀에 속했으므로 비밀 취급 권한의 취소는 그가 더 이상 첨단기술 연구에 참여할 수 없다는 것을 의미했다. 크게 실망한 그가 대학에 사표를 내고 중국 귀국을 선언하자, 이민국에서는 그를 '기밀문서 휴대 출국죄'로 체포, 구금했다. 당시 해군장관은 "그의 능력은 5개 사단에 필적하니 귀국시키는 것보다 죽이는 게 낫다"라고 말한 것으로 알려졌다. 폰 카르만 교수의 탄원과 대학의 보석금으로 보름 만에 풀려났지만, 이후 5년 동안 미국의 감시와 통제를 받아야만 했다.

그는 분노를 삭이면서 할 수 있는 범위에서 연구와 교육에 매진했다. 가장 먼저 몰두한 것은 물리역학이었다. 제트추진과 같이 고온·고속 상태에서 재료가 받는 열과 미시 구조의 변화를 파악하고 이를 조절하는 방법을 개발한 것이다.

첸쉐썬은 제어공학에도 큰 관심을 가졌는데, 장거리 로켓의 자동제어와 엔진의 연소 불안정성 문제를 이론적으로 해석하고 제어하는 것이 주 내용이었다. 이를 발전시켜 1954년에 『공정제어론』을 출간했고, 이 책은 곧 독일어·러시아어·중국어 등으로 번역되었다. 첸쉐썬과 그의 연구는 어려움 속에서도 또다시 학계의 주목을 받았다.

1955년 6월, 첸쉐썬은 집으로 배달된 채소 상자에서 잡지에 실린 중국의 5.1 노동절 경축식 사진을 발견했다. 이 사진에 부친의 친구인 천수퉁(陳叔通) 인민대표대회상임위원회 부위원장이 마오쩌둥(毛澤東)과 함께 천안문 성루에 서 있었다. 첸쉐썬은 즉시 구명을 청원하는 편지를 써서 감시를 피해 벨기에에 살고 있던 처제 장화(蔣華)에게 보냈다. 그녀가 편지를 첸쉐썬의 부친에게 전달했고, 곧 천수퉁을 통해 저우언라이(周恩來) 총리에게 전해졌다. 이에 그의 귀국 문제가 미·중 정부 간 주요 협상 의제로 떠올랐다.

같은 해 4월, 제네바에서 열린 5개국 회의에서 미·중 양국의 한국전쟁 포로 교환 협상이 있었으나, 첸쉐썬 등은 귀국을 원한다는 명백한 증거가 없다는 이유로 교환 대상에 포함되지 못했다. 그러나 8월에 열린 미·중 대사급 회의에서 중국이 첸쉐썬의 편지를 공개하고 10여 명의 미군 조종사들을 석방하면서 상황이 바뀌었다. 결국 이민국이 그의 귀국을 허락했고, 그를 포함한 가족 4명은 1955년 9월 귀국길에 오를 수 있었다.

(5) 중국 유도탄 개발의 선두 주자

중국에 도착한 첸쉐썬은 열렬한 환영을 받았고 마오쩌둥도 그를 직접 만나 첨단무기 개발을 당부했다. 이에 그가 「국방항공공업 육성 의견서」를 제출했고 정부가 이를 전폭적으로 지원하면서 우주기술 개발이 본궤도에 오르게 되었다.

첸쉐썬은 인민해방군 소장 신분으로 중국과학원 역학연구소 설립 소장과 국방부 제5연구원 원장(이후 부원장), 제7기계공업부 부부장(차관), 국방과학기술위원회 부주임 등을 역임하면서 중국의 우주 계획 수립과 기술개발, 인력 양성 전반에서 핵심적인 역할을 수행했다.

그러나 그가 사회주의 이념을 맹신한 것은 아닌 것 같다. 미국에서의 행적이나 처가와의 관계에서 이러한 단면이 드러난다. 결국 그의 처신이 공산당에 입당할 때 문제가 되기도 했다. 특히 문화대혁명 시기에는 미국에서 유학한 그를 비난하는 목소리가 높았고, 첸쉐썬 자신도 다른 사람을 비판하기도 했다. 그의 부인은 부친이 장제스 정부의 고위 장군이고 모친은 일본인이어서 첸쉐썬보다 더 많은 고통을 감내해야 했다. 항공기 개발자들은 국가 자원을 유도탄 분야로 과도하게 집중시킨다고 비난하기도 했다.

이러한 상황들이 가족 관계에도 영향을 미쳤다. 국가가 경제적으로 어려울 때, 그는 스스로 월급을 깎기도 했다. 게다가 유도탄 개발은 국가 기밀이라 가족들에게도 그가 어디서 무슨 일을 하는지 알릴 수 없었다. 몇 개월씩 연락이 두절되는 첸쉐썬 때문에 부인이 국방부를 찾아가 "그가 살아있는지만이라도 알려달라"며 하소연했을 정도였다. 미국에서 태어나 어릴 때 함께 귀국한 아들 첸융강(錢永剛)도 "아버지는 자녀 교육에 크게 신경쓰지 않았다"고 회고한 바 있다. 첸쉐썬이 이러한 난관을 극복할 수 있었던 것은 그의 탁월한 역량과 고집스러운 헌신, 그리고 그를 인정한 당시 최고 지도자들의 보호가 있었기 때문이다.

첸쉐썬은 열강의 침략에 시달리는 조국의 현실을 보면서 과감히 전공을 바꾸었다. 또 학술적 열망으로 가득 차 첨단기술 연구에 몰두했으며, 미국에 머무르는 대신 귀국을 선택하여 중국의 우주개발사에 엄청난 업적을 남겼다.

중국인들은 그를 '우주산업의 아버지' '양탄일성 원훈' 등이라 부르며 최고의 찬사를 보냈고, 2009년 10월 31일 98세로 사망했을 때는 전국이 애도의 물결로 뒤덮였다.

"과학에는 국경이 없지만, 과학자에게는 조국이 있다"라는 말이 있다. 아마 첸쉐썬만큼 자신의 생애를 통해 이 말의 의미를 잘 보여준 중국인 과학자는 없을 것이다.

2) 소련의 기술지원에 의한 기반구축

(1) 중국 정부와 군부의 적극적 지원

세계적인 전문가 첸쉐썬의 귀국은 유도탄 개발에 관심이 있던 군부 지도자들의 관심을 끌었다. 그중 해방군 부총참모장이자 하얼빈(哈爾濱) 군사공정학원 원장인 천겅(陳賡 진갱) 대장이 있었다. 그는 한국전쟁에 참전하여 첨단무기의 위력을 실감한 장교로서 군 장비의 현대화에 큰 관심을 가지고 있었다. 이에 천겅이 첸쉐썬을 초청하여 유도탄의 국내 개발 가능성을 타진했다.

1955년 12월, 귀국한 지 얼마 안 된 첸쉐썬은 중국과학원의 지원으로 일제 시기의 중화학공업 시설이 남아 있는 동북지방을 시찰했다. 특히 그는 하얼빈군사공정학원에서 외국 유학 경험이 있는 유능한 교수진들이 고체로켓과 포병 탄도학 등에서 수준 높은 강의와 연구를 하고 있는 것을 알게 되었다.

첸쉐썬과 이들의 화합에서 자연스럽게 유도탄 개발 가능성이 화두에 올랐다. 첸쉐썬은 "외국인들이 만든 것을 중국인들이 만들지 못할 이유가 없다"라 답했고, 참석자들 모두가 유도탄 개발에 힘을 쏟기로 결의했다. 이때의 만남은 우수한 교수진들이 첸쉐썬이 주도하는 국방부 산하 연구소로 옮기는 계기가 되었다. (『중국의 우주굴기』 이춘근 지음, 지성사)

"자력갱생을 위주로 하되 외국의 지원을 확보하고 자본주의 국가들의 기존 성과를 이용한다."

중국의 첫 지대지 유도탄 둥펑1호
(東風一號, DF-1, 중국 군사박물관)

중국에서 처음 제정한 유도탄 개발 지침이다. 중국의 우주산업은 미약한 공업 기반과 시설, 문화대혁명으로 인한 혼란의 시기를 극복하며 발전했고, 사회주의 동원체제와 과학자들의 커다란 희생을 통해 육성되었다. 사업 초기에는 소련의 전폭적인 지원이 있었으나 양국의 관계가 악화되면서 자주적 개발에 의존해야 했다. 이렇게 형성된 거대한 인프라(기반·토대)와 수십만 명의 전문직 종사자들이 오늘날 중국 우주산업을 지탱하는 기반이 되었다.

하얼빈군사공정학원은 1953년 9월에 설립되었으며, 초대 원장은 천겅 대장이었다. 이 대학은 군대 장비 편제에 맞추어 해군공정학·공군공정학·장갑병공정학·포병공정학·공정병공정학의 5개 학과로 구성되어 있었고, 20여 명의 소련 전문가를 초청해 교육할 정도로 당시로서는 중국에서 가장 앞선 국방공업 교육 설비와 역량을 갖추고 있었다.

며칠 후, 천겅 대장이 베이징에서 국방부 장관 펑더화이(彭德懷)와 첸쉐썬의 만남을 주선했다. 펑 장관도 한국전쟁에 참전했던 군인으로 첨단무기의 위력과 개발의 필요성을 절감하고 있었다. 그가 사거리 500킬로미터 정도의 유도탄 개발이 가능한지 물었고, 첸쉐썬은 "사회주의 동원 체제를 활용해 물력과 인력을 집중한다면, 미국이 10년 걸린 일을 5년 내에 할 수 있다"고 대답했다. 이에 펑더화이가 적극적으로 나서면서 중국 군부가 유도탄 개발에 착수하게 되었다.

당시 중국은 군인 출신들이 국정을 장악하고 있었고, 이들은 냉전 상황에서 핵무기와 유도탄 확보에 전력을 기울이고 있었다. 때문에 군부의 수요를 충족하면서 이들의 적극적인 지지를 받은 것이 유도탄 개발을 앞당기는 결정적인 역할을 했다. 또 국가적으로 어려운 상황에서도 물적·인적 자원을 빠르게 동원할 수 있었다.

(2) 우주개발 계획의 수립

그로부터 1개월 후인 1956년 2월 1일, 정치협상회의 연회장에서 마오쩌둥이 첸쉐썬을 자신의 옆자리에 앉혔다. 그가 당시 입안 중이었던 '1956~1967년 과학기술발전 장기계획(약칭 12년 계획)' 기간 내에 원자탄과 유도탄 등의 첨단기술을 세계 수준으로 끌어올릴 수 있는지 물었다. 이에 첸쉐썬은 "주도면밀한 계획을 수립해 전력을 기울이면 실현 가능하다"고 답했다.

이 계획은 바로 추진되었다. 국방위원회 부주석 예젠잉(葉劍英)이 첸쉐썬에게 유도탄 개발계획 수립을 부탁했고, 불철주야 노력한 첸쉐썬은 2주 만에 「중국 국방항공공업 건립 의견서」를 제출했다. 보안상 제목을 '국방항공공업'이라 했을 뿐 실제 내용은 로켓과 유도탄에 관한 것이었다.

저우언라이 총리가 이를 검토·수정한 후 마오쩌둥에게 보고했고, 중앙군사위원회 위원들에게도 전달했다. 첫 번째 조치로 1956년 4월, 지도 기관인 항공공업위원회가 설립되었고 녜룽전(聶榮臻) 중화인민공화국 원수가 주임이 되었다. 5월 말에 개최된 중앙군사위원회에서는 "여건이 조성되기를 기다리지 말고 각계 전문가들을 동원해 연구와 생산에 몰두하며 중점을 돌파한다"라는 방침을 제정했다.

유도탄 개발은 앞서 언급한 12년 계획(1956~1967년 과학기술발전 장기 계획)에도 중요 항목으로 포함되었다. 이 계획은 13개 영역, 57개 주요 과제로 구성되었는데, 이 중에서도 핵심인 중점 임무 12개에 원자력·유도탄·전자계산기·반도체·무선통신·자동화를 포함하고 긴급 추진 과제로 재분류했다.

첸쉐썬은 12년 계획의 종합조장을 맡았고 전문가 몇 명과 함께 '제트 추진과 로켓 기술 육성' 부분을 집필했다. 그들은 '로켓기술을 적극 개발하여 12년 내에 세계 수준에 올라서고, 군의 수요를 충족시킨다'는 목표 아래 1956년에 국방부 산하 유도탄연구원 설립을 시작하고 1960년에 완성한다는 계획을 세웠다.

○ 첸쉐썬의 「중국 국방항공공업 건립 의견서」(핵심 부분 발췌)
  1. 항공공업의 구성
      1) 항공공업은 제조 공장 외에, 설계를 수행할 강력한 연구 시험 기관과 기초 및 장기 연구 기관을 갖추어야 함.
          - 설계 기관은 정해진 기간 내의 개발 임무 완수와 문제해결 능력 중시
          - 기초연구 기관은 메커니즘 이해 위주로 유연한 운영과 창의력 중시
      2) 이들을 관리할 통일된 지도 기관을 만들어 전면적인 계획과 수행 업무 일임

  2. 항공공업의 조직
      1) 지도 기관 : 국방부 산하에 과학, 공정, 정치, 군사 전문가들로 구성
      2) 연구 기관 : 중국과학원 소속으로 하되 지도 기관의 감독도 받음
          - 인력은 약 600명(석사 이상 120~150명)
      3) 설계 시험 기관 : 종합적, 전면적 개발 기관으로, 지도 기관 산하에 설치
          - 인력은 6,000명(석사 이상 500~600명)
      4) 생산 공장 : 금속/비금속 재료, 부품, 전기, 추진제, 조립 공장
          - 제2기계공업부 등의 주관부서와 지도 기관의 협력체제 구축

  3. 국내 현실
      1) 설계 : 매우 취약, 일부 항공기 수리 및 조립 공장 존재
      2) 소재 : 2만 톤/년 알루미늄 공장 외의 특수 금속과 전기 부품 공장 매우 적음
      3) 연구 : 일부 교육 설비 보유, 연구 가능한 고급 인력은 약 30명에 불과

  4. 발전 계획
      1) 기존 역량으로 육성하려면 20~30년이 소요되므로 외국의 지원 필요
      2) 전면 육성하되 초기에는 생산에 중점을 두고 다음으로 설계를 병행하며, 최종적으로 연구를 병행
      3) 순차적 추진
          - 국방부에 항공국을 설치해 전면 계획과 지도 기능 수행
          - 인력 확충 : 1967년까지 공장 2,400명, 설계 5,700명의 전문가 확보
          - 소련과 기타 형제 국가들의 지원 확보 : 시찰단과 유학생 파견
          - 중국과학원 항공 관련 연구 인력의 순차적 확충 : 1967년에 600명

※ 관련 전공 대학 졸업생 수요
  1) 1956년 400명(공정 100, 설계 300명)
  2) 1957, 1958년 각각 400명(모두 공정 전공) : 유도탄 생산 시작
  3) 1959년 600명(설계 전공) : 항공설계원 가동 시작
  4) 1960~61년 매년 700명(공정 100, 설계 600명)
  5) 1962~65년 매년 800명(공정 200, 설계 600명)
  6) 1966~67년 매년 900명(공정 300, 설계 600명)

(3) 국방부 제5연구원 설립과 확장

1956년 8월에 유도탄 개발을 총괄하는 국방부 5국(국장 종푸샹鍾夫翔, 부국장 첸쉐썬)이 설립되었고, 10월에는 약 200여 명의 전문가, 대학 졸업생이 모인 국방부 제5연구원(원장 첸쉐썬)이 설립되었다. 연구원은 전국에서 가장 우수한 인력을 선발할 수 있는 권한이 있었다.

여기에 하얼빈군사공정학원 교수 4명을 포함한 12명의 핵심 인력과 각계 전문가들을 모아 모두 10개의 연구실을 구성했다. 6실(총설계)·7실(공기동력)·8실(구조강도)·9실(엔진)·10실(추진제)·11실(제어시스템)·12실(제어기기)·13실(무선통신)·14실(계산기술)·15실(기술물리)이 그것이다. 이듬해 초에는 관리의 편의성과 간소화를 위해 국방부 5국을 제5연구원에 합병하고 전체 구성원들에게 군인 신분을 주었다.

연구원의 인력은 그해 대학 졸업생(또는 졸업 예정자) 150여명과 각 부처에서 온 기술 인력이 충원되어 연말에 400여 명이 되었다. 이후에도 우수인력이 연구원에 우선 배정되었다. 자주적 개발이 본격화된 1960년에는 전국의 중점 대학에서 졸업생의 약 11퍼센트인 6,000명을 대거 흡수하여 설립 5년여 만에 전체 인력이 수만 명에 달했다.

제5연구원의 핵심 임무는 여러 번 바뀌었다. 설립 초기인 1957년 3월에 3대 임무로 불리는 지대지·지대공·무인기를 계획했고, 소련의 전폭적인 지원을 받았던 제2차 5개년 계획(1958~1962)에서는 이를 구체화하여 세 가지 목표를 정했다. 이 중에서도 핵심은 「지대지 유도탄」이었다.

분 야	세부 내용
지대지	· 소련의 R-2를 역설계해 1960년까지 생산 · 사거리 1,200~1,500킬로미터급을 1959년부터 개발해 1962년에 완성 · 사거리 3,000킬로미터급을 1961년에 시작해 1967년에 완성
지대공	· 소련의 543 지대공 유도탄 복제를 1960년까지 완성 · 장거리 지대공 유도탄을 1962년까지 개발
지대함	· 소련의 C-2 지대함 유도탄을 복제해 1960년까지 완성 · 램제트(ramjet) 엔진 개발

(4) 소련의 지원과 중단

중국은 외국의 지원을 확보한다는 방침에 따라 가장 먼저 소련에 지원을 요청했다. 소련은 간부 육성 위주의 지원을 약속하고, 1956년 말에 2발의 교육용 R-1 지대지 유도탄을 중국에 제공했다. 이듬해에는 4명의 소련 전문가들이 2주간 중국에 거주하며 유도탄 관련 기술을 전수했고, 50명의 중국 유학생들을 소련의 유도탄 관련학과에 입학시켜 주었다.

곧 새로운 기회가 찾아왔다. 1957년 9월, 흐루쇼프의 스탈린 격하로 사회주의 진영이 분열될 때, 소련이 중국의 지지를 유도하면서 첨단무기 제공을 약속한 것이다. 이에 따라 군사·원자탄·유도탄·항공기·무선통신 5개 위원회로 구성된 40여 명의 대표단이 소련을 방문했다. 첸쉐썬도 유도탄 분과에 소속되어 유도탄 생산에 필요한 공장들의 규모와 핵심 설비·재료 소재 등을 파악했다.

10월 중순에 「신무기·군사기술장비 생산과 종합적인 원자력 공업 육성에 관한 중·소 협정(국방신기술협정)」이 체결되었다. 이 협정에는 1957년부터 1961년까지 소련이 4종의 원자탄 실물과 기술 자료, 4종의 유도탄(R-2 지대지·C-75 지대공·C-2 지대함·K-5M 공대공) 실물과 설계도, 기술 등을 지원한다는 내용이 포함되어 있었다. 이에 소련 전문가들의 중국 파견과 중국의 소련 유학생 파견 수도 확대되었다.

2개월 후에 소련의 소규모 유도탄 대대 장병들이 2발의 R-2 훈련탄과 관련 설비들을 가지고 중국에 도착했다. 그 유도탄 중 하나는 초급 점화가 가능한 것이었다. 그들은 제5연구원과 포병이 공동 설립한 중국 유도탄 교도대대와 관련자들 800여 명을 4개월간 훈련시켰다. 소련이 지원한 R-2 훈련탄은 교도대대와 제5연구원에 각각 한 발씩 배정되었다.

소련의 지원에 발맞춰 제5연구원도 조직을 개편했다. 1957년 말에 유도탄의 총설계와 탄체·엔진을 개발하는 1분원(기존 6~10실)과 각종 제어시스템을 개발하는 2분원(11~15 연구실과 해방군 군사전자과학연구원의 연구실 6개, 시험생산공장 1곳을 합병)으로 재조직하고, 첸쉐썬은 원장 겸 1분원장이 되었다.

1958년 초에는 소련 전문가들이 중국에 와서 1분원과 2분원의 역량을 강화하고 엔진 및 탄체 시험대와 공기동력연구소를 설립하는 프로젝트를 집중 지원했다. 유도탄 초기 설계와 중요 사항은 소련 전문가들이 수행하고, 나머지를 중국인들이 수행한 것이다.

R-1은 소련이 독일의 V-2(이륙중량 13톤, 엔진 추력 27.2톤, 최대 직경 1.65미터)를 입수해 역설계한 것이고, R-2는 이를 개량해 사거리를 2배(590킬로미터)로 늘린 것이다. R-2는 길이 17.7미터, 최대 직경 1.65미터에 4개의 꼬리날개가 있고, 에틸알코올/액체산소 엔진을 장착해 이륙중량 20.5톤, 엔진 추력 37톤에 달했다. 또한 관성유도와 무선지령신호에 의한 편차교정 혼합제어시스템을 채택했고, 1,300킬로그램의 일반 고폭탄두를 장착했다.

R-2가 R-1보다 개량된 것이지만, 소련은 1957년 8월에 사거리 8,000킬로미터의 대륙간탄

도탄 R-7을 성공적으로 발사했다. 중국 입장에서는 R-2가 당시에 입수 가능한 최첨단 무기였으므로, R-2의 복제 생산에 전력을 기울이기로 결정했다.

하지만 1959년 하반기부터 중국과 소련의 관계가 악화되기 시작했다. 1960년 7월에는 소련 정부에서 전문가들을 철수하고 관련 부품과 기술 제공도 중단했다. 결국 같은 해 10월에 녜룽전 등이 고위 국방과학 연구자들을 모아 인민대회당에서 회의를 열고, 스스로의 힘으로 첨단무기를 개발할 것을 결의했다.

(5) 전국적인 인프라 구축과 R-2 모방 생산

1958년 4월, 제5연구원은 R-2 모방 생산을 결정했다. 건국 10주년인 1959년 10월까지 생산과 시험발사를 완료한다는 목표를 세우고, 프로젝트 명칭을 '1059'라 했다. 후에 둥펑(東風) 1호로 공식 명명되었지만, 소련의 지원이 끊기면서 투쟁 의욕 고취를 위해 "지지 않는다(싸워 이긴다)"는 '쩡치탄(爭氣彈)'이라는 명칭도 붙였다. 첸쉐썬도 행정 업무에서 벗어나 기술개발을 집중하기 위해 원장의 자리를 내려놓고 부원장이 되었다.

역설계란 실물을 하나씩 분해하면서 모든 부품들을 세밀히 분류하고, 이를 측정 및 분석하여 성능을 파악한 후, 도면을 보며 하나씩 재조립해 전체를 완성하는 과정을 말한다. 제5연구원은 먼저 인수한 R-1 역설계를 추진한 경험이 있었기에 R-2를 더 빠르게 복제할 수 있었다.

초기 목표는 전국적인 동원을 통해 금속과 비금속 재료 전체의 3분의 2를 국산으로 조달하는 것이었다. 당시는 대약진운동 기간이었기 때문에 총동원 태세가 수립되었고, 그들의 개발 의지도 아주 강했다. 그러나 도면과 실물이 있음에도 복제 과정은 쉽지 않았다.

첫째, 소련에서 제공한 자료들이 완전하지 않았다. 특히 지상 설비와 2차 하청기업 간의 연계 자료가 매우 부족했다. 둘째, 국산 소재와 부품이 부족했다. 특히 엔진에 들어가는 수백 종의 부품들이나 특수 금속은 국내에서 조달할 수 없었다. 셋째, 생산과 시험 설비들이 제대로 갖춰지지 않았다. 유도탄 조립 공장은 원래 항공기 수리 공장인 탓에 리벳 장비들이 많았을 뿐, 유도탄 제작에 필요한 용접과 대형 판금 설비·유압기기·선반·정밀기기 등은 거의 없었다. 넷째, 공장 기술자와 관리자도 모자랐고 경험마저 부족했다. 유도탄을 만들기 위해서는 용접이 필요한데, 아크 용접과 아르곤 용접, 스팟 용접 등과 같은 다양한 용접 기술을 가진 기능공들이 거의 없었다. 대약진운동으로 속도가 강조되는 상황에서 유도탄의 특성을 제대로 이해하지 못하고, 성능을 엄밀히 파악하지도 못해 불량품이 도처에서 나타났다.

이를 극복하기 위해 국가과학기술위원회의 지원을 받아 1,400여 개의 기업들과 협력체제를 구축하고, 3,800여 종의 부품들을 생산하기 시작했다. 이 과정에서 다양한 방법과 임기응변이 동원되었다. 한 예로 스테인리스강이 없어 탄소강에 주석 피막을 입혀 연료통으로 사용하기도 했다. 결국 소련의 지원이 중단되었을 당시, R-2 유도탄 제작에 필요한 주재료 40퍼센트 이상과 보조 재료의 80퍼센트 이상을 중국산으로 대체할 수 있었고 전체 재료의 자체 생산 비율을 3분의 2로 끌어올리는 데 성공했다.

유도탄 발사장도 1958년 초부터 대대적인 조사를 거쳐 간쑤성(甘肅省) 북서부에 있는 주취안(酒泉)에 건설을 시작하여, 2년 반 만에 완공했다. 1960년 3월에는 대형 엔진 시험 장치를 완성해 R-2 엔진의 초급 점화 실험에 성공하기도 했다. 그러나 소련 전문가들이 중국제 액체산소 품질에 이의를 제기하며 실제 비행시험은 지연되었다.

○ 대약진운동

1957년에 종료된 제1차 5개년 계획이 좋은 성과를 거두자, 마오쩌둥은 '대약진운동'이라는 '집단적이고 빠른 자력갱생 노선'을 채택했다. 15년 내에 영국을 따라잡는다는 목표를 세우고 농촌의 인민공사 개편과 철강·전력·석탄·석유 등의 중화학공업에 자원과 인력을 집중했다.

그러나 최신 기술과 설비가 부족한 생산 환경에서 대중의 열정에만 의존해 생산 목표를 늘리는 정책은 곧 한계에 직면했다. 허위 보고가 난무했고 산업 불균형이 심화되었다. 여기에 자연재해까지 겹쳐 수백만 명이 아사하면서 당내 비판론이 대두되었고 농민들의 저항도 심해졌다.

결국 마오쩌둥이 물러나고 류사오치(劉少奇)가 국가주석이 되었으며 국가 경제도 3년(1963~1965)의 조정기에 들어갔다. 이러한 정치적 조정은 1966년에 시작된 문화대혁명의 근원이 되었다.

결국 소련 전문가들이 철수한 후인 1960년 9월, 소련제 R-2에 중국산 알코올과 액체산소·과산화수소 연료를 채워 발사하는 데 성공했다. 11월 5일에는 R-2의 최초 복제품인 1059가 발사 7분여 만에 550킬로미터 떨어진 목표 지점에 낙하했고, 12월에 시행된 두 번의 시험발사도 성공했다. 이를 토대로 모두 30발의 유도탄을 생산했다.

1059 프로젝트의 성공은 중국이 기초적인 유도탄 생산 기술을 확보했다는 것을 의미한다. 이 성공에 힘입어 중국은 자신들의 역량으로 유도탄 사업을 발전시킬 수 있다는 자신감을 얻었고, 개발 의지 역시 굳건해졌다. 1964년 2월, 생산한 유도탄 중 1발이 군사박물관에 전시되었고, 수개월 후 '둥펑 1호(DF-1)'로 이름을 바꾸어 군 장비로 공식 채택되었다.

중국의 유도탄 개발은 사회주의 진영을 둘러싼 힘의 역학관계 변화를 효과적으로 이용하는 동시에 소련의 앞선 설비와 기술을 짧은 시간 내에 확보하면서 바르게 진전되었다. 정치 변화에 민감한 전략무기를 이처럼 쉽고 빠르게 보유하게 된 것은 냉전이 해소된 시기에는 결코 흔치 않은 일이다.

정치 주도 세력인 군부의 수요를 촉발하고, 대약진운동이라는 극약처방과 함께 사회주의 계획경제체제를 이용해 물적·인적 자원을 집중한 것도 커다란 성공 요인이었다. 계획에 동원된 과학기술자들은 일반인들이 상상하기 어려운 고난과 희생을 치러야 했는데, 이 역시 시장경제 국가에서는 쉽게 추진하기 어렵다. 결국 대형 첨단무기의 개발에는 국가 지도자의 통치 역량과 거국적인 지원, 치밀한 장기 계획, 군부의 견인과 전문가들의 끊임없는 노력과 희생이 필요했다.

3) 중국 핵개발의 동기, 외세 침략에 대비

사회주의 핵기술 개발경로는 냉전 시기의 진영 논리와 협정, 공동연구소 등에 의해 여타 국가로 확산되었다. 대표적인 공동연구소인 연합핵연구소(JINR, 약칭 드부나연구소)는 1956년 3월 26일에 모스크바에서 중국과 북한을 포함한 12개 사회주의 국가들이 모여 창립하였다. 설립 목적은 협력 강화, 지식 창출, 신기술 이전, 교육훈련과 지식 전파 등이었고, 각 회원국의 과학자들이 함께 공동연구를 수행하였다. 산하 연구소에는 이론물리와 입자물리·핵반응·고에너지·중성자 물리·방사·정보 등 핵무기 개발에 필요한 기초학문들이 대부분 포함되었다. (JINR : Joint Institute for Nuclear Research)

중국은 중소관계 악화로 철수하기 전까지 수년간 200여 명의 전문가들을 각 분야별로 JINR에 파견하여, 체계적으로 핵무기 개발경로와 관련 지식을 학습하였다. 파견에서 복귀한 학자들의 80% 이상을 핵무기 연구에 직접 투입해 개발 기간을 단축하였고, 핵무기 개발에 무엇이 필요한지를 파악해 필요 분야에 우선적으로 전문가들을 파견하였다. 이렇게 양성한 인력과 중소협정에 의한 소련의 지원에 힘입어, 중국이 사회주의 국가 두 번째의 핵무기 개발 국가가 되었다. (『북한의 핵패권』「사회주의 핵개발 경로와 핵전술 고도화」이춘근 지음, 인문공간)

중국은 건국(1949년) 직후 한국전쟁에 참전하면서 지속적으로 미국의 핵공격 위협을 받았고, 50년대 말 대만해협 충돌 시에도 핵위협을 받았다. 1969년에 소련과 국경에서 충돌했을 때는, 같은 사회주의 국가인 소련으로부터도 핵공격 위협을 받았다. 중국 정부가 핵무기 개발의 핵심 원인으로 미국 등의 핵공격 위협을 거론하는 것도 이 때문이다. 그러나 실질적인 중국 핵 개발의 기원은 이를 크게 앞선다. 마오쩌둥(毛澤東 1893~1976)을 위시한 중국 지도자들은 사회주의 과학기술 대국으로서의 위상을 가지기 위해 일찍부터 핵무기 개발에 관심을 기울였다. 건국 초기에 해외 유학에서 귀국한 과학자 중에 세계적인 수준의 원자력 전문가들이 있었는데, 이들도 핵무기 개발을 건의하였다. (1956년 말 기준으로 총 1,805명의 과학자가 해외에서 귀국하였다.)

소련도 강력한 개발 동기를 부여하였다. 1950년 마오쩌둥이 우호동맹 체결을 위해 소련을 방문했을 때, 스탈린(Iosif Stalin 1879~1953)이 핵실험 기록영화를 보여준 것이다. 마오는 이를 소련이 사회주의 종주국으로서의 위상을 과시하고 중국을 복속시키려는 시도로 보았다. 이에 귀국 열차에서 마오가 핵무기 개발 검토를 지시하였고, 곧바로 기반 구축에 들어가게 되었다.

(1) 중국의 핵개발 프로젝트 출범

중국은 건국 초기부터 기존 국내 기간산업과 일제 시기 만주 지역에 건설한 중화학 공업을 조정하여, 현대적인 방위산업을 육성하려 하였다. 핵무기 분야에서도 한국전쟁 직전인 1950년 5월 19일에 고급 과학자들을 모아 중국과학원 근대물리연구소를 창설하였고, 이듬해에 유명한 핵물리학자인 첸싼창(錢三强 1913~1992)을 소장으로 임명하여 1978년까지 장기 재직하게 하였다. (첸싼창의 역할은, 역시 중국과학원 역학연구소 초대 소장으로 임명되어 장기 재직한 미사일 분야의 첸쉐썬(錢學森)과 유사했다.)

이 연구소는 이후 계속 확장하여 1953년에 중국과학원 물리연구소로, 1958년에 중국과학원 원자능연구소로, 1984년에「중국원자능과학연구원」으로 개편하면서 오늘에 이르고 있다. 중국과학원 산하 연구소들은 장기적으로 핵무기 분야의 기초과학연구와 인력 양성 등에서 커다란 기여를 하였다.

1953년에 첸싼창이 원자력사업 발전을 건의하였고, 1954년 10월에는 지질학자 리쓰광(李四光 1889~1971)의 총괄하에 중국지질부가 장시성(江西省) 영역에서 경제성이 있는 우라늄 광석을 발견하였다. 이에 중국 정부가 핵무기 개발의 분명한 의지를 가지고 구체적인 방향과 절차를 수립하게 되었다. 이를 위해 가장 먼저 접촉한 것은 소련이었다.

중국이 최초로 채취한 우라늄 광석

1954년 10월 3일, 건국 5주년 축하 사절로 중국을 방문한 후르시초프(Nikita Khrushchev 1894~1971)와 정상회담에서 마오쩌둥이 핵무기 개발 지원을 요청하였다. 그러나 소련은 이를 완곡히 거절하면서, 엄청난 경비가 소요되니 중국이 이를 개발하기 어렵고 외국의 핵공격 시에는 소련이 도와주겠다고 하였다. 이에 중국이 자립의 길을 가면서 개발을 시작하게 되었다.

1955년 1월, 극비리에 개최된 중앙서기처 확대회의에서 원자력산업 건설과 발전을 결정하였다. 이는 실제적인 핵무기 개발을 최고 통치기관에서 결정한 것이었다. 이에 1955년 11월 16일에 핵공업을 총괄하는 제3기계공업부 설립을 결정하였다. (1958년 2월에 개편되면서 제2기계공업부로 명칭이 변경되었다.) 당시에 수립되던 중국 최초의 중장기 과학기술계획인 「1956~1967년 과학기술발전 원경(远景) 계획 요강(간칭 12년계획)」에도 "원자에너지의 이용"이 최우선 순위를 차지하면서, 정부의 집중적인 지원을 받게 되었다.

(2) 연합핵연구소(드부나연구소) 참여와 핵무기 개발 활용

사회주의 핵기술 개발경로는 냉전시기의 진영논리와 협력 협정, 공동연구소 등에 의해 여타 국가로 확산되었다. 대표적인 공동연구소인 드부나연구소는 1956년 3월 26일 모스크바에서 중국과 북한을 포함한 12개 사회주의국가들이 모여 창립하였다. 설립 목적은 협력 강화, 지식 창출, 신기술 이전, 교육훈련과 지식 전파 등이었고, 회원국들로부터 온 과학자들과 함께 공동연구를 수행하였다. 산하 연구소에는 이론 물리와 입자 물리·핵반응·고에너지·중성자 물리·방사·정보 등 핵무기 개발에 필요한 기초 학문이 대부분 포함되었다.

중국은 중소 관계 악화로 철수하기 전까지 수년간 200여 명의 전문가들을 각 분야별로 JINR에 파견하여, 체계적으로 핵무기 개발경로와 관련 지식을 학습하였다. 파견에서 복귀한 학자들의 80% 이상을 핵무기 연구에 직접 투입하여 개발 기간을 단축하였고, 핵무기 개발에 무엇이 필요한지를 파악해 필요 분야에 우선적으로 전문가들을 파견하였다. 이렇게 양성된 전문 인력과 중소협정에 의한 소련의 지원에 힘입어, 중국이 사회주의 국가 두 번째의 핵개발 국가가 될 수 있었다.

(3) 소련의 지원과 기반 구축

중국의 원자탄 개발은 소련의 대대적인 지원과 자주적인 노력, 후발국의 적극적 자세가 어우러져 수행되었다. 1957년에 후르시초프는 스탈린을 격하하면서 사회주의 진영이 분열되자, 중국의 지지를 유도하면서 첨단무기 제공을 약속하였다. 이를 기회로 군사·원자탄·유도탄·항공기·무선통신의 5개 분야, 40여 명의 중국 대표단이 소련을 방문하였고, 10월 15일에는 양국이 「신무기, 군사기술 장비 생산과 종합적인 원자력공업 육성에 관한 중소 협정(국방 신기술협정)」을 체결하였다.

이 협정에 원자탄 설계도와 모형, 관련 공장과 설비, 기술지원, 인력훈련을 포함하는 핵무기 개발 지원 프로그램이 포함되었다. 중국의 대 소련 유학생들도 크게 확대되면서 드부나연구소 등에 파견되었고, 2백 명이 넘는 소련 전문가들이 중국에 와서 핵공업 기반 구축을 지원하였다. 첸싼창은 소련의 핵무기연구소 전문가들로부터 원자탄 관련 고급 정보를 입수하였고, 1959년 6월에는 억류에서 풀려난 푹스를 동독에서 만나 설계 관련 정보를 입수했다고 한다. (Hawkins, Houstin T.(2013), History of the Russian Nuclear Weapon Program, p.34)

1958년 초, 제2기계공업부 산하에 핵무기연구소(베이징 제9연구소, 현재의 공정물리연구원)가 설립되고, 이론·실험·설계·생산 4개 분야에서 총 13개의 실험실을 구축하였다. 5월부터는 칭하이성(靑海省)의 진인탄(金銀灘) 초원에 "원자탄연구개발기지(약칭 221창)"를 건설하고, 베이징의 핵무기연구소를 이곳으로 이전하면서 대규모 인력과 자원을 집중하였다.

이와 함께, 이른바 "5창(廠)3광(鑛) 건설계획"에 따라, 소련의 지원 아래 우라늄 처리공장, 핵연료 가공공장, 우라늄 농축공장, 각종 부품 생산 공장, 핵무기 생산기지(221창)의 5개 공장과 3곳의 우라늄광산이 건설되기 시작하였다. 원자로와 핵연료 생산, 농축 등의 전방위적인 핵무기 생산체계를 구축하기 시작한 것이다. 무기급 핵물질은 천연우라늄의 기체확산법에 의한 HEU(고농축 우라늄)과 원자로에 의한 Pu(푸르토늄) 생산을 병행하였다.

(4) 자주적인 핵무기 개발로 전환

그러나 이런 협력은 오래가지 못했다. 중소관계 악화로 1959년 6월에 소련 정부가 대 중국 핵무기 협력 중단을 통보하고, 1960년 8월에 모든 소련 전문가들이 철수한 것이다. 이에 격분한 중국 지도부는 소련이 지원 중단을 통보한 날짜를 따서 자국의 원자탄 개발계획을 "596"으로 명명하고, 자력으로 기한 내에 원자탄을 개발할 것을 강력히 지시하였다.

그러나 자주 개발은 쉬운 일이 아니었다. 당시 란저우(蘭州)우라늄농축공장이 건설되고 기본 설비도 들어왔지만, 기체확산법 농축에 가장 중요한 분리막이 없었다. 무기급 Pu의 생산은 HEU보다 쉽지만, 핵심 설비인 원자로 건설이 부지정리와 바닥 콘크리트 정도에 그쳤고, 사용 후 핵연료의 재처리 방안도 확정되지 않았다. 건설 진도에서는 HEU 생산설비가 더 빨랐지만, 기술적 어려움은 Pu보다 컸던 것이다.

이에 제2기계공업부의 고위층과 과학자들이 논의해 HEU 농축공장을 먼저 건설할 것을 결정하고, 여기에 필요한 분리막 개발에 전력을 집중하였다. 분리막 개발에는 분말야금과 기계가공·금속부식 등의 핵심 기술이 필요했다. 당시 이 분야에서는 중국과학원 산하 상하이(上海)야금연구소가 가장 기술수준이 높았으므로, 원자능(原子能)연구소와 선양(瀋陽)금속연구소, 푸단(復旦) 대학의 고급 과학기술자 50여 명을 여기로 이동시켜, 분리막을 집중적으로 개발하도록 하였다.

모든 것이 처음이고 기반이 없었으므로, 연구소와 기업을 뚜렷이 구분하지 않고 둘을 결합하는 방법을 사용하였다. 중국과 학원이 산하 연구소들에 중간시험을 위한 소형 공장들을 건설하였고, 핵무기를 개발하는 제2기계공업부에서도 유사한 조치를 취했다. 이에 따라 핵무기연구소는 원료의 생산과 핵무기 이론 설계·생산을 모두 포괄하는 연구소 겸 기업이 되었다.

우라늄 농축과 함께 Pu 생산라인도 완전히 포기하지 않고, 관련 연구를 지속하였다. HEU 생산을 우선 추진하면서 Pu 생산에 필요한 기술도 축적한 것이다. 이러한 노력을 거쳐, 1962년 말에 기체확산법에 의한 HEU 생산과 원자탄 설계에 필요한 핵심 기술을 개발하는 데 성공하게 된다.

(5) 중앙전문위원회의 설립과 종합 조정

원자탄 개발이 본격화하면서 중앙정부 차원의 관리를 강화하고 효율적으로 업무를 추진하기 위해, 1962년 11월 7일에 "15인 전문위원회"가 구성되었다. 국정을 총괄하는 저우언라이(周恩來 1898~1976) 총리를 위원장으로 하고, 7명의 부총리와 관련 7개 부의 장관이 위원이 되었다. 주요 임무는 원자력산업의 발전과 원자탄 개발에 관한 협력과 통일적인 관리였다.

이후 1965년 2월의 전문위원회 제10차 회의에서 양탄결합(원자탄과 유도탄의 결합, 즉 유도탄 탑재 원자탄)이 논의되면서, 유도탄과 인공위성 관련 5개 부의 부장(장관)과 국가계획위원회 제1부주임을 추가해 21명이 되었고, 명칭도 "중공중앙 전문위원회(약칭 중앙전위)"로 개칭하였다. 수소탄 개발이 본격화된 1967년 5월에는 유도탄 분야 핵심 과학자인 첸쉐썬(錢學森 1911~2009)도 정식 위원이 되었다.

당시의 전문부서 부장(장관) 상당수가 해당 분야의 과학기술 전문가였으므로, 이 위원회는 수요자인 군과 무기를 개발하는 과학기술자, 최고 행정책임자를 망라한 기구였다. 따라서 중앙전위는 강력한 정책 결정과 조직, 집행력을 보유한, 당시 국방 첨단무기 개발의 최고 의사결정 기구가 되었다.

이 회의는 상당히 민주적이고 과학기술자들의 의견을 존중하면서 효율적으로 업무를 추진했다고 한다. 첸쉐썬은 훗날 "미국 캘리포니아공과대학에서 폰 카르만이 주재하는 학술회의와 인민대회당에서 저우언라이 총리가 주재하던 이 중앙전위 참가가 가장 행복했던 시기였고, 이 회의들은 민주적이면서 창의적 사고도 활발했다"라고 회고한 바 있다.

(6) 국가계획 수립과 개발경로 선택

자주적인 개발이 본격화되자, 1962년 9월에 제2기계공업부에서 「1963~1964년 원자무기·공업건설·생산계획 대강(약칭 양년 계획(兩年計劃)」을 제정하였다. 이 계획은 "자원집중과 돌파를 통해 가능한 1964년 내에, 늦어도 1965년 상반기까지는 최초 원자탄을 폭발시킨다"는 계획으로, 마오쩌둥의 적극적인 지지를 받았다.

원자탄 개발경로를 채택한 것도 이때였다. 미국이 맨해튼계획에서 "HEU는 포신형 기폭장치, Pu는 내폭형 기폭장치"로 구분한 것과 다른 길을 간 것이다. 포신형은 핵물질을 압축해도 표면적이 크고 밀도가 낮아 핵분열 연쇄반응 확률이 낮다. 핵분열이 발생하면 급속히 팽창하므로, 아직 분열하지 못한 핵물질까지 확산되고 핵물질 이용률이 낮아진다. '히로시마에 투하된 원자탄도 HEU 60Kg에 15kt 위력으로, 핵물질 이용률이 1.2%에 불과'하였다.

이에 비해 내폭형(해당 항목 참조)은 전방향에서 핵물질을 압축해 밀도를 높이므로, 포신형보다 기폭에 유리하고 핵물질 이용률이 높아 원료를 절약할 수 있다. 따라서 중국은 HEU에 내폭형 기폭장치를 적용해, 적은 원료로 확실한 폭발을 일으키는 방안을 채택하였다. 구소련이 1949년의 최초 핵실험에 미국식 내폭형 기폭장치와 Pu(푸르토늄)을 사용했지만, 1951년의 두 번째 핵실험에는 내폭장치에 HEU(고농축 우라늄 high enriched uranium)을 사용한 것을 모방한 것이다.

중국의 핵무기연구소에서는 "고급 쟁취, 저급 준비"라는 방안을 수립하고, 효율이 좋은 내폭형을 집중적으로 개발하면서 동시에 포신형도 연구하였다. 산하 이론연구실은 덩자셴(鄧稼先 1924~1986)의 지도하에 내폭형 원자탄의 물리적 과정을 계산하였고, 저우광자오(周光召, 1929~)는 폭약의 최대 효율을 계산해 이론적으로 계산의 정확성을 입증하였다. 이를 중국과학원의 전자계산기를 이용해 정확히 산출하는데 성공했다.

이에 1963년 초에 베이징의 제9연구소 핵심 인력들이 원자탄 이론 설계를 끝내고, 칭하이 진인탄 초원의 핵무기 생산기지(221창)로 이전하여 본격적인 생산에 돌입하였다. (단, 수소탄을 연구하는 이론부는 베이징에 잔류하였다.) 1963년 11월에 육불화우라늄(UF_6) 생산에 성공하였고, 동년 12월에는 1/2 축소모형에 의한 중성자 발생 실험에 성공하였다.

1964년 1월에는 란저우(蘭州)농축공장에서 기체확산법에 의한 무기급 HEU가 양산되기 시작하였고, 주취안(酒泉)원자능연합기업에서도 핵무기 부품들이 생산되기 시작하였다. 5월에 칭하이성의 핵무기생산기지에서 원자탄 핵심 부품 개발이 완료되었고, 6월 6일에 핵연료를 장입하지 않은 기폭장치 폭발실험에 성공하였다.

곧 원자폭탄이 완성되어 9월 28일에 칭하이 기지를 떠나 시험장으로 향했다. 첫 원자탄 이름은 '치우샤오지에'(邱小姐, 미국의 Fat Man처럼 보안을 위해 붙인 이름)로 하였고, 만일을 대비해 2발을 제작하면서 그 기호를 596-1과 596-2로 하였다. 핵장치는 기차로 이동하였고, 핵연료는 항공기로 이동하였다.

4) 최초 핵폭발 실험 성공

원자탄이 완성되자 핵실험 방법이 논의되었다. 핵실험위원회가 설립되고, 산하에 제품설계·장외시험·중성자점화·기폭장치실험의 4개 소위원회가 구성되었다. 저우언라이 총리는 중앙전문위원회를 소집해, 최초의 폭발실험에 철탑 폭발 방식을 사용할 것을 결정하였다.

곧 신장 위구르자치주의 Lop Nor(羅布泊) 사막에 102m 높이의 철탑을 세워 상단에 기폭실을 설치하고, 칭하이에서 기차로 운송한 중량 1,550kg의 폭탄을 엘리베이터로 올려 설치하였다. 폭발효과 파악을 위해 주변에 다양한 무기와 시설·동물들을 배치하고, 폭발 후에는 방사화학 등의 효과 분석을 수행하기로 하였다.

1964년 10월 16일 오전 8시부터 36개의 뇌관 삽입을 시작하였고, 15시 정각에 폭발에 성공하였다. 폭발 위력은 22kt이었다. 당일 저녁 인민대회당에서 열린 마오쩌둥의 "동방홍" 가무단 접견장에서 저우언라이 총리가 핵실험 성공을 발표하였고, 밤 22시에는 중앙라디오방송국이 뉴스를 통해 "중국은 어떤 상황에서도 핵무기를 먼저 사용하지 않는다"는 내용의 성명을 발표하였다.

중국의 최초 원자탄 뇌관 삽입

(1) 실전배치를 위한 항공폭탄과 미사일 탄두 개발

원자탄 개발이 진척되면서 제2기계공업부와 항공부·전자부·병기부 등이 공동으로 이의 실전배치 연구를 병행하게 되었다. 먼저 항공기 투하용 원자탄 개발에 착수해 1961년 10~11월에 서북종합미사일실험기지에서 모의탄 공중투하 실험을 수행하였고, 1962년 말에는 실측 모형의 공중투하 실험을 수행하였고, 1962년 말에는 실측 모형의 공중투하 실험을 수행하였다. 1963년에는 핵무기연구소와 공군이 협력해 기폭제어장치 공중실험을 수행하였다. 결국 1965년 5월 14일에 원자탄의 공중투하 폭발실험에 성공하였다.

1964년 4월부터는 "양탄(원자탄과 유도탄) 결합"을 본격 추진하기 시작하였다. 당시에 개발한 동풍2호(DF-2) 미사일에 핵탄두를 탑재하는 방안이었다. 이는 핵탄두 소형화와 미사일의 신뢰성 개선, 이상 발생 때 자폭장치 탑재 등을 포함했는데, 폭약 사용량을 줄이면서 위력이 12kt으로 낮아졌다. 결국 1966년 10월 27일에 원자탄을 탑재한 동풍2호갑2(DF-2A)의 실전 발사시험에 성공하였다. (양탄결합과 폭발시험에 대한 상세한 설명은 필자의 저서인 이춘근(2020), 『러시아를 넘어 미국에 도전하는 중국의 우주굴기』지성사 참조)

(2) 수소탄 개발경로 선택과 폭발실험 성공

원자탄 개발에 성공하자, 수소탄 개발이 가속화되었다. 그 시작은 상당히 빨랐다. 1960년 12월에 제2기계공업부에서 "핵무기연구소에서 원자탄을 집중으로 개발하고, 차기 단계인 수소탄의 이론적 선행연구를 원자능연구소에서 시작할 것"을 제안하였다. 이에 원자능연구소에서 "중성자물리 지도팀"을 설립해, 첸싼창 소장의 지도하에 기초연구를 시작하게 되었다.

원자탄이 성공하자 마오쩌둥은 1965년 1월에 "원자탄도 필요하고, 수소탄도 빨리 보유해야 한다"라고 하면서, 조기 개발을 지시했다. 이에 동년 2월에 제2기계공업부가 중앙전문위원회에 "핵무기 발전을 가속화하기 위한 보고"를 제출해, 원자탄 무기화와 수소탄 개발을 병행할 것을 제안하였다. 원자탄 개발에 주력했던 핵무기연구소에서도 수소탄 연구에 큰 힘을 기울이게 되었다.

여기에서도 '개발 경로'에 대한 심층 토론이 벌어졌다. 중국은 후발국의 우세를 활용해, 앞에서 소개한, 1950년대 미국과 소련의 수소탄 개발경로 차이를 파악하고 있었다. 특히 중국이 당시까지 삼중수소(T)를 본격 생산하지 못하고 있었으므로, 자연스럽게 '소련이 택했던 고체 상태의 중수소화리튬6(Li^6D)에' 주목하게 되었다. 이에 발 빠른 대처로, 1964년 9월에 바오터우(包頭) 핵연료공장에서 Li^6D를 생산하는 데 성공하였다.

먼저, 소련과 같이, 직접 수소탄으로 가지 않고 원자탄 둘레에 핵융합물질을 감싸는 슬로이카(Sloika) 형식의 증폭탄을 구상했다. 핵융합은 이론연구에 수많은 계산이 필요한데, 당시 중국에는 상하이화둥(上海華東)계산기연구소에 오직 한 대의 J501 계산기(계산속도 5만차/초)가 있을 뿐이었다. 이에 1965년 9월에 위민(于敏)이 이끈 제9연구소 13연구실이 이 계산기로 한 달 만에 Li^6D가 포함된 증폭형 원자탄 모델의 최적화 설계를 완성하였다.

이어서 이를 토대로 하는 2단 수소탄 개발 경로를 채택하고, 100일간의 분석 계산과 반복적인 논증을 거쳐 수소탄의 기하학적 형태와 이론 설계를 완성하였다. 수소탄 개발의 두 가지 경로중 하나였던 증폭형 원자탄을 학습해 핵융합의 원리를 파악하고, 이를 토대로 빠르게 수소탄을 개발한 것이다. 기체(D, T) 대신 고체 상태의 Li^6D를 핵융합원료를 사용하는 소련식 수소탄 개발경로가 중국에서도 채택된 것을 알 수 있다.

결국 전문가들이 원자탄 폭발 이후 1년 만에 수소탄 이론 설계를 완성하였다. 1965년 12월, 제2기계공업부가 신장 핵실험기지에서 전문가회의를 개최해 덩자셴과 위민(于敏, 1926~) 등이 제안한 수소탄 설계방안을 수정, 보완하고, 1966년 말까지 공중투하 방식으로 실험할 것을 결정하였다.

이후 원자탄 개발 인력들이 대거 수소탄으로 이전하였고, 세부설계와 생산을 동시에 추진해, 1966년 12월 28일에 수소탄 원리장치 기폭실험에 성공하였다. 1967년 6월 17일에는 서북핵실험기지에서 3Mt(메가톤) 위력의 항공기 투하 수소탄 폭발실험에 성공하였다. 중국이 후발국 우세를 잘 이용했으므로, 원자탄에서 수소탄까지 걸린 시간은 2년 8개월에 불과하였다.

(3) 핵잠수함 개발

중국은 건국 이후의 최대 과학기술 성과로 양탄일성(兩彈一星)을 내세운다. 양탄은 원자탄과 수소탄 또는 원자탄과 유도탄을 말하고, 일성은 인공위성이다. 이밖에 원자력 분야에서는 양탄일정(兩彈一艇)을 언급하기도 한다. 이는 원자탄과 수소탄·핵잠수함을 지칭하는 말이다. 원자탄 생산에 엄청난 어려움을 겪은 것처럼 중국의 핵잠수함 건조도 상당한 역경을 거쳤기에, 이를 동일선상에서 기념하려는 것이다.

1957년 10월, 소련의 기술이전을 받아, 상하이장난(上海江南) 조선소에서 중국 최초의 디젤 동력 613형 잠수함(W급, 중국의 03형)을 생산하였다. 그러나 당시 소련은 제2세대 잠수함인 641형(F급, 1,800ton)과 N급 공격용핵잠수함, E급 순항미사일핵잠수함, H급 탄도미사일핵잠수함 등을 개발하고 있었다. 이에 중국이 1957년의 중소 국방신기술협력 협상 과정에서 소련에게 핵잠수함 건조 지원을 요청하였다.

소련이 이를 거절하자, 마오쩌둥이 "백만 년이 걸려도 핵잠수함을 만들라"고 강력히 지시하였다. 이에 1958년부터 해군과 제2기계공업부가 연합해 핵잠수함 건설을 추진하게 되었다. 마침 소련에 파견되어 핵동력을 전공한 40여 명의 전문인력들이 동년 4월에 귀국하였고, 6월 13일에는 베이징에 건설된 중국 최초의 실험용 중수로가 임계에 도달하였다.

1958년 6월 27일에 핵과 미사일 개발을 주관하던 녜룽전(聶榮臻 섭영진 1899~1992) 원수가 마오쩌둥에게 "탄도미사일 핵잠수함 개발에 관한 보고"를 올렸고 빠르게 비준되었다. 핵심 내용은 641형 디젤 잠수함 관련 자료를 토대로 1961년 10월 1일까지 2,500ton급 핵잠수함을 시험 생산하고, 이어서 5,000ton급 핵잠수함을 설계한다는 것이었다.

1958년 10월에 중국 대표단이 소련 레닌그라드 196조선소의 641형 잠수함과 고르키 조선소의 644형 잠수함(R급, 중국의 33형)을 참관하였고, 1959년에는 블라디보스톡에서

629형 탄도미사일잠수함(G급, 중국의 31형)을 참관하였다. 다만, 핵잠수함은 보여주지 않고, 원자력쇄빙선인 "레닌"호와 내부 원자로를 보여주면서 핵연료 관련 자료를 제공하였다.

소련이 쇄빙선인 레닌호의 원자로를 토대로 핵잠수함을 개발했으므로, 중국 전문가들은 이의 참관에 커다란 의미를 두었다. 참관 후의 학습을 거쳐 1959년 2월 4일에 양국이 「24협정」을 체결하였고, 여기에 소련이 중국에 629형 탄도미사일잠수함과 633형 중형어뢰잠수함, 잠대지 탄도미사일 관련 기술자료를 제공한다는 조항이 포함되었다.

1958년 10월에 핵잠수함 개발기관인 핵잠수함설계조(대외명칭은 조선기술연구실)와 핵동력설계조가 설립되었다. 핵잠수함설계조는 해군함선수리부와 제1기계공업부 선박공업관리국이 연합해 30여 명 규모로 출범하였다. 이들이 선체·동력·전기의 3개 과를 설치하고 "09"로 명명된 개발 프로젝트를 시작하였다. 곧 수많은 대학 졸업생들이 배치되었고, 연구조도 국방부 선박연구원(제7연구원)에 편입되어, 군대 편제를 가지게 되었다.

핵동력설계조는 제2기계공업부 설계원과 원자력연구소가 연합해 18명의 기술간부로 출범하였다. 산하에 생산로·반응로·회로·자동공제·측량 등의 조직을 설치하고 12호로 명명된 개발 프로젝트(후에 09호로 통합)를 시작하였다. 여기에도 대학 졸업생과 미사일 관련 연구원이 가세하였고, 1963년 10월에는 핵잠수함설계조와 합병하여 국방부 산하의 잠수함원자력동력공정연구소가 되었다.

단기간의 타당성 연구를 거친 후 중국이 소련에 「탄도미사일 핵잠수함 연구 설계 초안」을 보내 기술적 자문을 요청하였고, 1959년 4월 상순에 소련이 이에 대한 회신을 보냈다. 여기에는 잠수함의 배수량을 3,500ton에서 4,200ton으로 확장하고 수중 연속항해 기간을 120일에서 70~80일로 단축하며, 탄도미사일은 수직으로 발사해야 한다는 것들이 포함되었다.

단, 당시 중국의 전문가와 설비가 부족해 핵잠수함에 대한 이해가 깊지 못했고, 미국과 소련에서도 비밀로 취급해 어려움을 겪었다. 당시의 대약진 구호에 따라 과도하게 낙관적인 계획을 세웠으나, 이후 여러 차례 조정되었다. 결국 국가 투자가 원자탄에 집중되면서, 핵잠수함은 일부 역량만을 남겨둔 채 1963년부터 3년간 중단되었다. 계획이 재개된 것은 핵실험 성공 이듬해인 1965년부터였다.

핵잠수함의 핵심 설비인 원자로 건설과 운영에 경험이 없었으므로, 먼저 지상에 동일한 원자로를 건설해 가동하면서 문제점을 개선한 후 잠수함에 탑재하려 하였다. 이에 1965년부터 쓰촨(四川)성 심산유곡에 시험용 원자로를 건설해 1970년 4월에 완공하였고, 동년 8월 말에 전면 가동에 성공하였다. 초기 원자로 핵연료는 3% 농축우라늄으로, 잠수함의 연료전환 주기가 상당히 짧았다.

이후 1979년 퇴역할 때까지 핵잠수함 가동을 상정한 각종 가동시험을 수행하였고, 이를 통해 원자로 운영 경험과 초기 설계의 문제점 개선, 각종 성능 지표 확인 1,000여 명에 달하는 인력양성, 관련 설비 연구 등의 성과를 축적하였다. 다만, 안전 가동의 상하한선 설정에 어려움을 겪었고, 문화대혁명의 와중에 지상 원자로와 핵잠수함 개발이 거의 동시에 추진되어, 지상 시험로 가동 경험이 핵잠수함 설계에 제대로 반영되지 못했다.

핵잠수함 생산도 본격화하였다. 선형과 유도탄·항법 등은 소련에서 이전받은 629형 재래식 탄도미사일잠수함을 모태로 하고, 첨단기술 연구와 자력갱생을 병행하였다. 1966년 말에 다롄(大連)조선소의 629형 잠수함 생산 인력들이 핵잠수함건조장으로 이전하였고, 여타 조선소 관련 인력들도 대거 충원되었다.

육상시험 원자로와 첫 번째 핵잠수함 개발 시간 비교

	육상시험 원자로	첫 번째 핵잠수함
타당성 조사	1958년 7월	
개발 승인	1965년 3월	
기지 건설 착공	1965년 말	1968년(핵잠수함 기지)
프로젝트 논증	1965년 이전	1965년 5월~1965년 8월
프로젝트 설계	1965년	1965년 8월~1966년 6월
초안 설계(1단계 설계)	1965년 하반기	1966년 7월~1966년 12월
기술 설계(2단계 설계)	1966~1967년	1967년 8월~1968년 5월
시공설계	1968~1969년	1968년~1970년 6월
착공	1968년 1월	1968년 11월
설비 안장 및 조정	1969년 말~1970년 4월	1970년 4월~1971년 4월
비임계 가동시험	1970년 5월~1970년 7월 (6월 하순 장전; 6월 28일 냉각 임계도달; 6월 30일 고온임계 도달)	1971년 4월~1971년 8월 (부두 정박시험; 4월 장전; 5월 냉각임계도달; 6월 고온임계도달)
원자로출력 향상 시작	1970년 7월 25일 (26일 발전기 전력공급)	1971년 7월 1일 원자력발전 출력향상, 1971년 8월~1972년 4월 시험운행
첫 최고출력도달	1970년 8월 30일	1988년(수중고속운전시험)
퇴역	1981년	2000년

1969년에는 목재와 금속·플라스틱으로 실제 크기의 모형 잠수함을 만들어 내부 설비와 케이블을 안장하는 시험을 하였다.

1968년 5월부터 실제 핵잠수함 건조에 착수해, 1970년 4월에 외형을 완성하고 설비 안장을 시작하였다. 1970년 12월 26일에 중국 최초의 어뢰공격형 핵잠수함(한급)을 진수하고, 1971년 4월 1일부터 7월 1일까지 정박 상태에서의 가동시험(최초 임계)을 실시하였다.

1971년 8월 23일부터 항해 시험에 진입하였다, 다만, 9월 13일에 "린뱌오(林彪 1907~1971) 반란사건"이 발생하고, 문화대혁명 와중에 설비고장이 속출하였으며, 증기발생기와 배관 파손 등으로 승무원이 고온과 강한 방사선에 노출되는 사고를 겪었다. 부식과 증기발생기 균열에 의한 증기 누출, 밸브와 응축기·감속기어 등에서의 결함, 재료 선정과 정밀설계·용접 가공 등에서의 한계도 자주 노출되었다.

핵잠수함 건조에 따라 1969년 7월에 36명으로 구성된 부대가 창설되었고, 1974년까지 2,000여 명으로 확대되었다. 우여곡절 끝에 1974년 8월 1일 건군절에 버하이(渤海)만에서 중국 최초의 핵잠수함 "장정1호(401호)"의 명명식이 거행되고 해군에 인도되었다. 동급 두 번째인 402호가 1977년에 취역하고 문제점도 개선되었으나, 근본적 문제는 여전히 존재하여 장기간 제대로 된 성능을 발휘하지 못했다.

탄도미사일발사형 핵잠수함은 1981년 7월에 정박상태 가동시험이 시작되고, 1983년 1월부터는 항해 시험이 시작되었다. 1983년 8월 25일에 해군에 인도되어 명명식(406호)을 갖고 훈련에 투입되었다. 이후 잠수함발사탄도미사일(SLBM) 탑재가 추진되어 1984년, 1985년, 1988년에 미사일 수중 발사 시험을 했고, 마침내 성공하였다. 중국이 세계에서 5번째로 탄도미사일핵잠수함을 가지게 된 것이다.

5) 유도탄과 핵탄두의 결합

(1) 중앙전문위원회의 설립과 양탄 결합 추진

중국 정부는 원자탄 개발의 통일 영도를 위해 1962년 11월 17일, 중공중앙(中共中央, 중국공산당 중앙위원회의 약칭) 직속의 '중앙 15인 전문위원회(약칭 중앙전위)'를 설립했다. 저우언라이 총리가 주임을 맡고 관련 분야를 관장하는 7명의 부총리와 7개 부처 장관을 위원으로 두었다.

중국은 핵무기 개발 초기부터 빠른 실전 배치를 추구했다. 이에 1963년 9월, 국방과학을 총괄하던 녜룽전이 핵무기 개발 부서에 "우리 군에 배치하는 핵무기는 유도탄 탑재를 위주로 개발하고 항공 폭탄은 이를 보조한다"고 했고, 중앙전문위원회는 12월에 이를 승인했다. '항공기는 요격 없이(받지 않고) 적진에 진입하기 어려우므로 먼저 유도탄에 집중한다는 것'이다.

1965년 2월에 열린 중앙전문위원회 10차 회의에서 '양탄 결합(원자탄과 유도탄의 결합)' 세부 계획을 확정하고 이를 위해 7명의 위원을 추가했다. 이들은 국가계획위원회 제1부주임과 유도탄 관련 6개 부처 장관들이었다. 제7기계공업부 부부장(차관)이었던 첸쉐썬도 회의에 몇 번 참석하다가 1967년 5월에 정식 위원이 되었다.

○ 원자탄과 수소탄 시험의 성공

중국은 둥펑 2호 시험발사에 성공한 지 3개월 만인 1964년 10월 16일 15시에 신장 위구르자치구의 뤄부포(羅布泊, Lop Nor) 사막 102미터 철탑에서 첫 번째 원자탄을 폭발시키는 데 성공했다. 핵장치 중량 1,550킬로그램의 위력은 22킬로톤에 달했다. 이듬해 원자탄의 항공기 투하 폭발 실험에 성공했고, 1967년에는 중국 최초의 수소탄 투하 실험에 성공했다.

둥펑 2호갑(DF-2A)
유도탄과 핵탄두의 결합

"嚴肅認眞 周到細緻, 穩妥可靠, 萬無一失."(靠고 : 믿다)
(엄숙진지하고 주도면밀하며, 신뢰성을 확보하여 만의 하나라도 놓치지 말라.)

독자 개발한 둥펑 2호를 개량한 둥펑 2호갑 유도탄과 핵탄두의 결합 실험에 돌입할 당시, 저우언라이(周恩來) 총리가 지시한 '16자 방침(十六字 方針)'이다. 중국은 국내외로 아주 어려운 상황에 처해 있었음에도 핵무기 개발을 포기하지 않았다. 이를 통해 조기에 독자적인 핵탄두 유도탄 개발에 성공했고 전 세계가 중국의 실전용 전술·전략 핵무기 보유를 인정하게 되었다.

둥펑 2호의 개발이 성공을 거두자, 후속 조치로 사거리 연장 계획이 수립되었다. 먼저 둥펑 2호(DF-2)를 개량한 둥펑 2호갑(DF-2A)의 개발이 시작되었다. 이것은 핵무기와 연동하여 명실상부한 중단거리 핵탄두 유도탄을 개발하기 위함이었다. 따라서 자연스럽게 유도탄에 탑재할 수 있는 핵탄두의 개발과 결합 시험이 당면 과제로 떠올랐다.

둥펑 2호 시험발사가 임박했던 1964년 9월, 첸쉐썬에게 양탄 결합에 대한 내용이 전달되었다. 국방부 제5연구원은 첸싼창(錢三强)이 있는 제2기계공업부와 함께 타당성 연구에 돌입했다. 이때 제5연구원이 제7기계공업부로 개칭되었으므로 양탄 결합 프로젝트를 두 기관의 이름을 따 '27펑바오(暴風 firestorm)'이라 명명했다.

1964년 12월 말에 첸쉐썬이 주도하는 타당성 연구팀에서 「양탄 결합 계획 보고서」를 제출했다. 이 보고서는 유도탄 개량, 원자탄 탄두 개량, 양탄 결합을 위한 전면적 조치와 협력의 세 부분으로 구성되었다. 핵심 사항으로 검토한 것은 탄두의 소형화(小),

유도탄의 개량(檜), 탄두 결합(合), 안전(安)의 네 가지였다.

탄두 소형화는 원자탄 소형화와 함께, 핵탄두가 유도탄 발사 후의 소음과 충격, 진동, 대기권 재진입 시의 파열음과 진동, 중량 초과 등의 환경 조건을 극복하도록 개량하는 것이었다. 유도탄은 핵탄두 운반수단인데, 기존의 둥펑 2호를 개량해 사거리가 늘어난 둥펑 2호갑(DF-2A)을 만드는 것을 의미했다.

탄두 결합은 원자탄과 유도탄의 결합을 의미한다. 즉, 진동 감축과 완충 기능을 갖춘 유도탄 밀봉 탄두에 핵무기를 안장하여 일정한 강도와 온도·습도를 유지하도록 하는 것이었다. 안전은 실제 핵폭발 시험에서의 안전을 의미한다. 유도탄이 자국 내 주민들의 거주 지역 상공을 통과해 폭발하므로 만일의 사태에 대비하여 비행 탄도 아래 주민들을 보호할 대책을 강구해야 했다.

(2) 요소 기술의 개발

핵탄두의 소형화는 핵무기 주관 부서인 제2기계공업부 주도로 완성되었다. 1964년에 실험했던 중국 최초의 핵장치 중량은 1,550킬로그램 정도로 탄두 중량이 1,500킬로그램인 둥펑 2호갑에 탑재하기에는 너무 무거웠다. 재진입에 필요한 유리섬유강화플라스틱(GFRP) 보호막의 무게가 200킬로그램에 달했기 때문이다.

1965년 5월 14일, 핵탄두의 소형화를 목표로 한 항공기 투하 핵폭발 실험에 성공했고, 이후에는 지상 핵실험을 통해 소음·진동·충격·온도 등에 대한 모사 실험을 반복했다. 하지만 방열 재료를 포함한 탄두의 소형화가 어려워 일정이 지연되었고, 둥펑 2호갑이 개발 완료된 1966년 초까지 완성하지 못했다. 결국 폭약 사용량을 줄여 폭발 위력을 22킬로톤(kt)에서 12킬로톤으로 낮아졌고, 최종적으로 1,290킬로그램 정도의 탄두를 개발하는 데 성공했다.

둥펑 2호의 개량은 제7기계공업부 주도로 이루어졌다. 제5연구원 1분원의 주도로 추진제 사용량을 늘리고 엔진 추력을 40.5톤에서 45.5톤(실제 측정 결과 47.5톤)으로 개선했다. 이를 통해 비추력을 개선하고 사거리를 1,200킬로미터까지 연장했다.

제어계통도 전 관성유도(All-Inertial Guidance)로 전환하여 작전 성능을 개선했다. 이전에 사용했던 소련식 무선지령신호에 의한 편차교정 방식은 발사기지 후방에 수십 킬로미터 길이의 교정 기지를 설치해야 했다. 이러한 기지는 적군의 간섭과 공격을 받기 쉽고 이동이 불편해 작전 수요에 부적합했다. 설계 전문가들은 기존의 좌우 편차교정에 전후 편차교정을 더하고 좌우 편차교정용 가속도계를 추가하여 간단한 계산으로 제어가 가능하도록 개량했다.

이때 탄두의 형상 문제가 제기되었다. 기존의 둥펑 2호의 고성능 폭약탄두는 타원형이었다. 핵장치를 탑재하려면 외형을 바꾸고 용적을 늘려야했다. 하지만 이는 유도탄의 전반적인 공기역학에 영향을 주기 때문에 설계를 바꿔야만 했다. 그래서 탄두의 모양을 크게 바꾸지 않으면서 내부 구조를 조정하여 핵장치를 탑재하는 방안을 추진했다.

다른 기술들의 개발은 둥펑 2호 개발 경험과 잘 구비된 지상 시험설비를 활용해 비교적 순조롭게 이루어졌다. 1965년 11월부터 2개월 간 둥펑 2호갑의 시험발사가 8차례 수행되었고, 7번 성공했다. 1차 실패도 우연히 발생한 사고임을 감안하면, 핵탄두 탑재를 위한 개량형 둥펑 2호갑 유도탄 개발이 성공적이었음을 알 수 있다.

양탄 결합은 탄두의 방열 문제로 어려움이 있었다. 첸쉐썬은 이를 근본적으로 해결하면서 사거리 연장이라는 미래 수요에도 효과적으로 대비하기 위해 1964년 2월부터 전국 범위의 프로젝트를 추진했다. 이 프로젝트에는 중국과학원 물리연구소와 역학연구소, 제7기계공업부와 기타 관련 부처 등 30여 기관들이 포함되었다.

이들은 다양한 방식의 유도탄 탄두 방열 방법에 대해 연구했다. 탄두 외벽에 도료 피막을 입히고 내부에 공간을 두어 격벽을 만들었으며, 산화막층을 만들기도 했다. 실리콘 복합재료와 유리섬유 복합재료 등의 방열 재료 연구와 유체역학을 이용한 탄두 형상 최적화 연구도 이때부터 본격적으로 시작되었다.

결국 연구자들이 새로운 기술들을 집대성하여 핵탄두에 유리섬유강화 플라스틱 방열층을 입히고 대기권 재진입 시 내부 온도를 100도 이하로 떨어뜨리는 데 성공했다. 또한 내부 핵장치에 비행 환경 정보를 제공하는 장비와 밀봉 상태에서 온도 조절과 진동 감지 및 완충이 가능한 부가 장비도 설치했다. 물론 탄두 중량이 증가하긴 했으나 최적화 과정을 거쳐 한계를 넘지 않도록 했다.

원자탄 개발은 국가 기밀 사항이라 비밀 보호 조치 상태였다. 핵무기와 유도탄 개발자들의 보안 등급이 서로 달랐다. 핵무기 개발자들은 유도탄을 볼 수 있지만 반대로 유도탄 개발자들은 핵무기의 실물과 설계도를 볼 수 없었다. 따라서 유도탄 개발자들이 탄두 장착에 필요한 무게중심과 중량·위치·관성 특성 등 필요한 정보를 얻을 수 없었고, 어느 정도의 공간이 필요한지도 몰랐다.

결국 첸쉐썬이 상부에 이러한 문제점을 보고했고, 제2기계공업부와 제7기계공업부 핵심 관련자들이 연합 사업팀을 결성해 비밀 제한을 해제했다. 이에 따라 제1분원의 유도탄 개발자 12명이 핵무기를 개발하는 제2기계공업부 제9연구원에 파견되어 원자탄의 실물과 조립 과정을 파악했다. 그들은 이때 얻은 정보를 근거로 탄두 용량을 확대하며 핵탄두의 안정 위치를 조절했다.

이외에도 주민의 안전 문제가 대두되었다. 저우언라이 총리는 제7기계공업부에 "유도탄이 중도에 추락하면 안 된다"고 지시했고, 제2기계공업부에는 "유도탄이 비행 도중 추락하더라도 핵폭발이 일어나면 안 된다"고 지시했다. 또한 핵탄두의 안전 조치와 비상시 폭발 차단을 위해 핵물질 없이 진행하는 냉(冷) 실험을 한 후, 그 결과를 보고 실제 핵을 폭발시키는 열(熱) 실험 여부를 결정하기로 했다.

(3) 핵탄두 탑재 유도탄 폭발 실험

저우언라이 총리는 중앙전문위원회의 마지막 양탄 결합 회의에서 다양한 의견을 들은 후, "엄숙진지하고 주도면밀하며, 객관적 신뢰성을 확보하여 만의 하나라도 놓치지 말라(嚴肅認眞 周到細緻, 穩妥可靠, 萬無一失)"는 '16자 방침'을 하달했다.

이를 들은 한 전문가가 "만무일실은 도저히 감당할 수 없다"며 하소연을 하자, 총리가 웃으며 "당신들이 생각할 수 있는 문제들만 해결하면 된다. 발견할 수 있는 문제들을 모두 해결하는 것이 만무일실이다"라고 답했다고 한다. 당시에 제5연구원 제1분원에서 계산한 바에 따르면 핵탄두 유도탄이 민간인 지역에 낙하해 폭발할 확률은 10만분의 6이었다.

곧 제7기계공업부에서 7발의 둥펑 2호갑 유도탄을 제작했다. 이 중 5발은 공중폭발 실험과 핵탄두 기폭장치 실험용이었고, 나머지는 실제 핵폭발 과정인 열실험용이었다. 비상시 폭발 방지 대책으로는 문제 발생 시 지상에서 암호를 전송해 핵탄두를 무력화한 후 유도탄을 자폭시키는 방법을 택했다.

1966년 9월 초, 4발의 둥펑 2호갑이 주취안 발사장에 도착했다. 저우언라이 총리의 지시대로 먼저 비상시 핵폭발 방지 체계 확인을 위한 공중폭발 실험을 하고 그 다음으로 냉실험을 한 후, 마지막에 열실험을 하기로 했다. 10월 초에 둥펑 2호갑이 정상 비행 50초 후에 비상 핵폭발 방지실험을 성공적으로 완료했고, 중순에는 두 차례의 냉실험에 성공했다. 첸쉐썬은 모든 준비가 완료되었다고 보고하고 열실험 명령을 기다렸다.

곧 베이징에서 중앙군사위원회가 열려 최종 점검에 들어갔다. 철도부에서는 3량의 열차를, 해방군 총후근부(總後勤部, 군수업무 담당)와 국방과학기술위원회에서 500대의 자동차를 대기시켰다. 만일의 사태에 대비하여 공군이 유도탄 예정 비행경로를 정찰해 양쪽 200킬로미터 이내의 거주민 수만 명을 안전지대로 이동시켰다. 지역 주민 대부분이 소수민족인데다 수많은 가축을 기르고 있었기 때문에 이들을 설득하고 이동시키는 데 어려움을 겪었다.

발사 3일 전, 녜룽전이 마오쩌둥에게 시험발사에 대해 보고했고, 그는 "이번 시험에 성공할 수도 있고, 실패할 수도 있다. 실패해도 긴장하지 마라"며 최종 승인했다. 발사 하루 전날, 강한 바람이 부는 상황에서 유도탄과 핵탄두를 발사장으로 운반했고 발사 당일 새벽, 양탄 결합을 시작하여 80여분 만에 완료했다.

하지만 발사가 임박했을 때, 탄착 지역에서 급한 연락이 왔다. 예정 지역 3,000미터 상공에 강한 바람이 분다는 것이었다. 탄도 편차가 커지지 않을까 염려한 녜룽전이 이를 베이징에 보고했으나, 저우언라이 총리는 모든 사항을 현지에서 판단해 결정하라는 지시를 내렸다. 녜룽전이 급히 회의를 개최했고 바람의 영향이 크지 않을 것이라 판단한 전문가들의 의견에 따라 계획대로 유도탄을 발사하기로 했다. 이후 총리에게 결정 사항을 보고하고 동의를 얻어 실험을 시작했다.

1966년 10월 27일 9시, 핵탄두를 장착한 「둥펑 2호갑」 유도탄이 발사되어 9분 14초 후 894킬로미터 떨어진 뤄부포(羅布泊) 상공 569미터 고도에서 폭발했다. 탄두의 소형화로 위력은 최초 원자탄의 절반 수준인 12킬로톤으로 낮아졌다. 연구자들은 환호성을 질렀고, 이 소식은 바로 총리에게 보고되었다. 다음날 <신화사> 공보를 통해 중국과 전 세계에 전파되었다.

원자탄 실험 후 핵탄두를 개발하는 데 미국은 13년, 소련은 6년이 걸렸다. 하지만 중국은 단 2년 만에 성공을 거두었다. 이 실험의 성공으로 중국은 실전 사용이 가능한 핵 유도탄을 보유하게 되었다. 같은 해 7월 1일, 해방군은 전략유도탄부대인 제2포병을 창설했다.

(4) 관계 기관의 협력과 역경 극복

원자탄과 유도탄의 양탄 결합이 성공할 수 있었던 것은 연구 기관들의 협력이 있었기 때문이었다. 보안이 철저하고 성격이 이질적인 기관들이 원만하게 협력한 것은 본받을 만했다. 핵무기를 개발하는 「제2기계공업부」와 유도탄을 개발하는 「제7기계공업부」는 1960년대 중국 첨단무기 개발의 양대 축으로, 고위층의 관심과 지원이 가장 많이 집중된 곳이다. 따라서 소련의 지원도 이 두 분야에 대부분 할애되었고 지원 중단의 피해도 가장 크게 받았다.

두 기관은 개발 과정에서 오는 부담과 어려움을 같이 겪었고, 자력갱생으로 반드시 목표를 이루고야 말겠다는 의지도 공유했다. 두 기관의 장이 「중앙전문위원회」와 같은 관리 기구에 함께 들어가 자주 교류를 한 것도 주효(奏效)했다. 이러한 여정을 겪으면서 제2기계공업부와 제7기계공업부가 깊은 동질감과 자긍심을 가지게 되었고, 서로 긴밀히 협력하게 되었다.

6) 고체 추진제 개발과 유도탄 현대화

(1) 고체 추진제 개발을 위한 선행연구

1970년대 중반, '8년 4탄 계획'이 완료되면서 중국은 새로운 중장기 계획으로 2세대 유도탄을 개발하기 시작했다. 이는 유도탄의 생존 능력과 방어 돌파 능력, 타격 능력을 집중적으로 개선하는 것이었다. 이 계획 아래 연료를 고체로 전환하고 투발 수단을 첨단화, 다양화하면서 이미 개발한 요소 기술과 부품들을 다시 한 번 사용하고, 우주 발사체로의 전환도 추진했다.

중국의 첫 잠수함발사탄도탄(SLBM)이자 고체 추진제를 채택한 쥐랑 1호(JL-1)는 1세대에서 2세대로 넘어가는 중간 단계의 유도탄이라 할 수 있다. SLBM은 기동 범위가 넓고 은밀하며 생존 능력이 강해 적의 선제공격을 받은 후 핵심 반격 수단으로 각광을 받고 있다. 중국은 일찍부터 고체 추진제 SLBM과 지대지 유도탄을 개발해 2세대로의 전환을 앞당겼고, 이제 3세대를 개발하고 있다.

중국 최초의 고체 추진제
잠수함발사탄도탄(SLBM)
쥐랑 1호(巨浪一號)

"1만 년이 걸려도 핵잠수함을 만들어야 한다." 1959. 1. 9. 마오쩌둥

액체연료를 사용한 둥펑 1호에서 5호까지를 제1세대 유도탄이라 한다. 액체연료 유도탄은 시스템이 복잡하고 발사 준비 시간이 길며, 기동성과 은밀성이 떨어졌다. 따라서 운영 편의성과 방어 돌파 능력·생존성·기동성을 획기적으로 개선하기 위해 고체연료 유도탄을 개발하게 되었다. 고체연료 유도탄은 구조가 간단하고 부피가 작다. 또 신뢰성과 기동성이 좋고 발사 준비 시간이 짧으며, 지상 설비가 간단해 은폐와 장기 저장, 수송이 편리하다는 장점이 있다.

캘리포니아 공과대학에서 서전트미사일(Sergent Missile) 개발에 참여했던 첸쉐썬은 일찍부터 고체 추진제에 주목해왔고, 장점과 기술 특성도 이해하고 있었다. 그는 1956년 10월 국방부 제5연구원을 설립할 때부터 장기과제로 고체 엔진 개발을 지시했다. 이에 연구원 산하 추진제연구실(10실)에 고체 추진제 연구팀을 만들어, 복합 추진제 중심의 고체연료 개발을 시작했다. 초기에는 대학을 갓 졸업한 청년 3명으로 출발했으나 1960년대에 70여 명으로 확대되었고, 학술 기반이 튼튼한 중국과학원과의 협력도 강화했다.

1958년에 중국과학원 창춘(長春)응용화학연구소에서 '싸이오콜(thiokol) 고무 합성'에 성공했고, 다롄(大連)화학물리연구소에서는 '과염소산암모늄(NH_4ClO_4) 산화제'를 개발했다. (다황화계(多黃化系) 합성고무로, 에틸렌과 유황이 결합된 것이다. 저온 내성이 강해, 장거리 유도탄이나 우주 발사체 고체연료의 결합제로 사용된다.)(Ammonium Perchlorate(AP) 복합고체 추진제의 산화제로 사용한다.)

하지만 싸이오콜 고무의 점도가 너무 높고 유동성이 떨어져 성형에 상당한 어려움을 겪었다. 연구원들은 연필 크기의 작은 연료통을 만들어 시험하면서 기술을 축적했다.

1959년부터 국방부 제5연구원과 제3기계공업부가 연합해 대대적인 기술개발을 추진했고, 1960년에 직경 65센티미터의 시험 엔진 연소 시험에 성공했다. 1961년 1월, 국방과학기술위원회에서 '제1차 전국 추진제 계획회의'를 개최해 액체·고체·혼합 추진제 등 14개의 연구팀을 결성했고, '복합 고체 추진제 3개년 발전 계획'도 수립했다. 이러한 노력이 쌓여 1961년 말에 유도탄을 적합한 싸이오콜 고무 복합 추진제 대량 생산이 가능하게 되었다.

1962년 11월, 국방부 제5연구원에 고체로켓엔진연구소를 설립하고 300밀리미터 직경의 시험 유도탄과 770밀리미터 무유도 고체 추진제 개발에 착수했다. 싸이오콜 고무는 점도가 높아 배합 공정이 매우 까다롭다. 1962년에 200킬로그램의 장약(gunpowder)을 교반하던 중 폭발이 일어나 4명이 희생되었으나, 일정 기간 동안 안전 조치를 강화한 후 연구를 재개했다.

1964년 4월, 제5연구원에서 고체로켓엔진연구소를 확장해 고체 엔진을 전문적으로 연구하는 제4분원을 창설했다. 이들은 우선적으로 300밀리미터 엔진 개발을 중점 과제로 삼고, '점성 유지와 연소 불안정 문제'를 해결했다. (첸쉐썬은 자신의 경험을 토대로, "고체 추진제에 알루미늄 분말을 첨가하면 연소되어 산화 알루미늄이 되고, 이때 생성된 고체입자들이 교반기 역할을 해 연소 불안정을 억제한다"고 했다. 현재는 일반화된 기술이지만, 당시에는 비밀로 취급되어 파악하기 어려웠다.) 엔진 28대의 지상 시험과 저장·충격·진동·운송 시험을 했고 1965년 여름, 6발의 모의탄 비행시험에 성공했다.

시험을 통과한 후, 300밀리미터 고체 엔진이 실용화되었다. 1965년 말부터는 우주발사체인 창정 1호의 3단 고체 엔진(직경 770밀리미터, 길이 4미터, 추진제 중량 1.8톤) 개발을 시작했다. 3단 엔진은 공기가 없는 600킬로미터 상공에서 초당 180회를 회전하며 점화를 해야 하는데, 고속 회전으로 산화알루미늄이 침강해 엔진이 과열되는 문제가 해결 과제로 떠올랐다.

연구자들은 배합할 때 사용하는 알루미늄 입자를 16마이크론(μ) 이하로 작게 만들어 함량을 9퍼센트에서 5퍼센트로 줄였고, 결국 1968~1970년 사이에 진행된 19차례의 지상 시험을 모두 통과했다. 이로써 1970년 4월 24일, '창정 1호 3단에 자주 개발한 770밀리미터 고체 추진제 엔진을 탑재하여 중국 최초의 인공위성 발사에 성공했다.'

고체 추진제 유도탄 개발이 본격화되면서 직경이 큰 고체 엔진 개발이 새로운 과제로 떠올랐다. 이는 대용량 혼합기를 갖추고, 추진제가 고체화될 때 분층(층으로 나눠짐)과 균열이 발생하지 않아야 한다는 것을 의미했다. 하지만 당시 중국에는 대형 혼합기가 없었다. 소련제 수평 혼합기는 생산 효율이 매우 낮았고 때때로 폭발하기도 했다. 군부는 대형 수직 혼합기 개발을 과제로 상정하고 지원을 시작했다.

국가 차원의 지원을 바탕으로 1968년에 중국 최초의 100리터 수직 혼합기를, 1978년에는 2,000리터급 대형 수직 혼합기를 개발하는 데 성공했다. 추진제의 냉각 고체화 과정에서 케이스와 추진제의 수축률이 달라 빈틈이 발생하기 쉬운데, 기술자들은 이중 격벽을 설치하고 내부 코팅제를 개선해 문제를 해결했다.

각고의 노력 끝에 생산된 직경 1.4미터의 고체연료 엔진이 1980년 말부터 쥐랑 1호 시제품에 적용되었다. 엔진 직경도 300밀리미터와 770밀리미터에서 1,000밀리미터, 1,400밀리미터, 1,700밀리미터, 2,000밀리미터로 점차 확대되었고 재료 성능과 품질도 개선되어 유도탄과 우주비행선 등에 활용되었다.

(2) 고성능 고체 추진제 개발

고체 추진제의 가장 큰 약점은 대형화가 어렵다는 것이다. 같은 추진제로는 주요 성분 배합비를 조절해 성능을 끌어올린다 해도 추력이 획기적으로 증가하지는 않는다. 또 케이스의 직경과 길이를 늘여 추진제 용량을 확장해도, 부피가 증가하는 것에 비해 추력이 늘어나지는 않는다. 추진제의 부피는 세제곱만큼 늘어나지만 연소가 내부 표면에서 일어나 추력은 제곱만큼만 증가하기 때문이다. 이는 사거리를 늘려 고체 추진제 대륙간 탄도탄을 개발하는 데 걸림돌이 된다.

이를 극복하기 위한 방안으로 탄두 소형화를 통한 중량 감축, 구조 재료의 교체(금속 케이스에서 고성능 섬유로)를 통한 중량 감축, 고성능 추진제 개발 등이 거론되었다. 중국은 1970년대 이후 핵탄두 소형화에 성공했고, 고성능 유기섬유를 개발해 중량을 대폭 줄이는 데 성공했다. 이와 함께 새로운 고성능 추진제 개발에도 집중했다.

초기에 개발한 싸이오콜 고무 추진제는 점도가 높아 고체연료 함량을 증가시키는 데 제한적이고, 연소 불안정이 심하다는 문제가 있었다. 심지어 생산 공정도 불안정하여 폭발 사고도 잦았다. 1960년대 중반부터 싸이오콜 대신 PBAA(Polybutadiene Acrylic Acid)로 눈을 돌렸고, 1960년대 말부터 CTPB(Carboxyl Terminated Polybutadiene) 추진제에 집중했다. 그러나 문화대혁명으로 사회적 혼란이 가중되는 바람에 연구 역시 큰 진전이 없었다.

문화대혁명이 진정되어가던 1975년, 제4연구원의 고체 추진제 기초연구가 활발해지면서 HTPB(Hydroxyl Terminated Polybutadiene) 추진제가 주류로 등장했다. 이 추진제는 가격이 저렴하고 점도가 낮아 생산성이 좋았고, 고체 함량이 높아 역학적 성능도 우수했다. 게다가 연소 속도를 조절하는 범위가 넓고 기술적 성숙도도 높아 유럽과 미국 등에서 폭넓게 사용되고 있었다.

싸이오콜 고무를 개발했던 중국과학원 창춘응용화학연구소에서 부타디엔 고무를 합성했고, 고화제 TDI(Toluene Diisocyanate)와 가소제 DOS(Dioctyl Sebacate) 등의 첨가제들도 대부분 중국내에서 생산했다. 당시 최우선 국방과제로 개발 중이던 잠수함발사탄도탄(SLBM) 쥐랑 1호에 HTPB를 채택했고, 지대지 유도탄들도 대거 고체연로로 전환되었다.

우수하고 안정적인 고체 추진제 생산은 또 다른 중점 과제인 통신위성 개발에도 크게 기여했다. HTPB 추진제는 고공 점화가 가능했고 연소 성능도 좋아 '장시간을 비행해 36,000킬로미터 지구정지궤도로 진입해야 하는 통신위성용 엔진에 적합했다.' 이를 이용한 「둥팡훙(東方紅) 2호 통신위성」이 1984년 4월, 궤도 진입에 성공하기도 했다.

그러나 개발 진행 중에 다시 추진제 성능의 한계에 부딪히게 되었다. 생산 설비를 대형화해 직경이 3미터에 달하는 HTPB 엔진을 개발했으나, 중량이 무거워 비포장도로 기동이 어려웠고 SLBM에 적용하기도 어려웠다. 이에 선진국 사례를 참고한 중국은 더욱 성능이 우수한 고체 추진제 NEPE(Nitrate Ester Plasticized Polyether, 중국명 N15)를 개발하는 데 성공했다.

NEPE 추진제는 1970년대 말 미국이 개발한 것이다. 이 추진제는 추력이 높고 충격에 덜 예민하며 넓은 온도 범위에서도 역학적 성능이 우수해 MX 대륙간탄도탄과 전술 유도탄 등에 많이 사용되었다. 이에 중국도 1984년에 국방과학공업위원회 산하 고체 추진제 전문위원회를 설립하고, NEPE를 포함한 차기 고성능 추진제 개발에 매진하게 되었다.

개발을 주도한 사람은 위원회 주임인 추이궈량(崔國良)과 그의 소련 유학 동기이자 부인인 류위펀(劉寶芬)이었다. 두 사람은 광범위한 조사를 거쳐 1985년에 NEPE 개발에 주력할 것을 건의하고 타당성 검증을 거쳐 1991년부터 본격적인 개발에 주력할 것을 건의하고 타당성 검증을 거쳐 1991년부터 본격적인 개발을 시작했다. 주력 참가기관은 항천(우주)공업부·병기공업부·베이징이공대학·중국과학원·화학공업부 산하 연구소 등이었다.

NEPE 추진제는 질산 에스테르를 함유해 연료통 부식이 심했다. 이를 방지하기 위해 절연 재료의 개발과 구조 개선을 병행했다. 고성능 첨가제는 미국이 주로 사용하던 HMX(High-Molecular-weight rdX) 대신 국내에 생산 기반이 있는 RDX(Research Department Explosive)를 주로 사용했고, 결합체는 MAPO[Tris(1-(2-Methyl) aziridinyl) Phosphine Oxide]를 사용했으며, 연소 성능 조절제와 노화 방지제 등도 개발해 다양하게 적용했다.

오랜 시간 공들인 끝에 1993~1998년 직경 0.3미터, 길이 1.4미터 NEPE 고체 추진제 엔진 시험에 성공했고, 1998년에 공식 승인을 받았다. 그 후 2세대 SLBM인 쥐랑 2호(JL-2)와 육상형인 둥펑 31호(DF-31) 등에 채택되어 진정한 의미의 고체 추진제 대륙간탄도탄을 보유하게 되었다. 최근에는 이 탄도탄들의 최적화와 함께 CL-20 등 차세대 고성능 추진제도 개발하고 있다.

(3) 중국 최초의 고체 추진제 SLBM 쥐랑 1호 개발

(초기 명칭은 '쥐룽 1호(巨龍 一號)'로 하고 기호를 JL로 했으나, 마오쩌둥이 용은 나쁜 동물의 이미지가 있다고 싫어했다. 이에 1972년 4월 29일에 영문 기호가 같은 '쥐랑(巨浪)'으로 변경했다.)

1958년, 흐루쇼프가 중국을 방문했을 때 마오쩌둥이 핵잠수함 건조 지원을 부탁했으나 거절당했다. "기술이 복잡하고 가격이 엄청나 중국이 개발할 수 없으니, 소련이 중국을 방어해준다"는 것이었다. 마음이 상한 마오쩌둥은 국방과학 담당부서에 "일만 년이 걸려도 핵잠수함을 만들라"고 강력히 지시했다. 이때 잠수함용 고체 추진제 유도탄(SLBM) 개발의 필요성도 제기되었다.

고체 엔진의 초기 개발이 성과를 거두자 1967년 국방과학기술위원회에서 복합고체 추진체 2단 SLBM 쥐랑 1호(巨浪一號, JL-1) 개발을 지시했다. 중국 최초의 고체연료유도탄으로 1단짜리 단거리 유도탄을 건너뛰고 바로 2단 중거리 유도탄으로 개발되었다. 또한 육상 발사형 이전에 잠수함 발사형을 개발했다. 엔진 구조 재료로는 당시 개발 중이던 초고강도 강을 사용했고, 연소관으로는 신형 내부식성 금속 재료를 사용했다.

미국과 소련은 먼저 육상에서 시험발사를 하고 점진적으로 해상 바지선으로 이동하며 시험을 한 다음, 잠수함 시험발사를 했다. 하지만 시간이 촉박한 중국은 지상 발사대(臺)와 발사관(筒) 시험 후 바로 잠수함(艇) 시험발사로 들어가는 3단계로 이를 축소했다.

잠수 상태에서 발사 기술을 습득하기 위해 유도탄 축소 모형을 만들고, 수중 유체역학과 수중 점화 시험, 수중 부하 환경을 연구해 설계 자료로 삼았다. 1969년부터 1984년까지 1천 회 이상 모형시험을 수행해 많은 양의 데이터를 모았고 수하 발사 규칙을 세웠다. 1970년에서 1977년까지는 육상 발사대와 잠수함 콜드 런치(Cold Launch) 발사관을 만들어 발사 동력체제 핵심기술을 확보했다.

다음 단계는 실물 크기 모형의 수중 시험발사였다. 만일 잠수함에서 발사했다가 실패해 낙하하면 잠수함이 크게 파손될 수 있었다. 따라서 유도탄의 구조 강도 파악을 위해, 유도탄이 수십 미터 고공에서 낙하해 해수면에 충돌해도 파열되지 않아야 했다.

해군에서는 반드시 육상 시험발사에 성공한 후에야 잠수함 시험발사를 허락할 수 있다고 했다. 육상 시험발사는 깊이 100미터, 폭 60미터, 깊이 80미터의 수조에 모형 잠수함 발사대를 만들어야 했고, 여기에 물이 초속 3미터 속도로 흘러야만 했다. 과학자들은 전국을 돌며 시험발사를 할 수 있는 호수를 찾았지만 마땅한 장소를 찾지 못했다.

결국 1970년 8월에 난징(南京)의 장강대교를 통제하고 다양한 자세로 낙하 시험을 실시했다. 중량 10톤, 직경 1미터, 길이 10미터 정도의 쥐랑 1호 모형탄을 낙하하여 탄체 강도와 잠수 심도를 측정한 후 회수하는 것이 시험발사 내용이었다. 탄체의 입수 심도는 약 15~18미터였는데, 이는 잠수함에 피해가 가지 않는 깊이에 해당했다. 여기서 자신감을 얻어 1972년 10월, 실제 크기의 모형탄 잠수함 시험발사에 성공했다.

하지만 문화대혁명과 기술적 난제로 이후 개발 일정이 지연되었다. 결국 실각했던 장아이핑 장군이 국방과학기술위원회 주임으로 복귀하고 1977년 9월에 SLBM을 우주개발 3대 핵심과제로 선정하면서 연구가 점차 활기를 띠기 시작했다. 1980년 상반기부터 잠수함발사용 고체연료 유도탄에 대한 종합 측정이 실시되었다. 여기에는 유도탄 강도, 2단 엔진의 고공 점화, 단 분리, 다양한 상황에서의 정확성과 신뢰성 측정이 포함되었다.

1982년 10월 12일, 중국의 첫 잠수함발사탄도탄인 쥐랑 1호가 수중 시험발사에 성공했다. 15년에 걸친 노력에 보답을 받는 순간이었다. 잠수함은 소련의 골프급 잠수함을 개조[창청(長城) 200호]해 사용했다. 1988년 9월에는 092형[샤급(夏級)] 핵잠수함(406호)에서 쥐랑 1호를 발사하는 데 성공했다.

쥐랑 1호는 길이 10.7미터, 직경 1.4미터, 사거리 1,700킬로미터, 발사 중량 14,700킬로그램, 유효하중 600킬로그램의 2단 유도탄이다. 탄두는 0.2~1메가톤(Mt)의 위력을 갖고 있으며 오차는 300~400미터 정도이다. 092형 이상의 핵잠수함에서 수직 발사하며 관성유도를 채택하여 기동성과 은밀성이 높다.

쥐랑 1호는 장기간에 걸쳐 개발되면서 시대에 뒤떨어진 기술을 사용했고, 사거리 또한 해군의 수요에 미치지 못했다. 이에 빠른 일정으로 개량형인 「쥐랑 1호갑(JL-1A)」 개발에 착수했다. 쥐랑 1호갑은 사거리 2,500킬로미터에 탄착 오차 50미터이다. 고체 추진제는 초기의 싸이오콜에서 HTPB, NEPE 등으로 변경되었고 그에 따라 유도탄의 추력도 크게 개선되었다.

1987년에 중국 해군이 092형 핵잠수함을 취역했으며, 쥐랑 1호갑 12발을 탑재하고 있었다. 다만 쥐랑 1호갑이 사거리가 짧았기 때문에 해군은 대체형인 「쥐랑 2호(JL-2)」에 큰 기대를 걸었다. 모두 12발의 쥐랑 2호를 탑재할 잠수함은 「094형[진급(晉級)] 핵잠수함」이었다. 최신형은 095훙[쑤이급(隋級)] 핵잠수함으로 16발의 쥐랑 2호갑을 탑재한다.

쥐랑 2호는 둥펑 31호(DF-31)와 병행 개발한 SLBM이다. 3단 고체 엔진을 탑재했고, 사거리는 8,000킬로미터 정도이다. 1메가톤의 단일 핵탄두나 위력이 20~150킬로톤(kt)인 핵탄두 3~4개를 탑재했다. 이를 신형 핵잠수함에 탑재해 정숙성과 은밀성을 개선했다. 이외에도 사거리 12,000킬로미터에 탄두가 5개인 쥐랑 2호갑(JL-2A), 사거리 14,000킬로미터에 탄두가 10개인 쥐랑 2호을(JL-2B) 등이 있다.

(4) 고체 추진제를 통한 유도탄의 현대화

쥐랑 1호 개발에 성공하며 중국 유도탄은 1세대에서 2세대로 넘어갔다. 2세대 유도탄은 모두 고체 엔진을 사용하고 부피가 작으며, 차량 탑재가 가능하여 기동성이 컸다.

게다가 시스템이 자동화되었기 때문에 적의 선제공격 시 생존 능력과 신속 대응 능력이 대폭 향상되었다. 둥펑 21호와 25호, 둥펑 31호와 41호, 쥐랑 2호 등이 이에 해당한다.

잠수함발사탄도탄(SLBM)인 쥐랑 1호의 육상 시험발사를 수행하던 때, 시험 요원들이 쥐랑 1호를 육상 발사용으로도 사용하자고 건의했다. 개발을 주관하던 장아이핑 장군이 곧바로 덩샤오핑에게 보고했고, 덩샤오핑은 "하나의 유도탄을 SLBM과 지대지로 병용(一彈兩用)하는 방안"이라는 상당한 관심을 보였고 계획을 추진하도록 지시했다.

쥐랑 1호의 지대지 모델인 「둥펑 21호(DF-21)」는 상당히 빠른 시간에 개발이 완료되었다. 1978년 초에 설계를 시작해 1980년에 완성했고, 5년 후에 시제 발사 시험에 성공했다. 1987년에는 개량형 발사 시험에 성공했고 1988년에 제식화를 거쳐 실전 배치되었다. 둥펑 21호는 길이 10.7미터, 직경 1.4미터의 2단 HTPB 고체 유도탄으로 이륙중량 14.7톤, 사거리 1,800킬로미터였다.

유도탄이 전력화되던 초기에는 세미 트레일러 방식의 이동식 발사 차량을 사용했다. 「둥펑 21호갑(DF-21A)」과 「둥펑 21호을(DF-21B)」의 경우에는 차량 위에 잠수함 발사 시에 사용하는 발사관의 형태로 장전되었다. DF-21A의 유도 체제는 1990년대 말에 완성한 관성유도장치에 GPS와 종말유도(최종 명중 단계에서의 유도) 레이더를 추가한 것이다. (GPS : Global Positioning System 전지구 위치파악체계) 사거리 7,000킬로미터에 탄두 중량 600킬로그램의 핵탄두(위력은 300킬로톤)를 탑재하고, 오차 범위는 300~500미터였다. DF-21B형은 2006년에 전력화되었으며, 탄착 오차를 10미터 이하로 줄였고, 자동화 수준과 신뢰성이 높은 것으로 알려졌다. 이 유도탄의 탄두는 20~150킬로톤의 원자탄이나 500킬로그램의 고폭탄·집속탄 등이다.

둥펑 21호의 개량형인 둥펑 21호정(DF-21D)은 항공모함 위주의 해상 이동 표적을 타격하기 위해 개발된 것이다. 사거리 1,500~2,000킬로미터로 난사군도(南沙群島)와 남해 해역의 70퍼센트를 사정거리 안에 두었고, 정확도는 10미터를 약간 상회한다. 유사시에 한반도와 일본 해역에의 항공모함 접근을 차단하려는 것으로 미국 정부에서도 눈여겨보고 있다.

(5) 고체 추진제 대륙간탄도탄의 개발

고성능 고체 추진체 개발은 지대지 유도탄의 사거리 연장과 대륙간탄도탄(ICBM)의 개발로 이어졌다. 둥펑 21호의 후속으로 1990년대에 개발한 「둥펑 26호(DF-26)」가 그 시초라 할 수 있다. 둥펑 26호는 길이 14미터, 직경 1.4미터, 발사 중량 20톤, 고체연료를 사용하는 2단 엔진이 탑재되어 있고 고성능 추진제인 NEPE를 사용해 사거리가 최대 5,000킬로미터에 달한다. 중국 해군의 '제2열도선(오가사와라·괌·사이판·파푸아뉴기니를 잇는 군사 봉쇄선)' 모두를 사정거리에 둔 것이다.

이동식 차량에 탑재하며, 탄두는 1.2톤과 1.8톤 두 종류에 1~3메가톤의 단일 핵탄두와 3개의 재돌입체 탄두, 대형 재래식 단일 탄두, 집속탄 등을 채택할 수 있다. 둥펑 21호와 둥펑 31호의 중간 단계에 해당하는 유도탄으로 둥펑 21호와 같이 항모 등 해군 기동 부대도 공격이 가능하다.

고체 추진제 대륙간탄도탄인 「둥펑 31호(DF-31)」와 「둥펑 41호(DF-41)」는 1960년대의 '액체 추진제 8년 4탄 계획'과 유사하게 고체 추진제 사거리 연장 계획에 따라 거의 동시에 개발되었다. 이 과정에서 기존 기술을 적극 활용하는 한편, 유도 장치와 소재·이동·발사 수단 등을 더욱 현대화했다.

둥펑 31호는 신형 SLBM인 쥐랑 2호와 유사하며, 1995년 5월 29일, 시험 발사에 성공했다. 3단 엔진에 길이 13.4미터, 직경 2.25미터로 추진제 용량을 키워 이륙중량 42톤에 사거리 8,000킬로미터에 달했다. 또한 컴퓨터 탑재 관성유도를 채택해 목표물을 더욱 정확하게 명중시킬 수 있다고 한다. 탄두는 중량 700킬로그램, 위력이 1메가톤의 단일 핵탄두와 기만체(decoy, 가짜 탄두), 또는 3발의 90킬로톤 다탄두를 탑재할 수 있고, 오차 범위는 300~500미터이다.

개량형인 「둥펑 31호갑(DF-31A)」은 고성능 NEPE 추진제를 채택해 사거리를 13,000킬로미터로 늘렸고, 고공에서 분사 기술로 궤도를 변경해 요격을 회피할 수 있다. 이동 형식 또한 고정식과 세미 트레일러, 대형 트럭, 열차 이동 등 다양한 방법을 사용할 수 있어, 적의 선제공격에서 생존 능력을 개선했다. 「둥펑 31호갑」은 2006년부터 양산에 들어갔다.

둥펑 41호는 1세대인 액체 추진제 둥펑 5호를 대체하기 위해 개발된 것이다. 2세대 고체 추진제 대륙간탄도탄(ICBM)으로 둥펑 31호와 병행 개발해 1995년, 둥펑 31호 발사 전에 고탄도 시험발사를 수행했다. 둥펑 31호와 1단과 2단은 동일하고 3단이 조금 더 길어 총길이가 21미터에 달한다.

둥펑 41호는 종말유도가 가능한 관성유도와 GPS 전 사거리 추적 및 다탄두 개별 유도를 실현했다. (GPS : Global Positioning System 전지구 위치파악 시스템) 또 사거리14,000킬로미터에 6개 이상의 150킬로톤급 다탄두를 장착할 수 있다고 한다. 다탄두 독립대기권진입(MIRV) 기술을 채택해, 개별 탄두들이 중간 비행 단계에서 탄도를 수정할 수 있다.

또한 이동과 발사 기능을 모두 갖춘 차량이나 철도에 탑재해 운송 및 발사를 일체화했고, 자동화 시스템을 채택해 차량 1대에 1발을 장전하게 되었다. 발사에 소요되는 시간도 종전의 75분에서 34분으로 단축되어 미국의 기술 수준에 근접했다고 주장한다.

하지만 중국의 ICBM은 추진제와 탄두·재진입체·엔진·자동화 등에서 아직 많은 문제점이 있다. 대부분은 고성능 탄소섬유와 같이 외국의 수출제재로 인해 첨단 소재를 얻지 못하고 국내 개발 수준이 이에 미치지 못하기 때문에 발생한다. 중국은 자국의 실정에 맞게 목표 수준을 낮춰 개발하고, 점진적으로 이를 개선하는 전통을 가지고 있다. 따라서 앞으로도 중국의 유도탄 현대화와 개선 작업은 꾸준히 이루어질 것이다.

(6) 단거리 고체 추진제 유도탄의 해외 수출

HTPB 고체 추진제를 사용하는 유도탄의 현대화는 대만을 겨냥한 단거리 전술 유도탄의 개발과 함께 수출길도 열었다. 먼저 미사일기술통제체제MTCR(Missile Technology Control Regime, 탄두 중량 500킬로그램, 사거리 300킬로미터) 규제 이하의 단거리 미사일 둥펑 11호(DF-11, 수출형 M-11)를 개발하고, 대만 공격용의 개량형 「둥펑 11호갑(DF-11A)」을 생산했다.

그 특성에 맞게 둥펑 11호는 제2포병이 아닌 난징군구(南京軍區)에 집중 배치했다. 길이 7.5미터(A형은 8.5미터)에 직경 0.8미터, 1단으로 사거리는 280킬로미터(개량형 DF-11A는 500킬로미터)였다. 대구경 방사포(사거리 50~100킬로미터)와 전략 미사일의 중간 사거리를 확보해 상황에 따라 유연하게 활용하려는 것이다.

MTCR 규제 이상으로 사거리를 연장한 둥펑 15호(DF-15, 수출형 M-9)도 개발했다. 1984년에 개발을 시작해 1989년에 제식화했는데, 1단으로 길이 9.1미터, 직경 1.0미터, 사거리는 600킬로미터였다. 2015년 열병식에서 직경 1.2미터, 사거리 1,000킬로미터인 둥펑 16호(DF-16)를 공개했고, 2019년에는 '부스트-활공(Boost-glide) 기동'이 가능한 둥펑 17호(DF-17)를 선보였다.

단거리 유도탄은 전술적 수요가 많은 파키스탄과 이란 등에 수출되었다. 특히 파키스탄은 1980년대에 중국의 지원을 받아 HTPB 공장(AP는 대만에서 수입)을 설립하고, M-11(파키스탄명 Ghaznavi) 34~80대와 소량의 M-9을 수입했다. 수입한 유도탄을 바탕으로 샤힌 1(Shaheen1)과 샤힌 2(Shaheen 2)를 개발했다. 샤힌 1은 M-9과 직경은 1미터로 유사하나 동체 길이는 길게, 탄두 길이는 축소했으며, 샤힌 2는 직경 1.4미터로 둥펑 21호와 유사했다.

이란은 M-11(이란명 Fateh-110)을 도입한 후 개량 과정을 거쳐 2단의 세질(Sejil)을 개발했다. 이 미사일은 직경이 1.25미터로 둥펑 16호와 유사했다. 파키스탄과 이란의 HTPB 추진제 생산과 활용은 이들 국가와 교류가 활발한 북한에 전수될 가능성이 높았다. 최근 북한이 HTPB 추진제를 적용한 SLBM 북극성 시리즈와 단거리 지대지 유도탄, 대구경 방사포들을 빠르게 개발한 것이 이를 간접적으로 증명한다.

(7) 제3세대 유도탄 개발

중국의 유도탄은 2세대를 넘어 3세대로 진화하고 있다. 3세대 유도탄은 핵탄두의 성능과 효율, 차량 발사 기술을 개선한 것이다. 또한 단일 탄두의 위력을 대폭 향상시키고 다탄두 기술을 발전시키는 등 각종 전술적 성능을 개선하는 데 중점을 두었다. 이 외에도 장거리 순항과 극초음속 유도탄을 개발 생산·배치하기도 했다.

전략 유도탄은 잠수함 발사를 중심으로 잠수함 성능을 개선해 은밀성과 기동성을 향상시킬 계획이다. 발사 시간의 단축은 물론, 탄두 수의 증가와 공격 효율을 끌어올리고 타격 능력을 개선하며, 공격 시 방어 돌파 능력과 방어 시 생존 능력도 증강한다.

전술 유도탄은 고체 엔진을 확대해 고속 기동 발사를 가능하게 하고 정밀 제어기술을 채택해 명중 정밀도를 개선하며, 사거리 증가와 은밀성 향상 및 지능화를 도모할 계획이다. 동시에 신속 대응 능력도 향상시켜 현대전의 돌발성과 신속성에 대처한다.

앞서 언급한 '부스트-(도약)-활공[Boost-(pull-up)-glide]' 형식의 탄두 기동도 상대방의 미사일 방어망을 돌파하기 위한 전술이다. 제2차 세계대전 당시 독일의 젱거(Eugen Sänger)가 제안한 것으로 '고속으로 낙하하는 탄도탄이 대기권에 진입할 때, 외기와 대기의 밀도 차를 이용해 이른바 물수제비 효과를 일으켜 사거리를 연장하는 것'을 말한다.

이후에 미국과 소련 등이 MIRV(Multiple independently targetable re-entry vehicle, 다탄두 각개 목표 재돌입체)나 달 탐사선의 대기권 재진입 시 속도와 발열 감소 방안으로 이를 활용했다. 탄두 기동은 탄도탄의 장점인 속도와 순항 유도탄의 장점인 기동성을 겸비할 수 있다는 것을 보여준다. 현대전에서도 탄두 기동을 이용한 전술 범위가 확대되었고, 기동 수단 역시 다양해지고 있다.

독일의 항복 후, 기술 조사단에 포함되어 이를 파악한 첸쉐썬은 1940년대 말에 탄두 기동을 통해 거의 수평으로 활공하는 '부스트-활공'을 제안했다. (중국에서는 '부스트-도약-활공'을 '젱거 탄도'로, '부스트-활공'을 '첸쉐썬 탄도'라 칭한다.) 이 방식은 풀업 기동(pull-up, 발사체가 하강 단계에서 자유낙하한 뒤 다시 상승하는 것)이 거의 없거나 상당히 적기 때문에 유도 및 제어가 좀 더 용이하고 기술적 장애가 발생할 확률이 낮다. 중국은 2019년 열병식에서 공개한 둥펑 17호(DF-17)에 이 기술을 적용했다고 한다.

(8) 유도탄의 세대 교체와 대외 확산

현대전에서 유도탄의 은밀성과 신속한 대응, 장거리 타격 능력은 아주 중요한 요소이다. 이 중심에 고체 추진제와 SLBM이 있다. 중국은 건국 초기부터 장기 계획을 세워 핵잠수함을 개발했고, 핵탄두를 탑재한 고체 추진제 SLBM을 개발하여 잠수함에 탑재, 무장했다. 비록 핵잠수함의 성능과 정숙성이 미흡하다는 지적도 있지만 탑재한 SLBM은 상당한 공격 능력을 보유하고 있다.

고체 추진제는 1세대 액체 추진제와 2세대 유도탄을 구분하는 핵심 지표이다. 중국은 세계 최초로 화약을 개발했기 때문에 고체의 장점과 활용성을 잘 알고 있었다. 지상

시험 요원들이 SLBM의 지대지 활용을 건의하고 덩샤오핑이 '일탄양용'이라 하며 적극 지지한 것도 이 때문이다. 이러한 배경에 힘입어 중국은 1980년대 이후 대대적인 유도탄 현대화를 이루었다.

고체 추진제도 새로운 화합물들이 개발되며 성능이 크게 개선되고 있다. 초기의 싱글베이스(single base, 나이트로셀룰로스 기제)에서 더블베이스(double base, 나이트로셀룰로스에 나이트로글리세린을 첨가), 복합 추진제로 발전하면서 비추력이 고성능 액체 추진제에 근접했고, 최근에는 사용 목적에 따라 무연·둔감(鈍感) 등의 다양한 특수 목적 추진제도 개발 중이다. 중국도 고성능 고체 추진제를 활용한 ICBM을 개발했고, 다른 특수 분야로 활용 범위를 점점 넓히고 있다.

그러나 중국이 고체 추진제 단거리 유도탄을 인접국에 수출하면서 한반도의 안보에도 영향을 주고 있다. 한반도의 경우 종심(전방에서 후방까지의 거리)이 짧고 고체연료를 통한 유도탄의 현대화와 전술적 효용성이 크기 때문에 북한이 HTPB 고체연료를 탑재한 단·중·장거리 미사일 개발을 가속화하고 있다. 실례로 북한 SLBM 북극성은 중국의 쥐랑 1호와 유사하고, 중국처럼 북한도 SLBM을 지대지 유도탄으로 발전시켰다.

북한이 직경 1.5미터 정도의 고체 추진제 엔진을 개발했다는 사실은 이에 필요한 1,500리터급 이상의 대형 혼합기와 관련 생산 시설을 갖췄음을 의미한다. 과거에 개발했던 KN-02(독사, 지대지 유도탄) 등과 비교했을 때 점진적 발전이 아닌 도약적 발전이 가능했던 것은 파키스탄과 이란 등이 보유한 HTPB 고체 추진제와 관련된 설비 및 기술을 도입했거나 참고했을 수도 있다.

HTPB 기반 추진제는 석탄을 기반으로 하는 북한 화학공업 체계로도 생산이 가능하고 기술의 흡수와 적용도 빠를 것으로 예상된다. 다만, 다양한 종류의 첨가제 대부분은 자체 생산이 어려워 외국에서 수입하거나, 중간체를 도입해 개량할 수밖에 없다. 이때 국경을 통한 육로 수송이 가능하고 물동량이 많아 정밀 검색이 어려운 중국이 핵심 대상국이 될 가능성이 크다.

중국은 HTPB 추진제에 필요한 대부분의 화학제품들을 생산하고 있다. 이 중 상당수는 다른 산업에서도 사용되므로 북한이 용도를 달리해 구입할 수 있다. HTPB보다 고성능인 NEPE 추진제를 도입해 추력을 향상시키고 대륙간탄도탄(ICBM) 개발에 활용할 수도 있다. 중국의 추진제 발전 추세와 북·중 교역 동향을 예의주시할 필요가 있는 것도 이 때문이다.

북한의 최신 유도탄들이 선보이는 탄두 기동도 중국의 사례와 비교할 수 있다. 물론 우리나라처럼 산악 지형이 많고 방공망이 촘촘한 곳은 탄두 기동을 전술적으로 활용하기가 까다롭다. 북한이 소유한 일부 유도탄처럼 부스트 정점 고도가 낮으면 재진입할 때 에너지가 충분하지 않고, 탄두와 본체 분리 없이 재진입하면 기동이 둔탁하고 속도가 크게 떨어져 요격이 쉬워진다.

7) 우주 발사체, 창정 시리즈 개발

중국의 초기 우주 발사체 대부분은, 군용으로 개발된 장거리 유도탄을 전환한 것이다. 장거리 유도탄의 대출력 엔진과 복수 엔진의 결합, 단 연결과 분리, 유도 제어기술 등을 활용해 쉽게 우주 발사체를 개발할 수 있었고, 도태되는 유도탄을 활용할 수도 있었기 때문이다. 오늘날 우주 발사체를 보유한 국가들이 대륙간탄도탄(ICBM) 개발 역량을 보유했다고 보는 것도 이 때문이다.

중국은 중거리 탄도탄인 둥펑 4호를 개량해 최초의 우주 발사체인 창정 1호를 개발했고, ICBM인 둥펑 5호를 활용해 현재의 주력 우주 발사체인 창정 2호와 창정 3호, 창정 4호 시리즈를 개발했다. 이 과정에서 군수와 민수 수요를 모두 충족하면서 자원을 효율적으로 사용해 개발 경비와 시간을 크게 단축할 수 있었다. 중국은 '우주 전통 정신'과 같은 훌륭한 기풍이 있었기에 가능한 일이었다고 주장한다.

항천과기집단유한공사 로비에 전시된 창정 시리즈 모형

"自力更生, 艱苦奮鬪, 大力協同, 無私奉獻, 嚴謹務實, 勇于攀登"
(자력갱생, 간고분투, 대력협동, 무사봉헌, 엄근무실, 용우반등)

(1) 인공위성 발사 계획의 재개

1950년대 말, 중국과학원이 인공위성 개발을 추진했으나 내외부 여건상 중단되었다. 그러나 연구자들의 열망은 식지 않았다. 1964년 10월 말, 중국과학원 지구물리연구소 소장 자오주장(趙九章)이 둥펑 2호 발사를 참관했다. 발사 성공에 고무된 연구자들은 이를 인공위성 발사에 활용하자는 건의서를 제출했고, 미리 준비하고 있던 첸쉐썬도 1965년 1월, 국방과학기술위원회를 통해 인공위성 개발을 건의했다.

저우언라이 총리가 건의를 받아들여 실험을 추진할 것을 지시했고, 국방과학기술위원회에서 각계의 의견을 수렴, 정리한 후 「인공위성 개발 및 발사(1970~1971년 사이) 방안 보고서」를 작성했다. 같은 해 5월에 개최된 중앙전문위원회가 이를 승인함에 따라 중국과학원의 인공위성 개발 업무가 재개되었다.

새로운 인공위성 개발 계획의 기호는 651이었다. 첫 인공위성의 이름은 마오쩌둥 찬가인 '둥팡훙(東方紅)'에서 따와 「둥팡훙 1호(DFH-1)」로 했다. 이때 발사체는 국공 내전 시기의 홍군 대장정(紅軍 大長征)을 차용해 「창정(長征) 1호(CZ-1)」로 했다. 당시 중국은 일본과 세계 네 번째 인공위성 발사를 두고 경쟁이 붙었고 1966년부터는 문화대혁명이 일어났으므로 개발 자체도 상당히 긴박하게 추진되었다.

(2) 발사체 초기 설계, 1965년 8월~1967년 11월

1965년 8월부터 제7기계공업부 제8설계원에서 설계 작업을 시작했다. (1965년 1월에 국방부 제5연구원을 토대로 제7기계공업부가 설립되었고, 같은해 7~8월에는 상하이기전설계원이 베이징으로 이전하면서 제7기계공업부 제8설계원으로 명칭이 변경되었다.) 첸쉐썬은 이미 보유한 유도탄 기술과 본체를 충분히 활용할 것을 지시했다. 위성 발사에 필요한 기술을 선별하고, 유도탄 기술과 고공 로켓기술의 결합, 액체 엔진과 고체 엔진의 결합을 도모하기 위함이었다. 유도탄은 일정 기한 후 도태되므로 이 중 '일부를 개조해 위성 발사용으로 사용할 수 있었다.'

창정 1호는 '둥펑 4호의 1단, 2단 액체 엔진에 별도로 개발한 3단 고체 엔진을 얹은 것'이다. 단 분리는 두 가지 방법을 동시에 사용했다. 1단과 2단 분리에는 1단 종료 전에 2단을 점화하는 '열 분리(Hot Seperation)'를 채택해 실중이 발생하지 않은 상태에서 분리를 완료하도록 했다.

2단과 3단 분리에는 '냉 분리(Cold Separation)' 방식을 채택했다. 우선 2단 엔진이 종료되고 상당 시간 활공하며 자세를 유지하다가 중력이 거의 없는 상태에서 분리해 2단을 중난하이(中南海)로 낙하시킨다. 이후 3단 고체엔진을 점화해 위성과 함께 선회하면서 비행해 궤도에 진입시킨다.

제8설계원은 고공 분리와 선회, 점화 등에서 상당한 기술력을 보유하고 있었고, 2단의 관성유도와 2-3단 자세제어에도 중요한 역할을 했다. 주요 업무는 이미 개발한 2단 액체 엔진의 기술적 특성을 파악하고 위성의 중량과 크기를 감안해 3단의 기술적 수요를 이끌어내는 것이었다. 이외에도 단의 연결과 분리, 전체 비행궤도와 운행 주기 등을 확정하는 것도 제8설계원의 몫이었다.

(3) 3단 고체 엔진 개발과 고공 점화 시험

3단 로켓 개발 책임자는 고체 엔진 전문가인 양난성(楊南生)이었다. 그는 1964년 8

월 임명장을 받고 쓰촨성(四川省) 벽지에 있는 4원(중국 고체로켓엔진 개발기지)으로 부임했다. 그는 1년도 채 안 되는 시간에 싸이오콜 고무추진제의 표면 균열과 연소 불안정 문제를 해결하고, 1965년 7~8월 동안 진행된 여섯 차례의 비행시험을 성공시켰다. 이로써 고체 추진제 로켓 엔진을 개발할 수 있는 길이 열렸다.

본격적인 개발을 위해 1965년 겨울, 4원은 쓰촨성에서 네이멍구(內蒙古)로 이전했다. 곧 이어진 문화대혁명으로 건설이 지연되고 양난성이 정치적 공격을 받아 곤경에 처했으나, 천신만고의 노력 끝에 개발을 이어갈 수 있었다. 그는 4원에 '고공 모사 선회시험대'를 제작해 설치하기도 했다.

4원은 1965년에 3단 로켓 타당성 연구를 시작해 2년 후인 1967년에 시제품(試製品)을 내놓았다. 1968년 1월, 고공 모사 선회시험을 했으나 엔진이 탈락하는 사고가 발생했다. 양난성은 이를 해결하고, 1970년 1월까지 모두 19차례의 수평·수직 지상 시험과 진동·충돌·운송 시험을 수행했다. 이 중 1969년 하반기부터 진행된 일곱 차례의 연소시험이 모두 성공하여 공식적인 제작 단계에 들어섰다.

이때 개발된 3단 고체 엔진은 길이 4미터, 직경 770밀리미터, 연료 무게 1.8톤이었고, 분당 180회 회전하는 상태에서도 정상 작동했다. 노즐은 절연 재료를 압축 성형해 만들었고, 노즐 내부는 탄소 섬유 복합재료를, 구조 재료는 새로 개발한 고강도 강철을 사용했다.

3단 엔진은 공기가 희박한 고공에서의 점화 시험을 거쳐야 했다. 이에 T-7A 고공 로켓 위에 고체 엔진을 얹어 간이 3단 로켓을 만든 후(이를 T-7A(Y5)라 지칭했다.) 시험비행을 했다. 탄두 끝에 점화용 소형 엔진을 장착하고 하단에 선회용 엔진을 달아 회전 상태에서 엔진 점화 여부를 확인한 것이다. 1968년 8월, 주취안 발사장에서 진행된 두 차례의 시험비행에서 소형 엔진이 정상 작동하는 상태에서 고공 점화에 성공했다. 그 중 하나는 고도 311킬로미터까지 상승했다.

(4) 조직 개편과 비행경로 확정(1967년 11월~1970년 4월)

1960년대 후반의 조직 개편으로 새로운 연구원(제5연구원, 공간기술연구원)이 설립되었다. (인공위성 전문연구원으로, 현재는 항천과기집단유한공사 산하 제5연구원이다.) 이에 제8설계원의 일부 인력이 제5연구원 총체설계부로 이동했고, 남은 인력들로 베이징공간기전연구소를 창설했다. 1967년 11월에는 창정 1호 설계 업무가 제7기계공업부 제1연구원(1분원, 운반로켓기술연구원)으로 이관되었다.

제1연구원 총체설계부에서는 당시 주력 개발 과제였던 8년 4탄 업무와 창정 1호 운반 로켓을 개발하기 위해 기존의 7개 연구실을 11개로 확대했다. 중장거리 유도탄 둥평 4호와 첫 번째 위성 운반 로켓 창정 1호의 1,2단이 비슷하기 때문에 연구원 산하 10실에서 모두 개발하게 되었다.

1970년 1월 30일, 둥펑 4호의 비행시험이 성공하여 동일하게 1단, 2단을 사용하는 창정 1호의 신뢰성을 확인할 수 있었다. 창정 1호는 길이 29.86미터, 최대 직경 2.25미터, 이륙중량 81.6톤, 추력 112톤으로 300킬로그램에 달하는 위성을 고도 440킬로미터까지 올릴 수 있다. 둥펑 4호의 길이가 29미터, 이륙 중량 82톤인 것을 생각하면 1미터 이내의 길이를 늘여 위성 발사체를 개발했음을 알 수 있다.

이때 로켓의 발사각과 1단, 2단의 낙하지점이 국제 분규에 휘말리지 않아야 한다는 의견이 제기되었다. 이에 수백 번의 계산을 거쳐 로켓 발사각이 동쪽에서 남쪽으로 68.5도 기울도록 조정했다. 이 경우 1단은 간쑤성에, 2단은 남중국해에 낙하하고, 3단은 광시좡족자치구(廣西壯族自治區) 북부 상공에서 위성과 동시에 궤도에 진입해 국제 분규를 피할 수 있었고 통제도 용이했다. (주취안과 타이위안·시창 등의 중국 내륙 발사장에서 발사된 로켓의 1단과 페어링이 중국 내 민가에 떨어져 피해가 발생하는 일이 가끔 발생한다.)

(5) 창정 1호의 개발

제1연구원(1분원)에서는 총설계사 런신민의 주도로 둥펑 4호를 참조해 창정 1호 제작에 돌입했다. 핵심기술은 단 연결과 분리, 연료통 형상 변화를 통한 로켓 길이 단축, 페어링의 수평 유지와 분리, 다단 로켓의 안정과 자세 유지를 포함한 제어, 비행 측정과 비상시 안전 자폭 등이었다.

1968년 6월, 지상에서 2단 제어 기술을 개발하던 중에 연료통 안에서 액체가 크게 요동치는 문제를 발견했다. 연료가 남은 상태에서 요동이 심해지면 로켓의 자세제어가 어려워진다. 개발자들이 다방면으로 노력해도 해결책을 찾지 못했고 곧 첸쉐썬에게 보고되었다.

이에 첸쉐썬은 "고공, 중력이 없는 상태에서는 연료가 분말 상태가 되어 요동으로 인한 충격이 극히 작을 것이다"라고 했다.

지상 시험을 수행하는 개발자들은 안심하고 실험을 진행했고 결과적으로 첸쉐썬의 말이 옳았음이 증명되었다. 후에 추진제 연료통 하부에 큰 격판을 설치해 요동을 줄였다. (북한의 은하 3호 연료통에도 이런 격판이 있다.)

3년여의 노력 끝에 창정 1호의 부속품들이 각지에서 생산되어 조립 공장에 도착했다. 최종 조립도 빠르게 진척되어 자체 측정을 완료한 후 지상시험장으로 이동했다. 순서에 따라 발사 전 네 차례의 엔진 점화와 전추력 실험을 해야 했고, 이를 위해서는 관련 기관들의 협력이 필수였다.

그러나 문화대혁명으로 인해 엔진 시험을 진행할 수 없었다. 홍위병과 군중이 연구원 정문을 가로막아 창정 1호를 이동할 수 없었고, 진동 제어 방식에서도 이견이 있었다. 총리가 독촉하고 기나긴 설득 작업을 거친 후 1969년 7~8월에 1-2단, 2단, 2-3단, 3단 네 차례에 걸친 엔진 전추력 시험을 완료할 수 있었다.

(6) 비행시험과 인공위성 발사

1969년 8월 27일, 비행시험용 2단 로켓이 주취안 발사장의 55미터 발사대에 장착되었다. 미국과 소련뿐 아니라, 중국과 위성 발사 경쟁을 벌이던 일본도 중국의 상황을 주목했다. 발사에 성공하면 1969년 말이나 1970년 초에 둥팡훙 1호를 발사해 일본을 앞지를 수 있었고, 만일 실패하면 일본에 뒤처지는 상황이었다.

1969년 11월 16일, 17시 45분에 로켓을 발사했으나 유도 시스템의 고장으로 2단이 작동하지 않아 실패했다. 당시에는 로켓 추적 기술이 미흡해 발사 40분이 지나고서야 낙하지점에서 대기하던 사람들이 로켓이 보이지 않는다고 보고했다. 로켓이 중국 밖으로 나갔을 경우를 대비해 비상 대책이 논의되기도 했다.

허나 첸쉐썬은 2단이 점화되지 않았으므로, 반경 680킬로미터 내에 낙하했을 것이라 가정했고, 항공 수색을 통해 사막에서 잔해를 발견했다. 일본과의 경쟁이 치열하던 중요한 시기에 실패한 것이다. 이를 확인한 미국이 일본에 로켓 유도와 자세제어 핵심 장치인 자이로를 제공했다고 한다.

첸쉐썬의 빠른 조치로 두 달이 채 안 된 1970년 1월 30일, 두 번째 시험이 재개되었다. 첸쉐썬은 직접 발사장으로 가 시험에 참관했다. 이번에는 발사와 2단 점화, 분리, 유도 시스템이 순조롭게 작동했다. 창정 1호의 핵심기술이 기본적으로 해결된 것이다.

이제는 속도 싸움이었다. 2월 4일에 창정 1호 연합 훈련 로켓이 베이징에서 이동했다. 그러나 일주일 후인 2월 11일, 일본이 첫 번째 인공위성 오스미를 성공적으로 발사했다는 소식이 들려왔다. 문화대혁명 와중에도 위성을 빠르게 개발했지만, 혼란스러운 상황으로 개발이 지연되어 결국 경쟁에서 지고 말았다.

1970년 3월 26일, 1발의 창정 1호와 2개의 둥팡훙 1호 위성을 실은 전용열차가 출발했고, 4월 1일에 주취안 발사장에 도착했다. 4월 9일, 로켓과 위성의 연결을 끝내고 정밀 점검에 들어갔다. 17일에 로켓과 위성이 발사대로 이동했고 18일에는 3단을 조립한 후, 수직 상태에서 전면적인 측정을 시작했다.

4월 24일 오전, 연료 주입을 4시간 만에 완료했고, 21일 35분에 발사해 21시 48분에 위성이 분리되어 궤도에 진입했다. 25일 경축 연회가 열렸고 공훈자들에게 표창을 했으나, 첸쉐썬과 녜룽전은 일정이 늦어져 일본에 뒤처진 것이 자신들에게 책임이 있다고 말했다. 당시의 정치적 압박이 기술적 성취를 억누른 것이다.

(7) 창정 1호 시리즈

창정 1호는 추력이 부족해 소형 위성을 저궤도에 올리는 데 적합했기 때문에 최초 발사 후에 이를 개량하려는 노력을 기울였다. 특히 2단과 3단의 개량을 통해 고공에서의 정상 비행과 궤도 진입 정확성을 개선하는 데 주력했다. 주요 개량형은 다음과 같다.

창정 1호을(CA-1B)은 창정 1호의 1단과 2단을 그대로 사용하고, 이탈리아제 3단 고체 엔진을 붙인 것이다. 중국의 고체 엔진 기술이 아직 미숙해 일종의 기술 도입을 통한 개발 시험을 진행한 것이다. 다만 당시 사정으로 공식 생산은 하지 않았다.

창정 1호병(CZ-1C)은 창정 1호의 1단과 2단을 그대로 사용하고, 3단은 액체인 사산화이질소(N_2O_4)와 비대칭디메틸히드라진(UDMH)을 사용한 것이다. 이 과정을 거치면서 저궤도 위성의 탑재 중량을 0.5톤으로 제고했다. 1984년에 개발해 측정 시험에 들어갔으나, 기술적 문제로 1988년에 개발을 포기했다.

창정 1호정(CZ-1D, 현역)은 창정 1호 시리즈의 최종 개량형이다. 1단 엔진의 추력을 확장하고 2단과 3단의 성능을 개선했으며, 플랫폼-컴퓨터 전 관성유도방식을 채용했다. 때문에 창정 1호정은 다양한 유형의 저궤도 위성을 발사할 수 있다.

(8) 창정 2호 시리즈

창정 1호는 추력이 부족해 현대 주력 위성인 대형 위성과 통신위성을 발사하기 어렵다. 이에 중국 정부는 둥펑 4호의 후속 유도탄인 둥펑 5호 ICBM을 개량한 대형 우주 발사체 개발에 착수했다. 이것이 바로 창정 2호로 최근까지 중국 우주 발사체의 기둥 역할을 수행하고 있다.

창정 2호 기본형은 2단 로켓으로 길이 31.17미터, 최대 직경 3.35미터, 이륙중량 190톤이며, 1.8톤의 위성을 수백 킬로미터 상공에 올릴 수 있다. 1975년 11월 26일에 중국 최초 회수위성 발사에 성공했다. 이후 이를 개량한 발사체들이 속속 개발되었다.

창정 2호갑(CZ-2A)은 창정 2호에 사용된 2단 로켓의 자이로 유도 체계를 개량한 것이다. '국제 관례에 따라 엔진 개량은 작은 변경 사항이라도 등록을 해야 했으므로' 로켓의 명칭을 창정 2호갑으로 변경했다. 1975년 첫 발사에 성공한 후 두 번 더 성공적으로 발사했다. 이를 개량한 것이 창정 2호병(CZ-2C)이다.

창정 2호병은 대추력 액체 엔진을 채택해 길이가 35.15미터, 저궤도 운반능력이 2.4톤으로 늘었고 로켓의 신뢰성도 크게 증가했다. 1982년 9월 첫 발사 성공 이후 최근까지 성공률 100퍼센트를 자랑한다. 1987년에는 전국품질대상 금상을 수상했고 1999년에는 소속 기관에서 '우수 액체 운반 로켓' 칭호를 받았다.

창정 2호병 개량형(CZ-2C/SD)은 1997년 12월 8일 처음 발사한 일종의 상업 위성 발사체이다. 2단 위에 지능 분배기를 3단으로 얹어 길이가 43.027미터로 늘었다. 하나의 발사체로 위성 3개를 발사하는 방식이고, 10여 개의 미국 통신위성을 발사한 바 있다.

창정 2호정(CZ-2D)은 창정 2호병의 개량형으로 2단, 길이 38.3미터, 이륙중량 232톤이다. 창정 2호의 추진제를 늘려 이륙중량을 높이고 위성 탑재 능력을 개선했다. 주로 극궤도 위성 발사에 사용한다. 이 역시 1992년 8월 첫 발사에 성공한 후 성공률 100퍼센트를 자랑하고 있다.

창정 2호E(CZ-2E, 다른 명칭은 長2捆 창얼쿤)는 국제 인공위성 발사 시장에 참여하기 위해 개발한 것이다. (捆=綑곤 : 다발·묶음·단) 1986년 챌린저호 폭발 사건 이후 미국은 오랫동안 우주왕복선을 이용한 위성 발사를 시도하지 못했다. 이때 중국이 미국 위성 발사 서비스용으로 18개월이라는 짧은 기간에 창정 2호E를 개발했다. 창정 2호병의 1단에 부스터 4개를 붙여 저궤도 위성 탑재 능력을 9.2톤으로 올린 2단 로켓이다. 1992년 첫 발사에 성공했고, 1992년부터 3년간 다수의 외국 위성을 발사했다. 길이 49.68미터, 직경 3.35미터, 부스터 길이 15.4미터, 직경 2.25미터, 본체 최대 직경 4.2미터, 총 이륙중량 461톤, 추력 600톤으로 8.8~9.2톤의 위성을 근지점 궤도까지 올릴 수 있다.

창정 2호F(CZ-2F)는 선저우(神舟) 유인우주선 발사를 위해 개발한 것이다. (유인우주선 개발에 관한 자세한 내용은 다음 항목 참조) 창정 2호E에 우주인 안전을 위한 고장진단 시스템과 비상탈출 시스템을 추가해 신뢰성과 안전성을 대폭 향상했다. 1999년, 선저우 1호 이후 최근까지 10여 차례의 발사에 모두 성공했다. 이 중 상당수가 유인우주선으로 중국을 세계 세 번째 유인우주선 보유 국가로 만드는 데 결정적인 역할을 했다.

창정 2호F는 액체 엔진 부스터 4개를 장착한 2단 로켓이다. 상부에 우주인 비상탈출을 위한 도피탑을 붙였고, 오작동 방지를 위해 둔감(鈍感)화약을 사용했다. 길이 58.343미터, 이륙중량 479.8톤, 본체 직경 3.35미터, 부스터 직경 2.25미터, 페어링은 최대 직경 3.8미터이다. 본체와 부스터 엔진은 사산화이질소(N_2O_4)와 비대칭디메틸히드라진(UDMH)을 연료로 사용한다. 8톤의 유효 탑재체를 근지점 궤도 200킬로미터, 원지점 궤도 350킬로미터, 경사각 42.4~42.7도의 궤도에 올릴 수 있다. 창정 5호가 개발되기 전까지 중국에서 이륙중량·길이·신뢰성(0.97)·안전성(0.997) 등에서 최고를 자랑했다. 이것 역시 부스터 부가형(長2捆)으로 불리기도 한다.

창정 2호F/G(창정 2호F 개량형)는 제2단계 유인우주선 프로젝트를 위해 개발한 발사체이다. 더 무거운 우주 설비를 탑재할 수 있도록 창정 2호F의 부스터 길이를 늘인 것으로, 운반 능력은 9톤에 달한다. 톈궁(天宮, TG) 시리즈 우주정거장 발사에 이를 사용했다.

창정 2호F/H는 창정 2호F를 대폭 개량한 것이다. 주 엔진을 창정 5호에 채택한 YF-100 액체산소/케로신(항공용 등유) 엔진으로 대체해 환경오염을 줄이고 운반 능력을 13톤으로 높였다. 창정 2호F/H는 톈궁 3호(天宮三號, TG-3) 발사 이후, 우주정거장과 도킹해 각종 화물을 운반하는 데에 사용되었다.

(9) 창정 3호 시리즈

중국이 1970년대에 지구정지궤도 통신위성을 개발할 때, 3단 엔진 추진제를 새로 개발한 액체산소/액체수소로 사용하는 방식과, 기술이 무르익은 기존 상온 추진제를 사용하는 두 가지 방식을 병행했다. 전자가 창정 3호이고, 후자가 창정 4호이다.

첸쉐썬은 1950년대 말부터 미국이 아폴로 계획에서 액체산소/액체수소 엔진을 사용한 것에 주목하고 있었다. 이에 자신이 소장으로 있던 중국과학원 역학연구소에서 이를 연구하기 시작했고, 1960년대의 국방부 제5연구원 시절에도 같은 연구를 추진했다. 이러한 노력을 거쳐 1971년에 연소실 점화 12초를 달성했고, 1975년에 초기형 엔진시험에 성공했다. 1977년부터는 실용형 엔진 개발에 들어가 핵심기술을 확보했다. 이후 1983년 3월까지 100차례에 걸친 엔진 시험으로 누적 연소 시간이 3만 초에 달했다. 20년의 노력이 결실을 거둔 것이다.

창정 3호는 창정 2호에 3단으로 액체산소/액체수소 엔진을 추가한 것이다. 길이 43.25미터, 1단과 2단 직경 3.35미터, 3단 직경 2.25미터, 이륙중량 204톤, 추력 280톤, 비추력 425초이다. 때문에 우주에서 2차 점화가 가능해 장시간 사용할 수 있었고 '1,430킬로그램의 위성을 고도 36,000킬로미터의 지구정지궤도에 진입시킬 수 있었다.'

창정 3호는 주로 쓰촨성 시창(西昌) 발사장에서 발사했다. 1단과 2단을 가동해 근지점 궤도 200킬로미터, 원지점 궤도 450킬로미터의 작은 타원을 돌 때 3단 엔진을 1차 가동한다. 이 궤도가 지구 적도 평면과 만날 때 3단 엔진을 2차 가동하여 36,000킬로미터 고도에 올린 후 위성을 분리한다. 로켓의 총비행시간도 1,200초에 달했다.

1984년, '중국 최초의 지구동기궤도 통신위성 둥팡홍 2호를 창정 3호에 실어 발사하는 데 성공'했다. 정지궤도위성 발사 성공으로 중국 로켓 역사에 새로운 이정표를 세운 것이다. 지구동기궤도 탑재 능력은 1.6톤으로 향상되었으며, 1990년에는 이를 이용해 최초로 휴스(Hughes)사의 '아시아샛 1호(ASIASAT-1) 위성'을 지구동기궤도에 올렸다.

창정 3호의 개량형은 다음과 같다. 창정 3호갑(CZ-3A)은 창정 3호의 액체산소/액체수소 엔진 비추력을 늘려 성능을 대폭 개선한 것이다. 지구동기궤도 탑재 능력도 2.6톤으로 늘어났다.

창정 3호을(CZ3-B)은 창정 3호갑과 창정 2호 부스터를 결합한 것이다. 즉, 창정 3호갑의 본체에 창정 2호E(CZ-2E, 長2捆)와 유사한 4개의 부스터를 붙였다. 지구동기궤도에 대형 위성을 올리거나 여러 위성을 동시에 올리는 데 사용된다.

창정 3호병(CZ-3C)은 창정 3호 시리즈의 마지막 개량형이다. 부스터를 2개만 붙인 것으로 운반 능력은 창정 3호갑과 창정 3호을의 중간 정도이다. 2003년에 총설계를 마치고 2008년 4월 26일, '텐렌 1호(天鏈 一號)' 위성을 처음 발사할 때 사용했다.

(10) 창정 4호 시리즈

창정 4호(CZ-4) 시리즈에는 펑바오 1호(風暴一號, FB-1)와 창정 4호, 창정 4호갑(CZ-A), 창정 4호을(CZ-4B) 등이 있다. 펑바오 1호는 1969년에 고공 로켓과 지대공 유도탄에 주력하던 상하이 우주기지에서 개발을 시작했다. 당시 문화대혁명 속에서 상하이 지역도 ICBM과 우주 발사체 개발에 동참한 것이다. 따라서 발사체 명칭도 당시 문화대혁명의 구호인 '1월 풍폭'에서 따왔다.

초기에는 2단 엔진을 새로 개발해 유효 탑재량이 크게 증가한 새로운 발사체를 개발하려 했다. 그러나 관련 설비와 경험 부족 등으로 상황이 여의치 않자, 창정 2호에 사용된 기술들을 대부분 전용하게 되었다. 개발된 발사체의 길이는 32미터, 직경 3.35미터, 이륙중량 280톤, 설계 탑재 중량 2톤이었다.

펑바오 1호는 개발 초기부터 군사적 응용을 위한 비공개 실험들을 수행했다. 펑바오 1호로 진행한 주요 시험들은 고공에서의 유도탄 성능 개선과 탄두의 대기권 재진입, 다탄두 유도탄 개발 등이었다. 태양동기궤도 대용량 위성을 이용한 정찰 등도 수행했다. 이러한 성과들은 중국의 ICBM 현대화에 크게 기여했다.

1972년 8월에는 관측위성 발사에 성공했고, 1975년 7월에는 중국 최초로 1톤이 넘는 위성을 궤도에 진입시켰다. 1981년 9월에는 최초로 동시에 3개의 위성을 쏘아 올렸다. 모두 여섯 번을 발사해 네 번 성공했고, 두 번의 저탄도 시험발사도 수행했다. 다만, 개발 기관의 임무 변경으로 1982년부터 생산이 중단되고 창정 시리즈로 대체되었다.

창정 4호갑(퇴역)은 3단 로켓으로 상온 저장이 가능한 일반 추진제를 사용했다. 주로 태양동기궤도 위성을 발사하는 데 사용된다. 길이 41.9미터, 최대 직경 3.35미터이고, 1988년 9월의 최초 발사 이래 성공률 100퍼센트를 자랑한다.

창정 4호을은 창정 4호갑의 운반 능력을 대폭 개선한 것으로 태양동기궤도와 극궤도 응용 위성을 발사하는 데 사용된다. 길이 45.58미터, 최대 직경 3.35미터이고, 1999년 5월의 최초 발사 이래 성공률은 100퍼센트이다.

창정 4호병은 창정 4호을을 토대로, 로켓의 임무 적응성과 발사 측정 신뢰성을 목표로 기술적 개량을 한 것이다. 새로운 발사 측정 방식을 채택해 발사장 준비 시간도 단축했다. 2006년 4월 27일, 타이위안(太原) 발사장에서 중국의 첫 관측위성을 예정 궤도에 올렸다.

(11) 우주 발사체의 개발과 활용

국경의 구분이 없는 우주 공간에 대한 경쟁이 치열해지면서 발사체 보유 여부가 국가 경쟁력의 핵심 요소가 되었다. 우주와 관련된 국제대회에서도 국력이 아닌 자주적인 우주 발사체 보유 여부에 따라 대접이 달라지는 것을 흔히 볼 수 있다. 우주 발사체 개발에는 장기간의 노력과 많은 희생이 필요하므로 이를 극복한 나라들을 특별 대우하는 것이 타당할 것이다.

우주 발사체 개발의 성공 요인은 역경과 희생, 고난 속에서도 지속적으로 개발을 추진하는 데 있다. 이 과정에서 정치가 과도하게 개입하거나 개발 일정에 영향을 주면 대부분 부정적인 결과를 초래한다. 중국 역시 대약진운동과 문화대혁명 시기에 만들어진 정치 구호가 우주개발에 막대한 지장을 주었고, 수많은 고급 인력들을 희생시킨 바 있다. 중국은 이를 교훈삼아 매우 강력한 제도와 규범을 만들어 정치와 기술개발을 철저히 분리하고 있다.

대부분의 우주 선진국들은 냉전시대에 개발한 액체 추진제 ICBM을 토대로 우주 발사체를 개발했다. 1단과 2단을 거의 그대로 사용하면서 요소기술과 부품을 활용할 수 있었고, 도태되는 ICBM 전체를 활용할 수도 있었다. 우주 발사체가 민군 기술 협력의 대표적 사례로 거론되는 것도 이 때문이다. 이러한 추세는 국방 일변도였던 고체 추진제 ICBM에서도 찾아볼 수 있다. 중국도 냉전시대에 개발한 둥펑 4호와 둥펑 5호를 우주 발사체로 활용했다. 국방 분야의 수요 창출과 선제적인 투자가 우주 발사체로 이전된 것이다.

우주 발사체가 국방 용도로 활용되고 국가 경쟁력의 핵심 지표로 부상하면서 국가 간의 경쟁도 나날이 치열해지고 있다. 과거 미국과 소련이 핵무기 투발 수단과 우주 발사체를 동일하게 여기며, 국력을 기울여 개발한 것도 이 때문이다. 중국도 일본과 치열하게 경쟁하며 우주 발사체를 개발했다. 일본이 아시아 국가 최초 발사라는 타이틀을 가져갔지만, 중국은 오늘날 발사 횟수 등에서 일본과 다른 국가들을 크게 앞서고 있다.

한국의 우주 발사체 개발도 북한과의 경쟁에서 자유롭지 않다. 1998년에 북한이 인공위성을 발사하면서 대한민국의 우주 발사체 개발 계획이 대폭 확장된 것도 이 때문이다. 그 후로 약 20여 년간 치열하게 경쟁했다. 우리는 대형 액체 로켓기술 기반이 취약했기 때문에 러시아와의 협력이 필요했고 이를 통해 빠르게 발전했다. 비록 최초의 자력 발사에서는 북한에 뒤졌지만, 앞선 경제력과 지속적인 투자, 인공위성 기술의 우위를 고려한다면 곧 차세대 한국형 발사체에서 북한을 앞지를 수 있을 것이다. 모두의 노력이 전쟁 아닌 평화이용의 기술 발전에 기울어지기를 바란다.

8) 세계의 첨단기술, 유인우주선 개발

1986년 3월, 미국의 전략방어계획(스타워즈 계획) 추진에 위기감을 느낀 4명의 원로 과학자 왕간창(王淦昌)·왕다헝(王大珩)·양가지(楊嘉墀)·천팡윈(陳芳允) 등이 「세계 첨단 기술을 따라가는 데 관한 건의」를 제안했다. 이에 덩샤오핑이 적극적으로 추진할 것을 지시하면서 '선도기술연구계획(863계획)'이 시작되었다. 여기에 핵무기와 우주의 두 가지 국방 기술을 포함하여 국가적인 노력을 기울였다.

이어서 1992년 1월 말에 당시 중국항공항천부에서 「중국 유인 우주기술 발전에 관한 건의」를 덩샤오핑에게 전달했다. 덩샤오핑은 "내 평생에 하지 못한 두 가지가 있는데, 하나는 싼샤(三峽)댐이고 다른 하나는 유인우주선이다. 앞으로 이 일들이 잘 추진되기를 바란다"고 말하며 동의했다고 전해진다. 드디어 중국의 유인우주선 개발 사업인 921공정이 시작되었다.

항천과기집단유한공사
박물관에 전시된 유인우주선
선저우(神舟)

"特別能吃苦, 特別能戰鬪, 特別能攻關, 特別能奉獻."
(유인우주정신 : 특별한 고난과 전투에 집중과 봉헌을 해야 한다)

(1) 우주비행에 관한 초기 연구

1961년 4월 12일, 소련의 가가린이 인류 최초로 우주를 비행해 스푸트니크 인공위성 이후 또다시 세계를 놀라게 했다. 첸쉐썬은 『인민일보』에 「우주 비행의 신기원」이란 글을 투고해 이를 치하하고, 각계 전문가들과 함께 '우주 항행 좌담회'를 개최해 중국이 이를 따라가야 한다고 주장했다. 이에 중국과학원에서 우주비행위원회를 구성하고, 인공위성 개발계획인 '651공정'에도 우주비행 항목을 포함시켰다.

1965년 7월에 중국과학원에서 그동안의 성과를 모아 「중국 인공위성 발전 방안에 대한 건의」를 제출했다. 여기에 10년 내에 4개 계열, 20개의 인공위성과 우주선을 발사한다는 계획을 담았고, 생물 위성과 우주선을 '대약진'이라 명명했다. 대약진 계획은 첫 번째 인공위성 발사 후 5년 내에 유인우주선을 발사한다는 것이었다. 이는 소련이 1957년에 위성 발사를 한 후 4년 만인 1961년에 우주인을 보냈고, 미국 역시 4년 만에 유인우주선을 발사한 것을 참고한 것이다.

1965년 8월, 중앙전문위원회가 이에 동의하면서 200여 개의 선행 연구과제가 시작되었다. 이를 위해 중국과학원 항공우주의학연구소(대외적으로는 제3연구소), 중국의학과학원에 우주의학연구소조 등을 설립했다. 이들은 후에 중국 우주의학 연구의 토대가 되었다.

의견 충돌도 발생했다. 생물물리연구소에서는 먼저 동물 실험을 하고 후에 사람을 태우자고 주장했으나, 군사의학과학원 등에서는 미국과 소련이 이미 동물 실험을 넘어 사람을 우주로 보내고 있으니 바로 유인 실험을 진행하자고 한 것이다. 한 전문가도 "T-7A 개량형 로켓으로 고공 생물실험을 수행해 상당한 자료를 확보했으니, 직접 유인우주선으로 갈 수 있다"고 했다. 이에 중국과학원에서 발전 계획 일부를 수정해 위성 생물실험을 고공 로켓 실험으로 대체했다. (초기 인공위성 연구와 고공 로켓 개발 및 응용은 앞의 항목 참조)

이는 2,000~3,000킬로그램의 무인우주선을 1972년에 발사해, 생물이 우주에서 장기 체류할 때의 상황, 작은 재진입 각도와 낮은 초중력 상태에서의 우주선 회수 기술, 지상 관측 설비의 응용 상태 점검, 생명 유지 시스템과 안전 보장 시스템 성능 시험들을 수행하는 것이었다. 아울러, 1973년에 2~3톤의 유인우주선을 발사해 우주인의 우주 공간 임무 수행 능력을 점검한 후, '우주정거장 건설의 토대를 형성한다'고 했다.

(2) 수광호의 개발과 중단

그 와중에 문화대혁명이 발생했다. 1967년 3월, 군중이 주자파(走資派 : 자본주의 추종 세력) 타도를 외치며 제8설계원 정문을 지날 때, 판지엔펑(范劍峰)이 "소련이 우주인을 보낸 지 6년인데, 우리는 위성도 못 보내고 뭘 하고 있나?"라고 외치자 군중이 이에 호응했다. 그들은 우주개발 관계자들을 모아 유인우주선에 관한 토론을 시작했고, 첸쉐썬이 나와 상황을 설명하고 개발 강화를 약속했다.

3개월 후, 제8설계원에 판지엔펑을 포함한 유인우주선 총체연구실이 설립되었다. 9월에는 우주인 한 명을 태우는 우주선 개발 방안을 보고했고, 중앙전문위원회의 승인을 받아 '수광(曙光 서광)호'로 명명했다. 그러나 "한 사람은 너무 적다. 마오쩌둥 주석이 소련·미국을 추월하자고 하지 않았나? 5명으로 하자"는 등의 정치적 개입으로 논란이 계속되었다.

논란이 지속되는 가운데 첸쉐썬은 대륙간탄도탄을 개조해도 추력이 부족하다는 사실을 발견했다. 당시 미국과 소련은 이미 두명을 우주에 보냈고 세 명 보낼 계획을 세우고 있었다. 이에 중국은 관계 기관과 협의해 우주에 보낼 인원을 2~3명으로 조정했다. 위성과 우주선의 추적과 제어시스템에 차이가 큰 것도 커다란 난제였다. 우주선 회수와 우주인 생환 기술을 새로 개발해야 했는데, 당시 우주의학 연구는 3개 기관으로 분산되어 진행하고 있었다.

1968년 2월에 해방군 제5연구원(후에 공간기술연구원으로 개칭)이 설립되었고 첸쉐썬이 원장을 겸임했다. 여기에 공간비행 총체설계부(약칭 501부) 산하 유인우주선 총체설계실을 설치하고, 8설계원의 관련자들을 영입하면서 판지엔펑을 주임으로 임명했다. 우주의학 관련 연구소들도 통합하여 우주의학공정연구소(507연구소)를 만들고, 공간기술연구원 산하로 편입했다.

1970년 4월 24일. 둥팡홍 1호 발사 당일에 베이징에서 수광호 유인우주선 논증 회의가 개최되었다. 501부에서는 설계한 유인우주선 상세 도면과 모형을 전시했다. 상하이에서 생산한 우주 식품, 고열량 초콜릿, 압축 과자 등을 시식하고 전투기 좌석을 본떠 만든 우주인 좌석에 앉아 보기도 했다.

수광호는 좌석 모듈과 설비 모듈로 구성되었고, 좌석 모듈에 2명의 우주인이 타도록 설계되었다. (module 기계·기능 단위의 부품 집합) 회의 개막일 저녁에 첫 번째 인공위성 발사가 성공했다는 소식이 전해져, 개발의 앞날을 밝게 해주었다. 같은 해 7월에 마오쩌둥이 유인우주선 개발과 우주인 훈련을 승인했다. 이에 바로 수광1호 개발이 시작되었고 714공정으로 명명되었다.

11월에 국방과위와 제7기계공업부가 베이징에서 2차 수광 1호 유인우주선 논증 회의(11. 9 회의)를 개최했다. 여기서 우주인 두 명에 최장 비행시간을 8일로 하고, 1973년에 무인우주선을 발사해 성공하면 1974년에 유인우주선을 발사하기로 했다. 이에 따라, 714공정 주비처(籌備處, 준비처)가 베이징에 설립되고 수광 1호 개발 업무가 전면적으로 시작되었다.

세부 분야는 우주선 총체구조와 열 공제, 최종 조립, 측정, 제어와 항법 및 컨트롤, 리모트 센싱과 디스플레이, 생명보장 시스템과 우주인 훈련, 긴급 구난 장치와 낙하산 회수, 유효 탑재 중량과 연료 전지 개발, 열 진공 등의 대형 지상 설비 개발과 시험, 생산, 발사장과 지상 측정망 및 원양 측량선 개발, 각종 협력 업무 등이었다.

1970년 10월부터 전국의 전투기 조종사 1,000여 명 중에서 80여 명을 선발했다. 선발된 인원들은 다시 정밀 검사를 거쳐 이듬해 3월에 10여 명의 우주인이 최종 선발되어 집중 훈련에 들어갔다. 빠른 진전으로 1971년 4월부터 허난성 정저우(鄭州)에서 8개의 수광 1호 모형 공중 투하 실험을 수행하여 목표에 도달했고, 우주의학 연구 기지와 통신 설비도 건설되었다. 다만, 문화대혁명의 영향으로 수많은 개발 업무들이 정상대로 진행되지 못했다. 설상가상으로 1971년 9월 13일, 린뱌오(林彪) 사건이 터져 수많은 기업들이 영향을 받았다. (린뱌오는 권력욕이 강해 국가주석직에 오르려다가 쿠데타에 실패하자 비행기로 도피하다 추락 사망) 특히 공군은 반란의 핵심으로 지적되어 많은 업무들이 중단되었고, 결국 11월 중순에 우주인 훈련 준비조가 해산되었다. 714공정이 험난한 시기를 맞이하게 된 것이다.

또 하나의 문제는 경비 부족이었다. 1972년부터 수광 1호 개발 속도가 지연되기 시작했고, 공간기술연구원에서도 유인우주선 계획을 1978년으로 연기했다. 결국 1975년 3월, 국방과위에서 정식으로 714공정의 중단을 선포하고, 핵심기술 추적 연구만을 남겨 놓았다. 구체적인 표현은 "지구상의 일을 먼저 처리하고 지구 밖의 일은 나중에 처리한다"는 것이었다.

우주의학 연구도 시련을 맞이했다. 1973년에 507연구소가 국방과위 직속으로 이전되면서 조직이 축소되고, 명칭도 항천의학공정연구소로 개명되었다. (2009년 9월 30일에 중국항천원 과연훈련중심으로 다시 이름을 바꾸었다.) 1980년대 중반에 해방군이 감축되면서 다시 연구소 감축이 논의되었다. 첸쉐썬 등은 연구소가 필요할 때 다시 만들려면 엄청난 시간과 노력이 필요하므로 그대로 남겨 달라고 건의했다. 1985년 10월에 507연구소의 인력을 300명으로 감축하긴 했으나, 연구소 직제는 그대로 남겨 후일을 도모했다.

수광 1호는 8년여의 선행 연구를 통해 많은 성과를 도출했고 후에 추진한 선저우 유인우주선 개발에 많은 기초 자료를 제공해 주었다. 관련 고급인력을 양성했고 운반 로켓과 발사장, 지상 측정 설비, 측량선 등의 대규모 프로젝트 경험을 쌓았으며, 우주선의 형상과 중량, 회수 궤적 설계, 안전 시스템, 우주의학과 우주인 훈련 등에서 상당한 기술력을 축적했다.

(3) 863계획의 태동과 우주선 모형 탐색

1986년 3월 5일, 덩샤오핑이 원로 과학자 네 명의 건의를 받아들여 '첨단 기술연구계획(863계획)'이 시작되었다. 이 계획은 생물·우주·정보·첨단방어(핵)·자동화·에너지·신소재의 7개 영역 15개 주제로 구성되었고, 후에 해양이 추가되어 8개가 되었다. 우주는 이 계획의 두 번째로 863-2 영역이라 불렸고, 1987년 2월에 전문가위원회(863-2 전문가위원회)가 설립되었다.

전문가위원회 산하에 전문가조(팀)를 구성하고 두 가지 분야에 집중했다. 첫 번째는 대형 운반 로켓과 우주왕복선을 개발하는 것으로 863-204라 했고, 두 번째는 유인 우주정거장과 그 응용으로 863-205라 했다. 대형 운반 로켓으로 우주에 올라가고 우주왕복선으로 왕래하며, 우주정거장을 만들어 우주 자원을 활용한다는 것이 주요 골자이다.

863-204 전문가조는 구성된 지 2개월 만에 공모를 통해 우수 기관들을 선정하고, 「대형 운반 로켓 및 우주왕복선 개념 연구와 실행 가능성 연구」를 발주했다. 당시 항천부 소속의 1, 3, 5, 8연구원 산하 연구소들과 항공부·국가교육위원회·중국과학원·총참모부·국방과공위 등의 60여 개 연구소에서 2,000여 명이 참가하는 대규모 연구가 시작된

것이다.

1987년까지 각 기관에서 모두 11종의 우주왕복선 추진 방안이 제시되었고, 전문가 조에서 다음 조건을 갖춘 우주비행선 5종을 예비로 선정했다. (module : 기능 단위의 부품)

① 중복 사용이 가능한 유인 및 물자 수송선
② 로켓 보조추진 궤도 모듈로 주동력을 가지지 않은 소형 우주항공기
③ 로켓 보조추진 궤도 모듈로 주동력을 가진 우주항공기
④ 중복 사용과 수직이착륙이 가능한 2단 우주선
⑤ 중복 사용과 수평이착륙이 가능한 우주비행선

1988년 7월 말에 5개 방안의 대표자들이 하얼빈에 모여 17명의 최고 전문가들로부터 평가를 받았다. 전문가들은 우주선과 로켓추진 우주선은 미래 왕복선으로 활용이 가능하지만 국내 기술의 기초가 빈약하고 투자여력도 없으므로 21세기 초까지 달성하기 어렵다고 했다. 또 주동력을 가지는 우주항공기는 로켓 엔진의 중복 사용 문제가 있어 어려움이 크다는 데 의견이 일치했다.

이들은 다용도 우주선과 주동력을 가지지 않은 소형 로켓보조 우주항공기 중 어느 것을 선정할 것인가를 검토하는 데 많은 시간을 들였다. 전문가들의 평가도 거의 비슷했다. 우주선 지지자들은 당시 중국이 10여 개의 회수위성 발사에 성공한 경험이 있고, 수광호 연구 성과를 생명보장 설비에 활용할 수 있으며, 기존 운반 로켓기술과 발사장 기본 설비를 활용할 수 있다고 했다.

실용성 면에서도 우주선은 우주인과 우주정거장용 물자를 모두 수송할 수 있고, 우주정거장의 소형 궤도 탈출 모듈로 활용할 수도 있었다. 또 향후 오랫동안 중국의 우주 왕복 수요가 많지 않을 것이므로 1회만 사용하는 우주선이 상대적으로 편리하고 경제적이라고 했다.

시간적으로 보면, 8~10년간의 노력을 통해 21세기 초입에 우주인을 보낼 수 있는데 비해 우주왕복선은 아직 중국의 항공 기술 수준이 낮으므로 단기간 내에 개발할 수 없다고 했다. 미래 발전 측면에서, 우주선은 도킹을 할 수 있고 이를 통해 우주인들의 외부 활동 실험이 가능하므로 미래 우주정거장 건설을 위해 경험을 축적할 수 있다고 했다.

항공기를 주장하는 사람들은 "우주선은 1960년대 산물이고 기술적으로 낙후했다. 중국 유인 우주사업은 수준 높은 기술로 국제 우주 발전의 흐름을 반영하는 우주항공기로 가야 한다. 우주항공기는 중복 사용이 가능하고 장기적으로 발사 차수를 높일 수 있으므로 편리하고 경제적이다"라고 했다.

과학은 토론 중에 발전한다. 당시 자오쯔양(趙紫陽) 총리는 전문가들의 의견이 통일

되지 않았으므로 더 깊은 논증을 한 후 결정하자고 했다. 이에 우주선과 항공기 두 가지 방안에 대한 추가 연구를 한 후, 1989년 7월에 전문가조에서 「대형 운반 로켓과 우주 왕복 운송 시스템에 관한 타당성 및 개념 연구 종합보고」를 완성했다.

여기에 기술적 가능성과 경비 부담 능력, 안전성 등의 지표로 양쪽을 비교한 후, 중국의 실정에 입각해 다음과 같은 2단계 발전 방안을 제시했다.

1단계 : 회수위성 경험을 활용해 적은 비용으로 2000년 전후까지 다용도 우주선을 개발하면서 관련 기술을 확보하고 초기 우주 응용 수요를 충족한다.
2단계 : 2015년 정도에 현대적이고 경제적인 우주왕복선(2단 수평이착륙 우주항공기)을 개발해 미래 우주정거장 수요에 대비한다.

첸쉐썬은 70세가 넘어 이미 은퇴했기에 참여하지 않았지만, 자문에 응하면서 국가 부담 능력과 이익 최대화 사이에서 균형을 유지해야 하고, 미국 챌린저 우주왕복선 폭발 사고를 참고해 유사한 난관을 겪지 말아야 한다고 했다. 또 장기 계획을 세워 세밀한 문제들을 충분히 논의해야 하고 최종 결정은 국가에서 내리도록 하며, 시스템 공학 기법을 사용해 한 길을 가면서 명확한 태도와 방침을 보여야 한다라는 의견을 보냈다.

1990년 5월, 863-2 전문가위원회에서 국방과공위에 「우주 분야 논증업무 종합보고」를 제출하면서, "우주비행선을 유인 우주의 제1단계로 하고, 2010년 또는 그 후에 하나의 우주정거장과 우주정거장 응용 시스템, 대형 운반 로켓, 우주 왕복 운송 시스템(유인 우주선), 발사장과 회수장, 측정 통신망과 우주인 시스템으로 구성된 초기 형태의 유인 우주정거장 대형 공정을 건설한다"는 청사진을 제시했다.

(4) 지도층의 결단과 921공정의 태동

그러나 당시 중국은 커다란 혼란을 겪고 있었다. 1989년 6월의 천안문 사태로 자오쯔양이 실각하고, 장쩌민(江澤民) 총서기가 취임했다. 국제 사회의 중국 비판이 확산되었고, 국내적으로도 공산당과 중앙정부에 대한 신뢰가 크게 떨어진 시기였다. 이런 상황에서 엄청난 자금이 필요한 유인우주선 개발이 무슨 의미가 있는가에 대한 논란이 제기되었다. 중앙정부에서는 이를 책임질 사람이 없었고, 결국 막후 조정 논의가 이루어졌다.

1992년 1월, 중앙전문위원회 제5차 회의에서 항공항천부 기술고문인 런신민(任新民)이 다음과 같은 「중국 유인 우주 공정 입항에 관한 건의」를 보고했다.

1991년 1월 말, 중국우항학회, 사회과학원, 국무원 발전연구 중심이 연합으로 '우주 첨단기술 보고회'를 개최했다. 이 회의에 항공항천부(1988년에 항공부와 항천부가 합병해 설립) 류지위엔(劉紀原) 부부장(차관)이 제2포병 부참모장이자 덩샤오핑의 매부인 리첸밍(栗前明)에게 기관에서 논의한 「중국 유인 우주기술 발전에 관한 건의」를 덩샤오핑에게 전달하도록 부탁했다.

이 안에는 "1956년 국방부 제5연구원 설립 이래 우주 분야에 약 180억 위안의 적은 금액을 투자해 커다란 성과를 달성했다. 또 유인 우주 사업비 53억 위안은 국민 수입의 1만 분의 8에 불과해 중국이 감당할 수 있다. 지금 하지 않는다면 선진국에 뒤져 기회를 잃어버릴 수 있고, 인력에도 단절이 생길 것이다. 우주 사업을 하느냐 마느냐는 단순한 과학기술의 문제가 아니라 정치적 결정이니, 중앙에서 심사숙고해주기 바란다."는 내용이 들어 있었다.

설 이후, 이 내용이 덩샤오핑에게 전달되었다. 그가 무슨 말을 했는지는 알려지지 않았으나, 리펑(李鵬) 총리가 군사위원회 부주석 류화칭(劉華淸)에게 사업을 추진하도록 했고, 류지위엔은 이를 덩샤오핑이 동의한 것으로 판단했다. 후에 덩샤오핑이 한 다른 말이 전해졌다. "내 평생에 하지 못한 두 가지가 있다. 하나는 싼샤(三峽)댐이고 다른 하나는 유인우주선이다. 이들이 추진되기를 바란다"는 것이었다. 이후 사정이 급변해 신속하게 추진되었다. (『중국의 우주굴기』 이춘근)

회의를 통해 "정치·경제·과기·군사 등 여러 방면을 고려할 때, 즉시 국내 유인 우주 사업을 발전시킬 필요가 있다. 이는 유인우주선을 기점으로 한다"는 결론을 얻고 각계 전문가들을 모아 타당성 연구를 진행했다. 1992년 8월에 다시 중앙전문위원회에서 유인우주선 공정의 기술 경제 타당성 연구 결과보고를 듣고 결과에 동의하면서, 비로소 중국 유인 우주 프로젝트의 3단계 발전 방안이 확정되었다.

1단계는 두 개의 유인우주선과 한 개의 유인우주선을 발사해 시험적인 유인우주선 시스템을 구축하고 우주 응용 실험을 시작하는 것이다. 2단계로 첫 번째 유인우주선 성공 후에 이것과 우주비행기(궤도 모듈)의 도킹(docking : 두 우주선의 결합) 기술을 장악하고, 일정 규모와 단기 우주인 체류가 가능한 8톤급의 우주 실험실을 발사해 운용한다. 3단계로, 대형이면서 장기 체류가 가능한 20톤급의 우주정거장을 건설하여 우주 응용을 본궤도에 진입시킨다는 것이었다.

마침내 1992년 9월 21일, 중앙정치국 제12기 상무위원회 제195차 회의에서 중앙전문위원회의 「중국 유인우주선 공정 연구 제작 개시에 관한 청시」를 논의하고 비준했다. 이 계획은 중국 우주개발 역사상 가장 규모가 크고 어려운 프로젝트였으므로, 당시에 막 자리를 잡아가던 제3세대 지도자들도 대거 참석했다. 장쩌민 총서기와 리펑 총리·차오스(喬石)·야오이린(姚依林)·리루이환(李瑞環) 등이 참석하고, 양상쿤(楊尙昆)·보이보(薄一波)·완리(萬里)·류화칭(劉華淸)·양바이빙(楊白冰)·딩관건(丁關根)·원자바오(溫家寶) 등이 참석했다.

유인 우주 계획이 회의를 통해 결정된 후, 중국의 유인우주선 개발은 중점 과제로 취급되어 국가 계획에 들어가게 되었다. 1992년 1월, 중앙전문위원회 동의와 1992년 9

월 21일, 중앙정치국 상무위원회 비준이 모두 9, 2, 1 세 숫자를 포함하고 있어 921은 중국 유인 우주산업에서 상징적이고 결정적인 의미를 가진다.

중국 정부는 이 원대한 계획의 실현을 보장하기 위해 중앙전문위원회에서 직접 이 계획을 지도하고 국방과학공업위원회에서 실행 책임을 지도록 했다. 다양한 참가 기관을 통일적으로 관리하기 위해 '921공정 과제사무실(中國載人航天工程辦公室)'을 설치하고, 총지휘와 총설계사의 두 가지 관리 체계를 만들어 이들이 연석 회의를 통해 중요한 문제들을 해결하도록 했다.

항천과기집단공사 산하의 운반로켓연구원과 공간기술연구원, 상하이항천기술연구원, 중국과학원 산하연구소, 신식(정보)산업부 산하 연구소와 해방군 총장비부 산하 연구소 등 모두 110개의 연구소와 회사들이 연구와 생산에 참여했고 항공·선박·병기·기계·전자·화공·금속·방직·건축 관련 부서와 지방정부의 3,000여 개 기관이 지원 업무에 참여했다.

(5) 1단계 사업의 추진

곧 제1단계 유인우주선 공정의 4가지 임무와 7대 계통(시스템)·경비·진도·조직 관리 등이 구체적으로 논의되었다. 4가지 임무는 안전과 신뢰성을 확보한다는 전제 아래 유인 우주 기본 기술을 확보하고, 우주에서의 대지 관측과 우주과학 및 기술 연구를 진행하며, 초기 우주 왕복 수송 수단을 확보해 '대형 우주정거장 건설을 위한 경험을 축적한다'는 것이다.

7대 계통은 우주인계통(921-1)·우주선응용계통(921-2)·유인우주선계통(921-3)·운반 로켓계통(921-4)·발사장계통(921-5)·추적통신계통(921-6)·착륙장계통(921-7)이었다. 이를 조기에 실현하기 위해 소련·미국의 개발 과정과 단계를 세밀히 검토한 후, 우주인의 안전 귀환을 보장하는 조건에서 몇 가지 단계를 뛰어넘는 추월식 개발 전략을 구사했다.

우주인계통은 우주인을 선발, 훈련시키고 이를 지원하는 대형 훈련 설비들을 구축하고 우주복과 우주 식품 등을 개발하는 것이고, 우주선 응용계통은 우주 대지 관측과 환경 감시, 생물 실험, 재료 실험, 우주 물리와 천체 물리 등의 우주 실험을 위한 설비와 기술들을 개발하는 것이다.

유인우주선계통은 '선저우'호를 개발해 우주인의 생명 안전과 작업 환경, 무사귀환을 보장하는 것이다. 선저우호는 궤도선회 모듈과 귀환 모듈, 추진 모듈로 구성되고 3인의 우주인이 승선해 7일 동안 자주적으로 비행할 수 있도록 설계되었다. 궤도선회 모듈(2인)은 귀환 모듈(1인)이 분리된 후에도 반년 간 선회하면서 필요한 실험을 진행하고, 후일의 우주선 도킹에도 대비하도록 설계되었다.

운반 로켓계통은 유인우주선 발사가 가능하고 안전성이 극히 우수한 대형 발사체를 개발하는 것이다. 전문가들은 창정 계열 로켓 개발 경험을 토대로, 안정성과 자동 조종

성능을 대폭 개선하고 비상탈출용 도피탑을 갖춘 「창정-2호F(CZ-2F) 로켓」을 개발했다.

발사장계통은 주취안 위성 발사장에 유인우주선 발사장을 새로 건설하는 것이다. 통신과 관측을 위해 국제 규격에 적합한 설비들을 추가 설치하고 국제망과 연결된 S파 통신 설비들을 보강해 새로운 육지·해양 우주선관측 통신망을 구축했다. 착륙장으로는 네이멍구 초원 두 곳의 주 착륙장과 주취안 발사장 부근의 부 착륙장, 육지 세 곳과 세 개 해역에 비상 착륙장 등을 설치하고 필요한 설비들을 갖추었다.

유인우주선 발사까지의 1단계 사업은 입안 단계, 초기 단계, 정상 추진 및 무인 시험비행단계, 유인 비행단계의 4단계로 구분되어 추진되었다. 1992년 9월에 시작된 입안 단계는 앞서 소개한 7개 하부 시스템별로 소요설비와 부품을 설계하고, 시제품을 개발한 후, 지상 시험과 개선을 거쳐 세부 추진 계획을 종합적으로 완성하는 것이었다.

출범 3년 후인 1995년 7월에 중앙전문가위원회의 비준을 거쳐 초기 단계에 진입했다. 이 단계에서는 로켓과 우주선, 관련 부품들의 부분별, 시스템별 시험을 마치고 전반적인 연계 시험을 통해 우주선 발사에 필요한 준비를 완성했다.

1998년 상반기부터 3단계인 정상 추진 및 무인 시험비행단계가 시작되었다. 1999년 11월 20일에 최초로 창정 2F 로켓을 이용해 무인우주선 선저우 1호를 발사, 회수하는 데 성공했고, 2001년 1월, 2002년 3월, 2002년 12월에는 각각 2호, 3호, 4호 무인우주선이 비행시험에 성공했다. 마지막 4단계는 2003년 10월에 최초의 유인우주선 선저우 5호의 발사와 착륙에 성공함으로써 원만하게 종료되었다. 드디어 우주정거장과 연계하는 2단계 사업이 시작된 것이다.

(6) 발사체(창정 2호F, 神箭 선지엔)와 우주인 안전 시스템 개발

1단계 운반 로켓계통(921-4)은 기존의 창정-2호E 로켓을 개조해 유인우주선을 발사하는 것으로, 항천과기집단공사 산하의 운반로켓연구원(제1연구원)에서 책임지게 되었다. 곧 제1연구원의 선신순(沈辛蓀) 원장이 921-4 공정 행정 총지휘에, 왕더신(王德臣) 부원장이 총설계사에 임명되었고, 발사체 개발 공정이 출범하면서 4명이 책임자로 임명되었다. (箭 화살전)

공정 총설계사는 막중한 자리였기에 책임자 선정이 매우 어려웠다. 설계 전체의 청사진을 장악하고 모든 연구 인력들을 관리하며, 창조적으로 과제를 추진해야 했다. 담당자가 첸쉐썬에게 의견을 구했을 때, 그는 청년시기에 천재적인 아이디어로 문제를 해결해 장기간 총애했고 제1연구원 원장을 역임했던 왕융즈(王永志)를 천거했다.

유인우주선 발사체 개발에는 여러 난제가 있었다. 유인우주선 발사체는 목표 수준(신뢰성, 안정성)이 높아야 했다. (일반 운반 로켓의 신뢰성은 0.91이지만 유인우주선은 0.97이고, 안전성 지표는 0.997이었다) 도피탑과 고장 진단기술, 3수(수직조립·수직측정·수직이동),

1,500미터 원거리 발사 통제, 첨단 제어, 지상 시험설비 등의 신기술도 대거 적용해야 했기에 임무 범위가 상당히 넓어졌다. 게다가 문화대혁명의 영향으로 기술자들의 연령과 경험에 단절이 있다는 것도 큰 문제였다.

제1연구원에서는 1993년 3월 초에 921-4공정 업무 회의를 개최하고, 구체 일정으로 "1997년 목표로 하되, 1998년은 반드시 보장한다(爭7保8)"고 결정했다. 1993년 9월 타당성 입증, 1994년 9월 개념 설계 완성, 1996년 3월 시제품 개발 완성, 1997년 9월 시험 생산 완성과 신뢰성 비행시험 순서로 일정을 확정했다.

창정 2호F는 창정 2호E를 유인우주선 발사용으로 개량한 것이다. 당시 중국 내 최대 품질, 최대 길이, 신뢰성, 안정성에서 최고로 평가받았으며 가장 복잡한 운반 로켓이었다. 4개의 부스터와 본체 1단, 본체 2단, 페어링, 도피탑으로 구성되고, 사용 연료는 사산화이질소(N_2O_4)와 비대칭디메틸히드라진(UDMH)이다. 길이 58.34미터, 이륙중량 480톤, 본체 직경 3.35미터, 4개의 부스터 직경 2.25미터, 페어링 직경 3.8미터, 탑재 능력 8톤으로, 근지점 궤도 200킬로미터, 원지점 궤도 450킬로미터, 궤도각 52도, 비행시간 585초이다.

하지만 추진 과정에서 수많은 어려움에 직면하면서 일정이 지연되었다. 결국, 1995년 6월이 되어서야 개발이 시작되었고 1997년 12월까지 2년 반에 걸쳐 시제품 개발이 이루어졌다. 엔진은 1998년 6월, 도피탑은 1999년 1월에 시제품 개발이 완료되어 생산에 돌입했다. 1998년 6월, 발사장에서 1차 합동 훈련이 이루어졌고, 1998년 10월에 도피탑의 영고도(최저고도) 비행시험을 수행했다. 이를 토대로 1999년 11월 20일에 창정 2F의 최초 비행시험으로 선저우 1호가 정상 궤도에 진입했다.

창정 2호F의 엔진은 067기지(현재의 항천과기집단유한공사 제6연구원)에서 개발했는데, 1992년에 시작해 1999년까지 7년 동안의 힘든 시간을 거쳤다. 우주인이 탑승하므로 시험 환경이 더욱 엄격해져 어려움이 컸기 때문이다. 신뢰성 확보를 위해 시험을 더욱 가혹하게 진행했다. 1단 엔진 연소가 160초이었지만 600초 시험을 했고, 2단 엔진은 300초이었지만 600초 시험을 했으며, 2단의 4개 자세제어 엔진도 480초이었지만, 1,100초 시험을 했다.

이 과정에서 2단 엔진 터보 펌프가 연소 시 오래 견디지 못하는 것을 발견해 시정했고, 둔감 화약도 채용했다. 또한 엔진 추력실 온도가 300도 이상으로 올라갈 때와 추진제가 대량으로 진입할 때 연소 불안정이 발생했다. 067기지에서는 소련의 관련 연구소와 협력해 이 문제를 해결했다. 이를 통해 창정 2호F 엔진의 안전성과 신뢰성이 대폭 개선되었다. 고장진단 시스템을 개발해 적용하고, 페어링 중량을 원래의 972킬로그램에서 450킬로그램으로 대폭 감량했다.

우주인의 안전과 관련한 가장 큰 특징은 신뢰성이 높은 도피탑을 설치한 것이다. 우주인의 비상탈출은 발사 대기 중, 발사 후 대기권, 대기권 밖, 궤도 선회, 귀환 착륙, 착륙 후의 6가지 상황으로 구분된다. 도피탑은 발사 후 대기권에서의 긴급 출발에 대비하도록 설계된 것이다. 이 탑은 주 엔진과 조정 엔진, 분리 엔진 등으로 구성되어 페어링 상부에 설치하는데, 자력으로 높이 1,500미터, 거리 800~900미터를 날아 도피할 수 있다. 발사 대기 중에 긴급 상황이 발생하면 우주인이 귀환 모듈에서 나와 궤도선회 모듈과 페어링을 통과해 전용 엘리베이터를 타고 지하 엄폐호로 대피한다.

창정 2호F 로켓은 정상 발사 후 120초에 도피탑을 분리하고 200초에 페어링을 전개한다. 따라서 발사 후 저고도 대기층에서 응급상황이 발생했을 때는, 페어링 상부에 설치한 도피탑을 이용해 우주선을 본체와 분리하고 귀환 모듈을 독자적으로 작동시켜 지구에 착륙한다. 귀환 모듈의 대지 착륙은 상부에 설치된 대형 낙하산에 의존한다. 장쩌민 총서기는 '선지엔(神箭)'이라는 이름의 휘호를 내려 발사체 개발 성과를 치하했다. (신의 화살)

(7) 우주선 선저우의 개발

921공정의 7개 시스템 중에서 가장 어려웠던 것이 '유인우주선 개발'이라고 한다. 한 번도 해보지 않았고, 우주인의 생명과 직결된 것이기에 더욱 그랬다. 이는 로켓 발사에서 귀환선 착륙까지의 모든 단계와 연결된다. 여기에 당시 중국은 "출발이 늦었지만, 목표는 높고, 한 번에 도달해야 한다(起步晚, 起点高, 一步到位)"는 점을 강조하는 상황이었다.

담당 기관인 공간기술연구원은 1970년대의 회수위성개발 경험과 러시아와의 협력을 통해 선저우(神舟)를 개발했다. 특히 세계 최초로 유인우주선을 발사하고 우주정거장 건설 경험도 풍부한 러시아에서 큰 도움을 주었다. 당시 러시아는 체제 전환으로 거대한 재정 압박을 겪으면서, 우주 관련 연구소들이 커다란 어려움을 겪고 있었다. 이에 러시아의 경험을 흡수, 소화하면서, 후발국 우세를 이용한 도약적 발전으로 유인우주선 선저우를 개발할 수 있었다.

선저우는 러시아의 소유즈와 유사하게 궤도선회 모듈과 귀환 모듈, 추진 모듈, 도킹 부분으로 구성되어 있다. 발사 후 세 명의 우주인이 7일간 자주적으로 비행할 수 있고, 궤도선회 모듈은 귀환 모듈이 분리된 후에도 반년 간 선회하면서 필요한 실험을 진행할 수 있게 설계되었다.

궤도 모듈은 길이 2.8미터, 최대 직경 2.8미터의 원추형으로 한쪽은 귀환 모듈과, 다른 한쪽은 우주정거장과 연결할 수 있도록 설계되었다. 상승과 귀환 단계를 제외하면 우주인이 체류하면서 실험과 식사·수면·생리 활동을 하므로 온도를 17~25도로 유지하고 전력 공급을 위한 태양전지판도 양 끝에 부착했다.

회수 모듈은 길이 2미터, 직경 2.4미터의 종 모양이다. 밀폐 구조이고 내부에 계기판과 조종 장치, 디스플레이가 설치되며 전면에 출구가 있다. 상부에는 주 낙하산과 보조 낙하산(인도 낙하산)이 설치되고, 하단은 두꺼운 금속을 부착해 착륙 시의 고온과 충격을 견디도록 설계되었다.

추진 모듈은 길이 3.05미터, 직경 2.5미터, 하부 직경 2.8미터의 원추형이다. 우주선 추진을 위한 엔진과 방향 전환 및 자세 조정을 위한 보조 엔진, 추진제, 산소와 물 공급 장치가 탑재되어 있고, 외부에는 전력 공급을 위한 태양전지판이 부착되어 있다. 선저우의 전력 공급 능력은 러시아 소유즈의 3배 이상이라고 한다. 도킹 부분은 미래 우주정거장과의 도킹용인데 우주탐사 설비들이나 국방 용도의 실험 설비들을 탑재하기도 한다.

최근까지 발사된 11개의 선저우 우주선은 발사 목적이 변경되고 기술이 발달함에 따라 점진적으로 개선되었다. 즉, 1호부터 6호까지는 유인 우주비행 능력을 확보하기 위한 기술 시험용이었고, 7호에는 우주인의 외부 활동(유영)과 우주정거장 건설을 위한 기술 시험을 추가했으며, 8호부터는 우주정거장에 대한 물자 수송 기술을 개선하면서 형식을 고정하여 우주선을 대량으로 생산하는 데 주력했다.

곧 발사될 12호부터는 창정 5호B 발사체를 활용해 부피와 탑승 우주인 수, 물자 수송 능력이 대폭 개선될 전망이다.

(8) 우주정거장 톈궁의 개발과 운용

921공정 1단계 사업에는 대형 우주정거장 건설을 위한 수송 수단 확보와 경험 축적이 포함되어 있었다. 중국은 실험과 발사가 성공을 거두어 유인 우주가 실현되자, 바로 우주선 외부 활동과 우주 물자 수송, 소형 우주정거장 건설 및 운용 시험을 추진했다. 개발 초기에는 이를 '목표비행기(기호 MB)'라고 불렀으며, 2006년에 '톈궁(기호 TG)'으로 변경했다.

톈궁(天宮)이라는 명칭은 중국 고전 『서유기(西遊記)』에 나오며, 중국인들이 미지의 천상 공간을 이르는 말이다. 우주정거장을 개발하는 공간기술연구원 공정사 왕한(王菡)은 "인간이 가장 편안하게 생활하는 공간을 천궁이라 칭하니, 우주인이 궁정에 사는 것 같이 편안한 공간을 제공한다"는 의미로 명명했다고 했다.

유인우주선 선저우가 순조롭게 발사되면서 공간기술연구원은 2008년, 톈궁 1호 발사 계획을 발표했고 2009년에 시제 생산을 완료했다. 이후 2010년까지 각종 측정과 성능을 개선했고, 2011년에 검정을 완료한 후 주취안 발사장으로 이송했다. 길이 10.4미터, 최대 직경 3.35미터이고 내부 유효 사용 공간은 15세제곱미터이다. 세 명의 우주인이 실험과 생활을 할 수 있고 설계 수명은 2년이다.

톈궁 1호는 2011년 9월 29일에 발사되어 1,630일을 우주에서 체류하며 설계 수명을 초과하여 운행했다. 다양한 실험과 측정 임무를 수행하는 등 중국 최초 우주정거장 건설과 운용 경험 축적에 커다란 기여를 했다. 2016년 3월 16일에 임무를 종료하고 4월 2일에 대기권에 진입해 소산되었다.

이어서 톈궁 2호가 개발되었다. 이것은 지구 관측과 우주 응용, 우주 의학 등을 활발히 추진하고 소형 위성도 발사할 수 있도록 설계되어, 진정한 의미에서의 우주정거장이라고 할 수 있었다. 실험 모듈과 자원 모듈로 구성되었고, 길이 10.4미터, 최대 직경 3.35미터, 태양전지판 전개 후의 폭은 18.4미터, 중량은 8.5톤이다.

톈궁 2호는 선저우 우주선이나 톈저우(天舟) 화물 수송선과 도킹하여 물자와 인력을 보충하고, 장기간 우주에서 실험을 할 수 있었다. 기본적으로 톈궁 1호와 유사하나, 1호를 운용하며 쌓은 기술을 적용하여 양자 통신을 시도했으며, 국제 협력을 통해 블랙홀 탐사도 수행했다. 톈궁 2호는 2016년 9월 15일에 발사되어 화물 운송선 톈저우 및 유인 우주선 선저우와 도킹하면서 임무를 수행했고, 2019년 7월 19일에 대기권에 진입하면서 소산되었다.

중국의 초기 계획은 톈궁 3호를 발사해 운용한 후 대형 우주정거장을 건설하는 것이었다. 그러나 톈궁 2호 발사와 2016년 10월 선저우 11호와의 도킹에 성공한 후, 계획이 변경되었음을 밝혔다. 원래 톈궁 3호에서 수행하려 했던 실험들을 모두 톈궁 2호가 수행했으므로 공정 단축과 달 탐사에의 집중, 경비 감소를 위해 곧바로 대형 우주정거장 건설을 시작한다는 것이다.

본격적인 대형 우주정거장 건설은 원래 2020년 전후로 계획되어 있었다. 그러나 이를 발사할 창정 5호 개발이 지연되고 발사 또한 실패하여 지연된 상태이다. 중국은 2022년경에 우주정거장을 건설할 것이라고 발표했고, 국제 협력을 통한 공동 건설과 운용 가능성도 열어놓고 있다.

(9) 선저우 발사와 유인 우주의 실현

중국 우주 계획의 3단계 발전 전략에 따라 선저우 유인우주선에 부여된 임무는 다음과 같다.

① 유인 우주 비행 기본 기술의 개발
② 우주에서의 대지 관측, 우주과학기술 실험
③ 초보적인 우주왕복선 개발
④ 유인 우주정거장 개발을 위한 경험 축적

이를 실현하기 위해 1999년부터 2016년가지 5차례의 무인우주선 실험과 6차례의 유인우주선 실험을 수행했다.

선저우 1호는 첫 발사를 기념하기 위해 중국 국기와 올림픽기, 각종 우표를 실었고, 피망·옥수수·보리와 감초·판람근 등의 중약재 종자를 탑재하여 우주 환경에서의 변화를 측정했다. 발사 시스템을 종합적으로 점검하고 내부 측정과 지상/해상에서의 추적 역량도 검증했다.

선저우 2호는 유인 우주 실현을 위해 우주선 내에서의 미중력 환경 시험과 우주 생명공학 시험을 수행했고, 별도로 결정 성장 등의 신소재 개발과 우주 천문 및 우주 물리 실험 등을 수행했다.

선저우 3호는 유인우주선과 동일한 환경을 조성하고 보다 진보된 과학실험을 수행했다. 특히 모형 우주인과 도피탑을 설치하여 우주공간에서의 신진대사 변화를 측정하고 비상탈출 상황도 실험했다.

순서	발사일	귀환일	우주인	비행시간	회전
선저우 1호	1999.11.20	1999.11.21	무인우주선	21시간 11분	14
선저우 2호	2001.01.10.	2001.01.16.	무인우주선	6일 18시간 22분	108
선저우 3호	2002.03.25.	2002.04.01.	모의 우주인 탑재	6일 8시간 39분	108
선저우 4호	2002.12.30	2003.01.05	모의 우주인 탑재	6일 18시간 36분	108
선저우 5호	2003.10.15.	2003.10.16.	양리웨이	21시간 28분	14
선저우 6호	2005.10.12	2005.10.17.	페이쥔룽, 녜하이성	4일 19시간 32분	77
선저우 7호	2008.09.25	2008.09.28.	자이지강, 류보밍, 징하이펑	2일 20시간 30분	45
선저우 8호	2011.11.01	2011.11.17.	모의 우주인탑재	18일	?
선저우 9호	2012.06.16.	2012.06.29.	징하이펑, 류왕, 리우양*	12일	?
선저우10호	2013.06.11.	2013.06.26.	녜하이성, 장샤오광, 왕야핑*	15일	?
선저우11호	2016.10.17.	2016.11.18.	징하이펑, 천둥	32일	?

*는 여성 우주인

선저우 4호는 궤도선회 모듈과 귀환 모듈에 각각 두 명과 한 명의 모형우주인을 탑재하여 완전히 유인우주선과 같은 상황을 연출했고, 미중력 상황에서의 세포 융합과 제약 실험도 수행했다.

선저우 5호는 최초로 우주인 양리웨이를 태우고 발사되어 우주 비행에 성공했다. 2008년 베이징올림픽기를 탑재하고 우주인 활동과 신진대사 동태를 측정했으며, 유인 우주를 위해 고장 자동진단 시스템과 도피탑도 전면 개선했다. 선저우 6호는 우주인을 두 명으로 늘리고 우주 육종 실험을 수행했으며, 우주인에게 보내는 편지를 공모해 특등상 작품을 탑재했다.

선저우 7호는 세 명의 우주인 중 한 명이 외부로 나가 우주 유영을 실현했고, 이를 위한 우주복과 외부 출입 장치, 산소 공급 장치 등을 전면 개선했다. 우주 유영은 미리 외부에 부착한 물건을 회수하는 실험을 통해 우주정거장 건설을 위한 활동을 포함시켰다.

무인우주선인 선저우 8호는 성능을 대폭 개선하여 톈궁 1호 우주정거장과 두 차례 도킹에 성공했다. 선저우 9호는 여성 한 명을 포함한 세 명의 우주인이 탑승했고, 톈궁 1호와 도킹해 양쪽을 연결했다. 우주인들이 선저우에서 숙식하고 톈궁에서 실험과 휴식을 취하면서, 우주정거장에서의 주거와 실험 여건들을 점검했다.

선저우 10호는 여성 한 명을 포함한 세 명의 우주인이 탑승하여 톈궁 1호와의 자동/수동 도킹 체계를 점검했고, 톈궁에 물자를 공급하면서 결합체 비행으로 우주인의 장기 체류 가능성을 점검했다. 선저우 11호는 두 명의 우주인이 탑승해 톈궁 2호와 도킹했고, 32일간 체류하면서 우주정거장에서의 장기 체류 시험을 수행했다.

선저우 우주선의 발사 내용을 보면 1호에서 4호까지는 무인으로 유인우주 핵심기술을 확보했고, 5호에서 유인 우주를 실현했으며, 6호는 복수우주인 탑승, 7호는 우주 유영, 8호는 무인 도킹, 9호는 유인 도킹, 10호는 우주 수송과 결합체 비행, 11호는 우주인 장기 체류를 시험하면서 **빠른 기간 내에 세계 수준에 진입**한 것을 알 수 있다.

(10) 국격 상승과 국민들의 자긍심 고취

중국의 유인우주선 계획은 개혁 개방을 통해 세계 수준과의 격차를 확인하고 위기의식을 느끼는 가운데 시작되었다. 이에 민감한 과학자들이 연명으로 대안 수립을 건의했고, 이를 이해한 최고 지도자가 바로 총력을 다해 추진할 것을 지시했다. 이렇게 시작된 863계획에 우주기술 개발이 포함되었고, 대대적인 기술 추격과 도약을 시작하게 되었다.

20여 년의 노력을 거쳐, 중국은 소련, 미국에 이어 세계 세 번째로 유인우주선을 개발한 국가가 되었다. 유인우주선 개발 성공은 중국의 군사적, 과학기술적 역량을 전 세계에 과시하고 창정 계열 로켓의 상품 가치를 극대화하는 데 크게 기여했다. 국내적으로도 공산당 통치의 정당성과 3세대 지도자들의 업적을 과시해 정치적 안정과 민족 단결을 강화하는 데 중요한 역할을 했다. 시의적절한 계획과 장기적인 노력이 큰 성과를 낸 것이다.

(11) 예산 투입 대비 효과

이러한 계획에 막대한 경비가 들어간 것은 물론이다. 이에 따라 국내 각계에서 "우주개발의 경제적 실효성이 적으니, 그 경비 대부분을 민생 투자로 전환할 것"을 주장했다. 특히 1990년대 말과 2000년대 말의 경제 위기 상황에서 이런 주장이 많은 설득력을 얻으며 확산되었다.
　　그러나 오늘날 중국의 위상이 크게 높아지고 우주기술 응용 범위가 넓어지면서 이런 주장이 점차 줄어들고 있다. 우주 관련 기업들도 적극적으로 실물 경제에 참여해 수익을 창출하고, 눈높이를 낮춰 국민들의 다양한 수요에 부응하고 있다. 러시아 등과의 협력으로 개발 기간과 경비를 절감하기도 했다. 점차 기업들의 수익성이 개선되었고, 중국 정부의 우주 계획도 점차 높은 목표를 지향하게 되었다.
　　우주 개척은 장기적인 계획과 지속적인 투자가 선행되어야 세계 시장에서 높은 위상을 확보할 수 있다. 과학기술은 성공할 때도 많지만 실패할 때도 많으므로, 당면한 어려움 때문에 계획을 포기하거나 수정하지 않아야 한다. 한국의 우주 계획은 정권 교체 시마다 크게 바뀌는 경우가 많은데, 중국의 경험을 타산지석으로 삼을 필요가 있다.

(12) 새로운 우주 강국으로의 부상

　　2019년 연말, 창정 5호 발사가 성공하며 그동안 지연되었던 차기 우주정거장과 창어 5호 달 탐사 위성 등의 우주 프로젝트 대부분이 2020년부터 재개되고 있다. 화성과의 거리가 가까워지는 시간도 2020년 7~8월경이므로, 톈원 1호도 이 시기에 발사하는 것을 목표로 했다.
　　결국 2020년 7월 23일, 하이난 원창 발사장에서 톈원 1호가 창정 5Y4에 실려 성공적으로 발사되었다. 아랍에미리트의 첫 화성 탐사선 아말(Amal)보다 3일 늦었고, 미국의 퍼시비어런스(Perseverance)보다는 일주일 빠른 것이었다. 이후 화성으로의 궤도 전이와 도달 거리가 국제 사회의 주목을 받으면서 계속 보도되었다.
　　지금까지 수많은 국가들이 화성에 도전했으나, 착륙에 성공한 나라는 미국과 구소련뿐이었다. 이 중 소련의 탐사선은 착륙 후 활동에 실패했으므로 미국 NASA만이 화성에 착륙해 탐사와 분석 작업을 성공적으로 수행하고 있다. EU-러시아 공동 탐사 계획도 있었으나, 탐사선에 문제가 발생해 2020년 발사 시기를 놓친 것으로 알려졌다. 아랍에미리트는 발사체와 탐사선 모두 외국 의존도가 높아, 진정한 우주 경쟁력을 보유했다고 보기 어렵다.
　　결과적으로 미국과 중국이 화성 탐사의 최전선에서 실력을 겨루게 되었다. 비록 중국의 화성 탐사가 미국보다 수십 년 뒤졌으나, 첫 탐사에서 미국의 경험을 추격해 대등한 위치에 도달하려 하고 있다. 이제 화성 도착과 착륙, 탐사 경쟁에서 중국의 기술력이 어느 정도인지는 2021년 2월부터 드러날 것으로 보였다.
　　얼마 전까지만 해도 우주 분야의 초강대국은 미국이었고, 러시아와 유럽이 뒤따랐지만, 최근 많은 영역에서 중국이 러시아와 유럽을 넘어 미국에 도전하고 있다. 화성 탐사는 항법위성과 함께 중국이 우주 분야에서 러시아와 유럽을 넘어 미국에 도전하는 또 하나의 영역이 될 것이다. 이는 최근 격화된 미·중 양국의 안보·경제 경쟁에서 중국의 위상을 높이고 국민 자긍심을 높이는 매개체가 될 수 있다.

(13) 최고를 향한 경쟁

중국은 2030년경에 우주 강국 반열에 오를 것이라 선언한 바 있다. 물론 이를 판단하는 기준이 아직은 애매하지만, 강력하고 신뢰성 있는 발사체와 우주정거장의 보유, 심우주 탐사 능력 등이 공동의 평가 지표가 될 수 있다. 중국은 921공정으로 유인우주선과 우주정거장을 개척한 후, 달 탐사와 화성 탐사 및 차기 우주정거장을 최우선 과제로 두고 연구에 매진하고 있다. 연구의 질적 수준과 경제성 문제를 지적하는 사람들이 많지만 전 분야에 걸쳐 구축한 기본 역량과 정부의 개발 의지는 이를 실현하기에 부족함이 없어 보인다.

앞서 이야기한 바와 같이, 중국의 장점은 군과 민을 결합한 거대하고 다양한 수요의 창출과 안정적으로 추진되는 단계별 장기 계획, 자주적 기술개발의 의지와 충분한 지상 설비 구축, 실패에도 위축되지 않는 대규모 전문가 집단과 이들의 헌신 등이다. 중국은 강력한 공산당의 통치와 사회주의 동원체제가 있다. 이러한 중국이 우주 개척을 매개로 미국과의 경쟁에서 대등하거나 앞서려 한다. 최근의 정치적 경쟁 관계가 이를 더욱 부추기고 있다.

제3장

핵강국의 협박받는 북한의 핵개발

1. 북한[북조선], '비핵화 압박' 뚫고 핵무장 강화

1) 시종일관 선제공격에 대한 '억제력 강화' 주장

(1) 1950년대

북한의 핵무기 개발에 대한 관심은 6·25전쟁이 끝난 직후부터 시작되었다. 1954년에 군을 재편성하면서 인민무력부 산하에 「핵무기 방위부」를 설치하였고, 1956년에는 소련과 「원자력의 평화적 사용에 대한 협정」을 체결함으로써 '핵관련 연구에 착수'하였다. 이 협정에 따라 북한은 매년 30여명의 과학자들을 소련의 '두브나 핵연구소(Dubna Atomic Energy Research Institute, DAERI)'로 파견하여 연수시킴으로써 핵관련 지식을 습득하는데 많은 도움을 받았다. 이후, 1959년 9월에 소련과 추가로 「조소(朝蘇) 원자력 협정」을 체결함으로써 북한은 핵개발에 더욱 박차를 가하게 되었다.

1950년대 북한의 핵개발 경과

구 분	주요 내용
1954년	· 핵무기 방위부 설치
1955년	· 원자 및 핵물리학 연구소 설립
1956년	· 조소 원자력 협정 체결(원자력의 평화적 이용) · 30여명의 과학자들을 두브나 연구소로 파견
1959년	· 조소 원자력 협정 체결

(2) 1960년대

1960년대는 북한이 핵개발에 대한 기틀을 마련한 시기이다. 영변에 핵연구단지를 조성하였으며, 1963년에는 「IRT-2000 연구용 원자로」를 건설하기 시작하여 소련 과학자들의 기술지원 하에 1965년에 완공하였다. 이 원자로는 '핵연료로 10%의 저농축 우라 늄을 사용'하였으며, 약 2년간의 시험운전을 거쳐 1967년부터 운행에 들어갔다. 소련에 지속적으로 과학자들을 파견하였으며, 「핵물리학 연구소」를 설치하여 자체적인 핵개발 능력을 갖추고자 노력하였다. (『핵공학의 이해』 한종운·김대현·정종석·이준영·허남국 공저, 양서각)

1960년대 북한의 핵개발 경과

구 분	주요 내용
1962년	· 핵연구단지 조성(영변)
1963년	· IRT-2000 연구용 원자로 도입/착공
1964년	· 핵물리학 연구소 설립
1965년	· IRT-2000 연구용 원자로 완공

(3) 1970년대

자체적으로 핵개발 인원을 양산하고 핵물질에 관한 연구가 활발히 진행되었던 시기이다. 1970년에 북한의 주요 대학인 김일성 종합대학과 김책 공과대학에 핵관련 학과를 개설하여 전문인력 양성을 위한 체계를 구축하였으며, 1971년에는 소련뿐만 아니라 중국으로부터도 원자로 건설에 관한 기술적 지원을 받았다. 핵관련 연구가 활발히 진행되면서 1974년에는 자체 기술로 「IRT-2000 연구용 원자로」의 출력을 증강시키는데 성공했고, 이듬해에는 이 원자로에 사용된 핵연료를 이용하여 플루토늄을 추출하는 실험을 실시하였다. 1976년에는 「동위원소 생산연구실」을 설치하여 우라늄과 플루토늄 등의 핵물질에 대한 기초연구를 수행하였으며, 1979년에는 영변에 제2 원자로인 「5MWe 원자로」 건설에 착공하였다. 한편, 북한은 소련의 원자로 기술지원에 대한 대가로 1974년에 「국제원자력기구(International Atomic Energy Agency, IAEA)」에 가입하였고, 1977년에는 국제원자력기구로부터 사찰을 받은 후 「IRT-2000 연구용 원자로에 대한 안전조치협정」을 체결하였다.

1970년대 북한의 핵개발 경과

구 분	주요 내용
1970년	· 자체 전문인력 양성 체계 구축 · 김일성 종합대학에 핵물리학과, 김책 공과대학에 원자로공학과 개설
1971년	· 원자로 건설에 대한 중국의 기술적 지원

1974년	· 자체 기술로 IRT-2000 연구용 원자로 출력 증강(8MWe) · 국제원자력기구(IAEA) 가입
1975년	· 플루토늄 추출 실험
1976년	· 동위원소 생산연구실 설치 · 핵물질에 대한 기초연구 수행
1977년	· 국제원자력기구(IAEA) 사찰 · IRT-2000 연구용 원자로에 대한 안전조치협정 체결
1979년	· 영변 5MWe 원자로 착공

(4) 1980년대

원자력의 평화적 이용에서 벗어나 핵무기 개발을 본격적으로 시작한 시기이다. 1985년 12월, 「핵확산금지조약(Nuclear Non-Proliferation Treaty, NPT)」에 가입하면서 국제사회에 원자력의 평화적 이용을 보여주는 듯 했으나, NPT 가입국의 의무사항인 국제원자력기구(IAEA)와의 핵안전조치협정을 체결하지 않으면서 핵무기 개발을 위한 노력을 계속하였다. 플루토늄 추출이 용이한 흑연감속형 원자로인 「5MWe 원자로」를 1985년에 완공하여 이듬해 10월부터 정상운전에 들어갔으며, 재처리시설인 방사화학 실험실과 우라늄을 변환 및 가공할 수 있는 핵연료 가공공장 등을 건설하였다. 이밖에 영변과 평안북도 태천에 '50MWe급과 200MWe급 출력의 원자로를 착공하여 핵무기 개발을 위한 제반시설을 확충하였고', 1989년에는 5MWe 원자로의 운행을 70일 동안 정지하여 플루토늄을 추출했다는 의혹을 받았다.

1980년대 북한의 핵개발 경과

구 분	주요 내용
1985년	· 영변 5MWe 원자로 완공 · 50MWe 원자로, 방사화학 실험실, 핵연료 가공공장 착공 · NPT 가입
1986년	· 5MWe 원자로 운행 시작 · 원자력총국 설치(핵관련 업무 총괄)
1987년	· IAEA 핵안전조치협정 거부 · 핵연료 가공공장 완공
1989년	· 방사화학 실험실 일부 가동 · 200MWe 원자로 착공 · 5MWe 원자로 70일간 운행 중단

(5) 1990년대

1990년대는 '1차 북핵 위기' 전과 후로 구분할 수 있다. 핵확산금지조약(NPT)에 가입했음에도 불구하고 회원국의 의무사항인 국제원자력기구에 의한 사찰을 계속 거부하다가 남북간의 합의와 러시아의 권유에 의해 1992년 1월에 '국제원자력기구와 안전조치협정을 체결했다.' (1991년 11월 노태우 대통령이 비핵 5원칙을 선언했으며, 12월에는 남북한이 한반도 비핵화 공동선언에 서명함.)

이에 따라 그해 5월에 최초보고서를 국제원자력기구에 제출하고 사찰을 받았으나 플루토늄 생산과 관련된 내용이 맞지 않아 마찰을 빚게 되고, 핵폐기물 저장시설로 의심되는 미신고시설 2곳에 대한 특별사찰 요구를 받게 된다. 북한은 이에 반발하여 1993년 3월 '핵확산금지조약 탈퇴를 선언'하면서 남북 간의 갈등은 최고조에 이르게 되었는데, 이를 '1차 북핵 위기'라고 한다. 이로 인해 판문점에서 열린 실무회담에서 '서울 불바다' 발언이 나왔고, 이에 따라 전쟁위기가 고조되기도 하였다.

서울 불바다 발언 사건

북한의 핵확산금지조약 탈퇴에 대응하여 UN 안전보장이사회는 북한의 탈퇴 선언 철회와 사찰을 수용할 것을 촉구하는 결의문을 채택하였다. 미국은 북한과의 고위급 회담을 통해 탈퇴의 잠정보류를 이끌어내었고, 1994년 10월에는 「제네바합의(Geneva Agreed Framework)」를 체결함으로써 '북한의 핵무기 개발을 평화적인 방법으로 중단시키고자' 하였다.

○ 제네바합의(Geneva Agreed Framework) 주요 내용
　① 북한의 핵무기 개발 동결 및 비핵화 의무 이행
　② 핵활동 동결에 대한 대가로 1000MWe급 경수형 원자로 2기 제공, 연간 50만 톤의 중유 지원
　③ 북미관계 개선 및 남북대화 재개

제네바합의에 기초하여 뉴욕에 경수용 원자로 제공을 위한 「한반도 에너지 개발기구(Korean Peninsula Energy Development Organization, KEDO)」가 설립되고, 영변의 5MWe 원자로 폐연료봉 처리작업도 착수되면서 북핵문제는 순조롭게 처리되는 듯 보였다. 그러나, 1998년 북한이 대포동 미사일 발사 실험을 하고 경수로 사업이 지연되면서 '미국과 북한의 갈등은 다시 악화되기' 시작하였다.

1990년대 북한의 핵개발 경과

구 분	주요 내용
1991년	· 노태우 대통령에 의한 비핵5원칙 선언 · 남북한 한반도 비핵화 공동선언
1992년	· IAEA와 핵안전조치협정 체결 · IAEA에 의한 핵시설 사찰(플루토늄 보유량 미일치)
1993년	· 핵폐기물 보관 의심시설 2곳에 대한 특별사찰 거부 · NPT 탈퇴 선언, 1차 북핵 위기 · 미국과의 고위급 회담 후 NPT 탈퇴 잠정 보류
1994년	· 김일성 사망 · 제네바합의 체결 · 핵무기 개발활동 동결 선언
1995년	· 5MWe 원자로 폐연료봉 처리를 위한 북미 회담 개최 · KEDO 설립
1996년	· 5MWe 원자로 폐연료봉 밀봉작업 개시
1997년	· 대포동 미사일 발사 실험

(6) 2000년 이후

2000년대 초, 북한은 경수로 사업 지연을 이유로 제네바합의 파기 가능성과 5MWe 원자로의 재가동을 경고하면서 미국과 국제사회를 압박하기 시작하였다. 이 와중에 2001년 미국에서 9·11 테러가 발생하고, 2002년 1월에는 미국이 북한을 '악의 축(axis of evil)'으로 규정하면서 북미 갈등이 최고조에 이르렀다. 2002년 10월 부시 행정부 출범 이후 첫 공식 북미 대화를 위해 미국 대표단이 북한을 방문하였다. 당시 수석대표였던 제임스 켈리(James Kelly) 특사가 북한의 고농축 우라늄을 이용한 핵개발 프로그램 보유 의혹을 제기하였는데, 북한이 이를 시인하면서 '2차 북핵 위기'가 촉발되었다. 미국은 중유 공급을 중단하기로 결정하였고, 국제원자력기구는 북한의 핵개발을 포기할 것을 요구하는 결의문을 채택하였다. 이에 대응하여 북한은 그해 12월 핵시설 가동 및 건설 재개를 선언하면서 제네바합의 이후 봉인되었던 5MWe 원자로·폐연료봉·방사화학 실험실 등을 재가동하고 감시카메라를 제거하였다. 더 나아가 북한의 핵활동을 감시하기 위해 파견된 국제원자력기구 사찰단을 추방하였고, 이듬해인 2003년 1월에는 「핵무기 확산금지조약」에서 탈퇴한다고 정부성명을 발표하였다.

북핵 문제로 인한 갈등이 심각해지면서 이를 평화적으로 해결하고자 2003년 8월에 베이징에서 제1차 6자회담[1])이 개최되었다. 6자회담은 2007년 9월까지 총 6번 개최되었는데, 북한이 핵시설 가동 중단을 선언했던 제5차 회담까지 거의 성과를 내지 못하였다. 특히, 2005년 부시(George W. Bush) 대통령이 연임하여 대북 강경정책의 일환으로 북한을 '폭정의 전초기지(outpost of tyranny)'로 지목하면서 6자회담이 중단될 위기에 처해지기도 하였다. 우여곡절 끝에 개최된 제4차 회담(2005년 9월, 2단계 회의)에서 '한반도 비핵화, 북한의 안전보장, 에너지 지원' 등을 주요 내용으로 하는 '9·19 공동성명'이 발표되면서 북핵문제가 해결되는 듯 보였다.

그러나 핵폐기 범위와 평화적 핵이용 권리에 대한 의견 차이를 좁히지 못하였고, 2006년 7월에 실시한 노동 1호·대포동 2호 등의 미사일 시험발사와 10월에 실시한 1차 핵실험으로 인해 북미관계는 다시 악화되었다. UN 안전보장이사회는 북한의 핵실험에 대응하여 대북 제재 결의안 1718호[2])를 채택하여 북한을 압박하다가, 2007년 2월에 개최된 제5차 6자회담 3단계 회의에서 '2·13 합의'[3])가 이루어지면서 북한은 영변 원자로의 냉각탑을 폭파하고, 미국은 테러지원국 명단에서 북한을 제외시키는 등 북핵문제가 진전되는 모습을 보이는 듯 하였다.

1) 북한의 핵문제를 해결하고 한반도의 비핵화를 실현하기 위하여 한반도 주변 6개국(대한민국·북한·미국·러시아·일본·중국)이 참여하는 다자 회담. 2003년 8월에 실시된 제1차 6자회담부터 2007년 9월 회담까지 총 6차례 개최됨.
2) 북한의 1차 핵실험 직후인 2006년 10월 14일 만장일치로 채택된 대북 결의안. 북한의 핵개발 금지 및 무기수출 통제, 자금 동결 등의 내용을 담고 있음.
3) 9·19 공동선언을 기초로 하여 북핵 문제 해결을 위한 계획임. 북한의 핵시설 폐쇄 및 불능화, 핵사찰 수용, 대북 중유 및 경제적 지원 등의 내용 포함.

영변 5MWe 원자로 냉각탑 폭파

그러나 2009년 4월에 북한이 인공위성 '광명성 2호'를 우주발사체인 '은하 2호'에 탑재하여 발사하고, 5월에는 2차 핵실험을 감행하면서 북핵문제는 다시 난항을 겪게 된다. 북한의 2차 핵실험에 대한 대응으로 UN 안전보장이사회는 대북제재 결의안 1718호보다 더욱 강화된 결의안 1874호를 채택하여 북한을 압박하였으나, 북한은 오히려 핵시설을 원상복구하고 플루토늄과 고농축 우라늄을 이용한 핵무기 개발을 천명하였다. 북한은 2010년 11월, 미국의 핵무기 전문가인 '해커(Siegfried S. Hecker) 박사를 초청하여 우라늄 농축시설과 일부 핵프로그램을 공개'하였다. (『핵의 변곡점 HINGE POINTS』 시그프리드 헤커 지음, 천지현 옮김, 창비)

대북제재 결의안 1718호와 1874호 비교

구분	결의안 1718호	결의안 1874호
무기 수입 및 수출 금지	· 수출·입 금지 대상 품목 - 대량살상무기 (핵·화학무기·생물학무기·미사일) - 전차·전투기 등 주요 재래식무기 - 사치품 · 금지 품목에 대한 대북 기술조언, 조언, 기타 지원 금지	· 금지 대상 품목 확대 - 모든 무기 관련 물자 수출·입 금지 ※ 소형무기 수입은 가능, 수출국은 사전에 대북제재 위원회에 수출내용을 통보 · 핵 관련 통제품목 리스트 최신화 · 기술훈련 등 금지 대상 확대
화물 검색	· 화물검색에 대한 협조를 요구하는 수준 · 금지 물품을 적재한 북한 행·발 화물검색 협력 요구	· 화물 검색 영역 범위 확대 - 자국 영토 및 기구의 동의를 얻어 공해상의 북한행·발 화물검색 가능 · 금지품목 발견 시 압류/처분 권한 부여 · 의심 선박에 대한 연료공급 등 지원 서비스 금지
금융 경제 제재	· 대량살상무기 관련 안전보장이사회가 지정한 개인 및 단체의 금융자산 동결, 이전 금지	· 대량살상무기 관련 모든 금융자산 동결, 거래 금지 · 인도적·개발·비핵화 촉진 목적 이외의 대북 무상원조·금융지원·양허성 차관의 신규계약 금지, 기존계약 감축 노력

미국과 북한의 관계는 김정일 사망 이후 2012년에 '2·29 합의'가 이루어지면서 다시 진전되는 듯 하였다. (북한의 핵무기 개발 프로그램(핵실험, 장거리 미사일 발사 등) 중지에 대한 대가로 24만 톤 규모의 대북 식량지원을 하는 것을 주요 내용으로 함.) 그러나 합의 후 두 달이 지나지 않은 4월 13일에 북한은 광명성 3호를 탑재한 장거리 우주발사체인 '은하 3호'를 발사하였고, 2013년 2월에는 3차 핵실험을 감행하였다. 특히, 3차 핵실험을 실시한 후에는 관영매체인 조선중앙통신을 통해 핵무기의 소형화와 경량화에 성공했다고

공식적으로 발표하였다. 이에 대해 UN 안전보장이사회는 핵실험 후 3주 만에 새로운 대북제재 결의안 2094호를 만장일치로 채택하여 북한의 행동을 규탄하고, 국제 금융거래와 무역활동을 더욱 강력히 제재하고자 하였다. 회원국들의 의무조항을 대폭 늘려서 결의안 37개 항목 중 절반이 넘는 19개 항목을 의무사항으로 규정하였고, 대량살상무기 관련 품목 통제에 중점을 두었던 기존의 결의안과 달리「캐치올(Catch-all) 방식」의 규제를 통해 '무기로 전용될 가능성이 있는 모든 품목을 감시 및 통제하는 내용'이 포함되었다. (핵무기와 같은 전략물자 수출·입 통제제도로서, 수출자가 수입자의 무기개발 의도를 인지하였을 경우 통제품목이 아니더라도 관련 품목에 대한 수출을 모두 통제하는 규제 방식)

그리고 육로나 선박뿐만 아니라 항공기에 대한 제재도 포함하여 불법화물을 적재한 것으로 판단될 경우에는 이착륙 및 영공통과를 금지시켰고, 불법화물 적재의심 선박에 대해서는 의무적인 화물검사를 시행하도록 하였다. 또한 북한 정권이 지도부 세력의 충성심과 결속력을 높이는데 사용되는 사치품의 규제 목록을 보다 구체화하였다.

이와 같은 국제사회의 강력한 제재에도 불구하고 북한은 2016년 1월 6일 4차 핵실험을 감행하고, 약 한달 후에는 장거리 로켓을 발사하는 등 핵무기 개발에 대한 의지를 한층 진전시켰다. 이에 대해 한국 정부는 개성공단을 폐쇄하고 남북 군사분계선에서 대북 확성기 방송을 재개하는 등 북한을 압박하였으며, UN 안전보장이사회에서는 역대 가장 강력한 대북제재라고 평가받는 결의안 2270호를 채택하였다. 결의안에는 생필품을 제외한 모든 품목에 대한 무역 금지, 북한의 해외자산동결 및 금융지원을 금지시키는 등의 내용이 포함되어 있다.

2000년대 북한의 핵개발 경과

구 분	주요 내용
2002년	· 고농축 우라늄을 이용한 핵무기 개발 프로그램 보유 선언, 2차 북핵 위기 · 대북 중유 공급 중단 선언 · 핵시설 가동 및 건설 재개 선언
2003년	· NPT 탈퇴 선언, 폐연료봉 재처리 작업 실시 · 제1차 6자회담
2004년	· 제2, 3차 6자회담
2005년	· 제4, 5차 6자회담 · 핵무기 보유 선언 · 9·19 공동선언 발표(제5차 3단계 6자회담)
2006년	· 1차 핵실험 · UN 안보리 대북제재 결의안 1718호 채택
2007년	· 제6차 6자회담(2·13 합의) · 영변 핵시설 가동 중단 발표 · 핵시설 불능화 합의, '북핵 불능화 실사단' 영변 방문

2008년	· 영변 5MWe 원자로 냉각탑 폭파 · 핵시설 시료채취 거부
2009년	· 은하 2호 발사 · 2차 핵실험 · UN 안보리 대북제재 결의안 1874호 채택
2011년	· 김정일 사망
2012년	· 2·29 합의 · 은하 3호, 3-2호 발사
2013년	· 3차 핵실험 · UN 안보리 대북제재 결의안 2094호 채택

(7) 북한의 1차 핵실험

2006년 10월 9일 북한은 함경북도 길주군의 만탑산에 위치한 풍계리 핵실험장에서 지하 핵실험을 감행하고서 국영 통신매체인 조선중앙통신을 통해 핵실험이 성공적으로 진행되었다고 발표하였다.

풍계리 핵실험장

○ 조선중앙통신사 보도문 전문

　온 나라 전체 인민이 사회주의 강성대국 건설에서 일대 비약을 창조해 나가는 벅찬 시기에 우리 과학 연구부문에서는 주체 95년(2006년) 10월 9일 지하 핵시험을 안전하게 성공적으로 진행하였다.
　과학적 타산과 면밀한 계산에 의하여 진행된 이번 핵시험은 방사능 유출과 같은 위험이 전혀 없었다는 것이 확인되었다.
　핵시험은 100% 우리 지혜와 기술에 의거하여 진행된 것으로서 강력한 사회적 국방력을 갈망해온 우리 군대와 인민에게 커다란 고무와 기쁨을 안겨준 역사적 사변이다.
　핵시험은 조선반도와 주변지역의 평화와 안정을 수호하는데 이바지하게 될 것이다.

　핵폭발 위력은 1kT 미만으로 북한이 계획했던 4kT에 훨씬 미치지 못했다. 폭발 위력이 너무 작다 보니 실제로 핵실험을 한 것이 맞느냐는 논란이 있었지만, 핵실험 시 누출된 방사성 동위원소가 탐지되면서 플루토늄을 원료로 한 핵실험이 진행되었다는 것이 밝혀졌다. 일부 핵선진국에서는 낮은 위력의 전술핵무기를 만들기도 하지만, 당시 북한의 기술력을 감안했을 때 1차 핵실험은 실패한 것으로 추정되고 있다. 다른 핵보유국의 최초 핵실험과 비교하더라도 1kT은 너무 작은 위력이었다.

국가별 최초 핵실험 위력

국 가	폭발 위력	핵원료/타입	암호명	연 도
미국	20kT	플루토늄/내폭형	Trinity	1945
러시아	22kT	플루토늄/내폭형	RDS-1	1949
영국	25kT	플루토늄/내폭형	Hurricane	1952
프랑스	70kT	플루토늄/내폭형	Gerboise Bleue	1960
중국	22kT	고농축우라늄/내폭형	596	1964
인도	8kT	플루토늄/내폭형	Smiling Buddha	1974
파키스탄	40kT	고농축우라늄/내폭형	Chagai-I	1998
북한	1kT	플루토늄/내폭형	-	2006

(8) 2차 핵실험

　2009년 5월 25일 풍계리 핵실험장 서쪽 갱구 부근에서 북한이 2차 지하핵실험을 실시하였다. 정확한 위력에 대해서는 조사기관별로 차이가 있지만 1차 핵실험과는 달리 핵무기 개발에 성공한 것으로 평가되었다. 「포괄적 핵실험 금지기구(Comprehensive Nuclear-Test-Ban Treaty Organization, CTBTO)」는 폭발위력을 2.4kT으로 평가하였고, 미국의 저명한 군사과학 전문지인 '원자력과학자 협회보(Bulletin of the Atomi Scientists)'에서는 1

차 핵실험의 위력보다 훨씬 높은 2~4kT일 가능성이 높다고 분석하였다. (포괄적 핵실험 금지조약의 효과적 이행을 위해 설립된 기구. 국제핵실험 감시체제 구동 및 자료센터 구축, 운영 매뉴얼 작성 등의 활동을 함.)

1차 지하 핵실험장, 수평 갱도 모습(측면), L자 모양

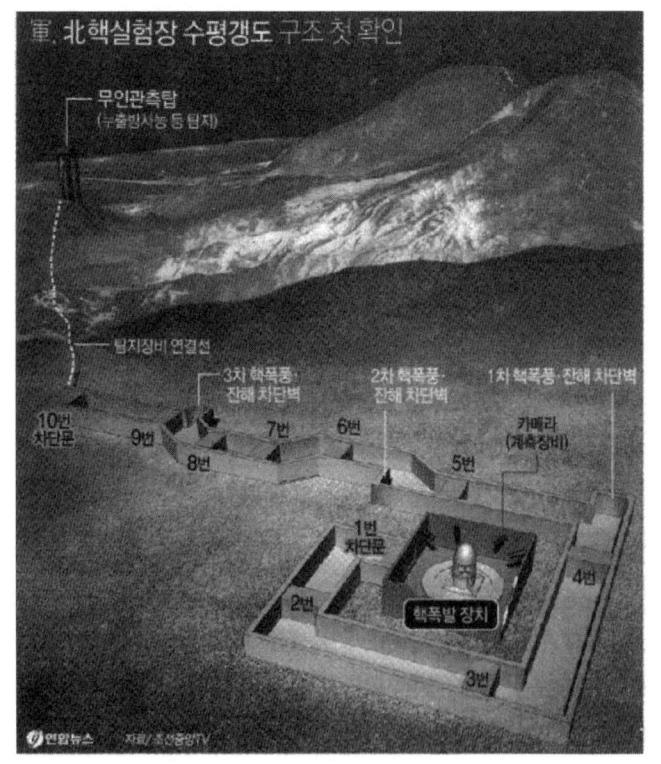

2차 지하 핵실험장 달팽이관 구조 모습
1·2차 지하 핵실험장 내부 구조 비교

그런데 2차 핵실험에서는 지하 핵실험장의 독특한 구조로 인해 핵실험 후 방사성 핵종이 탐지되지 않았다. 이는 핵무기 원료를 판단하는데 어려움을 주었다. '국제 핵물질 위원회(International Panel on Fissile Materials, IPFM)'가 발간한 국제 핵물질 보고서(2009)에서는 북한이 2차 핵실험 시 핵물질로 플루토늄 5kg을 사용한 것으로 추정하였다. (16개국의 핵전문가들로 이루어진 그룹으로 핵무기 주원료인 고농축 우라늄과 플루토늄의 감소 및 생산억제를 목표로 함.) 고농축 우라늄의 사용에 대해서는 북한이 고농축 우라늄 프로그램의 추진을 발표하기는 했지만, 무기급 고농축 우라늄을 대량 생산하는 단계에는 미치지 못했다는 판단이 우세하였다.

앞의 그림은 2차 핵실험 후 북한 조선중앙TV가 방영한 선전영화 '내가 본 나라'를 토대로 추정한 핵실험장의 내부구조를 보여주고 있다. 한·미 정보당국은 이 그림이 실제와 상당히 비슷하다는 결론을 내렸다. 2차 핵실험장의 내부구조는 1차 핵실험 때의 직선형 수평갱도와 달리, 길이 1km 내외의 달팽이관 형태의 수평갱도로 이루어져 있고 출입구를 제외하고 총 9개의 차단문이 있어 핵폭발 후 발생하는 가스 및 잔해들을 효과적으로 차단할 수 있다. 차단문은 두께 1m 내외의 강철과 콘크리트로 제작되었고, 핵폭발 시 발생하는 폭풍이 차단문에 주는 충격을 최소화하기 위하여 갱도가 꺾여진 곳에 설치되었다. 핵폭발 원점에서 가장 가까운 1번 차단문은 3종의 강철로 만들어진 것으로 추정하고 있다. 이외에도 핵폭발 잔해를 차단하고 폭풍에 의한 충격을 흡수하기 위하여 폭풍 진행방향에 격벽도 세곳이나 설치하였다. 이러한 구조로 인하여 핵실험 시 방사성 핵종이 유출되지 않은 것으로 추정된다.

(9) 3차 핵실험

북한은 조선중앙통신을 통해 2013년 2월 1일 제3차 지하 핵실험을 성공적으로 진행했다고 보도하였다.

○ 조선중앙통신사 보도문 전문

우리 국방과학부문에서는 주체 102년(2013년) 2월 12일 북부 지하 핵시험장에서 제3차 지하 핵시험을 성공적으로 진행하였다.

핵시험은 우리 공화국의 합법적인 평화적 위성발사 권리를 란폭하게 침해한 미국의 포악무도한 적대행위에 대처하여 나라의 안전과 자주권을 수호하기 위한 실제적 대응조치의 일환으로 진행되었다.

이전과 달리 폭발력이 크면서도 소형화, 경량화된 원자탄을 사용하여 높은 수준에서 안전하고 완벽하게 진행된 이번 핵시험은 주위 생태환경에 그 어떤 부정적 영향도 주지 않았다는 것이 확인되었다.

원자탄의 작용특성과 폭발위력 등 모든 측정결과들이 설계값과 완전히 일치됨으로써 다종화된 우리 핵억제력의 우수한 성능이 물리적으로 과시되었다.

이번 핵시험은 우주를 정복한 그 정신, 그 기백으로 강성 국가건설에 한사람같이 떨쳐나선 우리 군대와 인민의 투쟁을 힘있게 고무추동하고 조선반도와 지역의 평화와 안정을 보장하는 데서 중대한 계기로 될 것이다.

전문 내용을 보면 핵실험을 통해 소형화된 핵탄두를 성공적으로 개발하였다고 보도하고 있고, '다종화된 핵억제력이 과시되었다'는 표현을 통해 핵무기 원료로 기존의 플루토늄이 아닌 '고농축 우라늄을 사용하였다'는 것을 시사하고 있다.

한국의 국방부는 3차 핵실험의 폭발위력을 1, 2차 핵실험보다 높은 6~9kT 수준으로 평가하였다. 그러나 1, 2차 핵실험 때와 마찬가지로 폭발위력은 각 측정기관별로 많은 차이를 보였다. 한국 지질자원연구원은 약 5.5kT으로, NORSAR(Norwegian Seismic Array)는 10kT으로 분석하였고, 독일 정부 산하 연구소인 연방지질자원연구소(Federal Institute for Geosciences and Natural Resources)는 폭발위력이 40kT에 이르는 것으로 평가하였다. (NORSAR : 노르웨이와 미국간의 지진과 핵실험 탐지를 위한 조약에 의해 설립. 포괄적 핵실험 금지조약을 위한 국립데이터 센터로 지정됨.)

북한이 핵무기 원료로 고농축 우라늄을 사용했는지 여부는 확실하지 않다. 핵실험 약 55일 후 풍계리 핵실험장에서 누출된 것으로 의심되는 방사성 핵종이 검출되기는 했지만, 방사성 핵종의 짧은 반감기와 적은 포집량으로 인해 핵무기 원료를 분석하기에는 많은 어려움이 있었다. 그러나 북한이 지난 2008년 6월 영변 5MWe 흑연감속로의 냉각탑을 폭파했기 때문에 더 이상 플루토늄을 생산하기 어려운데다 2010년에 대규모 우라늄 농축시설을 공개했다는 점이 고농축 우라늄의 사용 가능성에 힘을 주고 있다. 북한은 2010년 11월 미국의 핵 전문가 해커(Siegfried S. Hecker) 박사를 초청해 영변 핵단지 내의 시설을 공개하였고, 해커 박사는 "북한이 우라늄 농축을 위해 약 2,000개의 원심분리기를 설치하여 가동하고 있었다"고 밝힌 바 있다.

2014년 발간된 우리나라 국방백서에는 "북한은 플루토늄을 보유하고 있고 고농축 우라늄 프로그램도 진행하고 있으며 핵무기 소형화 능력이 상당한 수준에 이르렀다"고 기술하고 있다.

북한 1·2·3차 핵실험 비교

구 분	1차	2차	3차
일 자	2006. 10. 9.	2009. 9. 25.	2013. 2. 12.
장 소	풍계리 핵실험장 (동쪽 갱구 부근)	풍계리 핵실험장 (서쪽 갱구 부근)	풍계리 핵실험장 (남쪽 갱구 부근)
실험장 구조	직선형 수평갱도	달팽이관형 수평갱도	달팽이관형 수평갱도
폭발위력	1kT 미만	2~6kT	6~9kT
핵실험 원료	플루토늄	플루토늄(추정)	고농축우라늄(추정)
방사성 핵종 탐지 여부	제논 탐지	미탐지	미탐지

◎ 측정기관마다 핵폭발 위력을 다르게 평가하는 이유

핵폭발 위력은 일반적으로 핵실험 시 발생하는 인공지진의 강도에 의해 결정된다. 그런데 지진파는 지질과 폭발 심도에 따라 달라지기 때문에 실험장소로부터 측정장소까지의 지질구조와 핵폭발이 일어난 깊이를 모를 경우 측정값은 큰 차이를 보이게 된다. 예를 들어 단단한 화강암지대에서는 점토지대보다 강한 지진파가 측정되며, 폭발심도가 깊을수록 지진파의 세기도 커진다. 또한 측정방법에 의해서도 그 크기가 깊을수록 지진파의 세기도 커진다. 또한 측정방법에 의해서도 그 크기가 달라질 수 있다. 3차 핵실험 시 한국의 기상청은 규모 5.1의 지진파를 측정한 반면, 한국지질자원연구원은 규모 4.9의 지진파가 측정되었다고 밝혔다. 이는 기상청은 자연지진을 측정하는 방식(ML 분석기법)으로 지진파의 크기를 산출한 반면, 지질연구원은 인공지진을 측정하는 방식(MB 분석기법)을 적용했기 때문이다. (자연지진을 측정하는 방식을 이용하여 인공지진을 측정할 경우 상대적으로 높은 값이 나옴.) 마지막으로 같은 지진규모를 측정했다 할지라도 핵폭발 위력을 산출하는 방식에 의해서 편차가 발생할 수 있다. 핵폭발 위력은 인공지진 규모를 TNT 폭발위력으로 환산하는 공식을 이용하여 산출하는데, 이는 과거 핵실험 시 발생한 실험값을 기초로 하여 만들어진 것이다. 이렇게 차이가 나는 이유는 실험장의 지질특성과 폭발심도 등에 의해 실험값들이 차이가 나기 때문이다.

참고로, 규모 5.1과 규모 4.9의 차이가 작다고 생각하면 큰 오산이다. 포괄적 핵실험 금지기구에서 사용하는 산출식을 토대로 두 폭발위력을 비교하면 규모 5.1의 강도는 12.6kT, 규모 4.9는 7.9kT의 위력으로 평가된다. 지진규모는 단지 0.2의 차이에 불과하지만 폭발위력은 1.6배나 달라지는 것이다.

측정기관별 지진규모에 따른 폭발위력 산출 결과

구 분	지진규모	폭발 위력			
		한국 지질자원 연구원	CTBTO	Murpy 연구소	Ringdal 연구소
1차 핵실험	3.9	0.4kT	0.8kT	0.9kT	0.2kT
2차 핵실험	4.5	1.8kT	3.2kT	5.2kT	1.2kT
3차 핵실험	4.9	5.5kT	7.9kT	16.2kT	4kT

○ 기관별 폭발위력 산출식
 ① 한국지질자원연구원 : 지진규모 = $0.84\log(위력) + 4.28$
 ② 포괄적 핵실험금지기구 : 지진규모 = $\log(위력) + 4.0$
 ③ Murpy 연구소 : 지진규모 = $0.81\log(위력) + 3.92$
 ④ Ringdal 연구소 : 지진규모 = $0.75\log(위력) + 4.45$

(10) 4차 핵실험

2016년 1월 6일 오전 10시 30분경 북한은 4차 지하핵실험을 감행하였고, 조선중앙통신을 통해 소형화된 수소탄 시험에 성공하였다고 발표하였다. 한국지질자원연구원이 분석한 내용에 따르면 핵실험이 일어난 장소는 2·3차 핵실험을 실시하였던 풍계리 핵실험장 서쪽 갱구부근(북위 41.30도, 동경 129.09도)이며, 규모 4.8의 지진파가 측정되었다. 이는 3차 핵실험 때보다 위력이 낮은 것으로 국가정보원에서는 폭발위력을 6kT으로 추정하였다. (북한 지역 특이신호 (지진/공중음파) 분석 보고서, 한국지질자원연구원, 2016. 1. 11)

북한의 주장대로 실제로 수소폭탄을 실험하였는지 여부는 아직 밝혀지지 않았다. 대한민국 국방부는 6kT 수준의 위력은 제2차 세계대전 시 히로시마와 나가사키에 투하되었던 기초적인 원자폭탄에도 미치지 못하는 것으로, 북한의 '수소폭탄 성공' 주장은 거짓일 것으로 판단하고 있다. 과거에 실시되었던 핵실험을 토대로 봤을 때 일반적으로 수소폭탄의 위력은 메가톤(MT)급 위력이며, 아무리 소형화된 수소폭탄도 최소한 100kT 이상은 되어야 한다는 것을 그 이유로 제시하였다. 미국 랜드연구소 선임연구원인 베넷(Bruce W. Bennett) 박사를 포함한 많은 외국 전문가들도 수소폭탄 실험에 성공하였다는 북한의 주장에 회의적인 반응을 보였으며, 소형화에 유리한 증폭핵분열탄의 실험 가능성을 제시하였다.

◎ 북한의 4차 핵실험에 사용된 폭탄의 유형

폭발위력으로 봤을 경우에는 원자폭탄의 폭발력 수준이다. 그러나 원자폭탄에는 수소 동위원소가 포함되어 있지 않으므로 북한에서 주장한 바와 같이 수소탄을 실험하였다고 할 수 없다. 그렇다고 수소폭탄이라고 하기에는 폭발위력이 너무 낮다. '폭발위력·소형화·수소탄'이라는 범주를 고려하면 4차 핵실험에서는 낮은 위력의 증폭핵분열탄을 사용하였을 가능성이 높아진다. 증폭핵분열탄은 원자폭탄으로 분류되지만 핵분열 효율을 높이기 위해 수소 동위원소를 추가 사용한다. 그러므로 북한이 수소폭탄이 아닌 수소탄 실험에 성공하였다고 발표했을 수도 있다.

국정원에서 발표한 6kT 폭발위력은 수

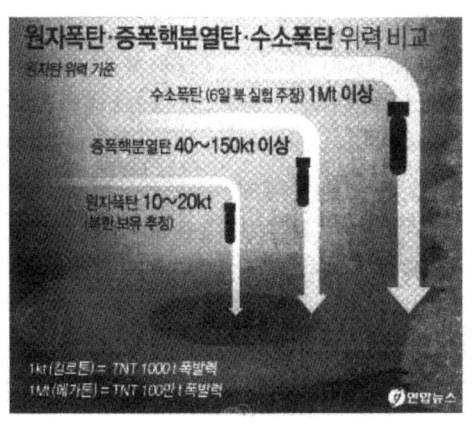

핵폭탄 유형별 폭발 위력 비교

십~수백 kT의 폭발력을 갖는 증폭핵분열탄에는 한참 미치지 못한다. 그러나 지진규모 및 폭발력 산출방식에 따라 그 위력이 크게 달라진다는 점에서 증폭핵분열탄을 실험하였을 가능성을 배제할 수는 없다.

북한의 4차 핵실험에 대해 한국지질자원연구원에서 측정한 지진규모는 4.8이었던 반면, 미국지질조사국에서는 5.1, 유럽지중해지진센터에서는 5.2로 측정하였다. 이를 포괄적핵실험금지조약기구(CTBTO)에서 사용하는 폭발력 산출식을 적용하였을 때 그 위력은 2~2.5배 이상 차이가 난다. 또한 폭발지 주변의 지질특성과 폭발심도에 대한 데이터 부족으로 인해 정확한 산출식을 적용하기가 어려워 그 오차는 더욱 커질 수 있다.

공식적인 핵보유국인 미국·러시아·영국·프랑스·중국은 모두 원자폭탄을 개발하고 10년 이내 수소폭탄 개발에 성공하였으며, 이는 이미 60년도 더 지난 기술이다. 최근 인터넷의 발달로 인해 핵무기 관련 정보를 어렵지 않게 획득할 수 있다는 점을 감안하면 주요 핵물질 확보 시 수소폭탄의 개발 가능성을 무시할 수만은 없다. 그러나 수소폭탄은 다단계의 에너지 전달구조를 지니고 있어 폭발력을 증대시키기는 유리하지만, 소형화가 어렵다는 단점이 있다. 반면, 증폭핵분열탄은 핵융합반응을 통해 핵분열 효율을 증가시킴으로써 소형화와 경량화에 유리하다.

국가별 핵무기 최초 개발 연도

구 분	미국	러시아	영국	프랑스	중국	인도	파키스탄	북한
원자폭탄	1945년	1949년	1952년	1960년	1964년	1974년	1998년	2006년
수소폭탄	1952년	1953년	1957년	1968년	1967년	-	-	-

마지막으로 증폭핵분열탄과 수소폭탄 모두 주요 핵물질로 수소 동위원소를 사용한다. 핵실험이 있기 3일 전인 1월 3일, 국군화생방방호사령부에서는 북한의 5MWe 원자로와 연결된 소형 건물이 삼중수소 분리시설로 추정되고, 신축 중인 경수로와 그 아래 건축물이 중성자를 조사할 수 있는 시설일 가능성이 크다고 분석하여 북한이 수소 동위원소를 생산할 수 있다는 점을 강조하였다.

핵무기 유형별 주요 핵물질

구 분	원자폭탄	증폭핵분열탄	수소폭탄
주요 핵물질	우라늄-235 플루토늄-239	우라늄-235 플루토늄-239 중수소·삼중수소	우라늄-235 플루토늄-239 중수소·삼중수소 우라늄-238

그러나, 위의 내용은 북한이 주장한 "소형화된 수소탄 실험에 성공하였다"는 점을 근거로 한 것이며, 북한의 주장이 거짓일 가능성도 배제할 수 없다. (원자폭탄을 실험하였지만 수소탄이라고 거짓 주장할 수 있고, 수소폭탄의 기폭장치로서 원자폭탄을 실험하고서 성공하였다고 할 수도 있으며, 수소폭탄을 실험하기는 하였으나 실패할 수도 있기 때문이다.)

(11) 5차 핵실험

4차 핵실험 이후 북한은 불과 8개월 만인 2016년 9월 9일 제 5차 핵실험을 실시하였다. 이전까지의 핵실험이 약 3~4년의 간격을 두고 진행된 것에 비해 5차 핵싫섬은 매우 짧은 기간은 8개월 만에 실시되었다.

북한의 핵실험

구 분	1차	2차	3차	4차	5차
일 자	'06. 10. 9.	'09. 5. 25.	'13. 2. 12.	'16. 1. 6	'16. 9. 9.
기 간	NPT 탈퇴 후 3년	2년 7개월	3년 8개월	2년 10개월	8개월

이와 같은 북한의 4차 핵실험과 장거리 미사일 시험발사('16. 2. 7)로, 2016년 3월 2일 유엔안전보장이사회는 유엔 역사상 비(非)군사적 조치로는 가장 강력한 대북제재결의안 2270호를 채택하였다. (북한의 핵·미사일 개발에 대한 유엔 안보리의 기본 인식이 담긴 전문 12개 항, 대북 제재 내용 및 이행계획을 기술한 본문 52개 항, 그리고 5개 부속서로 구성) 이로 인해 핵무기 개발의 자금조달 통로가 봉쇄될 위기에 놓이자 북한은 기존의 비축 물자가 바닥을 보이기 전에 '핵능력 고도화'의 목표를 달성하고자 불과 8개월만에 5차 핵실험을 실시한 것이다.

5차 핵실험을 위해 김정은은 핵무기 연구부문 과학자와 기술자들에게 핵무기 병기화 사업지도('16. 3. 9)를 실시하고, 조선인민군 전략군 탄도미사일 발사훈련을 참관('16. 3. 11)하는 등 모든 역량을 동원하여 핵무기 관련 시험들을 대폭 증대하였다. 4차 핵실험 이후 5차 핵실험 이전까지 단기간에 실시된 북한의 핵무기 관련 시험을 통해 핵전력을 단시간내 보유하여 외부의 압력에 대응하고자 하는 북한의 의도를 살펴볼 수 있다.

길주군 풍계리에 위치한 핵실험장에서 실시된 이번 핵실험은 진도 5.0 규모의 인공지진을 일으켰다. 국방부 공식 발표에 의하면 이번 핵실험에 사용된 핵탄두는 핵출력 약 10kT 정도의 규모로 4차 핵실험때보다 약 4kT 정도 위력이 증가하였다.

○ 대북제재결의안 2270호 주요 내용
- 북한 대상
  ▶ 북한의 모든 무기거래와 무기 수출 후 수리 및 서비스 제공 관련 거래 금지
  ▶ 북한군 작전 수행에 필요하다고 판단되는 모든 무역 금지
  ▶ 북한군의 다른 나라에 대한 교육·훈련 금지(북한군 해외 교관 파견 포함)
  ▶ 민생 목적의 석탄, 철광석 수출을 제외한 금, 티타늄, 바나듐 등 희토류 거래 금지
  ▶ 북한으로의 항공유 판매 금지(민간 항공기 해외 급유 제외)
  ▶ 북한 은행의 해외 지점 및 사무소 신규 개설 금지
  ▶ 북한 은행 해외 지점 90일 이내 모두 폐쇄
  ▶ 북한 정부와 노동당 관련 기관들의 해외 자산 모두 동결 및 이전 금지
- 안보리 회원국 대상
  ▶ 북한의 불법 행위에 연루된 외국인 강제 추방 의무화
  ▶ 북한을 오가는 모든 선박 검문검색 의무화
  ▶ 북한을 대상으로 한 선박, 항공기 및 승무원 대여 금지
  ▶ 제재대상 품목을 실은 것으로 추정되는 북한 항공기의 이·착륙 및 영공 통과 불허 의무화

4차 핵실험 이후 실시된 핵무기 관련 시험

일 자	주요 내용
2016. 3. 15.	탄두 재진입체 발열시험
2016. 3. 18.	노동미사일 시험발사
2016. 3. 24.	고체연료 로켓엔진 시험
2016. 4. 9.	신형 ICBM 엔진 시험
2016. 4. 23.	SLBM 시험 발사
2016. 4. 15, 2016. 4. 28. 2016. 5. 31, 2016. 6. 22.	무수단 미사일 시험 발사
2016. 4. 23.	SLBM 시험 발사
2016. 7. 19, 2016. 8. 3.	노동/스커드 미사일 시험 발사
2016. 8. 24.	SLBM 사출시험 500km 성공
2016. 9. 5.	스커드 ER 미사일(1,000km) 시험 발사

(북한 조선중앙통신 보도)

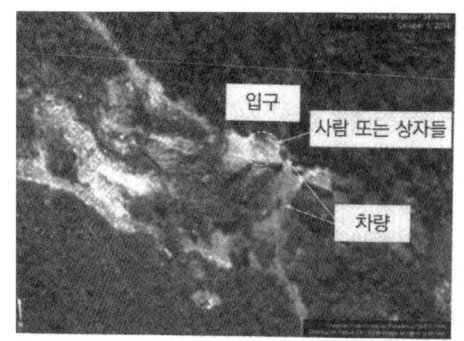
핵실험장 작업 중으로 추정되는 위성사진

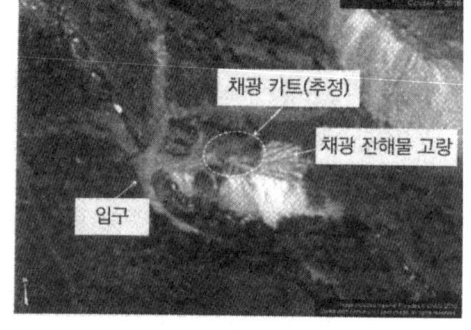
핵실험장 주변 채광 흔적

풍계리 일대 핵실험 준비 위성사진('16. 8. 3) (출처: SAIS, 38north)

그러나 일부 전문가들은 3차 핵실험시 발생한 진도 규모에 비해 리히터 규모로 불과 0.1 정도만 증가하였기 때문에 실제 위력은 크게 증가하지 않았을 것이라는 의견도 있다.

핵실험시 발생한 인공 지진 규모(국방부 발표)

구 분	1차	2차	3차	4차	5차
진 도	3.9	4.5	4.9	4.8	5.0
위 력	1kT 이하	3~4kT	6~7kT	6kT	10kT

(12) 6차 핵실험

북한은 5차 핵실험이 있은 지 1년여 만인 2017년 9월 3일, 6차 핵실험을 강행하였다. 유엔 안전보장이사회 역사상 가장 강력한 제재안으로 알려진 결의안 2270호가 통과된 지 불과 6개월 만이다. 6차 핵실험 또한 함경북도 길주군 풍계리(진앙 북위 41.30도, 동경 129.08도)에서 실시되었으며, 한국 기상청을 비롯한 전 세계 곳곳에서 인공지진이 관측되었다.

기상청은 규모 5.7의 인공지진이 발생하였다고 발표하였고, 정부에서는 이번 지진을 일으킨 핵실험의 위력은 5차 핵실험에 비해 5배 정도 증가된 50kT 정도라고 발표하였다. 그러나 NORSAR는 리히터 규모 5.8의 지진이 발생하여 위력은 전보다 6배 정도 증가하였다고 발표하였으며, 일본 기상청은 6.1, 미국 지질조사국(USGS)과 중국은 규모 6.3의 지진파가 관측되었다고 발표하였다. (Norwegian Seismic Array : 1968년 설립된 지진관측소로 포괄적 핵실험금지조약기구(CTBTO)의 데이터 센터를 맡고 있다.)

관측소의 위치에 따라 지진파의 위력은 다소 차이를 보였으나, 5차 핵실험과 비교하였을 때 핵실험의 위력이 증가했다는 공통점이 있다. 데이비드 올브라이트 과학국제안보연구소장은 워싱턴 포스트(WP)지를 통해 "북한이 핵무기 개발에서 큰 진전을 이룬 것이 분명하며 폭발위력은 약 100kT에 이르는 것으로 보여진다"고 말했다. 뿐만 아니라 로스앨러모스 국립연구소(LANL)의 핵실험 전문가 프랭크 파비안 등의 연구원들은 「38 north」 사이트에 이번 핵실험의 위력이 250kT 정도 될 것이라고 발표하였다. 이는 풍계리 만탑산 북쪽 갱도의 위성 사진을 분석한 결과 이 갱도가 견딜 수 있는 최대 위력이 282kT인 것과 매우 근사한 결과로 신뢰를 얻고 있다.

각국에서 발표한 6차 핵실험의 규모와 폭발력

국가	측정기관	규모	폭발력(단위 : kT)
대한민국	기상청	5.7	50
미국	지질조사국(USGS)	6.3	140
중국	중국과학기술원	6.3	108 ± 48.1
러시아	과학원	6.4	200
일본	기상청	6.1	160
노르웨이	지진연구소(NORSAR)	5.8	120
독일	연방지진국(BGR)	6.1	100~200

북한이 6차 핵실험 전날 공개한 핵탄두의 형태

좌측의 은색 원통은 배터리 및 트리거로 추정, 사진의 탄두 형태는 이중 항아리 형태로 2단계 기폭과정을 거치는 수소폭탄의 형태로 추정된다.

이러한 전문가들의 견해를 뒷받침 하듯, 북한은 언론에 핵탄두의 형태를 공개하며 "대륙간탄도미사일(ICBM) 장착용 수소탄 시험을 성공적으로 단행했다"고 발표했다.

북한이 대륙간탄도미사일에 핵탄두를 장착할 만큼 소형화가 진행되었는지 정확히 확인할 수는 없으나, 발생한 지진파로 예측한 핵탄두의 위력은 도시 하나를 날려버릴 수 있을 만큼 위력이 증가한 사실을 확인할 수 있다.

북한은 핵탄두의 위력이 일정 수준에 도달했다고 판단하고, 앞으로 '핵탄두의 경량화 및 ICBM의 사거리 증가'에 역점을 둘 것으로 판단된다. 이번 핵실험 이후 11월 29일에 북한이 발사한 화성-15형 미사일은 과거 화성-14형과는 달리 미사일 탄두부가 두꺼워지고 길이가 약 2미터 길어지는 등 상이한 모습을 보였으며, 특히 1단 엔진의 형태가 달라졌는데 이는 화성-14형에서 사용하던 백두산엔진 두 개를 붙여 추력을 높인 것으로 추정되며 발사에 사용된 발사대는 18륜 짜리 초특대형 발사대를 사용하여 기존의 미사일과 전혀 새로운 미사일임이 확인되었다. (화성-14형은 주엔진 하나에 보조엔진 4개를 두고 보조엔진이 자세를 제어하는 형태였으나, 화성-15형은 분사구를 움직여 자세를 제어하는 방식으로 보다 발전된 형태이다.)

화성-15형 미사일 발사

북한은 화성-15형 미사일은 고각발사로 총 53분 동안 최대고도 4,475km, 수평거리 약 1,000km를 비행했다고 공식발표하였다. 미국 물리학자 겸 미사일 전문가 데이비드 라이트 박사는 정상각도로 발사 시 사거리 최소 13,000km를 비행할 수 있을 것이라고 발표하였다. 이는 워싱턴 D.C. 등 미 전역을 사정권에 둘 수 있는 것이다.

화성-15형 미사일과 발사대의 모습

◎ 6차 핵실험 이후 UN의 대응

2017년 9월 11일 유엔 안전보장이사회는 결의 2375호를 만장일치로 채택했다. 다만 중국과 러시아의 반대로 원유 수출 중단과 같은 강력한 제재가 제외되어 미국은 아래와 같은 '강력한 독자적 제재방안'을 발표하였다. 제재안 2375호의 주요 내용은 아래와 같다.

○ 북한에 대한 유류공급 제한
- ▶ 원유 - 현수준 유지(연간 400만 배럴로 추정)
- ▶ 정유 - 연간 200만 배럴로 규모 제한
- ▶ 액화천연가스 - 전면금지

○ 북한산 섬유제품 수입 금지
- ▶ 직물·의류 중간제품/완제품 전면 금지

○ 북한 노동자 해외 송출 금지
- ▶ 신규 고용 허가 금지
- ▶ 계약기간 만료된 기존 고용자에 추가 허가 금지

유엔 안보리 대북제재 결의 2375호 만장일치 채택

2) 북한의 핵무기 보유량(2020년 현재) 추정

북한은 4차에 걸친 핵실험과 장거리 미사일 발사시험 등을 통해 끊임없이 핵무기 개발에 대한 의지를 표명해왔다. 한국 국방부는 2014년에 발행한 국방백서에서 북한은 플루토늄을 보유하고 우라늄 프로그램을 진행하고 있으며, 핵무기의 소형화 능력도 상당한 수준에 이르렀다고 기술하고 있다. 그러나 북한의 핵무기 보유량에 대해서는 정확하게 알려진 바가 없다. 미국의 대표적인 북핵전문가이면서 과학국제안보연구소(ISIS) 소장인 데이비드 올브라이트(David Albright)는 북한이 2015년 현재 약 15개의 핵무기를 보유하고 있으며, 2020년까지 최대 79개의 핵무기를 개발할 수 있을 것으로 전망했다. 조엘 위트 전 미국 국무부 북한담당관은 기자간담회에서 북한이 2020년까지 최대 100개까지 핵무기를 보유할 수 있을 것이라고 말하기도 하였다.

반면, 하이노넨(Olli Heinonen) 전 국제원자력기구(IAEA) 사무차장은 2020년까지 북한의 핵무기 100개 보유는 기술적으로 불가능하며, 20~50개 수준이 될 것으로 판단하였다. (북핵 전문가로 1, 2차 북핵위기 시 영변 핵사찰을 주도했고, 20여 차례 북한을 방문했음.) 북한의 핵무기 보유량은 일반적으로 플루토늄 재처리 능력과 고농축 우라늄 프로그램의 수준을 토대로 그 수량을 추정하는데, 정보의 부족으로 인해 각 기관별로 상당한 차이를 보이고 있다.

(1) 플루토늄 생산

북한이 보유하고 있는 플루토늄량은 영변에 있는 5MWe 흑연감속로에서 생산된 것을 토대로 추측할 수 있다. 물론, 1962년에 구소련에서 도입해서 약 30년간 운전한 IRT-2000 원자로를 통해 플루토늄을 생산했을 가능성도 있지만, 이 원자로에서 발생된 사용후 핵연료는 구소련에서 전량 회수한 것으로 알려져 있다.

미국 과학국제안보연구소(Institute for Science and International Security, ISIS)에서 2015년 1월에 발표한 내용에 따르면 북한은 37~40kg의 플루토늄을 보유하고 있는 것으로 추정된다. (David Albright, North Korean Plutonium and Weapon-Grade Uranium Inventories, ISIS, 2015.1.8.) 이 예상보유량은 2008년 6자회담 당시 북한이 선언한 것으로 알려진 플루토늄 보유량 30~32kg을 기준으로 하여, 2013년부터 재가동하고 있는 영변 핵시설의 능력과 2차 지하 핵실험 시 사용하였을 것으로 예상되는 플루토늄을 고려하여 판단한 것이다. (북한은 2008년 6자회담 시 플루토늄 보유량으로 30kg을 선언한 것으로 알려져 있음. 그러나, 일부 기관에서는 2008년 6자회담 시 북한이 2007년에 영변 핵시설을 가동 중단할 때까지 37~38kg의 플루토늄을 생산했다고 선언한 것으로 밝히고 있다. 재처리 시 손실되는 양 2kg, 1차 핵실험 시 사용한 양을 4kg으로 감안하면 선언 당시 플루토늄 보유량은 31~32kg 수준이 된다.)

북한이 발표한 30~32kg의 플루토늄 보유량은 2006년 1차 핵실험 시 사용된 플루토늄량과 플루토늄 추출 시 불가피하게 발생하는 중간 손실량이 포함되지 않은 수치이다. 즉, 원자로에서 실제로 추출한 양은 현재 보유한 양보다 많다는 얘기이다. 북한은 1차 핵실험에 사용된 플루토늄과 재처리 간 발생하는 중간 손실량이 각각 2kg이라고 발표한 바 있다. 그러나 북한의 핵개발 수준을 고려하면 핵실험 시 사용된 플루토늄량은 이보다 많은 2~4kg 수준일 가능성이 높다. 이를 모두 감안했을 때 북한이 영변원자로에서 실제로 추출한 플루토늄량은 총 34~38kg 수준일 것으로 판단된다. (6자회담 시 북한이 제출한 18,000 페이지에 달하는 영변원자로 운전 일지를 통해 플루토늄 생산량을 검증하였지만, 북한에 의한 기록조작 가능성이 남아 있다. 가장 확실한 방법인 원자로의 흑연감속재를 채취하여 생산량을 판단하는 것은 북한의 거절로 인해 시도되지 못하였다.)

○ 북한 핵무기 제작시 사용된 플루토늄의 양(한국안보문제연구소 2014)
미국이나 러시아와 같은 일부 핵선진국의 경우는 1~5kT 규모의 핵무기를 제작하는데 2kg의 플루토늄이 사용되기는 하지만, 일반적으로 핵무기를 1개 제조하는데 필요한 플루토늄 량은 4~6kg으로 판단함. (국제원자력기구(IAEA)에서는 20kT 규모의 핵무기를 제조하기 위해서 필요한 플루토늄량(Significant Quantity, SQ)을 8kg으로 적용하고 있지만, 이 수치는 너무 높다는 평가가 일반적이다. Robert S. Norrus and Hans M. Kristensen, North Korea's nuclear program 2005, 「Bulletin of the Atomic Scientists」)
북한이 핵실험 시 사용했다고 주장하는 플루토늄량인 2kg은 다음 2가지의 경우로 나누어서 생각할 수 있음.

① 실제로 2kg을 사용하였을 때(진실)
2kg의 플루토늄으로 핵실험을 했다는 것은 북한의 핵기술이 상당한 수준에 도달했다는 것을 의미함. 1, 2차 핵실험 시 폭발력이 예상보다 낮은 이유도 적은 양의 플루토늄을 사용하였고, 특히 핵무기의 소형화에 목표를 두고 실험을 진행한 것이 주요 원인일 가능성이 높다. 1차 핵실험의 실패는 핵무기 소형화를 진행하는 과정으로 볼 수 있음.

② 실제로 2kg을 사용하지 않았을 때(거짓)
북한의 핵개발 수준을 판단하는데 혼란을 초래하여 6자회담에서 우위를 차지하려는 목적으로 플루토늄 사용량을 부풀렸을 가능성이 높음.

2009년 6자회담이 결렬되면서 북한은 가동 중단된 영변핵시설에 남아 있던 약 8kg의 플루토늄을 추출하였고, 2013년 중순부터 영변 5MWe 원자로를 재가동하면서 다시 가동을 멈출 때까지 약 1년 동안 최대 3~4kg의 플루토늄이 추가로 생산되었을 가능성이 있다. 이중에서 2차 핵실험 시 4kg의 플루토늄을 사용하였고, 3차 핵실험 시에는 고농축 우라늄을 사용하였다고 가정하면 북한이 현재 보유하고 있는 플루토늄량은 37~40kg 수준이 된다. (우리나라 국방부는 '2014' 국방백서에서 북한의 플루토늄 보유량을 40kg으로 기술하였음.) 만약 북한이 핵무기를 생산하는데 플루토늄을 2~6kg 사용하고, 전량을 무기화하였다면 플루토늄을 원료로 하는 핵무기 보유수는 6~20개가 된다. (표준형 핵무기는 20kT의 위력 발휘를 위해 약 6kg의 플루토늄을 사용하는 것이 보편적임.)

(2) 고농축 우라늄 생산

미국 과학국제안보연구소(ISIS) 올브라이트 소장은 북한이 2015년 보유하고 있는 15개 안팎의 핵무기 중 8개가 고농축 우라늄으로 만들어졌으며, 이는 계속 증가할 것이라고 전망했다. 우라늄은 제조과정이 상대적으로 쉽고, 연기와 냄새 등의 배출이 없어 플루토늄에 비해 은밀히 생산하기에 용이하다는 장점이 있다. '세계 최대의 우라늄 매장량을 보유하고 있는 북한이' 우라늄을 이용해 핵무기를 개발할 경우 그 수는 가늠하기 어려울 정도로 커질 수 있다.

2010년 북한을 방문했던 해커(Siegfried S. Hecker) 박사는 북한의 경수로와 우라늄 농축시설을 둘러본 후 작성한 보고서에서 "약 2,000기의 원심분리기가 설치되어 있었고, 설치된 시설들이 초현대적이고 깨끗하였다"라는 내용과 함께 북한의 핵무기 개발을 위한 고농축 우라늄의 생산 가능성을 제기하였다. 이는 북한이 경수로용 저농축 우라늄을 생산할 목적으로 우라늄 농축시설을 건설하겠다고 발표한 지 불과 1년 6개월 만에 이루어진 것으로, 농축기술을 보유하고 있는 국가들이 기술개발에서 공장을 가동하기까지 15~20년의 시간이 걸렸다는 점을 감안할 때 북한은 아주 오래 전부터 우라늄 농축 프로그램을 개발해왔을 가능성이 높다. 실제로 여러 정황들이 이를 뒷받침해주고 있는데, 1986년 파키스탄으로부터 우라늄 농축장비를 들여오다 적발된 적이 있었고 1987년에는 원심분리기에 사용되는 장비를 도입한 사실이 드러났다. 1990년대 초에는 파키스탄의 칸(Abdul Aadeer Khan)[1] 박사로부터 원심분리기 본체 및 설계도 등을 제공받으면서 우라늄 농축 프로그램이 급격히 발전되었으며, 이후 꾸준히 유럽·중국·러시아 등으로부터 농축시설에 필요한 장비 및 물자를 도입하여왔다. 2008년에는 북한으로부터 인도받은 영변 핵활동 일지 및 주요 장비 등에서 90%로 농축된 고농축 우라늄이 생산되었다는 것이 밝혀지기도 하였다.

이러한 점들을 토대로 볼 때 북한이 고농축 우라늄의 생산을 추구하고 있다는 점은 확실해 보이지만, 북한의 고농축 우라늄 프로그램의 수준에 대해서는 아직도 논란이 많다. 특히, 북한의 핵개발 능력을 판단하기 위해서는 우라늄을 농축시키는 원심분리기의 보유량에 대한 정확한 분석이 필요하다. 미국 과학국제안보연구소에서는 북한이 2000년대 초반부터 원심분리기 생산에 필요한 장비 및 물자를 중국을 통해서 들여왔을 것으로 보고 있다.[2] 그러나 북한이 비밀스런 경로를 이용함에 따라 정확한 수량을 판단하는 것은 제한사항이 많다.

2010년 북한이 헤커 박사에게 보여준 2,000기의 원심분리기가 저농축 우라늄을 생산하는 용도이며, 파키스탄의 고농축 우라늄을 생산하는 과정을 이용했다고 가정하면 북한은 고농축 우라늄을 생산하기 위해 약 3,000기의 원심분리기를 가지고 있다고 생각할 수 있다. 이는 연간 약 50kg의 고농축우라늄을 생산할 수 있으며, 우라늄 핵폭탄에 고농축 우라늄이 20kg[3]이 소요된다고 가정하면 북한은 매년 약 2.5개의 핵무기를 만들 수 있다.

1) '파키스탄 핵의 아버지'라고 불리며 1998년 파키스탄의 핵실험을 성공시킴. 2004년 2월, 15년 동안 북한·리비아·이란 등에 핵기술을 제공한 사실을 시인함.

2) 북한은 중국의 사설기업을 이용한 비밀스런 구입 네트워크를 구축하였고, 이를 통해 유럽·미국·일본 등으로부터 높은 수준의 장비 및 물자·원자재 등을 수입하였음. 이 사설기업들은 장비의 목적 및 최종 목적지에 대한 거짓 장부를 작성하는 방법 등을 통해 감시망을 피하였음.
3) 우라늄탄의 SQ(Significant Quantity)는 27.5kg임(U-235 25kg). 북한은 우라늄탄을 제조하기 위해 15~25kg의 고농축우라늄을 사용할 것으로 보임. David Albright, North Korean Plutonium and Weapon-Grade Uranium Inventories, ISIS, 2015.1.8.

○ 파키스탄이 리비아에 수출한 고농축 우라늄 생산방식은 5,832대의 원심분리기를 4단계로 구성하였음. 1단계는 3.5%의 저농축우라늄을 생산하며 전체 원심분리기의 70%인 약 4,000대의 원심분리기가 사용됨. 2단계, 3단계, 4단계에서는 우라늄을 각각 20%, 60%, 90%로 농축시킴. 이 과정을 통해 연간 100kg의 고농축 우라늄(90%) 생산이 가능함. (David Albright, North Korean Plutonium and Weapon-Grade Uranium Inventories, ISIS, 2015.1.8.)

그러나 북한이 리비아가 파키스탄으로부터 도입했던 것과 유사한 규모의 숨겨진 우라늄 농축시설을 보유하고 있다면 그 능력은 위에서 언급했던 것의 두 배로 커질 것이다. 2000년대 이루어졌던 북한의 원심분리기 부품 반입에 관한 정보를 토대로 볼 때 가능성이 낮아 보이지는 않는다. 2013년에는 북한이 영변에 있는 원심분리기 공장의 규모를 두 배로 확장하고 있는 모습이 포착되었다. 만약 이 건물에 2,000기의 원심분리기가 추가된다면 북한의 핵무기 생산능력은 더욱 높아질 것이다.

우라늄 농축시설 지붕 크기 변화(우측 지붕의 측면길이가 늘어남)
(Institute for Science and International Security, ISIS)

3) 북한의 핵무기 투발수단과 핵전술 고도화

핵무기를 효과적으로 사용하려면 각종 기술적 성능뿐만 아니라 전장에서의 활용성도 우수해야 한다. 이를 '전술적 성능'이라 한다. 전술적 성능의 주요 지표에는 핵무기의 위력, 투발 수단의 사거리(射距離)와 정확도, 대응 시간, 생존성과 기동성, 적 방어체계 돌파능력 등이 있다.

북한은 핵무기 개발 이후 전술적 성능, 즉 투발 수단의 다양화와 고도화에 큰 노력을 기울이고 있다. 아울러 이를 활용하기 위한 핵전술 고도화에도 상당한 노력을 기울이고 있다. 본 장에서는 북한의 이런 전술적 성능 고도화 동향과 능력을 살펴본다.

(1) 핵탄두 소형화와 미사일 탑재 능력

북한은 제5차 핵실험에서 소형화, 경량화된 핵탄두를 개발했다고 주장하였다. 소형화와 경량화는 북한이 제3차 핵실험에서도 성공했다고 주장한 바 있다. 제5차 실험에서 추가된 것은 타격력이 높고 표준화, 규격화되었으며, 대량생산에 성공했다는 것이다. (『북한의 핵패전』 이춘근 지음, 인문공간)

미사일 탑재를 위한 핵탄두 소형화는 모든 핵보유국들이 핵실험과 함께 주력하는 핵실 기술이다. 많은 전문가들은 북한이 2006년 제1차 핵실험 이후 소형 핵탄두를 개발하는 데 상당한 시간이 소요될 것으로 예측하였다. 그러나 오래지 않아 국방부와 주한미군 등이 북한 핵무기 소형화 가능성을 제기하였고, 전문가들도 이에 동의하게 되었다. 필자 역시 오래 전부터 북한이 '노동'이나 '스커드' 미사일 정도의 소형화에 성공했을 것이라 주장하였다. 그 근거는 다음과 같다.

먼저, 북한이 후발국 우세를 충분히 활용하기 때문이다. 미국과 소련은 핵실험 당시에 신뢰할 만한 미사일이 없었기에 소형화에 5~7년이 걸렸으나, 동풍2호(DF-2) 미사일을 보유했던 중국은 2년 반 만에 성공하였다. 북한 역시 핵실험 이전에 '노동'과 '스커드' 미사일을 대량 생산해 실전배치하고 있었으므로, 처음부터 이를 염두에 둔 '소형 핵탄두'를 개발했다고 보는 것이 자연스럽다. 사실 스커드 미사일도 구소련이 핵탄두 탑재가 가능하도록 설계한 것이다. 북한은 핵물질 생산량이 적으므로, 처음부터 소형화를 통해 투발수단 개수를 늘리려는 시도를 했을 것이다.

둘째로, 북한이 2006년 최초 핵실험 때 폭발위력이 4kt이라고 사전에 중국에 통보했다는 점이다. 후에 핵물질(Pu) 사용량이 2kg 정도라고 하였다. 많은 전문가들이 북한의 기술력으로 이 정도의 소형 탄두를 개발할 수 없을 것이라 하였다. 그러나 성공여부와 관계없이, 북한이 2006년 최초 핵실험 때 폭발위력이 4kt이라고 사전에 중국에 통보했다는 점이다. 후에 핵물질(Pu) 사용량이 2kg 정도라고 하였다. 많은 전문가들이 북한의 기술력으로 이 정도의 소형 탄두를 개발할 수 없을 것이라 하였다. 그러나 성공여부와 관계없이, 북한이 처음부터 소형화된 핵탄두를 목표로 하였고 이를 외국에 알렸다는 점이 중요하다. 일각에서는 북한이 구소련 등에서 소형 핵탄두 설계도를 입수하고, 이를 복제했다고 주장한다.

셋째로, 파키스탄의 칸 박사가 1999년에 북한을 방문했을 때, 평양 교외의 지하 터널에서 직경 24inch(61cm)에 뇌관이 64개인 소형 핵탄두 3개를 목격했다고 증언한 것이다. 북한에서 망명한 최고위급 인사인 황장엽 노동당 비서도 북한이 소형핵무기를 개발했다고 증언한 바 있다. 2016년과 2017년에 북한이 공개한 핵 기폭장치 모형도 이 정도 크기로서, 북한이 보유한 스커드와 노동미사일에 탑재할 수 있는 수준이다.

넷째로, 북한 특유의 자력갱생으로 자체 생산이 가능한 대체소재를 개발할 수 있다는 점이다. 많은 전문가들은 북한이 핵탄두의 대기권 재진입시 발생하는 고열과 진동을 견딜 수 있는 탄소복합재료나 세라믹 등의 첨단재료를 생산하지 못할 것이라 하였다. 그러나 이는 자력갱생에 의존하는 북한의 개발경로가 첨단기술과 소재가 풍부한 서방 선진국들과 많이 다르다는 점을 간과한 것이다. 7,000도 이상의 고열이 발생하는 ICBM과 달리 단거리 마사일들은 2,000도 내외의 열만 발생하고, 이는 대체 소재로 충분히 극복할 수 있다.

중국은 유리섬유와 페놀수지 등의 자체 개발 소재로 단거리 마사일 핵탄두를 만들고, 1964년의 최초 핵실험 2년 후에 폭발시키는 데 성공했다. 북한도 이러한 사례를 답습할 수 있다. 과학기술은 원리를 알면 다양한 경로를 찾을 수 있으므로, 응용기술이 발달하고 정보공개가 많아진 현대사회에서는 많은 대체 소재와 차선책들을 찾아낼 수 있다. 따라서 재진입 열이 낮은 노동과 스커드 정도의 단거리 미사일에는 충분히 핵탄두를 탑재할 수 있을 것이다.

다만, ICBM급 핵탄두의 재진입은 성공 여부를 판단하기 어렵다. 마하 20 이상의 고속 기동과 충격, 7천도 이상의 고온에 견딜 수 있는 재료의 확보와 가공에 어려움이 있고, 이를 검증하기도 어렵기 때문이다. 북한이 로켓 엔진을 활용한 재진입체 방열 시험을 보도했으나 이는 간접적인 실험이고, 실세 ICBM의 재진입 상황을 지상에서 모사하기는 어렵다. 재진입은 기상 상황에도 큰 영향을 받으니, 지속적인 시험발사로 그 신뢰성이 입증되어야 할 것이다.

마지막으로, 앞에서 소개한 것 같이, 수평갱도 지하핵실험의 장점을 충분히 활용할 수 있다는 것이다. 우리는 원거리 측정으로 지진파 강도에 의한 폭발위력과 기체 포집에 의한 핵물질 분석을 수행한다. 그러나 지하 갱도에서 직접 핵실험을 수행하는 북한은 원하는 거리에 초고속 카메라와 다양한 계측 장치들을 설치해, 내폭 현상과 중성자·감마선·X선 발생량 등의 시계열 변화를 상세하게 측정할 수 있다. 이른바 근거리 물리측정이다.

수평갱도 지하핵실험은 암석을 통해 측정관을 연결하므로 외부 간섭없이 양호한 측정 결과를 얻을 수 있다. 특정 핵 환경을 창출해 원하는 실험 결과를 얻을 수 있고, 실험 후에도 주기적으로 샘플을 회수해 중장기 효과를 분석할 수 있다. 특히 진공이 필요한 X선 열역학 효과는 수평갱도 지하핵실험에서만 성공적으로 측정할 수 있다. X선 열역학은 증폭탄과 수소폭탄 개발에 필수적인 요소이다.

결국 6차례에 걸친 수평갱도 지하핵실험을 통해 핵무기 소형화에 필요한 내폭 원리와 수치 자료들을 충분히 얻고, 문제점을 개선할 수 있었을 것으로 생각된다. 핵무기 선진국들이 지상에서 수평갱도 지하핵실험으로 이전한 커다란 이유 중의 하나도, 이를 활용해 핵무기 현대화를 이룰 수 있기 때문이었다. 북한이 상당한 폭발 위력을 보여 주었고 HEU 생산능력에 따라, 앞으로의 '대량생산과 실전배치는 의심할 여지가 없다.'

북한과 유사한 개발 경로를 가진 중국의 핵무기 전문가들도 북한이 미사일 탑재가 가능한 핵탄두를 보유했다고 분석한다. 이들은 중국이 1964년의 최초 핵실험 이전에 신뢰성있는 미사일을 가지고 있었으므로 초기부터 탄두 소형화를 시도했다고 하였다. 아울러 "수평갱도 핵실험을 통해 핵무기 소형화를 촉진할 수 있다"는 판단을 덧붙인다. 북한도 2006년의 최초 핵실험 이전에 핵탄두가 가능한 스커드와 노동미사일을 보유하고 있었으므로, 처음부터 이를 목표로 했다는 추정이 가능하다.

(2) 투발 수단 현대화와 고도화 : ICBM과 우주발사체 개발

북한은 오랫동안 액체추진제 기반의 미사일들을 개발, 배치해 왔다. 북한의 주력인 스커드·노동·무수단 등의 화성 계열 미사일들이 여기에 포함된다. 무수단은 전통적 연료인 등유(kerosene)와 적연질산 대신 추력이 좋은 비대칭디메틸히드라진(UDMH)과 사산화이질소(N_2O_4)를 사용하면서 숱한 실패를 경험하기도 하였다. 다만 최근에 유사한 연료 체계를 사용하는 80ton 대추력 엔진과 화성-15, 화성-17을 개발해, ICBM급의 비행거리를 보여주었다. (구 소련이 개발한 RD-250 엔진을 도입한 것으로 알려져 있다. 이 엔진은 1개의 펌프에 2개의 노즐을 세트로 해서 80ton 추력을 나타낸다. 화성-15는 이 엔진 세트 1개, 화성-17은 두 세트를 클러스터링 해서 160ton의 추력을 가진다고 알려져 있다.)

그러나 아직 ICBM의 정상 사거리 비행시험이 없어 진정한 기능과 성능 발휘 여부가 의문시되고 있다. 미국을 비롯한 선진국들은 다양한 환경에서 20여 발의 정상 사거리 비행시험을 수행해 문제점을 개선하고 신뢰성을 확보한 후에 실전 배치해 왔다. 북한은 이를 수행할 원거리 측정설비들을 갖추지 못했고, 국제제재 환경에서 정상 사거리 비행시험을 감행하기도 어렵다. 따라서 'ICBM 탄두의 대기권 재진입 성공 여부도 아직 미지수'라는 의견이 많다.

액체연료는 저장과 수송이 어렵고 발사 준비 시간이 길어 사전 탐지와 요격이 쉬우며, 야전 운용이 복잡하다는 문제가 있다. UDMH는 독성이 강하고 폭발하기 쉬우며, N_2O_4는 상온인 22도에서 끓고 영하 11도에서 얼어 야전 운용이 어렵다. 두 연료가 접촉하면 바로 발화하여 격렬히 연소한다. 선진국들이 이 연료를 채택한 미사일들을 지하 사일로나 잠수함에서 운용한 것도 이 때문이다.

북한도 북중 접경지대에 장거리 미사일용 지하 사일로를 구축한다고 알려져 있다. 아울러 연료 앰플화를 통해 장기 저장과 운용 편이성을 도모하고 있다. 그러나 이동식 발사차량(TEL) 성능과 수량 등의 문제가 여전히 해결되지 못하고 있다. 따라서 북한이 이 연료 체계를 계속 사용하면, 실제 핵전력 발휘에 많은 제약이 가해질 것이다.

개발된 ICBM을 이용해 대추력 우주발사체도 개발하고 있다. 2023년 5월 31일에는 우주발사체 "천리마-1"에 정찰위성 "만리경-1"을 탑재해 서해발사장에서 발사했으나, 2단 분리 후 서해공해상에 추락하였다. 북한은 연료체계와 엔진 문제로 실패하였고 문제점을 수정해 조만간 다시 발사한다고 발표하였다. 한국 국방부에서 잔해를 인양해 분석한 후, "정찰위성으로서 군사적 효용성이 전혀 없는 것으로 평가한다"고 발표하였다.

이로 볼 때, "만리경-1호"의 카메라 해상도와 자세 제어, 목표 추적 성능 등이 크게 열악한 듯하다. 다만, 군사적 효용성은 상대적이라는 점을 감안할 필요가 있다. 북한으로서는 남한의 전차나 트럭, 함정 정도만 식별해도 상당한 군사적 효용성이 있을 것이기 때문이다. 향후의 기술 추이가 주목된다고 하겠다.

◎ 북한, 정찰위성 만리경 1호 발사 성공, "촬영사진 보내와"
(2차 실패 89일만에 "발사 성공" 주장)

'만리경-1호' 내달 1일부터 본격 정찰, 한반도 물론 괌·미 본토 들여다볼 듯
우주강국 선포 7년만에 '궤도 진입', 연말 노동당전원회의 앞 치적 절실
노동신문, 한밤 사안에도 대서특필, "빠른 기간내 추가 발사" 계획 밝혀

북한이 군사정찰위성 1호인 '만리경 1호'의 3차발사가 21일 밤 성공적으로 이뤄졌다고 22일 새벽 밝혔다. 지난 8월 24일 2차 발사 실패 이후 89일 만이다. 김정은 조선노동당 총비서 겸 국무위원장이 2016년 5월 조선노동당 7차 당대회에서 '우주강국' 건설을 선포한 지 7년 만에 거둔 군사정찰위성 발사 성공으로, 북한이 내부 결속과 외부 선전에 대대적으로 활용할 것이라는 전망이 나온다.

북한 노동신문은 이날 "조선민주주의인민공화국 국가항공우주기술총국은 21일 22시 42분28초에 평북 철산군 서해위성발사장에서 정찰위성 '만리경-1'호를 신형 위성 운반 로케트 '천리마-1'형에 탑재하여 성공적으로 발사했다"고 보도했다. 노동신문은 "'천리마-1'형은 예정된 비행궤도를 따라 정상비행하여 발사 후 705초 만인 22시54분13초에 정찰위성 '만리경-1호'를 궤도에 정확히 진입시켰다"고 설명했다. 정찰위성을 발사한 지 3시간여 만에 노동신문에 관련 기사와 사진을 실어 '발사 성공'을 과시한 것이다.

이와 함께 노동신문은 "국가항공우주기술총국은 앞으로 빠른 기간 안에 수개의 정찰위성을 추가 발사하여 남조선 지역과 공화국 무력의 작전상 관심지역에 대한 절찰능력을 계속 확보해나갈 계획을 당중앙위 제8기 9차 전원회의에 제출하게 된다"고 보도했다. 연말에 열릴 예정인 조선노동당 중앙위 8기 9차 회의를 거쳐, 이르면 2024년 군사정찰위성 추가 발사에 나서겠다는 뜻이다.

군사정찰위성에 각별한 관심을 기울이며 성공을 채근해온 김정은 총비서는 3차 발

사 현장을 참관한 뒤, 이날 오전 국가항공우주기술총국 평양종합관제소를 찾아 항공우주촬영 상황을 점검했다. 조선중앙통신(중통)은 김 총비서가 "22일 오전 9시21분에 수신한 태평양 지역 괌 상공 앤더슨 공군기지와 아프라항 등 미군의 주요 군사기지 구역을 촬영한 항공우주사진을 보셨다"고 보도했다. 또, 국가항공우주기술총국이 관제소를 찾은 김 위원장한테 "'만리경-1호'가 7~10일간의 세밀조종 공정을 마친 뒤 12월1일부터 정식 정찰 임무에 착수하게 된다고 보고드렸다"고 전했다. 다만, 대통령실 관계자는 "제대로 원하는 지역과 장소를 타깃해(지정해) 사진을 전송받고 정보로 활용되고 있느냐는 아직 의문"이라고 했다.

북한이 이번 발사에서 기술적으로 이루고자 했던 핵심 목적은 한반도와 괌, 미국 본토 등 북한이 전략적 관심지역으로 여기는 지역의 정찰능력 강화에 있다. 실제로 군사정찰위성이 제 몫을 해내려면 제대로 작동해야 한다는 애기다. 이 때문에 이날 북한이 '괌 상공 항공우주사진'을 수신해 김 총비서에게 보고했다는 내용 등을 즉각 알린 것은 군사정찰위성 발사뿐만 아니라, 기능적으로도 성공이라는 점을 대내외에 과시하려는 의도로 풀이된다. 특히, 연말 노동당 전원회의를 앞두고 정찰위성 발사 성공을 김 총비서의 치적으로 내세우며 내부 결속을 다지는 데 활용할 것이라는 전망이 전문가들의 중론이다.

북한이 한국의 정찰위성 발사 계획을 의식했다는 관측도 나온다. 한국은 최초 독자 정찰위성을 오는 30일 미국 캘리포니아주 소재 반덴버그 공군기지에서 스페이스엑스(X)의 팰컨9에 실어 쏘아 올릴 예정이다. 양무진 북한대학원대학교 교수는 "오는 30일 미국을 통한 우리의 위성 발사가 만약 성공하지 못한다면 한·미의 대북억제력에 상당한 타격이 예상된다"고 평가했다. (『한겨레』 2023. 11. 23. 신형철 기자)

◎ 윤 정부, 남북 충돌방지 '안전판' 흔들었다

북 군사정찰위성 발사 이유로, 9·19합의 일부 효력정지 강행
군사분계선 대북 정찰 재개로, 남북 우발적 충돌 위험성 커져

서로를 "적"과 "괴뢰"라 부르며 대치하던 남과 북이 군사정찰위성 3차 발사와 9·19 남북군사분야 합의 1조 3항(군사분계선 일대 공중정찰 금지) 효력정지 조처로 충돌했다. 남북관계와 한반도 평화의 '안전판'으로 불린 9·19군사합의가 5년 만에 사실상 작동 불능 상태에 빠졌다. 지난 4월 7일 이후 직통 연락선마저 끊겨 위기관리 수단이 사라진 남과 북의 나빠진 관계가 이번 사태를 계기로 '말의 전쟁'을 넘어 군사분계선 일대 우발적 군사충돌로까지 번질 위험을 배제할 수 없는 국면으로 빨려들고 있다. (관련기사 3·4·5면)

북한 노동신문은 "국가항공우주기술총국은 21일 22시42분28초에 평북 철산군 서해

위성발사장에서 정찰위성 '만리경-1호'를 신형위성운반로케트(로켓) '천리마-1'형에 탑재해 성공적으로 발사해, 궤도에 정확히 진입시켰다"고 22일 보도했다. 지난 5월31일 1차, 8월24일 2차 발사에 실패한 뒤 89일 만이다. 김정은 노동당 총비서 겸 국무위원장이 3차 발사를 현지에서 참관했다.

북한 국가항공우주기술총국은 "만리경1호가 7~10일간의 세밀 조정 공정을 마친 후 12월1일부터 정식 정찰 임무에 착수하게 된다"고 밝혔다. 합동참모본부는 이날 저녁 "북한 정찰위성이 궤도에 진입한 걸로 평가한다"고 언론에 공지했다. 정찰위성 정상작동 여부와 별개로, 발사에는 성공했다는 평가다. 국방부 고위 관계자는 "북-러 정상회담(9월13일) 등을 보면 러시아의 지원 가능성을 배제할 수 없다"고 말했다.

노동신문은 "국가항공우주기술총국은 빠른 기간 안에 수개의 정찰위성을 추가 발사해 남조선지역과 공화국 무력의 작전상 관심지역에 대한 정찰능력을 계속 확보해나갈 계획을 당중앙위 제8기 9차 전원회의에 제출하게 된다"고 보도했다. 연말로 예상되는 노동당 전원회의의 승인을 받아 이르면 2024년 군사정찰위성 추가 발사에 나서겠다는 뜻이다.

북한의 군사정찰위성 발사는 탄도미사일 기술을 활용한 어떠한 발사도 금지한 유엔안전보장이사회 대북 결의 1874호(2009년 6월12일) 위반이다. 하지만 노동신문은 "공화국의 합법적 권리"라며 "공화국 무력의 전쟁 준비태세를 확고히 제고하는 데 커다란 기여로 될 것"이라고 자평했다.

정부는 예고한 대로 9·19 군사합의 일부조항 효력정지로 맞대응했다. 국방부는 "오늘(22일) 오후 3시부로 9·19 군사합의 1조 3항을 효력정지하기로 했다"고 발표했다. 효력정지된 1조 3항은 군사분계선 남북으로 20km(서부지역)~40km(동부지역) 공역에 비행금지 구역을 설정하는 내용이다. 남북 당국 간 첫 문서 합의인 1972년 7·4 남북공동성명 이후 남북합의서의 효력을 공식 정지시킨 정부는 윤석열 정부가 처음이다.

정부는 이날 아침 8시 정부서울청사에서 한덕수 국무총리 주재로 임시 국무회의를 열어 9·19 군사합의 1조 3항 효력정지를 의결했다. 영국을 국빈방문 중인 윤석열 대통령은 "9·19 군사합의 일부 효력 정지안"을 즉시 재가했다. 한 총리는 북쪽의 정찰위성 발사가 "우리의 안보를 위협하는 직접적인 도발"이라며, 9·19 군사합의 1조 3항 효력정지는 "국가안보를 위해 꼭 필요한 조치이자 최소한의 방어 조치"라고 밝혔다. 군은 이날 오후 3시 이후 군단급 무인기와 정찰기 등을 군사분계선 인근에 투입한 것으로 알려졌다.

정부는 효력정지 기간을 특정하지 않은채 "남북 간 상호 신뢰가 회복될 때까지"라고 추상적으로 규정했다. 남북합의서의 효력을 "기간을 정하여" 정지하도록 명시한 남북관계발전에 관한 법률 23조 2항에 비춰 적절성논란이 일 수 있다.

더욱이 국가안전보장회의(NSC) 상임위원회는 "아직 유효한 9·19 군사합의 여타 조항에 대한 추가 조치는 북한의 향후 행동에 따라 결정될 것"이라고 단서를 달았다. 국방부 고위 관계자는 "(북쪽이) 추가 도발하면 추가 조처한다"고 밝혔다. 북쪽의 추가 군사행동이 있으면 지상·해상 적대행위 중단 등 9·19 군사합의의 다른 조항도 효력정지를 할 계획이라는 얘기다.

　정부의 대응을 두곤 "자해에 가까운 동문서답식 대응"이라는 지적이 나온다. 2018년 평양 남북정상회담 계기에 이뤄진 9·19 군사합의는 군사분계선 일대의 우발적 재래식 군사 충돌을 예방하려 육·해·공 3면에 군사활동 금지 구역을 설정한 것으로, 북한의 핵·탄도미사일 개발 및 유엔 안보리 대북제재 결의와 직접 관련이 없기 때문이다. 전직 정부 고위 관계자는 "9·19 군사합의는 핵문제 해법과 별개로 접경지역 국민의 일상을 지키려는 초보적 수준의 재래식 군비 통제로, 책임 있는 정부라면 절대로 먼저 파기해서는 안 되는 평화의 안전판"이라며 "9·19 군사합의 효력정지는 서쪽에서 뺨 맞고 동쪽에 화풀이하는 식의 무책임하고 엉뚱한 대응"이라고 비판했다. (『한겨레』 2023. 11. 23, 이제훈 선임기자)

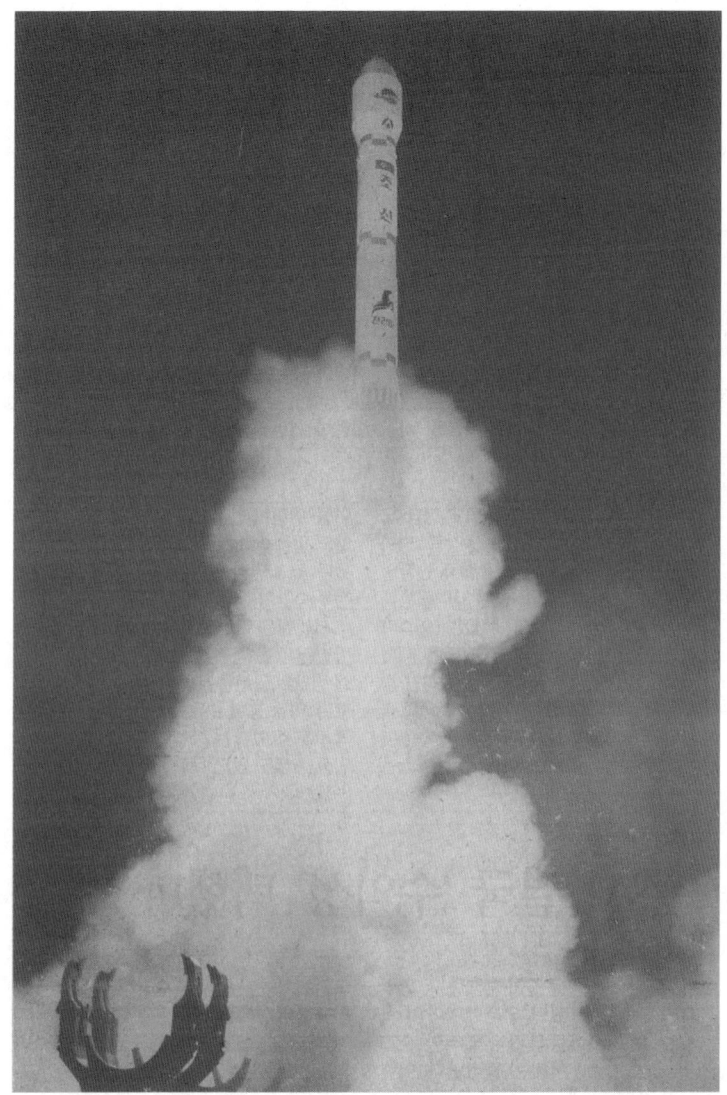

북 정찰위성 3차 발사 순간 북한은 21일 22시42분28초에 평북 철산군 서해위성발사장에서 정찰위성 '만리경-1'호를 신형 위성운반 로켓 '천리마-1'형에 탑재하여 성공적으로 발사했다고 조선중앙통신이 22일 새벽에 보도했다. 지난 8월24일 2차 발사 실패 이후 89일 만으로, 김정은 국무위원장이 현지에서 발사 상황을 참관했다고 전했다. (평양/조선중앙통신 연합뉴스)

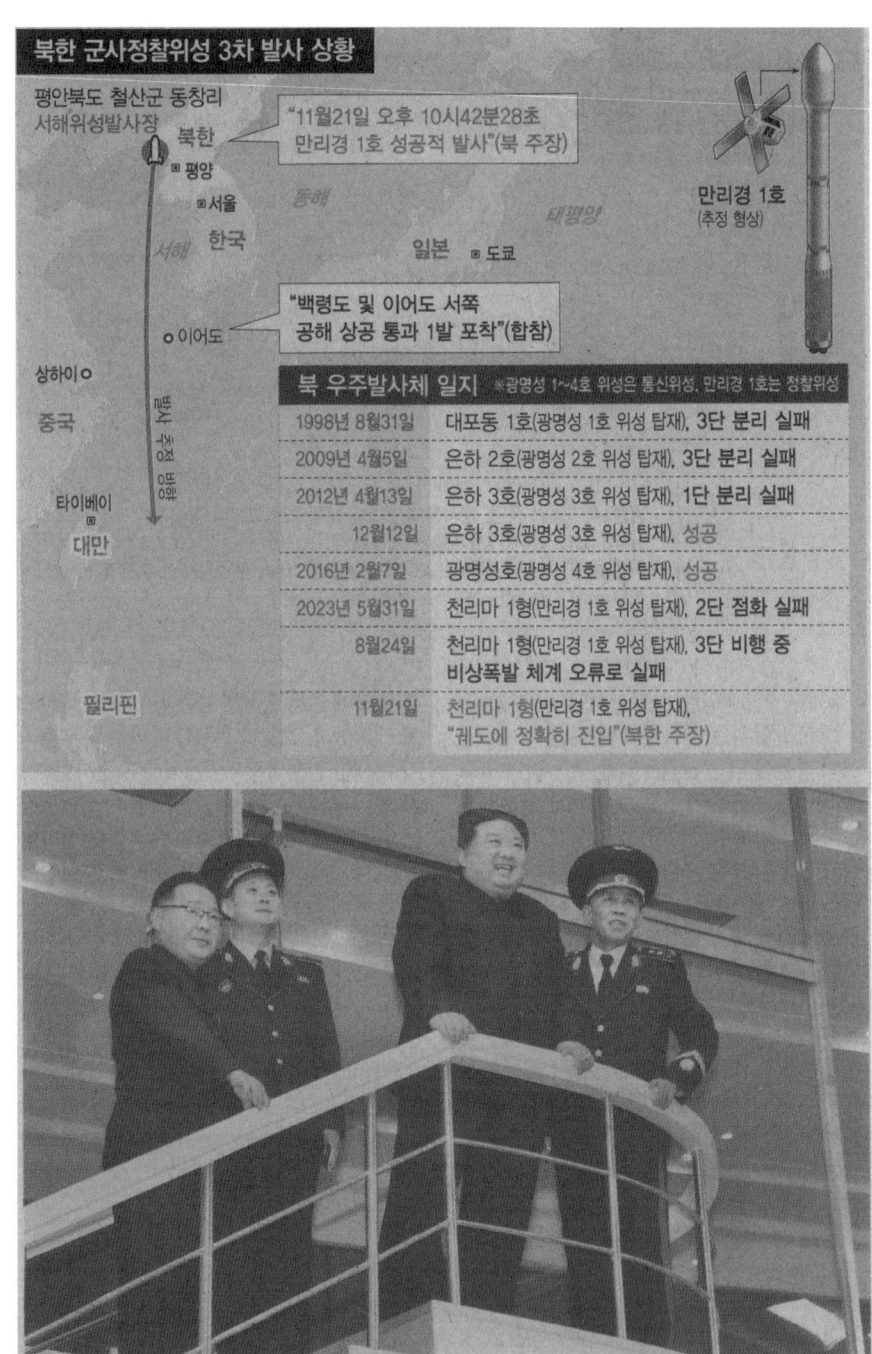

활짝 웃는 김정은 김정은 북한 국무위원장이 22일 오전 10시 국가항공우주기술총국 평양종합관제소를 방문하고 궤도에 진입한 정찰위성 '만리경-1'호의 작동 상태와 세밀조종진행정형, 지상구령에 따른 특정 지역에 대한 항공우주촬영진행정형을 요해(점검) 했다고 조선중앙통신이 보도했다.(평양/조선중앙통신 연합뉴스)

◎ '러시아가 도왔다' 무게 실려…군 "궤도 돌아봐야" 평가 유보

어떻게 석달만에 실패 원인 해결했나, 까다로운 단 분리·엔진 문제 해결
북, 진입궤도 경사각 등 공개 안해, 군 "러 기술진, 북 들어온 정황 있다"

북한이 21일 발사에 성공했다고 밝힌 군사정찰위성 '만리경-1'호를 두고 군당국은 "궤도에 진입했다"면서도 "정상 작동 여부 판단엔 시간이 소요될 것"이라고 했다. 전문가들 사이에선 북한이 2차 발사 실패 이후 석달이 지나 군사정찰위성을 쏘아 올린 데는 러시아의 지원이 있을 것이라는 분석이 나왔다.

노동신문은 이날 "'천리마-1'형은 예정된 비행궤도를 따라 정상비행하여 정찰위성 '만리경-1'호를 궤도에 정확히 진입시켰다"면서도, 위성이 진입한 궤도의 경사각도 등 구체적 특성은 공개하지 않았다. 북한이 목표한 궤도는 500km 상공의 저궤도로 알려졌다.

이와 관련해 합동참모본부는 22일 "위성체는 궤도에 진입한 것으로 평가된다"면서도 "정상 작동 여부 판단은 유관기관 및 한·미 공조하에 추가적인 분석이 필요해 시간이 소요될 것"이라고 밝혔다. 군 관계자도 "북한은 성공했다고 발표했지만, 실제 성공 여부는 위성이 궤도를 몇 번 돌아봐야 제대로 진입해 돌고 있는지 확인할 수 있다"고 밝혔다.

전문가들은 대체로, 지난 두 차례 실패 때와 달리 이번 군사정찰위성이 발사체 단 분리에 성공한 뒤 목표 궤도에 들어간 것은 성과라고 평가한다. 5월 31일 1차 발사 당시엔 1단 추진체(로켓)가 분리된 뒤 2단 추진체의 엔진이 제대로 작동하지 않아 서해상으로 추락했다. 8월 2차 발사에선 1·2·3단 추진체가 모두 정상 작동했지만, 위성이 예상 비행궤적에서 벗어나 비상폭발장치가 작동하며 실패했다. 권용수 전 국방대 교수는 "북한은 이미 2012년, 2016년에도 동창리에서 직선상 위성 궤도 진입에 성공한 바 있다. 올해 쏜 위성들은 중국으로 가다가 급선회하는 경로를 취했는데, 점차 기술을 보완해 목표 궤도까지 도달한 것으로 보인다"고 했다.

이런 변화엔 러시아의 지원이 있었을 것으로 추정된다. 지난 9월 러시아 보스토치니 우주기지에서 있었던 북-러 정상회담 이후, 북한이 러시아에 포탄 등을 수출하는 대신 군사정찰위성 발사 관련 지원을 받을 것이라는 전망은 꾸준히 제기돼왔다. 이춘근 과학기술정책연구원 명예연구위원은 "1차 발사 때 작동하지 않은 2단 엔진의 연소 불안정성이나 신뢰성은 쉽게 해결되지 않는 문제"라며 "러시아가 기술 자문에 응한 건지, 부품을 지원했는지, 엔진을 통째로 줬는지 여러 면에서 생각해볼 필요가 있다"고 말했다. 전날 군 관계자는 기자들에게 "북-러 정상회담 뒤 러시아 기술진이 (북한에) 들어온 정황이 있다"고 말했다. (장예지 기자)

◎ 완충구역 5년만에 무력화, 남북 '감시 대결'땐 충돌 뇌관

9·19합의 일부 효력정지 뭐가 달라지나 군, 공중 감시정찰 복원 밝힌 뒤
어제 오후 무인기·정찰기 등 투입, 군사분계선 5마일까지만 비행금지
북 감시·정찰 고도화에 남도 급선회, 도발적 위협 행위 다시 이어질 가능성

    2018년 남북이 접경지역에서 우발적 군사 충돌을 막기 위해 땅·바다·하늘에 완충구역을 두기로 합의한 9·19 남북군사합의(9·19 군사합의) 일부 내용이 5년 만에 무력화했다.
    정부는 북한의 군사정찰위성발사에 대응해 22일 오후 3시부터 9·19 군사합의 1조 3항의 군사분계선(MDL·휴전선) 일대 비행금지구역 설정에 대한 효력정지를 결정했다. 이에 따라 군 당국은 9·19 군사합의 이전에 시행하던, 군사분계선 일대에서 북한의 도발 징후에 대한 무인기 등 공중 감시정찰을 복원한다고 밝혔다.
    군은 이날 오후 3시 이후 군단급 무인기 송골매와, 정찰기 금강·백두 등을 군사분계선 인근에 투입한 것으로 알려졌다. 신원식 국방부 장관은 이날 한국방송(KBS) 라디오에 출연해 "비행금지구역이 없어졌으니 2018년 9월19일 이전, 그러니까 유엔군사령부 통제하에 정해진 비행 원칙으로 돌아가는 것"이라며 "우리 정찰기가 북상할 수 있는 소위 비행금지선이 우리 지역 내에서 북쪽으로 올라가게 됐다"고 말했다. 9·19 군사합의 일부 효력정지로, 이전처럼 유엔군사령부 규정에 따라 비행금지구역이 군사분계선 이남 5마일(9.26km)까지로 줄어든다는 뜻이다. 신 장관은 "우리 스스로를 제한하던 정찰감시능력에 대한 족쇄를 풀었다는 의의가 있다"고 말했다.
    2018년 9월 평양 남북정상회담에서 체결된 9·19 군사합의는 군사분계선 주변 육·해·공에서 충돌을 막는 완충구역을 두는 것이다. 그중 1조 3항은 공중에 관한 것으로, 군사분계선 남북으로 전투기·정찰기 등 날개가 고정된 고정익 항공기의 경우 동부지역은 40km, 서부지역은 20km까지 비행금지구역으로 했다. 날개가 돌아가는 헬기 같은 회전익 항공기는 10km, 무인기는 동부지역에서 15km, 서부지역에서 10km, 기구는 25km로 각각 제한했다. 이 때문에 최전방 육군 사단·군단에서 사용하는 무인기는 탐지 거리가 10km 미만이라 군사분계선 이남 10~15km에서 비행을 할 수 없게 되면서 대북 감시·정찰을 할 수 없게 됐다.
    정부는 9·19 군사합의 효력정지를 속전속결로 실행했다. 북한의 군사정찰위성 발사 직후 긴급 국가안전보장회의(NSC) 상임위원회를 영국에 있는 윤석열 대통령 주재로 화상으로 개최했고, 22일 오전 8시 한덕수 국무총리가 주재한 임시국무회의에서 9·19 군사합의 1조 3항 효력정지안을 의결했다. 윤석열 대통령은 이를 즉시 재가했다. 국방부 고위 관계자는 "대통령 재가 이후 동·서해지구 군 통신선에서 북측에 통보하기 위해 시도했지만 통신선이 작동하지 않는 상태"라며 "북한도 언론 보도를 인지하고 있을

것이므로, 언론을 통해 국민에게 설명드린 것으로 북한에 대한 통보를 갈음할 것"이라고 말했다.

허태근 국방부 국방정책실장은 이날 브리핑에서 "9·19 군사합의로 인한 비행금지구역 설정으로 접경지역 북한군 도발 징후에 대한 우리 군의 감시·정찰이 제한되는 상황에서, 오히려 북한은 군사정찰위성까지 발사하여 우리에 대한 감시·정찰 능력을 강화하려 하고 있다"고 효력정지 배경을 설명했다.

국방부는 2019년부터 이달까지 북한의 9·19 군사합의 위반 건수가 3400여차례에 이른다고 밝혔다. 하지만 북한과 9·19 군사합의 실무 협상을 했던 김도균 전 수도방위사령관은 "문재인 정부 때까지는 남북이 상호 위협이라고 판단할 수 있는 수준의 도발적 위협 행위가 전혀 없었다"고 말했다. 도발적 위협 행위는 윤석열 정부 들어 북방한계선(NLL) 이남으로의 미사일 발사, 수도권 지역으로의 소형 무인기 침투 등이 이뤄졌다는 것이다. 윤석열 정부는 올해초부터 북한 무인기 수도권 침투, 이스라엘 하마스 전쟁을 내세워 9·19 군사합의 무력화를 시도하다 이번 3차 북한 정찰위성 발사를 계기로 효력정지를 실행했다. 국방부 고위 관계자는 '재래식 무기 운용적 군비 통제인 9·19 군사합의와 유엔 안전보장이사회 결의 위반인 북한 정찰위성 발사가 연관 있느냐'는 질문에 즉답을 하지 않았다. (권혁철 기자)

(3) 고체추진제 개발과 투발 수단 확장

북한은 액체추진제의 단점을 극복하기 위해 고체추진제를 적극적으로 개발하고 있다. 초기 모델로 고체추진제 잠수함발사탄도미사일(SLBM)과 이의 지대지미사일 개량형인 '북극성' 시리즈를 발사하였고, 이제 중거리를 넘어 ICBM으로 사거리를 늘려 나가고 있다. 고체추진제 미사일은 발사 준비 기간이 짧고 장기 저장과 기동이 쉬우며, 조작이 간편하다는 장점이 있다.

특히 SLBM은 사전 탐지가 어렵고 우리(남측)의 측방, 후방에서 발사가 가능해, 우리 방어체계를 크게 위협하고 있다. 이를 충분한 지상 실험 없이 빠른 시일 안에 잠수함에서 발사한 것은 북한이 이미 상당한 기술을 축적했다는 것을 보여준다. 이후의 열병식에서 길이와 직경이 늘어난 북극성-4A(또는 북극성-4ㅅ)와 북극성-5A(또는 북극성-5ㅅ)를 공개하였고, 2022년 4월의 열병식에서는 북극성-5 개량형이 등장하기도 하였다.

이와 함께 2017년 2월 12일에 궤도형 차량에서 SLBM의 지대지미사일 개조형인 "북극성-2"를 콜드런치(cold launch)로 고각 발사하여, 최고 고도 550km, 사거리 500km를 달성하였다. 통상 각도로 발사하면 900~1,000km 정도의 사거리를 가질 것으로 추정된다. 동년 5월에는 동일 미사일의 2차 발사에 성공하고, 이의 실전배치를 선언하였다.

이는 중국이 최초의 SLBM인 "쥐랑-1(JL-1)"을 지대지미사일로 전용해 "동풍

-21(DF-21)"을 개발한 것과 유사하다. 등소평은 이를 "하나의 탄을 두 가지 용도로 사용하는(一彈兩用)" 좋은 방안이라며 적극적인 개발을 지시하였고, 북한도 김정은 위원장이 유사한 지시를 한 바 있다. 중국이 "동풍-21(DF-21)"을 '항공모함 공격용으로 개량한 것'도 주목할 부분이다.

최근에는 내륙 호수에서 KN-23의 변종인 미니 SLBM을 발사하기도 하였다. 이는 미국과 소련 등이 미사일의 생존성을 높이면서 적을 기습하는 방안으로 추진한 것이다. 그러나 이 방법은 깊은 수심의 호수가 필요하고 미사일이 부식하기 쉬우며, 겨울철에 물이 어는 곳에서는 항시 사용하기 어렵다. 북한도 유사한 난제가 있으므로 실전배치 여부가 불투명한 실정이다.

북한이 근래 들어 지속적으로 발사시험 중인 고체추진제 단거리 미사일과 초대형 방사포들도 주목된다. 단거리 미사일들은 다양한 고도와 탄두 기동 특성을 보여 주었고, 초대형 방사포는 외국에서도 사례를 찾기 힘든 600mm 정도의 구경을 가져 핵탄두 탑재가 가능하다고 한다. 이들이 어느 부대에 배치될 것인가도 주목 대상이다.

북한의 고체추진제는 HTPB(Hydroxyl Terminated Polybutadiene) 기반의 복합고체추진제로 알려져 있다. HTPB는 점도가 낮아 생산성이 좋고 고체함량이 높아 역학적 성능이 우수하며, 연소 속도 조절범위가 넓고 기술적 성숙도가 높다. 생산 가격도 저렴하므로, 구미 각국에서 많이 사용한다. 여기에 HTPB가 비날론 생산과 유사한 점이 많아, 북한 화학공업 체계로 생산이 가능할 것으로 보인다. 다만, 잠수함 성능 개선과 수량 확대, 심해에서의 미사일 발사와 정확한 유도제어 등에 많은 문제가 있을 것으로 보인다.

(4) 고체추진제 ICBM 개발

최근에는 고체추진제 미사일의 사거리를 대폭 연장해 ICBM을 개발하고 있다. 북한은 2022년 12월 15일에 동창리의 서해위성 발사장에서 신형 고체로켓 연소시험을 하면서 그 추력이 140tf라고 발표하였다. 연소 시간이 짧아 종합 성능을 알 수 없지만, 상당히 높은 추력인 것은 확실하다. 이어서 2023년 2월의 열병식에서는 고체추진제 ICBM을 공개하였다.

2023년 3월 13일에는 북한이 고체추진제 ICBM이라고 주장하는 3단의 "화성-18"을 고각으로 발사해 약 1,000km를 비행하였다. 2023년 7월 13일에는 "화성-19호"를 고각으로 발사해, 74분 51초 동안의 비행으로 정점고도 6,648.4km, 사거리 1,001.2km를 달성했다고 북한은 공식 발표했다. 정상 각도로 발사하면 15,000km 정도를 비행할 수 있으므로, 진정한 의미의 ICBM 개발에 성공했다고 볼 수 있다. 탄두 중량이 불투명하지만, 북한이 빠른 속도로 차기 고성능 고체추진제와 방열 소재를 개발해, 도약적 발전을 이룩한 듯하다. (앞·뒤 신문철 참조)

화성-18호의 발사 사진을 보면, 과거 북극성의 진한 흰색 화염에 비해 붉은색이 확연하다. 북한이 HTPB 추진제를 넘어 고성능 NEPE(Nitrate ester plasticized polyether) 추진제를 개발하는데 성공한 것 같다는 의미이기도 하다. 붉은색 화염은 질산계의 연소 특성이므로, 질산에스테르가 포함된 NEPE 추진제도 이런 색이 나타난다. HTPB 대비 추력이 월등하므로, 중국도 DF-31과 JL-3 등의 ICBM에 NEPE 추진제를 사용한다. 미국도 HTPB에서 NEPE를 거쳐 CL-20으로 ICBM 추진제를 교체하면서 성능을 고도화했다.

이것이 사실이라면, 앞으로 북한의 고체 추진제는 HTPB와 NEPE를 병용할 것으로 예상된다. HTPB가 더 저렴하고 안정적이며 수명이 길다. 따라서 추력이 다소 약해도 되는 방사포와 단거리 미사일에는 지속적으로 HTPB를 사용할 것으로 보인다. ICBM에는 추력이 좋은 NEPE로 교체하되, 성능 고도화와 안정화를 위해 지속적인 개량을 해 나갈 것이다.

다만, 이러한 추진제의 다양화와 지속적인 성능 개량 수요는, 석유 없이 석탄에 의존하는 북한의 화학공업에 커다란 부담이 될 것이다. 이런 상황에서 북한의 ICBM이 도약적 발전을 했으므로, 주변국들의 직·간접적인 지원 여부는 의심을 받을 만하다. 러시아-우크라이나 전쟁으로 북·러, 북·중 관계가 긴밀해지고 있으므로, 향후 동향을 예의주시하면서 분석할 필요가 있다.

(5) 방열 소재 개발과 시험

ICBM과 고체추진제 미사일은 고성능 방열 소재를 필요로 한다. ICBM은 대기권에 재진입해 목표에 낙하하는 과정에서 마하 20이상의 고속과 7000도 이상의 고온을 받는데, 대부분의 금속 소재가 이를 견디지 못하는 것이다. 고체추진제 미사일도 고온의 화염이 분출하는 노즐목(nozzle throat)이 열에 의해 확장, 마모되므로, 이를 방지하기 위한 조치를 해야 한다. 고체연료 로켓은 액체에 비해 엔진 냉각이 어려우므로, 방열 문제가 더욱 가중된다.

현대식 재진입체와 노즐목의 방열 소재는 대부분 고성능 C/C 또는 C/Si 복합소재를 사용하는데, 여기에 들어가는 고성능 탄소섬유가 수출통제 품목이고 복합소재를 만드는 공정이 상당히 복잡해 어려움을 겪는다. 북한도 2000년대 초반부터 국가과학기술계획으로 탄소섬유를 연구해 왔고, 2017년에는 김정은 위원장이 화학재료연구소를 시찰하면서 C/C 복합소재에 의한 재진입체 앞부분과 노즐목 제작과정을 공개하였다.

북한의 미사일 탄두 방열시험(2016년)

　ICBM의 재진입 환경은 고온과 충격, 기상 상황 등에 큰 영향을 받으므로, 상당히 엄밀한 측정과 실거리 사격에 의한 신뢰성 검증을 거친다. 그러나 지상에서 탄두부 발열을 정확히 측정하려면 초고속 풍동 등의 첨단 설비가 필요하다. 극초음속 미사일을 개발하는 미국과 중국 등이 앞다투어 초고속 풍동을 건설하는 것도 이 때문이다. 이를 대체하는 방안으로 북한은 2016년에 미사일 엔진 연소에 의한 간접 측정방법을 공개하였다.

　미사일 엔진 연소에 의한 탄두부 방열 측정은 사회주의 국가들의 표준화된 시험방법 중 하나이다. 그러나 엔진 연소 온도가 충분치 못하므로, 열이 특히 높은 ICBM에서의 실제 상황과의 편차가 크다. 이를 극복하면서 실제 환경에서의 다양한 방열성능 평가를 위해 여러 번의 실거리 사격이 필요하지만, 북한이 원양 측정선단 파견 능력이 없어 어려움이 되고 있다. 다만, 2023년 7월 13일의 화성-18호 발사 상황을 보면, 북한이 ICBM 급의 재진입체와 고성능 방열소재를 개발한 것으로 보인다. 고체 추진제 ICBM의 노즐목이 장시간의 연소를 견뎠으므로, 유사 소재를 사용하는 재진입체도 상당한 방열 효과를 보일 것이라는 의미이다. 향후 지속될 ICBM 시험발사에서 이를 주목해 봐야 할 것이다.

(6) 핵전술 고도화, 고공폭발과 탄두 기동

　북한은 단·중거리 미사일과 ICBM, SLBM 등으로 투발 수단을 다양화하고, 잠수함과 이동식 발사차량(TEL) 개량 등으로 이를 고도화하고 있다. 근래에는 표적 식별과 항법 및 유도체계를 정비하고 타격계획을 수립해 교육·훈련하며, 전략군을 창설해 기술군 육성과 핵전술 고도화를 추진하고 있다. 핵 관련 법제를 공세적으로 전환하고, 전술핵 개발과 배치를 공언하기도 하였다.

고공 핵폭발은 우리가 주목해야 하는 핵전술이다. 핵탄두가 30km 이상의 고공에서 폭발하면, 인명 피해가 적은 대신 강력한 X-선과 전자기펄스(EMP)가 발생해 넓은 지역의 레이더와 통신망, IT기기들을 무력화하고, 인공위성 수명을 단축시킨다. 이는 탄두 재진입 발열이 적고 정확도가 낮아도 되므로, 낮은 성능의 미사일도 사용할 수 있다. 우리나라와 같이 수도권 집중도가 높고 IT 기기가 많으며 고공 방어망이 취약한 나라들에겐 특히 위협적인 전술이라고 할 수 있다. (이춘근, 김종선(2016), "고고도 핵폭발 피해 유형과 방호 대책", STEPI Insight 제189호)

최근 북한이 시험 발사하는 미사일과 초대형 방사포들이 다양한 "부스트-(풀업)-활공(boost-(pull-up)-glide)" 탄두 기동을 하는 것도 주목할 부분이다. "부스트-풀업-활공"은 2차대전 시기 독일의 쟁거(Sanger)가 제안한 것이다. 이는 "고속으로 낙하하는 탄도미사일이 대기권에 진입할 때, 외기와 대기의 밀도 차이를 이용해 이른바 '물수제비 효과'를 일으켜 사거리를 연장하는 방법"이다.

후에 미국과 소련 등의 우주개발 선진국들이 「다탄두 개별목표 재진입체(Multiple Independently Targetable Re-entry vehicle, MIRV)」나 달 탐사선의 '대기권 재진입시 속도와 발열 감소 방안'으로 이를 활용하였다. 탄두 기동은 탄도미사일의 장점인 속도와 순항미사일의 장점인 기동성을 겸비할 수 있다는 것을 보여준다. 따라서 현대전에서도 그 전술적 활용 범위가 크게 확대되고, 기동 수단도 다양해지고 있다.

독일 항복 후 기술조사단에 포함되어 이를 파악한 중국의 첸쉐썬은 별도로 풀업이 없거나 적은 "부스트-활공"을 제안하였다. (중국은 "부스트-도약-활공"을 "Sanger 탄도"로, "부스트-활공"을 "첸쉐썬 탄도"라 칭한다. 중국의 우주기술 개발은 필자의 저서인 "중국의 우주굴기", 지성사, 2020 참조)

첸쉐썬은 이 방법으로 중거리 미사일 사거리를 크게 연장해 프랑스 파리를 공격할 수 있다고 주장하기도 하였다. 중국이 2019년 열병식에 공개한 "동풍-17(DF-17)" 등의 단·중거리 미사일에 이를 적용했다고 한다.

탄두 기동은 현대전에서 적의 방공망을 교란하면서 타격하는 수단으로 상당히 많이 사용된다. 예를 들어, 1) 가짜탄두(decoy)를 섞거나 저각 발사 등으로 고고도 방어망을 돌파한 후, 저고도 방어망 외곽에서 아래를 파고들어 요격을 회피하거나, 2) 고고도 방어망 외곽에서 진입해 풀업-활공으로 저고도 방어망까지 회피하거나, 3) 고고도와 저고도 방어망의 중간을 파고드는 전술을 개발할 수 있다.

실제로 북한이 최근 시험하는 고체추진제 신형 전술유도무기 중 상당수가 30~40km의 중간 고도로 기동한 후 낙하하고 있다. 중국 전문가들은 이를 저고도 요격용 패트리어트와 고고도 요격용 사드의 틈을 파고드는 전술이라 하였다. (薛军楼·赵斌·陈友龙, "朝鲜 KN-25 超大型火箭炮", 『兵器知識』, 2020年4期)

우리 패트리어트 미사일 방어 영역에 낙하하면 대응이 가능하나, 핵 EMP 공격처럼 해당 고도에서 폭발하면 문제가 된다. (electromagnetic pulse 전자펄스 : 지구 상공의 핵폭발에

의한 고농도의 전자방사)

중고도에서의 풀업과 장기 비행은 부족한 재진입 방열기술을 회피하는 수단이 될 수 있다. 재진입 발열은 공기 밀도가 높은 저고도에서 특히 심해지므로 중간 고도에서는 부스트 활공으로 속도를 줄이면서 발열을 어느 정도 통제할 수 있기 때문이다. 따라서 그 기동 특성을 분석하면, 북한의 방열 소재 발전 정도를 예측해 볼 수도 있다.

최근에는 북한의 장거리 미사일에 PBV(Post Boost Vehicle, 후추진체)와 유사한 장치가 부착된 사진이 보도되었다. 미사일 추진이 종료된 후에 탄두를 기동하면서 자세를 제어하고, 정확하게 목표를 찾는 기능이 갖추어진 것이다. 북한이 고공에서의 탄두 기동을 언급한 것은 이를 지칭한 것으로 보인다. 이는 다탄두 ICBM의 후기 유도에도 활용될 수 있다.

다만, 우리나라처럼 산악 지형이 많고 방공망이 촘촘하게 짜인 곳에서는 탄두 기동의 전술적 활용도 크게 줄어들 수 있다. 북한의 일부 미사일처럼 부스트 정점 고도가 낮으면 재진입시 에너지가 충분치 않고, 탄두와 본체의 분리 없이 재진입하면 기동이 둔탁하고 속도가 더 크게 저하되어 요격이 쉬워진다. 따라서 북한의 동향을 예의 주시하면서 중고도 방어망을 강화할 필요가 있다.

북한의 핵정책과 핵전술에 대해서는 아직 많은 연구가 수행되지 못하고 있다. 북한이 핵무기 개발에서 러시아와 중국 등의 사회주의 기술개발 경로를 따라온 만큼, 핵전술에서도 이들의 전술을 깊이 학습하고 참고할 것이라 생각된다. 사회주의 국가들의 핵정책은 국제사회의 대북한 핵정책에도 많은 영향을 미친다. 따라서 남한의 북한 핵전술 연구에서도, 러시아와 중국 등 사회주의 국가들의 사례들을 깊이 있게 학습할 필요가 있다.

(7) 북한 핵무기의 전술적 성능

이상의 논의를 통해 북한 핵무기의 전술적 성능, 즉 투발 수단의 성능을 정리해 본다. 북한은 2016년 공개한 직경 60cm 정도의 기폭장치로 탄두를 표준화해 실전 배치한 스커드·노동 등에 탑재할 수 있다고 본다. 근래에는 투발 수단을 탄도미사일 고정식 발사대와 TEL(이동식 발사대)·SLBM·순항미사일·초대형 방사포·열차 발사·호수 발사·어뢰 등으로 다양화하는 한편, 동시다발 공격 능력을 확대하고 있다.

이와 함께 HTPB 기반의 고체추진제(앞 (3)번 설명 참조)를 개발해 미사일의 기동성과 운용 편이성을 개선하고, 발사 시간을 대폭 단축하고 있다. HTPB는 우리나라와 서구 선진국들에서도 사용하는 우수한 추진제이고, 북한이 국내산 석탄을 이용해 생산이 가능하며, 지대지뿐 아니라 SLBM과 대구경 방사포 등에도 다양하게 활용할 수 있다는 장점이 있다. 최근에는 고성능 NEPE 고체추진제를 개발해 화성-18호 등의 고체추진제

ICBM에 적용한 것으로 보인다.

액체 추진제 미사일에서도 화성-15, 화성-17 등의 ICBM 개발과 연속 발사실험으로 미국 본토 공격 능력을 보유했다고 평가받고 있다. 다만 이 미사일의 정확도와 대응 시간·생존성·기동성·대량생산과 유지보수 등은 여전히 미지수이다. 북한은 이동식 발사대(TEL)의 성능과 수량이 부족하고 고성능 연료 체계의 원활한 운용에 어려움을 겪고 있으며, SLBM을 운용하는 잠수함의 수량과 성능도 한계에 직면하고 있다.

ICBM의 재진입 능력도 아직 확실하게 보여주지 못하고 있다. 최근의 화성-18호 발사로 볼 때, ICBM 급의 재진입체와 노즐목 소재 기술이 크게 발전한 듯하다. 다만, 실거리 사격이나 가혹한 환경에서의 시험 결과를 공개하지 않아, 그 신뢰성 확보 여부가 여전히 불투명하다. 극초음속 미사일의 방열 소재도 마찬가지이다. 극초음속 미사일의 방열 소재는 ICBM 재진입체의 삭마 냉각(ablative cooling)과 달리 고온에서 장기간 견뎌야 하므로, 이에 적합한 특수 소재를 개발해야 한다.

고체추진제의 사거리 연장을 통한 ICBM 개발도 지속적으로 추진하고 있다. 최근 동창리 서해발사장에서 대출력 고체추진제 모터 연소시험을 했다. 2023년 2월의 열병식에서는 고체추진제 ICBM을 공개했고, 3월과 7월의 화성-18을 발사해 ICBM급의 사거리를 보여 주었다. 북한이 기존의 HTPB 추진제를 넘어 고성능 추진제인 NEPE를 개발한 것으로 보이는 대목이다.

다만 아직 실거리 비행시험이 없고 시험 횟수도 적다는 점이 남아있다. 진정한 고체 추진제 ICBM의 성공 여부는 지속적인 시험발사를 통한 신뢰성과 전술적 효용성이 입증된 후에 판단해야 할 것이다. 자력갱생과 국제 제재 아래에서, 북한의 공업력으로 ICBM을 대량생산한 후 배치·운용할 수 있을지는 미지수로 남아 있다.

북한의 고체추진제 ICBM 화성18호(2023.7.13.) 발사장면
(연합뉴스)

핵전술 고도화는 부족한 부분을 감추면서 공격력을 높이는 수단이 될 수 있다. 북한은 핵무기의 고공 폭발에 의한 EMP 공격능력을 보유하고 있고, 탄두 기동과 극초음속 미사일, 초대형방사포 등에 의한 동시 공격과 다양한 핵전술 보유 역량을 확충해 나가고 있다. 특히 EMP 공격은 수도권 밀집도가 높고 세계적인 IT 대국인 우리에게 큰 위협이 될 수 있다.

대형 미사일을 활용해 위성 발사를 시도할 수도 있다. 북한이 2023년 5월 31일에 "천리마-1"을 발사한 것처럼 태양동기궤도 위성은 군사 목적의 정찰위성으로 높은 활용성을 가지고 있다. '하루에 2~4회 한반도를 통과하므로, 5개 정도의 위성을 발사하면 거의 실시간으로 한반도와 세계 곳곳을 감시할 수 있다.' 평양에서 북한의 열악한 교통 상황과 무관하게 국내 곳곳을 볼 수도 있다.

인공위성 보유는 북한의 숙원 사업이다. 2000년대 초반까지 북한의 국가과학원에 지구과학과 원격 감시 관련 조직이 있었으나, 이후에 사라지고 보이지 않는다. 개편된 지리학연구소 일부 조직과 함께 북한이 신설한 국가우주개발국 산하로 이전된 것으로 보인다. 중국과학원에서도 인공위성 개발과 함께 관련 조직이 개편된 바 있다.

이 기관들이 오랫동안 실적을 공개하지 않았다. 사회주의 과학기술 체제의 특성 상, 각 기관은 국가계획에 의해 꾸준히 연구개발을 지속한다. 따라서 실제 발사가 없을 뿐, 지금까지 상당한 정도의 인공위성 개발 역량을 축적했을 것으로 생각된다. 다만, 4월 19일에 공개한 인공위성은 300kg 정도의 소형이고 카메라를 경통 형식으로 내장하는 방식으로 보여, 고해상도 실현이 어려울 것으로 보인다. 그 후속 모델이 주목된다. (최근 신문 스크랩 참조)

최근 들어 북한이 서해위성발사장을 대폭 확장하고 관련 설비들을 집중시키고 있다. 대출력 고체로켓도 서해발사장에서 실험하였다. 김정은 위원장이 직접 위성 발사 준비를 마치도록 지시했다는 보도도 이어진다. 화성-17 등의 대형 액체추진제 미사일을 위성 발사체로 활용하면, 태양동기궤도에 실용위성을 진입시킬 수 있다. 그동안 고공에서의 단 분리와 궤도 조정 등에 상당한 기술을 보여 주었으므로, "천리마-1"의 실패 원인이라고 북한이 발표한 2단 엔진의 안정성과 신뢰성을 개선하는데 성공한다면, 비교적 정확하게 위성을 진입시킬 수 있을 것이다.

정찰위성은 매일 2~4차례 한반도를 통과하므로, 북한이 언급한 것처럼, 3~5개의 위성을 연속으로 발사해야 실시간 감시가 가능하다. 그러나 그 전술적 성능은 주력으로 삼을 광학 카메라의 해상도와 IR(information retrieval 정보검색)·SAR(search and rescue 수색·구조) 등의 특수 탐지기술 보유 여부에 따라 크게 달라진다. 우리 국방부는 "만리경-1호" 잔해를 인양해 분석한 결과, "정찰위성으로서의 군사적 효용성이 전혀 없는 것으로 평가한다"고 발표하였다. 이로 볼 때, 북한의 정찰위성 성능은 아직 크게 열악한 듯하다.

아울러 지상과의 텔레메트리에 의한 임무 부여와 초고속 데이터 수신, 지상에서의 데이터 처리 관련 기술도 축적해야 한다. 러시아·중국 등의 지원이 있으면 빠르게 이들을 구비할 수 있으나, 북한 독자적으로는 상당한 시간 투입과 경험이 있어야 할 것이다.

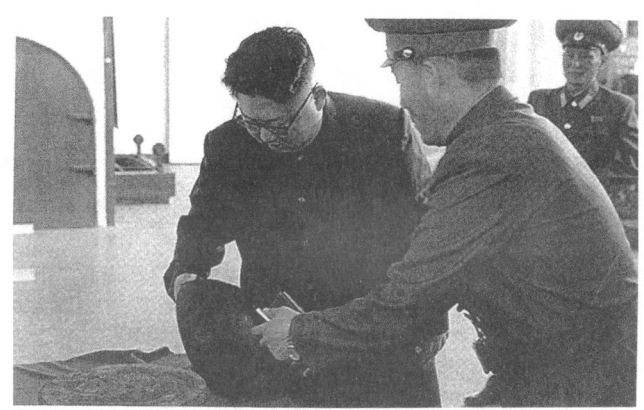

김정은의 화학재료연구소 시찰. 오른손으로 잡고 있는 검은색 헬맷 모양은 미사일 재진입체 첨두부(연합뉴스)

◎ 북, 고체 ICBM 또 발사 한반도 힘겨루기 위험수위

한·미 '핵 작전' 훈련 예고에 반발, 연이틀 탄도미사일로 무력 시위
합참 "고각 발사로 1000km 비행", 정상 각도로 쏘면 미 본토 사정권

북한이 18일 고체연료 대륙간탄도미사일(ICBM)을 발사했다. 한국과 미국이 '핵작전 시나리오'를 한·미 연합훈련에 포함시키겠다고 밝힌 데 이어 미국의 전략핵잠수함 '미주리함'(SSN-780)이 지난 17일 부산해군기지에 입항한 데 대한 반발의 성격이 짙다. 북쪽의 고체연료 대륙간탄도미사일 발사는 지난 7월 12일 김정은 조선노동당 총비서 겸 국무위원장의 현지지도로 '화성포-18'형을 2차 시험발사한 이후 다섯달여 만이다.

윤석열 대통령은 미사일 발사 직후 소집된 국가안전보장회의(NSC) 상임위원회에서 "우리 영토와 국민에 대한 북한의 어떠한 도발도 즉시, 압도적으로 대응하라"고 지시했다. 연말 소집이 예고된 북한 노동당 중앙위 8기 9차 전원회의를 앞두고 남과 북 사이의 '힘겨루기'에 한반도 정세의 위기 지수가 한껏 높아지는 흐름이다.

합동참모본부(합참)는 "군은 오늘(18일) 8시24분께 북한이 평양 일대에서 동해상으로 발사한 장거리 탄도미사일 1발을 포착했다"며 "고각으로 발사돼 약 1000km 비행 후 동해상에 탄착했다"고 밝혔다. 국가안전보장회의 상임위원회는 "고체연료 사용 장거리 탄도미사일"이라고 밝혔다. 고체연료 탄도미사일은 액체연료보다 연료 주입 시간이 짧아, 유사시 북한의 미사일 발사 낌새를 파악해 발사 전에 파괴하려는 한국의 '킬체인' 작동을 어렵게 만든다. 신원식 국방부 장관은 이날 엠비엔(MBN) 방송에 나와 "(북한이 쏜 미사일은) 비행 고도, 거리, 속도로 볼 때 지난 7월 발사한 화성-18형과 유사하다"고 말했다.

일본 정부는 "발사된 미사일이 대륙간탄도미사일급이고 최고 고도 6000km를 넘었으며, 비행거리는 1000km 정도, 비행시간은 약 73분"이라며 "홋카이도 오쿠시리섬에서 서쪽으로 약 250km 떨어진(일본) 배타적경제수역(EEZ) 바깥 동해로 9시 37분께 낙하한 것으로 추정한다"고 발표했다. 비행거리를 단축하려고 일부러 직각에 가깝게 쏘는 고각 발사는 최고 고도의 2~3배를 정상 비행거리로 추정하므로, 이날 탄도미사일을 정상 각도(30~45도)로 발사한다면 미국 본토까지 갈 수 있는 1만5000km 가량 비행이 가능한 것으로 추정된다.

이에 앞서 북쪽이 17일 밤 10시38분 평양 일대에서 발사한 단거리 탄도미사일 1발이 "약 570km 비행 후 동해상에 탄착했다"고 합참이 밝혔다. 평양에서 550km 거리인 부산해군기지에 정박한 미국 핵추진잠수함 미주리함을 염두에 둔 위력시위라는 평가가 나온다.

북쪽은 단거리 탄도미사일 발사 직전 조선중앙통신으로 발표한 '국방성 대변인 담화'를 통해, 지난 15일 미국 워싱턴에서 열린 한-미 핵협의그룹(NCG) 2차 회의에서 내년 8월 한-미 연합 '을지 자유의 방패' 연습 때 핵작전 훈련을 하기로 한 것을 두고 "핵전쟁 궁리를 하자마자 핵동력 잠수함 '미주리'호를 조선반도에 출현시킨 미국의 의도는 명백하다"고 주장했다. 이어 "조선반도 지역에서 핵충돌 위기는 가능성에 관한 문제가 아니라 시점에 관한 문제로 변해가고 있다"며 "적대세력들의 그 어떤 무력 사용 기도도 선제적이고 괴멸적인 대응에 직면하게 될 것"이라고 엄포를 놨다.

노동신문은 "허세성 객기로도 날벼락을 맞을 수 있다"는 제목의 '조선중앙통신사 논평'을 실어, 9·19 군사합의를 둘러싼 남북 갈등과 관련해 "겁먹은 개가 더 요란하게 짓는다"고 남쪽을 비난했다.

정부는 이승오 합참 작전부장(육군 소장)이 "이후 발생하는 모든 사태의 책임은 전적으로 북한에 있음을 다시 한번 엄중히 경고한다"는 '대북 경고 성명'을 발표하는 등 강경대응 방침을 거듭 강조했다. 전하규 국방부 대변인은 정례브리핑에서 "한·미·일 미사일 경보정보(발사 원점과 비행 방향·속도, 탄착 예상 지점) 실시간 공유체계 구축은 최종 검증 단계"라며 "수일 내에 정상 가동시키기 위해서 3국이 긴밀히 협의하고 있다"고 말했다.

반면, 왕이 중국 공산당 중앙정치국 위원겸 외교부장은 이날 중국을 방문 중인 박명호 북한 외무성 부상을 만나 "분쟁이 교차하는 국제 정세에 직면해 중국과 조선(북한)은 항상 서로를 지지하고 신뢰했으며 우호협력의 전략적 의미를 분명히 했다"며 양국간 협력 확대를 약속했다.

전직 정부 고위 관계자는 "남과 북이 '주먹엔 주먹' 식의 옹졸한 자존심 싸움으로 8천만 한반도 주민의 삶을 위태롭게 하고 있다"며 "무엇보다 심각한 문제는 한치 앞을 내다볼 수 없을 만큼 위태로운 한반도 정세를 적극적으로 관리하려는 주체가 눈에 보이지 않는다는 사실"이라고 말했다. (『한겨레』 2023. 12. 19. 이제훈 선임기자·김미나 기자)

◎ 윤 대통령, 북 ICBM에 "즉시 압도적 대응"

NSC 참석, 한미일 협력강화 지시 "한미 핵협의그룹 과제 추진에 속도"

윤석열 대통령은 18일 오전 북한의 대륙간탄도미사일(ICBM) 발사 뒤 열린 긴급 국가안전보장회의(NSC) 상임위원회에 임석해 "우리 영토와 국민에 대한 북한의 어떠한 도발도 즉시, 압도적으로 대응하라"고 지시했다. 또한 "한-미 연합방위태세를 굳건하게 유지하고, 북한 미사일 경보 정보 실시간 공유 체계를 활용해 한·미·일의 공동 대응을 적극 추진하라"며 3국 협력 강화를 지시했다.

윤 대통령은 이날 조태용 국가안보실장 주재로 열린 긴급 국가안전보장회의 상임위원회에서 김명수 합동참모본부 의장으로부터 상황을 보고받고 "북한의 연말연시 추가 도발 가능성에 대비해 대응 태세에 만전을 기하라"고 지시했다. 북한이 전날 밤 단거리 탄도미사일에 이어, 이날 대륙간탄도미사일 발사를 강행한 것은 지난 15일(현지시각) 미국 워싱턴에서 열린 한-미 핵협의그룹(NCG) 2차 회의에 대한 반발이란 해석이 많다. 윤 대통령은 이를 의식한 듯 "한-미 핵협의그룹 과제도 속도감 있게 추진해 한·미의 대북 핵 억제 실행력을 더욱 강화하라"고 주문했다. 조 실장은 제이크 설리번 미국 국가안전보장국장과도 연달아 통화하고 공동 대응 방안을 논의했다.

대통령실은 이달 들어 한·미, 한·미·일 안보당국자들의 협력을 잇따라 부각했지만, 한반도 상황은 오히려 불안정 국면으로 이어지고 있다. 한-미 핵협의그룹 2차 회의 뒤 두 나라는 공동성명을 내어 "미국 및 동맹국에 대한 북한의 어떠한 핵 공격도 용납될 수 없으며, 이는 김정은 정권의 종말로 귀결될 것"이라고 강하게 맞섰고, 조 실장 등 한·미·일 안보실장은 지난 9일 서울 용산 대통령실에서 모여 "북한의 도발 대응과 관련한 국제사회와의 공조를 강화해나가기로 했다"는 입장을 천명했다. 그러나 결과적으로 모두 북한의 무력시위를 불러온 셈이 됐다. (김미나 기자)

◎ '북핵' 합동 대응 강화하는 한미, 긴장 완화도 모색해야

한·미가 핵협의그룹(NCG) 2차 회의를 열고, 북한의 핵 위협에 대응해 내년 중반까지 공동의 핵전략 기획·운용에 관한 가이드라인을 만들기로 했다. 또 핵 작전 시나리오를 포함해 공동 훈련도 실시하기로 했다.

지난 15일(현지시각) 미국 워싱턴에서 핵협의그룹 회의 뒤 김태효 국가안보실 1차장은 "핵전략의 기획과 운용에 관한 가이드라인을 계속 협의해 내년 중반기까지 완성하기로 합의했다"며 "을지 자유의 방패(UFS) 훈련 등 한-미 연합훈련에 핵 작전 시나리오를 포함해 함께 훈련을 할 계획"이라고 밝혔다. 그간 한반도 전면전 상황을 가정한 전구급 한-미 연합훈련 때 핵 작전 시나리오가 포함된 적은 없었는데, 북한이 실제 핵을 사용하는 시나리오를 기반으로 한·미가 처음으로 핵작전 연습을 하기로 했다고 한다. 김 차장은 한·미 정상이 핵 위기에 대비해 수시로 통화할 수 있는 휴대장비 등 보안 통신망을 구축 중이라고 공개했고, 일본이 참여하는 별도의 협의체 구성 가능성도 거론했다.

북한의 핵 위협이 심각한 것은 사실이다. 북한은 핵·미사일 능력을 급속도로 강화하면서 지난해부터 한국을 전술핵으로 겨냥하겠다고 위협하고 이를 뒷받침하는 훈련을 계속해왔다. 또 러시아와 군사협력을 강화하면서 군사정찰위성을 발사했고, 곧 대륙간탄도미사일(ICBM) 발사도 준비중인 것으로 알려졌다. 이런 상황에 대비해 억지력을 강화하고 핵전쟁이 일어나지 않도록 다각적인 조처를 마련하는 것은 필요하다.

하지만 정부의 대응이 과도하게 미국의 핵우산과 전략무기 배치 증가에만 의지하는 것은 무모하다. 내년 11월 미국 대선에서 동맹을 무시하는 도널드 트럼프가 재집권할 경우 미국의 핵우산 공약은 물론 한-미 동맹 자체가 약화될 수 있다는 미국 자체의 불안정성이 커지고 있다. 윤석열 정부는 미국과 핵협의 그룹으로 핵우산을 강화하는 데 집중하지만, 핵무기 사용 여부의 결정은 전적으로 미국 대통령에게 달려 있다는 사실은 변함이 없다. 미국 정부가 미국의 대도시들을 희생하면서 한국을 위해 반드시 핵우산을 펼칠 것인지 질문을 던지는 것은 합리적이다.

북한에 대한 선제타격 능력을 요란하게 과시하기만 한다면 북한도 더욱 핵 능력을 강화할 것이고, 한반도의 긴장과 전쟁 위험은 높아진다. 정부는 한-미 동맹을 통한 억제력 강화와 함께 그동안 방치된 중국과의 관계 개선 등으로 북핵 위협과 한반도 주변 긴장을 낮출 외교 해법도 진지하게 실행해야 한다. (『한겨레』 2023.12.18. 사설)

◎ 중국, 북한 ICBM 발사 또 두둔 "군사적 압박은 역효과가 난다"

왕이, 방중 박명호 외무성 부상 만나 "중·조 우호 협력 지속적인 발전 희망"

북한이 다섯달 만에 대륙간탄도미사일(ICBM)을 쏘자 중국은 북한을 향한 "군사적 압박은 역효과가 난다"며 이를 두둔했다.

왕원빈 중국 외교부 대변인은 18일 오후 정례 브리핑에서 북한의 대륙간탄도미사일 발사에 대한 질문이 나오자 "한반도 문제는 복잡하게 얽혀 있다"며 "군사적 억제력을 통한 압박으로 문제를 해결하려는 방법은 통하지 않으며 역효과를 내고 갈등을 더욱 격화시키며 긴장을 고조시킬 뿐"이라고 말했다. 이어 "대화와 협상만이 한반도 문제를 해결하는 근본적인 길"이라며 "관련 당사자들이 한반도 문제의 원인을 똑바로 보고 실제 행동으로 한반도 문제의 정치적 해결 과정을 추진하며 한반도의 평화와 안정을 유지하기를 바란다"고 강조했다.

왕이 외교부장도 이날 별도로 박명호 북한 외무성 부상을 만나 "중국과 조선(북한)의 전통적 우의는 양당·양국의 옛 지도자들이 직접 키워낸 것으로 양쪽 모두의 귀중한 자산"이라며 "최고 지도자의 전략적 인도와 관심으로 중·조의 전통적 우호가 새로운 시대에 더 빛나게 됐다"고 말했다. 이어 "중국은 항상 전략적 고도와 장기적 관점에서 중-조 관계를 바라보고 소통과 조정을 강화하며 각 분야 교류와 협력을 심화하기를 원한다"며 "내년 수교 75주년 기념행사(2024년 10월 6일)를 잘 개최해 중·조 우호 협력 관계의 지속적이고 안정적인 발전을 추진하기로 희망한다"고 덧붙였다.

중국은 앞선 2017년 북한이 6차 핵실험에 이어 대륙간탄도미사일인 화성-15형을 발사하며 "국가 핵무력 완성"을 선언하자, 북한에 가혹한 경제 제재를 가하는 유엔 안전보장이 사회 결의에 잇따라 동의한 바 있다. 하지만 이후 북-미 간의 전략 경쟁이 심화되자 북한의 도발을 감싸는 태도를 보이고 있다. 중국이 이런 자세를 보임에 따라 미국 등이 북한을 규탄하고 제재하는 새 안보리 결의를 추진한다 해도 중국 등이 거부권을 행사할 것으로 보인다.

한편, 연내 본격 가동을 목표로 진행되고 있는 한·미·일의 북한 미사일 경보정보 실시간 공유 작업은 최종 조율이 이뤄지고 있다. 백악관은 이날 제이크 설리번 국가안보보좌관이 조태용 한국 안보실장, 아키바 다케오 일본 국가안전보장국장과 북한의 대륙간탄도미사일 발사에 대해 논의했다며 "미사일 경보 데이터를 공유하고 북한과 러시아의 협력 증대에 대한 대응을 조율하는 것의 중요성을 강조했다"고 밝혔다. (『한겨레』 2023.12.19. 베이징 워싱턴/최현준 이본영 특파원)

◎ 북, 한미 '핵억지' 밀착에 대응수위 높여, '강대강 대치' 격화

한미 '핵작전 시나리오' 등 예고에, "선제적·괴멸적 대응 직면할 것" 맞불
북미-남북간 대화 채널 모두 닫혀, 어느 한쪽 오판땐 치명적 상황 우려

한·미가 북한의 핵위협에 더 강력히 대응할수록 북한도 이에 맞서 대응 수위를 높이는 '강 대 강' 국면이 이어지고 있다. 지금처럼 한·미의 억지 시도가 먹히지 않는 상황에서, 어느 한쪽이 치명적 오판을 저지르면 한반도 전체가 돌이킬 수 없는 상황에 빠지게 되지 않을까 우려된다.

북한은 한·미가 핵잠수함 접근 시위와 더불어 15일 미국 워싱턴에서 열린 한-미 핵협의그룹(NCG) 2차 회의를 통해 앞으로 진행되는 양국 연합훈련에 '핵작전 시나리오'를 포함하는 등 획기적인 대응에 나서겠다고 밝힌 직후 한·미·일 3개국의 간담을 서늘

하게 하는 대담한 도발에 나섰다. 17일 밤 평양 일대에서 동해 쪽으로 사거리 570km에 이르는 단거리 탄도미사일에 이어, 18일 오전엔 대륙간탄도미사일(ICBM)로 추정되는 미사일을 쏘아 올린 것이다. 미야케 신고 일본 방위성 정무관은 이후 기자회견을 열어 "이 미사일이 73분 동안 비행했으며 최고 고도는 6000km가 넘는 것으로 추정된다"며 "사정거리가 1만5000km 이상일 수 있다. 이 경우 미국 전역이 사정권 아래 포함된다"고 말했다. 한·미가 북핵 위협에 맞서 더 일체화된 대응을 하겠다고 선언하자, 17일밤 단거리 미사일로 한국을 견제한 뒤, 10시간 뒤인 18일 아침 태평양 건너 미국을 향해 "워싱턴이나 뉴욕을 내주고도 서울을 지키겠는가"라고 물은 셈이다.

북한은 17일 밤 담화를 통해 자신들의 전략적 의도를 비교적 솔직히 공개했다. 북한 국방성 대변인은 현재 한·미의 대응을 자신들에 대한 "핵무기 사용을 기정사실화하고 그 실행을 위한 작전 절차를 실전 분위기 속에서 검토하려는 노골적인 핵대결 선언"이라고 규정하며 "적대 세력들의 그 어떤 무력사용 기도도 선제적이고 괴멸적인 대응에 직면하게 될 것"이라고 다짐했다. 구체적으로는 미국 핵추진잠수함(SSN) 미주리함의 17일 부산 입항 등 "(미) 전략자산의 정례적 가시성을 한층 증진"시킨다는 지난 4월 워싱턴 선언을 문제 삼으며 "이런 위태한 상황은 우리 무력으로 하여금 보다 공세적 대응 방식을 택해야 할 절박성을 더해주고 있다"고 밝혔다. 한국이 △미 핵잠수함의 부산 기항(7월·12월) △미 전략폭격기 한반도 상륙(10월) △미국의 대륙간탄도미사일 미니트맨3 시험발사 참관(11월) 등 미 전략자산의 한반도 전개를 위한 움직임에 나설수록 자신들도 계속 공세적으로 대응하겠다는 뜻을 분명히 한 것이다.

미국의 전략자산 투입(영토 접근·협박)에 대한 북한의 대응이 이전의 '수세적' 모습에서 180도 달라진 것은 지난해 9월 핵 선제공격의 가능성을 열어 둔 '조선민주주의인민공화국 핵무력 정책에 대하여'란 이름의 '핵 교리'를 법제화한 뒤다. 그 직후인 지난해 9월23일 미 항모 로널드 레이건이 한-미 연합 해상훈련을 위해 부산에 입항하자 북한은 25일부터 10월1일까지 네 번이나 탄도미사일을 쐈다. 나아가 10월4일엔 8개월 만에 4600km를 날아간 중거리탄도미사일(IRBM)을 발사했다. 지난 7월 전략핵잠수함(SSBN)인 미국 켄터키함이 42년만에 부산항에 입항했을 때도 다음날인 19일 새벽 순안 일대에서 동해 쪽으로 단거리 마사일을 쏘아 동해에 떨어뜨렸다. 미사일의 비행 거리는 순안에서 부산까지 거리와 정확히 일치하는 550km였다. 미국의 잠수함을 직접 노리겠다는 의도를 숨기지 않은 것이다.

결국, 북핵 위협에 대응하려 한·미가 협력을 강화하자 북한은 더 공세적으로 대응하며 남북 모두가 이전보다 더 큰 안보 위협에 짓눌리게 된 모습이다. 한반도 전체가 전형적인 '안보 딜레마'(한 나라가 자신의 안보 강화를 위해 군사력을 늘리면 불안해진 상대도 이에 대응하면서 결과적으로 모두의 안보가 취약해지는 역설적 현상)에 빠진 셈이지만, 북-미, 남북 간 대화의 채널이 모두 닫혀 있어 위기를 벗어날 수 있는 뚜렷한 돌파구가 보이지 않는다. (『한겨레』 2023.12.19. 길윤형 기자, 도쿄/김소연 특파원)

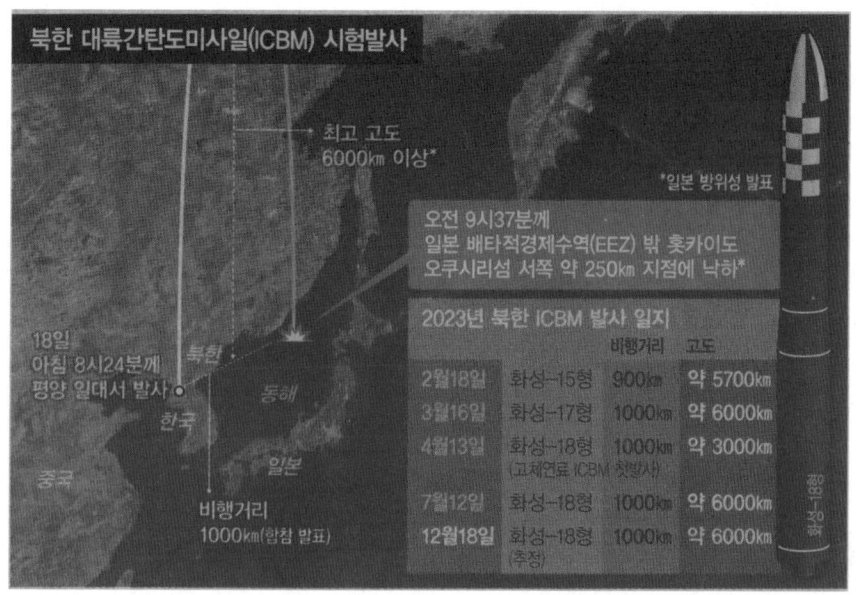

◎ 한·미 확장억지 강화에 북 ICBM 응수, 긴장고조 모순

북한이 17일 밤 단거리 탄도미사일에 이어 곧바로 18일 대륙간탄도미사일(ICBM)을 발사했다. 한국과 미국이 지난 15일 핵협의그룹(NCG) 2차 회의를 열어 내년 연합훈련에 '핵 작전 시나리오'를 포함시키겠다고 밝히고 17일 미국 전략핵잠수함 미주리함이 부산에 입항한 데 맞대응한 것으로 해석된다. 한·미가 억지력을 강화할수록 북한이 강하게 맞서는 힘겨루기가 계속되면서 한반도 긴장이 고조되고 있다.

18일 북한의 대륙간탄도미사일은 정상보다 높은 각도로 발사돼 약 1천km 비행 후 동해상에 떨어졌는데 이를 정상 각도로 발사하면 미국 본토 전역을 타격할 수 있는 사거리다. 지난 7월12일 발사한 신형 고체연료 아이시비엠 화성-18형을 5개월 만에 다시 발사한 것으로 추정된다. 북한이 17일 밤 평양 일대에 발사한 단거리 탄도미사일 사거리는 약 570km로, 미주리함이 정박한 부산해군기지에서 평양까지의 거리인 550km를 염두에 둔 위력 시위로 보인다. 한·미가 북핵에 대응하는 억지력을 강화하고 미국의 핵전략무기가 한반도에 더 많이 전개될 때마다 북한이 자제하는 게 아니라 위협 수위를 더 올리는 상황이 계속되고 있다.

한국과 미국은 이번에도 '한·미·일 공조강화'를 강조했다. 윤석열 대통령은 18일 국가안전보장회의(NSC) 상임위원회에서 "북한미사일 경보 정보 실시간 공유 체계를 활용해 한·미·일의 공동 대응을 적극 추진하라"고 지시했다. 한·미·일 국가안보실장은 전화 협의를 통해 북한의 발사를 강력히 규탄하고 북한의 사이버 범죄와 불법 외화벌이 차단 등을 강화하겠다고 밝혔다.

하지만 한·미·일 공조만으로 계속 악화되는 안보 정세에 대응하기에는 불안 요인이 크다. 한·미, 한·미·일 안보당국자들의 만남이 연쇄적으로 이뤄졌지만 한반도 상황은 안정보다는 갈등만 커지는 모순적인 상황으로 접어들었다. 특히 18일 왕이 중국 외교부장이 베이징에서 박명호 북한 외무성 부상을 만난 것은 한·미·일 공조를 달가워하지 않는 중국이 북한의 대륙간탄도미사일 발사를 문제 삼지 않겠다는 신호를 보낸 것인지도 주목해야 한다. 북한은 연말에 노동당 중앙위 전원회의를 열어 새해에 더 대결적인 노선을 공개할 것으로 보인다. 남북 간에는 9·19 군사합의가 효력 정지된 상태여서 우발적 충돌 우려가 높다. 정부는 억지력을 강화하더라도, 긴장과 충돌 위험을 낮추는 조처도 함께 마련해야 한다. 중국 등과의 외교를 통해 북한의 추가 도발을 억제할 수 있는 해법도 모색해야 한다. (『한겨레』 2023.12.19. 사설)

◎ 제주4·3 알렸다 고문당해, 시인 이산하 37년만에 피해 인정받아
(진실화해위 "중대한 인권침해" 판단)

(1) 1987년 장편서사시 '한라산' 발표, 금기시되던 4·3사건 실상 폭로해
경찰, 국가보안법 위반혐의 구속, 물고문·구타 등 가혹행위 당해

"게릴라 토벌 작전은/ 당시 인구의 4분의 1에 해당하는/ 7만5천여 주민이 학살되고 (중략) 국제법이 금하는/ 비전투원의 무차별 공격과 대량학살이/ 40여년 전 이미 제주도에서/ 오히려 유엔(UN)의 탈을 쓴 그 미국에 의해 저질러졌다는 것 (중략) 항간에는 그것을/ '제주 4·3사건'이라 부른다."

장편서사시 '한라산'으로 제주 4·3사건을 세상에 알린 이산하(본명 이상백·사진) 시인에 대한 공안기관의 인권침해 사실이 37년만에 인정됐다. 「진실·화해를 위한 과거사정리위원회(진실화해위)」는 지난 6일 제86차 위원회에서 이 시인의 불법구금 등 인권침해 사건을 중대한 인권침해로 판단하고 진실규명(피해 인정)을 결정했다고 10일 밝혔다.

1987년 사회과학전문지 '녹두서평' 창간호(3월)에 실린 이 시인의 장편서사시 '한라산'은 한국 사회에 당시까지 금기시되던 제주 4·3학살의 실상을 폭로해 충격을 준 작품이다. 한라산 발표 직후인 같은 해 4월 서울특별시경찰국 공안수사단은 '한라산'을 '제주 4·3 폭동을 의거로 미화한 용공시'로 규정하고, 이 시인을 국가보안법 위반 혐의로 수배했다. 경찰에 검거된 이 시인은 1988년 법원에서 징역 1년6개월, 자격정지 1년을 선고받았다. 이후 2021년 12월 이 시인은 사건 당시 공안수사단 수사관들에 의해 가혹행위 등 불법적인 수사가 이뤄졌다며 진실화해위에서 진실규명을 신청했고, 지난해 6월 조사개시가 결정됐다.

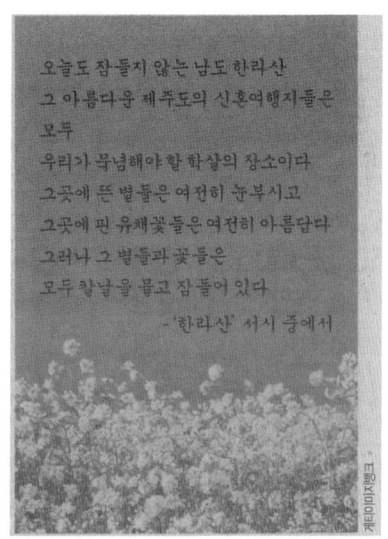

(2) 당시 담당검사 뉴스에 나오면 가혹했던 고문 떠올라

　진실화해위는 사건의 판결문, 수사·재판 기록, 이 시인의 재판 당시 변호인, 사건 담당 경찰 수사관 등을 조사한 결과, 1987년 11월 중부경찰서 수사관들에 의해 붙잡힌 이 시인이 서울시경 공안수사단으로 인계돼 검찰로 송치될 때까지 불법구금과 물고문·구타 등 가혹행위를 당한 정황이 있다고 밝혔다. 진실화해위는 위법한 공권력 행사로 발생한 중대한 인권침해에 대해 국가가 이 시인에게 사과하고, 재심 등 피해자의 명예회복을 위한 적절한 조치가 필요하다고 권고했다.

　이 시인은 이날 한겨레에 "당시 담당 공안검사가 황교안 전 국무총리였는데 대통령권한대행까지 하며 언론에 나올 때마다 예전 기억이 상기돼 힘들었다. 정신과에 다니며 계속 약을 먹어왔다"며 "국가가 수사기관의 인권침해를 지금이라도 인정해 다행이다. 향후에도 여러 고문·가혹행위 사건들에 대한 진실규명이 제대로 이루어졌으면 한다"고 말했다.

　이 밖에도 진실화해위는 이날 '한국기독교사회문제연구원(기사연) 사건 관련 인권침해' 사건과 '재일동포 이수희 인권침해' 사건에 대한 진실규명을 결정했다. '기사연 사건'은 1983년 현역 교사들이 '교과서 분석팀'을 구성해 정부의 통일 정책이 실린 국정교과서를 비판적으로 분석하는 논문을 쓰려다 치안본부 대공수사단에 의해 가혹행위를 당한 사건이다. (『한겨레』 2024.9.11. 고나린 기자)

◎ 「민주노동자회」 활동하던 최동, '밀정혐의'로 고문당한 후 자결
     (「국가보안법」 재심에서 무죄선고 받아)

(1) 함께 활동했던 여동생 최숙희씨의 원통함

"35년 만에 무죄라니, 너무나 많은 시간이 흘렀다는 생각에 맥이 탁 풀렸어요. 법정 밖에 나와서 펑펑 울다가 생각했어요. 김순호도 이 사실을 알까?"

서울중앙지법 형사합의22부(재판장 조형우)는 지난 5일 '망 최동'에게 국가보안법 위반 사건 재심에서 무죄를 선고했다. 그가 활동했던 인천·부천민주노동자회(인노회)는 이적단체가 아니며, 최동이 이적표현물을 소지하지 않았다는 사실이 판결문에 적혔다. 다만 피고인의 이름 앞에 '망'자가 적혔다. 최동은 경찰의 고문으로 후유증을 겪다 1990년 스스로 목숨을 끊었다. 11일 서울 마포구 한 카페에서 한겨레와 만난 최동의 여동생 최숙희(61·사진)씨의 손에는 35년 만에 받아낸 무죄 판결문이 들려 있었다.

(2) 경찰의 사건조작과 동료의 배신으로 희생

최동의 죽음은 2022년 김순호 당시 경찰국장의 '밀정 의혹'이 불거지며 다시 세간의 관심을 받았다. 1980년대 후반 인노회 조직책으로 활동했던 김 전 국장은 인노회 회원 정보를 건네고 1989년 '대공 특채'로 경찰이 된 것이 아니냐는 의혹을 받는다. 김 전 국장은 자신의 존안자료가 유출됐다며 경찰에 고발했고 현재 유출자로 지목된 시민단체 활동가 등이 수사를 받고 있다. 최씨는 "지금이라도 김 전 국장이 오빠한테 가서 사죄를 하고, 부끄러움을 알았으면 한다"고 말했다. 최동은 성균관대 4학년이던 1983년 5·18민주화운동 진상규명을 요구하는 학내 시위를 주도해 실형을 선고받고, 복학 대신 노동운동을 택했다. 노동자 권리를 위해 싸우는 인노회 결성에 참여했다. 대학 시절부터 그의 절친인 동료였던 인노회 부천 지역 조직책 김순호는 1989년 3월23일 회의를 끝으로 잠적했다. 그해 4월 인노회가 '이적단체'라는 이유로 회원들이 치안본부에 끌려가기 시작했다. 최씨는 당시 치안본부에 끌려간 오빠를 면회하던 순간을 또렷이 기억한다고 했다. 면회가 끝나고 동생을 안아주던 오빠가 속삭였다. "내가 이삿짐 나르던 사진, 결혼식 간 사진까지 가지고 있어. 계획된 수사인 것 같아." 1989년 8월 김순호는 '대공 특채'로 치안본부 대공3과 소속 경찰이 됐다.

치안본부에서 겪은 고문·가혹행위로 실어증·정신분열증을 겪던 최동은 이듬해 분신했다. 아버지는 70일 뒤에 아들을 따라갔다. 최씨는 "그토록 강인했던 오빠를 변하게 만든 게 무엇인지 궁금했다"고 했다. 오빠에 관한 온갖 수사 기록을 모으기 시작한 이

유다. 그 기록들이 재심 신청과 무죄 판결의 바탕이 됐다.

오빠의 누명은 벗었지만, 의문은 끝맺지 못했다. 최씨는 "김순호를 특채로 채용한 홍승상 당시 치안본부 대공3부 경감의 구속기소 의견서에는 김순호와 최동이 함께 사상학습을 했다는 내용이 담겼지만, 정작 기록에는 김순호가 아닌 '김준오'라는 다른 이름이 쓰였다"고 말했다. 인노회 동료 박종근(61)씨도 "김순호의 잠적과 인노회 와해가 맞닿아 있다는 것까진 의혹이라고 해도, 수사의견서와 수사 과정에서 늘 김순호가 빠져 있던 건 이해할 수 없는 지점"이라고 했다.

김 전 국장은 경찰대학장까지 지내고 지난해 10월 정년퇴임했다. 2022년 8월 국회 행정안전위원회 업무보고에서 "인노회는 주사파 이적단체가 맞다"고 주장하는 등 옛 동료들에 대해선 한층 격하게 선을 그었다. 최동의 재심 판결문에서 법원은 이렇게 적었다. "인노회가 반국가단체 등의 활동을 찬양·고무 또는 이에 동조하는 등의 행위를 하는 것을 목적으로 하는 결합체라고 보기 어렵다." (『한겨레』 2024.9.12. 고나린 기자)

◎ 한반도 '통일보다 냉전종식과 평화공존 우선'
(김대중 대통령의 남북정상회담 노트 上)

(1) 북의 국방위원장 김정일과 사상 첫 정상회담

2000년 6월13일 오전, 평양의 하늘은 구름이 조금 끼었지만 청명했다. 분단 이후 55년 만에 처음으로 대한민국 대통령을 태운 전용기가 순안공항에 사뿐히 내려앉았다. 전용기 문이 열리고 김대중 대통령이 트랩에 모습을 드러냈다. 저 멀리서 김정일 북한 국방위원장이 걸어오는 모습이 보였다. 김 대통령은 트랩에서 북녘 하늘을 바라봤다. 짧은 시간이었지만 주변 사람들에겐 길게만 느껴졌다. 임동원 당시 국정원장은 "김정일 위원장이 걸어오는데 눈길을 주지 않고 왜 다른 곳을 응시하시나, 조금 애가 탔다"고 말했다. 김 대통령은 훗날 육성 회고록에서 "비행기 출구를 나와서 먼 산을 바라보는데 눈물이 쏟아지려고 했다. 분단과 전쟁으로 올 수 없던 북한 땅을 이렇게 직접 보게 되었다는 사실, 대통령으로서 첫 정상회담을 하기 위해 북한에 왔다는 사실을 생각하니 만감이 교차하면서 눈물이 쏟아질 것 같았다"고 밝혔다.

김정일 위원장이 공항에 마중 나온 것도 파격이지만, 그가 김 대통령이 탄 차량 바로 옆자리에 동승해 숙소인 백화원 영빈관까지 이동한 건 모든 이를 깜짝 놀라게 했다. 김 대통령은 아내인 이희호 여사 자리에 김 위원장이 타자, 처음엔 놀랐지만 반가웠다고 자서전에 썼다. 차량에서 두 정상이 무슨 얘기를 나눴는지는 두고두고 관심 거리였다. 하지만 대화는 거의 없었다고 한다. 김 대통령은 나중에 "사전에 (정상회담) 의제에 대해 합의한 게 없었고 상당히 긴장한 상태였기에 쉽게 대화하기 어려웠다. 또 (거리에 환영나온) 평양시민들의 환호 소리가 너무 커서 물리적으로 대화하는 게 불가능한 상황이었다. '저 사람들이 모두 자발적으로 나온 겁니다'라는 김 위원장 말만 들을 수 있었다"고 밝혔다. 역사적인 남한 대통령의 첫 북한 방문은 이렇게 시작됐다.

남북정상회담을 향한 김대중의 노력은 대통령이 되기 훨씬 전부터 시작됐다. 디제이(DJ)는 야당 총재 시절부터 '오랜 적대 관계가 지속된 남북한 사이엔 정상 간 회담을 통해서 문제를 풀지 않으면 아무리 좋은 합의라도 지켜지기 힘들다'는 생각을 갖고 있었다고 임동원씨(김대중 정부에서 국정원장과 통일부 장관을 지냈다)는 밝혔다. 임동원 전 국정원장은 "디제이는 대통령 되기 전부터 민족 문제를 북한 최고 지도자와 만나서 의논하겠다는 생각을 늘 갖고 있었다. 집권 이후 그런 생각은 '햇볕정책'으로 가시화했다"고 말했다. 그러나 '나그네의 외투를 벗기는 건강한 바람이 아니라 따뜻한 햇볕'이라는 이솝 우화에서 따온 햇볕정책은 김대중 집권 초기엔 북한의 화답을 끌어내지 못했다. 북한은 남북 교류·협력을 추구하는 햇볕정책이 자기 체제를 안에서부터 약화해 흡수통일하려는 의도라고 의심했다. 김 대통령은 육성 회고록에서 "처음엔 (북한이) 상당한 경계심을 보였다. 지난 정부에서 북한붕괴론을 내세우면서 압박했기 때문에 우리에 대한 경계심이 매우 강했다"고 밝혔다.

(2) 2000년 1월 정몽헌·박지원에 '회담 가능' 보고 받고 "극비리에 추진하라" 지시

이런 경계심의 완화에 물꼬를 튼 건 정주영 현대그룹 명예회장이었다. 정 명예회장은 1998년 6월과 10월 두차례에 걸쳐 소 떼 1001마리를 몰고 판문점을 넘어 북한을 방문했다. 현대와 북한의 금강산 관광사업 계약으로, 그해 11월엔 사상 처음으로 남한 주민을 태운 유람선이 금강산에 도착했다. 정주영 명예회장은 방북 때 김정일 국방위원장을 직접 만날 정도로 신뢰를 쌓았다. 다른 기업들이 투자 안전성을 우려해 소극적일 때 오직 현대만이 대북 사업에 적극 뛰어들었고, 이것이 6·15 남북정상회담의 가교 구실을 했다.

남북정상회담을 성사시킨 실무 핵심은 임동원 당시 국정원장과 박지원 당시 문화관광부 장관이었다. 박지원 장관은 북한과의 비밀 협상을 주도했고, 임동원 원장은 정상회담의 내용을 채우는 역할을 했다.

2000년 1월 박지원 문화관광부 장관(현재 더불어민주당 국회의원)은 서울 플라자호텔 스카이라운지에서 열린 어느 모임에서 정몽헌 현대그룹 회장을 만났다. 이 자리에서 박 장관은 귀가 번쩍 뜨이는 얘기를 정 회장한테서 들었다고 한다. 박 장관은 "그날 정 회장이 나한테 '남북정상회담이 가능합니다'라고 했다. 다음날 곧바로 청와대에 들어가 김대중 대통령과 식사하면서 그 얘기를 했다. 디제이는 '현대를 통하면 가능할 수 있을 거다. 극비리에 추진해 보라'고 하셨다"고 말했다. 현대는 대북사업을 도와주던 재일동포 2세 요시다 다케시를 통해, 북한이 정상회담에 긍정적이라는 판단을 갖고 있었다.

정몽헌 회장이 이 사실을 박 장관에게 말한 건, 북쪽에서 김 대통령의 최측근 인사와 접촉하기를 원했기 때문이다. 북한은 대북 공작을 해온 국정원이 정상회담 준비에 참여하는 걸 싫어했다고 나중에 김정일 국방위원장이 임동원 원장에게 직접 밝힌다.

박지원 장관의 첫 보고 이후 우리 정보기관은 일본에서 요시다가 북한과 정상회담 추진에 관해 협의하는 구체적인 정황을 포착하고, 성사 가능성이 크다는 판단을 내렸다. 2000년 3월10일 싱가포르에서 남북 간 첫 비밀접촉이 열렸다. 남쪽에서 박지원 문화관광부장관이, 북쪽에선 송호경 아태평화위 부위원장이 나섰다. 김 대통령은 박지원에게 비밀 협상을 맡긴 이유를 "북한이 대통령의 최측근 인사와 대화하길 원했다. 박 장관은 나의 최측근으로 일을 잘하기 때문에 특사 업무도 잘 할 것이라고 판단했다"고 육성 회고록에서 밝혔다.

극비 접촉을 숨기려 박 장관은 부처 간부들에게 "건강이 좋지 않아 외국에 치료받으러 간다"고 말했다. 싱가포르에서 박 장관은 김 대통령의 베를린 선언문을 송호경 부위원장에게 전달하면서 디제이의 의지를 강조했다. '우리는 북한이 경제적 어려움을 극복할 수 있도록 도와줄 준비가 되어 있다. 남북기본합의서 이행을 위한 당국 간 대화에 적극 나서길 촉구한다'는 내용이었다. 박 장관의 얘기다. "첫날 접촉이 끝나고 송호경이 일어서면서 '내일 다시 만납시다. 마치 김대중 대통령의 음성을 듣는 것 같습니다'라고 말하더라. 그때 '아, 정상회담이 가능하겠구나!' 생각이 들었다. 다음날 만나서 최종 합의를 하자고 하니까 송호경이 '이번엔 위대한 장군님이 국방위원회 승인 없이 독자적으로 결정해서 우릴 보낸 겁니다. 그러니 이건 어떤 일이 있어도 비밀로 하고, 다음에 1차 실무회담을 다시 엽시다'라고 말했다."

1주일 뒤인 3월17일 중국 상하이에서 박지원 장관과 송호경 부위원장의 제1차 특사회담이 열렸다. 3차례 특사회담을 거쳐 남북은 4월8일 "김정일 국방위원장의 요청에 따라 김대중대통령이 6월12일부터 14일까지 평양을 방문한다. 평양 방문에서는 김 대통령과 김 국방위원장 사이에 역사적인 상봉이 있게 될 예정이며 남북정상회담이 개최될 것이다"라는 내용의 공동발표문에 최종 합의했다.

2000년 6월13일 평양 순안공항에 도착한 김대중 대통령이 마중 나온 김정일 국방위원장의 두 손을 맞잡고 환하게 웃고 있다. (평양/청와대사진기자단)

2000년 4월11일 김대중 대통령이 국정노트에 쓴 남북정상회담 개최에 대한 소회. 남북 정상 간 만남이 박정희 정부의 7·4 공동성명, 노태우 정부의 남북기본합의서 연장선에 있음을 밝히고 있다. (김대중 평화센터 제공)

(3) 보수·진보 가름없이 남·북 화합·평화염원 당연

분단 이후 55년 만에 남북 정상이 만난다는 엄청난 뉴스는 월요일인 4월10일 아침 서울과 평양에서 동시에 발표됐다. 다음날인 4월11일 김대중 대통령의 국정노트엔 '4·8 남북정상회담 합의에의 소회'란 제목의 메모가 적혀 있다. 역사적인 남북 간 합의를 대하는 대통령의 마음과 자세가 여기 고스란히 담겨 있다.

디제이는 정상회담 합의가 '1300년 통일국가 지킨 조상의 음덕'이라고 밝혔다. 남북이 하나의 민족국가를 이어왔고 지금의 분단은 일시적 현상이라는 생각을 강하게 드러내는 대목이다. 또 이번 합의가 박정희 정권의 7·4 남북 공동성명, 노태우 정권의 남북기본합의서 채택의 연장선에 있음을 강조했다. 김대중 대통령의 국정노트를 읽다 보면, 정책 성공이 자신만의 공이 아니라 역대 정부의 성과 위에 서 있다고 밝히는 대목이 여럿 나온다. 김대중은 보수 권위주의 정권과 심지어 군사독재도 나름 긍정적 측면을 갖고 있었고, 그런 모습이 남북관계 개선에 일정 정도 기여했다는 '연속성'의 잣대로 국정을 바라봤다.

현 시기 윤석열 정권에서 안타까운 점이 바로 이 부분이다. 날이 갈수록 윤 대통령이 극우로 치닫는 건, 전임 문재인 정권의 국정운영 방향과 패턴을 하나부터 열까지 모두 부정하려다 보니까 생기는 당연한 귀결이다. 반면에 김대중은 정책 성공을 위해선 과거 권위주의 정권의 시도를 평가하고 이어받는 걸 부끄러워하지 않았다. 오히려 이를 통해서 보수 세력의 반발과 의구심을 누그러뜨렸다. 현직 대통령에게 필요한 건, 추진하는 정책의 성공이지 차별화가 아니다. 어떤 정책이든 하늘에서 뚝 떨어지듯 갑자기 생겨나진 않는다. 이전 정권에서 비슷한 검토와 추진을 했던 경험을 잘 활용하면, 좀 더 현실적인 성과를 거두고 반대파의 협조를 얻어낼 수 있다. 김대중 대통령은 이걸 잘 활용했다.

김 대통령은 남북정상회담 성과에 너무 큰 기대를 갖지 말자고 스스로를 다독였다. 기대를 하지 말자는 게 아니라, 현실적으로 접근해서 이룰 수 있는 것을 이루자는 뜻이었다. 4월26일 중앙 언론사 사장단과의 청와대 만찬을 앞두고 작성한 국정노트에, 김대통령은 "만나는 것만으로도 성공이다. 이것만으로 평화와 협력의 물꼬를 트는 것"이라고 썼다. 또 "통일보다 냉전 종식·평화 선언이 있어야 한다"고 밝혔다. 궁극적 목표는 통일이지만 이건 먼 훗날의 얘기고, 우선 한반도의 평화와 안정을 통해서 전쟁 위험성을 제거하는 데 초점을 맞추겠다는 의미다. 또 하나의 포인트는 실용주의다. 실사구시의 접근을 하겠다, 냉철하게 현실을 보면서 남북 모두에 이익이 되는 방식으로 정상회담을 추진하겠다는 생각이 국정노트엔 드러난다. 임을출 경남대 극동문제연구소 교수는 "실용주의는 지금도 여전히 의미 있는 대북 접근 방식"이라고 평가했다.

임을출 교수는 "특히 '통일보다 냉전 종식, 평화 선언이 우선'이라는 메시지가 주는 울림이 있다. 지금을 '신냉전'이라 부르는데, 동북아에서 미국과 중국이 전략적 경쟁·대립을 하는 한 우리가 통일을 논의할 수 있는 공간은 현실적으로 거의 없다. 그래서 남북 간의 점진적인 신뢰 구축을 통한 평화공존이 필요했고, 미·중·러·일 등 주변국과의 대립을 완화해서 평화 선언을 먼저 하자고 했다. 디제이는 이미 그때 그런 판단을 했던 거다. 얼마전 윤석열 대통령이 광복절 경축사에서 강조한, 사실상의 흡수통일인 '자유통일'과 한·미·일 군사협력 강화는 평화 정착과 정반대로 간다는 점에서 걱정스럽다"고 말했다.

김대중 대통령과 김정일 국방위원장, 그리고 양쪽 대표단이 2000년 6월15일 백화원 영빈관 1호각에서 열린 환송 오찬에서 손에 손을 잡고 '우리의 소원'을 합창하고 있다.
(『한겨레』 2024.9.11. 박찬수 대기자)

2. 약소국엔 '비핵' 협박, 강대국은 세계도처에 전략기지 배치

1) 북한의 핵개발 성취에 한·미·일은 반핵 압박 계속

(1) 북 핵개발 성공엔 남측의 책임도 있다

2006년 10월 9일에 한 북한의 첫 핵실험은 아주 중요한 의미가 있다. 시작이 반이라는 말이 있다. 노무현 정부 시절인데 그러면 노무현 정부가 잘못해서 북한이 핵실험을 했느냐 하면 그렇진 않다. 그러면 누구의 책임인가. 인과관계를 따져보자.

보수주의자들은 북한이 핵무기를 만든 게 무조건 진보 정권 탓이라고 주장할 것이다. 하지만 북한이 지금까지 핵실험을 여섯 번 했는데, 그중 네 번을 이명박·박근혜 정부 9년 동안에 벌였다. 그때 남북 대화가 일체 없었다. 판문점에서 잠깐 만나기는 했지만 아주 짧아서 후속 회담으로 이어지지 않았다. 한편 이명박·박근혜 정부 9년중에 8년은 오바마 정부 집권 시기였다. 오바마 정부의 대북정책은 '전략적 인내'였다. 인내심도 전략이라고 하는 말은 처음 들어봤는데, 이 말의 뜻은 북한이 핵을 포기할 때까지 인내심을 가지고 기다리는 전략을 쓰겠다, 결국 아무것도 안 하고 가만히 있겠다는 것이었다. 북한은 물실호기勿失好機라고 여겼는지(좋은 기회를 놓치지 않음) 그 기간 동안 핵실험을 '네 번이나 했다. (『통찰』 정세현 지음, 푸른숲 2023년)

① 북한의 첫 핵실험과 BDA 사건

2003년부터 시작된 6자 회담의 성과라고 할 수 있는 2005년 '9.19 공동성명'에서 북한은 모든 핵무기를 파기하고 NPT, IAEA(국제원자력기구)로 복귀한다는 약속을 했다. 그 대가로 미국은 한반도 평화협정·단계적 비핵화·핵무기 불공격·북미 간의 수교 등을 북한에게 약속했다. (북미 수교 문제 : 남쪽의 대한민국이 러시아·중국과 수교조약을 맺었는데도 미국은 북조선과 외교관계 맺기를 거절하고 있었다.) 북한이 첫 핵실험을 하기 약 1년 전 일이다.

그런데 '9.19 공동성명'은 그다음 날 사실상 깨져버렸다. 미국 재무부가 9월 20일 자 관보에 마카오에 있는 방코델타아시아(BDA)를 북한 불법 자금 세탁의 주요 우려 대상으로 지정했다고 게재했다. 미국 국무부와 백악관이 '9.19 공동성명'을 만들었다면 바로 그 다음날 미국 재무부가 북한에 대한 '실질적인 금융 제재를 가한 셈'이다. 그러자 북한은 "미국을 믿을 수 없다, 철석같이 약속해 놓고 그다음 날 약속을 깨는 미국과 이제 협상은 없다, 결국 핵을 보유할 수밖에 없다"고 공개적으로 반발하면서 핵 활동 상황을 중계방송하듯이 공개했다. "지금 영변 원자력발전소 가동을 시작했다." "원자로 가동을 일시 중단하고 연료봉을 꺼냈다," "꺼낸 연료봉을 재처리해서 플루토늄을 추출했다." 그러고는 2006년 7월 4일, 미국 독립기념일에 중거리 미사일 한 발을 발사하더니 "10월 3일부터 10일 사이 좋은 날을 잡아 핵실험을 하겠다"고 공개적으로 선언했다. 그리고 2006년 10월 9일 1차 핵실험을 단행했고 성공했다.

북한이 핵무기를 만들 수 있다는 가능성을 탐지해서 6자 회담도 하고 '9.19 공동성명'도 합의했지만, 미국은 그때까지도 북한이 실제로 핵실험을 못 할 줄 알았던 것 같다. "북한이 무슨 핵실험까지 해, 뻥이야"라고 생각했는데 막상 일을 벌이고 나니 미국은 놀랐을 것이다. 미국은 '돈 없으면 아무것도 못 한다'고 생각한다. 북한이 핵무기, 미국 본토까지 날아갈 수 있는 ICBM을 못 만들 거라고 판단했을 것이다. 자본주의식으로만 사고하기 때문인데 북한은 다르다는 것을 염두에 두지 않는다. '고난의 행군'은 자본주의를 전제로 삼는 미국인들은 꿈도 꿀 수 없는 어려운 생존 방식이다. (북한이 1990년대 중·후반 극도의 경제적 어려움을 겪은 시기에, 이를 극복하기 위해 제시한 구호)

사실 미국이 북한을 상대하는 걸 보면, 작은 나라나 약소국에 대한 편견을 가지고 있는 듯하다. 예컨대 "저것들이 뭘 하겠어, 미국의 막강한 군사력으로 겁을 주고, 동맹국들을 동원해 압박하고, 또 필요하면 유엔을 통해 제재 결의안을 통과시켜서 북한을 제외한 나머지 모든 국가들이 북한 제재에 동참하면 결국은 손 들게 돼 있다"하는 믿음을 가지고 있는 것 같다. 그런데 그 믿음이 북한한테는 안 통했다. 사람도 그렇지 않나. 잃을 것이 없는 사람이 악을 쓰고 덤비기 시작하면 잃을 것이 많은 사람은 이기지 못한다. "부자 몸조심"이라는 속담도 있지 않나. 북한이 그런 식으로 핵실험을 성공하고 나니까 비로소 미국 부시 대통령이 노무현 대통령한테 BDA 제재 때문에 사실상 파괴된거나 다름없던 '9.19 공동성명'에서 합의한 방식으로 북핵 문제를 풀 수밖에 없다는 것을 고백한 바 있다. 북한이 1차 핵실험을 한 다음 달인 2006년 11월 하노이에서 열린 「아세안지역안보포럼」에 참석했던 한국 대통령과 미국 대통령이 별도로 정상회담을 하면서 말했던 내용이 그렇다. "북한이 핵실험까지 했는데 그대로 놔두면 2차, 3차, 4차로 이어질거고 결국 사실상 핵보유국이 된다. 초동 단계에서 막아야겠다. 그러려면 당신과 내가 함께 김정일 국방위원장을 만나서 한국전쟁의 공식적인 종료를 선언하는 문제를 협의하자. 종전선언을 해줘야만 끝날 것 같다." 종전선언을 해준다는 의미는 정전협정(1953년)을 평화협정으로 바꾸는 협상을 시작한다는 의미다. 그리고 평화협정 협상을 한다는 말은 미국과 북한 사이에 적대적인 군사관계를 끝장낸다는 의미고, 평화협정이 마무리되면 미국과 북한이 외교적으로 수교를 할 수 있는 법적 토대가 마련된다는 것이다. 전쟁했던 나라끼리 평화관계를 유지하자고 합의하면 바로 수교로 건너갈 수 있는 관계로 바뀌는 것이다. '9.19 공동성명'에서 말했던 대로다. 물론 대신 북한이 핵개발을 포기해야 한다. (북한에 핵개발을 포기하라는 요구는 일방적 강요다. 자기편은 총을 잡고 상대방에겐 총을 놓으라고 하는 요구니까)

보수적인 입장에 있는 사람들은 "한반도 비핵화는 곧 북한의 비핵화고 북한이 비핵화만 하면 끝나는 거다, 미국이 언제 북한을 핵으로 치겠다고 했느냐, 미국은 좋은 나라니까 그런 가정 자체가 비현실적이다"라고 얘기한다. 그런데 엄밀히 따지면 '한반도의 비핵화'는 북한이 핵을 포기하는 대가로 미국도 북한에게 핵 위협을 하지 않는다는 것을 의미한다. 북한이 첫 핵실험을 하고 나서이지만, 2007년 9월 시드니 APEC(아시아·태평양 경제협력체) 정상회의에서 미국 부시 대통령이 노무현 대통령한테 평화협정을 위한 종전선언으로 시작하자고 했으니 노무현 대통령으로서는 김정일 국방위원장을 만날 준비를 먼저 할 필요가 생긴 셈이었다. 부시 대통령의 의중을 눈치챘으면 주도적으로 김정일 국방위원장과의 남북정상회담부터 준비하는 것이 당연했다. 그래서 2007년 10월에 평양에서 노무현-김정일 정상회담이 열린 것이다.

그런데 미국은 부시 대통령이 노무현 대통령을 만나기 전인, 그러니까 북한이 1차 핵실험을 한 바로 다음 달인 2006년 11월부터 북한과 비공개로 접촉을 시작했다. 직접 북한을 다독여서 더 이상 핵실험을 하지 않도록 만들어야겠다는 생각 때문에 그랬을 것이다. 그 만남에서 북한에게 '왜 핵실험을 했냐'고 추궁했을 텐데, 북한의 답은 뻔하다. "공동성명을 만들어 놓고, 다음 날 그 합의서의 잉크가 마르기도 전에 미국 재무부가 BDA의 우리 계좌를 동결시켜서 우리 얼굴에 먹칠을 하는, 말도 안 되는 짓을 했다. 우리한테 나쁜 딱지를 붙여서 우리가 결국 공동성명 합의를 깨고 나가기를 바라는 유도작전 아니냐." 아마도 이런 얘기를 했을 것이다. 후일 들려오는 얘기로는 북한이 따지고 드니까 미국 측이 "BDA는 문제가 있어서 재무부가 따로 알아서 한 거다. 별거 아니다"라는 말도 안 되는 해명을 했다고 한다. 미국이라는 나라가 둘러대기를 잘한다. 반면에 북한의 요구는 끈질길 정도로 일관성이 있다. 미국도 인정하는 바다. 비공개 북미 협상에서 북한은 "'9.19 공동성명'을 언제까지 어떤 순서로 이행할지 합의해서 미국이 착실하게 시행만 하면 우리는 핵 개발을 할 이유가 없다"라고 주장했다. 결국 이 비공개 양자 접촉에서 북한과 미국은 '9.19 공동성명'을 어떻게 이행할 것인지 구체적인 로드맵을 그렸고, 2007년 2월 13일 6자 회담을 소집해서 승인을 받았다. 그게 바로 '2.13 합의'다.

'9.19 공동성명'이 깨져서 북한이 첫 핵실험을 했지만 11월에 미국이 '2.13 합의'대로만 했으면 북한은 다시 핵실험을 하지 않았을 것이다. 그러나 일은 그렇게 좋은 쪽으로 풀리지 않았다.

② 2~5차 핵실험, '비핵-개방-3000'과 전략적 인내

우리는 2006년 11월 하노이 한미정상회담 이후 남북관계를 계속 발전시키면서 남북정상회담 준비를 하고 있었다. 베이징 6자 회담이 열리고 '2.13 합의'까지 나오자 미국이 '9.19 공동성명'을 제대로 이행하려 한다고 믿고, 남북정상회담을 열어서 종전선언 문제를 공식 논의하기로 하고 서둘렀다.

그런데 다시 '9.19 공동성명'으로 돌아가서 북한의 비핵화, 북미 수교, 경제협력 이 세 가지를 하나로 묶어 일괄 타결하자는 '2.13 합의'를 만들어 놓고, 2007년 10월 2~4일에 평양에서 남북정상회담을 하기로 날짜까지 합의된 상황에서, 미국이 태도를 바꿨다. 2008년에 있을 선거를 앞두고 대선 정국으로 들어서면서 미국 부시 정부가 이 사안을 추진할 동력이 없어진 것이다. 그러나 한국으로서는 미국이 그렇게까지 나왔기 때문에 남북정상회담에서 확실하게 대못을 칠 필요가 있었다. '10.4 남북정상선언' 4항에 보면 "한반도와 직접 관련된 3국 또는 4국 정상들이 한반도 지역에서 만나 종전을 선언하는 문제를 추진하기 위해 남북이 협력해 나가기로 하였다"라고 합의했다. 비슷한 내용의 합의문이 10월 3일 베이징에서 열린 6자 회담에서도 나왔다. 미국이 그때까지만 해도 '9.19 공동성명'과 그 추진의 로드맵인 '2.13 합의'를 이행하기 위해서는 결국 '3국 또는 4국의 정상들이 한반도 지역에서 만나 한국전쟁의 공식적인 종료를 선언해야 한다'고 인정했다는 얘기다.

그런데 여기서 잠깐, 3국 또는 4국이라는 말이 왜 나오는지 짚고 넘어가자. 한국전쟁 당사국이라고 하면 한국과 북한 그리고 미국을 떠올리기 쉽지만 거기에는 중국이

들어가 있다. 사실 한국은 1953년 7월 27일 22시에 판문점에서 열린 정전협정 조인식에 들어가지 못해 서명을 못 했다. 왜냐하면 정전협정은 군사령관끼리 하는데 '한국군의 전시작전통제권을 유엔군 사령관의 모자를 쓴 주한미군 사령관이 가지고 있었기 때문'이다. 당시 대한민국에는 백선엽 장군이 3성 장군으로 육해공군 총참모장으로 있었지만 실질적으로는 미군 사령관의 지휘를 받는 부사령관에 불과했다. 그러므로 정전협정에서 서명 당사자가 될 수 없었고 회담장에도 들어가지 못했던 것이다. 한편 중국 인민지원군은 북한을 돕기 위해 1950년 10월 25일부터 한국전에 참전을 했기 때문에 정전협정의 서명 당사자가 됐다.

한국은 법적으로는 서명 당사자가 못 됐지만 정전협정 관리 과정에서는 사실상의 당사자라고 볼 수 있었기 때문에 「정전협정관리위원회」 회의에는 한국군 장교도 참석을 했다. 그래서 '3국 또는 4국'이라는 표현이 나온 건데 중요한 점은 그들이 "한반도 지역에서 만나 한국전쟁의 공식적인 종료 문제를 협의하자"고 합의한 부분이다. 이는 남북을 포함한 6자 회담 참가국들이 한반도 지역에서 만남을 가질 때 최소한 남한이 빠져서 안 된다는 점에 합의했다는 뜻이다. '10.4 남북정상선언' 4항과 '10.3 베이징 6자 회담 합의문' 3항에 규정된 '3국 또는 4국'이라는 표현에는 그런 배경이 존재한다.

하지만 안타깝게도 미국에서는 대선 정국 때문에 북핵 문제가 우선순위 면에서 뒤로 밀렸고, 한국에서는 2008년 이명박 정부의 집권으로 '노무현 정부 시절의 합의는 전부 무효'가 되면서, 「한국전쟁의 종전선언을 합의한 남북정상회담 합의문이고 6자 회담 합의문이고 다 무효가 되어버렸다.」 이명박 정부가 들어선 뒤에도 임기가 1년 남은 부시 정부는 "2.13 합의 이행을 위해 6자 회담을 계속하자"고 했지만, 이명박 정부는 "북한이 핵을 포기할 가능성도 없는데 비핵화를 시킨다고 6자 회담을 하고 남북 대화를 하는 것 자체가 잘못"이라며 거절해 버렸다. 결국 6자 회담은 2008년 12월 수석대표들이 베이징에서 한 번 만나는 걸로 끝이 났다. 1년 뒤 들어선 미국의 오바마 정부는 노무현 정부와 부시 정부에서 했던 것을 계승 발전시킨다는 생각이 없었을 거다. 한국에 노무현 정부를 승계하는 정부가 들어섰다면 6자 회담 합의문을 계속 이행하는 방향으로 북핵 문제를 풀어나가자고 오바마 정부를 설득했겠지만 이명박 정부가 관심을 보이지 않으니 오바마 정부도 '전략적 인내'로 돌아서 버린 것이다.

오바마 정권이 출범한 직후인 2009년 2월 13일에 힐러리 클린턴 국무장관이 아시아 소사이어티 초청 연설에서 "북핵 문제를 풀기 위해서는 북한의 비핵화와 북미 수교, 그리고 경제협력 이 셋을 하나로 묶어서 일괄 타결해야만 한다"고 주장했다. 이 연설로 오바마 정부도 초기에는 북미관계 개선과 경제 지원 그리고 비핵화를 하나로 묶는다는 '9.19 공동성명'의 프레임 안에서 북한 문제를 풀 수밖에 없었다는 것을 재확인한 거다. 부시 정부 때 체결된 공동성명이지만 합리적이고 유일한 해결 방법이라는 것을 인정한 것이다. 그런데 한국정부가 '비핵-개방-3000'을 내세우자 미국의 구상은 메아리 없는 광야의 나팔이 돼버렸다.

그렇게 헤매는 사이에 2009년 5월 25일, 북한이 2차 핵실험을 했다. 1차 핵실험으로부터 만 3년이 안 된 때였다. 이명박 정부가 북한이 비핵화할 때까지 기다리겠다며 6자회담에 안 나가고, 그걸 보고 미국 오바마 정부가 '전략적 인내'로 돌아선 뒤 북한이 2차 핵실험을 한 거다. 그러자 미국은 서둘러 6월 12일 유엔 안보리에서 대북 제재 결의안을 통과시켰다. 그런 상황에서 미국을 방문한 외교 담당 국무위원 다이빙궈(戴秉國)를 만난 힐러리 클린턴 국무장관이 중국도 유엔 대북 제재 결의안 이행에 동참할 것을 요구했다. 그러나 다이빙궈 국무위원은 "중국이 북한과 특별한 관계이기 때문에 유엔 대북 제재에 적극적으로 동참할 수가 없다"며 소극적인 자세를 취함으로써 대북 제재 결의는 처음부터 사실상 유명무실해졌다. 오바마 미국 대통령이 2009년 9월 23일 유엔총회에서 '핵 없는 세계'를 건설하겠다고 큰소리쳤지만 북한은 오바마 대통령의 임기 중에 2차부터 5차까지 핵실험을 4회나 해버렸다. 핵실험을 계속하면 그 나라의 핵능력은 고도화될 수밖에 없다는 게 정설이다. 북한 핵능력 고도화의 책임은 어디에 있다고 해야 할까. 답은 불문가지(不問可知)다.

정리하자면 BDA 사건이 2006년 10월 9일 1차 북핵실험을 만든바, 그건 미국 때문이다. 2009년 5월 25일 2차 북핵실험은 부시 정부 때 만들어진 '2.13 합의'를 이행하지 않은 한국의 이명박 정부와 미국의 오바마 정부 때문이다. 이후 북한은 2013년 2월 12일에 3차 핵실험, 2016년 1월 6일에 4차 핵실험, 2016년 9월 9일에 5차 핵실험을 했다.

우리 쪽에서는 오바마 정부가 민주당 정권이기 때문에 좀 기대를 걸었는데 오히려 '전략적 인내'라는 말도 안 되는 전략을 내세우면서 북한의 핵 개발을 방관했다. 오바마 대통령이 '전략적 인내'를 내세울 때는 그다지 심하게 비판하지 않던 미국의 전문가들이 대통령 임기가 끝나가자 "전략적 인내(Strategic Patience)는 사실상 전략적 혼수상태(Strategic Coma)에 불과했다. 그런 대북정책은 더 이상 나와서는 안 된다"고 목소리를 높였다. 합리적 비판이긴 한데, 좀 비겁해 보였다. 미국 전문가들도 살아 있는 권력 앞에서는 꼬리를 내리고 있더니 떠나려니까 '사또 행차 후 나팔' 부는 식으로 놀았다.

잠깐, 박근혜 대통령 임기 중의 남북관계를 되짚어 보자면, 북한은 2016년 1월 6일과 9월 9일, 한 해에만 두 번이나 핵실험을 했다. 대개 3~4년 간격으로 핵실험을 하던 북한이 8개월 만에 핵실험을 한 이유가 무엇일까. 내 생각에는 '개성공단 폐쇄'에 대한 보복 차원이었다고 본다. 박근혜 대통령 취임 13일 전인 2013년 2월 12일, 북한이 3차 핵실험을 했다. 이명박 정부 임기 말이지만, 취임일을 얼마 남겨두지 않은 시점에 핵실험을 당하고 나니 박 당선자로서는 황당했을 것이다. 대통령직인수위원회에서 만든 '한반도 신뢰 프로세스'가 박근혜 대통령의 대북정책으로 연결되지 못하고 인수위에서 끝난 데는 2월 12일의 3차 핵실험도 영향을 미치지 않았을까 싶다. 그러다 보니 박근혜 대통령은 '한반도 신뢰 프로세스'와는 완전 별개로 '북한붕괴론'에 빠지면서 '통일준비위원회' 가동으로 방향을 튼 것 같다. 통일준비위원회 출범(2014년 7월) 1년 6개월 후, 임기 4년 차인 2016년 1월 6일에 북한이 4차 핵실험을 한 데다 2월 8일에는 중장거리

미사일까지 발사해 버렸다. 박근혜 대통령으로서는 화가 날 만 했다. 그래서 강력한 유엔 대북 제재를 유도한답시고 2월 10일 개성공단을 폐쇄하고 한국 기업들의 철수를 지시했다. 4차 핵실험에 대한 유엔 대북 제재 결의안은 당연히 채택됐지만, 북한은 개성공단 폐쇄로부터 7개월 만인 9월 9일 5차 핵실험을 했다. 시계열적 개념으로 사건들의 인과관계를 분석할 때, 북한의 이런 조치는 박근혜 정부가 북한체제 붕괴를 전제로 한 '통일준비위원회'를 가동하고, 개성공단까지 폐쇄한 데 대한 북한 나름의 보복성 조치였다고 볼 수밖에 없다. 지렁이도 밟으면 꿈틀하는 법인데 하물며……

이명박 대통령 때 관광객 피격사건으로 2008년 7월 12일 금강산 관광을 중단했고, 박근혜 대통령 때 4차 핵실험에 대한 독자 제재 차원에서 개성공단 문을 닫으면서 남북 접촉이 일체 끊어지고 남북관계는 완전히 얼어붙어 버렸다.

따져보면 북한은 미국 대통령 임기로는 조지 W. 부시 정부 때 핵실험을 한 번, 오바마 정부 때 네 번, 트럼프 정부 때 한 번 했다. 국내에서는 노무현 대통령 때 한 번, 이명박 대통령 때 두 번, 박근혜 대통령 때 두 번, 문재인 대통령 때 한 번 했다. 다시 강조하지만 북한이 핵실험을 한 시기와 상황을 보면 "진보 정권이 퍼주기를 해서 북한이 핵실험을 했다"는 말은 도저히 성립이 안 된다.

(2) 핵문제에 관해서는 미국도 비판해야 한다

2017년 9월 3일 북한이 6차 핵실험을 했다. 이건 트럼프 대통령이 2017년 1월 취임 후 계속 말 폭탄을 쏟아내면서 북한 당국과 김정은 국무위원장을 위협하고 자극한 결과로 봐야 한다. 일종의 미국 길들이기였을 수도 있다. 김정은 국무위원장을 '리틀 로켓맨(Little Rocket Man)'이라 조롱하고, 북한이 다시 핵실험을 하거나 ICBM을 발사하면 그때는 '화염과 분노(Fire and Fury)'에 휩싸일 거라며 겁을 주었다. 그러자 북한은 7월에 미국 본토 서부 지역까지 도달할 수 있는 사거리 1만 킬로미터짜리 ICBM(Intercontinental Ballistic Missile 대륙간 탄도탄)을 발사하고, 9월 3일에는 수소폭탄 폭파 시험이 성공했다며 6차 핵실험을 했다. 이어서 11월 29일 '화성-15형'이라는, 미국 본토 동부 지역까지 도달할 수 있는 최대 사거리 1만3천 킬로미터짜리 ICBM 시험발사도 강행했다. 북한 핵 능력의 초고속 고도화에 대해 잘 모르는 채로, 태평양을 사이에 두고 멀리 떨어진 미 대륙에 사는 사람들은 아마 북한에서 무슨 일이 일어나고 있는지 몰랐을 것이다.

하지만 북한과 붙어 있는 땅에서 사는 한국 국민들로서는 공포의 도가니에 빠질 수밖에 없었다. 취임 후 6개월밖에 안 된 문재인 정부에게 북핵 문제 악화의 책임을 물을 수 없는 상황인데도 불구하고 문재인 정부에 대한 여론은 안 좋았다. 우리 국민들은 좀 이상한 데가 있다. 핵이나 미사일 문제 등 한반도 상황 악화와 관련하여 행위자는 북한이지만 사태 악화 원인의 제공자는 미국일 때가 많다. 그런데 북한과 한국 정부를 비판하는 언론이나 전문가는 많아도 미국을 원인 제공자로 지목하거나 비판하는 경우는 찾아보기 어렵다. 우리가 어려울 때 고맙게 해줘서 그런 건가. 그러나 고마운 건 고마운 거고 불편한 건 불편한 거다. 불편하다고 말을 해야 상대방도 조심을 하거나 챙길 것 아닌가. 노골적으로 말해서 미국이 해결하고 말겠다는 결심을 해야만 북한도 비로소 움직일 수 있는 것이 북핵 문제이기 때문이다.

그렇다면 북핵 문제를 풀기 위해서는 우선 한미 외교 채널을 통해 미국에게 빨리 결단을 내려달라고 협조 요청을 해야 하지만, 때로는 미국에 대해서 비판도 할 수 있어야 한다. 국민적 여론도 일어나야 한다. 북한만 욕할 게 아니라 미국도 비판할 수 있어야 미국이 적극적으로 북핵 문제에 임하게 되고, 우리 국민들이 하루라도 빨리 북핵의 늪에서 벗어날 수 있게 된다.

우리한테 요청을 받거나 비판을 받거나 자진해서 움직이거나, 어쨌든 미국이 움직이기 시작해야 북핵 문제와 한반도 상황이 그나마 협상 국면으로 들어갈 수 있다는 것을 입증하는 사례는 많다. 「1992년 1월 북한이 주한미군의 계속 주둔을 전제로 북미 수교를 요구했다가 거절당한 뒤 1992년 IAEA로부터 특별사찰을 요구받고 한미연합훈련인 팀 스피릿(Team Spirit)에 시달리게 되자 1993년 3월 12일 '핵확산금지조약' 탈퇴를 선언하고 나섰다. 미국으로부터의 공격에 대비할 수 있는 자위 수단을 갖기 위해 장차 핵무기를 만들겠다고 선언한 것이다.」 그러자 미국의 클린턴 정부가 4월에 곧장 베를린에서 북한과 비밀접촉을 시작했고, 6월부터는 제네바에서 북미 제네바 핵협상이 시작됐다. 그 결과로 1994년 10월 21일 '북미 제네바 기본합의'가 채택됐고, 그로써 북핵 문제가 소강상태로 들어간 적이 있다.

조지 W. 부시 대통령 때도 미국은 2차 북핵 위기관리 차원에서 2005년 9월 베이징 6자 회담을 통해 '9.19 공동성명'을 채택해 놓고 그다음 날 미 재무부가 BDA의 북한 계좌를 동결하는 대북 제재를 가함으로써 이율배반적인 움직임을 보였다. 그 결과로 2006년 10월 9일 북한이 1차 핵실험을 했으니 미국이 그렇게 하도록 만든 셈이다. 북한이 막상 핵실험을 하고 나서자 미국은 11월에 북한과 다시 비밀협상을 했고, 그 결과로 나온 것이 '2.13 합의'다.

트럼프 대통령이 취임 후 '리틀 로켓맨' '화염과 분노' 등 자신의 말 폭탄으로 촉발한 북핵 사태도 마찬가지였다. 2017년 9월 3일 북한은 6차 핵실험 성공에 이어 11월 29일 태평양을 건너서 미국의 동부 지역까지 도달할 수 있는 사거리 1만 3천 킬로미터짜리 ICBM 시험발사까지 성공하고, 그날로 "이것으로써 국가 핵무력이 완성됐다"라고 선언했다. 미국 입장에서 볼 때는 북한의 핵실험 차수가 늘어나는 것보다 미사일의 사거리가 늘어나 태평양을 건너오는 것이 더 겁나는 일이다. 미사일의 명중률이나 대기권 재진입 기술이 낮아도 위험한 건 마찬가지다.

북한이 '국가 핵무력 완성'에 만족하고 있을 2017년 12월 5일 유엔 사무차장 제프리 펠트먼(Jeffrey Feltman)이 평양에 들어갔다. 트럼프 정부의 의지가 실렸다고 할 수밖에 없는 평양 방문 후 펠트먼은 평양의 지도부에 "오판에 의한 전쟁을 막기 위해서는 협상이 반드시 필요하다"고 말해주고 왔다고 발표했다. 그 결과로 2018년 6월 12일 싱가포르 북미정상회담이 성사됐고, 「싱가포르 북미 공동성명」이 나온 것이다.

미국이라는 나라가 이렇게 움직인다. 북한을 위협하고 압박한 결과 북한이 굴복하지 않고 더 세게 반발하면서 사고를 치면 미국은 먼저 북한에게 다가가 비밀협상도 시작하고 합의서도 만들면서 북핵 상황을 관리해 왔다. '결국 그렇게 할 바에야 처음부터 그렇게 좀하지'라는 말을 미국한테 하지 않을 수가 없다. (제국주의 세력의 이기적 국제정치 본질·본성을 고쳐야 하는데)

2022년 3월 24일 북한은 2018년 선언한 모라토리엄(핵실험 및 ICBM 시험발사 유예)를 깨고 ICBM 시험발사를 했다. 그러자 미국은 북한이 스스로 한 약속도 깼다고 비난했는데, 적어도 우리는 북한을 비판하면서 미국도 함께 비판해야 한다. 미국도 책임이 있기 때문이다. 2018년 4월 남북정상회담이 예정되어 있고, 우리가 다리를 놓아 북미정상회담이 거의 확실시되던 4월 18일, 북한은 앞으로 북미 대화가 계속될 것 같다는 희망 속에서 "북미 협상이 계속되는 한 핵실험과 미사일 발사는 당분간 중지하겠다"며 자발적으로 모라토리엄을 선언했다. 거기에는 분명 북한이 원하는 조건이 있었다. 그런데 2019년 2월 하노이 회담이 노딜로(거래의 성공이나 타협없이) 끝난 이후에 미국이 이런저런 핑계를 대며 계속 조건 타령만 하고 협상을 미루니까 북한은 점점 흥취를 잃었다. 그러나 모라토리엄을 깨지 않았다. 이후 바이든 정부가 들어서면 조금 달라질까 기대했는데 취임하고 1년이 지나도록 아무런 기척도 없으니 2022년 1월 19일 당 정치국회의를 열어서 '이 모라토리엄은 해제할 수 있다'고 결정한 것이다.

미국은 특별한 이유 없이 북한 노동당 정치국회의의 결과가 바뀌지 않는다는 것을 알 것이다. 북한이 앞서 말한 정치국회의에서 예고한 미사일 발사를 어떻게 막아야 할지도 알 것이다. '북미 협상' 카드밖에 없다. 그런데 미국은 협상할 움직임은 보이지 않고, 오히려 북한을 자극했다. 바이든 대통령이 "북한이 핵이나 미사일로 남쪽을 위협하면 확장 억제력을 보장하는 차원에서 전략자산도 한반도에 배치하겠다. 연합훈련도 훨씬 더 세게 해버리겠다"고 공개적으로 발언한 것이다. 그러자 북한이 3월 24일 미사일을 발사했다. 북한이 모라토리엄을 깼다고 비난하기 전에 그들이 내놓은 조건을 보자. "북미 협상이 계속되는 한"이라고 명시되어 있다. 객관적으로 볼 때 미국의 행동은 설득력이 없어 보인다.

북한이 미사일과 핵능력을 지속적으로 고도화하면 결국 언젠가는 미국이 다급해져 협상을 시작할 때가 올 테고, 그때 북한의 몸값은 크게 올라 있을 것이다. 그렇게 해서 북한은 미국으로부터 많은 걸 받아낼 수 있다고 믿을 거다. 오히려 북한은 미국의 압박을 역이용하려고 한다. 지금은 핵 개발이 미국 압박에 대응하는 자위 수단을 키우는 차원이지만 나중에 협상력을 키우는 결과로 이어질 수 있다. 미국이 그런 계산을 못하고 북한에 제재 압박만 계속하면서 핵을 포기하기를 기다린다면, 언젠가는 북한도 미국과의 협상은 포기하고 핵무기와 미사일을 미국과 사이가 나쁜 나라들에게 팔려고 할 거다. 그러면 본격적인 핵 확산이 시작되는 셈이고, 핵 비확산의 책임을 지고 있다는 미국 입장에서는 완전히 따귀 맞는 거다. 미국의 실리뿐 아니라 명예도 실추되기 십상이다. 그렇게 되면 미국은 핵 확산을 막겠다며 동분서주해야 할 거다. 미국이 계속 게으름을 부린다면 아마 '호미로 막을 일을 이제 가래로도 막을 수 없게 됐구나' 한탄할 때가 오지 않을까 싶다.

어떤 정부든 앞으로 북핵 문제를 푸는 해법을 찾으려 할 때는 우선 북한이 미국과 한국의 어느 정부 시기에 몇 번의 핵실험을 했는지 그 숫자부터 계산하고, 당시 한국 정부와 미국 정부의 대북정책이 무엇이었는지 분석해 보기를 권한다. 그래야 객관적인 결과가 나오지 않겠나.

미국이 CVID(Complete, Verifiable, and Irreversible Dismantlement 완전하고 검증 가능하며 불가역적인 핵 폐기)니 FFVD(최종적이고 완전히 검증된 비핵화)니 이런 소리만 해서는 북한이 회담에 나올 리 없다. 북핵 문제를 실용주의적으로 풀기 위해서는 북한의 요구가 일리 있다면 어느 정도 들어줘야 한다. 북한의 이러한 행동을 중국은 '합리적 우려'라고 규정한다. 북한은 미국이 약속을 해놓고도 그걸 안 지키고 핑계를 대서 자신들을 언제 칠지 모른다고 걱정하는 데, 그건 합리적이라는 취지다. 우선 북한의 행동에 따라 어느 정도 제재를 해제할 수 있다는 사인을 줘서 협상 테이블에 앉히고, 9.19 6자 회담에서 했듯이 북한이 핵시설을 폐쇄하면 미국이 북한의 군사적 안전을 보장하는 구체적 '행동 대 행동' 조치를 약속해야 한다.

외교와 국제 협상의 기본은 상호주의다. 일방적 약속은 패전국이나 한다. 북한은 패전국이 아니다. 북미관계도 일방적일 수 없다. 그러므로 '비핵화' '핵실험과 ICBM 발사 않기'를 지키게 하려면 미국의 상응 조치가 있어야 한다. 북한은 미국에 절대 숙이고만 들어가지는 않을거다. 약자이기 때문이다. 약자니까 숙이고 들어가면 짓밟힌다는 피해의식이 있다. 그래서 매번 동시 행동, 일대일 상호주의를 요구한다.

진심으로 북한의 핵 위협을 해결하고 싶은 정부라면 미국 정부가 CVID만 반복해 내세우며 북한을 자극하는 것은 우리에게 위험 신호라고 생각하고 어떻게 해서든 북한이 대화에 응하도록 미국을 설득해야 한다. CVID, 말은 멋지지만 공짜일 수 없다. 북핵 문제는 북한이 요구하는 북미 수교나 평화협정, 경제 지원을 약속해야만 해결될 수 있는 목표다. 북한은 무조건 불합리하고 모순덩어리라고 결론을 내기보다 그들의 일리 있는 말, 중국의 표현을 빌어 '합리적인 우려'는 인정하면서 단계별로 우리의 계획을 행동에 옮겨보자. 그러다가 북한이 약속을 깨면 그때 다시 제재를 가하면 된다. 그게 스냅백(Snap Back)이다.

2) 문재인 정부, 남북 화해·평화 가능성 보았다

(1) 평창올림픽은 좋은 운이었고

이명박·박근혜 정부 9년 동안 북핵 문제가 매우 복잡하게 악화돼 버렸고 남북관계도 단절됐다. 문재인 정부는 그런 마이너스의 유산을 물려받았지만 김대중·노무현 정부를 잇는 3기 민주정부로서 햇볕정책의 기조를 유지해 나가려고 애를 썼다. (『통찰』 정세현 지음, 푸른숲 2023년)

문재인 대통령이 취임한 2017년 한 해는 미국의 눈치를 보느라 선거 과정에서 얘기한 남북관계나 통일 관련 공약을 지키지 못했다. 시도도 못 했다. 4개월 전에 출범한 미국의 트럼프 정부와 문재인 정부가 처음부터 미스매칭된 것이다. (mis match 짝을 잘못 짓다) 내가 2017년 7월에 한반도 평화포럼 이사장이 되고 9월 7일 첫 정책간담회를 열었는데, 그동안 비공개였던 세미나를 세종문화회관에서 공개적으로 진행시켰다. 기조발표 원고를 전날 써놓았는데, 아침에 신문을 보니 문재인 대통령이 '북한을 계속 압박해야 된다'며 트럼프 대통령과 똑같은 이야기를 했다는 기사가 눈에 들어왔다.

블라디보스토크에서 열린 제3차 동방경제포럼 기조연설에서 문재인 대통령이 푸틴 대통령에게 "러시아가 유엔 대북 제재에 좀 적극적으로 참여해 달라"고 요구하자 푸틴 대통령이 "북한은 고난의 행군을 할 때 보니 풀뿌리를 캐 먹으면서도 밖에다 손을 벌리지 않았다"며 대북 제재가 북한의 핵정책을 바꿀 수 없다고 답변했다는 내용도 소개됐다. 그 기사에 자극받은 나는 그날 저녁 한반도평화포럼 정책간담회 기조연설에서 좀 독하게 얘기를 했다. "아침에 신문을 보고 깜짝 놀랐다. 처음에는 일본의 아베 신조 총리가 한 얘기를 '문'이라고 잘못 쓴 거 아닌가 싶어서 다시 읽어봤다. 집권 초기니까 문 대통령이 트럼프 대통령과 보조를 맞춰야만 미국을 우리 편으로 끌어들일 수 있다고 생각해서 그랬는지 모르지만, 내용은 아베 총리가 하는 말과 똑같았다. 나는 미국에 '노'라고 말할 수 있는 대통령이 되겠다는 문재인의 자서전을 읽고서 이런 사람이 우리나라 대통령이 되는 것이 좋겠다 생각해 지지했다. 문재인 대통령 후보 선거캠프의 외곽 조직에 불과했지만 김대중-노무현 정부 장·차관 출신들이 모인 '10년 힘 위원회' 위원장까지 맡아 문재인을 지지하고 도왔다. 나는 빙긋이 웃는 얼굴에 문재인이라는 이름을 가진 사람을 우리나라 대통령으로 밀었는데, 오늘 신문을 보니까 동명이인이 당선이 됐다. 일본 총리 아베와 똑같은 소리를 하는 문재인은 내가 찍은 문재인이 아니다"라는 요지였다. 노트북의 자판을 두드리는 기자들의 손놀림이 빨라졌다. 그러고는 내가 문재인 대통령을 아베 신조 일본 총리에 빗댔다는 기사가 대서특필됐다. 곧이어 당시 더불어민주당의 김경수 의원이 내 얘기를 반박하는 기사가 떴다. "그분이 옛날 얘기를 하신다. 그분이 활동하던 시절의 북핵 문제하고 지금의 북핵 문제는 다르다. 해법이 바뀌어야 되는걸 모르고 옛날 얘기를 하시는 것 같다"라고 했다는 것이다. 그러면서 "『시사IN』

의 남문희 기자가 '한나라 개국공신인 한신(韓信)이 젊은 시절 저잣거리에서 불한당들한테 잡혔는데, 그들이 시키는 대로 가랑이 밑으로 참고 지나갔기 때문에 죽지 않고 살아서 훗날 유방(劉邦)이 중국을 통일하고 나라를 세울 수 있게 만든 공신이 됐다. 문 대통령이 지금 트럼프 대통령과 비슷한 얘기를 하는 것은 한신처럼 큰 뜻이 있는 행동이다.'라고 쓴 기사를 좀 읽어보시면 좋겠다"고 말했다는 내용이었다.

그 다음다음 날인가 열린 어느 세미나에서 내가 김경수 의원의 말에 답변을 했다. "문재인 대통령의 측근이라는 김경수 의원이 내가 활동하던 시절의 핵 문제와 지금의 핵 문제가 다르다고 얘기했다. 내가 북핵 문제가 맨 처음 불거졌던 1993년 봄부터 3년 넘게 대통령 비서관을 하면서 북핵 문제에 대해 현장에서 배우고 대책을 개발했던 사람이다. 그런데 10년 전에도 20년 전에도 북핵 문제의 해법은 똑같았다. 문재인 대통령이 말한 대로 미국도 한국도 북한을 압박했지만 핵 문제는 안 풀렸다. 북핵 문제의 본질이 그때나 지금이나 똑같기 때문에 해법도 바뀐 게 없다."

당시 청와대는 일단 미국의 마음을 얻어야 북핵 문제를 푸는 중간자나 중재자 역할을 할 수 있다고 생각했을지 모른다. 하지만 그런 깊은 뜻을 어떤 국민이 알아주겠나, 2017년 7월에 독일 베를린의 쾨르버재단 초청 연설에서는 "북한이 평창올림픽에 꼭 좀 오기 바란다. 평창올림픽을 평화올림픽으로 만들자"고 해놓고 9월에 블라디보스토크에 가서는 "북한을 압박하고 제재해야 한다"는 발언을 하는 문재인 대통령을 보고서는 그렇게 왔다 갔다 하면 되겠느냐고 비판하기도 했다. 내 말에 대해 청와대에서 상당히 불편해했고 섭섭해했다고 들었다.

북한을 압박하려는 미국의 입맛에 맞춰주는 식으로는 북핵 문제 해결이 가능한 방향으로 미국을 끌고 갈 수가 없다. 적어도 "북한도 문제가 있지만 미국도 문제가 있다"라고 줏대 있게, 그리고 일관성 있게 얘기를 해야 미국도 다시 한번 생각을 하게 된다. 동맹이라고 무조건 미국이 옳다며 따라가기만 하면 우리의 대북정책에 자국 중심성은 없어진다.

초기에 좀 흔들렸지만 어쨌든 문재인 정부는 한편으로 얼어붙은 남북관계를 풀어가려는 시도를 계속했다. 그런데 운이 좋았다. 갑자기 북한이 2018년 평창올림픽에 축하사절단을 보낸다면서, 김정은 국무위원장이 친동생 김여정 부부장한테 '문 대통령의 평양 방문을 초청'하는 내용이 담긴 친서를 들려서 청와대까지 보냈다. 오전에는 친서를 전달하고 오후에 평창올림픽 개막식에 북한 축하사절들도 참석하면서 2018년 2월 9일 평창올림픽이 그야말로 평화올림픽으로 부각이 됐다. 북한의 평창올림픽 참가를 계기로 남북관계가 풀리기 시작하고 4월 27일 판문점에서 남북정상회담을 할 수 있었다.

그걸 토대로 '6.12 싱가포르 북미정상회담'도 열렸고, 그 분위기를 타고 '9.19 평양 남북정상회담'도 열린 것이다. 이렇게 2018년 한 해는 그야말로 한반도에 봄이 온다고 모두가 믿었던 시간이었다.

한반도에 봄이 온다고 우리 국민이 들떠 있던 2018년 2월부터 10월까지 그 아홉 달

동안 물밑에서는 어떤 일이 있었던가.

북한이 2017년 9월 3일 6차 핵실험을 하고, 같은 해 11월 29일 최대 사거리 1만 3천 킬로미터짜리 ICBM 시험발사에 성공하며 '국가 핵무력 완성'을 선언했다. 미국은 겉으로야 북한의 도발이라고 비난했지만 내심 놀랐을 것이다. 그동안 트럼프 대통령은 북한이 대들면 '화염과 분노'에 휩싸일 것이라고 겁을 줬고, 당연히 북한이 숙이고 들어올 것이라고 예상했는데, 그러긴커녕 워싱턴이나 뉴욕까지 때릴 수 있는 ICBM까지 시험발사를 하고 나섰기 때문이다.

문제가 복잡해지자 트럼프 대통령도 클린턴 대통령이나 부시 대통령이 북한을 상대로 썼던 카드를 만지작거리지 않을 수 없었을 것이다. 김정은 국무위원장을 리틀 로켓맨이라 놀리던 트럼프 대통령의 체면이 있으니 미국 정부가 직접 나서지는 않았다. 미국 국무부의 현직 관리가 직접 움직이면 눈에 띄니까 대신 유엔 사무차장 제프리 펠트먼이 평양에 들어갔다. 북한이 ICBM을 쏜 지 일주일도 안 된 12월 5일이었다. 국무부에서 오랫동안 일했고 차관까지 지낸 제프리 펠트먼은 유엔에 있었지만 미국 국무부의 또 다른 창구라고 봐야 한다. 유엔 사무총장의 지시로 갔다기보다 사실상 미국 정부에서 보냈다고 보는게 합리적일 거다. 그런 펠트먼이 "북한도 오판해서 전쟁을 일으킬 수 있지만 미국도 오판으로 전쟁을 일으킬 수 있는데, 그건 별로 남는 장사가 아니니까 협상으로 문제를 풀어야 된다. 북한이 움직이면 미국도 체면 구기지 않고 협상에 응할 수 있다"는 얘기를 한 거다.

북한의 핵이 우리에게 위협이기는 하지만 북한이 핵무기로 우리를 공격할 가능성은 아주 낮다. 서울과 평양 사이 거리는 200킬로미터밖에 안 된다. 그 정도면 서울-익산 간 거리다. 핵폭탄을 남쪽을 향해서 터뜨려도 방사능이 북쪽으로 간다. 그렇기 때문에 우리한테는 핵을 못 쓴다고 봐야 한다. 핵은 미국과 빅딜을 할 때 쓸 협상용 카드다.

'핵무기 내놓을 테니까 수교해 주시오', '수교는 안 돼', '그렇다면 핵폭탄 만들 수밖에 없군', '이거 다 줄 테니까 수교해 주시오', '안 돼', '그럼 또 핵폭탄 더 만들 거야', '안 돼', '그럼 미사일 사거리 늘릴 수밖에 없네' 이렇게 옥신각신하다가 마침내 '워싱턴 DC, 뉴욕에 도달할 수 있는 ICBM 만들었는데, 그래도 안 돼?'하고 나오니 미국이 먼저 움직인 거다. 그런 일이 있었기 때문에 2018년 1월 1일 신년사에서 김정은 위원장이 평창올림픽에 북한 대표단을 보내겠다고 했고 2월 9일 김여정 부부장이 온 것이다. 원인과 결과는 이렇게 생기고 연결된다.

북한 입장에서 볼 때는 유엔 사무차장이 미국 트럼프 대통령의 메시지를 가지고 왔다 하더라도 바로 미국과 회담을 하자고 제안하면 미국이 체면 때문에 응하지 않을 듯하니 '서울을 거쳐서 워싱턴으로 가자. 남한 대통령과 정상회담을 먼저 하고 그걸 디딤돌로 삼아서 미국 대통령과 만나자'고 정한 것으로 보인다.

2월 9일 김여정 부부장이 들고 온 친서에는 정상회담 제안은 없었다. 문재인 대통령이 평양을 방문해 달라는 초청이 주 내용이었다. 문 대통령이 평양에 가서 옥류관 냉면 먹고 그날로 돌아오겠냐. 우리도 남북정상회담 할 용의가 있다는 얘기로 바로 알아듣고 평창올림픽이 끝난 뒤 3월 5일에 평양에 특사단을 보냈다. 국가안보실장, 국정원장, 통일부 차관, 국정원 차장, 청와대 국정상황실장, 이렇게 다섯 명이나 보냈다. 김정은 국무위원장은 이 다섯 사람을 직접 만나 "미국이 수교만 해준다면, 종전하고 불가침만 보장된다면, 핵은 얼마든지 내려놓을 수 있다. 미국은 우리가 비핵화 의지가 없다고 자꾸 그러는데 우리가 핵을 가지고 어렵게 살 이유가 없다. 그러나 핵을 내려놓는 순간 군사적으로 치고 들어올지 모르기 때문에 먼저 불가침 보장부터 하라는 거다"하는 얘기를 전했다.

특사단이 3월 5일에 김정은 국무위원장을 만나고 서울로 와서 문재인 대통령에게 보고한 뒤 3월 8일에 워싱턴으로 건너가 트럼프 대통령한테 그대로 직보했다. 트럼프 대통령은 김정은 국무위원장의 비핵화 의지와 관련된 몇 가지 얘기를 듣고 바로 김정은 국무위원장과 만나겠다고 말했다고 한다. 그 자리에 같이 갔던 우리 측 특사단원들한테 직접 들은 얘기다. 트럼프 대통령도 미국이 북한을 치지 않겠다는 약속을 하고, 즉 평화협정을 맺고 미국이 수교만 해준다면 핵을 가지고 어렵게 살 이유가 없다는 김정은 국무위원장의 얘기가 일리 있고 진정성이 있다고 생각한 거다. 배석했던 미국 국무장관, 안보보좌관 등이 그렇게 즉흥적으로 결정하지 말고 회의를 통해서 검토한 뒤에 발표하고 통보해도 늦지 않다고 만류해도 트럼프 대통령은 김정은 국무위원장을 직접 만나겠다며 밀고 나갔다고 한다. 참모들이 "그러면 최소한 일본과는 긴밀하게 협의해야 할 사안이다"라고 다시 말렸지만 트럼프 대통령은 우리 특사단이 있는 자리에서 바로 아베 총리에게 전화를 걸어 김정은 국무위원장을 만나기로 결심했으니 그렇게 알라고 통보한 뒤 전화를 딱 끊어버렸단다. 미국은 누구의 사정도 상관없다. 자기네들의 일정대로 움직인다.

'6.12 싱가포르 북미정상회담'은 그렇게 성사됐다. 우리가 북한과 미국을 오가며 북한의 정상이 미국의 정상을 만나도록 다리를 놓는 한편, 트럼프 정부는 북한의 돌발적이고 위협적인 행동의 후과를 걱정해서 비공개로 미국 대통령의 특사가 아닌 유엔 사무차장을 보내 협상으로 문제를 풀자고 제안했기 때문에 남북정상회담이 성사되고 6.12 북미정상회담도 이루어진 것이다. 그런 점에서 문재인 대통령은 운이 무지하게 좋았다.

스스로 3기 민주정부 대통령이라고 말한 문재인 대통령은 김대중·노무현 대통령의 대북정책 또는 대미정책의 연장선상에서 일을 해야 된다는 책임감을 가지고 있었다. 그러니까 북한으로서는 김대중·노무현을 계승했고 이명박·박근혜와는 반대 입장인 문재인 대통령을 활용해서 미국 대통령과 만날 계기를 만들어 보자는 계산을 했다고 볼 수 있다. ICBM으로 미국에 사인을 보냈지만 바로 미국 대통령을 만나는 것은 비현실적이라고 판단했을 테니까. 우리는 결과적으로 중재자·조정자 역할을 했다고 자부할 수 있지만, 문재인 대통령 등에 업혀서 미국 대통령을 만나야겠다는 계산은 김정은 국무위원장 쪽에서 한 거다. 북한이 어떻게 보면 계산이 빨랐다.

북한으로서는 이 경험을 통해 미국과 톱다운 방식의 협상을 할 가능성을 발견했고 남북 간에도 실무회담보다는 정상회담을 그 통로로 삼자고 판단한 것 같다. (top down : 교섭의 순서를 위에서 아래로 해나가는 방식) 김정은 국무위원장은 문재인 대통령이 입에 달고 살았던 평창올림픽 참석을 들어주면서, 그 핑계로 문재인 대통령을 통해 트럼프 대통령에게 친서를 전달하고, 트럼프 대통령이 북미관계 개선에 대한 자신의 진정성을 알아주기 바란 거다. 2018년 '한반도의 봄'은 이렇게 해서 시작이 됐다.

　어쨌든 문재인 정부 입장에서는 임기 초인 2018년 평창올림픽에 북한이 참석만 해줘도 모양새는 나쁘지 않게 된 것이다. 나아가서는 그걸 계기로 북한을 우리 페이스로 끌어들일 수 있는 가능성도 그만큼 커졌다고 할 수 있다. 2018년 3월 5일 우리 특사단은 북한에 가서 김정은 국무위원장한테 직접 들은 얘기들로 북측 나름의 계산을 감지할 수 있었고, 그걸 토대로 우리가 북미관계의 중재자, 조정자 역할을 할 수 있겠다는 계획을 세울 수도 있었던 것이다.

　트럼프 대통령을 만나려고 하는 김정은 국무위원장의 계산된 행동은 '화살처럼 날아가는 기회'였는데 문재인 대통령이 낚아챈 셈이다. 2018년 한 해는 김정은 국무위원장도 운이 좋았지만, 결과적으로 문재인 정부도 많은 업적을 낼 수 있었다.

(2) 군산복합체, 무기 매출이 판단의 기준

　2018년 6월 12일 싱가포르에서 열린 북미정상회담에서 트럼프 대통령과 김정은 국무위원장이 만나 그야말로 의기투합한 것 같다. 3대3으로 마주앉아 회담을 한 결과 공동합의문이 나왔다. 1번은 새로운 북미관계 수립인데, 요컨대 북미 수교를 하겠다는 뜻이었다. 2번이 휴전협정을 평화협정으로 교체한다는 내용인데, 종전선언을 하고 미국이 북한에 대한 불가침을 보장한다는 거다. 그동안 북한이 주제가처럼 불러왔던 북미 수교 그리고 미국이 군사적으로 북한을 치지 않겠다는 약속, 그게 1,2번이다. 3번은 한반도의 비핵화, 4번은 6.25 전쟁 중에 북한 지역에서 전사한 미군의 유해를 발굴해서 송환해 준다는 거였다. 즉, 미국의 요구를 들어준다는 거다. 그렇게 회담을 끝내고 트럼프 대통령은 일정에 없던 기자회견을 자청해서 "(회담이) 잘됐다. 북핵 문제를 풀려면 종전선언이라는 입구로 들어가야 한다"고 얘기했다. '종전선언이 입구'라는 얘기를 트럼프 대통령이 먼저 했다.

　미국은 1993년 3월 북핵 문제 발생 이후 일관되게 북한의 비핵화가 먼저라고 주장해 왔는데, 트럼프 대통령이 김정은 국무위원장을 만나서 '한반도의 비핵화'라는 표현을 쓴 걸 보고서는 모두 놀라지 않을 수 없었다. 아마도 미국 실무자들은 겁이 났을 거다. 실무자들 입장에서 볼 때는 종전선언까지 약속하는 트럼프 대통령한테 이 문제를 맡겨뒀다가는 미국 '군산복합체의 이해관계가 다 무너져 버릴 수도 있으니 말이다.' 무너지더라도 서서히 무너져야 준비라도 하는데 갑자기 무너지게 생긴 거다. 미국 경제는 상당 부분 무기 수출로 유지된다. 군산복합체에 생산품과 양을 배분하는 것이 미국 대통령의 가장 중요한 일이다. 대량의 무기 생산·판매 수입은 전쟁을 해야 보장되는 미국의 전통깊은 거대한 수입원(收入源)이다.

지금 동북아 지역에서 미국의 헤게모니(주도권·지배권)와 군산복합체는 표리관계이다. 미국이 계속 패권을 잡고 영향력을 유지하려면 '악마화된 적(enemy)'이 하나 있어야 한다. 그동안 북한이 그 적 노릇을 해왔다. 그런데 트럼프 대통령이 그 악마와 새로운 관계를 수립하도록 그냥 놔둔다면 미국 군산복합체의 입지가 매우 좁아질 수밖에 없다. 무기 시장이 없어지거나 좁아지기 때문이다. 미국의 웬만한 관리들은 정부에서 일하며 정책을 수립하다가 퇴직 후 군산복합체와 연결된 단체로 가거나 싱크탱크에 들어가서 군산복합체와 연결된 프로젝트를 맡아 돈을 벌다가 또다시 정부로 들어간다. 결국 같은 먹이사슬 속에 있다.

CIA 국장을 지낸 당시 국무장관 마이클 폼페이오(Michael Pompeo)도 이런 군산복하체의 카르텔 속에 있다고 봐야 한다. 폼페이오 국무장관이 2018년 7~8월 두 달 동안 평양에 세 번 갔다. 가서 1번, 2번 약속은 다 떼고 한반도 비핵화를 위해서는 북한의 비핵화부터 시작해야 하니 북한 비핵화 얘기부터 하자고 했다. 북한은 당연히 1, 2, 3번이 같이 가야 한다 하면서 버텼고 진도는 더 나가지 못했다. 폼페이오 국무장관은 미국으로 돌아가서 '안 되겠다. 북한의 논리대로 1, 2, 3번을 동시에 진행하면 우리가 설 자리는 없다. 솔직히 북핵 문제는 해결되지 않는 것이 차라리 낫다. 북한이 핵을 가지면 남한은 겁이 나서 우리 무기를 많이 사겠지만, 우리는 겁날 게 없지 않느냐. 그렇다면 우리는 북핵 문제를 풀 것처럼 하면서 시간을 끌고, 북한의 핵능력이 고도화되는 모든 책임을 북한한테 넘기면 된다'라는 계산을 했을 거다. 이건 폼페이오 국무장관 한 사람만의 생각이 아니고 미국 정부 관리 대부분의 생각일 수 있다. 공화당 의원들도 정치권 밖에서 굴러들어 온 도널드 트럼프가 대통령이 된 뒤 북핵 문제를 해결해서 노벨평화상을 받고 차기 대통령 선거에 나가는 것을 눈 뜨고 볼 수가 없었을 거다. 그래서 폼페이오 국무장관이 10월 7일 북한에 또 간다. 네 번째였다.

앞서 말했듯 북한의 핵 개발은 미국이 우리나라에게 무기를 많이 팔 수 있는 좋은 기회다. 한국의 공포가 커야 무기시장도 커지니까, 유럽에선 냉전체제가 1980년대 초에 와해됐는데, 동북아 지역에서 냉전체제가 끝나지 않은 것은 미국이 원하지 않기 때문이다. 노태우 대통령이 1988년 한국이 중국·소련과 수교하고 북한이 미국·일본과 수교하는 교차 승인을 제안(7.7선언) 했지만 미국은 거부했다. '위험국가 북한이 사라지면 무기시장도 사라진다.' 미국에게 북한과의 수교는, 냉전체제에서 구축된 동북아 지역에서의 미국 기득권이 깨지는 문제였다.

(3) 사사건건 발목 잡는 '한미워킹그룹'

폼페이오 장관이 북한에 다녀오더니 10월 하순에 미국 쪽에서 '한미워킹그룹' 얘기가 나왔다. 미국은 '4.27 판문점 선언', '9.19 평양 공동선언'을 그대로 놔두면 나중에 남북은 급속도로 가까워지는 반면 미국은 오리알 처지가 된다고 판단한 거다. 더구나 '9.19 군사분야 합의서'는, '4.27 판문점 선언' 내용 중 군사훈련과 관련해 합의한 것들을 구체적으로 이행하기 위한 일종의 행동계획, 실행계획이다. 여기에 포함된 내용 중 비무장지대로부터 5킬로미터 이내에서는 연대급 이상의 훈련을 하지 않는다 등등이 있는데, 미국은 이걸 결국「한국군 전시작전통제권을 가진 주한미군 사령관이 아무것도 할 수 없도록 만드는 합의」라고 보았다. 지금까지 2-3만 명 정도의 병력만 가진 주한미군 사령관이 60만 명이 넘는 한국군의 상왕 노릇을 해왔는데, 미국한테 물어보지도 않고 남북이 자기네들끼리 합의한 대로 하면 장차 한미연합훈련도 맘대로 하기 어려워진다고 판단한 거다.

문재인 대통령은 대선공약에서 임기 중에 전시작전통제권을 찾아오겠다고 큰소리쳤지만 결국 미국이 이 핑계 저 핑계 대면서 안돌려줬다. 우리 정부는 2022년 봄에는 찾아오겠다고 했는데 미국은 여름을 말했다. 차기 정부와 새로 협의할 기회를 노린 거다. 지금은 미국이 한국군을 어디로 보내라고 하면, 우리 군대는 가야 한다. 전시작전통제권을 우리에게 돌려주면 미국은 한국 군대를 마음대로 지휘할 수 없다. 군사적 협조를 구해야 한다. 그러려면 우리 말을 들어줘야 할 거 아닌가. 당면해서 중국을 압박해 들어가는 중인 미국은 중국과 가까운 북한의 요구를 절대로 들어줄 수가 없다. 그렇기에 남북 간의 다른 모든 합의들을 비핵화에 연계시켜야 한다는 판단으로, 그리고 그런 역할을 할 조정기구로서 '한미워킹그룹'을 만들자고 한거다. 문재인 정부는 '한미워킹그룹'을 만들면 북핵 문제와 남북관계를 선순환적으로 풀어나갈 수 있으리라고 생각했을 것이다. 하지만 '한미워킹그룹'은 '4.27 판문점 선언'이나 '9.19 평양 공동선언'의 이행을 통해 남북관계를 발전시켜 나가려는 한국의 발목을 사사건건 잡았다. (working group : 특별자문[조사]위원회)

결국 2018년 11월 20일 '한미워킹그룹'을 만든 이후 남북 합의사항은 하나도 이행하지 못했다. 미국은 심지어 합의 사항에 명시되어 있지 않은 남북 간 의약품 수송도 막았다. 2019년 1월 북한에 독감이 유행하자 우리 정부는 독감 약 타미플루를 보내려고 했는데 미국이 약을 싣고 가는 트럭을 문제 삼았다. 약만 주고 돌아오는데도 수입 금지 품목인 트럭이 북한에 들어가면 안 된다며 막았다. 결국 독감 약을 북한에 보내지 못했다. 미국이 말도 안 되는 짓을 한 것이다. 협상 용어로 '원칙의 굴레'를 쓰면 이렇게 되는데, 문재인 정부의 한미관계 당국자들이 그걸 몰랐다.

북핵 문제가 불거진 후 김영삼 정부 시절인 1990년대 중반 '한미공조' 원칙이 우리에게 굴레가 됐던 적이 있다. 내가 청와대 통일담당 외교안보비서관으로 일할 때의 일인데, 김영삼 대통령은 북핵 문제와 관련한 미국의 조치나 방침에 자주 제동을 걸었다. 그러자 1995년경 미국 쪽에서 "북핵 문제를 앞에 놓고 동맹끼리 엇박자를 자꾸 내는 건 북한을 오히려 이롭게 한다. 그러니 북핵 문제를 잘 풀어나가기 위해서는 '한미공조'라는 원칙하에 한미가 협의하고 대처해 나갈 필요가 있다"고 전해왔다. 말이 안 되는 건 아닌데 어쩐지 꺼림칙했다. 하지만 내가 담당 비서관이 아니었기 때문에 강력하게 반대를 하고 나설 처지는 아니었다. 결국 "북핵 문제를 해결하기 위해 한미가 긴밀히 공조해 나가기로 했다"는 발표가 나왔고, 외교부 쪽에서는 '한미공조' 원칙 합의는 잘된 일이라는 식의 여론이 도는 것 같았다.

그러나 이후 북핵 문제 앞에서 한미관계는 사실상 상명하복식으로 풀려가기 일쑤였다. 미국이 '한미가 공조하기로 해놓고 웬 딴소리냐'는 식으로 한국의 요구나 입장을 들어주지 않는 것 같았다. 남북회담에서도 체득한 바이지만, '원칙의 굴레'의 구속력은 막강하다. 북한이 회담 벽두에 그럴듯한 명분을 앞세워 원칙성 합의부터 하자고 나서는데, 그럴 때마다 우리 쪽 회담 대표들은 북쪽 대표단이 좋은 말로 씌우려고 하는 원칙의 굴레를 피해온 경험이 적지 않다.

'한미공조'라는 원칙의 굴레로 고통스러운 경험을 해본 사람은 그때로부터 20여 년의 세월이 흐른 2018년 어간에 우리 외교부에 남아 있지 않았을 것이다. 정년퇴직이다 이직이다 해서 후배들에게 경험을 전해줄 수 없었을 것이다. 그렇기에 미국 국무부가 북핵 문제를 빨리 잘 풀어나가기 위해서 한미의 실무자급 '한미워킹그룹'을 만들자고 했을 때 의심하기보다는 좋은 뜻으로 받아들였을 거다. 나중에 역사가들이 정리한 기록은 어딘가에 남겠지만 현장의 관리들은 매일 소화해야 하는 일정에 바빠 역사적 사실들을 살펴볼 겨를이 없다. 미국은 이런 과거의 경험들을 싱크탱크를 통해 계속 축적하고 활용하지만 우리에겐 그런 역할을 하는 조직이 없다.

그러나 싱크탱크보다 더 중요한 것은 대한민국 외교가 근본적으로 '자국 중심성'을 갖는 것이다. 현재 한국 외교의 자국 중심성은 제로에 가깝다고 말할 수밖에 없다. 현 정부건 전 정부건 외교에서 자국 중심성이 필요하다는 의식을 가진 사람이 별로 없는 것 같다. 지금 우리 관료들 중에는 '미국의 관리냐 한국의 관리냐' 하는 질문을 해야 할 정도로 미국 중심의 사고와 문화에 젖어 미국과 다른 목소리를 내는 것 자체를 좋게 보지 않는 사람이 많다고 본다. 그런 사람들이 정부뿐만 아니라 언론계에도 학계에도 정계에도 많다. 너무 많다. 우리나라가 외교에서 자국 중심성을 중요한 가치로 삼으려면 대단한 변화가 필요하다.

한편 2019년 1월 1일 신년사에서 김정은 국무위원장은 금강산관광과 개성공단 조업은 조건과 대가 없이 바로 시작할 수 있다고 얘기했다. 김정은 국무위원장은 '4.27 판문점 선언'과 '9.19 평양 공동선언'까지 했으니 문재인 대통령이 약속한 것을 이행하리라고 본 거다. 사전 조율도 없이 문재인 대통령이 평양 능라도 5월 1일 경기장에서 15만 평양 시민들을 앞에 놓고 연설을 하게 할 정도로 김정은 국무위원장은 문재인 대통령을 믿었다. 워킹그룹은 한미 간에 협의할 문제이지 우리가 남북관계에서까지 '한미워킹그룹'에 묶여 미국의 간섭에서 빠져나오지 못하리라고 북한은 생각도 못 했을 것이다. 하지만 '한미워킹그룹' 때문에 독감 약마저도 못 보낼 만큼 남북관계는 한 발짝도 못 나갔다. 결과적으로 '4.27 판문점 선언', '9.19 평양 공동선언'의 합의 사항들은 이행되지 못했다.

(4) 대국 일방적 요구뿐, 하노이 회담 결렬

그러면서 어떤 일이 벌어졌나, 2019년 2월 27일~28일, 이틀 일정의 하노이 회담 전까지 북한은 남한이 그런대로 미국에 영향력이 있다고 생각했고, 우리도 2차 북미정상회담을 성공적으로 끝내야 남북관계가 앞으로 나아갈 수 있다고 생각했다. 그래서 미국과 긴밀하게 협조해 하노이 회담이 잘 끝날 수 있도록 판을 짜줬다. 그걸 믿고 김정은 국무위원장은 기분 좋게 60시간 넘게 기차를 타고 트럼프 대통령을 만나러 하노이까지 갔다. 사전에 한국 정부의 영향력이 미국한테 통해서 북한이 핵과 관련해 일정 정도 행동하면 미국도 화답하듯 수교 관련 협상을 점차 개시하고, 단계적으로 평화협정을 맺어 '굿 이너프 딜(Good Enough Deal)'로 타결되도록 한국과 미국이 조율해 이를 북한에도 통보해 준 걸로 안다. 북미 수교·평화협정·비핵화를 한꺼번에 일괄 타결하는 게 아니라 조금씩 추진해 나가는 방식이었다. 북한으로선 나쁘지 않은 그림이었다.

그런데 이틀 일정의 회담 중에 트럼프 대통령의 마음이 하룻밤 사이에 변했다. 회담 첫날인 27일 저녁, 만찬장에 들어가기 전 김정은 국무위원장과 30분간 환담을 하고 나온 트럼프 대통령이 기자들이 묻지도 않았는데 "조금 전에 우리가 20~30분 동안 한 얘기를 여러분이 알게 되면 깜짝 놀랄 거다"라고 말했다. 김정은 국무위원장도 표정이 밝았다. 누구 할 것 없이 모두 다 잘된 줄 알았다. 남한 정부가 중재자 또는 조정자 역할을 한 결과 북미관계 수립과 평화협정 문제 그리고 비핵화 문제를 단계별로 동시에 해결해 나갈 수 있다는 믿음이 있었기 때문에 김정은 국무위원장의 표정이 밝았을 거다. 트럼프 대통령이 그렇게 언급을 했고, 그런 말과 표정이 뉴스에도 나왔다.

그런데 트럼프 대통령이 이튿날 아침 회의에 들어가면서 "우리에게 시간은 많다"라는 말을 했다. 이 말의 의미는 이번엔 김정은 국무위원장한테 선물을 안 주겠다는 의미다. 그때 김정은 국무위원장 표정이 싹 굳었다. TV를 유심히 보던 나도 깜짝 놀랐다. 트럼프 대통령이 전날 저녁에는 김정은 국무위원장과 놀랄 이야기를 나눴다고 했는데 오늘 아침에는 시간이 많다고 하다니, 뭔가 변했구나 싶었다. 아니나 다를까, 3대3으로 앉을 자리에 갑자기 존 볼턴(John Bolton) 백악관 국가안보보좌관이 들어와서 끝자리에 앉았다. 볼턴 국가안보보좌관이 느닷없이 네 번째로 들어와 내놓은 노란 봉투에는 북한이 모든 핵을 완전히 포기하면 그다음에 경제 지원을 해주겠다는 '선 비핵화후 보상'이라는 내용이 들어 있었다고 한다. 미국 쪽에서는 이걸 빅딜이라고 불렀는데, 완전히 빅딜 아니면 노딜이라고 나오면서 판이 깨지고 하노이 회담은 그렇게 결렬됐다. 김정은 국무위원장이 평양으로 돌아가면서 꽉 믿었던 남한 정부를 무지하게 원망했을 거다. 그런데 트럼프 대통령이 하룻밤 사이에 그렇게까지 변심해서 볼턴 국가안보좌관을 내세우리라고는 아무도 생각하지 못했다. 북측은 그때부터 남한 정부를 믿을 수 없다는 생각이 더 강해진 것 같다.

남북관계가 이렇게 경색된 이유에는 하노이 회담이 깨지면서 한국에 대한 북한의 신뢰가 줄었기 때문이라고 말하는 사람들이 많다. 하지만, 이미 2018년 11월부터 남북관계는 다시 얼어붙기 시작했다. 앞서 말했던 '한미워킹그룹'이라는 굴레 때문이다. 참 후회스러운 일이다. 천추의 한이 돼버렸다. 2018년 2월 9일 시작한 문재인 정부의 한반도의 봄 프로젝트는 2018년 9월 19일까지였다. 2019년 한 해 동안 문재인 정부는 남북관계와 관련해서 아무것도 할 수 없었다.

(5) 소리없이 남과 북 장벽은 굳어져

트럼프 대통령처럼 그나마 톱다운 식으로 접근할 수 있는 미국 대통령을 만나야 한반도의 봄이 다시 올 수 있을 것 같다. 그렇지 않으면 미국의 국제정치적 헤게모니와 한 몸인 군산복합체가 결국 기술적으로 사보타주하면서 애를 먹일 수 있다. (sabotage 공장설비 파괴, 생산 방해, 파괴 행위)

2020년 1월 4일 상공회의소 강당에서 신년 하례회가 있었다. 정부 장차관·대기업 총수·언론인들이 오고 나는 민주평화통일자문회의 수석부의장 자격으로 그 행사에 참석했다. 문재인 대통령이 "금년에는 작년과 달리 남북관계가 좀 앞서가면서 북미관계나 북핵 문제가 선순화될 수 있도록 하겠습니다"라고 신년 인사를 했다. '작년과 달리'라는 표현을 쓰기에, 이제는 드디어 배포 있게 나갈 모양이구나 싶었다. 문재인 대통령은 빙긋이 웃기도 하지만 어떤 때는 입을 꽉 다문다. 어렵게 살았기 때문에 필요하면 결기 있게 움직일 수 있는 사람이다. 다행이라고 생각하고 있는데 강기정 정무수석이 나한테 와서 "장관님이 자꾸 문 대통령 아무것도 못 한다고 그러는데, 이제 대통령이 제대로 할 테니까 앞으로 좀 도와주세요" 하더라. 그 자리는 그렇게 끝났는데, 1월 15일 정식 신년 기자회견에서 문재인 대통령이 "금년에는 작년과 달리 남북관계가 한 발 앞서가면서 북미관계나 북핵 문제가 풀릴 수 있도록 만들어 나가겠다"며 좀 더 분명하게 뜻을 밝혔다. 그런데 바로 다음 날인가 주한 미국 대사 해리 해리스(Harry Harris)가 "앞으로 남북관계도 한미워킹그룹에서 모든 걸 협의한 뒤에 추진해야 된다"는 식으로 얘기를 했다. 그러자 청와대에서 "부적절한 발언이다"라고 언급하고, 통일부에서도 "대사가 할 얘기가 아니다"는 식으로 상당히 반발하는 모양새를 보였다. 미국 대사가 저렇게 얘기해도 대통령이 밀고 나가겠구나, 청와대도, 통일부도 밀고 나가겠구나 하고 생각했다. 그리고 그때 우리 국민들 정서가 해리 해리스가 무슨 총독이냐고 난리가 날 만큼 미국 대사가 궁지에 몰렸다. 나는 한 인터뷰에서 해리 해리스 미국 대사를 PNG(persona non grata, 기피 인물)로 지정해 출국시켜야 한다는 얘기까지 했다. 보수 쪽에서는 평통 수석 부의장이 미국 대사에게 그런 얘기를 하면 안 된다고 난리가 났다.

문재인 대통령이 큰소리를 쳤으나 결국 2020년에도 우리 정부는 남북관계에서 아무것도 못 하고 2021년으로 넘어왔다. 주재국 대통령의 방침에 토를 달고 나선 주한 미국 대사의 말 한마디가 그렇게 위력을 발휘하는 걸 보면서 좌절감을 느끼지 않을 수 없었다.

속상해 하는 와중에 미국에 새롭게 조 바이든 정부가 들어섰다. 바이든 대통령과 정상회담을 통해야만 문재인 대통령이 트럼프 대통령 시절 일궜던 북미관계나 남북관계의 연장선상에서 업적을 낼 수 있었기 때문에 문재인 정부는 참 동분서주했다. 5월 21일 한미정상회담은 미국이 움직이는 사이클에서 볼 때는 상당히 빨랐던 게 맞다. 일부에서는 일본보다 늦었다고 하는데, 미국에게 일본하고 한국은 격이 다르다. 우선 경제력 면에서 우위인 일본은 무기도 우리가 사는 것보다 더 비싸고 좋다. 자체 개발한 무기를 포함해 우리보다 군사력도 더 강하다. 일본이 우리보다 우위에 있는 건 부인할 수 없는 현실이다. 미국의 입장에서 일본은 아주 좋은 고객이자 동맹이다.

일본보다는 한발 늦었지만 1월 20일 미국 대통령이 취임한 날로부터 딱 4개월 만인 5월 21일에 한미정상회담을 한 거니, 굉장히 빨리 했다. 그날도 정상회담이 끝나고, 미국이 북한을 압박하기 위해서 인권대사를 먼저 임명하려는 것을 뜯어말려 가며 대북 특별대표를 먼저 임명하도록 한 것도 잘한 거다. 바이든 대통령이 공동기자회견 중간에 대북 특별대표로 성 김(Sung Kim) 전 주한 미국 대사를 직접 소개하기도 했다. 물론 미국이 그렇게 협조적으로 나온 데는 우리 기업들이 미국에 투자를 많이 해준 덕도 있다. 미국 대통령이 직접 청중석에 있는 우리 기업 대표들을 일으켜 세워서 고맙다며 세 번이나 박수를 쳤다.

그런데 함정이 있었다. 나는 공동성명문에서 "남북 대화와 관여 그리고 협력을 적극 지지한다"는 문구만 보고 바이든 대통령이 남북관계 선행론을 인정한 걸로 해석하고는 이번에 정상회담이 잘됐다고 얘기를 했다. 그런데 문정인 교수에게서 그 뒤에 아주 고약한 문구가 있다는 말을 들었다. "이런 모든 것들은 한미 간에 완전한 조율을 거쳐서 시행한다." '완전'이라는 말이 나쁘지 않고 '조율'이라는 말 역시 나쁘지 않지만 '완전한 조율'은 결국 90년대 중반의 '한미공조'나 트럼프 정부 때 만든 '한미워킹그룹'과 같은 의미다. 결국 문재인 정부는 '바이든 정부가 움직이지 않으면 아무것도 할 수 없는 함정'에 또다시 빠진 것이었다.

그래도 문재인 대통령은 초심으로 돌아가서 종전선언은 어떻게든 자기 임기 내에 끝내고 가야겠다고 생각한 것 같다. '4.27 판문점 선언' '6.12 싱가포르 선언' '9.19 평양

공동선언' '9.19 군사분야 합의서'의 정신과 내용을 떠올리면서, 그리고 평양 능라도 경기장에서 대중 연설할 때 북한 주민들로부터 열렬히 환영을 받았던 그 대통령으로서 남북관계를 원만하게 유지해 나가려면 종전선언 입구로 들어가야 한다는 책임감 때문에 9월 22일(한국 시간) 유엔총회에서 그 얘기를 꺼냈다.

그러나 '완전한 조율'에 걸렸는지, 유엔총회연설에서 종전선언 얘기를 꺼내고 연말이 다가오는 90일이 지날 때까지 종전선언은 진도가 안 나갔다. 미국은 종전선언에 협조할 생각이 없었던 것이다. 그뿐만 아니라 10월 12일 미국에서 서훈 안보실장이 백악관 국가안보보좌관을 만난 뒤 문재인 대통령이 미국 쪽에서 들은 얘기는 "종전선언에 대해서 많은 이해를 할 수 있게 됐다"는 것이었다. 속 터지는 소리다. 힘 빠지는 소리다. 아무리 정권이 바뀌었다고 할지라도 북미가 정상회담을 두 번이나 한 마당에 서훈 실장의 설명을 듣고서야 종전선언을 이해했다니⋯⋯. 참나!

그러더니 우리가 외교부를 통해서 문안 협의를 하자며 쪼아대니까, 10월 27일엔가는 제이크 설리반(Jake Sullivan) 백악관 국가안보보좌관이 "종전선언 문제와 관련해서 한미 간에 순서·시기·조건에 대해 관점이 다를 수 있다"고 말했다. 종전선언에 대해 분명히 선을 그어버린 것이다. 결국 미국은 북한이 바라는 조건으로 지금 종전선언은 못 해주겠다는 말이다. 문재인 대통령이 간절하게 임기 중에 끝내고 가고 싶었을지라도 미국 안보보좌관이 이렇게 나온다면 종전선언은 현실적으로 할 수 없게 된 것이다.

답답한 마음에 서훈 안보실장이 중국의 텐진까지 가서 중국의 외교담당 정치국원인 양제츠를 만나 "종전선언 하는 게 좋다"는 말을 듣고 왔다고 했다. 그러나 종전선언의 핵심 주체는 뭐니 뭐니 해도 미국이다. 북한이 요구하는 종전선언의 핵심은 '북미 간에 군사적 불가침을 약속하는 것이기 때문'이다. 북쪽에서는 "종전선언을 하려면 대북 적대시 정책을 먼저 철회하라, 이중 기준 적용하지 마라, 우리가 하면 도발이고 너희가 하면 억제고 자위냐"라고 따지며, 군사적 적대시 정책으로 가장 대표적인 한미연합훈련을 하지 말라는 조건을 내걸었다. 북한에게는 그래야만 종전선언이 의미가 있다는 것이다. 북한으로서는 중국이 종전선언이 좋다고 하건 나쁘다고 하건 중요하지 않고, 미국이 평화협정을 맺어달라고 했다. 그러면 핵을 완전히 포기하겠다는 것이었다.

원리상 전쟁을 했던 국가들끼리 평화협정을 체결한다는 얘기는 그 두 나라가 정식 국교 관계로 넘어간다는 의미이기 때문에 수교와 평화협정, 비핵화가 나란히 갈 수밖에 없다. 아무리 김정은 국무위원장이 김일성의 손자고 김정일의 아들이고 나쁜 딱지가 많이 붙어 있지만 말은 제대로 한 것이다. 북한 사람들은 "약속을 해놨다가 우리가 조금이라도 준비가 부족해서 이행이 늦어지면 미국은 기다렸다는 듯이 유엔까지 동원해 제재를 한다"는 얘기를 한다. 약속을 어겨도 어떤 대응도 못 하는 북한의 위치에서는 미국이 자신들을 먼저 치지 않겠다는 약속을 해야만 핵을 내려놓을 수 있다는 건데, 미국은 "순서·시기·조건이 다를 수 있다"는 말만 했다. 결국 문재인 대통령 임기 중에 종전선언은 없었다.

미국의 동아시아 정책에 중국과 러시아·북한은 어떤 의미가 있는가? 2차대전 이후 미국 대외정책 연장선상에서 볼 때 미국은 동아시아에서 분란의 소지를 깨끗하게 없애려 하지 않을 것이다. 냉전 및 전쟁상태가, 약소국을 분단·분열시켜온 증오 조장세력에게는 장사가 잘 되는 목적에 부합되니까.

(6) 대국에 할말 못하면 자주독립국 자격 의심

내(『통찰』의 저자 정세현 교수)가 이 긴 얘기를 하는 목적은 문재인 정부까지 우리 정부들이 걸어온 길을 쭉 뒤돌아보면서 현 정부 그리고 앞으로 들어설 대한민국 정부가 한미관계와 남북관계를 비롯한 국제관계를 어떻게 끌어가야 할지, 어떤 문제들을 어떻게 해결할 것인지에 대한 나름의 답을 찾아보려는 것이다. 그래서 미안하지만 문재인 정부의 사례도 반면 교사로 삼아야 우리가 앞으로 한미관계를 포함한 외교관계에서 어떻게 해야 자주적으로 그리고 국익을 챙기는 방향으로 일을 해나갈지 교훈 또는 시사점이 나올 것으로 보인다.

문재인 정부가 처음부터 한미관계에서 미국의 입맛에 맞게, 미국과 코드를 맞춰줌으로써 협조를 끌어내려고 했던 접근법이 결과적으로 패착이었다고 본다. 처음부터 미국에게 우리 입장을 분명히 밝혀야 했다. 미국한테 우리는 다음과 같이 말해야 한다. 꼭 해야 한다.

"지금은 당신네가 인정하기 싫고 마음에 안 들지 모르지만, 우리가 관련된 문제에서는 우리가 하고자 하는 방식으로 일하지 않으면 문제 해결은 안 된다. 그동안에 우리 한국의 역대 정부 관계자들이 동맹을 강화한다는 명분 아래 미국 말을 너무 많이 잘 들어주다 보니까 결국에는 미국 뜻대로 끌려왔다. 미국 당신들이 한국은 미국이 안 된다면 바로 입장을 바꿔서 순순하게 복종을 하는 나라라고 생각하게 만들어 온 건 사실이다. 우리 선배들이 그렇게 해왔다는 사실을 인정한다. 솔직히 말해서 그때는 우리가 미국에 종속적인 입장을 취해야만 그나마 살아남을 수 있었던 시절이기 때문에 그랬던 거다. 하지만 지금은 다르다. 한국은 개도국에서 선진국으로 지위가 바뀐 나라다."

유엔총회 산하 정부 각 기구 유엔무역개발회의(UNCTAD)에서 2021년 7월에 한국은 주로 개도국이 포함된 그룹 A(99개국)에서 선진국으로 구성된 그룹 B(31개국)로 지위가 변경됐다. UNCTAD 57년 역사에서 처음 있는 일이다. (United Nations Conference on Trade and Development 유엔무역개발회의) 또 전 세계의 젊은 사람들이 한글을 배우려는 시대가 됐다. 경제적으로는 G10이고 솔직한 얘기로 주로 미국에서 사 온 무기지만 군사적으로도 세계 6위에 위치해 있다.

미국·중국·러시아·인도·일본 그 다음이 한국이고 프랑스가 우리 다음이다. 지금 한국은 군사대국이자 선진국이다. 한반도와 관련된 문제는 한국 입장에서 먼저 일을 시작할 수 있도록 위임하고 권한을 줘야 한다.

처음부터 그렇게 틀을 짰어야 했다. 문재인 후보가 대통령에 당선된 후 대통령직인수위원회가 가동됐더라면, 인수위에서 연구한 결과들을 가지고 정부를 시작했으면 좋았을 텐데 안타깝게도 문재인 정부는 인수위 없이 출범했다. 대통령 취임하는 날 바로 국무총리·국가정보원장·청와대 비서실장·경호실장 등을 소개하고 곧바로 안보실장 들어가고 청문회를 치르는 등 바빠서 5년 동안 국정을 어떻게 운영할지 로드맵을 확실하게 만들지 못한 채 시작했다. 외교 문제도 연습도 없이 바로 실전에 부딪히다 보니 열심히 뛰어다녔지만, 슈팅을 할 기회도 골을 넣을 기회도 만들 수 없었다.

2018년 10월 30일 한국 대법원은 신일본제철 강제징용 피해자에 대한 배상 판결을 내렸다. 일본 아베 정부는 거세게 반발했다. 2019년 7월 1일 일본 정부는 한국에만 변경된 수출관리운영조치, 즉 수출규제조치를 발표했다. 그러자 2019년 8월 23일 한국 정부는 일본에만 변경된 수출관리운영조치 발표에 더해 '지소미아' 연장 중지를 발표했다. (북한 등 적대국 군사정보 공유협약) 그러자 일본뿐만 아니라 미국의 국무부 장관·국방부 장관·상원·하원·언론·싱크탱크 등 미국의 온갖 기관과 조직이 한국을 비판했다. 국내에서도 비판이 만만치 않았다. 한국 정부는 11월 23일 지소미아 협정 종료 통보 효력 정지를 발표했지만 강제징용 피해자 배상 문제에 대해 굽히지 않았다. 그리고 예상과 달리 한국 경제는 타격은커녕 대일 의존도를 줄이고 소재·부품·장비 산업이 강화되는 결과를 이끌어 냈다.

이 사건에서 우리는 무엇을 기억해야 할까? 일본과 관련해서 우리가 제 목소리를 냈고 관철시켰다는 사실이다. 그만큼 일본과 한국의 국력 격차가 좁혀졌기 때문에 가능했다. 우리 경제력이 그만큼 커졌기 때문에 일본이 안 주겠다는 소재·부품·장비들을 우리가 개발해서 무역 적자 폭도 줄일 수 있었다. 전화위복이 된 셈이다.

(7) 미국과의 관계, 국력에 걸맞은 자주권 필요

프랑스도 미국이 불편하게 하면 대든다. 독일도 때로는 미국에 상당히 비판적으로 나가고 안보리 상임이사국보다도 훨씬 더 강력한 목소리를 내기도 한다. 국제적 위상이 올라간 만큼 외교에서 자국 중심성을 발휘한다. 독일 사람들의 오기나 민족성 때문이 아니라 독일이 가지고 있는 경제력 덕분이다. 경제력이 있는 나라들이 그렇게 자국 중심적으로 행동하는 걸 봤으면, G10, G9이 돼서 우리를 좌지우지하려는 일본을 걷어찰 수 있는 힘이 생겼으면, 미국과의 관계에 대해서도 다시 생각해 볼 필요가 있다.

앞으로 미국과 중국 사이의 국력 격차뿐만 아니라 한국과 미국 사이의 국력 격차도 좁혀질 거다. 나는 지금이 우리가 1960~1970년대부터 미국이 우리를 다뤄오던 오랜 방식에 순종해서는 안 된다는 자기반성을 할 때라고 생각한다. 그 토대 위에서 그러나 미국이 기분 나쁘지 않도록 우리 대한민국 외교의 자국 중심성을 강화할 수 있는 방법론을 연구해야 한다. 미국을 상대로 일부러 그럴 필요는 없지만, 결정적인 순간에 우리 자존심을 꺾으려거나 경제적인 불이익을 주려고 하면 우리는 한일관계에서처럼 당분간 어려움을 겪더라도 '우리끼리 문제 해결하겠다, 중국에서 좀 얻어다 쓰겠다'라고 할 수 있어야 한다.

그동안 우리가 사거리가 긴 미사일을 만들지 못한 것도 기술이 없어서가 아니라 미국이 제한한 사거리를 감히 어길 수 없어서였다. 사거리 제한의 완전 폐지가 2021년 5월 21일 워싱턴 한미정상회담에서 확정됐는데 미사일 사거리를 늘리는 기술 원천은 미국이 아니라 러시아에서 왔다. 우리가 미국에 종속적일 수밖에 없는 가장 큰 이유는 기술 이전 때문인데 미사일 문제에 있어 미국은 기술도 주지 않을 거면서 발목만 잡고 있었다.

무엇보다 전시작전통제권은 반드시 찾아와야 한다. 전시작전통제권을 미국에 맡겨 놓는 한 군사주권은 없다. 군사주권도 없는 나라가 무슨 외교주권을 행사할 수 있겠나.

원론적인 얘기를 해보자. 모든 국가의 외교정책의 첫 번째 목표는 안보다. 그리고 안보의 최우선 전략은 자주국방이다. 북한이 위험하지만 북한 정도는 억제할 수 있고 상대할 수 있다는 자신감을 가져야 한다. 경제력으로 보나, 군사력으로 보나 우리가 자주국방으로 가도 되는 상황이 됐다. 안보 면에서 자주국방에 비하자면 부차적인 방법론에 불과한 동맹만이 안보의 전부인 것처럼 생각하지 말자. 우리가 과거와 달리 고분고분하지 않을지라도 미국은 주한미군을 못 빼간다. 우리 바로 옆에 중국이 있기 때문에 절대로 그런 짓을 할 수 없다. 우리가 전시작전통제권을 갖고 나면 외교의 자주성도 훨씬 높아질 것이다.

국가 외교정책의 두 번째 목표는 번영인데 한국은 지금 G10이다. K-Pop 등 K-컬처 인기와 더불어 세계적으로 한글을 배우려는 젊은이들이 많아졌으니 이제 할 말은 좀 하면서 살자. 그 대상이 미국이면 어떠냐.

국가 외교정책의 세 번째 목표는 권위다. 경제적으로 번영하고 문화적으로 선진국이 되다 보니 나라의 권위도 30-40년 전에 비해 엄청나게 올라갔다. 올라갔으면 올라간 만큼 처신하고 행세해야 한다.

이렇게 번영하고 권위까지 올라간 나라가 왜 아직도 속국처럼 사나. 외교도 국격에 맞게 해야 한다. 북한은 힘도 없는데 소련·중국한테 대들었다. 우리는 힘이 있으면서도 미국한테 대들 엄두를 못 냈다. 미국과 원수지자는 게 아니다. 미국의 힘이 빠지니까 짓밟자는 말도 아니다. 미국과는 불가분의 관계로 얽힌 과거가 있어서 죽었다 깨어나도 떨어질 수 없는 부분들이 있다. 그대로 놔둬야 하는 부분들은 두고 우리의 이익을 위해서는 좀 더 우리 뜻대로 움직이자는 말이다. 기술 투자든 시설 투자든 중국에서 돈을 더 벌 수 있으면 미국과 약간 불편한 관계가 되더라도 중국과의 관계를 발전시켜서 무역흑자를 더 내야 하지 않겠나. 미국이 투자를 요청할 정도로 우리나라 경제의 몸집이 커졌는데, 아직도 어린애처럼 미국 울타리 안에서 살던 시절에 가졌던 태도로 미국을 떠받들고 미국 뜻대로 순종하면 무시당할 수밖에 없다. 우리가 힘이 있어도 여전히 매달리면 미국은 우리를 계속 만만하게 보고 함부로 해도 된다고 여길 것이다.

그리고 미국이 잘못한 것은 제대로 지적해야 한다. 특히 북핵문제에 대해서는 미국의 게으름과 약속을 깬 잘못들을 짚어야 한다. 북한이 요구한 단계적 이행이 일리가 있으니까 미국도 싱가포르에서 북한과 합의한 게 아닌가. 싱가포르 합의는 미국이 깼다. 미국이 그런 식으로 약속을 갠 게 한두 번이 아니다. 북핵 문제를 이렇게까지 만든 건 한국이 아니라 북한과 미국이다. 책임의 크기로 따지면 미국 쪽이 더 크다. 그런 사실들을 우리도 알고 있어야 하고 지적해야 한다. 우리를 만만하게 볼 수 없도록 만드는 노력은 우리 스스로 해야 한다.

(8) 군산복합체 방해 극복, 남북 평화공존 실천 노력

우리가 외교에서 자국 중심성을 가지고 평화 체제를 만들고 지키려면 미국 군산복합체의 방해를 뚫고 가야 한다. 그러려면 먼저 남북이 한 덩어리가 돼야 한다. 그리고 미국한테 이렇게 말해야 한다. "우리는 북한과 평화협정 체결해서 사이좋게 살 테니까 미국 너희는 인정하든지 말든지 알아서 해. 그리고 당분간 미군은 그대로 있어도 좋아." 우리와 북한이 이렇게 합의해 나가다 보면 나중에 서로 긴밀하게 협력하는 관계가 되고, 북한도 국제정치적으로 영향력이 커지면서 미국과 협상을 할 수 있을 것이다. "미군 너희가 남한에 있는 걸 전제로 북한과 평화협정 할래 안 할래. 이제 우리는 딱히 너희가 필요하지 않아. 그러나 중국 등등 여러 가지 이유와 목적으로 미군이 평택에 있어야 한다면 그건 우리가 눈감아 줄게. 북한도 용인했어. 대신 그 대가로 우리가 북한과 체결하는 평화협정에 너희들이 도장을 찍어. 승인해." 그런 식으로 미국과도 거래를 해야 한다. 그렇게 자주외교를 하려고 노력해야 한다.

더불어 군산복합체의 이해를 뛰어넘는 전략이 필요하다. 나는 훨씬 더 복합적인 전략이 필요하다고 생각한다. 단순한 전략 가지고는 안 된다.

미국 중심의 동아시아 국제질서에서 넘버2의 지위를 누리고 있는 일본을 보자. 일본은 미국의 군산복합체를 주무른다. 일본은 재벌들이 낸 돈으로 미국의 국회의원들이나 싱크탱크에 있는 이른바 전문가들을 관리한다. 미국이 일본의 이익에 도움이 되는 정책을 세우도록 글을 쓰거나 대정부 질문을 하는 사람에게는 응당한 보상을 한다. 그렇기 때문에 미국 정부는 일본을 무조건 지지하는 정책들을 낸다. 일본 재벌들은 이 돈을 기꺼이 낸다. 자본주의 나라에서는 자본의 힘을 빌려야 하는데 우리 기업들은 아직 그것까지 생각을 못하고 있다. 물론 미국이 나가려고 하는 큰 방향과 반대로 가서 우리 국가이익만 챙길 수는 없다. 게다가 우리 국민들 50퍼센트 이상이 미국과 항상 같이 가야 한다고 생각하는 상황에서 미국을 거스를 수는 없다. 하지만 그런 상황 속에서도 우리 국가이익을 자주적으로 챙길 수 있는 여지를 만들려면 우리 기업들이 미국의 소위 오피니언 리더들, 오피니언 메이커들을 우리 편으로 만드는 데 힘을 써야 한다.

보수가 됐건 진보가 됐건 대한민국이 자국 중심적인 외교를 해나가고 주도적으로 남북관계를 발전시켜 나가고 싶으면 결국 로비밖에 방법이 없다. 일본재단(Nippon Foundation)처럼 우리도 재벌들이 돈을 내서 미국의 동아시아 정책과 한국에 대한 정책이 우리한테 유리하게 입안되고 추진될 수 있도록 로비를 해야 한다. 물론 이 과정에서 정경유착이 일어나거나 심화되지 않도록 안전장치도 마련해야 할 것이다. 우리나라 관료들도 이전과 달라진 우리의 국격을 현실에 맞게 인식하고 새로운 전략 틀을 가지고 외교를 해야 한다.

지금 힘 있는 나라가 영원히 강자로 남는 건 아니다. 이문열 작가가 쓴 <우리들의 일그러진 영웅>(1987)을 보면 엄석대라는 놈이 초등학교 때 엄청나게 덩치가 크고 무서워서 주인공이 꼼짝 못 했는데, 나중에 커서 다시 보니까 그렇게 초라해 보일 수가 없더라는 내용이 나온다. 미국이 그 정도가 됐다는 건 아니지만, 한때 군림하던 나라들도 언젠가는 그렇게 상대적으로 초라해질 수 있다.

(9) 강대국과의 경제거래를 대등·당당하게 하자

전 정권에서 투자한 것을 다음 정권에서 협상의 레버리지로 사용할 수 있을까? (leverage 지렛대, 적은 힘으로 큰 물건을 움직이는 장치, 수단)

문재인 대통령 때 우리 반도체 기업들이 미국에 공장을 짓는 등 투자 약속을 많이 했다. 한국 입장에서는 미국한테 호의를 베푼 건데 이것을 윤석열 정부에서 협상의 지렛대로 쓸 수 있을까? 물론이다. 지렛대가 된다. 윤석열 정부가 쓰고자 하기만 한다면 협상을 우리에게 유리한 쪽으로 끌고 갈 재료가 된다.

2021년 백악관 공동기자회견 자리에서 바이든 대통령은 문재인 대통령을 수행하는 우리 기업인들을 일으켜 세워 "Thank You"를 세 번이나 연발했다. 그만큼 우리 기업들이 투자를 많이 했고, 이건 우리가 미국에 베푼 큰 호의다. 한국 기업이 미국에 일자리를 만들어 줬고 그것이 바이든 대통령의 표로 돌아올 테니까.

트럼프 대통령도 이전 정부들로부터 소외당해서 화가 났다는 백인 노동자, 앵그리 화이트 또는 땡볕에서 엎드려 일해서 목덜미가 빨갛게 됐다는 백인들, 레드넥에게 일자리를 만들어 주면서 얻은 표덕에 대통령이 되지 않았나. (redneck : 미국 남부의 가난하고 교양없는 백인 농장 노동자) 문재인 대통령 때 우리 대기업들이 미국에 진출해서 미국 국민경제를 살리고 일자리를 창출해 준 것이 대통령 선거에서 유리한 표로 전환될 테니 미국이 우리한테 뭐 좀 줘야 할 거 아닌가.

그 정도 해줬으면 북한과 협상을 시작하라고 쿡쿡 찌를 수 있는 밑자리로 충분하다. "북한의 핵과 미사일 때문에 골치 아파 죽겠는데 우리가 당신네 도와주고 있는 만큼 우리도 좀 살게 해줘라. 전쟁 준비에 쓰는 돈을 줄여 우리도 경제를 살려야 되겠다. 그러려면 빨리 북한과 협상을 해라. 북한에 대한 제재를 조금만 풀어주면서 협상을 시작하면 미국 페이스로 끌려오게 돼 있다. 그렇게 해서 북한이 경제적 목마름을 해결하는 재미 때문에 결국 미국 말을 들을 수 있도록 우리가 기반을 깔아놓을 테니 먼저 움직이는 것을 말리지 말아달라." 적절한 시점에 이렇게 미국한테 말할 필요가 있다.

문재인 정부 시절 우리 기업의 미국 투자는 미국에 그냥 퍼준게 아니다. 설사 퍼줬다고 하더라도 현재 정권이 그것을 레버리지로 활용하느냐 못 하느냐는 역량의 문제다. 참모들이 대통령에게 그런 건의를 해야 한다.

3) 우크라이나 사태가 남북 외교무대에 주는 교훈

우크라이나 사태는 우리에게 국제정치의 민낯을 보여주었을 뿐만 아니라 북한의 핵 문제를 더욱 긴박한 국면으로 옮겨놓았다. 우크라이나 사태를 지켜본 북한은 더더욱 핵을 포기하려고 하지 않을 거다. 그런 북한을 어떻게 상대할 것인가는 윤석열 정부의 발등에 떨어진 과제다. 이 문제는 한미동맹 강화만으로는 해결이 안 된다.

(1) 우크라이나가 믿었던 약속

우크라이나가 미국·영국·러시아의 약속을 믿지 않았다면, 즉 국제정치의 냉혹함을 잊지 않았다면 핵을 가지고 있었을 것이다.

우크라이나는 1994년 「부다페스트 안전보장 양해각서」로 미국과 러시아 등 6개국으로부터 핵과 미사일을 내놓으면 확실하게 체제안전을 보장해 주겠다는 약속을 받았다. 소련 해체로 핵무기를 보유하게 된 카자흐스탄과 우크라이나·벨라루스를 비핵화하기 위해 미국 여야가 공동 발의해서 거의 만장일치로 통과시킨 넌-루가(Nunn-Lugar)법에 따라 미국이 돈을 대고 소련이 핵무기 해체 군사기술을 제공하기로 했다. 미국·러시아에 더해 유럽의 강자인 영국까지 우크라이나에게 수교와 경제 지원, 체제 안전 보장을 약속했다. 인접 국가인 벨라루스·폴란드도 우크라이나의 보호를 약속했다. 과거 소련 땅이었던 국가들의 약속은 중요하지 않겠지만, 어쨌든 이들도 우크라이나 보호 약속에 동참했다.

지난 2022년 2월 우크라이나를 침공한 러시아 군대를 막는 데 결국 누가 나섰나. 미국 다음가는 군사강국인 러시아가 국경을 맞댄 우크라이나를 치고 들어오는데 미국은 최강국이지만 멀리 떨어져 있기 때문에 손을 못 쓴다. 그나마 러시아를 경제적으로 압박한다는 미국의 말에 영국은 적극적으로 동조하지만 프랑스만 해도 한 발 거리를 뒀다. 앞서 말했듯 프랑스는 미국한테 삐쳤으니까. 호주에 핵잠수함을 팔아먹으려고 했는데, 미국이 중국을 압박하는 데 호주를 끌어들이려고 핵잠수함을 호주한테 그냥 주는 바람에 프랑스가 완전히 장사를 망쳐버린 것이다. 프랑스는 미국이 상도의에서 어긋났다는 명분으로 자기 행동을 정당화하고 싶겠지만 사람들은 국제사회가 그런 데인 줄 몰랐냐고 할 거다.

외교라는 게 다 각자 실속 차리는 일이고, 호주가 프랑스한테 의리 지킬 일이 뭐 있나. 호주는 기본적으로 영국 편이고 영국은 미국 편이다. (호주와 뉴질랜드는 영국이 식민지로 정복·개척하면서 원주민을 무시한 채 연방국가로 무난히 지배하게 되었다.) 프랑스의 잠수함 장사가 그만큼 성사됐던 건 어떤 면에서는 그때 운이 좋아서 아니었겠나. 게다가 프랑스는 앵글로색슨이 아니다. 과거에 영국의 식민지였다가 독립하면서 영연방을 구성한 호주·뉴질랜드·캐나다는 완전히 미국 편이다.

주요 국제정치 문제에서 영연방 국가들은 영국과 보조를 같이하니까 미국은 영국 단추만 잘 누르면 영연방 국가들이 우르르 따라 들어온다. 그나마 믿을 수 있는 계보끼리 움직이는 조폭 세계처럼. 영연방은 동남아와 아프리카에도 있다. 인도·말레이시아·싱가포르·남아프리카공화국·케냐 등등. 그러니까 영연방 내지는 앵글로색슨들이 함께 움직여서 손해를 봤던 프랑스나 독일은 때로 미국과 보조를 맞추지 않고 엇박자로 움직인다.

우크라이나가 무자비하게 짓밟히는데, 러시아가 핵무기를 쓰겠다는데도 미국은 말뿐이지 행동을 못 한다. 그러니 우크라이나가 1990년대 초에 미국과 러시아의 약속을 믿고 그 감언이설에 속아 핵을 내놨던 것이 불행의 원인이 된 것이다.

더 거슬러 올라가 보자. 영국과 미국의 합작품인 2003년 리비아 핵 개발 계획 포기 사건. 카다피는 핵을 개발하지 않겠다고 약속하면 미국이 경제 지원도 해주고 수교도 해준다는 약속을 믿고 핵 개발을 포기했다. 그리고 경제 지원이 들어왔고 3년 후인 2006년 미국과 수교도 했다. 그러나 수교 이후에 미국 쪽 공작의 결과라고 볼 수밖에 없는 반군이 생겨나면서 정부군과 반군이 싸우는 와중에 2011년 10월 20일 카다피는 길거리에서 나토의 지원을 받은 반군의 총에 맞아 죽었다. 카다피가 미국과 영국의 선의를 믿지 않고 계속 핵개발 노력을 했더라면 그런 일은 절대로 없었을 것이다.

우크라이나도 미국과 러시아의 선의, 더 노골적으로는 감언이설에 속아서 150개나 되는 핵폭탄과 1,700개의 미사일을 팔지 않았더라면, 핵폭탄을 10개라도 가지고 있었다면 저런 꼴은 안 당했을 것이다. 미사일이 100개만 있었어도 그렇게 건드리지 못한다. 아무것도 없다고 러시아가 마음 놓고 두들겨 패는 거다.

(2) 한쪽은 육·해·공 핵위협, 상대는 '핵 절대금지' 강요받아

"우크라이나가 핵을 가지고 있었다면 푸틴이 치고 들어가지 못했을 것이다"라고 앞서 이야기했는데, 바로 그 대목에서 북한한테는 교훈적 의미가 있다. 우크라이나가 무방비 상태에서 러시아로부터 참혹하게 짓밟히는 걸 보면서 북한은 수교, 평화협정 그런 미국의 선의를 믿는다는 것 자체가 어리석다는 생각을 안 할 수가 없다. 북한은 이제 CVID는 절대로 안 된다고 생각할 거다. (Complete, Verifiable, and Irreversible Dismantlement 발가벗기다. 「완전하고 입증 가능하며 되돌이킬 수 없는 핵폐기」) 핵 보유를 기정사실화하고 핵을 가진 상태에서 수교를 해야 한다는 생각을 굳혔을 것이다. 게다가 북한은 그동안 놀고 있지 않았다.

2018년 '6.12 싱가포르 북미정상회담' 때는 「평화협정을 체결해주고 북미 수교해 주면 핵을 포기하기로 약속」했는데, 그 뒤에 미국이 계속 평화협정도 북미 수교도 나중에 하자며 말을 바꾸고 비핵화부터 하라며 순서를 뒤집으니까, 북한은 셈법이 틀렸다고 반발하면서 북미 접촉에 나가지 않았다. 북미 접촉에 나가지 않는 그 기간 동안 북한은 화성 17형 개발에 성공했다고 과시할 정도로 꾸준히 핵미사일 능력을 강화했고 7차 핵실험을 위한 갱도 보수 작업을 2022년 3월 6일부터 시작했다. 2018년 5월에 다시는 핵실험 안 한다는 의지의 표현으로 2호, 3호, 4호 갱도를 다 폭파했는데 갱도만 깨졌지 굴은 살아 있었던 모양이다. 근데 헌 집 고치기가 새집 짓기보다 어렵다고 갱도를 복구하려다 보니 시간도 많이 걸리고 생각지도 않았던 돈이 많이 들어가서 옆으로 새 길을 낸다는데, 그건 2022년 5-6월에 끝났다. 7차 핵실험을 앞둔 마당에 북한은 이렇게 생각할 거다. '우리는 핵보유국이다. 그러니 앞으로는 CVID 같은 거 생각하지 않고 우리가 핵을 가졌다는 것을 기정사실로 두겠다. 미국도 인정할 수밖에 없도록 만들겠다. 남조선은 말할 것도 없고 일본도 물론이다. 그런 조건에서만 우리가 핵무기를 다른 데 안 판다는 핵 비확산 협상은 할 수 있다. 미국이 두려워하는 IS(중동의 반외세 이슬람 저항집단)나 미국과 사이가 나쁜 이란에는 핵폭탄을 안 팔겠다. 미사일도 안 주겠다.'

미국은 북한의 핵 보유를 기정사실화하는 협상을 할 수밖에 없는 상황으로 몰릴 거 같다. 우리는 그게 가능성 낮은 최악의 상황이 아니라 가능성 높은 상황이라고 생각하고 대비해야 한다. 한미동맹 강화로 CVID 시킬 수 있다는 헛된 꿈속에서 헤맬 때가 아니다. 다시 한번 강조하지만, 우크라이나 사태를 지켜본 북한은 절대로 핵을 포기하지 않을 것으로 보인다.

(3) 북한의 6차 핵실험은 단순히 5+1차가 아닌 것 같다.

"시작이 반이다"라는 속담이 있듯이 핵실험도 첫 번째가 중요하다. 그리고 5차 핵실험이 중요한데 5차까지 하고 나면 일반적으로 '사실상의 핵보유국'으로 인정된다고 봐야 한다. 그런데 북핵 문제에서 6차 핵실험은 특히 더 중요하다. 그 이유는 6차라는 차수가 단순히 5+1이 아니어서다. 6차 핵실험에서 수소탄의 원리를 실험했다는 북한의 발표 때문이다. 수소탄 원리를 실험했다는 것은 미국을 접주려는 의도였고, 그래서 미국이 움직였다. 미국·러시아·영국·프랑스·중국이 가졌다는 수소탄의 위력은 원자탄보다 훨씬 더 크다고 한다.

6차 핵실험에서 수소탄 원리를 시험했다면 7차 핵실험 역시 수소탄이 될 가능성이 높다. 또는 기왕에 5차까지 성공했던 핵폭탄의 크기를 소형화하고 경량화하는 실험일 수도 있다. 7차 핵실험이 수소탄이면 미국이 절대로 가만 있지 않을 거다. 북한을 때려 죽인다는 얘기가 아니라 서둘러 협상을 할 거라는 얘기다. 그때는 미국이 어떻게든지 북한의 핵이 더 이상 확산되지 않도록, 즉 북한이 핵무기를 다른 나라에 팔지 않도록 북한과 협상을 할 거다. 지금 미국과 적대관계에 있는 나라들이 많지 않나. 북한이 핵무기를 그런 나라한테 팔면 미국한테는 커다란 위협이 되지만 북한은 떼돈을 벌고 그 돈으로 경제를 살릴 수도 있다. 북한에게는 핵 확산이라는 또 다른 카드가 생기고 그 카드가 쓰일 때 한국은 낄 자리가 없을 것이다.

북한이 7차 핵실험에서 소형화·경량화된 핵폭탄 실험에 성공한다면 우리는 아주 어려워진다. 단거리 로켓에 탑재할 소형화된 핵폭탄이라면 그건 대남 위협용이 될 수밖에 없다는 점에서 문제가 복잡해진다.

원래 북한의 핵 전략은 미국이 북한을 공격해 들어올 때 자위 수단으로 쓰겠다고 개발을 시작했지만, 미국이 북한의 비핵화를 요구하는 경우에는 협상용으로 쓸 요량이었다. 실제로 북미가 북핵 협상을 할 때는 북한은 핵을 포기하는 대가로 수교나 평화협정, 또는 경제 지원을 요구했고, 미국은 그런 북한의 요구를 들어줄 것처럼 했다. 그런데 미국의 정권이 여러 번 바뀌고 북핵 협상 전략도 자주 바뀌는 동안 북한은 대미 방어용 수단, 대미 협상용 카드로 쓰던 핵무기의 용도를 실제 공격용으로 바꿨다.

북한은 2022년 9월 8일 최고인민회의에서 "앞으로 비핵화는 절대 하지 않을 것이며 핵 협상도 하지 않겠다"는 방침을 법으로 못 박고 핵무기를 사용할 수 있는 다섯 가지 경우를 명시했다. 요컨대 남한이 미군과 함께 "북한을 공격하는 경우, 또는 그런 공격이 임박했다고 판단되는 경우에는 핵무기를 선제적으로 쓸 수 있다"고 했다. 자위용·방어용에서 대남 공격용으로 쓰일 수 있는 가능성을 열어놓은 것이다.

핵무기를 대남용으로 쓰기 위해서는 사거리가 400-600킬로미터 미만 미사일에 탑재해야 하기 때문에 폭탄의 탄두가 소형화·경량화될 필요가 있다. 7차 핵실험에서 북한이 핵폭탄의 소형화·경량화에 성공할 경우 우리에게는 큰 위협으로 다가올 수밖에 없다. 혹시라도 핵폭탄을 장착한 미사일이 서울과 같이 휴전선에서 가까운 수도권에 떨어지면 핵폭발의 피해가 북한까지 가겠지만, 먼 곳을 겨냥해 발사한다면 평양은 안전할 수도 있다. 일본 히로시마나 나가사키에 떨어진 핵폭탄이 거기서는 큰 재앙이었지만 도쿄나 오사카·나고야는 괜찮지 않았나. 이럴 경우 한미동맹을 강화해도 사실 큰 소용이 없다.

7차 핵실험이 소형화시켜 파괴력을 낮춘 전술 핵이라면 우리가 공포의 도가니에 빠질 것이고, 수소탄이라면 미국이 공포의 도가니로 들어갈 것이다. 무엇을 먼저 완성하느냐의 문제지 북한은 두 가지를 다 실험하고 있을거다. 북핵 문제에서 우리에게 최악의 상황은 이거다. 미국이 북한의 핵 보유를 기정사실화해 주면서 비확산 협상을 해주고 북한이 실제로 경량화·소형화된 핵폭탄을 실전 배치하는 것. 이걸 어찌 막느냐가 정부의 역할이자 책임이다.

(4) 선제 침략의 경험자 미·일과의 동맹은 위험

북핵 문제를 한미동맹 강화로 대응한다면 미국은 우리에게 한미일 삼각동맹을 압박할 테고 그러면 우리는 일본 밑으로 들어가게 될 거다. 하지만 북한은 북중러가 뭉친 삼각동맹에서 맨 밑으로 들어가지 않을 거다. 한국이 국제적으로 더 힘도 세고 자원도 많은데 왜 한국은 일본 밑으로 들어가고 북한은 맞설 수 있는 것일까? 북한 사람들은 1950년대 중·소 분쟁의 틈바구니에서 양쪽으로부터 시달리는 과정을 겪으면서 등거리 외교를 할 수밖에 없었다.

소련은 소련대로 중국과 다투면서 중국과 가까운 북한을 자기편으로 끌어들이려고 했고, 중국은 북한이 조그마한 나라지만 소련 편으로 가면 그만큼 불리해지니까 자기편으로 끌어들이려고 했다. 북한을 두고 소련과 중국이 줄다리기할 때 북한은 절묘하게 등거리 외교를 할 수밖에 없었다. 북한이 독자성을 키우고 싶어서였다기보다 국제정치적인 환경이 그렇게 만들었다.

중국·소련에 비해 엄청나게 작은 나라에서 한쪽에 붙으면 죽으니까. 국제정치적인 환경이 엎치락뒤치락 바뀌는 와중에 옆에 있는 큰 나라들이 도와주지는 않으면서 간섭을 해오니 '경제에서 자립'이라는 구호 내지 정책이 나오고, 도와주지도 않으면서 자꾸 자기편에 서라고 하니까 '외교에서 자주'를 선언하게 되었고, 또 남한에 군사정권이 들어서서 군사력을 키우니까 '국방에서의 자위'라는 개념을 들고 나와 혼자 살아남는 연습을 할 수밖에 없었다. 그게 주체사상으로 종합된 것이다. 그러다 보니 '자주'가 외교의 DNA가 된 것이다. (deoxyribonucleic acid 디옥시리보 핵산)

우리도 미국과 그만큼 큰 나라 그 중간에 끼어 있었다면 북한 못지않은 자주적인 DNA를 키울 수밖에 없었을 텐데 우리의 국제정치적 환경에서는 미국이 유일한 강대국이었다. 6.25 전쟁 때부터 지금까지 70-80년 가까이 미국 일변도로, 미국에 붙어서 살아오다 보니 독자적으로 행동하는 것을 불안해 하는 거다. 해본 적이 없으니까. 딱 '마마보이'다. 확실하게 미국에 줄 서서 미국이 하자는 대로 따라가야 그나마 중간이라도 간다는 의존적인 외교 철학이 굳어져 있다.

그걸 벗어나려고 했던 지도자가 노무현 대통령이다. 미국과 중국 사이에서 균형자 역할을 해야 한다는 철학을 가지고 국정을 운영하려고 했는데, 보수 언론과 보수 진영에서 반발이 얼마나 컸던지 결국 균형자 외교를 포기했다. "우리 주제에 감히 무슨 균형자냐, 한미동맹이나 똑바로 챙겨라, 미국에 찰싹 붙는 것만이 살아남는 길이다"고 다들 말했는데, 스스로에게 '감히', '주제에' 같은 표현을 쓰는 것이 좀 웃기는 일이었다. 이른바 보수 기득권 카르텔인데, 그들이 어떤 사람들이냐, 해방 후 미국이 모든 걸 해결해 주는 시기에 (당시에는 친일파들로 매국노라는 비난도 피할겸) 미국에 협조하면서 이권을 챙겨왔기 때문에 이것을 잃기 싫은 사람들이었다. 이들이 결국 보수 진영이 된 거다. 한때 독자적인 외교를 하고 싶어 했던 노무현 대통령 같은 사람이 버티기가 참 어려웠다. 그래도 이라크 파병과 전시작전통제권 반환을 엮어 협상하고 해결했다. 상대방의 요구를 들어주면서 내 실속을 챙기는 외교를 했다. 문재인 대통령도 대미 일변도로 나가지 않고 중국을 잘 관리했다. 박근혜 대통령 때 결정해 실행한 사드 배치를 되돌릴 수는 없었지만 당시 강경화 외교부 장관이 중국에 가서 사드를 더 이상 늘리지 않겠다는 요지의 3불정책으로 잘 설득하고 안심을 시켰다. 그래서 한한령(限韓令)도 좀 누그러졌다.

(5) 미국에 너무 가까이 가면 일본 밑으로 들어갈 수 있다.

미국한테 너무 가까이 다가가서 한미동맹을 강화한다고 하면 미국은 틀림없이 한일관계부터 복원하라고 할 거다. 미국이 우리에게 삼각동맹을 들이미는 논리는 이렇다. "미국 중심 질서가 중국 중심 질서보다 낫지 않냐. 미국 중심의 국제질서가 중국으로부터 위협받고 있는 이때 한국이 일본과 싸우면 되나. 과거사 문제는 (일본이 한반도를 강제 굴복시켜서 악랄하게 착취했던 극악한 식민통치를 인정하지 않고 있는데도 불구하고) 일단 해결됐다고 치고 한미일 삼각동맹으로 중국을 압박하자." 그런데 미국의 본심은 중국을 압박해야 하는데, 힘이 예전 같지 않아 부족하니 일본의 힘을 빌려야겠고, 필요하다면 만만치 않게 힘이 커진 한국도 끌어들이겠다는 거다. 그러니 우리는 일본 밑으로 들어갈 가능성이 있다는 생각을 하면서 한미동맹을 강화하든지 외교를 하든지 하라는거다. 지금 미국에게 한국은 일본 밑이다. 한미동맹은 절대로 미일동맹 위로 못 올라간다. 미일동맹이 훨씬 더 긴밀한 관계이기 때문에 한일 간의 문제에서 미국은 무조건 일본을 챙기게 돼 있다. 그렇기에 일본은 강제징용이나 위안부 문제 등 과거사 문제에서 우리의 요구를 무력화하는 데 미국의 힘을 빌려 쓰고 있다. 결국 미·일의 무장력은 북한 파멸 내지는 한반도 분열·증오의 폭을 증폭시키는 쪽으로 향하고 있다는데 불행의 씨앗이 들어있는 것이다.

일본에서는 미국이 한국에게 쿼드에 가입하라는데, 한국이 말을 안 듣는다는 식의 기사를 자꾸 흘리지만, 한국은 그런 제안을 받지도 않았다. 일본은 어떤 생각인가. 미국의 힘을 빌려 한국이 쿼드 플러스(quad 미·일·호주·인도 4개국 연합)에 들어오고 지소미아도 복원해 한미동맹, 미일동맹을 한일동맹으로, 그리고 한미일 삼각동맹으로까지 발전시키려는 것이다. 그렇게 미국이 갑이고 일본이 을, 그리고 한국을 병으로 하는 위계를 만들고 싶은 거다. 일본은 다시 우리를 호령하고 지휘할 수 있는 상태를 원한다. 한국을 맨 말단 꼬붕으로 만들려는 게 일본의 본심이다. 일본은 팍스 시니카(중국 지배하의 평화) 시절에 조선이 중국 쪽에 섰던 것처럼 팍스아메리카나 완전히 미국 편에 붙어서 얻은 힘을 우리에게도 부리려고 하는 거다. 지금 동아시아에 구축된 미국 중심의 국제질서 속에서 일본은 민족적 자존심이 없나 싶을 정도로 미국을 철저하게 섬기고 미국은 그만큼 일본을 돌봐준다. 일본만큼 미국한테 철저히 사대해서 자소의 혜택을 누리는 나라는 별로 없다. 중국 문화권의 사대자소가 현대 미국 중심의 국제정치 세계에서도 여전히 통한다. (事大慈小 소국이 대국을 섬기고 대국이 소국을 보살핌)

윤석열 대통령이 대선 후보 시절, 토론 중에 "유사시에 (일본자위대가 한반도에) 들어올 수도 있는 거지만"이라고 한 적이 있다. 만약 윤석열 대통령이 실제로 일본 자위대의 한반도 출병 가능성을 고려한다면 그건 크나큰 화를 자초할 수 있는 굉장히 위험한 생각이다. 실제로 자위대가 해외 출병을 해서 일제 때 일본 군인들이 했던 것처럼 한반도에서 줄 맞춰 구호 외치면 국민 정서는 엄청나게 나빠질 거다.

국민들은 6.25 전쟁 경험 때문에 우리를 도와줬던 미군이 우리 땅에 와서 활개 치는 것을 나쁘지 않게 생각한다. 하지만 일본군이 와서 활개를 치면 일제 35년을 체험하지 못했던 어린애들도 악몽으로 여길 것이다. 역사책에서 그렇게 배웠으니까. "프라이팬 뜨겁다고 뛰다가 불 속에 빠진다"는 영어 속담이 있다. 북한 때문에 한미동맹 강화하려다가 결국 한미일 삼각동맹의 굴레 속에 빠져 3등 국가가 될 것이다. 친미하다 종일(終日)로 빠질 수 있다.

게다가 한미일 삼각동맹은 북한의 위협을 줄이는 데 도움이 안된다. 한미일이 삼각동맹으로 뭉치지 않으면 북중러도 한 덩어리가 안 된다. 그런데 한일동맹을 맺어 한미일 삼각동맹이 되면 북중러도 한 덩어리가 되고 만다. 그러면 당연히 동북아 지역의 긴장도가 높아지고 그 위험의 최전선에 한반도, 남한과 북한이 있는 거다.

우리는 미국을 쫓아다닐 게 아니라 설득해야 한다. 한국은 당연히 미국과 동맹을 강화하는 목적을, 미국이 불리한 약속도 지키도록 하는 것으로 삼아야 한다. 이것이 한국 외교가 가야 할 길이고 대한민국 외교에서 '자국 중심성을 확립하는 길'이다.

(6) 북핵문제를 푸는 다른 시각, 평화적 경제공동체 실현

우리에게 제일 좋은 것은 미국이 북핵 문제 협상에서 전향적인 자세로 나오도록 설득해 협상을 시작하게 하고, 그 협상의 결과로 북한이 핵을 완전히 포기하는 거다. 이것이 가장 바람직하다. 핵이 없는 남한이 핵을 가진 북한과 협상을 하면 절대적으로 불리하다. 핵을 쓸 것처럼 위협하면서 우리의 양보를 요구할 테니까. 우리는 어떻게든지 미국을 설득해서 북핵 협상을 빨리 시작하도록 해야 한다. 하지만 미국이란 나라가 북한처럼 조그마한 나라가 기어오르며 요구하는 걸 다 들어주면서 문제를 해결하지 않는다. 그냥 밀어붙이거나 이런저런 핑계를 대면서 자꾸 미적거리다가 새로운 문제가 제기되면 그 문제에 달라붙는 식이다. 문제가 해결되기보다는 뒤로 밀려서 일상이 되게 만든다. 북한으로부터 핵과 미사일을 뺏어내려면 그만한 보상을 줘야 하는데, 미국은 그럴 생각이 없는 것 같다. 미국에게는 북한의 핵 10여 개보다 더 중요한 것들이 많다. 우리만큼 절박하지 않기 때문에 성의를 보이지 않는다. 7천 개가 넘는 핵폭탄을 가지고 있는 미국 입장에서 북한이 핵폭탄을 100개 가졌다 한들 우스우니까.

그런데 북한은 미국이 미적거리는 틈새를 이용해서 핵능력을 강화해 왔고 우리는 북한이 100개가 아니라 10개의 핵만 가지고 있어도 전전긍긍할 수밖에 없다. 미국은 우리와 입장이 다르다. "저 아니면 남"이라고, 특히 국제정치의 세계에서 혈맹이건 동맹이건 내 나라가 아니면 다 남의 나라이다. 우리가 미국과 아무리 친밀한 관계를 유지해도 우리가 미국이 될 수 없고 미국이 절대로 우리의 입장에 설 수 없다는 사실을 잊지 말아야 한다. 우리가 잘해주면 미국이 우리의 이익을 먼저 챙겨줄 것이라고 착각하지 말아야 한다.

북한은 우리 한국이 뭘 해주면 핵과 미사일을 포기하겠다는 게 아니다. 미국이 수교를 약속하고 군사적으로 치지 않겠다는 평화협정을 체결해 주는 한편 미국의 영토에 북한의 대사관을, 북한의 영토에 미국의 대사관을 설립해야 핵과 미사일을 내려놓겠다는 거였다. 우리 힘만으로는 해결할 수 없는 문제이지만, 미국만 믿고 있을 수도 없다. 미국과 북한의 협상이 지지부진한 채 시간이 흘러 북한이 사실상의 핵보유국이 돼버린 상황에도 대응할 전략이 있어야 한다. 미국이 북한을 핵보유국으로 인정하지 않고, 북한 비핵화를 정책 목표로 내걸지도 않는다면 우리는 핵을 머리에 이고 사는 형국이 돼버린다. 적어도 북한이 우리한테는 핵을 쓰지 않도록 만들어야 할 것 아닌가. 그것이 한국 외교의 과제다. 무조건 미국에게 북한 핵을 억제해 달라고 부탁하겠다는 접근으로는 위험을 줄이기 어렵다.

우리는 결국 을의 입장이 될 수밖에 없지만 비굴한 을이 되지 않을 길을 찾아야 한다. 궁극적으로는 우리와 중국의 관계처럼 북한이 우리에게 의존하도록 만들어야 한다. 우리 경제가 중국에 의존하는 비중이 크니까 중국을 무시할 수 없듯이 경제를 비롯해 여러 부분에서 북한과 협력하면서 그 길로 가야 한다. 경제적으로 북한과 협력관계가 긴밀할수록, 즉 북한이 경제적으로 남한에 의존할수록 북한은 우리를 도발하기 어렵다. 북한과의 경제적 협력은 우리에게 새로운 경제 성장 기회가 되기도 할 것이다.

북한이 미국에게 핵과 미사일을 흔들면서 벼랑끝전술을 쓸 수 있을지라도 우리에게는 도발하지 않도록 하는 길로 가야 한다. 북한이 우리에게 일관되게 요구한 조건은 "한미군사훈련을 하지 말라"는 거였다. 북측의 경우 전쟁으로 인한 엄청난 손실이 예상되는 상황에서 선제침공은 없을 것으로 보이며, 따라서 남측에서의 군사훈련도 줄여간다면 상호 평화애호 분위기를 만들어갈 수 있을 것이다.

북한과의 관계에서 군사적인 긴장 완화와 경제협력을 연결할 수 있다. 북한이 우리를 군사적으로 위협하면 그들이 먹고사는 데 바로 타격이 올 수밖에 없을 정도로 남한과 얽히고 설키도록, 즉 경제적으로 의존도가 높아지도록 구조화해야 한다. 우리는 핵을 가지고 있는 중국·러시아와도 수교했다. 우리에게 중국과 러시아의 지정학적 조건은 북한과 크게 다르지 않다. 게다가 두 나라와의 경제협력으로 적어도 우리한테는 핵으로 위협을 하지 않는 상황이 됐다. 북한과의 관계를 바로 그렇게 만드는 거다.

그렇게 되면 통일이라는 단어는 사실상 의미가 없어질 수 있다. 남과 북의 관계를 국가 대 국가의 관계로 인정하고 발전시켜야 한다. 국가명에 모두 코리아라는 말이 들어갔지만 하나의 국가가 아니다. 북한은 the Democratic People's Republic of Korea, DPRK이고 우리는 the Republic of Korea, ROK로서 관계를 형성하고 그 관계를 긴밀하게 발전시켜야 한다. 그러한 관계를 학술적으로 남북연합(confederation)이라고 할 수 있을 거다. 남북연합은 미국처럼 50개주가 하나의 국가를 이뤄서 워싱턴에 있는 미국 정부의 말을 듣는 연방(federation)과는 다르다. 남북연합은 유럽연합과 비슷한 국가형태라고 볼 수 있다. 유럽연합에 속한 국가들은 각각 국기도 국명도 그대로 사용하고 각자의 군대도 가지고 있지만 경제적으로 밀접한 관계를 맺어 서로 도우며 산다. 또 동남아시아 국가들의 연합체인 아세안(ASEAN)도 불교·이슬람·가톨릭 등 종교도 다르고 정치 체제도 다르고 언어도 각양각색이지만 지리적으로 붙어 있기 때문에 각자 자기의 정체성을 그대로 유지하면서 경제적으로 밀접한 관계를 맺어 서로 윈-윈하며 살아가고 있다.

남북한도 결국 그런 식으로 가야만 피차 편하게 살지 않겠나. 극단적으로 얘기해서, 통일이라는 말을 계속 입에 달고 살면 서로 적대적으로 나갈 수밖에 없다. 통일을 하려면 정부를 하나로 만들고 군대도 하나만 두고 국기도 하나만 있어야 한다. 결국 둘 중에 하나는 갑이 되고 하나는 을이 돼야 하는데, 북한이 을이 되고 싶지는 않을거다. 그러면 북한은 핵을 가지고 오히려 갑이 되려고 나올 거고 남쪽도 절대 을이 되고 싶지 않고, 합의가 어려울 것이다. 유엔에도 어차피 따로 가입되어 있는 두 나라다. 우리는 그대로 태극기 쓰고 북한도 인공기 쓰면서 살되 지리적으로 가까우니까 경제적으로 협력해서 서로 잘살자는 거다.

경제협력이 그들에게 도움이 되는 측면도 있지만 우리 역시 거둬들이는 효과가 크다는 것은 이미 알지 않나. 그러니까 적어도 우리 한국을 상대로는 핵을 쓸 수 없고 대외적인 자기 방어 수단으로만 사용하도록 해서 우리가 군사적으로 불안해지지 않으면 되는 거 아닌가. 결국 그런 '남북연합'으로 가야 할 것이다. 지금은 통일이라는 단어를 버리지 못하고 궁극적으로 통일로 가야 한다고 하지만 앞으로 10여 년이 더 지나면 통일이 아니라 연합이 오히려 현실적인 선택이라는 쪽으로 국민들 생각도 바뀔 것이다.

더구나 지금 20~30대 청년들은 통일에 관심이 없다. 그들이 나이든다고 통일을 생각하지는 않을 거다. 그러니까 지금의 20~30대 젊은이들이 나라의 주인이 될 때를 대비해서라도 남북관계는 연합 형태로 갈 수밖에 없다고 생각한다. 그런 방향으로 정책을 수립하고 추진해 나가야 할 것이다. 그리하여 수십년, 수백년 평화공존의 세상에서 동포도 살고 세계인류도 더불어 살기를 기대해 본다.

◎ 김정은 "언제 가도 통일 안돼" 남북관계 근본 전환 공식화

(1) "남북, 동족 아닌 두 교전국"

김정은 조선노동당 총비서가 지난 26~30일 열린 노동당 중앙위 8기 9차 전원회의에서 남북관계가 "더이상 동족관계, 동질관계가 아닌 적대적인 두 국가 관계, 전쟁 중에 있는 두 교전국 관계로 완전히 고착됐다"고 말했다. 김정은 총비서는 지난 30일 보고를 통해, "장구한 북남관계를 돌이켜보면서 우리 당이 내린 총적인 결론은 하나의 민족, 하나의 국가, 두 개 제도에 기초한 우리의 조국통일 노선과 극명하게 상반되는 '흡수통일', '체제 통일'을 국책으로 정한 대한민국 것들과는 그 언제 가도 통일이 성사될 수 없다"며 이렇게 말했다고 31일 조선중앙통신(중통)이 보도했다. 김 총비서가 남북관계 전반을 규정해온 '통일을 지향하는 특수관계'를 부인하면서, 통일보다 '투 코리아'(Two-Korea·두 개의 한국)를 지향한다는 해석이 나온다.

김 총비서는 "우리 제도와 정권을 붕괴시키겠다는 괴뢰들의 흉악한 야망은 '민주'를 표방하던 '보수'의 탈을 썼든 조금도 다를 바 없었다. 현실은 우리로 하여금 북남관계와 통일정책에 대한 입장을 새롭게 정립해야 할 절박한 요구를 제기하고 있다"고 말했다. 중통은 "쓰라린 북남관계사를 냉철하게 분석한 데 입각하여 대남 부문에서 근본적인 방향 전환을 할 데 대한 노선이 제시되었다"고 보도했다.

김 총비서는 핵무력 강화와 새해 군사정찰 위성 3기 추가 발사도 공언했다. "만일의 경우 발생할 수 있는 핵 위기 사태에 신속히 대응하고 유사시 핵무력을 포함한 모든 물리적 수단과 역량을 동원해 남조선 전 영토를 평정하기 위한 대사변 준비에 계속 박차를 가해 나가야 하겠다"고 말했다. 한국정부는 이날 "권력 세습과 체제 유지만을 위해 모든 것을 희생하는 세습독재국가의 속성을 일관되게 보여준 것에 불과하다"며 "획기적으로 강화된 한-미 동맹의 확장억제력과 3축 체계를 활용하여 압도적으로 응징할 것이며, 김정은 정권은 종말을 맞이할 것임을 엄중히 경고한다"고 밝혔다.

(2) 연말 전원회의서 "적대적 두 국가" 선언

김정은 조선노동당 총비서가 남북 관계를 "적대적인 두 국가 관계"로 규정하며 대남부문의 근본적 방향 전환을 선언했다. 1991년 맺은 남북기본합의서는 남북 관계를 "나라와 나라 사이 관계가 아니라 통일을 지향하는 과정에서 잠정적으로 형성되는 특수 관계"로 명문화했다. 지난 32년간 남북은 이같은 '남북 관계의 특수성'을 전제로 대화와 교류 협력을 해왔다. 북한이 이를 전환하겠다고 공식 선언함에 따라, 2023년 강대강으로 치달은 남북 관계가 새해에 회복되기는 더욱 어려워졌다는 평가가 나온다.

> 32년 명맥 '통일지향 특수관계' 엎고, 전쟁 전제 군사행동 과업으로 제시
> 한미일 공조 맞서 핵무력 증강 과제, 대남부서 정리·연방제통일 수정 시사
> 전문가 "남 겨냥 핵활용 여지 커져", 살림집 건설 등 경제성과 깨알 열거

31일 조선중앙통신(중통)은 12월 26~30일 열린 노동당 중앙위원회 제8기 9차 전원회의 결과와 함께 김정은 총비서가 "북남(남북) 관계는 더 이상 동족 관계, 동질 관계가 아닌 적대적인 두 국가 관계, 전쟁 중에 있는 두 교전국 관계로 완전히 고착됐다"며 "대한민국 것들과는 그 언제 가도 통일이 성사될 수 없다"고 말했다고 보도했다. 지난 7월 김여정 노동당 부부장이 담화를 통해 '대한민국'이라 부르며 남북 관계를 국가 대 국가 관계로 여기는 태도를 보였는데, 이번 전원회의를 통해 북한이 이를 공식화한 것이다. 지난 7월 권영세 당시 통일부 장관은 국회 답변을 통해 "헌법에 통일 추구 의무를 명시했기에 남북을 두 나라로 보는 것은 헌법에 어긋나 받아들일 수 없다"는 주장을 폈다.

김 총비서는 "우리 제도와 정권을 붕괴시키겠다는 괴뢰들의 흉악한 야망은 '민주'를 표방하든 '보수'의 탈을 섰든 조금도 다를 바 없었다"며 "우리(북)를 '주적'으로 선포하고 외세와 야합해 '정권 붕괴'와 '흡수 통일'의 기회만을 노리는 족속들을 화해와 통일의 상대로 여기는 것은 더 이상 우리가 범하지 말아야 할 착오라고 생각한다"고 강조했다. 이어 "유사시 핵무력을 포함한 모든 물리적 수단과 역량을 동원해 남조선 전 영토를 평정하기 위한 대사변 준비에 계속 박차를 가해 나가야 하겠다"고 말했다.

최용환 국가안보전략연구원 책임연구위원은 "북한은 남한을 민족이나 선린우호 관계가 아닌, 철저한 국가 간 적대 관계로 보아 통일이나 협력을 논의할 대상이 아니라 군사적으로 승리를 지향하는 관계로 본 점이 우려스럽다"고 말했다. 홍민 통일연구원 선임연구원은 "한국을 교전국 관계로 설정하면, 같은 민족에게 핵을 겨눈다는 모순을

피해 남쪽에 대한 핵 사용을 주장하고, 한미일의 확장억제에 대응해 핵 능력을 활용할 공간도 만들 수 있다"고 말했다.

양무진 북한대학원대학교 교수는 "적대적인 국가와 대화할 수 없다는 것으로, 북한이 고려연방제(1민족 1국가 2체제 2정부) 등의 통일 정책도 수정할 수 있다는 의미로 보인다"고 말했다. 김 총비서는 "당 중앙위원회 통일전선부를 비롯한 대남사업 부문의 기구들을 정리, 개편하기 위한 대책을 세우며 근본적으로 투쟁 원칙과 방향을 전환해야 한다"고 말했다.

김 총비서는 한반도 정세 악화 책임을 미국과 한국에 돌렸고, 핵무력 증강을 국방과제로 내세우고, 해군 전력 향상, 무인·무장·장비 개발과 생산을 추진할 것도 주장했다. 그는 "강대강, 전면승부의 대미·대적 투쟁 원칙을 일관하게 견지하고 고압적이고 공세적인 초강경 정책을 실시해야 하겠다"며 강경한 대응 의지를 밝혔다. 아울러 중국·러시아와의 협력을 강화하겠다는 뜻도 밝혔다. 그는 "(미국 대통령은) 남조선 놈들과 반공화국 핵 대결강령인 이른바 '워싱턴 선언'을 조작(작성)하고 핵무기 사용의 공동계획 및 실행을 목적으로 한 '핵협의그룹'(NCG)을 신설, 가동했으며 우리에 대한 핵전쟁 흉계를 극구 추진해 나가고 있다"며 "변천하는 국제 정세에 맞게 미국과 서방의 패권 전략에 반기를 드는 반제·자주적인 나라들과의 관계를 가일층 발전시켜 우리 국가의지지 연대 기반을 더욱 튼튼히 다질 것"이라고 말했다. 최용환 책임연구위원은 "북한이 중국·러시아와의 관계를 증대하고, 2024년 미국 대선에 앞서 조 바이든 대통령 정책의 실패를 보여주고자 한 목적도 있어 보인다"며 "북한이 해군전력을 강조한 건 러시아와의 군사협력 없이 이뤄지기 힘든 일"이라고도 덧붙였다.

한편, 보고를 통해 김 총비서는 "알곡은 103%, 전력·석탄·질소비료는 100%, 압연강재는 102%…살림집은 건설 중에 있는 세대수가 109%로서 인민 경제 발전 12개 고지가 모두 점령됐다"며 경제 성과를 열거했다. 안으로는 민생을 꼼꼼히 챙기는 지도자의 모습을 부각해 북한 체제를 묶어 세우고, 밖으로는 대북 제재 강화 등에도 불구하고 이겨낼 수 있다는 자신감을 드러낸 것이다. (『한겨레』 2024. 1. 1. 장예지 권혁철 기자)

◎ 북한, "헌법에 대한민국 주적 명기" 통일노선 폐기

(1) 남북관계 단절·분리전략 속도전

김정은 조선노동당 총비서 겸 국무위원장이 '헌법 조문에 대한민국을 불변의 주적으로 명기해야 한다'고 강조했다. 남북관계를 완전히 차단·분리하려는 '대남 쇄국정책' 속도를 높이고 있는 셈이다.

김정은 총비서는 지난 15일 평양 만수대의사당에서 열린 최고인민회의 제14기 제10

차 회의에서 한 시정연설에서 대한민국을 "철두철미 제1의적대국, 불변의 주적"이라 규정하고 "공화국(북)의 민족역사에서 '통일' '화해' '동족'이라는 개념 자체를 완전히 제거해 버려야 한다"고 밝혔다고 노동신문이 16일 보도했다. 최고인민회의는 남쪽의 정기국회에 해당한다.

김 총비서는 지난 연말 노동당 중앙위 8기 9차 전원회의에서 밝힌 "북남관계는 적대적 두 국가 관계"라는 '대남부문에서 근본적인 방향 전환 노선'을 헌법에 명기해야 한다고 제안했다. 남북관계의 완전한 단절 시도이자 김일성 주석과 김정일 국방위원장의 통일 노선을 수정하는 '두개 조선'론을 공식화한 셈이다. 이는 근본적으로 조선민주주의인민공화국의 국가 정체성을 '통일지향 분단국'이 아닌 '독자적 사회주의 국가'로 새로 벼리려는(다지려는) 시도여서 북쪽의 대남정책을 포함한 대외전략에 변화가 예상된다.

김 총비서의 지침에 따라 최고인민회의는 "북남대화와 협상, 협력을 위해 존재하던 조국평화통일위원회와 민족경제협력국, 금강산국제관광 기구를 폐지한다"는 결정서를 '일치가결'(만장일치)로 채택했다. 김 총비서는 "오늘 최고인민회의에서는 근 80년간의 북남관계사에 종지부를 찍고 조선반도에서 병존하는 두개 국가를 인정한 기초 우(위)에서 우리 공화국의 대남정책을 새롭게 법화했다"고 말했다.

김 총비서는 "쓰라린 북남관계사가 주는 최종 결론은 '정권 붕괴'와 '흡수 통일'을 꿈꾸며 대결광증 속에 동족의식이 거세된 대한민국 족속들과는 민족중흥의 길, 통일의 길을 함께 갈 수 없다는 것"이라면 "헌법의 일부 내용을 개정할 필요가 있다"고 제안했다. (『한겨레』 2024. 1. 17. 이제훈 선임기자)

(2) 북, 선제공격 선그었지만 "전쟁나면 핵무기 동원 남 완전평정"

"외세의 특등주구" 남 원색비난에, '핵전쟁 불사' 호전적 발언 퍼부어
김정일이 세운 평양 통일기념탑도 "꼴불견" 철거 지시…유훈계승 거부
남측 전문가 '흡수통일 회피 전략' 지적 "우발충돌 방지, 정부 신중 대응을"

그는 "인민들의 정치사상생활과 정신문화생활 영역에서 '삼천리금수강산', '8천만 겨레'와 같이 북과 남을 동족으로 오도하는 낱말들을 사용하지 않는다는 것과 대한민국을 철두철미 제1의 적대국, 불변의 주적으로 확고히 간주하도록 교육교양사업을 강화한다는 것을 (헌법의) 해당 조문에 명기하는 것이 옳다"고 강조했다. 그는 남쪽을 미국의 "노복(노예)국가" "외세의 특등주구집단"이라 비난했다.

이에 대해 윤석열 대통령은 이날 서울 용산 대통령실에서 열린 국무회의에서 "북한 정권 스스로가 반민족적이고 반역사적인 집단이라는 사실을 자인한 것"이라고 비판했

다. 미국 국무부 대변인은 "북한의 적대적 발언은 실망스럽다. 남북 협력이 항구적인 한반도의 평화를 달성하는 데 필수적이라고 믿는다"고 밝혔다.

김 총비서는 남쪽을 '적대국·주적'으로 규정한 데 그치지 않고 할아버지인 김일성 주석의 통일 노선과도 다른 방향을 제시했다. "헌법에 있는 '북반부', '자주, 평화, 민족대단결'이라는 표현들이 삭제돼야 한다"는 언급이 대표적이다. '자주·평화·민족대단결'은 1972년 남북의 최고지도자인 박정희·김일성이 특사를 낀 '간접 정상회담'을 통해 마련한 분단사 최초의 남북 당국 합의인 7·4 남북공동성명에 명기된 '조국통일 3대 원칙'이다. 50년 넘게 남북이 합의해온 통일 원칙을 부정한 셈이다.

김 총비서는 아버지인 김정일 국방위원장의 지시에 따라 사상 첫 남북정상회담 직후인 2001년 8월 평양 낙랑구역 통일거리에 세워진 '조국통일 3대 헌장 기념탑'도 "꼴불견"이라며 철거를 지시했다.

김 총비서는 호전적인 발언을 이어가면서도 선제공격은 부인했다. 그는 "적들이 건드리지 않는 이상 결코 일방적으로 전쟁을 결행하지는 않을 것"이라며 "조선반도에서 전쟁이 일어나는 경우에 대한민국을 완전히 점령, 평정, 수복하고 공화국 영역에 편입시키는 문제를 (헌법에) 반영하는 것도 중요하다. 만약 적들이 전쟁의 불꽃이라도 튕긴다면 핵무기가 포함되는 모든 군사력을 총동원해 원쑤(원수)들을 단호히 징벌할 것"이라고 말했다. 그는 지난 연말 전원회의에서 "유사시 남조선 영토를 평정하기 위한 대사변 준비"를 언급한 바 있다. 먼저 공격하지는 않겠지만, 공격을 받는다면 '핵전쟁'을 불사하겠다는 엄포다.

김 총비서는 북방한계선(NLL)을 불법으로 규정하고 인정하지 않겠다는 뜻도 표시했다. 그는 "경의선의 우리 측 구간을 회복불가한 수준으로 완전히 끊어놓는 것을 비롯해 접경지역 모든 북남연계조건들을 철저히 분리하기 위한 단계별 조치들을 엄격히 실시해야 한다"며 "우리 국가의 남쪽 국경선이 명백히 그어진 이상 불법무법의 '북방한계선'을 비롯한 그 어떤 경계선도 허용될 수 없으며 대한민국이 우리의 영토, 영공, 영해를 0.001mm라도 침범한다면 곧 전쟁 도발로 간주될 것"이라고 말했다.

김 총비서의 남북관계 단절을 통한 '대남쇄국정책'은 호전적인 언어로 외피를 감쌌지만, 근본적으론 '흡수통일' 회피를 목적으로 한 방어적 성격이 짙다고 여러 국내외 전문가들은 분석한다.

옛 동독 출신으로 김일성종합대에서 공부한 뤼디거 프랑크 빈대학 교수는 한반도 전문 웹진 '38노스(North)'에 기고한 글에서 김정은 총비서의 새 노선을 "위험 회피·제거 전략"(de-risking strategy)이라고 짚었다. 서독의 '특수관계론'에, 1974년 통일 조항을 삭제하는 헌법 개정을 통해 '두 국가론'으로 맞선 동독의 경우를 연상케 한다는 것이다. 다만 비핵국가였던 동독과 달리 북한은 '핵무장 국가'라 단순 비교는 어렵다. 김 총비서의 새 노선엔 '남북관계' 단절과 '핵무력'으로 '흡수통일'을 막고 북쪽 체제를 유지·발전시키겠다는 전략이 깔려 있어서다.

국내 전문가들은 "윤석열 정부의 대응 방향에 따라 남북관계의 진로가 달라질 수 있다"며 "정부의 신중하고 사려 깊은 대응이 절실하다"고 조언했다. 통일부 장관을 지낸 김연철 인제대 교수는 "김정은 위원장의 남북관계 단절 노선과 전쟁 언술을 구분해서 살펴 대응할 필요가 있다"고 말했다. 문정인 연세대 명예교수는 "남북 사이 우발적 군사충돌이 전쟁으로 번질 위험이 그 어느 때보다 높은 시기"라며 "한·미 양국 정부가 위기관리에 각별히 신경써야 한다"고 말했다.

김정은 조선노동당 총비서 겸 국무위원장이 지난 15일 평양 만수대의사당에서 열린 최고인민회의 14기 10차 회의에서 시정연설을 하고 있다.

평양/조선중앙통신 연합뉴스

김정은 조선노동당 총비서와 북한의 대남정책 노선 변화 경과

2023년 12월 26~30일	김정은 총비서 조선노동당 중앙위 8기 9차 전원회의 연설 "북남관계는 적대적인 두 국가 관계, 전쟁 중에 있는 교전국 관계" "통일전선부를 비롯한 대남사업부문 기구 정리·개편" "유사시 남조선 영토를 평정하기 위한 대사변 준비"
2024년 1월 1일	최선희 외무상, '대남관계부문 일군(일꾼)들과' 기구 개편 협의회
5일	조선인민군 총참모부 보도 "민족, 동족이라는 개념은 이미 우리의 인식에서 삭제"
11일	대남 선전매체(우리민족끼리, 통일의 메아리, 류경, 조선의 오늘, 려명 등) 누리집 접속 불가

12일	대남 국영방송 평양방송 송출 중단, '대적부문 일군 궐기모임' • 6·15공동선언실천 북측위원회 • 조국통일범민족연합 북측본부 • 민족화해협의회 • 단군민족통일협의회 등 정리 결의
15일	김정은, 최고인민회의 14기 10차 회의 시정연설 "대한민국, 제1의 적대국, 철두철미 주적" 헌법 명기 제안, "'통일' '화해' '동족'이라는 개념 자체를 완전히 제거해야" "적들이 건드리지 않는 이상 일방적으로 전쟁 결행 않을 것" "적들이 전쟁 불꽃 튕기면 핵무기 포함 모든 군사력으로 단호히 징벌"

(3) 남북 회담·경협 이끌던 기구 모두 정리
"경의선 완전 단절" 소통 통로도 봉쇄

북한은 지난 15일 열린 최고인민회의 제14기 제10차 회의에서 조국평화통일위원회(조평통), 민족경제협력국, 금강산국제관광국 등 남북 회담과 경제협력을 이끌었던 기구들을 폐지하기로 했다. 김정은 조선노동당 총비서 겸 국무위원장이 남북을 "적대적 두 국가 관계"로 규정하며 대남 노선을 근본적으로 전환하겠다고 한 데 따라, 민족관계를 상징했던 대남기구 정리에 나선 것이다. 김 총비서는 선대의 통일 유훈 관련 시설도 없애라고 지시해, 남북 간 교류협력 재개 가능성을 완전히 차단했다는 평가가 나온다.

1961년 5월 13일 결성된 조평통은 조선노동당 중앙위원회 통일전선부의 외곽 기구로 출범한 뒤 2016년 6월 국가기구로 격상됐다. 남한과 국외 동포를 대상으로 남북·통일 문제에 관한 선전 활동을 했다. 2018년 3월 판문점 북쪽에서 남북정상회담 준비를 위한 고위급 회담이 열렸을 땐 리선권 당시 조평통 위원장이 북쪽 대표단 단장을 맡는 등 남북간 회담을 주도했다. 하지만 그 뒤에는 2021년 3월 김여정 노동당 부부장이 담화에서 "현 정세에서 더 이상 존재할 이유가 없어진 대남 대화기구인 조평통을 정리하는 문제를 일정에 올려놓지 않을 수 없게 됐다"고 하는 등 권한과 기능이 대폭 약화됐다.

북한은 남북관계 경색으로 사실상 단절됐던 경제협력 관련 대남기구도 폐지를 공식화했다. 민족경제협력국은 2007년 구성된 남북경제교류협력공동위원회가 가동될 당시 지원하던 북쪽 기관이다. 위원회는 철도나 도로연결뿐 아니라 농수산, 보건의료 등 교류협력 분야를 확장하는 데 기여하기도 했다. 금강산 국제관광국 또한 금강산 관광 사업을 했던 현대아산과 실무 논의 및 회담을 했던 곳이다.

북한은 조평통 폐지 등에 앞서 6·15공동선언실천 북측위원회와 조국통일범민족연합 북측본부, 민족화해협의회, 단군민족통일협의회도 폐지하기로 했다고 지난 13일 노동신문이 보도했다. 다만 북한은 현재까지 대남 업무를 총괄하는 통일전선부에 대한 개편 방안은 내놓지 않고 있다.

김정은 총비서는 시정연설에서 2007년 문산~개성 구간 화물운송이 이뤄졌던 경의선의 북쪽 구간을 남쪽 구간으로부터 완전히 단절하고, '조국통일 3대헌장 기념탑'도 "꼴불견"이라며 철거하라는 지시도 내렸다. 경의선 등 철도 남북 연결 사업은 2000년 김대중 대통령과 김정일 북한 국방위원장이 발표한 6·15공동선언의 산물이다. 기념탑은 김일성-박정희 시기 7·4공동성명에 근거해 발표된 '조국통일 3대 헌장'(△조국통일 3대 원칙 △고려민주연방공화국 창립 방안 △조국통일을 위한 전민족 대단결 10대 강령)으로 상징되는 선친의 통일 유훈을 기리려고 2001년 김정일 국방위원장이 평양 관문인 낙랑구역 통일거리 입구에 건설을 지시한 것이다.

홍민 통일연구원 선임연구위원은 "김 총비서가 더 이상 선대가 유산으로 남겨온 통일강령들을 계승할 필요가 없어졌다고 판단한 것"이라며 "선대가 세운 시설들을 없애도록 지시한 것도 거기에 맥락이 닿아 있다고 보면 된다"고 평가했다. (장예지·신형철 기자)

◎ 푸틴의 두 번 방북, 24년전엔 '북미중재' 2024년 올해엔 '반미협력'

(1) 24년 시차 평양행, 무엇이 달라졌나

1948년 9월 9일 조선민주주의인민공화국(조선) 정부 수립 이후 현재까지 평양을 가장 많이 방문한 외국 정상은 누구일까? 러시아의 대통령인 블라디미르 푸틴이다. 그는 2000년 7월 19일에는 구소련을 포함한 러시아 역사상 처음으로 평양을 방문했고, 올해(2024) 6월에도 평양을 찾았다. 24년을 사이에 두고 이뤄진 푸틴의 평양행을 비교해보면 한반도를 포함한 국제 정세가 얼마나 변했는지 실감하게 된다.

우선 미국과 러시아가 전면적인 대결을 벌이고 있는 오늘날만큼은 아니지만, 2000년도에도 두 나라 사이에는 전략적 갈등이 있었다. 당시 미국의 빌 클린턴 행정부는 공화당 및 군산복합체의 강한 압박을 받아 미사일방어체제(MD : missile defense)를 추진하려고 했다. 이를 위해서는 1972년 미국과 소련이 체결한 탄도미사일방어(ABM : antiballistic missile) 조약의 개정이 필요했다. ABM 조약은 사실상 MD를 금지하고 있었기 때문이다. 그래서 클린턴은 푸틴의 동의를 구하려고 했다. 하지만 MD가 미·러 간의 전략적 균형을 와해하고 이미 동진을 거듭하고 있던 북대서양조약기구(나토)의 확대를 가져올 것이라고 간주한 푸틴은 이에 동의하지 않았다. 이로 인해 MD 문제는 2000년대 초반 국제 정세의 가장 '뜨거운 감자'로 부상했다.

나토의 주요 회원국들의 태도도 비교해 볼 필요가 있다. 1990년대 후반 이래 지속되어온 나토의 동진과 2014년 러시아의 크림반도 병합 이후 갈림길에 서 있던 나토와 러시아의 관계는 2022년 러시아의 불법적인 우크라이나 침공을 거치면서 당분간 '돌아올 수 없는 다리'를 건넜다. 러시아를 '공동의 적'으로 규정한 미국 및 유럽의 나토 회원국들은 강력한 결속력을 과시하면서 러시아의 약소국화를 추구하고 있고, 러시아는 반미·반서방의 기수를 자처하고 있다.

하지만 2000년의 풍경은 크게 달랐다. 유럽연합 외무장관인 하비에르 솔라나는 "만약 미국이 MD 배치를 끝까지 고집한다면, 국제사회는 미국의 건방진 일방주의에 실망하게 될 것"이라며 직격탄을 날렸다. 요슈카 피셔 독일 외무장관 역시 "이 문제는 미국과 러시아에 충돌을 가져올 수 있는 핵심적인 사안"이고, "미국 한 나라의 결정에 국제사회는 엄청난 영향을 받게 될 것"이라고 강조했다. 프랑스 정부도 "MD의 필요성에 회의감을 느끼고 있고, 유럽연합의 다수 국가들도 마찬가지"라는 입장을 밝혔다. 북미 대륙에 있는 캐나다도 이러한 입장에 동조했었다.

한국과 조선의 행보도 크게 다르다. 오늘날 우크라이나 전쟁은 윤석열 정부에겐 '가치 연대'를 표방한 '친미주의'를, 김정은 정권에겐 '국제질서의 다극화'를 앞세운 '반미주의'를 소비하는 명분으로 내세우는 무대로 활용되고 있다. 유라시아 동쪽 끝에 있는 남과 북이 유라시아 반대편에서 벌어지고 있는 전쟁에 주요 무기 공급처들로 평가받을 정도다. 그러나 2000년에는 크게 달랐다. 김대중 정부는 '한반도 냉전 구조 해체'를 목표로 북미관계 중재와 촉진에 적극 나서는 한편, 사상 최초의 남북정상회담도 성사시켰다. 김정일 정권 역시 남북대화와 북미대화가 선순환을 그리면서 50여 년간 지속된 적대적인 북미관계에 종지부를 찍을 수 있다는 기대에 부풀어 있었다.

하지만 복병이 있었다. MD가 바로 그것이다. 당시 미국은 한편으로는 김대중 정부의 한반도 평화프로세스를 지지하면서도, 다른 한편으로는 한국을 MD의 포섭 대상으로, 조선을 그 구실로 삼으려 했다. (미국의 이익을 위한 남·북 분열 정책) 미국은 북·중·러와 가장 가까운 한국을 MD의 최적의 동맹국으로 간주했고, 미국이 MD 명분으로 중국이나 러시아를 거명할 수 없었기에 '북한위협론'의 활용가치는 매우 컸다. 하지만 이건 양립할 수 없는 것이었다. 김대중 정부가 미국의 MD 참여 요구를 거절하면서 평화프로세스에 박차를 가한 것에서도 이를 알 수 있다. (한국 수뇌부, 자주·평화·통일의 노력을 보였다.)

바로 이때 푸틴이 평양을 찾았다. 타이밍부터 절묘했다. 그는 2000년 6월 상순에 모스크바를 방문한 클린턴의 ABM 조약 개정 요구를 거부했다. 6월 중순에 남북정상회담이 열리면서 미국에서 맹위를 떨쳤던 '북한위협론'의 위세도 크게 꺾였다. 그러자 러시아 정부는 푸틴의 아시아 순방 일정을 공표했다. 푸틴은 7월 17~19일에 중국 베이징을 방문해 장쩌민 주석과 정상회담을 열고 '미국의 MD에 반대한다'는 공동성명을 발표했다. 7월 21~23일에는 일본 오키나와에서 G8(주요 8개국) 정상회담이 예정되어 있었는데, 푸틴도 참석하는 이 회의의 최대 의제가 바로 ABM 조약 및 MD 문제였다. 그리고 그는 오키나와에 앞서 평양을 방문해 김정일을 만났다.

정상회담을 마친 푸틴은 기자회견을 통해 "다른 나라가 위성 발사를 지원하면 장거리 미사일 개발을 포기할 의사가 있다"는 김정일의 발언을 공개했다. 이를 두고 외신들은 "미국의 MD에 제동을 걸려고 하는 푸틴이 이 기회를 즉각 잡았다"고 평했다. 미국은 조선의 미사일 위협을 구실로 삼아 MD를 구축하려고 했는데, 김정일·푸틴이 그 김을 확 빼버린 것이다. 이에 자신감을 얻은 푸틴은 G8을 ABM 조약 사수 및 MD 반대의 무대로 활용했다. 앞서 언급한 것처럼 미국의 여러 동맹국들도 러시아와 뜻을 같이 했다. (당시 방북의 결과는 EU서도 "미 건방진 일방주의" 직격, 북미 2인자들, 양국 오가며 회담 시동, 푸틴 행보에 잠시나마 '대화모드'로 바뀌었다.) 그 결과 미국도 동의한 G8 공동성명에는 "전략적 안정의 초석이자 전략 공격무기 감축의 기초인 ABM 조약을 보존하고 강화한다"는 조항이 담겼다.

난처해진 클린턴 행정부는 한 달여 후에 MD를 유보하겠다고 발표하고는 북미 고위급 회담에 본격적인 시동을 걸었다. 이에 힘입어 북미 양측 정권의 2인자들이 워싱턴과 평양을 교차 방문했고 클린턴은 방북도 약속했다. 남북정상회담에 이어 북미정상회담도 가시권에 들면서 '냉전의 외로운 섬'으로 불렸던 한반도에도 탈냉전이 찾아오는 듯했다. 하지만 11월 미국 대선에서 MD에서 사활을 건 공화당의 조지 W. 부시 후보가 당선되면서 모든 것이 수포로 돌아갔다. 부시 당선자 진영은 MD에 차질을 빚을 수 있다며 클린턴의 방북을 반대했고, 취임 직후엔 북미회담의 '유망한 요소'를 걷어차고 조선의 미사일 위협을 이유로 MD 구축을 선언했다. 이에 대한 국제적 비판 여론이 비등해질 때 발생한 9·11 테러를 ABM 조약 탈퇴의 빌미로 삼았다.

(2) 친외세력의 적대적 분열정책이 불행 자초

그로부터 20여년이 지난 오늘날, 한반도를 포함한 국제 정세는 너무나도 달라졌다. 24년 만에 이뤄진 푸틴의 방북은 이를 상징한다. 24년 전 그의 방북은 미사일 문제로 난항을 겪던 북미관계를 중재하려는 의도도 있었다. 북미를 상대로 러시아가 조선의 위성을 대리 발사해줄 수 있다는 절충안도 내놓았다. 하지만 최근 그의 방북은 북미 적대관계를 십분 활용하는 데에 초점이 맞춰졌다. 이를 위해 러시아가 전통적으로 중시했던 핵비확산을 뒷전으로 미루면서 조선의 핵보유를 사실상 인정하고 유엔의 대북 제재도 무력화하는 선택도 마다하지 않는다. 특히 북·러 간에 동맹 관계가 회복되고 반미·반서방을 향해 포괄적이고 전략적인 협력에 나서겠다는 행보가 눈에 띈다.

이로 인해 신냉전을 바라보는 시선도 크게 달라졌다. 2000년대엔 신냉전을 우려하는 목소리가 소수였다. 미국의 ABM 조약 파기와 MD 추진이 전략적 균형을 흔들고 핵 군비경쟁을 촉발할 것이라는 우려가 있었다. 시간이 지나면서 신냉전은 다수의 목소리가 되고 있다. 소수의 우려는 부지불식간에 현실이 되고 말았고, 미중 전략경쟁과 우크라이나를 전장으로 삼은 나토와 러시아의 대결이 첨예해지고 있다. 냉전 시대에도 없었던 한미일의 군사적 결속이 사실상의 동맹으로 치닫고 있고(왕년의 제국주의적 해양세력의 대륙 봉쇄 및 침략추구 정책) 이에 대응한 북·중·러의 연대도 꿈틀거리고 있다. 나토 강화와 인도-태평양 전략이 연결되어 유라시아 국가들인 북·중·러를 에워싸는 거대한 군사 네트워크가 고개를 들자, 러시아는 "유라시아에서 평등하고 불가분리적인 안보 구조를 건설해 나가겠다"며 맞불을 놓고 있다.

신냉전은 한반도의 냉전 구조가 해소되지 못한 결과의 반영이기도 하다. 1990년을 전후한 미·소 냉전 종식은 미국에 '승리의 축배'와 주적을 상실한 '허전함'으로 이어졌다. 축배를 든 미국은 '화장실 들어갈 때와 나올 때'처럼 달라졌다. 나토를 확대하지 않겠다는 약속을 어기고 동진에 동진을 거듭한 것이다. '허전함'을 달래기 위해서는 '북한위협론'에 매달렸다. (적대세력이 자꾸 협박하니까 방어력을 강화시킬 수밖에 없다.…) MD는 그 중심에 있어 왔다. 부시 행정부가 ABM 조약에서 탈퇴할 때에도, 오바마 행정부가 '아시아 재균형' 전략을 추구할 때에도, 트럼프 행정부가 대대적인 핵전략 변화에 착수할 때에도, 한미일이 MD를 고리로 삼아 군사적 결속에 박차를 가할 때에도 '북한위협론'은 단골 메뉴처럼 소비되어(구실로 앞세워) 왔다.

기실 조선은 미·소 냉전 종식 이후에도 이어진 '구냉전의 피해자'였다. 국제적 고립을 탈피하기 위해 미국과 일본에 내민 손은 번번이 외면당했다. 제국의 지위에 올라선 미국의 관심을 끌어 담판을 짓고자 꺼내든 핵과 미사일 카드는 경제제재 강화라는 부메랑으로 돌아왔다. 심지어 냉전 시대 동맹이었던 중국과 러시아도 대북 제재에 동참했었다. 이 와중에 남북의 국력 격차가 더더욱 벌어지면서 흡수통일을 걱정해야 할 처지에 몰리기도 했었다.

그런데 '가난하고 고립된 핵개발국'이었던 조선은 어느덧 '가난과 고립에서 탈피하는 핵보유국'이 되고 있다. 핵과 미사일 능력이 미국 본토에 다다를 정도로 고도화되고 있다. 특히 조선은 '신냉전의 수혜자'가 되고 있다고 해도 과언이 아니다. 구냉전 시기에는 중국과 러시아도 조선의 핵무장을 반대했었고 대북 제재에도 동참했었다. 하지만 신냉전의 기운이 확연해지면서 이들 나라는 핵비확산보다는 대륙 봉쇄 강국들과의 세력 균형과 국제질서의 다극화를 더 중시한다. 이로 인해 조선의 핵과 미사일 고도화 못지않게 대북 제재의 와해와 중·러의 북핵 용인도 빨라지고 있다. 이미 자력갱생과 자급자족, 그리고 병진노선을 통해 경제발전의 토대를 닦았다고 믿는 김정은 정권의 자신감이 커지고 있는 까닭이다.

　신냉전 시대, 불안해진 한반도 정세
　북, 중·러에 핵보유 용인되며 '수혜'
　한, 미·일에 쫓기고 중·러와 멀어져
　정부 '탈냉전' 통한 공존의 지혜 찾길

그렇다면 한국은 어떤가? 한반도 구냉전 시기에 한소·한중 수교에 힘입어 경제적·외교적 지평을 넓힐 수 있었고 한미동맹도 굳건히 다졌었다. 하지만 신냉전은 다르다. 한러 관계는 수교 이래 최악이고, 한중 무역관계도 최대 흑자에서 최대 적자로 바뀌었다. 미국은 한국을 회유·압박해(대통령이 직접 약소국의 대기업체장을 반강제로 앞세워서) 반도체·전기차·배터리 등 첨단 분야를 흡수하기에 바쁘고, 일본도 이들 분야에서 강력한 경쟁자로 재부상하고 있다. 한때 한국 경제의 '블루오션'으로 일컬어졌던 한반도 경제공동체와 북방으로의 진출도 신기루처럼 사라졌다. 한국의 군사력이 세계 5위로 올라서고 한미동맹 및 한미일 군사협력도 역대 최강이라고 하는데 안보 불안감은 끊이지 않는다.

그래서 지피지기가 필요하다. 조선이 일어나고 한국이 주저앉고 있더라도 국력의 차이는 여전히 크다. 북러·북중 조약은 아직은 '문서상'에 가깝지만, 한미동맹과 한미일 삼각동맹은 미군 주둔과 연합훈련으로 대표되는 '물리력'을 실체로 한다. 하지만 이를 윤석열 정부처럼 '승리주의'의 근거로 삼으면, 한국은 구냉전의 모순과 신냉전의 위험을 고스란히 떠안을 수밖에 없다. '힘만에 의한 평화'에서 탈피해 우위에 있는 힘의 과시를 자제하면서 평화 공존의 지혜를 찾아야 할 때이다. (『한겨레』 2024. 7. 15. 한겨레평화연구소 소장, 정욱식 칼럼)

◎ 푸틴 "침략당하면 상호지원" 김정은 "동맹 수준 격상"
(북·러 정상회담, 포괄적 전략 동반자 협정 서명, 군사기술 협력 심화 뜻 밝히고, 우크라전 지지 등 밀착 과시도)

김정은 북한 국무위원장과 블라디미르 푸틴 러시아 대통령이 19일 평양에서 정상회담을 하고 "포괄적 전략 동반자 협정"에 서명했다. 김 위원장은 북·러가 "동맹 관계에 올라섰다"고 했고, 푸틴 대통령은 "침략당할 경우 상호지원을 제공한다"고 말해, 양국 협력 수준이 대폭 강화됐음을 강조했다.

김 위원장과 푸틴 대통령은 이날 오후 평양 금수산 영빈관에서 4시간가량의 단독·확대회담을 마친 뒤 공동 언론 발표에서 '포괄적 전략 동반자 협정'에 서명했다고 밝혔다.

푸틴 대통령은 새 협정이 "협정 당사자 중 한쪽이 침략당할 경우 상호지원(mutual assistance)을 제공한다"고 밝혔다. 푸틴 대통령이 언급한 '상호지원'이 이미 폐기된 1961년 북-소 동맹 조약의 '유사시 자동 군사개입 조항'의 복원을 뜻하는지, 2000년 2월 체결된 '친선·선린·협조 조약'의 "지체없이 접촉·협의·협력"의 강화된 표현인지는 확인되지 않았다.

김 위원장은 "우리 관계는 동맹 관계라는 새로운 높은 수준에 올라섰다"며 "변화된 국제 정세와 새 시대의 조로(북-러) 관계의 전략적 성격에 걸맞은 위대한 국가 간 조약을 체결하게 된 것을 대단히 만족하게 생각한다"고 밝혔다. 하지만 푸틴 대통령은 공동 언론 발표에서 김 위원장과 달리 단 한번도 "동맹"이라는 표현을 쓰지 않았다.

푸틴 대통령은 새 협정이 "획기적"이며 북-러 관계를 "새로운 수준으로 끌어올리게 됐다"며 "군사기술 협력 심화를 배제하지 않는다"고 말했다. 김 위원장도 새 협정 체결은 "역사적인 일"이라며 "군사를 포함해 협력을 촉진하겠다"고 말했다고 러시아 매체들이 전했다.

김 위원장은 푸틴 대통령과의 확대회담 머리발언에서 "러시아가 우크라이나에서 특별군사작전을 수행하는 데 전폭적인 지지와 연대를 표명한다"며 "러시아의 모든 정책을 변함없이 무조건적으로 지지할 것"이라고 밝혔다. 푸틴 대통령은 "우크라이나 전쟁을 포함해 러시아 정책에 대한 조선민주주의인민공화국의 일관되고 확고한 지지에 감사한다"고 말했다고 스푸트니크 통신이 전했다. 인테르팍스 통신 등은 푸틴 대통령이 "다음 회담은 모스크바에서 열리기를 기대한다"며 김 위원장을 초청했다고 전했다.

푸틴 대통령의 방북은 2000년 7월 이후 24년 만이며, 김 위원장과의 정상회담은 지난해 9월 러시아 아무르주 보스토치니 우주기지에서의 만남 이후 9개월 만이다.

앞서 푸틴 대통령은 애초 예정된 '18일 저녁'보다 한참 늦은 19일 오전 2시 22분 평양 국제비행장에 '지각 도착'해 김 위원장의 영접을 받았다. 푸틴 대통령은 '당일치기' 방북을 마치고 이날 밤 다음 국빈 방문지인 베트남 하노이로 향했다. (『한겨레』 2024. 6. 20. 이제훈 선임기자)

◎ 새벽 도착·정오 환영식 등 일정 빡빡, 북 "뜨겁게 영접"

(양 정상, 4시간가량 확대·단독회담, 소련군 추모 해방탑 헌화·연회 참석)

19일 새벽 2시 22분, 블라디미르 푸틴 러시아 대통령의 전용기인 일류신(IL)-96이 평양 순안공항에 내렸다. 김정은 북한 국무위원장은 전용기 탑승교 밑에서 기다리다 푸틴 대통령과 악수하고 좌우로 껴안았다. 조선중앙텔레비전은 김정은 위원장이 푸틴 대통령을 "뜨겁게 영접"했다고 전했다. 2019년 6월 시진핑 중국 국가주석이 방북했을 때 북한 관영 언론들이 "영접했다"고 보도한 것과 견줘 "뜨겁게"란 표현이 추가돼 눈길을 끌었다.

당시 공항에는 김 위원장의 의전을 담당하는 현송월 조선노동당 부부장과 러시아어 통역사 모습만 보이고 북한 주요 인사들은 보이지 않았다. 푸틴 대통령은 김 위원장이 공항까지 나와 "따뜻이 맞이"해준 데 대하여 "깊은 사의를 표시"했고 김 위원장은 푸틴 대통령을 숙소(금수산 영빈관)까지 안내하기 위해 "(푸틴) 대통령 전용차" 아우루스에 같이 탔다.

푸틴 대통령은 승용차에 타면서 양복 웃옷을 벗어 김 위원장에 대한 신뢰와 친밀감을 드러냈다. 이들은 차량에 동승해 "황홀한 야경으로 아름다운 평양의 거리들을 누비면서 그동안 쌓인 깊은 회포를 풀며 이번 상봉을 기화로 조로(북-러) 관계를 두 나라 인민의 공통된 지향과 의지대로 보다 확실하게 승화시키실 의중을 나누었다"고 북한 관영 언론들이 전했다.

19일 낮 12시 평양 중심부 김일성광장에서 푸틴 대통령 공식 환영식이 열렸다. 백마를 탄 기마부대, 북한군 의장대와 손에 꽃을 든 평양 주민들이 참석했다. 행사장 건물 벽에는 김정은 위원장과 푸틴 대통령의 사진이 걸렸다. 푸틴 대통령이 차에서 내리자 의장대 사열 등의 환영 행사가 이어졌다.

푸틴 대통령과 김 위원장은 낮 12기 40분께 환영식을 마친 뒤 회담 장소인 금수산 영빈관으로 이동했다. 평양 시내 도로 양 끝에 러시아 국기 색깔인 파란색, 빨간색, 흰색 옷을 입은 시민들이 늘어서 "조로 친선", "푸틴 환영", "친선 단결" 등을 외쳤다.

양 정상은 약 1시간 30분 동안 확대회담을 한 뒤 2시간 30분 가량 단독회담을 이어갔다.

푸틴 대통령은 확대회담 인사말에서 "1950-53년(한국전쟁 때) 러시아 비행사들이 많은 협조를 했다"고 말했다. 소련은 한국전쟁 때 소련 공군 조종사들이 미그기를 몰고 참전한 사실을 숨겼는데 러시아 정부가 1993년 처음으로 이를 공식적으로 인정했었다.

이날 확대 정상회담에 북한은 6명, 러시아는 13명이 배석했다. 북한은 '경제 사령탑'인 김덕훈 내각총리, '김정은의 그림자'로 불리는 조용원 조선노동당 조직비서, 박정천 노동당 중앙군사위 부위원장 등 당·정·군 대표가 배석했다. 노동당 수뇌부의 핵심인 정치국 상무위원 5명 가운데 3명(김정은·김덕훈·조용원)이 푸틴 대통령과 마주 앉은 것이다. 여기에 당·정의 외교 책임자인 최선희 외무상과 김성남 당 국제부장, 러시아 담당 외무성 부상(차관)인 임천일이 곁들여졌다. 높은 수준의 협의·합의를 바란다는 신호다.

러시아 배석자는 북쪽의 2배가 넘는 13명이었고, 외교·국방·보건·교통장관, 에너지 부문 부총리, 연방우주공사와 철도공사 사장 등 분야도 훨씬 다양해 전방위적 협력 논의를 짐작하게 했다. 이들 가운데 알렉산드르 코즐로프 천연자원부 장관은 북-러 경제 공동위원회 러시아 쪽 위원장이다.

이어진 일대일 회담에서 김 위원장은 "날씨가 안 더우면 밖에서 할 텐데…"라고 말해 야외 행사를 더위 때문에 진행하지 못하는 것을 아쉬워했다.

회담 뒤 푸틴 대통령은 2차대전 때 일제와 싸우다 숨진 소련군을 기리는 해방탑에 헌화했다. 그는 공연과 국빈 연회에 참석하고 평양 순안공항으로 가는 길에 러시아정교회 성당인 정백사원을 들른 뒤, 베트남 하노이로 출발했다. 러시아 타스 통신은 북한이 푸틴 대통령에게 흉상 등 그의 모습을 묘사한 예술 작품 여러점을 선물했다고 보도했다. (『한겨레』. 권혁철 기자, 이제훈 선임기자)

블라디미르 푸틴 러시아 대통령(맨 왼쪽)과 김정은 북한 국무위원장(오른쪽 둘째)이 19일 오후 북한 평양 금수산 영빈관에서 확대 정상회담을 하고 있다. (평양/타스 연합뉴스)

4) '유사시 자동군사개입' 부활 여부는 불명확

(1) '포괄적 전략 동반자' 협정 체결

김정은 북한 국무위원장과 블라디미르 푸틴 러시아 대통령은 19일 오후 평양 금수산 영빈관에서 진행한 양자 정상회담에서 '반미 연대'를 동력으로 "다극화된 새 세계 질서"를 지향하는 북·러의 "장기 관계 구축"을 다짐했다. 푸틴 대통령의 24년 만의 방북을 계기로 북-러 관계를 재설정한 '포괄적 전략 동반자 협정'(협정)이 그것이다.

김 위원장과 푸틴 대통령이 재설정한 새로운 북-러 관계의 내실이 어떤지는 아직 정확히 파악하기 어렵다. 북-러 관계의 새로운 법적 기반 문서 구실을 할 '협정'의 전문이 즉각 공개되지 않았기 때문이다.

일단 푸틴 대통령이 김 위원장과 4시간 가까운 회담 뒤 공동 언론 발표에서 이 협정에 "'침략당할 경우 상호 지원' 조항이 포함됐다"고 발표한 데 비춰, 북·러 밀착은 더 강화된 것으로 보인다. 당장 푸틴 대통령은 "한·미·일 군사훈련 확대는 지역안보를 위협하고 평화를 약화시킨다"고 말했다. 김 위원장도 새 협정은 "평화적, 방어적"이라고 주장했다.

관건은 '상호 지원'의 구체적 조건과 내용이다. 이번 '협정' 서명 이전에 양국 관계의 법적 기반 문서 구실을 해온, 2000년 2월 19일 맺은 '친선·선린·협조 조약'(신조약)도 새 협정처럼 아직 전문이 공개되지 않았다. 북·러 양국은 푸틴 대통령의 2000년 7월 19

일 첫 방북 때 채택한 '조로공동선언' 2조에서 "협의와 호상(상호) 협력을 할 필요가 있는 경우 지체 없이 서로 접촉"을 약속했다. 반면 냉전기인 1961년 7월 6일 체결한 '우호·협조·호상 원조 조약'(구조약)은 조약 상대방이 침략을 당하거나 그럴 위험에 처했을 때 "모든 조치를 공동으로 취할 의무"(군사적 자동개입)를 1조에 명시했다.

김 위원장이 공동 언론 발표 때 북-러가 "동맹 관계에 올라섰다"며 "위대한 조로 동맹 관계는 오늘 이 자리에서 비로소 역사의 닻을 올리며 출항을 알렸다"고 거듭 강조한 것으로 미뤄 보면 새 협정의 지향은 2000년 신조약보다 1961년 '동맹' 조약에 더 가까울 가능성이 있다. 하지만 김 위원장과 달리 푸틴 대통령이 공동 언론 발표 내내 단 한번도 "동맹"이라는 표현을 쓰지 않은 사실도 놓치지 말아야 한다. 대내외적으로 러시아와의 초밀착 수준을 과시하려는 북한과, 한국·중국 등 동북아 주변국과의 관계를 관리하려는 러시아의 인식 차가 드러난 것으로 볼 수 있다.

문제는 '상호 지원'에 법적 구속력을 지닌 '자동개입' 의무가 있는지다. 같은 '상호 지원'이라도 자동개입 의무가 있냐 없냐의 차이는 현격하다. 예컨대 한-미 동맹 조약에는 자동개입 의무가 없고, 북-중 조약엔 자동개입 의무 조항이 있다. 한-미 상호방위조약은 3조에 "공통한 위험에 대처하기 위해 각자의 헌법상의 수속에 따라 행동할 것"을 명시해 '자동개입' 의무를 배제했다. '헌법상의 수속'이란 미군이 한국을 도와 전쟁 행위를 하려면 의회의 승인을 받아야 한다는 뜻이다. 반면 1961년 7월 11일 체결된 북-중 '우호·협조·호상원조 조약'은 "모든 힘을 다하여 지체 없이 군사적 및 기타 원조를 제공"한다는 문구로 '자동개입 의무'를 적시했다.

국가정보원·청와대에서 오래 일한 전직 정부 핵심 관계자는 "외신 보도만으론 북-러 새 협정이 1961년 '동맹' 조약보다 2000년 신조약에 가까워 보이는데, 확실한 건 전문을 봐야 알 수 있다"고 말했다. 두진호 한국국방연구원 국제전략연구실장도 "상호지원이 곧바로 자동개입 조항을 의미하는 것은 아니다"라며 "김정은은 수차례 강력한 동맹을 강조했지만, 푸틴이 동맹이라는 말은 한차례도 하지 않은 점에 주목할 필요가 있다"고 짚었다. 만약 북-러 새 협정에 '자동개입 조항'이 명시됐다면 이는 1990년 9월 30일 한-소련 수교 이후 30년 넘게 축적돼온 남·북·러 3국 관계를 뿌리부터 흔들 위험이 있다. (『한겨레』 2024. 6. 20. 이제훈 박민희 선임기자)

(2) 푸틴 또 북핵 두둔 "대북제재 수정해야"

("미·동맹국들이 패권 지키려 제재, 러·북, 협박하는 말 용납 않을 것")

블라디미르 푸틴 러시아 대통령이 19일 김정은 북한 국무위원장과의 정상회담 뒤 "미국과 그 동맹국들이 주도한 대북 제재 체제"를 수정해야 한다고 말했다. 북한의 핵 보유를 두둔하면서, 대북 제재에 균열을 내려는 의도로 해석된다.

푸틴 대통령은 "러시아와 북한에는 독립적인 외교 정책이 있으며, 협박과 강요의 말을 용납하지 않는다"고 했다. 이어 "서방이 정치·경제 패권 유지를 목적으로 늘려온 수단인 제재에 맞설 것"이라며 "미국과 그 동맹국들이 유엔 안전보장이사회에서 주도한 무기한 대북 제재는 뜯어고쳐야 한다"고 말했다고 타스 통신이 보도했다.

푸틴 대통령은 "(안보) 정세 악화에 대해 북한 탓을 하는 것은 용납 불가"라며 "북한은 자체 방위력 강화와 국가 안보, 주권 수호를 위해 합리적인 조치를 취할 권리가 있다"고 주장했다. 여기에는 핵 개발도 포함되는 것으로 해석할 수 있다. 푸틴 대통령은 한·미·일 군사협력을 "한국과 일본, 그리고 북한에 적대적인 병력들이 참여하는 다양한 군사 훈련의 규모와 강도를 크게 높여 지역내 군사 기반을 확대하려는 미국의 대립적 정책"이라고 비난했다.

앞서 푸틴 대통령은 18일 북한 노동신문 1면 기고에서도 "서방의 통제를 받지 않는 무역 및 호상(상호) 결제체계를 발전시키고 일방적인 비합법적 제한 조치들을 공동으로 반대해나갈 것"이라고 밝혔다. 미국 중심의 국제 금융 시스템과 별도로 자체적으로 무역 결제 시스템을 갖추고, 제재를 무력화 시켜나가겠다는 의지를 밝힌 것이다.

푸틴 대통령은 지난 3월에도 방송 인터뷰에서 북한이 "자체 핵우산"을 가지고 있다며, 핵확산금지조약(NPT) 체제를 무시하고 북한의 핵 보유를 용인하는 듯한 발언을 했다. 러시아는 유엔 안보리 대북 제재이행을 감시해온 전문가 패널의 임기 연장안에 거부권을 행사해 지난 4월 30일 활동을 중단시키기도 했다. (박민희 선임기자)

(3) 미 "북러 거래 막기 위해 뭐든 할 것"
중 "두 우호국간의 정상적 교류·협력"

미국이 블라디미르 푸틴 러시아 대통령의 북한 방문에 대해 연이틀 경계심을 표출했다. 중국 정부는 북·러 "양자의 일"이라는 말을 반복했다. 토니 블링컨 미국 국무장관은 8일(현지시각) 푸틴 대통령의 방북에 대해 "우리는 이란과 북한 같은 나라들이 (러시아에) 제공하는 것을 차단하기 위해 계속해서 할 수 있는 모든 것을 다 하겠다"고 말했다. 블링컨 장관은 미국을 방문한 옌스 스톨텐베르그 북대서양조약기구(나토) 사무총장과 만난 뒤 공동 기자회견에서 이렇게 말하면서 러시아는 고립 심화로 "절망적인 상태"에서 북한과의 관계를 강화하고 있다고 말했다.

린젠 중국 외교부 대변인은 19일 정례 브리핑에서 '중국은 어제 한·중 외교안보 대화에서 '북·러 교류가 역내 평화·안정에 기여해야 한다는 입장을 밝힌 것이 맞는가'라는 질문에 "중국은 '북·러는 우호적 이웃으로 교류·협력과 관계 발전을 위한 정상적 필요가 있고, 관련 고위급 왕래는 두 주권 국가의 양자의 일'이라고 밝혔다"고 말했다. 린젠 대변인은 전날 한국 외교부가 중국 쪽 언급이라고 소개한 "러-북간 교류가 역내 평화와 안정에 기여하기를 바란다"는 말은 언급하지 않았다.

한편, 중국 관영 글로벌타임스는 이날 자국 전문가들을 인용해 "장기간 이어진 미국과 그 동맹국들의 양국(북·러) 고립·압박은 자동으로 그들이 유럽에서든 동북아에서든 미국 주도 동맹의 공동 위협에 함께 대응하도록 할 것"이라며 "러시아와 북한의 밀착은 합리적인 선택"이라고 평했다.

일본 정부 대변인인 하야시 요시마사 관방장관은 19일 오후 기자회견에서 "북-러 간 군사적 연계, 협력의 강화 등을 포함해 일본을 둘러싼 지역의 안보 환경이 한층 엄중해졌다. 관련 동향을 주시하고 있다"고 말했다. (『한겨레』 2024. 6. 20. 워싱턴 베이징/이본영 최현준 특파원 홍석재 기자)

5) 북·러 "전쟁땐 군사 원조", 한국정부 '우크라 무기 지원' 재검토

(1) 한반도 정세, 진영 맞대결 구도로

북한과 러시아가 한쪽이 무력 침공을 받아 전쟁 상태에 처하면 서로 지체 없이 모든 수단으로 군사적 원조를 제공하기로 합의하며 사실상 동맹 관계를 회복했다. 이런 사실은 20일 북한이 김정은 국무위원장과 블라디미르 푸틴 러시아 대통령이 전날 평양 정상회담에서 맺은 '포괄적 전략 동반자 관계에 관한 조약' 전문(이하 2024년 조약)을 이례적으로 공개하면서 알려졌다. 이에 대해 대통령실 고위 관계자는 "(러시아와 전쟁 중인) 우크라이나에 살상무기를 지원하지 않는 방침을 재검토하겠다"고 말했다.

조선중앙통신이 이날 보도한 '2024년 조약' 제4조는 "쌍방 중 어느 일방이 개별적인 국가 또는 여러 국가들로부터 무력 침공을 받아 전쟁 상태에 처하게 되는 경우 타방은 유엔헌장 제51조와 조선민주주의인민공화국과 러시아연방의 법에 준하여 지체 없이 자기가 보유하고 있는 모든 수단으로 군사적 및 기타 원조를 제공한다"고 돼 있다. 동맹 사이에 이뤄지는 군사적 상호 원조 의무를 규정한 것이다. 이 조항은 1961년 '북-소 동맹 조약'에 담긴 자동개입 조항인 "지체없이 모든 수단으로써 군사적 원조 제공"과 유사하다. 다만, 2024년 조약은 1961년 동맹조약에는 없던 '유엔헌장 제51조(자위권 행사)와 러시아연방 법(국외 파병은 연방의회 결정)과 북한 법에 준해'라는 조건을 붙여 차이를 뒀다. 대통령실 고위 관계자는 "자동군사개입은 아니라고 할 수 있다"고 말했다.

북한과 러시아가 2024년 조약을 계기로 동맹급 관계를 회복하면서, 한반도 유사시 러시아가 군사적으로 개입할 수 있는 근거가 마련됐다. 한반도 정세는 과거 냉전 시대를 방불케 하는 한·미·일 대 북·러의 가파른 대립 구도로 변화할 것으로 보인다. 특히 2024년 조약에는 과거 1961년 북-소 조약, 2000년 북-러 친선·선린·협조 조약에 담겼던 '통일'이란 단어도 사라졌다. 김정은 위원장은 지난 1월 '자주, 평화통일, 민족대단결' 같은 표현을 헌법에서 삭제하라고 말한 바 있다. 김동엽 북한대학원 대학교 교수는 "북한의 '적대적 두 국가' 주장이 전략적 결단임이 분명해졌다"고 말했다.

북·러는 총 23조에 이르는 이번 조약에서 군사 분야뿐 아니라 △경제 △우주 △에너지 △인공지능 △정보통신 등 광범위한 분야의 협력 강화도 담았다.

정부는 이날 오후 국가안전보장회의(NSC)를 연 뒤 '정부 성명'을 내어 "북·러가 '포괄적인 전략적 동반자 관계에 관한 조약'을 체결해 상호 군사, 경제적 협력을 강화하기로 한데 엄중한 우려를 표하며, 이를 규탄한다"고 밝혔다. 이어 침략전쟁을 일으킨 북·러의 전력을 거론하며 이들의 군사협력이 "궤변이요, 어불성설"이라고 비판했다. 대통령실 고위 관계자는 "우크라이나에 살상무기를 지원하지 않는다는 방침을 재검토할 것"이라고 말했다. 한국은 현재 방독면 등 비살상 군수물자만 지원하고 있다. (『한겨레』 2024. 6. 21. 권혁철 기자)

(2) 북·러, '2중 완충장치' 됐지만…한반도 군사개입 통로 열었다.

김정은 북한 국무위원장과 블라디미르 푸틴 러시아 대통령이 지난 19일 평양에서 서명한 북-러 '포괄적 전략 동반자 관계 조약'(2024년 조약)은 한반도 유사시 러시아의 군사 개입을 가능하게 할 '제도적 통로'다. 동시에 '러시아-우크라이나 전쟁'이 서방과 전면전으로 확대될 경우 북한의 군사적 지원·개입을 가능하게 할 통로이기도 하다.

전문과 23개조로 이뤄진 이 조약에는 김 위원장과 푸틴 대통령이 북-러 관계를 군사동맹을 포함한 '가치·포괄·전략 동맹'으로 발전시키겠다는 의지가 담겨 있다. 문제는 이 조약으로 인해 1990년 9월 30일 한-소 수교뒤 남·북·러 3각 관계와 동북아 안보 균형에 중대 변화가 불가피해졌다는 사실이다.

적잖은 전문가들은 한반도 유사시 러시아의 군사 개입이 가능해진 대목에 주목해 '2024년 조약'을 냉전기인 1961년 조-소 동맹조약의 '자동개입' 조항 복원으로 간주한다. 하지만 아무런 단서 없이 "지체 없이 모든 수단으로써 군사적 원조 제공"을 명시한 '1961년 조약'과 달리 2024년 조약엔 3조와 4조에 '2중의 완충장치'가 달려 있다. 군사 개입의 근거라는 점에선 유사하지만, '자동개입'의 맥락에선 질적 차이가 있는 셈이다.

우선 '2024년 조약'은 4조에서 "무력침공을 받아 전쟁 상태에 처하게 되는 경우, 지체 없이 모든 수단으로 군사적 및 기타 원조를 제공한다"고 밝히고 있다. 다만 "유엔 헌장 51조와 북한·러시아 법에 준하여"라는 전제조건이 붙었다. 1961년 조약의 자동개입 조항과 다른 점이다. 대통령실 고위 관계자도 "자동군사개입은 아니라고 할 수 있다"고 말했다.

'유엔 헌장 51조'는 "무력공격"을 받은 유엔 회원국은 "개별적 또는 집단적 자위의 고유한 권리"(개별적·집단적 자위권)를 행사할 수 있다는 조항이다. 다만 회원국은 자위권 조치를 "안보리에 즉시 보고"해야 하고 "안보리는 국제평화와 안전의 유지 또는 회복에 필요하다고 인정하는 조치를 언제든지 취한다"는 단서가 달려 있다. 회원국의 자위권 행사를 유엔 안보리가 사후 조정할 권한을 명시한 것이다. '유엔 헌장 51조'에 따른 자위권은 북대서양조약기구(나토)의 '북대서양조약' 5조(집단안보 원칙)와 미-일 안전보장조약 5조 등에 명시되는 등 국제법이 인정하는 권리다.

"북·러 법에 준하여"라는 문구도 한-미 상호방위조약 3조의 "각자의 헌법상의 수속에 따라", 북대서양조약 11조의 "각국의 헌법적 절차에 따라 이행" 등과 같은 맥락이다. 군사적 자동개입을 가로막거나 회피하려는 국제법·국내법적 안전장치다. 문제는 북·러가 자위권 행사를 명분으로 빈발하는 군사충돌을 막으려는 '제어장치'의 정신을 얼마나 진지하게 지키려 하느냐다.

2024년 조약의 4조가 '전시' 대비 조항이라면 3조는 전시가 아닌 '평시 위기 상황' 대응 조항이다. 3조가 4조에 선행한다. 3조는 "직접적인 위협이 조성되는 경우"에 "서로의 입장을 조율"해 "가능한 실천적 조치들을 합의"할 목적으로 "쌍무협상통로"를 "지체 없이 가동시킨다"고 밝히고 있다. 2000년 2월 체결된 북·러 '친선·선린·협조 조약'의 "침략 위험, 평화·안전 위협 정황으로 협의·협력 필요 때 지체 없이 접촉"한다는 조항을 떠올리게 하는데 이번엔 "쌍무협상통로"를 명시한 대목이 결정적으로 다르다.

단순히 '접촉'만 명시한 2000년 조약과 달리, 위기 상황 때 북·러의 '사전' "조율"(협의)과 "합의"를 목적으로 한 '전략대화' 틀을 새로 마련해 가동하겠다는 제도적 접근을 취하고 있기 때문이다. 냉전기 북·중·러 3국 관계에 밝은 전직 정부 고위 관계자는 20일 한겨레에 "냉전기 중·소 양국은 북한이 아무런 협의 없이 사고를 치고 사후 수습을 떠미는 행태에 불만을 갖고 '사전 전략대화'를 북쪽에 요청해왔고, 중국은 지금도 북쪽에 요청하고 있으나 사전 협의 제도화는 지금껏 없었다"며 "4조는 그런 맥락에서도 살펴볼 필요가 있다"고 말했다.

전문가들은 2024년 조약을 계기로 북-러 관계가 사실상 동맹 관계로 격상됐다며 윤석열 정부의 가치 외교를 비판하고 변화를 촉구했다.

김정섭 세종연구소 부소장은 "동맹은 군사적인 상호 원조 의무를 규정하는 것이 본질이므로 이제 북-러 관계도 넓은 의미의 동맹으로 간주하는 게 맞을 것"이라고 말했다. 외교안보 분야 원로는 "북-러 조약은 윤석열 정부가 강조해온 '가치·포괄·전략 한-미 동맹'의 '미러 이미지'(거울상)"라며 "우리가 뿌린 씨앗이 자라 우리의 평화와 안보를 위협하게 된 기막힌 상황"이라고 말했다. 전직 정부 고위 관계자는 "북-러 관계의 포괄 동맹화로 윤석열 정부의 '힘에 의한 평화' 정책이 작동되기는커녕 역효과를 내고 있음이 명확해졌다"며 "대외전략의 근본적인 재검토가 불가피하다"고 말했다. (이제훈 선임기자)

한미·미일·나토·조중 조약의 '상호지원' 조항

조약	자동개입 여부	내용
한-미 상호방위조약	조항은 없으나 사실상 자동개입 효과	"공통 위협에 각자의 헌법상 수속에 따라 행동", "미군 한반도 주둔"(미군 직접 상황 발생 때 미국 대통령 즉시 전쟁 선포 가능)
미-일 안보조약	조항 없음	"자국 헌법 조항·절차에 따라 공통 위협 대처 행동"
북대서양조약 기구(나토) 조약	조항 없음	"유럽·북미의 어느 체결국에 대한 무력공격은 모두에 대한 공격으로 간주, 유엔헌장 51조에 따라 개별적·집단적 자위권 행사", "각국의 헌법 절차에 따라 이행"
조-중 조약	자동개입	"무력침공당해 전쟁 상태 때 모든 힘을 다해 지체 없이 군사적 및 기타 원조 제공"(단서조항 없음)

역대 북-러 조약의 '상호지원' 조항

조약	자동개입 여부	내용
1961년 조-소 동맹 조약(폐기)	유사시 군사적 자동개입	"무력침공당해 전쟁 상태 때 지체 없이 모든 수단으로서 군사적 및 기타 원조 제공"(단서조항 없음)
2000년 조-소 조약·공동선언 (새 조약 체결로 효력 상실)	조항 없음	"침략 위험, 평화·안전 위협 정황으로 협의와 호상(상호) 협력을 할 필요가 있는 경우 지체 없이 서로 접촉할 용의 표시"
2024년 조-러 포괄적 전략 동반자 조약	군사 개입에 '2중 완충장치'	"직접적 위협" 상황 시 "입장 조율"과 "가능한 실천 조치 합의" 위한 "쌍무협상 가동", "무력침공당해 전쟁상태" 때 "유엔헌장 51조와 북·러 법에 준해 지체 없이 모든 수단으로 군사적 및 기타 원조 제공"

김정은 북한 국무위원장이 블라디미르 푸틴 러시아 대통령과 평양 금수산 영빈관 정원구역에서 시간을 함께 보내며 친교를 다졌다고 조선중앙통신이 20일 보도했다. 푸틴 대통령이 김 위원장에게 선물한 아우루스 차량을 서로 번갈아 몰며 영빈관 구내를 달렸다. 김 위원장은 승용차의 성능을 높이 평가하며 사의를 표했다고 전했다. (평양/조선중앙통신 연합뉴스)

(3) 북, 이례적 조약전문 즉각 공개 '군사동맹 성격' 부각 목적인 듯

북한이 북-러 정상회담 하루 뒤인 20일 '어느 한쪽이 무력 침공을 받아 전쟁 상태에 처하면 유엔 헌장 제51조와 양국 법에 준하여 지체 없이 군사적 원조를 제공한다'(제4조)는 내용이 들어간 '포괄적 전략 동반자 관계에 관한 조약'(이하 새 북-러 조약) 전문을 전격 공개했다. 양국 사이 조약 전문이 바로 공개된 전례가 없는데다, 상대국인 러시아도 공개하지 않은 터라 이례적인 일로 간주된다.

북한은 왜 새 조약을 공개했을까.

김정은 북한 국무위원장은 지난 19일 블라디미르 푸틴 러시아 대통령과의 평양 정상회담 뒤 언론발표에서 "두 나라 사이 관계는 동맹 관계라는 새로운 높은 수준에 올라섰다"며 '동맹'을 여러차례 언급했다. 반면 푸틴 대통령은 동맹을 언급하지 않았다. 이를 두고 두 정상이 해석·운용상의 이견을 노출했다는 분석이 나왔다.

새 북-러 조약 제4조는 1961년 북-소 동맹 조약 1조와 견주면 조건이 달렸다는 점에서 차이가 있다. 북-소 동맹 조약 1조는 '한쪽이 무력 침공을 받아 전쟁 상태에 처하면 지체 없이 군사적 원조를 제공한다'고 돼 있지만, 새 북-러 조약 4조는 '유엔 헌장 제51조와 조선민주주의인민공화국과 로씨야련방의 법에 준하여' 지체 없이 군사적 및 기타 원조를 제공한다고 돼 있다. 아울러 '포괄적 전략 동반자 관계에 관한 조약'은 러시아의 외교관계에서는 동맹 조약보다는 한 단계 아래다. 그럼에도 북한이 강하게 요구하는 군사동맹의 내용을 가미한 형태를 띠고 있다.

이런 상황에서 김정은 위원장은 조약 전문을 전격 공개해 새 조약이 '동맹적 성격이 명확히 있다'는 것을 과시하려 한 것으로 보인다. 정보 당국자 출신의 한 전문가는 "북한은 동맹임을 부각하기를 원한 반면, 러시아는 (유엔 헌장 51조 등 조건을 부각해) '방어적 성격'임을 강조하고 동맹이라는 말은 직접적으로는 하지 않으려 한 것 같다"며 "김정은은 논란과 해석의 여지를 아예 없애고 명확한 군사동맹적 성격이 있다는 것을 기정사실로 하려고 전문을 서둘러 공개한 것으로 보인다"고 말했다. (박민희 선임기자)

(4) 군사동맹+α…식량·에너지·우주·과기협력까지 광범위
(북-러 조약 '군사 원조' 외 내용)

북한이 20일 전격 공개한 북-러의 '포괄적 전략 동반자 관계 조약'은 전문과 23개 조항으로 구성되어 있다. 북-러 관계의 군사적 동맹 성격 규정 말고도, 국제질서와 과학기술, 식량, 에너지, 정보통신, 문화 교류까지 광범위한 합의를 담고 있다. 북한과 소련이 맺었던 '북-소 동맹 조약'이 군사적 동맹에 집중했던 데 견줘, 훨씬 포괄적인 '동맹 플러스알파' 조약이라는 평가가 나온다.

○ 국제질서 : 조약은 전문에서 "패권주의적 기도와 일극세계질서를 강요한 책동"에 반대하고 "다극화된 국제적인 체계" 수립을 목표로 제시했다. 또 "공정하고 평등한 새로운 국제질서 수립을 지향"하고 "국제무대들에서 공동 보조와 협력을 강화한다"(2조)고도 밝혔다. 미국의 '일극 세계질서'에 맞서는 블라디미르 푸틴 러시아 대통령의 오랜 목표에 김정은 북한 국무위원장이 적극적으로 동참하면서, 반미·반서방의 새 국제질서 확립이라는 공동의 목표를 설정한 것이다.

또 제7조는 "쌍방은 호상성(상호성)에 기초하여 매 일방이 해당한 국제 및 지역기구들에 가입하는 것을 협조하며 지지한다"고 했다. 러시아가 주도하는 집단안보조약기구(CSTO)와 상하이협력기구(SCO) 등에 북한이 참여하면서, 국제무대에서 북한의 활동범위가 넓어질 가능성이 커졌다.

○ 제재 무력화 : 조약엔 북한과 러시아가 받고 있는 유엔 안전보장이사회(안보리) 제재 등을 무력화하려는 조항이 많다. 16조는 "치외법권적인 성격을 띠는 조치를 비롯하여 일방적인 강제조치들의 적용을 반대"하고, 5조에서는 상대의 핵심 이익을 침해하는 행동에 "참가하지 않을 의무를 지닌다"고 했다.

특히 "우주, 생물, 평화적 원자력, 인공지능, 정보기술 등 여러 분야들을 포함하여 과학기술 분야에서 교류와 협조를 발전시키며 공동연구를 적극 장려한다"(10조)는 내용이 있다. 2016년 채택된 안보리 대북제재 결의 2321호는 북한의 대량살상무기 기술 습득에 기여할 것을 우려해 북한과 과학·기술 협력을 원칙적으로 금지했지만, 이에 개의치 않겠다는 뜻이다. 북한의 핵·미사일 개발에 취해진 대북 제재의 축을 무너뜨리겠다는 의도로 보인다. 또한, 북한의 러시아에 대한 포탄 등 무기지원이 제재 위반이 아니라, 양국의 조약에 따른 것이라는 법적 근거를 만든 것으로도 해석할 수 있다.

○ **경제협력 확대, 사라진 한반도 통일** : 조약은 양국 경제협력을 대폭 확대하겠다는 내용을 상세하게 담았다. "호상 무역량을 늘리기 위하여 노력하며 세관, 재정금융 등 분야들에서의 경제 협조에 유리한 조건을 마련하고 호상 투자를 장려하고 보호한다"(10조)를 비롯해, "농업, 교육, 보건, 체육, 문화, 관광 등 분야에서의 교류와 협조를 강화"(12조) 등을 언급했다. "식량 및 에네르기(에너지) 안전, 정보통신 기술 분야에서 도전과 위협들에 공동으로 대처하기 위하여 호상 협력한다"(9조)는 조항은 북한의 식량과 에너지 분야에 대한 러시아의 지원 확대로 이어질 것으로 보인다. "지역간 및 변강(접경) 협조 발전"(11조)도 있는데, 이번 정상회의에서 북·러가 '두만강 국경 자동차다리 건설에 관한 협정'을 체결했다는 보도가 나왔다.

이 조약에선, 과거 조약에 공통으로 등장했던 한반도 통일과 관련된 조항이 사라졌다. 통일을 지우고 남북관계를 '적대적 두 국가 관계'로 규정한 김정은 위원장의 의지가 반영된 것으로 보이며, 러시아도 이를 용인했다는 해석이 가능하다. (박민희 선임기자)

6) 한국정부, 우크라 지원 카드로 러시아 압박

(1) NSC 회의 뒤 규탄 성명 발표

북한과 러시아가 정상회담에서 '포괄적 전략 동반자 관계에 관한 조약'(조약)을 체결하고 군사 협력을 강화하자, 정부는 '우크라이나에 살상무기 제공 가능성'이라는 고강도 카드를 꺼냈다. 러시아와 전쟁 중인 우크라이나에 정부가 살상무기 제공을 검토할 수도 있다고 내비치면서, 한-러 관계가 최악으로 치달을 위기에 놓였다.

정부는 20일 오후 장호진 대통령실 국가안보실장 주재로 국가안전보장회의(NSC) 회의를 연 뒤 북-러 정상회담 결과에 "엄중한 우려를 표하며 이를 규탄한다"는 입장을 내놨다. 장 실장은 "6·25 전쟁과 우크라이나 전쟁 등 먼저 침략 전쟁을 일으킨 전력이 있는 쌍방이 일어나지도 않을 국제사회의 선제공격을 가정하여 군사 협력을 약속한다는 것은, 국제사회의 책임과 규범을 저버린 당사자들의 궤변이요 어불성설이다"라는 정부 입장을 밝혔다.

정부는 이번 조약이 한-러 관계에도 영향을 미칠 것이라는 점을 분명히 했다. 정부는 성명에서 "북한의 군사력 증강에 직간접적으로 도움을 주는 어떠한 협력도 유엔 안전보장이사회(안보리) 결의의 위반이며, 국제사회의 감시와 제재의 대상임을 분명히 강조한다"며 "특히 유엔 안보리 상임이사국으로서 대북제재 결의안을 주도한 러시아가 스스로 결의안을 어기고 북한을 지원함으로써 우리 안보에 위해를 가해오는 것은 한-러 관계에도 부정적 영향을 미칠 수밖에 없을 것"이라고 했다.

그러면서 장 실장은 "우크라이나에 대한 무기 지원 문제는 재검토할 예정"이라고 말했다. 현재 정부는 '전쟁 중인 국가에 살상무기를 제공하지 않는다'는 방침을 유지하며 우크라이나에 방독면 등 비살상 군수물자만 제공하고 있다. 정부가 이 방침을 깨고 우크라이나에 살상무기를 제공할 경우 국제적 논란에 휩싸이고 한-러 관계는 최악에 놓이게 된다. 이 때문에 정부의 이날 언급은 살상무기 지원을 당장 실행하기보다는 전쟁을 수행 중인 러시아가 민감해하는 무기 문제를 건드리면서 대러 압박 카드를 활용하려는 의도라는 관측이 나온다. 대통령실 고위 관계자는 "무기 지원은 여러 가지 옵션이 있다"며 "구체적으로 어떻게 할지는 러시아 쪽에서 차차 아는 게 흥미진진하지 않겠나. 차차 알게 해야 더 압박이 될 것"이라고 했다.

정부는 북한을 향해서도 "북한의 핵과 미사일을 무력화하기 위한 한-미 동맹의 확장 억제력과 한·미·일 안보 협력 체계를 더욱 강화해나갈 것"이라며 군사적 대비 태세도 강화하겠다고 밝혔다. 정부는 러시아와 북한 간 무기 운송과 유류 환적에 관여한 러시아·북한, 제3국의 선박 4척, 기관 5개, 개인 8명을 독자제재 대상으로 지정했다.

다만, 정부는 '북-러 상호 군사원조' 대목과 관련해 이번 조약 4조에 '유엔 헌장 51조와 북한과 러시아연방의 법에 준하여'라는 "완충장치"가 들어간 점에 주목하며, 위협 수준 평가에 신중한 태도를 보였다. 대통령실 고위 관계자는 "완충장치가 달려 있어 어떤 의도인지 상세한 분석이 필요하다. 러시아 설명도 들어볼 필요는 있을 것 같다"고 했다. 이 관계자는 또 "이번 조약 4조는 1961년 조약(조-소 동맹 조약)에는 못 미친다"고 덧붙였다. (이승준 장나래 기자)

(2) 미 "북-러 협력 강화, 한반도 평화에 큰 우려"

북한과 러시아가 정상회담을 통해 '포괄적 전략 동반자 관계 조약'을 맺고 "침략당할 경우 상호 지원"에 합의한 것에 미국 행정부는 "큰 우려"를 표명했다. 일본 정부도 "심각하게 우려한다"고 밝혔다. 중국은 양자간의 일이라며 여전히 말을 아꼈다.

미국 국무부 대변인은 19일(현지시각) 북-러 정상회담 결과에 관해 "북-러 협력 강화는 한반도 평화와 안정을 유지하고, 핵 비확산 체제를 유지하고, 러시아의 잔혹한 침략에 맞서 자유와 독립을 지키려는 우크라이나인들을 지지하는 데 관심이 있는 모든 사람들에게 큰 우려"를 안기고 있다고 밝혔다. 이어 "어느 나라든 푸틴의 우크라이나 침략 전쟁을 촉진하는 플랫폼을 제공해서는 안 된다"고 했다.

일본 정부 대변인인 하야시 요시마사 관방장관은 20일 오전 열린 정례 기자회견에서 "푸틴 대통령이 관련 유엔 안전보장이사회(안보리) 결의에 대한 직접적 위반이 될 수 있는 북한과의 군사기술 협력을 배제하지 않은 점은 지역 안보 환경에 영향을 미칠 수 있다는 측면에서 심각하게 우려하고 있다"고 말했다.

린젠 중국 외교부 대변인은 20일 정례 브리핑에서 북-러 상호 군사 지원 합의에 대한 질문에 "이는 조-러(북-러) 간의 양자 협력사무로 논평하지 않겠다"고 답했다. (『한겨레』 2024. 6. 21. 워싱턴/이본영 특파원, 홍석재 기자)

◎ 러·베트남 "서로의 적대국과 동맹 않겠다" 합의

북한에 이어 베트남을 20일 방문한 블라디미르 푸틴 러시아 대통령이 또럼 베트남 국가주석과 정상회담을 하고 서로의 적대국과는 동맹을 맺지 않기로 합의했다.

럼 주석은 이날 하노이 주석궁에서 푸틴 대통령과 회담을 한 뒤 연 공동 기자 발표에서 양국은 "서로의 독립·주권과 영토의 온전성을 해치는 제3국들과의 동맹과 조약에 참여하지 않기로 했다"고 말했다. 이어 "우리는 국방·안보 분야 협력을 강화하고 (국제적 안정에 대한) 새롭고 전통적인 도전들에 함께 맞서 싸울 것"이라고 했다.

이들은 성명을 내어 양국이 2012년 맺은 '포괄적 전략 동반자 관계'를 강화하는데도 합의했다. 푸틴 대통령은 이를 "러시아의 우선순위 중 하나"라며 베트남을 포함한 동남아시아국가연합(ASEAN·아세안) 회원국들과의 대화 발전도 중시한다고 말했다. 또한, 양국이 아시아·태평양 지역에서 "폐쇄적인 군사·정치 블록"의 여지를 주지 않도록 무력을 쓰지 않고 평화적으로 분쟁을 해결하는 "신뢰 가능한 안보 구조 발전에" 이해관계를 공유하고 있다고 강조했다.

옛 소련 시절인 1950년부터 외교 관계를 맺어온 양국은 안보 분야 협력도 약속했다. 드미트리 슈가예프 러시아 연방군 기술협력국장은 기자들에게 "러시아는 (베트남에) 모든 가능한 지원을 할 준비가 돼 있다"며 베트남이 현재 항공 및 조선 분야의 군 기술 협력에 관심이 있다고 설명했다. 러시아는 해안방어 미사일 시스템과 킬로급 잠수함 6척, 전투기 등을 베트남에 수출해 왔다.

베트남은 전통적으로 강대국 사이에서 균형을 유지하는 이른바 '대나무 외교'를 외교 정책의 기본으로 삼고 있다. 베트남은 2022년 2월 우크라이나 전쟁 발발 뒤에도 러시아를 규탄하는 유엔 총회 결의안에는 기권하는 등 중립을 유지하고 있다. 지난해엔 조 바이든 미국 대통령과 시진핑 중국 국가 주석 모두 베트남을 방문해, 베트남의 전략적 가치를 입증했다.

럼 주석은 "베트남은 독립적이고 평화로운 외교 정책을 추구하지만, 동시에 러시아와의 전통적인 우호 관계와 파트너십을 중요하게 여긴다"고도 말했다.

양국은 무역과 에너지 분야에서도 협력 범위를 넓히고자 했다. 러시아 에너지 기업 노바테크가 베트남에서 액화천연가스(LNG) 프로젝트 공동사업을 시작하기로 했다. 타스 통신은 이번 회담을 계기로 러시아와 베트남은 최소 11개 문서에 서명했다며, 베트남 원자력기술센터 설립을 러시아가 지원하는 내용에 관한 각서도 포함됐다고 보도했다.

또한 서방의 경제 제재를 받고 있는 러시아는 베트남과 러시아가 주도하는 유라시아경제연합(EAEU)이 2015년 체결한 자유무역협정을 최대한 활용하기로 합의했으며, 달러 대신 양국 통화로 무역 거래를 하기 위해 안정적인 신용 거래 채널 구축도 노력하고 있다고 밝혔다.

하지만 경제적으로는 베트남에서 미·중의 비중이 커지고 있다. 베트남과 러시아의 무역액은 지난해 기준 36억달러 수준으로 중국(1710억달러)은 물론 한때 전쟁까지 치렀던 미국(1110억달러)에 비해서도 러시아의 비중이 적다.

윌슨 센터의 아시아 프로그램 연구원인 프라샨트 파라메스와란은 에이피(AP) 통신에 "러시아는 우크라이나 전쟁에도 불구하고 아시아에서 고립되지 않는다는 신호를 보내고 있고, 베트남은 새로운 파트너들과의 관계를 다양화하면서도 핵심 전통 관계를 강화하고 있다"고 말했다.

지난해 베트남과 포괄적 전략 동반자 관계를 맺은 미국은 푸틴 대통령의 베트남 방문을 비판했다. 주베트남 미국대사관 대변인은 "어떤 나라도 푸틴 대통령에게 그의 침략 전쟁을 홍보하고 그의 잔학 행위를 정상화하는 것을 허용할 발판을 마련해줘선 안 된다"고 말했다. (『한겨레』 2024. 6. 21. 장예지 기자)

7) 푸틴 "한, 우크라 무기 지원땐 큰 실수"

(1) 북-러 동맹 복원, '위태로운 한반도'

북한과 러시아가 냉전시대의 동맹 관계를 사실상 복원하는 조약을 체결한 뒤, 한국과 러시아가 '위험한 게임'에 들어서고 있다.

블라디미르 푸틴 러시아 대통령은 20일(현지시각) 러시아와 전쟁 중인 우크라이나에 한국이 살상무기를 공급한다면 "아주 큰 실수"가 될 것이라고 경고했다. 장호진 대통령실 국가안보실장이 북·러가 '포괄적 전략 동반자 관계조약'(북-러 조약)을 체결한 것을 "규탄"하며 "우크라이나에 대한 무기 지원 문제는 재검토할 예정"이라고 하자, 푸틴 대통령이 직접 곧바로 대응한 것이다.

푸틴 대통령은 이날 베트남 하노이에서 북한·베트남 순방을 마무리하는 기자회견을 열어, "살상무기를 우크라이나 전투 구역에 보내는 것과 관련해, 이는 아주 큰 실수가 될 것"이라며 "그런 일이 일어난다면 우리는 상응하는 결정을 내릴 것이고 그것은 아마 한국의 현 지도부가 달가워하지 않는 결정일 것"이라고 말했다고 타스 통신이 보도했다.

북-러 조약 이후, 한국 정부가 '우크라이나에 살상무기를 지원하지 않는다'는 기존 방침을 바꿀 수 있다고 나서면서, 한반도 정세의 초점은 이제 한-러 사이의 위태로운 외교전으로 옮겨졌다.

푸틴 대통령의 발언에 대해 21일 대통령실은 "무기 지원에는 다양한 방안들이 고려될 수 있으며 어제(20일) 밝힌 입장에 앞으로 러시아 측이 어떻게 응해오는지에 따라 검토해나갈 것"이라는 반응을 보였다. '우르라이나에 살상무기 제공 가능성'이라는 고강도 카드를 꺼냈지만 러시아의 이후 반응을 지켜보고 대응 수위를 결정하겠다는 뜻으로 해석된다. 대통령실 관계자는 "(정부가) '무기 지원을 재검토할 예정'이라고 밝힌 것은 러시아의 반응을 보고, 또 러시아의 설명을 듣는 과정을 거친 뒤에 판단하겠다는 의미"라고 했다. '우크라이나 무기 지원 재검토' 카드는 러시아에 추가적인 선을 넘지 말라는 경고와 압박 차원으로 볼 수 있는 셈이다.

일단 한-러의 첫 '소통'은 이날 외교부의 주한 러시아대사 조치를 통해 진행됐다. 김홍균 외교부 제1차관은 21일 오후 2시 게오르기 지노비예프 주한 러시아대사를 서울 외교부 청사로 불러 북·러가 새 조약을 체결해 상호 군사·경제적 협력을 강화하기로 한 데 대한 정부의 엄중한 입장을 전달했다. 약 30분 동안 진행된 이날 면담에서 김 차관은 유엔 안전보장이사회(안보리) 상임이사국인 러시아가 안보리 결의를 어기고 북한을 지원함으로써 한국 안보에 위해를 가해오는 것은 한-러 관계에도 부정적인 영향을 미칠 수밖에 없다는 점을 분명히 지적하고, 러시아에 책임 있게 행동할 것을 요구했다고 외교부는 밝혔다. 지노비예프 대사는 이 자리에서 "러시아 연방에 대한 위협과 협박 시도는 용납될 수 없다"며, "러시아와 북한의 협력은 제3국을 겨냥한 것이 아니다"라고 말했다고 주한 러시아대사관이 사회관계망서비스(SNS)에 공개했다.

푸틴 대통령의 방북과 북-러의 동맹 관계 복원은 냉전 이후 한발 떨어져 있던 러시아가 한반도 지정학에 다시 강하게 개입하려는 신호다. 푸틴 대통령은 미국에 맞서는 데 북한을 카드로 활용하고, 북한제 포탄과 무기로 우크라이나 전쟁을 유리하게 마무리하려 한다. 김정은 북한 국무위원장은 핵·미사일을 고도화하고 '신냉전 구도'에서 북한의 전략적 가치를 높이려 한다. 이들의 전략적 이해관계가 맞아떨어지면서, 한반도에서 강대국 간 파워 게임이 한층 더 복잡해졌다.

한반도 정세는 북-러의 무기 거래와 새 조약을 통해 우크라이나 정세와도 강하게 맞물리게 됐다. 여기에 한국이 우크라이나에 대한 살상무기 또는 대공무기 등의 지원에 나선다면 한국이 우크라이나 전쟁의 한복판에 얽혀드는 위험한 정세로 변할 수 있다.

이와 관련해, 7월 9~10일 미국 워싱턴에서 열리는 북대서양조약기구(나토) 정상회의가 주목된다. 이 회의에 한국도 초청을 받아 참석하며, 한·미·일 정상회의도 열린다.

(2) 신냉전 구도 격화 속 '위험한 게임' 들어서는 한-러

지난해 미국 '한·미·일 캠프 데이비드 정상회의'에 이어 3국 안보 협력의 수위를 높이는 합의들이 나올 가능성이 높다. 특히 미국은 한국 정부가 '우크라이나 무기 지원 재검토' 의사를 밝힌 것을 계기로 '한국이 우크라이나에 무기 지원을 늘려야 한다'는 요구를 강화할 가능성이 높다. 매슈 밀러 국무부 대변인은 20일 "우리는 우크라이나가 러시아의 공격을 상대로 싸우는 데 있어서 어떤 지원도 환영하지만, 그것은 최종적으로 한국이 할 결정"이라고 말했다.

북-러의 동맹 조약은 분명 한국에 큰 전략적 부담이 된다. 김정은 북한 국무위원장이 안보리 상임이사국인 러시아라는 '뒷배'를 믿고 제재를 무력화하고, 한국에 대한 도발 수위를 높일 가능성이 커졌다. 올 11월 미국 대선을 앞두고 미국 차기 정부에서 북한 문제가 우선 순위에 놓이게 하려고 7차 핵실험 등에 나설 것이란 전망도 나온다.

지금 한국의 입장에서 제일 중요한 것은 러시아 첨단 기술이 북한에 넘어가는 것을 막는 것이다. 김정은 위원장은 군사정찰위성, 핵잠수함, 대륙간탄도미사일(ICBM) 재진입 기술 등 첨단 군사시설이 절실하다. 러시아와의 밀착과 새 조약에 규정된 과학기술 협력 등을 통해 러시아로부터 이 기술을 확보하면 한국은 핵과 첨단 무기, 러시아의 지원을 모두 손에 쥔 북한의 큰 위협에 놓이게 된다.

한국이 어떤 전략적 외교를 가동할 수 있느냐는 절박한 질문으로 제기된다. 푸틴 대통령은 20일 기자회견에서 평양에서 체결한 북-러 조약에 대해 "그때(1961년)의 기존 조약과 모든 것이 똑같았다. 여기에 새로운 것은 없다"고 말했다. 이번 북-러 조약의 4조인 '침공받았을 때 지체 없이 상호 군사적 원조' 조항이 과거 북한과 소련의 동맹 조약에 규정된 자동 군사개입을 뜻한다는 점을 사실상 인정한 셈이다. 그러면서도 그는 "조약상 군사적 원조는 오직 침공, 군사적 공격이 있을 때 적용되기 때문에 한국은 우려하지 않아도 된다"며 한국을 설득하려는 듯한 모습도 보였다.

정보 당국자 출신의 전문가는 "이번 북-러 조약이 우크라이나 전쟁이라는 특수한 상황에서 나온 것이고, 북한의 전략적 가치가 떨어지면 조약의 의미는 약화된다"며 "러시아 첨단 무기나 기술이 북한에 이전되지 않도록 막을 수 있게 압박과 외교를 최대한 병행해야지, 한-러 관계를 돌이킬 수 없는 파탄으로 몰아가서는 안 된다"고 했다. 그는 "우리가 우크라이나에 무기를 지원해버리고 러시아가 북한에 더 많은 군사기술을 제공하는 악순환에 빠지지 않아야 한다"고 강조했다.

주러시아 대사를 역임한 위성락 더불어민주당 의원은 "지난해 7월 한·미·일 캠프 데이비드 정상회의와 9월 북-러 정상회담 이후 정부가 북-러의 동맹관계 격상을 예견하고 치열하게 러시아와 막후 외교를 진행했어야 한다"고 말했다. 그는 "윤석열 정부가 지난 1년 동안 대러시아 외교에서 실패해 결국 북·러 밀착과 조약 체결로 이어졌다"며 "이것을 덮으려고 뒤늦게 우크라이나 무기지원 카드를 꺼내 강경 대응으로 나섰지만 효과를 내기 어렵고, 한-러 관계에서 더욱 큰 위기가 벌어질 것"이라고 우려했다. (『한겨레』 2024. 6. 22. 박민희 선임기자, 이승준 기자)

(3) 정부 "우크라 지원, 러 반응보고 판단" 방어용 무기·구급차 등 검토할 가능성

지난 20일 대통령실 고위 관계자가 '우크라이나 무기 지원 재검토' 뜻을 밝혔지만, 당장 한국이 '살상무기 지원 불가' 방침을 바꿔 러시아와 전쟁 중인 우크라이나에 전투에 쓰이는 무기를 지원할 가능성은 낮다. 정부가 우크라이나에 무기 지원 시 155mm 포탄, 대전차유도탄 등 탄약부터 우선 지원하는 방안을 검토 중이라는 보도가 나온 것에 21일 대통령실 관계자는 "사실이 아니다"라고 선을 그었다. 대통령실의 다른 관계자는 "지금은 러시아의 반응을 살펴보고 판단해야 할 시점"이라며 말을 아꼈다. 한국의 '우크라이나 살상무기 지원'은 북한과 밀착한 러시아를 떼어낼 가장 강력한 지렛대로 러시아의 태도, 국제 정세 변화에 맞춰 단계적으로 검토하겠다는 뜻이다.

2022년 2월 러시아가 우크라이나를 침공한 이후 우크라이나는 한국정부에 무기 지원을 지속적으로 요청했지만 문재인 정부뿐만 아니라 윤석열 정부도 '살상무기 지원은 불가하다'는 입장이다. 이 배경에는 러시아가 이를 한-러 관계의 '금지선'(레드라인)으로 설정한데다 분단 현실도 작용했다. 2022년 4월 올렉시 레즈니코우 우크라이나 국방부 장관이 당시 서욱 국방부상관과 한 통화에서 대공무기체계 지원을 요청했지만 서욱 장관은 대북 군사대비태세 영향 등을 고려해 거절했다. 일선 부대에 배치된 한국군 무기를 빼서 우크라이나에 지원하는 방안을 두고는 군 내부에서 "내 코가 석자"란 반응이 나왔다.

정부는 러시아가 덜 민감하게 받아들일 만한 무기 지원에 대해 검토한 것으로 알려졌다. 전날 대통령실 고위 관계자는 기자들에게 "살상무기가 아닌 정밀무기도 많이 있고, 살상무기가 아니더라도 러시아가 싫어하는 것들이 있다"고 말했다. 이에 헬기나 비행기를 격추시키는 방공무기 같은 방어용 무기 등의 지원을 검토하고 있는 것 아니냐는 관측이 나온다. 대공미사일 같은 방공무기는 민간인 거주 지역도 지키는 방어용이라 한국의 부담이 적다. 정부가 현재의 '비살상 군수물자 지원'에서 바로 '살상무기 지원'으로 급변침하지 않고 일단 '방어용 무기 지원'을 하고 러시아 태도를 지켜보며 지원 속도를 조절할 이점도 있다.

우크라이나도 대공무기가 필요하다. 2022년 4월 드미트로 포노마렌코 우크라이나 대사가 휴대용 지대공 유도무기 '신궁'을 만드는 국내 방산기업 엘아이지(LIG)넥스원 방문을 추진하기도 했다. 앞서 우크라이나가 장갑차와 구급차, 드론 방어체계, 지뢰 제거 장비 등을 요청한 바 있어, 한국이 이것부터 제공할 가능성도 있다. (권혁철·이승준 기자)

(4) 미 "군사원조 합의 북-러 조약, 중국도 우려할 것"

백악관이 블라디미르 푸틴 러시아 대통령의 북한 방문 결과에 "중국도 우려할 것"이란 입장을 냈다. 미국은 푸틴 대통령의 베트남 방문 직후 고위 관리를 급파하는 등 고립을 돌파하려는 러시아의 외교 공세에 대한 파장 줄이기에 나서는 한편, 우크라이나에 패트리엇 방공미사일 등을 집중 지원하는 등 대러 압박도 강화하는 모양새다.

존 커비 백악관 국가안보소통보좌관은 20일(현지시각) 언론 브리핑에서 북·러가 전쟁 발발 때 상호 군사 원조를 약속하는 '포괄적인 전략 동반자 관계에 관한 조약'을 맺은 것에 대해 "이는 한반도뿐 아니라 인도·태평양 전반의 평화와 안보에 관심이 있는 어느 나라에든 우려 사항"이라며 "강력하고 거대한 동맹과 파트너 관계를 강화할 기회를 계속 찾을 것"이라고 말했다.

그는 이어 "이번 합의는 푸틴 대통령과 시진핑 주석이 한달 전 베이징에서(한반도) 상황의 평화적이고 외교적인 해법을 주장한 것과 대조되는 것"이라며 "중국도 이런 우려를 공유할 것"이라고 했다. 이는 북·러의 밀착이 북한에 대한 중국의 영향력을 감퇴시키고, 북한이 중국의 이해와 어긋나게 행동할 유인을 제공하기 때문에 중국이 달가워하지 않는다는 미국 행정부 안팎의 시각을 표현한 것이다. 중국에 북·러 밀착을 견제하는 역할을 해달라는 메시지를 던진 것으로도 볼 수 있다.

미국은 푸틴 대통령이 북한에 이어 방문한 베트남에는 고위급 관리를 급파했다. 국무부는 대니얼 크리튼브링크 국무부 동아시아·태평양 담당 차관보가 21~22일 현지에서 고위 관리들을 만나 "미-베트남 '포괄적 전략 동반자 관계'를 이행하고 자유롭고 열린 인도·태평양 지역을 지지하기 위한 베트남과의 공조에 대해 강조"할 예정이라고 밝혔다. 미국은 중국 견제를 위해 베트남에 공을 들여왔으나, 베트남과 러시아의 결속이 강화되자 이를 견제하려는 것이다. 앞서 조 바이든 대통령은 지난해 9월 베트남을 방문해 양국 관계를 '포괄적 전략 동반자 관계'로 격상했다. 그럼에도 베트남은 우크라이나 전쟁을 이유로 대러 제재에 동참하지 않고 있으며, 이번에는 러시아와 '상대방의 적대국과는 동맹을 맺지 않는다'고 약속했다. 이는 러시아의 고립을 심화시키려는 미국 의도에 반하는 행동이다.

미국은 또 다른 공급 일정을 미루고 패트리엇 방공미사일을 우크라이나에 서둘러 공급하겠다는 입장을 밝혔다. 이에 따라 한국과 아랍에미리트에 대한 패트리엇 미사일 공급 일정이 영향을 받을 것으로 보인다고 월스트리트저널이 보도했다.

미국은 우크라이나에 제공한 미국산 무기의 사용 범위를 기존 제2도시인 하르키우에서, 국경지대 어느 곳이든 가능하도록 넓혔다. 지난달 30일 바이든 대통령이 그간 확전을 우려해 미국산 무기의 러시아 공격을 금지해온 기존 입장을 바꾼 데 이어, 전 국경 지역으로 사용범위를 다시 한번 확대한 것이다. 패트릭 라이더 미 국방부 대변인은 기자들과 만나 "정책 변화가 없다"면서도 미국산 무기 사용은 하르키우 인근 러시아 영토로 국한되지 않는다고 확인하고 "정책의 초점은 러시아군이 국경을 넘어 발포할 때 미 군수품을 사용해 반격할 수 있는 능력"이라고 했다. (『한겨레』 2024. 6. 22. 워싱턴/ 이본영 특파원)

8) 북·러 동맹 '3대 리스크' 부상, 미국, 나토·한미일 공조 전열 정비

(1) 북·러 밀착 강화 대응 백악관 해법

미국 중심 질서에 본격적 도전장을 내민 북한과 러시아의 정상회담 결과에 워싱턴은 어떻게 대응할까?

○ **3대 리스크 직면한 미국** : 북한에 만 하루도 머물지 않은 블라디미르 푸틴 러시아 대통령은 김정은 북한 국무위원장과 함께 미국에 여러 리스크를 한꺼번에 안겼다. 우선 상호 군사 원조 약속으로 북한이 우크라이나 전쟁용 무기를 계속 공급하겠다는 의사를 천명한 것이다.

둘째, 러시아가 '북핵 불용' 입장에서 더 멀어진 것도 타격이다. 푸틴 대통령은 북한은 자위를 위해 "합리적 조처"를 취할 권리가 있다고 했다. 러시아는 이미 중국과 함께 유엔 안전보장이사회의 추가 제재 시도를 막아왔다.

셋째, 러시아가 북한에 대륙간탄도미사일(ICBM)의 대기권 재진입 기술 등 미국을 타격할 수 있는 군사 기술을 넘겨줄 가능성도 걱정거리다.

이런 분위기와 맞물려 러시아가 북한의 '행동'을 부추길 수 있다는 전망까지 나온다. 허드슨연구소의 패트릭 크로닌 아시아·태평양 안보석좌는 "미국의 가장 큰 걱정거리는 러시아가 동아시아에서 충돌을 만들어 내는 것"이라며 "푸틴은 서쪽에서 시작한 전쟁(우크라이나 전쟁)을 이기려고 동쪽을 바라본다"고 한겨레에 말했다.

지난달 중국에 이어 지난 19·20일 북한과 베트남을 방문하며 아시아 쪽을 흔드는 푸틴 대통령의 책략에 미국은 일단 우크라이나 지원 강화로 대응하고 나섰다. 그의 방북 이틀날 패트리엇 미사일 집중 지원 방침을 밝혔고, 미국 제공 무기의 러시아 영토 공격 허용 범위를 전선 전체로 넓힌다는 방침도 전해졌다.

또 7월 9~11일 워싱턴에서 열릴 북대서양 조약기구(나토) 정상회의에서는 우크라이나 전쟁과 북·러 군사 협력이 주로 논의될 것으로 보인다. 이를 계기로 열릴 한국·미국·일본 3자 정상회의에서 군사 협력 강화가 발표될 가능성도 높다. 크로닌 석좌는 "미국은 북·러의 동맹 복원을 한·일과의 협력 강화에 이용할 것"이라며, 나토 정상회의에서도 "푸틴-김정은의 세계관에 맞서는 안보 협력 수준 제고가 예상된다"고 했다.

○ **중국의 태도도 관건?** : 그러나 북·러에 대한 경고와 제재는 그동안 별 효과를 보지 못했다. 이미 강력한 제재를 가해 추가 제재는 효용이 더 떨어질 수밖에 없다. 이와 관련해 미국 행정부 안팎에서 중국을 주시하는 점도 눈에 띈다. 백악관은 북-러 정상회담에 "중국도 우려를 공유할 것"이라며 이례적으로 중국을 끌어들였다. 북·러식의 반미동맹에 발을 담그지 말라는 메시지를 던지면서, 양국에 가장 큰 경제적 영향력을 지닌 중국이 견제 역할을 해주기를 바라는 뉘앙스도 묻어난다.

스팀슨센터의 중국 프로그램책임자 쑨윈(윤 선)은 "북·러 양국에 독점적 영향력을 지닌 중국은 선택이 가능하다면 그것을 유지하고 싶을 것"이라고 했다. 중국은 북·러가 강하게 뭉쳐 자국의 영향력이 줄어드는 것을 반기지 않는다는 얘기다.

하지만 미국의 압박에 시달리는 중국이 미국의 힘과 관심을 분산시키는 상황을 부정적으로만 보지는 않을 것이라는 분석도 나온다. (『한겨레』 2024. 6. 24. 워싱턴/이본영 특파원)

미국 해군의 핵추진항공모함 '시어도어 루즈벨트함'이 지난 22일 오전 부산 해군작전기지에 입항해 모습을 드러내고 있다. (연합뉴스)

(2) 미 핵항모 부산에…한미일 합동훈련 '시동'

북한과 러시아의 밀착이 도드라진 가운데 미국 원자력 추진 항공모함 시어도어 루스벨트함이 지난 22일 부산 작전기지에 입항했다. 루스벨트함은 이달 말 열리는 한국·미국·일본의 첫 다영역 군사훈련 '프리덤에지'에 참여한다. 미국은 이번 훈련이 북-러 정상회담 결과에 맞선 대응은 아니라고 밝혔지만, 북·러가 어떻게 나올지 관심이 쏠린다.

루스벨트함은 프리덤 에지에 참여해, 탄도미사일 방어 훈련, 대잠수함전 훈련 등을 할 예정이다. 프리덤 에지는 해상·수중·공중·사이버 등 다영역에서 실시되는 훈련으로, 육·해·공이란 기존 전장 구분을 넘어 현대전 추세에 맞춰 이뤄지는 작전 수행 개념이다.

　한·미·일 해상훈련을 앞두고 동해에는 중국, 러시아 군함이 모였다. 지난 18일부터 오는 28일까지 러시아 해군이 동해에서 훈련하고 있고, 지난 21일 중국 정보수집함이 대한해협을 통과해 동해로 들어왔다. 북한은 지난 1월 한·미·일 해상훈련에 반발해 동해에서 '수중 핵무기 체계' 시험을 벌인 바 있다.

　한편, 미국을 방문 중인 조태열 외교부 장관은 지난 21일(현지시각) 북·러 밀착에 대응해 한국, 미국, 일본이 적시 협의를 통해 긴밀한 공조를 하기로 했다고 말했다. 조 장관은 뉴욕 주유엔대표부에서 열린 특파원 간담회에서 "미·일 외교장관과 연쇄 통화를 하고 북-러 정상회담 대응 방안을 집중 협의했다"며 이렇게 밝혔다. 조 장관은 "북한의 위험에 대응해 굳건한 한-미 동맹과 한·미·일 안보 협력을 강화해나가면서 국제사회의 단호한 대응을 주도해나가기 위해 긴밀히 공조하기로 했다"며 "우방국인 미·일과 적시 협의를 통해 긴밀한 공조하에 강력한 메시지를 발신했다는 데 의미가 있다고 생각한다"고 말했다. (권혁철 기자)

(3) "한국이 우크라에 무기 직접 지원맨 러, 북한에 첨단 군사기술 넘겨줄 것"

　프랭크 엄(사진) 미국평화연구소 선임연구원은 지난 21일 한겨레와의 서면 인터뷰에서 북한과 러시아의 정상회담과 관련해 미국이 이들의 관계를 벌려놓기 위해 노력하지 않으면 양국 군사 협력 강화를 감수해야 할 것이라고 말했다. 또 한국이 우크라이나에 대한 살상무기 직접 지원이라는 '레드라인'을 넘으면 러시아는 북한에 첨단 군사 기술을 넘겨줄 것이라고 전망했다.

　─북한이 미국과의 관계 수립이라는 목표로부터 정책을 전환하고 있다는 진단이 나오는데, 그 맥락에서 이번 정상회담은 무엇을 의미하나?

　"북한에 미국과의 관여를 다시 시도할 시급성이 덜하다는 것을 시사한다. 미국은 북·러의 틈을 벌리려고 더 노력하지 않으면 군사 협력 강화 같은 새로워진 북-러 관계의 모든 결과를 감수해야 할 것이다."

　─러시아가 대륙간탄도미사일(ICBM) 대기권 재진입이나 핵잠수함 기술을 북한에 넘겨줄 수 있다는 전망도 있다. 자국 안보에 대한 직접적 우려가 미국의 대응에 어떤 영향을 줄까?

　"그런 우려는 상당하지만 미국은 북한이 러시아의 품에 안기는 것에 일조했을, 똑같은 봉쇄와 압박 정책에 의존하고 있다. 조 바이든 행정부 첫해인 2021년에 더 적극적인 접근을 시도했어야 했다."

―미국은 어떤 식으로 대북 압박을 강화할까?

"북·러의 포괄적·전략적 파트너십은 다음달 북대서양조약기구(나토) 정상회의 때 3자 협력 강화를 위해 한국과 일본을 밀어붙이도록 미국에 더 강한 자극을 제공할 것이다."

―블라디미르 푸틴 러시아 대통령은 한국이 우크라이나에 살상무기를 제공하면 큰 실수가 될 것이라고 했다. 러시아는 한국이 레드라인을 넘으면 어떻게 대응할까?

"러시아는 한국이 애초부터 막으려는 첨단 군사 기술과 위성 기술을 북한에 제공할 것 같다. 한·러 경제 관계나 에너지 협력은 약화될 것이다."

―미국은 한국의 우크라이나 무기 직접 지원을 원하는 것으로 아는데, 이를 재검토하겠다는 한국 정부 발표를 어떻게 받아들일까?

"미국은 동맹국들이 더 많은 지원을 하기를 원한다. 문제는 한국이 이미 간접적으로 우크라이나에 무기를 제공하는 중에 이런 추가 조처를 할 것이냐다. 한국은 러시아의 직접적인 대북 군사 지원에 대한 더 확실한 증거가 나올 때까지 기다릴 것으로 보인다." (워싱턴/이본영 특파원)

(4) "중·러 후원에 핵무기까지 쥔 북한 등장 우크라 무기 지원맨 마지막 지렛대 상실"

국방부 기획조정실장을 역임한 안보·국제관계 전문가인 김정섭(사진) 세종연구소 부소장은 북-러 동맹 관계가 복원되면서 '중국과 러시아라는 두 후원자와 핵무기까지 가진 북한이 등장한 데 주목해야 한다'고 경고했다. 한국이 '우크라이나에 무기 지원'을 하면 한국은 마지막 레버리지(지렛대)까지 잃게 된다면서, 정부가 상황을 악화시키는 가속페달을 밟고 있다고 우려했다.

―푸틴 방북과 북-러 조약의 의미를 어떻게 평가하나?

"북-러 동맹 관계 복원의 출발점이다. '유사시 자동 개입'이나 러시아가 첨단 군사 기술을 북한에 줄 것이냐의 문제를 넘어, 안보적 측면에서 북한의 국제적 지위가 공고화된 것이고 한국이 대단히 불리해졌다는 점에 주목해야 한다. 그동안 중국은 북한과 군사적 관계는 맺지 않았는데, 이제 북한은 러시아라는 군사적 지원자까지 생겼다. 핵무기를 가진 북한이 중국과 러시아라는 두 후원자를 갖게 되면서 한국이 절대 무시할 수 없는 위협으로 등장한 것이다."

―우크라이나 전쟁이 끝나면 북-러 관계는 약화될까?

"북·러가 군사적 동맹 복원 외에도 에너지와 포탄을 교환하는 것을 비롯한 광범위한 경제적 협력에도 합의했다. 군사 분야에 한정되지 않는 대단히 포괄적인 협력 관계가 되었다. 우크라이나 전쟁이 끝난 뒤에도 북-러 관계가 지속될 것으로 예상한다."
—정부가 '우크라이나 무기 지원 재검토' 카드로 국면을 바꿀 수 있는가?
"정부가 러시아에 대단히 강경하게 대응하면서 '무기 지원 재검토' 카드를 꺼냈는데 레버리지가 될지 의문이다. 푸틴은 한-러 관계도 조금은 관리하고 싶은 의도는 있는 것 같고, 북한에 핵심 기술을 한꺼번에 주는 것은 러시아의 이익에도 맞지 않기 때문에 조심스럽게 나갈 것 같다. 그런데 지금 우리가 우크라이나 무기 지원까지 공개적으로 압박해서는 러시아의 북한에 대한 군사기술 지원은 막기 어렵고, 한-러 관계만 더 악화시킬 우려가 크다. 실제로 정부가 우크라이나에 무기 지원을 한다면 상황은 악화일로에 빠지고 한국은 마지막 레버리지마저 상실하게 된다."
—북·러 밀착을 탐탁해하지 않는 중국을 잘 관리하면 북·러 밀착도 관리할 수 있는가?
"중국은 이미 러시아, 북한보다 훨씬 위에 있다. 북·러 밀착을 걱정할 상황이 아니다. 북한이 동아시아를 더 불안정하게 하는 행동에 나선다면 불편하겠지만, 그런 상황까지 가지 않으면 중국과 러시아의 양해 속에서 북·러 밀착이 진행되고 있다고 봐야 한다."
—한국이 할 수 있는 최선의 해법은 무엇인가?
"우리가 지금 이런 큰 흐름을 역전시킬 수 있는 방법은 없다. 그럴수록 진영대결 구도가 너무 깊어지는 것을 조금이라도 완화하고 관리하려는 노력을 해야 하는데 정부가 오히려 가속페달을 밟고 있는 것 아닌가 우려스럽다." (박민희 선임기자)

(5) 푸틴 순방외교 뒤 '다극화 체제' 강화

미국이 주도하는 '규칙 기반의 자유주의 국제질서'에 도전하는 중국과 러시아의 '다극화 체제'가 블라디미르 푸틴 러시아 대통령의 동아시아 순방으로 더욱 빨라지고 있다.
푸틴 대통령의 지난 19~20일 북한 및 베트남 방문은 우크라이나 전쟁의 전황이 러시아에 유리하게 흐르고, 가자전쟁 관련해 이스라엘과 미국에 대한 국제사회의 비판이 고조되는 가운데 이뤄졌다. 유라시아 서쪽에서 벌어지는 두 개의 전쟁이 서방에 전략적 타격을 입혔다는 평가가 나오는 가운데, 푸틴 대통령은 유라시아 동쪽에서 전략적 함의가 있는 북한과 베트남을 방문했다. 2022년 2월 말 우크라이나 침공 전쟁 뒤 서방의 고강도 제재를 받고 있는 러시아가 고립되기는커녕 전쟁을 유리하게 끌고 가면서 외교적 영향력도 확장하는 모양새이다.
푸틴 대통령은 지난 19일 방북 때 김정은 북한 국무위원장과 '어느 한쪽이 무력 침공을 받아 전쟁 상태에 처하면 유엔헌장 제51조와 양국 법에 준하여 지체 없이 군사적 원조를 제공한다'(제4조)는 내용이 들어간 '포괄적 전략 동반자 관계에 관한 조약'을 맺었다. '한쪽이 무력 침공을 받아 전쟁 상태에 처하면 지체 없이 군사적 원조를 제공한다'는 1961년 북-소 동맹 조약보다는 강도가 약하지만 군사동맹에 준하는 방위조약을 복원시켰다는 평가가 나온다.

20일 베트남 방문 때도 2012년 양국이 맺은 포괄적 전략 동반자 관계를 확인하며, 베트남에 원자력 과학기술 센터 설립을 지원하기로 합의하는 등 양국 관계를 실질적으로 격상시켰다. 푸틴 대통령은 미국의 제재로 출구가 막힌 러시아의 원자재 및 군사과학 기술을 미국 주도 질서에 동참하지 않는 국가들에 제공해 이들을 규합하려는 전략을 사용하고 있다.

푸틴 대통령이 이번 북한·베트남 방문 때 방문국의 관영 언론에 한 기고를 보면 "새로운 유라시아 안보 구조" 및 "서방의 통제를 받지 않는 (무역) 결제체계"를 강조하고 있다. 러시아뿐 아니라 중국도 다극화 질서의 핵심으로 설정하는 과제들이다.

푸틴 대통령은 북한 노동신문 기고문에 "서방의 통제를 받지 않는 무역 및 호상(상호) 결제체계를 발전시키겠다" "유라시아에서 평등하고 불가분리적인 안전(안보) 구조를 건설해 나가겠다"고 주장했다. 그는 또 베트남 공산당 관영지 '년전'에 "베트남을 포용적이고 비차별적인 기초 위에서 공평하고 분리불가한 유라시아 안보의 새로운 설계를 형성하는 데 같은 생각의 동반자로 본다"며 "(달러가 아닌) 러시아 루블과 베트남 동으로 결제를 실행할 가능성이 있다"고 주장했다.

푸틴 대통령이 북한을 방문했던 19일에 러시아는 이란과도 국가안보위원회 최고실무자 회의를 열고 안보 협의를 했다. 러시아 안보위원회의 알렉산드르 베네딕토프 부서기와 이란 최고국가안보위의 모하마드 모하마디 알라무티 부서기가 테헤란에서 양국의 관련 부처 대표들이 참가한 가운데 양국안보 분야 협력 세부 사항 등을 협의했다고 러시아 타스 통신이 보도했다.

블라디미르 푸틴 러시아 대통령(맨 앞)이 지난 22일(현지시각) 모스크바 크렘린궁 인근에서 열린 2차대전 당시 나치 독일의 소련 침공 83주년을 기념하는 '기억과 슬픔의 날' 행사에 참석해 무명용사의 무덤에 헌화하고 있다. (모스크바/타스 연합뉴스)

미국 등 서방, 전례없는 중·러 제재
러, 원자재·군사기술 고리 '세 규합'
북·베트남·이란과 새 안보구조 모색

중국도 '미 디커플링'에 판로 막히자
러·이란 등과 교역 늘려 탈출구 삼아
서방 통제 받지 않는 무역결제 확대
G7에 맞서 '브릭스' 2배로 몸집 키워

◎ 한반도 평화 위한 새로운 해법 '탈북한'과 '두 국가론'

(1) 대화와 협상했던 '구체제' 무너져, 통일지향 남북관계 특수론 파탄

냉정하게 보면 문재인 정부 후반기인 2019년 8월~2022년 5월에 남북관계는 '돌아올 수 없는 다리'를 건넜다. 이러한 평가 속에는 남북관계가 되돌리기 힘들 정도로 악화되었지만, 되살림의 토대가 완전히 무너진 것은 아니라는 뜻이 담겨 있다. 그런데 2022년 5월 윤석열 정부 들어 상호간의 적대성이 나날이 심해지면서 다리마저 무너졌다. 이전에 존재했던 남북관계의 토대가 유실되었다는 의미이다.

이러한 진단이 지나치지 않다는 수치도 있다. 우선 1971년 공식적인 남북회담이 시작된 이래 매일매일 회담 단절의 기록이 갱신되고 있다. 2018년 12월 체육회담을 끝으로 현재까지 남북회담이 한 차례도 열리지 않고 있는 것이다. 정권 차원에서 보면 현재까진 문재인 정부가 대화 단절 29개월로 최장기록을 보유하고 있다. 7월까지 26개월을 기록한 윤석열 정부가 이 기록을 갈아치울 가능성도 높다. 참고로 퇴임을 앞둔 조 바이든 행정부도 조선민주주의인민공화국(조선)과 한 차례의 대화도 없이 임기를 마칠 공산이 매우 크다.

대화만 단절된 것이 아니다. 2019년부터 현재까지 남북 간 선박·항공기·철도 왕래는 0이다. 2021년부턴 사람도 차량도 왕래가 안전히 끊겼다. 1989년 통계가 작성된 이래 처음이다. 이산가족 생존자가 크게 줄어들면서 남북의 정서적 유대도 희미해지고 있다. 그렇다고 모든 게 '제로'는 아니다. 인도적·협력적 왕래가 끊긴 자리엔 대북 전단 풍선과 대남 쓰레기 풍선이 오가고 있고 시끄러운 대북 확성기 방송이 고요한 비무장지대를 가로질러 북으로 향하고 있다.

왜 이런 일들이 벌어지고 있는 것일까? 한국과 조선의 적대성이 나날이 강해지고 있기 때문이다. 오늘날의 남북관계는 1990년을 전후한 미·소 냉전 종식 이후 가장 적대적이라고 해도 과언이 아니다. 일체의 대화와 교류가 사라졌을 뿐만 아니라 서로를 '주적'이라고 부르고 '건들기만 해봐라'며 으르렁거린다. 지리적으로는 가장 가까운 이웃이면서 정치군사적으로는 가장 적대적인 현실이야말로 한반도 구성원들에겐 가장 큰 불행이다. 근접성과 적대성은 2024년 들어 한반도 주민들의 불쾌지수를 급격히 끌어올리고 있는 양측의 풍선 살포와 확성기 방송에 고스란히 담겨 있다. 가깝기에 풍선에 전단이나 쓰레기를 넣어 상대에게 보내거나 비방 방송을 하는 것이 수월하다. 또 적대적이기에 벌어지는 일이다.

(2) 극단 치닫는 남북, 발상의 전환 필요

좀 더 근본적인 관점에서 볼 필요도 있다. 오늘날 남북관계의 가장 큰 문제는 '구체제'는 급격하게 무너지고 있는 반면에 '신체제'는 가늠조차 하지 못하고 있다는 데에 있다. 여기서 구체제는 1972년 7·4 남북공동성명부터 2018년 9·19 남북 군사합의에 이르기까지 남북관계의 특수성을 반영한 합의들을 의미한다. 과거에도 이들 합의가 위태로운 적은 여러 차례 있었지만, 오늘날만큼이나 그 토대가 무너진 적도, 대화와 협상을 통해 되살릴 수 있는 여건이 유실된 적은 없다. '통일지향적인 남북관계 특수론'이 사실상 파탄난 것이다.

그럼 '신체제'는 무엇일까? 아직은 모르지만, 실마리를 찾을 수 있다. 한국과 조선은 1991년 8월에 유엔에 동시 가입했다. 국제법적으로는 두 개의 국가라는 뜻이다. 하지만 민족과 통일 담론이 너무나도 강렬했고 적대성을 청산하지 못한 나머지 일반적인 의미의 국가 대 국가의 관계를 만들어내지 못했다. 오히려 김정은 정권은 남북관계를 '적대적이고 교전 중인 두 국가로 고착되었다'며 민족과 통일 지우기에 나서고, 윤석열 정부는 이를 '반민족·반통일'이라고 비난하면서 "자유의 북진"과 자유민주주의 방식으로의 통일을 더 강하게 부르짖고 있는 현실이다. 혼란과 위기의 본질은 이 지점에 있다. 구체제 해체에 나선 김정은 정권은 적대성을 강화하는 신체제를 도모하고 있고, 윤석열 정부는 구체제의 적대성을 더욱 강하게 부여잡고 있다.

한국이 구체제에 머물러 있다는 것은 언론 보도를 통해서도 확인할 수 있다. 2024년 2월에 한국이 쿠바와 수교하면서 상당수 언론들은 "유엔 회원국 가운데 미수교국은 이제 시리아만 남게 됐다"고 보도했다. 하지만 이건 오보라고 해도 과언이 아니다. 유엔 회원국 가운데 한국의 미수교국은 시리아뿐만 아니라 조선도 있기 때문이다. 2024년 파리 올림픽 개막식에선 한국 선수단이 입장할 때 장내 아나운서가 'Democratic People's Republic of Korea'로 표현했다. 그러자 국내 언론은 대한민국을 '북한'으로 잘못 불렀다고 일제히 보도했다. 그런데 엄밀히 말해 이러한 보도도 정확한 것은 아니다. 주최 측이 큰 실수를 한 것은 분명하지만, 잘못 호명된 국호는 '북한'이 아니라 '조선민주주의인민공화국'이었기 때문이다. '북한'에 익숙해진 나머지 국제법적으로 하나의 국가인 '조선'을 없는 존재처럼 여기기에 벌어진 일이 아닐까 한다.

나는 앞서 남북관계를 연결했던 유무형의 다리가 무너졌다고 진단한 바 있다. 그럼 어떻게 해야 할까? 그냥 이대로 살자로 생각할 수 있겠지만, 남북관계가 완전히 사라진 것도 사라질 수도 없는 노릇이다. 땅과 강과 바다와 하늘을 맞대고 있어 동물들이 전염병을 옮길 수도 있고, 큰비가 와도 큰 가뭄이 들어도 '물 문제'가 생길 수 있다. 생물다양성의 보고인 비무장지대가 많은 양의 전단·오물과 지뢰, 그리고 소음으로 덮이면서 각종 생명체가 위협받고 있는 것도 외면할 수 없는 문제이다.

이뿐만이 아니다. 남북은 해양세력과 대륙세력이 날카롭게 대립하는 지정학적 단층을 맞대고 있다. 그래서 지정학적 단층운동이 강해지면 지진, 즉 큰 분쟁이 발생할 수 있는 곳이 바로 한반도이다. 완전히 등을 돌리고 살기에는 지리적으로 너무 가까이 있고 지정학적으로도 너무 예민한 곳에 있다는 뜻이다. 상대가 싫다고 해서 나라 전체를 어딘가로 옮길 수도 없다. 미우나 고우나 함께 살아가야 할 이웃이라면 어디서부터 어떻게 문제를 풀어야 할지 많은 고민과 논의가 필요하다. 무너진 다리를 복구하는 데에 방점을 찍을지, 아예 새로운 다리를 놓는 데에 방점을 찍을지 생각해봐야 할 시점이다.

(3) 한국과 조선 '두 국가'로 인식하면 핵·오물풍선·보안법·군사 문제 등에 국가·사회적 에너지 줄일 수 있어

나의 생각은 후자로 기운다. 구체제를 복원하는 것보단 신체제를 도모하는 게 낫다고 생각한다. 그 출발점은 '탈북한'에 있다. 이 표현은 올봄에 계간 '황해문화'로부터 '폭망한 남북관계와 위기에 처한 한반도 평화와 관련해 새로운 화두를 던져달라'는 원고청탁을 받고 떠올린 것이다. 탈북한은 '우리안의 북한'을 내려놓고 '있는 그대로의 조선'을 상대하자는 뜻이다. 남북관계와 국제적인 차원에선 '통일을 지향하는 특수관계'를 내려놓고 일반적인 의미의 국가 간 관계를 도모해보자는 것이다. 특수관계론에 입각한 여러 합의와 규범이 무너진 자리에 유엔헌장을 비롯해 한국과 조선이 인정한 국제규범을 세워보자는 것이다.

　이렇게 하면 당장 달라질 수 있는 게 있고 달라질 미래를 도모할 수도 있다. 우선 국제스포츠 무대의 풍경이 달라질 수 있다. 작년 하반기부터 한국 기자가 조선 선수단을 '북한'이나 '북측'으로 표현하면 조선 관계자들이 이에 항의하고 기자회견장에 냉기가 흐르는 일이 일상사가 되고 있다. 반면 한국 언론이 '조선'이라고 부르면 조선 선수단이 답변을 거부할 명분이 없어져 기자회견장 분위기가 한층 부드러워질 수 있다. 스포츠 분야를 제외하곤 한국과 조선이 만날 수 있는 기회가 거의 사라진 현실이기에 이러한 변화가 품고 있는 의미는 결코 작지 않다.

　양측의 풍선 살포와 대북 확성기 방송 문제를 둘러싼 갈등도 국제규범을 떠올려보면, 해결을 도모할 수 있다. 물론 국제규범과 별개로 이러한 행위들은 마땅히 중단되어야 한다. 동시에 적대성과 남북 특수관계론이 강하게 투영된 이러한 행위들은 유엔 헌장을 비롯해 유엔의 시민적·정치적 권리에 관한 규약과 국제민간항공협약(ICAO), 그리고 생물다양성협약 등에 저촉된다는 것도 유념할 필요가 있다. 한국과 조선은 이들 국제규범에 모두 가입해 있다. 기존의 남북관계가 무너진 만큼, 공존과 분쟁 예방의 기초를 국제규범에서 찾을 수 있다는 주장은 이러한 맥락에서 나오는 것이다.

　'탈북한'이 품고 있는 가장 큰 장점은 우리자신을 이롭게 하는 변화를 만들어낼 수 있다는 데에 있다. 지금까지는 한국의 위상을 높이고 우리에게 이로운 일조차 '북한 때문에', 혹은 '이적행위'라는 틀에 가둬놓고 논의조차 금기시하는 경우가 많았다. 이에 반해 '우리 안의 북한'을 내려놓고 조선을 하나의 국가로 인정하는 방향으로 나아가면 많은 것이 달라질 수 있다. 한국과 조선은 유엔회원국인데, 한 회원국이 다른 회원국을 법률적으로 '반 국가단체'로 규정하는 것 자체가 보편적 가치와 부합하지 않는다. 이는 한국이 국가보안법의 개폐를 통해 자유민주주의 국가로서의 위상을 높일 수 있다는 것을 의미한다. 유엔 인권위원회는 물론이고 미국 국무부조차도 이렇게 권고해 왔다. 이러한 주장이 국가안보를 무시하는 것이라고 생각할 수 있지만, '반국가단체인 북한'을 특칭할 것이 아니라 어떤 나라라도 한국의 주권과 안보를 침해할 경우 법 적용이 가능한 방향으로 국가보안법을 바꾸면 된다. 대다수 국가들은 이렇게 하고 있다.

　그리고 한반도 남쪽의 정부수립에는 태생적 결함이 있다. 애당초 해방 점령세력인 미국 단독의 무력 보호속 탄생이라는 운명의 한계를 생각한다면 '과분한 요구' 보다는 '겸손함'의 자세가 그나마 인류평화에 이바지할 수 있는 자격을 가지게 된다는 역사적 도의적 준칙을 새삼 명심하는 국가적 이성을 가졌으면 좋을 것 같다는 생각이 든다.

　또 우리는 남북 특수관계론에 너무나도 많은 국가적·사회적 에너지를 소비해왔다. 특수 관계론의 폭력적인 발현이라고 할 수 있는 '유사시 무력통일론'이 대표적이다. 이를 배제하면 복합·다중 위기에 처한 한국을 혁신하는 데에 큰 도움이 될 수 있다. 하늘 높은 줄 모르고 치솟고 있는 국방비 감축을 통한 민생 재원 증액, 병력 감축형 모병제 도입을 통한 불평등·젠더 갈등·저출산·노동가능인구 급감 등 우리 사회의 핵심적인 문제에 관한 대안적인 논의의 활성화, 압도적으로 세계 최대 규모인 한미연합훈련의 축소를 통한 군사적 긴장 완화와 온실가스 감축 등을 도모할 수 있기 때문이다. 또 '유사시 무력통일론'은 '주권·영토의 통합성, 정치적 독립의 존중'을 핵심으로 하는 유엔 헌장과 맞지 않는다. 조선이 내세우고 있는 '전시 무력편입론'도 마찬가지이다. 이에 따라 유엔 회원국인 한국과 조선이 유엔 헌장에 부합하는 형태로 군사전략을 개정하면 남북관계의 패러다임도 근본적으로 바꿀 수 있다.

'두 국가론'에 입각한 남북관계의 변화는 한반도 핵문제 해법에도 새로운 접근을 가능케 한다. '비핵화'가 고유명사처럼 사용되어온 한반도와는 달리 국제사회에선 '비핵무기지대(비핵지대)'가 보편적으로 통용되어 왔다. 비핵지대는 안전보장이사회를 포함한 유엔의 지지와 협력을 받아 지대 내에 있는 국가들이 조약 체결을 통해 비핵화를 실현하고 국제적으로 보장받는 제도를 의미한다. 이에 따라 한국과 조선이 한반도 지대 내 국가로서 비핵지대 조약을 체결하고 5대 핵보유국들로부터 핵무기 불사용 및 불위협, 그리고 핵무기 배치 금지를 국제법적으로 보장받는 방안을 강구할 수 있다.

이처럼 '탈북한'과 '두 국가론'은 많은 논의를 가능케할 수 있다. 적대성을 조금씩 완화해가면서 무력 충돌의 위험을 줄여나갈 수 있고, '북한'을 향한 유무형의 자원 낭비를 줄여 우리의 문제를 해결하는 데에 사용할 수 있다. 우리 자신을 이롭게 하고 보편적 가치에도 기여하면서 남북관계의 한반도 평화도 이롭게 할 수 있는 '이기이관'(利己利關)의 접근이 될 수 있다는 것이다. 또 통일과 반드시 배치되는 것도 아니다. 장기적으론 유럽연합과 흡사(恰似)한 국가연합을 도모할 수 있기 때문이다. (『한겨레』 2024. 8. 12. 「정욱식 칼럼」)

한국과 조선, 그리고 중국의 탁구 혼합복식 입상자들이 7월 30일(현지시각) 열린 2024 파리올림픽 시상대에 서 있다.

제4장

미·중은 세계 패권 경쟁에 기승
남과 북은 상호 증오에 열중

1. 미·일의 포위전략에 동북아 대결·긴장 고조

1) 북미·남북, 적대적 대결상태로 회귀 (2021~2024년의 상황)

(1) 조선로동당 7기 3차 전원회의와 싱가포르 북미정상회담 (북의 자세)

평창동계올림픽이 끝나고 얼마 지나지 않은 2018년 4월 20일 조선로동당 중앙위원회 제7기 3차 전원회의가 열렸다. 북은 여기서 핵무력 완성국가로 책임있는 핵보유국 지위에서 핵 불사용과 핵기술 불이전을 선언하고 차후 주도적으로 세계 비핵화에 이바지하겠다고 천명했다. (『북 바로알기 100문 100답』 김동원·안광획, 도서출판 4.27 시대)

이는 획기적인 결정으로 평가할 만하다. 북이 NPT(Nonproliferation Treaty 핵확산방지조약) 밖의 사실상 핵보유국이지만 기득권 핵클럽 편입전략을 택하지 않은 것이다. 핵무력 완성 이후 출발부터 기존 핵클럽 밖에서 세계 비핵화전략을 펴겠다는 원칙을 선언한 셈이다. 전원회의 결정은 한반도 비핵화의 원칙과 개념의 차이, 그리고 북미간 비핵화 이행을 위한 원칙과 조건 등 전제를 밝혔는데 이는 어쨌든 한반도에서부터 세계 비핵화를 실현할 수 있다는 획기적인 입장을 내놓은 것이다. 북이 말하는 비핵화 의제는 북 일방의 선(先) 비핵화가 아니라 한반도 전역의 비핵화이다. (최다 핵무력 보유국인 미국의 협박을 받아온 북한의 「일방적 비핵화」 강요에 대한 반발)

"미국은 이제라도 조선반도 비핵화라는 용어의 뜻을 정확히 인식해야 하며 특히 지리공부부터 바로 해야 한다. 조선반도라고 할 때 우리 공화국의 영역과 함께 미국의 핵무기를 비롯한 침략무력이 전개되여 있는 남조선 지역을 포괄하고 있으며 조선반도 비핵화라고 할 때 북과 남의 령역 안에서 뿐 아니라 조선반도를 겨냥하고 있는 주변으로부터의 모든 핵위협 요인을 제거한다는 것을 의미한다는 데 대해 똑바로 알아야 한다. …애초에 비핵지대였던 조선반도에 핵무기를 대량 끌어다 놓고 핵 전략자산의 전개와 핵전쟁연습 등 우리를 핵으로 끊임없이 위협함으로써 우리가 핵전쟁 억제력을 보유하지 않으면 안 되게 한 장본인이 미국이다. 그렇게 놓고 볼 때 조선반도 비핵화란 우리의 핵억제력을 없애는 것이기 전에

'조선에 대한 미국의 핵위협을 완전히 제거하는 것'이라고 하는 것이 제대로 된 정의이다.

다음으로 회의에서 채택한 '경제건설과 핵무력 건설 병진노선의 위대한 승리를 선포함에 대하여'란 결정서의 첫 번째는 다음과 같다. "당의 병진로선을 관철하기 위한 투쟁과정에 임계전 핵시험과 지하핵시험, 핵무기의 소형화, 경량화, 초대형 핵무기와 운반수단 개발을 위한 사업을 순차적으로 진행하여 핵무기 병기화를 믿음직하게 실현하였다는 것을 엄숙히 천명한다." 이는 북의 핵무력이 핵시험 개발 수준이 아니라 첨단기술 수준에서 전방위적으로 배비되고 있다는 의미이다.

이어 "핵시험 중지는 세계적인 핵군축을 위한 중요한 과정이며 우리 공화국은 핵시험의 전면 중지를 위한 국제적인 지향과 노력에 합세할 것"이라며 "우리 국가에 대한 핵위협이나 핵도발이 없는 한 핵무기를 절대로 사용하지 않을 것이며 그 어떤 경우에도 핵무기와 핵기술을 이전하지 않을 것"이라고 밝혔다. 이를 두고 당시 『로동신문』은 "제7기 제3차 전원회의에서는 핵무기 없는 세계 건설에 적극 이바지하려는 당의 평화애호적 립장이 엄숙히 천명됐다"고 부연했다.

북의 '한반도 전역 비핵화'란 입장을 옳게 이해하려면, 다른 핵보유국의 비핵화 경로를 대비해보는 것도 한 방법이다. 영국을 예로 들자, 영국이 비핵화하도록 하려면 주변의 다른 핵보유국은 그냥 지켜보기만 하면 될까? 영국 입장에서는 당연히 자신의 안전을 위해 주변국의 행동을 요구할 것이다. 쌍무적인 상호군축, 안전보장과 다자적 국제 안전보장 문제가 선결돼야 한다. 그래야 영국이 안심하고 비핵화에 나설 수 있다. 북도 마찬가지란 얘기다. 리비아나 우크라이나 모델 같이 일방적 비핵화모델은 절대 아니라는 뜻이다. 최근 우크라이나 사태를 보면 우크라이나의 핵 이전과 집단안전보장은 사실 무용지물이었음이 입증됐다.

따라서 이는 북만이 아니라 모든 전략국가의 미래 핵문제이다. 가까운 미래, 아니 당면한 지구촌 핵 기득권 해체방법의 합리적 원칙과 선례를 공동으로 만드는 매우 복잡한 문제이다. 당연히 새로운 원칙과 창조적 공정이 필요하다. 안전이 보장되지 않으면 그 어느 핵보유국도 먼저 비핵화에 나서지 않을 것이다.

북의 장기적인 세계 비핵화전략과 북미가 합의할 수 있는 당면한 비핵화 수준은 차원이 다른 문제이다. 북의 '돌이킬 수 없는 완전한' 비핵화는 세계의 완전한 대북 안전보장을 의미하는데, 북미를 포함해 상당 규모의 상호군축과 법적, 제도적 안전장치의 완성이 수반돼야 한다. 적대적인 전략국가 사이의 정치·군사·외교 등 핵심 분야에 걸친 총체적 문제이기 때문이다. 이는 사실 10년이 걸려도 해결하기 어려운 매우 복잡한 문제이다.

반면 북미간 '합의할 수 있는 완전한 비핵화'는 비교적 짧은 시간 안에 빠르게 진행될 수 있다. 핵과 군사적 문제를 단계적으로, 과도적 조치로 풀면서 정치외교적 관계 정상화를 통해 공존을 모색하는 정치우선 해법이 그것이다. 중-미, 미-러 등 적대적 국가가 핵을 갖고 공존할 수 있는 이유는 상호 적대적 정치관계를 정상화하면서 관리하기 때문이다. 그래서 6.12싱가포르 북미정상회담은 리비아식으로는 풀 수 없었다. 비록 실패했지만 북 비핵화가 초점이 아니라 적대적 전략국가인 북미가 상호 공존할 길 찾기를 처음 시도한 역사적인 정치합의였던 셈이다.

북이 과거 다양한 북미협상의 실패 원인을 어떻게 평가하는지를 보면 이런 접근법의 취지를 이해할 수 있다. 지난 2009년 북 외무성 성명은 이러했다.

"우리가 9.19공동성명에 동의한 것은 비핵화를 통한 관계 개선이 아니라 바로 먼저 관계 정상화를 통한 비핵화라는 원칙적 입장에서 출발한 것이다. 우리가 조선반도를 비핵화하려는 것은 무엇보다도 지난 반세기 동안 지속되어 온 우리에 대한 미국의 핵위협을 제거하기 위해서이다. 미국의 대조선 적대시정책과 그로 인한 핵위협 때문에 조선반도 핵문제가 산생되였지 핵문제 때문에 적대관계가 생겨난 것이 아니다. 우리가 핵무기를 먼저 내놓아야 관계가 개선될 수 있다는 것은 거꾸로 된 논리이다."

북이 국가핵무력을 완성한 다음에도 계속 비핵화전략을 추진하리라 예상한 전문가는 거의 없었다. 어렵게 달성한 핵무력 완성의 다음 단계는 중국과 마찬가지로 시간이 걸리더라도 합법적 핵보유국의 지위를 얻는 길일 거라고 봤다. 그런데 북은 사실상의 핵보유국 지위를 가지고 단계적 비핵화의 길을 선택했다. 처음부터 공인 핵보유국이 아니라 비공인 핵보유국 지위에서 비핵화를 결단하고, 기존 핵클럽에게 비핵화에 필요한 현실적 안전보장을 주문했다. 따라서 북 비핵화의 진척 정도는 미국과 다른 핵보유국의 북에 대한 상호군축과 안전보장 수준에 비례하는 문제로 전화되었다.

북이 제7기 전원회의에서 결정한 주도적 비핵화전략으로, 북을 둘러싼 국제관계도 하루아침에 전변했다. ①트럼프 정부가 대결전략에서 상호공존의 협상전략으로 바꾸는 결정적 계기가 됐다. ②북의 핵개발과정에서 발생했던 북-중 갈등이 해소되고 북중관계가 다시 사회주의 혈맹으로 전격 복원됐다. ③남북관계가 4.27판문점선언으로 사실상 종전을 선언하고 획기적인 평화·번영·통일의 관계로 전변됐다. ④북이 경제발전에 집중할 계기가 마련됐다. ⑤동북아시아에서 오랜 냉전체제가 해체될 여건이 마련됐고 일본은 북미관계에서 완전히 소외돼 피동에 놓이게 됐다. 결정적으로는 북이 비핵화를 선언했음에도 전략국가의 지위와 영향력은 계속 유지하게 됐다.

북이 말하는 비핵화는 단계적이고 장기적이며 상호적인 개념이다. 2018년 당시 전원회의 이후 표명한 '부분 핵동결'에서 시작된 핵의 시험·생산·전파를 전면 중지하는 '완전한 핵동결'이 현실적인 출발점이라고 판단한 것으로 보인다. 즉 억제력 수준의 핵무력을 유지하면서 군축·평화협정·관계 정상화가 순조롭게 진행된다면 미래 핵의 중지와 과거 핵 일부를 해체할 의향이 있다는 입장으로 해석된다. 이런 전향적인 양보를 미국이 오판하고 욕심을 내 북미정상회담에서 상호 신뢰구축과 선(先) 관계 정상화를 무시하고 과거처럼 북 비핵화만 강변했으니 협상은 처음부터 결렬될 가능성이 높았다.

북미간 협상이 타결을 목표로 한다면 비핵화가 아닌 「관계 정상화」에 방점을 찍은 협상이어야 했다. 관계 정상화를 앞세워 상호신뢰를 바탕으로 비핵화를 단계적으로 처리하는 방식이다. 그럼 관계 정상화 협상에서 중요한 건 뭘까? 「적대정책을 중단하고 친선정책으로 상호 존중해 신뢰를 회복하는 것」이다. 상호 존중의 핵심은 각자 주권과 실체의 존중이다. 실체의 존중과 신뢰회복이란 상대방 무력의 전략적 지위를 일방적으로 제거하려는 무장해제 기도와 적대정책을 중지하는 것이다. 정상회담 이후 한미 합동 군사훈련과 핵·미사일 시험의 상호 중지를 시작으로, 상호 적대정책과 무력을 실질적으로 후퇴, 제거하는 조처로 나아가는 방법이다.

이 협상이 성공하려면 강조점과 진행 순서가 과거와는 달라야 했다. 정치적 신뢰를 앞세워 군사 문제를 해결하는 방식이다. 상호신뢰에 기초해 관계 정상화 선언을 포괄적으로 하고 평화협상을 진행해 이후 비핵화와 주한미군 철수문제를 단계적으로 처리하는 수순이어야 한다. 따라서 북미정상회담에서 종전선언과 관계 정상화, 즉 북미수교 착수 선언, 연락사무소(대사관) 설치에 이어 평화협정 추진 선언과 신뢰회복 조치인 경제제재 해제가 수순이어야 했다.

조선로동당 3차 전원회의 결정을 바탕으로 북미간에 수차례 실무회담이 열렸고, 드디어 북의 김정은 국무위원장과 미국의 도널드 트럼프(Donald Trump) 대통령이 2018년 6월 12일 싱가포르에서 역사적인 첫 정상회담을 가졌다. 역사적인 합의문 전문은 다음과 같다.

1. 조선민주주의인민공화국과 미합중국은 두 나라의 인민들의 평화와 번영에 부합되게 새로운 관계를 설립하는데 노력한다.
2. 조선민주주의인민공화국과 미합중국은 조선반도의 지속·안정적 평화체제 구축에 노력한다.
3. 2018년 4월 27일 판문점선언을 재차 확인하고, 조선민주주의인민공화국은 조선반도의 완전한 비핵화(complete denuclearization)를 위해 노력할 것을 약속한다.
4. 조선민주주의인민공화국과 미합중국은 신원이 이미 확인된 전쟁포로(POW) 및 전쟁실종자(MIA)들의 유해를 즉각 (미국으로) 송환하는 것을 포함해 유해 수습을 약속한다. (김정은·Donald Trump, '조미수뇌회담 공동성명', 2018년 6월 12일)

모두 4개 조로 되어있는 6.12조미공동성명 첫 조항에서 두 나라가 약속한 것은 바로 '새로운 관계 수립'이었다. 비핵화 약속은 세 번째였다.

(2) 2019년 베트남 하노이 2차 북미정상회담의 결렬

세계의 이목을 집중시킨 2019년 2월 베트남 하노이 2차 북미정상회담은 합의를 보지 못하고 끝났다. 이례적인 합의문 서명 무산으로 가시적인 성과는 없었다. 하지만 당시 회담 양측의 평가는 상대에 대한 비난보다는 생산적 대화를 계속하는 게 의미가 있다는데 방점이 찍혀 있었다. 회담이 우호적인 분위기에서 상호 이해를 높인 만큼 북미

관계의 이후 추이는 결렬이나 파탄이 아닌 다음을 기약하는 분위기였다.

"경애하는 최고령도자 동지와 트럼프 대통령은 70여 년의 적대관계 속에서 쌓인 반목과 대결의 장벽이 높고 조미관계의 새로운 력사를 열어나가는 려정에서 피치 못할 난관과 곡절들이 있지만 서로 손을 굳게 잡고 지혜와 인내를 발휘하여 함께 헤쳐나간다면 능히 두 나라 인민들의 지향과 념원에 맞게 조미관계를 획기적으로 발전시켜나갈 수 있다는 확신을 표명하시였다. 조미 최고수뇌분들께서는 두 번째로 되는 하노이에서의 상봉이 서로에 대한 존중과 신뢰를 더욱 두터이 하고 두 나라 관계를 새로운 단계로 도약시킬 수 있는 중요한 계기로 되였다고 평가하시였다.

양측이 오랜 기간 다양한 경로의 실무협상을 통해 논의했는데도 왜 합의문 서명에 실패했을까? 만약 합의를 이뤘다면 대략 다음과 같은 내용이 담겼으리라고 당시 전문가들은 추측했다. ('북한 전문가들 "북 상응조치… 종전선언이 아닌 북미관계 개선, 평화체제 구축 등 의미"'『서울평양뉴스』 2018년 10월 6일자): '다시 담판' 나서는 北美정상, 뭘 주고받나… 빅딜'『매일경제』, 2019년 1월 19일자 참조) 종전선언(또는 평화선언), 평화협정위원회 설치, 부분적 제재 완화, 녕변 핵시설 영구 폐기, 상호 연락사무소 설치와 교류 협약 등이다. 원래 북의 단계적 비핵화에 상응하는 미국의 조치는, 경제제재 완화가 아니라 북에 대한 단계적인 핵 공격 능력의 제거, 즉 핵우산의 후퇴라는 게 북의 입장이었다. 그런데 회담을 마친 뒤 열린 리용호 외무상과 최선희 부상의 기자회견 내용을 보면 북은 회담에서 미국의 입장을 고려해 그런 요구를 다루지 않았다고 한다. ('북 리용호 '미측 추가요구로 회담 결렬' 반박'『통일뉴스』 2019년 3월 1일자). 그와 직결된 미 군사력 후퇴와 안전 담보 등 첨예한 의제는 정상회담에서 다자간 평화협정위원회의 구성이 합의되면 그와 연동해 다음 정상회담에서 다룰 수 있으리라 기대한 것으로 보인다. 실무협상 과정에서 준비된 합의문이 체결되었다면, 비록 미국의 핵심적인 군사안보분야 상응조치가 빠져있다고 해도 의미는 매우 컸으리란 견해이다. 실행에 옮겨졌다면 북미관계가 결정적인 양질전환의 새 단계에 진입하는 내용들이었기 때문이다. 단계적인 상호조치들이지만 새로운 북미관계를 향한 실질적인 '역진불가의 길'에 들어설 수 있는 회담이었다.

선택의 기로에서 미국의 극우보수세력(네오콘)과 트럼프 반대파는 북미회담 파탄을 위해 여론전을 펼쳤다. 2차 북미정상회담을 전후해 대부분의 국내 언론은 트럼프 대통령과 김정은 국무위원장의 일거수일투족에 의미를 두고 실시간 생중계했지만 CNN, ABC 등 미국의 주류언론은 의도적으로 무게를 싣지 않았다. 대신 주류언론은 반(反)트럼프 진영의 선두에서 트럼프를 궁지에 몰기 위한 정쟁을 주도했다. 그들은 트럼프의 전 변호사 마이클 코언(Michael Cohen) 청문회를 종일 생중계했다. 코언 청문회 날짜는 북미정상회담 일정에 맞춰 준비되었다는 관측이 일반적이다.

지금도 여전하지만, 특히 당시 미국 정치권의 정쟁은 한국에서 생각하는 것보다 더 진흙탕 싸움이었고 매우 심각했다. 미국의 정보기관 관료, 주류언론을 포함한 기득권세력은 트럼프를 대통령으로 인정하지 않고 있었다. 당선 직후부터 그를 집요하게 대통령에서 끌어내리려 했다. 대선 직후 불거진 '러시아 스캔들'은 미국의 국제적 위상 추락은 물론, 미국 내 정치와 언론이 얼마나 타락했는지를 상징적으로 보여줬다. (러시아 게이트(Russiagate) : 트럼프 대통령이 2016년 대선 승리를 위해 러시아 당국과 공모했다는 주장) 트럼프도 정상회담 날짜가 다가올수록 셈법이 복잡해져 최종 결정의 문턱에서 회담 원칙에 어긋나는 무리한 요구를 들이대 결국 합의를 무산시켰다. 이런 결과를 두고 트럼프 대통령이 원래부터 북미 적대관계 전환의 의지가 없었으며 북을 정치적으로 이용하기 위한 기만전술로 대북협상에 임했다거나 새로운 형태의 '기다리는 전술'로 북과 협상에 나섰다고 보는 평가도 있었다. 트럼프가 최종 선택에서 후퇴한 이유는 미국 내 정쟁 등 정치적 반대파의 집요한 방해도 있었지만 스스로 볼 때 대북제재라는 협상의 주요 지렛대를 조기에 잃을 수 있다는 부담이 컸던 것으로 보인다. 이는 회담 직후 트럼프의 기자회견 발언에서도 확인된다. ("김 위원장은 녕변 핵시설 해체에 동의했지만, 미국은 더 많은 것을 원했다. 추가적인 비핵화가 필요했다. 당시 언급은 안 했지만 고농축우라늄시설, 아니면 기타 시설 해체도 필요했다.… 그런데 김 위원장이 그걸 할 준비가 안 돼 있었다. 그래서 1단계 수준인 녕변 핵시설 해체에만 만족할 수는 없다고 생각했다. 또 오랫동안 쌓아온 협상 레버리지(지렛대)를 놓칠 순 없다고 생각했다. 그래서 이렇게 쉽게 제재 완화를 해서는 안 된다고 생각했다. 물론 나도 북의 경제적인 잠재력을 감안해 제재 완화를 원한다. 그러나 북이 추가적인 비핵화를 해야 가능할 것이다.)

미국이 1차 정상회담 이후 일방적인 선(先) 북 비핵화 논리에서 후퇴해 '행동 대 행동'의 단계적 접근법을 인정했음에도 불구하고 대북제재라는 마지막 지렛대를 통해 더 많은 가시적 비핵화와 군사적 양보를 얻어내려 고집한 것이다. 핵시험 및 탄도미사일 시험발사의 중지와 핵시험장 폐기 등 선제적 비핵화 조치를 취한 북은 동창리의 엔진 시험장과 로켓 발사대의 폐기 용의도 이미 표명하였다. 그리고 북이 '녕변 핵시설 영구 폐기'라는 단계적 비핵화의 최대치를 제시했음에도 합의는 무산되었다. 핵보유국임에도 미국은 회담에서 대북제재를 유력한 지렛대로 더 앞선 단계의 비핵화 조치와 연동시키려 했다. 아마도 북은 정상회담의 원칙과 대전제를 무시하는 셈법을 수용할 수 없다고 판단한 것 같다.

리용호 외상은 회담 결렬 뒤 회견에서 ('北 리용호·최선희 심야 기자회견'『연합뉴스』 2019년 3월 31일자 참조) 먼저 "우리가 비핵화 조치를 취해 나가는 데서 보다 중요한 문제는 '안전 담보' 문제이지만 미국이 아직은 군사분야 조치를 취하는 것이 부담스러울 것이라 보고 부분적 제재 해제를 상응 조치로 제안한 것"이라며 "이번 회담에서 우리는 미국의 우려를 덜어주기 위해서 핵시험과 장거리로케트 시험발사를 영구적으로 중지한다는 확약도 문서 형태로 줄 용의를 밝혔다"고 알렸다. "신뢰조성 단계를 거치면 앞으로 비핵화 과정은 더 빨리 전진할 수 있을 것"이라고 본 때문인데 "그러나 회담 과정에 미국측은 녕변지구 핵시설 폐기조치 외에 한가지를 더 해야 한다고 끝까지 주장했으며, 따라서 미국이 우리의 제안을 수용할 준비가 돼 있지 않다는 것이 명백해졌다"고 전했다. 그러면서 "현 단계에서 우리가 제안한 것보다 더 좋은 합의가 이뤄질 수 있는 것인지는 이 자리에서 말하기 힘들다. 이런 기회마저 다시 오기 힘들 수 있다"고 부연했다. 더불어 "완전한 비핵화에로의 여정은 반드시 이러한 첫 단계 공정이 불가피하며 우리가 내놓은 최대한의 방안이 실현되는 과정을 반드시 거쳐야 할 것이다. 우리의 이런 원칙적 입장에는 추호도 변함이 없을 것이며 앞으로 미국측이 협상을 다시 제기해오는 경우에도 우리 방안에는 변함이 없을 것"이라고 강조했다. 큰 기대를 모았던 역사적인 2차 북미정상회담은 결국 이렇게 무산되었다.

(3) 북 '정면돌파전', 2019년 12월 전원회의

2차 북미협상이 결국 무산되었다. 북은 핵보유국간 협상원칙에 어긋나는 미국의 리비아식 선(先) 핵포기 주장, 패권적이고 일방적인 협상전술과 대북 적대정책 전환 의지 부재로 2019년 2월 하노이 정상회담은 성과없이 끝났다고 분석했다. 북의 예상대로 협상의 난관은 미국의 태도였다. 북은 뒤로는 협상을 간청하고 정작 협상이 시작되자 곧바로 '양면전술'로 상대를 교란하고 전복하려는 미국의 관행 문제를 짚었다. 미국이 오랜 적대관계 종식을 위한 합리적 협의로 나오는 게 아니라 다시 시간을 끌며 종래의 '채찍과 당근'식의 이른바 '관여정책'을 반복하려는 태도를 보였다는 것이다.

협상 실무를 준비했던 최선희 북 외무성 부상은 3월 15일 기자회견에서 "미국과의 비핵화 협상을 중단하는 것을 고려하고 있다. 미국이 (핵·미사일 시험유예 등) 우리가 취해온 조처들에 상응하는 조처를 하지 않거나 정치적 계산을 바꾸지 않는다면 우리는 어떤 형태로든 미국의 요구에 양보하거나 협상을 계속할 의사가 없다.… 미국은 지난달 김정은 국무위원장과 도널드 트럼프 대통령 간의 하노이 정상회담에서 황금 같은 기회를 날렸고 우리는 미국과 협상을 지속할지, 그리고 미사일 발사와 핵시험 중단을 유지할지 등을 곧 결정할 것"이라고 했다. ('최선희 북한 외무성 부상 3월 15일 평양 회견 발언문' 『뉴시스』 2019년 3월 25일자)

트럼프 대통령은 북의 핵시험과 미사일 발사 중단을 자신의 가장 큰 외교적 성과로 내세워 왔다. 역사상 처음인 정상간 협상 개시만으로도 오랜 기간 누적 심화된 국가안보 위기의 급한 불을 껐다고 자화자찬하였다. 미국의 역대 어느 대통령도 해내지 못한 가시적 성과를 일궈냈다고 했다. 그러나 과감히 결단해야 할 제재 문제를 좌고우면하면서 시간을 끌고 협상의 지렛대로 쓰려 했다. '급한 불'을 끄자마자 북의 비핵화 의지와 선제적 핵시험장 폐기, 그리고 핵미사일 모라토리엄 조처를 본인의 업적으로 선전하고 이용하려고만 했다고 볼 수 있다.

남측 국회와 기능이 유사한 5년 임기의 북 최고인민회의 14기 대의원들이 2019년 4

월 10일 새로 선출되었다. 김정은 국무위원장은 이튿날 회의에서 <현 단계에서의 사회주의 건설과 공화국 정부의 대내외정책에 대하여>란 시정연설을 했다. 여기엔 향후 북의 사회주의 건설노선, 북미관계, 남북관계와 관련된 주요 내용이 담겼다.

  2차 정상회담 뒤 북미는 여지를 남기며 상호 비난을 자제했으나 협상이 난관에 봉착한 것은 분명했다. 이런 와중에 열린 최고인민회의에서 김정은 위원장이 시정연설을 한 것이다. 연설에선 2017년 11월 북의 국가핵무력 완성 선언 이후 진행된 북미간 협상 결과를 평가, 정리했다. 2018년 3차 전원회의 이후 진행된 북 사회주의 발전전략과 대내외 관계에 대한 총화인 셈이다. 특히 주목받은 것은 이전과 다른 새로운 차원에서 제시된 접근법이다.

  "최근 우리 핵무장력의 급속한 발전 현실 앞에서 저들의 본토 안전에 두려움을 느낀 미국은 회담장에 나와서 한편으로는 관계 개선과 평화의 보따리를 만지작거리고, 다른 한편으로는 경제제재에 필사적으로 매여 달리면서 어떻게 하나 우리가 가는 길을 돌려세우고 선무장해제, 후 제도전복 야망을 실현할 조건을 만들어 보려고 무진 애를 쓰고 있습니다.
  "지난 2월 하노이에서 진행된 제2차 조미수뇌회담은 우리가 전략적 결단과 대용단을 내려 내짚은 걸음들이 과연 옳았는가에 대한 강한 의문을 자아냈으며 미국이 진정으로 조미관계를 개선하려는 생각이 있기는 있는가 하는데 대한 경계심을 가지게 된 계기로 되었습니다.… 최근 미국이 제3차 조미수뇌회담을 또다시 생각하고 있으며 대화를 통한 문제해결을 강력히 시사하고 있지만 새로운 조미관계 수립의 근본방도인 적대시정책 철회를 여전히 외면하고 있으며 오히려 우리를 최대로 압박하면 굴복시킬 수 있다고 오판하고 있습니다."
(김정은, 「현 단계에서의 사회주의 건설과 공화국 정부의 대내외정책에 대하여」, 2019.04.12).

  4.12시정연설의 핵심은 '자력갱생' 전략이었다. 그런데 이번에 강조한 자력갱생은 과거의 그것과는 의미가 상당히 달랐다. 새로운 자력갱생 노선은 북이 단순히 경제봉쇄와 제재에 견디고 살아남겠다는 방어적 개념의 자력갱생 전략이 아니었다. 전략국가의 지위에 오른 새로운 조건과 환경에서 자기네 사회주의 자립적 민족경제노선으로 '미국과 관계 개선 없이도' 자력으로 사회주의강국으로 뛰어오르겠다는 공세적 개념이었다. 2018년 4월 조선로동당 3차 전원회의 결정의 기본내용인 '사회주의 경제건설 총력 집중' 전략기조를 그대로 유지하면서, 이를 미국과의 관계 개선이나 제재해제에 연연하지 않고 자력으로 해결해 나가기로 결정한 것이다.

  "지금 미국이 제3차 조미수뇌회담 개최에 대해 많이 말하고 있는데 우리는 하노이 조미수뇌회담과 같은 수뇌회담이 재현되는데 대하여서는 반갑지도 않고 할 의욕도 없습니다.… 미국이 올바른 자세를 가지고 우리와 공유할 수 있는 방법론을 찾은 조건에서 제3차 조미수뇌회담을 하자고 한다면 우리로서도 한 번은 더 해볼 용의가 있습니다. 그러나 지금 이 자리에서 생각해보면 그 무슨 제재해제 문제 때문에 목이 말라 미국과의 수뇌회담에 집착할 필요가 없다는 생각을 하게 됩니다. 어쨌든 올해 말까지는 인내심을 갖고 미국의 용단을 기다려볼 것이지만 지난번처럼 좋은 기회를 다시 얻기는 분명 힘들 것입니다.

  그러면서 김정은 위원장은 북의 녕변 핵시설 영구폐기에 상응해 미국에 요구할 조치로는 대북 안전보장 문제, 즉 대북 핵무력 철수와 상호 군사력 후퇴방안이라고 못 박았다. 이를 받아들이지 않으면 당연히 핵미사일 모라토리엄도 순차적으로 깨질 수 있다는 경고의 의미였다. 북미관계에서 '불과 불'이 부딪치면 2018년 이전으로 돌아갈 수도 있음을 뜻한 거였다.

이렇게 4월 시정연설에서 북이 미국에 밝힌 새 계산법에 따른 '연말 시한'이 다가왔으나 미국은 '대화 유지'만을 되풀이할 뿐 답을 주지 못했다. 그런 상황에서 2019년 12월 말 조선로동당 중앙위원회 제7기 5차 전원회의가 열려 '정면돌파전'이란 '새로운 길'이 천명됐다. 이는 김 위원장의 지난 4월 시정연설 기조와 일맥상통하는 것이다.

5차 전원회의의 결과는 지난 2년간 북미, 남북관계를 근본적으로 개선하려던 시도 전체에 대한 평가와 그에 기초한 전략적 정책전환 내용을 담고 있다. 더불어 반세기 이상 추진한 국가핵무력 완성 이후 북 스스로 선언한 핵전략, 즉 대담한 단계적 핵군축(비핵화), 핵전파 방지정책 실행에 대한 수정과 '재전환 정책'도 포함하고 있다. 이후 북의 핵억제력 강화는, 북미관계에 따라 '상향수준' 등 수위 조절의 여지를 남겼지만 미국이 대북적대정책을 지속한다면 부득불 핵군축의 역방향(핵무력 증강)으로 나갈수밖에 없음을 밝힌 것이다. 북미관계 개선과 6.12싱가포르 공동성명 이행의 여건조성을 위해 북이 먼저 단행한 핵시험 및 전략미사일 시험발사중지(핵·전략미사일 모라토리엄)가 끝났음을 밝힌 것이다.

"미국의 본심은 대화와 협상의 간판을 걸어놓고 흡진갑진하면서 저들의 정치외교적 리속을 차리는 동시에 제재를 계속 유지하여 우리의 힘을 점차 소모 약화시키자는 것이라고 락인하시였다.… 근간에 미국이 또다시 대화 재개 문제를 여기저기 들고 다니면서 지속적인 대화타령을 횡설수설하고 있는데 이것은 애당초 대조선 적대시정책을 철회하고 관계를 개선하며 문제를 풀 용의가 있어서가 아니라 사면초가의 처지에서 우리가 정한 년말 시한부를 무난히 넘겨 치명적인 타격을 피할 수 있는 시간벌이를 해보자는 것일 뿐이고, 대화타령을 하면서도 우리 공화국을 완전히 질식시키고 압살하기 위한 도발적인 정치군사적, 경제적 흉계를 더욱 로골화하고 있는 것이 날강도 미국의 이중적 행태라고 못 박으시였다."

이런 현실 평가에 기초해 북이 내린 결론은 두 가지, 즉 자력갱생과 핵억제력 강화였다. 자력갱생이 대내 전략이라면 핵억제력 강화는 대외 전략인 셈이다. 그렇다고 곧바로 대미 군사행동을 개시하겠다는 것은 아니었다. 경제적 자강과 핵전력 증강으로 미국의 대북 적대정책을 전환시키겠다는 뜻으로 읽힌다. "미국과의 장기적 대립을 예고하는, 조성된 현 정세는 우리가 앞으로도 적대세력들의 제재 속에서 살아가야 한다는 것을 기정사실화하고 각 방면에서 내부적 힘을 보다 강화할 것을 절박하게 요구하고 있습니다." "세기를 이어온 조미대결은 오늘에 와서 자력갱생과 제재와의 대결로 압축되어 명백한 대결그림을 그리고 있습니다."

이런 목표를 실현할 방법은 대미 협상전략이 아니었다. '정면돌파전'이란 새로운 방향이 제시되었다. 정면돌파전은 미국이 대북 적대정책을 철회할 때까지 진행해야 하는 장기전의 성격이 강하다. 그런 만큼 하노이 정상회담에서처럼 제재해제와 비핵화(녕변 핵시설 폐기)를 협상하는 일이 더는 없음을 의미한다.

　　"미국의 본심을 파헤쳐본 지금에 와서까지 미국에 제재해제 따위에 목이 매여 그 어떤 기대 같은 것을 가지고 주저할 필요가 하나도 없으며 미국이 대조선 적대시정책을 끝까지 추구한다면 조선반도 비핵화는 영원히 없을 것이라는 것, 미국의 대조선 적대시가 철회되고 조선반도에 항구적이며 공고한 평화체제가 구축될 때까지 국가 안전을 위한 필수적이고 선결적인 전략무기 개발을 중단없이 계속 줄기차게 진행해나갈 것임을 단호히 선언하시였다."

　　5차 전원회의 결정은 2년간 진행한 대미전략의 전면 수정이었다. 이에 따라 그동안 트럼프 정부와 지속하던 대미협상의 동력은 사라지고「북미 사이 관계 개선과 비핵화 교환」이란 협상공식도 의미를 잃었다. 북이 전원회의에서 직접 대미협상 파기를 선언하지는 않았지만 트럼프 정부와 협상이 더는 대미전략의 우선순위에 있지 않은 만큼 협상이 재개될 가능성도 급락했다. ('北 최선희 "북미회담설에 아연… 마주 앉을 필요 없어"』『연합뉴스』2020년 7월 4일) 그런데 더한 문제는 5차 전원회의 결정이 트럼프 정부만을 대상으로 한 방침이 아니란 사실이었다. 트럼프 정부를 넘어서는 대미전략 차원의 결정이었다. 이를 두고 김정은 위원장은 전원회의 보고에서 "혁명의 최후승리를 위하여, 위대한 우리 인민을 잘 살게 하기 위하여 우리 당은 또다시 간고하고도 장구한 투쟁을 결심하였습니다"라고 알렸다.

◎ 트럼프의 변심, 하노이의 저주(하노이 회담 전후·실패 회고담)

　　첫 북·미 정상회담의 여운이 가시지 않은 2018년 7월 6일 마이크 폼페이오 미국 국무장관이 평양을 찾았다. 김정은 국무위원장과 도널드 트럼프 미 대통령이 합의한 '6·12 북미 공동성명' 이행을 협의하려는 방북이다. 그 결과가 뜻밖이다. 폼페이오는 평양에 머문 이틀 동안 김정은을 만나지 못했다. 대신 미국이 "일방적이고 강도적인 비핵화 요구만 들고 나왔다"고 맹비난한 북 외무성 대변인 담화가 7월 7일 폼페이오의 전용기가 평양 순안공항을 벗어나자마자 발표됐다.

　　북은 "공동성명의 모든 조항들의 균형적인 리행을 위한 건설적인 방도들", 곧 △"조미관계 개선을 위한 다방면적인 교류 실현 문제"(공동성명 1항 '새로운 조미관계 수립') △"조선정전협정 65돌을 계기로 종전선언 발표 문제"(성명 2항 '항구적이고 공고한 평화체제 구축 노력') △"아이시비엠(ICBM) 생산 중단, 물리적 확증 위한 대출력발동기(엔진) 시험장 폐기 문제"(성명 3항 '완전한 비핵화 노력') △"미군 유골 발굴 실무협상 조속 시작 문제"(성명 4항 '유골 발굴 진행과 송환')를 제안했다고 담화는 밝혔다. 그런데 폼페이오는 "시브이아이디(CVID, 완전하고 검증 가능하며 불가역적인 비핵화)요, 신고요, 검증이요 하며 일방적이고 강도적인 비핵화 요구만을 들고나왔다"는 것이다.

폼페이오의 '빈손방북'은, 1차 북·미 정상회담 직후 워싱턴 외교가를 휩쓴 부정적 여론과 무관하지 않았다. 24시간 워싱턴만 들여다보는 북이 이런 사정을 모를 리 없다. 북은 특유의 '강 대 강' 맞서기가 아닌 '먼저 약속 지키기'로 길을 열려 했다. 북은 한국전쟁 정전 기념일인 7월 27일 전쟁 때 숨진 미군 유해 55구를 미국에 인도해줬다. 미군 글로브 마스터 수송기(C-17)가 원산까지 와서 오산으로 옮겼다. 북미 공동성명 4조를 먼저 실천해 트럼프의 합의 이행을 에둘러 요구한 셈이다.

그런데도 트럼프가 움직이지 않자, 더 센 카드를 꺼내 들었다. 2018년 9월 19일 평양에서 열린 남북정상회담에서 "미국이 6·12 북미공동성명의 정신에 따라 상응조치를 취하면 영변 핵시설의 영구적 폐기와 같은 추가적인 조치를 계속 취해나갈 용의가 있다"(평양공동선언 5조2항)고 밝혔다. 2018년 봄에 그런 것처럼 문재인 대통령의 도움을 받아 '남북정상회담→2차 북미 정상회담'의 경로를 뚫으려 한 것이다.

기대대로 워싱턴의 반응이 나왔다. 9·19 평양공동선언 발표 닷새 뒤인 9월 24일 트럼프 대통령은 워싱턴에서 문 대통령을 만나 "2차 미북 정상회담을 멀지 않은 장래에 하게 될 것"이라고 밝혔다. 문 대통령은 이틀 뒤 유엔총회 연설에서 "김정은 위원장의 비핵화 결단이 올바른 판단임을 확인해줘야 한다"며 미국의 '상응조처'를 촉구했다.

2018년 12월 30일 김정은 위원장은 문 대통령한테 보낸 친서에서 "서울을 방문하겠다는 강한 의지"를 나타내며 "내년(2019년)에도 남북 두 정상이 한반도 평화번영을 위해 함께 나가자"고 밝혔다고 당시 청와대 대변인이 전했다. 세차례 남북 및 북중 정상회담과 사상 첫 북미 정상회담을 치르며 평화번영으로 가는 길을 닦은 2018년처럼 2019년도 희망에 찬 나날이길 바란다는 기대이자 다짐이다.

2차 북미 정상회담은 2019년 2월 27~28일 베트남 '소피텔 레전드 메트로폴 하노이 호텔'(메트로폴호텔)에서 열렸다. 메트로폴호텔은 1972년 크리스마스이브에 존바에즈가 미군의 폭격을 피해 숨어든 지하 방공호에서 미국의 베트남침략에 반대하는 이들의 성가인 '우리 승리하리라'(We shall overcome)를 부르고 또 부른 곳이다. 1961~68년 미 국방장관으로 베트남 침략을 설계·집행한 로버트 맥나마라와 '반미 전사'이던 응우옌꼬탁 전 베트남 외무장관이 1997년 6월 20~23일 처음 만나 왜 전쟁에 빠졌고, 빨리 끝내지 못했는지를 되짚어 또다른 과오를 막고자 '적과의 대화'를 한 장소다. 맥나마라는 뒷날 "적을 이해하라" "상대가 적이라도 최고지도자끼리 대화를 계속해야 한다"를 이 대화의 교훈으로 꼽았다.

하여 메트로폴호텔은 북-미 정상이 두 번째 담판을 짓기에 맞춤한 장소다. 처절한 전쟁을 치르고도 친구로 거듭난 미국-베트남처럼 북한과 미국도 친구가 될 수 있다는 희망의 거처이기에 더욱 그랬다.

김 위원장은 회담 나흘 전인 2019년 2월 23일 오후 4시 32분 평양역에서 전용열차에 올라 66시간, 3800km에 걸친 열차여행에 나섰다. 조선노동당 중앙위 기관지인 <노동

신문>은 "당과 정부, 무력기관의 간부들은 경애하는 (김정은) 최고영도자 동지께서 제2차 조미 수뇌(정상) 상봉과 회담에서 훌륭한 성과를 거두고 안녕히 돌아오시기를 충심으로 축원하였다"는 보도(2월 24일치 1면)를 시작으로 연일 '하노이 회담' 띄우기에 열을 올렸다.

2월 27일치엔 김 위원장의 베트남 도착 소식과 함께 "경제발전에 힘을 넣고 있는 웰남(베트남)"이라는 제목의 기사도 실었다. <노동신문> 역사에서 찾아보기 어려운 회담 사전 홍보다. 베트남처럼, 이제 북한도 국제사회의 일원으로 경제발전의 과실을 누릴 날이 눈앞에 다가왔다는 기대감이 역력하다. 이때만 해도 김 위원장을 포함해 북의 그 누구도 '트럼프의 변심'을 예상하지 못한 듯하다.

첫날 회담은 나쁘지 않았다. 김 위원장은 "미국이 유엔 제재의 일부, 즉 민수경제와 인민생활에 지장을 주는 항목의 제재를 해제하면 우리는 영변 핵의 플루토늄과 우라늄을 포함한 모든 핵물질 생산시설을 미국 전문가들의 입회하에 두나라 기술자들의 공동의 작업으로 영구적으로 완전히 폐기하겠다"고 제안했다.(2019년 3월 1일 리용호·최선희 하노이 기자회견). 트럼프 대통령도 "합의문에 '제재를 해제했다가도 조선이 핵활동을 재개하는 경우 제재는 가역적이다'는 내용을 포함시킨다면 합의가 가능할 수도 있다는 신축성 있는 입장"을 보였다(2019년 3월 15일 최선희, 평양 주재 공관장 대상 설명회). 요컨대 하노이 회담 첫날 북-미 정상은 '영변 핵시설 영구 폐기'와 '제재 일부 해제'를 맞바꾸되 북이 비핵화 약속을 어기면 제재를 되살리는 '스냅백'을 안전장치로 두는 데 어느 정도 공감을 이뤘다는 뜻이다.

그런데 밤사이 트럼프가 '변심'했다. 그 시각 하노이에서 1만3400km 떨어진 워싱턴에선 트럼프의 개인 변호사이자 '해결사'로 불린 마이클 코언이 의회 하원 감독개혁위원회의 공개 청문회에 나서 트럼프를 "사기꾼, 인종주의자, 범죄자"라 비난하며 폭로전에 나섰다. 시엔엔(CNN)은 코언 청문회를 생중계하며 하노이 회담은 자막으로만 처리했다. 당시 미국인의 주된 관심사를 짐작케 한다.

2019년 2월 28일 단독 정상회담에 앞서 김 위원장이 "나의 직감으로 보면 좋은 결과가 생길 거라고 믿는다"고 기대를 숨기지 않은 반면, 트럼프 대통령은 "속도는 중요하지 않다. 중요한 것은 우리가 올바른 합의를 하는 것"이라고 짐짓 냉정한 태도를 강조했다. 그러곤 회담을 깼다. 시엔엔은 '하노이 회담 결렬'을 생중계 화면에 올리고 코언 청문회 소식은 자막으로 내렸다. 트럼프가 바란 반응이다. 트럼프 대통령은 많이 미안했는지 "평양까지 내 전용기로 함께 돌아가자"고 제안했지만, 김 위원장은 정중하게 사양했다고 당시 사정에 밝은 고위 외교소식통이 전했다.

트럼프 대통령은 회담 뒤 혼자 한 기자회견에서 "영변 해체만으론 미국이 원하는 모든 비핵화가 아니라고 판단했다"며 "언론 비판과 달리 미국은 어떤 것도 북한에 양보하거나 포기하지 않았다"고 말했다. 트럼프 특유의 허세·변명만은 아니다. '한반도 평화 프로세스'의 핵심 설계자인 임동원은 "트럼프 대통령이 한반도에서 변화보다는 현상 유지를 원하는 군산복합체 등 보수 강경파들의 제동에 걸려 앞으로 나가지 못하고 주저앉았다"고 자서전 <다시, 평화>에서 짚었다.

　김 위원장은 하노이 회담 결렬로 '무오류의 수령'도 실패할 수 있음을 북녘 인민들한테 들켜 지도력에 심대한 타격을 입었다. 그럼에도 바로 태도를 바꾸지 않았다. 회담 결렬 42일 만인 2019년 4월 11일 최고인민회의 시정연설을 통해 "어쨌든 올해 말까지는 인내심을 갖고 미국의 용단을 지켜볼 것"이라고 여지를 뒀다. 그러나 "미국의 용단"은 트럼프에서 조 바이든으로 대통령이 바뀐 뒤에도 모습을 드러내지 않고 있다. 탈냉전과 평화번영의 꿈에 부풀었던 남과 북의 8000만 시민·인민은 아직껏 '하노이의 저주'를 풀지 못해 다시 커지는 전쟁 위기의 공포에 안절부절이다.

이제훈 | 통일외교팀 선임기자. 1993년 한겨레에 들어와 1998년부터 금강산관광·개성공단 사업의 시작과 중단, 다섯차례의 남북정상회담, 여섯차례의 북한 핵실험, 김정일 국방위원장의 죽음과 김정은 국무위원장의 '3세 승계', 두차례 북·미 정상회담, 사상 첫 남·북·미 정상회동 등을 현장에서 취재·보도해왔다. 반전·반핵·평화의 한반도와 남북 8천만 시민·인민의 평화로운 일상을 꿈꾼다.(2022년 12월 27일 화요일 한겨레)

◎ 미핵-북핵 맞선 한반도 '공포의 균형' 미소 냉전 때보다 불안정

2022년 9월 23일 부산 작전기지에 입항한 핵추진 항공모함 로널드 레이건호(CVN-76). 전쟁역사에서 항공모함은 대개는 강자의 약자에 대한 「선제先制 위협·자극의 주체」로 상징되어 왔다.
(연합뉴스·한겨레)

「2022년 9월 26일 월요일 한겨레」

　　한반도식 '공포의 균형'은 가능할까? 불가역적인 핵 시대로 접어들고 있는 한반도를 보면서 던져본 질문이다. 미-소 냉전 시대에 유행했던 공포의 균형이라는 표현은 미국과 소련이 너 죽고 나 죽는 어리석은 짓은 하지않을 것이라는 인간의 자기보호 본능과 이성에 대한 최저치의 호소였다. 결과적으로 이건 아슬아슬하게 작동했다. 혹자들이 냉전을 '긴 평화'라고 부르는 까닭이다. 그럼 미국 핵과 북핵이 날카롭게 대립하는 한반도는 어떨까? 이에 대한 답을 찾기에 앞서 한반도가 불가역적인 핵 시대로 들어섰다고 보는 이유부터 짚어보자.

　　한국전쟁 때부터 "지속적이고 계획적이며 반복적으로" 있어왔던 미국의 대북 핵위협은 '상수'에 속한다. '변수'는 북한의 핵무장 여부였다. 그런데 길게는 30년 동안, 짧게는 2018~2019년의 협상을 거치면서 북한이 내린 결론은 대화와 협상은 '부질없다'는 것이다. 이와 관련해 북한이 2019년 여름을 거치면서 근본적으로 달라졌다는 점을 인식하는 것이 매우 중요하다. 그 이전 30년 가까이 북한의 핵심적인 목표는 북-미 관계 정상화에 있었다. 하지만 2019년 2월 '하노이 노딜'을 거쳐 6월 30일 판문점 남·북·미 정상회동이 안 하느니만 못한 결과를 낳으면서 북한의 전략은 근본적으로 바뀌었다. 북-미 관계 정상화의 뜻을 '거의' 접고, 안보는 핵으로, 경제는 자력갱생으로, 외교는 중국과 러시아 중심으로 삼겠다는 의지를 분명히 해오고 있다.

　　상당한 성과도 거두고 있다. 북핵의 고도화는 모두가 인정하는 바이다. 경제 역시 외부의 평가와는 달리 꾸준히 좋아지고 있을 공산이 크다. 과거에는 북핵이 북-중·북-러 관계의 걸림돌이었던 반면에, 최근 북한의 핵 질주에도 불구하고 북-중·북-러 관계는 1990년 이래 가장 좋아지고 있다. 그 중심에는 북한이 "국체"로 부르는 핵무력이 있다. 김정은 정권은 핵이 안보뿐만 아니라 재래식 군비 절감 및 군수-민수 전환을 촉진해 경제발전에도 기여할 수 있다고 본다. 적대적인 한·미·일을 상대로는 '억제력'이 되고 우방국인 중·러를 상대로는 '자주의 무기'가 될 수 있다며, 핵무장을 통해 "전략 국가"가 되고 있다고 자신한다.

　　북한이 9월 8일 최고인민회의 법령으로 '조선민주주의인민공화국 핵무력정책에 대하여'를 채택한 것은 그 결정판에 해당된다. 이 자리에서 김정은 국무위원장은 핵 정책을 법제화함으로써 "핵보유국으로서의 우리 국가의 지위가 불가역적인 것이 되었다"고 천명했다. 북한의 핵무장도 사실상 '상수'가 된 것이다.

　　북한이 이 법령을 통해 밝힌 '핵무기 사용조건'도 매우 공세적이다. 우선 핵 사용 권한이 김 위원장의 독점적인 권한이라고 명시하면서도 그 조건으로 "국가지도부와 국가핵무력지휘기구에 대한 적대세력의 핵 및 비핵 공격이 감행되었거나 임박하였다고 판단되는 경우"를 명시했다. 특히 핵 사용 명령권자인 김 위원장의 유고 시에 대비해 "사전에 결정된 작전방안에 따라 도발원점과 지휘부를 비롯한 적대세력을 괴멸시키기 위한 핵타격이 자동적으로 즉시에 단행된다"고 강조했다. 이는 "북한의 핵 사용 징후

시 승인권자를 제거해 핵 공격을 막겠다"는 한·미 동맹의 참수작전에 대한 맞대응의 성격이 짙다.

또 북한은 △핵 또는 대량살상무기 공격이 감행되었거나 임박했다고 판단한 경우 △국가의 중요 전략적 대상들에 대한 치명적인 군사적 공격이 감행되었거나 임박했다고 판단한 경우 △유사시 전쟁의 확대와 장기화를 막고 전쟁의 주도권을 장악하기 위한 작전상 필요가 불가피하게 제기되는 경우 △국가의 존립과 인민의 생명안전에 파국적인 위기를 초래하는 사태가 발생하여 핵무기로 대응할 수밖에 없는 불가피한 상황이 조성되는 경우도 핵무기 사용 조건들로 명시했다. 핵무력의 임무를 억제에만 두는 것이 아니라 외부의 중대한 공격이 임박했다고 판단되면 선제공격도 가할 수 있다는 점을 명시한 것이다. 다만 이러한 교리는 핵 선제 불사용을 천명해온 중국을 제외한 대부분의 핵보유국들과 유사하다.

주목할 점은 또 있다. 북한은 가장 폐쇄적인 국가로 간주되어왔다. 그런데 적어도 핵정책을 보면 가장 구체적이고 투명한 입장을 밝혔다. 이는 미국의 바이든 행정부와 비교해도 명확해진다. 바이든 행정부는 2022년 3월 핵태세검토(NPR) 보고서 작성을 완료했음에도 1쪽짜리 요약문만 공개했을 뿐, 구체적인 내용은 아직까지도 함구하고 있다. 이에 반해 북한은 핵무력의 임무와 사용조건을 세세하게 열거하면서 이를 공개했다. 왜 그랬을까? 그건 군사적 능력의 부족을 핵 사용 의지의 과시로 만회해 전쟁 억제력을 강화하겠다는 취지에서 비롯된 것이다.

이에 대응해 한·미도 대북 위협의 수준을 높이고 있다. 9월 16일 고위급 확장억제전략협의체(EDSCG) 회의에선 "북한의 새로운 핵 정책 법령 채택을 포함하여 북한이 핵 사용과 관련하여 긴장을 고조시키고 안정을 저해하는 메시지를 발신하는 데 대해 심각한 우려를 표명"하면서 "북한의 어떠한 핵공격도 압도적이며 결정적인 대응에 직면하게 될 것이라는 점을 명확히 했다." 이를 위해 "미국은 핵, 재래식, 미사일 방어(MD) 및 진전된 비핵능력 등 모든 범주의 군사적 능력을 활용"한다는 입장도 밝혔다. 이를 과시하듯 핵추진 항공모함과 전략폭격기를 비롯한 전략자산의 한반도 전개도 잦아지고 있다.

다시 첫 질문으로 돌아가 보자. 한반도에서 공포의 균형을 통한 전쟁 억제론은 믿을만할까? 결론부터 말하면 미·소 냉전 시대보다 더 불안할 공산이 크다. '대륙간탄도미사일'이라는 명칭에서도 알 수 있듯이 미국과 소련은 5500km를 사이에 두고 대치한 반면에, 한·미 동맹과 북한은 휴전선을 맞대고 있다. 냉전 시대에는 사실상 엠디를 금지해 "국제 평화와 전략적 안정"에 기여한 탄도미사일방어(ABM) 조약이 있었지만, 한반도 안팎에선 한·미·일의 엠디가 갈수록 강력해지고 있다. 한·미 동맹은 '고성능 망원경'으로 북한을 감시하고 있는 반면에, 북한의 감시정찰 능력은 '안대'를 낀 수준이라고 해도 과언이 아니다. 첨단 정보자산을 갖추어도 인간의 오판과 오인, 그리고 기계의 오작동으로 핵전쟁의 위험이 있었다는 것이 냉전 시대의 교훈이다. 그런데 정보능력이 크게 떨어지는 북한이 어떻게 외부의 중대 공격이 "임박하였다고 판단"할 수 있을까?

　미-소 냉전과 한반도의 상황을 비교할 때, 또 하나의 중요한 차이가 있다. 미-소는 1933년에 관계를 정상화했고, 냉전 시기와 러시아가 소련을 승계한 이후에도 대사급 외교관계는 유지되어왔다. 또 핫라인도 있어왔다. 이러한 소통 구조는 1962년 쿠바 미사일 위기를 비롯한 여러 위기들이 핵전쟁으로 비화되는 것을 막는 데 큰 기여를 했다. 이에 반해 한-미 동맹과 북한 사이에는 이렇다할 소통 구조가 없다. 북-미 관계는 북한 정권 수립 이후 74년 동안 한번도 정상화된 적이 없고, 남북관계도 후퇴를 거듭하고 있다. 유사시 확전을 막을 수 있는 마땅한 대화 채널은 부족한 반면에 여차하면 상대방의 지도부를 제거하겠다는 신호는 넘쳐나고 있는 것이 한반도의 현실인 것이다.

　이러한 점들을 종합해 볼 때, 한반도식 공포의 균형은 매우 불안정하다. 대책은 이러한 불안을 직시하는 것에서 마련될 수 있다. 우선 큰 전쟁을 초래할 수 있는 작은 충돌을 방지하는 것이 매우 중요해졌다. 윤석열 정부가 정파적 시각을 거둬내고 9·19 군사합의의 준수·발전 의지를 밝히고 북한도 이에 호응하는 것이 중요한 까닭이다. 또 한반도식 핵전쟁 방지 협정도 공론화할 필요가 있다. 이는 북한을 사실상의 핵보유국으로 인정해야 한다는 '불편함'이 있지만, 핵전쟁을 예방하는 데 기여한다는 절박한 '실용성'도 있다. (정욱식 평화네트워크 대표 겸 한겨레평화연구소 소장 wooksik@gmail.com)

2) 북 핵무력정책법 통과, 김정은 "핵 포기 못해"

(1) 핵·경제 병진노선 복귀 선언

　북한이 핵무기 구성과 지휘통제 체제, 사용 원칙과 조건 등을 명시한 「조선민주주의인민공화국 핵무력정책에 대하여」(이하 핵무력정책법)를 최고인민회의(국회 격) 법령으로 채택했다. 이른바 '핵무기 사용 교리'를 선명하게 명시해 억지력을 강화하려는 의도이자, 핵·경제 병진노선으로 복귀했음을 알리는 대내외적 선언이란 평가가 나온다.

　김정은 북한 노동당 총비서 겸 국무위원장은 지난 8일(2022년 9월) 최고인민회의 14기 7차 회의에서 핵무력정책법이 통과된 직후 한 시정연설에서 "전체 조선 인민의 총의에 의해 국가핵무력정책과 관련한 법령을 채택한 것은 국가방위수단으로서 전쟁억지력을 법적으로 가지게 되었음을 내외에 선포한 특기할 사변"이라고 말했다. 김 위원장은 "미국이 노리는 목적은 우리 정권을 붕괴시켜버리자는 것"이라며 "미국이 조성해놓은 조선반도의 정치군사적 형세하에서 절대로 핵을 포기할 수 없다"고 밝혔다.

　모두 11개 조 23개 항으로 이뤄진 핵무력정책법은 "핵무력은 국무위원장의 유일적 지휘에 복종한다"(3조1항)고 규정하고, '국가핵무력지휘기구'를 신설해 국무위원장을 보좌(3조2항)하도록 했다. 또 6조에선 △핵무기 또는 기타 대량살육무기공격이 감행됐거나 임박했다고 판단되는 경우 △국가지도부와 핵무력지휘기구에 대한 핵 및 비핵 공격이 감행됐거나 임박했다고 판단되는 경우 등 핵무기 사용조건 다섯가지를 구체적으로 명시했다.

외교안보 소식통은 "미국을 제외한 핵보유국 대부분이 특정 상황에서 선택의 제약을 피하기 위해 핵무기 사용과 관련해 최대한 모호성을 유지한다"며 "북한은 오히려 핵 교리를 선명하고 구체적으로 공개해 억지효과를 키우려는 모양새"라고 말했다.

특히 핵무력정책법 9조 1항은 "외부의 핵위협과 국제적인 핵무력 태세 변화를 항시적으로 평가하고, 그에 상응하게 핵무력을 질량적으로 갱신·강화한다"고 규정했다. 다음달 16일로 예정된 중국 공산당의 20차 전국대표대회에서 시진핑 국가주석의 3연임이 확정되면, 북한이 언제든 7차 핵실험을 실시할 수 있다는 관측이 나오는 이유다.

2018년 4·27 판문점 남북정상회담을 일주일 앞두고 "승리 속에 결속됐다"고 밝혔던 핵·경제 병진노선도 완연히 부활한 것으로 보인다. 김 위원장은 시정연설에서 "사회주의의 줄기찬 발전과 번영을 이루는 데서 어떠한 침략위협도 통할 수 없는 조건과 환경을 마련하는 것이 중차대하고 사활적인 요구"라며 "이를 실현하자고 적들을 압승할 수 있는 절대적 힘을 가지고 있어야 한다"고 강조했다.

구갑우 북한대학원대학교 교수는 "북이 2018년 경제적 여건 개선을 위해 외교적 협상에 나섰다면, 이젠 경제적 여건개선을 위해서라도 핵이 필요하다는 식으로 논리가 바뀌었다"며 "북-미 관계 개선이란 외적 조건이 충족이 안 된 탓에 병진노선 복귀를 선언한 모습"이라고 짚었다. (정인환 기자 inhwan@hani.co.kr)

(2) "핵 사용"을 외치는 김정은의 전략 감각

지난해 10월 평양에서 열린 "국방발전전람회 '자위-2021'"에서 김정은 국무위원장은 "우리의 주적은 전쟁 그 자체이지 남조선이나 미국, 특정한 그 어느 국가나 세력이 아니다"라고 밝혔다. "분명코 우리는 남조선을 겨냥해 국방력을 강화하는 것은 아니다"라고 강조한 김 위원장은 핵무력으로 남한을 선제공격하지 않겠다는 뜻도 밝혔다. 핵무력의 목적은 '전쟁 승리'가 아닌 '전쟁 억제'라는 얘기다. 핵무기의 파괴력이 제공하는 파멸의 공포가 빚어낸 질서, 즉 냉전에서 핵무기는 존재하되 사용할 수 없는 무기였다. 냉전기에 일군의 전략가들은 "핵은 사용하지 않을 때 오히려 전략적 가치가 높아진다"며 이를 핵의 '그림자 정치'라고 했다. 지난해 김 위원장의 전략 감각은 냉전 이래 정설로 굳어진 억제 이론에 뿌리를 내리고 있었다.

돌연 올해 4월25일 김일성 광장에서 열린 열병식에서 김 위원장은 "북한 핵무력의 기본사명은 전쟁을 억제함에 있지만 결코 바라지 않는 상황이 조성되는 경우에까지 핵이 전쟁 방지라는 사명에만 속박돼 있을 수는 없다"며 극적인 전환을 시사했다. "어떤 세력이든 북한의 근본이익을 침탈하려 든다면 핵무력은 다음 사명을 결단코 결행하지 않을 수 없을 것"이라며 적극적인 핵 사용 의지를 드러냈다. 9월8일 김 위원장의 최고인민회의 시정연설은 핵무력에 대한 지휘통제와 사용조건을 구체적으로 명시한 핵무력정책법 제정으로 이어졌다. 북한 정권 수뇌부가 공격받을 조짐만 보이거나 북한이 대규모 공격의 협박만 당해도 "핵타격이 자동적으로 즉시에 단행된다"고 법으로 정했다.

김 위원장의 전략 변화는 왜 이뤄진 것인가. 모험적인 충동이 김 위원장을 움직였을까. 시야를 세계로 넓혀보자. 북한의 열병식이 열린 바로 그날, 세르게이 라브로프 러시아 외교장관은 러시아 국영방송과 한 인터뷰에서 "핵전쟁 위험은 실재하며 매우 심각한 수준"이라고 말했다. 3월 푸틴 대통령의 핵 준비태세 발령에 이어 냉전식 억제이론의 틀에 구애받지 않고 실전에서 전술핵무기를 사용할 수 있다는 신호였다. 이 무렵 서구의 전략가들은 미국의 10배에 달하는 2000여개 전술핵탄두를 보유한 러시아가 유럽을 위협하기 위해 자국 서부에 이를 전진배치할 의도가 있다는 관측을 내놨다. 어느새 핵은 그림자가 아닌 실존적 위험이 되었고, 핵전쟁의 문턱은 대폭 낮아졌다.

미국도 트럼프 대통령 시절 저위력 핵무기 또는 비전략적 핵무기라고 불리는 일련의 핵 개발에 착수했다. 항공기가 투하하는 핵중력폭탄, 핵순항미사일, 잠수함 발사용 단거리 핵미사일이 그것이다. 실전에서 사용될 가능성이 높은 핵무기를 보유하자는 발상의 전환이었다. 조 바이든 대통령이 일단 개발을 멈추기는 했지만 트럼프의 핵정책은 한국에 큰 영향을 끼쳤다. 미국의 저위력 핵무기와 한국군의 3축 체계가 결합되면 북한에 대한 실효성 높은 억제력, 즉 확장억제력이 갖춰진다고 본 한국의 전략가들은 미국과 전술핵 공유, 맞춤형 억제전략으로 불리는 핵 사용 전략에 경도됐다. 4월 다카하시 스기오 일본 방위연구소 방위정책연구실장은 일본 언론과 한 인터뷰에서 "핵은 존재하고 있으면 억지력이 된다"에서 "핵 사용을 전제로 하지 않으면 억지력이 되지 않는다"로 세계의 인식이 바뀌고 있다고 주장했다. 일본에 핵을 투하한 제1의 핵시대, 냉전시대 핵그림자로 이루어진 제2의 핵시대에 이어 이제는 핵을 사용하려는 제3의 핵시대가 임박했다는 주장이다. 최근 일본은 적기지 타격능력 확보, 미국의 전술핵 공유 등 새로운 방위정책을 모색하고 있다.

북한 정권이 이런 변화를 포착하는 전략감각이 없다면 그게 더 이상할 일이다. 북한은 국제정세가 "격변"이라며 핵에 관한 최신 동향을 기민하게 수집하며 자신의 전략을 가다듬어왔다. 일단 핵을 보유하면 사용하고 싶은 충동은 강대국만의 이야기가 아니다. 러시아와 전략적 연대로 현재의 어려움을 탈출하려는 북한은 기존에 만들어 놓은 원칙을 스스로 깨면서 러시아보다 선제적이고 적극적인 핵 전략으로 수정했다. 실제 핵전쟁을 각오해야 상대방을 제압할 수 있다는 전략의 감각이다. 전쟁에서 지느니 "지구를 폭파시켜 버리겠다"던 선대의 전쟁 유전자가 현대적으로 진화하고 있다. (한겨레 2022. 9. 16. 김종대: 연세대 통일연구원 객원교수)

3) '가난한 핵보유국' 북한이 달라지고 있다
(과거의 북한과 새로운 북한, 「2022. 11. 26. 한겨레」)

보통 사람들에게 북한은 어떤 존재로 보일까? 첫 번째 키워드를 뽑아보면 '경제난'이다. 진보와 보수를 막론하고 거의 모든 이들은 북한의 경제난을 '상수'로 취급해왔다. '가난한 북한'은 진영에 따라 다른 방식으로 소비됐다. 대체로 중도와 진보는 북한을 인도적 지원과 경제 협력의 대상으로, 보수와 극우는 경제 제재를 통한 압박과 붕괴의 대상으로 간주했다. 그런데 북한의 경제 사정과 인민 생활이 점차 개선되어 왔을 가능성이 높다.

북한은 지난해 유엔에 제출한 보고서에서 2015년부터 2019년까지 연평균 경제성장률이 5.1%라고 보고했다. 또 최근에 김정은 국무위원장은 경제발전계획에 여러 가지 성과가 나타나고 있다고 말했고, 중국의 시진핑 국가주석은 북한의 경제발전과 인민 생활 향상을 "기쁜 마음으로 보고 있다"는 친서를 김 위원장에게 보냈다.

북한 하면 떠오르는 또 하나의 키워드는 '핵'이다. 북핵에 대한 인식은 진보와 보수 사이에 확연한 차이를 드러낸다. 중도와 진보는 대체로 북한이 오랫동안 추구한 목표는 핵개발을 수단으로 삼아 북-미 관계를 정상화하는 데에 있다고 봐왔다. 반면 보수는 북한의 목표가 애초부터 핵무장에 있었다고 주장해왔다. 전자의 진단은 과거에는 맞았지만, 지금은 틀리다. 후자의 진단은 현재에는 그럴듯하지만, 과거에는 틀렸다. 1990년대 초반부터 2019년까지 북한이 추구한 핵심적인 목표는 북-미 관계 정상화에 있었지만, 2020년부터는 이에 대한 미련을 접고 핵무력을 국가 전략의 중추로 삼고 있기 때문이다.

북의 미사일 발사장에 김정은이 딸과 함께 산보중

(1) 태세 전환하는 북한

경제난과 핵이 만나면 '가난한 핵보유국'이 된다. 아마도 많은 사람은 오늘날의 북한을 가장 잘 설명해주는 표현이라고 생각할 것이다. 대북 강경파들은 이 표현 속에서 기회를 잡았다고 생각하거나 그런 척해왔다. "북한이 핵을 먹고 살 수는 없다"는 말은 이를 상징한다. 이 표현 속에는 북한을 향해 '핵무장을 하든, 경제난으로 자멸하든 양자택일하라'는 메시지를 품고 있다. 경제 제재는 이러한 압박을 가하기 위한 유력한 도구로 간주됐다. 대북 온건파들은 설득을 시도했다. 북한 정권을 향해 "핵무장을 고집하면 경제난을 극복할 수 없다"며 생각을 달리해달라고 호소해 왔다.

그런데 김정은 정권 역시 경제난과 핵을 동시에 주목했다. 2013년에 채택한 "경제건설과 핵무력건설 병진노선"은 이러한 고심의 표현이었다. 2021년 8차 당대회에선 이 표현을 쓰지 않았지만, 내용적으로는 '병진노선 2.0'이다. 외부에서는 경제발전과 핵무장은 양립할 수 없다고 호언장담했지만, 김정은 정권은 만만치 않은 성과를 내고 있다고 자신한다. 병진노선의 한 축인 북핵 고도화는 모두가 인정하는 바이고, 또 다른 축인 경제건설도 세가지 측면에서 그 가능성을 엿볼 수 있다.

첫째는 핵무력을 국방력의 중추로 삼는 대신에 재래식 군사력의 비중은 줄임으로써 경제발전에 필요한 예산을 조달하는 것이다. 둘째는 '군민융합'을 통해 농업, 건설, 산업 생산에 있어서 군부의 역할과 임무를 강화하는 것이다. 셋째는 군사 분야의 민수용 전환으로 최근 두곳의 공군기지를 대규모 농장으로 탈바꿈시킨 것에서도 이러한 움직임을 발견할 수 있다.

'고립' 역시 익숙한 북한과 떼어놓을 수 없는 단어이다. 실제로 북한은 1990년대 초반부터 국제적 고립에 처했었고, 북핵 문제는 그 주된 원인 가운데 하나였다. 전통적인 우방국인 중국과 러시아조차 북핵을 규탄하고 경제제재에 동의할 정도였다. 하지만 이조차도 달라졌다. 2020년 이후 북한의 핵과 미사일 활동은 최고조에 달했는데도 북-중, 북-러 관계는 1990년대 초반 이후 최고 수준이다. 중국과 러시아가 미국과의 전략 경쟁이 격화되면서 북핵 문제를 '비확산'보다는 '세력균형'의 관점에서 보고 있고, 북한도 이를 파고들고 있기 때문이다.

이렇듯 북한은 크게 달라졌다. 부분적이고 전술적인 차원이 아니라 전면적이고 전략적인 차원에서 그렇다. 가장 중요한 변화는 1990년대 초반 이래 30년 가까이 핵심적인 목표로 삼았던 "북-미 적대관계의 평화관계로의 전환"에 대한 미련을 사실상 접고, 안보는 핵으로, 경제는 자력갱생으로, 외교는 중국과 러시아 중심으로 삼겠다는 데에 있다. 그리고 북한의 이러한 선택이 결코 만만치 않은 성과를 내고 있을 가능성이 높다.

이러한 자신감의 발로일까? 달라진 북한은 최근 행태에서도 거듭 확인할 수 있다. 과거의 북한은 한·미 혹은 한·미·일 연합훈련에 주로 '말'로 반발했다. 하지만 9월 핵무력을 법제화한 이후에는 확연히 달라졌다. 한국, 미국, 일본의 군사 활동에 일일이 '행동'으로 맞대응하고 있다. 군사적 열세에 있었던 과거에는 움츠러든 상태에서 삿대질하기에 바빴다면, 핵무력을 통해 군사적 균형을 이뤄냈다고 판단한 오늘날에는 삿대질뿐만아니라 근력을 과시하기에도 바쁘다.

정리하자면, '새로운 북한'이 오고 있다고 해도 과언이 아니다. 그런데도 진보와 보수를 막론하고 '과거의 북한'을 상대하려고 한다. 두가지 예를 들어보자. 북한의 의도를 두고 핵 고도화를 최고치로 끌어올려 대미 협상에서 몸값을 높이려고 하는 것이라는 분석이 많다. 하지만 이러한 선택의 황망함은 북한이 제일 잘 알고 있다. 이는 김정은 정권이 2017년 11월 핵무력 완성을 선언하고 이듬해에 남북·북-미 정상회담을 제안해 성사시켰다가 참담한 결과를 낳았다고 판단한 것을 두고 하는 말이다.

(2) 경제제재 탓조차 않는 '달라진 태도'

김정은 정권이 경제난 심화로 이반된 민심을 외부로 돌리려고 위기 지수를 높이고 있다는 분석도 유행한다. 하지만 이 역시 앞뒤가 맞지 않는다. 김 위원장은 2021년 하반기부터 경제발전과 인민생활 향상에 있어서 성과가 나오고 있다고 말해왔고, 북한 주민들은 방송과 신문을 통해 이를 학습하고 있다. 그런데 실상은 경제난과 주민들의 불만이 심각해져 한반도 위기를 조장하고 있다고? 경제난과 민심 이반이 체제 불안 요인이 되고 있다면, 그 책임을 미국 등 외부에 돌리면서 미사일을 쏘아대는 것이 북한다운 모습일 것이다. 하지만 새로운 북한은 경제제재 탓조차 하지 않고 있다. 오히려 자력갱생과 자급자족을 실현할 수 있는 "좋은 기회"라고 말하고 있다.

그럼 새로운 북한을 어떻게 상대해야 할까? 우선 각자가 원하는 북한이 아니라 있는 그대로의 북한을 보려는 노력이 시급하다. 특히 북한의 경제난을 '상수'로 취급하는 경향을 재검토할 필요가 있다. 그러지 않으면 북한은 이미 저만치 멀리 가 있는데, 과거의 자리에서 북한을 찾는 '각주구검'(刻舟求劍)을 반복할 우려가 커진다. (정욱식 한겨레평화연구소 소장: 고려대 정치외교학과를 졸업하고 북한대학원대학교에서 군사안보를 전공했다. 조지워싱턴대 방문학자로 한-미 동맹과 북핵 문제를 연구)

2. 미국과 중국 패권다툼 사이의 한반도 미래

1) G2 대국으로 부상한 중국의 위세

2001년 WTO 가입을 기점으로 엄청난 속도로 성장한 중국은 불과 10년 만에 일본을 따라잡고 이제는 세계 1위인 경제 대국 미국을 바짝 뒤쫓으며 G2 반열에 올랐다. 중국은 더 이상 우리가 알고 있던 값싼 노동력의 짝퉁 제조국이 아닌, 세계 경제를 움직이는 큰손이 되었다.

(1) 평등 민주화된 근로대중의 생산력이 경제대국 건설

1980년대에 개혁개방 정책이 본격적으로 추진된 이후, 중국은 세계의 굴뚝을 자청하며 제조업을 경제 성장의 밑거름으로 삼고 해외 기업들을 중국으로 유치했다. 그 당시의 중국은 기술력은 물론 전반적인 산업 인프라가 열악했기 때문에 중국이 국제시장에 내밀 수 있는 카드는 값싼 노동력과 세금 감면, 공장 부지 제공의 혜택밖에 없었다.

낮은 인건비와 공장 부지 제공, 세금 혜택의 매력 때문이었는지 해외 기업들은 앞다퉈 중국으로 생산 공장을 이전했고, 덕분에 중국은 일자리 창출은 물론, 제조 산업과 관련 인프라를 모두 갖출 수 있었다. 중국이 WTO에 가입한 이후 '메이드 인 차이나'의 값싼 제품들이 세계 곳곳으로 수출되면서 중국경제는 급격히 성장했다.

중국은 오래전부터 미국을 제치는 것을 국가 발전의 목표로 삼고 맹렬히 뒤쫓았다. 마오쩌둥이 중화인민공화국을 건립한 후 미국을 따라잡겠다는 야망을 품고 대약진운동을 펼친 것만 보더라도 미국을 선망의 대상이자 경쟁자로 여겼던 것이 분명해 보인다.

중국의 급속한 경제 발전 속도에 가장 당황한 나라는 역시 미국이었다. 제2차 세계대전 이후 미국이 국제 사회의 중심에서 국제 질서를 주도해왔는데, 갑작스럽게 성장한 '차이나 파워'가 점점 영향력을 행사하며 미국의 목을 죄어오고 있으니 어찌 당황하지 않을 수 있겠는가. (이승진 『중국상식 사전』 도서출판 길벗)

(2) 중국의 달러화 국채매입과 화폐가치 경쟁

중국의 경제학자 쑹훙빙宋鴻兵이 저서 『화폐전쟁』에 언급한 것처럼 오늘날의 전쟁은 '금융전쟁'이기도 하다. 미국은 패권을 지키기 위해 지출해야 할 곳이 많다. 그러나 미국 국민들로부터 거두어들이는 세금이 그 지출을 따라서지 못하고 있다 보니 하는 수 없이 모자란 재정을 채우기 위해 국제 사회에 국채를 대량으로 발행하고 있다. 그런데 미국이 발행한 국채를 중국이 사들이고 있다. 비록 금리가 높지 않지만 이자를 얻을 수 있고, 채권자로서 미국을 향한 목소리를 높일 수 있으니 중국 입장에서는 미국 국채를 매입하는 것이 유리하다고 판단했을 것이다.

중국은 벌어들인 달러를 다시 미국에 빌려주면서 미국의 국채를 대량으로 사들였다. 한마디로 중국은 미국에 수출하고 차용증만 받아오던 형태로 미국의 채권자가 된 것이다. 이렇게 중국에게 써준 차용증이 걷잡을 수 없이 증가하자 미국은 위안화의 가치를 낮춰 부채를 줄이려는 꼼수를 부리곤 했다. 미국의 꼼수가 효과를 발휘한 것인지 2016년, 중국은 위안화 절하를 막기 위해 외환 보유고를 사용하면서 미국 국채가 크게 감소했다.

미국은 자신의 목을 거머쥐는 차이나 머니를 견제하기 위해 위안화의 가치를 낮추려고 노력하고, 중국은 기축통화로서 인민폐(人民幣, 중국 화폐)의 가치를 미국 달러보다 높이기 위해 호시탐탐 기회를 노리고 있다. (기축통화: 금과 더불어 국제 금융 거래의 기본이 되는 통화) 아시아에 '아시아 개발 은행(ADB)'이 있음에도 불구하고 일대일로 프로젝트를 추진하며 중국이 주도하는 '아시아 인프라 투자은행(AIIB)'을 별도로 설립한 것만 보더라도 중국이 인민폐의 국제적 입지를 높이기 위해 노력하는 것을 알 수 있다.

비록 외적으로는 미국과 중국이 대립적인 구도로 보이지만 이 두 나라는 떼려야 뗄 수 없는 공생 관계다. 미국은 중국에 대한 생산의존도가 높고, 14억 중국 인구의 소비력을 무시할 수 없기 때문에 아슬아슬 줄타기하듯 적정선을 유지하며 공존하고 있다. 마치 티격태격 싸우면서도 한 침대를 쓰는 부부 같은 모습이다. 양국이 서로 자존심 싸움을 벌이다가도 북핵 문제로 하나 된 의견을 보이는 것만 보아도 중국과 미국의 관계는 때와 상황에 따라 유동적으로 작용한다는 것을 알 수 있다.

(3) 세계 제일의 제조강국을 꿈꾸는 중국

중국이 표면적으로 미국을 위협하는 2위 경제 대국으로 성장하기는 했지만 내부적으로는 급격한 경제 성장으로 인한 부작용으로 성장통을 겪고 있다. 경제 성장에만 중점을 둔 탓에 부의 양극화 현상이 점점 심화되고 있고, 저가의 '메이드 인 차이나'로 승부했던 중국산이 국제 사회에서 점점 경쟁력을 잃어가고 있다.

기술력이 배제된 채 노동집약적으로 생산 규모만 키우며 성장해왔던 중국의 제조 산업은 발전의 한계에 부딪혔다. 과거와 같이 저가 경쟁력으로 승부하는 것만으로는 점점 업그레이드되는 소비자의 욕구를 충족시키기 어려운 시대가 왔기 때문이다. 게다가 중국은 제조업 발전을 통한 경제 성장에만 집중한 나머지 그로 인해 발생하는 공급 과잉, 에너지 낭비, 환경오염 문제 등으로 곪아가고 있다. 한마디로 그동안의 눈부신 경제 성장은 개발도상국에서 흔히 볼 수 있는 '빛 좋은 개살구'였던 것이다.

중국은 경제가 성장할수록 '부익부, 빈익빈'의 부의 불균형이 점점 심화되어 왔다. 경제학적으로 국가의 소득 불균형 수준을 지표로 보여주는 지니계수가 있다. (지니계수(Gini coefficient) : 전체 소득에서 식비가 차지하는 비율. 지니계수가 높을수록 빈부 격차가 심각하다는 것을 의미한다. 비록 지니계수가 국가의 전반적인 소득 분배 불균형을 대변한다고는 할 수 없지만 빈부 격차의 흐름을 파악하기에는 좋은 지표다.) 그래프를 통해 알 수 있듯이 중국의 지니계수는 꾸준히 상승해 왔다. 참고로 전 세계에서 빈부 격차가 높은 순위를 살펴보면 32위 중국(46.5%), 43위 미국(45%), 73위 일본(37.9%), 110위 영국(32.4%), 125위 한국(30.2%) 순이다.

사회 구성원이 노동을 통해 실현된 이익을 공정하게 배분하는 방식으로 누구나 평등한 사회를 추구한다는 이상적인 사회주의 정치 이념과 달리 중국의 부는 결코 평등하게 분배되지 못하고 있다. (중국의 경제이념 → 사회주의 + 자본주의)

부유 계층은 더 부유해지고, 빈곤 계층은 계속 빈곤에 허덕이는 심각한 빈부의 양극화 속에서 중국 정부는 부의 불균형을 어떻게 풀어야 할지 고민 중이다. 중국은 언 발에 오줌을 누듯 빈부 격차를 낮추기 위해 임시방편적으로 노동자의 임금을 올리고 있다. 최근 중국의 임금 상승률은 연평균 10~20%이며, 최저임금도 매년 큰 폭으로 인상되고 있다. 2018년 2,120위안이었던 베이징의 최저임금이 2019년 2,220위안까지 올랐다. 2009년에 800위안이었던 것과 비교하면 10년 사이에 자그마치 3배 가까이 인상된 것이다. 거기에 노동자 복지를 위한 5대 보험 등 사회 보장 비용이 추가되고 있어 기업의 부담은 더욱 커지고 있다. (5대 보험: 국민연금(國民年金)·의료보험(醫療保險)·실업보험(失業保險)·산재보험(産災保險)·출산보험(出産保險))

빈부 격차를 해결하기 위해 노동자의 최저임금을 올리고 나니 이제는 제조 기업에서 문제가 발생했다. 저가의 노동력을 활용해 대량생산과 박리다매로 성장해왔던 중국의 제조 기업들이 높아진 인건비 때문에 회사 경영이 힘들어진 것이다. (박리다매(薄利多賣): 상품 가격을 낮게 하는 대신 판매를 대량으로 하여 이윤을 남기는 것)

이런 현상이 나타난 것은 중국 기업뿐만이 아니었다. 저가의 노동력 때문에 중국에 공장을 세웠던 해외 기업들도 높아진 인건비에 부담을 느껴 동남아시아와 같은 저자본 국가로 눈을 돌리거나 자국으로 공장을 옮기기 시작했다.

그동안 중국의 경쟁력은 오로지 값싼 인건비였던 것이다. 이러한 상황에서 중국이 변화하지 않으면 앞으로 국제적 경쟁력을 점점 더 잃어갈 형편이다.

중국은 과거 제조업 중심의 산업구조에서 경제 발전과 산업의 균형적 발전을 위해 산업구조의 개혁을 꾀하고 있다. 기존의 강점인 2차 산업은 물론, 부가가치가 높은 3차 산업까지 확대하려는 계획이다.

값싼 노동력을 바탕으로 단순히 해외 기업들에게 공장 부지를 빌려주고 제품을 대신 생산하는 것에 그치는 것이 아니라, 첨단 기술과 핵심 원천 기술력을 확보하고 산업 인프라를 구축하여 품질 경쟁의 제조 강대국으로 거듭나는 것이 오늘날 중국이 내세우고 있는 '중국제조 2025' 전략의 배경이다.

'중국제조 2025'는 2015년 양회에서 리커창 국무총리가 언급하며 구체화된 중국 제조 산업의 개혁 방향이다. (양회(兩會): 매년 3월에 개최되는 중국 최대의 정치 행사로, '전국인민대표대회'와 '전국인민정치협상회의'를 일컫는 회의다. 양회를 통해 중국 정부의 운영 방침이 정해진다) 그 핵심 내용은 '제조업과 인터넷의 융합을 통한 제조업 업그레이드'를 일컬으며, 향후 10년 안에 기존의 제조 대국에서 제조 강국반열에 오르는 것을 목표로 하고 있다.

'중국제조 2025'는 2012년에 독일이 발표한 '4차 산업혁명(Industry 4.0)'의 정보통신 기술과 제조업의 융합 모델을 기반으로 하고 있으나, 중국의 '4차 산업혁명' 배경은 독일과 조금 차이가 있다. 기술력을 바탕으로 균형적이고 안정적인 제조 산업 생태계를 가지고 있는 독일은 자동화에서 정보화로 넘어가는 4차 산업혁명이지만, 중국의 제조업은 자동화조차 제대로 갖추지 못한 2차 산업혁명 수준에서 3차 산업혁명 단계를 건너뛰고 바로 4차 산업혁명으로 넘어가야 한다.

전 세계의 첨단 장비와 제품들이 대부분 중국에서 생산되고 있지만 중국은 노동 집약적인 생산과 조립만 할 뿐 핵심 기술과 부품은 모두 해외에서 들여오고 있다. 핵심 기술력이 없기 때문에 생산 규모만 클 뿐 자체 기술력만으로 완제품을 생산하는 것은 아직도 버거운 실정이다. 볼펜심도 2017년이 되어서야 해외에 부품을 의존하지 않고 자체적으로 생산할 수 있게 된 것을 보면 중국 스스로도 '대이불강'이라고 말하는 게 이해가 된다. (대이불강 大而不强 : 규모는 크지만 강하지 않다.)

최근 중국의 공장들도 자동화와 로봇을 겸비한 생산 라인으로 대체하고 있지만 아직도 사람이 생산 현장에 투입되어 나사를 조이고, 도색 염료를 뿌리고 있는 중소 제조 기업이 상당히 많다.

현시점에서 중국은 생산 라인의 자동화와 정보화라는 두 마리 토끼를 잡아야 하는 4차 산업혁명을 꿈꾸고 있다. 상황이 이러하니 중국은 독일보다 해야할 일이 많다. 노동력을 사람에서 로봇과 자동화로 대체해야 하고, 정보화까지 갖추어야 한다.

그나마 다행인 것은 중국은 인터넷 기업들이 주도가 되어 클라우드 컴퓨팅·빅데이터·인공지능·사물인터넷·핀테크 등의 산업이 상당히 발달되어 있고, 제조 기업들이 로봇 자동화를 적극적으로 추진할 수 있도록 중국 정부가 전폭적으로 지원하고 있다는 것이다.

중국의 제조 기업들도 소비 수준이 향상된 국내 소비자에 맞춰 품질 경영을 시도하고 있다. '대륙의 실수'라고 불릴 정도로 가격 대비 성능이 뛰어난 중국 브랜드 제품들이 연이어 출시되고 있고, 스마트폰 분야는 국제시장을 장악할 정도로 발전했다.

다만 발전 수준이 천차만별인 중국 제조업 품질 수준을 앞으로 어떻게, 그리고 얼마나 표준화하여 전반적으로 국제적인 경쟁력을 갖추도록 육성할 것인지가 '중국제조 2025'가 풀어야 할 숙제다.

2) 시진핑이 꿈꾸는 중궈멍 中國夢과 일대일로 一帶一路

2012년에 시진핑이 공산당 총서기로 당선되었다. 후진타오에 이어 14억 중국 인민을 이끌어갈 중국 최고 권력자가 된 것이다. 국가 주석의 신분으로 주요 정계 지도자들과 함께 국가박물관을 방문한 시진핑은 국가박물관의 한 코너였던 '부흥의 길復興之路'을 관람하며 입을 뗐다.

"많은 사람이 중궈멍(중국의 꿈) 이야기를 하는데, 저는 중화민국의 위대한 부흥을 실현하는 것이야말로 가장 위대한 중국의 꿈이라고 생각합니다."

(1) 대륙과 해로로 우방과 경제협력의 길 모색

시진핑의 말을 통해 그가 실현하고자 하는 중국의 미래가 부강富强이라는 것을 예측할 수 있었다. 여기서 말하는 부富는 과거 덩샤오핑이 주장했던 선부론과는 조금 차이가 있다. 단순히 경제적인 부유함만을 이야기하는 것이 아니라 세계 경제를 움직일 만큼 강력한 영향력을 가진 국가가 되는 것, 유일한 경쟁 상대인 미국을 제치고 세계 최고의 위치에 오르는 야망과도 같은 것이다.

중화인민공화국을 건립한 마오쩌둥의 공적, 중국의 개혁개방을 이끌며 오늘날 중국 경제 발전의 초석을 다졌던 덩샤오핑, '3개 대표론'과 함께 '해외로 나가자走出去'라는 슬로건으로 공산당의 이론 정립과 국제화 전략을 추진했던 장쩌민, 부의 재분배를 통해 빈부 격차를 줄이고 조화로운 사회 건설을 추진했던 후진타오 등 역대 중국 최고 지도자들은 중국의 미래 방향성을 제시하고, 영향력있는 업적을 남겼다. (3개 대표론 : 중국 공산당은 ① 선진 사회 생산력(사영기업가), ② 선진 문화 발전(지식인), ③ 광대한 인민(노동자와 농민)의 근본 이익을 대표해야 한다는 것으로, 노동자와 농민의 적이었던 자본가와 지식인을 품 안에 끌어들이겠다는 내용이다.)

시진핑은 중국 인민들에게 어떤 지도자로 기억되고 싶었을까? 시진핑이 선택한 슬로건은 '중국의 부흥'이었다. 세계에서 가장 부강했던 청나라의 부흥을 오늘날 다시 한 번 재현하는 것이다. 그러나 '중화민국의 위대한 부흥'이라는 직접적인 말로는 인민들의 감성을 자극할 수 없었다. 시진핑은 '중국의 꿈은 곧 나의 꿈'이라는 의미인 '중궈멍, 워더멍中國夢, 我的夢'을 슬로건으로 내걸었다. 국가와 인민의 꿈을 하나로 일체화시키고 '다 함께 잘 살아보자'라고 외친 것이다.

중국과 인민이 모두 부강해지기 위해서는 어떻게 해야 할까? 월급쟁이는 아무리 열심히 일해도 로또에 당첨되지 않는 한 계속해서 월급쟁이로 살아갈 수밖에 없듯이 이미 포화 상태인 중국 내수시장에서 아무리 아등바등 발버둥쳐봐야 발전에는 한계가 있다.

시진핑은 내수 경제 발전보다는 세계를 부루마불 게임에 올려놓는 큰 그림을 구상했다. 중국이 아시아의 큰형으로서 주도하는, 아시아와 유럽·아프리카를 하나의 경제벨트로 묶어주는 현대판 실크로드 '일대일로 사업(一帶一路, One belt, One road)'이 바로 그것이다. 시진핑 정권이 들어서면서 추상적으로 언급했던 '중궈멍'의 구체적인 실현 방향이 제시된 것이다.

'일대일로'는 중국에서 출발해 중앙아시아를 거쳐 유럽으로 나가는 육상 실크로드 '일대—帶'와 중국에서 출발해 동남아시아를 거쳐 아프리카와 유럽으로 이어지는 해양 실크로드 '일로—路'를 합쳐서 일컫는 말이다.

중국이 야심차게 준비한 일대일로 사업은 총 65개 국가를 가로지른다. 거대한 경제 인프라 건설은 물론 통상·산업·지역 개발을 아우르는 엄청난 규모의 사업이다. 중국은 관계국들과의 상생(win-win)을 선택했다. 동업과 협업을 통해 관계를 더욱 돈독히 하고 함께 발전하고 성장함으로써 같이 잘 살자는 것이다.

그동안 고속성장을 지속했던 중국의 경제성장률이 점차 정체되고 있는 가운데, 중국은 새로운 성장 동력의 기반을 국내가 아닌 해외로 보았다. 그렇다고 해외 개발만 추진하는 것은 아니다. 육상 실크로드와 해양 실크로드를 연계하면 중국 대부분의 지역이 함께 발전하게 된다. 즉 개혁개방 이후 동부 연안의 항구 위주로 발전해왔던 지역 발전 불균형을 해결할 수 있게 된 것이다.

일대일로는 중국의 크고 작은 고민거리를 한 번에 해결할 수 있는 기회이기도 하다. 과거 덩샤오핑의 개혁개방이 무조건적인 발전에 주안점을 두고 추진한 선부론이었다면, 시진핑의 일대일로 사업은 중국을 균형적으로 발전시키는 균부론이 아닐까 싶다.

일대일로 사업은 1차적으로 철도·도로망·항만·항공·석유 및 가스 수송로 등 대규모 물류 인프라 건설 사업으로 중국 경제를 부흥시키고, 2차적으로 참여국들과 자유로운 무역을 통해 과잉 생산된 중국 자원을 해외로 내보내며, 주변국들과 거래를 할 때 위안화를 사용함으로써 인민폐의 국제적 입지와 차이나 머니의 영향력을 확대하겠다는 의도를 엿볼 수 있다.

시진핑 정부가 일대일로 관계국들과 논의한 5가지 사항은 다음과 같다.

1. 정책 소통: 정부 간 소통 및 협력을 통한 실무 추진
2. 인프라 연계: 육로·수로·항만·에너지 파이프라인 등의 인프라 건설
3. 무역 상통: 무역 장벽 완화, 투자 촉진, 첨단 산업 협력 촉진
4. 자금 융통: 국제 금융 협력 강화 및 확대, 실크로드 기금 운영 추진
5. 민심 상통: 문화·학문·체육·의료·취업·관광 등 전반적인 민간 교류 확대

일대일로 사업은 일종의 협동조합과도 같다. 중국은 일대일로 사업에서 가장 많은 지분을 보유한 조합장이 된다는 계획도 가지고 있다. 미국 중심으로 돌아가는 글로벌 경제 구도에서 중국도 진정한 G2 국가로서의 면모를 보이겠다는 의지이기도 하다.

2017년 5월, 베이징에서 일대일로 포럼이 개최되었다. 29개국 정상과 130개국 정부 인사·학자·기업가·매체 등 1천 5백여 명이 참가한 일대일로 포럼은 중국 최대의 국제 협력 행사였다. 이 포럼은 2013년 일대일로 사업 추진 선언 이후의 성과를 국제 사회에 공유하고, 다시 한 번 일대일로 사업의 중요성을 널리 알려 더욱 많은 국제 협력을 이끌어내야 하는 중요한 자리였다.

그러나 일대일로 포럼에서 일대일로 사업에 대한 세계 각국의 우려를 충분히 공감할 수 있게 되었다. 중국이 제안한 무역성명서 초안에 EU 국가들이 냉담한 자세를 보인 것이다. 중국이 제안한 무역성명서 초안에는 시공 업체 선정에 대한 투명성이 보장되지 않았고, 중국 기업들이 편익을 누리도록 구성되어 있었다. 게다가 인도는 최근 중국과의 국경 분쟁으로 인해 일대일로 포럼에 참가하지도 않아 중국의 외교 관계에 대한 지적도 나오고 있다.

중국의 꿈을 담은 일대일로 사업은 이론적으로 중국뿐 아니라 여러 나라가 서로 상생할 수 있는 멋진 프로젝트임은 분명하다. 하지만 자칫 일대일로 사업이 중국의 이익만을 위해 추진되는 것은 아닐까 하는 우려 섞인 시각도 많은 것이 사실이다. 중국이 일대일로 관련 사업들을 어떻게 투명하게 이끌어나가고 관계국과의 외교 관계를 얼마나 두텁게 만들 것인지가 관건이 될 것이다.

(2) 시진핑사상·공동부유·중국몽…"2049년 미국 뛰어넘을 것" (중국의 다음 5년 '3대 열쇳말')

16일 중국 베이징 인민대회당에서 개막한 중국공산당 제20차 전국대표대회(20차 당대회)의 하이라이트는 시진핑 국가주석이 1시간45분 동안 낭독한 업무보고였다. 시 주석은 당을 중심으로 단결해 건국 100년이 되는 2049년 미국을 능가하는 초강대국이 되자는 목표를 내걸었다.

○ 시진핑 신시대 중국특색

정치 분야에서 가장 눈에 띄는 것은 '시진핑 신시대 중국특색 사회주의 사상'(시진핑 사상)과 공산당 영도 체제의 강조였다. 시진핑 사상은 2017년 11월 19차 당대회에서 처음 등장해 중국공산당의 헌법 격인 '당장'에 추가됐는데, 당장에 이름이 담긴 '사상'이 명기된 것은 마오쩌둥과 시 주석 둘뿐이다.

이날 시 주석은 "(이 사상을) 전면적으로 관철해 정치·경제 등의 위험과 도전을 이겨내고 당과 국가사업에서 역사적인 성과를 이룩했다"며 "당의 전면적 영도를 강화해 사회주의 현대화 건설을 올바른 방향으로 나아가도록 해야 한다"고 말했다. 곧 확정될 예정인 시 주석 3연임과 맞물려 중국에서 시 주석과 당을 중심으로 한 체제가 더욱 강화될 것임을 예고했다.

○ 공동부유

사회·경제 분야에서는 '공동부유' 강조가 눈에 띈다. 시 주석은 "중국식 현대화는 전체 인민의 공동부유를 실현하는 현대화"라며 "전체 인민의 공동부유를 힘써 촉진해야 하며, 양극화를 결연히 방지해야 한다"고 밝혔다. 시 주석은 구체적으로 "분배제도는 공동부유를 촉진하는 기초적 제도"라며 "노동에 따른 분배를 주체로 하고, 1차 분배, 2차 분배, 3차 분배가 조화롭게 체계를 이루는 제도 체계를 구축해야 한다"고 덧붙였다. 1차 분배는 노동, 2차 분배는 세금과 사회복지, 3차 분배는 기부 등을 활용한 분배를 뜻한다.

공동부유는 마오쩌둥이 처음 제창했으나 건국 초반 낙후된 경제상황 탓에 구호에 그쳤다. 2000년대 들어 중국의 고도성장이 지속되고, 최근 경제적 불균형이 사회의 안정을 위협할 정도로 심화하면서 공동부유가 주요 화두로 등장했다.

○ 중국몽

2013년 3월 시 주석이 국가주석직에 오를 때 내걸었던 "중국몽"도 이날 재차 강조됐다. 시 주석은 업무보고의 시작과 끝에 중국공산당의 궁극적 목표로 "중화민족의 위대한 부흥을 이루는" 것이라고 말했다. 중화민족의 부흥을 '중국몽'이라는 세 글자에 담아 국민의 단결을 도모하고 지지를 끌어내려 했다. 중국몽은 1단계로 2021년 '샤오캉 사회'를 건설하고, 2단계로 2035년 사회주의 현대화 국가를 건설하며, 마지막으로 건국 100주년인 2049년 전면적인 사회주의 현대화 국가를 건설하는 것을 목표로 한다. 샤오캉 사회는 먹고사는 문제가 해결된 국가를 뜻하며 '전면적인 사회주의 현대화 국가'는 경제·군사·외교 등 모든 면에서 미국을 뛰어넘는 세계 최강대국을 뜻한다. (2022년 10월 17일 월요일 한겨레 베이징/최현준 특파원)

(3) 미국엔 군사력, 개도국엔 재력, 중국의 '편가르기 외교' 가속화

○ 중국 당대회 키워드 전랑외교

"모든 형태의 패권주의와 강권정치에 단호히 반대한다. (중략) 개발도상국과의 연대와 협력을 강화한다."

시진핑 중국 국가주석이 16일 중국공산당 20차 전국대표대회(20차 당대회) 업무보고에서 한 이 발언에는 지난 10년 중국의 외교와 앞으로 5년간 진행될 중국의 외교정책 방향이 담겨 있다. 미국 등 중국을 견제하려는 이들에겐 더 강력히 대응하고, 중국의 자본을 필요로 하는 개발도상국들은 적극 지원해 내 편으로 만든다는 것이다.

2012년 집권한 시 주석은 '빛을 감추고 때를 기다린다'는 '도광양회' 정책을 버리고, 미국에 새로운 관계 형성을 요구하는 '신형 대국관계'를 내걸었다. 중화민족의 부흥을 뜻하는 '중국몽'의 외교 버전으로 미국과 맞먹는 '대국 굴기'에 나서겠다는 선언이었다. 10년이 지난 현재, 미-중 관계는 협력·존중이 아닌 대결·갈등 관계로 완전히 전환됐고, 내결 강도는 점점 세지고 있다. 시 주석은 중국몽에 대한 미국의 견제를 장기 집권의 명분으로 삼고 있어, 미-중 갈등은 더 심각하게 진행될 것으로 보인다.

대만은 미-중 갈등의 한복판에 놓여 피해를 가장 심각하게 겪고 있다. 시 주석은 이번 업무보고에서 대만에 대해 "무력 사용을 포기한다는 약속을 하지 않겠다"고 말했다. 기존 입장을 되풀이한 것이지만, 중국 최고지도자의 직접 발언이라는 점에서 큰 충격을 안겼다. 대만과 통일은 시 주석 장기 집권의 또 다른 명분이다. 이런 강경 발언 때문에 시 주석 임기 내에 대만에 대한 무력 침공이 있을 것이란 우려가 끊이지 않는다.

중국은 군사적 무장 강도도 높이고 있다. 시 주석은 2027년까지 달성할 '건군 100주년 분투 목표'도 처음 공개하며 군사력 강화를 예고했다. 특히 "우리는 전략위협무기 체계를 강화하고 최신 무기의 작전 역량을 높일 것"이라고 했다. 이는 핵무력 강화를 의미하는 것으로 해석된다. 중국이 미국과 견줄 수 있는 핵무력을 보유하면, 동북아를 넘어 전세계가 과거 미-소 냉전 시절과 같은 핵 경쟁 시대로 돌아갈 수 있다.

그러는 한편, 우군 확보에도 전력을 쏟고 있다. 미국 등 서방으로부터 소외되어 온 개발도상국을 대상으로 한 '일대일로 정책'이다. 시 주석은 "일대일로는 국제적으로 매우 환영받는 국제 공공사업, 국제협력플랫폼이 됐다"고 자찬하며, 더욱 발전시켜 나갈 것이라고 말했다.

시 주석이 2013년 9월 공표한 이 정책은 미국과의 직접 마찰을 피할 수 있는 중국의 서쪽, 즉 동남아시아·중앙아시아·아프리카·동유럽지역에 '육로'와 '해로'로 진출한다는 구상이다. 눈에 띄는 군사·외교적 접근 대신 개발도상국이 원하는 인프라 건설 등을 지원해 자연스레 영향력을 확대하는 전략이다. 중국 내부 유휴 자본·설비·노동력을 국외로 진출시킨다는 목적도 담겨있다. 아프리카 지부티, 동남아 라오스, 중앙아시아 카자흐스탄 등 많은 나라가 중국의 지원으로 항구·다리·고속도로·철로 등을 지었다. 중국은 149개 국가와 32개 국제기구가 일대일로에 참여하고 있다고 선전한다.

부작용이 적지 않았다. 중국의 지원은 무상 원조가 아닌 대출이어서 일부 국가들이 외채난이나 국가부도에 빠졌다. 중국은 해당국이 빚을 제대로 갚지 못할 경우 인프라의 이용권을 접수하는 등 가혹하게 대응했다. 일대일로가 '빚쟁이 외교'를 넘어 상대국의 뒤통수를 치는 '트로이 목마'라는 비판까지 받는 이유다.

하지만 성과도 있다. 남아프리카공화국 '이치코비츠 가족 재단'이 지난 6월 공개한 '2022년 아프리카 청년 세대 조사' 보고서를 보면, 중국(77%)은 아프리카에서 미국(67%)을 제치고 가장 영향력있는 국가가 됐다. 최근 신장위구르 인권 침해와 관련해 유엔 인권위원회의 토론회 개최를 결정하는 투표에서 중국의 지원을 받은 개발도상국들은 대거 반대표를 던졌다. (한겨레 2022. 10. 20. 베이징/최현준 특파원)

3) "일대일로" 주변국에 상생·변화의 물결 일으켜
(신문에 게재된 광고성 주장 기사)

(1) "일대일로의 최종 목표는 모두의 삶의 질 향상"과 "교통 인프라 프로젝트로 주변국과 전세계 균형발전"

수천수만 파키스탄 가정의 전구를 밝힌 전기공급 프로젝트를 비롯하여 파키스탄에서는 중국-파키스탄 경제회랑 건설이 순차적으로 추진되고 있다. 우즈베키스탄에서는 "안그렌~팝" 철도 캄치크터널의 관통으로, 국내 운송시에도 타국땅을 돌아가야 하는 현지인들의 난감한 처지가 해결되었다.

아프리카에서는 "아디스 아바바~지부티" 철도의 개통으로, 내륙국인 에티오피아에도 마침내 바닷길이 열렸으며 그에 따른 기업의 비즈니스 편의성 제고는 물론, 현지 산업단지들도 끊임없이 찾아드는 구직자들로 활력이 넘치고 있다. 지난 9년은 "일대일로" 전설이 주변국 모두를 이롭게한다는 점을 확인하기에 충분한 시간이었다.

시진핑 중국 국가주석은 2013년 9월 7일, 카자흐스탄에서 "실크로드 경제벨트" 공동건설 구상을 제시하고 같은 해 10월 3일, 인도네시아에서 "21세기 해상 실크로드" 공동건설 구상을 제기하였다.

그 후로 9년이 지난 지금, "일대일로" 이니셔티브는 굵직굵직한 실질적 성과들을 거두면서 전세계에서 가장 넓은 범위와 최대 규모를 자랑하는 국제협력 플랫폼으로 자리매김하였다. 149개 국가와 32개 국제기구가 함께하는 "일대일로" 공동건설은 왕성한 생명력을 뿜어내고 있다.

중국이 제기한 "일대일로" 이니셔티브(추진)의 궁극적인 목표는 주변국을 비롯한 모두의 삶의 질 향상이다. 시진핑 주석은 제2차 일대일로 국제협력 정상포럼 개막식에서 "인민 중심의 발전 사상을 바탕으로 빈곤퇴치, 일자리 창출, 민생개선에 포커싱하여(focusing 초점을 맞추어) '일대일로' 공동건설 성과를 전 인민에 대한 혜택과 현지 경제·사회에 대한 실질적인 기여로 돌아가게 하고 상업적·재정적 지속가능성 확보를 통해 '일대일로' 건설의 최종적인 성공을 뒷받침해야 한다"고 강조하였다.

　"일대일로" 공동건설은 주변국의 민생과 복지를 증진한다. 에티오피아 벨레스(Beles) 설탕공장, 인도네시아 드롱산업단지의 페로니켈제련소 등 프로젝트는 현지에 수천 수만 개의 일자리를 제공하였다. 캄보디아 시아누크빌비즈니스스쿨, 알제리 중국기업근로자 교육센터, 지부티 노반목공소 등은 현지 근로자 개개인의 발전을 지원하고 있다. 지난 9년간, "일대일로" 공동건설로 추진된 민생 프로젝트는 깨끗한 식수와, 안전한 전력, 안정된 일자리를 주변국에 제공함으로써 수많은 사람들에게 행복을 찾아주었다. 각국이 힘을 합쳐 추진하는 "일대일로" 공동건설은 더 많은 주변 인구를 빈곤에서 구제하고 나아가 전세계의 균형 발전에도 기여할 것이다.

　"일대일로" 공동건설은 주변국 발전에 활력을 더한다. 중국~몰디브 우의대교 개통 시, 몰디브 국민들은 "대교로 인해 아름다운 미래를 향해 기회가 열렸다"며 환영했다. 크로아티아 펠예삭대교가 개통되던 날, 안드레이·플렌코비치 크로아티아 총리는 "여러 세대에 걸친 꿈을 이룬 크로아티아의 역사적인 하루"라며 감격하였다. 중국-유럽 화물열차 CRE는 24개 국가의 200개 도시를 연결하는 운영노선 82개를 개통하여 유라시아를 관통하는 물류 대통로를 완성시켰다. 지난 9년간, "일대일로" 주변국 간 상품·자본·정보·기술 등의 거래비용이 크게 감소하여 지역 간 자원요소의 질서있는 유통과 최적화 배치가 효과적으로 촉진되고 "잊혀진 지역"의 글로벌 산업밸류체인 및 공급망 편입을 지원함으로써 상생발전을 실현하였다.

　"일대일로" 공동건설은 글로벌 성장동력 강화에 기여했다. 세계은행은 "일대일로" 공동건설로 인해 참여국 무역이 2.8%~9.7%, 글로벌 무역이 1.7~6.2% 성장하고, 글로벌 GDP는 0.7~2.9% 증가할 것으로 내다보았다. 동 연구보고서에 따르면 "일대일로" 공동건설이 계획한 교통 인프라 프로젝트가 모두 실시된다면 2030년부터 매년 전 세계경제에 글로벌 GDP의 1.3%에 해당하는 1조 6천억 달러를 기여하고 그 90%를 참여국이 공유하며 특히 저소득·중저소득 국가에 가장 많은 혜택이 돌아갈 것으로 전망되었다. 보다시피 "일대일로" 공동건설은 공동번영으로 통하는 길이다.

철도와 공장, 그리고 사람들의 얼굴에 핀 웃음꽃까지, 이는 "일대일로" 원원협력의 화폭에 담긴 수려한 풍경이다. 각국이 함께 기회를 나누고 발전을 도모하는 이 길은 행복하고 평안하며 조화롭고 아름다운 그곳을 향해 있다. (한겨레 2022. 10. 11)

(2) "중 극초음속 미사일에, 미 첨단기술 수두룩"

중국의 극초음속 미사일 개발에 미국 정부의 보조금을 받거나 미국 국방부와 계약을 맺은 여러 미국 업체들의 첨단기술이 쓰였다는 보도가 나왔다.

『워싱턴 포스트』는 미국 정부의 수출 통제에도 불구하고 미국 기업들의 극초음속 미사일 관련 기술과 제품이 대거 중국 쪽에 넘어간 것으로 확인됐다고 17일 보도했다. 음속의 5배 이상 속도로 나는 극초음속 미사일은 기존 미사일 방어망을 무력화시킬 수 있어 미-중 사이에 개발 경쟁이 뜨거운 첨단무기다.

중국 군사 기술 관련 기관들이나 업체들과 일하는 과학자들은 신문에 미국 업체들이 보유한 최첨단 항공공학 소프트웨어가 중국으로 넘어가 미-중 기술 격차를 줄이고 중국의 무기 기술 고도화로 이어졌다고 말했다. 중국 대학 연구소에서 일하는 한 익명의 과학자는 "극초음속 미사일에 관해서는 미국 기술이 뛰어나다"며 "(중국에는) 그와 같은 수준의 기술적 토대가 없다"고 말했다.『워싱턴 포스트』는 미국 쪽 판매데이터와 중국 과학자들 설명을 종합한 결과, 2019년 이후 50개 가까운 미국 업체들이 중국에 극초음속 미사일 관련 기술과 제품 300건 이상을 판매한 것으로 파악됐다고 했다.

미국의 수출 통제 시스템은 미사일 관련 기술과 제품의 중국에 대한 수출을 광범위하게 금지하고 있다. 하지만 이런 기술과 제품이 민수용으로 수출됐다가 중국 군수업체로 흘러가고, 중개업체가 끼면서 수요처가 제대로 파악되지 않는 등 통제 시스템의 허점이 드러났다. 일부 중개업체들은 중국 군수업체들과의 관계를 누리집을 통해 홍보하기도 했다. 중국 과학자들은 이 신문에 미사일 설계와 실험에 관한 미국 기술을 도입하는 데 제약이 없었다고 말했다. 이들은 극초음속 미사일을 처음부터 만들려면 자금이 많이 들고 미사일 비행과 관련한 물리학적 문제를 해결해야 하지만 미국산 소프트웨어를 이용해 연구 기간을 크게 단축했다고 전했다.

중국에 판매된 미국 쪽의 핵심 기술과 제품은 극초음속 비행체에 가해지는 극한의 물리적 조건에 대한 실험과 분석에 쓰는 소프트웨어, 인공 구조물에서 기체역학적 영향을 평가하는 풍동 실험 때 정확한 데이터를 산출하게 해주는 하드웨어 등이다. 대표적으로, 미국 업체 조나테크놀로지와 메타컴프테크놀로지는 중국항공우주기체역학연구원에 기체역학 모의실험을 위한 소프트웨어를 판매한 것으로 드러났다. 이런 기술이 당시 실험에 쓰였는지는 확인되지 않았으나, 중국항공우주기체역학연구원은 지난해 8월 미국에 '스푸트니크의 충격'(냉전 시절인 1957년 10월 소련이 세계 최초로 인공위성 발사에 성공해 미국이 받은 충격)을 안긴 극초음속 비행체 시험에 중요한 역할을 했다고 알려진 곳이다. 당시 중국이 발사한 극초음속 비행체는 지구를 한 바퀴 반을 돌아 목표물 타격에 성공한 것으로 알려져 미국을 경악하게 만들었다.

이를 확인한 마크 밀리 미 합참의장은 두달 뒤인 지난해 10월 언론 인터뷰에서 "우리가 본 것은 극초음속 무기 시스템 시험이라는 매우 중대한 사건"이라며 "그게 바로 '스푸트니크 순간'인지는 모르겠지만 그것에 매우 가깝다고 생각한다"고 경계감을 드러냈다. 그에 앞서 중국의 극초음속 미사일 발사 사실을 특종 보도했던 『파이낸셜 타임스』는 지난해 8월 시험에서 중국 미사일이 목표지점을 약 32km 빗나가 떨어졌지만, 기술적 진전에 미 정보기관이 매우 놀랐다는 사실을 전한 바 있다.

중국의 기관과 업체들에 기술·제품이 흘러들어간 미국 업체의 일부는 미 국방부에서 최첨단 기술 개발을 독려하기 위한 보조금을 받은 곳들이다. 『워싱턴 포스트』미국 국방부가 중국 군사 기술 발전에 보조금을 대준 꼴이라고 지적했다. 극초음속 기술을 연구하는 볼더 콜로라도대의 이언 보이드는 "미국 납세자들 돈이 들어간 군사용 극초음속 기술이 중국에 넘어갔다는 것은 매우 충격적"이라고 말했다. (한겨레 2022. 10. 19. 워싱턴/이본영 특파원)

(3) 중국의 거대한 개발계획을 위한 투자은행 AIIB 설립

일대일로 사업은 어찌 보면 스타트업 창업처럼 느껴지기도 한다. 창업자 시진핑과 그의 행동대장 리커창은 2013년에 일대일로 사업계획서를 들고 중앙아시아와 동남아시아를 순회하며 각국의 리더들에게 일대일로 사업이 얼마나 매력적인지를 설득했다.

인도·파키스탄·방글라데시·미얀마 등 동남아시아 개발도상국을 비롯해 영국·프랑스·독일 등 EU 국가까지 대부분 일대일로 사업계획서에 매료되어 투자 의사를 밝혔다. 그중에는 한국도 있었다. 각국의 투자 의사를 확인한 중국은 '아시아 인프라 투자은행(AIIB, Asian Infrastructure Investment Bank)' 설립을 국가전략으로 발표했고, 2015년 12월 말에 57개 회원국과 함께 AIIB를 공식적으로 출범시켰다.

일대일로 사업은 거리만 해도 자그마치 수만 킬로미터에 달하는 상상초월의 거대한 개발 사업이다. 일대일로 사업에 투자하지 않은 국가는 인프라 개발에 참여할 수 없기 때문에 수익률이 보장된 사업을 포기하는 것과 마찬가지였다.

일대일로 사업을 본격적으로 시작하면서 57개 국가는 AIIB 계좌에 돈을 입금했다. AIIB 출범은 중국의 자존심이자 그동안 미국이 주도하고 있던 글로벌 금융시장에 내민 중국의 도전장이었다. 중국 입장에서는 AIIB 설립을 통해 '차이나 머니'의 힘을 키우고, 기축통화로서 인민폐의 입지를 굳힐 수 있는 기회를 전략적으로 만든 것이다.

미국은 당연히 중국의 AIIB를 불편하게 여길 수밖에 없었다. 그동안 글로벌 금융은 미국의 달러가 이끌어왔는데, AIIB 출범은 앞으로 중국 인민폐의 파워를 강화하여 미국 달러의 파워를 분산시키겠다는 것과 같은 말이기 때문이다.

"아시아에는 이미 '아시아 개발은행(ADB)'이 있잖아!"

미국은 아시아 개발은행을 언급하며 중국의 AIIB 설립을 말렸다. 하지만 아시아 개발은행은 미국과 일본이 주도하는 자금으로, 아시아의 저개발 국가들은 낮은 국제 신용으로 인해 아시아 개발은행의 자금을 사용하려면 매우 까다로운 절차를 밟아야 했다. 또한 자금을 빌리는 데 있어서도 인권 문제 등과 같은 불필요한 내정 간섭까지 받아야 했기 때문에 아시아 개발은행의 자금을 사용하는 것을 꺼렸다.

통 큰 중국이 '묻지도 따지지도 않고 필요할 때 언제든 자금을 지원하겠다'라고 하자 동남아시아 국가를 비롯해 저개발 국가들이 AIIB에 적극적으로 참여한 것이다. AIIB 참가국들은 투자 자금만큼 AIIB의 지분을 보유하게 되며, AIIB로부터 자유롭게 투자를 받을 수 있게 된다.

그동안 아시아 개발은행에 대한 불만이 많았던 탓인지, 일대일로 사업의 비전 때문이었는지 AIIB 회원국은 순식간에 늘어났다. 중국은 일대일로 포럼에서 80개국 이상이 AIIB에 가입할 것이라고 발표했는데, 2017년 말 기준, AIIB 가입 회원국은 이미 84개가 되었다. 67개 회원국을 보유한 아시아 개발 은행보다도 규모가 커진 것이다.

4) 강대국들의 탐욕에 시달려온 한반도의 전쟁과 평화

(1) 미·중의 경제·군사 대결과 한반도의 운명

역사적으로 한반도는 주변 강대국들이 주도하는 권력 정치(power politics)에 자유롭지 못했다. 고대로부터 중세까지 중국과 일본이라는 동아시아 강국들에 의해 한반도는 잦은 침략과 간섭의 대상이 되었다. 근대 이후에도 한반도 주변에는 미국·중국·러시아·일본 등 강대국이 자리 잡고 있으며, 그들은 한반도 정세에 막대한 영향력을 행사해왔다. 한반도는 독특한 지정학적 위치와 전략적 중요성으로 인해 오랫동안 강대국들 사이에서 이권利權의 집결지이자 쟁탈의 대상이 되어왔다. 대륙 세력과 해양 세력의 접점에 위치한 한반도의 지정학적 치명성으로 인해 한반도의 운명은 동아시아의 복잡한 강대국 관계에 자유로울 수 없었던 것이다. (박병광 「미·중 관계와 한반도 평화」『한반도, 평화를 말하다』 21세기 북스 2021년)

돌아보면 동북아를 둘러싼 강대국들의 권력 교체기에 한반도는 항상 국가 세력 혹은 진영 간의 전쟁터가 되고는 했다. 중국대륙에서 원元나라가 쇠하고 명明나라로 교체되던 시기에 한족 반란군인 홍건적 세력이 득세하였다. 홍건적 잔당은 두 차례에 걸쳐 고려를 침략했고(1359년, 1361년), 고려는 수도 개경開京이 함락당하는 수모를 겪은 바 있다. 한편 일본에서는 도요토미 히데요시豊臣秀吉가 수백 년에 걸친 전국 시대의 혼란을 마무리하고 통일을 이룬 뒤, 명나라를 정복한다는 명분으로 '정명가도征明假道'를 내세우며 조선을 침략하였다. 조선은 임진왜란(1592)과 정유재란(1597)을 거치며 7년간 전쟁의 화마에 휩쓸리기도 했다. 또한 명(明)나라가 쇠하고 청淸나라가 발흥하는 시기에도 한반도는 만주족의 침략을 받아 정묘호란(1627)과 병자호란(1636)을 당했다. 당시 수십만 명의 백성들이 포로가 되어 후금後金의 수도인 심양으로 끌려가기도 했다. (이성무 (2013), 『다시 보는 한국사』, 서울: 청아출판사).

근대 이후 서양 세력이 아시아로 몰려오는 '서세동점西勢東漸'의 시기에도 한반도를 둘러싼 강대국들의 권력 투쟁은 우리에게 치명적인 상처와 아픔을 주었다. 동아시아의 맹주이자 세계의 중심으로 자처하던 청나라는 영국을 위시한 서양 세력과의 충돌에서 패배하였고 '양무운동'을 통해 근대화에 역점을 두었지만, 봉건 체제의 한계 속에서 실패했다. 그러나 일본은 메이지유신明治維新으로 근대화에 성공했고 다시 제국의 열망을 키우면서 청일전쟁(1894)에서 승리했다. 중국과 일본이 맞붙은 청일전쟁의 싸움터는 둘 중 어느 나라도 아닌 한반도가 격전장이었다. 일본은 청일전쟁에서 승리함으로써 조선을 보호국으로 삼았고, 뒤이어 러일전쟁(1904)에서도 승리하여 한반도에 대한 정치·군사·외교·경제의 모든 분야를 장악하였다. 그리고 일본은 1910년 8월 한일합병조약을 통해 조선을 식민지로 삼았다. ('한일(조일)합병' 당시 일본제국 침략자들은 '강제'가 아니고 대한제국 측이 자발적으로 합병을 원해서 이루어진 것으로 꾸며놓고는 지금까지도 「합의에 의한 합방」으로 우김으로써 일체의 배상책임을 거부하는 철면피가 되어 있다.)

제2차 세계대전 직후에도 한반도는 미국과 소련이 동북아에서 경쟁적으로 세력 범위를 확대하는 바람에 결국 냉전의 희생양이 되고 말았다. 한반도는 식민 통치를 벗어나 항일 투쟁의 승리를 맛보기 무섭게 분단과 전쟁의 소용돌이에 빠져들고 말았던 것이다. 국제정치적 시각에서 살펴봤을 때 한반도 분단과 전쟁에 관련된 강대국 정책의 주안점은 한반도에 대한 자국의 이익을 확대하고 유지하면서 타국의 한반도 지배를 봉쇄하는 것이었다. 한반도는 지정학적으로 강대국의 전략적 요충지에 자리 잡고 있기 때문에 주변 강국들은 한반도의 단독 지배라는 적극적 개념의 개입은 불가능할 것이라는 인식 하에 한반도가 상대 진영의 세력권에 편입되는 것을 막기 위한 소극적 개입 정책을 추진하였다. 특히 38선에 의한 한반도의 분할은 미국과 소련이 서로가 상대방의 한반도 독점 지배를 방지하고 세력 균형을 이루기 위하여 '분할 통치'의 개념에 대한 이해가 맞아떨어진 결과였다. (김계동(2001),「한반도 분단·전쟁에 대한 주변국의 정책」『한국정치학회보』 35집 1호.)

한반도 분단 이후 점령 과정에서 미국과 소련은 동맹, 국내 정치 개입, 분할 통치의 개념을 활용하여 자국의 영향권을 유지함으로써 세력 균형을 이루었다. 한반도에 개입한 미국과 소련은 점령 이후 이익 및 세력의 분배와 균형을 도모했으나 북한의 지배자였던 김일성은 무력을 사용해서라도 통일을 해야겠다는 생각을 하게 되었다. 결국 전쟁이 발발했고 미국은 공산주의 세력의 한반도 독점 기도를 봉쇄하기 위해 한국전쟁에 참여하였다. 미국을 중심으로 하는 유엔군이 반격에 성공하여 북·중 국경까지 진격하자 중국은 서방측의 한반도 독점을 막기 위하여 '중국인민지원군'이라는 이름으로 군대를 파견하였다. 결국 군사적 방법에 의한 전쟁 종결이 어렵게 되자 양측은 정치적 종결을 모색하기 위해 휴전 협상을 시작하였고, 1953년 7월 27일 한반도를 재분단시키는 휴전협정에 서명하였다. 휴전협정은 한반도에서 다시 강대국 세력이 평형을 이루면서 힘의 분배를 이룩한 것을 의미했지만 한민족에게는 분단 고착화와 불완전한 평화의 시작이기도 했다.

결국 광복 이후 한반도는 미국과 소련의 헤게모니(주도권·패권) 투쟁 속에서 분단의 아픔을 맞이해야 했고, 냉전의 최전선이 되었다. 냉전 상태의 지속과 미소 간 대립은 한반도에서 남북한이 장기적으로 분열과 갈등을 유지하도록 만든 결정적 배경이 되었으며, 아직도 이념 대립과 상호 불신 등 냉전의 잔재에서 벗어나지 못하고 있다. 오늘날 한반도가 직면하고 있는 분단과 대립, 그리고 갈등과 전쟁의 위협은 어찌 보면 강대국 정치의 산물인 것이다. 따라서 한반도의 진정한 평화와 안정을 이룩하기 위해서는 역사적·구조적 맥락에서 강대국 정치와 한반도 평화의 상관관계를 이해하는 것이 매우 중요하다. 그리고 국제정치의 본질과 강대국 정치의 변화를 세심히 관찰하면서 한반도 평화의 좌표를 설정하고 접근해나가는 것이 필요하다.

전술한 바와 같이 19세기 중엽부터 냉전 종식 전까지 근대 100여 년의 역사가 입증하는 것은 한반도가 강대국들의 '경기장(arena)'이었고 강대국들이 서로 쟁탈하려는 전리품이었다는 것이다. 강대국들의 쟁탈전으로 인해 한반도는 일본의 식민지로 전락했고, 이후에는 분열과 전쟁의 화염에 휩싸이게 되었다. 남북한 국민은 형용하기 어려운 고통과 피해를 감내해야만 했으며, 아직 이어지고 있는 분단 상태는 한반도에 거주하는 모든 사람에게 생이별에다 엄청난 물질적 피해와 정신적 고통을 안겨주고 있다.

그러나 냉전 종식 후 한반도는 강대국 정치의 통제에서 벗어날 수 있는 역사적 기회를 가지게 되었다. 강대국 정치가 한반도에 미치는 영향력은 여전하지만, 그 정도와 성격, 방식에 있어서 중요한 변화가 발생했고 한반도는 스스로 화해 무드를 조성하기 위한 의지와 능력, 그리고 조건들을 갖추기 시작했다. 무엇보다 이제 한반도는 더 이상 동서 양 진영이 대립하는 최전방 전선이 아니며, 한국은 자체의 종합 국력과 국제사회에서의 영향력이 그 어느 때보다 증대되었다.

그 결과 주변 강대국들의 영향력도 과거보다 상대적으로 약해지기 시작했다. 구소련이 해체된 이후 러시아는 자기 자신을 돌볼 여력이 없어서 한반도에 대한 영향력이 급격히 약화되었다. 미국의 힘은 상대적으로 쇠퇴기에 접어들었으며 복잡한 국내 문제와 중동에 발목이 잡힌 채 부상하는 중국에 대응하느라 한반도에 대한 영향력이 예전만 못하다. 일본은 1980년대의 전성기를 지나 이제는 한국과 경쟁하는 수준이 되었으며 군사력과 경제력에서 월등한 우위를 점유하지 못하고 있다. 중국은 개혁개방을 통해 경제 건설에 매진하고 있으며 한반도에 대한 영향력을 유지하려 들지만 한국은 이미 중견국이 되었고 중국의 영향력은 옛날과 비교할 수 없다.

강대국 정치는 한반도의 분단 구조를 양산했고 갈등 구조를 고착화했다. 한반도의 평화를 실현하고 정착시키기 위해서는 강대국 정치로부터 유리된 상태에서 남북한만의 노력으로는 불가능하다. 다행히 과거에 비해 강대국 정치가 한반도 정세에 미치는 영향의 성격과 방식도 바뀌었다. 한반도의 평화와 안정을 수호하는 것이 강대국 모두의 공감대가 된 것이다. 또한 냉전 시기에 비해 강대국 관계의 성격 역시 변화하여 과거의 대립과 대항 위주에서 이제는 경쟁과 협력의 단계로 전환되었고 이데올로기적 속박에서 자유로워졌다. 다만 구소련이 해체된 이후 중국이 부상하면서 최근에 격화되고 있는 미·중 패권 경쟁의 양상은 동아시아와 한반도의 평화에도 부정적 영향을 미칠 수 있는 변수로 떠오르고 있다.

(2) 제국주의 전통 미국, 중국을 패권지향국으로 몰아 연합 공세

미·중 관계의 기본 구조와 성격을 가장 간명하게 규정하자면 '갈등 속의 협력'과 '전략적 불신 속의 협력'으로 규정할 수 있다. 미·중 관계는 1972년 관계 정상화 이후 현재까지 기본적 갈등 구조의 바탕 위에서 선택적 필요와 국가 이익에 따라 협력을 추구하는 '갈등 속의 협력'으로 보는 것이 타당하다. 또한 미·중 관계는 협력에도 불구하고 기본적으로 상호 전략적 불신을 저변에 깐 상태에서 현실적 필요에 의한 협력의 양상을 보인다는 점에서 '전략적 불신 속의 협력'으로 묘사될 수 있다. (Kenneth Lieberthal and Wang Jisi, *Addressing U.S.-China Strategic Distrust*(Washington, DC: Brookings Institution, 2012)) 그럼에도 미·중 양국이 상호 협력의 필요성을 강조하고 실제로 이슈와 영역에 따라 선택적 협력을 추구했던 것은 갈등으로 증폭된 대립과 마찰이 상호이익과 평화를 파괴하는 것을 원치 않았기 때문이다.

<중화인민공화국 수립 이후 미·중 관계>

연 도	주요 사안
1949	신중국 수립, 주중 미국 대사관 대만으로 철수
1950	중국, 한국전쟁 참전
1972	닉슨 대통령 방중, 미·중 상하이 공동성명 발표
1978	미·중 연락사무소 상호 개설

1979	미·중 수교, 상주 대사관 설치
1982	8·17 공동성명(중국 유일 합법 정부 인정)
1989	천안문 사건 발생, 미국 대중 제재 실시
1997	장쩌민 주석 방미, 전략적 동반자 관계
1999	미국 등 나토군 유고 주재 중국 대사관 폭격
2001	중국 WTO 공식 가입, 미 해군 정보기(EP-3) 충돌 사건
2006	후진타오 주석 방미, 중국 인권 개선 압박
2009	오바마 대통령 방중, 중국 국제사회 역할 인정
2012	시진핑 부주석 방미, 신형 대국 관계 제시
2017	트럼프 대통령 방중, 중국 대미 수입 확대 천명
2018	미·중 상호 관계 부과, 무역 전쟁 개시
2019	신중국 성립 70주년, 미·중 수교 40주년
2020	COVID-19 발생, '중국 책임론'으로 미·중 관계 악화

(자료: 박병광(2020. 2), 미·중 패권전쟁과 우리의 대응방향, *INSS 전략보고*, 국가안보전략연구원).

한편 20세기와 달리 21세기에 확연히 드러나는 미·중 간 종합국력 차이의 축소는 양국 관계를 훨씬 복잡하게 만드는 요인으로 작용한다. 중국의 경제 규모는 2010년부터 일본을 제치고 세계 2위로 올라섰고, 2012년 말 기준 세계 1위 외환 보유국(3조 3,000억 달러)이 되었으며, 2013년에는 세계 최대 교역국(4조 2,000억 달러)으로 부상하였다. 국제통화기금(IMF)의 자료에 따르면 중국의 경제 규모는 이미 2014년에 PPP 기준으로 미국을 추월했다. (구매력購買力 평가·기준 purchasing power parity 퍼쳐싱 파워 패리티) 그리고 명목 GDP를 기준으로 보더라도 2019년 중국의 GDP는 14조 5,000억 달러로 미국의 GDP 21조 4,390억 달러의 67% 수준에 도달했다. 중국의 총 GDP는 2020년에 100조 위안(약 15조 달러)을 돌파했고, 이미 미국(약 21조 달러)의 70% 수준까지 육박하였다. 두 나라의 GDP 성장률 차이가 매년 3% 이상일 경우 2030년경에는 중국의 GDP가 미국을 뛰어넘을 것으로 예상된다. 이렇게 될 경우 1인당 GDP 역시 2만 달러를 돌파하여 개인 소득도 선진국 반열에 오르게 될 것이다. (중국의 1인당 GDP는 2019년 기준 1만 98달러로 미국의 6만 5,111달러와 비교하면 16% 수준에 머물고 있다)

중국은 군사 부문에서도 2009년부터 세계 2위 국방비 지출 국가가 되었으며, 세계 두 번째로 스텔스 전투기(J-20)를 실전 배치하고, 자국 기술의 항공모함을 보유했으며, 미국 본토를 직접 타격할 수 있는 다량의 ICBM과 SLBM을 보유하고 있다. 특히 시진핑 집권 시기에 들어서면서 중국은 '강군의 꿈強軍夢'을 내세우면서 "결심하면 전쟁을 벌일 수 있고, 일단 전쟁에 나서면 싸움에서 이기는 군대"를 목표로 하고 있다. 또한 중국은 시진핑 집권 이후 국방백서에서 "남이 나를 건드리지 않으면 나도 남을 건드리지 않고, 남이 나를 건드리면 나도 반드시 남을 손봐준다人不犯我, 我不犯人, 人若犯我, 我必犯人"라고 강조하고 있다. (中華人民共和國國務院新聞辦公室(2013), *中國武裝力量的多樣化運用*, 北京: 人民出版社) 이는 후진타오胡錦濤 시기에 발표된 2011년 국방백서에서 "중국이 평화 외교 정책과 방어적 국방 정책을 펴는 가운데 영원히 패권을 추구하지도, 군사적 확장을 하지도 않겠다"면서 주변국을 안심시키는 내용이 주를 이루었던 것과는 대조되는 것이다.

미·중 관계는 경제 부문에서의 상호 의존과 별개로 군사 부문에서는 경쟁과 대립 구조가 훨씬 명확해지고 있다. 중국은 이른바 '사해문제四海問題'로 불리는 남중국해(남사군도·서사군도 영토분쟁)·동중국해(조어도 분쟁)·대만해협(양안 갈등)·서해(북핵 문제) 등에서 군사적 긴장이 지속되고 있으며 이는 본질적으로 미·중 군사적 대립을 핵심으로 하고 있다. (박병관(2020. 2), 중국 대외정책 기조의 변화와 함의, *INSS 전략보고*, No.62, 국가안보전략연구원) 이에 따라 중국은 미국의 대對아시아 군사 개입을 차단하기 위해 '반접근/지역거부(A2/AD)' 전략을 추구하고 있다. 결국 미국과 중국의 양자 관계는 갈등과 협력의 혼재 속에서 국제질서에 대한 '동상이몽'의 전략적 고려가 작용하며 아태 지역에서의 주도권 경쟁을 피하기 어려운 구조적 한계를 지니고 있다. 미·중 양국의 갈등과 대립은 단순히 양자 관계의 범위를 넘어서 지역적·세계적으로도 매우 커다란 파급 영향을 미치는 사안이다. 특히 동아시아와 아태 지역의 국가들은 미국과 중국 사이에서 때때로 "누구 편인지 확실히 하라"는 유·무언의 압박을 느끼고 있다.

돌아보면 미국의 대중국 정책은 상당 기간 '봉쇄(containment)'와 '개입(engagement)' 사이에서 다소 어정쩡한 모습을 취해왔다고 볼 수 있다. 일각에서는 이를 두고 미국이 중국에 대해 이중 경로 정책을 취하고 있다면서 '봉쇄적 개입(congagement)'이라고 표현하기도 했다. 그러나 오바마 집권 2기에 들어서면서 미국은 중국의 도전에 대응하기 위해 아시아·태평양 지역에 대한 '재균형 정책(rebalancing)'을 펼치기 시작했고, 이는 트럼프 행정부에 들어서면서 '인도·태평양 전략(Indo-Pacific Strategy)'으로 발전하였다. 트럼프 행정부는 인도·태평양 전략과 별개로 미국·인도·일본·호주를 연결하는 '쿼드(quad)'를 구성하였으며, 더 나아가 '쿼드 플러스' 구상을 통해 중국에 대한 군사·안보적 압박과 견제를 더욱 강화하고자 시도하였다.

이러한 구상은 바이든 행정부에서도 계승·발전되고 있다. 바이든 대통령은 인도·태평양 전략의 구체적 집행을 위해 커트 캠벨(Kurt Campbell)을 백악관 NSC 인도·태평양 조정관으로 임명하여 아시아 정책을 총괄하도록 하고 있다. 커트 캠벨은 중국에 대한 견제와 대응을 위한 방안으로 한국을 포함한 민주주의 10개국 연합체인 'D10(Democracy 10)'과 쿼드(Quad 4국 연합) 확대를 주장하고 있다. (Kurt M. Campbell and Rush Doshi. (2021. 1. 12), How America Can Shore Up Asian Order, *Foreign Affairs*) 이는 오바마 집권 2기부터 미국의 대중국 정책이 적어도 군사·안보 분야에 있어서만큼은 봉쇄 정책의 방향으로 전환했음을 의미한다.

한편 최근의 유례없는 미·중 간 갈등의 격화는 양국 간 분쟁의 성격이 무엇이고 향후 어떠한 방향으로 전개될 것인지에 대한 국제적 관심을 고조시키고 있다. 미국에 있어서 "부상하는 중국을 어떻게 다뤄야 하는가"에 대한 문제는 역대 행정부에서 적잖은 고민거리였으며 전략적 숙제로 작용해왔다. 미국은 시간이 갈수록 군사·안보·외교·경제·과학 기술 등 다방면에서 중국의 도전에 직면했으며 지금 이를 막아내지 않으면 '세력 전이(power transition)'를 피할 수 없다는 위기의식을 느끼고 있다. 중국의 종합 국력이 성장하고 경제·군사적 힘이 미국의 턱밑까지 추격하면서 미국 내에서는 중국의 부상에 대해 더 적극적이고 공세적인 대응 전략을 취하기 시작했다고 볼 수 있다.

자세히 들여다보면 최근 심화되고 있는 미·중 대립 구도는 단순한 '전략적 경쟁(strategic competition)'이 아니라 장기적 차원의 '패권 경쟁(hegemonic competition)'으로 진입했다는 점을 보여준다. 패권(hegemony)이란 국제질서의 수립과 운영에서의 '독점적 주도권'을 의미하는 것으로 특정 국가가 힘의 우위를 바탕으로 국제 체제의 안정성 유지에 긴요한 가치·목표 및 제도들을 선도적으로 제시하고 유지해갈 수 있는 역량을 의미한다. 그런 점에서 우리가 현재 목도하는 것은 미국과 중국의 '전략적 경쟁'이라기보다 '패권 경쟁의 서막(the prelude of hegemony competition)'이 열렸다고 규정하는 것이 더 타당하다. 왜냐하면 미국은 더 이상 중국을 동반자(partner)로 규정하지 않고, 경쟁자(competitor), 수정주의자(revisionist), 심지어 적(adversary)으로 규정하기 때문이다. (미국은 2017년 12월 발간한 「국가 안보 전략(National Security Strategy)」 보고서에서 중국을 경쟁자(competitor), 수정주의자(revisionist)로 적시했으며, 바이든 정부의 국방장관을 비롯한 주요 안보 부처 수장들은 의회 청문회에서 중국을 적(adversary)으로 규정했다) 한편 과거 이데올로기 대결을 벌였던 미소 관계와 마찬가지로 이제 미국은 인권·자유·민주주의 등을 내세운 가치와 제도의 측면에서도 중국과 대립하고 있다. 또한 오늘날 미·중 갈등은 단순한 무역 갈등을 뛰어넘어 그 영역이 금융·군사·기술·안보 등 무한 대결의 양상으로 비화하고 있으며, 공급망 재편과 탈동조화를 통해 '상호 의존'이 아닌 '상호 결별'의 시대를 향하고 있다.

본질적으로 신흥 강대국의 부상은 기존 패권국으로 하여금 언제나 위기의식을 불러일으키고 대응 전략을 모색하도록 만들었다. 그것은, 첫째 부상하는 강대국의 부상을 좌절시킴으로써 자국의 상대적 이익과 권한을 지속적으로 유지하고자 하거나, 둘째 부상하는 강대국의 부상 자체를 좌절시키기 어려울 경우 부상의 속도를 최대한 늦추고자 하며, 셋째 부상하는 강대국의 부상 과정과 결과를 자국의 이익에 맞도록 조절하기 위해 관여하는 전략을 취할 수 있다. (전재성(2008), 강대국의 부상과 대응 메커니즘: 이론적 분석과 유럽의 사례. *국방연구*, 제51권 3호)

최근 우리가 목도하는 미국과 중국의 경쟁은 갈수록 다방면에서 복합적으로 격화되는 추세이다. 그리고 이는 마치 트럼프가 주장했던 '미국 우선주의(America First)' 또는 바이든이 외치는 '미국의 귀환(America is Back)'과 시진핑이 주창하는 '중국의 꿈中國夢'

이 부딪히는 양상이다. 미·중 경쟁에 나선 바이든 행정부의 목적은 결코 중국에 패권의 일정 지분을 넘기는 데 있는 것이 아니라 도전하는 중국의 의지와 능력을 '굴복' 또는 '좌절'시키는 데 있다고 보아야 할 것이다. 미·중 경쟁과 갈등은 갈수록 치열해질 것이다. 한국은 미·중 대립 관계의 본질을 정확히 파악하여 강대국 정치로부터 다시 전쟁 위협과 불안정의 상태에 빠져들지 않도록 관리하고 대응해나갈 필요가 있다.

(3) 미·중 경쟁이 한반도 평화에 미치는 영향

오늘날에도 한반도의 위기와 갈등의 배경에는 미·중·일·러를 비롯한 역내 강대국들의 전략적 계산과 영향력이 작용하고 있다. 그중에서도 세계 패권을 두고 경쟁하는 미국과 중국의 대립은 한반도 평화에 미치는 영향이 지대할 수밖에 없다. 무엇보다도 분단된 한반도에서 남한은 미국과, 그리고 북한은 중국과 각각 동맹 관계를 맺고 있다는 사실을 고려하면 더욱 그러하다. 미·중 경쟁 관계가 한반도 평화에 직접적으로 영향을 미치는 것은 다음과 같은 점들을 배경으로 한다고 본다.

첫째, 미국과 중국의 대립 및 경쟁 심화는 동아시아의 지역 정세 불안을 가중시키고 이는 궁극적으로 한반도의 안보 불안으로 연결된다는 점이다. 역사적으로 모든 강대국은 먼저 자신이 위치한 지역에서 주도적 지위를 차지한 뒤 이를 발판으로 뻗어 나가 세계적 차원의 패권국이 되었다. 중국 역시 '중화민족의 위대한 부흥'으로 대변되는 강대국 지위의 달성을 위해서는 먼저 동아시아를 중심으로 하는 아시아·태평양 지역에서 주도권을 장악하지 않으면 안된다. (박병광(2010), 중국의 동아시아 전략: 인식·내용·전망을 중심으로, *국가전략*, 제16권 2호) 그러나 중국의 이러한 영향력 확대 시도는 미국의 대응 전략과 부딪히면서 이른바 '사해문제'의 위기를 자극하고 있다. 서해문제로 대표되는 한반도 역시 미·중 대립에 연루되면서 결국 미·중 갈등이 야기하는 동아시아 안보 불안의 파고가 자연스레 한반도 평화에도 영향을 주는 모양새다.

둘째, 한반도가 지정학적으로 대륙 세력과 해양 세력의 접점에 위치해 있다는 것이다. 해양 세력을 대표하는 미국과 대륙 세력을 대표하는 중국은 서태평양을 사이에 두고 치열한 군사 안보적 대립을 벌이고 있는데 그 접점에 한반도가 위치하고 있다. 미국은 중국을 압박하고 봉쇄하는 데 있어서 한반도를 중요한 전략 거점으로 활용할 수밖에 없다. 반면 중국에 있어서 한반도는 미국과의 직접적인 대결을 회피할 수 있는 일종의 완충지대(buffer zone)일 뿐 아니라 서태평양으로 진출하는 도약대로서의 의미를 지닌다고 할 수 있다. 미국과 중국의 지정학적 고려와 전략에 따라서 한반도의 안정과 평화도 요동칠 수밖에 없다.

셋째, 한국은 미국과 동맹 관계를 맺고 있고, 북한은 중국과 동맹 관계를 맺고 있다는 사실 역시 미·중 대립이 한반도 평화에 중대한 영향을 미치는 요인이다. 이는 과거

냉전 체제에서 발견되던 미소 대립의 양상이 탈냉전기인 오늘날에는 미·중 대립의 양상으로 바뀌었고 냉전 시기의 대립 구도가 과거에 비해 약화되었다고는 하지만 한반도에서는 아직도 근본적인 진영 간 대결 구조에 변화가 없다는 점을 의미한다. 따라서 미·중 양측은 한반도에서 유지하고 있는 동맹 구조를 쉽사리 약화시키거나 포기할 수 없으며, 남북한으로 갈라진 한반도에서의 긴장과 마찰을 적절히 관리할 수만 있다면 불안정 상태로 지속되는 한반도에서의 현상 유지를 선호할 수밖에 없다.

미·중 분쟁과 패권 경쟁의 도래는 역내 국제정치 지형에서 남북한을 포함한 한반도의 입지와 선택지를 좁히는 결과를 낳고 있다. 특히 한국의 경우 미·중 관계가 갈등과 견제의 방향으로 진행됨에 따라 미·중 양측으로부터 선택을 강요당하는 상황이 빈번해질 전망이다. 실제로 미국은 인도·태평양 전략, 쿼드, 클린 네트워크(clean-network), 5G 화웨이 배제, 동맹국 간 공급망 협력 등 미·중 갈등의 주요 이슈와 관련하여 한국 측의 참여를 공식·비공식적으로 요구하고 있다. 반면 중국은 한국에 쉽사리 미국 편에 기울지 말 것을 경고하거나 최소한 한국이 미·중 대결 구도에서 중립적 입장을 고수해줄 것을 내심 바라고 있다. 이러한 상황은 이제 더 이상 한국이 과거와 같이 '안보는 미국, 경제는 중국'이라는 이분법적 논리로 접근하는 것이 성립되지 않는다는 것을 보여준다.

한국이 미·중 갈등 이슈에서 어느 한쪽을 쉽사리 택하지 못하는 데에는 미·중 사이에 '끼인 국가'라는 한계와 더불어 한국만의 특수한 배경이 작용한다고 볼 수 있다. 그것은, 첫째 한국에 미국은 지난 70여 년간 동맹국으로서 안보를 유지하는 가장 든든한 지원 세력이고, 중국은 한국의 대외 교역에서 무려 25%의 비중을 차지하는 가장 중요한 경제적 동반자라는 사실이다. 이러한 현실은 한국으로 하여금 미·중 갈등에서 어느 일방을 쉽게 지지하거나 편승할 수 없는 현실로 작용한다. 둘째, 한국은 미·중 갈등 이슈에 연루되었다가 중국 측으로부터 경제 보복을 당한 '트라우마'가 작용한다는 점을 지적할 수 있다. 한국은 주한미군의 사드(THAAD) 배치 과정에서 미·중 강대국의 대립에 연루되어 중국의 보복 대상이 된 경험이 있다. 그러나 미국은 한국을 대변하거나 보호하는 데 소극적이었다. 이러한 아픈 경험은 한국 정부가 미·중 갈등 이슈에서 전략적 모호성을 유지하는 배경이 되고 있다. 셋째, 한국 정부는 북한 비핵화와 한반도 평화 정착을 실현하기 위해서 미국과 중국의 협조가 불가결하다고 보기 때문이다. 특히 한국으로서는 북한에 대해 식량과 전략 물자를 제공하며 영향력을 유지하는 중국의 역할이 매우 중요하다고 보기 때문에 동맹 관계에도 불구하고 미국으로의 경사를 쉽게 결정하지 못하는 측면이 있다.

전술한 바와 같이 한반도는 끊임없이 미·중 갈등의 소용돌이에 휩쓸리기 쉽고 때로는 원치 않는 '선택의 딜레마'에 빠져 각자의 길을 걸음으로써 한반도 평화 역시 심각한 도전에 직면할 수 있다. 그중에서도 한국이 미·중 대립 구도로 인해 당장 직면하고 있는 고민거리는 인도·태평양 전략과 쿼드 등 미국과 중국이 주도하는 다자주의와 지역 네트워킹에 대한 참여 문제이다. 미국과 중국은 동아시아에서 주도권을 놓치지 않기 위해 자국 중심의 국제질서 아키텍처(체계)를 구축하고자 한다. 이 과정에서 미국과 중국은 패권 경쟁이 가속화·장기화될수록 안보는 물론이고 가치와 규범을 매개체로 역내 협력과 역외 협력자 확보에 나설 것이다. 대표적으로 중국이 추진하는 '일대일로'와 미국이 주도하는 '인도·태평양 전략'은 이러한 상황을 반영하는 것으로 평가된다.

냉정하게 보자면 미·중이 주도하는 자국 중심의 다자주의는 결국 역내 국가들에 대한 '편 가르기'를 통해 동북아의 갈등 구조를 고착화하는 성격을 지니고 있다. 본래 다자주의(multilateralism)는 국가 간의 정책을 조정할 수 있는 협상의 장을 제공하여 다양한 참가국들 사이의 협력을 수월하게 해줌으로써 국가 주권과 국제질서 사이에 새로운 조정과 조화의 틀을 제공하는 것이다. (Robert O. Kohane. (1990). Multilateralism: An Agenda for Research, *International Journal,* Vol.45) 그러나 미·중 경쟁이 구조화되고 상시화되면서 미국과 중국은 각자가 주도하는 '지역 다자주의'를 이용하여 자국 중심의 '지역 아키텍처(연합체계)'를 구축하고자 한다. 대표적인 예로 미국이 강조하는 '인도-태평양 전략'과 '쿼드' 등은 중국의 '일대일로' 전략에 대한 견제이고 대응이다. 실상 미국과 중국은 모두 '다자주의'라 쓰고, '진영 경쟁'이라 읽는 것이다. 문제는 미국의 다자주의에는 중국이 포함되지 않고, 중국의 다자주의에는 미국이 없다는 점이다. 각자 우아하게 다자주의를 주장하지만 실제로는 상대를 배격하는 치열한 진영 경쟁이 미·중 간 패권 경쟁의 한 양상을 차지한다. 미국과 중국이 다자주의를 통해 추구하는 지역 네트워킹는 상대방의 동맹을 훔치고 친구를 뺏는 치열한 싸움을 의미한다. 미·중 양국은 세계무대에서 각자 자기편 모으기 전략을 펼치고 있으며, 이에 따라 안정적인 세계질서의 재편은 교란되고 있다.

인도·태평양 지역은 남중국해의 해양 주권의 문제, 중국의 일대일로 이니셔티브의 적극적 전개, 미국의 동맹 축 변화, 북한과 북핵 문제 등과 맞물린 새로운 균열선(fault line)으로 간주된다. 미국은 인도·태평양 지역에서 중국의 영향력을 최대한 억제해 사활적 이익을 확보하고자 하며, 이를 위해 과거 규범 중심 전략을 군사 안보 전략으로 전환하고 있다. (김기정 외 5인(2021), *미중 경쟁과 한국의 외교 유연성*, 서울: 국가안보전략연구원) 미국이 인도·태평양 전략을 제기하게 된 속내는 이 지역에서 중국으로부터의 위협 인식에 기초하며, 새로운 안보·경제 질서의 아키텍처를 구축하고 자국 주도의 네트워킹을 통해서 미국의 국가 이익을 증진하며 중국을 견제하려는 의도와 목적을 내포하고 있다. (USDOD (2019. 6. 1) *Indo-Pacific Strategy: Preparedness, Partnerships, and Promoting a Networked Region,* Washington DC)

한국은 이러한 미·중 갈등의 파고 속에서 기존의 '전략적 모호성'을 벗어나 미국 쪽으로 기우는 '전략적 경사'의 모습을 보이기 시작했다. 대표적으로 지난 2021년 5월 워싱턴에서 열린 한미정상회담에서 한국은 대북 정책에 대한 미국의 공조를 약속받고, 한반도 평화 프로세스의 재가동을 위한 모멘텀(동력)을 마련하는 대가로 미국이 원하는 대중국 견제 전선에 본격적으로 한 발을 내디뎠다. 당시 한미정상회담에서는 미·중 간

쟁점을 포함하는 중국 이슈가 그 어느 때보다 폭넓게 다루어졌다. 공동성명에서는 중국이 민감하게 반응하는 '쿼드'를 언급했으며, 규범에 기반한 국제질서를 옹호하고, 포용적이고 자유롭고 개방적인 '인도·태평양' 지역을 유지할 것을 약속하였다. 한편 양국 정상은 '남중국해' 및 여타 지역에서 평화와 안정, 합법적이고 방해받지 않는 항행·비행의 자유를 포함한 국제법 존중을 유지하기로 했다.

특히 한미정상회담에서는 중국이 핵심 이익核心利益으로 간주하는 대만 문제가 처음으로 언급되었다. 양국 정상은 '대만해협'에서의 평화와 안정 유지의 중요성을 강조하였다. 정상회담 공동성명에서는 '중국'을 적시하지 않았고 쿼드 참여에 대한 확답을 회피하는 등 수위 조절을 위해 노력했지만, 실질적으로는 미국의 요구와 의도를 대부분 반영한 것으로 볼 수 있다. 중국 정부는 한미정상 회담에서 대만 문제가 처음 언급된 것을 두고 "내정 간섭을 용납할 수 없다"라며 반발했다. 중국 외교부 대변인은 정례 브리핑에서 "대만 문제는 순수한 중국 내정"이라면서 "어떤 외부 세력의 간섭도 용납할 수 없다"라고 했다. 또한 "관련 국가들은 대만 문제에 대해서 언행을 신중히 해야 하며 불장난하지 말아야 한다"고 강조했다. 중국 외교부 대변인이 밝힌 입장 표명은 한국에 대해 미국의 장단에 휩쓸리지 말고 언행에 신중하라며 분명한 경고의 메시지를 보낸 것이다.

한국은 앞으로도 계속하여 미·중 관계에서 원치 않는 진퇴양난과 선택의 딜레마에 직면할 것이다. 그리고 남북 관계 개선과 한반도 평화라는 전략적 목표를 기준으로 미국과 중국 사이에서 양다리 걸치기를 하거나 필요에 따라 어느 일방으로의 전략적 경사를 선택하며 나아갈 수도 있다. 그러나 한국의 희망과 의도대로 과연 북한이 남북 관계 개선과 접촉의 길로 나오고 이를 디딤돌 삼아 북·미대화로 가는 전략에 편승할 것인가는 미지수다. 또한 남중국해와 대만 문제 등 중국이 핵심 이익으로 간주하는 사안에 대한 한국의 입장 표명이 언젠가 몰고 올지도 모르는 후폭풍에도 대비할 필요가 있다. 중국으로서는 한국에 대한 기대를 접고서 직·간접적인 압박과 보복의 위협 등 '한국 흔들기'를 펼칠 수 있다. 아울러 비핵화와 대북 협상에서 중요한 조력자 중 하나인 중국이 미국에 경사되는 모습을 보인 한국의 비핵화 셈법을 얼마나 지지하고 협조할 것인가 하는 점도 불투명하다.

결국 이 모든 것들은, 미·중 대립 양상과 한반도 평화를 향한 한국 정부의 고민이 어쩌면 같은 배를 타고 있는지도 모른다는 것을 잘 보여준다. 한국으로서는 강대국 정치가 한반도 평화에 미치는 역사적 경험 및 현재적 의미를 정확히 이해하는 것이 매우 중요하다. 그리고 오늘날 펼쳐지는 미·중 대립 관계 속에서 외교적 유연성과 명민한 판단력으로 한반도 평화를 이뤄내는 것이 중요하다. 무엇보다도 한국은 미·중 대립 관계의 본질을 정확히 파악하여 강대국 정치로부터 다시 전쟁 위협과 불안정의 상태에 빠져들지 않도록 관리하고 대응해나갈 필요가 있다.

(4) 자국의 핵심 이익만은 지켜갈 독자노선 필요

국제질서의 대전환과 미·중 간에 벌어지는 전략적 각축의 시기에 한국은 과연 어떠한 대응 원칙과 정책 방향을 추구함으로써 한반도의 평화를 지향해야만 하는 것일까. 우리의 전략적 선택은 냉정하고 균형적인 가운데서도 가능한 '독자적 운신의 폭'을 확보하는 방향으로 나아가야 한다. 사물의 변화 과정에서 '외적인 요소는 변화의 조건이고 내적인 요소는 변화의 근본'이기 때문이다. 다시 말해 한반도의 평화, 통일과 번영을 실현하기 위해 결정적인 작용을 하는 내적인 요소는 바로 남북한 당사자이고 그것을 주도하는 것은 한국이어야 한다는 것이다. 근현대사에서 강대국의 간섭과 영향력으로 인해 한반도는 자주·자립·평화를 달성하기에 필요한 충분조건들을 제대로 갖추지 못했다. 그러나 오늘날의 한반도는 강대국의 영향 속에서도 스스로 자주와 평화 건설을 위한 최소한의 조건과 능력을 갖추었으며, 한국은 그것을 주도할 수 있는 의지와 전략적 지혜를 발휘해야만 한다. 시간이 갈수록 더욱 가열될 것으로 보이는 미·중 대립 구도 속에서 우리가 한반도 평화를 달성하기 위해 취해야 할 원칙과 대응 방향으로 다음과 같은 점을 지적하고 싶다.

첫째, 국제 정세 및 미·중 관계 변화에 관한 '정확한 상황 인식'을 바탕으로 냉정하게 '판세의 변화'를 읽어나가야만 한다. 먼저 미·중 대립이 단기간에 끝날 사안이 아니고, 단순한 무역 통상 분쟁이 아니라 장기적 차원의 '패권 경쟁의 서막'이라는 분명한 인식을 지닐 필요가 있다. 현재 우리가 목도 하는 미·중 경쟁은 무역 통상 → 금융 → 군사 안보 → 하이테크 기술 → 가치 등 전역에 걸친 패권 경쟁의 초입이라는 점을 직시하고, 그에 상응하는 엄중함과 신중함 그리고 중장기 전략 모색의 태도를 갖춰야만 한다. 미국과 중국은 이미 새로운 아키텍처를 건설하기 위해 자국 중심의 '포석'을 깔기 시작했는데 우리나라만 아직도 이를 읽어내지 못한다면 그 결과는 참담할 수밖에 없을 것이다.

둘째, 미국과 중국 사이에서 어느 한 나라를 반드시 택해야만 한다는 '양자택일'식 논리와 주장을 지양해야 한다. 미국과 중국 사이에서 조급하고 어설픈 '일방적 편승'은 지극히 위험하다는 점을 직시해야만 한다. 지난 70여 년 동안 '한미동맹'을 축으로 삼았던 우리의 대외 전략이 이제는 '한중 전략적 협력 동반자 관계'라는 새로운 요소와 공존을 추구해야만 하는 숙제를 피할 수 없기 때문이다. 한국은 일본과 달리 어느 한쪽에만 올인(all in)하기 어려운 지정학적·역사적·정치경제적 배경이 복합적으로 작용하고 있다. 한미동맹이 우리의 안보 지주로서 매우 중요한 의미를 지닌다는 점을 누구도 부정할 수 없다. 마찬가지로 중국과의 적대적 관계 아래서 미래 한반도의 생존과 번영, 그리고 평화는 담보하기 어렵다. 중국과의 비적대적 공생도 불가피한 것이기에 섣부르게 '동맹 제일주의'를 내세우거나 중국의 부상을 바라보며 조급하게 '중국 편승'을 주장하는 것은 모두 단견일 수밖에 없다.

셋째, 우리의 양보 불가한 '핵심 이익'에 대한 내부적 규정을 시도하는 것이 필요하다. 우리나라는 세계 10위권의 중견국으로서 한국의 양보 불가한 '핵심 이익'에 대한 개념 규정과 가이드 라인을 내부적 또는 대내외적으로 수립할 필요가 있다. 중국이 '핵심 이익(core interest)'을 강조하고, 미국이 '사활 이익(vital interest)'을 주장하듯이 중견국으로서 한국이 양보할 수 없는 '핵심 이익' 또는 '전략적 이익'이 무엇인지 규정하고 그에 따른 기준과 원칙을 고민할 필요가 있다. 미국과 중국은 상호 간의 첨예한 갈등 이슈를 놓고서 정당성 확보와 세勢 불리기를 하는 과정에서 주변국에 "어느 편이냐"고 선택을 요구하는 사례가 증가할 것이다. 그러나 우리의 국가적 핵심 이익을 중심으로 하는 외교적 원칙과 기준의 부재는 우리 정부로 하여금 상황 전개에 따른 임기응변식 대응의 유혹을 불러 일으킬 것이며, 이는 강대국의 제로섬게임(zero-sum game)에 깊숙이 연루되는 위험에 빠질 수 있다. 그런 점에서 안보·주권·북핵·통일 등 국제사회에서 보편적으로 인정할 수 있고 우리 국민도 지지할 수 있는 우리만의 핵심 이익 개념을 수립하고 대응해나가는 것이 필요하다.

넷째, 미·중 대립과 마찰이 부각되더라도 가능한 '사안별 지지'와 '원칙의 일관성'을 통해 '자율 공간'을 확보해나가는 노력이 필요하다. 다시 말해 미·중 분쟁 사안의 성격 및 우리의 국익을 중심으로 특정 국가 중심 지지와 선택이 아닌 사안에 따른 지지와 우리만의 고유한 원칙의 일관성을 유지할 필요가 있다는 것이다. 이는 미국과 중국 사이에서 분쟁 이슈의 성격과 명분을 파악한 뒤, 특정 국가 지향이 아닌 사안에 따른 지지를 추구해나가는 것이다. 그리고 이를 위한 원칙 기반으로 우리의 국가 이익, 국제적 포용성, 국제규범의 합치, 동맹국에 대한 고려 등을 견지하는 것이 필요하다. 그래야만 미·중 간에 갈등과 마찰이 발생해도 사안별 지지를 추구할 수 있고, "한국의 정책은 원래 그랬다"며 강대국의 영향을 덜 받을 수 있는 공간을 확보할 수 있다. 특히 안보·주권·북핵·통일 등 우리의 '핵심 이익'과 관련된 레드 라인(red line)을 분명히 함으로써 원칙의 일관성을 유지해나가는 노력을 경주하고, 이를 통해 주변국 관계에서의 자율성을 확대할 필요가 있다. 또한 필요할 경우 원칙 견지에 따른 외교적 손실도 과감히 감내함으로써 '흔들리지 않는 나라' 이미지를 구축하고, 중장기적 국익에 부합한다고 판단될 경우 일정 부분 국내 정치적 비용을 감수하더라도 정부 원칙의 일관성을 유지해나가야만 한다.

다섯째, '중견국 외교'와 '소다자주의'를 강화함으로써 우리 주도의 외교 공간을 확장해나가는 것이 필요하다. 한국은 강대국에 끼인 지정학적 현실을 부정할 수 없지만, 결코 약소국이 아니며 언제까지나 강대국의 영향권에 갇힌 '그림자 국가(shadow state)'로 존재해서는 안 된다는 점을 자각하고, 주변국 및 중견국 연대의 외교공간을 확장하는 노력이 필요하다. ('그림자 국가(shadow state)'의 개념에 대해서는 다음을 참조하라. Ian Bremmer(2011), *Every Nation for Itself: Winners and Losers in a G-Zero World*. New York: Penguin) 한국은 '소다자주의'를 활성화하고 '중견국 연합'을 주도함으로써 미국과 중국의 영향력 경쟁으로 인한 소용돌이에서 '제3의 목소리'를 창출하려는 노력을 시도해야 한다. 미·중 패권 경쟁에 따른 거대 게임 변화에 우려를 지닌 다수국가가 존재하므로 이들과의 협력 가능성도 증대되고 있다는 점에 주목하면서 우리 주도의 중견국 외교를 통해 미·중 주도의 국제질서 하에서 외교 다변화를 추구해야만 한다. 한국은 중견국 외교를 통해 미국과 중국이 반박하거나 보복의 근거로 삼기 어려운 구체적인 정책 목표를 선제적으로 제시하고, 어느 경우이거나 강대국 중심주의를 배격하고 중견국·약소국 모두를 아우르는 포괄적·참여적 규칙 기반 질서를 강조할 필요가 있다.

여섯째, 한국은 신중해야 하지만 단기적으로는 미·중 사이에서 한미동맹을 기반으로 하는 대외 전략과 선택을 추구할 필요가 있다. 우리는 신중함도 필요하지만 그렇다고 미·중 분쟁 상황 속에서 선택으로 인해 일방적 보복을 당할 것이라는 '두려움(phobia)'에 빠지는 것도 지양해야 한다. 패권 경쟁은 주변국들을 자기편으로 끌어들여야 하는 '관중(audience)의 국제정치'가 작용한다는 점에서 우리의 전략적 가치를 높이는 방안을 고민할 필요가 있다. 다만 미국과 중국이 서로 양보하기 어려운 '핵심 이익'을 둘러싸고 무력 사용의 국지 분쟁까지도 불사하는 방향으로 나아간다면 어쩔 수 없이 어느 일방을 선택하는 상황에도 대비해야 할 것이다. 이와 같은 경우 우리는 단기적으로는 한미동맹을 기반으로 하는 대외 전략과 선택을 추구하고, 중국에 대해서는 '제한적 손실'을 외교적 목표로 설정하는 것이 바람직하다. 그 이유는 적어도 10년 내에 미국 주도의 패권 질서가 붕괴되고, 중국 중심의 패권 체제로 전환될 가능성은 희박하기 때문이다.

일곱째, 청와대와 외교부에 상설 기구로 '미·중 관계 대응팀'을 조직해야 한다. 우리나라는 향후 계속해서 이슈와 영역을 달리하며, 미·중 패권 경쟁에 따른 선택의 딜레마와 안보 위기를 마주할 것이다. 따라서 청와대 국가안보실과 외교부에 상설 기구로 '미·중 관계 대응팀'을 조직하는 것이 필요하다. 우리나라의 외교 안보 정책 결정 구조상 청와대는 가장 중요한 조직이며, 중국 문제의 중요성과 미·중 갈등의 장기화를 고려할 때 반드시 중국 전문가를 보강하여 '미·중 관계 대응팀' 조직을 구성하고 운영해나가야 한다. '미·중 관계 대응팀'은 정부와 정책 연구 기관의 실력 있고 권위 있는 전문가들을 선발하여 국가 안보실에 상설 조직으로 만들거나 불가할 경우 비상설 플랫폼의 형태로 조직하여 현안 이슈 및 중장기 전략을 수립할 수 있도록 운영하는 방안을 고려해야 한다.

◎ 평화공존의 국제사회를 지혜롭게 만들어 가야

봉건시대와 근현대 천년여를 통해 민족국가들 간에 끝없이 증오의 쟁투를 벌였던 유럽 여러나라들이 1·2차 세계대전까지 거친 후에는 서로 돕는 우방국으로서 평화공존하면서 우애와 협력을 나누어 왔듯이, 한반도 남북을 둘러싸고 있는 강대국들의 지나친 패권경쟁과 국내외 권력계층의 지나친 수탈욕망을 자제시킬 경우 동북아에서도 남북 동족과 강대국들 사이에 정상적으로 외교관계를 맺음으로써 남북 통일의 염원은 가슴 깊이 간직한 채로 우방들로서의 평화공존은 충분히 가능하리라고 생각된다. 그러니까 한반도 남쪽이 러시아·중국과 평화롭듯이, 북쪽도 미국·일본과 화해하여 외교관계를 가진 우방이 되는 것이다.

그리하여 대결과 전쟁으로 소모시킬 정치·경제·사회적 손실을 막아 가난한 서민대중의 경제생활을 풍요롭게 하며 전 지구적인 기후악화와 생태계의 안전과 평화를 회복시킴으로써 인류 모두가 행복해하는 평화세계 건설의 꿈도 이룰 수 있을 것으로 본다.

그리하여 국내외적으로 평등한 평화공존 및 복지사회를 이루려면 사회성원 모두가 다음과 같은 합리적 원칙과 의무를 지켜가야 할 것이다.

1. 공동체 구성원 모두는 지난날의 증오심을 과감히 버리고 국제 및 국내적으로 평등·민주의식을 공유하고 실천하려는 의지를 합의·강화시켜 가야한다.
2. 평등성을 방해하는, 수탈 가능한 모순관계를 간파(看破)하고 참을성있게 고쳐나가야 한다. (『미국의 한반도 지배사』4의 pp.560~579 참조)

이를테면 흔히들 완벽한 이상적 이념으로 보고 있는 호칭인 자유민주주의 체재(體裁 = 體制 체제)의 경제 현실 속에도 고정된 태생적 빈·부 계층간 수탈모순이다, 개인간·국가간에 이루어지고 있는 생산·공급·교환(유통)·소비 과정과 심지어 주식거래에 이르기까지 경제활동 곳곳·마디마디에서 재화 및 가치(노동력)의 수탈이 수시로 이루어지므로 이를 정확히(꼼꼼히) 찾아내어 바르게(균형있게) 배분시켜야 한다.

3. 자주성과 평등성 실현을 위해서는 수탈이 가능한 지위에 있는 강대 외국과 국내 부유층의 수탈(욕구) 자제(自制)와 양보가 요구된다. 수탈이 방임되는 사회에서는 (이 경우 '자유민주주의'의 '자유'에는 '수탈의 자유'도 포함) 부유층은 대대로 놀고 먹어도 되고 빈곤층은 대대로 사실상의 노예나 하인이 되어 고통스럽게 살아가게 된다. 부유층의 '수탈 감소'와 '납세 증대'는 대립과 갈등을 줄여 평화로운 복지사회 건설을 해나가는 데에서 필수조건이다.

◎ 神 숭배 종교의 사랑·증오·충돌과 평화공존 모색

(1) 절대신을 빙자한 침략·정복·수탈 방조

신을 숭배하는 종교인들은, 인간 모두의 생존과 생활과정에서 자연으로부터 얻는 혜택과 재난, 인간끼리 주고 받는 모든 의식주 생산·공급의 은혜와 자산소유의 혜택 등을 모두 전지전능全知全能한 절대신에 의해 주어진 것으로 (아무런 물적物的 근거도 없이) 귀납·독점시키는 독선적 경전(말과 글과 상징적 조각작품)을, 중세 봉건노예체제의 중동지역 사회풍습을 소재로 하여 만들어 놓고 끝없는 일방 주입식 선교宣敎 전파노력 (때로는 무력과 살해행위까지 동원하는 폭력)에 의해 절대순종(복종)의 방식으로 종교집단세력을 확장하였고 현재까지 지구상(지역과 인구상으로) 반 이상에서 성공하였다.

침략세력은 보이지 않는 神(하나님)을 인간 생명의 '주인'으로 모셔놓고 인간들은 아무런 권리 주장도 할 수 없는 '종(노예)'으로 규정하여 (봉건시대의 관습을 담은) 성서와 설교와 찬송가를 통해 피지배 민중의 일상생활의 철칙으로 (봉건시대의 선악관善惡觀을 영구히) 지키도록 주입시켜 왔다.

그리하여 그들은 다른 민족의 도덕종교나 이상사회를 염원하는 정치사회 이념들을 모조리 미신이나 악마의 짓으로 규정하여 (자신들도 가상의 절대신인 허상 迷信을 믿으면서) 인간끼리의 존중과 은혜의 주고 받음이나 평등·평화공존의 꿈과 실천들을 철저히 무시·경멸하는 자세를 취해왔다.

그러니까 특정지역의 윤리도덕률이 절대진리가 될 수 없는데도 불구하고, 더구나 비교적 낮은 수준의 「봉건시대 중동의 도덕률」을 하나님神의 말씀(진리)으로 황당하게 격상·고정시켜 놓은 것이, 자연과학과 사회의 합리성에 눈을 감은 신도들로 하여금 「유아독선唯我獨善」과 「왜곡된 맹신」으로 일탈逸脫하게 만든 사태의 원인이었다고 할 수 있다. (미신 성격의 신은 가상假像을 진상眞相으로 굳게 규정하여 놓은 벽과 같아서 주먹으로 두드리면 아프기만 하고 응답은 없다.)

절대신神에 대한 절대복종 강요의 신앙을 전파·확장하는 과정에서 주도세력이 일찍이 감지체득한 사실은, 앞에서 설명된 선교방식이 ('하나님'을 구태여 부정하거나 싫다고 하는 사람은 없으니까) 착하고 편안하게 살려는 많은 사람들의 인심을 쉽게 얻을 수 있고 이들이 자발적으로 솔선수범하여 바치는 정신적 육체적 봉사와 헌금을 즉각즉각 취득할 수 있게 되었다는 것이었다 (식민지를 다스리는 최상의 통치술 발견). 이런 현상은 직접적인 경제이득에 도움이 되었을 뿐만 아니라 제국주의 정복술책에서 (무력과 병행하여) 중심적 선도역할을 하게 되었다.

비유적으로 표현하면 피지배세력의 저항·정의正義의 칼(주의·주장·요구)에 하나님을 비롯한 피지배 민족성인들의 이름과 도덕률을 새겨넣어 번쩍이는 금도금 칼로 만들어 침략세력 자신들의 손에 잡고 정복·통치의 엄정하고 절대적인 교범敎範(원리 원칙)으로 삼았다.

그러니까 고대·중세의 순박한 미신 신앙 관습을 인지한 후, 과학이 발달된 근현대 인간들에게도 여전히 존재하는, 생명체로서의 고통과 불안의 약점을 파고들어 의도적인 (불안 해소라는 긍정적 소망과 순종·정복·수탈의 부정적 의도) 절대주의 미신으로 주입(선교)시켜 민심을 사로잡아 왔다.

이와 같이 절대신 신앙의 선교·전파와 절대 순종·헌신의 상호반응을 일찍이 간파(터득)한 유럽·미국·일본의 제국주의 세력들은 겉으로는 착하게 보이고 속으로 침략적이고 간악한 야욕을 채워가는 숫법을 반복적으로 시도하였고 현재까지도 계속해서 의도적으로 약소국 무력정복의 폭력과 신앙설교의 감언이설甘言利說을 함께 또는 앞·뒤로 구사 驅使하여 (선善과 악惡의 가면을 바꿔가며) 식민지 종속 우방의 용병과 순정어린 신도들을 앞세워 지난 500년간을 약소민족 분열·정복과 수탈전쟁의 사나운 역사로 만들어왔다. 그 결과로 중남미 전체주민과 세계 도처 주민들의 언어와 종교를 유럽의 것으로 바꿔놓았다.

제국주의 세력은 종교의 감언이설을 앞세웠고, 선교세력은 폭력적 제국주의 무력을 위협적 배후수단으로 삼아 함께 침략과 절대복종의 발걸음을 거침없이 내디뎠다. 그러다가 만난 강적이 '평등사상'이었으니, '사랑'을 제일 높이 앞세우던 그들의 식민주의 종교는 실제로는 협량狹量한 이기심 때문에, 자신들의 부당 착취행위를 막아서는 온세계 근로대중의 각성에 놀라면서 죽도록 증오하게 된 '반공'의 살기殺氣로 말미암아 세계 제패制霸와 동시에 인심을 잃고 소멸의 운명을 맞이하게 되었다고 볼 수 있다. 제국주의 최강국의 대통령이 망나니가 되어 발광하는 모습에서 이제 그 패권의 최고점을 넘어 하강하고 있는 대세의 시작을 알려주고 있다.

평등주의는 수탈체제(봉건노예제 + 자본·제국의 식민정복시대)에 저항, 자주·평등·민주주의를 주장하니까, 자신들의 수탈자산을 빼앗으려는 최악의 적(붉은 악마)으로 취급받기 시작했으나 이제 평등주의는 복지주의로 개념이 바뀌어 왕년의 식민지·半식민지는 물론 지구 전영역에 걸쳐 보편적 이상理想이 되었다. 평등주의 세력은 침략세력과의 간고한 자주독립투쟁으로 식민지상태에서 벗어나고 나아가 사회변혁의 이념투쟁으로 경제적 수탈의 굴레를 벗어나 평등한 지위의 복지경제사회를 향해 전진하고 있다.

이제 마지막 근본 해결책은, 자산 투자자가 독점적으로 차지해가는 배당몫(투자 자본의 몫 + 잉여가치 몽땅)을 근로자들의 몫(임금)과 공평하게 나누도록(共用 또는 分配) 민주적으로 제도화하는 일이다. '잉여가치' 부분은 노사勞使의 공동증식 자산인데 자본주 측에서 독점할 경우 노동력 수탈의 '그물낚시장치'가 되고 만다. 노사간의 공정분배는 매개(每個)회사에서 이루어지는 것도 좋지만 대단위 공동체의 납세와 지출의 복지정책 차원에서 이루어지면 더 좋을 것이다.

최근(2020~21년 내내) 온 세계를 괴롭히던 코로나 재난중에서도 특정 종교인들이 보인 악착같은 "대면對面예배나 정치선동 집회의 고집"이 신도들로부터의 헌금손실을 막고 불평등 착취사회(거대 빌딩들)를 지키기 위한 현실(인간)적 욕구를 가리우기 위한 (이웃에 감염의 피해를 주면서도 오히려 종교자유를 외치면서 억울해하는) 위장된 주장이었다는 사실은, 이미 500년전 루터의 종교개혁 시기(1517년 개신교 분리)에 터져나온, 「부패헌금현상」 (면죄부免罪符 팔아 교황청 사치·탕진)을 "천당가기 위한 노잣돈(여비) 저축"이라고 비아냥(놀림)받던 종교인들 (구교·신교를 불문하고)의 사이비 신앙행위를 연상시켰다. 이들 신앙주도자들은 엄청난 수탈적 불로소득을 하면서도 공동체 만백성의 기본의무인 소득세 납부를 회피하고 "하나님 품안에 있다는 독선적 특권의식"에 사로잡힌 채 수천수백만명의 공동체 이웃을 괴롭히는 코로나 감염병의 매개자 노릇을 공공연히(심술궂게) 또는 비밀스럽게 저질렀다.

일·미 제국주의 세력에 의한 조국 분열·분단·종속화로 힘센 백그라운드를 믿게된 허상숭배 아부세력은 악성 병균 정도는 우습게 생각한 나머지 100여년 동안 "하나님 품 밖의 동포들"을 무시해오던 버릇을 정의로운 관습으로 착각한 채, 죽을 힘을 다해 방역에 힘쓰고 있는 이웃동포의 희생쯤은 나몰라라 묵살하려 했던 것이다.

(이 비판의 글은 특정 종교인 모두에게 하는 소리가 아니고 공동체 애호정신에 어긋나는 반사회적 행동을 하여온 일부 사람들의 태도에 관한 것입니다.)

(2) 두 절대신 숭배 세력의 생성·발전과 지배욕의 영구적 충돌

로마제국(이탈리아)이 중동지역을 정복 지배할 당시 (기원전 3세기~2세기, 3차례 포에니 전쟁 승리, 아프리카 북부 카르타고에서~중동 전역 지배) 통치자들은 원주민 저항자들 가운데 주의 주장이 합리적이고 정의로워서 설득력이 강하여 많은 추종자들이 따랐던 예수를 희생시키는 (십자가에 못박는) 과정에서 피정복 민중의 순종적 호응을 얻어낼 수 있는 최선의 통치방법을 터득하게 된다. (제국주의帝國主義 Imperialism : 로마 황제의 이민족 異民族 정복·패권주의, 영토확장주의)

바로 피지배 민중들이 저항없이 따를 수 있는 방법을, 같은 피지배 세력의 지도자가 행한 주창의 설득력에서 찾아낸 후 이 '위대한' 지도자를 (세상 어느누구도 감히 거부하지 못하는) 하나님과 연결(父子之間으로) 시켜 놓자, 지구상의 어떤 피지배 인간들도 (마음 속으로) 들었던 저항의 칼(무력수단)을 내려놓고 스스로 순종하는 자세가 기적처럼 대세를 이루어갔다. ("하나님神이 모든 일을 다 하는 데 감히 누가 거역할 수 있단 말인가.")

인간 지배세력들은 이제 무수한 침략·살인·수탈에 대한 저항을 통제할 수 있는 (줄일 수 있는) 묘책妙策을 찾아낸 것이다. 죽여서 성인을 만들어 놓고 영구히 복종에 이용해 먹고 있는 중이다.

그 후 7세기경 중동의 무하마드가 똑같은 숫법(절대신神 알라)을 주창하자 두 신神을 앞세운 이슬람세계와 기독교세계는 피투성이의 싸움 (절대신과 절대신의 필연적 충돌)을 시작했고 (이슬람세력의 유럽 남부·동유럽 정복, 반대로 기독교세력의 십자군 침략전쟁, 현재까지 석유 탐욕을 채우기 위해 유럽·미국군의 중동 침략전쟁) 앞으로도 예상되는, 황당한 허상을 앞세운 자존심 경쟁(위장된 구호·명분)이 존속되는 한 수많은 인간끼리의 희생은 계속될 것으로 보인다. (절대신체제가 대립하는 한 그 지독한 불합리성으로 인하여 화해和解는 영구히 불가능해 보인다)

탐욕스러운 인간들에 의해 만들어진 이들 절대신들은 양측 모두 투사(신도)들의 주인이면서 동시에 정신적 갑옷이 되기도 했다. 역사적으로 보면 예배의 '봉건적 정성'은 이슬람 측이 강했고 '제국주의적 침략성향'은 기독교세력이 훨씬 더 강력하고 교활한 전통을 이어온 것으로 기록되어 있다.

지난 100년 동안 조선반도[한반도]에서 전개된 「반공反共주의」의 극성은, 인간이 다른 인간들을 수탈하는 불평등 양극화체제(봉건노예체제·복지 없는 자본주의체제 및 식민주의체제)를 개혁하여 사회공동체의 공익共益(복지주의)과 평등 평화주의를 실현시키려는 근로대중의 소망을 사전事前에 (미리 미리) 꺾으려는 제국주의 세력의 이기불패리기不敗주의(神절대주의와 결합한 패권覇權주의)에 의한 선제先制공격이었던 셈이다. 그리하여 신神의 도움(신앙의 힘)까지 동원하여, 열심히 생산노동에 종사하는 근로민중을 '공손한 수탈의 대상'으로 묶어두려 했던 것이다. (이러한 주장은 물론 부분적 진실을 담고 있는 표현이긴 하다)

아무튼 현재로서는 근로민중의 애당초 소망이었던 이상적理想的 평등주의체제도 실현과정에서 빚어지는 (단결투쟁·성취 과정에서) 독재성향의 부정적 결과를 가져온 데다, 인간의 생명체로서의 이기적 본능(상호 불신·배반)으로 말미암아 멋진 혁명 승리는 어렵게 되었으며, 아직은 조금씩 조금씩 양 체제의 부족을 메워가는 혼합융통식 정치·경제체제(남의 노동력을 빼앗는 수탈적 자본주의와 소수少數독재 질주 가능한 사회주의의 말없는 타협과 융합, 복지 자본주의 + 복지 사회주의)를 이루어가고 있는 중이다.

세계 인류의 평화공존 의식이 높아지는 날, 이질적 절대신 종교끼리는 물론 여타의 도덕 숭배 신앙인들 모두는 비합리적 미신 요소를 제거하고 자주·평등·민주주의가 보장되는 평화로운 도덕 공동체를 실현, 발전시켜 나갈 수 있을 것이다.

3. 미·일 무장력 세계 최강, 선제공격 자제하면 동북아 평화공존 가능

1) 학살·강간·혹사의 전범국 일본, 반성없이 재침위협 증대

(1) 한반도의 평화를 막은 치밀한 훼방꾼

얼마전에 청년 암살범의 총에 맞아 사망한 아베는 일본과 북한의 관계개선도 철저히 방해한 인물이었다. 2002년의 고이즈미 총리가 북한을 방문할 때 아베는 관방장관으로 수행했는데, 고이즈미 총리와 김정일 국방위원장의 정상회담에서 "안이한 타협은 안된다"며 강경론을 주장하기도 했다. 이후 '일본인 납치 피해자 문제'를 적극적으로 제기하며 북일 국교 정상화를 방해해 자민당 간사장으로 벼락출세를 할 수 있었다.

사실 일본으로서도 북일 국교 정상화는 동북아에 있어서 마지막 숙제이었기에 고이즈미 총리는 이 문제를 해결하고 싶어 했다. 하지만 아베는 그곳에서 '납치자 문제'를 제기했다. 납치자 문제는 일본의 보수 우익들이 강하게 요구하는 안건 중 하나로, 북한과의 관계에서 일본이 가해자가 아니라 피해자라는 논리를 뒤집어 씌우는 중요한 이슈였다. 아베는 이 이슈를 이용해 북일 국교 정상화를 막았고, 이를 발판으로 최연소 수상, 전후 세대의 첫 수상이라는 타이틀을 거머쥐었다. (김현철 『일본이 온다』 쌤앤파커스 2023. 9.)

이런 아베였기에 평창 올림픽 만찬장에서만 초를 친 것은 아니었다. 그 이후 남북관계의 주요 고비 때마다 끊임없이 방해했다. 이 방해는 한반도에서만 그치지 않았고 미국에까지 영향을 미치며 방해공작을 펼쳤다. 이러한 내막은 후일 트럼프 대통령의 국가안보보좌관이었던 존 볼턴의 회고록 《그 일이 일어난 방》(2020년 출간)을 통해 만천하에 알려졌다. 이 부분은 한반도의 운명을 바꾼 일이었기에 책의 내용을 인용해 조금 상세히 설명하면 다음과 같았다.

2018년 4월 27일, 판문점 평화의 집에서 문재인 대통령과 북한 김정은 국무위원장이 역사적 남북 정상회담을 가졌다. 헌정사상 세 번째 남북 정상회담이자 처음으로 남한에서 열린 정상회담이었다. 그 직전인 4월 18일에 아베는 플로리다주 마라라고에서 열린 미일 정상회담에서 많은 시간을 북한 문제에 할애하며 트럼프에게 사전 교육을 시켰다. 아베의 주장은 다음과 같았다.

- 북한과의 합의는 많은 비판을 받고 있는 이란과의 핵 합의와는 달리 엄격하고 실제적인 합의가 되어야 한다.

- 탄도 미사일의 경우 ICBM(대륙간탄도미사일)과 함께 일본에 직접 위협이 되는 중단거리 미사일까지 폐기되어야 하며 이와 함께 생화학 무기도 폐기될 필요가 있다.
- 북한은 미국의 무력행사 가능성을 가장 우려한다. 며칠 전 미국의 시리아 공습은 북한과 러시아에 많은 교훈을 주었을 것이다.
- 북한에 대한 최고의 협상 카드는 군사적 압박이다. 과거 김정일은 부시 대통령이 북한을 '악의 축'에 포함했을 때 매우 당황했다.

아베는 미국이 무력행사를 포함해 북한에 대한 군사적 압박을 계속해야 하고, 혹시 있을지 모르는 북한과의 합의에 대해서는 ICBM과 더불어 중단거리 미사일, 생화학 무기의 폐기까지 자세하게 주문해놓은 것이다.

2018년 6월 12일의 싱가포르 북미 정상회담 때도 마찬가지였다. 이 회담을 앞두고 아베는 5월 28일에 트럼프 대통령에게 정상간 통화를 요청한 뒤 마라라고에서 당부한 모든 요소를 재차 확인했다. 아베는 "나는 김정은을 믿지 않으며, 비핵화와 일본인 납치문제에 대한 구체적인 약속이 필요하다. 오바마 대통령보다 더욱 강하게 나가야 한다"라며 문재인 대통령이 트럼프 대통령에게 사전 설명한 것과는 상당히 다른 주장을 했다.

또한 일본국가안전보장회의의 야치 쇼타로 사무국장을 백악관에 파견해 북미 정상회담에 대한 일본의 주문을 반복적으로 전달했다. 야치 국장은 3가지를 특히 강조했는데, 첫째는 북한의 핵무기 보유 의지는 고정된 것이라는 점, 둘째는 평화적 해결을 위한 기회는 거의 마지막이라는 점, 셋째는 일본은 6자회담에서 합의한 '행동 대 행동(quid pro quo)' 방식을 믿지 않는다는 점을 강조했다.

'행동 대 행동' 방식이란, 북한의 구체적인 '비핵화 조치'는 먼 미래에 배치해두는 반면, '경제적 지원'은 먼저 하는 것이므로 북한에 매우 유리한 방식이다. 또한 북한에 대한 경제적 지원의 한계 효용은 비핵화 조치의 한계 효용보다 더 크기 때문에 경제적 지원은 무조건 북한에 유리하다. 그렇기 때문에 이를 받아주면 안 된다는 것이 일본의 주장이었다.

그다음 해에 열린 하노이 북미회담(2019년 2월 27~28일) 때도 마찬가지였다. 아베는 G7 정상회의에 가던 길에 워싱턴을 방문해 트럼프에게 "북한은 그들의 체제를 유지하기 위해 목숨을 내걸었다. 북한 정치인들은 매우 터프하고 교활하다"라고 강조하면서 북한에게 과도하게 양보하지 말도록 요청했다. 물론 아베의 이와 같은 집요한 방해 때문만은 아니었지만, 결국 하노이 북미회담은 무산되고 말았다.

(2) 한반도 뒤에서 기지국가가 되려는 일본

하지만 아베의 방해는 여기서 끝나지 않았다. 그는 두 달 뒤인 4월 26일 워싱턴을 방문해 트럼프 대통령에게 하노이 노딜(no deal)을 높이 평가하면서 트럼프야말로 회담장을 박차고 나올 수 있는 유일한 대통령이라고 추켜세웠다. 그러면서 북한에 대한 제재를 계속 유지하는 것이 중요하고, 시간은 미국 편이므로 절대 양보하지 말라고 다시 요청했다. 마치 확인 사살을 하듯이 아베는 한반도 평화 프로세스를 다시 한번 더 짓이겨 놓았다.

아베가 이렇게까지 집요하게 한반도의 평화를 방해하는 이유가 무엇일까? 그 뒤에는 일본 보수 우익의 한반도관이 있다. 한반도를 분단 상태로 고착시켜 놓아야 일본의 국익이 극대화된다는 생각이다. 이것이 소위 '기지국가론'이다.

기지국가론은, 한반도를 전쟁이 일어나거나 전쟁이 가능한 상태인 '전장戰場국가'로 묶어 두고 일본은 그 후방의 '기지基地국가'로 자리매김하자는 전략이다. 이렇게 하는 것이 일본의 안보도 확보하고 경제적 이익도 높아지기 때문이다. 중무장한 기지국가로 변신한 일본은 그간 수많은 혜택을 누렸다. 일본이 패망했을 때만 하더라도 미국은 일본을 비군사화하고 민주국가화하는 것이 기본 노선이었다. 하지만 중국이 공산화되고 한국전쟁이 발발하면서 먼저 비군사화 노선이 180도 전환되었다. 앞서 설명했듯이 이러한 전환을 '역코스'라고 했다. 그 결과 일본에 자위대의 전신인 경찰예비대가 설치되었고 해상보안청 요원이 증원되었다.

또 군국주의 국가에서 민주주의 국가로 전환하는 정책들도 대거 후퇴하기 시작했다. 군국주의자 추방령이 해제되었고 전직 군 간부들의 추방도 이루어지지 않았다. 아베의 외할아버지인 기시 노부스케(岸信介)를 비롯해 많은 전범이 석방되었고, 군 간부 중 일부는 새로 창설된 경찰예비대에 편입되었다. 더 나아가 공직 등에서 공산주의자들이 대거 추방되었고, 노동 3권이 일부 제한되기도 했다.

이 모든 것은 미국이 일본을 동북아의 기지국가로 탈바꿈시키면서 이루어진 조치였다. 하지만 그 무엇보다 일본 경제 부활에 결정적인 계기가 된 것은 한국전쟁이었다. 불황에 허덕이던 일본경제는 한국전쟁으로 기사회생(起死回生)했다. 패전 후 일본 경제는 그야말로 초토화되었다. 실업자가 넘쳐났고 인플레이션은 극에 달했다. 특히 1949년 트루먼의 특사로 일본에 파견된 더지(Joseph M. Dodge)가 인플레이션을 잡기 위해 초긴축정책을 추진함에 따라 일본은 최악의 불황에 빠져 있었다. 이런 상황에 가뭄의 단비처럼 내린 것이 한국전쟁의 특수(特需)였다.

한국전쟁으로 말미암아 일본은 유엔군의 보급기지가 되었고, 경제는 호황으로 돌아섰다. 물론 한국전쟁이 끝난 후에는 일시적인 경기 반동도 있었지만, 그 다음해인 1954년부터 일본 경제는 본격적인 고도 경제성장기로 접어들었다. 그리고 그로부터 20여년간 경제성장률이 해마다 10%를 능가했다.

이런 달콤한 추억 때문일까? 일본은 한반도를 어떻게든 전장국가로 묶어두고 싶어 한다. 게다가 한국이 주도하는 한반도 평화 프로세스는 더더욱 막아야 한다. 아베가 보수 우익의 선두에 서서 한반도 평화 프로세스를 집요하게 방해했던 이유다.

(3) 철 지난 반공연대와 가두기 전략

일본의 보수 우익은 한반도 평화 프로세스를 방해할 뿐만 아니라 한국을 북한으로부터 떼어 묶어두려는 전략을 구사하기도 했다. 그중 하나가 일본의 '가치 연대'다. 일본은 자유민주주의와 시장경제라는 가치를 가지고 한국을 가두려고 했다. 조금이라도 북한과의 관계를 개선하려고 하면 한국이 자유민주주의와 시장경제 가치로부터 이탈한다고 보았고, 조금이라도 북한과 대립각을 세우면 한국이 가치를 공유하는 국가라며 높이 평가했다.

하지만 일본은 겉마음과 속마음(일본어로 겉마음은 다테마에이고 속마음은 혼네이다)이 다른 국가이다. 겉으로는 가치 공유를 내세우지만, 속마음은 한국을 북한으로부터 떼어내 반공연대 속에 잡아두려했다. 이 또한 오랜 역사적 경위가 있는 일본의 기본 전략이다.

2022년 7월 아베가 암살되었을 때 암살범이 통일교 교도의 자녀라는 사실이 확인됨에 따라 통일교와 자민당의 유착관계가 일본에서 큰 이슈였다. 이때 흥미로운 사실들이 하나둘 드러났다. 아베의 외할아버지인 기시가 문선명 통일교 교주와 교류해왔고, 그것이 아베와 통일교가 만나게 된 시작점이라는 사실도 밝혀진 것이다. 기시는 수상 퇴임 후에도 정계에 영향력을 행사하려고 했고, 이때 후원자로서 문선명과 친분을 맺었다. 그 계기는 '반공'이었다. 당시 통일교는 일본에서 교세를 크게 확장하고 있었는데 종교의 주요 가치는 반공을 표방했다. 이 가치와 통일교의 교세가 '쇼와의 요괴'라고 불리던 기시의 눈에 들어간 것이다.

또 기시는 한국과도 깊은 관계를 맺고 있었다. 수상 퇴임 후 박정희 대통령이 추진한 1965년 한일 국교 정상화에도 깊이 관여했다. 기시는 '대아시아주의'의 시발점이 한국과의 국교 정상화라고 보았기에 자신의 만주국 인맥을 총동원해 박정희를 도왔다. 또 만주군 출신의 박정희도 기시의 도움을 받으며 한일 기본조약을 맺었다. 기시는 이러한 공로를 인정받아서 한일 수교 5년째인 1970년 6월에 박정희 대통령으로부터 '수교훈장 광화대장'을 수훈(受勳)했다.

이처럼 반공을 매개로 한 한국과 일본의 교류는, 나카소네와 전두환 시기까지 계속 이어졌다. 나카소네는 일본에서 '보수 우익의 중흥자'로 평가받는 인물이었다. 기시의 전통을 이어받으며 보수 방류에서 주류로 들어선 인물이었다. 나카소네는 전두환 정권에 40억 달러에 이르는 차관을 제공해줌으로써 전 정권의 기사회생을 도왔다. 차관의 조건은, 한미일 세 나라가 함께 손을 잡고 공산주의 세력을 막아내자는 것이었다. 그 대가로 나카소네는 기시와 마찬가지로 전두환 정권으로부터 훈장을 받았다.

이와 같은 한일 간의 반공연대는 한국의 민주화 이후에 차차 약해지고 단절되었다. 반공이라는 것이 결국 독재 정권을 정당화하는 수단이었음을 많은 국민들이 알았기 때문이다. 하지만 일본의 경우에는 정치가 세습되기 때문에 반공연대가 세대를 거치면서 계속 계승되었다. 아베와 통일교의 유착이 대를 이어 내려온 것도 바로 이 때문이었다.

(4) 일본의 수출 규제와 한일 경제전쟁의 시작

2019년 7월 1일, 일본은 대한국 수출 규제 품목을 발표했다. 반도체 생산에 필수적인 포토레지스트와 고순도 불화수소, 플루오린 폴리이미드 등 3개 품목으로, 일본이 전 세계 생산량을 거의 독점하다시피 한 것들이다. 한국의 수출입 관리에 문제가 있다는 이유로 이 품목들의 대한국 수출을 엄격히 관리하겠다고 선언한 것이다. 이것 역시 겉 다르고 속 다르게 나타난 '철 지난 반공' 사건이었다.

연이어 일본은 수출 절차 간소화 혜택을 부여하는 백색 국가에서 한국을 제외하겠다고 발표했다. 백색 국가는 일본 정부가 안보상 문제가 없다고 판단한 '안보 신뢰 국가'다. 일본 제품을 수출할 때 인허가 절차 등을 우대해 준다. 그래서 백색 국가에서 제외되면 특정 제품을 일본으로부터 수입할 때마다 까다로운 인허가 절차를 거쳐야 한다. 백색 국가 제외는 그만큼 한국을 신뢰할 수 없다는 뜻이다.

일본은 수출 규제의 표면적인 이유로 한국의 제도 불비를 들었다. 3개 품목 중의 일부가 북한으로 흘러갔다는 '북한 관련설'을 언급하거나, 일본 제품들이 한국을 경유해 중국·이란·시리아 등으로 우회 수출되어 무기로 전용될 가능성이 높다는 우려를 표하기도 했다. 이에 대해 일본이 한국에 협의를 여러 번 요청했는데 한국이 제대로 응하지 않았기 때문에 수출을 규제하게 되었다고 주장했다.

이것은 어디까지나 표면적인 이유였다. 실제 이유는 한국 대법원의 강제징용 판결이었다. 대법원은 2018년 10월에 일본 전범기업의 손해배상 책임을 인정해 강제징용 피해자들에게 위자료를 지급하라고 판시했다. 이에 대해 일본은 강제징용에 대한 배상은 「1965년 한일청구권 협정」으로 이미 이루어졌다며 한국 정부에 시정을 요구했다. 하지만 한국은 일본과 달리 '3권 분립'이 엄격한 국가이므로 정부로서는 대법원의 판결을 존중할 수밖에 없다는 점을 강조했다. 그에 대해 일본은 수출 규제라는 카드를 뽑아 든 것이다.

한국의 계속된 항의에 스가 요시히데 당시 일본 관방장관은 "한국에 대한 수출 규제 조치는 일본의 안전보장을 위해 수출관리를 적절히 하려는 차원의 운용방침 재검토이며 (강제징용 문제에 대한) 대항조치가 아니다"라며 말끝을 흐렸다. 하지만 이것은 어디까지나 겉마음과 속마음이 다른 일본의 평계에 불과했다.

일본의 수출 규제가 충격적이었던 이유는 따로 있다. 정치적인 문제로 경제적 보복을 가한 첫 사례였다는 점이다. 70여 년간의 한일 관계에 처음 있는 일이었다. 한국과 일본의 관계에는 전통적으로 '정경분리' 원칙이 견지되어왔다. 정치와 경제를 엄격히 분리해 운영하는 원칙이다. 과거 김대중 납치 사건이나 이명박 대통령 천황 발언 등으로 양국 관계가 험악해졌을 때도 경제 관계는 항상 논외였다. 자유롭게 교역하고 사업을 전개할 수 있는 여지를 항상 남겨둔 것이다. 이 원칙을 처음으로 깬 것이 일본의 수출 규제였다.

(5) 서로의 급소를 노린 한일 양국

일본의 수출 규제에 대해 한국도 맞대응했다. 정부는 정부대로 대응조치를 마련하고, 국민들은 일본 제품 불매와 관광 거부운동을 시작했다. 불매운동을 위한 '노노 재팬'이라는 웹 사이트가 만들어졌고, 사이트에는 사지 말아야 하는 일본 제품과 그것을 대체할 수 있는 국산 제품까지 소개했다. 초기에는 맥주나 의류가 주요 대상이었지만 점차 자동차 같은 내구 소비재(耐久財 : 장기간의 사용에 견디는 물건)로 확산되었다. 소비자뿐만 아니라 판매자들도 직접 불매운동에 나섰다. 마트나 재래시장 등에서 일본 제품 판매 중지를 선언하고, 일부 택배 노동자들은 일본 제품의 배송을 거부하는 선언을 하기도 했다.

특히 인상적이었던 것은 일본 관광 거부 운동이었다. 당시 한일 상호 관광은 매우 불균형적이었다. 일본을 방문하는 한국인이 연간 750만 명 정도인데 반해 한국을 방문하는 일본인은 그 절반에도 못 미치는 300만 명 정도였다. 단순히 수치만 비교해도 한일간 역조가 큰 상태였다. 특히 일본을 찾는 전 세계 관광객 중 한국인이 무려 25%를 차지했다. 한국 관광객은 일본의 대도시뿐만 아니라 지방 중소도시까지 방문하던 상황이었다. 그런 상황에서 일본 관광 거부 운동이 벌어진 것이다.

그런데 여기서 짚고 넘어갈 것이 반도체 관련 3개 품목 수출 규제의 또 다른 이유다. 왜 수출 규제 품목이 하필 반도체 관련 부품일까? 일본의 보수 우익 중 일부는 "한국은 반도체가 급소이므로 반도체 관련 수출규제를 해서 급소를 찔러야 한다"고 주장해 왔다. 초기에 '타도 삼성'으로 시작해 SK하이닉스 등을 포함한 한국 반도체 타도로 확대되었다. 험한 분위기가 고조되면서 '한국 반도체 급소론'이 일본 내에서 조용히 퍼져나갔고, 이 것을 과거사 문제로 연결한 것이 아베였다. 일부 극단적인 보수 우익들의 주장을 일본 정부가 공식적으로 받아들인 것이다.

노노 재팬 로고

이것을 되받아친 것이 한국인들의 일본 관광 거부였다. 일본 경제가 장기 침체에 빠지면서 환율도 점진적으로 약세화되었다. 반도체와 같은 산업 육성 정책을 일본 정부가 여러 번 시도해보았지만 장기 경제침체 속에서 제대로 성공하지 못했다. 아베 정부도 아베노믹스의 '3개의 화살'중 하나로 산업 육성 정책을 실시했지만 이렇다 할 성과를 거두지 못했다. 이때 아베 정부가 눈을 돌린 것이 관광 산업 육성이었다. 환율 약세로 해외 관광객이 많아지기 시작했기에 관광 입국을 국가 정책으로 추진한 것이었다.

이 정책은 자민당의 이익과도 직결되었다. 자민당은 대도시보다 지방 중소도시에 강한 지지 기반을 갖추고 있었다. 지방 중소도시는 장기 경제침체의 직격탄을 맞아 '지방 소멸'의 주요 대상이기도 했다. 이 지역에 외국인 관광객을 불러 모을 수만 있다면 지역경제 활성화에 큰 도움이 될 뿐만 아니라 자민당의 지지 기반을 유지할 좋은 방안도 된다. 때문에 자민당은 지방창생본부를 만들고 지방 관광 육성 정책을 강력히 시행했다. 그런 정책의 영향으로 일본 중소도시 관광이 활성화되었고, 거기에 많이 간 사람들이 주로 한국인이었다.

현명한 한국인들은 이 점에 착목했다. 지방 관광이 일본의 급소였던 것이다. 일본이 한국의 반도체를 급소라 여기고 찌르려 했으니 한국도 그 보복으로 지방 관광을 거부했다. 이것은 기대 이상의 효과를 발휘했다. 한국 관광객이 발길을 끊자 지방 중소도시 자민당 의원들이 타격을 받았고, 그들은 서서히 아베 정권에 비판적으로 돌아서기 시작했다. 이것이 정권 교체의 중요 계기가 되었다.

문제는 한국과 일본이 서로의 급소를 노리는 이 현상이 아베정권의 무모한 수출 규제로 시작되었다는 점이다. 하지만 이것은 한일 경제전쟁의 한 단면에 불과했다. 한반도를 둘러싼 보이지 않는 전쟁이 이미 시작되었다. 일본은 중국·러시아 같은 대륙 세력을 봉쇄하려는 무모한 시도를 2012년경부터 해왔다. 그리고 이것이 미중 패권경쟁으로 전이되면서 전 세계 경제를 뒤흔들고 있다. 이 충격은 어느 정도이고, 어떻게 대응해야 할까? 이 질문에 대한 답을 이어지는 장에서 대외 정책과 대내 정책으로 나누어서 살펴보자.

(6) IMF의 경제전쟁 보고서가 경고한 것

일본이 어설프게 시작한 인태전략에 미국이 합세하면서 전 세계가 대혼란에 빠졌는데, 이러한 혼란 속에서 책 한 권이 각광받기 시작했다. 토머스 프리드먼의 『늦어서 고마워』라는 책이다. 프리드먼은 퓰리처상을 세 차례나 수상한 언론인으로 지난 30년간 세계화 현상을 가장 잘 설명한 작가로도 유명하다. 『세계는 평평하다』, 『렉서스와 올리브나무』 등의 베스트셀러는 지금까지도 세계화 필독서로 꼽힌다. 또 미국이 세계 최강국의 지위를 잃어버리는 모습을 치밀하게 분석한 『미국 쇠망론』이라는 책도 베스트셀

러가 되었다. (International Monetary Fund 국제통화기금)

프리드먼은 『늦어서 고마워』에서 역사상 가장 거대한 변화의 순간이 찾아오고 있으니 겁먹지 말고 조금 더 냉철히 지켜보라고 조언했다. 보통은 이러한 변화의 순간이 찾아오면 모두들 겁먹고 우왕좌왕하기 마련이다. 하지만 한발 물러서서 바라보면 그 변화도 그리 겁먹을 필요도 없다는 것이다. 오히려 차분하게 바라보느라 늦어질 수도 있지만, 그로 인해 늦어지는 것조차 감사하게 여기며 대응하면 된다는 것이다.

미중 패권경쟁도 마찬가지다. 앨리슨이 예고한 대로 세계적인 패권경쟁은 대부분 전쟁으로 비화되었다. 하지만 지금과 같이 '핵무기가 발달한 세계에서 실제 전쟁이 일어나기는 대단히 어렵다.' 더구나 '미국과 중국은 세계에서 가장 강력한 무기를 지닌 국가들이다. 이 국가들이 전면전을 할 가능성은 사실상 제로에 가깝다.' 이러한 현실을 제대로 직시한다면 우리는 새로운 활로를 모색할 수 있다. (김현철 『일본이 온다』 쌤앤파커스 2023. 9.)

이 와중에 IMF가 2021년 3월에 좋은 논문을 하나 발표했다. 「디커플링이 미치는 경제적 영향(Sizing Up the Effects of Technological Decoupling)」이라는 제목으로 미중 패권경쟁이 세계 경제에 미치는 영향을 분석한 논문이다. 미중 패권경쟁이 군사적 전쟁으로 비화할 경우를 가정한 전쟁 시뮬레이션(war game)은 많다. 전쟁이 발발했을 때 주요국들은 어떻게 움직일지, 그 경우 각국은 어떠한 피해를 입을지 분석한 연구들이다. 전쟁 시뮬레이션(가상 정황)과 마찬가지로 미중 간의 경제적 대립이 주요국의 경제에 어떠한 영향을 미치는지를 분석한 보고서가 바로 IMF의 논문이다.

이 논문은 미중 간의 다양한 경제전쟁 양상을 가정하고 있다. 그중 가장 중요한 것은, 첫째 미국과 중국이 직접 맞붙었을 경우다. 즉 양국 경제가 분리 및 차단(디커플링)되었을 때다. 두 번째는 미국이 OECD 선진국들과 협력해 중국에 대항하는 경우다. 즉 미국을 포함한 OECD 국가들이 일대다로 중국과 맞서는 경우다. (Organization for Economic Cooperation and Development 「경제협력개발기구」)

또 이러한 양상이 영향을 주는 6개국에는 미국과 중국뿐만 아니라 유럽연합과 인도, 한국과 일본이 포함되어 있다. 그리고 이러한 경제전쟁이 벌어졌을 때의 영향을 10년간에 걸친 각국의 GDP 감소폭으로 보여주었다. 이 논문이 분석한 6개국 중에 한국이 포함되어 있기에 시사하는 바가 대단히 크다. 각각의 시뮬레이션 결과를 조금 더 자세히 살펴보겠다. (gross domestic product 국내총생산)

먼저 경제전쟁의 양 당사자인 미국과 중국의 경제는 어떤 영향을 받을까? 양국 모두 10년에 걸쳐서 GDP가 각각 3%, 4% 감소하는 것으로 나타났다. 미국과 중국 모두 저성장 경제이기에 3~4%의 마이너스 성장은 양국 경제에 엄청난 영향을 준다는 것을 의미한다. 이것을 통해 트럼프 전 대통령의 1차 무역전쟁은 잘못된 정책임을 금방 알 수 있다. 중국에 대한 혐오를 등에 업고 트럼프 정부가 중국에 가한 무역보복 조치는 중국은 물론 미국에도 큰 충격을 주는 정책이었다.

이것은 2가지 점에서 이미 예견된 결과였다. 첫 번째는 미국경제가 이미 중국과 디커플링될 수 없을 정도로 상호의존적으로 변해버렸다는 점이다. 2001년 중국이 WTO에 가입한 이후 중국경제는 미국 경제에 깊숙이 침투했고 이제는 분리가 불가능한 상황까지 와버렸다. (World Trade Organization 세계 무역 기구)

이러한 상황에서 중국 수입품에 25%의 보복 관세를 부과한 트럼프의 정책은 당연히 미국의 소비자 물가를 끌어올리는 결과를 가져올 수밖에 없었다. 여기에 2020년 코로나 팬데믹으로 글로벌 공급망이 흔들렸고, 2022년에는 러시아·우크라이나 전쟁까지 발발하면서 전 세계 물가가 급등하는 현상까지 벌어졌다. 그러니 트럼프의 1차 무역전쟁이 실패로 끝난 것은 너무나 당연한 결과다. IMF의 논문도 이 점을 분명히 해주었다. (pandemic 세계적·전국적으로 유행하는, endemic 한 지방에만 특유한, 풍토성의)

또 IMF의 논문은 과거의 냉전과 신냉전의 차이도 분명히 보여주었다. 미소가 대립한 20세기의 구냉전은 양쪽 진영이 완전히 분리된 상황에서 전개되었다. 사람과 물건의 교역이 완전히 차단된 상태에서 대치했던 것이다. 그러나 지금의 신냉전(New Cold War)은 다르다. 미국과 중국이 세계화의 흐름 속에서 서로 깊숙이 엮여 있는 상태에서 벌이는 대립이다. 그러니 지금 와서 양 진영을 완전히 분리하고 차단하는 것은 불가능한 일이다. 이 점을 분명히 인식한다면 신냉전이나 디커플링은 경제적 관점에서는 잘못된 용어다. 분리될 수 없는 양 진영이 상호 대립하면서 분리된다는 것은 자기모순이기 때문이다.

또한 신냉전은 미국과 중국뿐만 아니라 세계 경제에도 심각한 충격을 준다. 미국과 중국은 경제력에 있어서 세계 1위와 2위 국가다. 1위와 2위 국가가 신냉전을 지향하며 경제전쟁을 일으키게 되면, 당연히 전 세계 경제에 엄청난 충격을 줄 수밖에 없다.

구냉전과 신냉전 비교

	구냉전	신냉전
대상	• 소련	• 중국
경쟁 축	• 이데올로기 경쟁	• 무역경쟁 • 첨단기술경쟁
상호의존성	• 봉쇄로 차단(디커플링)	• 봉쇄 불가 • 이미 상호연결(커플링)
상대 진영 내	• 극심한 분열 • 중국과의 대립 및 자본주의 체제 편입	• 중국 내 소수민족 문제 • 무역과 일대일로로 결합
미국 진영 내	• 미국의 최전성기	• 미국 국력 약화와 내부 분열 • 자국 우선주의로 동맹 간 균열

때문에 IMF 총재는 미국과 중국 모두를 비난하는 성명을 발표한 것이다. IMF 총재

는 양비론적 입장에서 미국과 중국을 함께 비난하는 형태를 취했지만, 속뜻은 자국의 패권 유지를 위해 경제전쟁을 일으킨 미국을 비난한 것이다. 세계의 리더로서 전 세계인의 안녕과 경제적 풍요를 위해 핵심적인 역할을 해야 할 미국이, 앞장서서 전 세계 경제를 혼란에 빠뜨렸으니 비난받아 마땅하지 않은가?

이러한 점을 이해한다면 바이든 정부가 무역전쟁에서 첨단기술전쟁으로 방향을 수정한 점도 함께 이해가 된다. 무역전쟁은 중국 경제만이 아니고 자국 경제에도 마이너스 충격을 주는 데다 더 나아가 세계 경제에도 충격을 준다. 결국 미국은 글로벌 리더십에 큰 오점을 남길 수 있다. (leadership 지도력) 이에 비하면 첨단기술전쟁은 핀포인트 전쟁이다. (pinpoint 정밀한 선택적) 중국의 가장 큰 약점만이 정확히 타격하는 것이기에 중국에 충격을 주면서도 미국과 세계 경제에는 큰 충격을 주지 않는 방법이다. 물론 반도체와 같은 첨단기술을 지닌 한국에는 큰 영향을 주었지만, 무역전쟁 같은 우격다짐보다는 훨씬 정교하고 세련된 전략적 선택인 것이다.

(7) 미국과 OECD가 연합해 중국과 경쟁한다면?

IMF 논문의 두 번째 시나리오는 미국이 OECD 국가들과 연합해 중국과 경쟁하는 경우다. 이 경우 10년에 걸쳐 미국은 GDP 감소율이 -1% 정도밖에 안 된다. 즉 미국 경제에는 영향이 미미한 것이다. 이것은 미국이 단독으로 중국과 경쟁하는 경우 -3% 역성장하는 데 비해 OECD 국가들과 연합해 경쟁하는 것이 미국에는 훨씬 더 유리하다는 것을 보여준다. 그러면 바이든 정부가 왜 자유민주주의 동맹들과 함께 중국을 견제하려고 하는지 이해가 될 것이다.

트럼프는 고립주의 정책을 취하면서 미국 단독으로 중국을 견제하려 했지만, 바이든은 이와 달리 민주주의 진영과 연합해 중국을 견제하는 전략을 취했다. 이것이 앞서 설명한 '신뢰 네트워크' 혹은 '프렌드 쇼어링'이다. (friend shoring 우호적 연합) 즉 전 세계에 퍼져 있던 글로벌 가치사슬(global value chain)을 신뢰할 수 있는 국가들로 재편하려는 것이다.

이러한 전략으로 경쟁하면 중국 경제는 엄청난 충격을 받는다. IMF 논문에 따르면 이 경우 중국 경제는 10년에 걸쳐 -8%나 역성장한다. 최근에도 6%대 성장에서 3%대의 저성장 국면에 들어간 중국 경제가 -8%나 역성장을 한다는 것은, 경제 전체에 엄청난 충격을 준다는 것을 의미한다.

이것을 보면 2022년에 시진핑이 왜 3연임에 성공했는지 알 수 있다. 어찌되었든 중국은 다시 한번 시진핑을 선택했다. 전통적인 집단지도 체제마저 버리고 시진핑에게 강력한 권한을 부여한 것이다. 강력한 리더십으로 위기를 돌파하기 위해서다. 물론 리더십이 전부는 아니다. 중국이 이러한 충격을 피하려면 자유 진영에 대항할 수 있는 경제

시스템을 독자적으로 구축해야 한다.

중국의 쌍순환 전략

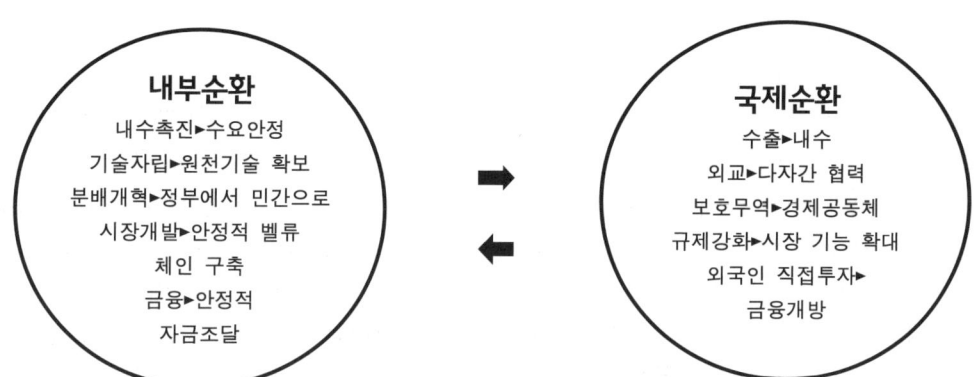

그중 하나가 '쌍순환 전략'이다. 쌍순환 전략이란 내순환과 외순환을 함께 돌리는 전략이다. 내순환은 우선 내수만으로도 경제가 잘 돌아갈 수 있는 최소한의 시스템을 만드는 동시에 첨단기술을 독자적으로 개발해 자유 진영과의 첨단기술전쟁에서 살아남을 방법을 모색하는 전략이다.

그리고 외순환은 국제관계에 있어서의 서진(西進) 전략이다. 미국이 태평양을 중심으로 중국을 압박해올 때 미국과의 경쟁을 피해 서쪽으로 이동하는 전략을 말한다. 앞서 설명한 '일대일로'처럼 미국, 선진국 진영과 떨어져 있는 아세안·중앙아시아·서남아시아·중동·아프리카 국가들과의 협력을 강화하는 것이다. 특히 일본이 선점하고 있는 아세안과의 협력에 중국이 공을 들였다. 또 미국의 영향권 아래에 있던 중동에도 적극적으로 개입해 중국의 영향력을 극대화하려고 했다. 2023년 봄 중국의 중재로 이루어진 사우디아라비아와 이란의 관계 정상화가 이를 잘 보여주고 있다.

IMF 논문은 이러한 움직임에 대한 경제대국 인도의 행보도 잘 보여주고 있다. 논문은 미중 패권경쟁이 인도 경제에 미치는 영향은 거의 없다고 밝혔다. 인도는 하나의 경제대국이기에 미국의 영향권에도, 중국의 영향권에도 비교적 자유롭다. 그러므로 미국이 독자적으로 중국과 경쟁하듯, OECD 국가들과 연합해 경쟁하든, 인도 경제에는 거의 영향이 없을 것이다. 이것은 또한 인도가 미중 패권경쟁과 상관없이 의연하게 자국의 이익만을 위해 움직여도 문제가 없다는 것을 의미한다.

미국이 쿼드를 조직해 인도를 끌어들여서 함께하면 된다. 그리고 미국이 우크라이나 침공으로 러시아를 제재하면서 인도의 동참을 요청해도, 인도는 이를 거부하면서 오히려 러시아와의 에너지 교역에 적극적으로 나서도 문제가 없을 것이라고 IMF 논문은 분석했다. (quadruple 4국동맹, 인도·태평양 연합, 미국·영국·호주·일본)

(8) 미중 경쟁의 최대 피해국은 한국

문제는 한국 경제에 미치는 영향이다. IMF 논문에 따르면 미중 패권경쟁에서 미국과 중국이 일대일로 경쟁하면 한국은 최대 피해국이 된다. 10년에 걸쳐서 GDP가 6%나 하락하는 분석 결과를 보여주었다. 이 분석 결과는 한국의 무역 구조를 보면 금방 이해가 된다. 중국은 한국의 1위 교역국이고 미국은 2위다. 그러니 이 나라들이 경제전쟁에 돌입하면 한국이 최대 피해국이 되는 것은 너무나 당연하다. 특히 한국은 중국에 중간재를 많이 수출한다. 이 중간재를 중국에서 조립해 미국이나 유럽 등에 수출하기 때문에 양국이 경제전쟁을 하게 되면 최대 피해국이 될 수밖에 없다.

미국이 OECD 선진국과 연합해 중국과 경쟁할 때도 한국의 피해는 매우 크다. 10년에 걸쳐서 GDP가 5%나 하락한다고 IMF 논문은 분석했다. 이것은 세계가 미국 경제블록과 중국 경제블록으로 나뉘어 대결하는 신냉전 구도가 되면 한국의 피해가 가장 크다는 뜻이다.

한국은 좁은 내수 시장 때문에 통상으로 성장해온 나라다. 그 통상 지역은 미국을 위시한 민주주의 블록뿐만 아니라 중국과 같은 권위주의 블록을 모두 포함한다. 특히 지난 30년간의 세계화 속에서 한국은 개발도상국이나 중진국과도 교역을 많이 했다. 이런 상황에서 세계 경제가 블록화되면 한국은 최대 피해국이 될 수밖에 없는 것이다.

하지만 IMF 논문은 이런 한국에도 희망의 길이 있다고 함께 제시했다. 분석 시나리오 중에 한국이 미국과도 교역하고 중국과도 계속 교역한다면 한국 경제는 10년간 걸쳐서 플러스 1%의 성장을 한다는 것이다. 즉 미국이 중국과 직접 맞붙어 경쟁하든 OECD 선진국과 연합해 경쟁하든 한국이 양 진영과 모두 교역한다면 플러스 성장을 할 수 있다는 뜻이다.

문제는 국익을 위해 양쪽 진영 모두와 교역하는 것이 가능한가다. 과거에는 우리나라가 한쪽을 선택했다. 경제개발 초기에는 미국의 우방국들과만 교역하였다. 하지만 지금은 그렇지 않다. IMF 논문이 분석한 것처럼 어느 한쪽을 선택하는 순간 한국 경제는 추락할 것이다. 이런 일을 피하려면 어느 한쪽만을 선택해서는 안된다. 국익을 위해 '선택하지 않는 것'을 선택해야 한다는 것이다.

'한강의 기적' 시절이었다면 당연히 어려운 일이었다. 당시 한국 경제는 '새우' 크기의 최빈국 중 하나였기에 자본진영의 시장을 통해 경제를 성장시켜야만 했다. 하지만 지금의 한국 경제는 새우가 아니다. 돌고래도 아니고 범고래 수준의 수출강국이 되었다.

프랑스의 마크롱 대통령은 이것을 '전략적 자율성'이라고 했다. 동맹이라고 해서 미국을 일방적으로 추종할 필요가 없다며 프랑스는 미국의 졸개가 아니기 때문에 전략적으로 자유롭게 선택하면 된다는 것이다.

우리도 마찬가지다. 더구나 한국은 미국과 중국 모두에게 중요한 경제 협력 파트너다. 미국은 중국을 견제하기 위해서라도 중국과 인접해 있는 한국이 필요하고, 중국도 미국 중심 진영을 흔들기 위해 한국의 협력이 필요하다. 이것을 적절히만 활용하면 한국은 계속 성장할 수 있다. 경제성장이라는 국익을 위해서라도 이러한 선택을 해야 하고, 우리는 또한 그럴 능력이 있다.

선택하지 않은 것을 '전략적 모호성'이라고 비판하면서 어느 한쪽을 선택하자며 '전략적 명확성'을 주장하는 것은 경제적으로 잘못된 주장이다. 그리고 그 연장선에서 '안미경중(안보는 미국과, 경제는 중국과 함께하자)'이라거나 '안미경미(안보는 미국과, 경제도 미국과 함께하자)'니 하는 주장도 매우 잘못된 주장이다. 우리나라는 전략적 자율성을 가지고 어느 나라든 자유롭게 교역하면 된다. 이것은 자유무역이라는 글로벌 보편적 가치와도 일치한다.

(9) 미국 힘으로 중국을 견제하는 일본

이어서 IMF 논문은 유럽과 일본 경제에 미치는 영향도 분석했다. 유럽 역시 우리와 마찬가지로 통상국가다. 유럽연합 내에서는 통합된 단일 시장이기에 회원국 간의 교역이 자유롭게 이루어진다. 해외 시장과의 교역도 마찬가지다. 중국과 미국을 비롯해 다양한 국가들과 교역을 하고 있다. 때문에 미중 경제전쟁은 유럽에도 심각한 영향을 미친다. IMF 논문에 따르면 -3% 전후의 악영향이 있을 것이라고 한다. 이미 저성장에 접어든 유럽 국가들엔 3% 전후의 마이너스 성장은 매우 심각한 일이다. 이것을 보면 유럽 지도자들이 왜 그렇게 트럼프를 싫어하는지 알 수 있다. 미국과 유럽의 전통적인 관계를 뒤흔들어 놓아서 싫은 측면도 있겠지만, 결국 트럼프가 일으킨 무역전쟁으로 유럽 경제가 마이너스 성장을 하게 되는 것이 못마땅했을 것이다.

그리고 시진핑이 3연임에 성공한 직후에 독일과 프랑스·스페인·영국 등 유럽 각국의 정상들과 유럽연합 집행위원장 등이 서둘러 중국을 방문한 이유도 잘 알 수 있다. 이들도 중국과의 교역이 국익에 대단히 중요하기 때문이었다.

마지막으로 논문은 일본 경제에 대한 영향도 분석했다. 분석결과에 따르면 미국이 중국과 직접으로 경쟁하든 OECD 선진국과 연합해 중국과 경쟁하든 일본은 -2% 정도의 영향이 있을 것으로 예상했다. 영향받는 정도가 우리나라의 절반도 안 된다. 왜 이런 결과가 나타난 것일까? 그 이유는 우리나라는 통상국가이지만 일본은 의외로 내수국가이기 때문이다. GDP에서 수출이 차지하는 비중이 18% 정도밖에 되지 않는다. 우리나라는 40%가 넘는다. 수입까지 합해도 일본은 37%밖에 되지 않는데 우리는 80%를 넘는다. 이 역시 우리나라의 절반에도 못 미치는 수준이다.

일본이 해외 수출 시장에서 우리나라와 치열하게 경쟁하는 라이벌 국가이기 때문에 독자들은 이러한 사실이 의아하다고 생각할 수 있는데, 실제 데이터가 그렇다. 그만큼 일본 경제는 내수 시장의 비중이 크기 때문에 미중 패권전쟁의 영향을 한국보다는 덜 받는다.

비록 한국보다는 영향을 덜 받지만, 2%대의 마이너스 성장은 일본에도 상당한 충격이다. 일본 경제의 평균 성장률이 1% 전후이기 때문에 이 정도도 충격이 크다. 그런데도 왜 일본은 미국에 철저히 편승하는 전략을 취하고 있는 것일까?

가장 큰 이유는, 앞서 설명한 일본의 정치인들 때문이다. 이들은 경제적으로 손해를 보더라도 중국을 견제함으로써 아시아의 패권을 다시 차지하고 싶어 했다. 앞에서도 살펴보았지만 2010년대까지만 해도 일본은 아시아의 경제 패권국이었다. 그 후 중국에게 아시아의 패권국 자리를 넘겨주었고 그 과정에서 일본은 중국으로부터 굴욕을 경험했다. 때문에 일본의 정치인들은 미국의 힘을 빌려 중국을 견제하는 길을 선택했다.

특히 일본 국민들, 즉 유권자들도 보수화·우경화되면서 이들의 선택을 지지했다. 경제적인 손해도 감수하겠다는 것이다. 물론 이에 반대하는 유권자들도 있지만 그들의 목소리가 정치에 제대로 반영되지 않고 있다.

경제계는 강력하게 반대했지만, 기업들 또한 일본의 정치지도자들과 사회의 움직임을 알고 있기에 큰 목소리를 내지 못하고 있다. 대신 그들은 독자적으로 중국 시장을 개척하고 중국과의 관계를 우호적으로 지속하기 위해 다양한 노력을 하고 있다. 그리고 아직은 일본 기업들이 국제적으로 경쟁력이 있어 중국 시장에서 큰 변화는 없다. 소재·부품·장비 분야에서는 여전히 독점적 지위를 가졌고, 하이브리드 차량 등에도 경쟁력이 높다. 하지만 이런 분야마저 중국 기업들에게 따라잡히면 중국 시장에서 일본의 경제적 지위는 위험해질 수 있다.

(10) 돈은 피보다, 이념보다 진하다

IMF의 논문처럼 미중 패권경쟁이 일어나더라도 중국과의 교역을 계속하면 우리 경제의 성장은 크게 문제가 없다. 사실 과거에도 유사한 상황이 있었다. 2008년 글로벌 금융위기는 일본 경제에 엄청난 충격을 주었다. 일본은 2008년, 2009년에 2년 연속으로 마이너스 성장을 기록했다. 특히 2009년에는 -5.4%의 성장률을 기록하며 전후 최대의 하락을 겪기도 했다. 그리고 그 후유증으로 일본 경제가 디플레이션에 빠져들기 시작했으며, 지금도 여전히 악순환에서 헤어나지 못하고 있다. 그때의 충격이 얼마나 심각했는지, 일본 국민들이 전후 처음으로 정권까지 교체했다.

일본과 달리 한국은 글로벌 금융위기를 비교적 쉽게 극복했다. 2009년에는 0.8%로 경제성장률이 급락했지만, 그다음 해에는 6.8%로 급등하며 경제위기에서 무사히 빠져나왔다. 그 비결은 지리적으로 인접한 중국 시장을 잘 활용했기 때문이다. 중국은 경제위기에 휩싸인 미국과 유럽, 일본을 대신해 강력한 경기부양 정책을 실시했고 우리나라는 이를 잘 활용했다. 이 모습을 지켜본 일본의 한 교수는 나(김현철 교수)에게 "한국은 좋겠다. 중국 바로 옆에 붙어 있어서"라고 말해 함께 크게 웃었던 기억이 난다.

문제는 미중 패권경쟁이 심화될 때 우리가 계속해서 중국과 교역할 수 있는가다. 미국의 압력이 거세지면 우리는 중국을 버려야만 할까? 과연 그럴 수 있을까? 이런 의문이 계속 제기된다. 이에 대한 해답은 우리와 경제력이 유사한 국가들의 움직임을 살펴보면 쉽게 찾을 수 있다.

우선 우리와 비슷한 통상 선진국인 독일의 선택을 보자. 독일은 세계 4위의 경제대국이자 군사적으로 미국에 의존하고 있는 국가다. 더구나 우크라이나 전쟁 때문에 나토(NATO : 북대서양조약기구 North Atlantic Treaty Organization[néitou])의 선두에 서서 러시아와 대치 중이다. 올라프 숄츠 독일 총리는 2022년 10월 중국공산당 제20차 전국대표대회에서 시진핑 총서기의 3연임이 결정되자마자 중국을 방문했다. 그것도 기업인들을 대규모로 이끌고 중국으로 갔다.

미국이 반발했지만 숄츠 총리는 전혀 개의치 않았다. 오히려 미국의 외교 전문지 『포린 어페어』 2023년 1·2월 호에 기고문을 싣고 독일의 입장을 분명히 전했다. (Foreign Affairs) 그 글에서 숄츠 총리는 "지금은 대변혁의 시대이고 세계는 이제 다극 체제(multipolar era)로 전환될 것"이라고 주장했다. 미국이 주도하는 세계 질서가 이제 저물어 간다는 것을 미국의 외교 전문지에서 당당하게 밝힌 것이다. 이러한 움직임은 프랑스나 이탈리아·스페인 등도 마찬가지였다.

또 우크라이나 전쟁으로 미국이 러시아를 제재했을 때 이에 불참한 나라들이 의외로 많았다. 남미의 멕시코와 브라질, 아르헨티나, 아시아의 인도와 인도네시아, 베트남, 중동의 사우디아라비아와 이란, 이스라엘, 튀르키예, 아프리카의 남아프리카 공화국 등이 불참했다.

그중에서도 특히 사우디의 움직임이 재미있었다. 사우디는 국익을 위해 석유 수출국인 러시아와 함께 움직였다. 바이든 대통령이 체면을 구겨가며 사우디를 방문해 석유 증산을 요구했지만 사우디는 이에 아랑곳하지 않고 러시아와 보조를 맞추었다.

바이든 대통령의 사우디 방문은 많은 시사점을 준다. 바이든은 인권을 위시한 민주주의 가치를 중시해왔다. 과거 언론인 자말 카슈끄지 암살의 배후로 빈 살만 사우디 왕세자가 지목되었는데, 이 문제로 바이든은 사우디를 강하게 비난했었다. 하지만 국익 앞에서 그러한 가치는 사라져버렸다.

그런데 국익을 지키기 위해 재미난 행보를 한 나라가 또 있다. 바로 대만이다. 대만은 미중 패권경쟁의 최전방에 위치한 국가로, 비슷한 상황인 우리가 특히 눈여겨봐야 한다. 2022년 8월 미국의 낸시 펠로시 하원의장 등이 대만을 방문했고, 대만 또한 총통이 미국을 방문해 미국으로부터 다량의 무기를 구입하는 등 친미적인 행보를 보였다. 하지만 미중 사이에 긴장이 고조되는 분위기 속에서도 대만은 더욱 공격적으로 중국 시장을 공략했다. 중국이 미사일을 쏘아대고 전투기로 영공을 통과하는 위협을 가해도 아랑곳하지 않고 철저하게 실용주의 노선으로 나간 것이다. 이 틈을 타 중국 시장에서 우리나라를 제치고 수입 시장 점유율 1위를 차지하기도 했다. 대만은 중국 시장에서 자국 기업들을 보호하기 위한 노력도 꾸준히 하고 있다. 국민당 마잉주 전 총통이 중국을 방문하는 등 중국과 미국에 양다리를 걸치며 실리를 챙기는 것이다.

'피는 물보다 진하다'라는 속담도 이제는 옛말이다. 어느 재벌 드라마 대사처럼 '돈은 피보다 훨씬 더 진하다'가 오늘날 세계 경제에 꼭 맞는 표현이다. 정치가 이념과 가치, 이데올로기 등을 가지고 강하게 규제를 해도 돈은 더 많은 수익을 좇아서 귀신같이 흘러 들어가는 속성이 있다. 미중 패권경쟁 속에서도 마찬가지다. 미국의 달러가 중국 시장으로 흘러 들어가고 중국의 위안화가 미국 시장으로 흘러 들어가고 있다.

(11) 과도한 중국 의존도 낮추는 해법

내가 중국과의 교역을 강조하면, 반대로 "중국에 대한 과도한 의존 역시 문제가 되지 않습니까?"라고 걱정하는 분들이 있다. (김현철 교수)

다음 그래프를 보면 한국은 1990년 중국과의 수교 이후에 늘어나기 시작한 교역이, 2001년 중국의 WTO 가입 후에는 더욱 급격히 늘었다. 한때는 무역 의존도가 27%까지 육박했다. 더구나 홍콩 등을 경유한 중국에 대한 간접 수출까지 포함하면 30%를 넘는다. 이러한 높은 중국 의존도 때문에 한국은 2000년의 마늘 파동이나 2016년의 사드 보복, 2021년의 요소수 사태 등을 경험하기도 했다. 그럴 때마다 중국에 대한 과도한 무역 의존도를 걱정하곤 했다.

더구나 최근에는 미중 패권경쟁 같은 경제안보 차원에서 우리도 중국에 과도하게 의존해서는 안 된다고 생각하는 사람도 많다. 한국이 수입하는 물품 중 중국 의존도가 80%를 넘는 품목 수가 자그마치 1,850개나 된다는 분석이 있을 정도다. 그래서 "중국이 기침하면 한국은 몸살을 앓는다"는 우려도 나온다.

하지만 이러한 의존도는 우리나라만의 문제가 아니다. 중국이 그 나라의 교역국 중 1위를 차지하는 나라가 전 세계에서 몇 개국이나 될까? 무려 120여 개국이다. 미국에 대한 의존도 1위인 국가가 25개국 정도이니 비교 자체가 안 되는 수준이다. 이런 상황은 미국조차 예외가 아니다. 미국의 수입 의존도 1위 국가는 물론 중국이고, 그 비율은 15%다. 이 비율조차 미중 패권경쟁 중에도 큰 변화가 없다.

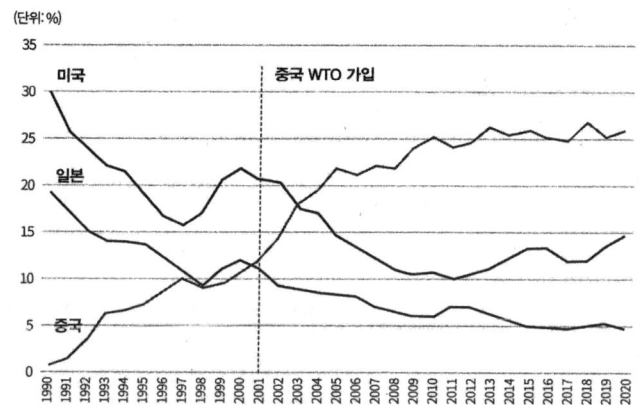

미국, 일본, 중국에 대한 한국의 무역 의존도

이것은 이미 예견된 결과이기도 하다. 2007년에 미국에서 재미난 책 『메이드 인 차이나 없이 살아보기』가 출간되었다. 미국의 한 기자가 1년 동안 '메이드 인 차이나' 제품 없이 살아보기로 하고, 그 경험을 책으로 엮은 것이다. 저자인 사라 본지오르니는 매일 장바구니 품목 중에 중국 제품이 있으면 다음에는 그 제품을 다른 나라 제품으로 교체하며 1년을 살아보았다. 그 결과 중국 제품 없이는 살아갈 수 없다는 결론을 내렸다. 그만큼 세계화의 흐름 속에서 미국 경제가 중국 경제와 떼려야 뗄 수 없이 엮여 있다는 뜻이다. 이것을 10년이 흐른 2017년 전후에 분리하려고 하니, 의도대로 될 리가 없지 않겠는가? 바이든 대통령의 오른팔인 재닛 옐런 미국 재무장관마저 "중국과의 디커플링은 미중 모두에게 재앙이 될 것"이라고 강조했다.

이러한 상황에서 중국 의존도를 줄이려는 노력은 우리에게도 한계가 있을 수밖에 없다. 의존도가 너무 높은 것은 위험한 것이 맞지만, 지금 상황에서 그것을 억지로 줄이는 것은 대단히 어려울 뿐만 아니라 비합리적이다.

중국 의존도를 줄이는 매우 합리적인 방법은, 중국에 버금가는 시장을 더 많이 개척함으로써 상대적인 의존도를 낮추는 것이다. 의존도는 결국 비율의 문제이기 때문에 이를 상대화시키는 것이 더 합리적이다. 더구나 지금 우리는 향후 중국만큼 성장할 시장을 몇 곳 가지고 있다. 그중 하나가 인도 시장이다.

인도는 인구대국이다. 2023년에 중국의 인구를 추월해 세계 1위 인구대국이 되었다. 인구대국이기에 인구가 가져다주는 보너스(인구 보너스)를 향유하면서 연평균 6~7% 전후의 경제성장을 구가하고 있는 고성장 국가다. 주요 경제 기관들은 인도가 2030년경에 일본을 앞질러 세계 3위 경제대국으로 도약할 것이라고 예측했다.

최근에는 미중 패권경쟁의 틈바구니에서 중국을 대체하는 시장으로 인도가 각광받고 있다. 특히 IT산업이 발달해 애플과 같은 전자 기업들은 중국에 있던 주력 공장의 일부를 인도로 이전하기도 했다. 이러한 것은 국제교역의 흐름으로도 잘 나타난다.

501

앞서 소개한 것처럼 2019년 트럼프 정부가 중국으로부터 들어오는 주요 수입품에 25%의 관세를 일률적으로 부과한 적이 있었다. 무역전쟁의 서막을 알리는 신호탄이었던 셈이다. 이 시기 전후의 국제교역 흐름을 보면 유럽과 인도 및 아세안이 미중 간의 대체 교역 루트로 급부상했다.

특히 인도 루트는 미국과 직접 교역하거나 유럽 루트를 경유해 간접적으로 미국과 교역하는 방식으로 엮이면서 국제교역의 허브가 되었다.

2) 동북아를 제압하고 있는 미국군 사령부와 육·해·공 전초기지

한국에는 한국군 이외에 주한미군사령부와 한미연합사령부, 그리고 유엔군사령부가 있다. (일본 국토 안에도 똑같이 미군의 배치가 되어 있어서 철통같이 대륙을 제압하고 있다.) 이들 세 개의 사령부 모두 오랜 역사를 지니고 있지만 의외로 대부분의 한국 국민들이 이에 대해 잘 모르고 있다. 심지어 한국군 간부들조차도 한미연합사나 유엔사에 근무해 보지 않은 사람들이라면 각 사령부의 실체는 물론 각각의 임무 및 기능에 대해 제대로 이해하지 못하는 편이다. 독자들의 이해를 돕기 위해 잠시 주한미군사령부와 한미연합군사령부를 소개하고자 한다. (장광현 저 『유엔군사령부 인사이트 United nations Command Insights』 도서출판 선진 2022년 10월)

왼쪽부터
❶ 성조기
❷ 유엔군사령부(UNC)
❸ 한미연합군사령부(CFC)
❹ 주한미군사령부(USFK)의 표식이다

(1) 주한미군사령부 (USFK)

주한미군사령부(USFK : United States Forces Korea)는 1953년 10월 1일 한미 양국이 상호방위조약을 체결함으로써 태동하였다. 정전협정을 체결한(1953. 7. 27) 직후부터 한국은 북한의 군사적 위협에 대한 대비가 절실하였고, 미국 또한 동북아지역의 세력균형을 위해 한국 내 미군 주둔의 필요성을 느끼고 있던 참이었다. 정전협정 체결을 둘러싸고 이승만 정부와 이미 한 차례 심한 갈등을 겪은 적이 있는 미국으로서는 주한미군 주둔을 통해 한국 및 일본의 공산화를 방지하고자 하였다. 한편으로는 이에 추가하여 한국 정부가 '단독으로 북진통일을 하고자 하는 군사적 모험을 하지 못하도록 통제하기 위한'

속내도 들어있었다.

　미국이 한국에 미군을 주둔시키고자 하는 구상에 따라 동북아 주둔 미군에도 불가피하게 몇 가지 중요한 변화가 초래될 수밖에 없었다. 1957년 6월 30일 미 극동군사령부가 해체된 다음날인 1957년 7월 1일부로 하와이에서 미 태평양사령부가 창설되었으며, 극동군사령부의 책임지역 및 부대 일체는 태평양사령관에게 이양되었다. 이에 따라 일본 동경에 있던 유엔군사령부는 7월 1일 한국 서울로 이동하였으며, 그날 부로 한국 내 「주한미군사령부」가 창설되었다. 미국은 한국 내 미 육군 최고 선임자인 유엔군사령관을 주한미군사령관으로 겸직 임명하였다.

　주한미군사는 한국에 주둔 중인 미군 28,500여명과 산하 미군 부대를 총괄 지휘하는 본부 조직으로서, 미 육군, 공군, 해군, 해병대, 우주군이 합쳐진 합동군 형태이다. 주한미군사는 한미전투준비태세와 억제능력을 향상하고 유사시 한반도에 증원되는 미군 전력의 수용 및 전개, 전방 이동 및 통합을 의미하는 연합전시증원(RSOI : Reception, Staging, Onward Movement, Integration)을 그 임무로 한다. 평시 유엔사 및 한미연합사와는 협조 및 지원 관계에 있다. 아울러 주한미군사는 주일미군사령부(USFJ)와 태평양특수전사령부와 함께 「미 인도·태평양사령부 예하의 통합군사령부」로서 기능을 가지며, 유사시 「미 태평양사령관」의 명(命)을 받아 한반도에 전개되는 미군전력을 작전통제하게 된다. 주한미군사의 편성은 5개 군종(軍種)이 합동으로 합쳐진 형태이긴 하지만 (미8군사·주한미해군사·주한미해병대사·주한미공군사·주한미특전사) 실질적인 주력군은 미 제8군과 7공군으로 구성되어 있다. 미 해군 및 해병대, 우주군은 전투부대가 아닌 소규모 행정부대로 파견근무중이며, 주로 주일미군 및 본토와의 연락 업무를 담당한다.

(2) 한미연합군사령부

　카터(Jimmy Carter) 행정부가 들어서면서 미국은 정체된 미·중 관계의 개선과 더불어 '주한 미 지상군 완전 철수 정책'을 통해 북한의 변화를 유도하고, 남북 대화를 재개하며, 정전협정을 유지한 상태에서 유엔사를 해체하기 위한 강대국의 협력을 끌어내고자 하였다. 그러나 북한의 계속되는 비타협적 자세와 주한 미 지상군 철수에 따른 「한국군의 작전통제권 반환 요구」는 미국으로 하여금 정전기능으로서의 유엔사 존속과 작전통제권 확보를 위한 '한미연합군사령부(CFC : Combined Forces Command, 이하 한미연합사) 창설'이라는 전략적 선택을 하게 만들었다. 한미 양국은 1977년 제10차 한미안보협의회(ROK-US Security Consultative Meeting, 이하 SCM)를 통해 한미연합사 창설에 합의하였다.

　이에 따라 양국 국방장관들은 1978년 7월 27일 제11차 SCM에서 한미연합사의 조직과 기능에 관한 '군사위원회 및 한미연합군사령부에 대한 권한위임사항'을 규정한 관련 약정(TOR : Terms of Reference)을 승인하였다. 또한 그 후속 조치로 1978년 10월 23일 처음으로 열린 제1차 한미군사위원회(Military Committee Meeting, 이하 MCM)에서 한미연합사를 대한민국 서울 용산에서 창설하기로 합의하고, "한국군과 주한미군에 대한 작전통제권을 유엔사에서 한미연합사로 위임"하도록 하는 '전략지시 제1호'를 하달하였다. 이후 양국 정부를 대표하는 한국 외교부장관과 주한 미국대사가 '한미연합군사령부 설치에 관한 각서'를 상호 교환하였으며, 1978년 11월 7일 자정(00시 01분)을 기하여 마침내 「한미연합사」가 창설되었다.

서울 용산구에 위치한 유엔군사령부(UNC) 겸 한미연합군사령부(CFC) 전경

한미연합사의 임무는 대한민국에 대한 외부의 적대행위를 억제하고, 억제에 실패했을 경우 외부의 무력공격을 격멸하는 데 있다. 이에 따라 한미연합사 창설과 동시에 '전략지시 제1호'에 따라 「한국군에 대한 작전통제권은 유엔사에서 한미연합사로 위임」되었다. 그리고 이와 동시에 '한반도에서의 전쟁 억제 및 방어(한국방위)' 임무 역시 유엔사에서 한미연합사로 이양되었다. 한미 연합방위와 관련한 기존의 권한 대부분이 유엔사에서 한미연합사로 순조롭게 이양될 수 있었던 것은 연합사령관이 주한미군사령관과 유엔군사령관을 겸직하도록 규정한 것이 결정적 요인으로 작용하였다. 참고로 한미연합사령관은 주한미군 선임장교를 포함하여 모두 네 개의 직책을 겸직하고 있는데, 이를 두고 흔히 "네 개의 모자를 쓰고 있다"고 표현하기도 한다. 한미연합사령관이 다른 세 개의 모자를 더 쓰고 있는 만큼 각 직책 별로 수행하는 기능도 다음과 같이 제각기 다름을 알 수 있다.

한미연합사는 한미군사위원회(MC)로부터 전략지시와 작전지침을 수령하며, 군사 소요사항을 보고한다. 한미연합사는 전시가 되면 한미 양국의 국가통수기구 및 군사지휘기구(NCMA : National Command and Military Authority)가 지정한 한국군과 미국군 부대를 작전통제한다. 또한 연합사령관은 전시에 작전통제되는 한국군 부대들을 대상으로 정전시(평시)에도 전쟁억제 기능을 수행하고 전쟁 수행능력을 보장받을 수 있도록 한국 합참으로부터 권한을 위임받은 '연합권한위임사항(CODA : Combined of Delegeted Authority)'

에 명시된 사항에 대한 권한을 행사하게 된다. CODA에 명시된 범주는 모두 여섯 가지로 ① 전쟁 억제, 방어 및 정전협정 준수를 위한 연합위기관리, ② 연합작전계획 수립, ③ 연합합동교리 발전, ④ 연합합동훈련 및 연습의 계획과 실시, ⑤ 연합정보관리, ⑥ 지휘통제 및 통신체계 발전을 위한 C4I 상호 운용성이 포함된다.

연합사령관 겸직 기능

한미연합군사령관	✓ 한미군사위원회(MC)의 전략지시 수령 ✓ 한반도에서 전쟁 억제와 방어
유엔군사령관	✓ 美 합참으로부터 정전(停戰)과 관련된 전략지침 수령 ✓ 평시 정전협정 유지와 전시 회원국의 전력 제공
주한미군사령관	✓ 연합사 및 유엔사와 협조 및 지원 ✓ 증원되는 미군 전력에 대한 RSOI
주한미군선임장교	✓ 美 합참의장을 대신하여 상설군사위원회(MC)에서 韓 합참의장과 협조

한미연합사는 유엔사와 미 태평양사, 주한미군사와는 상호 지원 및 협조 관계를 유지하는 복합적 지휘구조를 가지고 있다. 특히 정전협정 관리를 위해서는 연합사령관이 유엔군사령관의 지시에 응하도록 함으로써 한반도에서 정전체제가 유지되는 동안에는 유엔사가 정전협정 서명 당사자로서 정전관리에 대한 모든 책임을 지게 된다.

(3) 한미연합사와 유엔사

아울러 한미 양국은 제11차 한미안보협의회(SCM)에서 '관계당사국들로 하여금 휴전체제를 유지하도록 마련한유일한 현행법적 조치인 휴전협정을 시행하기위한 효과적인 대안이 없는 한 유엔사는 평화유지 기구로서 그 기능을 계속 수행할 것임'을 재확인하였다. 이에 따라 유엔사의 역할은 기존의 한미동맹 및 연합방위의 주축에서 '평시 정전체제 관리' 및 '유사시 다국적군 전력 제공'이라는 억제력 위주 임무로 한정되었다. 한미연합사와 유엔사는 아래 표에서 보는 것과 같이 법적 창설 근거 및 임무, 그리고 지휘계통 면에서 근본적으로 차이가 있다.

전쟁역사를 보면 전쟁의 주도자가 되는 강대국이 사실상의 선제공격·점령·평정의 실행을 시작하기 직전까지도 주장하는 구호는 '방어' '억제' '억지'로, 세계인들의 침공세력에 관한 현실파악을 흐리게 한다. 따라서 행동의 실체는 하나인데 여러 개의 간판과 명분으로 사람들의 눈과 판단력을 흐리게 만든다.

유엔사와 한미연합사의 비교

구 분	유엔사(UNC)	한미연합사(CFC)
창설 근거	• 유엔안보리 결의 • 국제적 군사기구	• 관련약정(TOR) • 한미 쌍무협정에 의한 연합 군사기구
임 무	• 정전협정 준수 책임 및 권한 행사 • 유엔사 회원국 17개국과 제휴하여 국제 다국적군 편성, 지원전력과 물자 접수 및 제공 • 주일 유엔사 후방기지 운용 • 연합사에 전력 및 물자 제공	• 정전유지 위한 유엔사 지시 이행 및 지원 • 북한군의 정전협정 위반 대응 위한 전투부대 지원 • 전시 한국 방어 • 유엔사가 제공한 전력 운용 : 작전통제, 주도 - 지원관계 유지
지휘 계통	• 미 합참전략지시 → 유엔사 → 유엔사 산하기관	• 한미 국가통수군사지휘기구 → 한미 군사위원회 → 연합사

(4) 불신의 대상이 된「유엔사」의 존재

제2차 세계대전 이후 창설된 국제연합(UN)은 제1차 세계대전 직후에 설립된 국제연맹(LN : League of Nations)의 실패를 교훈으로 삼아 한층 발전된 개념인 '집단안보체제'를 지향하였다. 유엔이 추구하는 집단안보 개념에 따라 '국제연합군 총사령부 설치'에 관한 유엔안보리 결의안 제84호(S/1588, 1950. 7. 7)와 유엔사 일반명령 제1호(1950. 7. 24)에 근거하여 일본 동경에서 창설된 '미국 주도 통합군사령부이자, 세계 최초의 국제연합군이 바로 유엔군사령부(UNC)'이다. 대한민국은 유엔이 창설된 이래 '집단안보' 개념을 적용한 첫 수혜국이자 현재까지 유일무이(唯一無二)한 나라이기도 하다.

유엔사는 '유엔헌장'에 근거하여 유엔안보리 결의 절차를 거쳐 창설된 기구로서, '6.25 전쟁 수행자'이면서, '정전협정 서명자이자 이행 및 준수자'로서의 법적 지위를 가지고 있다. 그러나 유엔사의 법적 지위와 관련하여 '유엔(UN)과 유엔사(UNC) 간의 관계' 측면에서 다양한 오해가 있는 것이 사실이다. 요점은 유엔안보리 결의에 의거 창설된 유엔사가 유엔의 보조 기관인지 아닌지에 관한 논란으로서, 이는 전작권 전환과 더불어 기정사실화되고 있는 한미연합사 해체와 연관을 지어 향후 유엔사의 존속 혹은 해체 문제와도 직결되는 중요한 논쟁거리가 되고 있다.

먼저 '유엔사가 유엔안보리 결의안 제84호(S/1588)에 따라 합법적인 절차를 거쳐 창설되었으므로 엄연한 유엔의 보조 기관'이라는 견해이다. 이 결의안은 유엔헌장 제7조의 제2항 "필요하다고 인정된 보조 기관은 이 헌장에 따라 설치할 수 있다"는 조항과

제29조 "안보리는 임무 수행에 필요하다고 인정되는 보조기관을 설치할 수 있다"는 규정에 근거하고 있다. 미국 트루먼 대통령은 이러한 내용을 담은 유엔안보리 결의안 제84호에 근거하여 미 합동참모본부를 자신의 대행기구로 지정하고, 콜린스(Lawton J. Collins) 대장을 '한국에서의 작전임무 수행을 위한 합동참모본부의 대표'로 임명하였다. 그러므로 '유엔사는 유엔안보리가 유엔의 대행기관으로 지정한 미국 합참의 통제를 받는 것'이라고 보는 시각이다.

이와는 다른 주장으로 '비록 유엔사가 유엔안보리 결의에 따라 창설되긴 했지만, 유엔의 보조 기관은 아니다'라는 견해가 있다. 이러한 주장은 주로 중국 및 북한 등 공산 진영이 내세우는 논리로서 유엔안보리 결의 제84호 채택 당시 상임이사국 가운데 하나인 소련이 불참한 상태에서 이루어진 것이므로 절차적 정당성 차원에서 볼 때 무효이며, 또한 중화인민공화국(中國)을 제쳐두고 중화민국(臺灣) 정부가 상임위를 대표한 것은 대표성에서 하자(瑕疵)가 있으므로 유엔안보리의 결의 자체가 원천적으로 무효라는 주장이다. 한국 내에서도 일부 세력들을 중심으로 '유엔사는 유엔의 기관이 아니라 단지 미국의 요구에 의해 이루어진 다국적군에 불과하다'며 공산 측의 논리에 편승하는 듯한 주장들이 이어지고 있다. 이들은 유엔사라는 명칭이 유엔에 의하여 공식적으로 부여된 것이 아니라 미국이 임의로 '유엔사'라 칭한 미군 지휘 하의 '통합사령부'일 뿐이며, 유엔안보리 결의 역시 '구속력이 있는 결정'이 아닌 '권고'에 불과하다는 점, 유엔사가 1950년 이래 「유엔 연감」에 유엔의 보조 기관으로 정식으로 등재되어 있거나 유엔의 예산으로 운용되고 있지도 않다는 점 등을 들어 '유엔사는 유엔의 보조 기관이 아니라 미국과 이해관계가 있는 나라의 장병들로 이루어져 미군의 지휘를 받는 다국적군'이라고 주장한다. 1994년 정전협정 대체와 유엔사해체를 요구하는 북한의 요청에 대해 당시 유엔사무총장이었던 부트로스 갈리(Boutros Ghali)가 "주한 유엔군사령부는 유엔안보리 산하의 기관이 아니며, 어떠한 유엔기구도 주한 유엔군사령부의 해체에 대한 책임을 갖고 있지 않다. 따라서 통합사령부의 해체는 유엔의 어떠한 기구의 책임 범위 안에 있는 것이 아니라 미국 정부의 권한에 속하는 문제이다"라고 회신했던 것도 유엔의 법적 지위를 부정하는 근거로 사용되고 있다.

이처럼 유엔사의 법적 성격 또는 지위를 둘러싼 찬반 주장이 난무하고 있음에도 불구하고, 미국을 비롯한 유엔사 회원국들과 한국 정부의 공식 입장은 유엔사를 '유엔 회원국들이 제공하는 다양한 부대들을 효과적으로 통제하기 위한 목적으로 유엔안보리 결의에 따라 창설이 허용된 통합사령부'로 무조건 인정하고 있다. 유엔사의 구성 조건에 어떠한 근거 또는 형식을 충족해야 한다는 명확한 규정이 존재하는 것은 아니지만 유엔사가 유엔안보리의 유효한 결의에 따라 창설되었으며, 유엔에서 기(旗)를 사용하도록 허가하였다는 점, 그리고 공산권 국가들의 주장과 달리 당시에는 중화민국(대만)이 사실상 중국을 대표하고 있었고, 소련의 유엔안보리 불참은 거부권 행사가 아닌 기권에 해당한다는 점을 들어 유엔사가 마땅히 유엔안보리 결의를 거친 통합군사령부로서 국제법적인 정당성과 지위를 가진다는 것이다. 또 정전협정 체결 이후 지금까지 중국과 북한이 유엔사 존재를 묵시적으로 인정해 왔으며, 공식적으로든 비공식적으로든 그동안 북한이 유엔사를 유일한 대화창구로 활용하고 있다는 점이 이러한 주장에 더욱 힘을 실어주고 있다.

3) 미국이 일본과 한국에 전초기지를 설치한 의도

(1) 적대적 대결 상대국들과의 전쟁시 교두보 위치

미국은 한반도를 세계에서 잠재적 분쟁 가능성이 가장 큰 곳 중의 하나로 인식하고 있으며, 유사시를 가정하였을 때 주일 유엔사 후방기지가 갖는 전략적인 위치를 매우 높게 평가하고 있다. 그럴 수밖에 없는 이유로 미국 본토는 한반도까지 무려 5,805해리(6,680마일, 10,751km)나 떨어져 있다. 또한 하와이가 3,950해리(1해리는 1,852km, 환산 시 7,315km), 괌은 1,700해리(3,148km) 정도 떨어져 있어 한반도 유사시 신속대응하는데 물리적으로 한계가 있기 때문이다.

더욱이 한국이 공산권 국가들의 종주국이면서 가공할만한 수준의 핵과 군사력을 보유하고 있는 러시아와 중국과는 지척(咫尺)에 있으며 '제국주의 세력의 침략에 대응한다'는 명분으로 핵과 미사일로 끊임없이 위협을 반복하는 북한과 마주하고 있는 점을 고려할 때 미국으로서는 유사시 한반도에 대한 신속한 대응태세와 능력을 갖추는 것을 매우 긴요한 요소로 보고 있다. 이런 차원에서 볼 때 주일(駐日) 유엔사 후방기지는 잠재적 분쟁지역인 한반도와 가장 근접하고 있어 신속대응을 위한 전략적 거점으로서 더할 나위 없이 중요한 전략적 가치를 지니고 있다.

유엔사 후방기지는 모두 일곱 곳으로 일본 본토에 4개의 기지, 오키나와에 3개의 기지가 있다. 이 기지들은 각각 유사시에 미군과 유엔사 회원국의 전력 및 자산을 한반도로 전개하는데 필요한 능력과 시설을 완벽하게 갖추고 있다.

(2) 요코다 (Yokota) 공군기지

요코다 공군기지는 일본 동경에 있으며, 기지 총면적이 713만 6,400㎡로서 일본 본토에 있는 최대 규모의 미 공군기지이다. 이 기지는 1940년 구 일본제국이 육군 비행장 부속시설로 건설하였으며, 태평양전쟁 중에는 육군의 항공기 시험장으로 이용하기도 하였다. 1945년 9월 초에 미군이 이를 접수한 이후 조금씩 기지를 확장하기 시작하여 1960년경에 현재와 비슷한 모습을 갖게 되었다.

요코다 공군기지에는 주일미군사령부(USFJ)와 유엔사 후방지휘소(UNCR), 태평양사령부 예하 미 제5공군사령부가 함께 주둔하고 있다. 한국전쟁 당시엔 그 유명한 B-29 폭격기의 출격 기지였으며, 베트남 전쟁 때에는 보급거점 기지이기도 하였다. 요코다 기지에 있는 주일미군사령부는 한반도 유사시 미 인도-태평양사령부의 원활한 임무 수행을 위해 일본으로부터 주둔국 지원 협조를 받게 되며, 한국 내 거주하는 미국인 비전투원을 후송시켜 대피 장소로 이동하는 것을 지원한다.

이곳 요코다 기지에는 일본 항공자위대 소속 항공총대사령부가 같이 주둔하고 있다. 여기서 항공총대사령부는 일본 항공자위대의 전투작전부대를 총괄하는 사령부로서 우리의 '공군작전사령부'에 해당한다. 따라서 요코다 기지 내에 미·일 '공동통합운용조정소'를 두고 있으며, 이 조정소의 공동사용을 통해 항공자위대와 주일미군 간의 연계성과 C4I 상호운용성 확보에 노력하고 있다. 상호운용성은 지휘통제와 방공망, 연합합동화력 운용, 공중작전 등을 비롯하여 공통작전상황도(COP : Common Operational Picture) 유지에도 매우 긴요한 수단이다. 특히 공동통합운용조정소가 미사일 방어를 위한 통합지휘통제시스템인 만큼 미·일 간 상호운용성은 작전의 성공을 위한 대단히 중요한 요소로 간주되고 있다.

요코다 기지는 태평양지역 미 공군전력의 작전적 중심지로서 제5공군사령부가 위치한 곳이기도 하다. 5공군사령부의 임무는 일본 방위를 지원하면서 각종 위기에 신속히 대응하는 데 있으며, 이를 위해 미·일 간 신중한 파트너십(Partner ship), 민첩성과 유연성, 작전적 사고(思考)와 노력의 통합을 중요시한다. 현재 요코다 기지에는 5공군 소속 제374 공수항공단만 주둔하고 있으며 전투부대가 없는 것이 특징이다. 참고로 예하 제35전투비행단은 아오모리현에 위치한 미사와 기지에 있으며, 제18전투비행단은 1971년 태평양사령부 예하 최대 규모의 공군기지인 오키나와의 가데나 기지로 부대 이동을 하여 현재에 이르고 있다.

요코다 공군기지는 현재 전 극동지역에 대한 수송중계기지 및 병참기지로서 역할을 하고 있다. 북미대륙의 일리노이주에 위치해 있으면서 전 지구 차원의 수송 작전을 수행하는 항공기동사령부와 아시아·태평양지역을 연결하는 최대 규모의 중계터미널이기도 하다. 따라서 요코다 기지는 만약 본토에 있는 미군이 아시아·태평양 지역에 개입할 경우 전진기지 역할을 감당하게 된다.

요코다 기지의 제374공수항공단은 전차를 비롯한 대형 군용차량이나 헬리콥터까지 탑재가 가능한 C-5 수송기(전 장비 중량 380톤)와 최신예 C-17 수송기(265톤), C-141B 수송기(155톤) 등 대형 수송기를 보유하고 있으며, 그 외에도 KC-135 공중급유기, KC-10 공중급유수송기, C-130 수송기, C-21 수송연락기, 그리고 UH-1N 헬기 등을 보유하고 있다. 요코다 공군기지는 한반도에 위기가 발생할 경우 이러한 자산들을 이용하여 신속대응을 위한 병력과 장비, 물자를 제공하는 군수기지로 중요한 역할을 하게 된다. 한반도 유사시 일본 본토 및 오키나와에서 한반도까지 전술공수는 주로 C-130 수송기를 이용하게 된다. 전략수송의 경우 주일 미 공군은 1일 평균으로는 140대 내외, 최대 능력으로는 하루에 330여 대의 항공기를 한반도에 전개시킬 수 있는 능력을 보유하고 있다.

미 공군은 요코다 기지가 가지는 전략적 이점으로 무엇보다 극동지역 및 한반도 유사시 신속 대응할 수 있는 작전적 효율성과 함께 주둔국인 일본으로부터 충분한 노동력과 공공서비스를 제공받을 수 있다는 점을 빼놓을 수 없다. 또한 괌 기지나 오키나와에서 전개하는 전략항공기의 중간 기착지이자, 유류와 탄약을 공급할 수 있는 전투근무지원기지로서의 효용성도 간과할 수 없는 부분이다.

참고적으로 주일미군사령부는 한반도로 전개하는 모든 항공자산들의 급유(給油)는 일본 내에서만 허용하고 있으며, 원칙적으로 한국에서는 일체 급유를 금하고 있다. 즉 괌이나 오키나와 등에서 한국으로 향하는 모든 전략항공자산의 70퍼센트는 일본에서 급유하고, 한국에서 출발하는 모든 전략항공자산은 100% 일본 내에서 급유하도록 철저히 통제하고 있다.

미 관계관들은 모든 항공자산들의 한국 내 급유를 금하는 이유로 한국 내 저장 중인 유류는 작전적 차원에서 사용할 수 있도록 융통성을 부여함으로써 유사시 원활한 전쟁 수행을 보장하기 위한 것이라고 설명한다. 그들의 설명을 들으니 일리가 있는 말이긴 하지만 한편으로는 미군이 유사시 한반도를 얼마나 위험지역으로 보는지를 짐작할 수 있다. 이유를 캐묻는 필자에게 그들이 에둘러 설명을 하긴 했지만, 미 전략항공자산의 안전문제를 우선적으로 고려했을 것이다. 얼핏 보기에도 전시에 미 전략자산이 한국내에 있는 기지에서 급유할 경우 자칫 북한 미사일 등에 의해 피해를 입을 가능성을 염두에 두었을 것이다.

참고로 2015년 말 기준으로 당시 미 인도태평양사령부의 유류 저장 분포를 보면, 일본 내 사세보 기지 등 15개소에 전체의 43%, 태평양 중서부지역에 40%, 한국에 12%, 그리고 알래스카에 5% 정도로 각각 분산 저장되어 있다. 인도-태평양지역에 대한 미국의 전략을 어느정도 가늠하고도 남음이 있는 부분이다.

(3) 자마 (Zama) 육군기지

「자마(座間) 육군기지」 또한 일본 동경 인근에 위치하고 있다. 이곳에는 주일 미 육군사령부, 육군 제17지역 지원군사령부 및 예하 부대, 그리고 미 태평양 육군사령부 예하 부대이자 유사시 한반도로 전개하게 될 미 제1군단의 전방사령부 등이 주둔하고 있다.

주일 미 육군사령부는 주일미군의 지상구성군사령부 역할을 하며 일본 육상자위대와 긴밀히 협조하여 작전과 우발상황에 대한 계획 수립 등을 그 임무로 하고 있다. 또 해외 파견과 테러 대처에 관한 사령탑 역할을 담당하는 일본 육상자위대 소속 '중앙즉

응집단사령부'도 이곳 자마 기지에 함께 있다.

자마 기지는 한반도 유사시 전략적으로 매우 중요한 역할을 하게 된다. 자마 기지의 첫 번째 중요한 기능은 유사시 한반도로 전개하게 될 제1군단의 '전방지휘소' 역할이다. 미군의 경우, 현재 군단급 제대의 지휘·통제·통신 능력면에서 예하 부대가 세계 전역 어디에 투입되더라도 미 본토 내에 위치한 현재의 주둔지 지휘소에서도 충분히 지휘가 가능한 수준을 갖추고 있다. 실제로 가장 최근 미군이 수행한 이라크전이나 아프간전을 보더라도 최전방에 전개한 부대가 무인정찰기를 통해 제공되는 각종 정보 및 영상들을 미 본토 플로리다에 있는 중앙군사령부 또는 워싱턴에 있는 미 국방부가 실시간으로 공유하고 지휘할 수 있는 시스템을 구비하고 있을 정도이다.

그러나 전쟁을 지휘할 때 지휘관 또는 지휘소의 위치는 전선(戰線)에 투입된 예하부대와 장병들의 사기와 직결되는 만큼, 필요하다면 지휘관이 작전지휘소 전체를 전선(戰線) 가까운 곳으로 이동시키거나, 아니면 지휘 및 통제, 통신에 필수 간편 조직만을 이끌고 전방지역에 전술지휘소를 운영하게 된다. 이러한 적극적인 지휘 노력을 통해 지휘관은 전선(戰線) 지역에 대한 보다 정확한 상황 파악과 적시적인 지휘 조치를 할 수 있는 이점을 가지게 되는 것이다. 이러한 의미에서 미 제1군단 예하 사단들이 한반도에 투입하게 되면 주 지휘소는 현 위치인 플로리다에 그대로 두더라도 한반도와 가까운 자마 기지에 전방지휘소를 두어 1군단장의 근접지휘를 보장할 수 있다.

자마 기지의 모습

자마 기지의 두 번째 기능은 유사시 병참보급기지로서의 역할이다. 부대의 작전지역이 태평양을 가로지르는 경우 전투부대에 대한 안정된 전투근무지원은 매우 중요한 요소이다. (garrison 수비대·주둔군(병)·요새·주둔지) 그러나 한반도에서 전쟁을 수행하는 동안 미 본토를 비롯한 해외의 비축시설로부터 태평양을 횡단하여 간단없이 원활하게 조달 및 보급을 함으로써 중단없이 작전지속능력을 유지하기란 결코 쉽지 않다. 이 때문에 미국은 일본 내 공수 및 해상 수송의 중계지역인 요코다기지, 요코하마의 노스 도크

(north dock), 그리고 이들 기지와 근접하여 위치한 사가미 종합보급창 등에 필요한 군수물자를 비축해 놓고 있으며, 한반도 유사시 사용 가능한 상태로 즉각 전선에 투입할 수 있도록 준비태세를 유지하고 있다. 자마 기지는 사가미 종합보급창 뿐만 아니라 요코다 기지, 요코하마, 사가미하라 등 주변의 주요 병참 보급 시설들과도 가까운 곳에 자리잡고 있어 유사시 제1군단의 전진 거점으로서 최적의 입지조건을 갖추고 있다. 아울러 자마 기지는 미 태평양사령부와 주일미군사령부에 기여하고, 사전예비물자 및 유류, 방공 등에 관한 전반적인 지원과, 회전익 및 고정익 항공 지원 등 매우 다양할 역할을 하고 있다.

세 번째, 자마 기지는 한반도 유사시 원활하고 신속한 전시증원을 위한 후방지원기지 역할을 수행한다. 65만 명에 이르는 미 증원전력에 더하여 나머지 16개 유엔사 회원국과 기타 우방국들이 제공하는 전투병력이나 장비·물자들을 한꺼번에 한반도로 전개하는 것은 현실적으로 불가능하다. 따라서 주일 유엔사 후방기지에서 일정 기간 수용 및 대기하면서 필요한 전투근무지원을 하게 되고, 이동간 지휘관계 설정이나 제대 편성 등 한반도 지역으로 전개하기 위한 최종적인 준비를 하는 후방지원기지는 필수이다. 자마 기지는 한반도 유사시 최초로 투입되는 부대를 지휘하여 전시 증원전략을 수행할 미 제1군단사령부의 전방지휘소이자 후방지원기지로서 이러한 역할을 담당하게 된다.

그런데 자마 기지에 주둔 중인 주일 미 육군사령부의 지휘구조를 자세히 보면 다소 기형적인 모습을 띄고 있다. 일본 내 미 육군은 군무원과 일본인 직원들을 포함하여 약 1만 명 수준이지만 정작 순수 육군병력은 2,400여 명에 불과하기 때문이다. 이는 전체 주일미군의 겨우 5퍼센트에 해당하는 수준이다. 이러한 이상한 구조로 인해 미군들마저도 "미 육군에서 가장 괴상한 조직"으로 부를 정도이다.

그러나 주일 미 육군사령부는 이처럼 규모가 작은 조직임에도 일본 육상자위대와 전략적 협력관계를 비교적 잘 유지하고 있다. 참고로 일본 육상자위대 병력은 2015년도 말 기준 151,000여 명으로 전체 일본 자위대 병력 247,100여 명의 61%에 해당하며, 해상자위대가 45,500여 명으로 18%, 공중자위대는 40,700여 명으로 16% 수준이며, 기타 병력이 9,900여 명으로 5% 정도를 차지하고 있다.

(4) 요코스카 (Yokosuka) 해군기지

「요코스카 해군기지」는 일본 가나가와현 요코스카항에 있는 미국 해군의 해외 시설이다. 원래는 1870년 프랑스인이 건설한 제철소와 조선소가 있던 곳이었는데 일본군이 군항(軍港)으로 개발하였다. 이곳에는 일본군이 건설한 150여 개의 지하벙커에 있으며, 그중 부두에 근접한 대규모 벙커 중 한 곳은 1945년 9월 2일 미 해군이 접수한 이후 현재까지 작전지휘소로 사용 중에 있다. 참고로 1968년 1월 북한의 원산 앞 공해상에서 대북 정보 수집을 하다가 북한 해군 어뢰정에 의해 나포된 푸에블로호의 모항(母港)이 바로 요코스카 기지였다.

헬기에서 내려다 본 요코스카 기지

요코스카 기지에는 주일 미 해군사령부와 제7함대사령부가 주둔하고 있다. 미 본토 밖에서 미군이 사용하는 세계 최대 규모의 미 해군시설이자 주일 미 해군 서태평양지역에 위치한 가장 중요한 해군 보급기지이기도 하다. 요코스카 기지의 또 다른 특징은 「일본 해상자위대」와 같은 시설을 공유하고 있다는 점이다. 미 해군이 동맹국의 해군과 기지를 같이 운용하는 곳은 전 세계에서 요코스카가 유일하다.

요코스카 기지가 가지고 있는 가장 큰 이점 중 하나는 '태평양 연안' 지역에서 유일하게 미 해군의 대형 함정을 수리할 수 있는 여섯 개의 '드라이 도크(Dry dock)'를 보유하고 있다는 것이다. 그중 제6번 드라이 도크는 태평양 연안 지역에서 유일하게 대형항모까지 수리할 수 있는 인프라를 갖추고 있어 미 해군 항모가 본토 밖에 배치될 수 있는 최적의 조건을 구비한 '전진 거점'이기도 하다. 그래서 태평양지역에서 미 해군과 연합훈련을 하기 위해 출동한 타국의 항모급 함정들도 대부분 이곳 요코스카 기지를 활용하고 있다.

요코스카 기지 내 제6번 드라이도크(Dry Dock)

요코스카 기지는 평시에는 '아시아-태평양지역 해상교통로의 안전 확보'를 주 임무로 하고 있으나, 한반도 유사시에는 미 인도태평양함대의 전방 배치와 해상구성군사령부 임무를 수행하게 된다. 요코스카 기지는 한반도 유사시 최우선적으로 투입되는 미국 인도태평양사령부 산하 미 제7함대의 모항(母港)이기도 하다. 이 기지에는 상륙작전의 지휘함인 블루릿지(Blue Ridge, LCC-19)함(艦)을 비롯하여 미국 해군의 핵심적력인 니미츠급 최신예 핵추진 항공모함(航空母艦)인 14만 2,000톤급 '로널드 레이건(USS Ronald Reagan, CVN-76)'함 등 실로 가공할만한 해군전력이 배치되어 있다.

그리고 탄도미사일 방어(BMD : Ballistic Missile Defense) 기능을 갖춘 최신예 이지스 순양함과 이지스 구축함 10여 척도 이곳에 상시 배치되어 있다. 이곳에 있는 해상전력들은 한반도에 위기상황이 발생할 경우 명령 48시간 이내에 긴급 출동할 수 있을 정도로 상시 만반의 준비태세를 갖추고 있다.

상륙작전 지휘함인 '블루릿지'함은 일본 요코스카 해군시설에 영국적으로 전진 배치된 제7함대 사령관의 기함(旗艦, flagship)으로서 1970년 11월 14일 필라델피아 해군 조선소에서 취역했다. 여기서 기함이란 편대, 전대, 함대 등 여러 척의 군함이 모여 있는 집단의 지휘관이 타고 있는 함정을 말한다. 블루릿지함은 핵 추진 항공모함 로널드 레이건호를 비롯해 핵잠수함 10여 척, 이지스 구축함과 순양함 20여 척, 항공기 300여 대의 작전을 총괄 지휘한다. 1970년 취역한 블루릿지함은 배수량이 1만 9,600톤이며 길이가 194m, 폭은 33m에 달한다. 대략적으로 우리의 독도함과 비슷한 규모라고 볼 수 있으며, 기함인 만큼 7함대 사령관을 비롯한 지휘부와 승조원 등 1,200여 명이 승선한다. 함정 내부에는 전술기함 지휘본부, 합동작전본부, 합동정보본부, 상륙군 작전지휘소 등 4개의 작전지휘소가 운영되고 있어 일명 '바다의 사령관'이라고도 부른다.

제어함대 지휘함 블루릿지(LCC-19)함 (출처 : 위키백과)

핵추진 항공모함 '로널드 레이건'함은 가공할만한 크기와 항공전력을 탑재하고 있어 막대한 공격력을 자랑하는 일명 '슈퍼캐리어(Super Carrier)'급 대형항공모함이다. 여기서 슈퍼캐리어는 항공모함 중에서도 일반 이착륙함재기(CTOL : Conventional Take-Off and Landng)를 운용하는 거대한 항공모함을 의미한다. 통상적으로 대형항모인 슈퍼캐리어는 배수량 7만톤 이상이며, 중형항공모함은 4만톤, 경항공모함은 2만톤 정도로 분류한다. 현재 미국만이 100,000톤급 이상의 슈퍼캐리어를 13~15척 정도 운용하고 있으며, 절대다수가 원자력 추진방식이다. 미국 외에 영국·프랑스·중국·인도 등이 일부 미국 최초의 재래식 슈퍼캐리어인 포레스탈(Forrestal)급 항공모함과 비슷한 크기인 60,000~75,000톤급의 대형항공모함을 일부 보유하고 있다.

핵추진 항모 로널드 레이건 함 (출처 : 연합뉴스)

'로널드 레이건' 함은 2015년 10월 2일 키티호크급 항모를 대체하여 일본 요코스카항에 정식으로 배치되었다. 길이 332.8m(1,092ft), 높이 62.97m이며, 비행갑판의 면적은 축구장 3배 크기에 해당하는 1만 8,210㎡ 규모이다. 또한 열(熱) 출력 550MWt A4W 원자로 2기를 갖추고 있어 한 번 연료를 채우면 무려 20년 동안 재공급하지 않고도 운항할 수 있다. 승조원은 함승조원 3,532명, 항공대 인원 2,480명을 합쳐 모두 6,012명이다. 항모 함재기로는 대공/대지/대함 임무를 수행하는 F/A-18E/F 슈퍼호넷과 F-35C 라이트닝 스텔스 전투기, 전자전 수행기인 E-2 호크아이와 EA-18G 그라울러, 대잠(對潛) 임무용 헬기인 MH-53 페이브로와 SH-60 시호크 등 100여기 정도를 탑재할 수 있다. (艦載機 : 군함이나 항공모함에 실은 비행기) 이 함재기들은 평소에는 인근에 위치한 이와쿠니 비행장에 배치하다가 출항할 때 항공모함에 탑재하게 된다. 로널드 레이건함이 출동하면 자체 방호를 위해 기본적으로 이지스 순양함과 구축함 2~3척이 호위를 하며, 최소 1척 이상의 핵 추진 공격잠수함(SSN)이 은밀히 수중호위를 하게 된다.

(5) 사세보 (Sasebo) 해군기지

구 일본제국 시대에 아시아지역 침략을 위한 출항 기지였던 「사세보 해군기지」는 일본 나가사키현에 있다. (규슈 섬 서북 항구, 대마도·부산에서 가깝다.) 일본이 패전한 직후인 1945년 9월에 미 제5해병사단이 사세보에 상륙하였고, 이듬해인 1946년 6월에 미 해군이 이 곳에 기지를 건설하였다. 그로부터 3년 후인 1950년 한국전쟁이 발발하자 사세보 기지는 국제연합군과 미군의 주요 발진기지로서 각종 탄약과 연료, 탱크, 트럭 및 보급물자 등을 한반도에 지원하는 기지로 활용되었다.

이후 한국전쟁이 정전체제로 전환되면서 사세보 기지는 일본 해상자위대의 모항이 되었으며, 동시에 미 제7함대 지원기지이자 보급함 및 소해정의 전방 전개 기지 역할을 담당하게 된다. 1970년대 중반에 잠시 미 해군의 탄약창으로 활용되다가 1980년 7월초 다시 미 해군기지로 전환되어 현재까지 미 제7함대를 직접 지원하는 미 해군의 최전방 기지 역할을 하고 있다.

사세보 해군기지는 일본 본토에 있는 네 곳의 유엔사 후방기지 중 한반도에 가장 근접하고 있다. 유사시 최단 시간 내 한반도 전역에 대한 상시 군수지원이 가능한 기지로서 전략적 가치가 매우 높은 곳 중의 하나이다. 또 사세보 기지는 미국의 세계전략을 보장하는데 매우 긴요한 거점으로서, 오키나와에 주둔중인 해병대의 신속 전개를 위한 출격 기지이자 요코스카 함정 수리창 출장소이기도 하다. 이런 전략적 입지 때문에 사세보 기지는 서태평양지역 최대 규모의 유류 및 탄약 저장시설과 대규모 정비지원시설을 갖춘 중요한 보급중계거점으로 평가받고 있다. 사세보 기지에는 필자(장광현 예비역 육군소장)가 방문한 당시인 2015년 말 기준으로 유류 2억 1,100만 갤런, 탄약 1,300만 파운드가 저장되어 있었다. 이 정도의 유류와 탄약이면 미 제7함대 소속 함정 70여 척이 3개월간 운용하고도 남을 만큼의 엄청난 양이다. 참고로 미군의 전략 유류와 탄약은 사세보 기지 외에도 디에고 가르시아, 화이트 비치, 요코스카 기지 등에 분산 보관 중이다. 필자는 사세보기지를 답사하는 중에 그 곳 관계관의 안내를 받아 탄약고 내부를 들여다볼 기회가 있었다. 해안선 도로를 따라 갱도 형태로 구축되어 있는 각각의 탄약고들은 하나같이 울창한 숲 안쪽에 자리 잡고 있어 공중에서는 전혀 식별되지 않는 천혜의 조건을 지니고 있다. 탄약고 내부 지하 공간은 15톤 이상 대형트럭도 쉽게 회전할 수 있는 충분한 넓이와 높이의 공간에 신속히 탄약을 적재할 수 있도록 대형 지게차 등이 준비되어 있다. 그리고 실내는 장기간 탄약을 보관해도 관리에 전혀 문제가 없도록 온도 및 습도 조절 기능뿐만 아니라 환기조절 장치까지 완벽히 설비를 갖춘 상태였다. 또 사세보에는 항공모함을 비롯한 각종 함정에 유류 보급을 위한 대형 지하 유류저장소가 최소 두 군데 이상 설비되어 있다. 대형 송유관을 이용하여 강력한 압력 분사 방식으로 주유를 하게 되므로 대형 함정일지라도 불과 몇 시간 만에 급유를 마칠 수 있다고 한다.

사세보 기지에는 핵 공격 능력을 갖춘 원자력 잠수함 외에도 상륙전 지원부대로서 지금은 화재로 소실되어 버린 LHD-6급 미니 항공모함인 '본험 리처드' 함(艦)을 비롯하여 수척의 상륙함과 소해함(掃海艦) 등 30여 개 부대의 정박지이기도 하다. 본험 리처드 함은 미 해군의 와스프급 강습상륙함으로서 전쟁 시에 미 해병대와 수륙양용 전투차량 등을 상륙시키는 역할을 했다. 아울러 배수량 4만 1,000톤에 길이는 257m에 달하는 준항공모함 격인 본험 리처드 함은 미 해군과 해병으로 이뤄진 제3원정 타격단을 이끄는 기함이었다. 필자가 사세보 기지에 도착했을때는 날이 어둑어둑한 저녁무렵이어서 그곳에 있는 해군숙소에서 하루를 묵어야 했다. 그러다보니 때마침 건너편에 정박해 있던 본험 리처드 함의 웅장한 모습을 멀리서나마 지켜볼 수가 있었다. 그리고 다음날 오전 본험 리처드 함에 직접 올라 강습상륙함의 진면목을 생생하게 확인하였다. 그날 따라 짙은 안개가 끼어 아침에 눈을 뜨자마자 카메라로 담아둔 본험 리처드 함 사진 한 장이 마지막 모습이 되고 말았다.

본험 리처드 함의 위용 (2015. 11 필자 촬영)

본험 리처드 함은 2020년 7월 12일, 캘리포니아주 샌디에이고 항에 정박하여 새로 투입되는 스텔스 전폭기 F-35B 적재를 위한 개량 및 개선 작업을 하던 중 수리가 불가한 수준의 심각한 대형 화재가 발생하여 퇴역으로 결정되었으며, 미 해군은 본험 리처드 함을 대신하여 2세대 아메리카급 상륙강습함인 트리폴리호를 대체 투입할 계획에 있다. 본험 리처드 함이 F-35B 전투기를 13~20대까지 탑재할 수 있도록 개조 작업을 거의 마쳐가던 중 수리 불가 수준으로 완전 소실됨으로써 미국의 인도·태평양 전략에도 당분간 차질이 불가피해졌다. 미 해군 입장에서는 정말 안타까운 일이 아닐 수 없다.

사세보 기지의 주요 기능은 크게 네 가지를 들 수 있다. 첫째, 사세보는 미국이 군사행동을 전개할 때 필요한 탄약과 연료, 물자 등을 보급하게 된다. 둘째, 예측 불가능한 사태가 발생 시 미군 전력의 전방 전개 및 투입을 위한 중계기지 역할을 담당한다. 핵 공격 능력을 갖춘 수 척의 원자력 잠수함과 전투함 등이 사세보 기지를 준(準) 모항으로 이용하면서 휴식 및 상시 전개할 수 있는 태세를 갖추는 것이다. 셋째, 미사일 방어구상의 거점 역할이다. 미국은 본토와 해외기지 방어를 위해 지상 배치형 요격미사일과 해상 배치형 요격미사일(SM-3) 탑재 이지스함, 개량형 패트리엇(PAC-3) 등을 배치하고 있으며, 일본 해상자위대 또한 동일한 시스템 방식의 탄도미사일 감시·추적 및 요격 능력을 자국의 이지스함에 갖추고 있다. 마지막으로, 사세보 기지의 역할은 한반도 유사시에 즉각 대응할 수 있는 태세를 갖추는 것이며, 미 해군의 최전방 군수기지로서 한반도 유사시를 대비하여 상시 지원태세를 유지하고 있다.

(6) 가데나 (Kadena) 공군기지

가데나 공군기지에 대해 설명하기 이전에 독자들의 이해를 돕기 위해 오키나와에 대해 먼저 소개하고자 한다. 오키나와섬(沖繩島) 또는 오키나와 본도(沖繩本島)는 동중국해와 태평양의 사이에 위치하는 난세이 제도 최대의 섬이자, 오키나와현의 정치·경제 중심지이다. (沖충, 繩승, 끈·새끼) 90여 개의 크고 작은 섬으로 구성되어 있는데, 그중 오키나와 본도(本島)의 면적은 제주도의 1.2배 정도로서 일본의 주요 4개 섬을 제외하고는 가장 면적이 넓은 섬이다. 오키나와는 지리적·전략적으로 볼 때 미국의 인도-태평양 지배전략에 중요한 의미를 주는 전략적 거점이다.

오키나와는 중국 본토와는 약 500마일, 일본 동경 및 필리핀 마닐라로부터는 약 800마일 이상 떨어진 곳에 있어 미 전략공군 및 긴급사태에 우선적으로 투입하는 해병대 전력의 전진기지로서 최적의 입지조건을 갖추고 있다. 과거 냉전기에는 구소련의 태평양에로의 진출을 봉쇄하는 '목(Choke Point)'에 해당하였다면, 지금은 한반도 유사시를 대비하면서 중국의 태평양 진출을 원천 봉쇄하고 차단할 수 있는 전략적 거점으로서 그 가치가 매우 높은 곳이다.

오키나와는 한반도 유사시에도 전략적으로 특별한 의미를 가진다. 과거 한국전쟁 당시 오키나와는 후방지원 및 항공작전을 위한 거점이자 지상 작전부대가 한반도로 전개하기 위한 출동 준비 지역이었다. 일본 영토의 불과 0.6%에 해당할 만큼 작은 크기의 오키나와에는 전체 주일 미군기지의 75%가 들어서 있다. 오키나와에 주둔하는 미군들이 사용하는 부지 면적만으로 볼 때 '본도 전체 면적의 약 20%'에 달한다. 오키나와에는 세 곳의 유엔사 후방기지가 있는데, 바로 동북아 최대 미 공군기지인 '가데나 공군기지(Kadena Air Base)'를 비롯하여 '후텐마 미 해병대 기지(MCAS Futenma)' '화이트비치(Whie Beach) 해군기지'이다. 만약 한반도에 전쟁이 발발할 경우 오키나와에 있는 이들 후방기지 전력이 가장 먼저 한반도에 출동하게 될 것이다. 어떻게 보면 오키나와에 주둔하고 있는 막강한 해·공군 전력 그 자체가 평시 한반도에서 전쟁을 억지하는데 적지 않게 기여하고 있다고 표현을 해도 무리는 아닐 것이다.

그 중 '가데나 공군기지'는 공군전력의 수용 및 전개를 보장하는 태평양지역 최대

규모의 전진 배치 공군기지로서, 시설 면적은 주일 미군이 오키나와 본도에서 사용하는 전체 토지의 75%에 해당하는 199만 5,000㎡이다. 미군이 가데나 기지를 사용하게 된 것은 제2차 세계대전 말 오키나와 중부해안에 상륙하면서 부터이다. 정확하게 표현하자면 당시 일본군이 건설하여 사용 중이던 비행장을 미군이 1945년 4월 1일부로 접수하였고, 이후 몇 번에 걸쳐 기지를 이전한 끝에 1975년부터 이곳 가데나 기지를 본격적으로 사용하기 시작하였다. 가데나 기지에 대한 전체 관리는 미 공군의 몫이긴 하지만 해군과 해병대도 일부 시설을 가지고 있다. 그중 가데나 공군기지는 오키나와에서 가장 중요한 기지로서 3,700m 길이의 활주로 두 개를 보유하고 있으며, 활주로의 폭이 각각 91m와 61m로서 항공기지로는 최상급 수준을 갖추고 있다. 또 가데나 기지는 지리적으로 대만해협과 한반도에 근접해 있어 주요 작전기지로도 최상의 조건을 갖추고 있다. 그리고 인도 및 호주를 포함한 태평양 전 지역에 전투기를 전개하는데 5시간 정도 소요되는 위치에 있으므로 동북아지역 내 유사시 상황발생 시 즉각 대응 가능한 전략적 위치를 점하고 있다.

가데나 공군기지 전경 (출처: 위키백과)

가데나 공군기지의 임무는 유사시 신속한 전개 및 공군작전 수행을 위한 전방 배치 항공 전력을 제공하는 것이며, 한반도 유사시 미 공군의 주력 발진기지 역할을 한다. 가데나 기지에는 미 제5공군사령부 예하 18전투비행단을 주축으로 항공지원단, 해군함대지원단, 해병함대근무지원단 등이 주둔하고 있다. 이 기지에는 F-15C/D 전투기를 비롯하여 KC-135R 공중급유기, E-3C 조기경계관제기, HH-60G 조사 구난용 헬기, MC-130H 및 MC-130P 공중급유 겸 수송기 등이 배치되어 있다.

또한 U-2 정찰기와 미사일 기지 정찰용 RC-135, 무선 레이더 주파수와 함정의 통신체계를 추적하는 EP-3 정찰기, 그리고 북한의 핵시설 탐지를 임무로 하는 WC-135W 특수정찰기 등도 이곳 가데나 기지에 배치되어 있다. 특히 가데나 기지는 한반도 유사시 매우 긴요한 발진기지이다. 가데나 기지에서 전투기가 출격할 경우 서울 상공까지는 불과 1시간 이내, 한반도 최북단까지는 2시간 이내에 작전 전개가 가능한 능력을 갖추고 있다. 수송기의 경우 2시간 이내 한반도 군사분계선(MDL)까지 도달할 수 있어 유사시 신속한 작전 전개 및 지원이 가능하다.

(7) 후텐마 (Futenma) 해병대 기지

오키나와에는 약 스무 개 정도의 미 해병대 시설이 있다. 이들 해병대 기지들은 1972년 오키나와가 일본에 반환됨에 따라 당시 미군의 주력이었던 육군을 해병대가 대체하면서 점점 강화된 것이다. 현재 해병대는 시설 수와 면적 면에서 오키나와에 주둔하고 있는 미군 중에서 가장 큰 규모이다.

그 중 '후텐마 해병대 기지'는 일본 오키나와현 기노완시에 있는 미국 해병대의 군용비행장으로서 가데나 기지와 함께 오키나와 지역에서 주일 미군의 양대 거점으로 불린다. 이 지역은 제2차 세계대전 이전까지만 하더라도 밭농사를 짓던 구릉지였으나 1945년 오키나와 전쟁이 시작되면서 곧장 미군의 지배하에 들어갔다. 최초 미 육군 공병대가 기노완 촌(村)의 토지를 일부 수용하여 2,400m급 활주로를 갖춘 비행장을 건설한 이후 1953년에 활주로를 확장하였다. 1960년 미 해병대가 이를 인수하여 오늘에 이르고 있으며, 이 비행장은 후텐마 해병대 항공기지사령부라는 부대가 관리하고 있다.

후텐마 기지 전경 및 활주로 (출처 : 이코노미 조선)

후텐마 기지는 미 제1해병 비행사단의 전개를 보장하는 곳으로서, 미 제1해병사단 예하 헬기부대인 제36해병대 항공단이 이곳에 사령부를 두고 있다. 오키나와의 해병대는 제3해병원정군(MEF-Ⅲ)에 소속되어 있는 전투부대와 해병대 기지를 유지하고 관리하는 지원부대로 구성되어 있다.

제3해병원정군은 미 하와이에 사령부를 두고 있는 태평양 해병함대 소속이다. '해병원정군'이란 미 해병대가 수륙양용작전을 수행하기 위해 채택하고 있는 최신의 전투부대 편성인 해병대 공지부대(MAGTF : Marine Air Ground Task Force) 중 세계 최대 규모를 자랑하는 부대이다. 참고로 미 해병대는 3개의 해병원정군을 보유하고 있는데, 각 해병원정군은 통상 1개의 해병사단과 해병항공단, 역무 지원단으로 편성되어 있다. 그중 제1, 2 해병원정군은 각각 미국 캘리포니아주(캠프 팬들턴) 및 노스캐롤라이나주(캠프 르준느)에 주둔하고 있으며, 제3해병원정군만이 유일하게 해외에 주둔한 부대로서 오키나와의 캠프 코트니에 사령부를 두고 있다.

후텐마 기지에 계류 중인 오스프리(MV-22) 수직이착륙기

후텐마 기지는 유사시 제3해병원정군의 한반도 전개를 위한 항공수송지원 임무를 수행하고 있으며, 길이 2,800m, 폭 46m의 대형 활주로를 보유하고 있어 모든 미군 자산의 이착륙이 가능한 기지이다. 이곳에는 수직이착륙기인 오스프리(MV-22) 등 다수의 전투기와 수송기, 헬기 등이 배치되어 있다. 미국 영토인 괌에서 평양까지 거리가 직선거리로 약 3,400km 정도인 데 비해, 오키나와섬에서 평양까지의 거리는 그 절반에도 못 미치는 1,400km이다. 이러한 지리적 이점 때문에 한반도 유사시에는 미 해병대의 항공기 300여 대(공중 급유기 21대와 해병대 전투기, 공격기 등 280여 대)가 후텐마 기지에 배치되어 작전을 전개하게 된다.

(8) 화이트 비치 (White Beach) 기지

1945년 미군이 오키나와에 상륙한 직후 일본 본토를 공격하기 위한 출격 기지로서, 미군은 대량의 함정이 동시에 정박 가능한 집결 해역 및 연료 및 화물용 부두가 필요하였다. 화이트 비치는 이러한 요구를 충족시킬 최적의 지역으로 나카구스쿠만 북쪽으로 돌출되어 있는 카츠렌 반도에 있다. '화이트 비치(White Beach) 기지'는 나카구스쿠만의 넓은 해역을 정박지로 사용하고 있으며, 오키나와에 기항하는 미 군함의 기항지 임무를 수행하고 있다. 이곳에는 전장 152m, 수심 9.9m인 육군 부두와 전장 483m, 수심 10.7m의 해군 부두가 있으며, 그 밖에 전장 173m의 소형 선박용 계류장이 있다.

오키나와 캠프 화이트비치의 전경

화이트 비치 기지는 오키나와에 기항하는 미 군함의 기항지(寄港地)이자 급유 지원, 해병대 부대의 순환배치를 지원하는 곳으로, 미 제7함대에 대한 일반지원과 임무 수행 부대에 대한 통신 및 보급품 지원, 숙소를 지원한다. 또 동북아지역에서 작전을 수행할 때는 전투함정에 대한 항만시설을 제공하며, 한반도 유사시 제3해병원정군의 탑재 및 전개를 지원한다. 유사시 화이트비치 해군기지에서 출발한 미 해병은 30시간이면 한반도에 도착할 수 있다.

4) 「유엔사」의 법적 지위와 해체 논란

(1) 유엔사는 유엔 산하의 '합법조직 아니'라는 주장

유엔사의 국제법적 지위에 대한 논란은 창설이후부터 지금까지 계속되고 있다. 일반적으로 유엔사는 유엔안보리 결의안 제84호(S.1588)를 근거로 창설된 '유엔의 보조기관'인 동시에 '한국전쟁의 수행자이자 정전협정 체결자'로서, 또한 한반도 정전협정을 관리하는 '유엔 행정기관'으로서의 국제법적 정당성을 갖춘 기구로 인식하고 있다. 그러나 북한을 비롯한 공산권 국가들은 정전협정 체결 이후부터 지금까지 유엔사의 법적 지위를 인정하지 않고 있다. 유엔사의 법적 지위를 둘러싼 국제사회의 논쟁이 여전히 이어지고 있는 가운데, 국내에서도 일부 세력들을 중심으로 북한을 비롯한 공산권 진영의 주장과 맥을 같이 하며 유엔사의 무용론(無用論)과 해체론에 동조하는 주장들이 끊이지 않고 있다.

아이러니하게도 북한은 한국이 정전협정 체결 당사자가 아니라는 이유로 늘 대화상 대에서 배제하면서도 유엔사를 줄곧 대화통로로 유지하는 이중성을 보여왔다. 또한 북한의 주장에 힘을 실어주고 부추겨 온 중국 역시 한반도에서 남북한의 무력충돌을 방지해 온 유엔사의 순기능을 묵시적으로 인정해 왔다. 이런 이율배반적인 불균형(imbalance) 현상을 고려할 때 한미 간에 추진 중인 전작권 전환이나 북한 비핵화 협상 과정에서 '종전선언'이나 '평화협정 체결'이 이슈화될 때마다 한동안 수면 아래 잠복하고 있던 유엔사의 국제법적 정당성에 관한 시비와 해체 논란은 계속 불거지곤 했다.

(2) 공산권 국가들, 원천적으로 유엔사 실체 부정

중국과 러시아 등 공산권 국가들은 사실상 유엔군을 상대로 전쟁을 벌였던 적대국의 입장에서 유엔사의 법적 지위를 부정하면서 해체해야 한다는 주장을 되풀이하고 있다. 이들은 유엔사 창설의 적법성 면에서 당시 안보리 상임이사국인 소련이 빠진 상태에서 채택된 유엔안보리 결의안 제82, 83, 84조는 유엔헌장 제27조 3항의 위반이라고 지적한다. 또 당시 대만은 중국을 대표하는 합법적인 국가가 될 수 없다면서 유엔사의 태동 자체가 원천무효라고 주장한다. 이와 같이 유엔사의 국제법적 지위와 관련한 공산권 국가들의 문제 제기는 1970년대에 접어들면서 제3세계 국가들을 중심으로 최고조에 달했다.

1972년 알제리를 비롯한 국가들이 "UNC의 존재에 관한 재검토"에 대해 토의를 요청하는 서한을 유엔 사무총장에게 발송한데 이어, 1973년 알제리에서 개최된 '제4차 비동맹 정상회의'에서 처음으로 UNC 해체 문제를 결의안에 포함하였다. 이를 시작으로 공산권은 1973년 제30차 유엔 총회에서 "유엔사를 해체하고 남한에 있는 모든 외국군 대를 철수할 것"과 "유엔사를 해체한 상황에서 정전협정의 실제 당사자가 모여 한반도 정전협정을 평화협정으로 전환해야 한다"는 결의안을 제출하기에 이르렀다. 또 1975년에는 "근거가 미약한 조직인 유엔사를 조속히 해체해야 한다"는 주장과 함께 "1976년 1월 1일부로 유엔사를 해체한다"는 일방적인 결의안을 유엔 총회에 제출하기도 하였다.

이러한 공산 진영의 주장은 최근까지도 계속 이어지고 있다. 중국은 유엔군이 국제적인 전쟁이 아닌 "한반도 내전(內戰)에 개입한 다국적 연합군에 지나지 않으며, 유엔 본래의 목적 면에서도 국제평화와 안정의 유지 및 회복이 아닌 '한국 일변도'에 치중하고 있다"고 지적한다. 또 한국전쟁 동안은 물론 그 이후로도 유엔군이 미군 부대를 지휘하거나 통제한 전례가 없으며 주한미군 역시 유엔의 지휘나 통제를 받은 적이 없으므로 유엔안보리 결의 제84호 및 후속 문건에 의해 탄생한 유엔사는 "미군 지휘를 받는 통합사령부일 뿐"이라고 주장한다. 2010년 중국 외교부 산하 국제문제연구소 연구원인 양시유(Yang Xiyu 楊希雨)는 연구소 발행지인 '국제문제연구'에 게재한 "한반도 평화

체제 수립 관련 몇 가지 법률문제 검토"라는 논문에서 "유엔군은 한반도 내전(內戰)에 개입한 다국적 연합군일 뿐이며, 유엔사 역시 미국 지휘 아래 있는 통합사령부에 불과하다"라면서 유엔사의 국제법적 정당성을 일축하였다. 양시유는 중국 외교부 한반도 사무판공실 주임 및 6자회담 차석대표를 역임한 자인만큼 그의 주장은 중국 외교부를 대변하는 것으로 보아도 무방하다. 그가 언급한 부분을 음미해 보면 향후 유엔사의 거취와 관련한 중국의 입장을 충분히 유추할 수가 있다.

중국과 러시아는 한반도 종전선언 논의와 연계하여 가장 최근까지도 유엔사 해체를 요구하고 있다. 유엔 주재 중국대사인 마차오사(馬朝旭)는 2018년 9월 17일 유엔안보리 긴급회의에 참석한 자리에서 "유엔사는 냉전 시대의 산물로서 군사적 대결의 의미를 잔뜩 담고 있다"고 비난하면서 "유엔사가 한반도의 화해와 협력에 걸림돌이 되어서는 안 된다"라고 주장하였다. 같은 자리에서 유엔 주재 러시아 대사인 '바실리 네벤자' 역시 "유엔사가 21세기 베를린 장벽이냐?"고 반문하면서 "북한이 종전선언과 평화협정을 요구하는 상황에서 유엔사의 역할과 필요성에 대한 분석이 필요하다"고 주장하였다. 이처럼 공산 진영이 하나같이 유엔사를 부정하면서 해체를 주장하는 것은 유엔사가 중국과 러시아의 동진(東進) 전략에 큰 걸림돌로 작용하고 있으며, 무엇보다도 유엔사의 실질적인 힘의 원천이 되는 주일 유엔사 후방기지를 무력화할 목적에서 의도적으로 꺼낸 발언일 가능성이 크다. 일본 본토 및 오키나와에 산재한 유엔사 후방기지를 핵심거점으로 인도태평양지역에 대한 주도권을 보장할 수 있는 막강한 전장 지배능력과 기동력, 이를 기반으로 하여 가공할 만한 타격 능력까지 보유한 주일미군 전력, 그리고 이를 뒷받침하는 미국의 엄청난 전투 근무지원 능력은 아시아-태평양지역으로 진출하고자 하는 중국과 러시아의 꿈을 좌절케하여 국익을 위한 활동의 자유를 위축시키고 있기 때문이다.

사실 「유엔사의 존재 여부」를 그 발생의 구실과 명분에서 따져보면 어느쪽 주장이 타당한지를 대충 식별해낼 수 있다고 본다. 미국이 유엔사를 시급히 만들 때의 상황은 "조선인민군이 부당하게 남침하였으므로 유엔의 이름으로 '응징과 평화를 위해' 명분있게 만들었다." 그러나 상대방은 그 반대의 명분을 가지고 있었다. 애당초 미군은 2차 대전의 승자로 일제 식민지 조선의 해방군으로 등장했다가 국제관계 여건상 남북분단을 강제하면서 남부의 점령군 위치로 모습을 바꾸었다. 그러면서 이승만 정부를 수립시켰고 이승만의 '북진통일' 주창과 동시에 일본군 출신이 지휘하는 38선 침투전을 자주 일으키게 (물론 남북 쌍방에 분쟁 책임이 있었겠지만) 되자 북은 공포스럽기도 하고 중국이 (1949년 가을) 마지막 해방전쟁에서 승리하는 모습에 고무되어 '해방'을 명분으로 남진공략을 실행한 것으로 짐작해 볼 수 있었다. 그러니 딱히 어느 한쪽이 '선제공격'의 주인공이었느냐고 따진다면 '강자의 점령'에 혐의를 더 둘 수가 있었다는 뜻에서 결론적으로 「유엔사」의 명분이 그렇게 당당하다고 볼 수는 없다는 주장이었다. 유엔이 진정 세계평화를 위한다면 어느 한쪽 편만 (그것도 강자의 편만) 들어주는 기구가 되어서는 안되니까.

(3) 북한, 유엔사 해체 및 북미 간 평화협정 체결 요구

북한은 중국과 러시아의 논리를 그대로 수용하면서 유엔사 해체가 선행되어야 한반도가 조속히 평화체제로 전환될 수 있다고 주장하고 있다. 북한이 미국과의 평화협정 체결을 주장하는 이유는 유엔사 해체 명분을 확보하기 위함이며, 이는 한반도에서 주한미군을 완전히 몰아내기 위한 일차적 전략이다. 북한은 "한반도 평화 실현에 가장 주된 장애가 되는 유엔사 해체와 주한미군 철수 문제가 조속히 이루어져야 한다"면서 "전쟁을 법률적으로 종식하기 위해 평화협정을 체결하려면 의례적으로 외국군대 문제를 논의하는 것이 국제관례적인 요구"라고 주장한다. 그러면서 유엔사는 유엔과 무관한 불법적인 간섭 도구이므로 평화협정과 무관하게 조속히 해체하는 것이 타당하며, 적어도 북미 간 평화협정이 체결되는 단계에는 무조건 유엔사부터 해체해야 한다는 것이 북한의 일관된 주장이다.

북한은 정전협정이 체결된 이듬해인 1954년 제네바 회의 이후부터 줄곧 '유엔사는 유엔과 무관한 불법조직'임을 강변하며, 유엔을 비롯한 국제사회에 유엔사 해체의 당위성을 집요하게 주장해 왔다. 또 유엔사가 북한 및 한국의 국내문제에 간섭하는 것은 국제법 위반이므로 한반도에서 외국군대를 철수시켜야 한다고 주장하기도 하였다. 북한은 1975년 11월 18일 유엔사 해체에 대한 유엔 총회 결의에서도 '유엔사를 해체하고, 유엔군이라는 이름 아래 한국에 주둔하고 있는 모든 외국군을 철수시키는 것이 필요하다'는 의견을 제출하였다. 아울러 1991년 9월 남북이 동시 유엔에 가입한 이후 유엔과 북한 간의 비정상적인 관계가 청산되었으므로 유엔사를 해체해야 한다고 요구하였고, 2012년 10월 제67차 유엔 총회 제 6위원회 회의에서도 재차 유엔사 해체를 주장한 바 있다. 이듬해인 2013년 1월 14일에는 북한 외무성 비망록을 통해 '유엔사를 해체하는 것은 조선반도와 아시아-태평양지역의 평화와 안정을 수호하기 위한 필수적 요구'라는 제목 아래 "한반도의 불안정한 정전협정을 평화협정으로 바꿔야 하며, 이를 위한 전제조건으로 대(對)조선 적대시 정책을 배후에서 조장하고 있는 유엔사를 지체하지 말고 해체해야 한다"라고 주장하였다. 같은 해 6월 21일에는 신석호 유엔 주재 북한대사가 기자회견을 통해 "유엔사를 해체하고 정전협정을 평화협정으로 전환해야 한다"고 주장하였다. 2017년 2월 25일 '유엔헌장 및 기구 역할 강화에 관한 특별위원회 연례회의'에서는 북한 대표가 "미국이 북한을 힘으로 전복하기 위한 대규모 합동군사훈련을 유엔군사령부 간판 밑에서 감행하고 있다"면서 재차 유엔사 해체를 주장하였다.

북한의 유엔사에 대한 원색적인 비방과 해체 발언은 가장 최근까지도 계속되고 있다. 북한은 2018년 미-북간 비핵화 협상을 진행하는 와중에도 '비핵화'와 '상응한 조치'를 놓고 유엔사 해체를 요구하였다. 리용호 북한 외무상은 2018년 9월 29일 유엔총회 연설에서 "유엔사에 대해 말한다면, 유엔의 통제 밖에서 미국의 지휘에만 복종하고 있는 연합군사령부에 불과하다"고 주장함으로써 향후 종전선언과 연계하여 유엔사 해체를 요구할 여지를 내비쳤다. 유엔 주재 북한대사관 김일철 서기관은 2018년 10월 12일 열린 유엔 총회 제 6위원회에서 유엔사를 '괴물같다(monster-like)'고 비유하면서, "유엔사가 유엔헌장의 목적에 반(反)하는 행위를 하고 있다"고 언급하였다. 또한 2018년 11월 21일 대외 선전매체인 '우리끼리'를 통하여 "유엔사는 이미 오래전에 해체되었어야 할 역사의 폐기품으로서 남한의 조력자 역할을 중단하고 즉시 해체해야 한다"고 주장하였다. 그런가 하면 '9.19 남북군사합의'에 따라 판문점 공동경비구역(JSA)을 비무장화하고, 이를 총괄 관리할 'JSA 공동관리기구' 발족을 논의하는 자리에서도 "미군이 주축인 유엔사를 기구에서 배제해야 한다"라고 공개적으로 요구하기도 했다.

(4) 미국은 유엔사의 '국제법적 정당성' 주장하며 존속 고집

미국은 1970년대 초부터 공산진영의 집요한 유엔사 해체 공세에 직면하면서 언젠가는 유엔사를 해체해야만 하는 상황이 도래할 수도 있을 것으로 생각하고 이에 대비하는 듯한 모습을 보여왔다. 그러다가 막상 공산 진영이 유엔 총회에서 유엔사 해체를 주장하는 목소리를 내기 시작하자 미국은 태도를 바꾸어 유엔사 존속 의지를 더욱 강하게 피력하면서, 유엔사가 '유엔안보리 결의를 거쳐 창설된 조직으로 국제법적 정당성을 갖춘 기관임을' 주장하고 있다. 기본적으로 미국은 전작권이 한국정부로 전환되더라도 유엔사의 역사적 정당성을 활용하여 한반도 평화를 관리하겠다는 입장을 굳힘으로써 국제평화를 위한 자제와 양보의 원칙을 어기겠다는 자세를 취함으로써 언제나 승승장구하는 승리자의 권위를 강조하였다. 그러므로 한국군이 전작권을 행사하게 되면 여러 가지 변화된 상황에 맞추어 유엔사의 역할 및 기능이 필연적으로 수정되어야 한다고 생각한다. 실제로 미국은 한미 간에 진행 중인 전작권 전환에 맞추어 유엔사 재활성화에 주력해왔다. 즉 한미 연합지휘체제 조정과 연계하여 유엔사의 역할 및 기능을 최적화하고, 한국을 비롯하여 전력을 제공할 국가들이 참여하는 다국적·다기능 통합사령부를 구성하는 등 전반적으로 '유엔사 위상을 강화하는 데 집중'하고 있는 것이다.

아울러 미국은 '설사 종전선언이나 평화협정을 체결하더라도 다음과 같은 이유에서 유엔사는 반드시 존속해야 한다는 입장'이다. 첫째, 미국은 유엔사가 유엔안보리 결의에 따라 창설되었기 때문에 (유엔 안보리의 '만장일치 결의도 아니고 한시적인 결정사항이었던' 역사적 진실을 무시하고) 유엔사 해체 문제는 한국 정부나 북한, 또는 여타 제3자가 개입할 사안이 아니라는 점을 분명히 하고 있다. 둘째, 국제 법적으로 '정통성을 갖춘 유엔사를 한반도에 존속시킴으로써' 북한 도발을 억제할 수가 있고, 설사 북한이 도발하더라도 유엔사가 포함된 연합위기관리를 통해 확전을 예방할 수 있다는 것이다. 셋째, 한반도 유사시 유엔안보리의 추가적인 결의 없이도 현재의 유엔사라는 제도적 장치를 통해 유엔사 회원국들의 재참전(전력 제공)을 유도할 수 있어 이들을 주축으로 신속한 다국적군 전력 구성에 절대적으로 유리하다는 점이다. '유엔군'의 이름으로 만년(언제라도) 출전이 가능하게 되는 것이다. 마지막으로, 일본 본토 및 오키나와에 지정된 일곱 곳의 유엔사 후방기지를 지속 활용하기 위해서는 모체인 유엔사가 반드시 존속되어야 한다는 것이다. 1954년 2월 19일 유엔사와 일본이 체결한 '유엔군 지위협정(SOFA)'에 의하면 유엔사에 대한 기지 제공 의무는 유엔군 철수 이후 90일 이내에 종료하게 되어있다. 따라서 미국은 유엔사가 해체될 경우 공산권 진영이 유엔사 회원국들의 일본 내 후방기지 사용권도 소멸할 것이라는 기대감으로 더욱 강하게 유엔사 해체 주장을 이슈화할 수가 있고, 유엔사 해체가 현실로 된다면 자칫 주일 유엔사 후방기지의 반환으로 이어질 것을 경계하고 있다. 철저히 미국의 일방적 국익차원의 의지의 발로였다.

미국이 유엔사 해체를 꺼리는 또 다른 결정적인 요인 중의 하나는 만약 유엔사가 해체될 경우 한미 연합방위체제에 악영향을 줄 것을 우려하기 때문이다. 만일 유엔사가 없는 상태에서 한반도에서 분쟁이 발발할 경우 우방국의 군사적 개입을 정당화하기 위한 유엔안보리 결의안 채택 등에 많은 어려움에 봉착하게 될 것은 자명한 사실이다. 무엇보다도 2000년대 전후 걸프전이나 이라크전 등을 치르면서 전쟁의 명분과 국제적지지 획득을 위한 유엔안보리 결의안 채택과 다국적군 구성에 많은 어려움을 겪은 적이 있는 미국이 이미 국제법적 절차를 거쳐 창설되고 운용 중인 유엔사를 최대한 활용하려는 것은, 제국주의 경험이 풍부한 나라로서는 아주 당연한 일이다. 더군다나 같은 유엔안보리 상임이사국이면서 북한과는 군사적 동맹 및 우호 관계에 있는 중국 및 러시아가 버티고 있는 한, 한반도에서 전쟁이 재발하더라도 과거 한국전쟁 당시처럼 국제사회의 전폭적인 지지 및 지원, 다국적군 전력 구성을 위한 유엔안보리 결의 채택 등이 현실적으로 쉽지 않을 것이라는 사실을 미국이 모를 리 없다.

그렇기 때문에 미국은 유엔사를 국제법적으로 아무런 하자가 없는 '정통성을 갖춘 조직'으로 간주하고 있다. 유엔사가 평시 한반도 정전협정 관리자로서 위기관리 및 전쟁 억제에 기여할 뿐만 아니라 유사시 유엔안보리 결의안 채택 등 여타의 절차없이 신속한 군사적 개입이 가능한 점, 그리고 '아시아지역에서 힘의 균형 유지'라는 미국의 전략적 가치 및 유용성 측면에서 보더라도 전략적으로 매우 유용한 조직으로 인식하고 있다. 더욱이 주일 유엔사 후방기지와 유엔사 회원국 중심의 국제적 지지를 바탕으로 아시아-태평양지역의 안정과 질서 유지를 주도할 수 있는 전략적 이점도 있어 미국으로서는 이를 포기할 하등의 이유가 없다. 실제로 이들 유엔사 후방기지는 주일미군기지 중에서도 전략적 요충지에 위치한 핵심거점으로서 중국 견제 등 인도태평양전략의 관점에서도 매우 유용한 기구이기 때문에 전작권 전환이나 평화협정 체결 이후에도 유엔사를 계속 활용하려 할 가능성이 크다.

◎ 상호 확증파괴가 가능해진 핵무기의 존재
(Mutually Assured Destruction, MAD)

핵(核)은 전쟁 무기·폭탄으로 쓰면 서로의 길로틴(guillotine 단두대 斷頭臺·기요틴(프랑스어 : 죄인의 목을 자르는 칼이 장치된 무대)이 될 것이나 공동체 삶의 발전도구로 쓰면 상호보은·평화공존하는데 유용한 도구가 될 것이다.

(1) 상호확증파괴(Mutually Assured Destruction, MAD)란?

상호확증파괴란 미·소 냉전 시기에 만들어진 용어로, 전쟁에서 전투의 승·패에 관계없이 양측 모두 파괴될 것이 확실한 상태를 뜻한다. 이는 미국과 소련의 핵군비 경쟁 초기에 등장한 개념으로 이후 모든 핵전략의 기초가 되었다.

예를 들어 핵무기를 보유하고 대립하는 2개 이상의 국가가 있을 때, 어느 한쪽이 상대방에게 핵무기를 이용하여 선제공격을 가한다면 공격을 받은 상대방 역시 핵전력을 이용하여 보복할 것이다. 어느 한 쪽의 핵무기 사용에 의해 양쪽의 파괴가 확실시 되므로 이론상으로는 핵전쟁이 발생하지 않게 된다. 역설적이게도 핵무기의 보유가 핵전쟁을 방지하는 주요한 핵억지력으로 작용하고 있음을 뜻하는 것이다. (출처 : SAIS 38north : 핵무기 개발에 참여한 폰 노이만이 제안한 용어로 앞글자를 따면 'MAD 미쳤다'라는 뜻을 갖는다. 핵전쟁이 인류를 위협하는 미친 행위임을 암시하고 있다.)

전쟁의 역사에서 보면 침략·도발 세력은 전쟁하기에 앞서 갈라놓은 상대방 영토 부근을 자주 돌며 시빗거리를 찾거나 만들다가 전쟁이 터지면 싸움터는 대개는 피침략국의 영토일 수 밖에 없었다. 전쟁의 참화는 고스란히 피점령국 사람과 강토에 오래 오래 고통을 안겨주었다. 약소국의 운명으로만 돌릴 수 없는 각성의 시대가 된 듯도 하다. 한반도 상공을 떠날줄 모르는 전쟁의 먹구름은 두 외세의 잇단 점령 (1905년과 1945년)으로부터 시작되었고 현재도 강력한 군사동맹의 잦은 무력시위로 평화의 빛은 요원해 보인다.

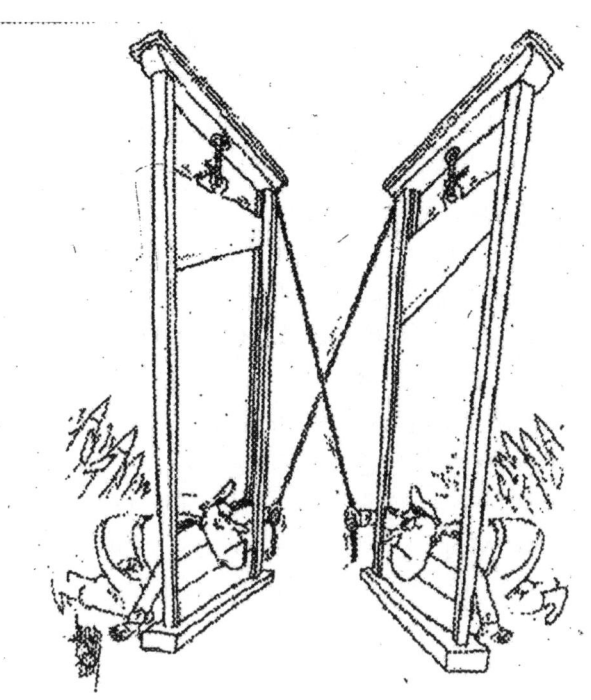

<상호확증파괴를 풍자한 만화>

(그림 설명 : 길로틴 2개를 마주놓고 두 사람이 상대방의 줄을 잡고 꿇어 앉아 칼아래에 목을 들이대고 있다.)
(『핵공학의 이해』 한종운·김대현·정종석·이준영·허남국 공저, 양서각, p.84)

(2) 한국전쟁 때 미국이 핵공격을 안[못]한 이유
(핵무기 남용이 억제된 실제 史例)

　　한국전쟁은 미국이 역사상 처음으로 승리하지 못한 전쟁이었다. 정전협정 당시 유엔군 사령관이던 클라크는 『다뉴브 강에서 압록강까지』에서 "나는 미국 역사상 처음으로 승리하지 못한 상태에서 정전협정에 서명한 최초의 미군 사령관이 되었다는 부끄러운 이력을 갖게 되었다"라고 토로할 정도였다. 15만 명이 넘는 사상자를 냈을 만큼 치열한 공방을 벌인 미국은 한국전쟁을 "잊힌 전쟁"이라고 일컬을 정도로 자존심에 큰 상처를 입었다. 그래서 질문을 던지게 된다. 당시 미국이 핵무기를 사용하지 않은, 혹은 못한 이유는 무엇이었을까?
　　미국의 저명한 역사학자 존 루이스 가디스(John Lewis Gaddis)는 트루먼이 핵무기를 사용하지 않은 이유를 세 가지로 설명했다. 첫째는 북한 내에 핵무기를 투하할 만한 마땅한 목표물이 존재하지 않았기 때문이다. 통상 대도시나 대규모 산업시설, 군사기지 및 보급로 등이 핵공격 대상인데, 북한에는 이런 시설이 거의 존재하지 않았다. 둘째는 중국을 응징하고 추가 개입을 차단하기 위해 중국에 핵폭탄을 투하하는 것도 고려되었으나, 이는 소련의 개입을 야기하면서 유럽으로까지 확전을 비롯한 제3차 세계대전으로 확대될 위험성이 있었다. 셋째는 핵무기 사용이 진지하게 고려된 1951년 상반기에 유엔군의 반격이 본격화되고 서울을 재탈환하는 등 전선에서 일정 정도의 성과가 나타나 핵무기 사용의 시급성이 떨어졌기 때문이다(John Lewis Gaddis, The Cold War : A New History, 2005, 『핵의 세계사』 정욱식, 아카이브).

한국전쟁 당시 미 육군부 장관이던 프랭크 페이스(Frank Pace Jr.)는 "미국은 한반도에 핵무기 사용을 지속적으로 검토했지만, 세 가지 이유 때문에 사용하지 않았다"라고 설명했다. 첫째는 한국전쟁은 원자폭탄 사용이 요구될 만한 전쟁이 아니었고 생산적인 결과도 자신할 수 없었다. 둘째는 작은 나라를 상대로 원자폭탄을 사용하는 것에 대해 도덕적인 부담을 느꼈다. 셋째는 만약 원자폭탄 투하가 비효율적인 것으로 드러나면, 유럽을 방어하는 데 원자폭탄의 기능이 최소화되거나 상실될 수 있다는 것을 우려했다.

한국전쟁 당시 미국이 핵무기를 사용하지 않은 이유에 대해서는 트렌트 피커링(Trent A. Pickering)이 비교적 자세히 정리했다. 피커링은 미국이 한국전쟁에서 핵무기를 사용하지 않았거나 못한 이유를 6가지로 설명했다. 첫째는 북한의 공격 배후에는 소련이 있었고, 미국이 동북아시아에서 핵무기를 소진하면 동북아시아보다 훨씬 이해관계가 큰 유럽에서 소련에 밀릴 우려가 있었다. 한국전쟁 당시 국방부 차관보이던 윌프레드 맥닐(Wilfred J. McNeil)의 회고도 이러한 분석을 뒷받침한다. 맥닐은 펜타곤의 강경파와 달리 "육군과 공군의 상당수 인사들은 한반도에서 원자폭탄 사용을 고려한 트루먼 행정부의 방침에 반대"했다면서 "미국은 소련과 문제가 발생했을 때 이에 대응할 충분한 분량의 핵무기가 없었기 때문"이라고 그 이유를 설명했다.

둘째는 북한에는 핵무기를 투하할 만큼 전략적으로 중요한 목표물이 존재하지 않았다는 판단 때문이다. 개전 당시 군사 및 산업 시설 자체가 미비했고, 개전 이후에는 재래식 무기를 이용한 대규모의 공습이 진행되어 이미 초토화된 상태였다. 한국전쟁 당시 미국은 100만 회가 넘는 공습을 단행했고, 이에 따라 북한에는 "폭탄으로 날려버릴 가치가 있는 것은 아무것도 남아 있지 않았다." 또한 북한 지형의 80퍼센트 가까이가 산악이라는 점 역시 핵무기 사용 효과를 반감시키는 요인으로 간주됐다.

셋째는 영국 등 유럽 동맹국의 반대도 한몫했다. 대표적으로 트루먼이 중국군의 참전 직후인 1950년 11월 말 기자회견을 통해 핵무기 사용 가능성을 강하게 암시하자, 영국 총리 애틀리는 부랴부랴 워싱턴으로 날아가 트루먼을 만류했다. 영국을 비롯한 많은 유럽 국가는 동북 아시아에서 미국의 원자폭탄 투하가 확전을 야기해 유럽 방어에 차질을 줄 수 있고, 또한 소련의 핵보복이 유럽에까지 미칠 수 있다는 공포심을 갖고 있었다. 이러한 상황에서 미국이 북한과 중국을 상대로 핵공격을 강행하면, 16개국으로 구성된 유엔군이 단일대오를 유지하는데 큰 어려움을 겪을 수 있었다.

넷째는 1949년 8월 소련이 핵실험에 성공하고 한국전쟁 기간에 핵전력을 증강시킨 것이 미국의 핵공격을 억제한 측면이 있다. 미국은 한국전쟁 초기부터 소련의 동맹국인 북한과 중국에 핵공격을 가할 경우 소련의 보복으로 이어질 수 있다는 우려를 갖고 있었다. 개전 당시에는 미국이 압도적인 핵우위에 있었지만, 소련은 한국전쟁을 거치면서 핵무기와 전폭기 수를 크게 늘렸다. 이에 따라 트루먼 대통령은 1951년 4월 미국 본토가 소련의 핵공격에 취약하다고 인정했고, 아이젠하워 행정부는 1953년 1월 소련의 핵능력이 비약적으로 성장했다고 판단했다. 이렇듯 한국전쟁을 겪으면서 미·소 사이에 핵군비경쟁이 본격화되었고, 이 과정에서 형성된 '공포의 균형'이 핵전쟁을 억제한 효과가 있었던 것이다. 한국전쟁은 냉전시대 미·소 양국의 핵전략이던 '상호 확증 파괴'의 역사적 뿌리로 작용한 셈이다.

다섯째는 도덕과 윤리의 문제다. 전황(戰況)을 놓고 볼 때 트루먼은 아이젠하워보다 원자탄 사용 유혹을 더욱 강하게 느낄 처지에 있었다. 그러나 일본을 상대로 최초로 핵무기를 사용한 트루먼은 "원자폭탄은 민간인을 대량살상할 수 있기 때문에 독가스나 생물무기보다 훨씬 사악한 무기"라는 인식을 갖고 있었다. 히로시마와 나가사키의 경험은 핵무기가 승리를 보장해주는 무기일 수 있지만, 그 무기를 또다시 사용하는 순간 '도덕적 패배자'가 될 것이라는 상호충돌적인 인식을 트루먼에게 안겨준 것이다. 그에게 핵무기는 강력한 '군사적 자산'이자 무거운 '도덕적 부채'일 수밖에 없었고, 이는 한국전쟁 내내 그를 괴롭힌 요인이었다. 또한 미국이 히로미사와 나가사키에 이어 또다시 아시아인의 거주지 북한과 중국에 원자폭탄을 투하하면 '미국은 인종차별국가'라는 오명에서 벗어날 수 없었다. 인종주의 시각에서 미국의 핵정책을 추적해온 매튜 존스(Mattew Johns)는 "아시아인의 여론에 대한 (미국의) 우려야말로 한반도에서 정전협상이 지연되었음에도 교착상태를 타개하기 위해 핵무기가 사용되지 못한 이유를 잘 보여준다"라고 주장한다.

끝으로 당시 미국은 원자폭탄 투하의 결과 중국과 소련으로 전선이 확대되는 것을 우려했고, 전쟁이 확대될 때 이들 나라를 상대로 전쟁에서 승리할 수 있는 여건과 능력이 부족하다고 판단했다. 원자폭탄 투하는 '제3차 세계대전 예방'이라는 본래의 취지에도 부합하지 않았고, 미국은 제3차 세계대전을 수행할 능력도 부족했다. 이러한 인식은 트루먼 행정부에서 팽배했는데, 브래들리가 "우리는 소련이 유럽을 침공할 가능성을 가장 큰 위협으로 간주했다. 이에 따라 전선을 중국으로 확대하는 것은 우리가 크렘린에 선사할 수 있는 가장 큰 선물"이라고 말한 부분에서도 잘 드러난다. 트루먼 행정부보다 핵공격에 훨씬 적극적이며 확전도 불사한다는 입장이던 아이젠하워 행정부는 공산군에 대한 핵공격 '디데이'를 1954년 5월로 잡았다. 그사이에 핵전력을 비약적으로 증대해 소련의 핵보복에도 대비하겠다는 계획에 따른 판단이었다. 그러나 다행히 디데이 10개월 전에 정전협정이 체결되면서 미국의 핵공격도, 이에 따른 '글로벌 아마겟돈'(대파탄)

의 위협도 현실화되지 않았다.

① 미국은 1945년 7월 16일 새벽 5시 30분 미국 뉴멕시코 사막에서 성부·성자·성령 삼위일체, 즉 '트리니티'라는 이름을 달고 인류 역사상 최초의 핵실험을 단행했다.
② 1945년 8월 6일(일본시각) 오전 8시 15분, 미공군 B-29 폭격기가 히로시마에 4.4톤의 육중한 꼬마(우라늄 핵폭탄)를 떨어뜨렸다. 7만명이 즉사, 7만명의 부상자도 1946년을 맞이하지 못했다.
③ 히로시마 폭격 3일 뒤 8월 9일 소련이 일본에 선전포고, 일본의 만주군에 대한 공격을 개시한다. 미국은 나가사끼에 4.5톤의 뚱보(플루토늄 핵폭탄)를 투하, 21킬로톤의 폭발력을 보이면서 1946년 1월까지 14만명이 목숨을 잃게 했다.

(3) 핵을 통해 본 한국전쟁의 의미

핵을 가진 자는 힘에 의한 안보와 강력한 외교적 카드, 그리고 유사시 승전의 보증수표와 국가적 자부심을 손에 쥘 수 있다고 '믿기' 때문에 핵무기에 강한 매력을 느낀다. 그러나 이러한 가진 자의 주관적인 '믿음'은 객관적인 '현실'과 부합하지 않을 수도 있다. 핵시대의 첫 전쟁인 한국전쟁은 당시 핵 패권국 미국의 믿음이 현실과 얼마나 큰 괴리가 있었는지를 생생하게 보여준다. 핵무기에 내재되어 있는 전쟁과 평화, 안보와 공포, 자산과 부채, 군사와 도덕, 인종차별주의 문제가 한국전쟁에서 여실히 드러났던 것이다.

한국전쟁에 대한 기억의 정치와 교훈의 추출은 천차만별이지만, 이 전쟁이 전 지구적 파급력을 야기하면서 세계 현대사에서 특별한 위치를 차지한다는 점만은 분명하다. 미국이 핵사용을 암시하자, 지구촌에는 또다시 세계대전의 공포가 엄습해왔고, 영국을 비롯한 미국의 동맹국은 사활을 건 '예방 외교'에 나섰다. 한반도라는 좁은 땅에서의 전쟁에 세계 강대국이 직간접으로 개입하면서 세계지정학이 요동친 데는 숭배와 혐오를 동시에 품고 있는 핵이 있었던 것이다. 또한 한국전쟁은 처칠이 1946년에 말한 '철의 장막'을 전 지구적으로 확대시켰고, 서로를 절멸시킬 수 있는 핵 군비경쟁에 기름을 붓는 결과를 초래했다. 냉전 체제의 핵심적인 특징을 이념 대결, 진영 간 대결, 핵대결이라는 세 수준에서 정리해본다면, 한국전쟁은 냉전 여명기의 모순을 고스란히 반영한 전쟁이자, 냉전을 고착화한 결정적 계기였던 것이다.

무엇보다도 한국전쟁은 핵무기라는 '절대 무기'를 보유한 두 슈퍼파워의 대결이었다는 점에서 이전 전쟁과 질적으로 성격을 달리한다. 소련의 핵실험 성공으로 미국의 핵독점 시대가 막을 내린 시점에 터진 한국전쟁은 핵에 의한 승전의 유혹과 상호 간의 절멸의 공포가 교차하는 지점에 있었다. 당시 핵우위를 자신한 미국이 원자폭탄 사용을 진지하게 고려했다는 것은 재론의 여지가 없다. 한국전쟁 당시 미 육군부 차관보와 차관을 지낸 칼 벤데트센(Karl R. Bendetsen)은 "개전 초기부터 미국은 핵무기 사용을 검토"했고, 이와 관련된 "암호명(code name)도 있었다"라고 말했다. 그러나 핵을 사용하는 순간 도덕적 패배자가 되고, 유엔군의 전열이 흐트러져 미국이 고립을 자초할 우려도 컸다.

 제2차 세계대전 종전 5년 만에 터진 한국전쟁은 핵전쟁을 포함한 열전(熱戰), 즉 제3차 세계대전에 가장 근접한 전쟁이기도 했다. 전쟁 개시 당시 미국은 약 300개의 핵폭탄과 이를 운반할 수 있는 260여 기의 전폭기를 보유했고, 유사시 소련에 집중적으로 사용한다는 계획도 갖고 있었다. 전쟁 발발 10개월 전 핵실험에 성공한 소련도 약 20개의 원자폭탄을 보유하고 있었다. 미국은 전쟁 초기부터 북한은 물론이고 소련과 중국에도 핵사용 계획을 검토했으며, 중국군에 패퇴를 거듭하자 공개적으로 핵공격 위협을 가했다. 소련의 스탈린은 유럽에서 유리한 지위를 차지하기 위해 김일성과 마오쩌둥을 다그쳐 한국전쟁을 질질 끌었고, 미국은 인기 없는 전쟁이 길어질수록 핵공격의 유혹도 강하게 느꼈다. 미국의 군역사학자인 스펜서 터커(Spencer Tucker)가 "냉전시대의 첫 실전인 동시에 핵시대의 첫 제한적 전쟁이었다"라고 한국전쟁의 성격을 규정한 것도 이러한 맥락에서 나왔다. 다음에 인용한 미국의 역사학자 가디스의 글은 '글로벌 아마겟돈'의 위험을 안고 있던 한국전쟁의 특징을 잘 보여준다. (假想論)

 "1950년 12월 2일, 맥아더는 트루먼의 위임에 따라 미 공군에게 한반도로 진군하는 중국군을 향해 5발의 핵폭탄 투하를 지시했다. 핵폭탄이 뿜어낸 섬광과 폭발은 중국군의 공격을 멈추게 했다. 약 15만 명의 중국군이 사망했고, 미군과 한국군 포로 상당수도 목숨을 잃었다. 북대서양조약기구 회원국은 자신들과 상의 없이 핵무기를 사용한 미국을 강력히 비난했고, 6개월 전 한국 방어를 위해 채택된 안전보장이사회 결의안을 무효화하기 위한 결의안을 제출했지만, 미국의 비토권 행사로 거부되었다. 핵보복에 나서 달라는 중국의 압력에 따라 소련은 미국에 한반도에서 모든 군사행동을 중지하든, '가장 심각한 결과'를 감수하든 48시간 안에 결정하라는 최후통첩을 보냈다. 12월 4일, 48시간이 지나자 블라디보스토크에서 이륙한 2기의 소련 전폭기는 부산과 인천에 핵폭탄을 투하했다. 이 두 곳은 유엔군 지원의 핵심 거점이었다. 맥아더는 소련의 핵공격이 자신이 행한 것보다 두 배 이상의 사망자를 내자, 주일 미 공군에 블라디보스토크와 중국의 선양 및 하얼빈에 핵폭탄을 투하하라고 지시했다. 이러한 소식은 소련 공군기의 작전 범위에 있는 일본과 유럽 국가들의 격렬한 반미 시위를 야기했고, 영국·프랑스·베네룩스 삼국은 북대서양조약기구에서 탈퇴하겠다고 선언했다. 그러나 이미 독일의 프랑크푸르트와 함부르크에 소련의 핵폭탄이 떨어진 뒤였다."

◎ 거세진 핵전쟁 위험 소용돌이, 그 최전선에 한반도
  (문장렬의 안보 다초점 「강대국 핵경쟁 위기」)

　미국·러시아·중국이 핵군비를 강화하고 핵무기 사용의 문턱은 낮아지고 있다. 지난달 20일 뉴욕타임스는 미국이 지난 3월에 '핵운용 지침'(Nuclear Employment Guidance)이라는 극비 전략문서를 작성했다고 보도했다. 이 문서는 고도의 보안 유지를 위해 전자문서를 생산하지 않고 제한된 부수의 종이문서만 인쇄한 것으로 알려졌다. 올해 말께 공개판이 발표되기 전까지 외부에 개요만 설명할 수 있도록 허용된 인사도 두어명 정도밖에 되지 않는다.

　미국의 최신 핵전략이 냉전시대와 다른 점은 위협의 중심이 러시아에서 중국으로 이동했고 중국뿐 아니라 러시아 및 북한을 '결합된 위협세력'으로 간주한다는 것이다. 그러나 위협에 대한 대응은 다른 핵보유 동맹국들과의 핵능력 결합보다는 주로 미국 단독의 핵무력 증강을 통해서 이루어진다. 따라서 한국이나 일본에 대한 핵무장은 결코 '허용'하지 않으면서 핵작전의 지원 체계로 통합하려 한다. 미국의 핵무력 증강은 양적으로 핵탄두의 수를 늘리고 질적으로 전술 및 작전 수준의 '사용 가능한' 핵무기를 고도화하는 것이다.

　스톡홀름국제평화연구소에 따르면 현재 미국과 러시아는 각각 약 3700기와 4500기의 핵탄두를 보유하고 있다. 그중 작전배치된 전략핵탄두는 공히 1700기 정도다. 양국은 2010년 뉴스타트(New START) 군축 협상에서 2026년 2월까지 전략핵탄두 수를 공히 1550기로 줄이기로 합의했지만, 2023년 2월 러시아가 이행중단을 선언한 상태다. 미국의 정보 판단에 따르면 중국은 현재 500여기의 핵탄두를 보유하고 있으며 2030년까지 1000기, 이후 1500기까지 증강할 것으로 보인다.

(1) 핵무기 사용 문턱 낮아질 우려

　최근년의 핵무기 사용 위험은 러시아로부터 나왔다. 블라디미르 푸틴 대통령은 우크라이나에 대한 '특별군사작전'(우크라이나 전쟁)과 관련하여 2022년 9월 21일 러시아 티브이(TV) 연설에서 미국과 서방국가들을 상대로 "우리 영토가 위협받을 때 러시아는 영토와 국민들을 보호하기 위해 모든 수단을 사용할 것이다. 이는 엄포가 아니다"라고 말했다. 핵무기 사용도 불사하겠다는 의미다. 이에 대하여 조 바이든 미국 대통령은 "아마겟돈의 핵위험이 최고 수준에 달했다"고 우려했다. 2022년 10월 나토는 핵억제 훈련은 '스테드패스느 눈'(Steadfast Noon)을, 러시아는 핵전투 훈련은 '그롬'(Grom)을 실시했다. 이후 푸틴은 기회가 있을 때마다 핵사용 가능성을 언급하거나 암시했고, 드미트리 메드베데프 국가안보회의 부의장도 거들었다. 2023년 3월에는 벨라루스에 전술핵무기 배치를 합의하고 5월부터 핵무기의 이동에 착수했으며 현재 배치가 완료된 상태로 평가된다.

국제 환경운동 단체인 그린피스가 2022년 1월 '핵무기를 금지하라'는 문구의 조명을 쏘아 독일 베를린의 국회의사당 건물을 밝히고 있다. (AP 연합뉴스)

중국은 소위 '최소억제전략'하에서 핵무기 보유량을 300기 정도 수준으로 유지하다가 최근 몇 년간에 500기로 늘렸다. 미국의 정보 판단대로 2030년대에 1500기 정도를 보유하면 더 이상 '최소억제'라고 볼 수 없게될 것이다. 더욱이 기존에 대륙간탄도탄(ICBM)을 동굴 진지에서 레일을 통해 밖으로 빼내어 발사하던 방식을 사일로에서 직접 발사하는 방식으로 전환함으로써 작전 반응시간을 크게 단축한다면 위협의 심각성이 커질 것이다. 중국의 비교적 '이성적'이라 할 수 있는 '선제 핵사용 포기' 정책이 변화할 징후는 보이지 않지만 핵사용 문턱이 낮아지는 상황에서 미래를 예단하기 어렵다.

북한은 2017년 '핵무력 완성'을 선언했으며 2019년 하노이 북-미 정상회담 결렬 뒤 다시 핵무력의 '완성도' 제고에 매진해왔다. 2022년 9월 최고인민회의에서 핵정책을 법제화하여 북한판 핵선제타격과 '자동타격' 체제를 수립했다. 올해 6월 러시아와 조약을 통해 포괄적인 전략적 동반자 관계를 맺음으로써 핵무기 운반 수단의 고도화를 위한 기술 협력이 강화될 것으로 예상된다. 현재 약 60기의 핵탄두를 보유한 것으로 평가되지만 핵사용 문턱은 가장 낮은 '핵보유국'이라 할 만하다.

핵무력 증강에서 양적으로나 질적으로나 미국을 따라갈 나라는 없다. 부시 행정부는 2차 대전 이후 계속 노후화되고 있던 핵전력을 본격적으로 현대화하기 시작했다. 바이든 행정부는 1조3000억달러(약 2000조원) 규모의 핵무기 프로그램을 추진해 왔으며 2030년까지 평화와 국가안보를 수호한다는 명목으로 예산 규모가 2조달러로 늘어날 예정이다. 미국의 핵사용 문턱은 전술핵무기의 개발을 통해 낮아지고 있다. 가장 대표적인 것이 '벙커버스터'로 알려진 '지표 관통 핵폭탄'(NEPB)이다. 지하 목표물의 깊이에 따라 수 킬로톤에서 메가톤급까지 다양한 위력의 벙커버스터는 전술핵무기로 분류되지만 그 파괴력과 영향 범위는 전략급에 달할 수 있다.

(2) 핵전쟁 반대, NPT 준수 촉구해야

강대국 간의 핵경쟁을 핵보유국도 아닌 한국이 막을 방법은 거의 없어 보인다. 그러나 핵전쟁은 인류적 문제라는 사실과 당장의 한반도 핵대결 상황의 심각성에 비추어 볼 때 뉴욕타임스 보도에 대한 정부와 주류 언론의 '침묵'은 불안과 절망감을 더해준다. 인류 공동체의 일원으로서, 책임 있는 중견국으로서, 윤석열 정부가 추구하는 '글로벌 중추국가'로서 한국은 어떻게 대응해야 할까.

첫째, 핵전쟁에 대한 분명한 반대 입장을 정부가 공식적으로 반복적으로 천명해야 한다. 미국 또는 다른 특정 국가를 콕 집어 반대하기가 부담스럽다면 그냥 '모든 핵보유국'이 핵확산금지조약(NPT) 정신과 규정에 따라 핵군축 노력을 진지하게 기울일 것을 촉구하면 된다.

둘째, 우리의 '실존적' 문제인 한반도 핵위협을 제거해야 한다. 북한 핵무장의 일방적인 해제는 불가능하더라도 핵위협은 해소할 수 있다. 한반도 비핵화를 장기적 목표로 견지하면서 북한의 핵보유가 남한에 전혀 위협이 되지 않는 상황을 만드는 것이 진정 불가능한 일인지 자문해보아야 한다.

셋째, 현실적으로 가능하지도 유익하지도 않은 소위 '독자 핵무장론'을 확실히 버리고 국가안보를 위한 외교와 과학기술 능력의 제고에 힘써야 한다. 한국의 독자적 핵무장이나 미국 핵무기의 한국 배치 문제는 제기하면 할수록 손해만 초래할 수 있다. 35년 전 세계평화의 탈냉전 시대가 열리는가 싶더니 이제 다시 핵전쟁의 위험성이 고조되고 있다. 그 최전선에 한반도가 있다. 이성의 빛이 희미하게라도 남아 있다면 그 빛을 향해 나아가야 하지 않을까.

전 국방대 교수

(『한겨레』 2024. 9. 7. 전 국방대 교수) (노무현 정부의 국가안전보장회의(NSC) 전략기획실 국방담당, 문재인 정부의 대통령 직속 정책기획위원회 위원 등을 지냈다. '군사과학 기술의 이해' 등의 저자로 참여했다.)

◎ 이스라엘에 무기 쥐여주며 휴전하라고?

이스라엘은 23일 레바논의 1600곳을 목표로 공습해 사망자 492명에 부상자 1645명을 발생시키며, '북방 화살 작전'을 개시했다. 가자 전쟁을 확전하는 3차 레바논 전쟁의 방아쇠를 당기고 있다. 이날 뉴욕타임스는 조 바이든 미 행정부의 가자 전쟁 휴전 중재 노력이 시효가 다하고, 확전을 도발하는 베냐민 네타냐후 이스라엘 총리에 절망한다는 분석기사를 내보냈다. 헛웃음이 나왔다. 미국이나 바이든 행정부의 행태에 어이가 없었다.

미국이 이스라엘에 무기를 쥐여주면서, 휴전을 촉구하기 때문이다. 언론에 보도된 것만 보자. 미 국무부는 지난 8월14일 이스라엘에 200억달러 규모의 무기 공급을 승인했다고 발표했다. F-15 전투기 50대, 첨단 중거리 공대공미사일, 대탱크 포탄 등의 무기 판매를 의회에 승인 요청했다. "현재와 미래에 적의 위협에 대응하는 이스라엘의 역량을 강화"할 것이라고 설명했다.

지난 6월26일 워싱턴포스트 보도를 보면, 미국은 가자 전쟁 발발 이후 이스라엘에 총 65억달러의 안보 지원을 제공했다. 신문은 "거대하고, 거대한 규모의 사업"이라는 당국자의 말을 전했다. 특히 그중 30억달러는 5월에 승인됐는데, 당시는 미국이 가자 남부 라파흐에서 전면전을 벌이려는 이스라엘에 반대하며 일부 폭탄 선적을 중단하던 때이다.

그럼 미국은 이스라엘에 어느 정도로 무기 지원 중단 압박을 했는가? 당시 하원 내부 메모에 따르면, 공급이 보류된 폭탄은 2천파운드(약 900kg)짜리 1800개와 500파운드(약 225kg)짜리 1700개였다. "전쟁 이후 미국이 제공한 전체 군사지원의 1% 미만에 해당한다"는 것이다.

당시 베냐민 네타냐후 이스라엘 총리는 미국이 무기와 탄약 공급을 지연한다고 공개 비난했다. 백악관은 부정확한 지적이라고 해명했다. 이스라엘이 미국에 빚 갚으라고 호통치고, 미국은 절절매는 모습이다. 당시 이스라엘은 요아브 갈란트 국방장관이 이끄는 대표단을 미국에 보내, 미국의 무기 수송 전문가들과 함께 "수백 가지 개별 항목"을 검토했다고 보도했다. 미국이 지원 보류했던 폭탄들은 그 뒤 당연히 다시 제공됐다.

그럼, 이스라엘은 이 무기들을 자기들 돈으로 사는 것일까? 거의 공짜다. 미국은 버락 오바마 대통령 때인 2016년 이스라엘과 매년 38억달러를 10년 동안 지원하는 안보협정을 체결했다. 이스라엘이 주변 국가에 이른바 "질적인 군사력 우위"를 보장하기 위한 것이다. 이에 더해, 미국은 지난 4월 이스라엘에 대한 260억달러 규모의 안보지원 법안도 통과시켰다.

오바마 때 체결된 안보협정에 따라 매년 제공되는 38억달러 중 무기 구입에 33억달러, 미사일 방어망에 5억달러를 썼다. 이스라엘은 이 돈으로 역사상 최강·치신 전투기라는 미국의 F-35 스텔스 전투기를 무려 75대나 주문해, 30여대를 넘겨받았다. 미국을 제외한 나라 중 F-35를 실전에 사용한 나라는 이스라엘이 처음이다.

바이든 행정부는 가자 전쟁 이후 이스라엘에 무기 지원을 하는 데 안달이 났다. 2500만달러 이상의 무기 판매는 의회 승인을 받아야 하는데, 금액을 그 이하로 쪼개서 이스라엘에 무기를 팔았다. 이렇게 100건 이상 판매했다. 탱크, 탄약과 포탄을 지원하는 총 2억5300만달러 규모의 지원 2건은 대통령의 긴급권한을 발동해, 아예 의회 심사도 피했다.

미국이 이스라엘 입장을 옹호하고 지원하고, 가자 전쟁에서 무기 지원도 어쩔 수 없는 측면도 있다. 하지만, 베냐민 네타냐후가 미국의 휴전 중재 노력에 응하는 척하다가는 결국 번번이 걷어차고, 삐삐 테러 등 기상천외한 방법으로 확전을 도발하고 있다. 그런데도 미국은 빚 독촉을 하는 빚쟁이에 빚을 갚는 식으로 무기를 계속 지원하는 것은 도대체 무슨 초식인지 이해가 안 된다.

미국 내 유대인 파워가 커서, 대선을 앞두고 이들의 눈치를 볼 수밖에 없는 사정도 이해한다. 그것도 어느 정도이다. 중동 확전이 미국의 안보 이익을 심각하게 침해하는 데도, 미국은 이스라엘에 무기를 쥐여주며 자해하고 있다. 미국은 오바마 행정부 전에도 매해 이스라엘에 30억달러를 직접 지원했다. 이스라엘 국민 1인당 500달러이다. 이스라엘이 무슨 짓을 해도, 미국을 엿 먹여도 묵묵히 지원했다. 분탕질 치는 자식에게 유흥비를 주는 어리석은 부모이다.

이스라엘은 1년 가까이 전쟁을 끌면서 확전하고 있다. 미국의 무기 지원 없이는 그럴 수 없다. 가자 휴전을 원하고, 중동에서 확전을 막고 싶다고? 당장 이스라엘에 무기 지원을 당분간 중단하면 된다. 미 의회가 무기 지원을 의결해도, 대통령이 거부할 수 있다. 미국이나 바이든이 그럴 수 있을까?

(『한겨레』2024.9.26. 정의길 국제부 선임기자)

◎ 미·러는 핵무기 현대화, 중국은 핵탄두 증강 1위
   (스톡홀름국제평화연구소 보고서)

전세계 핵탄두 1만2241기 추산, 이 가운데 90%는 러·미가 보유
중 600기...전년보다 100기 증가, 북 등 다른 핵보유국도 개발 지속
AI·우주 자산·양자기술 등 적용 "더 많은 위험과 불확실성" 경고

막대한 핵전력을 갖춘 미국과 러시아 등이 핵무기 현대화에 돌입하면서 "새로운 핵 군비 경쟁의 신호들이 등장하고 있다"는 조사 보고서가 나왔다. 중국은 핵보유국 가운

데 가장 빠른 속도로 핵탄두 수를 늘려가고 있는 것으로 나타났다.

스톡홀름 국제평화연구소(SIPRI·이하 연구소)는 15일 공개한 '2025 연례 보고서'에서 세계 핵탄두의 대부분을 보유한 미국과 러시아가 미래에 핵전력을 다양화하고 규모를 늘릴 수 있도록 "자국의 핵탄두를 현대화하고 교체하기 위한 광범위한 프로그램"을 가동하고 있다고 밝혔다. 미·러를 제외한 핵전력 보유국(프랑스·영국·중국·인도·파키스탄·북한·이스라엘)들도 지난해 핵무기 현대화와 핵무기 운반체 개발 등을 지속한 것으로 알려졌다. 연구소는 이런 추세 속에 핵 군비통제의 위기와 새로운 군비 경쟁 조짐을 우려했다.

2025년 1월 기준 전세계 핵탄두는 지난해보다 164개 감소한 1만2241기로 추산됐다. 이 가운데 약 90%는 러시아(5459기)와 미국(5177기)이 보유 중이다. 전력 투입 가능한 핵탄두는 9614기이고, 이 가운데 3912기는 미사일이나 항공기에 배치된 것으로 알려졌다.

댄 스미스 연구소 소장은 보고서 서문에서 "핵무기 감축 시대는 끝난 것으로 보인다"고 평가했다. 미·러는 핵 군축 조약 '신전략무기감축협정'(뉴스타트)을 맺고 있지만, 내년 2월 만료된다. 스미스 소장은 "미·러 양자 핵 군비 통제는 종료 국면에 접어들었고, 유럽·중동·동아시아에서 핵 보유 및 전략에 대한 국내 논의가 다시 고조되고 있다"고 짚었다.

중국은 세계에서 가장 빠르게 핵탄두 수를 늘려가고 있다. 연구소는 보고서에서 중국이 지난해 핵탄두를 전년보다 100기 늘려 600기를 보유하고 있다고 추산하고, 24기는 미사일에 장착되었거나 작전부대 기지에 배치되었을 것으로 예상했다. 한스 크리스텐센 연구소 부선임 연구원은 "중국의 빠른 핵전력 증강 배경에는 시진핑 중국 국가주석이 세기 중반(2049년)까지 세계적 군사 강국이 되어야 한다고 선언한 것이 포함된다"고 분석했다.

중국의 대륙간탄도미사일(ICBM) 전력은 곧 미·러와 대등한 수준이 될 수 있다고 연구소는 내다봤다. 중국은 북부 사막과 동부 산악 지대에 약 350개의 대륙간탄도미사일 고정식 발사시설(사일로)을 건설 중이라고 파악했다. 연구소는 "중국이 자국 핵전력을 어떻게 구성할지에 따라, 2030년께에는 러시아나 미국만큼 많은 대륙간탄도미사일을 보유할 수도 있다"고 밝혔다.

궈자쿤 중국 외교부 대변인은 16일 정례 브리핑에서 "중국은 자위·방어 핵전략을 고수하고 있다"며 "핵무기를 국가 안전에 필요한 최소 수준으로 유지하고 있으며, 군비 경쟁에는 참여하지 않고 있다"고 주장했다. 그러면서 "중국은 핵무기를 먼저 사용하지 않는다는 원칙(No First Use)을 엄격히 지키고 있다"고 덧붙였다.

연구소는 미래의 핵 군비 경쟁이 핵탄두 수 경쟁에 머무르지 않을 것이라고 강조했다. 핵 억지력과 방어·대응 능력에서 인공지능(AI)과 사이버 역량, 우주 자산, 양자 기술 등 다양한 첨단 기술이 빠르게 발전하고 실전에 적용되고 있어서다. 스미스 소장은 "본격화하고 있는 새로운 군비 경쟁은 과거보다 더 많은 위험과 불확실성을 안고 있다"고 경고했다. (『한겨레』 2025. 6. 17, 베이징/이정연 특파원)

◎ 네타냐후, 이란 정권교체 노림수 "국민들 일어서라" 선동도

○ 미국 지원의 이스라엘, 이란 핵 저지 넘어 체제붕괴 목표
폭스뉴스 인터뷰 "가장 위험한 정권" 공습 시작하며 이란내 동요 부추겨
하메네이 암살 계획까지 세웠지만 트럼프가 반대했다는 보도 나와
지도부 없애도 친서방 정권 미지수 미-이란, 핵협상 재개 가능성 여전

○ "공습경보도 대피지침도 못 받았다" 테헤란 탈출행렬, 혼란속 각자도생
"어디도 안전하지 않아" 불안 호소, 이란 정부 뒤늦게 "모스크·학교로"

13일 새벽 이스라엘의 공습에 이란은 무방비 상태였다. 긴급히 피신할 방공호도, 작동하는 공습 경보 장치도, 공식 대응 지침도 없었다. 수도 테헤란을 탈출하려는 이란인들의 행렬이 길지만, 어디로 가야할지, 어디가 안전한지에 대한 정보도 없다.

"이건 학살이다. 폭발이 멈추지 않고 있다. 아이들은 울고 있고 (…) 공기에 죽음의 냄새가 난다". 가디언이 15일 전한 테헤란 시민 나히드(가명·25)의 말이다.

테헤란 인근 도시 카라지에 거주하는 일리야(28)는 "핵시설 인근에 대한 폭격과 방사성 물질 누출"에 대한 우려가 크지만 정부로부터 어떤 "공식적인 지침도 받지 못했다"고 뉴욕타임스에 전했다. 또 다른 테헤란 시민도 비비시(BBC)에 "이스라엘 공습에 대해 당국으로부터 경보나 경고를 받지 못했다"며 "분명 테헤란은 안전하지 않"지만 "어디도 안전하게 느껴지지 않는다"고 한탄했다.

이스라엘군으로부터 '군시설 인근 지역을 떠나라'는 경고를 받은 시민들도 있다. 한 이란인은 "군사 기지가 어디에 있고 없는지 어떻게 알라는 말이냐"고 반문했다. 이스라엘은 13일부터 테헤란뿐 아니라 나탄즈, 이스파한, 포르도 핵시설과 타브리즈, 하마단 등 군시설 등을 잇따라 타격하고 있다.

1980년대 이라크와 8년 전쟁 이후 이란, 특히 테헤란은 중동 지역에서 가장 안전한 곳 중 하나로 꼽혀왔다. 누구도 이번과 같은 공격을 받으리라고 생각하지 못했다.

이란 시의회 의장 메디 참란은 15일 기자들에게 "안타깝게도 우리는 테헤란과 다른 도시들에 대피소가 없다"며 시민들에게 인근 터널과 지하실로 내려갈 것을 권유한다고 설명했다. 공습 사흘째를 맞은 15일에서야 이란 정부는 "모스크는 모든 이들의 쉼터"이며 이날 밤부터 지하철도 24시간 개방하고 학교들도 피신처로 지정한다고 밝혔다. 그러나 불안한 시민들은 테헤란을 벗어나는 도로 위에, 탈출을 대비하기 위해 주유소 앞에 길게 늘어섰다.

시민들은 소셜미디어를 통해 각각의 대처법을 모색하고 있다. 이란-이라크 전쟁을 겪은 여성이 공습 소리와 방공 요격 소리를 구별하는 법을 설명한 글이나 지하철에 있을 때 공습이 일어날 경우 대처법 등 각각 조언이 널리 공유되고 있다고 한다.

양쪽 모두 민간인 거주지역을 공격해 피해가 늘어가고 있다. 이스라엘은 '아이언돔' 방공망으로 미사일 대부분을 격추하고 있으며, 전체 국민의 4분의 3이 지하 대피시설에 접근 가능하다. 하지만 방공호가 없는 북부 탐라 마을에서 아랍계 일가족 4명이 숨지는 등, 아랍계 거주지와 유대인 거주지 간 인프라 차별 논란도 일고 있다. (『한겨레』 2025. 6. 17. 김지은 정유경 기자)

숨진 이란 요인들 초상…그 뒤엔 연기
이스라엘의 공격으로 숨진 이란군 장성과 핵 과학자들의 초상이 15일(현지시각) 이란 테헤란의 한 도로 위에 걸려 있는 가운데 뒤편에 있는 정유 공장에서 연기가 피어오르고 있다. 테헤란/AFP 연합뉴스

이란의 피란차량 이란의 수도 테헤란을 벗어나려는 사람들이 15일(현지시각) 테헤란 서부 간선도로에 몰려 정체를 빚고 있다.   테헤란/AFP 연합뉴스

반격 당한 이스라엘 이스라엘 중부에 위치한 페타티크바에서 16일(현지시각) 구조대가 폭격당한 거주용 건물에서 부상 입은 여성을 대피시키고 있다.
테헤란/AFP 연합뉴스

제5장

동북아 국제정세와 한반도 평화를 위한 노력

1. 미국 중심의 국제질서 70여년

미국 중심의 국제질서에서 보자면 미국이 최상부에 있고 두 번째 위치로 동쪽에는 일본, 서쪽에는 영국이 있다. 그 밑에 세 번째, 네 번째 정도로 동쪽에는 한국, 서쪽에는 프랑스·독일이 있다. 세계는 70년 이상 이런 피라미드 모양을 이루고 있었다. 미국이 프랑스에 이어 베트남 침략전쟁에서 패배, 정복전쟁에서 손을 떼야할 즈음에 리처드 닉슨 대통령은 중국을 방문한다.

1972년 미국 리처드 닉슨 대통령이 중국을 방문하면서 미국과 소련이 경쟁하던 세계는 새로운 질서로 들어섰다. 그후 어떤 일이 벌어졌는지 이야기해 보자. (『통찰』 정세현 지음, 푸른숲 2023년)

냉전시대 초기에는 중국도 소련 중심의 국제질서 안에 들어가 있었다. 하지만 중국은 적어도 한때 아시아 대륙에서 천하를 호령하던 나라였다. 소련의 지도자 이오시프 스탈린이 사망한 뒤, 1950년대 중반부터 중국과 소련 사이에 분쟁이 일어났다. 이념분쟁이 먼저 일어났고 국경분쟁으로까지 번졌다. 중국과 소련이 원수가 되려고 할 때 그 틈을 더 벌어지게 만든 인물이 바로 미국 닉슨 정부의 국가안보좌관 헨리 키신저[Henry A. Kissinger] 박사다.

1971년 7월, 파키스탄을 여행하던 대통령 안보보좌관 헨리 키신저는 하루 동안 나타나지 않았다. 아프다고 했던 그는 그 시간에 베이징에서 일급비밀 업무를 수행하고 있었다. 저우언라이[周恩來] 중국 총리를 만났던 것이다. 1971년 7월 15일, 닉슨 대통령은 중국의 방문 초청을 수락했다고 밝혔다. 1972년 2월 베이징에서 중국의 최고 권력자 마오쩌둥 중국 국가주석을 만나고 저우언라이 총리와 미중정상회담을 한 결과를 2월 28일 '상하이 공동성명'으로 발표했다. 내용은 미국이 중국과 관계를 개선해 나가면서 장차 정식 수교까지 하겠다는 내용이었다. 이로써 중국이라는 큰 덩어리가 「팍스 소비에티카」에서 떨어져 나갔다. 키신저와 닉슨이 국제질서의 판을 새로 짜고 나가자 2차대전 이후 공산권 위성국가들을 거느리며 군림했던 막강한 팍스 소비에티카의 힘은 현저하게 떨어져 버렸다. (Pax sovietica 옛 소련의 힘에 의해 유지되었던 평화)

1) 온 세계를 미국의 위세로 좌지우지

1989년 말 소련의 공산당 서기장 고르바초프는 더 이상 미국과 경쟁할 수 없다고 판단했다. 그동안 미국과 군사 경쟁, 우주 경쟁을 하면서 미국을 따라가다 보니 인민경제가 망해서 더 이상은 못 하겠다고 손을 들었다. 1989년 12월 2-3일 이틀 동안 지중해에 있는 몰타공화국 해안에 배를 대놓고 미국의 조지 H.W. 부시 대통령과 소련의 고르바초프 공산당 서기장이 정상회담을 한 결과, 미·소 경쟁시대는 막을 내렸다. 몰타 미소 정상회담을 계기로 2차대전 이후 공산권을 호령하던 소련이라는 대제국이 45년 만에 사실상 무너졌고, 미·소-동·서 냉전도 끝난 셈이다. 이로써 미국 중심의 국제질서가 강화되었다. 이후 미국이 전 세계적으로 유일한 슈퍼 파워, 초강대국으로 군림하며 미국 중심의 국제질서가 전 세계를 좌지우지하는 시대가 열렸다. 그러면서 미국의 외교는 미소 냉전시대에 비해 일방적으로 변하기 시작한다. 30여 년이 지난 지금, 미국의 세력은 어디까지 뻗어 있을까? 냉전이 끝났을 때 미국은 해외에서 1,600개 정도의 군사기지를 관리했다. (『기지국가』 데이비드 바인 저, 유강은 역, 갈마바람 2017)

(1) 서부 유럽은 미국 백인들의 마음의 고향

세계의 많은 나라에 미국 군대가 있다. 미국 군대가 있다는 것은 미국 영향권, 세력권이라는 징표이고, 파견된 미군의 수가 많을수록 미국이 그 지역을 중시한다고 볼 수 있다. 유럽에 있는 미군 규모가 동아시아, 태평양의 주둔 미군보다 작지만 유럽에는 나토의 모자를 쓴 미군이 5만 명쯤 있다. (NATO : North Atlantic Treaty Organization 북대서양조약기구) 군대뿐만 아니라 군사 고문단 등 이런저런 명찰을 달고 주둔해 있다. 영국·독일·노르웨이에도 300명 이상, 나토 본부가 있는 벨기에도 1천 명 이상이 상주한다. 유럽 전체를 나토가 관리하고, 전 세계 170여 나라에서 매년 미군이 참여하는 군사훈련을 하고 있다.

미국의 구성원 중에는 유럽에서 온 이민자가 가장 많다. 그러니 유럽을 뿌리로 여기는 사람들도 많을 것이다. 미국이 2차대전 때 유럽에 공을 많이 들였다. 전쟁 물자를 다 댔고, 전쟁이 끝난 뒤에는 먹여 살리다시피 하며 투자도 많이 했다.

드와이트 아이젠하워$^{Dwight\ D.\ Eisenhower}$ 장군과 더글러스 맥아더$^{Douglas\ MacArthur}$ 장군의 엇갈린 삶에서도 미국이 유럽을 각별히 중요하게 여기는 마음이 드러나는 것 같다. 두 사람 모두 2차대전에서 연합군의 승리를 만들었다는 공통점이 있다.

유럽연합군 최고사령관 아이젠하워는 2차대전에서 나치를 패망시키고, 노르망디상륙작전(1944)으로 전세를 뒤집어 승리를 이끌었다. 아이젠하워는 나중에 미국 대통령이 됐다. 맥아더는 태평양전쟁에서 연합군 사령관으로서 일본의 항복을 받아냈을 뿐만 아니라 6.25 전쟁 때 유엔군을 이끌고 인천상륙작전(1950)을 성공시켰다. 군인으로서의 경력에서는 맥아더가 아이젠하워보다 한 수 위였을 텐데 이후 아이젠하워는 미국 대통령까지 됐고 맥아더는 해임되어 은거했다. 나는 이 차이가 미국이 유럽을 더 중시했기 때문이라고 생각한다.

(2) 숱한 분쟁 일으키며 중동 석유 탐내

모든 나라가 석유로 경제를 발전시킨다. 미국은 석유로 세계경제를 장악하고 세계 경제질서를 움직일 수 있다고 계산하기 때문에 중동 지역을 중요하게 여기고 있으며, 그만큼 이 지역에서 미국의 영향력도 크다. 오일 폴리틱스$^{Oil\ politics}$라는 말이 나올 정도로 석유를 장악하고 석유 수송로를 통제하면 다른 나라들의 생명 줄을 쥐는 효과가 있다. 중국 등 미국의 이해에 큰 영향을 미치는 국가들에 석유가 들어가는 양과 속도를 조절함으로써 그 나라 경제 상황과 발전속도를 미국이 좌지우지할 수 있는 동력이 중동 장악에서 나온다.

미국이 중동에 군사적 지원을 제공하는(무기 팔아 돈벌고) 대신 원유 거래 통화를 미국 달러로 지정하도록 만들면서 모든 나라가 석유를 사기 위해선 필수적으로 외환보유고를 달러로 채워야 하기 때문에 현재와 같이 미국의 석유 패권이 유지된다고 볼 수 있다.

중동의 석유는 미국이 다른 나라들을 죽이고 살릴 수 있는 힘의 원천이자 미국 중심의 경제질서를 확립하고 유지해 나가는 동력이다. 석유가 있는 중동의 국가들이 평화롭게 지낸다면 엄청난 오일머니로 번영을 이루고 힘이 세질 거다. 또 사이좋게 지낸다면 힘을 합해 미국의 이익이 아니라 그들의 이익을 추구할 거다. 미국의 입장에서는 중동 국가들이 서로 갈등하고 충돌하며 따로 움직일수록 이 지역을 장악하기 좋다. 그래서 태생적으로 중동 국가들과 갈등을 안고 있는 이스라엘에 군사적·외교적으로 힘을 보태줌으로써 (핵무기 보유도 가능케 해주어) 이스라엘과 각을 세우는 나라들의 힘을 뺄 수 있다.

뿐만 아니라 이슬람교의 수니파와 시아파 사이의 충돌을 부추기는 등 중동지역에 혼란을 조장하는 경우가 많다. 미국이 침공해 점령했던 이라크와 아프가니스탄은 미군이 철수한 뒤 큰 어려움을 겪고 있다. 게다가 아랍 국가들의 무기보다 이스라엘 무기가 압도적으로 첨단이다. 이스라엘이 자체 개발한 무기도 뛰어나지만 미국이 이스라엘한테는 최고급 무기를 판다. 일본한테 파는 것보다 더 고급이다. 군사력은 단순히 무기의 수와 화력을 더한 게 아니다. 명중률이 중요한데, 이런 식으로 이스라엘의 군사력을 키우는 데 도움을 주는 것이다. 중동은 경제적·군사적 경쟁 대상이라기보다는 미국의 경제적인 지배권을 더 키우기 위해서 장악해야 하는 중요한 도구다. 미국은 자기네 영토

안에도 많이 묻혀있는 석유자원을 아껴두고 있는 것이다.

(3) 중앙아시아를 통제, 러시아를 견제

과거 소련의 일부였던 중앙아시아의 우즈베키스탄·카자흐스탄·키르기스스탄·타지키스탄 지역도 미국에게 중요하다. 1991년 소련이 해체되는 바람에 러시아로 작아졌지만 아직 중앙아시아 국가들에 대한 영향력은 남아 있기 때문이다. 그래서 미국은 러시아를 견제할 수 있는 요충지로서 우즈베키스탄에 미군을 주둔시키고 있다. 미사일도 배치해 놓았을 거다. 독립국 우크라이나를 러시아가 감히 쳐들어 오게 만든 원인중의 하나도 미국의 이 지역욕망과 관련이 있는 것으로 보인다.

(4) 영국·프랑스와 함께 여전히 아프리카에 영향력

다음으로 아프리카에 대해 이야기 해보자. 아프리카가 중국 영향권에 있다고? 아직까지는 아니다. 1960-1970년대 중국은 아프리카 국가들에 많은 경제원조(사실은 출혈 원조)를 하면서 자기편으로 끌어들이려고 시도했는데 결국 소용없었다. 아프리카 국가들은 과거 식민 종주국이었던 영국이나 프랑스의 품을 떠나지 못하고 있다. 예를 들면 아프리카 대륙 서쪽에 프랑스 식민지였던 말리·코트디부아르·니제르·기니·모리타니·부르키나파소 같은 나라들은 다닥다닥 붙어 있는데도 그 나라들끼리 직접 전화 연결이 안 됐었다.

말리와 코트디부아르가 직접 연결이 안 되고 말리에서 프랑스를 거쳐야 코트디부아르로 연결할 수 있었다. 오래된 일이지만 1970년대 말, 발레리 지스카르 데스탱$^{Valery\ Giscard\ d'Estaing}$이 프랑스 대통령일 때 아프리카 국가 대사관에 근무하던 친구에게 들은 얘기가 놀라웠다. 프랑스 대통령이 아프리카의 식민지였던 나라들을 쭉 한 바퀴 돌면서 한 해동안 밀렸던 월급을 다 해결해 준다고 했다. GDP 규모가 크든 작든 국가가 예산을 세우고 국민에게 돌아갈 복지 예산, 공무원 임금 등등을 써야 하는데 자기네 세금으로 월급을 못 줬다는 거다. 그러니까 자기 대통령보다는 프랑스 대통령을 더 모신다는 거다.

프랑스 식민지였던 아프리카 국가들 대부분이 독립한 지 60년이 넘었지만 프랑스는 그 나라들에 여전히 강압적으로 영향력을 행사하는 것 같다. 원자재 같은 천연자원을 헐값에 가져가는 등 프랑스가 지금까지 얻었던 이익을 지키기 위해서다. 프랑스가 설계하고 프랑스 재정부가 발행하고 통제하는 프랑을 쓰는 나라가 아프리카에서 10개국이 넘는다. 프랑스는 심지어 자국만의 화폐를 도입하려는 나라에 위조지폐를 뿌려 경제를 붕괴시키기도 했다.

프랑스의 지배에서 벗어나려는 지도자들을 주저앉히기 위해 암살하고 반군을 지원하고 학살을 묵인했다. 직접 군대를 보내 이들 정부를 무너뜨리기도 하면서 프랑스는 아프리카에서의 영향력을 놓지 않으려 했다. 프랑스가 나쁜 놈들이다. 프랑스 지도층과 결탁해 권력과 이익만 챙기는 아프리카의 지도자들도 문제다.

2006년까지 아프리카에 수출을 가장 많이 하는 나라가 프랑스였고, 2022년 현재 아프리카 55개 나라 중 프랑스어를 공용어로 지정한 나라가 23개국이다. 프랑스는 또한 아프리카 8개국과 방위협정을 맺었고 프랑스 특수부대 1만여명이 차드·중앙아프리카공화국·가봉·세네갈 등지에 주둔하고 있다. 프랑스 품 안에서만 살아서는 안 되겠다고 각성하는 사람들도 아프리카에서는 아직 힘을 갖지 못하는 것 같다.

영국은 동부 아프리카에서 탄탄한 세력 기반을 갖추고 있다. 케냐에는 주둔군도 나가 있고 7개국의 공식 공용어가 영어다. 아프리카 국가의 수출은 식민 모국과의 관계에 크게 의존하고 있고, 프랑스어와 영어, 두 언어를 공용어, 공동 공용어로 지정한 나라가 40개국이 넘는다. 아프리카는 미국의 직접 영향권은 아니지만 아프리카에 지대한 영향력을 가진 프랑스와 영국이 미국 영향권 안에 있다.

그런데 프랑스가 아프리카에서 민심을 많이 잃고 있고, 중국과 아프리카 국가들의 관계가 급속도로 가까워지고 있다. 중국은 경제면에서 EU에는 뒤지지만 2009년부터 2021년까지 12년 연속 아프리카 최대 무역 파트너의 지위를 유지하고 있다. 2010년대 내내 아프리카의 3대 경제대국 중 하나인 남아프리카공화국의 최대 교역국도 중국이었다.

2) 아시아·태평양 지역, 미·중 세력 경쟁

(1) 중국의 지배력 상승 과정

나토 병력을 제외하면 미군이 가장 많이 주둔하는 곳은 아시아 태평양 지역이다. 그중 일본에 주둔하는 미군이 미국 본토를 제외하고 세계 최대 규모다. 일본을 감시하는 측면도 있고, 일본이 태평양을 미국의 바다로 만드는 전초기지 역할도 해주고 있다. 한국에 있는 미군의 숫자는 2만8천 명 정도로 일본보다는 적지만 한국은 미국에게 일본 못지않게 중요하다. 옛날에는 북한 때문이었다지만 지금은 중국 때문이다. 경기도 평택시에 있는 캠프 험프리스는 미군의 해외기지 가운데 세계 최대 규모다.

지금 미국에게 동아시아는 유럽이나 중동 못지않게 중요한, 최대 국제정치적 관심사다. 유럽에서는 미국의 국제질서에 도전하는 국가가 안 나오고 중동 세력 중에서도 마찬가지다. 그런데 중국이 갑자기 커지고 있다. 일본이 G2로 미국 GDP에 가장 근접했을 때도 미국 GDP의 40퍼센트 미만이었는데, 미국 레이건 정부는 선진국들을 모아 환율을 조정해서 일본을 주저앉혔다. 1985년 '플라자 합의$^{Plaza\ Accord}$'인데 사실상 미국이 압력을 넣어 환율 조작을 받아들이도록 한거다. 그런데 중국의 경우는 미국이 제압할 타이밍을 놓쳤다.

미국이 20세기의 우선순위대로 유럽·중동에 신경을 쓰는 동안 중국이 급속히 커지면서 일본한테 썼던 방식을 쓸 수 없을 지경이 되어버린 거다. 2010년 G2(group의 2인자)로 올라선 중국이 GDP 면에서 미국을 따라잡는 속도에는 가속도가 붙은 것 같다. 2010년에 미국 GDP의 40퍼센트를 달성하면서 G2로 올라서더니 2021년에는 74퍼센트까지 치고 올라왔다.

이렇게 빠른 속도로 치고 올라오는 중국에게 멱살을 잡히지 않기 위해 미국은 총력을 다하고 있으나 혼자 힘으로는 역부족이 되니까 동맹국들을 자꾸 끌어들이고 있다. 2020년 미국·일본·호주·인도를 묶는 4자 안보기구인 쿼드^{quad}가 생겼고, 미국과 영국이 호주의 핵잠수함 건조를 지원한다면서 2021년 호주·영국·미국이 오커스^{AUKUS}라는 삼각동맹을 맺었다. 이게 전부 중국을 견제하기 위한 미국의 세계 전략의 일환이다. 그러다 보니 북핵 문제는 우선순위에서 멀어져 버렸다.

중국은 1972년 미국과의 관계를 개선하는 방향으로 외교정책을 조정하고부터 관계를 적절하게 관리해 나가는 동시에 대국이 되기 위한 준비를 서둘렀다. 1978년 12월 18일 중국공산당 11기 3중전회에서 '4개 현대화'를 당의 노선으로 채택하고 이를 위해 개혁·개방을 본격적으로 추진하기 시작했다. (농업·공업·국방·과학기술 등 4개 부문의 현대화) 중국이 개혁·개방을 결정한 뒤에 중국 경제는 미국 전문가들이 생각했던 것보다 훨씬 빠른 속도로 발전했고, 드디어 2010년에 명목 GDP 면에서 일본을 제치고 G2가 되었다. 미국의 턱밑까지 다다른 것이다. 미국에서 중국을 좀 안다는 키신저 박사는 중국의 경제가 빠른 속도로 성장하는 걸 눈치채고 심상치 않다는 말을 한다. 미국 경제는 저성장을 계속할 수밖에 없는데 중국은 고속성장을 실현할 잠재력을 가지고 있다고 판단한 것이다. 중국은 땅도 넓고 국경을 맞대는 나라가 14개 국가, 정확하게는 일본까지 15개국이나 된다. 그리고 세계에서 가장 인구가 많다. 인구는 소비의 주체이자 동시에 생산의 주체다. 사람이 많으면 먹어 치우는 양도 많지만 만들어 내는 양도 많기 때문에 고속 성장에 압도적으로 유리하다. 이 간단한 논리를 미국의 다른 전문가들이 말하지 못하고 있을 때 키신저 박사는 미국은 이미 쇠퇴하는 국가$^{Declining\ Country}$가 돼가고 있고 중국은 상승하는 국가$^{Rising\ Country}$가 돼가고 있다는 현실과 다가올 미래를 예측했다.

(2) 중국인이 바라는 두 개의 백년 꿈

키신저 박사는 『헨리 키신저의 중국 이야기』(2012)를 통해서 "미국이 앞으로 중국을 찍어 누르거나 완전히 견제하기보다 사이좋게 살아야 된다. 한때는 중국이 천하를 호령했던 나라인데 미국 밑으로 꼭 무릎 꿇으라고 할 수는 없다"는 얘기를 한다. 그럴 가능성이 있다고 본 거다.

2012년 11월에 시진핑이 공산당 18기 당대회에서 공산당 총서기에 당선되고 이듬해인 2013년 3월에 중국의 국회라 할 수 있는 전국인민대표대회에서 국가주석으로 뽑혔다. 다른 공산국가들처럼 중국도 공산당의 최고 책임자인 총서기가 국가의 최고 책임자인 국가주석을 겸한다. 시진핑이 3월 국가주석으로 뽑히고 6월에 미국에 가서 아직도 중국의 성장을 제대로 인식하지 못하고 있는 버락 오바마 대통령한테 "태평양은 미국과 중국이 나눠 써도 충분할 만큼 넓다"라는 말을 했다. 태평양에서 미국만 활개 치지 말고 중국도 좀 끼어 달라는 뜻이다. 미국과 '신형 대국' 관계를 유지하고 싶다는 얘기도 했다. "과거 미국과 소련이 죽기 살기로 경쟁만 했던 관계는 구형 대국 관계였다. 일단 지금은 중국이 2등이라는 걸 인정하고 미국을 1등으로 모실 테니까 찍어 누르려고만 하지 말고 2등으로 인정해 달라. G1이 되겠다는 생각을 안 한다, 아직은······."

시진핑 시대(2012-) 중국에는 '두 개 백년론'이라는 게 있다. 첫 번째는 중국공산당이 창립된 1921년으로부터 100년이 되는 2021년에는 중국 인민들의 1인당 소득을 1만 달러까지 올려서 모두가 그럭저럭 등 따습고 배부르게 사는 소강小康사회를 건설하겠다는 거다. 비록 소득 격차가 있어도 굶어 죽거나 아파도 치료 못 하고 죽는 사람이 없는, 전체적으로 그럭저럭 살 만한 세상, 1인당 소득이 1만 달러라는 꿈은 2020년 말 통계로 달성됐다. 그러자 2021년에 북한의 김정은 국무위원장이 축하 친서를 보냈고, 시진핑 주석은 "나는 우리 인민들과 조선의 인민들을 위해서 도울 수 있는 것은 얼마든지 도울 수 있다"라는 내용의 답장을 보냈다.

두 번째 백 년의 꿈은 중화인민공화국이 수립된 1949년으로부터 100년이 되는 2049년에는 GDP 총액 면에서 중국이 미국을 앞질러 G1이 되겠다는 거다.

2049년에 중국의 GDP 총액이 미국을 앞지른다는 보장은 없지만, G2로 올라온 2010년 미국 GDP 대비 40퍼센트에서 약 10년 동안에 74퍼센트까지 치고 올라온 걸 보면 중국이 그렇게 될 가능성은 꽤나 높다고 할 수 있다.

중국의 경제 규모가 미국을 추월하면 부국강병의 원리에 따라 당연히 중국이 군사강국이 될 것이다. 앞서 이야기 했듯 중국은 청나라 때 무력을 키우지 않아 1842년 조그만 영국의 무력에 무릎을 꿇은 이후 절치부심했다. 청나라 말기 결출한 거물급 정치인 리홍장李鴻章이 양무운동을 통해서 군사강국이 되려 했으나 실패해 청일전쟁에서 일본에 졌고, 청나라 말년에는 서양 여러 나라들에게 땅값을 받고 대륙 여러 곳을 치외법권지대인 조차지로 내놓으면서 중국은 반식민지로 전락했었다. 1937년에는 일본이 중국 대륙 전체를 먹으려고 중일전쟁을 벌일 정도로 중국은 약해졌었다. 그 뼈아픈 역사를 반추하면서 이번에는 군사강국이 돼야겠다는 중국의 생각은 이럴 거다. "미국이 군사강국이 됐기 때문에 태평양전쟁에서 이기고 이후 계속 전 세계를 호령했다. 하지만 이제 미국은 경제력이 더 이상 커질 수 없고 이미 재정 절벽에 부딪히기 시작했다. 지금까지는 과거에 투자한 것으로 군사력 1등 국가이지만 2049년, 중국의 경제력이 미국을 앞지르면 그때는 우리가 하고 싶은 대로 군사력을 강화하면 된다. 방만한 자유주의 선거제가 아니고 중앙집중적 협의제 국가니까 그냥 정부가 밀고 가면 된다."

한韓-당唐 이래 명明-청淸 조까지 유지됐던 팍스 시니카가 문화제국이었다면 지금 중국은 군사강국까지 겸한 두 번째 팍스시니카(중국 지배하의 평화) 시대를 열어야 되겠다는 꿈을 가지고 있다. 그게 중국몽이다. 2049년에는 다시 천하를 호령하는 나라가 되겠다는 중국의 계획이 실현 가능성이 없다고 단정하기는 어렵다.

(3) 중국몽은 지나친 것이 아니다.

모든 국가는 안전·번영·권위를 추구한다. 중국몽은 중국이 더욱 번영하겠다는 거다. 경제·군사 최강국이 되어서 권력을 행사하겠다, 즉 다른 나라들을 복종시키겠다는 거다. 권위를 세우는 최종 목적을 다른 말로 중화부흥이고 중국몽이다. 가까이 있는 우리는 더욱 달갑지 않지만 잘못이라 할 수 없고 막을 방법도 없다.

일본몽도 있다. 대동아공영권은 지난 얘기가 아니다. 지금 일본은 자위대의 힘을 키우고 해외 출병이 가능하도록 헌법을 고치려 노력하고 있다. 군사력을 키워놓고 미국의 힘이 빠질 때 그 자리를 차지할 수 있는 나라가 돼야겠다는 거다. 우리는 일본이 밉고 싫지만, 일본의 그런 목표를 비도덕적이다, 비윤리적이라고 비난해 보았자 소용이 없다. 국제정치도 정치인데 거기에다가 도덕의 잣대만을 지나치게 들이대면 바보다.

근현대 제국주의 역사를 보면 국내 정치든 국제정치든 정치는 현실이고 현실은 선악이 아니라 결국 유불리로 결정 나는 거였다. 그래서 제국주의 1번 주자가 된 미국도 패권을 잃지 않고 계속 군림하려고 하는 거 아닌가. 정책가가 러시아의 우크라이나 침략을 배후의 원인을 따지지 않고 옳다 그르다로 판단하는 마인드를 가졌다면 제대로 일할 수 없다. 러시아가 미국과 유럽의 봉쇄적 침략 위협을 사전에 막으려고 영토를 넓히려는 (중립지대를 형성하려는) 것은 자연스럽다. 힘이 있으면 번영과 권위를 추구할 수 있다는 마인드로 현실을 읽고 국가의 이익에 부합하는 정책을 실행해야 한다. 때때로 정책가의 자리에 앉아 있는 사람들이 국가이익 보다는 여론에 휘둘리거나 자기 머릿속에 들어 있는 잣대에 따라 일하려는 경우를 보는데, 그러면 실패한다. 내 나라의 공동체 이익을 추구하는 것이 자국 중심성이고 실용 외교다. 내 나라의 안전·번영·권위에 도움이 되는가, 해가 되는가를 따지는 것이 자국 중심성이지, 내가 옳다고 믿는 나의 윤리관에 맞추어서 행동하는 것은 자국 중심성이 아니다.

그런 식으로 머리가 돌아가기 시작하면 인간적으로는 좀 사악해질 수밖에 없다. 국제 정치판에는 의리도 없고, 설령 있다고 해도 도구처럼 쓰이는 것 아닌가. 정치는, 특히 국제정치는 유불리로 움직인다. 선악이 없다. 그리고 유불리를 잘 계산해야 한다. 한쪽에 계속 붙어 있는다고 유리하지 않다.

(4) 많은 인구는 고속성장의 잠재력

인구 6천만 명은 여러 측면에서 중요한 지표다. 인구가 그만한 규모가 돼야 경제 면에서 내수시장이 국제적으로 경쟁력 있는 상품을 많이 개발할 만한 크기가 된다. 그렇게 해서 수출 경쟁력을 갖추어야 빠른 속도로 경제 규모가 커지고 세계 수준에 이를 수 있다. 국제정치 면에서 국가 규모가 그 정도로 커지면 불끈불끈 솟아오르는 힘을 써보고 싶은 사춘기 청소년처럼 전쟁을 하고 싶어진다고 한다.

독일이 1차대전을 일으켰을 때 인구가 6,500만 명이었고, 2차대전을 일으켰을 때가 7,600만 명으로 유럽에서 가장 많았다. 결국 패전국이 됐지만 인구가 많았기 때문에 전쟁을 벌일 엄두를 냈고, 패전했지만 빠른 시간 내에 다시 일어섰다.

한때는 영국·프랑스의 식민지였던 미국이 영국을 제치고 G1이 될 수 있었던 것은 영국으로부터 독립한 후 미국의 인구가 급속히 늘어났기 때문이다. 독립전쟁을 치른 1770년대에는 영국 인구의 절반에 미치지 못했으나 1830년대에는 영국 인구를 넘어섰고, 1890년대에는 6천만 명을 넘겨 영국 인구의 두 배가 됐다. 전 세계에서 많은 사람들이 계속 미국이라는 기회의 땅을 찾아 들어오고, 그중에는 우수한 인재들도 많다 보니까 기술력이 빨리 성장하면서 경쟁력 있는 물건을 많이 만들었다. 그렇게 해서 세계 시장을 장악해 버린 거다. 우수한 이주민들이 미국의 발전, 특히 과학기술 발전에 기여했다. 그 덕분에 미국은 군사강국이 될 수밖에 없었다.

일본은 인구가 1억 2,600만여 명(2020년통계) 밖에 안 된다는 한계 때문에 미국에 비해 경쟁력이 낮을 수밖에 없고, 그런 점에서 G1이 되기는 쉽지 않다. 인구가 3억 3천만 명이 넘는 미국하고 경쟁이 안 된다. 한국과 일본의 관계에서 일본이 강국이 되고 우위를 점할 수 있는 중요한 요소도 인구다.

헨리 키신저 박사도 중국이 고속 성장을 할 수 있는 잠재력으로 인구를 꼽았다. 중국 인구가 지금 14억 1,170만 명(2021년 기준)이다. "닭이 천 마리면 봉^{鳳}이 한 마리 나온다"라는 속담이 있듯이 인구가 많으니 봉도 많이 나온다. 인구가 많은 만큼 기술력이 높을 수밖에 없다. 덩샤오핑이 1980년대 들어 개혁·개방 속도를 높이면서 선진 기술을 배우라고 미국 유학을 많이 보냈다. 유학생의 반은 미국에 남더라도 반은 돌아와서 조국을 위해 일할 거라면서, 지금 미국에서 컴퓨터나 AI(artificial interlligence 인공지능 기술) 쪽은 오히려 중국과 인도 사람들이 수적으로는 주류다.

우주 경쟁에서도 중국의 발전 속도는 아주 빠르다. 2003년 첫 유인 우주선 선저우^{神舟}5호가 우주비행 후 무사귀환에 성공했고, 2021년 10월 발사에 성공한 선저우 13호는 여덟 번째 유인 우주선이다. 중국은 인구수도 그렇고 기술력이 클 수밖에 없기 때문에 군사강국이 될 가능성이 대단히 크다.
　미국과 공존의 체제를 만드는 게 지금은 중국에게 더 요긴하지만 시간이 갈수록 미·중 공존 체제는 미국에게 더 절실해질 거다. 키신저 박사는 이미 알고 있었다.

3) 미국에겐 전쟁 포기, 평화 애호 자세 필요

(1) 젊은 사자 등장에 늙은 사자 시늉 멈출 때

　지금 미국의 대외정책에서 중국 견제가 최대 관심사이지만, 솔직히 확실한 방법은 없어 보인다. 우선 중국을 마냥 우격다짐으로 때릴 수가 없다. 그동안 미국은 중국과 사안별로 협조^{Cooperation}, 경쟁^{Competition}, 대결^{Confrontation}한다는 이른바 3C 전략을 추진하겠다고 공언해 왔지만, 실제로 중국이 가장 큰 적임에도 불구하고 '대결'관계라고 규정하지 않았다. 그런데 최근 이런 기류가 달라졌다.
　2022년 6월 29일 스페인 마드리드에서 열린 나토 정상회의에서 조 바이든 미국 대통령은 12년 만에 정치·군사적 우선순위를 업데이트(수정 언급)하면서 처음으로 중국에 관한 내용을 넣었다. 중국을 "나토의 안보에 도전하고 있는 존재"라고 언급한 것이다. 미국과 중국 간에 경제적 연계가 없으면 처음부터 '적'으로 규정하고 밀어붙였을 테지만, 중국에 투자한 미국 회사들이 많은 만큼 중국과의 관계를 엎어버리면 미국 경제도 망한다. 트럼프 대통령 때 중국과 무역전쟁을 벌여서 결과적으로 미국 소비자 물가가 상승하고 농민들이 재정난에 빠지는 등 제 발등을 찍었다.
　그리고 세계 경제질서를 놓고 경쟁도 하지만 어떤 부분에서는 협조할 수밖에 없는데, 굳이 대결해서 분규로까지 번지게 할 필요가 있겠는가. 그러면 누가 이기겠나. 경제가 계속 성장하고 있는 중국이 결국 GDP 총액 면에서 미국보다 커지면 그만큼 중국에서 경제적 이득을 챙겨야 하는 나라들도 많아질 것이고, 그러면 미국이 하자는 대로 할 나라들은 점점 줄어들 수밖에 없다.
　많은 나라가 인구 때문에도 최대 시장이자 공장인 중국과 무역하면서 먹고살아야 하는데 어떻게 중국과의 관계를 놓을 수 있겠나. 미국이 중국을 견제하는 데는 현실적으로 한계가 있을 수밖에 없다.
　이렇듯 미국 혼자 힘으로 중국을 견제할 수 있는 형편이 아니어서 동맹국들을 동원해 중국의 힘을 빼고 중국의 부국강병 속도를 늦추는 것이 미국의 전략이라고 봐야 할 것 같다. 그러나 이 또한 한계가 있을 수밖에 없다. 동맹국이지만 이해관계가 다른 국가들이 미국을 무조건 지원하고 참여하던 시절도 지나갔기 때문이다.
　국제정치의 세계에는 공짜도 없고 영원한 동맹도 없다. 2021년 9월 미국이 갑자기 호주에게 핵잠수함 기술을 줬다. 중국을 압박하는 데 호주를 앞장세우고 싶은데 호주가 대가 없이 미국의 이익에 장단을 맞춰주지 않아서였을 것이다. 그 바람에 호주에 잠수함 기술을 팔기로 먼저 약속했던 프랑스가 미국한테 뒤통수를 맞았다. 그러자 프랑스가 바로 미국이 하는 일에 어깃장을 놨다. 2022년 미국이 베이징올림픽을 외교적으로 보이콧한다는데도 프랑스 정부 공식 대표단은 베이징올림픽에 간 것이다. 그동안 유럽은 먹고사는 데 미국이 도움이 되고, 유럽에 버티고 있는 5만 명 가까운 나토군을 미국이 통제하며 국제 안보질서를 장악하고 있으니까 함부로 반대하지 못했다. 하지만 프랑스가 결정적인 이해관계를 침해받자 미국과 다른 자기 목소리를 낸 것이다.

(2) 미국의 착각과 환상

그런데 주류를 포함한 대다수 미국인은 이러한 현실을 받아들이지 못하고 있는 듯하다. 문맹률이 높고 독재하는 중국 같은 나라는 결코 일어서지 못한다고 방심한 것 같다.

미국은 중국을 까맣게 잊어버리고 유럽·중동·아프가니스탄에 관심을 쏟으며 돌아다니다가 2013년에야 중국을 조금 의식하기 시작했다. 키신저 박사의 경고성 발언("Declining Country vs Rising Country")도 있었고, 국력을 키운 중국의 시진핑이 주석이 된 직후인 2013년 6월 미국까지 찾아와 오바마 대통령 앞에서 '태평양을 중국과 미국이 나눠 쓰자'는 투로 말하면서 치받았다. 이제 중국 사람들 입에서 중국몽·중화부흥이라는 말들도 공공연히 나오고 있다. 중국이 군사력을 강화하고 미국 중심의 국제질서가 흔들릴 수 있는 수준까지 부상하자 불안해진 미국은 아시아에 힘을 쏟기 시작했다.

미국은 외교·군사정책의 중심을 중동에서 아시아로 이동시키겠다는 '피봇 투 아시아$^{Pivot\ to\ Asia}$', 그리고 아시아에서 미국의 영향력을 확대하겠다는 '리밸런싱 아시아$^{Rebalancing\ Asia}$' 정책을 정립했다. '리밸런싱 아시아'는 미국이 중국보다 월등한 우위에 있는 동안 중국은 한참 밑에 있었고, 그것이 미국에게는 정상이었는데 중국이 갑자기 치고 올라오기 시작했으니 다시 찍어 눌러서 미국이 압도적 우위였던 예전 상태로 되돌려 놓겠다는 거다.

미국의 절대 다수 전문가들은 중국을 무시한다. 팍스 아메리카나는 영원하리라는 오만과 WASP(White, Anglo-Saxon, Protestant)만을 주류로 여기는 편협함 때문이다. 라틴계인 이탈리아·스페인도 주류로 생각하지 않고 북유럽은 앵글로색슨이 아니라고 구분한다. 게다가 '중국이 자신들이 멸시하는 공산독재국가이기 때문에 역설적이게도 더 빠른 속도로 발전하고 있다는 이 불편한 진실을 못 받아들이는 것 같다.' 민주국가들은, 민주국가는 무한정, 무한대로 발전할 수 있다고 믿지만 독재국가는 발전에 한계가 있다고 본다. 환상이고 착각이다. 독재가 좋은 건 아니지만, 독재국가이기 때문에 발휘할 수 있는 잠재력이 따로 있다.

대표적으로 북한은 2005년 9월 미국의 방코델타아시아(Banco Delta Asia:BDA)의 금융 제재만 17년째 받고 있다. 또 2006년 10월 1차 핵실험 이후 6차 핵실험까지 북한에 가해진 유엔안보리 제재가 15-16개임에도 불구하고 아직까지 체제가 유지되고 있는 것은 불가사의한 일이 아닐 수 없다. 더구나 그런 제재 속에서도 경비가 적지 않게 드는 핵실험과 미사일 개발을 계속하는 것을 보면, 자유민주주의만이 경제를 발전시킨다는 믿음은 미국이 믿고 싶은 신화일 뿐이고 대북제재 유지를 정당화하는 명분일 뿐이라는 생각을 하지 않을 수 없다.

미국은 중국이 더 이상 크지 못하게 막고, 2차대전 이후 동아시아에서 행사해 온 헤게모니(주도권)를 계속 유지해야겠는데, 턱밑까지 치고 올라오는 중국과 무력으로 싸울 수는 없으니 중국 압박을 정당화하는 명분을 자꾸 만들어 낼 수밖에 없다. 민주주의·자유 수호·인권·동맹 등이 그런 용도로 강조되고 쓰이는 중이다. 미국의 국력이 큰 흐름으로 볼 때 쇠퇴하고 있지만 과거의 영광에 대한 추억은 남아있다. 현실을 재인식하기보다 어떻게든 동맹국들을 이렇게 저렇게 묶어서 잘 끌고 가면 부상하는 중국을 견제할 수 있고, 자신들의 헤게모니를 계속 유지할 수 있을 것 같다는 생각이 미국의 속내로 보인다.

미국은 여전히 미국을 따라올 나라는 없다는 미국 제일주의를 고창한다. 트럼프 대통령이 2016년 대선에서 내세운 구호가 '아메리카 퍼스트', 즉 미국 우선주의다. 미국 국민들은 자국이 쇠퇴하고 있기 때문에 오히려 영광을 재현할 수 있다고 더 기세등등하게 구는 트럼프를 찍은 것 같다. 만일 '미국이 쇠퇴하고 있다. 이 현실을 인정하고 중국하고 같이 나눠 먹어야겠다. 그게 우리가 사는 길이다'라는 식으로 선거운동을 하면 안 찍어줄 거다.

잘나가는 나라라는 착각과 환상 속에 빠지지 않고 냉정하게 현실을 직시하는 미국 사람들은 많지 않은 것 같다. 세상을 쥐락펴락하는 나라가 제정신 똑바로 차리고 계속 현실을 직시하면서 자기혁신을 해나가면 역사의 주역이 안 바뀌지 않겠나. 영원할 줄 알았던 로마제국도 정신을 못 차려 멸망했고, 천년 이상 아시아에서 천하를 호령했던 중국도 정신을 못 차렸기 때문에 영국한테 망신당했고, 20세기에 제국을 이룬 소련도 끝까지 갈 줄 알았는데 판단 착오로 결국 미국한테 손 들었다. 미국도 그러지 말라는 법, 없다.

1990년대 시작된 미국 일방주의는 시간이 갈수록 점점 더 심해지고 있지만 아직까지는 통한다. 미국의 힘이 쇠퇴 중이지만 아직 그 사실을 인정하고 싶지 않은 사람들이 많다. 중국은 망할 수 있어도 미국은 영원하다는 신화 비슷한 것이 있고, 미국은 그런 믿음에 의지해서 지금 세계를 지배한다고 생각된다.

◎ 정치가와 정책가는 반드시 달라야 한다.
(정세현 『통찰』 저자의 부탁 말씀)

우리 사회에는 중국을 싫어하는 정서가 있다. 싫어하면 나쁘다고 생각한다. 그런데 좋고 싫고가 옳고 그름이 되면 현실적인 해결책을 내는 데 장애가 된다.

싫어도 함께 살아야 한다고 설득하기 쉽지 않지만 현실에서 정책을 세우고 국정을 이끌어 가는 사람들은 어느 것이 이익이 되는가 먼저 생각하고 현실적인 판단을 해야 한다. 언론인이나 정치가들이 싫고 나쁘다는 식의 편 가르기에 줄을 서면 여론을 형성하는 주류는 될 수 있다. 혐중嫌中거리를 기사화할 수도 있고 정치가들이 언론인들처럼 여론에 부채질할 수도 있다. 그렇게 해서 국내 정치에서 이득을 볼 수 있을 것이다. 하지만 정책은 여론대로만 할 수 없다. 정책가는 절대로 그러면 안 된다. 정치가와 정책가는 다르다. 정책가는 국가이익을 극대화할 수 있는 쪽으로 생각의 방향을 잡아야 한다. 정치가가 현재의 정권을 친중이니 친북이니 비판하면서 이익을 보려고 했을지라도 일단 정권을 잡으면 정치가로서의 태도를 버리고 정책가의 입장에서 생각해야 한다. 같은 사람이지만 여당을 흔들기 위해서 했던 말들을 스스로 뒤집을 수밖에 없다.

윤석열 대통령을 비롯해 윤석열 정부를 이끄는 사람들은 정권을 잡기 전에는 정치가로서 친중 반미였던 문재인 정부가 한미관계를 망쳤다고 공격하면서 한미동맹을 재건해야 한다고 했다. 그러나 집권한 후 행동은 좀 다르다. 한중무역을 무시할 수 없는 상황이라는 걸 알기 때문에 야당 시절에는 반중 정서를 자극하던 정치가가 외교부 장관이 되어서는 정책가로서 왕의王毅중국 외교부장관과 통화도 하고 관계를 잘 발전시키려고 노력하지 않나. 또 북한한테 굴종적이었다고 비난했지만 현실적으로 북한에 코로나 방역 지원을 해야만 될 것 같은 거다. 당연한 일이다. 그것을 두고 말을 바꾼다고 비난하면 안 된다. 선전·선동을 능사로 하는 정치가가 아니라 문제를 해결해야 할 책임 있는 장관, 즉 정책가가 된 만큼 국민의 입장에서는 제대로 일하는 걸로 봐줘야 한다. 언론에서 그때는 딴소리하더니 지금 와서 딴짓한다고 공격하는 기사에 휩쓸려 정책가로서 방향을 못 잡으면 국민만 손해다. 정부에 들어와 일하면서 그런 말에 휘둘려서, 그런 말 듣기 싫어서 야당 시절에 했던 대로 하면 나라 망한다. 민주주의 국가에서 정부는 국민 여론에 따라 휘둘릴 수밖에 없는 딜레마가 있지만 정책가는 국가의 이익에 따라서 움직여야만 한다. 실적을 내야 하니까.

2. 미국 일방주의 시대, 친미 한국의 외교 상황

1) 김영삼 정부, 군통수권 없지만 독자성 유지

　김영삼 대통령은 외교에 있어서 자국 중심성이 있었다. 미국에게 싫은 소리도 서슴없이 하고, 일본 '버르장머리' 고쳐버린다고 했다. '일본 버르장머리' 발언을 문제 삼는 우리나라 언론이 문제지, 사실 일본의 '버르장머리'는 문제가 있지 않나. 과거 일본이 한참 힘쓸 때의 지도에도 독도는 조선 땅으로 돼 있었고, 또 현재 실제로 우리 경찰이 지키는, 대한민국이 실효적 지배를 하고 있는 곳이다. 일본 사람 한 명도 살지 않은 곳인데 왜 자기 땅이라고 그러나. 그럼 우리가 침략자인가? 말도 안 되는 소리다. 우리가 침략자면 일본은 유엔에 신고해서 우리를 혼내야지 왜 가만 있나.
　김영삼 대통령이야말로 명실상부 국민 직선제로 뽑힌 대통령이다. 노태우 대통령과 달리 김영삼 대통령은 대선 후보도 당원들의 선거로 됐다. 대한민국 역사상 최초로 집권 여당의 대통령 후보가 추대나 단일후보 찬반 투표가 아니라 경선으로 지명된 것이다. 김영삼 대통령은 문민정부, 문민 대통령이라고 할 수 있었기 때문에 정통성 면에서 굉장히 떳떳했다. "내가 미국의 책봉을 받고 대통령이 된 게 아니고 우리 국민이 나를 뽑았다. 그리고 나는 군인이 아니라 문민이다."
　자국 중심성 얘기로 돌아가면, 그래서 미국에게도 당당했다. 1993년 2월 25일 대통령 취임식을 했는데 북한이 3월 12일 「핵확산 금지조약(NPT : Nonproliferation Treaty)」에서 탈퇴한다고 선언하면서 이른바 북핵 문제가 불거졌다. 독자적으로 절대 핵을 개발하지 않는다는 약속을 하고 핵확산금지조약에 가입했는데, 이 조약에서 탈퇴한다는 얘기는 마음 놓고 핵을 개발하겠다는 뜻이었기 때문에 미국이 놀랐다. "A stitch in time saves nine. 지금이면 한 바늘만 꿰매도 되지만 그냥 두면 열바늘을 꿰매게 된다"는 뜻인데, "호미로 막을 것을 가래로도 못 막게 된다"라는 우리 속담의 영어판이다. 빌 클린턴 정부는 그런 핑계 혹은 명분으로 같은 해 4월부터 베를린에서 북한과 비공개접촉을 했다. 미국이 그런 사정을 우리에게는 알려주지 않았는데 뒤늦게 그 정보가 들어왔다. 소식을 듣고 김영삼 대통령이 난리를 쳤다. "미국이 왜 북한을 달래려고 하느냐. 북한은 거칠게 다뤄야지, 그렇게 달래면 그 버르장머리를 못 고친다"면서 우리 외교관들한테 그 회담을 막으라고 했지만 미국이 그 말을 들을 리가 없었다. 양측이 베를린에서 1993년 4월에 비공개 접촉을 시작해 1993년 6월부터는 제네바로 장소를 옮겨 본격적으로 북미 핵 협상을 시작했다.
　김영삼 대통령이 그때 우리가 빠진 데 대해 화를 냈다. "북핵 문제가 우리 문제인데 왜 우리는 못 들어가냐, 들어가도록 하라"고 외교부 장관과 외교안보 수석비서관에게

엄명을 내렸다. 하지만 못 들어갔다. 북한이 우선 반대했다. 북한이 "우리가 핵 카드를 들고 나온 목적은 미국과의 수교를 위해서다. 북미 수교는 미국이 결정하는 건데 아무런 결정권이 없는 남조선이 들어올 이유가 없다. 군사 문제에 관해서는 결정권도 없지 않냐"며 미국과 직접 담판하겠다는 논리로 우리가 제네바 회담에 들어가는 걸 반대했다.

북한이 그렇게 나오니까 미국도 슬그머니 회담이 어떻게 진전되는지 자세히 브리핑해 줄 테니까 그리 알고 결과를 기다리라는 식으로 태도를 바꿨다. 결국 우리는 회담에 못 들어갔다. 대신 회담이 끝나면 제네바에 있는 우리 외교관들이 쏜살같이 미국 대사관으로 쫓아가서 회담 내용을 전해듣고 전문으로 청와대에 보고했다. 그때 미국이 우리의 의지를 거스르고 협상을 시작했고, 협상할 때는 슬그머니 북한 편에 서서 우리를 못 들어오게 하는 걸 보고 김영삼 대통령은 계속 미국에 불만을 가지고 있었다. 내가 1993년 4월부터 1996년 12월까지 청와대 통일비서관으로 일했는데, 그때 일어난 일이라서 자세한 얘기를 하는 거다.

1993년 6월에 시작한 북미 협상은 김일성 주석이 사망한 뒤인 1994년 10월 21일 「북미 제네바 기본합의」로 결론이 났다. 합의문 내용의 요지는 다음과 같다. '북한이 영변 핵시설단지에서 핵 활동을 중단하는 대신 3개월 이내에 미국이 북미 수교 협상을 개시해 준다. 또 핵폭탄을 만들 수 있는 플루토늄을 생산하는 기능이 있는 5천 킬로와트 핵발전소 운영을 중단하는 대가로, 생산 전력 면에서 영변 핵발전소의 400배인 200만 킬로와트짜리 경수로 원자력발전소를 지어준다.'

그런데 미국이 북한에 원자력발전소 지을 돈을 우리더러 70퍼센트 내라고 했다. 김영삼 대통령이 회담에도 못 들어오게 해놓고 왜 돈은 우리더러 내라는 거냐고 반발하니 미국 측이 이렇게 대꾸했다. "당신이 김일성이 죽으니까 북한 곧 망한다는 말을 입에 달고 살지 않았나. 북한이 망하면 당신네 발전소 되는데 당연히 돈 내야지."

김영삼 대통령이 거론한 '북한붕괴론'을 미국이 역이용하면서 돈을 내라고 압박한 거다. 돈을 낼 수밖에 없는 명분, 핑계를 갖다 붙인 것이다. 북한붕괴론이 부메랑이 돼서 돌아온 거다. 결국 우리가 70퍼센트를 부담하게 됐다. 20퍼센트는 일본이 내기로 했고 10퍼센트는 미국이 낼 줄 알았더니 난데없이 EU에게 갖다 씌웠다. 저 멀리 북한이 핵무기 만드는 게 EU와는 아무 관계가 없지만 EU는 이미 미국의 휘하에 들어가 있으니까 어쩔 수 없었을 거다. 미국 같은 강대국은 상황에 따라 태도나 말을 이리저리 바꾸고 약속을 깨고 때로는 거짓말까지도 외교 전략으로 쓸 수 있다. 하지만 우리에게는 일관성을 요구하는데 그럴 때 억지를 부릴 수 없다. 우리는 말이 되는 소리를 해야 한다.

미국에서 김영삼 대통령이 얼마나 불편했으면 "왜 한국은 냉탕 온탕을 왔다 갔다 하나. 북한은 똑같은 말을 계속해 나중에 지쳐서 그냥 그렇게 합시다 하게 만들망정 일관성은 있다. 한국은 회담하지 말라고 그랬다가, 그 회담에 들어온다고 그랬다가, 또 돈을 못 낸다고 그랬다가, 왜 내야 하느냐고 따진다"고 불평을 했다. 그러더니 1995년엔 가 미국은 '우리 동맹끼리 그러지 말자. 앞으로 북핵 문제를 다루는 데 있어서 '한미공조'를 원칙으로 미국과 한국이 계속 협의해 나가자'는 논리로, 우리에게 '한미공조'라는 원칙의 굴레를 씌웠다.

결국 이 네 글자가 미국이 우리를 마음대로 흔들 수 있는 평계가 됐다. 이제 우리가 미국에게 왜 이렇게 당신네 마음대로 하느냐고 문제삼거나 미국과 다른 의견을 내면 미국은 '한미공조' 원칙에 합의해 놓고 왜 딴소리를 하느냐, 공조를 깨려는 거냐고 공격했다. 미국은 우리가 끌려갈 수밖에 없는 평계를 만들어 냈고, 우리는 순순히 끌려가곤 했다. 꼭 폭력을 행사할 때만 평계를 대는 게 아니다. 마음대로 쥐고 흔들기 위해서도 명분을 내세운다. 내가 김영삼 정부의 외교안보수석 아래 통일비서관으로 근무할 때는 미국이 동맹이라는 명분을 내세우며 이런 식으로 우리를 가지고 놀았다. 사실 우리는 원칙의 굴레 안에서 미국에 끌려 다닌다는 것조차 인식하지 못했다. 모든 것이 동맹이나 공조라는 명분으로 화장을 했기 때문에…… '한미공조'를 합의할 때 이것이 굴레가 되리라는 걸 김영삼 대통령은 몰랐을 거다. 우리 외교부도 몰랐을 거다. '한미공조'가 나쁜 말은 아니니까. 명분이 그만큼 무서운 거다.

김영삼 정부는 그전 군사정부와 달리 미국에서 당당했고, 독자적으로 자국 중심성을 좀 챙겨보려고 했다. 그런데 미국은 동맹을 앞세우고 행동을 제약하는 '한미공조'라는 원칙의 굴레를 씌워서 결국 또 그들이 하고 싶은 대로 우리를 끌고 갔다.

미국과의 관계에서 일본도 우리처럼 유리한가 불리한가를 얘기하지 못하는 문화다. 하토야마 유키오鳩山由紀夫 총리 내각(2009년 9월 16일-2020년 6월8일)이 내세운 대외정책 기조에 좀 눈여겨볼 만한 점이 있었다. 그전 일본의 외교 철학은 '아시아를 벗어나서 유럽으로 들어간다'였는데 하토야마 총리는 '아시아 중심의 외교를 하겠다'고 했다. 경쟁 관계로 갈 수밖에 없는 중국을 제외했다는 한계가 있었지만 한국·일본·인도가 손잡고 아시아 평화를 이룩하자는 개념을 내세웠다. '미국의 품에서 벗어나 일본으로 돌아온다', 미국 중심이 아니라 일본 중심의 외교를 하겠다는 얘기였다. 그런 하토야마 총리가 오키나와 남쪽의 후텐마 미국 해병대 기지로 인한 주민의 피해가 크기 때문에 그 기지를 옮기겠다고 했다. 내가 마침 그때 히로시마평화연구소 초청으로 강연을 하러 일본에 가 있었다. 호텔 측이 객실에 넣어준 『재팬타임스』를 보다가 깜짝 놀랐다. 주일 미국대사가 "어떻게 감히 후텐마 기지를 옮긴다는 얘기를 하느냐"라는 식으로 일본 총리를 대놓고 공격하는 내용이 실린 것이다.

귀국해서 한국에 있는 일본인 지인들에게 탐문했더니 일본의 전현직 외교관들이 미국 측에 "하토야마 총리가 말도 안 되는 짓을 한다. 우리가 저항운동을 할 테니까 미국이 눌러라. 미국이 누르고 우리가 치받으면 하토야마는 총리 자리를 못 지킨다"며 공모했다는 거다. 친미 성향의 언론이 공격을 시작하면서 지지도가 떨어진 하토야마 내각은 결국 사퇴할 수밖에 없었다. 미국을 추종하면서 기득권을 쌓은 세력이 일본 정계와 재계·학계·언론까지 다 장악하고 있기 때문에 일어난 일이다. 당연히 후텐마 기지 이전도 없던 얘기가 돼버렸다. 나는 그걸 보면서 자주외교의 적은 밖이 아니라 내부에 있다는 사실을 새삼 실감했다.

김영삼 대통령은 미국과의 외교에서 자주적으로 나가려는 철학은 있었지만 관료들을 확실하게 장악해야 한다는 데까지는 생각이 미치지 않은 것 같다. 감히 미국에게 저항할 수 없다는 정서를 가진 국무위원이나 외교관들에게 둘러싸여 있으면 아무리 성격이 강한 김영삼 대통령이라도 꼼짝없이 끌려갈 수밖에 없었다. 당시 대한민국 외교는 대통령의 의지와는 반대로 자국 중심성을 키우지 못했다.

2) 김대중 정부, 미국 설득하며 남북협력 실행

김대중 대통령이 집권한 후에도 미국은 해오던 대로 한국을 관리하려고 했다. 2001년 1월 취임한 조지 W. 부시$^{George\ W.\ Bush}$ 대통령과 그 정부는 2000년 6.15 남북정상회담 후 남북장관급회담이 정례적으로 열리면서 남북관계가 빠른 속도로 진전되는 데에 불편해하는 기색이 역력했다.

2001년 3월 워싱턴에서 열린 한미정상회담에서 부시 대통령이 김대중 대통령을 'this man'이라고 지칭해서 논란이 되기도 했다. 그 자리에서 부시 대통령은 김대중 대통령에게 "나는 김정일 위원장에 대해서 '회의적인 생각^{sceptisism}'을 가지고 있다"고 말했다. 김정일 위원장을 어찌 믿고 남북관계를 그리 빨리 끌고가려 하느냐는 비판을 한 셈이다. 김대중 대통령이 부시 대통령과 가진 첫 한미정상회담에서 부시 대통령의 견제가 있었지만, 그 후에도 남북장관급회담은 정례적으로 열렸다. 그런데 2002년 1월 29일 오전(미국 시간) 부시 대통령이 의회 연설에서 "이란·이라크·북한은 '악의 축$^{axis\ of\ evil}$'이다"라고 규정을 하는 '사고'가 났다. 북한과 관계 개선을 통해 한반도 평화를 일궈내려는 김대중 대통령의 '햇볕정책'이 암초를 만난 것이다. 미국이 협조하지 않거나 방해하면 한반도 평화는 사실상 기대하기 어려운 것이 현실 아닌가. 부시 대통령이 '악의 축' 발언을 한 2002년 1월 29일(한국 시간) 통일부 장관 임명장을 받은 나는 난감했다. 미국이 북한을 '악의 축'으로 규정하고 압박을 강화해 나가면 통일부 혼자서 햇볕정책을 밀고 나가기 어렵기 때문이다. 그런데 김대중 대통령이 직접 부시 대통령을 설득해서 미국도 북한과 대화를 하겠다고 공언하게 만들었다. 그날이 2002년 2월 20일이다.

부시 대통령이 한미정상회담을 하기 위해 한국에 왔고, 2월 20일 오전에 청와대에서 회담이 열렸다. 그리고 오후 3시쯤 남북철도 연결 시발역인 도라산역에서 한미 정상들이 연설을 하게 되었다. 외교·안보·통일 분야 장관들과 청와대 참모들이 김대중 대통령과 함께 서울역에서 대통령 전용열차를 타고 도라산역으로 갔다. 그런데 불과 21일

전 북한을 악의 축이라고 규정했던 부시 대통령이 연단에 오르더니 전혀 예상 밖의 연설을 했다. "나는 북한을 공격할 의도가 없다. 그리고 김대중 대통령의 권고에 따라 미국도 북한과 대화를 하겠다. 인도적 지원사업도 하겠다"라는 요지의 연설이었다. 부시 대통령이 먼저 연설한 다음 김대중 대통령이 연설을 시작했지만, 김 대통령의 연설은 귀에 들어오지도 않고 부시 대통령의 연설 내용만 귓전을 때렸다. 2002년 2월 20일 오전 정상회담에서 무슨 조화가 일어난 것일까?

행사가 끝나고 서울로 돌아오는 기차에 앉아 있는데 대통령 수행 경호원이 우리 칸으로 건너와서 "대통령님께서 통일부 장관님 부르십니다" 하길래 대통령 전용칸으로 갔다. 김대중 대통령이 "건너편에 앉으시오" 하시더니 곧장 "아까 부시 대통령 연설 들었소?"라고 물으셨다. 당연히 들었다고 했더니 "정 장관, 오늘 오전 내가 100분 동안 젖먹던 힘까지 끌어내서 부시 대통령을 설득했소. 그랬더니 아까 그런 연설을 한 거요. 나는 이제 할 일을 했으니 나머지는 통일부장관이 알아서 일하시오" 하셨다. 속으로 '아~!' 하는 감탄사가 절로 나왔다. 역시 김대중 대통령이구나 하는 생각을 하면서 자리로 돌아왔다. 김정일 국방위원장에 대해 회의적인 생각을 가지고 있었고 북한을 악의 축으로 규정한 부시 대통령을 설득해 북한을 공격하지 않고, 북한과 대화할 거고, 북한에 인도적 지원도 하겠다는 연설을 하도록 만든 논리와 이론이 궁금했지만 여쭤볼 기회는 없었다.

아무튼 김대중 대통령은 부시 대통령도 설득하고 구슬리면서 통일부가 남북관계 개선을 계속할 수 있는 여건을 만들어 주셨다. 외교부나 국방부, 통상교섭본부 등 한미 안보협력이나 경제협력 담당부처도 대통령의 협상력과 설득력의 덕을 많이 보았을 것이다.

햇볕정책의 첫 번째 성과는 금강산 관광이다. 김대중 대통령 임기 초인 1998년 11월 18일 시작한 금강산 관광은 김대중 대통령의 결기가 아니었으면 엄두조차 낼 수 없는 '사건'이었다. 미국에 물어보지 않고 독자적으로 저질러 버리는 식으로 결행하고 사후에 미국을 설득했다. 그렇게 결국 미국이 어쩔 수 없도록 만들어 끌고 갔던 것이다. 김대중 대통령은 한미관계, 남북관계를 비롯한 국제정치에 대한 공부를 많이 해서 상당히 탄탄한 이론을 갖추고 있었다. 그리고 대통령이 직접 미국 대통령을 설득했다. 그건 대단한 거다. 이론이 아무리 빵빵해도 엄두를 내어 미국 대통령과 마주한 그 자리에서 직접 설득하는 건 또 다른 문제다. 김대중 대통령이 그렇게 할 수 있었던 건 군사정권에서 모질게 시달리면서도 굴하지 않고 자기 입장을 절대 바꾸지 않으며 계속 버텼던 경험, 결국 대통령까지 된 데서 오는 자신감이 바탕이 된 것 같다.

첫 금강산 관광객을 태운 현대금강호가 금강산 자락 장전항으로 떠난 1998년 11월 18일 클린턴 미국 대통령은 도쿄에 있었고 그 다음다음 날인 11월 20일 청와대에서 한미정상회담이 잡혀 있었다. 클린턴 대통령은 금강산 관광선이 출발하는 장면을 도쿄에서 TV로 보았다면서 이렇게 말했다고 한다. "금강산 관광선 출항 장면은 매우 아름다

웠습니다. 축하합니다." 금강산 관광은 그렇게 이루어졌고 이후 미국의 간섭은 없었다. 미리 미국으로 관료들을 보내 구구절절 설명을 하면서 미국의 동의를 구하려고 했다면 당시 국제정세의 상황으로 보아 금강산 관광은 원래 계획대로 시작되지 못했을 것이다.

3) 노무현 정부, 동포에 대한 도리로 남북협력 계승

노무현 대통령이 대통령 취임식에서 전 정부의 화해협력 정책, 햇볕정책을 계승·발전시키되 추진 방법은 약간 수정을 하겠다고 발표했다. 취임식 행사 때 전 정부 국무위원 자격으로 단상에 앉아 그 얘기를 들은 나는 신임 통일부 장관은 일하기 참 쉽겠다고 생각했다. 북한도 이미 김대중 정부가 깔아놓은 궤도를 따라오고 있으니 신임장관이 자갈밭을 개척할 일은 없을 테니까. 그런데 내가 계속 그 자리에서 일하게 됐다.

노무현 대통령이 김대중 대통령의 햇볕정책을 계승·발전시키겠다는 확실한 의지의 표현 중 하나가 나를 통일부 장관으로 임명한 것이 아닌가 싶었다. 나는 노무현 대통령 선거캠프에 가본 적도 없었을뿐더러 대선 승리의 공신들이 많이 있었다. 당시 대부분의 정치인들이 제일 하고 싶어 하는 자리가 통일부 장관이었다. 김대중 정부 때 남북관계가 활발했기 때문에 통일부 장관이 뉴스에 자주 등장했다. 정치인으로서 지명도가 생기니 더 큰 도약을 하는 데 도움이 되겠구나 싶어서였을 것이다. 그런데 난데없이 나를 통일부 장관으로 계속 임명한 이유는, 방법은 좀 수정 보완할 수 있지만 일단 햇볕정책을 계속 발전시키겠다는 생각 때문이 아니었겠나.

2003년 2월 27일에 다시 통일부 장관으로 취임하고 4월 27~29일, 평양에서 열릴 10차 남북장관급회담을 앞두고 통일부 장관으로서 내가 대통령께 회담 계획을 직접 대면보고를 했다. 새로 장관이 되거나 대통령이 바뀌는 경우에는 회담 운영 계획을 직접 보고하는데, 그 전에 외교안보수석에게 대통령의 철학이라든지 의지를 듣고 미리 조율한다. 김대중 대통령은 워낙 공부를 많이 하셨기 때문에 회담 운영 계획을 보고하면 "잘 됐구먼, 가서 잘하시오" 격려했고 그렇게 보고가 끝났다. 노무현 대통령은 내가 보고를 하니까 "국회의원 때 뉴스로만 보니까 남북장관회담을 잘 끌고 가는 것 같습니다. 워낙 회담에 경험이 많으시니까 이 일에 대해서는 더 이상 보태고 뺄 얘기가 없습니다" 그러더니 "나는 대북 지원이 인도주의도 아니고 동포애도 아니라고 생각합니다"라고 했다. 대부분 인도주의나 동포애 때문에 쌀 등을 지원한다고 하는데 그게 아니라면 도대체 무슨 이유 때문인지 궁금해서 "아니 인도주의도 아니고 동포애도 아니면 뭡니까"라고 묻지 않을 수 없었다. 그랬더니 "나는 그걸 도리라고 생각합니다"라는 답변이 돌아왔다. 그야말로 뜻밖이었다.

도리는 반대급부를 바라지 않는 거다. 부모가 자식을 키울 때 부모로서 도리를 다

할 뿐이지 나중에 커서 효도하라는 조건이 없듯이. 또 자식이 부모에게 잘하는 것도 그게 도리이기 때문 아닌가. '도리'는 인도주의나 동포애보다 더 크고 포괄적인 개념이라고 볼 수 있다. 그래서 노무현 대통령은 김대중 대통령과 또 다르구나, 화끈하구나 하고 생각했다. 그래서 "알겠습니다. 이번에 제가 평양 가서 북쪽 회담 대표단들한테 확실히 교육을 시키겠습니다. 새 대통령은 인도주의도 동포애도 아닌 도리로 대북 지원을 해야 한다고 생각하는 분이다. 남쪽에 이런 대통령이 있을 때 당신네가 잘하면 여러 가지로 북에도 좋고, 남북관계도 좋은거 아니냐고 교육을 시키겠습니다" 했더니 "그렇게 해보세요"라고 답했다. 내가 좀 감탄을 했다.

10차 회담 관련한 중요한 얘기가 또 있다. 회담하러 평양으로 떠나기 사흘 전쯤 미국의 동아시아태평양 담당 차관보가 서울에 와서 통일부 장관실까지 직접 찾아와 "북핵 문제를 해결하기 위해서 베이징에서 3자 회담을 한번 해봤는데 별로 효과가 없었다. 5자 회담으로 발전시켜야 할 것 같다. 이번에 북한이 5자 회담을 받도록 평양 쪽을 설득해 달라"고 했다. 미국이 2003년 3월에 중국·북한과 한 3자 회담에서 진도가 안 나가니까 5자 회담을 할 수 있게 미리 기초공사를 해달라는 요청이었다. 우리가 쌀과 비료를 일정하게 주면서 북한이 고분고분해졌고, 남한이 그나마 북한과 말이 통하고 영향력이 있다는 것이 확인되니까 일부러 회담 전에 미국에서 찾아온 거다. 미국·한국·일본·중국이 한편이 돼서 4대1로 북한을 설득하고 압박하면 북한이 쉽게 핵을 포기하지 않겠느냐는 얘기였는데, 5자 회담은 우리로서도 나쁠 게 없는 일이었다. 3자 회담에는 우리를 안 끼워줬으니까.

4월 말 평양에 가서 내가 노무현 대통령의 도리론을 설명했더니 북측 회담 대표단장이 열심히 적었다. 내가 봐도 북한 사람들이 감동하는 것 같았다. 아마 '김대중보다도 노무현이 한 수 위'라고 생각했을 거다. 그리고 미국의 5자 회담 의사를 전달했다. 그랬더니 북한은 "중국을 못 믿겠다. 요즘 중국이 완전히 미국 편이다. 그런 중국을 왜 계속 회담에 끌어들이느냐. 미국하고 북한이 일대일로 회담을 해야 한다"며 버텼다.

그래서 내가 "지구상에서 평양 편을 들어주는데는 중국밖에 없는데 중국을 그렇게 말하면 안 된다. 만약 중국이 못 미더우면 당신들이 러시아를 끌어들여서 6자 회담을 만들어라" 했더니 막 받아 적었다. 미국이 제안한 5자 회담을 6자 회담으로 키워서 북한의 아이디어로 만들라는 것은 대단한 보너스, 팁이었을 거다. 미국으로서는 원하던 다자 회담이고, 북한 입장에서는 질질 끌려가는 모양이 아니니 좋고, 우리 입장에서는 어쨌든 우리가 끼는 다자회담인 데다 실질적으로 새로운 아이디어까지 주었으니 생색도 나고. 또 중간자·조정자 역할도 할 수 있게 되어 두루두루 좋은 거였다.

북측 사람들이 7월 서울에 와서 11차 남북장관급회담을 할 때는 북핵 문제가 최대 화두인 상황이었다. 회담의 공동보도문을 보면 "국제적인 대화 방식으로 핵 문제를 해결하기 위하여 남북이 협력하기로 하였다"라고 돼 있다. '다자'라는 말을 너무 노골적으로 쓰면 미국의 말 한마디에 북한이 바로 끌려왔다고 오해받을까 봐서 '국제적인 대화 방식'이라고 했을 거다. 북미 간에 만나도 '국제'니까 틀린 말도 아니고. 결국 자존심 문제다. 7월 서울에서 한 전체 협상 시간을 100으로 둔다면, 그 합의를 끌어내려고 밀고 당기는 데 3분의 2를 썼다. 남북회담에서 합의문을 만들려면 똑같은 말을 몇 번씩 주고받는다. 그래서 남북합의문 만들 때는 끈기가 있어야 한다. 나라의 운명이 걸린 문제인데 그냥 넘어가면 안 되니까. 피곤한 일이다. 그러나 피곤하다고 공무원이 설렁설렁 넘기면 안 된다.

미국은 5자 회담을 공개적으로 얘기했고, 물밑에서 내가 북측에 6자 회담을 아이디어로 줬더니, 북측 대표단이 7월 서울에 와서는 다자 회담을 암시하는 표현인 '국제적인 대화'에 합의를 하고 돌아갔다. 그리고 8월에 "우리의 주동적 발기에 의하여" 하면서 6자 회담을 하자고 역제안하는 식이 됐다. 미국도 호응했다. 우리가 미리 미국에 6자 회담 제안이 나올지 모르니까 받으라고 얘기했다. 그렇게 해서 베이징에서 6국 대표들이 만난 6자 회담이 8월 27일에 열렸다.

그런데 그 회담이 끝난 지 며칠 만에 북한이 미사일 발사를 했다. 당시 나는 북한의 미사일 발사에 대해서 이렇게 생각했다. 아마도 회담에서 미국이, 원래 미국의 구상(5자 회담을 열어서 미·일·한·중이 4대1로 북한을 압박하는)대로 회담 운영을 하려고 했기 때문에 북한이 미국에 경고장을 보내는 차원에서 미사일을 발사했다고 말이다. 북한은 회담에서 장외 압박전술을 잘 쓴다. 보통 소국의 장외 압박전술은 자위 수단이다. 강국의 장외 압박전술은 자위 수단이 아니라 게임의 판을 엎으려는 양동작전이고.

잘 나가던 북한이 도발적 장외 압박전술을 쓰니까 노무현 대통령이 갑자기 안보관계장관회의를 소집했다. 그날 안건은 '북한이 회담 직후에 이런 도발적인 행동을 하는데 우리 정부가 김대중 정부 때부터 꾸준히 해오던 쌀 지원, 비료 지원을 계속해야 하느냐'였다. 거기에 대해 통일부 장관이 보고하라면서 통일부 장관의 정책보고서를 놓고 토론해 결정하겠다고 했다.

나는 '그렇기 때문에 그만둬야 한다'가 아니라 '그럼에도 불구하고 계속해야 한다'는 논리로 보고서를 준비했다. "6자 회담은 어떤 우여곡절을 겪더라도 1차에서 2차, 3차로 계속 이어가야만 한다. 북한이 그런 사고 한번 쳤다고 우리가 당장 대북 지원을 중단해 버리면 앞으로 6자 회담에서 우리의 입지는 사라진다. 그나마 북한이 우리 말을 듣는 이유는 쌀과 비료를 일정하게 주기 때문이다. 미국도 그걸 인정하기 때문에 북한을 사전에 교육해 달라고 우리한테 부탁했던 거다. 그러니 북미관계에서 우리가 입지를 가지려면 "쌀과 비료 지원을 계속해야 한다"는 방침을 정리해서 가지고 들어갔다.

안보관계장관회의에는 통일부 장관·외교부 장관·국방부 장관 등 통일·외교·안보 분야 장관들이 다 모이고 청와대 안보보좌관·국정원장 그리고 총리까지 참석한다. 남북관계 관련해서 경찰이 움직일 일이 있으면 행자부 장관도 참석한다. 그렇게 열 명 정도 모여 있는 회의실에 대통령이 들어오면서 나를 바라보고 "저 사람들 뭐 맡겨놨어요?"라고 했다. 순간 나는 대북 지원 끊자는 의미로 알아들었다. 속으로 '계속 줘야 한다고 말하고 그럼에도 불구하고 대통령이 안 된다고 하면 오늘로써 사표 낸다'고 각오하고 준비한 대로 보고를 했다. 노무현 대통령의 표정이 일그러졌다. 할 말이 부글부글 끓어오르는 것 같았다. 노무현 대통령은 대북 지원을 도리라고 생각하기 때문에 줄 때 화끈했듯이 끊을 때도 화끈하게 칼처럼 끊을 수 있을 것 같았다. 전략적이기보다 인간적으로 보였다.

    대통령은 통일부 장관 얘기를 반박해 보라는 식으로 토론을 주도했다. 그날 회의에서는 여론이 나쁘니까 대북 지원을 그만둬야 한다는 얘기도 나왔다. 하지만 북핵 문제 해결 과정에서 우리 입지를 그나마 유지하거나 강화하려면 지원을 계속하는 쪽이 맞다는 고영구 국정원장의 주장에 더해 고건 총리가 대통령께 "이번 일은 통일부 장관 손을 들어주시지요"라고 건의를 했다. 그게 그날 회의의 결론이 된 셈이다. 총리까지 그렇게 나오니까 노무현 대통령이 "통일부 장관 마음대로 하세요"라며 일어섰다. 매우 못마땅한 표시가 났다. 그래서 노 대통령 등 뒤에다 대고 "이번에 회담하러 평양 올라가면 확실하게 버르장머리를 고쳐놓겠습니다"라고 했다. 화가 누그러지게 하려면 '교육시켜 놓겠습니다' 같은 점잖은 표현으로는 안 된다. 의지는 관철시키더라도 화가 난 대통령 마음을 풀어드리는 게 모두에게 두루 좋은 일이니까. 그렇게 해서 노무현 대통령의 생각이 바뀌었다. 노무현 대통령은 참모가 잘 설득하면 원위치로 돌아오는 지도자라고 생각했다.

    이후 남북관계에는 우여곡절이 많았다. 베이징 6자 회담이 북한 마음대로 잘 안 풀리니까 북한이 2006년 10월 9일 1차 핵실험을 해버렸다. 그러자 노무현 대통령이 바로 노무현 정부 햇볕정책의 기수라고 할 수 있는 이종석 통일부 장관을 계속 그 자리에 놔둘 수 없지 않느냐는 얘기를 했다는 기사가 나왔다. (나는 2004년 6월 30일 통일부 장관 자리에서 물러났다.) 한명숙 총리가 국회에 나가 질의 응답하는 과정에서 햇볕정책을 그대로 끌고 가기 어렵다는 얘기도 공개적으로 해버렸다. '한 당국자에 의하면' 이렇게 인용하는 형식이었지만 총리가 대통령의 뜻을 받아 햇볕정책을 계속 이어갈 수가 없다는 취지의 발언을 하고 나면 돌이키기 어렵다.

(1) 북한이 핵실험하자 남북협력 어려워져

    김대중 대통령은 노발대발했다. 북한이 핵실험을 한 다음 날인 10월 10일 전남대학교에서 김대중 대통령의 명예박사학위 수여식이 있었다. 김대중 대통령은 먼저 광주에 내려가 계시고 나는 다른 일정 때문에 늦게 갔는데, 비서들은 김대중 대통령이 계신 호텔 방 복도에 긴장해 서 있고 안에는 이희호 여사와 한껏 긴장한 박지원 비서실장만 있었다. 늦게 도착한 연유를 말씀드렸더니 김대중 대통령이 나를 보고 대뜸 "노무현 대통령은 왜 그러는거요?" 했다. 왜 햇볕정책을 버리려는 거냐는 뜻으로 받아들인 내가

"햇볕정책이 원래 자기 것이 아니지 않습니까" 그랬더니 "그렇지, 알았어요. 그럴 거야"라고 하시면서 화난 표정이 풀렸다. 전임 대통령의 정책을 지금까지 끌고 온 것만 해도 고마운 일인 데다 북한이 사고를 쳤는데도 그 정책을 끝까지 밀고 가라고 하는 것은 지나치다는 생각이 들으셨었던 거 같다.

노무현 대통령이 이해도 되고 훨씬 마음이 풀린 듯 보였다. 그러더니 최경환 당시 공보비서관을 불러서 지시했다. "한명숙 총리한테 내가 그런다고 전하시오. 그런 식으로 얘기하는 사람이 어디 있냐고, 햇볕정책을 함부로 버리느냐고. 노 대통령한테도 내 뜻을 전하라고요." 총리와 청와대에 뜻이 전달됐는지 이튿날 아침 전남대학교에 도착해서 총장 주최 환영 티타임 자리에 있는데 김대중 대통령이 "조금 전에 노무현 대통령한테 전화 왔어요. 참모들하고 협의해서 다시 햇볕정책을 끌고 가겠다는 얘기를 했어요"라고 전해줬다.

2007년 10월에는 노무현-김정일 남북정상회담이 열렸다. 노무현 대통령이 욱하고 화가 나면 장관도 갈아치우지만, 햇볕정책을 계승·발전시키겠다고 취임사에서 선언을 했기 때문에 다시 원위치로 돌아간 것이다. 노무현 정부 시기에 북한이 핵실험을 하기 전까지는 남북장관급회담을 계속했다. 북한이 핵실험을 한 1년 뒤인 2007년 10월에 평양에서 남북정상회담도 했다. 노무현 대통령도 일관성이 있는 분이었고, 햇볕정책을 계승·발전시키겠다는 초심을 잃지 않았다.

(2) 이라크 파병, 한미관계 너머 남북관계까지 바라본다

노무현 대통령의 도리론에도 불구하고, 대북 지원 관련해서는 늘 여론이 나쁜 데다 미국 부시 대통령 시절이라 정부 입장에서는 지원을 이어가기가 참 힘들었다. 게다가 미국과의 관계가 김대중 대통령 때보다 어려웠다. 김대중 대통령 때도 미국의 압력이 들어오면 계속 부시 대통령을 설득해야 했지만, 미국은 김대중 대통령을 기본적으로 믿는 구석이 있었다. 미국으로 망명했으니 친미주의자라고 생각했다. 그런데 노무현 대통령은 완전히 다르게 바라봤다. 변방의 장수가 갑자기 나타나서 대통령이 된 데다가 선거 때 "사진 찍으러 미국 안 가면 안 되냐"고 얘기하는 거 보니 반미가 될지도 모른다는 의혹을 품고 있었을 것이다. 그런 미국의 의심을 어떻게 극복하느냐가 사실은 굉장히 중요했다. '미국이 계속 한국 대통령이 하는 일에 비토를 놓으면 우리 국내 여론이 대통령을 반대한다. 국내의 지지를 받기 위해서는 미국의 지지를 끌어낼 필요가 있었다.' 치사한 일이지만 현실이 그렇다.

그런데 2003년에 미국이 이라크를 점령했지만 문제가 안 풀리니까 힘을 보태주기를 절실히 바라면서 우리에게 파병을 요청했다. 한국 입장에서는 우리 국가이익과 직접적인 연관도 없는데 파병한다는 것은 말이 안 된다. 베트남 파병과는 다르다. 베트남 파병은 명분으로 민주주의·동맹을 내세웠지만, 솔직히 돈 때문이었다. 그 돈을 받아서 경제개발을 해야 되니까. 그런데 40년이라는 세월이 흐른 2003년쯤 되면 한국이 돈 보고 파병할 수는 없었다. 용병 비슷하게 가서 돈벌이할 상황도 아니었다.

그런데 한국 정부가 거절한다면, 게다가 미국과 거리를 두려고 하는 듯 보이는 노무현 정부가 거절한다면, 미국은 당연히 노무현 정부에 대해서 비협조적으로 나올 수밖에 없었다. 그러니까 파병을 해서 미국의 필요를 충족시켜 주는 대신 신뢰를 얻고, 여기에 더해 미국이 우리에게 빚을 지게 만들면, 후에 미국과 거래를 할 수도 있게 되는 것이다. 미국이 어려울 때 도와줌으로써 일단 투자를 하는 셈이다. "A friend in need is a friend indeed", 어려울 때 도와준 친구가 진짜 친구라는 영어 속담도 있지 않나.

이라크니까 파병이 가능했다는 점도 있다. 미국이 중국을 압박하는 데 가담하라고 하면 중국은 바로 보복할 테고 우리가 치러야 하는 비용이 크니까 못 한다. 중국이 대만을 치는 경우 미국이 개입하면서 우리에게 파병하라고 요구해도 우리는 들어줄 수 없다. 하지만 이라크 파병에 따르는 비용은 크지 않았다. 우선 거리가 멀리 떨어져 있어서 지정학적 영향을 고려하지 않아도 되었다. 불이익이 돌아올 가능성이 굉장히 낮기 때문에 미국과의 다음 거래를 위해 요구를 들어줄 만했다. 우리에게는 전시작전통제권을 찾아오는 문제가 있었다. 그것도 계산에 있었을 것이다. 큰 것을 놓고 미국과 협상하려면 그 정도 요구를 들어줘야만 협상력이 생기니까.

이라크 파병 문제는 미국을 관리해야 한다는 측면에서 전략적으로 좋은 결정이었다고 생각한다. 미국의 입장에 맞춰주고 미국을 우리 편으로 만들어 반대급부로 우리가 남북관계를 주도적으로 끌고 나갈 수 있도록 회유한다는 차원에서 내린 결단이라고 나는 본다. 나는 그때 통일부 장관 자리에서 물러났기 때문에, 그런 결정을 할 때 대통령이 차라리 먼저 파병하고 미국의 환심을 사서 우리가 남북관계에서 주도권을 행사하자고 했는지, 참모 중에 누가 건의를 했는지를 모른다. 청와대에서 대통령이 국무위원들하고 어떤 얘기를 했는지는 대중에게 공개하지 않으니까. 참모들이 얘기했다면 아마 이종석 당시 NSC 사무처장 정도가 그런 전략을 건의하거나 주장했을 거다. 그때 보수 언론에서 외무부는 동맹파, NSC 사무처장을 겸했던 청와대 안보실 차장 이종석 등은 자주파, 통일부 장관 정세현도 자주파, 그렇게 동맹파와 자주파로 구분해서 사진 넣고 화살표 표시를 한 도표까지 그려서 보도했었다.

그때 이라크 파병을 결정하는 걸 보면서 "정치인으로서 청문회에서 명패 던지던 사람이, 떨어질 걸 뻔히 알면서 계속 부산에서 출마하던 사람이, 대통령으로서 대한민국 외교에 있어 자국 중심성이라는 더 큰 가치를 찾기 위해서 이라크 파병이라는 전략적 결정을 하는구나"하고 생각했다. 대통령 선거 유세에서 "당선되면 사진 찍으러 미국에 안 간다"는 말을 공개적으로 했지만, 대통령으로서는 미국을 관리해야 한다는 생각에 이라크 파병을 결정한 거다. 물론 우리가 미국하고 완전한 상하관계는 아니지만 그렇다고 완전히 맞먹거나 멱살잡이를 할 수는 없는 형편이니까.

앞에서도 얘기했듯, 내가 중학생 때 전주역에서 힘 있는 놈이 힘 없는 놈을 깔아뭉개고 무릎 꿇리는 걸 봤고, 대학에 들어가 배운 국제정치학에서 큰 나라와 작은 나라 사이의 관계는 완전히 주종관계일 수도 있고 형제관계일 수도 있다는 것을 알았다. 형제관계는 완전히 주종관계는 아니다. 동생이 대들지 않고 말 잘 듣는 조건으로 어떻게 보면 형은 동생을 보호해 준다. 근데 주인과 종 사이에는 무조건적이고 일방적인 군림과 헌신만이 있다. 노무현 대통령은 미국과의 관계를 주종관계가 아니라 형제관계 정도로 끌고 가려고 했다. 판을 깨지 않으면서 거래를 하는, 살아남고 득을 보는 외교를 하려고 했던 거다. 미국과 적당하게 협조관계를 유지하면서 별도로 우리나라의 국격을 높이거나 국익을 키우는 방향으로 끌고 가려고 할 때는 미국의 절박한 요구를 들어주고 대신 무언가를 받아낼 수 있다. 국제정치도 기본적으로 거래이고 장사이기 때문이다.

남북관계를 비롯한 외교에서 판을 깰 수는 없을 때, 우리 입지를 키우고 자국 중심성을 조금이라도 확보하기 위해 전략적인 거래를 하는 걸 보고 노무현 대통령에 대한 믿음이 갔다. 그럼에도 불구하고 나는 노무현 대통령이 미국의 요구를 들어줄 수밖에 없는 그 전략적 선택을 하며 기분이 나빴기를 바란다. 국가 지도자로서 기분도 안 나쁘다면 자국 중심성이 없는 거다.

(3) 한국군 전시작전통제권 환수 협상, 결과는 계속 묵살

또 하나 노무현 정부 시절의 공로로 전시작전통제권 환수 의지 표명을 꼽을 수 있다. 1950년 6.25 전쟁이 일어난 지 19일 만인 7월 14일, 이승만 대통령이 유엔군 사령관한테 넘겼던 우리 군에 대한 전시작전통제권을 찾아오는 협상을 노무현 정부가 2006년에 시작했고, 2012년 4월 17일 한국에 환수하기로 2007년에 한미가 합의했다.

미국은 우리 군에 대한 전시작전통제권을 가졌기 때문에 사실상 주한미군은 고작 2만 8천 명이지만 한국군 65만 명을 부하처럼 부릴 수 있었다. 그럼에도 노무현 정부가 미국과 끈질기게 협상해서 결국 합의를 이끌어 냈다. 6.25 전쟁 때는 북한 군사력이 우세했는지 모르지만 2005-2006년에는 이미 남한의 경제력이 월등하게 높아져 군사적으로도 강국이 됐으니 북한에게 당할 일은 없었다. 이런 상황에서, 미국은 주한미군의 일부를 한국 밖으로 잠깐 내보낼 필요가 있을 경우 주한미군 사령관이 한국군이 있는 한국과 한국 밖에 파견된 미군이 있는 곳을 왔다 갔다 해야 한다. 주한미군 사령관이 한국군 전시작전통제권을 가진 유엔군 사령관을 겸하기 때문이다.

그런데 한국군 전시작전통제권을 한국에 넘겨주면 주한미군 사령관이 굳이 한국에 붙박이로 있어야 할 필요가 없다. 자유롭게 움직일 수 있으니 좋고 한국군이 독자적으로 북한을 억제할 수 있는 데다 급하면 미군이 돌아올 때까지 며칠 정도는 한국군이 감당할 수 있다고 판단한 것이다. 물론 미국이 전시작전통제권을 돌려줄 수 있을 정도로 한국의 힘이 커진 것은 틀림없는 사실이지만, 힘이 커졌다는 걸 알고 미국에게 돌려달라고 얘기하는 건 또 별개의 문제다. 절대로 미군이 우리를 떠나면 안 된다고, 바짓가랑이 붙들고 늘어지는 식의 외교는 안한다는 의미이기 때문이다.

이건 한국 외교에 있어서 큰 변화고 업적이다. 나는 노무현 대통령이기 때문에 할 수 있었다고 본다. 큰 그림으로 도리를 생각하고, 떨어질 걸 뻔히 알면서도 바보 소리 들어가며 계속 부산에서 출마했던 건 자존심 때문이다. '나 치사하게 계산적으로 하지 않는다. 저도 당당하게 질 거다. 이가 부러지고 코뼈가 깨져도 빌지는 않는다.' 노무현 대통령, 인간적인 매력이 있었다.

전시작전통제권 환수는 또한 시각의 문제이기도 하다. 2007년 12월 17대 대통령 선거로 정권이 재창출됐더라면, 노무현 대통령 후임으로 정동영이나 문재인 같은 민주당 후보가 대통령에 당선됐더라면, 전시작전통제권은 미국과 합의한 대로 2012년 4월 17일에 찾아왔을 것이다. 하지만 정권이 바뀌면서 상황은 완전히 달라졌다. 전시작전통제권 환수에 대한 가부 문제는 북한을 어떻게 보느냐, 미국을 어떻게 보느냐와 연결되기 때문이다. 만약 지금 우리가 독립적으로 북한을 상대하기에는 북한의 힘이 너무 센데 괜히 국격이니 자존심이니 하면서 전시작전통제권을 찾아왔다가 결국 북한한테 당한다고 생각한다면, 설령 미국 밑에 있다고 누가 욕을 하더라도 찾아오지 않는 게 훨씬 더 안전하다는 결론을 내리게 된다.

민주당 정부로 정권 재창출이 됐다면 그 정부의 대북관은 노무현 정부가 전시작전통제권을 찾아오기로 판단하는 데 근거가 된 대북관과 근본이 같았을 거다. 남북 간의 체제 경쟁의 결과로 이제 우리가 북한보다 월등하게 우위에 있다. 물론 핵과 미사일에서는 북쪽이 우리보다 우세하지만 그렇다고 그걸 우리한테 쓸 일은 없고, (다만 안심할 수 없는 게 2022년 북한이 대남 공격용으로 핵무기 사용의 가능성을 열어 놓았다.) 군사적으로 우리가 절대로 북한한테 꿀리지 않는 정도까지 왔다. 그렇다면 '미군 주둔은 그대로 두고 필요할 때 도와달라고 하자, 그러나 헌법이 대통령한테 있다고 규정한 국군통수권의 핵심인 전시작전통제권은 찾아오자, 주권의 중요한 요소인 국군통수권의 핵심을 주한미군 사령관한테 맡겨놓는다는 것은 자존심의 문제일 뿐만 아니라 국격과도 연결이 돼 있는 것이다. 전시작전통제권을 회수해 와도 북한한테 안 당할 것이고, 만약 위험한 지경이 되면 우리 땅에 주둔하고 있는 미군에게 도와달라고 하면 되는 거 아니냐' 하는 시각으로 접근을 했을 거다.

북한 입장에서는 전시작전통제권을 가진 한국이 더 무섭다. 그동안 북한이 위협해도 전시작전통제권을 가진 미국 입장은 국지전도 부담이니 '한 대 맞고 끝내라'였다. 그런데 한국이 전시작전통제권을 가지면 '때릴 수 있는' 것이다. 게다가 한국은 국방비를 매년 8퍼센트 증액하고 있다.

노무현 정부는 한미연합사령부가 행사하도록 되어 있는 전시작전통제권을 우리나라 합참의장이 지휘하도록 찾아오게 만들어 놓았지만, 이명박 정부는 전시작전통제권의 환수 여부조차 향후에 검토하겠다고 했다. 북한이 밀고 내려올 때 미국이 자동으로 개입하도록 하려면 미군이 전시작전통제권을 가지고 있는 편이 우리한테 더 안전하다는 논리였다. 미군이 199개국에 나가 있지만 주둔한 나라 군대의 전시작전통제권을 가지고 있는 경우는 한 곳밖에 없다. 우리나라, 한국이다.

4) 이명박 정부, 미국에게만 '이보다 더 좋을 수 없는' 동맹

이명박 정부 때는 필자(정세현)가 직접 정부 안에서 일을 안 했기 때문에, 얘기를 길게 못 한다. 오랫동안 정부 안에 있으면서 최일선에서 남북관계를 다뤄왔던 경험을 바탕으로 얘기한다는 걸 미리 밝혀둔다. 이명박 정부는 우선 대북정책에서 햇볕정책과 차별화한다며 '비핵-개방-3000' 구상을 들고 나왔다. '비핵-개방-3000' 구상의 요지는 북한이 비핵화하고 자진해 개혁·개방을 하면 한국 정부가 국제사회와 협조해서 북한 주민들의 1인당 소득을 3천 달러로 만들어 주겠다는 것이다.

국제사회와 손잡고 북한을 도와준다는 것은 우리가 주도적으로 먼저 도와준다는 뜻이 아니다. 게다가 순서도 거꾸로다. 햇볕정책은 북한이 비핵화하도록 유도하기 위해서는 먼저 남북 교류·협력을 활성화시켜야 한다는 인식을 바탕으로 한다. 그 과정에서 생기는 이득 때문에 한국이 하는 말을 북한이 들을 수밖에 없도록 만들어서, 북한이 핵문제를 빨리 해결하면 돌아오는 이득이 더 크다는 사실을 깨닫게 하는 식으로 문제를 풀어간다는 것이다. 그러나 '비핵-개방-3000' 구상은 거꾸로 북한이 비핵화하면 북한 경제를 발전시켜 주겠다는 거다. 출구에서 이뤄야 할 비핵화라는 목표를 입구에다 내걸고 비핵화부터 하라고 하니까 북한은 즉각 반발하고 나섰다. 결과적으로 아무것도 못 했다.

그런데도 이명박 정부의 청와대 참모들은 '비핵-개방-3000' 구상이 결국 북한의 변화, 즉 붕괴를 가져올 수 있는 '전가의 보도'로 생각했던 것 같다. 당시 통일부 실무자들한테 들은 얘기가 있다. 정권 출범 직후 대선캠프 출신인 김태효 청와대 통일비서관이 수유리 통일교육원 강당에 당시 김하중 통일부 장관 이하 전 직원을 모아놓고 이명박 정부의 대북정책인 '비핵-개방-3000' 구상에 대해서 강연을 했는데, 그의 정책 설명 요지는 간단했다고 한다. 즉 "'비핵-개방-3000' 구상을 밀고 나가면 반팔 셔츠를 입기 전에 북한이 무릎을 꿇을 것이다"라고 호언했다는 것이다. 그 얘기를 전해 들은 청와대 출입 기자들이 여름이 지나도 북한이 무릎을 꿇을 기미가 보이질 않자 통일비서관에게 "여름이 다 지났는데도 북한이 무릎을 안 꿇었는데 어떻게 된 거냐"고 물었다. 그러자 비서관은 "첫눈이 내리기 전에는 그리 될 것이다"고 답했다고 한다. 통일부 후배들한테 간접적으로 들은 얘기이기 때문에 구체적인 표현이나 문장은 다를 수 있겠지만, 아무튼 이명박 청와대 팀은 북한 붕괴를 강하게 믿고 있었다는 증거가 아닐 수 없다.

이명박 대통령도 북한이 곧 붕괴할 가능성이 높다고 진짜로 믿었던 것 같다. 이명박 대통령은 2010년, 8·15 광복절 경축사에서 느닷없이 "통일은 반드시 온다"며, '통일세' 신설을 제안했다. "통일이 가까운 것을 느낀다"(2010년 12월 9일 말레이시아 동포간담회), "통일은 도둑같이 올 것이다. 그리 오래 걸리지 않을 것"(2011년 6월 21일 민주평통 간부위원 임명장 수여식)이라고도 언급했다. 이명박 대통령이 이렇게 생각한 저변에는 기업인 출신답게 경제결정론이 있었을 것이다. '북한 경제가 어렵다는데 몇 년이나 더 버티겠나. 경제가 나쁘면 나라도 망한다. 북한을 압박하면 내 임기 중에 북한이 망해서 통일이 되고 북핵 문제도 끝낼 수 있는데 쓸데없이 베이징까지 6자 회담 하러 왔다 갔다 할 필요 없다'는 식의 경제만능주의적 사고라고 할까. 상대방을 하청업자처럼 생각한 것 아닐까? 대기업이 하청업체들을 완전히 좌지우지하려면 일단 만나주지 않는다고 한다. 절박해진 하청업자가 몸이 달아서 원청이 시키는 대로 할 수밖에 없도록 만든 뒤에 리베이트를 많이 뗀다는데, 그런 세상을 살아온 탓에 남북관계도 그런 식의 거래 개념, 장사꾼 논리로 생각하지 않았나 싶다. 북한과 남북관계를 너무 쉽게 생각한 것 같았다.

북한이 무정부 상태가 되면 더 위험해진다는 게 상식인데, 이명박 대통령은 북한이 붕괴하면 '내 것'이라고 생각한 것이다. 이런 발언을 했다는 기사를 보고 나는 이명박 대통령이 북한붕괴론자라는 생각을 했다. 북한 붕괴를 믿는 대통령과 정부 참모들 입장에서는 남북관계 개선을 위해 어떤 일도 할 필요가 없고, 북한이 반발하면 욕하고 끝내면 된다고 여겼을 것이다. 그렇게 남북관계를 끊었다. 관계를 끊고 소통이 없으면 자연히 북한이 우리를 위협하거나 군사적인 도발을 할 가능성이 있다고 생각하게 된다. 그러면 그 해법은 계속 미국 무기를 많이 사다놓는 것뿐이고 미국한테 매달릴 수밖에 없다.

그러다 보니 미국에서는 한국의 역대 다른 정부들보다 훨씬 미국 무기를 많이 사주는 이명박 정부 시절에 "한미동맹이 지금보다 더 좋을 수는 없다"는 얘기까지 나왔다. 한미 국방장관 공동기자회견에서 북한의 웬만한 공격에는 미국이 한국을 군사적으로 보호한다는 뜻인 '확장된 억제$^{extended\ deterrence}$'라는 표현도 나왔다. 우리가 그만큼 미국 무기를 많이 샀다는 얘기다. 미국은 무기를 판 만큼 보답을 한 거다. 거기에 민주주의 같은 명분을 하나 붙여서 우리는 안보동맹일 뿐만 아니라 가치동맹이라고까지 한미관계를 미화했다. 이명박 대통령은 자신의 정책이 결과적으로 미국 추종인지도 몰랐을 것이다. 기업 CEO의 관점으로 미국의 고객과 대한민국의 고객을 동일시해 버리면, 외교의 자주성이나 자국 우선이라는 개념을 인식하기 어려울 테니까.

이명박 정부는 한중 경제협력 규모가 만만치 않아졌는데도, 미국과 중국 사이에서 적절하게 처신하면서 국익을 최대화하기보다는 확실하게 미국 편에 서버렸다. 우리가 북한과 만날 필요가 없다고 생각했고, 결과적으로 미국과 북한과 회담을 못 하게 만들었다. 노무현 정부 때 북핵 문제를 풀기 위해 미국과 손잡고 시작한 6자 회담에, 이명박 정부는 북한이 비핵화를 안 하고 있으니까 안 가겠다고 했다. 당사국으로 핵 문제 해결이 제일 아쉬운 건 한국인데, 정작 한국이 '북한이 핵을 포기할 때까지 6자 회담에 안 나가겠다'고 하니 미국으로서도 6자 회담을 더 이상 끌고 갈 동력이 없어진 셈이다. 그래서 노무현 정부 때 시작된 6자 회담은 이명박 정부 초년인 2008년 12월에 본회담도 아니고 수석대표들이 베이징에서 한 번 만나 티타임을 가졌는지 그러고는 중단되었다. 결국 다음 해인 2009년 5월 25일 북한이 2차 핵실험을 해버렸다.

그런데도 2009년 1월에 출범한 미국의 오바마 정부는 임기 8년 동안 북한이 핵을 포기할 때까지 인내심을 가지고 기다린다는 '전략적 인내'를 북핵정책으로 표방하고 실천했다. 하기야 북핵 문제의 최대 피해자인 한국 정부가 북한이 핵을 포기하도록 만들려는 6자 회담에 안 나가겠다는데 미국이 무슨 일을 하겠는가? 한국의 이명박 정부가 6자 회담도 서두르지 않고 미국의 오바마 정부는 '전략적 인내'라는 해괴한 정책을 견지한 8년 동안 북한은 핵실험을 네 번 더 했다. 2009년 5월 25일(이명박-오바마), 2013년 2월 12일(이명박-오바마), 2016년 1월 6일(박근혜-오바마), 2016년 9월 9일(박근혜-오바마).

이명박 정부 때는 남북관계 관련해서 한 일이 아무것도 없다. 2000년 6.15 남북정상회담 합의로 8월 15일 시작한 이산가족 상봉사업은 김대중 정부와 노무현 정부 때는 해마다 평균 두 번씩 총 16회를 했는데, 이명박 정부 때는 임기 5년 동안 겨우 두 번 했다. 솔직한 얘기로, 이전 정부들에서 이산가족 상봉이 이렇게 정례적으로 이뤄질 수 있었던 것은 1년 내내 쌀과 비료가 가고 있었기 때문이다.

이산가족 상봉사업에 나오라고 하면 북쪽에서는 뭐 좀 생기겠지 기대하고 나오는데 안 주면 다음에 안 나온다. 바로는 못 받더라도 그래도 두 번째 가면 지난번에 받아야 했던 것 받고, 두 번째 것은 다음에 계산해 주겠지라고 할 정도로 믿었는데, 안 주니까 더 이상 이산가족 상봉사업에 협조하지 않은 거다. 박근혜 정부 때도 두 번 했다. 우리 쪽에서는 이산가족 상봉사업을 인도주의 사업이라고 주장하지만, 북한 입장에서는 남북의 사는 형편 차이가 너무 드러나는, 체제 우열이 그야말로 그림처럼 드나드는 행사다. 북한으로서는 못사는 걸 보여주기 싫은 게 당연하다. 생기는 것이 있으면 몰라도 말이다.

이명박 대통령 때는 미국한테 찰싹 붙어 중국하고도 거리를 뒀고, 북한과는 관계가 아주 나빴기 때문에 외교력을 발휘할 수 없었다. 한쪽에 탁 붙어버리면 외교력이라는 것은 사라진다. "한국한테 직접 얘기해 봐야 또 미국한테 물어볼 테니까, 아예 미국한테 바로 얘기해야지, 한국과 직접 얘기할 필요 없다." 이렇게 패싱(협의 없이 지나쳐버림)의 대상이 되어버린다. 원래 통미봉남通美封南은 이런 식으로 시작되고 유지되어 왔다.

일본도 우리를 계속 패싱했다. 우리는 일본을 상대로 일대일로 맞먹겠다고 했지만, 일본은 이명박 정부가 지소미아(GSOMIA, 한일 군사정보보호협정)를 계속 유지하고, 위안부 문제와 강제징용 배상 문제도 일본 뜻대로 해결하라고 우리를 직접 압박하면서, 동시에 미국을 통해서도 압박했다. 미국은 일본 말만 듣고 우리를 찍어 눌렀다. 이명박 대통령은 외교에 있어서 자주성이라든가 독자적인 영역 구축같은 개념 자체가 없었다고 생각한다. 결국 교육이나 복지 쪽에 쓸 수 있는 국가 예산을 미국 무기 사는 데 많이 썼다. 남북분단 때문에, 그리고 북한의 군사적인 도발 가능성 때문에 햇볕정책 시기에도 한국은 4대 미국 무기 수입국 반열에 있었는데 남북관계를 끊어버리고 '확장되고 확장된 억제$^{\text{extended \& extended deterrence}}$'까지 추구하다 보니 이명박 정부 때부터는 한국이 제1의 미국 무기 수입국의 반열에 오르게 되었다. 이런 추세는 박근혜 정부 때까지 계속됐다.

이명박 대통령은 보수 정치인으로서 국내 정치에서 얻는 이익 때문에 미국 편에 서고, 독도까지 직접 가서 사진도 찍었을 거다. 보수 성향 국민들한테 자기의 정체성을 확실하게 각인시키고 인정받고 지지를 끌어내는 것이 사는 길이라고 생각했을 것이다. 그래서 스스로는 남북관계, 한미관계를 비롯해 외교를 약육강식의 원리에 따라 아주 잘 했다고 여겼을지도 모르겠다. 노무현 정부가 미국에게서 2012년 4월 17일에 전시작전통제권을 환수받기로 약속받았는데, 이명박 대통령이 2015년 12월 31일로 미뤄버렸고 박근혜 대통령은 핵문제 해결 뒤로 더 미뤄버렸다. 그러니까 이명박 대통령의 외교정책은 긴 얘기를 할 것이 없다. 이명박·박근혜 정부의 외교에 대해서 길게 얘기한다면 그건 '억지 춘향이'를 만들 뿐이다.

◎ 남북협력에서 참모의 자세

김대중 대통령이 미국과 사전 협의 과정을 거치지 않고 금강산 관광을 개시하는 결단을 내릴 수 있게 된 데는 그러한 용기를 불어넣어 준 참모의 역할이 있었다. 바로 임동원 당시 대통령비서실 외교안보수석비서관이다. 그 조합이 기가 막혔다. 대통령이 어떤 일을 추진하고 싶은데 수석 참모가 '글쎄요, 그래도 미국하고 사전 협의를 좀 해야지 그냥 저질러 가지고 괜찮을까요'라고 했다면 일은 안 됐을 수 있다.

금강산 관광은 현대아산의 정주영 회장이 김대중 정부 초부터 필생의 사업으로 시작한 일이다. 판문점을 거쳐 육로로 소 1,001마리를 끌고 올라가면서 북한의 협조를 끌어내려 했던 사업이다. 김대중 정부로서도 햇볕정책 추진과정에서 금강산 관광 개시는 상징성도 크지만, 다른 분야의 남북관계에 미치는 파급 효과도 크기 때문에 적극 지원할 필요가 있었다.

그런데 금강산 관광사업 아이디어가 나온 1998년 5월 이후 한반도를 둘러싼 국제환경은 별로 좋지 않았다. 8월 중순 <뉴욕타임스>에 북한이 동창리라는 곳의 지하동굴 속에서 비밀리에 핵을 개발하고 있다는 기사가 실렸다. 정보 출처는 익명을 요구한 미군부 당국자였다. 1998년 6월 클린턴 미국 대통령이 한미정상회담에서 김대중 대통령한테 햇볕정책을 지지한다고 발언한 지 2개월이 지난 시점에 그런 기사가 나오자 미국 내 햇볕정책에 대한 여론이 나빠지고 우리 국내 여론도 당연히 나빠졌다. 설상가상으로 북한이 그해 8월 말에 일본열도 상공을 가로질러 태평양 쪽으로 '대포동-1호'라는 중거리 미사일을 발사했다. 햇볕정책에 대한 국내외 여론은 나빠질 수밖에 없었다. 여론은 안 좋은데 현대아산이 관광선 출항 날짜로 정해 놓은 11월 18일은 바짝바짝 다가오고 있었다.

1998년 11월 15일, 김대중 대통령은 인도네시아 자카르타에서 열린 국제행사에 참석 후 참가국 정상들과 정상회담을 이어가는 도중 수행한 임동원 외교안보 수석비서관을 호출했다. "임 수석, 사흘 후 금강산 관광선을 출항시켜도 되겠소? 어찌했으면 좋겠소?" 이 물음에 임동원 수석은 김 대통령이 내심 관광선 출항을 결행하고 싶어 하는 걸로 감지하고 이심전심인 뜻을 밝혔다. "대통령님, 이럴 때는 모험을 좀 하실 필요도 있다고 봅니다"하고 건의하자마자 김 대통령이 "그렇지! 그렇게 합시다! 그러면 서울에 연락하시오"라고 했다는 것이다.

이런 상황 전개는 당시 통일부 차관이었던 내가 임동원 수석한테 직접 들은 거다. 아무튼 11월 15일 오후 임동원 수석으로부터 국제전화가 걸려왔다. "강인덕 장관님이 지금 자리에 안 계셔서 차관님께 대통령님 지시를 전달합니다. 금강산 관광 말입니다. 그거 원래 계획대로 추진하라십니다." 내가 반문했다. "저질러 버리자는 말씀이지요?" 그러자 "바로 그거요"라는 답이 돌아왔다. 그래서 강인덕 장관님께 대통령 지시를 보고드리고 현대아산에도 연락을 취했다. 그렇게 해서 금강산 관광선은 원래 계획대로 출항할 수 있었고, 그로부터 이틀 후 청와대에서 김대중 대통령을 만난 클린턴 대통령이 금강산 관광 개시 축하 인사부터 했던 것이다. 그 대통령에 그 참모가 아니었더라면 미국한테 먼저 물어보느니 협의하느니 뭐니 주저하다가 '햇볕정책의 옥동자'라는 별명이 붙었던 금강산 관광은 햇빛을 못 봤을 수도 있다. 책임을 맡은 관료가 잘못되면 내가 물러난다는 각오로 일을 저지를 수 있어야 한다.

대통령과 뜻이 같고 위임을 받았다면 용기 있게 밀어붙여야 한다. 나중에 미국과 불편한 상황이 닥쳤을 때 '죄송합니다. 제가 책임지고 물러나겠습니다' 하면 미국도 찍소리 못 한다. 책임자가 물러나면서까지 저렇게 밀고 나가는 거 보니 괜히 싫은 소리 했다가는 내정 간섭한다는 소리나 듣겠구나 하는 생각을 하게 되기 때문이다. 만만치 않다는 걸 보여주려면 대통령 밑에서 일하는 실무자들이 용기를 가져야 한다. 그래야 대통령이 자주적으로 일관성 있게 일할 수 있다. 김대중 대통령이 임동원이라는 참모를 만나 5년 동안 계속 옆에 두고 의견을 물어가면서 햇볕정책을 추진했기 때문에, 햇볕정책이 그런대로 성과를 내서 노무현 정부가 승계할 수밖에 없도록 만들었다고 할 수 있다.

◎ 자주 외교에는 용기가 필요

　종전선언, 평화협정 체결 모두 결국 미국의 협조가 필요하다. 그리고 주한미군 사령관한테 맡겨놨던 전시작전통제권이 돌아오면 비로소 명실상부한 「군사주권」이 생기는 거다. 2012년 4월 17일로 합의했던 전시작전통제권 환수가 이명박 대통령 때문에 2015년 말로 연기됐고, 박근혜 대통령 때문에 북핵 문제가 해결된 뒤로 미뤄졌다.
　문재인 정부가 찾아오겠다고 대선공약으로 내걸었지만 임기 내에 실현되지 못했다. 전시작전통제권이 미국 손아귀에 있어도 때로는 노무현 대통령 때처럼 거래 개념으로 접근하든지, 김대중 대통령처럼 설득을 해서 미국이 우리 입장에 따라오도록 만들 수 있다. 그 기본은 '미국이 싫어하는 일도 나는 할 수 있다'는 배짱이다. 배짱이 있어야 한다.
　미국과 관계가 나빠지면 우리가 위험해진다고 믿는 사람이 많다. 6.25 전쟁에서 북한에게 당한 경험 때문일 텐데, 이미 30년 전, 즉 탈냉전 후부터 북한은 그렇게 두려운 존재가 아니었다. 한국은 지금 세계 6대 군사대국이다. 미국·러시아·중국·인도·일본·한국, 그 밑에 프랑스가 있다. 독일은 14등, 북한이 28등이다. 6등과 28등이 팔씨름 하면 누가 이기나. 북한도 죽기 살기로 해서 28등인데. 군사력이 누가 더 빵빵하냐의 문제가 아니라 의식의 문제다.
　남북관계를 주도적으로 풀어나갈 수 있는 역량과 조건을 이미 갖추었는데도, 무엇이든 미국의 사전 승인을 받아야 뒤탈이 없다는 프레임(틀)에 갇혀 외교를 하는 사람들이 가끔 집권을 하고 정부를 끌고 간다. 하지만 우리가 알아서 해야 할 일마저 미국이 이러쿵저러쿵하면 그건 간섭이 되지 않겠나. 미국이 내정 간섭을 하고 나서면 우리 여론이 나빠지고 반미 감정으로 연결될 수 있으니 미국도 손해다. 한때 '양키 고 홈'이라는 얘기가 많이 나왔다. 미국이라고 동맹국이 하는 일을 일일이 막을 수 있겠나. 그런 배짱으로 밀고 나가야 이 험악한 국제정치의 판에서 우리가 원하는 결과를 얻을 수 있다. 미국에 묻지 않고 일을 시작해도 뒤탈이 없었던 경우는 많다. 다만 그런 걸 사람들이 기억을 잘 못할 뿐이다. (『통찰』 정세현 지음, 푸른숲 2023년)

3. 미·중 패권경쟁 시대, 한국 외교의 방향

1) 분단·분열시킨 외세에 대한 최소한의 자주의식 필요

미국 주류는 WASP가 특별히 우월하다고 여긴다. 나머지는 다 저열하고 끝까지 밑에 있어야 한다고 생각한다. 한때 아시아에서 욱일승천하듯이 커지던 일본도 원자탄 두 방으로 찌그러뜨렸는데, 하물며 '이제야 기지개를 펴는 중국쯤이야'라고 생각할지 모른다. (WASP : White Anglo-Saxon Protestant '와스프' 앵글로 색슨계 백인 신교도, 미국의 지배적인 특권계급을 형성)

한국에도 미국식으로 생각하는 사람들이 많다. 지금으로부터 40여 년 전인 1981년 가을, 중국이 개혁·개방을 시작한 지 만 3년이 채 안 됐을 때 내(『통찰』의 저자 정세현)가 제출했던 박사학위 논문의 결론 초안은 다음과 같았다. "중국이 지금 막 시작한 개혁·개방을 제대로 해서 경제력이 커지면 부국강병의 원리에 따라 반드시 군사대국이 될 거다. 그러면 그 옛날 주변 국가들을 속국으로 거느리고 천하를 호령했던 시절의 국제질서를 다시 구축해서 과거 중국의 영광을 재현하려고 할 것이다. 중국이 그렇게 나가려고 할 때 중국과 지근거리에 있는 우리나라가 어떤 외교를 펼쳐나갈 것인가를 지금부터 고민할 필요가 있다."

그때 심사위원 다섯 명 중 대부분이 미국에서 박사학위를 땄거나, 미국의 학문적 영향을 많이 받은 교수들이었는데, 다들 내 결론이 말도 안 된다고 단정적으로 말했다. 교수들의 논리는 이랬다. "중국 경제가 발전하면 도농격차, 빈부격차 문제 때문에 분란이 일어날 수밖에 없고, 중국의 지배 세력인 한족漢族을 제외한 55개나 되는 소수민족 중 웬만한 큰 세력들은 독립하려고 할 것이다. 베이징 정부가 그런 흐름을 막을 수는 없을 것이다. 그렇게 되면 중국은, 과거 역사에 5호 16국 시대가 있었듯이, 적게는 6개, 많으면 20개 이상의 국가들로 쪼개질 수 있다. 원래 경제발전과 관련해서 볼 때 공산주의 방식에는 한계가 있다. 따라서 중국 중심의 국제질서는 다시 구축하기 어렵다. 일어날 수 없는 일을 전제로 대비해야 한다는 말은 할 필요가 없다. 그러니 결론을 중국 중심으로 단정하지 말고 좀 부드럽게 수정하는 게 좋겠다. 결론을 수정해서 최종본을 제출하는 조건으로 이 박사학위 논문을 통과시키자." 학위가 절실하게 필요했던 나로서는 심사위원들의 뜻에 따를 수밖에 없었다.

(1) 맹목적 이념 편향 벗고 국익 경제원리 지향

그 교수들이 말한 시각이 바로 미국의 시각視覺이었고 지금도 큰 변화는 없는 것 같다. '황색 인종은 저열하다, 공산주의는 발전에 한계가 있다, 더구나 중국이 강제로 끌어안고 있는 소수민족들이 조금만 눈을 뜨면 다 독립하려고 할 것이다, 막강한 국력을 가진 하나의 중국은 현실적으로 존재할 수 없다.'

한국에도 중국을 그렇게 믿는 사람들이 많다. 그런데 내가 그때 쓰려고 했던 논문의 결론이 곧 현실이 될 것 같다. 미국은 국력이 쇠퇴하고 있고 중국은 상승기에 들어섰다. 이런 상황에서는 한미동맹만 강조하며 미국 중심의 국제질서 속에서 먹고산다는 생각을 버려야 한다. 우리는 일본과 사정이 다르다. 경제관계에서 일본은 한국보다 대중 의존도가 낮다. 일본은 워낙 일찍부터 시장을 넓게 잡아놓은 덕분에 중국이 경제적으로 보복해도 큰 타격을 안 입는다. 그런데 우리나라는 대외무역의 4분의 1이 한중무역이다. 한미무역과 한일무역을 합친 것보다 크다.

그리고 일본과의 무역은 구조적으로 적자다. 기본적으로 한국 경제가 일본 기술을 이용해서 발전했기 때문에 원천기술에 대한 로열티를 많이 내느라고 적자를 본다. 미국과의 무역은 약간 흑자다. 그런데 중국과는 적어도 최근까지 압도적으로 흑자였다. 윤석열 정부가 들어서면서 2022년 5월부터 흑자 폭이 줄어들고 있다고는 하지만 말이다. 솔직한 얘기로, 우리나라는 중국에서 돈을 벌어 미국 무기를 사는 거다. 지리적으로 중국에 가깝고 경제적으로 중국과 훨씬 밀접하게 연결된 상황을 가볍게 생각해서는 안 된다. 특히 반중 외교는 경제적으로나 정치적으로 자살골이다. 미국이 종용하는 대로 적극적으로 미국 편에 붙어 대중국 안보전선, 군사전선에 들어가면 중국은 제2의 한한령(限韓令)을 내릴 거다. 2017년 사드 배치 때문에 한한령이 떨어져 여행사와 호텔 등 관광산업과 명동·인사동의 기념품 가게에서 모두 큰 타격을 입지 않았나. 중국에 진출한 한국 기업들도 피해를 입었고 중국에서 잘나가던 한류 방송 콘텐츠들은 방송이 금지됐었다. 한미동맹 지상주의자들은 중국한테는 우리가 전략적으로 잘 설명하면 된다고 말하는데, 중국이 세 살 먹은 애인가. 그들이 실익을 모르겠나. 외교 경험이 우리보다 못한가. 면전에서 듣기 좋은 얘기하고 돌아서서 하는 일이 다르면 중국 사람들도 다 안다.

(2) 침략세와 동맹, 대륙세와 맞섬은 부당

한국 외교가 미국 중심의 국제질서 속에서 순종하며 살 수 있었던, 대미 편향 외교를 지향하는 시대는 끝나간다고 봐야 한다. 갑자기 미국과의 관계를 약화시키면서 중국과의 관계를 강화하는 쪽으로 가자는 말이 아니다. 우리는 미국과 떨어지려고 해도 떨어질 수 없다. 하지만 국제질서의 격변기를 앞둔 이 시점에 중국 중심의 아시아 국제질서가 무너지던 19세기 말 조선과 일본이 어떠했는지 되짚어볼 필요가 있다. 변두리 의식으로 열등감에 쌓여 있던 일본이 일찌감치 유럽 문명으로 눈을 돌려서 부국강병을 이루면서 맨 처음 치고 들어온 데가 조선이다. 1868년 메이지유신 이후 10년도 지나지 않은 1875년 9월 운요호라는 배로 강화도를 침범해 들어왔다. 새로운 국제질서의 태동을 눈치채지 못하고 중국 중심의 시대가 지나가는 줄도 모른 채 낡은 중화의 국제질서 속에서 소화(小華)를 자처하다가 결국 변방의 일본에게 먹혔던 적이 있지 않나. 어차피 국제정치 질서에서는 최종 보스가 있고 그다음 중간 보스, 졸개가 있기 마련인데, 우리는 어떤 질서에서건 또다시 일본 밑에 깔리는 위치에 있어선 안 된다. 일본도 야심이 보통이 아니다. 미국이 어느 날 중국한테 밀리기 시작하면 '이 동네 원래 우리 동네'라고 일본이 들고 나올 가능성이 있고, 그들이 대륙으로 나가려면 우리부터 치고 들어올 수밖에 없다.

지정학적으로 우리는 '너희들끼리 놀아'하며 문 걸어 잠그고 살 수 없다. 한반도는 미국이나 중국·일본·러시아 같은 나라들과 자꾸 얽히고 설키면서 살 수밖에 없는 위치에 있다.

지금처럼 국제질서가 움직일 때는 이용희 교수의 '중심과 변방의 이론'에 따라 우리가 변방으로서 위치를 잡는 것도 괜찮다. 중국의 GDP가 미국을 추월할 것으로 예상되는 2049년경까지 우리가 미국과 중국 중간에서 양다리 외교 혹은 등거리 외교를 펼치며 중국과의 관계를 적절하게 유지한다면, 앞으로 중국의 헤게모니가 미국보다 더 커져서 세계를 좌지우지하는 상황이 됐을 때 우리가 중심국으로 들어가는 데 유리할 것이다. 김대중 대통령의 표현처럼 "물이 졸졸졸 흐르는 좁은 도랑에 들어간 소가 오른쪽 둑의 풀을 뜯어 먹고 왼쪽 둑의 풀도 뜯어 먹으면서 유유히 자기 길을 가듯이 한국은 미국과의 관계도 잘 관리하고 중국과의 관계도 잘 관리해야 한다". 요컨대 우리 실속을 차리는 우리의 외교를 해야 한다. 이미 노태우 정부부터 미국의 거센 반대를 뚫고 러시아와 20년 넘게 무기 거래를 하면서도 안보 면에서 미국과 긴밀하게 협력을 해왔다. 중국과 그렇게 못할 것도 없지 않나.

19세기 말에 중국 바짓가랑이 잡고 있다가 크게 곤욕을 치렀으면 이제는 그런 어리석음에서 벗어나야 하지 않겠나. 냉정한 현실 판단 없이 미국을 정점으로 하는 피라미드 속에 안주해 한미동맹 타령만 하다가 국가와 민족이 또 무슨 손해를 볼지 알 수 없다.

결국 이런 주변 국가들과의 관계에서 우리가 지정학적으로 불이익을 당하지 않으려면 어떻게든지 북한과의 관계를 평화적으로 유지해야 한다. 지금까지의 경험에 따르면 미국과 한목소리만 내서는 남북 간의 평화적 관계를 만들 수 없다. 때로는 미국과 불편해지더라도 일단 남북관계부터 안정적으로 정착시키려는 노력을 해야한다. 김대중·노무현 정부의 남북관계에서 이미 입증이 되었듯이 우리가 적극적으로 나가면 북한도 우리 페이스에 협조할 가능성이 크다.

(3) 박근혜 정부의 '북한 붕괴론' '통일 대박론'

박근혜 대통령은 2013년 2월에 대통령으로 취임한 뒤 처음에는 '한반도 신뢰 프로세스'라는 대북정책을 제시했다. 요지는 "북한을 믿을 수 없기 때문에 조금씩 신뢰를 쌓아서 남북 간의 신뢰가 충분히 깊어지면 웬만한 일은 다 협조적으로 풀 수 있다. 그렇게 해나가면 북핵 문제도 해결할 수 있는 여러 가지 기반을 조성할 수 있다"는 것이었다. 맞는 말이었다. 박근혜 대통령이 취임하기 불과 13일 전인 2월 12일 북한은 3차 핵실험을 감행했다. 이런 험악한 정치상황 속에서 대통령이 됐는데도 불구하고 '한반도 신뢰 프로세스'를 대북정책으로 내놓기에 참 통이 크다고 생각했다.

그런데 '한반도 신뢰 프로세스'는 인수위에서 전문가들이 만들어 놓은 것일 뿐이지 박근혜 대통령의 머릿속에는 안 들어갔던 것 같다. 남북 간의 문제를 풀려면 남북관계를 먼저 발전시켜 나가야 한다는 개념이 '한반도 신뢰 프로세스'인데, 취임 후 박근혜 대통령은 "북한이 먼저 신뢰할 수 있게 나와야 한다. 북한을 신뢰할 수 있게 될 때까지는 남북관계를 시작 안 한다"며 다른 말을 했다. "핵실험 하는 사람들하고 무슨 신뢰냐"면서 신뢰 프로세스는 제쳐놓았다.

이듬해인 2014년 1월 6일 신년 기자회견에서 박근혜 대통령은 '통일대박론'과 아울러 '한반도 통일시대 준비'가 필요하다고 하더니 2월 25일 담화에서는 '통일이 머지않았기 때문에 통일준비위원회를 만들겠다'고 했다. 나는 "이건 북한붕괴론자들이 하는 얘기인데……"하면서 이상하다고 생각했다. 그러던 중 1월 중순에 이와 관련한 언론보도가 하나 나왔다. 남재준 국정원장이 2013년 연말 국정원 간부들과 송년회를 하는 자리에서 "2015년이 되기 전에 통일이 될 수 있다고 본다. 그때를 위해서 우리 몸 바쳐 일하자"고 건배사를 했다는 것이다. 2014년 신년 기자회견에서 박근혜 대통령이 외쳤던 "통일은 대박이다"는 말과 2013년 말 국정원 송년회 때 남재준 원장의 건배사는 표리의 관계에 있다고 볼 수밖에 없었다. 2014년 7월에 통일준비위원회를 만드는 걸 보고 나니 박근혜 대통령도 보수 진영이 쉽게 빠지는 북한붕괴론자 중 한 명일 뿐이라고 생각하게 되었다.

김영삼 정부 시절 청와대에서 일할 때 대통령과 그 측근 중에 북한 붕괴를 확신하는 사람들이 있었는데, 한번 그 논리에 빠지면 마치 미신에 홀린 듯 거기서 빠져나오지 못하더라. 남북관계 개선은 필요 없고 쓸데없는 일이라고 믿게 된다. "북한은 곧 붕괴할 거고 그게 곧 통일이니까 그때를 기다리면 된다"면서 그 시기를 앞당기는 방법은 미국과의 관계를 강화하는 거라는 논리로 비약한다. '안보를 튼튼히 한다'와 '미국과의 관계를 강화한다'가 동의어가 돼버리는 것이다.

나도 김영삼 정부 시절 청와대에서 함께 일했던 분에게서 통일준비위원회에 들어오라는 요청을 받았다. "지금의 북한 정권이 붕괴되면 무정부 상태가 될 테니까 우리가 들어가서 어떻게 수습할지 준비해야 한다"면서 통일준비위원회 참여를 촉구했다. 그런데 이런 이론은 천지분간 못 하는 얘기다. "대한민국 영토는 한반도와 그 부속도서로 한다"는 헌법 제3조만 생각하는 거다. 1991년 9월 18일 남북이 유엔에 동시 가입했기 때문에 남북은 국제법적으로 2개의 국가라는 사실을 잊어버린 거다. 북한이 설사 붕괴한다 해도 우리 영토라고 주장할 수 없다. 그건 침략이다. 국제정치도 모르고, 국제정치사도 모르고, 그런 사건이 있었다는 사실도 모르니 북한 정권이 붕괴하면 우리가 접수하는 게 통일이라고 쉽게 생각했던 거다. 그러니까 통일준비위원회를 만들어 그것도 벼슬이라고 이 사람 저 사람 막 앉혔던 거다. "나는 안 갑니다. 북한 붕괴 일어나지 않습니다"라고 답했다. "대통령께서 확신했는데 대통령이 헛소리하겠냐"라고 하기에 대통령도 헛소리할 수 있다고 답했다.

통일준비위원회를 만드는 것이 나라를 살리는 길이라고 생각했을 수는 있다. 이명박 대통령도 자신의 방법이 안보를 확실하게 지키면서 경제를 발전시킬 수 있는 방법이라고 믿었을 것이다. 그러려면 북한이 장난 못 치게 미리 겁을 줘야 하고, 그러려면 미국 무기를 많이 사는 게 좋다고 생각했을 테다. 박근혜 대통령도 임기 동안에 북한의 핵실험을 두 번, 당선자 시기까지 포함하면 세 번을 겪으면서 북한에 대한 원망이 깊이 뿌리내렸을 거다. "저놈이 죽었으면 좋겠다는 생각을 자꾸 하면 죽는다"라는 말이 믿어지기도 한다. 어쨌든 박근혜 대통령은 북한붕괴론에 빠져 있었고 대통령의 대북관과 남북관계에 자주성은 없어 보였다. 남북관계나 한미관계를 자주성이 없는 관점에서 보는 사람들은 북한 붕괴를 확신하는 성향이 있다. 북한 붕괴론? 북한은 대외의존도가 낮다. 대외경제의존도가 10퍼센트 미만에 불과하다. 따라서 경제적 압박으로 굴복하리라는 생각은 착각에 가깝다.

박근혜 대통령은 아버지인 박정희 대통령이 정치를 잘했다고 믿어서인지, 그때의 대북정책과 대미정책이 옳았다는 믿음에서 벗어나지 못했던 것 같다. 아버지 시대의 한국이 약한 나라여서 자주성을 가지고 미국을 상대할 수 없었다는 사실은 생각하지 못하고, 일제강점기 위안부 문제와 강제징용 배상 문제는 다 해결됐다고 간주하고, 지소미아(북한 정보 공유 협약)를 체결한 거다. 그러곤 '아버지 덕분에 우리가 북한보다 잘 살게 됐지만 그때는 북한이 붕괴할 지경은 아니었고 내 임기 중에는 북한이 붕괴할 수 있다. 그러면 내가 통일 대통령이 된다'하는 생각을 했을지 모른다.

미국은 지소미아를 통해 한국과 일본을 군사정보를 공유하는 한 그룹으로 모아놓고 미국의 필요에 따라 때로는 일본을 쓰고 때로는 한국을 쓰려는 의도를 가지고 있었다고 본다. 박근혜 정부는 일본과의 관계까지 미국이 지시하는 대로 따랐다. 당시 미국은 행패를 부린다고도 할 수 있을 만큼 한국을 완전히 마음대로 좌지우지했다. 그때 나는 박근혜 정부의 자문도 아니고 아무것도 아니었지만 "이럴때일수록 박근혜 대통령이 중국을 한번 가는 것이 전략적으로 필요하다. 중화인민공화국 수립 기념행사에 참석해서 푸틴 러시아 대통령을 만나는 것도 좋겠다"는 얘기를 했다. 문정인 교수도 같은 얘기를 했다. '우리가 완전히 미국의 손안에 있지 않고, 중국과도 상대할 수 있다는 것을 보여

줘야 미국이 우리를 만만하게 안 보고 대접한다'는 논리로 이러한 외교 행보가 필요하다는 얘기였다. 그런데 그게 말이 된다고 생각했는지 박근혜 대통령이 갑자기 중국을 방문했다. 중국의 '항일승전 70주년' 행사에서 인민해방군 열병식에 참석해 시진핑 중국 국가주석, 푸틴 러시아 대통령과 나란히 천안문 사열대에 섰다. 기본적으로 미국 편에 서 있지만 미국이 완전히 자기 주머니에 들어온 줄 알고 후리지 않도록 중국과도 가까울 수 있다고 시위를 한 거다.

그런데 중국을 갔다 오고는 성주 사드 배치를 결정해 버렸다. 미국으로부터 일정한 거리를 유지하면서 등거리 외교 내지는 중립외교를 하겠다고 폼을 잡았는데 미국이 세게 밀어붙이니까 무릎을 확 꿇어버린 거다. 미국이 그렇게 강하게 나온 건 중국 방문에 대한 일종의 보복이기도 했을 텐데 박근혜 정부가 감당하지 못했다. 미국은 한국 정부를 동맹이라고 하면서도 우격다짐으로 사드 배치를 밀어붙였다. 우리는 형식적으로 동의하긴 했지만 실제 내용은 굴복이었다. 시진핑 주석 입장에서는 박근혜 대통령이 중국에 와서 대접 잘받고 돌아가서는 다시 미국 편에 붙어 사드를 갖다 놓았으니 결과적으로 놀림을 당한 셈이다.

중국은 이미 이명박 정부 때인 2010년에 명목 GDP에서 일본을 제치고 G2가 되었다. 이런 현실이 무엇을 의미하는지 이명박 대통령이나 박근혜 대통령 모두 제대로 인식을 못하지 않았나 싶다. 미국편에 바짝 붙어 있으면 미국이 다 해주고 중국이 우리를 못 때릴 거라고 믿는 상황에서는 중국이 G2이건 G15이건 걱정 없기 때문이다. G2라지만 미국과 중국의 경제력 규모와 경제 효과를 비교하면 두 배 이상 격차가 나고, 나중에 GDP 총액 면에서 중국이 미국을 능가하더라도 1인당 국민소득에서는 미국에 못 미칠 테니 늘 미국이 실질적인 최강국일 것이고, 중국은 '뛰어봤자 벼룩'이라고 생각하는 거다. 그러니까 사드를 들여온 거다.

그럼에도 불구하고 박근혜 대통령은 국방부 장관에게 사드 문제를 조금 천천히 해결하라고 지시했어야 한다. 북한의 핵과 미사일 때문에 한국 영토에 사드 포대를 배치해야 한다는 명분이 중국에게 설득력이 없었다. 중국의 입장에서 사드는 굉장히 뼈아팠을 거다. 만일 만주 쪽에 배치한 미사일이 뜨면 한국에 배치된 사드의 미사일이 바로 공중에서 요격한다는 건데 명중률이 높지 않아도 어쨌든 자기네 땅으로 그 미사일이 떨어지면 피해가 있을 테니 말이다.

"누울 자리 보고 다리 뻗는다"고 만약에 김대중 대통령, 노무현 대통령, 문재인 대통령 때라면 미국은 한국 정부가 사드 배치에 적극적으로 협조하지 않을 것이라 판단했을 테고, 그렇게 밀어붙이지 않았을 거다. 박근혜 정부가 합의서까지 만든 마당이니 그 다음에 정권을 이어받은 문재인 대통령도 없던 일로 되돌릴 수는 없었다. 문재인 정부는 중국과의 갈등을 풀고 한중관계를 정상화하기 위해 "사드 추가 배치 계획이 없고, 한국이 미국 미사일방어체계$^{\text{missile determent}}$에 편입되지 않으며, 한미일 군사동맹으로 발전하지 않는다"는 3불정책을 중국에게 약속했다.

미국이 사드 배치를 요구했더라도 '탐지 거리 2천 킬로미터짜리 엑스밴드 레이더를 가진 사드 포대가 대북용이라는 평계는 웬만한 국민들은 안 믿는다. 말이 되는 소리를 하면서 어떻게 해보라고 해야지 이런 억지로 어떻게 국민을 설득하나. 그런 식으로 설명 못한다'하고 버텼으면 미국도 밀어붙이지 못했을 것이다. 그러나 워낙 평소에 시키는 대로 하니까, 천안문에도 갔다 왔지만 그걸 카드로 쓰지 못하고, 박근혜 정부 시절 한국은 그렇게 미국·중국·북한에 우스운 나라가 됐다.

(4) 외교에서의 국익과 손실 구분 능력

어떤 외교적 결정은 전략적 투자고 어떤 외교적 결정은 호구 잡힌 것일까? 이 둘을 어떻게 구별할 수 있나? 바로 이해득실과 가능성을 계산한 거래였는가를 봐야 한다. 노무현 대통령의 이라크 파병과 박근혜 대통령의 사드 배치를 비교해 보자. 노무현 대통령은 물론 참모들의 얘기도 많이 들었겠지만 살면서 자신이 을로서 주고받는 거래 경험이 많이 있었을 것이다. 을은 거래에서 먼저 조건을 내세우거나 이익을 얻기 어렵고 치밀하고 끈질기지 않으면 계속 빼앗기기만 하는 경우가 많다. 그렇게 먼저 투자 차원에서 도와주고 나중에 이득을 챙기는 경험을 해보았기 때문에 이라크 파병 요청을 받고서 미국과 어떤 거래를 할지 전략을 그렸을 거다. 대통령의 머릿속에는 줄 수 있는 것과 받고 싶은 것이 그려져 있어야 한다. 그 계산에 따라 이라크 파병을 해주고 전시작전통제권 환수 협상을 해서 합의를 끌어냈으며 남북관계도 주도적으로 이끌어 갈 수 있었다.

하지만 박근혜 대통령은 인생에서 그런 거래가 없었을 것이다. 일방적으로 떠받들어지는 경험만 하면서 갑으로 살지 않았겠나. 사드 배치를 요구받았을 때 그의 머릿속에 거래라는 개념이 있었을지 나는 회의적이다. 사드 배치를 하는 경우의 득실을 따져 보고, 그만큼 우리가 받아내거나 챙길 만한 것들을 뽑아놓고서 협상을 했어야 한다. 북한의 핵과 미사일에 대응한다고 했지만, 사드 포대와 한 세트인 엑스밴드 레이더는 탐지 거리가 2천 킬로미터나 되니까 실질적으로 중국 동북3성에 더해 수도 베이징 부근과 러시아의 블라디보스토크에 있는 ICBM의 움직임까지 탐지할 수 있다.

미국이 북한 평계를 댔지만 북한은 코웃음을 치면서 대꾸도 안 했다. 지금까지도 사드 배치에 대해서 북한은 노코멘트다. 중국이 알아서 할 일이지 자기들이 나설 필요가 없다는 거다. 미국이 괌에서도 중국이나 러시아에 배치된 미사일의 움직임을 탐지할 수 없기 때문에 우리에게 사드 배치를 요청한 것인데, 그걸 수락하는 대신 미국으로부터 받아낼 게 무엇이 있는지를 계산해 봤어야 한다. 득과 실을 비교해서 남는 장사여야 들어주든지 말든지 했어야 했다.

참모들이 정책 건의를 할 때는 언제든지 득실을 보고한다. A안, B안을 만들어 놓고 두 가지 안의 득실을 비교한 결과 A안이 우리 쪽에 유리하다고 판단하면 A안을 건의한다. 국제정치도 일종의 거래다. 글로든 말로든 보고하게 돼 있고, 공무원들은 그렇게 훈련이 돼 있다. 하지만 대통령에게 그런 개념이 없으면 굳이 복잡한 과정을 거쳐 얘기를 안 하려 든다. 하물며 대통령이 듣기 싫어하면 더더욱 득실을 계산한 보고를 피하게 된다. 대통령이 한미동맹을 강화하기 위해서 미국이 하자는 대로 하는 게 좋겠다고 한 마디 해놓으면, 참모가 거기다 대고 "대통령님, 미국의 요구를 들어주면서 우리가 챙기는 게 있어야 될 거 아닙니까"라고 얘기하기 어렵다. 그렇다고 참모가 할 말을 하지 않으면 안 된다. 참모가 대통령 앞이라고 주저앉으면 비겁한 거다. 충신과 간신의 차이는 거기서 나온다. 생각이 짧은 대통령이라면 기분 나빠할 수 있지만 그렇더라도 참모는 국가적으로 도움이 되는 일을 해야 한다. 당장 대통령이 듣기 좋아하는 소리만 하는 참모는 간신이다.

그러니까 대통령은 국가지도자로서 얻고 싶은 것과 줄 만한 것의 리스트와 득실을 따지는 계산법이 머릿속에 있어야 하고, 참모는 국가지도자가 원하지 않더라도, 모르더라도 제안하고 주장해야 한다.

(5) 친일파에서 친미파로의 겹치기 종속근성

우리는 공부 좀 잘하면 무조건 미국으로 유학을 간다. 그리고 돌아와 교수를 하든 관리가 되든 이 나라를 운영하는 지배계층으로 바로 들어간다. 미국에서 교육을 받았으니 미국이 보고자 하는 방향으로 보고 미국 중심으로 생각한다. 그리고 그쪽으로 끌려간다. 오늘날 우리는 그런 불편한 진실을 의식하지 못한 채 미국 중심의 국제질서가 제일 편하고 안전하다고 믿고 미국 중심의 국제질서에 충직한 모범 국가로 익숙하게 살고 있다. 사실 그 뿌리를 따져 올라가 보면 우리는 과거 중국 중심의 국제질서에서도 충직한 모범 국가였다.

그 시절, 임금과 대신들은 스스로 중국에 무조건 복종하고 중국을 불편하게 해서는 안 된다고 믿었다. 부당한 경우도 있지만 그래도 중국이 우리를 버리지 않으면 다행이고, 모든 것을 갖다 바치며 사는 것이 국가이익에 도움이 된다고 생각했던 것 같다. 중국 문화권에서 나온 뒤에는 만 35년 동안 일본을 상국으로 모시며 일본 문화권에서 살았다. 조선이 중국을 모실 때와는 다르게 대한제국 사람들은 임시정부를 만들고 독립운동도 했지만, 절대 다수의 백성들은 일본을 하늘처럼 모셨다. 그리고 일본을 패망시키고 우리 땅에 들어온 미국을 일본을 모시던 버릇대로 모시고 있다. 역사적 전통과 독립운동을 했던 기질을 바탕으로 독자적으로 잘살아 보려고 열심히 노력했고 그렇게 경제가 발전했지만, 우리는 여전히 '모시는' 관계에서 벗어나지 못한 것 같다. 벗어나야 하고 벗어날 수 있는 힘을 가지고 있음에도 불구하고 말이다.

중국을 상국으로 모시던 조선시대의 사대주의적 문화의 뿌리가 해방 후 맺은 미국과의 관계에도 작용하고 있다고 생각된다. 6.25전쟁 때 미국 군인들이 와서 싸워주고 많이 죽었으니 얼마나 미안하고 고마운 일인가. 그런 데다가 1950-1960년대는 원조가 없으면 못 살 정도였는데 미국이 아무런 요구조건도 내걸지 않고 먹을 것을 보내주고 입을 것까지 무상으로 지원해 줬다. 그렇게 미국 덕분에 우리가 죽지 않고 살 수 있었다는 고마움이 뿌리 깊어서 아직도 어떻게 감히 미국에게 제 주장을 하느냐고 하고, 우리가 희생해서라도 받은 은혜를 갚아야 한다고 말한다. 나는 한국 사람들의 핏속에 사대자소 기질이 흐르고 있다고 생각한다. 임진왜란 때 조선에 원병을 보내준 명나라를 재조지은이라며 모셨듯이 미국을 고마워하는 마음이 결국 미국을 하늘처럼 떠받드는 정서로 발전되지 않았나 싶다. (再造之恩 : 거의 멸망된 것을 구원하여 도와준 은혜)

일본에게는 기어코 승복하지 않으려고 하는 반면, 미국에는 왜 이 정도로 승복하는가. 그 차이는 일본의 지배가 강요된 것이었는데 반해 미국의 지배는 '해방시켜 주었다'는 점령군으로 환영받으며 들어오게 된 때문일 것으로 보인다.

두 번째 이유는, 한 하나님의 자손으로 교육받고 설교받은 종교의 순종교육 때문일 것이며, 여기에 더 강력하게 강요된 반공교육이 오히려 훨씬 직접적 원인이 되었을 것으로 보인다. 일제 지배에 대해서는 자주적 반항이 있어 왔으나 미국에 대해서는, 미국이 한국이고 한국이 미국이라는 착각을 하는 사람들이 적지 않다. 그리고 미국은 처음에 일본처럼 우리를 괴롭히지 않았다. 일본은 조급하게 강압적으로 찍어 누르는 식민 통치를 했기 때문에 민족주의와 저항 의식을 가진 사람들이 독립운동을 했다. 하지만 미국은 대제국답게 느긋하게, 마치 옛날 중국이 주변 국가들을 거느릴 때처럼 끌어안는 방식으로 관리해서 복종심을 키워갔다. 일본은 협량狹量을 가졌다. 어떤 면에서는 중국이나 미국 같은 대제국의 주인이 될 도량이 없다. 또 미국의 힘이 워낙 세기 때문이기도 하다.

우리는 중국이 지는 꼴도 봤고 일본이 지는 꼴도 봤지만 미국이 지는 꼴은 아직 본 적이 없다. 미국이 1960년대 중반에서 1970년대 초 베트남, 2001년 이후 약 20년간 개입했던 아프가니스탄에서 다소 흠집은 생겼으나 그렇게 결정적인 것 같지는 않다. 그러니 우리나라 사람들은 불패의 나라 미국을 불편하게 하거나 건드리면 안 되겠다고 믿는 모양이다. 강대국과 불편해질 일을 하면 망한다는 국민적 정서가 있다고나 할까. 그런 점에서 우리 국민 대다수는 미국과 다소 거리를 두는 독자적인 외교정책을 찬성하지 않는다. 이렇다 보니 남과 북의 적대적 영구 분열의 가능성은 짙어지고 있다.

그 논리로 한미관계를 보면 한국은 독자적인 주장을 못 하고 뭐든 미국이 시키는 대로 해야 한다는 얘기밖에 안 나온다. 하지만 조폭의 세계에서도 중간 보스 정도 되면 왕초한테 대들지는 않아도 그렇게 굴욕적으로 굴지 않는다. 한국도 이만큼 성장했으니 우리 국민이 정서나 의식 면에서 미국을 지금까지와는 좀 다르게 대할 수 있으면 좋겠다. 물론 국민을 100퍼센트 다 설득할 수는 없다. 하지만 정치지도자가 줏대 있는 외교를 하고 대한민국 외교에 있어서 자국 중심성을 확립하겠다 하는 자세로 끌고 나가면 국민들도 자연스럽게 관념을 바꾸고 문화 자체를 그렇게 바꾸어 가야 한다고 여길 것이다. 한국이 자주성을 가지려면 가장 먼저 한국 사회의 상층부를 형성하고 있는 지배계급이나 기득권층 또는 중산층 사람들이 자신들의 머릿속에 대미 종속성이 있다는 것을 솔직하게 인정해야 한다.

◎ "통일 지향하되 '두 국가' 인정, 적대적 간섭 악순환부터 끊자"
 (이종석 전 장관 '잠정적 2국가론')

"장기 과제로 통일을 지향하되, '잠정적 두 국가' 관계의 현실을 인정하고 적대감을 해소하며 평화와 화해협력의 길을 여는데 우선 힘과 지혜를 모아야 한다."

이종석 전 통일부 장관이 최근 논란이 된 '통일론'과 관련해 26일 한겨레와 한 인터뷰에서 밝힌 견해다. 김정은 북한 국무위원장의 "가장 적대적인 두 국가" 관계선언, "통일이란 자유·인권·법치의 가치를 북녘땅으로 확장하는 것"이라는 윤석열 대통령의 '8·15 통일독트린'에 "통일, 하지 맙시다"라는 임종석 전 청와대 비서실장의 발언이 뒤엉키며 인식의 혼란이 가중되던 터다. 인터뷰는 서울 종로구 노무현시민센터에서 1시간30분 동안 이뤄졌다.

― 임종석 전 실장과 생각이 같다는 언론 보도가 있던데?
"고민은 이해했는데, 나와 생각이 다르다는 느낌을 받았다. 통일은 숙명적인 과제다."
― 평소 '통일을 지향하되 두 개 국가 분립이라는 현실을 인정하자'는 주장을 펴지 않았나?
"지금 가장 중요하고 절실한 과제는 평화다. 노태우 정부 이래 대한민국의 공식 통일 방안인 '민족공동체통일방안'은 통일이 매우 어렵고 오랜 시간이 걸리는 장기 과제라는 인식에 바탕을 두고 있다. 통일의 과정이 '화해협력→남북연합→통일'의 3단계로 구성된 것도 이 때문이다. 우리는 30년 넘게 화해협력 단계의 입구에서 진퇴를 거듭하고 있다."
― 1단계에도 진입하지 못한 원인이 어디에 있다고 보나?
"남북 사이 '적대적 간섭'의 악순환 고리 때문이다. 화해협력을 하려면 이 고리를 먼저 끊어야 한다. 남과 북이 남남이 아니라는 의식이 상대에 대해 '간섭할 권리가 있다'는 생각으로 이어진다. 통일을 지향하되 일단 '잠정적 두 국가' 관계를 인정해 상호 적대행위와 불신행위를 중단하고 '쿨하게 살아가자'는 태도가 필요하다. 그 뒤 남북이 다시 통일을 논의하자는 것이다. '두 국가' 관계 앞에 '잠정적'이란 수식어가

붙은 건, 장기 과제로서 '통일 지향'을 전제하기 때문이다."

— 김정은 위원장이 남북을 "가장 적대적인 두 국가"로 선언했다.

"김정은 위원장의 선언은 '영구분단' 주장이다. 나아가 두 국가 사이의 '가장 적대적인 관계'를 재생산하겠다는 주장이다. 둘 다 동의할 수 없다. 우리가 북한 지도자의 주장에 휘둘릴 필요가 없다. 다만 생각해볼 지점은 있다. '가장 적대적인 관계'라는 김정은 위원장의 주장은 '우리의 주적은 북한'이라는 윤석열 정부에 대응한 측면이 있다. 남쪽 정부의 대북정책이 바뀌면 달라질 여지가 있다. 반면 '두개 국가' 주장은 북한의 처지를 고려한 김정은 위원장의 오랜 생각이라 쉽게 바뀌지 않을 것 같다."

— 김정은 위원장은 '헌법에서 통일을 지우겠다고' 하고, 우리 사회에도 민족공동체 통일방안이 낡았다며 변경 필요성을 제기하는 이들이 있다.

"우리에겐 합리적 지향이 있다. 북한 주장에 맞춰갈 이유가 없다. 다만 장기적으로 변화하는 현실을 고려해 국민 숙의를 거친 업그레이드는 필요하다. 긴 역사의 눈으로 볼 때 북한의 주장이 어떻게 변할지 모른다. 30년 전 초당적 합의로 탄생한 민족공동체통일방안은 통일정책의 최상위 개념이자 앞으로 초당적 협력을 가능하게 할 기반이다. 통일정책을 두고 사사건건 대립하는 보수와 진보가 하나의 모델과 경로를 공유한다는 건 기적과 같은 일이다."

이종석 전 통일부 장관이 26일 서울 종로구 노무현시민센터에서 한겨레와 한 1시간30분 남짓한 인터뷰에서 최근의 '통일론' 논란과 관련해 "장기 과제로 통일을 지향하되, '잠정적 두 국가' 관계의 현실을 인정하고 적대감을 해소하며 평화와 화해협력의 길을 여는 데 우선 힘과 지혜를 모아야 한다"는 견해를 밝히고 있다.

― 헌법 3조 영토 조항을 손봐야 한다는 주장은 어떻게 생각하나?

"그럴 이유가 없다. 구체적으로 설명할 일은 아니지만, 헌법의 영토 조항을 손대지 말아야 할 전략적 이유도 있다. 김정은 위원장의 선언 하나에 휘둘릴 이유가 없다. 다시 강조하지만 우리는 우리의 지향이 있다."

― 윤 대통령의 '통일독트린'은 어떻게 보나?

"북한붕괴론에 기댄 흡수통일론이다. 흡수통일론은 1994년 김일성 주석 사망이후 지난 30년간 보수 정부가 들어섰을 때마다 위력을 발휘했다. 그러나 북한은 붕괴되지 않았고, 흡수통일론은 적대 해소가 아니라 적대성 강화에 기여해왔다. 지금 북한은 정부나 일부 언론이 말하는 것과 달리 탈냉전 이후 경제·안보적으로 가장 좋은 전략적 환경을 맞고 있다. 북한 붕괴론은 윤석열 정권의 희망고문이자 남북관계 중단론의 다른 표현일 뿐이다." (『한겨레』 2024. 9. 27. 글·사진 이제훈 선임기자)

2) 한강의 노벨상 소설, 「외세 지배 역사」의 침묵속에 생동하는 '평화염원의 활력' 불어넣어

(1) "기억하고 분노하고 슬퍼해줄 뿐"인 '겨울의 언어'로 역사의 상처를 보듬었다.

○ 13살 때 아버지 한승원이 가져온 5·18 자료 본 뒤 "내 안의 연한 부분이 깨어졌다" 인류 보편의 비극에 곡진한 공감…현지화한 번역으로 서구 독자들도 감응 "이젠 봄으로 들어가고 싶다"…한강의 두 번째 계절 '몰아쳐도 춥지 않은' 바람을 찾아

한국문단이 단 한번도 가보지 않은 길에 펼쳐진다. 언젠간 걷게 되리라 다들 열망하긴 했다. '변방의 언어'였던 한글의 공표 기념일 이튿날인 10일 밤(한국시각) 작가 한강(54)이 2024년 노벨 문학상 수상 소식을 알려왔다. "한국 문학작품과 함께 자랐다"고 스웨덴 한림원에 공표한 한강이 막을 올린 세계는 일단 이런 것이다.

국내 최초 노벨 문학상, 아시아 최초 여성 노벨 문학상, 121명의 노벨 문학상 수상자 가운데 다섯 번째로 젊은 작가….

그건 일부분의 결과일 뿐, 한강이 독보적으로 열어 보인 문학의 길은 집요한 '시적 언어'요, 지독한 '겨울의 언어'다. 한림원의 "인간 삶의 유약함을 드러내는 강렬하고 시적인 산문"이란 평가와 닿아 있지만 부족하다. 노벨 문학상을 받기까지 한강의 문학적 발원을 쫓다 보면 마주치는 '시린 겨울'이 평가에선 적중되지 않기 때문이다.

○ 겨울의 언어

작가 한강은 비교적 이른 나이에 시와 소설로 아울러 등단(1993·1994년)했다. 첫 소설집 '여수의 사랑'을 출간한 때가 불과 스물다섯 나이인 1995년이었다. 첫 책에 수록된 단편들 대개가 어둡다. 당시 한겨레와 인터뷰한 작가는 '젊은 작가가 왜 그리 슬픈 이야기만 쓰냐'는 질문에 웃으며 답했다. "슬픈 게 좋지 않아요?" 시로 등단한 지 20년 만인 2013년 내놓은 첫 시집 '서랍에 저녁을 넣어 두었다' 속 12편의 연작시 '거울 저편의 겨울'의 지배적 정서다. 인간 사회, 인류 보편의 '추위'에 휩싸인 곡진한 공감. '채식주의자', '소년이 온다', 특히 최신작 '작별하지 않는다'까지 어떤 소설도 아래 시들의 감성을 지울 수 없다.

"추운 곳/ 오래 추운 곳// 너무 추위/ 눈동자들은 흔들리지 못해/ 눈꺼풀들은/ (함께) 감기는 법을 모르고// 거울 속에서/ 겨울이 기다리고// 거울 속에서/ 네 눈을 나는 피하지 못하고// 너는 손을 내미는 걸 싫어하지"('거울 저편의 겨울' 부분)

그로부터 20년 전인 대학 4학년(연세대 국어국문과)때 학보에 쓴 시를 외어본다.

"그동안 아픈데 없이 잘 지내셨는지/ 궁금했습니다/ 꽃 피고 지는 길/ 그 길을 떠나/ 겨울 한번 보내기가 이리 힘들어/ 때 아닌 삼월 봄눈 퍼붓습니다/ 겨우내내 지나온 열끓는 세월/ 얼어붙은 밤과 낮을 지나며/ 한 평 아랫목의 눈물겨움/ 잊지 못할 겁니다// 누가 감히 말하는 거야 무슨 근거로 무슨 근거로 이 눈이 멈춘다고 멈추고 만다고…천지에, 퍼붓는 이…폭설이, 보이지 않아? 휘어져 부러지는 솔가지들,…퇴색한 저 암록빛이, 이, 이, 바람가운데, 기댈 벽 하나 없는 가운데, 아아…나아갈 길조차 묻혀버린 곳, 이곳 말이야…"('편지' 부분)

(2) 부친의 세계관과 착한 마음씨의 안내받아

천성의 시적 공감은 작가의 음악성과도 결부될 것이다. 소싯적부터 한강은 노래를 좋아했다. 부모에게 뭔가 요구해본 적 없다던 그가 단 한번 매달린 것이 피아노 교습 기회였다. 가정 형편에 학원에 보낼 수 없던 어머니가, 10원짜리 종이 건반을 사 두드리는 초등생 한강을 볼 때가 "그 시절 가장 힘든 순간이었다"고 회고한다고 한다. 학원을 허락한 건 중3 때다. 한강이 다닌 피아노 교습소에서 강사 제안으로 문득 음표를 그려보게 됐다. 말하자면 첫 작곡인데, 강사가 감탄했다. "이런 불협화음은 무척 세련된 거야. 보통 네 나이 땐 이 느낌을 알기 어려운데."

조금이라도 더 건반을 만지고자 늘 5분 전 학원에 도착했던 열다섯살 그 시절을 한강은 소중히 기억한다. 사실 처음에는 학원을 마다했다. 중3이 되어서야 학원을? 늦은 거 아닌가? 고교 입시도 준비해야 했다. "괜찮다"고 답한 딸을 보고 어머니는 울었고, 아버지 한승원(85)은 말했다. "네가 배우기 싫어도, 엄마 아빠를 위해서라도 1년만 다녀

쳐라. 안 그러면 한이 돼서."

그 아버지 한승원을 빼고 한강을 말하긴 어렵다. 한때 낮 교사 밤 작가로, 새벽 4시부터 아침 8시까지 자명종도 없이 깨어 글을 쓰던 때이다. '늘 피곤하시다'는 인상으로 딸에게 각인될 만큼 성실했음에도, 초등생 한강은 한 반 정원 60명 중 급식비를 내지 못해 도시락을 싸간 3명 중 하나였다. 전남 장흥 출신 한승원은 동학농민전쟁을 다룬 대하소설 '동학제', 비구니를 주인공 삼고 영화로도 만들어진 구도 소설 '아제아제바라아제' 등으로도 알려졌지만, 다수의 작품은 바닷가 마을에 사는 민초들의 한과 생명력을 그리고 있다.

한강의 아버지인 소설가 한승원이 11일 공개한 작가 한강(왼쪽 둘째)의 어린 시절 가족사진.
한승원 작가 제공

그가 광주에서 가족을 데리고 서울로 이사한 때가 1980년이다. 5·18 군홧발은 피했으나, 1982~83년께 교사 신분으로 광주에서 가져온 사진집과 비디오테이프가 결국 한강을 "역사적 트라우마와 보이지 않는 규칙에 맞서"려는 "증언문학"(노벨 문학상 심사위원회 평가)으로까지 떠밀 것을 아버지는 예상하지 못했겠다. 책장 안쪽에 책등이 안 보이도록 뒤집어 꽂아둔 사진집을 13살 즈음의 한강은 밤 몰래 꺼내 보고 큰 충격을 받는다. '소년이 온다' 에필로그에는 그 장면이 이렇게 쓰여 있다.

"마지막 장까지 책장을 넘겨, 총검으로 깊게 내리그어 으깨어진 여자애의 얼굴을 마주한 순간을 기억한다. 거기 있는지도 미처 모르고 있었던 내 안의 연한 부분이 소리 없이 깨어졌다."

'소년이 온다'가 쓰이기 전인 2011년 한강은 "꼭 그 영향만은 아닐 테지만 그후 오랫동안-어쩌면 지금까지도-인간이라는 존재에 대한 근본적인 의문을 지울 수 없게"됐다고 고백한 바 있다.

한강은 '작별하지 않는다'를 내고 기자들과 만난 자리에서 그 작품이 '소년이 온다'와 짝을 이루는 것이라며, "'소년이 온다'를 쓰면서 저도 변형되었고, 그 소설을 쓰기 전으로는 돌아갈 수 없게 되었다"고 말했다. 첫 소설집에서부터 보였던 회색빛의 서사 기조는, '소년이 온다'와 '작별하지 않는다'를 거치며 한국 현대사를 할퀸 공동체의 상처에 적극 응답하는 쪽으로 옮겨간 것이다.

나아가 폭력과 학살의 지역 역사는 보편의 주제로서 전세계 독자들과 공감하고 있다. '나'의 겨울로 '당신'의 겨울을 감각하고, 당신이 겨울이기에 나 또한 겨울인 셈이다. 제주 4·3을 소재로 한 '작별하지 않는다'로 지난해 말 프랑스 메디치 외국문학상을 수상한 이후 기자들에게 작가가 말한 대로다. "프랑스 독자들에게 제주의 역사적 사건에 대해 추가적으로 설명할 필요가 없었다. 모든 사람이 공유하는 감각을 통해 끝끝내 작별하지 않는 마음에 닿게 하고 싶었다."

○ 독자와 슬럼프

제아무리 한강이라도 슬럼프가 없을 리 없다. 고백한 일화가 있다. '이젠 정말 글을 못 쓰려는가' 회의하며 오래 글을 쓰지 못하던 때, 서울 광화문 대형 서점에 들렀다가 수천권 소설들이 쌓아 올려진 서고를 본다. 마음속에 작은 소요가 일었던 모양이다. "집에서 유일하게 풍족했던 것은 책"이었다는 유년의 기억을 소환한 것일지도 모른다. 결핍을 채워주는 양식의 장정들, 작가가 노벨 문학상 수상 인터뷰에서 "한국 문학과 함께 자란다"는 말과도 상통한다.

그리고 독자는 그의 문학과 자라왔다. 노벨문학상 쪽에서 주요하게 언급한 작품만 보더라도, '채식주의자'(2007)가 110만부, '소년이 온다'(2014)가 60만부, '작별하지 않는다'(2021)가 20만부 가까이 독자와 만났다. 페이스북엔 "읽은 책이 노벨상을 타다니, 보통은 노벨상 수상작이라 읽는데…감격"과 같은 글이 적잖다. 광주 출신 30대 이승우씨는 한겨레에 "한강 작가의 수상과 함께 전세계적으로 그의 글이 주목받는게 고맙다. 5·18은 광주의 이야기임과 동시에 대한민국 모두의 이야기이고, 또한 그저 평범하게 살아가는 전세계 모든 시민의 이야기이다. 그것이 인정받을 수 있어 큰 감동을 받았다"고 말한다. 5·18을 직접 경험하지 않은 그가, '소년이 온다'에서 가장 좋아하는 대목은 "양심. 그래요, 양심. 세상에서 제일 무서운 게 그겁니다"다. "내가 할 수 있는 일이라곤 기억해주는 것, 잊지 않는 것, 몇 년이 흘렀지만 같이 분노해주고 슬퍼해주는 것, 이것 뿐이다" "이 책을 읽기 전과 후의 저는 다른 사람인 것 같습니다"와 같은 독후감과 다를 게 없다.

(3) 노벨상 받은 한강의 문학, '인간의 참상' 딛고 「인류 평화 정신」 확대 심화

○ '소년이 온다' 주인공 어머니 "5·18을 세계에 알려 감사"
(대표작 산실 된 광주·제주의 표정)

"한 작가 소설 쓰기전 만나러 와" 실제 주인공 문재학군, 당시 16살 전남도청 진압작전때 총탄에 숨져, 모교인 광주 효동초 환영 펼침막 4·3 유족들 "우리가 겪은 비극 세계가 알아주는 것 아니냐"

노벨 문학상을 주관하는 스웨덴 한림원은 10일 "역사적 트라우마에 맞서고 인간 삶의 연약함을 폭로하는 강렬한 시적 산문"이라고 소설가 한강의 작품세계를 설명했다. 한림원이 주목한 '역사적 트라우마'는 단연 광주 5·18과 제주 4·3이다. 두 항쟁을 각각 모티브로 한 소설 '소년이 온다'와 '작별하지 않는다'의 배경인 광주와 제주가 특히 한강의 노벨상 수상에 환호하는 이유다. "한강 작가가 우리 재학이는 물론이고 5·18을 세계에 알리니 너무 감사하죠."

11일 광주 5·18을 다룬 소설 '소년이 온다'의 실제 주인공인 문재학(사망 당시 16살)군의 어머니 김길자(84)씨는 한겨레와 한 통화에서 연신 "감사하다"고 말했다. '5·18 막내 시민군'으로 알려진 문군은 초등학교 동창 양창근이 죽었다는 소식을 들은 뒤 어머니의 만류를 뿌리치고 시위에 참여했다. 문군은 1980년 5월27일 계엄군의 옛 전남도청 진압작전 때 친구 안종필과 함께 계엄군의 총탄을 맞고 세상을 떠났다.

김씨는 "한강 작가가 소설을 쓰기 전 만나러 온 적이 있다"며 "그동안 5·18을 세계에 알리기 위해서 광주가 노력했지만 큰 성과가 없던 상황에서 한강 작가가 큰 도움을 줘 감사하다는 말밖에 할말이 없다"고 말했다.

한강의 수상은 김씨뿐만 아니라, 광주 시민들에게 큰 위로가 됐다. 광주시 남구에 사는 정아무개(59)씨는 "5·18을 폭동이라고 하거나 북한군이 침투했다고 하는 등 왜곡하는 사람들이 있어서 속상했는데, 이런 자랑스러운 역사를 세계인들이 읽을 수 있다고 생각하니 너무 기쁘다"며 "김대중 전 대통령이 노벨 평화상을 받은 것보다 기쁘고, 광주의 아픈 상처를 치유받은 느낌"이라고 말했다.

한강이 태어난 광주 북구 중흥동과 모교 효동초등학교는 축제 분위기였다. 효동초는 '소설가 한강, 대한민국 첫 노벨문학상 축하합니다'라고 적힌 대형 펼침막을 건물 외벽에 걸었다. 효동초는 이날 오전 신문 1면 기사를 갈무리해 전교생에게 한강의 수상 소식을 알리고, 그의 작품 세계를 알아보는 수업을 했다.

효동초에서 걸어서 5분쯤 걸리는 한강의 중흥동 생가터는 휴대전화 판매점이 들어서 옛 모습을 찾아볼 수 없지만, 중흥동 주민들은 뿌듯하다고 했다. 허경무(60)씨는 "광주의 자랑이자 북구의 자랑, 특히 중흥동의 자랑"이라며 "어린이들이 큰 자긍심을 갖는 계기가 되고 제2, 제3 한강이 나오길 바란다"고 말했다. '5·18기념재단'은 이번 수상을 맞아 소설 '소년이 온다'의 본판, 10주년 기념관, 영문판 전시에 나섰다. 재단은 현재 서점마다 품절 현상이 이어지는 '소년이 온다'를 10여권 확보해 방문객들이 감상할 수 있도록 할 계획이다.

제주 지역에서도 일제히 환영 메시지를 내놨다. 특히 한강이 자신의 작품을 처음 만나는 독자에게 소설 '작별하지 않는다'가 마중물이길 희망한다는 보도가 나오자, 4·3 관련 단체들은 고무적이다.

11일 오전 국립제주트라우마치유센터에서 스토리텔링 프로그램에 참여했던 김옥자(88)씨 등 70~80대의 4·3 유족들은 "우리만 경험하고 알고 있는 4·3이라는 비극적인 사건을 세계가 알아주는 것이 아니냐"며 박수를 쳤다.

2021년에 출간한 '작별하지 않는다'는 제주 4·3과 그 상흔을 세 여성의 시각으로 그려냈다. 한 작가는 이 책을 쓰기 위해 제주 4·3연구소가 펴낸 구술채록집 '4·3과 여성' 등을 참고했다. '4·3과 여성'은 4·3을 경험한 여성들의 생애사를 다룬 책으로, 최근 5년 동안 해마다 발간했다.

시인인 허영선 전 제주4·3연구소장은 "인류 보편적 가치인 평화와 인권이라는 문제에 관심을 갖게 되는 계기가 되기를 바란다"고 말했다. (『한겨레』 2024. 10. 12. 김용희 허호준 기자)

(4) 왜 '젊은' 한강이었나…탈근대적 서사의 힘
(「한강 노벨문학상 수상」 특별기고 ①)

※ 소설가 한강의 노벨문학상 수상을 기념해 한국 문학 전문가들이 이번 수상의 의미를 짚고 이를 계기로 한국 문학의 나아갈 바를 진단하는 연쇄 특별기고를 싣는다.

작가 한강의 노벨문학상 수상이 가지는 가장 중요한 의의는 훌륭한 번역을 통해 세계의 독자들이 비로소 한국 문학이라는 두꺼운 책의 한 페이지를 열어볼 수 있게 되었다는 것이라고 생각한다. 한강은 두 말할 것 없이 뛰어난 작가이지만 그의 성취는 한국 근현대 문학이라는 풍요로운 토대를 떠나서는 존재할 수 없다.

물론 여기서 '풍요로운 토양'이라는 말은 반어이다. 한국 문학의 풍요로움이란 '식민지-전쟁-분단-냉전-군사독재-압축성장-민주화-극한 신자유주의, 그리고 그 모든 과정을 관통한 완강한 가부장주의'라는, 근대 세계가 겪을 수 있는 거의 모든 역경을 다 거쳐온 한국 현근대사가 만들어낸 역설적인, 문학적인 풍요이기 때문이다.

분단 이후의 남한의 소설문학으로만 한정하더라도 최인훈·이청준·조정래·황석영·김원일·현기영·조세희 등의 남성 작가들과 박경리·박완서·오정희 등의 여성 작가들은 그 자체로 세계사의 모순과 질곡의 현장이기도 한 한국 사회의 현실과 맞서서 혼신의 투쟁을 벌여왔으며 그들의 문학적 성취는 세계 근대문학의 지형에서 영미권이나 유럽·아시아·아프리카·남아메리카 등 제3세계 어떤 곳의 문학적 성취와 견주어도 조금도 손색이 없다고 생각한다. 이들 중 누구라도 한국어라는 핸디캡이 없었다면 벌써 노벨상 후보로 여러 차례 거론되었거나 수상을 했더라도 전혀 이상할 것이 없다.

다만 한국어라는, 서구어로 번역되어야만 하는 소수어로 쓰였다는 것, 게다가 노벨상의 국제정치학상 한국의 배당률이 워낙 낮았다는 것 등 작품 외의 악조건들만이 문제였을 뿐이다. 그런데 마침내 한강이 노벨문학상을 받았다. 이것은 한국의 문화적 위상과 한국어의 국제적 소구력이 높아짐에 따라 번역 보급의 문제가 극복되기 시작했고 노벨상위원회에서의 위상과 주목도 역시 높아진 때문이라고 할 수 있다. 그리고 마침 적절한 때에 한강이라는 뛰어난 작가가 존재했던 것이다. 그는 이미 부커상·메디치상 등으로 세계적 주목을 받아온 '준비된 후보'였다.

하지만 그보다 훨씬 더 작가적 경륜이 앞서는 원로 남성 거장 황석영이 있는데 왜 그보다 젊은 여성 작가 한강에게 먼저 이 상이 돌아갔을까? 황석영이 오랫동안 한국 소설의 성취와 위엄을 대표해온 대작가로서 한국 최초로 노벨문학상을 수상할 자격을 갖추었다는 데에는 이견이 없다. 그러나 황석영은 한강에 비해 분명히 낡았다. 그는 정통 리얼리즘 작가다. 그것은 그가 그만큼 근대소설의 문법에 충실한 작가라는 뜻이다.

한강 작가의 '책방'이 궁금해 노벨 문학상 수상 작가 한강이 운영하는 서울 종로구 책방오늘 앞에서 13일 오전 한 가족이 유리창 너머로 책방 안에 놓인 소품들을 찍고 있다. (김영원 기자)

○ 기억하고 성찰하게…'맹목의 사회'에 질문 던져

근대소설은 루카치 이후 오래도록 '성숙한 남성성의 형식'이라 불린 것처럼 강인하고 문제적인 남성 주체의 탐험서사였다. 황석영의 대표작인 '객지'나 '삼포 가는 길'의 주인공들의 방황은 사실은 계산된 방황, 여행이 끝날 줄 알고 떠나는 여행이다. 주인공들은 내일을 모르나 작가는 그들이 내일을 모른다는 사실을 잘 알기 때문이다. 근작들인 '손님'과 '철도원 삼대'에 이르면 죽은 자들이 등장하여 산 자들을 이끄는 '초현실'이 등장하지만 그럼에도 불구하고 그 작품 속 인물들의 운명은 '선험적 진리'가 견고하게 장악하고 있다. 이런 상황은 19세기 이래 근대소설의 전형적 상황이다.

하지만 한강의 소설들은 이와 다르다. 그의 소설들에는 질문들은 무성하나 대답은 없다. 쓰고 있는 작가 역시 대답을 모른 채 질문의 형식으로 소설을 끌고 간다. 이것은 탈근대, 혹은 후기 근대적 글쓰기의 전형이다. 게다가 한강 소설들의 여성 인물과 여성 화자들은 오래도록 근대 남성들이 구축한 계몽적 이성의 세계에서 밀려나 있던 주변인, 소수자, 타자들의 형상으로 그들의 언어는 늘 이성과 진리에서 비켜난 형식으로 발화되고 전달된다. '채식주의자'의 주인공은 육식의 세계에서 받아들여지지 못하고 탈락한 소수자 여성으로서의 존재성을 스스로 식물이 됨으로써 겨우 지켜낸다. 그리고 이처럼 주류의 언어를 가지지 못하고 침묵을 강요당하는 여성 등 희생제의의 대상일 뿐인 벌

거벗은 자들, 즉 호모 사케르들이 거대한 국가폭력을 만났을 때 어떻게 자기를 보존할 수 있는가를 묻는 소설들이 바로 '소년이 온다'와 '작별하지 않는다'이다. 이 작품들에 가득한 초현실과 비의와 주술성은 근대 합리성의 폭력에서 살아남기 위한 몸부림이자 지혜이다.

한강의 소설세계는 루카치가 단편소설에 한정하여 인정해준 서정성이 절대 우세한 세계로 분명 근대장편소설의 본령에서 비켜나 있다. '채식주의자'나 '소년이 온다'가 하나의 장편서사라기보다는 사실상 작은 서사들의 연쇄로 이어지고, '작별하지 않는다' 역시 사실과 몽환의 교작이 내면에 주는 시적 울림이 주를 이룬다는 점에서 그렇다. 그것은 객관적 진리에 의해서는 보증될 수 없는 목소리에 대한 결연한 거부이며 나는 이것이 어느덧 21세기 한국 소설의 주류가 되었다고 생각한다. 노벨문학상이 이러한 당대 주류 한국 여성 소설가들의 맏언니의 자리에 있는 1970년생 한강에게 주어진 것은 우연이 아니다.

이런 추세라면 한국 문학은 아마도 한 10년 후를 전후해서 다시 노벨문학상 수상자를 배출할 수 있을 것이다. 문학은 영광의 기록이 아니라 고통의 기록이라는 점에서, 이토록 사람들을 들들 볶아서 유지되는 한국사회는 역설적으로 그러한 역량이 충분히 확대재생산 가능한 사회이기 때문이다. 문학은 기본적으로 역설과 반어의 형식으로 존재한다. 노벨문학상의 수상은 한국이 만든 또 하나의 1등으로 기억되어서는 안 된다. 그것은 맹목의 한국 사회에 아직도 멈추어 돌아보고 기억하고 성찰하는 힘이, 문학이라는 이름으로, 여전히 남아 있음을 증거하는 사건으로 기억되어야 한다. (김명인 문학평론가·인하대 명예교수, 『한겨레』 2024. 10. 14. 김영원 기자)

(5) '타인의 고통' 한가운데 선 그
(「한강 노벨문학상 수상」 특별기고②), 기어이 '인간의 존엄'을 발하다
'타인의 고통' 한가운데 선 그, 기어이 '인간의 존엄'을 발하다

'채식주의자' '소년이...' '작별하지...' 한림원이 말하지 않은 '고통' 이야기
5·18, 4·3 등 끔찍한 폭력 마주한 연약한 개인의 교감과 연대 그려

스웨덴 한림원은 2024년 노벨 문학상 수상자로 한강 작가를 선정했다. 한림원 쪽이 주목한 한강 작품의 특징은 크게 세가지다. 역사적 트라우마에 맞서 인간 삶의 연약함을 폭로했다는 것, 몸과 영혼, 산 자와 죽은 자 사이의 관계에 대한 독특한 인식을 보여준다는 것, 그리고 현대 산문을 혁신한 시적이고 실험적인 스타일. 대체로 수긍할 만한 평가다.

하지만 말하지 않은 것이 있다. 그것은 바로 한강의 소설이 '고통'에 대한 이야기라

는 사실이다. '채식주의자'(2007), '소년이 온다'(2014), '작별하지 않는다'(2021)가 특히 그렇다. 이 세 소설은 고통과 마주한 연약한 개인이 자기의 고통을 통해 세상의 모든 고통받는 존재들과 깊이 교감하는 이야기다. 이 소설들은 모두 고통을 이야기 끝까지 밀어붙여 기어이 고통의 윤리에 도달한다. 그 점에서 이들 작품을 '고통 3부작'이라 불러도 좋다.

'채식주의자'는 서로 다른 세 사람의 시선으로 평범한 여자였던 영혜가 채식주의자에서 패륜아로, 정신병자로 변하는 과정을 따라간다. 영혜는 급기야 자기를 '나무'라고 상상하기에 이른다. 이 근원에는 영혜가 어린 시절 목격한 끔찍한 장면이 있다. 개를 오토바이 뒤에 매달아 개가 죽을 때까지 달리고, 그렇게 죽은 개를 먹어치우는 장면, 이 억압된 폭력의 기억은 성인이 된 영혜를 자기 학대로 몰아간다.

영혜에게 채식은 생존을 핑계로 다른 생명을 함부로 죽이는 폭력적 질서에 대한 거부이자, 한때나마 그런 질서에 순응했던 자기에 대한 학대다. 이를 통해 영혜는 '나' 바깥의 모든 고통받는 생명들에 대한 고민으로 나아간다. 고통스럽게 죽어가는 저 생명들을 어찌할 것인가? 우리는 어떻게 타자의 고통에 가닿을 수 있을까? 결국 나무가 된 영혜는 "경계 저편"의 영원한 타자가 된다. 타자의 고통에 공명하다가 자기 붕괴에 이르는 이 극단적 타자-되기, 어쩌면 폭력적 세계와 일말의 타협도 없이 한 인물을 경계 밖으로 끝까지 밀어버리는 이 놀라운 과격함이야말로 세계의 독자를 사로잡은 매력이 아닐까.

한강에게 타자의 고통을 자기의 고통으로 내면화하는 것은 인간의 고귀함을 증명하는 최후의 방어선이다. '소년이 온다'는 그처럼 타인의 고통이 불러일으키는 감각적 고통을 그린다. 이 소설은 1980년 광주의 생존자들이 당시 계엄군의 총에 죽은 소년 동호를 끝내 떠나보내지 못하는 고통과 죄의식을 다룬다. 작가는 이들과 하나가 돼 1980년 광주를 현재의 사건으로 앓는다. 그리고 죽은 자들을 자기 존재의 일부로 받아들임으로써 고통을 현재화한다. 1980년 광주의 고통은 '나'의 내부로 스며들고 '나'는 과거의 죽음과 고통의 목소리를 내면화한다. 쓰기는 곧 고통이다.

이어진 소설 '작별하지 않는다'의 이야기가 고통을 쓰다가 고통을 앓고, 고통을 앓다가 죽음을 예감하는 작가의 실제 체험에서 시작하는 것은 그 점에서 상징적이다. 작가인 '나'는 "그 책"('소년이 온다')을 쓰고 난 뒤 끔찍한 두통과 위경련에 시달리다가 죽음까지 결심한다. 그런 '나'의 고통에서 시작한 소설의 이야기는 그야말로 고통의 연속이다. 잘린 손가락의 신경을 살리기 위해 3분마다 바늘에 찔려야 하는 친구 인선의 고통, 제주 인선의 집에 가는 동안 '나'가 느낀 죽음과도 같은 추위와 고립, 육체의 고통, 제주 4·3의 망자들과 생존자들이 겪어야 했던 학살과 고문과 기다림의 고통. 특히 '나'가 겪는 끔찍한 육체적 고통을 펼쳐 놓은 1부를 읽다 보면 마치 그 고통이 나의 몸에서 일어나는 것 같은 감각의 착각마저 일으킨다.

작가에게 쓰기와 고통은 하나다. 글쓰기란 어쩔 수 없이 고통을 무릅쓰고 끔찍한 고통의 한가운데로 자발적으로 들어가는 일이다. '나'는 다짐한다. 자기의 신체 위에 포개지는 죽은 자들의 고통을 회피하지 않겠다고. 그들과 결코 '작별하지 않는다'고. 그렇게 한강의 소설은 보여준다. 이 세상 모든 고통받는 존재들의 연대를 통한 구원의 가능성을, 그 고통의 연대 속에서도 기어이 빛을 발하는 인간의 존엄을. (심진경 문학평론가, 『한겨레』 2024. 10. 15. 김혜윤 기자)

14일 오후 서울 종로구 교보문고 광화문점에 마련된 한강 작가 노벨 문학상 수상자 선정 기념 설치물을 시민들이 바라보고 있다.

(6) 한강의 성취 뒷받침한 '번역의 승리' 세계인이 읽는 한국문학, 봄이 온다(「한강 노벨문학상 수상」 특별기고 ③)

'지난하고 오래 걸리는' 번역 작업, 맞춤형 출판 지원·플랫폼 구축 등
대산문화재단·문화번역원 공 커, 전문대학원 등 정책 일관성 필요

한강 작가의 노벨 문학상 수상 기쁨과 흥분이 좀처럼 가시지 않는 주말을 보냈다. 이제 차분히 노벨 문학상 수상 의미와 한국 문학은 무엇을 해야 하는지를 살펴보아야

할 시간이다.

　여러번 이야기했듯이 노벨 문학상은 한국문학이 거쳐야 할 중요한 관문이지, 목표가 되어서는 안 된다. 이번 수상은 변방의 한국문학이 중심부로 나아가고자 하는 열망을 담은 '한국 문학 해외 소개', '한국 문학의 세계화'를 넘어서 '세계 문학으로서의 한국 문학'의 장을 열었음을 시사하는 것이기 때문이다.

　이번 수상은 작가의 뛰어난 작품 세계에 있다. 스웨덴 한림원의 선정 사유에서 밝히고 있듯이 한강의 작품은 "역사적 트라우마에 맞서고 인간 삶의 연약함을 드러내는 강렬한 시적 산문을 성취"하였다. 한강은 2016년 부커상 인터내셔널 수상 이후 더 깊고 확장된 세계를 보여주었다. '채식주의자'에서 채식을 선언한 여주인공을 통해 가정과 사회를 옭아매는 규범과 관습의 폭력을 매혹적으로 담아낸 이후 '소년이 온다' '작별하지 않는다'에서 5·18 광주민주화운동과 제주 4·3사건을 통해 거대 권력에 의한 참혹한 비극 속에 희생된 개인의 연약함을 탁월하게 다룸으로써 한층 심화된 성취를 이룬 것이 평가받았을 것이다.

　다음으로는 번역의 승리이다. 한 시대나 집단의 삶과 사유의 지형도라 할 수 있는 문학은 가장 온전하고 효과적으로 정신과 문화를 전달하고 이해시킬 수 있다. 다만 번역이라는 지난한 과정을 거쳐야 한다. 특히 주요 서구 언어문화와 근친성이나 공유점이 멀수록, 근대화가 늦은 주변국일수록 더 많은 어려움을 극복해야 한다. 즉 노벨 문학상 수상은 번역의 진화, 발전 단계와 정확히 맞물려 있는 것이다.

　1992년 교보생명이 출연한 대산문화재단과 1995년 정부가 세운 한국문학번역원이 번역·출판 지원을 하지 않았다면 지금의 결실은 없었을지도 모른다. 두 기관이 지원한 한강 작품의 번역서는 28개 언어 82종인데, 이는 1994년 일본의 오에 겐자부로가 노벨 문학상을 수상하기 직전의 17개국 79종과 비교해 볼 때 손색이 없다.

　한국 문학의 번역은 시행착오를 거치며 △외국어에 능통한 한국인 번역가 중심의 1세대 번역(~1990년대 초) △외국어에 능통한 한국인과 한국어(문화)에 밝은 외국인 공동번역의 2세대 번역(~2010년대) △도착어로의 표현능력이 뛰어나고 출발어 문화에 능통한 3세대 번역(2010년대 중반~) 과정을 거치며 발전해 왔다. 특히 3세대 번역가는 한국 문학을 세계 문학의 중심에 올려놓은 동력이 되었다. 최근에는 연간 200종 해외 출판, 세계적 수준의 선인세 2만달러를 받는 작가군 형성, 연이은 국제 문학상 수상, 현지 문학·출판계 주목과 독자층 증가로 이어지는 선순환 구조를 이루었다.

　한국문학번역원장에 재임하면서 가장 역점을 둔 것은 '봄'을 부르는 일이었다. 노벨 문학상이라는 제비 한 마리를 부르는 것이 아닌, 세계인이 함께 읽는 한국 문학이라는 봄을 부르면, 제비가 오고 숲이 우거지고 강물이 흐르는 생태계가 형성된다는 믿음 때문이다. 언어권과 국가별 특성에 맞는 맞춤형 번역 출판 지원, 번역·출판에 관한 모든 정보와 지원 사업을 종합한 플랫폼 케이엘웨이브(KLWAVE) 구축 등 다양한 노력을 기울였다. 그 결과 한강을 비롯한 황석영, 김혜순, 이승우 등 노벨 문학상에 근접한 두터운 후보군이 형성되었다.

한국 문학은 이제부터가 시작이다. 일차적으로는 한국 문학이 세계 문학의 일원으로 확고히 자리 잡을 수 있도록 번역, 출판 예산이 확충되어야 한다. 중장기적으로는 3세대 원어민 번역가를 체계적으로 육성하는 시스템을 구축해야 한다. 이를 위해 번역전문대학원 설립은 꼭 이루어져야 할 것이다.

아울러 한국 문학 자체를 활성화할 정책과 지원이 있어야 한다. 문학진흥정책위원회는 폐지되었고 문학·출판 분야 예산은 크게 줄었다. 다행히 내년 예산을 과거 수준으로 되돌린다고 하지만 유일한 번역 인력 양성 내년 예산안은 2022년 대비 반토막 났다고 한다. 무엇보다 "번역 대상 작품을 뽑는데 작품성 비중이 높아서 문제다", "번역 지원을 받은 해외 780여개 출판사 대상 판매량 조사가 81%만 이루어져서 부실하다"는 등의 어처구니없는 헛발질이 다시 재연되어서는 안될 것이다.

문득 대산문화재단 설립을 위해 대산 신용호 교보생명 창립자와 처음 만났을 때가 떠오른다. 교보문고 입구에 역대 노벨상 수상자 초상화를 걸고 비워둔 한국인을 위한 자리를 채우는 일을 하고 싶다는 대산의 말에 나는 그 일은 매우 어려울 뿐만 아니라 오래 걸리는 일이라고 했다. 그러자 그는 "그래서 하려는 것"이라고 답했다. 그 의지는 "예술·문화 지원은 결과 예측이 어렵고 오랜 시간이 걸리는 일이므로 전문가들과 좋은 정책을 만들고 인내심을 가지고 일관되게 지원해야 한다"는 신창재 이사장의 운영 철학으로 이어져 지속되고 있다. 우리에게 필요한 것은 좋은 정책 수립, 그리고 인내심과 일관성이다. (곽효환 시인·전 한국문학번역원장, 『한겨레』 2024. 10. 16)

(7) "한류로 한국문학 거리감 줄어 드디어 그들도 깨우쳤구나 생각"
(「작별하지 않는다」 프랑스어 번역 : 최경란)

수상 소식 접했을 때 붕 뜬 느낌, 메디치상 수상때만 해도 상상못해
프랑스어법상 제목 '불가능한 작별' 인간의 폭력성 보편적으로 자행
제주 4·3, 서구서도 충분한 공감대, 이 책 번역 나에겐 축복같은 시간

"수상 소식을 접했을 때 바로 느낌이 오지 않았어요. 비현실적 공간에 붕 떠 있는 것 같았죠. 그러다 곧 '드디어 그들도 깨우쳤구나' 하는 생각과 함께 형용할 수 없는 기쁨에 휩싸였습니다. 어찌 보면 노벨상 수상은 당연한 귀결이라고 할 수 있어요."

프랑스에서 활동하는 번역가 최경란(61·사진)이 한겨레에 이렇게 말했다. 올해 노벨문학상 수상 작가 한강(54)의 최신 장편 '작별하지 않는다'(2021)를 지난해 불어권에 소

개한 이다. 그와 공역한 피에르 비지우는 수상 소식에 "펑펑 울었다"고 한다. 2023년 11월 이 작품이 메디치상 외국문학상을 받을때만 해도 상상 못 한 풍경이다.

영역 '채식주의자'(2015)로 이듬해 부커상을 받는 데 기여한 이가 영국 번역가 데버라 스미스(37)라면, 불역 '작별하지 않는다'로 메디치상에 기여한 이가 최경란이다. '현지화·창조성 번역'이 데버라 스미스의 방식이었다면, "원문에 가까운 번역"이 최경란의 방식이다. 지난 11~12일 이틀에 걸쳐 최 번역가와 이메일 인터뷰했다.

프랑스는 국외 문학에 인색한 편이다. 국내 대학 졸업 뒤 프랑스에서 박사과정을 마치고 번역에 종사한 지 30년이 넘은 그가 보기에 변화는 최근에야 시작됐다. 최 번역가는 대중문화 한류와 함께 "한국문학에 대한 심리적 거리감도 상당히 줄었다"며 메디치 외국문학상 수상을 "같은 맥락으로 이해해도 좋을 것 같다"고 말한다. '작별하지 않는다' 불어판은 지난해 8월 출간(출판사 그라세) 이후 노벨 문학상 직전까지 1만3천부가량 판매되었다고 한다. 지금은 서점마다 책이 동났다.

다음은 일문일답이다.

― 작품을 번역하는 데 무엇이 어려웠습니까?

"문학작품 경우, 번역의 난도나 고충은 작품이 가지는 매력에 좌우되는 것 같아요. 좋은 작품일 땐 번역의 몰입감과 그 즐거움이 커서 작업 속도도 빨라지고, 어려움도 별로 느끼지 못합니다. 축복 같은 시간이었어요."

난관이 없단 얘긴 아니다. '작별하지 않는다'는 작중 제주 4·3 피해자들의 제주말이 견뎌내는 비감으로 휘몰아친다. 프랑스 마르세유 방언으로 옮기면 될까. 말의 역사, 말의 정동이 다르다.

― 제목은 어땠습니까?

"프랑스어법상 문장은 주어를 반드시 명기해야 해요. 그럼 '나는' '우리는' '누군가'는 '작별하지 않는다'가 될 텐데, 어설퍼집니다. 프랑스어로 가장 자연스럽고, 한국어 원문과 가장 가까운 표현을 찾은 끝에 '미완성 작별', '불가능한 작별' 등을 제시했는데 '불가능한 작별'(Impossibles adieux)로 의견을 모으게 되었습니다."

― '4·3'이라는 한국의 '국지적' 비극이 제대로 전달될 수 있을까요?

"소설의 배경과 맥락은 한국적이나 '인간의 폭력성'은 보편적으로 자행되어 왔습니다. 따지고 보면 산업혁명 이후 서구 역사야말로 '인간 폭력성'의 종합세트라 할 수 있지 않을까요. 배경과 맥락은 다르지만 서구인들에게 충분히 공감대를 만들 수 있는 작품입니다."

올해 3월 '불가능한 작별'은 에밀 기메 아시아문학상을 받으며 "우정과 상상력에 대한 찬가이며, 무엇보다 망각에 대한 강력한 고발"이라는 평가를 들었다. 한강의 작품은 전세계 28개 언어권에서 80종 넘는 단행본으로 독자와 만나고 있다. 프랑스에도 2011년 '한국 여성문학 단편선', 2014년 단독 소설 '바람이 분다, 가라' 이후 여러 작품이 소개되어 왔다. 내년 3월엔 시집 '서랍에 저녁을 넣어두었다'(Soirs rangés dans mon tiroir)가 불역 출간(최미경, 장 노엘 주테 공역)된다.

— 프랑스 문학상 이력이 노벨 문학상 수상에 기여를 했을 것 같은데요.

"저는 '작별하지 않는다'의 역자일 뿐입니다. 여러 작품이 또 다른 번역자의 작업으로 프랑스에서 출간됐어요. 더욱이 2016년 영국에서는 '채식주의자'가 부커상을 받았고, 각국 번역가의 많은 노력이 작가를 알리는 데 기여했습니다. 시기상 보면 메디치상 수상 후 올해 노벨상 수상에 이르러, 어느 정도 무게를 실어주었을 수도 있겠지만 오랜 기간 많은 언어권 역자들의 노력이 맺은 결실이라고 봅니다." (『한겨레』 2024. 10. 14. 임인택 기자)

'채식주의자'로 부커상을 받은 작가 한강(오른쪽)과 번역가 데버라 스미스가 2016년 5월 영국 런던에서 열린 시상식에서 상패를 든 채 기념사진을 찍고 있다. 런던/EPA 연합뉴스

(8) 올봄 '작별하지 않는다' 스웨덴 출간 "노벨상 수상자 결정에 기여했을 것" (영국 에이전시 RCW 국제책임자 랄뤼요)

"올봄에 (노벨상을 수여하는) 스웨덴에서 '작별하지 않는다'가 출판됐다. 많은 사람들은 한강 작가가 상을 받기엔 아직 젊지만, 이책을 계기로 한림원이 노벨상 수상자를

결정했다고 생각한다."

한강 작가의 책을 세계 출판 시장에 소개한 에이전트사인 영국 알시더블유(RCW)의 국제 부문 책임자 로랑스 랄뤼요는 한강 작가 노벨 문학상 수상 배경 중 하나로, 제주 4·3에 대해 다룬 '작별하지 않는다'(2021) 스웨덴어 번역판 출간이 있을 수 있다고 추측했다. 한강 작가가 출간한 모든 도서의 국외 판권을 관리하는 알시더블유는 현재까지 47개 언어로 그의 책을 번역해 출판했다. 2017년부터 7년째 한강 작가의 작품을 담당하고 있는 그와 18일(현지시각) '프랑크푸르트 국제도서전'에서 만났다. 한국 언론과 인터뷰는 처음이다.

그는 '작별하지 않는다'에 대한 스웨덴 평론가들의 후기를 보면 "한강은 기억과 증언 문학에서 자신만의 위대한 업적을 쌓았다"거나 "한강처럼 시적으로 신체적 고통을 묘사하는 작가는 본 적이 없다"는 등의 호평이 나왔다고 말했다.

"스웨덴 평론가들 호평 이어져" RCW, 한강 모든작품 국외판권 관리,
현재까지 47개국 언어로 번역 출판

그는 최근 스페인 바스크족의 소수 언어인 '바스크어' 번역을 원하는 스페인 출판사와 회의를 하고 있다며, 더 많은 문화권에서 한강 작가의 책을 찾고 있다고 말했다. 그는 "한강 작가의 책 중 '채식주의자' 한권만 출판된 국가들에선 한강 작가의 다른 책들, 또는 모든 책을 출간하고 싶다는 연락을 받고 있다"며 "예전에 출판된 뒤 이후 절판된 많은 언어권의 책들도 재출간할 계획"이라고 했다.

알시더블유는 한강 작가의 책을 번역할 때, 영어 번역을 통한 중역이 아닌 한국어에서 해당 나라 언어로 바로 번역하는 원칙을 고수한다. 랄뤼요는 지난 5년간 한국어-조지아어 번역자를 찾다가 최근 성공해 '채식주의자' 조지아어판 계약을 성사했다는 일화도 소개했다. 그는 향후 알시더블유의 가장 중

지난 18일(현지시각) 독일 '프랑크푸르트 국제도서전'에서 한겨레와 만난 로랑스 랄뤼요 영국 알시더블유(RCW) 에이전시 국제 부문 책임자.

요한 계획은 2025년 마무리될 한 작가의 새 소설 출판이라고 했다. 다만, 그는 "한강 작가에게 물어보니 '바람이 분다, 가라'(2010)라는 소설을 좋아한다고 했다. 언젠가 이 소설을 다시 선보이고, 더 많은 언어권에 소개하는 방안도 생각하고 있다"고 덧붙였다.
(『한겨레』 2024. 10. 21. 프랑크푸르트/글·사진 장예지 특파원)

(9) 부채감을 느끼도록 진화한 이유

아내가 한강의 '소년이 온다'를 나보다 먼저 읽었다. 나는 한참 지난 뒤에야 읽었는데 페이지마다 한두군데쯤 문장사이에 회색 빗금이 그어져 있었다. 같은 크기로 정갈하게 그어져 있는 그 표시를 나는 저자가 의도적으로 넣은 문장부호라고 생각했다. 흔하지 않게 '너'로 시작하는 소설의 화자가 혹시 다른 사람으로 바뀐다는 뜻인가 싶기도 했으나, 아니었다.

나중에야 알았다. 아내가 읽다가 너무 힘들어서 숨을 고르기 위해 잠시 페이지를 덮을 때마다 다음에 다시 읽기 시작할 부분을 연필로 표시해둔 것이라는 것을…. "읽기 너무 힘들다"는 것이 그 소설을 읽은 사람들의 공통된 소감일 것이다. 작가가 "소설을 쓰는 동안 거의 매일 울었다"는 작품을 쉽게 읽을 수 있는 사람은 아마 없을 것이다. 그것은 인간에 대한 '예의'이거나 '도리'가 아니다. 아, '예의'와 '도리'… 내가 이 소설을 읽으며 머리에서 떠나지 않았던 화두다.

"아수라장 속에서 정대의 손을 놓쳤다. 다시 총소리가 귀를 찢었을 때, 모로 넘어진 정대를 뒤로하고 너는 달렸다."

소설의 한 대목이다. 소설을 읽다가 가장 오래 멈춰 있었던 부분이기도 하다. 동호는 쓰러진 정대를 그대로 둔 채 도망간 것이 인간에 대한 '예의'나 '도리'가 아니라고 생각했던 것 아닐까? 그 부채감이 그 뒤 동호의 짧은 삶을 규정하는 데 가장 큰 영향을 끼친 것은 아니었을까? 이 대목에서 오래 멈출 수밖에 없었던 이유는 그와 비슷한 일이 노동운동 속에서도 꽤 많이, 어찌보면 일상적으로 일어나고 있다는 생각 때문이었다.

호텔 노동조합 파업 현장에 조합원수보다 몇배나 많은 공권력이 투입된 적이 있었다. 어떻게 하면 상대방에게 가장 짧은 시간에 가장 극심한 고통을 안겨줄 수 있는지 매일 훈련받은 테러진압 병력이 조합원 상당수가 여성이었던 파업 현장에 투입됐고 수많은 노동자가 부상당했다. 그 무렵 우리가 본 사진이 있다. 당당하게 서 있는 몇 명의 경찰 앞에 고개를 바닥에 숙인 채 엎드려 있던 노동자들…. 얼마나 참혹하게 진압당했는지 그 한 장의 사진으로도 충분히 알 수 있었다.

그 "역사상 가장 참혹한 진압"의 후유증으로 두명의 임신부 조합원이 유산했다고 알려졌다. "나는 임신부예요!"라고 외쳤지만 소용없었다고 한다. 그중 한명은 진압 현장에서 하혈했다고 전해지기도 했다. 노동조합은 많은 고민 끝에 이 일을 문제 삼아 싸우지는 않기로 결정했다. 그 사건을 거론하면 당연히 "불씨에 기름을 붓는 격"이 되겠지만 당사자들의 뜻과 사정을 고려해 그냥 묻어두기로 했다. 언론이 보도하지도 않았지만 소문은 널리 퍼져 알 만한 사람들은 다 알게 되었다.

며칠 뒤, 어느 병원의 파업 현장을 방문했다. 조합원들이 모두 같은 색의 셔츠와 조끼를 입고 로비에 질서정연하게 앉아 있었는데 유독 두명의 여성 조합원이 화사한 원피스에 고운 화장을 하고 앉아 있었다. 조합원들이 지나다가 "오늘 웬일이야?"라고 물어보았을 때, 그이가 답했다. "내가 임신부잖아요. 오늘 공권력이 투입될지도 모른다고 해서요…."

호텔파업 진압 과정에서 두명의 임신부가 유산했다는 소문은 벌써 들어 알고 있었고, 오늘 자신들의 파업 현장에 무자비한 공권력 투입이 예상된다는 말을 듣고는, 자기가 임신부라는걸 어떻게든 알려야겠기에 고운 옷에 예쁜 화장 차림으로 나와 앉아 있었던 것이다.

내가 말했다. "이 사람아, 그럼 오늘 같은 날은 나오지 말았어야지…." 한사람이 답했다. "그래도, 어떻게 나만 집에 편하게 있을 수가 있어요…." 다른 조합원 '동지'들이 차가운 콘크리트 바닥에 앉아 농성을 하는데, 자기만 임신부라고 집에 편히 있는 것은 인간에 대한 '예의'나 '도리'가 아니라고 생각했을 것이다. 사람들이 원피스를 입은 조합원 등 임신부 세 사람에게 의자를 가져다주어 조금이라도 편히 앉게 했다. "사진을 한 장 찍어도 되겠냐?"고 어렵사리 양해를 구했고, 그 세 사람은 선선히 그러마 했다.

많은 고민 끝에 노동조합 간부를 맡은 노동자들 대부분이 그 비슷한 생각을 한다. 노동조합 활동을 하다가 해고당하거나 구속된 동료도 있는데, 나만 편히 있을 수는 없다…, 어찌 보면 그러한 부채감이 노동조합을 이끌어가는 중요한 힘이다. 인류가 그렇게 인간에 대한 '예의'나 '도리'를 느끼도록 진화한 이유는 그러한 부채감이 인류 사회 전체에 유익한 영향을 끼치기 때문일 것이다. 그러한 부채감으로 오늘도 많은 활동가가 불이익을 감수하며 자신들을 필요로 하는 곳으로 달려간다. (하종강 칼럼 『한겨레』 2024. 10. 16. 성공회대 노동아카데미 주임교수)

(10) 한강, 폭력과 트라우마의 보편성

한강 작가의 노벨문학상 수상이 큰 반향을 불러일으키고 있는 가운데 다양한 각도에서 그에 대한 의미 부여 작업이 이뤄지고 있다. 무엇보다 이것은 특별한 문학적 사건임에 틀림없지만, 다른 한편으로 지금 일어나고 있는 일들이 의미심장한 사회학적 현상이기도 하다는 점을 눈여겨보게 된다.

폭력과 트라우마의 문제와 씨름해 온 한국의 작가가 세계의 공감을 획득하고 있다는 사실은 무엇을 뜻하는가? 이 사건은 대한민국 발전사의 한 절정인가, 아니면 발전 신화의 해체인가? 한국 사회의 잔혹한 이면을 비추는 이야기들은 어떻게 세계의 치유에 기여하는가? 이런 질문들에 답하기 위해 우리는 좀 더 넓은 문화 변동의 맥락으로 시야를 넓혀야 한다.

최근 십여년간 세계의 찬사를 받은 한국의 문화생산물들은 주목할 만한 공통점이 있다. 봉준호 감독은 '살인의 추억' '설국열차' '기생충' 같은 사회비판적 영화들로 세계적 감독의 반열에 올랐다. 넷플릭스 역대 최고 흥행작이 된 '오징어 게임'은 살인적 경쟁사회의 공포와 긴장을 극한까지 고조시킨 작품이다. 한강 작가는 5·18을 소재로 한 '소년이 온다', 4·3을 다룬 '작별하지 않는다', 가족애의 끔찍한 이면을 그린 '채식주의자' 등의 작품들로 노벨상을 비롯한 많은 영예로운 수상을 했다.

장르는 다양하지만, 이들의 공통된 주제는 '폭력'이다. 국가의 폭력, 자본의 폭력, 경쟁의 폭력, 가족과 가부장의 폭력 등 다양한 양태의 폭력에 대한 질문을 집요하게 추적하고 있다. 다름 아닌 폭력의 문제와 대결한 이 작품들이 세계에서 강렬한 공명을 얻고 있다는 사실은, 한국의 경험이 보편적 의미를 획득하는 양상이 과거와 근본적으로 달라졌음을 시사한다.

그동안 대한민국이 무엇으로 세계에 알려지고 세계와 이어졌는지를 돌아보자. 처음에 한국은 그저 전쟁으로 파괴되고 가난한 나라였을 뿐이다. 하지만 이후 한국은 전혀 다른 상징성을 갖는 '모델'로 세계에 등장했다. 1980년대에 세계는 한국을 '고속 성장', '경제 기적'의 대표 사례로 탐구했고, 1990년대엔 '성공적 민주화', '산업화와 민주화의 동시 달성'에 대한 찬사가 더해졌다. 2000년대부터는 그간의 압축적 발전이 마침내 목적지에 도달했다는 자의식을 표현하는 '선진국' 담론이 정부 문서와 대중매체를 장악했다.

이 같은 '승리 서사'들은 한국의 현대사와 오늘의 사회 현실 속에, 인간에 대한 잔혹한 폭력과 치유되지 않은 상처들이 가득 차 있다는 진실을 외면하고 억압해 왔다. 왜냐하면 그것을 허용한다는 것은, 마땅히 세계에 경탄의 대상이 되어야 할 '케이(K)-모델'에 흠집을 내고 '1등 한국'의 이미지에 때를 묻히는 일이 될 것이기 때문이다.

그런데 지금 우리는 바로 그 폭력의 역사를 치열하게 성찰하는 한국의 문화생산자들이 세계에서 큰 지지를 얻고 있음을 보고 있다. 세계 최빈국에서 출발해서 세계 10대 경제강국, 수출대국, 군사강국으로 발돋움하는 기적을 이뤘다는 나라, 하지만 세계에서 자살률 최고, 산재사망률 최고, 출산율 최저, 행복도 최저라는 이 나라는, 현대성의 상반된 두 얼굴이 극단적 대조 속에 하나의 머리에 붙어 있는 곳이 아니던가.

세계는 그처럼 현대성의 빛과 그림자, 그 분리 불가능한 두 측면의 모순이 극한까지 농축된 '너무나 한국적인' 경험에 접속하는 가운데, 현대라는 보편적 시공간에 놓인 그들 사회의 이중성을 돌아보는 계기를 발견한다. 여기서 세계가 보는 것은 한국 사회의 폭력성이 아니라, 한국인이라는 창을 통해 선명히 드러난 폭력의 보편성, 현대의 보편적 폭력성이다.

그처럼 폭력을 이야기한다는 것은 단지 역사의 증언이나 현실 고발의 의미만 있는 것이 아니다. 거기엔 치유를 통해 현실을 움직이는 힘이 있다. 트라우마의 본질은, 너무 아픈 어떤 것이 어느 날 내 안에 들어왔는데 그것을 밖으로 빼낼 수도 없고 나의 일부로 받아들일 수도 없어 그저 아픈 가시가 박힌 채로 있어야 하는, 그 회피 불가능성과 통합 불가능성의 모순적 공존에 있다. 그리고 그 모순이 표현 불가능성, 즉 언어의 실종을 초래한다.

독일의 사회학자 한스 요아스에 따르면, 그 무언의 자물쇠를 여는 길은 바로 이야기하고 공감받는 경험이다. 이를 통해 그간 무너졌던 자아가 재건되었을 때, 지금껏 그의 침묵을 전제로 유지된 사회관계는 흔들리고 그를 주체로 받아들인 새로운 관계가 생겨난다. 한국의 현대사에서 개인들이 겪은 폭력의 경험을 어루만지는 이야기들은, 이처럼 세계의 모든 곳에서 그와 같은 폭력을 겪은 사람들의 재건의 과정으로 스며든다.

이런 관점에서 본다면, 한강 작가에 대한 일각의 불편함은 단지 그가 독재정권의 폭력을 비췄다는 정치적 이유 때문만이 아닐 것이다. 더 근본적인 것은 이승만에서 시작된 국난 극복의 신화 대신에, 그 역사가 강요한 인간의 비참과 그 속에서 빛난 숭고한 인간성에 대한 공감이 지금 한국과 세계를 이어주는 통로가 되었다는 데 있다. 강자에 동일시하고 힘의 논리를 숭상하는 한국의 지배 문화는 이 같은 수준의 도덕적 보편성에 범접할 수 없다.

1980년 5·18 광주민주화운동 당시 금남로(5·18기념재단 제공)

한반도에 핵전쟁의 위험이 극에 달했던 2017년 10월에 뉴욕타임스에 기고한 글에서, 한강 작가는 "인간이 인간으로 남을 수 있는 최후의 저지선은 타인의 고통에 대한 온전하고 진실한 인식"이라고 썼다. 그리고 "타인의 고통에 대한 단순한 연민을 넘어서는 실천적 의지와 실행이 매 순간 우리에게 요구된다는 사실도."('누가 '승리'의 시나리오를 말하는가?', '문학동네' 통권 93호) 그렇다면 우리는 한강 작가를 향한 우리의 시선을 돌려, 그가 가리키는 세상을, 그와 함께 직시해야 할 것이다.

이태원에서 수백명의 젊은이가 끔찍하게 생을 마쳐도, 아리셀 공장 화재 참사로 수십 명이 숨져도, 쿠팡 노동자들이 연이어 과로로 쓰러져도, 마치 아무 일도 일어나지 않은 듯 무심하게 가던 길을 가는 이 섬뜩한 사회에서 어떻게 타인에 대한 온기가 살아 있을 수 있으며, 연대가 피어날 수 있는가를 묻지 않을 수 없다. 그럼에도 불구하고

"폭력에서 존엄으로, 그 절벽들 사이에 난 허공의 길을 기어서 나아가는 일만이 남아 있다"('여름의 소년들에게')면, 그것은 단지 작가의 일이 아니라 우리 모두의 일일 것이다. (『한겨레』 2024. 10. 16. 신진욱 중앙대 사회학과 교수)

◎ 한강 "2024년에 다시 계엄상황 큰 충격 받았다"

(1) 스톡홀름서 노벨상 수상 기념 회견

"소설 '소년이 온다' 쓰기 위해 1979년말 진행된 계엄 공부해
이번엔 모두가 지켜본 게 차이, 젊은 경찰·군인 내적 충돌 느껴져,
무력·강압의 과거로 돌아가지 않기를"

2024년 노벨 문학상 수상자로 선정된 한강 작가가 6일(현지시각) 스웨덴 스톡홀름에서 열린 노벨상 수상 기념 기자회견에서 "2024년에 다시 계엄 상황이 전개되는 것에 큰 충격을 받았다"고 말했다.

한강 작가는 이날 스웨덴 한림원에서 열린 기자회견에 앞서 사회자가 한국의 정치 혼란을 언급하며 "이번주가 어떠셨냐"고 묻는 말에 이렇게 답했다. 그는 "'소년이 온다'를 쓰기 위해 1979년 말부터 진행된 계엄 상황에 대해 공부를 했었다"며 "모든 사람이 지켜볼 수 있었다는 점"이 1980년 5월과 이번 겨울의 차이라고 짚었다. 그는 "맨몸으로 장갑차 앞에서 멈추려고 애를 쓰는" 모습, "맨손으로 무장한 군인들을 껴안으면서 제지하려는 모습", "총 들고 다가오는 군인들 앞에서 버텨보려고 애쓰는 사람들의 모습", "마지막에 군인들이 물러갈 때는 잘 가라고 마치 아들들한테 하듯이 소리치는 모습"을 언급하며 "진심과 용기가 느껴졌던 순간"이라고 말했다. 그러면서 지난 3일 밤 국회에 투입됐던 "젊은 경찰"과 "젊은 군인"들이 "내적 충돌을 느끼면서 최대한 소극적으로 움직이고 있다는 느낌을 받았"다고도 했다. 이어 "보편적인 가치의 관점에서 본다면 생각하고 판단하고 고통을 느끼면서 해결책을 찾으려고 했던 적극적인 행위였다고 생각"한다고 했다.

한강 작가는 "바라건대 무력이나 강압으로 언로를 막는 방식으로 통제를 하는 과거의 상황으로 돌아가지 않기를 간절히 바라고 있다"고 답변을 마무리했다.

지난 10월 10일 노벨 문학상 수상자로 선정된 뒤 언론 접촉이나 행사 참석을 최소화했던 한강 작가가 처음으로 전세계 독자와 대중을 향한 메시지를 낸 것이다. 이번 기자회견은 한강 작가가 노벨상 수상을 위해 스톡홀름을 방문한 뒤 참여한 첫 공식 행사

이기도 하다.

세계 언론은 '민주주의 모범국' 한국에서 윤석열 대통령의 12·3 내란사태를 연일 주요하게 보도하며 이날 회견에서 한강 작가가 어떤 발언을 내놓을지 촉각을 세웠다. 특히 그가 2014년 작 소설 '소년이 온다'에서 계엄령이 내려진 1980년 광주의 상흔을 세심하게 다뤘기 때문이다.

한강 작가는 소설 '채식주의자'를 둘러싼 국내의 오해에 대해서도 이야기했다. 최근 보수 성향 학부모 단체는 이 소설이 "청소년 유해 매체물"이라며 초·중·고교 도서관 비치를 금지해야 한다고 주장하면서 논란을 일으켰다. 이에 대해 한강 작가는 "'채식주의자'는 2019년 스페인에서 고등학생들이 주는 상을 받은 적이 있다. 이 책은 질문으로 가득한 소설"이라며 "(책은) 오해도 많이 받고 있는데, 그게 이 책의 운명이란 생각도 든다. 책을 쓴 사람으로선 유해 도서 등으로 여겨지는 건 가슴 아팠던 게 사실이다"라고 말했다.

한강 작가는 올해 노벨상 수상과 관련해선 "처음엔 제게 쏟아지는 개인적 관심에 부담스러웠지만, 이 상은 문학에 주는 상이라고 생각하니 마음이 편안해졌다"며 "이제 다시 글을 쓸 준비가 되었다. 오늘 이후로 노벨주간을 즐기려고 한다"고 말했다.

지금의 혼란과 실망에도, 기자회견 말미에서 한강 작가가 말한 건 '희망'이었다. 그는 "때로는 더 희망이 있나 이런 생각을 할 때도 있다. (그러나) 요즘은 희망이 있을 거라고 희망하는 것도 '희망'이라고 부를 수 있지 않나 하는 생각을 한다"고 말했다.

(『한겨레』 2024. 12. 7. 스톡홀름/장예지 특파원)

2024년 노벨 문학상 수상자인 한강 작가가 6일(현지시각) 스웨덴 스톡홀름 노벨상 박물관에서 기자회견을 하고 있다. (스톡홀름/연합뉴스)

(2) "내 모든 소설, 언제나 사랑을 향하고 있었던 것 아닐까"
(한림원서 '빛과 실' 제목 연설)

"사랑이란 어디 있을까?
팔딱팔딱 뛰는 나의 가슴 속에 있지.
사랑이란 무얼까?
우리의 가슴과 가슴 사이를 연결해주는 금실이지."

수백명의 청중이 한강 작가를 바라보는 가운데, 한강 작가는 1979년 4월 여덟살 적 지은 시를 고요히 읽어 내려갔다. 스웨덴 한림원에서 7일(현지시각) 열린 노벨 문학상 수상 기념 한강 작가의 연설 제목은 '빛과 실'이었다. 유년기 광주에 살았던 그는 곧 서울로 이사를 가게 될 것이란 걸 알게 된 뒤 공책과 문제집, 일기장에 끄적였던 시들을 모아 '시집'을 만들었다. 한강 작가는 "그 여덟살 아이가 사용한 단어 몇 개가 지금의 나와 연결되어 있다고 느꼈다"고 했다.

이날 한강 작가의 연설은 이미 한달여 전부터 표가 매진됐을 정도로 인기를 끌었다. 한림원과 노벨위원회 및 출판계 관계자, 한국 교민들, 스톡홀름 시민 200여명이 찾았다. 영하의 날씨였지만, 연설이 열린 그랜드 홀 바깥에선 한강 작가를 기다리는 이들도 많았다. 장소에 늦게 도착하는 바람에 연설장에 들어가지 못한 한국인 모녀는 발을 동동 구르며 자리를 떠나지 못했다. 한강 작가가 자리에 앉은 뒤엔 스웨덴 첼리스트 크리샨 라르손이 연주하는 바흐의 '여섯개의 무반주 첼로 모음곡' 5번 시(C)단조가 그랜드홀을 가득 채웠다.

연주가 끝난 뒤 강단에 선 한강 작가는 '빛과 실'이란 제목의 연설문을 한국어로 읽어 내려갔다.

그는 1993년 작가 생활을 시작한 뒤 31년이 지난 오늘에 이르기까지 집필한 장편소설 '채식주의자', '바람이 분다, 가라', '희랍어 시간', '소년이 온다', '작별하지 않는다'를 쓰며 만난 질문은 무엇이었는지를 이야기했다.

한강 작가는 장편소설을 쓰는 일을 "질문들을 견디며 사는 것"이라고 했다. 그는 "완성까지 아무리 짧아도 1년, 길게는 7년까지 걸리는 장편소설은 내 개인적 삶의 상당한 기간들과 맞바꿈된다"며 "바로 그 점이 나는 좋았다. 그렇게 맞바꿔도 좋다고 결심할만큼 중요하고 절실한 질문들 속으로 들어가 머물 수 있다는 것이다"라고 말했다.

한강 작가는 특히 광주 항쟁을 다룬 책 '소년이 온다'와 제주 4·3을 다룬 책 '작별하지 않는다'를 쓰며 품어온 질문을 소개하는 데 강연의 많은 시간을 할애했다. 2011년 '희랍어 시간'을 발표하기까지 그는 주로 개인을 향한 폭력과 그 내면을 파고들며 인간다운 삶과 생명의 의미를 물었다. '희랍어 시간'을 쓴 뒤엔 "삶을 껴안는 눈부시게 밝은 소설"을 쓰려고도 애썼지만, 결국 그럴 수 없었다고 했다. 열두살이 되던 해 서가에서 우연히 거꾸로 꽂힌 '광주 사진첩'을 발견했을 때 껴안은 질문을 다시 마주한 것이다. 사진집엔 쿠데타를 일으킨 전두환 신군부에 저항하다가 잔혹하게 살해된 시민들과 학생들이 담긴 사진과 다친 이들을 돕기 위해 헌혈을 하겠다며 병원 앞에 끝없이 줄을 선 사람들의 사진이 함께 놓였다.

절실한 질문의 끝에서 한강 작가가 되돌아온 곳은 45년 전의 어렸던 그가 "사랑이란 어디에 있는지, 사랑은 무엇인지" 묻고 답한 시였다. 어린 한강은 사랑이 "나의 심장"이란 개인적 장소에 위치하고, 사랑은 "우리의 가슴과 가슴 사이를 연결해주는 금실"이라고 답했다.

한강 작가는 '소년이 온다'를 출간한 뒤, 소설을 읽고 고통을 느낀 독자들을 보며 이들의 고통이 자신의 소설을 쓰며 느낀 고통과 "연결"돼 있었다고 했다. '작별하지 않는다'의 '정심'을 들여다보면서는 "얼마나 사랑해야 우리는 끝내 인간으로 남는 것인가?"라고 물었다. 이 물음의 끝에서 그는 자신의 모든 소설이 "언제나 사랑을 향하고 있었던 것 아닐까? 그것이 내 삶의 가장 오래고 근원적인 배움이었던 것은 아닐까?"라는 새 질문을 던졌다. (『한겨레』 2024. 12. 9. 스톡홀름/장예지 특파원)

7일(현지시각) 노벨 문학상 수상자 한강 작가가 스웨덴 한림원에서 '빛과 실'이란 제목으로 연설을 하고 있다. 연단 옆 탁자에 영어로 번역된 그의 소설 '채식주의자' 등이 놓여 있다.
(스톡홀름/AFP 연합뉴스)

(3) "내가 있는 좌표 알게 돼 이제 일상 돌아가 신작 쓰겠습니다"

○ **막내린 한강의 '노벨 주간'**

낮보다 훨씬 긴 밤이 찾아오는 스톡홀름의 겨울은 혹독하다. 노벨 문학상 수상자 한강은 이 어둠의 한 자락을 은은히 비추며 12일(현지시각)로 노벨상 수상을 축하하는 모든 일정을 마쳤다. 지난 5일부터 시작돼 이날로 끝을 맺은 '노벨 주간'의 마지막 밤, 18세기 건물 스웨덴 스톡홀름의 왕립 연극 극장 메인홀에선 작가 한강의 작품이 배우들의 목소리를 통해 흘러나왔다.
문학을 통해 우리 모두를 하나의 "금실"로 이어준 한강의 지난 일주일을 되돌아본다.

'쓰는 사람'에게 노벨 문학상 수상은 최고의 영예일 것 같지만, 한강에겐 이 또한 글을 쓰며 통과하는 하나의 길목이었다. 그는 지난 11일 한국 취재진과 한 기자회견에서 "(노벨상 수상자) 강연문을 쓰며 내가 지금 어디쯤에 있는지 좌표를 알게 됐다. 내가 어디에서 출발해 여기까지 왔는지, 스스로를 파악하게 됐다는 의미가 있다"며 이제 "조용한 일상으로 돌아가 쓰려고 했던 '눈 3부작' 마무리를 하고 싶다"고 전했다. 문학상 수상을 기념해 자신의 이름을 딴 문학관 건립 이야기가 나오는 것에 대해서도 "어떤 일을 하고 싶다면, 책 속에서 무언가를 찾는 게 더 좋다는 생각이 든다. 제 책을 읽어주시는 게 제일 좋다"며 간곡히 사양했다.
하지만 작가가 하는 일의 본질인 읽고 쓰는 행위, 또 이를 가능케 하는 언어가 사람과 사람 사이를 연결해주는 힘에 대해선 분명히 말했다. 한강은 "글을 쓰려면 최소한의 믿음은 항상 필요하다. 언어가 연결될 것이란 믿음이 없다면 한줄도 쓰지 못할 것 같다"며 "읽고 귀기울여 듣는 가정 자체가 결국 우리가 가진 희망을 증거하는 것이란 생각이 든다"고 했다. 한강은 지난 7일 자신의 작품 세계를 회고하며 전한 '빛과 실'이란 제목의 연설에서도 "연결"과 "사랑"의 관계를 말했다. 1979년 여덟살 아이일 때 쓴 시에서 사랑을 "우리의 가슴과 가슴 사이를 연결해주는 금실"이라고 했던 한강은 45년이 지나 "어쩌면 내 모든 질문들의 가장 깊은 겹은 언제나 사랑을 향하고 있었던 것 아닐까?"라며 자신의 질문들이 접속한 실에 연결되어준 이들에게 감사를 전했다.
지난 3일 비상계엄의 밤이 빚어낸 사태를 목도한 뒤 스톡홀름에 와야 했던 그는 1980년 5월의 광주를 그린 소설 '소년이 온다'에 대한 바람도 전했다. 한강은 "이 책이 광주를 이해하는 데 들어가는 진입로가 되어주지 않을까 하는 바람이 있었다"며 "이 한권을 읽으면 광주로 들어가는 입구의 역할 정도는 바라건대 할 수 있지 않을까 싶었다"고 했다. 그는 지난 6일 노벨상 수상 기념 기자회견에선 "2024년에 다시 계엄 상황이 전개되는 것에 큰 충격을 받았다"며 "무력이나 강압으로 언로를 막는 방식으로 통제를 하는 과거의 상황으로 돌아가지 않기를 간절히 바란다"는 메시지를 내기도 했다.

엄중한 국내 상황으로 한강은 무거운 마음을 내비쳤지만, 노벨 주간을 지내며 뜻깊은 추억도 만들 수 있었다. 그는 특히 이주민들이 주로 거주하는 스톡홀름 링케뷔 지역 학생들과의 만남이 "가장 기억에 남는 일 중 하나가 될 것 같다"고 말했다. 한강은 11일 기자회견 참석에 앞서 스톡홀름 북서쪽에 있는 링케뷔·텐스타 지역에 사는 10~15살의 학생 100여명을 만났다. 망명자와 난민, 그들의 후손이 많이 거주해 '이주민 마을'이란 낙인이 찍히기도 하는 곳이다.

이곳 지역 도서관에서 한강과 만난 아이들은 그의 소설을 읽은 소감과 함께 직접 쓴 시를 전해주었다. 4학년인 아미네(10)군은 "내가 만약 토마토가 된다면 아주 맛없는 토마토가 될 거야/아무도 날 먹지 않게/아무도 나를 토마토수프에 넣을 수 없게 나무 꼭대기로 올라갈 거야"라는 낭독 시를 썼다. 나무가 된 여자의 이야기를 다룬 소설 '내 여자의 열매'를 읽고 시를 쓴 아미네는 자신이 토마토가 되는 모습을 상상했다.

올해로 36회를 맞는 이 '노벨상 기념책자 낭독회'는 1988년부터 링케뷔·텐스타 지역에서 열린 전통적인 행사로, 해마다 노벨 문학상 수상자들이 이곳에 방문한다. 인구의 약 20%가 이주민인 스웨덴에서, 다양한 배경을 가진 주민들이 밀집한 링케뷔 지역에 노벨상 수상자가 방문하는 일은 자랑스러운 축제로 여겨진다. 지난 10월 작가 한강의 노벨상 수상이 발표된 뒤 학생들은 가을 학기 동안 '소년이 온다'와 '흰', '작별하지 않는다', '내 여자의 열매'를 읽으며 그림을 그리고, 한강에게 선물할 문집을 만들었다.

한강은 그가 어린 시절부터 좋아했던 스웨덴 동화작가 아스트리드 린드그렌에 대한 기억을 스톡홀름에서 되새긴 추억도 전해주었다. 그는 린드그렌의 동화를 테마로 한 유니바켄 어린이박물관에서 "평생 무료 이용권을 주었다"며 웃었다. 한강은 린드그렌의 동화 '사자왕 형제의 모험'을 처음 읽었던 해를 초판에 나온 해인 1983년이 아닌 1980년으로 착각했는데, 광주 민주화운동이 있던 1980년 5월의 기억 때문에 그런 혼동이 생겼다고 밝힌 바 있다.

일주일여간 이어지는 일정의 핵심은 '노벨의 날'로도 불리는 시상식과 특별 연회였다. 알프레드 노벨(1833~1896)의 기일인 12월 10일, 한강은 스톡홀름 시청사에서 진행된 저녁 특별 연회에서 "문학을 읽고 쓰는 일은 생명을 파괴하는 행위들의 반대편에 서 있다"며 "언어라는 실을 통해 타인들의 폐부까지 흘러들어가 내면을 만나는 경험, 내 중요하고 절실한 질문들을 꺼내 그 실에 실어, 타인들을 향해 전류처럼 흘려 내보내는 경험을 했다"고 말했다. 순간마다 끊임없이 질문을 던져온 그가 문학의 의미를, 그리고 31년간 글을 써온 소회를 밝힌 순간이기도 했다. 한강의 소감 발표에 앞서 사회를 본 스웨덴 대학생은 "올해 노벨 문학상 수상자를 소개하게 되어 영광입니다"라며 예상치 못한 한국말로 그를 소개해 즐거움을 주기도 했다. 한강은 연회에 앞서 스웨덴 스톡홀름 콘서트홀에서 열린 시상식에서 칼 구스타프 16세 스웨덴 국왕에게 메달과 증서를 받았다.

노벨 주간의 여정을 마친 한강은 이제 한국으로 돌아가지만, 스톡홀름엔 그에 대한 기억이 영원히 남는다. 한강은 지난 6일 옛도심 중심부에 위치한 노벨상박물관을 찾아 옥빛이 도는 '작은 찻잔'을 기증했다. 제주 4·3을 다룬 소설 '작별하지 않는다'를 집필할 때 홍차를 마셔던 잔이다. 한강은 "찻잔은 나를 책상으로 돌아가게 하는 주문과 같았다"고 말했다. 그는 이 책을 쓰는 데만 6~7년이 걸렸다.

긴 시간을 벼려야 하는 장편소설의 매력을 그는 지난 7일 연설에서 말해주었다. "완성까지 아무리 짧아도 1년, 길게는 7년까지 걸리는 장편소설은 내 개인적 삶의 상당한 기간들과 맞바꿈된다. 바로 그 점이 나는 좋았다. 그렇게 맞바꿔도 좋다고 결심할 만큼 중요하고 절실한 질문들 속으로 들어가 머물 수 있다는 것이 하나의 장편소설을 쓸 때마다 나는 질문들을 견디며 그 안에 산다." (『한겨레』 2024. 12. 13. 스톡홀름/장예지 특파원)

전통 행사 '노벨상 기념책자 낭독회' 2024년 노벨 문학상 수상자인 한강 작가가 11일(현지시각) 스웨덴 스톡홀름 외곽에 위치한 링케뷔 도서관에서 열린 노벨 문학상 기념책자 낭독회에서 초상화와 기념책자를 선물로 받고 있다. (스톡홀름/AFP 연합뉴스)

스웨덴 국왕, 노벨 문학상 메달·증서 시상 : 2024년 노벨 문학상 수상자인 한강 작가가 10일(현지시각) 스웨덴 스톡홀름 콘서트홀에서 열린 시상식에서 칼 구스타프 16세 스웨덴 국왕으로부터 노벨 문학상 메달과 증서를 받고 있다.
(스톡홀름/AFP 연합뉴스)

'소년이 온다' 실제 소년의 어머니 눈물 : 11일 오전 광주시청 시민홀에서 열린 한강 작가 노벨 문학상 수상 기념 시민 축하 행사에서 인공지능(AI)으로 복원된 소설 '소년이 온다'의 주인공 '동호'가 축하 메시지를 전하는 가운데, 소설의 실존 인물 문재학 열사의 어머니 김길자씨가 눈물을 흘리고 있다. (연합뉴스)

◎ 중국, 애국주의와 감시체제 강화 마오쩌둥 어록 재등장의 이유

5월 초 중국 베이징의 오래된 골목을 걷다가 단골들로 붐비는 정겨운 느낌의 과일 가게를 발견했다. 사진 한 장을 찍는 순간 곧바로 주인이 달려왔다.

"왜 사진을 찍냐?" "관광객인데, 분위기가 좋아 보여서…" "청관(도시 관리 공무원) 한테 고발하려는 거 아니지?"

평온한 베이징 거리 풍경 뒤의 팽팽한 긴장감이 확 다가왔다. 감시와 고발이 일상이 된 중국의 현실도.

조금만 관심을 가지고 보면 중국 곳곳에 감시의 '눈'이 작동 중이다. 중국 전역에 7억대가 넘는 감시카메라가 설치되어 있다는 통계가 있고, 인공지능(AI)을 활용한 안면·음성·홍채·동작 인식, 인터넷 검열, 휴대전화 감시 등이 모든 사람의 일거수일투족을 감시하고 정보를 수집한다. 올해부터 광둥성 선전 등 일부 도시에서는 인공지능 기술을 탑재한 로봇 경찰이 거리 순찰에 투입되었다. 최첨단 기술이 총동원된 공상과학 영화 안에 들어와 있는 것 같다.

그런데 좀 더 살펴보면 중국 감시체제의 핵심은 최첨단 기술만이 아니다. '정보원'을 활용한 전통적 방식의 인적 감시망이 결합해 효과를 극대화한다. 약 200만명으로 추산되는 정규 경찰(공안) 외에 무장 경찰과 사법 관련 방대한 인원이 있다. 이 밖에도 민간에서 정보원으로 활동하는 방대한 '자원봉사자' 감시인들이 중요한 역할을 한다. 지하철 열차마다, 버스마다 빨간 완장을 찬 보안(감시요원)들이 승객들을 살피고 있다. 거리마다 감시와 고발을 맡은 주민들이 있다.

이런 '자원봉사 감시 인력'의 규모는 얼마나 될까. '베이징 청년보'는 2017년 베이징시에 등록된 치안 관련 '자원봉사'가 85만명에 이르렀다고 보도했다. 민신 페이 미국 클레이몬트 매케나 칼리지 교수는 저서 '감시병 국가'(The Sentinel State)에서 중국의 감시체제가 첨단기술 장비만으로는 작동하지 않으며, 방대한 규모의 감시 인력이 결합해 작동하는 매우 "노동집약적인 시스템"이라고 강조한다. 페이 교수는 중국 30여개 지역 정부의 데이터를 분석한 결과 중국 인구 14억명 가운데 0.73~1.1%인 약 1500만명이 정보원으로 활동하고 있다고 추산한다. 중국의 '국내 안보' 예산은 2010년 처음으로 국방예산을 넘었고, 시진핑 주석 집권 이후에는 더욱 급속도로 늘어 2018년에는 국방예산보다 20%나 많은 것으로 집계됐다.

최첨단 경제와 군사력의 '부국강병'의 꿈을 실현하고 있는 중국은 왜 이토록 불안해하며, 사회를 통제해야 할까. 시진핑 주석이 2012년 말 집권한 직후에는 불평등과 부패에 대한 분노의 여론을 우려하면서, 정치적 분열을 틈타 공산당 통치에 비판적인 '서구 사상'이 침투하고, 미국 등 외부세력이 이를 이용해 중국공산당의 통치를 전복시키려 한다는 위기의식이 강조되었다. 그에 대한 중국공산당의 대응이 2014년에 발표된 '총체적 국가안보관'인데, 중국공산당의 통치와 유지를 의미하는 '정치 안보'를 최상위 목표로 설정하고, 이를 위해 체제 안정과 이념 수호, 과학 기술, 농업, 에너지·식량 안보, 경제·문화 등 모든 것이 안보 문제로 규정되었다.

2017~2018년 무렵 미국 트럼프 1기 행정부가 중국을 본격적으로 견제하기 시작하자, 시진핑 주석은 미국이 수단과 방법을 가리지 않고 중국의 부상을 억누르려 할 것이란 위기감을 강조하는 한편 '미국이 쇠락하고 중국이 떠오르는'(東昇西降) 역사적 기회도 오고 있다는 뜻을 함축한 '백년 만의 대전환' 담론을 2017년 12월 처음 내놨다. 이후 2022년 10월 20차 당 대회에서 '미국과 대결하는 시기'라는 정세 판단을 분명히 했다.

마오쩌둥 시대에 중국의 대외 정세에 대한 인식은 '미국·소련과의 대결'이었다. 1978년 말 덩샤오핑이 개혁개방을 시작할 수 있었던 것은 미국과의 화해(데탕트)를 바탕으로 더 이상 중국이 외부와 대결할 필요가 없이 평화로운 정세를 맞이했다는 판단을 했기 때문이다. 그런데 이제 시진핑 시대 중국은 덩샤오핑의 정세 인식에서 멀어지고, 마오쩌둥 시대와 비슷하게 미국의 위협에 맞서야 한다는 새로운 정세 판단에 따라 '신시대'로 나아간 것이다.

시진핑 주석이 미국에 맞서는 데 마오쩌둥의 어록과 전략을 활용하는 것은 그런 정세 인식 변화의 '당연한' 결과이기도 하다. 2018년을 기점으로 미국과의 대결에서 시진핑 주석을 비롯해 중국 당정 간부들이 미국을 '종이호랑이'(紙老虎)로 비유했던 마오의 어록을 되살리고, 미국에 열세인 중국이 힘을 쌓으며 장기전을 벌여 승리한다는 '지구전론', 글로벌 사우스 국가들과 연대해 미국 제국주의에 맞서야 한다는 '제3세계론' 등 마오의 전략을 강조한다.

마오쩌둥은 1946년부터 1975년까지 여러차례 미국을 '종이호랑이'라고 불렀다. 특히 한국전쟁 시기에 미군이 무적이 아니며 핵무기 사용 위협을 감히 실행에 옮기지 못할 것이고, 중국이 반드시 이길 수 있다고 강조하려 이 용어를 썼다. 수십년 만에 '종이호랑이'가 중국공산당 기관지 '인민일보'에 등장한 것은 트럼프 대통령의 첫 임기동안 미국과 중국의 무역전쟁이 본격적으로 시작된 2018년이었다. 이어 낸시 펠로시 미국 하원의장의 대만 방문을 앞두고 미-중 긴장이 높아지던 2022년 8월에도 화춘잉 당시 중국 외교부 대변인이 "미국은 강해 보이지만, 실제로는 두려워할 게 없는 종이호랑이이다. 종이호랑이는 비바람을 견디지 못한다"고 한 마오쩌둥의 어록을 소셜미디어 엑스(X)에 올렸다.

중국이 '항미원조'(미국에 대항해 조선을 도운 전쟁)라고 부르는 한국전쟁은 명확한 승자 없이 수많은 이들의 목숨만 희생된 채 교착 상태로 끝났다. 하지만 시진핑 시대 들어 중국의 공식 서사에서 '항미원조' 전쟁은 중국이 객관적 전력의 열세에도 불구하고 (비행기도 없이 수류탄과 소총만으로 주로 야간전투만으로) 당시 세계 최강대국이었던 '제국주의' 미국을 격퇴하고 중국을 위협으로부터 지켜낸 "정의의 전쟁"으로 다시 소환되었다.

도널드 트럼프 미국 대통령이 중국에 고율 관세를 부과한 뒤 지난
4월12일 마오닝 중국 외교부 대변인이 소셜미디어 엑스(X)에 올린,
'미국은 종이호랑이'라고 강조하는 마오쩌둥 어록. **엑스 계정 갈무리**

지금과 비교할 수 없이 가난했던 중국이 '탁월한 전략가' 마오쩌둥의 지도 아래 미국에 '승리'했다면, 이제 세계 2위의 국가로 올라선 중국이 시진핑 주석의 '전략'에 따라 반드시 승리할 수 있다는 서사가 만들어졌다. 4월2일 트럼프 미국 대통령이 중국에 터무니없이 높은 관세를 부과하며 '무역전쟁'의 신호탄을 다시 쏜 뒤, 마오닝 중국 외교부 대변인이 엑스에 잇따라 마오쩌둥의 '종이호랑이' 연설을 올린 것은 예정된 수순이다.

트럼프 대통령은 기세등등하게 관세전쟁을 시작했지만 첫 협상은 그동안 미국에 대한 의존도를 줄이며 여러 카드를 준비해온 중국의 '판정승'으로 볼 수 있다. 90일 유예기간이 끝난 뒤 트럼프가 다시 관세를 급격하게 높이며 중국을 위협할 수도 있다. 하지만 중국은 이미 트럼프의 약점들을 확인했다. 트럼프는 내년 중간선거를 앞두고 물가 급등과 경제 침체를 우려하는 지지층을 달래야 하고, 시장과 여론의 반발, 중국의 희토류 수출 제한 등에도 밀렸다.

중국 온라인은 '승리의 환호성'으로 가득하다. 중국 당국이 여론전을 펼치는 측면도 있지만, '트럼프의 불합리한 괴롭힘에 끝까지 맞서 싸운다'는 중국 정부의 강경 대응이

다수 중국인의 지지를 받고 있는 것이 사실이다. 필자가 이야기를 나눈 허난성 정저우 출신의 한 노동자는 "미국 관세 때문에 많은 공장이 문을 닫고 노동자들이 해고되고 있다고 한다"면서도 "크게 걱정하지는 않는다. 정부가 미국의 부당한 조치에 정당하게 보복하고 제대로 싸우고 있다고 생각한다"고 말했다. 중국의 한 외교전문가는 "2018년 트럼프 1기 때는 중국의 전략에 이견이 많았지만 이번에는 95% 이상이 지지한다. 단결된 중국은 미국이 어떻게 때려도 관세전쟁에서 이길 수 있다"고 했다.

세계가 미국과 중국의 관세 '휴전' 발표에 온통 집중하고 있던 지난 12일 중국 국무원이 '신시대의 국가 안보 백서'를 내놓은 의도에 주목할 필요가 있다. 핵심 내용은 "'외부세력'이 중국의 국경과 국경 지역 및 주변 지역의 안보에 점점 더 위협을 가하고 있고, 지정학적 환경이 악화하고 있다"는 경고다. 관세협상이 어떻게 되든 미국과 서방 진영의 중국에 대한 위협은 계속될 것이니, 안보 의식을 강화하고 공산당을 중심으로 단결해 대결의 고삐를 늦추면 안 된다는 강한 메시지다.

중국과 미국 모두에서 서로 타협할 수 없다는 강경론이 높아지고 있다. 트럼프가 거칠게 중국을 때릴수록, 시진핑은 내부 불만을 외부로 돌리고, '외부 세력의 위협과 침투'에 대한 위기의식을 강조하며 내부를 더 강하게 통제할 수 있다. 감시와 애국의 이중주를 통해 시진핑 권력은 더욱 강화된다. 트럼프가 중국을 얕보며 실수를 반복할수록 시진핑은 '마오를 넘어서는 전략가'의 면모를 과시할 수 있다. 미중은 이렇게 '총성 없는 전쟁'으로 점점 깊이 들어서고 있다.

(『한겨레』 2025. 5. 21. 박민희 통일외교팀 선임기자)

◎ 원자력 용어정리

가 압 기	: 노심을 고압으로 유지시켜 물이 고온에서 액체상태를 유지하도록 한다.
감 마 선	: 방사성 물질에서 방출되는 방사선의 일종으로 빛이나 X선 같은 전자기파.
감 속 재	: 중성자의 속도를 늦추어 주기 위한 물질로 경수·중수·흑연 등이 사용됨.
감응방사선지대	: 핵폭발시 발생한 중성자를 흡수하여 방사능을 띠게 되는 지역.
강 력	: 소립자 사이의 기본적 상호 작용 가운데 하나로 강한 상호 작용을 뜻함. 주로 핵력(핵자 간에 작용하는 힘 중에서 전기적이 아닌 힘)을 의미.
고농축 우라늄	: 우라늄-235의 비율을 90% 이상으로 농축한 우라늄. 무기급 우라늄으로도 불린다.
광 전 효 과	: 입사되는 광자가 흡수하는 원자의 궤도전자에 모든 에너지를 전달하는 과정.
낙 진	: 핵폭발시 고온의 열에 녹은 물질들이 방사능을 띤채 공중으로 올라갔다가 다시 떨어지는 것. 광범위한 지역을 오염시키는 특징이 있음.
내폭형 폭탄	: 여러 개의 조각으로 나누어 둔 플루토늄을 외곽의 재래식 폭약을 이용하여 일시에 결합시켜 임계 질량을 넘겨 폭발시키는 방식.
냉 각 재	: 원자력 발전소에 있는 원자로의 노심을 냉각하는 물질.
다탄두미사일	: MIRV(Multiple Independently Targetable Re-entry Vehicle)의 약자로 1기의 미사일에 복수의 탄두를 탑재하여 각각의 탄두가 서로 다른 목표를 공격할 수 있도록 고안된 장치.
닫힌 연료주기	: 재처리를 하는 핵연료주기.
등 가 선 량	: 공기나 물질이 아닌 인체가 받은 영향을 나타내기 위해 흡수선량에 방사선 가중치를 곱한 것.
렙톤(lepton)	: 핵자(nucleon = 核粒子 : 양성자와 중성자의 총칭)보다 가벼운 소립자의 총칭으로 전자(electron)·뉴트리노(경입자 輕粒子 → 중성 미립자 neutrino)·뮤온(muon 중간자·뮤μ 입자)·타우온(tau neutrino)의 4가지가 존재한다.
리 틀 보 이	: 인류역사상 최초로 실전에 사용된 핵무기, 1945년 8월 6일 히로미사에 투하되었다. 위력은 15kT. 우라늄을 원료로 사용한 포신형 핵무기.
맨해튼 프로젝트	: 인류역사상 최초로 실전에 사용된 핵무기 개발을 위해 2차 세계대전 중 미국 정부가 비밀리에 추진한 연구 프로젝트.
무개호(無蓋壕)	: 상부에 구조물을 씌우지 않은 전투진지.
방 사 능	: 방사선을 방출시키는 능력.

방 사 선	: 고속으로 움직이는 입자의 흐름.
방 사 성 물 질	: 방사능을 지닌 물질.
베 타 선	: 방사성원소의 β붕괴시 방출되는 β입자의 흐름으로 전자와 같음.
사 일 로 (silo 저장고)	: 지하에 건축된 원통 모양의 미사일 발사시설. 적의 핵무기 공격으로부터 보호될 수 있도록 지하 깊숙한 곳에 수 미터 두께의 콘크리트 방벽과 방폭문으로 이루어짐.
C P - 1	: 1942년 엔리코 페르미(Enrico Fermi)가 설계한 세계 최초의 원자로 Chichgo Pile-1을 뜻함.
쌍 생 성	: 입사되는 광자가 강한 전기장을 형성하는 핵 주위에서 소멸되고 음전자와 양전자를 생성하는 과정.
아 임 계	: 유효증배계수(k)가 1보다 작은 상태로 핵분열반응시 생성되는 중성자수가 흡수·방출 등으로 사라져 핵분열 연쇄반응이 일어나지 못함.
알 파 선	: 방사성원소의 α 붕괴시 방출되는 α 입자의 흐름으로 헬륨 원자핵과 같음.
양 성 자	: 원자핵을 구성하는 소립자의 하나로, 수소의 원자핵과 같다. (atomic nucleus = 原子核)
열 복 사 선	: 핵폭발에 의해서 발생한 열과 빛으로 구성되며 자외선·가시광선·적외선으로 구성됨.
열린 연료주기	: 재처리를 하지 않는 핵연료주기.
옐로우 케이크	: 우라늄 광석으로부터 불순물을 제거하고 얻어진 우라늄 정광. (精鑛 유용 성분의 함유율이 높아진 광물)
용 액 침 출 채 광 법	: 탄안암모늄이나 황산 등의 침출용액을 주입시켜 지하의 우라늄을 녹임으로써 채굴하는 방법.
원 자	: 물질을 구성하는 기본 입자, 더 이상 쪼갤 수 없다(a+tomos)는 의미의 그리스어 "Atomos"에서 유래됨.
원자질량 단위	: Atomic Mass Unit로 1u(u 또는 amu)는 탄소-12 원자 질량의 1/12이다. 실제 1u = $1.6605655 \times 10^{-27}$kg.
원 자 핵	: 원자의 중심을 형성하고 있는 입자로 양(+)전기를 띠는 양자와 전기적으로 중성인 중성자가 결합되어 있음.
유개호(有蓋壕)	: 상부에 나무·토사 등으로 보강한 전투진지.
유 효 선 량	: 신체 부위에 따른 방사선의 영향을 나타내기 위해 신체 부위별 조직 가중치를 적용한 것.

육불화 우라늄 : 우라늄과 불소의 휘발성 화합물로 상온에서 고체지만 56.5℃에서 기체가 됨.

임 계 : 유효증배계수(k)가 1인 상태로 핵분열 연쇄반응이 일정한 비율로 유지되는 상태.

임 계 질 량 : 무거운 원자핵을 중성자와 충돌시켜 분열시킨 뒤, 이로 인해 다시 생성된 중성자로 핵분열 연쇄반응을 유지할 수 있는 한계의 최소 질량. 유효증배계수(k)를 이용하여 나타냄.

자 연 방 사 선 : 자연방사성원소로부터 방출되는 α, β, γ선과 우주선으로 지역에 따라 상이하다. 평균적으로 1년 동안 2.4mSv의 자연방사선에 노출.

재 진 입 체 : 중간 비행단계를 마친 미사일이 대기권으로 재진입할 수 있도록 제작된 장치.

저농축우라늄 : 우라늄-235의 비율을 2~5%로 농축한 우라늄. 원자력발전소의 핵연료로 사용된다.

저 주 파 : 가정음파보다 낮은 진동수 영역인 진동수 20Hz 이하의 소리.

전 자 : 원자를 구성하는 하전(荷電) 입자의 하나로 음(-)의 전기를 띤다.

전 자 기 펄 스 : EMP(Electro Magnetic Pulse)는 강력한 전기장과 자기장을 지닌 순간적인 전자기적 충격파로 안테나와 같은 금속물질을 통해 전자회로에 과다한 전류를 흐르게 하여 전자 장비를 파괴시킴.

전 자 볼 트 : 1개의 전자가 전위차 1V인 전극 사이에서 가속될 때 얻는 에너지의 양.
$1eV = 1.60218 \times 10^{-19} J$

제 독 : 소독을 통하여 박멸하거나 오염 수준을 감소시키는 것.

제 어 봉 : 중성자를 흡수하여 핵분열 연쇄반응의 속도를 조절하는 설비, 제어봉 삽입시 핵분열 감소, 제어봉 인출시 핵분열 증가.

조 사 선 량 : 표준온도와 압력에서 건조한 공기 단위질량당 흡수되는 방사선의 에너지.

중 성 자 : 원자핵을 구성하는 소립자의 하나로, 양성자와 거의 같은 질량을 가지고 있으며 전 기를 띠지 않는 중성이다.

중 성 자 선 : 핵이 분열하거나 융합할 때 발생되는 중성자의 흐름.

중 성 자 폭 탄 : 핵반응에 의해 발생된 중성자가 내부에 흡수되는 것이 아니라 외부로 방출되는 폭 탄으로 강화, 방사능무기(Enhanced Radiation Weapon, ER)라고 불림.

증 기 발 생 기 : 원자로에서 발생한 열을 이용하여 증기를 만드는 장치.

증폭 핵분열폭탄 : 핵분열 효율을 높이기 위해 핵융합 연료를 첨가한 폭탄으로, 핵융합 물질인 중수소 와 삼중수소의 혼합물이 내폭형 핵분열 장치의 중심에 위치하는 구조를 가지고 있 다. 핵분열에 의해 충분한 열과 압력이 발생하면서 내부의 핵융합 물질이 폭발.

초기 핵방사선 : 핵폭발 직후부터 1분 이내 방출되는 방사선으로 중성자·감마선·알파 및 베타입자를 말함.

초 임 계 : 유효증배계수(k)가 1보다 큰 상태로 핵분열 연쇄반응이 격화되고 출력이 증가되는 상태.

콤프턴 산란 : 입사되는 광자가 원자로부터 가장 먼 전자(최외곽전자)에 부분적으로 에너지를 전달하는 과정. 광자는 더 낮은 에너지로 산란되고 2차 전리를 일으킬 수 있는 반도전자가 생성됨.

쿼 크 : 양성자나 중성자를 구성하는 소립자로 '강력'에 의해 지배를 받는 입자이다. Up, Down, Strang, Charm, Top, Bottom의 6가지가 존재한다.

kT(kiloton) : 핵무기의 위력을 나타내는 단위로, TNT 1,000톤 또는 TNT 1,000톤에 상당하는 폭파력.

탄도미사일 : 로켓을 동력으로 하여 포물선 형태의 탄도궤적을 이루면서 표적까지 날아가는 미사일로 사거리(射距離)에 따라 단거리, 준중거리, 중거리, 대륙간 탄도미사일로 구분.

팻맨(Fat Man) : 1945년 8월 9일 나가사키에 투하된 원자폭탄의 코드명(code 암호). 위력은 20kT, 플루토늄을 원료로 사용한 내폭형 핵무기(뚱뚱이·뚱보).

포신형 폭탄 : 임계질량 이하의 핵물질 두 개를 분리시킨 상태에서 재래식 폭약을 이용하여 두 조각을 결합시킴으로써 임계질량에 도달하는 방법.

폭 풍 : 핵폭발시 발생된 고온의 열이 주변 기체를 팽창시키면서 바깥쪽으로 발생하는 강한 충격파.

플루토늄 : 우라늄-238이 중성자를 흡수하여 원자로 내부에서 생성되는 원자번호 94의 방사성원소.

핵 겨 울 : 핵전쟁시 나타날 것으로 예상되는 저온현상. 핵폭발에 의한 낙진에 의해 태양으로부터 에너지가 차단되어 발생.

핵분열 연쇄반응 : 핵분열에 의하여 방출된 중성자가 다음의 핵분열을 일으켜 연쇄적으로 핵분열 반응이 지속되는 현상.

핵분열 폭탄 : 핵분열 연쇄반응에 의해 발생하는 대량의 에너지를 이용한 폭탄.

핵연료주기 : 우라늄의 채광으로부터 에너지 생산을 위한 핵연료 장전 및 운전, 최종 영구 처분까지 일련의 단계.

핵융합 폭탄 : 핵융합에 의해서 생긴 에너지를 이용하는 폭탄.

흡수선량 : 방사선의 종류나 물질의 종류에 관계없이 방사선을 받은 양.